# HISTOIRE SECRÈTE
# DE L'O.A.S.

DU MÊME AUTEUR

## *Sur l'Algérie*

*Documents :*

LE BAROUDEUR (éd. Grasset et Livre de Poche).
BÉRETS VERTS EN ALGÉRIE (éd. Rossel et Albatros).
LE COMBAT DES HARKIS (éd. Les 7 Vents).
LES COMBATTANTS DU MAUVAIS CHOIX (éd. BM).
LE COMMANDO (éd. Grasset).
DJEBELS EN FEU (éd. Grasset).
DONNEZ-MOI LA TOURMENTE (éd. Grasset).
LE GUERRIER (éd. Grasset et Livre de Poche).
LE SOUS-OFF (éd. Grasset).
LES HOMMES DE GUERRE (éd. Grasset).
UN PARA EN ALGÉRIE (éd. Grasset).
BÉRETS ROUGES EN ALGÉRIE, 1$^{er}$ RCP, t. 3 (éd. Lavauzelle).
LA GUERRE EN ALGÉRIE (éd. Plon, Perrin, Grande Bibliothèque Payot et Grand Livre du Mois).
TUEZ DE GAULLE ! *Histoire de l'attentat du Petit-Clamart* (éd. Grasset et Le Grand Livre du Mois).

*Romans :*

SIROCO, LE VENT DE LA PASSION (éd. Grasset, 1999, Le Grand Livre du Mois). Prix littéraire Norbert-Cépi, XXI$^e$ Salon des rapatriés, Antibes, 1999.
LE VENT DES MIRAGES, *Siroco II* (éd. Grasset, 2000).

## *Témoignages sur les conflits modernes, Histoire :*

ADIEU SERGENT (éd. Grasset).
LES FUSILIERS MARINS DE LA FRANCE LIBRE (éd. Grasset).
MOURIR À LANG SON (éd. Grasset).
NAGEURS DE COMBAT, *avec Bob Maloubier* (éd. La Table Ronde).
LE NEUVIÈME COMPAGNON (éd. Grasset).
LE PARA (éd. Grasset). Prix Maréchal Foch, 1983.
CORSAIRE DE LA RÉPUBLIQUE, *avec Bob Denard* (éd. Robert Laffont).
LE GRAND DOUTE, *en collaboration avec Pierre Mayol* (éd. Grasset).
LE 1$^{er}$ RÉGIMENT DE CHASSEURS PARACHUTISTES, t. 1 (éd. Lavauzelle).
LES BATAILLONS D'INDOCHINE, 1$^{er}$ RCP, t. 2 (éd. Lavauzelle).
LES FRANÇAIS DU JOUR « J » (éd. Grasset et Le Grand Livre du Mois). Prix littéraire de la Libération, 1994.
FUSILIERS MARINS ET COMMANDOS (éd. Copernic).
LA GUERRE EN INDOCHINE (éd. Plon et Perrin).

*Suite en fin de volume*

GEORGES FLEURY

# HISTOIRE SECRÈTE
# DE L'O.A.S.

BERNARD GRASSET
PARIS

Tous droits de traduction, de reproduction et d'adaptation
réservés pour tous pays.

© *Éditions Grasset & Fasquelle*, 2002.

*Pour François, Pierre et Adeline,
afin qu'ils comprennent peut-être...*

« *Il n'y a plus ici, je le proclame en son nom et je vous en donne ma parole, que des Français à part entière, des compatriotes, des frères, qui marchent désormais dans la vie en se tenant par la main. "Vive la France ! Vive l'Algérie française !"* »

GÉNÉRAL CHARLES DE GAULLE,
Président du Conseil,
6 juin 1958, à Mostaganem.

« *Les hommes qui perdent le plus aisément la tête et qui se montrent d'ordinaire les plus faibles dans les jours de révolution sont les gens de guerre.* »

ALEXIS DE TOCQUEVILLE (1805-1859).

*Avertissement*

J'ai été « Algérie française », comme on disait il y a plus de quarante ans. J'ai rêvé d'un pays où, une fois les armes déposées, tous auraient reçu les mêmes devoirs, les mêmes droits, et où tous auraient été français à part entière. Celui qui ne s'est pas égaré à vingt ans dans quelque utopie généreuse doit avoir le cœur bien sec !

Combattant dans les djebels au sein d'un commando de la Marine, j'ai connu toutes les ambiguïtés de la politique algérienne du Général de Gaulle. Il m'est même arrivé de jalouser les soldats de l'Armée de libération nationale algérienne, dont la ligne de conduite ne risquait pas de changer à tout instant.

Après l'indépendance de l'Algérie, j'ai perdu mes repères. Je n'avais plus ma place dans l'armée française. J'ai déserté. J'ai vécu une cavale sans gloire. Puis je me suis rendu. J'ai connu la prison, la dégradation. J'ai quitté la Marine. Plus de quarante ans se sont écoulés, et les plaies ouvertes en Algérie ne se sont pas refermées.

J'ai aimé l'Algérie à en mourir, et je l'aime toujours, mais ce livre n'est pas un pèlerinage. Ni un témoignage. Il est l'Histoire. Car si j'étais du fer dont s'est forgée l'O.A.S., je n'ai jamais participé au combat des Pieds-noirs désespérés.

Aujourd'hui, raconter l'O.A.S., c'est raconter une nébuleuse complexe, méconnue, qu'il faut avoir côtoyée pour en saisir toutes les contradictions. Raconter l'O.A.S., c'est revenir une fois encore en Algérie, mais comme historien. Avec distance. Sans langue de bois. Sans parti pris.

Georges Fleury.

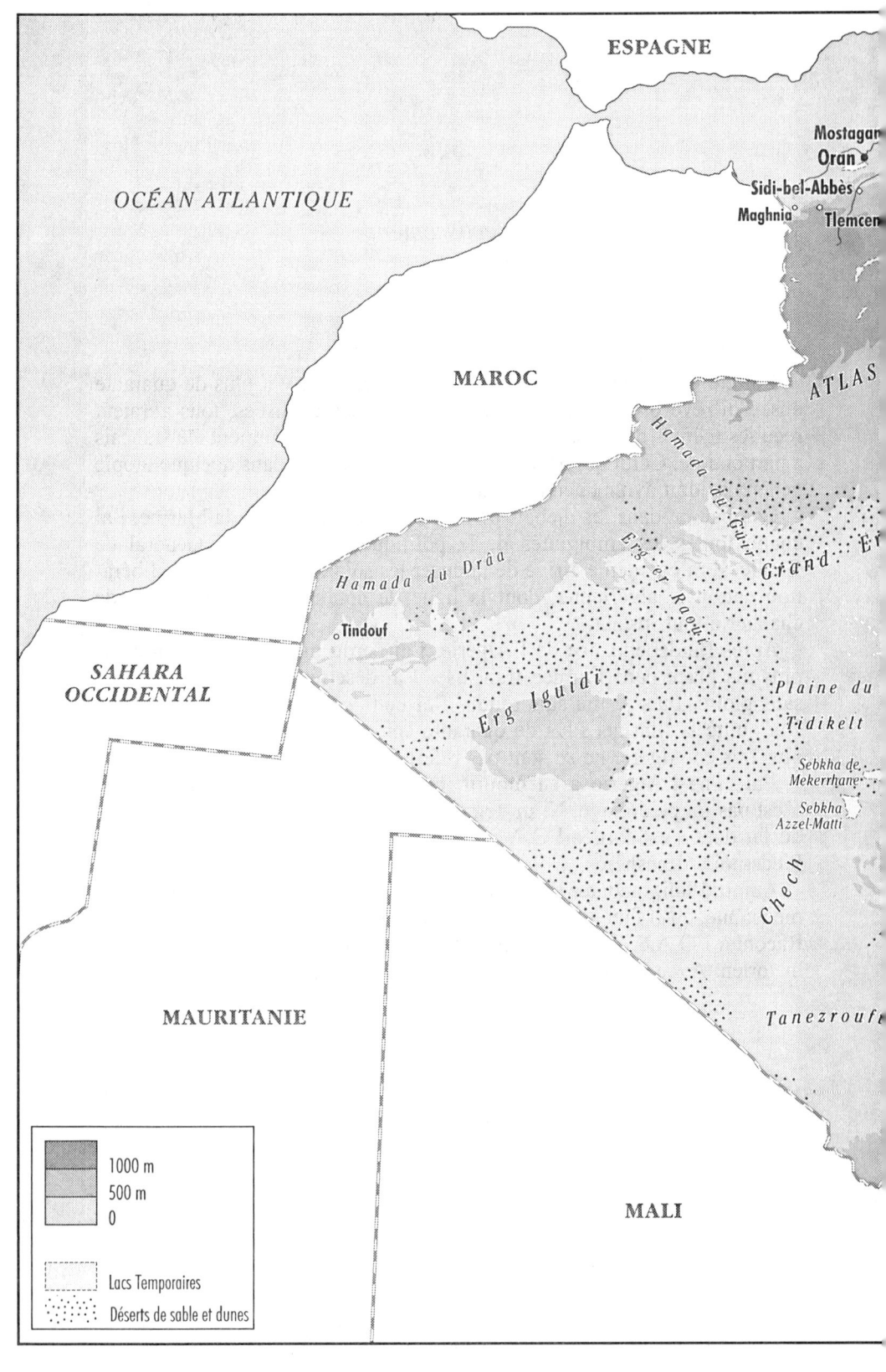

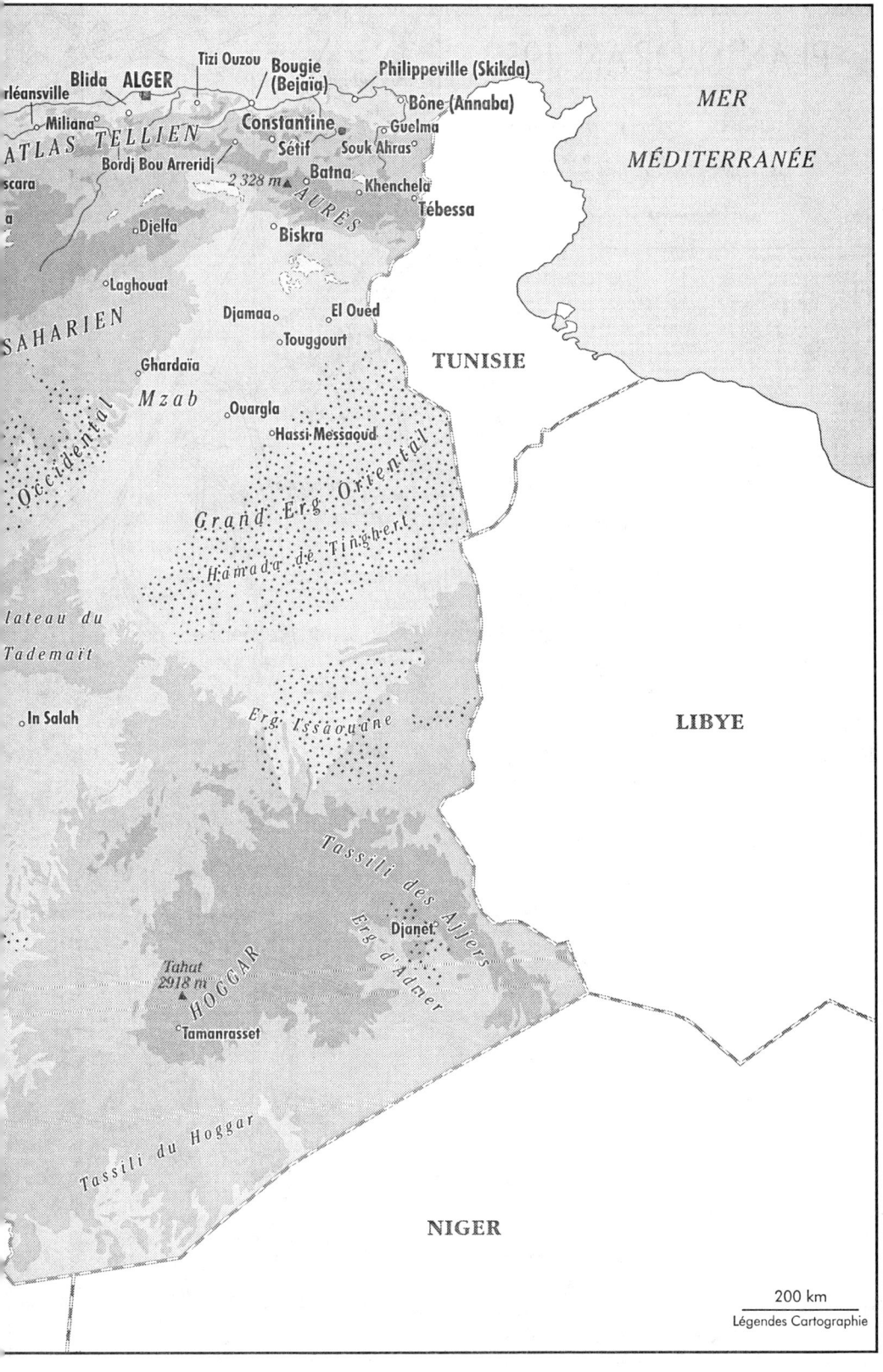

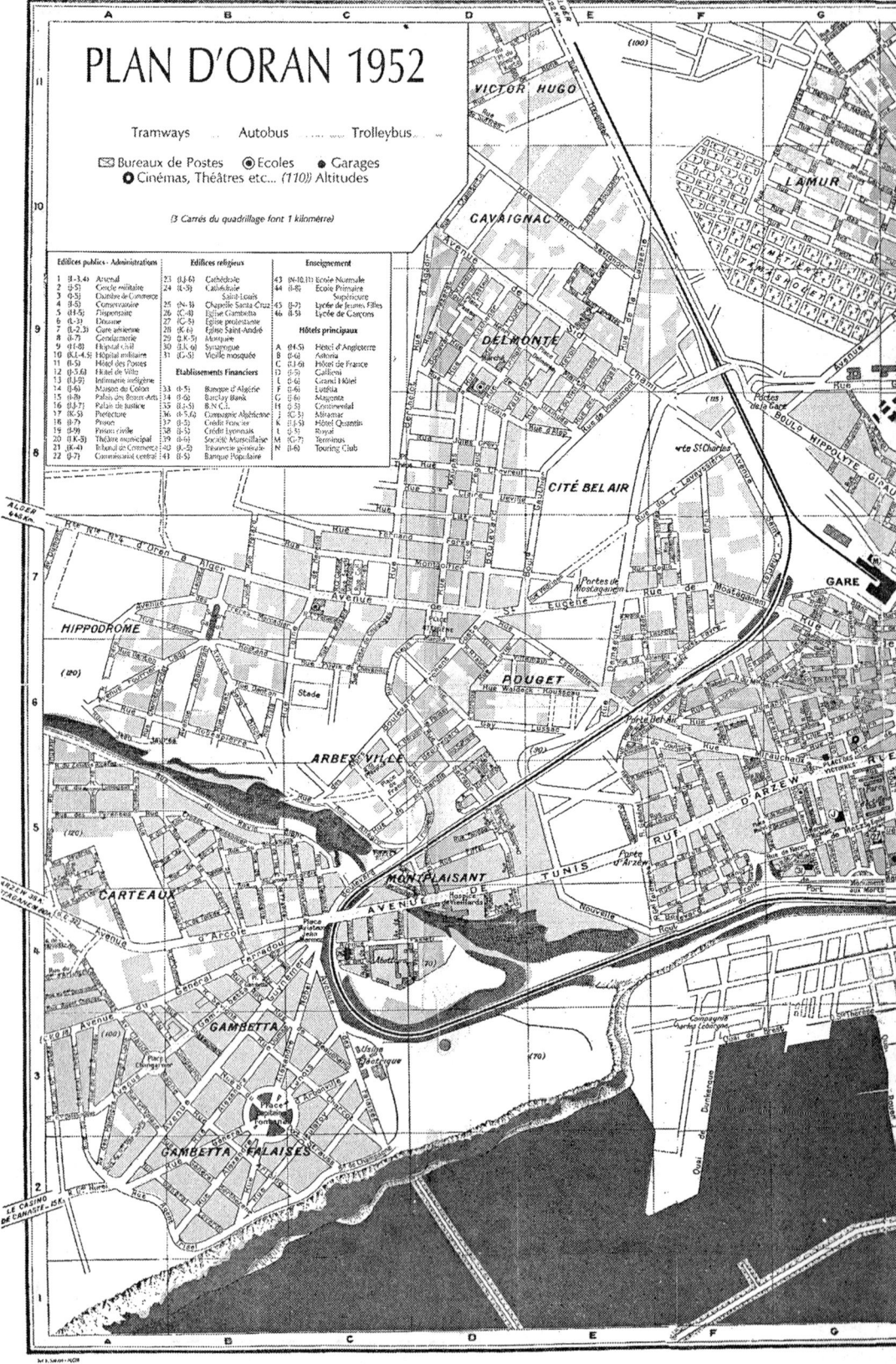

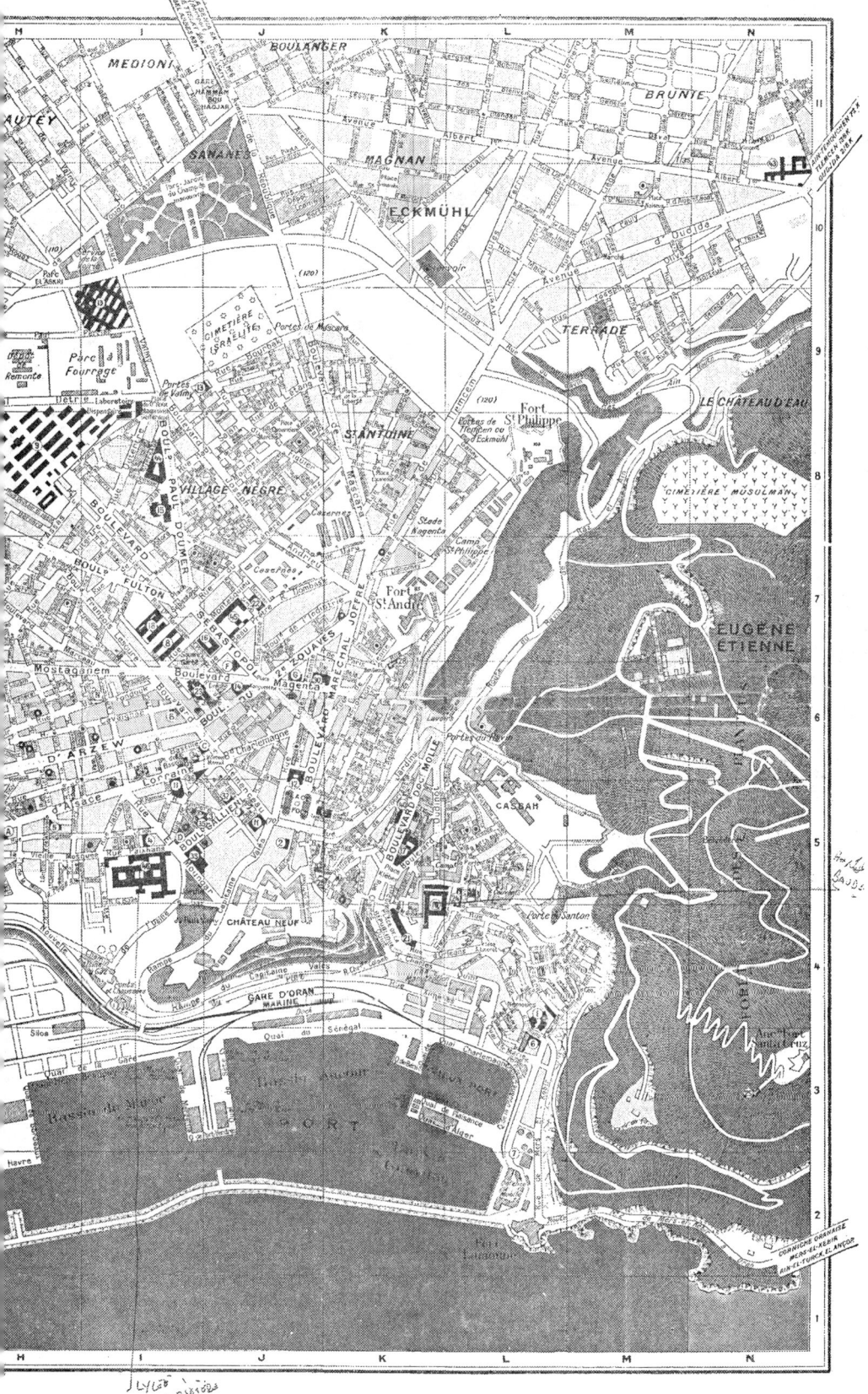

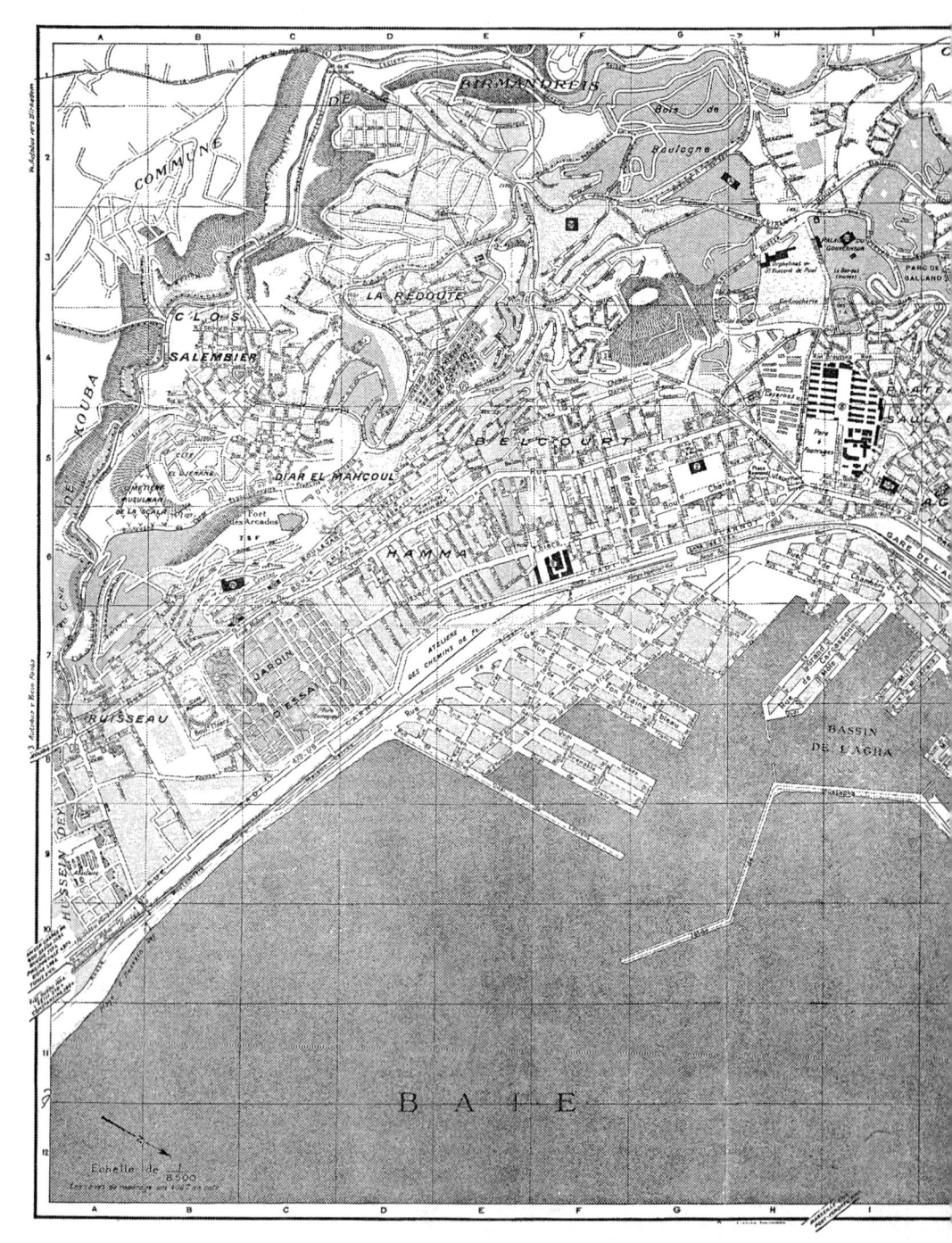

# ABRÉVIATIONS

A.C.U.F. : Association des combattants de l'Union française.
A.D.I.M.A.D. : Amicale pour la défense des intérêts moraux et matériels des anciens détenus et exilés politiques de l'Algérie française.
A.G.E.A. : Association générale des étudiants d'Algérie.
A.L.A.T. : Aviation légère de l'armée de Terre.
A.M.E. : Aide mutuelle européenne.
A.N.F.A.N.O.M.A. : Association nationale des Français d'Afrique du Nord et du Maroc.
A.P.P : Action politique et propagande.
A.T.O. : Auxiliaires temporaires occasionnels.
B.A.O. : Bureau d'action opérationnel.
B.C.A. : Bataillon de chasseurs d'Afrique.
B.C.R. : Bureau central de renseignements.
B.C.R.A. : Bureau central de renseignement et d'action.
B.D.L. : Bureau des liaisons.
B.E.L : Bureau d'études et liaisons.
B.E.T.A.P. : Base-école des troupes aéroportées.
B.O.G.A. : Bureau opérationnel du Grand Alger.
B.T.A. : Bataillon de tirailleurs algériens.
C.A.N.A.C. : Comité des associations nationales d'anciens combattants.
C.A.P. : Comité d'action psychologique.
C.C.I. : Centre de coordination interarmées.
C.D.R. : Comité de défense de la République.
C.E.D.N. : Cercle d'études de défense nationale.
C.E.S.P.S. : Centre d'études supérieures de psychologie sociale.
C.F.T.C. : Confédération française des travailleurs chrétiens.
C.G.D.N. : Commission de gouvernement et de défense nationale.
C.G.T. : Confédération générale des travailleurs.
C.H.E.M : Centre des hautes études militaires.
C.I.A. : *Central intelligence Agency*.
C.N.O. : Centre national d'orientation.
C.N.R. : Conseil national de la Résistance.
C.N.R.A. : Conseil national de la révolution algérienne.
C.N.R.F.A. : Conseil national de la résistance française en Algérie.
C.N.R.I. : Conseil national de la résistance intérieure.
C.N.R.S. : Centre national de la recherche scientifique.

C.P. : Comité politique.
C.R.S. : Compagnie républicaine de sécurité.
C.S.O.A.S. : Commandement supérieur de l'O.A.S.
D.B.F.M. : Demi-brigade de fusiliers marins.
D.G.E.R. : Direction générale d'exploitation du renseignement.
D.I.A. : Division d'Infanterie alpine.
D.I.L. : Division d'Infanterie légère.
D.N.A. : Directoire national algérien.
D.O.P. : Détachement opérationnel de protection.
D.P. : Division parachutiste.
D.P.U. : Département de protection urbaine.
D.R.F. : Défense de la République française.
D.S.T. : Direction de la surveillance du territoire.
F.A.A.D. : Front algérien d'action démocratique.
F.A.F. : Front de l'Algérie française.
F.A.O. : *Food and Agriculture Organization*.
F.E.N. : Fédération des étudiants de France.
F.F.L. : Forces françaises libres.
F.L.N. : Front de libération nationale.
F.M. : Fusil-mitrailleur.
F.N. : Front nationaliste.
F.N.A.F. : Front national pour l'Algérie française.
F.N.F : Front national français.
F.N.F.L. : Forces navales françaises libres.
F.N.S.E.A. : Fédération nationale des syndicats d'exploitants agricoles.
F.S.E. : Français de souche européenne.
F.S.N.A. : Français de souche nord-africaine.
F.T.P. : Francs-tireurs et partisans.
G.A.L.A.T. : Groupement de l'aviation légère de l'armée de Terre.
G.A.P. : Groupement d'artillerie parachutiste.
G.A.R. : Groupements d'action et de résistance.
G.A.T.A.C. : Groupement aérien tactique.
G.C.M.A. : Groupement des commandos mixtes aéroportés.
G.C.P. : Groupement de commandos parachutistes.
G.G. : Gouvernement général.
G.I.C. : Groupement interministériel de contrôle.
G.L.A.M. : Groupement des liaisons aériennes ministérielles.
G.M.C. : *General Motors Corporation*.
G.M.P.R. : Groupe mobile de protection rurale.
G.M.S. : Groupe mobile de sécurité.

G.P.A.F. : Gouvernement provisoire de l'Algérie française.
G.P.R.A. : Gouvernement provisoire de la République algérienne.
I.G.A.M.E. : Inspecteur général de l'Administration en mission extraordinaire.
I.H.E.D.N. : Institut des hautes études de défense nationale.
K.G.B. : *Komitet Gosudarstvennoi Bezopasnosti.*
L.S.T. : *Landing Ship Transport.*
L.V.F. : Légion des volontaires français.
M.A.C. : Manufacture nationale d'Armes de Châtellerault.
M.A.S. : Manufacture nationale d'Armes de Saint-Etienne.
M.A.T. : Manufacture nationale d'Armes de Tulle.
M.C.R. : Mouvement français de combat contre-révolutionnaire.
M.N.A. : Mouvement national algérien.
M.P.13. : Mouvement populaire du 13 Mai.
M.P.C. : Mouvement pour la coopération.
M.P.I.O.C. : Mouvement pour l'instauration d'un ordre corporatif.
M.R.P. : Mouvement républicain populaire.
M.S.I. : *Movimento sociale italiano.*
M.T.L.D. : Mouvement pour le triomphe des libertés démocratiques.
M.U.P.S.F.A. : Mouvement universitaire pour la souveraineté française en Algérie.
O.A.F. : Organisation de l'Algérie fraternelle.
O.A.R. : Organisation Algérie-révolution.
O.A.S. : Organisation armée secrète.
O.C.A.A.J. : Organisme central de coordination et d'action judiciaire.
O.C.R.S. : Organisation commune des régions sahariennes.
O.M. : Organisation des masses.
O.N.U. : Organisation des Nations unies.
O.R.A.F : Organisation de résistance de l'Algérie française.
O.R.O. : Organisation du renseignement et des opérations.
O.T.A.N. : Organisation du traité de l'Atlantique Nord.
P.C. : Poste de commandement.
P.C.A. : Parti communiste algérien.
P.C.F. : Parti communiste français.
P.J. : Police judiciaire.
P.M. : Pistolet-mitrailleur.
P.S.U. : Parti socialiste unifié.
Q.G. : Quartier général.

R.A. : Régiment d'Artillerie.
R.A.F. : Résistance Algérie française.
R.C.A. : Régiment de chasseurs d'Afrique.
R.C.P. : Régiment de chasseurs parachutistes.
R.D.P. : Régiment de dragons parachutistes.
R.E.C. : Régiment étranger de cavalerie.
R.E.I. : Régiment étranger d'Infanterie.
R.E.P. : Régiment étranger de parachutistes.
R.G. : Renseignements généraux.
R.I. : Régiment d'Infanterie.
R.I.M. : Régiment d'Infanterie motorisée.
R.P.C. : Régiment de parachutistes coloniaux.
R.P.F. : Rassemblement du peuple français.
R.P.I.Ma. : Régiment parachutiste de l'Infanterie de Marine. (ex-R.P.C.)
R.T. : Régiment de tirailleurs.
R.T.A. : Régiment de tirailleurs algériens.
R.T.F. : Radio-télévision française.
S.A.C. : Service d'action civique.
S.A.P.I. : Service d'action psychologique et d'information.
S.A.S. : Section administrative spécialisée.
S.A.U. : Section administrative urbaine.
S.D.E.C.E. : Service de documentation extérieure et de contre-espionnage.
S.F.I.O. : Section française de l'Internationale ouvrière.
S.F.J.A. : Service de formation de la jeunesse algérienne.
S.G.E.N. : Syndicat général de l'Éducation nationale.
S.I.F.A.R. : *Servizio d'informazione delle forze armate.*
S.N.C.F.A. : Société nationale des chemins de fer français en Algérie.
S.N.I. : Syndicat national des instituteurs.
S.P.E.S. : Secours populaire aux familles des personnes épurées ou sanctionnées.
S.R.A. : Service de renseignement sur l'Armée.
S.R.P. : Service de renseignement sur la Police.
S.R.P.J. : Service régional de Police judiciaire.
T.N.T. : Trinitrotoluène (exploit).
T.W.A. : *Trans World Airlines.*
U.D.S.R. : Union démocratique et socialiste de la Résistance.
U.D.T. : Union démocratique du travail.
U.F.N.A. : Union française nord-africaine.
U.G.T.F.A. : Union générale des travailleurs français d'Algérie.
U.N.E.F. : Union national des étudiants de France.
U.N.R. : Union pour la nouvelle République.
U.S.R.A.F. : Union pour le salut et le renouveau de l'Algérie française.
U.T. : Unités territoriales.

## Du sang sur le port d'Alger

Nous sommes le mercredi 2 mai 1962, à Alger. Il sera bientôt 6 heures. A l'est, le soleil perce à peine l'horizon au-delà du cap Matifou fermant la baie d'Alger bornée à l'ouest par la pointe Pescade, au-dessous de la basilique de Notre-Dame-d'Afrique dominant le quartier populaire de Bab el-Oued. Le petit jour écarte peu à peu les nappes de brumes grises posées par la nuit tiède sur les pentes d'Alger, croulant vertes d'El-Biar, blanches du centre-ville et ocre de la Casbah.

Alger s'éveille paisible. Mais en apparence seulement car, bien que la guerre d'indépendance engagée par le F.L.N. depuis le 1$^{er}$ novembre 1954 ait été interrompue par des accords signés le 18 mars précédent à Evian, la peur et la violence y font encore leur lit. Le général Charles de Gaulle, président de la République, après avoir crié le 4 juin 1958 « Je vous ai compris ! » à deux cent mille Algérois européens et musulmans massés au cœur d'Alger devant le siège du Gouvernement général et « Vive l'Algérie française ! » devant la population de Mostaganem, en est arrivé à prôner l'autodétermination de toutes les populations des départements français d'Algérie. Et il a pris cette position malgré les succès de l'Armée française sur les katibas de l'Armée de libération nationale, l'A.L.N., dont l'essentiel des forces est aujourd'hui contenu au Maroc et en Tunisie.

Avant le retour du général de Gaulle au pouvoir, les départements français d'Algérie n'étaient pas peuplés que de citoyens français, mais aussi par des sujets, les F.S.N.A., Français de souche nord-africaine, huit fois plus nombreux que les Européens. Aujourd'hui, à l'aube du mercredi 2 mai 1962, mis à part quelques milliers d'intellectuels et de libéraux de sensibilité de gauche, les Européens d'Algérie n'ont pas accepté les accords d'Evian. Ils refusent l'exil auquel les ont condamnés les 90,7 % de suffrages exprimés par les métropolitains lors du référendum du 8 avril, qui posait cette question : « Approuvez-vous le projet de loi soumis au peuple français par le président de la République et concernant les accords à établir et les mesures à prendre au sujet de l'Algérie sur la base des déclarations gouvernementales du 19 mars 1962 ? »

Il est maintenant 6 h 05. Sur le port, cinq ou six cents Musulmans portant leur casse-croûte dans un torchon noué ou dans une gamelle attendent près du quai de Calvi l'ouverture du bureau d'embauche des dockers. Des femmes voilées de blanc les ont accompagnés. Une rumeur monte de cette masse d'hommes qui bavardent, partagent des rires malgré la hantise de ne pas se voir attribuer quelques heures de travail chichement rémunérées. On se bouscule pour approcher un peu plus le local d'où, respectant un rituel immuable, sortiront bientôt les contremaîtres qui distribueront l'embauche. Les élus gagneront d'un pas léger les cargos à charger ou décharger. Les autres, muets, fatalistes, remonteront vers la Casbah ou vers la périphérie d'Alger en se disant que demain, *Inch'Allah*, ils trouveront à leur tour du travail.

A 6 h 10, les tâches ne sont pas encore distribuées, lorsqu'une explosion déchire la foule des dockers. Jaillie d'une voiture piégée, une lave de feu et de ferrailles fauche les trois quarts d'entre eux.

Hélas accoutumés depuis des années à ce genre d'intervention et annoncés par des hurlements de sirènes, des pompiers se dirigent vers le magma de corps emmêlés. Des militaires européens et musulmans viennent boucler avec des policiers d'une compagnie républicaine de sécurité les accès à la zone portuaire séparée de la ville par de hautes grilles. Plus loin, au fond de la darse réservée aux bateaux de pêche et aux voiliers de plaisance, des fusiliers marins casqués jaillissent à la course des bâtiments maures de l'Amirauté pour se déployer sur les quais.

Parmi les survivants de la tuerie, ceux qui n'ont pas fui vers le quai de Calvi ou gagné la rue de Cherbourg sont souillés de sang pour la plupart et empêchent les secours d'approcher des morts et des blessés enchevêtrés. Fous de rage, ils exigent le droit de s'occuper seuls de leurs frères. Pendant qu'ils alignent des cadavres et, après d'âpres discussions, acceptent de laisser enfin des secouristes prodiguer leurs soins aux blessés les plus gravement atteints, d'autres rescapés s'emparent d'un ingénieur européen qui venait prendre son travail et l'égorgent.

Dans les heures qui suivent l'attentat, si soixante-deux morts ont été recensés, il est impossible d'estimer le nombre des blessés, qui doit dépasser les deux cent cinquante !

Les auteurs de cette tuerie qui atteint en horreur celles que le F.L.N. a perpétrées le 20 août 1955 en massacrant cent soixante et onze Européens, dont un tiers d'enfants, dans la région de Philippeville et le 28 mai 1957 à Melouza, où il a assassiné plus de trois cents Musulmans, appartiennent à l'O.A.S., l'Organisation armée secrète violemment opposée à l'indépendance de l'Algérie.

L'O.A.S., qui plaidera avoir organisé cet attentat dans le seul but d'empêcher la livraison d'une cargaison d'armes de poing destinée à équiper la population musulmane, n'est pas le fruit d'une génération spontanée qui se serait produite sitôt que le président de la République a prôné l'autodétermination des populations algériennes. Elle a une longue histoire, une très longue histoire même. A part les plus jeunes, ses membres ont pour la plupart milité au sein de groupes armés secrets dépendant de l'U.F.N.A., l'Union française nord-africaine dissoute en 1956, de l'O.R.A.F., l'Organisation de résistance de l'Algérie française créée en 1954, du F.N.F., le Front national français mis sur pied en novembre 1958 et dissous après l'insurrection algéroise du 24 janvier 1960 et, enfin, du F.A.F., le Front de l'Algérie française formé après la dissolution du F.N.F.

Après les espoirs de mai 1958, si grands et si vite déçus, les plus durs partisans de l'Algérie française, qui formeront l'ossature de l'O.A.S., ont fait en septembre 1959 le serment de combattre par tous les moyens la nouvelle politique du général de Gaulle, lorsque celui-ci, pour la première fois en public, annonçait l'autodétermination de tous les Algériens.

**Première partie**

# LE CREUSET

— 1 —
## Tout commence par un discours

En cette fin d'après-midi du 16 septembre 1959, les rues principales des grandes villes sont vides en Algérie. Si les Européens les ont désertées, ce n'est pas dans le souci de devancer là où il leur est imposé le couvre-feu auquel ils sont habitués depuis le début de la rébellion nationaliste déclenchée en novembre 1954. Non, ceux que les Français de métropole ont pris l'habitude d'appeler les « Pieds-noirs » sont rentrés chez eux parce que le général de Gaulle, président de la République depuis le 21 décembre 1958 et installé à l'Elysée le 6 janvier 1959, parlera à 20 heures devant les micros et les caméras de la Radio-Télévision française.

Ces Français d'Algérie sont d'autant plus inquiets que le président de la République, au cours d'un entretien accordé le 29 avril précédent à Pierre Laffont, député et directeur de *L'Echo d'Oran* qui lui reprochait de ne pas parler clairement de l'intégration unanimement réclamée en mai 1958, s'était exclamé : « Mais ne suis-je pas le tout premier à l'avoir voulue, puisque, dès 1943, j'ai accordé le droit de vote aux Musulmans ? »

Ironique, de Gaulle avait précisé à Pierre Laffont que « ceux qui crient aujourd'hui le plus fort intégration sont ceux-là mêmes qui, alors (il parlait de sa décision de 1943), étaient contre cette mesure. Ce qu'ils veulent, c'est qu'on leur rende l'Algérie de papa... Mais l'Algérie de papa est morte, et si on ne le comprend pas on mourra avec elle ».

Les Musulmans eux non plus ne sont pas dans les rues, car ils attendent beaucoup du discours présidentiel. Ils n'ont pas oublié que le général de Gaulle avait envisagé avant même la fin de la Seconde Guerre mondiale une mutation de l'Algérie dans la ligne émancipatrice des colonies et des protectorats qu'il avait annoncée à Brazzaville, le 30 janvier 1944. « En Afrique française, comme dans tous les autres territoires où des hommes vivent sous notre drapeau, proclama-t-il en ce temps-là, il n'y aurait aucun progrès qui soit un progrès, si les hommes, sur leur terre natale, n'en profitaient pas moralement et matériellement, s'ils ne pouvaient s'élever peu à peu jusqu'au niveau où ils seront capables de participer chez eux à la gestion de leurs propres affaires. C'est le devoir de la France qu'il en soit ainsi. »

De Gaulle n'avait pas engagé la France dans cette voie puisque, après avoir abandonné le 20 janvier 1946 le pouvoir sous la pression des partis renaissants de leurs cendres, il ne l'a retrouvé que le 1er juin 1958, grâce à des menées activistes de tous bords canalisées à son profit par des gaullistes de choc décidés à mettre à bas la IVe République sclérosée par ses institutions obsolètes.

Beaucoup de Musulmans ont été déçus lorsque Abderrahmane Farès, le dernier président de l'Assemblée algérienne aujourd'hui dissoute, a refusé sous la pression des dirigeants de la rébellion un portefeuille de ministre d'Etat dans le gouvernement mis sur pied le 12 juin 1958 par le général de Gaulle. N'ayant plus depuis cinq ans pour seuls repères que les diktats contradictoires du Front de libération nationale et de l'Armée française, redoutant toujours des ratonnades lancées par des partisans de l'Algérie française, ils ont regagné aujourd'hui plus tôt que d'habitude leurs bidonvilles ou leurs cités de banlieue.

Dans le bled, les militaires qui ne sont pas engagés dans quelque opération contre les katibas de l'A.L.N. par le général d'aviation Maurice Challe qui les commande en chef se regroupent autour de leurs postes radio à transistors.

Au sein des trois états-majors des divisions territoriales d'Oran, Alger et Constantine, qui composent la Xe région militaire, dans les bureaux de commandement d'unités ou les mess des casernes, leurs officiers sont, eux aussi, pressés d'écouter le message de l'Elysée. Devinant que leur avenir personnel autant que le sort de l'Algérie dépend de ce discours, impatients, ils jettent de temps en temps des coups d'œil à leur montre.

Il est maintenant 20 heures, l'Algérie est tout entière figée lorsque le président de la République, pour une fois en civil, commence à parler. Dans les quartiers populaires d'Oran, Constantine et Alger, les Européens se sont regroupés chez ceux qui possèdent un téléviseur. Après les habituelles plaisanteries qui saluent depuis juin 1958 les apparitions télévisées du chef de l'Etat, ils ne parviennent pas, cette fois, à dissimuler leur inquiétude.

De Gaulle fait d'entrée le bilan de ce qu'il a entrepris depuis dix-huit mois, félicite l'armée et annonce :

— Grâce au progrès de la pacification, au progrès démocratique, au progrès social, on peut maintenant envisager le jour où les hommes et les femmes qui habitent l'Algérie seront en mesure de décider de leur destin, une fois pour toutes, librement, en connaissance de cause. Compte tenu de toutes les données, algériennes, nationales et internationales, je considère comme nécessaire que ce recours à l'autodétermination soit, dès aujourd'hui, proclamé.

Entendant le président parler pour la première fois d'autodétermination, les officiers sont stupéfaits et, dans leur grande majorité, les Français d'Algérie sont consternés lorsque de Gaulle commence à énumérer les choix qu'il entend proposer par référendum à la nation.

— Ou bien la sécession, où certains croient trouver l'indépendance... Ou bien la francisation telle qu'elle est impliquée dans l'égalité des droits... Ou bien le gouvernement des Algériens par les Algériens, appuyé sur l'aide de la France et en union étroite avec elle.

Le premier de ces cas de figure ne semble pas avoir la préférence du président, puisqu'il vaticine :

— La France quitterait alors les Algériens qui exprimeraient la volonté de se séparer d'elle. Ceux-ci organiseraient sans elle le territoire où ils vivent, les ressources dont ils peuvent disposer, le gouvernement qu'ils souhaitent. Je suis, pour ma part, convaincu qu'un tel aboutissement serait invraisemblable et désastreux. La sécession entraînerait une misère épouvantable, un affreux chaos politique, l'égorgement généralisé et, bientôt, la dictature belliqueuse des communistes.

Même si le Général a condamné les responsables de la rébellion exilés en estimant qu'ils forment « un groupe de meneurs ambitieux résolus à établir par la force et la terreur leur dictature et croyant pouvoir obtenir qu'un jour la République leur accorde le privilège de traiter avec eux du destin de l'Algérie, les bâtissant par là même comme gouvernement de l'Algérie », les Pied-noirs sont assommés.

Dans les bidonvilles et les cités, sans se réjouir trop vite d'avoir enfin été réellement « compris », ainsi que de Gaulle l'avait affirmé le 4 juin 1958 sur le Forum algérois, les Musulmans échangent des sourires entendus lorsque le président de la République appelle une nouvelle fois les rebelles à accepter une « paix des braves » Et leurs sourires s'élargissent quand il décrète que leur sort leur appartient :

— Non point comme le leur imposerait le couteau ou la mitraillette, mais suivant la volonté qu'ils exprimeront légitimement par le suffrage universel. Avec eux et pour eux, la France assurera la liberté de leur choix.

De Gaulle, accompagnant sa péroraison d'un geste de la main gauche tenant ses lunettes, en termine par ce cri de foi en sa politique :

— Mais la route est tracée. La décision est prise. La partie est digne de la France.

Les propos du président de la République ont blessé la plupart des Européens d'Algérie qui s'estiment à juste titre responsables de son retour au pouvoir. Son changement de politique est inacceptable pour la majorité de ceux qui ont entendu le Général proclamer « Je vous ai compris ! » en juin 1958 au Forum d'Alger, puis, deux jours plus tard, crier « Vive l'Algérie française ! » à Mostaganem. Et les nombreux Français d'Algérie qui n'ont jamais cru en lui, ceux qui, dans quelques mois, par pulsion de désespoir plutôt que par raison, rallieront l'O.A.S., n'ont pas le cœur de clamer qu'ils avaient eu raison de douter de sa volonté à garder l'Algérie française.

Depuis le 19 décembre 1958, Paul Delouvrier est installé à la Délégation générale, l'immense ensemble d'immeubles modernes qui, en haut du boulevard Laferrière, demeure pour tous les Algérois le « G.G. », le Gouvernement général d'avant mai 1958.
Delouvrier est un grand homme svelte de quarante-quatre ans. Il est lorrain et une fine moustache, aussi noire que ses cheveux plaqués sur ses tempes, souligne ses lèvres fines. Avant de remplacer le général Raoul Salan en Algérie – qui porte depuis l'Indochine le surnom de « Mandarin » et qui est aujourd'hui gouverneur militaire de la place de Paris –, Delouvrier dirigeait les services financiers de la Haute Autorité de la Communauté européenne du charbon et de l'acier. Il ne porte plus le titre de gouverneur général comme en 1954 Roger Léonard et, jusqu'en février 1956, Jacques Soustelle. Il n'est même pas ministre résidant, ainsi que le fut Robert Lacoste jusqu'en mai 1958. Comme si le général de Gaulle avait voulu ainsi affirmer un peu plus son autorité personnelle sur l'Algérie, il n'a droit qu'au titre de délégué général du gouvernement.
Delouvrier a rapidement fait les comptes après le discours présidentiel. D'un côté, il y a presque 3 000 000 d'électeurs musulmans et de l'autre seulement un peu plus de 400 000 votants européens, auxquels s'ajoutent les 130 000 militaires de carrière et majeurs qui ont depuis peu le droit de vote et les 50 000 supplétifs musulmans de l'armée. Il devine quelle sera, en Algérie, la réponse au référendum annoncé par le général de Gaulle et celle qui viendra quand il s'agira de se prononcer au sujet de l'indépendance.
Dans les djebels, les *djounoud* – soldats réguliers de l'A.L.N – ont eu des échos du discours de De Gaulle. Krim Belkacem, ministre des Forces armées au sein du Gouvernement provisoire de la République algérienne – le G.P.R.A. siégeant à Tripoli, affirme sur les ondes qu'ils doivent être fiers, car ce sont eux seuls qui ont « obligé l'ennemi à parler d'autodétermination, revenant ainsi sur le mythe répété de l'Algérie française ».
Le lendemain du discours de De Gaulle, la presse en Algérie ne reflète pas vraiment les craintes européennes. A la une de son *Echo d'Oran,* Pierre Laffont propose en effet : « Acceptons le pari. » Et si Alain Lemoine de Sérigny, président de la Compagnie des cargos réunis et directeur de *L'Echo d'Alger,* s'engage de son côté à un peu moins de neutralité bienveillante, il estime tout de même que le discours du 16 septembre est tissé de « bon et de mauvais ». Il regrette seulement que le Général ait accepté le risque de voir amputer le territoire de la République, réputée pourtant une et indivisible, en parlant de sécession et d'indépendance.
Malgré ces formules prudentes, les lecteurs des quotidiens, même s'il n'y a pas deux mois le chef de l'Etat s'est écrié au cours d'une brève

tournée d'inspection de l'armée d'Algérie : « Moi vivant, jamais le drapeau F.L.N. ne flottera sur Alger ! », craignent qu'il n'ait décidé une fois pour toutes du sort de l'Algérie.

A la tête des 5ᵉ bureaux de l'armée, dont dépend le service d'action psychologique, le colonel Jean Gardes a tiré du discours de De Gaulle une synthèse privilégiant la francisation. A condition de s'en tenir à des directives verbales, il a facilement obtenu du général Challe l'autorisation de faire courir dans l'armée le bruit que cette solution, à laquelle il est si attaché qu'elle le conduira plus tard à l'O.A.S., a réellement les faveurs du président de la République.

Avec 400 000 hommes répartis en douze zones opérationnelles, l'armée d'Algérie est puissante. Mais si elle tient les djebels et contient le gros de l'A.L.N. au-delà des frontières marocaine et tunisienne matérialisées par de larges réseaux de barbelés électrifiés et de vastes champs de mines, elle ne pourra pas influencer le verdict des urnes qui provoquera progressivement son retrait.

Les quelque soixante-dix officiers généraux d'Algérie sont tout naturellement en fin de carrière et, à quelques exceptions près, peu enclins à contrarier de Gaulle. Presque tous les colonels chefs de corps des régiments obéiront sans barguigner aux ordres de l'Elysée. Seuls les officiers des troupes de réserve générale, légionnaires, parachutistes ou commandos formés par des harkis et des rebelles ralliés, n'accepteront pas sans broncher de marcher dans la direction imposée par le président de la République, leur chef suprême.

Dans l'ensemble, les officiers généraux et supérieurs de l'armée de l'Air, de la Marine et de l'armée de Terre ne commentent donc pas ouvertement la nouvelle orientation politique de De Gaulle. Seule, une poignée d'officiers à l'activisme depuis longtemps affiché – le futur encadrement militaire de l'O.A.S. – renâclent au lendemain du 16 septembre. Le général Jacques Faure, surtout. Cet immense officier racé et ancien champion de ski avant la Seconde Guerre mondiale est un vétéran de la bataille de Narvik en Norvège. Son unité ayant été débarquée en Angleterre après cette unique victoire des troupes alliées avant l'armistice de juin 1940, il n'a pas rallié la France libre. Après avoir participé à l'organisation des Chantiers de jeunesse, il a durement combattu dans les Vosges avec le 1ᵉʳ régiment de chasseurs parachutistes, d'abord comme second du colonel Geille, puis comme chef de corps.

En décembre 1956, ayant en Algérie la haute main sur les réservistes assujettis à un service régulier au sein des unités territoriales, le général Jacques Faure s'était engagé dans un complot destiné à renverser le gouvernement de Guy Mollet. Il en avait, par naïveté plus que par calcul, parlé avec l'ancien résistant Paul Teitgen. Celui-ci, frère de Pierre-Henri Teitgen, membre éminent du Mouvement républicain populaire, était en ce temps-là chargé à Alger des affaires de police. Ce complot prévoyant les arrestations de quelques généraux, du gouverneur Lacoste et du préfet d'Alger, les conjurés, bien qu'ils ne l'aient pas mis dans le secret, voulaient imposer le général Raoul Salan à la place du général Lorillot au commandement de la X$^e$ région militaire. Paul Teitgen, en rapportant au gouvernement les propos de Faure, a fait capoter cette machination qui aurait eu des prolongements à Paris, où un appareil poujadiste renforcé par des éléments antirépublicains devait relayer l'action des activistes d'Alger.

Général de division depuis le 30 décembre 1958, Jacques Faure avait écopé en 1956 de trente jours d'arrêts de forteresse qui ne l'ont pas empêché de poursuivre sa carrière, puisqu'il est aujourd'hui à la tête de la zone opérationnelle de l'Est algérois, la Z.E.A., dont la force principale est la 27$^e$ division d'Infanterie alpine.

Le lieutenant-colonel Antoine Argoud est un autre farouche tenant de l'Algérie française. Ce petit officier de cavalerie sec comme un tronc de houx n'a jamais professé une grande admiration pour le général de Gaulle. Il a travaillé de la Libération à 1950 à doter l'armée française d'un engin blindé léger et rapide. Il était affecté en 1954 à l'état-major de Jacques Chevallier, le maire d'Alger, qui était secrétaire d'Etat au ministère de la Défense nationale et des Forces armées dans le gouvernement de Pierre Mendès France.

Après avoir fait ses premières armes dans la I$^{re}$ armée du général de Lattre de Tassigny à la Libération, Argoud n'a pas combattu en Indochine. S'étant opposé au ministère de la Défense avec le général Koenig au sujet de blindés qu'il considérait inadaptés à leur emploi, il a été affecté à sa demande au poste de second du lieutenant-colonel de Courtils au 3$^e$ régiment de chasseurs d'Afrique – son ancienne unité de la Libération – et, après avoir occupé à Baden-Baden le poste de chef du 2$^e$ bureau, il n'est arrivé en Algérie qu'en avril 1956.

Estimant, comme il l'écrira plus tard à la page 147 du chapitre 9 de ses mémoires qu'il publiera en 1974 aux éditions Fayard puis 1990 aux éditions Albatros sous le titre *La Décadence, l'Imposture, la Tragédie*, qu'en Algérie la « guerre est totale », qu'« aucune considération morale ne limite l'emploi de la force » et que « la torture est un acte de violence au même titre que la balle du fusil, l'obus, le lance-flammes, la bombe, le napalm ou les gaz », Argoud s'est très vite accroché avec son chef direct, le général Jacques Allard, qui lui reprochait d'user de méthodes de répression trop expéditives dans son sous-secteur opérationnel de L'Arba. Tenant malgré les rappels à la modération à sa conception de la justice en temps de guerre, Argoud a fini par passer un accord oral avec le général Salan qui a admis de le laisser fusiller les terroristes du F.L.N., mais à l'expresse condition que ces exécutions se passent dans le djebel, loin de L'Arba. Estimant de son côté que seul l'exemple d'une justice implacable pourrait rassurer les populations indécises et terrorisées par les rebelles, Argoud avait pris l'habitude de faire conduire en camion les

Musulmans de L'Arba jusqu'aux lieux où se déroulaient les mises à mort des assassins et des saboteurs du F.L.N.

Grâce aux manipulations ourdies à Alger en mai 1958 dans l'intention de précipiter la chute de la IV$^e$ République au profit des généraux à la retraite Paul Cherrière, qui commandait en chef en Algérie en 1954, et Lionel Chassin, admis dans la 2$^e$ section de l'armée de l'Air en 1957, le général Faure, les lieutenants-colonels Jean Gardes et Joseph Broizat, alliés de circonstance à d'anciens dirigeants du R.P.F. – le Rassemblement du peuple français créé le 14 avril 1947 sous les auspices du général de Gaulle –, furent de ceux qui facilitèrent le retour de De Gaulle, à Matignon d'abord, puis à l'Elysée. Argoud les a rejoints en janvier 1959 en remplaçant Broizat au poste de chef de cabinet du général Jacques Massu au corps d'armée d'Alger. En octobre 1959, ces trois colonels et ce général entretiennent encore des relations avec les dirigeants des mouvements dont le programme politique se résume au maintien du statu quo en Algérie. Mais tous les autres acteurs principaux du 13 Mai ont été mutés en métropole ou en Allemagne par le nouveau ministre des Armées, Pierre Guillaumat. En voyant partir un à un les hommes qui ont mené la révolte de mai 1958, les Français d'Algérie ont eu l'impression d'être peu à peu abandonnés et seul leur reste encore le général Massu.

Jacques Massu est un grand homme au corps large et maigre. Soldat courageux et réputé pour sa franchise, il est gaulliste de la première heure. Son long visage aux traits irréguliers et au nez fortement busqué est célèbre dans l'Armée depuis la France libre. Compagnon de la Libération, il était capitaine dans la Coloniale lorsqu'il a répondu en juin 40 à l'appel du général de Gaulle. Il s'est illustré à Koufra et a suivi le général Leclerc jusqu'à la Libération, puis en Indochine lorsqu'il fallut en 1946 y réaffirmer la présence française. Chef de la demi-brigade de parachutistes coloniaux en métropole puis commandant de la 10$^e$ division parachutiste en Algérie, Massu est, à juste titre, considéré par les Algérois comme le vainqueur de la bataille d'Alger, ce qui lui a valu d'être désigné par de nombreux intellectuels de gauche comme l'instaurateur de la torture en Algérie. Ce dont, sûr de son bon droit, il affecte de ne pas se soucier.

*

## — 2 —
## Figures de l'Algérie française et futurs O.A.S.

Persuadés que le gouvernement ne leur enlèvera pas le général Massu, les tenants de l'Algérie française resserrent leurs rangs après le discours de De Gaulle. Le 5 octobre 1959, ceux d'Oran créent un Front commun de résistance au gouvernement de Michel Debré, l'homme qu'ils considèrent aujourd'hui comme un traître à l'Algérie française alors que, après d'autres écrits virulents publiés dans *Le Courrier de la colère,* il avait proclamé le 6 décembre 1957 dans *L'Echo d'Alger* : « L'insurrection, pour l'Algérie française, est l'insurrection légitime. » Et le 13 octobre ceux d'Alger forment un Comité d'entente des mouvements nationaux composé des responsables de l'Association générale des étudiants, du Mouvement démocratie chrétienne et musulmane, du Comité d'entente des anciens combattants et du F.N.F., le Front national français.

Joseph Ortiz, l'initiateur de ce comité, a quarante-trois ans. Il est grand, élégant et poujadiste. D'abord garagiste puis agent immobilier, il tient depuis cinq ans près du Gouvernement général la Brasserie du Forum. Le 11 novembre 1958, il a créé le F.N.F. avec Marcel Ronda et Jean-Claude Pérez.

Marcel Ronda, fabricant de pantoufles, est un petit officier de réserve toujours de bonne humeur. Courageux à l'excès malgré un manque évident de formation militaire, il a été une des figures du 13 mai 1958 et assume aujourd'hui le secrétariat général de la Fédération des unités territoriales. Quant à Jean-Claude Pérez, grand homme de trente et un ans au nez busqué et à la faconde plébéienne, il est médecin et sera bientôt un des patrons des commandos urbains de l'O.A.S. à Bab el-Oued tandis que son frère, Jacques, participera à la résistance à l'abandon dans les quartiers de Belcourt, du Champ-de-Manœuvre et du Ruisseau.

Le Mouvement populaire du 13 Mai, le M.P. 13, adhère tout naturellement au comité d'Ortiz. D'abord animé en métropole par le général Lionel Chassin, ce mouvement a été phagocyté en Algérie par Robert Martel, un viticulteur de la Mitidja établi à Chebli, à une trentaine de kilomètres au sud d'Alger. Martel a organisé en février 1956 la bronca qui a accueilli à Alger le président du Conseil Guy Mollet. Cet homme fait pour l'action, grand, souriant large et chrétien convaincu, a souvent donné des coups de main aux services spéciaux de l'armée. Les autres composantes du comité d'entente algérois sont le Mouvement pour l'instauration d'un ordre corporatif, le M.P.I.O.C. dirigé par le D$^r$ Bernard Lefèvre, le Mouvement nationaliste étudiant et le Rassemblement pour l'Algérie française dirigé par l'imprimeur Georges Lopinto.

L'avocat et député Pierre Lagaillarde est parmi les figures du nouvel organisme fédérateur qui se réunit chaque jeudi dans un local mis à sa disposition par Alain de Sérigny au siège de la Compagnie des cargos réunis.

En tenue camouflée et armé d'une mitraillette, le lieutenant parachutiste de réserve Lagaillarde a violé l'Histoire le 13 mai 1958 en bousculant avec ses jeunes compagnons le maigre service d'ordre qui protégeait l'accès au Gouvernement général. Il a ensuite offert sur un plateau le pouvoir au général Massu, mais le patron de la 10$^e$ division parachutiste, se contentant d'improviser un Comité de salut public panaché de civils et de militaires, a préféré le remettre au général Salan, à qui Félix Gaillard, le président du Conseil mis en minorité depuis le 15 avril 1958, venait déjà, après quelques heures d'émeute sans effusion de sang, de confier toutes les responsabilités civiles et militaires en Algérie.

Pierre Lagaillarde, grand homme de trente ans arborant un collier de barbe noire, trois fois cité au feu lors de son service militaire, sera en février 1961 l'un des créateurs de l'O.A.S. Elu député d'Alger en novembre 1958 en même temps que René Vinciguerra, le populaire goal de football Mourad Kaouah et Ahmed Djebbour, il a fait le serment de ne plus participer aux débats de l'Assemblée nationale qui, dans la ligne du discours présidentiel du 16 septembre, a massivement approuvé la politique de De Gaulle par 441 voix contre 23.

Lagaillarde a de qui tenir. Il descend du député de l'Ain, Alphonse Baudin qui, le 3 décembre 1851, s'est opposé à un coup d'Etat organisé par le comte de Morny dans l'espoir de permettre au prince Louis Napoléon, président de la République, de conserver le pouvoir. Afin d'entraîner la foule au secours de la II$^e$ République, il l'exhortait avec quelques élus ceints de leur écharpe tricolore à rejoindre une barricade dressée faubourg Saint-Antoine devant une troupe acquise au coup d'Etat lorsque, exprimant ainsi vertement la tiédeur générale, une femme lui lança : « Vous ne croyez tout de même pas que nos hommes vont prendre le risque de se faire tuer pour préserver vos vingt-cinq francs de salaire ! »

Piqué au vif, l'arrière-grand-père de Lagaillarde est monté sur l'amas de pavés et de madriers en criant : « Citoyens, je vais vous montrer comment on meurt pour vingt-cinq francs ! » Une salve de coups de fusil l'a foudroyé.

Depuis le discours du 16 septembre, irréductible partisan de l'Algérie française, Lagaillarde tient à discuter d'égal à égal avec Joseph Ortiz qui a pris, lui aussi, sa part de responsabilité dans l'insurrection victorieuse de mai 1958.

Déjà remarqué lors de l'élaboration du coup de force, le journaliste Guy Ribeaud assure la liaison entre les meneurs de l'Algérie française et leurs alliés métropolitains, entre autres avec Jean-Baptiste Biaggi, un avocat corse si remuant que le général Massu avait dû, en mai 1958, l'expédier en résidence forcée à Adrar, à plus de mille kilomètres au sud d'Alger. Guy Ribeaud est aussi en contact permanent avec Léon Delbecque, l'âme du complot gaulliste de 1958 qui, après avoir habilement amené le général Salan à en appeler à de Gaulle au Forum, s'était écrié au soir du 4 juin 1958 à Radio Alger : « Princes du système, ne comptez pas étouffer la révolution. Nous n'avons pas franchi le Rubicon pour y pêcher à la ligne ! Nous irons jusqu'au bout de ce que nous avons entrepris le 13 mai. »

Fidèle à sa profession de foi, Delbecque, aujourd'hui déçu par la politique algérienne du président de la République, tente de raviver en métropole l'esprit de mai 1958.

De nombreux anciens militants de l'Union française nord-africaine s'intègrent aussi au Comité d'entente des mouvements nationaux. Cette U.F.N.A., dissoute par décision gouvernementale en juillet 1956, a été créée par Boyer-Banse, Maurice Crespin et Robert Martel. Elle éditait un journal, *Présence française,* dont le rédacteur en chef était un Belge, Pierre Joly, un grand rouquin barbu installé depuis peu à Alger et qui, par sa faconde et l'étalage de nombreuses relations politiques, s'était imposé comme le conseiller privilégié de Boyer-Banse et de Robert Martel. La présence d'un Belge à la tête du mouvement avait troublé le second de Martel, Georges Watin – colosse à la gueule carrée né en 1923, légèrement handicapé par un pied-bot et qui tirera en août 1962 sur le général de Gaulle au Petit-Clamart –, qui refusait de mêler des menées politiques d'origine douteuse à la défense de l'Algérie française. Pierre Joly était un proche du D$^r$ René Kovacs, réputé pour ses soins basés sur l'hypnose, champion de natation et ancien correspondant des services secrets qui entretenait avec sa compagne, Rolande Messerschmidt, un climat de conspiration permanente dans sa villa des hauts d'Alger.

Les fondateurs de l'U.F.N.A., pour la plupart futurs cadres de l'O.A.S., ont pris la plus grosse part de la répression au soulèvement de masse organisé le 20 août 1955 dans l'est du pays par Zighout Youssef, le chef de la wilaya II depuis la mort au combat de son ancien chef, Didouche Mourad. Les assassinats ordonnés par Zighout avaient pour but de provoquer une riposte de l'armée aussi dure que celle qui avait réprimé en mai 1945 le soulèvement populaire de Sétif.

Zighout Youssef voulait creuser un fossé entre les deux communautés algériennes et obliger Jacques Soustelle, alors gouverneur en Algérie, à abandonner son projet d'intégration des Musulmans qui aurait privé la rébellion de toute légitimité. Et, bien que la répression française n'ait pas atteint une ampleur telle qu'elle aurait placé aux yeux du monde entier la population musulmane en position de martyr, il a réussi dans son entreprise terroriste.

En février 1956, six mois après avoir appliqué la loi du talion dans la région de Constantine, les militants de l'U.F.N.A. ont participé en masse à la réception houleuse de Guy Mollet. Certains d'entre eux, dont Joseph Ortiz, avaient pris pour argent comptant les engagements du général Lionel Chassin, qui occupait alors de hautes fonctions à l'état-major interallié du Centre-Europe, et, surtout, du général Paul Cherrière, le géant épais surnommé « Babar » qui avait été évincé par Jacques Soustelle de son poste de commandant en chef en Algérie au profit du général Lorillot.

Cherrière, officier d'infanterie de la vieille école, héros de la bataille du Garigliano en mai 1944 alors qu'il commandait le 6e régiment de tirailleurs marocains fut, dès le début de la rébellion, partisan de vastes ratissages que le manque d'effectifs lui interdisait pourtant de mener à bien. En avril 1957, il est revenu à Alger incognito – du moins l'imaginait-il avec une étonnante naïveté parce qu'il utilisait le pseudonyme de Legros ! – afin de mettre Robert Martel et son ami le colonel Jean Thomazo au fait d'un coup d'Etat qui aurait dû le porter à la tête de la France, qu'il aurait gouvernée à la manière d'un Franco.

Le général Paul Cherrière – alias M. Legros – est tout particulièrement attaché au sort de l'Algérie car son frère, lieutenant de vaisseau sur le croiseur *Provence*, y est mort le 3 juillet 1940, au cours de l'attaque anglaise sur Mers el-Kebir. Officier des troupes coloniales maintenant redevenues « de Marine » par la volonté du général de Gaulle, Cherrière a commandé du 16 juillet 1948 au 1er février 1949 la division territoriale d'Oran, ce qui lui a valu, lors de sa prise de commandement de la Xe région militaire, de jouir d'une réputation quelque peu usurpée de spécialiste du dossier algérien.

Ulcéré par la perte prématurée de son commandement, puis par l'échec du plan subversif qui aurait dû le porter au pouvoir en 1957, Cherrière fait partie de l'entourage du Dr Henri Martin, ancienne figure de la Cagoule puis de la Résistance et qui, de son côté et grâce à Pierre Joly, a rencontré Robert Martel et Georges Watin.

Les deux leaders pieds-noirs n'ont pas eu les mêmes réactions en quittant l'ancien maître espion des premiers mois de l'Etat français du maréchal Pétain qui fut également l'aide actif des Américains à la Libération dans la région de Lyon. Si Martel, subjugué, s'est engagé avec lui, Georges Watin n'a pas trouvé très sérieux son « Grand O », cette sorte de club de pensée qui n'avouait qu'un but : renverser les institutions françaises en utilisant, ainsi que Watin s'en est vite persuadé, le prétexte de l'Algérie. Le Dr Martin s'était attiré la fidélité d'Yves Gignac, ancien sous-officier du Génie en Extrême-Orient, intime du général Salan et secrétaire général de l'Association des combattants de l'Union française. L'A.C.U.F. anticommuniste proclamée et forte de 27 000 adhérents, pour la plupart vétérans d'Indochine rêvant d'exorciser une défaite qui, à leur avis, aurait été provoquée plus par les reniements des gouvernements Laniel et Mendès France que par les armes du Viêt-minh.

Yves Gignac est un petit Bordelais de trente-cinq ans. Rond de visage, il parle toujours du même ton calme en fixant son interlocuteur d'un œil vif sans jamais se départir d'une esquisse de sourire ironique. C'est à lui que le général Salan confiera en 1961 la charge d'organiser l'O.A.S. en métropole. Alors qu'il participait le 7 juillet 1957 à Alger au congrès de trente-cinq associations d'anciens combattants organisé dans les salons de l'hôtel Saint-George, il a fait ce jour-là le serment de « s'opposer par tous les moyens à toute mesure qui menacerait l'intégrité du territoire et de l'unité française ». Avant d'être adopté, ce texte avait provoqué une discussion animée. Fallait-il ou non utiliser « par tous les moyens », termes qui sous-entendaient « au besoin par une force illégale », avait demandé Gignac en faisant remarquer aux congressistes l'ambiguïté qu'ils contenaient. Le gaulliste Alexandre Sanguinetti, à qui la presse octroiera plus tard le titre de « Monsieur anti-O.A.S. », fut à ce congrès le plus virulent partisan de l'utilisation de ces mots car, à son avis, la violence qu'ils sous-entendaient était non seulement justifiable, mais obligatoire pour défendre en Algérie les valeurs républicaines.

Ce même dimanche 7 juillet 1957, le président de la République René Coty prévenait à Strasbourg : « On ne nous refera pas de l'autre côté de la Méditerranée le coup d'une deuxième Alsace-Lorraine ! » et, depuis, Yves Gignac n'a rien changé à sa façon de voir les choses. Parfois agacé d'être considéré comme seulement un défenseur de l'Algérie française, lui que le F.L.N. a condamné à mort en juin 1959, il se proclame plutôt « partisan passionné de la France » tant il lui est évident que l'Algérie en fait partie au même titre que son Bordelais natal.

De son côté, Joseph Ortiz a été vite déçu par le manque de combativité apparent des amis du D$^r$ Martin. Il leur reprochait surtout de n'avoir pas suivi la révolte algéroise de février 1956. C'était pourtant, selon lui, le moment de s'engager lorsque Guy Mollet, cédant à la colère de quelques milliers d'Algérois, avait accepté la démission du vieux général Georges Catroux qu'il venait tout juste de nommer à la place de Jacques Soustelle au poste de gouverneur général en Algérie. N'ayant rien vu venir de concret après les jets de tomates, ces « armes nationales » si bien ajustées par les amis de Robert Martel, Joseph Ortiz s'est également séparé de l'U.F.N.A., elle aussi devenue trop velléitaire à son goût. Il a entraîné dans son départ la plupart des militants de choc de l'Algérie française, qui retrouvent enfin aujourd'hui, en octobre 1959, une ambiance plus agressive au sein du Comité d'entente des mouvements nationaux.

Les anciens de l'U.F.N.A. débauchés par Ortiz ont tous appartenu aux groupes armés de l'O.R.A.F., l'Organisation de résistance de l'Algérie française animée dès le début de la rébellion par André Achiary et le D$^r$ Pérez.

Expulsé d'Algérie en 1956 après y avoir engagé une violente campagne antiterroriste, André Achiary était un intime de Jacques Soustelle. Personne ne connaît mieux les secrets d'Alger que cet homme d'à peine cinquante ans. Il a, en effet, servi à la D.S.T. depuis 1935. Bien qu'aujourd'hui exilé en Espagne, il est toujours considéré par les Algérois comme l'archétype de l'homme d'action et du patriote. Et nul, même parmi les hauts fonctionnaires qui l'ont éloigné de l'Algérie, n'oublie les services qu'il a rendus à la France libre et aux Alliés. En 1942, il a participé à un haut niveau aux manœuvres secrètes qui préludèrent au débarquement en Afrique du Nord. Puis, le 8 novembre 1942, il s'est emparé boulevard Baudin du commissariat central d'Alger, devenant ainsi un des maîtres de la ville.

Cette activité résistante a valu à Achiary d'occuper le poste de sous-préfet de Guelma en mars 1945. Deux mois plus tard, il matait dans son secteur le soulèvement nationaliste du 8 mai 1945. Se méfiant des réactions des trois compagnies de tirailleurs algériens qui composaient la petite garnison stationnée dans sa sous-préfecture, il a levé une milice civique de deux cent cinquante volontaires européens, dont soixante-six étaient armés de fusils de guerre et les autres d'armes de chasse, de pistolets et de revolvers.

En créant cette troupe de répression, s'il agissait dans le cadre de la loi du 17 avril 1881 qui accordait aux Européens d'Algérie le droit d'organiser l'autodéfense de leurs fermes en cas de menace, André Achiary devançait les ordres du général Martin qui, d'Alger, allait ordonner seulement le 11 mai « la mise en place des gardes territoriaux et des groupes de défense partout où l'autorité préfectorale le jugerait utile ».

Après avoir, comme celles de Bône, de Saint-Arnaud ou de Fedj M'Zala, sévi avec une rigueur extrême, la milice de Guelma est rentrée dans le rang le 27 mai 1945. Mis en cause par des enquêtes qui ont suivi cette répression, Achiary a été emprisonné. Il a aussitôt été dégagé de toute accusation grâce aux interventions de Jacques Chevallier, le maire libéral d'Alger qui n'avait pas oublié son aide aux services secrets français dont il avait lui-même été jusqu'à la Libération le représentant aux Etats-Unis.

Bien que le capitaine de frégate Henri Morache, commandant la Marine à Bône, le général de gendarmerie Tubert et le commissaire Bergé aient rapporté que la répression avait été particulièrement dure à Guelma et qu'un peu plus tard, le 19 juillet 1945, le sénateur Paul Cuttoli ait reconnu que des indigènes arrachés à leur prison avaient été fusillés sans jugement par ses miliciens, Achiary a tout de même été blanchi. Rappelé à Alger, il a été détaché auprès du gouverneur d'Algérie Yves Chataigneau et, le 1$^{er}$ avril 1946, il a été décoré de la Légion d'honneur au titre de la Résistance. En apprenant cette récompense, ses anciens administrés de Guelma, estimant que seule sa fermeté leur avait sauvé la vie en mai 1945, ont tenu symboliquement à lui offrir sa croix.

Avant son expulsion de 1956 et en référence à son coup d'éclat de 1942, Achiary s'appelait « Baudin » dans les dossiers de la D.S.T. En novembre 1959, s'il n'est plus à Alger, ses anciens compagnons de l'O.R.A.F. militent toujours avec autant d'acharnement. Le plus populaire d'entre eux est Jo Rizza, surnommé « le Hérisson ». Il est sellier-garnisseur à la Compagnie des transports algériens, où travaillent aussi quelques autres irréductibles tenants de l'Algérie française comme Sauveur Loratou, son ami de Bab el-Oued, Josué Giner qui se rendra célèbre dans l'O.A.S. sous le surnom de « Jésus de Bab el-Oued », Joseph Sansoni et Victor Soldini.

Joseph Rizza est âgé de trente-trois ans. Il a trois enfants et son père tient une boutique de sellerie à Bab el-Oued. Alors qu'il effectuait son service militaire, son unité basée à Aubagne a été désignée en décembre 1948 pour aller briser les grèves insurrectionnelles à Dunkerque. Mais son bataillon n'a pas dépassé Granville et, de retour en Algérie, il a terminé son service au 5e régiment de tirailleurs marocains.

Des membres de l'U.F.N.A. fraîchement dissoute ont participé avec d'autres proches d'Achiary au complot initié par les docteurs Kovacs et Pérez, qui aurait dû provoquer la mort du général Salan, le 16 janvier 1957. Ce jour-là, une brouillasse tenace épaississait un peu plus la pénombre crépusculaire qui envahissait Alger à l'heure de la sortie des bureaux et de la fermeture des magasins, lorsque deux roquettes propulsées par des bazookas artisanaux mis en batterie sur une terrasse dominant la place d'Isly frappèrent la façade du Q.G. de la Xe région militaire.

Si le premier projectile avait percuté sans dommages humains le mur, le second avait explosé dans le bureau du général Salan qui venait tout juste d'en sortir pour raccompagner le gouverneur Lacoste. Le lieutenant-colonel Robert Rodier avait été tué à la place du général en chef par le tir déclenché électriquement du bas de l'immeuble par Philippe Castille, un spécialiste des explosifs recruté par le Dr Kovacs.

Castille avait bricolé les bazookas avec l'horloger Christian Tronchi et Michel Féchoz, deux autres membres de l'O.R.A.F. Il était un tout jeune ancien de la 11e demi-brigade de choc créée en juillet 1946 à Montlouis afin de devenir le bras armé du S.D.E.C.E. Le très secret Jacques Foccart, ancien secrétaire général du R.P.F. et lieutenant-colonel de réserve au sein de cette unité entraînée dans le Loiret, à Cercottes, la considérait à l'époque de l'attentat comme sa propriété privée. Bien que sa vocation première le destine à des actions plus secrètes, le 11e choc, comme on appelle maintenant l'unité du S.D.E.C.E., a été engagé au début de la rébellion dans des opérations lancées en Kabylie avec le commando de Marine *Trepel*. L'implication de ses cadres dans l'opération *Résurrection,* qui devait en mai 1958 faire converger sur Paris des troupes de choc, comme dans la prise de la Corse menée par une centaine de parachutistes commandés par le capitaine Ignace Mantéi, a pesé lourd dans la décision du président Coty de faire appel au général de Gaulle.

Les anciens du 11ᵉ choc, à l'instar de Philippe Castille, n'abandonnent jamais tout à fait le service. Ils se tiennent toujours prêts à l'action. Il suffit de quelques allusions, de quelques noms lâchés au bon moment pour les entraîner dans des manipulations dont, comme pour l'affaire du bazooka, ils ne connaîtront jamais les véritables instigateurs.

Aujourd'hui, en octobre 1959, Philippe Castille purge à la prison centrale de Maison-Carrée avec Gabriel Dellamonica, Christian Tronchi et Michel Féchoz la peine de douze ans à laquelle il a été condamné dans le cadre de l'affaire du bazooka. Quant aux comparses de l'attentat, ils sont pour la plupart en liberté et affirment qu'ils étaient couverts de Paris par un mythique « Comité des Six ». Selon les déclarations du Dʳ Kovacs au procès, ce comité comprenait Michel Debré, Jacques Soustelle, Pascal Arrighi et le général Cogny. Mêlant à dessein ou par ignorance les patronymes de Valéry Giscard d'Estaing, élu à trente ans député du Puy-de-Dôme en 1956 (il fut en mai 1958 l'un des douze signataires d'un texte demandant au président Coty d'en appeler au général de Gaulle), et de Roland Boscary-Monservin, qui a été ministre de l'Agriculture dans les cabinets de Félix Gaillard et de Pierre Pflimlin, Kovacs donnait l'identité du cinquième membre de la conjuration. Enfin, le bruit court, toujours dans les milieux activistes d'Alger, que le prince Napoléon serait le sixième homme de ce fantomatique comité.

D'autres personnages de la mouvance gaulliste étaient, eux, parfaitement au fait du complot. Une fois Salan éliminé, sans doute parce qu'ils le considéraient par trop attaché aux valeurs républicaines pour les suivre dans la subversion, il aurait dû amener le général Cogny, alors commandant en chef au Maroc, au pouvoir en Algérie. Le capitaine de réserve Alain Griotteray était de ceux-là. Le Dʳ Kovacs, donnant une profusion de détails à son sujet, jusqu'au numéro de la chambre qu'il occupait à l'hôtel Saint-George, l'a souvent mis en cause lors de son procès. Le bouillant agent gaulliste avait d'ailleurs préféré ne pas affronter la justice, dont le ministre, François Mitterrand, voyait dans cette affaire une énorme machination antirépublicaine, et s'était par prudence installé en Espagne jusqu'à ce que le gouvernement Mollet soit mis en minorité le 21 mai 1957.

Maintenant, en octobre 1959, les protagonistes de l'affaire du bazooka qui ne sont pas en prison participent aux réunions animées du Comité d'entente au sein duquel, sans rancune affichée, il leur arrive de côtoyer les policiers qui les ont arrêtés deux ans auparavant. De nombreux fonctionnaires de police, même des commissaires lassés de retrouver très vite en liberté les terroristes musulmans et leurs alliés qu'ils arrêtaient, ont en effet participé aux actions de l'O.R.A.F., dont la plus spectaculaire a été celle qui, dans la nuit du 9 au 10 août 1956, a détruit un pan de vieilles maisons de la rue de Thèbes en haut de la Casbah. Philippe Castille, l'homme du bazooka, avait déjà pris part à ce plasticage qui, au prix d'une quarantaine de victimes, provoqua en représailles une vague d'attentats sanglants ordonnés par Yacef Saadi, le responsable du F.L.N. de ce quartier d'Alger.

André Achiary, en toute bonne foi, mais d'autres sans le savoir ont ainsi été engagés dans des opérations antiterroristes bien souvent télécommandées de la caserne algéroise Charron par le lieutenant-colonel Germain, patron de l'antenne locale du S.D.E.C.E. Et ces actions illégales leur ont permis d'éliminer, sans aucune crainte d'arrestation, des éléments importants du F.L.N.

Mais en 1959, de Gaulle est au pouvoir. L'allié le plus sûr des ultras de l'Algérie française, le capitaine Gabriel Allenan, l'adjoint du lieutenant-colonel Germain, suspecté d'avoir participé à des enlèvements et à des interrogatoires d'agents du F.L.N. dans la villa les Sources, louée par Georges Watin à Birmandreis, a été rapatrié après l'attentat de la rue de Thèbes. Les anciens de l'O.R.A.F ne bénéficient donc plus des mêmes protections de la part des responsables des services secrets. Le lieutenant-colonel Germain a lui-même été rappelé en métropole en octobre 1958. Il était le principal acteur du détournement d'un D.C. 3 civil d'Air-Maroc qui, le 22 octobre 1956, avait permis de capturer Ahmed Ben Bella, Mohammed Boudiaf, Hocine Aït Ahmed et Mohammed Khider, les chefs historiques de la rébellion qui ont été incarcérés avec le professeur Mostefa Lacheraf qui les accompagnait à Tunis, à la prison parisienne de la Santé jusqu'au 8 janvier précédent et qui sont maintenant – autre sujet de colère pour les militants du F.N.F. – en résidence aussi forcée que confortable sur l'île d'Aix.

A la fin novembre 1959, les dirigeants des mouvements de l'Algérie française ont malgré tout renoué des liens avec les services secrets de l'armée, dont les antennes sont maintenant coiffées à Alger par un ancien des brigades internationales d'Espagne aux cheveux blancs et au visage en lame de couteau, le colonel Henri Jacquin. Cet officier qui a pour ambition d'obtenir un jour la direction générale du S.D.E.C.E. contrôle toutes les actions secrètes de l'armée d'Algérie grâce au B.E.L. (Bureau études et liaisons qu'il dirige personnellement) et au C.C.I., le centre de coordination interarmes commandé par le lieutenant-colonel Simoneau. Mais il ignore que le capitaine Louis Bertolini, le successeur de Gaby Allenan au C.C.I., qui deviendra un des piliers de l'O.A.S., a fait partie au Maroc du groupement antiterroriste Présence française et qu'il est naturellement acquis à l'Algérie française.

Le P.C. du C.C.I. est maintenant camouflé à Hydra au sein d'une banale unité, le 158e R.I., et il a en charge l'organisation et l'emploi des détachements opérationnels de protection, les D.O.P., dont la mission consiste essentiellement à interroger les suspects et les prisonniers de la rébellion.

Mais, à Paris, la situation est plus défavorable aux militants de l'Algérie française. Le S.D.E.C.E. est toujours sous la coupe efficace du général d'armée Paul Grossin, que de Gaulle, malgré quelques mises en garde de son entourage quant à ses convictions socialistes, n'a pas limogé lors de sa prise de pouvoir. Ce refus du chef de l'Etat s'explique quand on sait qu'en mai 1940 le patron du S.D.E.C.E. était chef de bataillon et servait sous ses ordres lorsqu'il commandait une division blindée constituée en hâte dans l'intention illusoire d'enrayer dans la région de Laon la ruée des *Panzerdivisionen* du général Guderian qui piétinera pourtant devant elle durant quelques jours à Montcornet.

Depuis ces combats désespérés, le général Grossin est devenu une haute personnalité militaire de la IVe République. Il connaît bien l'Algérie. Il y était en 1943 lorsque Achiary et certains futurs activistes de 1959 ourdissaient des complots destinés à permettre au général de Gaulle de garder intacte son autorité sur la France combattante menacée par le général Giraud et l'amiral Darlan. Inscrit au parti socialiste en 1946 et promu général de brigade, il a dirigé la maison militaire de l'Elysée durant le septennat du président Vincent Auriol puis, avant de prendre la direction des services secrets, il a commandé la IXe région militaire.

Comme le général Grossin, le préfet Jean Verdier, directeur de la Sûreté nationale, pèse bon poids sur les engrenages de la sécurité de la France. Cet homme de grande taille à l'élégance discrète est de pensée radicale-socialiste. En 1952, alors qu'Antoine Pinay avait succédé à Matignon à Edgar Faure, il était directeur de cabinet du ministre de l'Intérieur Charles Brune. Il avait fait montre d'un rare sang-froid lorsque, au mois de mai de cette année, le gouvernement avait dû mater des manifestations tournant à l'émeute, organisées par le parti communiste et destinées à protester contre l'installation en France du général américain Matthew Ridgway, le successeur d'Eisenhower au commandement suprême des forces armées de l'O.T.A.N., à qui Jacques Duclos, oubliant qu'il avait commandé durant la bataille de Normandie les parachutistes Yankees et le surnommant « Ridgway la peste », reprochait d'avoir utilisé des armes bactériologiques en Corée.

Aujourd'hui, le préfet Jean Verdier dispose en métropole de la Police judiciaire commandée par Michel Hacq, un colosse ancien résistant et déporté, gaulliste de la première heure, et des services des Renseignements généraux dirigés par le préfet Emile Vié qui, malgré ses accointances avec les milieux favorables au statu quo en Algérie, montrera toujours un loyalisme parfait envers le gouvernement.

Jean Verdier a aussi la haute main sur la Direction de la surveillance du territoire, la D.S.T. à la tête de laquelle le général de Gaulle a placé en décembre 1958 le préfet Gabriel Eriau, manchot depuis la bataille de Bir-Hakeim, après en avoir fait écarter Roger Wybot, qui était pourtant à Londres au B.C.R.A., le Bureau central de renseignement et d'action de la France libre, mais trop compromis à ses yeux dans l'opération *Résur-*

*rection* qui avait abouti à son retour au pouvoir en mai 1958. Et il peut aussi compter sur la Direction de la police urbaine contrôlant les compagnies républicaines de sécurité réputées pour leur manque total d'états d'âme.

A Matignon, Constantin Melnik, diplômé de Sciences-po âgé de trente-deux ans et comme Verdier radical-socialiste, a reçu la mission délicate de coordonner tous les services de sécurité et de renseignement. Choisi par son ami Michel Debré, Melnik est viscéralement anticommuniste. Son grand-père, le médecin-général Eugène Botkine, a été assassiné par les rouges le 17 juillet 1918, à Ekaterinbourg, en même temps que le tsar Nicolas II. Jusque-là analyste pour le compte de la Rand Corporation, un puissant organisme américain faisant référence mondiale en matière de stratégie, le nouveau conseiller technique du Premier ministre est tout à fait étranger à l'agitation algérienne. Après avoir quelque peu hésité à accepter son poste puisque les Américains lui faisaient en même temps d'alléchantes propositions, il s'est promis, après en avoir discuté avec le général Grossin et Jean Verdier, de ne se soucier à Matignon que de brimer les exactions du F.L.N., qui est pour lui le seul ennemi déclaré de la France. En ce qui concerne les mouvements Algérie française, les trois hommes ont décidé d'un commun accord de s'en tenir à la stricte légalité sans jamais participer aux gesticulations sécuritaires qu'ils savent déjà lancées de l'Elysée par Jacques Foccart et quelques autres gaullistes historiques.

*

— 3 —

## Le temps des complots

En cas de nouvel affrontement avec le gouvernement et avec le président de la République qui a bien confirmé dans son discours qu'il reste le seul maître de la politique en Algérie, les dirigeants des mouvements de l'Algérie française pourront compter sur l'appui du colonel Yves Godard. Cet ancien résistant du Vercors, qui sera bientôt un des chefs de l'O.A.S., a l'œil aussi noir que le cheveu. Petit, trapu, avare de paroles, il détient les véritables clés du pouvoir à Alger où, depuis mai 1958, il dirige les services de la Sûreté nationale avec le colonel Roland Vaudrey, qui deviendra, lui aussi, une figure emblématique de l'O.A.S.

Sincèrement attaché à l'Algérie française, le colonel Godard apprécie tout particulièrement les prises de position du jeune Jean-Jacques Susini, qui ne propose pas seulement d'obliger le pouvoir à garder les affaires algériennes en l'état, mais paraît décidé à entreprendre une véritable révolution. Susini, étudiant en quatrième année de médecine, était en vacances en Allemagne lors du discours du 16 septembre. Profondément choqué par ce qu'il avait alors entendu, il a songé refaire un 13 Mai et, sitôt rentré à Alger, il s'est attelé à l'élaboration d'un plan de manifestation insurrectionnelle immédiatement agréé par Joseph Ortiz.

Jean-Jacques Susini qui, en 1961, poussera à Madrid le général Salan à prendre la tête de l'O.A.S., est un jeune Corse blond de vingt-six ans. Sa petite taille et son visage acéré lui donnent une apparence fragile, mais, bien qu'il n'ait pas été épargné par les soucis de santé dans son enfance, l'acuité de son regard bleu acier révèle une vitalité intense. Son père, Antoine Susini, un employé des Chemins de fer algériens, militant de la C.G.T. (Confédération générale du travail) révoqué par Vichy pour avoir, dès 1940, claironné son ralliement à la France libre a été blessé en Tunisie aux combats de la Libération, alors qu'il servait aux commandos d'Afrique.

Jean-Jacques Susini a milité au R.P.F. durant ses études de médecine commencées à Strasbourg, puis à la faculté de Lyon et à Alger. Engagé dans un des complots qui ont précédé le 13 mai 1958, il a participé à une tentative d'investissement de la préfecture de Saint-Etienne montée par le général Chassin dans le cadre de l'opération *Résurrection*. Puis, avant le retour de De Gaulle au pouvoir, il a pris le maquis dans les monts du Forez sous les ordres du lieutenant Martial de La Valette, un officier du 11e choc.

Après le 13 Mai, son grand-père étant condamné par le cancer et sa grand-mère devenue aveugle, Susini a décidé de rester définitivement en Algérie à la fin des vacances de 1958. Sa fougue révolutionnaire a impressionné Joseph Ortiz et le Dr Bernard Lefèvre. A écouter ces caciques de l'Algérie française, il s'est vite rendu compte que le général de Gaulle ne tenait pas du tout à l'intégration en laquelle il discernait, lui, une chance d'accélérer en Algérie la révolution indispensable à créer une nouvelle communauté organique qui, unissant Européens et Musulmans, sortirait enfin l'Algérie d'un schéma colonial trop rigide.

Durant son enfance heureuse passée à Alger derrière les Facultés, dans la rue de Mulhouse, Jean-Jacques Susini a vécu en amitié rituellement cloisonnée par les religions et les différences sociales avec les familles musulmanes logées par son grand-père qui, appliquant un paternalisme exemplaire, ne sévissait jamais en cas de loyers impayés et, véritable juge de paix, réglait même les inévitables chicayas de voisinage.

A tout juste dix-huit ans, Susini était membre du comité directeur du R.P.F. à Alger et c'est à ce titre qu'il a participé avec fougue à la campagne des élections législatives de juin 1951. Tandis que se déroulaient les opérations de dépouillement rendues ardues par le nouveau mode de scrutin autorisant des apparentements, que l'Assemblée nationale avait alors adopté dans le dessein d'empêcher les communistes et les gaullistes de rafler le maximum de sièges, il a vécu une véritable veillée d'armes au local algérois des Français libres. Avec ses compagnons étudiants, anciens commandos et paras, il s'est vite rendu compte au fur et à mesure que les résultats parvenaient à l'immeuble du boulevard Baudin, que les pionniers de la France libre appelaient par coquetterie le *Free French Club,* que le R.P.F. n'obtiendrait pas la majorité espérée.

Confiants en ce que leur avaient dit le général Koenig et Louis Terrenoire, qui venait de succéder à Jacques Soustelle au secrétariat général du R.P.F : « Si nous n'obtenons pas la majorité, nous renverserons la baraque », Susini et ses amis ont espéré toute la nuit et les jours suivants l'ordre de Louis Terrenoire qui, puisqu'ils avaient les armes et des complicités suffisantes pour le faire, leur aurait permis de prendre le pouvoir.

Bien qu'avec cent dix-neuf députés élus par 21,7 % des votes exprimés, à seulement cinq points du parti communiste qui lui avait arraché la place de premier parti conquise lors des élections municipales de 1947 et aux cantonales de 1949, le R.P.F. gardait encore du poids à la Chambre en devançant largement les socialistes de la S.F.I.O., le général de Gaulle a rendu leur liberté de manœuvre à ses élus au mois de mai 1953 et « mis en sommeil » son parti en septembre 1955.

Après avoir entamé sa troisième année de médecine à Alger, Jean-Jacques Susini a fondé le Mouvement nationaliste étudiant. Cette initiative a été mal accueillie par les dirigeants du M.U.P.S.F.A. – Mouvement universitaire pour le maintien de la souveraineté française en Algérie – qui lui ont reproché de débaucher leurs rares militants et l'ont accusé d'entretenir des relations étroites avec des groupuscules monarchistes.

Avant d'être élu à la présidence de la toute-puissante Association générale des étudiants d'Algérie, Jean-Jacques Susini, tribun naturel, a très souvent pris la parole au cours de réunions organisées par le M.P. 13 de Robert Martel avant de devenir secrétaire général du Comité d'entente des mouvements nationaux qui regroupe plus de soixante associations et amicales d'anciens combattants.

Joseph Ortiz, lui, n'a pas oublié le projet d'insurrection populaire de Jean-Jacques Susini. Il a continué à se démener au fil des semaines qui ont suivi le discours de De Gaulle. Aujourd'hui, après les premiers travaux de son comité, il organise une réunion de masse du F.N.F. à la Maison des étudiants du boulevard Baudin. Bien qu'elle puisse recevoir deux mille personnes, la salle est comble de partisans de l'Algérie française à qui, en fin de réunion, il annonce avec emphase :

— Entre la valise et le cercueil, mes amis, j'ai choisi le cercueil !

L'assemblée, galvanisée, se dresse et, d'une seule voix, hurle : « Nous ! Nous aussi ! » Puis, trépignant en rythme, elle scande une litanie d'« Algérie française ».

Après cette première réussite, Joseph Ortiz rêve d'un meeting encore plus populaire. Il guigne la salle du Majestic, le cinéma de la rue Borély-la-Sapie qui, avec ses quatre mille places, est un des plus vastes de France. Avec l'aide d'Argoud, il s'adresse directement au général Massu qui essaye d'emblée de le dissuader d'organiser cette nouvelle réunion.

Massu redoute en effet que le leader du F.N.F. profite de l'occasion pour ameuter au centre d'Alger les durs de l'ancienne l'O.R.A.F. et qu'il succombe à la tentation de les entraîner dans un nouveau coup de force. Mais, enjôleur et gouailleur, Ortiz le détrompe.

— Voyons, mon général, vous savez bien que je n'ai pas besoin du Majestic pour réunir mes hommes ! Ils sont habitués à le faire en d'autres endroits, au moindre claquement de doigts. Ce que je veux, c'est rassembler le maximum d'Algérois non engagés, afin de les éclairer une fois pour toutes sur les dangers qui menacent l'Algérie française.

Malgré cette façon de présenter les choses, Massu craint le pire.

— Rappelez-vous, Ortiz, plaide-t-il d'un ton faussement badin, que je vous ai dit un jour : « Je sais que vous êtes capable de vous emparer d'Alger, mais je sais aussi que je vous la reprendrai en moins de vingt-quatre heures. » Eh bien, Ortiz, figurez-vous que c'est toujours vrai !

Le général et le cafetier, à peu près égaux en taille et en carrure, se connaissent depuis bien avant le 13 mai 1958. Malgré quelques divergences de vues, ils se sont retrouvés unis sous la bannière du Comité de salut public. Ils parlent donc avec franchise et Ortiz ose avancer :

— Vous ne le savez peut-être pas, mon général, mais vous gênez à Paris. Vous avez acquis ici un trop grand pouvoir sur la population. Je crains que de Gaulle ne vous considère plus comme un homme très sûr. Vous verrez qu'il finira par vous rappeler. Mais, ce jour-là, l'Algérie se lèvera tout entière, car votre départ annoncerait de nouvelles mesures gouvernementales favorables aux rebelles.

— Allons, allons, Ortiz, ne vous emballez pas comme ça ! Vous l'aurez votre cinéma. Je vais en parler demain à Delouvrier. Mais, je vous en conjure, ne montez surtout pas votre auditoire contre le chef de l'Etat. Vous me mettriez dans un fichu pétrin !

Pendant qu'Ortiz prépare sa réunion, Georges Bidault, compagnon de la Libération, qui fut en 1943 président du Conseil national de la Résistance après la tragique disparition de Jean Moulin, anime à Paris un Rassemblement pour l'Algérie française créé dès le lendemain du discours du 16 septembre. Le président René Coty l'avait pressenti pour dénouer la crise ministérielle qui paralysait la France en 1958, mais il avait renoncé à revenir à Matignon, où il avait déjà occupé le poste de président du gouvernement provisoire en 1946 et de président du Conseil d'octobre 1949 à juin 1950. Bidault, démocrate-chrétien, est présenté par le parti communiste comme un homme bien peu concerné par le sort des masses laborieuses. Mais ses contempteurs oublient qu'il a instauré en 1950 le salaire minimum interprofessionnel.

Renforcés dans leurs convictions par l'agitation parisienne entretenue par le R.A.F., les animateurs des mouvements de l'Algérie française attendent le premier faux pas du gouvernement pour se lancer dans une nouvelle épreuve de force.

Le Parlement ayant approuvé une déclaration gouvernementale conforme à son discours du 16 septembre sur l'autodétermination, de Gaulle affirme une nouvelle fois le 10 novembre 1959 au palais de l'Elysée que les Algériens « auront à décider eux-mêmes de leur destin ». La colère des partisans de l'Algérie française est à son paroxysme lorsque, s'adressant directement au Gouvernement provisoire de la République algérienne à Tunis, il renouvelle sa proposition de « paix des braves ».

— Et si, précise-t-il en effet sans les nommer directement, des représentants de l'organisation extérieure de la rébellion décident de venir en France pour en débattre, il ne tiendra qu'à eux de le faire, n'importe quand, soit en secret, soit publiquement, suivant ce qu'ils choisiront.

Puisque le Général s'est déclaré prêt à traiter avec ceux qu'il accusait pourtant le 16 septembre de vouloir établir « par la force et la terreur leur dictature » et à qui il refusait alors d'être un jour considérés comme le « gouvernement de l'Algérie », les chantres de l'Algérie française ont beau jeu de répandre parmi la population des rumeurs alarmistes.

Le colonel Thomazo, patron des unités territoriales, le populaire « Nez de cuir » ainsi appelé parce qu'un bandeau de cuir noir dissimule les cicatrices d'une blessure reçue en juin 1944 en Italie, démissionne de son siège de député. Entraîné par Georges Bidault, Léon Delbecque, Jean-Baptiste Biaggi, Pascal Arrighi et quatre autres élus d'Algérie en font autant. Aussitôt averti de cette fronde, conseillé par Jean-Jacques Susini, Joseph Ortiz remet à plus tard son meeting au Majestic et décide de passer à l'action.

Ortiz, autant que sur Jean-Claude Pérez, sait pouvoir compter sur l'aide du secrétaire du F.N.F., le capitaine de réserve Jacques Laquière, avocat et neveu du populaire et richissime Raymond Laquière, commandeur de la Légion d'honneur, maire de Saint-Eugène et par quatre fois élu président de la défunte Assemblée algérienne qui siégeait au-dessus de l'Amirauté au Palais-Carnot, et qui rêvait d'une Algérie française indépendante dont il aurait été le président. Il s'appuie aussi sur Marcel Ronda et sur le lieutenant Bernard Mamy qui, malgré la tutelle de l'armée, disposent des armes que la République leur a confiées dans le cadre du maintien de l'ordre urbain.

Mario Faivre, acteur comme André Achiary de la Résistance en

## Chap. 3. – *Le temps des complots*

Afrique du Nord, pèse aussi bon poids dans le dispositif d'Ortiz. Cet ancien capitaine de l'arme blindée de la cavalerie devenu parachutiste à la fin de la guerre était du complot qui a conduit à l'assassinat de l'amiral Darlan. Ami de Jacques Soustelle, il a connu le général Grossin en 1942, lorsque l'actuel directeur du S.D.E.C.E. servait en Oranie. A cette heure où Alger, une fois de plus s'agite et gronde, Mario Faivre commande une unité territoriale blindée basée à Hussein-Dey, qu'Ortiz espère engager contre le pouvoir.

Le leader algérois de l'Algérie française sait également, par Mario Faivre justement, que quelques officiers supérieurs et généraux, déçus par son discours du 16 septembre, ont décidé de contrarier la nouvelle politique de De Gaulle. Ceux-là espèrent imposer au gouvernement d'autres interlocuteurs nationalistes que le F.L.N. et le G.P.R.A., des représentants du Mouvement national algérien, par exemple. Aucun d'entre eux n'a oublié l'expérience avortée du défunt « général » Bellounis dont les lambeaux de l'Armée nationale populaire algérienne, l'A.N.P.A., qui arborait à la fois le drapeau français et l'emblème algérien au croissant rouge et à l'étoile disposés sur deux parties blanche et verte, sont maintenant pourchassés à la fois par les katibas rebelles et par l'Armée française. Le général Jean Nicot, chef du cabinet militaire de Michel Debré, a lui-même conseillé au général Challe d'engager le dialogue avec des chefs rebelles entrés en conflit avec le G.P.R.A. et les officiers de l'A.L.N. étrillée par la Légion, les paras et les commandos.

En recherchant ainsi l'appui de nationalistes dissidents de l'A.L.N. et du F.L.N., le général Nicot fait siennes les idées de Jacques Soustelle qui avait confié en 1956 au très libéral professeur Louis Massignon que Messali Hadj représentait sans doute « la dernière carte à jouer ».

Messali Hadj, le *Zaïm* de milliers de nationalistes algériens, a étudié à l'université communiste de Bakou de 1924 à 1926. Leader du M.T.L.D. (Mouvement pour le triomphe des libertés démocratiques) puis de son avatar le M.N.A. (Mouvement national algérien), il est depuis 1945 suivi par la police française sous le nom de code de « Léon ». Puisqu'il a mieux accueilli que les ministres du G.P.R.A. les propositions énoncées le 16 septembre par de Gaulle, le général Nicot souhaiterait que Challe noue au plus vite des contacts avec les derniers chefs de ses maquis, survivant en Algérie.

Tandis que des mesures de grâce décidées à l'occasion de l'installation du général de Gaulle à l'Elysée sauvaient la tête de 150 terroristes condamnés à mort et libéraient 7 000 prisonniers du F.L.N. et du M.N.A., Messali Hadj a bénéficié d'un aménagement des conditions de sa résidence surveillée. Alors que Ben Bella et ses compagnons quittaient la Santé pour l'île d'Aix, lui, c'est au manoir de Toutevoie à Gouvieux qu'il s'est installé avec sa suite.

Le 15 septembre 1959, à la veille du discours du général de Gaulle, Messali a échappé de peu à des jets de grenades et rafales du F.L.N. qui ont coûté la vie à l'un de ses gardes du corps. Dès le lendemain du discours du Général, il a annoncé au cours d'une conférence de presse donnée dans sa nouvelle résidence :

— En prenant nos responsabilités devant Dieu, devant notre conscience et devant notre peuple, nous déclarons que le plan du général de Gaulle laisse entrevoir une ouverture susceptible d'aller dans la voie de la liberté et du progrès.

Le pionnier du nationalisme algérien a ensuite expliqué que le plan du président de la République pouvait être pris comme base de discussion, bien que celui-ci « appellera naturellement des modifications » puisque, selon lui, « aucune œuvre humaine n'est jamais parfaite à ses débuts ».

— Quant au M.N.A., a proclamé le *Zaïm*, il reste toujours fidèle à son programme. Aussi voit-il, dans le « gouvernement algérien par les Algériens » évoqué par le président de Gaulle, l'annonce de l'instauration de la République algérienne amie de la République française.

\*

— 4 —

## Le Front national français

Ignorant les propos de Messali Hadj et ce qui se trame au cabinet militaire de Michel Debré au sujet de contacts avec des nationalistes opposés au F.L.N., les Algérois qui n'ont pas applaudi en 1958 le retour de De Gaulle sont de plus en plus persuadés que leurs concitoyens ont manqué de discernement en le rappelant au pouvoir. Certains de ceux-là en veulent surtout au Général de ne pas avoir accepté de transférer à Douaumont, près de Verdun, les cendres du maréchal Pétain. Le lieutenant de réserve Bernard Mamy, qui a participé au 13 mai 1958 avec la fougue de sa jeunesse, a plus que d'autres des raisons personnelles de s'opposer à l'homme du 18 juin 1940 puisque son père a été fusillé après la Libération pour faits de collaboration. Sans être pétainistes, d'autres Algérois revenus de leurs espoirs de 1958 avaient lorsque Alger était en 1943 la capitale provisoire de la France combattante accordé plus de sympathie au général Giraud qu'à l'homme de Londres. Ils rappellent que les Américains promettaient alors à l'actuel président de la République un destin subalterne. Sur la longue jetée nord du port d'Alger, là où aujourd'hui s'étale en lettres géantes et noires « Ici, c'est la France », on lisait en 1943 : « Un seul but : La victoire. Général Giraud. »

C'est donc tâche aisée pour Ortiz que de ranimer des rancœurs encore tièdes puisqu'elles n'ont pas vingt ans et de les focaliser contre de Gaulle qu'il présente au cours de ses meetings comme l'éventuel dissipateur de l'Algérie. Ses émissaires sont de plus en plus écoutés dans les quartiers populaires européens où ils serinent des antiennes telles que « La valise ou le cercueil ! » et avancent que les Français d'Algérie risquent de subir le sort des Hongrois de Budapest écrasés en 1956 par l'Armée rouge. De son côté, Jean-Jacques Susini, rêvant d'appliquer son plan d'insurrection peaufiné dans le moindre détail, anime jusqu'à deux réunions publiques par jour.

En métropole, tous ceux qui ont été pris de vitesse et débordés par les gaullistes en mai 1958 se tiennent aux aguets. Parmi ceux qui s'étaient engagés dans l'opération *Résurrection* qui n'a été matérialisée que par l'envoi en métropole de quelques avions de transport destinés à mener sur Paris les paras basés dans le Sud-Ouest, c'est de son propre chef qu'un des futurs organisateurs des réseaux O.A.S. en Italie, Philippe de Massey, fils d'un ancien condisciple de De Gaulle à Saint-Cyr, avait monté, bien avant le 13 Mai, des actions ponctuelles dans le Sud-Ouest, où il se trouvait pour raisons professionnelles. La présence dans cette région de la demi-brigade de parachutistes coloniaux du colonel Pierre Chateau-Jobert, le célèbre « Conan » des Forces françaises libres, compagnon de la Libération qui s'engagera dans l'O.A.S., créant un climat favorable à un coup de force, Massey s'était parfaitement entendu avec des officiers partisans de l'Algérie française.

Le colonel Chateau-Jobert est un petit Morlaisien dont le visage aigu irradie un regard acéré. Il a commandé en 1943 le 3$^e$ bataillon de parachutistes français intégré au Special Air Service, les célèbres S.A.S. britanniques. Après une guerre de commando, décidé d'être à jamais fidèle à la devise « Ne pas subir ! », il s'est battu en Indochine de 1947 à 1952. Il a commandé ensuite le 2$^e$ régiment de parachutistes coloniaux de 1955 à 1957 en Algérie. Lors de la crise de Suez, sautant sur Port-Saïd, il a enlevé tous ses objectifs avant d'obéir à l'ordre d'en rester là imposé si près d'une victoire totale par les deux superpuissances U.S.A. et U.R.S.S.

Alors qu'Alger s'enfièvre, le colonel Chateau-Jobert, promis aux étoiles, est à Paris auditeur à l'I.H.E.D.N., l'Institut des hautes études de défense nationale. Cette position lui permet de rencontrer des chefs de corps qui ne lui cachent pas leurs préoccupations quant à la politique algérienne de De Gaulle.

Philippe de Massey, lui, est maintenant agent général chez Pont-à-Mousson. De haute taille, racé, charmeur et sûr de lui, il se tient à l'affût des occasions de faire chanceler la République, qu'il est loin de considérer comme le régime idéal. Il est lié avec le colonel Battesti qui, sitôt rentré du Maroc, a fondé à Paris l'A.N.F.A.N.O.MA. (Association nationale des Français d'Afrique du Nord et du Maroc) et avec le D$^r$ Causse, l'un des organisateurs de l'antiterrorisme secret à Casablanca. Philippe de Massey occupait depuis janvier 1956 les fonctions d'attaché parlementaire du député Estèbe, ancien collaborationniste élu sous l'étiquette des indépendants, qui lui a été présenté par Valère Peretti della Rocca, un sous-préfet révoqué à la Libération. Cette position lui permettait de nouer des contacts dans le monde politique qu'il rêvait de bouleverser de façon plus radicale que les poujadistes de l'Union de défense du commerce et de l'artisanat le projetaient lorsqu'ils ont obtenu le 2 janvier 1956 cinquante-six sièges au Palais-Bourbon avec parmi leurs élus l'avocat Jean-Marie Le Pen qui, à vingt-sept ans, devenait le plus jeune député de France. Massey était à cette époque un très actif honorable correspondant du S.D.E.C.E. sous la tutelle du colonel Marcel Leroy, dit « Finville » depuis la Résistance, et du commandant Jean-Pierre Lenoir. Alors que la rébellion algérienne prenait de l'ampleur, il était de ceux qui prônaient l'emploi du contingent en Afrique du Nord. Le colonel Eblé, comme son père condisciple du général de Gaulle à Saint-Cyr, lui ayant fait remarquer qu'il était de son devoir d'accorder ses actes à sa pensée, il s'est porté volontaire pour l'Algérie. Mais, bien qu'il eût espéré combattre au sein d'une unité aéroportée, il s'est retrouvé affecté à Djidjelli, à la compagnie de commandement de la 25$^e$ division d'Infanterie aéroportée, avec le grade de sous-lieutenant. Quelques mois passés dans le bled, du printemps au mois de décembre 1956, lui ont permis d'écouter et observer. Il a fréquenté les Bachelot, une famille de riches propriétaires terriens dont il s'est vite aperçu qu'une branche payait la dîme au F.L.N. et l'autre assumait l'autodéfense armée de ses biens.

Oubliant ses ambitions politiques au contact de la guerre, Massey a fini par rêver d'une Algérie mieux partagée entre Européens et Musulmans. A l'heure de sa libération, la tradition de son unité voulant que les rapatriables offrent un dîner d'adieu à leurs pairs, lui, il a choisi de réunir autour d'une table des Pieds-noirs et des Musulmans de Djidjelli.

Rentré en métropole, Massey se trouvait dans la région de Toulouse lorsque Alger s'est soulevée le 13 mai 1958. Dès le lendemain, il s'est présenté au général Miquel, commandant la V$^e$ région militaire qui, considérant sa position d'attaché parlementaire, lui a proposé d'être son adjoint civil et de former dans le Sud-Ouest des comités de salut public sur le modèle d'Alger. Le comité de Toulouse comprenait des personnalités de la Résistance. Dans l'intention de profiter d'eux plus tard, Massey s'est montré bon allié de quelques gaullistes de choc comme l'abbé de Naurois, compagnon de la Libération qui avait débarqué le 6 juin 1944 en Normandie avec les commandos de Marine du commandant Kieffer et qui arborait ses galons de lieutenant de vaisseau de réserve sur un uniforme bien peu clérical. Naurois, suspicieux à l'endroit de Massey dont il n'avait jamais entendu parler, avait consulté le *Bottin mondain* pour se renseigner sur lui.

L'adjoint civil du général Miquel était aidé par quelques étudiants, parmi lesquels Jean Caunes, un jeune homme très brun à la voix de basse, militant à l'Action française qui deviendra un des responsables de l'O.A.S. métropolitaine. Bien qu'il l'estimât un peu voyant et par trop bavard, Massey a poussé Pierre Delnomdedieu au poste de secrétaire général du comité de salut public toulousain, avec le secret espoir que cet ancien agent du Trésor public et éphémère sous-préfet de Saint-Girons à la Libération ne soit pas à la hauteur de sa tâche. Il a eu à Bayonne des contacts suivis avec le colonel Chateau-Jobert et des officiers engagés dans l'opération *Résurrection*. Malgré ses conseils, ces militaires, trop habitués à obéir pour prendre eux-mêmes des initiatives, ont refusé de se dresser contre le gouvernement alors que, leur expliquait-il, le moment en était propice. Le général Miquel a également refusé de l'écouter lorsque, en présence de son aide de camp, il lui conseillait d'affronter le destin national qu'il lui promettait.

— Mais, mon cher ami, lui opposa en effet le général, vous oubliez que je suis militaire ! Je dois m'en tenir à la plus stricte obéissance et je n'outrepasserai pas les ordres du général Salan.

— S'il en est ainsi, mon général, avait regretté Massey, je peux sans me tromper vous prédire que vous ne garderez pas longtemps votre commandement. Vous serez limogé. Vous verrez, ils sont comme ça les gaullistes.

Contraint de s'en tenir aux consignes du général Miquel trop timoré à son goût, Massey a parcouru les départements qu'il lui avait confiés. Pas toujours très bien renseigné sur ses contacts, alors qu'il croyait rencontrer un professeur de Béziers réputé pour son attachement à l'Algérie française, c'est chez un homonyme qu'il s'est présenté. Comprenant vite qu'en fait de partisan de l'Algérie français son hôte était un allié du F.L.N., il s'est sorti du guêpier en lui recommandant, pince-sans-rire, de constituer un comité de salut public antifasciste.

La prédiction de Massey s'étant réalisée quant à la reconnaissance que le général Miquel pouvait espérer des gaullistes, le brasier révolutionnaire allumé à Alger s'est vite réduit à un feu de camp destiné à réchauffer les ardeurs des seuls fidèles de De Gaulle. Roger Frey, un des barons du gaullisme, le futur ministre de l'Intérieur qui aura à combattre l'O.A.S., avait apprécié l'efficacité dont Massey avait fait preuve dans le Sud-Ouest. Il lui a proposé en novembre 1958 de briguer la députation en Haute-Saône, sous l'étiquette de l'Union pour la nouvelle république, l'U.N.R. créée à partir des structures du C.N.R.S. – le Centre national des républicains sociaux –, de l'Union pour le renouveau français et de la Convention républicaine. Soucieux de sa liberté de manœuvre, Massey a refusé. Il a poursuivi ses activités professionnelles dans le Nord tout en assumant dans cette région la présidence de la fédération de l'A.C.U.F.

qu'Yves Gignac lui avait confiée et qui était forte de 1 200 adhérents encore sous le choc de la perte de l'Indochine et pas du tout décidés à accepter celle de l'Algérie.

L'agitation sociale y étant sans cesse entretenue par le parti communiste, les départements du Nord ont offert à Massey un terrain idéal pour ses actions antigouvernementales. Lorsque le général de Gaulle est venu à Lille à la veille de son discours du 16 septembre 1959, le précédant de quelques minutes de ville en ville avec sa Peugeot 403, il s'est arrêté devant chaque cohorte de porte-drapeaux d'associations d'anciens combattants réunis devant les préfectures, les sous-préfectures et les mairies et il en a fait sortir avec ostentation ceux de l'A.C.U.F. Il a fait également distribuer des tracts appelant à la destitution immédiate du général de Gaulle et exigeant sa comparution en Haute Cour pour trahison et forfaiture. Ces menées spectaculaires lui ont valu l'attention des services de police, ce qui ne l'a pas empêché de continuer à porter sa bonne parole dans les casernes du Nord.

Massey a gagné à sa cause le lieutenant-colonel André, responsable de l'action psychologique de la région militaire de Lille, et le chef d'escadron Gravelines, qui lui propose des chars Sherman entreposés sous cocon à Douai.

— Mais, l'avertit cet officier, je ne pourrai pas vous fournir les hommes pour les armer. Amenez-moi cinquante conducteurs et mes tanks sont à vous.

Massey songe qu'avec ces blindés il pourrait bloquer sur les principaux axes routiers du Nord les troupes que Paris engagera lorsque, avec ses militants déçus par le discours du 16 septembre, il aura investi la préfecture de Lille, les bâtiments de la radio et de la télévision, ainsi que les centres administratifs. Il a prévu de confier l'administration du Nord à de hauts fonctionnaires destitués à la Libération rencontrés au Puits sans eau, un restaurant parisien de la rue Cambacérès tenu par un Corse et surtout fréquenté par des fonctionnaires de la Préfectorale et des policiers.

Le général Cherrière étant hors course, Massey espère que le général Chassin acceptera le pouvoir qu'il lui remettra de Lille et que son prestige lui assurera la sympathie de l'Armée lorsqu'il prendra la tête d'un gouvernement de salut public. Et si Chassin n'acceptait pas, il se retournerait alors vers les généraux Salan ou Mirambeau, l'un comme l'autre très liés à l'A.C.U.F.

Le général Lionel Chassin, qui fut l'ami et le chef d'Antoine de Saint-Exupéry à la fin de la Seconde guerre mondiale, n'a rien d'un aventurier. C'est avec le plus grand sérieux que, conseillé par le journaliste monarchiste Louis de Charbonnières, il suit le développement des affaires de Massey qui, après avoir cherché en vain dans les rangs de l'A.C.U.F. les hommes capables de conduire les blindés du commandant Gravelines, lui annonce son intention d'aller en recruter à Alger.

Massey rencontre à Alger Georges Watin et un capitaine de réserve qui a la charge d'une unité blindée de la territoriale. Abreuvé de promesses, il se rend très vite compte qu'elles ne seront pas honorées et c'est bredouille qu'il regagne la métropole. Il explique aux anciens préfets et sous-préfets de Vichy rencontrés au Puits sans eau qu'ils devront contenir leur envie de fréquenter à nouveau les allées du pouvoir tandis que le commandant Gravelines, tout près de la retraite, s'engage de son côté à garder ses chars à sa disposition.

Malgré sa déception de n'avoir pas été suivi par les activistes algérois qui, de leur côté, n'ont pas pris véritablement au sérieux son affaire de chars, Philipe de Massey ne renonce pourtant pas à son projet. Il se tient prêt à retourner à Alger, puisque c'est là-bas, il n'en doute pas, que renaîtra la colère populaire. Il n'attend qu'une mesure impopulaire prise par le gouvernement ou que de Gaulle, brusquant les choses, annonce l'ouverture de négociations avec le F.L.N.

Joseph Ortiz a fait lui aussi l'appel de ses alliés et de ses ennemis. Il sait qu'il n'a aucune complicité à espérer de la part du colonel Fonde, le commandant du secteur opérationnel Alger-Sahel. En place depuis septembre 1958, Fonde est un homme aux cheveux très noirs, élégant, tout d'une pièce et qui porte souvent des lunettes de soleil. Sitôt installé à son poste clé du maintien de l'ordre à la suite du colonel de gendarmerie Crozafon qui avait l'entière confiance de Massu, il a choisi d'éviter les contacts avec les civils. Il se contente aujourd'hui d'apprécier au jour le jour la dégradation de l'ambiance de la ville quadrillée en quartiers représentés par soixante-cinq délégués parmi lesquels, malgré la fraternisation affichée en mai 1958, seul celui de la Casbah est musulman.

Rentré d'Indochine seulement en 1956, le colonel Fonde a pris la guerre d'Algérie en marche. S'en tenant à la stricte attitude que son éthique républicaine lui impose, il se méfie du lieutenant-colonel Gardes, du protestant savoyard Broizat qui commande le 1$^{er}$ régiment de chasseurs parachutistes et, surtout, d'Argoud qui s'active de plus en plus dans l'entourage de Massu. Le général Massu a tout essayé pour l'amener à observer un peu plus de souplesse dans ses rares rapports avec les représentants des mouvements de l'Algérie française. Afin d'arrondir les angles, il a également conseillé à Pierre Lagaillarde de composer avec le nouveau responsable du maintien de l'ordre urbain. Mais l'homme du 13 Mai, ancien de sa 10$^e$ D.P., lui a fait remarquer que Fonde « passe son temps à chercher des poux sur la tête des leaders de l'Algérie française ».

Depuis les opérations urbaines de la « bataille d'Alger » qui ont permis de reprendre le contrôle de la Casbah en 1957, la torture communément utilisée par les militaires pour faire parler les Musulmans convaincus ou suspectés d'appartenir ou d'aider une organisation terroriste pose un grave problème, en métropole surtout. Sitôt revenu au pouvoir, le général de Gaulle s'en est préoccupé. Il a exigé que la justice reprenne son cours normal. Edmond Michelet, son garde des Sceaux depuis le 8 janvier 1959, a dépêché en Algérie une commission d'enquête dirigée par l'avocat général Gerthoffer (qui aura dans quelques mois à requérir des peines de mort à l'encontre des conjurés du Petit-Clamart) et composée de quatre magistrats et des généraux de Gastines et Huet.

Jouant le jeu, Massu a ordonné à ses officiers de ne pas entraver le travail des *missi dominici* de Michelet et de Pierre Guillaumat. Les magistrats et les généraux venus de Paris ont donc pu enquêter au grand jour. Au début du mois de janvier 1960, ils ordonnent le seul renvoi devant le tribunal de Rennes du capitaine André Charbonnier, ancien officier du 1$^{er}$ R.C.P., afin d'évaluer ses responsabilités dans la mystérieuse disparition de Maurice Audin, un universitaire communiste engagé dans le camp des nationalistes algériens.

L'enquête si impopulaire au sein de l'armée d'Algérie se poursuivant, les officiers placés à des postes importants reçoivent régulièrement *La Lettre Armée-Nation*. Ce mini-journal gratuit et créé le 17 juin 1959 affiche sans ambiguïté l'anticommunisme de ses éditeurs qui, au-delà de la guerre en Algérie, appellent à la défense de l'Occident. Ses articles sont signés par des officiers de carrière, comme le commandant Robert Casati (futur officier de l'O.A.S. qui mourra en prison dans la nuit du 2 au 3 mars 1963) et le capitaine Morin. Le professeur Raoul Girardet, lui aussi plus tard engagé dans l'O.A.S. et qui enseigne l'histoire en Sorbonne, y exprime ses idées et l'écrivain Jacques Laurent y signe des articles fustigeant la politique algérienne de De Gaulle en soulignant l'aide du bloc de l'Est à la rébellion.

Furieux en apprenant l'incrimination du capitaine Charbonnier, Massu rappelle aux autorités civiles que cet officier, lorsqu'il s'agissait en 1957 de prendre de vitesse les poseurs de bombes du F.L.N., n'a fait que son devoir en obéissant à ses ordres. Il n'a toujours pas décoléré lorsque son aide de camp, le capitaine Hautechaud, chargé de filtrer les contacts civils qui l'agacent parfois, lui propose de recevoir un journaliste allemand. Massu a beau répondre que le moment n'est pas aux interviews, le capitaine argue de plusieurs coups de téléphone de personnalités civiles et militaires recommandant le journaliste.

— Le général Lancrenon m'a même dit, précise Hautechaud, que ce type est formidable et qu'il a combattu à Monte Cassino dans les parachutistes du III$^e$ Reich.

Massu paraissant soudain plus intéressé, le capitaine poursuit :

— Challe l'a déjà reçu et, d'après ce que m'a affirmé le général Lancrenon, il lui aurait tout dit sur la guerre d'Algérie.

Massu s'étonne :

— Avouez que c'est tout de même curieux, cette affaire-là. Non ? Il faut que vous me confirmiez tout ça. Parce que c'est tout de même étrange qu'on me conseille de recevoir un journaliste allemand. Comment s'appelle-t-il, déjà ?

— Kempski, mon général. Ulrich Kempski.

— Et pourquoi voudrait-on que je lui dise ce que je pense de l'Algérie, juste en ce moment ? Cela me paraît tout de même extraordinaire !

Le capitaine Hautechaud téléphone au général Lancrenon, qui confirme que l'Allemand est *persona grata*. Après avoir encore quelque peu hésité, Massu se rend et, le 10 janvier 1960 à 11 heures, il finit par recevoir à la caserne Pélissier l'envoyé spécial de la *Süddeutsche Zeitung*.

\*

— 5 —

## De Gaulle limoge Massu

Un officier d'état-major accompagne le journaliste allemand.

— Commandant Cros, se présente-t-il à Massu qui ne le connaît pas. J'ai été désigné pour vous servir d'interprète.

Le journaliste précise que la *Süddeutsche Zeitung* est un important journal de Munich, et que l'entretien ne portera pas à conséquence pour son hôte puisque, ainsi qu'il l'a promis au capitaine Hautechaud, il n'utilisera pas son nom dans son article. D'ailleurs, avance-t-il, il lui communiquera son papier avant sa parution.

Avant d'en venir à l'actualité, par le truchement du commandant Cros, les deux hommes parlent boutique parachutiste. Kempski ayant bien servi dans une unité aéroportée du III$^e$ Reich, Massu, curieux, réclame quelques détails sur l'assaut lancé par les paras allemands en mai 1941 sur la Crête. Puis le Munichois prend des notes sur un calepin et enregistre les propos du général à l'aide d'un petit magnétophone dissimulé dans ses vêtements.

— Mon général, demande-t-il après quelques échanges anodins qui ont un peu détendu l'atmosphère, pensez-vous que le général de Gaulle a des conceptions très arrêtées sur l'avenir de l'Algérie ?

Le para sourcille, masse son menton durant quelques secondes et, fataliste, répond :

— S'il en a une ? En tout cas, je n'en sais rien.

L'Allemand masque sa satisfaction lorsque, cédant une fois encore à sa franchise naturelle, Massu s'emporte.

— De Gaulle ne comprend pas les Musulmans ! proclame-t-il. Si on continue ainsi, on interprétera notre attitude comme de la faiblesse.

Et, Kempski le poussant dans ses retranchements, il ajoute :

— J'aimerais que, désormais, les jugements prononcés à l'encontre des membres du F.L.N. ne soient plus soumis à Paris. Ils doivent être traités ici, à Alger. C'est la seule solution pour combattre le F.L.N. Les demandes formulées dans ce sens par l'Armée ont toujours échoué jusqu'à présent, parce que Paris n'a jamais su conduire une telle guerre !

Au fil des années, Massu s'est attaché à l'Algérie au point d'adopter deux orphelins musulmans, un garçon et une fille, et son épouse, une ancienne de la 2e D.B. du maréchal Leclerc, se dévoue dans des centres sociaux accueillant les femmes de la Casbah et des bidonvilles insalubres qui gangrènent les banlieues algéroises. Il ne rechignerait donc pas si la France accordait enfin beaucoup plus de progrès social aux populations musulmanes. D'après lui, les Arabes sont trop souvent tenus à l'écart des progrès engagés après mai 1958 et encore développés avec le plan de Constantine initié par Michel Debré, qui bouleverse le panorama des régions les plus déshéritées.

— Pour encourager les Musulmans amis de la France à résister aux rebelles, affirme-t-il, péremptoire, il faudrait, en Kabylie par exemple, leur distribuer en toute propriété de grands territoires de forêts. Les hommes ont faim en Algérie. Il faut aussi résoudre ce problème.

— Mais, l'interrompt l'ancien para allemand, est-ce que l'armée d'Algérie a le pouvoir d'imposer ses conceptions sur la façon de mener les opérations ?

— L'armée en a la force ! Et si elle ne l'a pas montrée jusqu'à maintenant, c'est que l'occasion ne s'en est pas encore présentée.

Ajoutant encore à la jubilation de son interlocuteur, Massu laisse tomber :

— Nous ne comprenons plus la politique du général de Gaulle ! Le plan de Constantine est devenu une utopie depuis que les peuples africains, utilisant le droit à l'autodétermination offert par lui, se séparent de la communauté française. Ma plus grande déception est de voir le Général devenir un homme de gauche.

— Mais, hasarde le journaliste, c'est tout de même vous et vos amis qui l'avez ramené au pouvoir ?

Massu ne s'accorde pas le temps de la réflexion. Il lance, sur le ton de la boutade : « C'est parce qu'il était le seul à notre disposition », et ajoute : « L'armée a peut-être commis une faute », puis, lorsque son visiteur lui demande s'il peut citer une personnalité capable de remplacer de Gaulle, il lui répond, ironique : « La bonne question à poser, cher monsieur, serait plutôt de savoir quand le successeur de De Gaulle viendra-t-il. »

Ravi, Kempski demande encore si l'Armée incite des Européens à se regrouper en organisations paramilitaires.

— Oui, reconnaît spontanément le compagnon de la Libération, cela se fait, bien que le général de Gaulle ne verrait pas cela d'un bon œil.

Puis, lorsque le journaliste s'inquiète de savoir si l'armée d'Algérie obéira toujours unanimement aux ordres de Paris, il affirme :

— Moi-même et la majorité des officiers chargés d'un commandement, nous n'exécuterons pas inconditionnellement les ordres du chef de l'Etat !

Ulrich Kempski n'en espérait pas tant ! Ce que Massu lui a confié en une heure d'entretien, même si c'était parfois sur le ton de la confraternité parachutiste, est huit jours plus tard repris par les agences de presse internationales, déformé jusqu'à vouloir faire croire que Massu, lorsqu'il parlait de « lutter contre la faim en Algérie », proposait de nourrir les blédards avec des glands ! L'affaire fait donc grand bruit à Paris et le général Challe réveille Massu dans la nuit du 19 au 20 janvier 1960.

— Tout ça, affirme le général parachutiste avec son franc-parler, vous savez bien que c'est une connerie de journaliste. Je vais publier un démenti et l'affaire sera classée.

Mais l'affaire n'est pas terminée. Elle ne fait même que commencer. Massu confie l'intérim de son commandement au général Faure et, à contrecœur, il se rend immédiatement à Paris avec le général Challe et Paul Delouvrier.

Dès qu'il le reçoit rue Saint-Dominique au ministère des Armées, Pierre Guillaumat sermonne Massu et celui-ci admet en bougonnant qu'il s'est peut-être laissé aller à des confidences imprudentes, mais que celles-ci, après tout, n'engageaient que lui.

Guillaumat se montrant conciliant, les deux hommes se séparent après s'être convenus de publier ce texte qu'ils espèrent apaisant : « Le général Massu, convoqué à Paris sur sa demande pour commenter son démenti à l'interview de M. Kempski, a demandé au ministre des Armées de faire passer le communiqué suivant :

« 1. Sur la question de la justice en Algérie, il a aidé au maximum les travaux de la commission de magistrats et d'officiers généraux envoyés par M. Guillaumat pour adapter notre légalité républicaine à la guerre subversive. Il compte fermement que ces travaux auront des résultats concrets.

« 2. Sur la question de la confiance de la masse des Musulmans dans le général de Gaulle, il est persuadé que les efforts du chef de l'Etat pour ramener la paix, principal souci des masses musulmanes, lui conservent cette confiance.

« 3. Sur la question du malaise de l'Armée, il n'a pas la prétention d'être son porte-parole. L'autorité du général de Gaulle n'étant mise en question par personne en Algérie, il est lui-même, avec son corps d'armée, sans aucune réticence, derrière le commandant en chef, dont le prestige et la loyauté à l'égard du chef de l'Etat ne peuvent faire de doute. »

La nouvelle du départ de Massu trouble un peu plus les partisans de l'Algérie française aux aguets des nouvelles filtrant des états-majors parisiens et algérois. Il est vite évident qu'il est allé en vain à Canossa. Après la communication du texte de Pierre Guillaumat, malgré l'intervention de Challe qui a réclamé son retour en Afrique du Nord et ainsi que Joseph Ortiz l'avait prévu, il est contraint de rester à Paris. De Gaulle lui ayant retiré son commandement, le général Jean Crépin, le compagnon de la Libération et polytechnicien que Massu appelle familièrement « Dudule », le remplacera à la tête du corps d'armée d'Alger.

Si la grande majorité des Algérois ignore encore le limogeage de l'homme qui incarnait à lui seul le 13 Mai, leur ville bruit d'échos de l'entrevue que le général de Gaulle a accordée le 19 janvier 1960 en fin d'après-midi à des députés d'Algérie.

Répondant sèchement aux questions précises de ses hôtes, le président de la République a condamné l'intégration.

— Du reste, a-t-il laissé échapper à ce sujet, ces militaires, ils n'ont pas de jugeote... L'Armée ne fait que des conneries. Elle a fait l'affaire Dreyfus, elle a fait Pétain et maintenant elle veut faire l'intégration.

Puis, consternant ses interlocuteurs, il aurait ajouté :

— Cent mille morts fellaghas glorifient une cause. Les magistrats des tribunaux militaires sont des incapables et des médiocres. Ils font une répression sans nuances.

Sans se soucier de la douleur qu'il infligeait à l'élu musulman Laradji, il aurait condamné l'Algérie française en ces termes :

— Les Musulmans ne seront jamais des Français. Ils détestent les Français d'Algérie.

Marc Lauriol, député d'Alger, lui a fait remarquer :

— L'intégration, monsieur le Président, cela n'est tout de même pas une chose tellement bête, puisque des gens dont l'intelligence est évidente – je ne parle pas de moi, mais d'autres qui sont bien connus – s'y sont ralliés !

Le Général a toisé un instant le parlementaire et lui a rétorqué :

— Voyons ! Lauriol, ce ne sont pas des Français, ces gens-là ! Allons ! La politique se fait avec des réalités et non pas avec des désirs.

Estomaqué, Lauriol a insisté :

— Mais, mon général, on les a considérés... On nous a considérés comme des Français, à certains moments tragiques de notre histoire, quand il s'agissait de faire notre devoir et de fournir du sang et de l'argent !

De Gaulle l'a encore coupé : « Lauriol, je vais vous raconter une anecdote », et, se souvenant d'un discours qu'il avait prononcé le 3 octobre 1958, il lui a dit ceci :

— Lorsque j'ai parlé sur la place de la Brèche, à Constantine, il y avait beaucoup de monde, et, notamment, beaucoup de Musulmans ; ils étaient venus, très volontairement, très naturellement, et la place de la

Brèche était très largement occupée. Et il y avait des gens à moi – qui m'ont renseigné – dans la foule... Je voulais savoir ce qui se disait et quel était l'état d'esprit. Savez-vous ce qui m'a été rapporté ? Eh bien ! on s'attendait à ce que j'apparusse avec... en compagnie de Ferhat Abbas ! Voilà ce qu'ils veulent... voilà ce qu'ils attendent de moi : c'est que je leur ramène Ferhat Abbas !

— Mon général, a encore osé Marc Lauriol, ceux-là mêmes qui pensent à Ferhat Abbas ne sont pas pour autant éloignés de l'intégration. Les aspirations des Musulmans d'Algérie, je les connais, j'y ai vécu assez longtemps. Ce sont des aspirations avant tout civiques. Elles sont avant tout d'égalité, de dignité, et dans la mesure où la France n'est pas capable de satisfaire à cette dignité où elle trouve sa place, dans la mesure où elle les déçoit, elle se reporte, cette population, sur un autre moyen, peut-être second mais réel tout de même, qui est l'indépendance. Autrement dit, l'aspiration nationale c'est le second moyen par rapport à l'aspiration civique, et c'est celui sur lequel on se replie quand la France ne peut pas y satisfaire.

Le Général paraissant douter de son propos, le député d'Alger a rétorqué :

— Mais enfin, je sais bien ce qu'ils me disent les Musulmans, je les vois, nous parlons.

De Gaulle, agacé, l'a contré :

— Oui, je sais ce qu'ils vous disent, c'est exact, mais ils vous le disent parce qu'ils vous aiment bien, ils ne veulent pas vous faire de peine, mais ce qu'ils pensent c'est à moi qu'ils le disent ! Et c'est très différent !

Lauriol a alors laissé aller le général au bout de sa pensée sur l'autodétermination :

— Mais de toute façon, à partir du moment où l'on joue la carte de l'autodétermination telle qu'on la conçoit, je comprends très bien que cela puisse comporter des risques pour la France, mais que ça puisse aussi comporter des avantages. Lorsque nous avons affaire à un F.L.N. qui met tout le poids dans la balance pour gagner la partie, de son côté, il faut que la France, elle, fasse tout son effort pour se faire désirer et pour se faire choisir, il faut qu'elle mette toute son autorité, toute sa puissance de séduction, toute sa générosité.

Et, après cette tirade, de Gaulle a lâché :

— Au fond, ce que vous voulez, c'est les prédéterminer ! Vous voulez dire à Mohamed : tu passeras entre ces deux bidons-là. Il ne faut pas. Ils choisiront librement.

Lauriol et ses compagnons ont quitté l'Elysée d'autant plus abasourdis qu'alors que le député musulman Laradji lui faisait remarquer que, si les choses se passaient comme il semblait l'avoir décidé, les Français d'Algérie souffriraient, de Gaulle a laissé tomber d'un ton sec :

— Eh bien, mon cher monsieur, vous souffrirez !

Trois jours après ce pénible entretien, le général de Gaulle vient de mettre un terme à l'Elysée à une réunion des hauts responsables civils et des chefs d'état-major des armées de Terre, de l'Air et de Mer en Algérie, lorsqu'il prend à part le général Edmond Jouhaud, ancien commandant de la 5ᵉ région aérienne en Afrique du Nord et maintenant chef d'état-major de l'armée de l'Air, et lui demande :

— N'est-ce pas, Jouhaud, que j'ai raison dans la politique algérienne ?

L'aviateur que les cadres de l'armée de l'Air surnomment affectueusement « le Caïd », parce qu'il est de Bou-Sfer, en Oranie, bien peu préoccupé de plaire, lui répond sèchement :

— Mon général, excusez-moi, mais je suis en désaccord total avec vous.

Le président de la République hausse ses larges épaules un peu voûtées par l'âge ct s'éloigne à grands pas, suivi de son aide de camp, le colonel Gaston de Bonneval.

Sitôt mis au courant des paroles du chef de l'Etat et de la réaction du général Jouhaud, les meneurs du F.N.F. s'apprêtent à aller proclamer dans les quartiers populaires que si le Général s'entêtait dans sa politique algérienne, ils n'hésiteraient pas à engager une nouvelle épreuve de force avec Paris.

Les militants d'Ortiz investissant les habituels points de regroupement de leurs unités territoriales, au quartier Nelson, à Bab el-Oued, à Saint-Eugène, à Belcourt, au Ruisseau et à Hussein-Dey, Massu téléphone de Paris au colonel Argoud et lui explique qu'il est tombé dans un piège et qu'il lui faut tenter, à n'importe quel prix, souligne-t-il, de sauvegarder l'unité de l'armée d'Algérie.

— Après tout, se demande-t-il, seulement préoccupé par l'avenir de l'Algérie, ma mutation était peut-être nécessaire pour calmer les esprits.

Après avoir interdit à Massu le retour en Algérie, de Gaulle reçoit à l'Elysée les généraux Challe, Gambiez et Ely (chef d'état-major des Armées) en même temps que les préfets d'Algérie. Gambiez, commandant le corps d'armée d'Oran, l'ayant supplié d'orienter l'opinion publique vers la francisation de l'Algérie, après avoir admis la nécessité d'instaurer une justice plus efficace, il met un terme à cette entrevue en déclarant qu'il ne reviendra pas sur l'autodétermination.

Lorsqu'il apprend le limogeage de Massu, Jacques Soustelle écrit au Premier ministre : « Je vous en conjure, faites en sorte que l'affaire Massu soit réglée de telle sorte qu'il retourne à Alger, car moi qui connais l'Algérie, je vous dis que l'on va créer une situation explosive et qu'on peut s'attendre aux pires conséquences. »

Quant au général Challe, il rentre à Alger dans la nuit du vendredi 22 au samedi 23 janvier 1960 et convoque au quartier Rignot les généraux Dudognon, Gracieux et Toulouse, ainsi que les colonels Argoud et Georges de Boissieu, son chef d'état-major, qui est le cousin du colonel Alain de Boissieu, l'époux d'Elisabeth de Gaulle la fille du Général. Sur les pentes arborées d'Hydra, dans un méandre étroit de l'avenue Foureau-Lamy, les murs du quartier général du commandant en chef sont mitoyens avec l'hôtel Saint-George dont le luxe néo-mauresque domine des palmiers aux stipes bien soignés, des flamboyants et des rosiers géants jaillissant d'une gangue épaisse de capucines et de séneçons.

Indifférent au paisible voisinage où tant d'intrigues politiques se sont nouées, le général Challe répète mot pour mot à ses officiers les propos du général de Gaulle. A peine était-il descendu de son avion, qu'on lui annonçait qu'Ortiz appelait la population à manifester sous le Forum afin d'exiger le retour immédiat de Massu. Dans l'intention de rassurer cette foule dont il craint les débordements, il recommande à ses officiers d'état-major de faire courir le bruit que la justice frappera désormais plus rapidement les terroristes du F.L.N. Puis, grave comme il ne l'a jamais été, il leur annonce :

— En cas de manifestation, je serais, hélas, obligé de vous donner l'ordre d'ouvrir le feu.

Devant l'étonnement de son aréopage estomaqué, il ajoute :

— Même si mon frère se présentait, eh bien, je ferais tirer sur mon frère !

Le secret n'étant pas une réalité algéroise, les échos des propos de Challe sourdent du quartier Rignot. Le colonel Godard s'empresse en réponse de claironner qu'il ne prendra aucune mesure préventive à l'encontre des militants de l'Algérie française. Et Argoud, à peine a-t-il quitté Challe, tente d'obtenir le même engagement de ses pairs. Le général Faure, qui s'apprête à remettre le commandement du corps d'armée d'Alger au successeur de Massu, vient s'entretenir avec lui, Ortiz et Gardes, dans une villa louée à mi-pente d'El-Biar par un capitaine au 75 *bis* du chemin Laperlier, entre les boulevards du Télemly et Gallieni, et où les leaders de l'Algérie française ont pris l'habitude de venir discuter de la stratégie à utiliser pour déstabiliser le gouvernement.

Le fondateur du Front national français réclame d'entrée à Faure la participation d'éléments de l'armée à la manifestation qu'il va lancer dans quelques heures. Pourtant enclin à épouser la cause des activistes, Faure, revenant sur ses affirmations antérieures, tergiverse. Et Argoud, toujours si prompt pourtant en pareille occasion à mettre de l'huile sur le feu, obéissant à Massu, choisit comme lui de temporiser. Reprenant les propos du général Challe, il argue que, peut-être, l'annonce du retour à une justice plus dure suffira à apaiser la colère des Algérois. Mais Ortiz balaie l'argument en affirmant :

— Je n'ai pas plus confiance en Challe qu'en de Gaulle !

Argoud, désarçonné, réfléchit quelques instants et propose :

— Puisque c'est ainsi, Ortiz, promettez-moi au moins de mener une manifestation pacifique. Si c'était le cas, je ferais ouvrir devant elle les rangs des régiments parachutistes.

Ortiz s'engage donc à brider les débordements de ses militants.

Après cet entretien, Faure essaie en vain d'obtenir du général Crépin qu'il noue au plus vite des liens personnels avec Ortiz et les autres dirigeants des mouvements de l'Algérie française, puis il regagne son poste de commandement à Tizi-Ouzou. Argoud, qui est toujours officiellement chef de cabinet du général commandant le corps d'armée d'Alger, fait au successeur de Massu un compte rendu rapide de ses contacts avec les civils. Bien entendu, il ne parle pas de sa résolution d'amener les paras de la 10$^e$ D.P. à observer envers les Algérois une passivité complice, ni même des recommandations que lui a faites Massu au sujet de la cohésion de l'armée. Son ancien patron lui téléphone d'ailleurs une nouvelle fois après cet entretien tendu.

— Je viens de voir le général de Gaulle, lui annonce-t-il. Il n'a rien compris au problème algérien. Toute l'affaire me semble avoir été goupillée de Paris. Reprenez votre liberté d'action et débrouillez-vous comme vous pourrez.

Sitôt rentré à Alger, Paul Delouvrier parle à la radio.

— Abandonnez ce complexe d'abandon, conseille-t-il aux Français d'Algérie. Il ne peut que mener à l'abandon lui-même, qui serait une injure à l'Armée et une insulte à la métropole et à ses fils qui combattent pour vous.

Ce message passe mal. Après l'avoir entendu, Joseph Ortiz rencontre une nouvelle fois Argoud. Le petit colonel aux gestes vifs, libéré de ses engagements de prudence par le dernier coup de téléphone de Massu, lui ayant affirmé que l'armée serait favorable à une manifestation populaire qui se contenterait de réclamer le retour de son ancien chef, il s'empresse de réunir chez lui, au 5 de la rue Charles-Péguy, les responsables du F.N.F., le D$^r$ Pérez et Jean-Jacques Susini en tête. Après leur avoir exposé la situation, afin d'obtenir l'aval nécessaire pour organiser la manifestation, il improvise au siège des Cargos réunis une assemblée extraordinaire du Comité d'entente des mouvements nationaux.

Cette formalité expédiée, les consignes de Joseph Ortiz se répandent en ville où les états-majors de tous les groupuscules Algérie française étaient sur le pied de guerre. Les porte-drapeaux des associations d'anciens combattants, qui marcheront en tête des manifestants, rafraîchissent déjà à la brosse leurs vestons alourdis de médailles cliquetantes.

Pendant que Pierre Lagaillarde et Jean-Jacques Susini discutent de leur côté en bas du boulevard du Télemly au restaurant Les 7 Merveilles afin de choisir entre l'organisation d'une manifestation patriotique et, ce qu'ils préfèrent l'un et l'autre, la mise en route d'un coup de force armé, des officiers s'entretiennent une dernière fois avec Ortiz rue Charles-Péguy. Autant qu'Argoud, ils sont maintenant convaincus que le dernier coup de téléphone de Massu doit être considéré comme un encouragement à risquer l'épreuve de force avec le gouvernement. Après avoir écouté leur hôte, respectueux de la hiérarchie, ils laissent parler le général Faure, revenu tout exprès de Kabylie et qui leur détaille les obstacles qu'ils auront à surmonter en cas d'affrontement avec les forces de l'ordre.

Puis le capitaine parachutiste Filippi, qui servait au cabinet de Massu, s'exprime à son tour. Grand, aussi large et barbu que Pierre Lagaillarde, il propose de passer à l'action en profitant de l'effet de surprise qui, selon lui, ne jouera certainement plus le lendemain.

— Pour réussir, affirme-t-il, nous n'aurons qu'à nous emparer simultanément de tous les postes de commandement de la région militaire. Mais, pour cela, il faudrait que le général Faure persuade auparavant les chefs de corps de la 10ᵉ D.P. de marcher avec nous.

L'attention générale se focalise à nouveau sur Faure, qui ne bronche pas. Le capitaine Filippi, après avoir en vain attendu sa réaction, passe aux détails de son plan d'insurrection. Le commandant Navarro, explique-t-il, aujourd'hui à la retraite mais qui était encore il y a peu chef de cabinet délégué aux affaires civiles à l'état-major de Massu, leur sera d'une utilité capitale. Avant d'aller plus loin, il rappelle que le général Faure, même si ce n'est plus que pour quelques heures, commande le corps d'armée d'Alger tant que le général Crépin n'en aura pas pris possession au cours d'une prise d'armes dans la cour de la caserne Pélissier.

— Le commandant Navarro, avance-t-il donc, se fait fort de paralyser les services préfectoraux dans les deux immeubles que vous connaissez tous, qui ouvrent d'un côté sur le boulevard Carnot, sur le Front de mer et, de l'autre, dans la rue Alfred-Lelluch, parallèle au boulevard Bugeaud.

Et il ajoute :

— Quand il aura réussi, ce sera pour vous un jeu d'enfant de contrôler la préfecture. Quant à moi, je me chargerai d'arrêter le colonel Fonde. Quand ce sera fait, je demanderai au colonel Argoud d'engager avec nous les régiments de la 10ᵉ D.P.

Gagné par la fougue du jeune officier, Joseph Ortiz apprécie son plan de manœuvre qui n'engagera pas seulement la foule dont il craint la versatilité et qui, comme en mai 1958, manipulée par n'importe qui, pourrait détourner sa colère vers la réalisation d'autres desseins que ceux pour lesquels il l'aura ameutée. Il propose donc de passer à l'étude de l'encadrement de la manifestation. Mais, consterné après quelques nouveaux échanges animés, il se rend compte que les opérations engagées par Challe obligeront les régiments parachutistes, sans qui l'affaire n'a aucune chance de réussir, à rester dans le bled. Seul le 3ᵉ R.P.I.Ma. – l'ancien 3ᵉ R.P.C. du colonel Bigeard – serait disponible à Sidi-Ferruch. Mais on écarte vite son emploi parce que le chef de corps de cette unité, le lieutenant-colonel Bonnigal, est gaulliste.

Joseph Ortiz a beau affirmer qu'il rameuterait s'il en était besoin en une demi-heure mille cinq cents hommes armés pour pallier l'absence des paras, Faure propose de reporter le déclenchement de l'opération.

— Mais mon général, plaide encore un proche d'Ortiz, vous savez très bien que demain il sera trop tard, puisque le général Crépin aura pris son commandement !

Faure, toisant le contradicteur du haut de son mètre quatre-vingt-dix, affirme que cela ne changera rien à l'affaire, puisqu'il sera toujours là, lui, et qu'il fera arrêter Crépin s'il refusait de suivre le mouvement.

Le secret n'existant pas plus du côté des civils que des militaires, la réunion organisée par Ortiz est à peine achevée que des renseignements concernant la manifestation arrivent de quart d'heure en quart d'heure au quartier Rignot. Une fois synthétisés, ils aboutissent sur le bureau du général Challe qui, revenant d'un rapide aller et retour sur Paris, les étudie. Ils sont si nombreux et si précis que le commandant en chef redoute d'avoir à affronter un nouveau 13 Mai. Il le craint d'autant plus lorsqu'on vient lui annoncer que, devançant les instructions d'Ortiz, Pierre Lagaillarde, le capitaine de réserve Guy Forzy et trois dirigeants des organisations d'étudiants, Alain Mentzer, Pierre Aoustin et Pierre Sultana, que ses amis appellent « Fiston », viennent d'occuper la Faculté des Sciences avec une quarantaine d'hommes armés.

Décidé à mater cette révolte dans l'œuf, Challe ordonne au colonel Fonde de placer immédiatement en état d'alerte n° 1 les régiments d'appelés dont il dispose. Mais Fonde argue qu'il est sans doute préférable de s'en tenir au plan *Valentine*, l'habituel dispositif de sécurité si bien rodé depuis mai 1958 avec son ossature de gendarmes mobiles, de policiers et de paras.

Prenant ainsi le risque de faire le jeu d'Ortiz et de ses amis, Challe rappelle donc à Alger le 1er régiment de chasseurs parachutistes qui était engagé dans une opération en Petite Kabylie. De son côté, Fonde étudie avec le lieutenant-colonel de gendarmerie Georges Debrosse le dispositif *Valentine* destiné à protéger les édifices administratifs et composé de trois cents agents de police, trois régiments de la 10e D.P. et dix-sept escadrons de gendarmes.

Les autres unités du corps d'armée étant consignées dans leurs casernes et cantonnements, seules circulent encore en ville des patrouilles de territoriaux. Ces réservistes sont naturellement au courant de ce qui se trame et tout acquis à Ortiz, que l'initiative spectaculaire de Lagaillarde, sous peine de perdre la face, oblige maintenant à passer à l'action.

A l'aube du dimanche 24 janvier 1960, les gendarmes fourbissent leur armement dans leurs casernes de la rue Berthezène proches de la Délégation générale et les bérets rouges du 1er R.C.P. du lieutenant-colonel Broizat campent dans leurs camions au Champ de Manœuvre. Le ciel est nuageux et la ville semble retenir son souffle. Challe n'ignore pas que

Broizat est un intime d'Argoud, qu'il connaît Ortiz et qu'il est depuis longtemps le confident du général Faure. Il subodore que cet homme qui a épousé toutes les colères des Pieds-noirs n'engagera jamais contre eux ses compagnies. Et il ne se trompe pas, puisque Broizat a averti ses paras qu'au cas où ils seraient désignés pour affronter les manifestants, ils ne le feraient qu'avec leurs armes individuelles munies d'un seul chargeur.

Ortiz sait lui aussi dans quel état d'esprit les chasseurs parachutistes sont venus à Alger. Il s'en réjouit et, près de lui, un de ses fidèles en tenue de territorial de la Marine, qui ignore pourtant l'arrivée des bérets rouges au Champ de Manœuvre, claironne déjà :

— Jo, avec toi, nous allons refaire le 13 Mai ! Et cette fois, c'est juré, nous ne laisserons personne confisquer notre victoire !

\*

— 6 —

## La solitude de Joseph Ortiz

Le général Crépin a pris son commandement au cours d'une brève cérémonie qui n'a mobilisé dans l'immense cour de la caserne Pélissier qu'une section du 9$^e$ zouaves. Le plan du capitaine Filippi n'a pas été mis en œuvre. Alger est maintenant presque entièrement quadrillée et gronde d'une rumeur enflant à chaque carrefour où se rejoignent les cohortes de manifestants marchant vers son centre.

Au quartier Mustapha-Inférieur, exprimant ainsi le sentiment général de ses camarades, le lieutenant Degenne, commandant la 4$^e$ compagnie du 1$^{er}$ R.C.P., note sur le journal de marche de son unité composée d'appelés encadrés par des anciens d'Indochine : « En aucun cas nous n'accepterons de tirer sur des Français européens ou musulmans, à Alger, dans les circonstances actuelles. »

Pierre Lagaillarde, une cachabia beige passée sur sa tenue camouflée, continue à ameuter des hommes en armes dans la Faculté des Sciences. Joseph Ortiz a investi avec les cadres du F.N.F. le siège de la Fédération des unités territoriales. L'immeuble abrite à son rez-de-chaussée une succursale de la Compagnie algérienne de crédit et de banque et ses terrasses dominent l'immense place de l'Hôtel des Postes que les organisateurs de la manifestation espèrent bientôt envahie par une marée humaine. Avec ses façades à balcons en fer forgé donnant sur la rue Charles-Péguy et sur le boulevard Laferrière, l'immeuble de cinq étages forme un large rectangle dont les deux autres côtés bordent les rues Emile-Zola et Ballay. Ainsi occupé, il représente maintenant une véritable forteresse. Tandis que les territoriaux s'y installent, salués par les cris montant des coulées de foule qui s'ameutent, le pilote d'un avion de l'Aéro-Club d'Alger lâche des nuées de tracts sur les rues où ne roulent aucun trolleybus ni tramway. « Français d'Algérie, lisent les manifestants, Massu, le dernier général du 13 Mai, le dernier garant de l'Algérie française et de l'intégration, a été bafoué et limogé. De Gaulle veut avoir les mains libres pour brader l'Algérie après l'Afrique noire et rendre l'Armée parjure à ses serments. L'heure est venue de nous lever. Dimanche matin, à 11 heures, vous rejoindrez les cortèges qui partiront des campagnes et des faubourgs, tous ensemble, derrière vos territoriaux et ceux qui depuis plusieurs années conduisent le combat. »

Une patrouille de chasse venue de Maison-Blanche intercepte le petit avion au moment où son pilote amorçait au-dessus du Ruisseau le virage qui devait le ramener sur le centre-ville, et l'oblige à se poser là où il avait décollé sans autorisation.

Après cet intermède aérien, Ortiz attend 11 heures pour recevoir les conjurés militaires dans le local des U.T. où le commandant de réserve Victor Sapin-Lignières, ancien résistant devenu financier, doit leur présenter ses officiers. Mais, rentré à Tizi-Ouzou, dans l'intention de rallier des troupes à la grogne algéroise, le général Faure manquera à l'appel.

La veille au matin, le cafetier a rencontré, chez un ami installé rampe Chasseloup-Laubat, le général Costes, pied-noir lui aussi et qui commande à Fort-de-l'Eau la zone opérationnelle du nord-algérois. Ortiz n'ayant pas plus de temps à perdre que ce général, les deux hommes sont tout de suite allés à l'essentiel. Pas du tout impressionné par la haute stature et les étoiles de son hôte, Ortiz lui a vanté la puissance de ses troupes territoriales dont le commandant Sapin-Lignières venait de démissionner pour protester contre le rappel de Massu, mais que ses hommes considéraient encore comme leur seul chef.

— Ortiz, l'a tout de suite contré Costes, vous savez bien que les unités territoriales dont vous parlez n'existeraient pas sans moi !

Et il a ajouté :

— D'ailleurs, vous vous trompez : Alger n'est pas l'Algérie ! Et tout le monde, en Algérie justement, ne pense pas comme vous. Même près de ce bureau, je vous assure que je connais des tas de gens qui n'épousent pas du tout votre aversion pour l'autodétermination proposée par le général de Gaulle.

Ortiz s'est prêté quelques minutes au débat à fleurets mouchetés. Puis,

Costes lui demandant de temporiser encore, d'attendre d'en savoir plus sur ce qui a été décidé à Paris, il lui a répondu que, quand bien même le voudrait-il, il n'avait plus le pouvoir d'arrêter les préparatifs de la manifestation.

— Puisque c'est comme ça, a conclu le général pied-noir, je vous avertis que si cette manifestation devait avoir lieu et si j'en recevais l'ordre, je n'hésiterais pas un instant à faire tirer sur la foule !

Jusque-là serein, Ortiz, s'est exclamé :

— Vous ne savez sans doute pas, mon général, que je peux compter sur des révolutionnaires chevronnés. Ils savent manipuler des foules et diriger un service d'ordre.

La menace n'a pas semblé impressionner le général, qui s'est levé pour s'en aller, et Ortiz lui a lancé en guise d'au revoir :

— Mon général, sachez que je suis pupille de la Nation et que mon père a été tué par les balles allemandes. Je serai donc tué par des balles françaises !

Touché par le rappel des sacrifices de ses concitoyens, Costes s'est quelque peu radouci et il n'a quitté l'immeuble de la rampe Chasseloup-Laubat qu'après avoir promis de revoir Ortiz avant d'engager ses forces contre les manifestants. En le regardant monter dans une 403 Peugeot, l'homme du F.N.F. a songé que, quoi qu'il arrive maintenant et tout pied-noir qu'il soit, Costes s'en tiendrait certainement au respect des ordres reçus.

Aujourd'hui, alors que la place de l'Hôtel des Postes est encore aux trois quarts déserte, le général Challe sait que tout est en place pour contenir les cohortes de manifestants rameutées par Joseph Ortiz. Il a mis les trois régiments de la 10$^e$ D.P. aux ordres du colonel Georges Mayer, l'ancien patron du 1$^{er}$ R.C.P. jusqu'en avril 1958, qui est maintenant l'adjoint du général Gracieux.

Le 3$^e$ R.P.I.Ma. du lieutenant-colonel Bonnigal a installé des barrages entre le lycée Bugeaud et la caserne Pélissier pour interdire l'approche du plateau des Glières aux manifestants qui viendront de Bab el-Oued, tandis qu'à l'est de la ville les parachutistes de Broizat bloqueront les manifestants de Kouba, Belcourt, Hussein-Dey et de Maison-Carrée. Le 1$^{er}$ régiment étranger de parachutistes du lieutenant-colonel Dufour barrera le passage aux agriculteurs de la Mitidja rassemblés par Robert Martel.

Martel ne s'est engagé qu'à contrecœur dans l'affaire. Bien renseigné par ses correspondants parisiens, il craint en effet qu'elle n'offre au gouvernement l'occasion d'imposer une fois pour toutes sa politique par la force aux Pieds-noirs.

La protection de la Délégation générale est dévolue par le plan *Valentine* aux gendarmes du lieutenant-colonel Debrosse et des policiers casqués se sont déployés autour de l'Hôtel des Postes, que les Algérois préfèrent appeler la Grande Poste.

Le déploiement des forces de l'ordre s'achevant, Ortiz s'inquiète de la présence ostentatoire de Lagaillarde et de ses hommes dans la Faculté des Sciences. Il craint que Challe et Delouvrier, prétextant cette occupation de locaux de l'Etat, ne lancent une vague d'arrestations qui décapiterait tous les mouvements Algérie française. Il aurait préféré que le député, obéissant ainsi aux seules décisions du F.N.F., se contente de venir manifester avec les autres élus algérois qui attendent son signal à leur permanence située au rez-de-chaussée du 4, boulevard Laferrière, à deux pas de son P.C.

Hier soir, au cours d'une rencontre qui s'est déroulée chez Ortiz, au 5 de la rue Charles-Péguy, tout près aussi de l'immeuble de la Compagnie algérienne, Lagaillarde, flanqué de deux gardes du corps, a plaidé :

— Etant donné qu'il ne se passait rien, j'ai pris la décision d'occuper les Facs. J'y ai entreposé des tenues et du matériel. Et cette nuit, j'attaque le G.G. !

Ortiz a sursauté.

— De combien d'hommes sûrs disposes-tu ?

— Une trentaine... a avoué le futur militant de l'O.A.S.

Malgré la tension, Ortiz a plaisanté :

— Tu ne trouves pas que c'est un peu trop ?

— Je songe lancer une opération du type kamikaze, a précisé le député en rupture de Palais-Bourbon. Nous y resterons peut-être tous. Mais, au moins, nous aurons tenté quelque chose !

Puis il a précisé qu'après avoir occupé la Faculté des Sciences, il a fait avec ses camarades le serment d'aller jusqu'au sacrifice suprême.

Ortiz a tenté de le ramener à des méthodes moins risquées.

— Sais-tu, au moins, que nous avons prévu une manifestation de masse pour demain ?

— Non !

— Eh bien, maintenant, tu le sais. Et ta place est avec nous, Pierre. Au premier rang des manifestants avec ton écharpe tricolore !

Puis, forçant le ton, le cafetier a menacé :

— Si tu persistes à t'enfermer dans les Facultés, libre à toi. Mais dis-toi bien que si tu t'avises de contrarier les plans d'action que nous avons arrêtés, ce ne sont pas les gendarmes de Debrosse que tu trouveras devant toi. Je ne plaisante pas, Pierre. Tu sais très bien que je m'opposerai par la force à toute initiative, venant de quiconque, qui risquerait de faire échouer ou de détourner de ses buts légitimes notre manifestation. Réfléchis bien avant d'aller plus loin dans ton aventure.

Lagaillarde, affirmant qu'il n'était réellement pas au courant des projets de son hôte, a promis de suivre le plan d'Ortiz et s'est engagé à se tenir à sa disposition.

Quelques heures après cet entretien tendu, le lieutenant-colonel Broizat est arrivé avec ses paras aux portes d'Alger. Préoccupé par le sort du sergent Roussel, blessé au ventre au cours d'un assaut, il était furieux d'avoir dû abandonner la traque d'une unité de l'A.L.N. qui avait déjà perdu une vingtaine de *djounoud*. Il était 4 heures lorsqu'il a installé ses paras au Champ de Manœuvre, où il a laissé sous bonne garde ses armes lourdes avant de mener le gros de son régiment au quartier de Mustapha-Inférieur, place du Général-Sarrail. Une demi-heure plus tard, il s'est rendu au P.C. de la 10$^e$ D. P, où il a reçu un premier ordre émanant du colonel Fonde et un second du général Challe. Quelque peu perplexe, il en a conclu que bien qu'on le mette aux ordres de Fonde, le commandant en chef entendait bien garder la haute main sur les opérations.

Après une longue discussion avec le général Jean Gracieux et son adjoint le colonel Mayer, Broizat a rejoint ses officiers place Sarrail et il leur a expliqué la situation, pas très claire selon lui. Un commissaire de police est venu à l'aube se mettre à ses ordres avec un peloton de C.R.S. destiné à fouiller au besoin les manifestants récalcitrants.

Les bérets rouges s'étonnant de voir quelques policiers munis de clairons, on leur a expliqué que ces instruments serviraient à sonner les sommations avant l'ouverture du feu sur les manifestants.

A 9 h 15, le colonel Coustaux, qui avait remplacé Mayer à la tête du 1$^{er}$ R.C.P. en avril 1958 et qui dirige le 3$^e$ bureau de la X$^e$ région militaire, vient annoncer à Broizat que Challe le réclame.

A peine introduit dans le bureau du général, Broizat lui expose avec franchise la situation dont, tient-il à souligner, l'évolution ne le surprend pas du tout.

— Vous savez très bien, avance-t-il en effet, qu'elle découle simplement de la politique catastrophique engagée depuis peu par le gouvernement.

Challe acquiesçant d'un hochement de tête tout en aspirant une bouffée de sa pipe, Broizat s'estime encouragé à préciser sa pensée :

— Ici, à Alger, mon général, poursuit-il avec son accent traînant de montagnard, les faits sont les faits et les hommes sont les hommes. Et ils ne sont peut-être pas toujours ce que le gouvernement souhaiterait qu'ils soient.

Le commandant en chef ne le contredisant toujours pas, Broizat affirme que la manifestation des Algérois aidera certainement Paris à mieux apprécier la gravité de la situation.

— Il ne faut surtout pas l'interdire, conseille-t-il à Challe. Il faut seulement prendre des mesures nécessaires à l'endiguer. Et cela, bien entendu, sans tirer un seul coup de feu.

Puis, le commandant en chef se taisant toujours, il tranche :

— En tout cas, quoi qu'il arrive, je ne donnerai jamais l'ordre de tirer sur la foule ! Je n'ai jamais ordonné de représailles dans le djebel, je ne le ferai pas plus en ville.

Les deux hommes, tout à fait d'accord, sont sur le point de se séparer lorsque, entrant soudain dans le bureau, Paul Delouvrier leur annonce :

— J'ai donné l'ordre d'interdire la manifestation.

Revenu à 10 h 30 près de ses hommes, Broizat rumine la mauvaise impression provoquée par la décision du délégué général. En interdisant la manifestation, Delouvrier, à son avis, prend des risques énormes et fausse les donnes d'un jeu dont il espérait beaucoup. Obéissant malgré tout aux ordres de Fonde, il fait disperser place Sarrail deux centaines de manifestants bien peu menaçants. Puis des hommes se présentent comme des territoriaux en civil demandent à lui parler. Ayant pris au pied de la lettre les rumeurs de l'engagement du colonel Argoud, l'un d'eux s'inquiète de savoir si le 1er R.C.P. va vraiment participer à la manifestation.

— Il n'en est pas question, répond Broizat. Si je comprends parfaitement votre état d'esprit et même si je l'admets, je considère aussi qu'il n'est pas de manifestation à laquelle les parachutistes pourraient participer. C'est tout, messieurs. Je vous conseille donc de vous contenter d'aller à 11 heures devant la Grande Poste et de veiller à ce que les manifestants ne montent pas vers le Gouvernement général. Si vous le faites, vous verrez que tout se passera bien et qu'à Paris on vous entendra.

Les territoriaux déçus s'éloignant, Broizat rejoint en jeep le colonel Argoud à la caserne Pélissier.

Les deux officiers estiment impérieux que Challe s'entretienne avec Joseph Ortiz avant le début de la manifestation et Gardes est du même avis lorsqu'il se joint à eux. Au moment où les trois colonels vont se séparer, Ortiz se rend confiant au rendez-vous fixé par Faure et il jubile déjà en imaginant que, maintenant que la foule converge vers le centre, les militaires ne pourront plus refuser de le suivre.

Mais Faure n'est pas là et Argoud est encore à la caserne Pélissier. Les autres conjurés se font attendre aussi. Seul militaire présent à l'heure convenue, le capitaine Filippi cherche en vain des excuses pour ses pairs et Ortiz, dépité, décide de se passer de l'armée.

\*

## — 7 —

## Challe pactise avec Ortiz

A un kilomètre à vol d'oiseau de l'Hôtel des Postes, la caserne Pélissier est protégée par les paras de Bonnigal. Avant de conférer avec Broizat et Gardes, Argoud y a reçu le lieutenant parachutiste Daniel Godot. Rentrant

## Chap. 7. – *Challe pactise avec Ortiz*

de Paris, cet officier très vieille France avec ses lunettes à fine monture et qui sera en 1962 avec le capitaine Sergent à la tête de l'O.A.S. métropolitaine lui a remis une lettre du lieutenant-colonel de Raymond lui annonçant qu'après l'avoir reçu par un sonore « Massu, je vous garde ! », le général de Gaulle s'est souvent emporté lors de l'entretien qui s'est terminé par le limogeage de son patron.

Après avoir quitté Broizat, Argoud gagne l'ancien bureau de Massu donnant sur le lycée Bugeaud. Il y trouve les généraux Arfouilloux et Toulouse qui, avec Crépin, regardent passer les premiers manifestants.

— Ah, vous voilà, Argoud ! s'exclame le successeur de Massu. Vous tombez à pic. Donnez-nous votre sentiment sur la situation.

Argoud en sait beaucoup plus que tous les généraux sur les desseins d'Ortiz et la manifestation qui s'ébranle malgré l'interdiction de Delouvrier. S'il en tait le principal, il tente encore d'arranger les choses en relayant la proposition de Broizat et Gardes. Les trois généraux le dominant chacun d'au moins une tête suivent son conseil et, par téléphone, ils chargent le colonel Coustaux d'organiser la rencontre entre Challe et Ortiz.

A peine revenu place Sarrail, Broizat reçoit du colonel Fonde l'ordre de porter ses compagnies au carrefour de l'Agha, de les maintenir en attente sous l'immeuble moderne du Mauretania qui, au 19 de la rue Michelet, abrite les compagnies aériennes Air France et T.W.A., et d'installer son P.C. au commissariat central du boulevard Baudin.

Trouvant au commissariat tous les moyens de communications dont il a besoin, le patron du 1er R.C.P. discute avec des fonctionnaires en civil revenant de la Délégation générale où ils ont bavardé avec des officiers du lieutenant-colonel Debrosse et qui, crispés, lui exposent leurs inquiétudes concernant les gendarmes, à leur avis trop pressés d'intervenir.

Après cet entretien qui l'a mis encore plus mal à l'aise, le général Toulouse, revenant d'une reconnaissance dans la basse Casbah, annonce à Broizat que les Musulmans ne se préoccupent pas outre mesure de la manifestation.

— Certains, souligne-t-il, estiment même que les revendications des Européens ne vont pas du tout contre leurs intérêts.

Pendant que le général Toulouse regagne la caserne Pélissier, des cohortes de manifestants privés de l'encadrement militaire espéré par Ortiz sont livrées à elles-mêmes. Malgré les recommandations d'Argoud, des heurts éclatent à chaque barrage. Si les choses s'arrangent quand il s'agit de franchir un cordon de parachutistes, les manifestants venus d'Hussein-Dey affrontent durement des rangées de gendarmes casqués. Les coups succèdent aux insultes. Suivant les ordres d'Ortiz, des territoriaux répriment leur envie de tirer et, au bout de quelques assauts hurlants, les gardes mobiles cèdent en menaçant de prendre bientôt leur revanche.

Entre l'Hôtel des Postes et le P.C. d'Ortiz, la foule grossit et gronde. Elle est composée surtout de membres des U.T. dépendant du F.N.F., car la plupart des autres réservistes sont rentrés chez eux sitôt qu'ils ont eu vent de la défection des militaires.

Sans confiner à l'ampleur de celle du 13 mai 1958, cette foule kaki occupe les trois quarts de la place. A ses premiers rangs, des militants du F.N.F. brandissent la croix celtique qu'Ortiz a adoptée après un accord passé le 6 février 1959 en métropole avec les dirigeants de Jeune Nation, mouvement fasciste représenté à Alger par quelques dizaines de jeunes gens dirigés par Jean-Marcel Zagamé, un étudiant âgé de vingt ans qui jouera plus tard un très grand rôle dans l'O.A.S.

A midi, le leader du Front national français décide de parler au balcon de son Q.G. fleuri par les pompons rouges de territoriaux de la Marine. Il sait que les Algérois sont loin de le connaître tous. C'est donc avec humilité qu'il s'impose derrière un micro installé par Fernand Féral, l'agent d'assurances de quarante ans qui anime l'association Assistance et Protection et qui, à ce titre, a souvent obtenu de la préfecture de Police des ports d'armes destinés au F.N.F. Il se penche pour mieux apprécier la marée humaine et se présente.

— Ici Ortiz, président du Front national français.

La foule ronronne de satisfaction. Elle crie bientôt si fort qu'Ortiz doit attendre qu'elle s'apaise pour entamer son discours émaillé de dizaines d' « Algérie française ». Quand il a terminé d'attiser sa colère, la masse houleuse, subjuguée par sa faconde, le voit à regret se retirer du balcon. Des représentants de l'Algérie française, s'arrachant parfois le micro des mains, lui succèdent dans un désordre complet. Ils ne sont pas tous des tribuns de la classe d'Ortiz et, mis à part Robert Martel qui jouit d'un grand prestige, ils ne s'attirent guère d'applaudissements.

Les diatribes contre le gouvernement et le général de Gaulle pleuvent encore sur la foule qui s'épaissit lorsque le colonel Gardes se présente avec le capitaine Rouy à la Compagnie algérienne dont les balcons du premier étage sont maintenant, sous un haut et large portrait de Massu, tendus d'une banderole proclamant que l'Algérie est province française. Ortiz le prend à part.

— Que s'est-il passé ? le presse-t-il.

— Je n'en sais sans doute pas plus que vous, mon pauvre Ortiz. Je ne sais même pas où est le général Faure et j'ai perdu le contact avec Argoud depuis le milieu de la matinée. Je ne comprends pas.

L'heure n'est pas aux explications, mais à l'action et Ortiz explose :

— Moi, Gardes, je le sais trop bien ce qui s'est passé ! Vous, les militaires, vous avez eu la trouille. Vous vous êtes conduits comme des gougnafiers, et je retiens mes mots.

Le colonel subit l'orage et s'éloigne pour aller aux nouvelles au quartier Rignot.

Le capitaine Filippi s'approche alors d'Ortiz et, haussant la voix dans

## Chap. 7. – *Challe pactise avec Ortiz*

le bureau envahi par des hommes pour la plupart en armes, il lui conseille de rencontrer Challe.

— Argoud et Coustaux ont été très clairs, plaide-t-il. Challe s'est engagé à vous recevoir au G.G. et à vous laisser libre de revenir ici, quoi qu'il arrive. Il vous attend à 13 heures.

Ortiz rameute autour de lui Féral, Susini et quelques autres proches afin de leur rappeler qu'aucune des mesures prises en commun avec les militaires n'a jusqu'ici été respectée.

— Et voilà, maintenant, que Challe m'attend au G.G. ! Est-ce que je dois y aller ?

Si Bernard Lefèvre, futur co-fondateur de l'O.A.S., et Auguste Arnould, pilote d'Air Algérie résidant à Maison-Carrée et président du Comité d'entente des anciens combattants, sont partisans de tenter ce dernier essai de conciliation, tout le monde n'est pas de cet avis. Certains craignent un piège.

— Jo, tu dois rester ici, avec nous, supplie l'un de ceux-là.

Un autre renchérit :

— Si Challe tient à te parler, c'est à lui de descendre ici. Ce n'est pas à toi de prendre tous les risques. Nous avons trop besoin de toi.

Ayant écouté les uns et les autres, Ortiz, décide de se rendre à la convocation du commandant en chef. Mais il tient à en avertir la foule qui, cette fois, hurle des vivats sitôt qu'il se campe au balcon. Après avoir annoncé que Challe voulait le recevoir, il plaisante :

— Mes amis, je vous demande d'attendre dans le calme mon retour. Même si je n'ai pas encore déjeuné, l'Algérie française vaut bien un repas. N'est-ce pas ?

Après cette boutade, Ortiz monte dans une 203 Peugeot militaire.

La foule rechigne à laisser partir l'homme en qui elle a placé tous ses espoirs. Des mains agrippent la voiture d'Ortiz. Des manifestants le supplient de ne pas donner dans le piège que Challe lui tend. Deux territoriaux armés de mitraillettes et portant un brassard bleu blanc rouge frappé de la croix celtique s'allongent sur les ailes effilées de la voiture et, de la voix et du geste, lui ouvrent un étroit couloir dans la masse hurlante.

Ortiz, toujours poursuivi par ses militants, disparaît enfin dans l'avenue Pasteur. Son chauffeur dépasse la rue Ballay, puis la rue Jean-Macé, tourne à droite dans la rue Edouard-Cat, une nouvelle fois à droite dans la rue Berthezène noire de gendarmes et, après avoir fait le tour de ses hauts bâtiments avant le commissariat cerné par un cordon de sécurité, immobilise la voiture dans la cour d'honneur de la Délégation générale.

Des C.R.S. armés de mitraillettes déambulent dans les jardins et le hall du G.G. L'officier qui accueille Ortiz et ses deux gardes du corps a le masque dur en annonçant que le général Challe l'attend maintenant au quartier général de l'armée de l'Air.

La 203 roule sur le boulevard du Télemly avec une lenteur qui finit par agacer Ortiz. Insouciants de leur sort qui va se jouer au centre de la ville, des milliers de Pieds-noirs entassés dans des 4 CV, des Dauphine et des Aronde avec des couffins emplis de victuailles, de bouteilles de vin et d'anisette roulent vers les plages ou la forêt de Baïnem afin de profiter de leur dimanche. Le chauffeur de la Peugeot donne du klaxon pour doubler ces files de lambins. Enfin parvenu rue Franklin-Roosevelt, près du Palais d'Eté, l'immense et élégante demeure mauresque dont la blancheur tranche dans le camaïeu de verts d'un parc dominé par de très hauts palmiers et qui est affecté à la résidence des gouverneurs d'Algérie, il arrête la voiture dans la cour de l'état-major des aviateurs. Gardes attendait Ortiz au milieu d'un groupe d'officiers qui détaillent comme une bête curieuse le meneur de l'Algérie française.

Challe, tenant un sandwich en main, reçoit son hôte tête nue.

— Vous n'avez sans doute pas pris le temps de déjeuner ? lui lance-t-il d'un ton bonhomme.

Ortiz avouant qu'il n'a pas mangé, tout en le guidant vers l'entrée d'un bureau, il rompt son casse-croûte en deux parts égales.

Ortiz songe que l'entrevue se présente bien, mord à belles dents le sandwich, puis sourit au capitaine Filippi qui l'a devancé.

Sitôt isolé avec son invité, le commandant en chef va à l'essentiel.

— Qu'est-ce que vous êtes en train de fabriquer en ville ?

— Nous manifestons contre le départ du général Massu et contre une politique qui ne veut plus de l'Algérie française.

— Je connais les raisons de votre manifestation, Ortiz. Et je les comprends, puisque je suis sans doute plus Algérie française que vous.

Ortiz lui rétorque :

— Autant que moi, peut-être, mon général. Mais plus : ce serait impossible.

Après cet échange qui a détendu l'atmosphère, le commandant en chef s'affirme fidèle au caractère français de l'Algérie. Il a, souligne-t-il, plaidé en vain la cause de Massu auprès du général de Gaulle et lui a exprimé les craintes, selon lui justifiées, des Européens d'Algérie.

— Mais le Général m'a rassuré, affirme-t-il. Je vous demande donc de l'être à votre tour. Il m'a donné des instructions pour faire aboutir lors du référendum sur l'autodétermination la solution la plus française. Et, vous le savez sans doute déjà, il a décidé de faire accélérer le cours de la justice en Algérie.

Ortiz sait qu'aucun référendum, de par la disproportion des communautés d'Algérie, ne donnera de résultat favorable à l'Algérie française. La seule solution satisfaisante pour les manifestants qui attendent son retour serait que le général de Gaulle renonçât à l'autodétermination. Mais de cela, aujourd'hui, Challe ne veut pas parler.

— Ortiz, poursuit-il en effet, n'oubliez pas que je suis le seul responsable de l'ordre en Algérie. Et celui-ci, coûte que coûte, sera maintenu dans cette ville. Vous devez savoir, à cette heure, que votre manifestation a d'ores et déjà manqué son but et que, désormais, vous êtes tout seul !

Joseph Ortiz comprend que son hôte fait allusion aux reculades de Faure et des autres officiers. Il contient difficilement sa colère lorsque Challe poursuit :

— Allons, Ortiz, soyez beau joueur ! Vous savez bien que j'ai déjà gagné la partie. Je vous propose une solution qui garantira votre dignité. Manifestez autant que vous le voulez, même si cela doit nous mener jusqu'à tard dans la nuit. Mais je ne vous laisserai faire qu'à la stricte condition que vos manifestants ne dépassent pas l'avenue Pasteur.

Abasourdi, Ortiz entend le général affirmer que la manifestation lui rendra un fier service puisque, par son ampleur et sa dignité, elle portera jusqu'au général de Gaulle la pensée profonde des Algérois.

— Celle que j'ai eu toutes les peines du monde à lui présenter, précise Challe. Mon cher Ortiz, je peux vous assurer que les unités de maintien de l'ordre ne descendront pas en dessous de la rue Berthezène. Nous sommes d'accord ?

Ortiz va objecter quelque chose, mais le général ne lui en laisse pas le temps et ironise sur l'action de Pierre Lagaillarde.

— Quant à votre rigolo en tenue camouflée, je vais le baiser et...

Bien qu'Ortiz soit lui-même irrité par les risques que l'avocat a pris en investissant la Faculté des Sciences et qu'il n'ait pas oublié l'altercation qui a opposé le barbu à son épouse lorsque, le 11 novembre 1959, celui-ci est allé déposer une gerbe au monument aux morts avec Paul Delouvrier, il dénie à Challe le droit de le juger.

Il empêche donc son hôte d'aller plus loin en affirmant que tous les hommes regroupés au centre de la ville sont unis, même si chacun d'eux reste maître de la manière dont il exprime son désir de rester français.

Puisque Challe semble connaître ses plans avortés, Ortiz s'engage à respecter le *gentlemen's agreement* qu'il lui propose.

— D'accord, mon général, je vous donne ma parole que mes manifestants ne franchiront pas l'avenue Pasteur.

Le commandant en chef, soulagé, met fin à l'entretien en affirmant :

— Puisque j'ai votre parole, Ortiz, vous avez la mienne.

*

## — 8 —
## Vers l'affrontement fratricide

Après avoir téléphoné à Argoud pour avoir le résultat de l'ambassade d'Ortiz, Broizat se réjouit que le commandant en chef ait autorisé la manifestation. Il est surtout soulagé d'apprendre que Challe s'est engagé à ce que les gendarmes de Debrosse ne descendent pas sur le plateau des Glières si les manifestants ne franchissent pas l'avenue Pasteur.

Ignorant encore qu'Ortiz s'est entendu avec Challe, Paul Delouvrier ne partage pas l'optimisme des officiers parachutistes. De plus en plus inquiet de l'ampleur prise par la manifestation qui se développe malgré son interdiction, il a menacé à la radio : « Algérois, j'ai tracé à chacun clairement son devoir. Ce n'est pas en insurgeant Alger contre la France, qui ne marchera pas, qu'on battra la rébellion. C'est l'inverse, hélas ! Les responsables de la manifestation commettent une tragique erreur. Je les adjure de se reprendre pour éviter le sang. L'autorité et l'armée feront leur devoir. »

Au moment où Delouvrier parlait, des territoriaux entraînés par Bernard Mamy s'emparaient rue de l'Abbé-de-l'Epée, entre les Facultés et le boulevard du Télemly, d'un stock d'armes dans le dépôt central des unités territoriales, seulement gardé par un groupe d'appelés du 9$^e$ zouaves.

Joseph Ortiz sait que ces fusils et mitraillettes ont été amenés dans la Faculté des Sciences mais, remettant à plus tard leur partage, il confie à l'un de ses adjoints les plus pondérés, l'avocat Jean Méningaud, le soin de sélectionner les orateurs qui, après Auguste Arnould et la présidente des veuves de guerre, se succèdent au balcon afin d'entretenir la pression de la foule.

Les haut-parleurs de la Compagnie algérienne déversent sur la place des flots de paroles pas toujours bien comprises par les manifestants piaffant d'impatience. Ortiz, lui, tourne en rond dans le bureau du commandant Sapin-Lignières. Tenu par ses engagements, il se refuse à libérer la foule en direction de la Délégation générale. Il sait qu'au-delà de la rue

Berthezène, le lieutenant-colonel Debrosse a maintenant rameuté ses dix-sept escadrons de gendarmes. Et des observateurs lui ont rapporté que des gardes mobiles ont claironné leur intention de « casser du Pied-noir ».

Le colonel Argoud vient rappeler au leader du F.N.F. que, bien que les parachutistes ne se soient pas alliés aux manifestants, ils les ont tout de même laissés passer. Reprenant ce que Challe a lui-même affirmé, il souligne l'utilité de la manifestation qui, si du moins elle reste pacifique, fera entendre jusqu'à Paris les légitimes revendications de l'Algérie française.

La manifestation bien contenue tourne donc à la démonstration patriotique, lorsque quelques Algérois décident de brusquer les choses.

— Jo, hurle soudain à 15 h 30 un marin de la territoriale en s'engouffrant dans le P.C. d'Ortiz, viens voir, ils montent une barricade !

Ortiz découvre vers la droite de l'immeuble, là où se rejoignent les rues Charras et Charles-Péguy à la hauteur de la courte rue Berlioz dont les escaliers mènent au boulevard Baudin, des jeunes gens qui arrachent des planches à un chantier de rénovation d'une agence du Crédit lyonnais et les entassent au milieu de la rue.

— Ce n'est rien, lance-t-il à ses compagnons Laissons-les faire. Ils vont vite se fatiguer.

Et, pas fâché de voir que le plan d'insurrection conçu par Jean-Jacques Susini fonctionne comme prévu, il rentre dans le bureau enfumé.

Broizat, de son côté, reçoit l'ordre de disperser des lambeaux de foule dans la rue Richelieu qui, partant de la large patte-d'oie formée par la rue Charras, la rue Sadi-Carnot et le boulevard Baudin, mène à la rue Michelet. Les Algérois accordant toujours leur confiance aux paras, ceux de la 1re compagnie du 1er R.C.P., commandés par le capitaine Mosconi, n'ont aucune peine à exécuter cette mission.

La dispersion effectuée, Broizat est convoqué au quartier général de la 10e D.P., à Hydra. Avant d'obtempérer, il prend le temps de discuter au quartier Rignot avec le colonel Coustaux, qui ne lui annonce pas de changements dans le plan de maintien de l'ordre. A Hydra, un journaliste remontant des Facultés lui rapporte que Pierre Lagaillarde dispose maintenant de trois cents hommes armés.

Inquiet, Broizat revient à sa jeep et, à l'aide de son poste S.C.R. 300, il contacte le capitaine Mosconi qui lui apprend que les manifestants ont érigé une barricade au bout de la rue Charles-Péguy et que des hommes en armes vont et viennent derrière elle.

Broizat imagine la situation plus explosive que ne la décrit son officier, un vieux baroudeur que rien n'étonne depuis les combats de la Libération. Il lui ordonne donc de garder ses paras en deçà de la place Lyautey et d'établir une liaison étroite avec les légionnaires du 1er R.E.P.

Après ces consignes de prudence, Broizat remonte discuter avec le général Gracieux et le colonel Mayer, dont il dépend pour cette désagréable opération de maintien de l'ordre.

— La décision de faire évacuer le plateau des Glières vient d'être prise par le général Costes, lui annonce le patron de la 10ᵉ D.P.
— Et vous participerez à l'opération, ajoute Mayer.
Broizat est sidéré.
— Mais, s'étonne-t-il, le général Challe n'a-t-il pas pris l'engagement de ne pas faire intervenir la gendarmerie si les manifestants n'allaient pas au Gouvernement général ?
Puis il souligne que si Challe avait vraiment décidé de revenir sur le pacte passé avec Ortiz, Coustaux, responsable de son 3ᵉ bureau, en aurait été informé et lui en aurait parlé. Et Argoud, ajoute-t-il, lui aurait aussi glissé mot de ce changement au cours d'une des nombreuses liaisons téléphoniques qu'il a eues avec lui depuis le commissariat central.
Le patron du 1ᵉʳ R.C.P. précise enfin que le général Crépin, encore si peu au fait des affaires civiles de la ville, n'a certainement pas admis une telle décision sans en référer à Challe. Sans tenir compte de ses remarques, pressé par le temps, le colonel Mayer le coupe :
— En ce qui vous concerne, vous progresserez vers l'Hôtel des Postes par la rue Charles-Péguy.
— Non, je ne passerai certainement pas par la rue Charles-Péguy !
Ceci étant affirmé, Broizat veut savoir si le général Costes, avant de donner ses ordres, a été mis au courant de l'entrevue qui a réuni Challe et Ortiz. Comme on ne lui répond pas, il expose la façon dont il entend mener sa mission.
— Si la rue Charles-Péguy est occupée par les manifestants et fermée par des barricades, il n'y a en revanche personne tout le long du boulevard Baudin. C'est donc par là que je vais engager mon régiment jusqu'à la Grande Poste.
Il reprend ensuite le contact radio avec le capitaine Mosconi, qu'en souvenir de ses combats dans un maquis communiste il appelle « Tito » :
— Ecoutez-moi bien, Tito : si vous recevez à partir de maintenant l'ordre de bouger, vous ne devrez pas l'exécuter sans m'en avoir référé. Qu'importe de qui il vienne, serait-ce de Challe lui-même. Nous sommes bien d'accord ?
Puis après avoir ordonné à ses officiers adjoints, le commandant Alain Bizard et le capitaine Raffin, de se préparer à progresser par le boulevard Baudin avec le gros du régiment jusqu'aux alentours de la Grande Poste, Broizat quitte Hydra pour les rejoindre et son chauffeur coupe au plus ras les virages des hauts d'Alger.

A son P.C., Ortiz ne sait rien de cette réorganisation du dispositif de maintien de l'ordre, lorsque le capitaine Filippi vient l'avertir que le général Challe désire le revoir à 17 heures. S'adressant à Jean-Jacques Susini et ses cadres, il proclame qu'il n'est pas question de se rendre à ce nouveau rendez-vous, puisqu'il a déjà tout dit au commandant en chef.
— Ma place est ici, parmi vous ! décrète-t-il, quelque peu théâtral.

## Chap. 8. – *Vers l'affrontement fratricide* 81

Respectant les engagements pris au Q.G. de l'armée de l'Air, il ordonne ensuite au lieutenant Mamy de s'assurer qu'aucun manifestant n'a franchi l'avenue Pasteur.

— Si tu vois que ça bouge, lui conseille-t-il, prends quelques gars solides et assure avec eux le service d'ordre.

Les orateurs triés par Jean Méningaud continuent à défiler derrière le micro. La foule ne donne pas de signes de lassitude. C'est à peine si l'on entend, dans la rumeur épaisse qu'elle distille, le grondement des hélicoptères survolant la ville à basse altitude.

Crispé, Gardes se tient toujours près d'Ortiz qui, après avoir consulté sa montre, lui demande soudain d'aller parler à Challe avec Arnould.

— S'il insiste pour me recevoir, téléphonez-moi de son bureau. Je verrai ce qu'il conviendra de faire.

Les deux hommes ne sont pas revenus et n'ont pas téléphoné lorsque, cédant à 16 heures à l'insistance de la foule qui le réclame à grands cris, le fondateur du F.N.F. s'impose au-dessus d'elle.

— Algérois, Algéroises, annonce-t-il en forçant le ton, l'heure est venue de dire non à la politique d'abandon. On nous a saboté le 13 Mai, mais cette fois, nous, les patriotes d'Alger, nous défendrons jusqu'au bout l'Algérie française. Le monde entier a les yeux tournés vers nous. Il ne suffit plus de crier « Algérie française ! ». Avant d'engager la bataille de la Marne, le maréchal Foch a ordonné à ses hommes : « Vous devez défendre chaque mètre de notre territoire, celui qui recule est un traître ! » Eh bien, pour vous aussi, peuple d'Alger, l'heure de l'héroïsme a peut-être sonné. Paris nous tire dans le dos. Paris a révoqué le général Massu. Paris envoie ses mercenaires contre notre peuple au lieu de les expédier dans les djebels combattre les assassins à qui on propose la paix des braves. Vive le général Massu ! Vive l'Algérie française !

La foule a entendu ce qu'elle voulait entendre. Elle acclame son héros durant quelques minutes, puis fait monter vers le ciel une vibrante *Marseillaise*.

La tension croissant de minute en minute, Ortiz s'inquiète enfin des armes dérobées au dépôt des U.T. Il a quelque peine à en obtenir une grosse part des hommes de Lagaillarde, qui ne sort plus de la Faculté des Sciences. Le marchandage terminé et les armes transportées rue Charles-Péguy dans une ambulance, des manifestants de plus en plus nombreux arrachent des pavés et les entassent en barricades.

Craignant le pire, Ortiz aimerait que les parachutistes se placent en tampon entre ses défenses et les gendarmes prêts à fondre sur la foule massée sur les deux escaliers du boulevard Laferrière. Apprenant que Broizat est à l'Agha auprès de l'immeuble du Mauretania, il lui dépêche le lieutenant Mamy revenu de s'assurer qu'aucun manifestant n'a encore tenté de franchir l'avenue Pasteur.

— Demande-lui de faire monter ses paras jusqu'ici, lui ordonne-t-il.

— Mais qu'est-ce que vous voudriez que j'aille foutre devant la Grande Poste ? s'insurge le patron du 1er R.C.P. lorsque le territorial lui a expliqué la situation. Mes hommes n'ont rien à faire là-haut. Du moins tant que personne ne tirera.

Sitôt averti de ce refus, Ortiz craint que les choses ne prennent une mauvaise tournure si les gendarmes recevaient l'ordre de descendre vers la Grande Poste. Il fait vérifier les emplacements de tir de ses hommes. Deux fusils-mitrailleurs sont en batterie au troisième étage de son immeuble. Le canon d'une troisième pièce dépasse d'un balcon du 2 de la rue Charles-Péguy, juste en face de son P.C. dans l'immeuble qui abrite la Compagnie transatlantique de navigation et qui est occupé par des militants du F.N.F. commandés par Hubert Ghenassia, un homme rompu au combat, puisqu'il a servi dans Tsahal, l'armée d'Israël.

Challe guette lui aussi les réactions des manifestants. De quart d'heure en quart d'heure, il met Paul Delouvrier au courant de la situation, telle que ses nombreux observateurs la lui décrivent. De son côté, à la caserne Pélissier, le général Crépin focalise son attention sur les manifestants qu'il craint de voir monter vers la Délégation générale. Il estime que l'emploi rapide de la force lui permettra d'éliminer ce risque. Quant aux barricades, qui ne sont pourtant encore que des ébauches de défenses même si des territoriaux armés de mitraillettes Thompson et de fusils Garant sont postés derrière elles, il prend le parti de les isoler sans les attaquer de front.

Le colonel Georges de Boissieu et le colonel Henri Jacquin, le patron du B.E.L., estiment au contraire de Crépin que les manifestants, bien tenus par les cadres d'Ortiz, ne représentent pas un danger capital et ils conseillent d'attendre encore pour engager les gendarmes.

Mais le remplaçant de Massu s'entête. A bout d'arguments, Jacquin lui confie que ses observateurs ont vu des territoriaux s'affairer autour d'une ambulance d'où, avec le député Mourad Kaouah, ils ont furtivement déchargé des armes que d'autres insurgés ont entreposées dans l'immeuble de la Compagnie algérienne.

Crépin tenant à son intervention immédiate sur la foule, le patron des services secrets militaires renonce à le convaincre. Il prend le temps de passer chez lui pour se mettre en civil et va se mêler aux manifestants au-dessous du Forum.

Argoud redoute l'affrontement fratricide avec les territoriaux d'Ortiz et de Lagaillarde. Afin de l'éviter, il demande aux trois chefs de corps parachutistes désignés pour épauler les gendarmes de ne pas cacher à Challe que la plupart de leurs officiers sont de cœur avec les manifestants. Mais ils ne suivent pas son conseil.

Le temps presse pourtant. A 17 h 15, le général Costes, prônant comme Crépin l'intervention immédiate, lance de son P.C. un appel radiodiffusé.

— Une minorité, qui semble vivre encore une tragique illusion, s'engage délibérément dans une aventure, affirme-t-il. Que les hommes de raison ayant le sens de la Patrie s'y refusent. Le soldat qui vous parle vous dit : c'est assez !

Ce message autoritaire est très peu écouté, puisque la majorité des Européens d'Alger ont quitté la ville pour pique-niquer et que les tribunes des stades de football sont pleines. Surtout celles du Stade municipal où s'affrontent l'Association sportive de Saint-Eugène et sa grande rivale le Racing universitaire algérois, le R.U.A qui a compté dans ses rangs le Prix Nobel de littérature Albert Camus jusqu'à ce que la tuberculose mette en 1930 fin à sa carrière de gardien de but. Cette rencontre n'ira pas à son terme. La populaire A.S.S.E. menant par deux buts à un, des territoriaux pénètrent sur le terrain, obligent l'arbitre à siffler la fin du match et entraînent un des joueurs, le populaire José Colle, vers les vestiaires où il s'habille, puis ils l'emmènent vers le centre-ville où ils estiment sa présence indispensable.

Pendant que les spectateurs scandent de vibrantes litanies d'« Algérie française ! », le général Costes, persuadé que son message a été écouté et compris, demande qu'on le mette en communication avec le lieutenant-colonel Debrosse qui s'est installé à la Délégation générale dans le bureau du chef de cabinet de Paul Delouvrier.

Contrairement à Challe, Costes n'accorde aucune confiance à Ortiz. Il doute que celui-ci ordonne la dislocation de la manifestation et, pour l'avoir maintenue malgré son interdiction, il l'estime d'ores et déjà hors la loi.

Interprétant la moindre réaction des manifestants et des territoriaux enfermés derrière leurs barricades et dans les Facultés comme la nouvelle étape d'un complot, Costes craint d'être bientôt dans l'incapacité d'agir. Il décide donc de démanteler les barricades naissantes avant qu'elles ne prennent une importance telle que seuls des blindés pourraient en venir à bout.

Afin d'éviter d'en arriver à cette extrémité, sitôt mis en contact téléphonique avec Debrosse, Costes lui ordonne :

— Vous allez dégager le plateau des Glières et le boulevard Laferrière. Je vous demande d'effectuer cette opération avec calme, avec sang-froid, mais aussi avec résolution. Cette manifestation interdite a assez duré ! Il convient donc qu'elle cesse. Vous serez, bien entendu, appuyé dans votre action par deux régiments de parachutistes, le 1er R.E.P. et le 1er R.C.P.

Costes connaît par cœur le plan de dégagement.

— Le 1er R.E.P., précise-t-il, débouchera devant vous par l'avenue Pasteur en direction de la rue d'Isly. Le 1er R.C.P. ralliera la place de la Grande-Poste par le boulevard Baudin et la rue Michelet, la rue Charles-Péguy si vous préférez, puisqu'elle a été débaptisée sur la portion qui nous intéresse. Exécution !

Après cette « Exécution ! » qui a claqué sec, le général Costes repasse

Debrosse au colonel Fonde et celui-ci, avec un peu plus de détails, lui confirme ses ordres.

Une fois achevés ces entretiens que chacun sait lourds de conséquences, Debrosse entraîne ses chefs d'escadron jusqu'à la hauteur du 17, boulevard Laferrière. Habitué à évaluer une manifestation, il estime à six mille personnes la foule étalée sous les arbres des deux branches du boulevard et sur le plateau des Glières. Il décide donc d'engager neuf escadrons sur les marches du bras droit du boulevard Laferrière, là où la foule est la plus compacte, et six autres sur celui de gauche.

— Guéral, annonce-t-il à son officier en second après avoir distribué les tâches, prenez le commandement de la première colonne. Je mènerai la seconde.

Passant aux derniers détails de la manœuvre, il ordonne que ses gendarmes, contrairement aux règlements, ne chargent pas avec leurs armes approvisionnées. Puis, arguant qu'il ne porte pas de lunettes de protection, il lance à ses chefs d'escadron : « Evitez d'employer trop de grenades lacrymogènes. Tâchez de ne pas faire pleurer votre colonel ! » et il remonte dans le bureau qu'il a réquisitionné afin d'y attendre l'ordre de charger.

Les commissaires de police Freddy et Guinard, qui auront selon la loi la mission de procéder aux sommations avant l'intervention des gendarmes, attendaient le retour de Debrosse. Ils l'écoutent parler une nouvelle fois au téléphone avec le colonel Fonde. Quand il a reposé le combiné, le commissaire Freddy lui fait remarquer que c'est très grave d'avoir pris une telle décision.

— Quelle décision ?

— Celle de disperser la foule.

— Monsieur le commissaire, rétorque Debrosse, sachez que ce n'est pas une décision que j'ai prise moi-même. Mais un ordre que j'ai reçu et que j'entends exécuter.

— Attention, mon colonel, l'avertit encore le policier, ça risque d'être dangereux pour vos hommes.

— S'il en est ainsi, vous progresserez près de moi, en tête de la manœuvre. Ainsi, s'il arrive des dommages à nos hommes, il vous en arrivera aussi.

Le policier, sonné à froid, exige une transcription écrite de l'appel au calme que le général vient de lire à la radio.

— Je n'ai pas moi-même entendu ce message, explique-t-il et je doute que les dirigeants de la manifestation l'aient fait. Je dois donc aller leur communiquer ce texte et je reviendrai près de vous au moment du départ.

Une demi-heure à peine avant cet entretien nerveux, le lieutenant-colonel Roger Ceccaldi, compagnon de la Libération et chargé d'assurer la liaison entre le colonel Fonde, les responsables du maintien de l'ordre urbain et les chefs de corps des unités parachutistes, s'est entendu demander par le général Costes, qui venait tout juste de lancer son appel à la radio :

— Vos régiments sont-ils prêts à faire mouvement ?

Il s'est empressé de téléphoner à Hydra, au Q.G. de la 10ᵉ D.P. et un officier, le commandant Marcel Forhan, lui a répondu que le 1ᵉʳ R.C.P., le 3ᵉ R.P.I.Ma. et le 1ᵉʳ R.E.P. étaient sur le pied de guerre, mais que c'était au général Costes de donner le signal du départ. Et l'adjoint de Mayer a ajouté :

— Il faudrait, en tout cas, qu'ils partent tout de suite, afin de déboucher avant 18 heures sur la place Lyautey, d'où ils poursuivront vers la Grande Poste. Quand ils l'auront atteinte, nous ferons descendre vers eux les gardes mobiles et, tout le monde en chœur, nous dispersons sans peine la population.

Le général Costes a bien précisé à Ceccaldi que les forces de l'ordre ne devront en aucun cas dépasser la place de l'Hôtel des Postes et qu'elles se retireront sur leurs bases de départ une fois la manifestation dispersée.

Les ordres partent donc. Mais, sans doute à cause de l'encaissement des rues, les radios des paras ne les captent pas tous très clairement.

A la Délégation générale, le lieutenant-colonel Debrosse ignore ces difficultés de liaisons lorsqu'il fait remettre au commissaire Freddy le texte du discours de Costes qu'il a lui-même hâtivement relevé. Quand les deux policiers sont partis, craignant que les parachutistes ne déboulent sous le plateau des Glières avant ses escadrons, il rejoint ses hommes en haut des larges escaliers du Forum.

**Deuxième partie**

# LES BARRICADES

— 9 —

## Du sang et des barricades

Après avoir ordonné d'écarter les rouleaux de barbelés et les chevaux de frise au-dessus de la rue Berthezène, le lieutenant-colonel Debrosse va d'officier en officier afin de leur préciser une dernière fois ses intructions. Revenu à la colonne d'escadrons dont il a décidé de prendre la tête, il se rend compte que quelques gendarmes ont accroché des grenades lacrymogènes à leur ceinturon.
— Enlevez-moi ça tout de suite, ordonne-t-il, et mettez-les dans vos poches. Je ne tiens pas à ce que vous les perdiez en route ou qu'on vous les arrache durant la charge.
Puis le colonel s'enquiert du retour des commissaires Freddy et Guinard. Personne n'a vu les policiers mais, puisqu'il est maintenant 18 heures, Debrosse décide d'affronter sans eux les manifestants.

Au signe de bras de leur colonel, les gendarmes ajustent leurs casques. Ils vérifient leur fourniment et s'engagent dans les larges escaliers qui, entre le boulevard du Maréchal-Foch et la rue Serpaggi, mènent à la rue Berthezène. Bientôt scindés en deux coulées serrées, ils progressent de part et d'autre du monument aux morts représenté par trois immenses chevaux de pierre dont les cavaliers, dressés sur leurs étriers, portent sur un pavois un gisant symbolisant les soldats d'Algérie tombés pour la France au cours des deux guerres mondiales et celle d'Indochine.
Debrosse se heurte avenue Pasteur aux premiers manifestants, dont certains sont armés de planches hérissées de clous. Impassible, il leur ordonne de reculer et reçoit en réponse des insultes, comme seul le soleil d'Algérie peut en faire fleurir.
Le gros des escadrons se massant derrière leur chef, la foule grondante recule jusqu'à la limite qu'Ortiz s'est engagé à ne pas dépasser.
Seul au milieu de la chaussée, un petit homme en imperméable kaki, au nez fin et dont les tempes blanches se distinguent sous le chapeau, fait encore face aux gendarmes. Debrosse ne reconnaissant pas Jacquin, le

patron des services secrets est bousculé et va se réfugier au 5 de l'avenue Pasteur, dans le hall de l'hôtel Albert-I[er].

La nuit tombe déjà lorsque Debrosse réclame un porte-voix et sans faire les sommations légales, sans doute parce que les deux commissaires qui en étaient chargés ne l'ont toujours pas rejoint, il se contente d'avertir :

— J'ai reçu l'ordre de dégager le plateau des Glières. Je vous demande donc de vous retirer de vous-mêmes avant que je ne sois obligé de vous en chasser !

Lancés des fenêtres et des terrasses, des projectiles divers s'abattent en pluie sur les gendarmes. La voix de Debrosse ne porte pas loin dans le brouhaha grossissant. Dans l'avenue Pasteur, l'explosion d'une grenade ajoute encore au tintamarre des cris et des chocs de bouteilles tombant sur les casques des gendarmes et sur la chaussée.

Soudain, tiré au milieu de la foule par un petit homme au visage dissimulé par le bord rabattu de son chapeau, claque un coup de pistolet de petit calibre. L'homme au chapeau a disparu au-delà de l'immense massif de fleurs planté en forme de croix de guerre et Debrosse ordonne de sonner la charge.

Un trompette s'exécutant, les gardes mobiles n'attendent pas la dernière note pour bousculer à coups de crosse les premiers rangs de manifestants.

A une centaine de mètres de la mêlée aveugle, Joseph Ortiz, toujours flanqué du capitaine Filippi, venait de haranguer la foule qui réclamait Massu. A peine rentré dans son bureau maintenant éclairé, puisque la nuit vient, il s'est inquiété avec Susini de ne pas voir revenir le colonel Gardes et Auguste Arnould.

Jean-Jacques Susini, alerté par un grondement d'orage, entraîne Ortiz et Filippi vers la pièce d'angle de l'appartement. Le trio bute contre un territorial essoufflé qui hurle : « Jo, ils chargent ! »

Penché à son balcon avec Susini, le leader du F.N.F. voit refluer en hurlant les manifestants que les gendarmes poursuivent. Il distingue dans la pénombre des gardes-mobiles à genoux tirant au-dessus de leurs compagnons des grenades lacrymogènes qui explosent sur la place de la Grande Poste.

Devant les charges, des hommes s'écroulent. Joseph Ortiz se rend compte que la panique risque de gagner le gros de la foule. Lorsqu'une deuxième vague de gendarmes dépasse la première, un territorial hurle près de lui :

— Jo, ils vont faire un carnage. Il faut les empêcher. Vite !

Ortiz se retourne vers Marcel Ronda et, la voix blanche, il lui intime :

— Donne immédiatement des ordres afin de protéger les nôtres !

Ronda n'a pas le temps de s'exécuter. Dissimulé dans un bosquet derrière la statue de Jeanne d'Arc, le tireur d'un fusil-mitrailleur, prenant le

## Chap. 9. – *Du sang et des barricades*

risque de toucher des manifestants, ouvre le feu. Son tir donne le signal d'un feu d'enfer qui s'abat en riposte sur la foule hurlante qui s'égaille dans des nuages de gaz lacrymogènes. Les mystérieux servants de la pièce qui ont provoqué la fusillade profitent de la pagaille pour disparaître. Quelques territoriaux du commandant Sapin-Lignières, rentré chez lui depuis une heure, ont juste le temps de se rendre compte qu'ils étaient nu-tête et portaient des uniformes sans insignes ni galons.

De leurs postes de combat aménagés depuis la matinée, les servants des fusils-mitrailleurs d'Ortiz et de Ghenassia tirent à l'unisson. Calés sur des terrasses et derrière des balcons, des territoriaux ajustent les gendarmes découpés en ombres chinoises dans la lumière des réverbères allumés depuis quelques minutes.

— Visez les lampadaires, ordonne Debrosse à ses hommes.

Mais les gendarmes ont d'autres soucis que de briser des dizaines d'ampoules. Ils songent surtout à gagner les entrées des immeubles dont les portes se ferment devant eux.

Les hommes d'Ortiz ont éteint les lumières dans les pièces d'où ils tirent et seules les lueurs de départ de leurs balles les trahissent.

Le capitaine Filippi faisant le coup de feu près de lui, Ortiz distingue sous l'auvent mauresque de l'Hôtel des Postes un gendarme qui, levant un bras, s'apprête à lancer une grenade vers les manifestants qui tentent de gagner les escaliers du bâtiment emplis de gardes mobiles tassés les uns contre les autres. Il le désigne à ses hommes et le gendarme s'affaisse en lâchant sa grenade dégoupillée qui fait des ravages parmi ses compagnons.

L'équipage d'un hélicoptère largue des grenades lacrymogènes sur les manifestants et les gendarmes mêlés.

Ortiz, rentré dans son bureau, téléphone à la caserne Pélissier, exige qu'on lui passe Argoud et furieux, il lâche d'entrée :

— Vous êtes satisfait, mon colonel ? Vous avez obtenu ce que vous espériez ? Les gendarmes nous ont attaqués sans prévenir et la bataille continue. Pouvez-vous faire quelque chose pour arrêter tout de suite cette boucherie ?

Argoud plaide que les paras ont pris du retard, mais qu'ils vont bientôt arriver.

— En les attendant, Ortiz, ordonne-t-il, je vous demande de faire cesser le tir de vos hommes.

Le lieutenant-colonel Broizat n'avait toujours pas rejoint ses hommes, lorsque le commandant Bizard l'a averti par radio que la fusillade venait d'éclater. Il lui a ordonné de foncer en camion vers la Grande Poste avec deux compagnies.

Sitôt débarqués, les bérets rouges s'interposent dans la mêlée confuse. Habitués à une stricte discipline de feu, aucun d'eux n'utilise son arme malgré les balles qui claquent au-dessus d'eux.

Quant aux bérets verts de la Légion étrangère, ils sont toujours sur la place Lyautey avec les hommes du capitaine Mosconi qui n'ont pas reçu de Bizard l'ordre de bouger. Lorsque les échos de la fusillade les alertent, le lieutenant-colonel Dufour, face à la barricade de la rue Charles-Péguy, voit des territoriaux se préparer au combat dans le jardin des Facultés. Il n'a pas, comme le patron du 1$^{er}$ R.C.P., l'avantage de disposer des moyens de communication du commissariat. Afin de savoir avec exactitude ce qui se passe à l'autre bout de la rue, il demande au capitaine Le Braz, son chef d'état-major, de téléphoner de chez un commerçant.

Le feu prenant de l'ampleur, Dufour écourte la communication. Tirant Le Braz par la manche, il l'entraîne vers sa jeep et, suivi de quelques légionnaires, il s'engage dans le tunnel des Facultés, afin de rejoindre l'avenue Pasteur en évitant la barricade.

L'artère semble d'abord déserte. Mais, au bout de cinquante mètres, le colonel et son chef d'état-major tombent en pleine fusillade et Dufour a l'impression que des gens se tirent dessus de chaque côté de la chaussée. Sautant à bas de sa jeep avec Le Braz, il court vers des civils et des territoriaux. Apercevant les bérets verts, les Pieds-noirs se méprennent sur leurs intentions et hurlent : « Les paras ! Les paras sont avec nous ! Ne tirez plus ! »

L'intrusion des légionnaires ayant ramené un semblant de calme dans l'avenue, Dufour aperçoit des gendarmes blessés ou morts. Un garde mobile en sang, soufflé par l'explosion d'un pneu bourré de plastic, s'est adossé au bas d'un immeuble à la hauteur de la rue Ballay.

— Le Braz, ordonne Dufour, allez vite chercher une compagnie ou une section.

Le capitaine, refusant d'abandonner son chef, confie à son chauffeur le soin de retourner vers la place Lyautey. Sitôt le renfort rameuté, il place ses paras entre les gendarmes et les territoriaux. Puis il oblige à rentrer chez eux les curieux qui se sont risqués au-dehors malgré les derniers tirs.

L'accalmie perdurant, Dufour fait avancer ses hommes vers le square Laferrière. Puis, parvenant devant l'Hôtel des Postes vingt minutes après la première charge des gendarmes, il réclame ses ambulances. Vite chargées de manifestants et de gendarmes pantelants, les Dodge à croix rouge foncent vers l'hôpital Maillot en alertant au passage des milliers d'Algérois qui, tout à leur farniente dominical, ignoraient encore le drame.

D'autres ambulances, appelées par le commandant Bizard, s'éloignent aussi du périmètre dangereux avec leur chargement de souffrance. Après avoir étalé à son tour ses hommes entre les gardes mobiles débandés et les Pieds-noirs, le second de Broizat arrache un lieutenant de Debrosse à un groupe d'excités.

— Merci, mon commandant, trouve la force de balbutier l'officier,

## Chap. 9. – *Du sang et des barricades*

c'est la seconde fois que je dois la vie aux paras. La première fois, c'était en Indo.

Deux bérets rouges le menant vers une ambulance, le blessé surmonte sa douleur pour ajouter :

— Je suis désolé d'avoir fait tirer sur cette foule dont je partage complètement les idées.

D'autres paras récupèrent près de la Compagnie algérienne un Musulman titubant :

— Je suis le député Mourad Kaouah, souffle celui-ci et il explique que des gendarmes l'ont frappé à coups de crosse alors qu'il tentait d'arracher un de leurs compagnons à des manifestants.

Pendant que les bérets rouges évacuent le député, Ortiz, de son balcon, se rend compte que les escadrons de Debrosse sont tout à fait désorganisés. Il empoigne le micro et, un territorial s'étant d'autorité glissé entre lui et la rambarde afin de le protéger, il ordonne le cessez-le-feu.

Après cet appel au calme, Ortiz sort de l'immeuble avec le capitaine Filippi et Susini. Suffoquant parmi des nuées de gaz lacrymogène et une odeur de poudre, les trois hommes butent sur une mêlée de territoriaux et de gendarmes près de l'endroit où, touché par une balle mortelle, s'est tout à l'heure écroulé le sergent de la territoriale Roger Hernandez. Un gendarme se débat sous les coups de quelques Pieds-noirs décidés à venger leur compagnon.

Ortiz bouscule ses hommes et se rend compte qu'il s'agit d'un capitaine. Faisant signe à Susini et Filippi d'empoigner l'homme en sang, il le mène à l'abri, le fait allonger sur une table au P.C. de Sapin-Lignières, l'abandonne aux soins du Dr Pérez et regagne avec Susini son Q.G. dont les fenêtres et les volets ont été refermés. Il téléphone à nouveau à Argoud à la caserne Pélissier. Sans lui laisser le temps de placer un mot, il l'accuse : « Tout est de votre faute ! » et il raccroche.

De l'autre côté du boulevard Laferrière, des gardes mobiles traînent un corps inerte vers l'immeuble néo-mauresque qui abrite le journal *Le Bled*. Le commandant Tardy, directeur de cette publication militaire, est là, en civil. Il fait ouvrir aux gendarmes la porte blindée de ses bureaux. Il laisse aussi quelques civils s'engouffrer dans l'immeuble et referme les lourds battants. Un gendarme lui réclame un haut-parleur et s'allonge sur un balcon de l'entresol pour réclamer un cessez-le-feu.

Les tirs sporadiques continuant, le commandant Tardy branche un micro plus puissant et hurle :

— Ne tirez plus ! Vous êtes en train de vous massacrer entre Français ! Les fellaghas nous observent. C'est lamentable.

Cette fois, les tirs perdent de leur intensité. Le directeur du *Bled* interrompt ses exhortations.

— Qui est-ce qui vous a donné l'ordre imbécile de charger ? demande-t-il au gendarme qui a réclamé le haut-parleur.

— Je ne sais pas, monsieur. Nos armes n'étaient pas approvisionnées. Constatez vous-même...

Le commandant inspecte quelques fusils et se rend compte qu'ils ne sentent pas la poudre.

— Vous avez tiré à la mitraillette ?

— Je vous jure que nous n'avons pas tiré du tout !

Perplexe, Tardy avise un sous-lieutenant allongé dans l'entrée. Il s'en approche, se penche et l'entend balbutier :

— Je me suis battu contre les fellaghas, je ne comprends pas comment je peux être tué, ici, par des Français.

De l'autre côté du boulevard Laferrière, un vieux militant F.N.F. de Bab el-Oued est soudain en proie à une crise de nerfs dans le local occupé par Joseph Ortiz. Ses compagnons le maîtrisent sans brutalité et Jean-Jacques Susini, retrouvant ses réflexes d'étudiant en médecine, lui administre une piqûre calmante qui l'assomme mais ne l'empêchera de se suicider dans quelques heures.

Lorsque la fusillade a éclaté, une troupe théâtrale algéroise, la Famille Hernandez, donnait depuis 16 h 30 dans la salle Pierre Bordes agencée sous le Forum une parodie des *Fourberies de Scapin* en pataouète, l'argot de Bab el-Oued. Aux premiers échos de coups de feu, des spectateurs se sont précipités vers la sortie donnant sur l'avenue Pasteur. Craignant qu'ils ne se retrouvent pris entre deux feux, Geneviève Baïlac, la grande et brune jeune femme qui anime la troupe, s'est juchée sur le proscenium et les a exhortés à revenir à leurs places. Puis, d'un geste de la main accompagné par un sourire forcé, elle a invité ses acteurs musulmans et européens à reprendre la pièce de Molière devenue *Le Sac d'embrouilles*.

Maintenant, à 18 h 45, alors que les spectateurs de la salle Pierre Bordes attendent que le calme soit tout à fait revenu pour sortir, le lieutenant-colonel Dufour se fait à son tour ouvrir la porte du *Bled* et annonce au commandant Tardy qu'il va établir son P.C. dans son bureau.

Dès les premiers coups de feu, Debrosse est allé d'escadron en escadron pour tenter d'éviter la débandade. Puis, traversant le boulevard Laferrière parmi la cohue affolée, il s'est rendu devant la barricade de la rue Charles-Péguy. Gêné par les nuages de gaz lacrymogènes et par la nuit, il n'a pas réussi à voir ce qui se passait derrière l'obstacle. Il a alors parcouru en diagonale inverse les jardins pour regagner son point de départ, à l'angle de l'avenue Pasteur où, sans avoir attendu ses ordres, quelques officiers avaient déjà fait remonter leurs pelotons. Retrouvant le trompette qui a sonné la charge, il lui a ordonné de jouer le cessez-le-feu.

— Je ne peux pas, mon colonel, a avoué l'homme après quelques essais infructueux. J'ai tout oublié !

— Ça ne fait rien, s'est emporté Debrosse. Joue n'importe quoi, mais joue !

## Chap. 9. – *Du sang et des barricades*

Subjugué, le gendarme a retrouvé les notes du cessez-le-feu. Le tir des gendarmes s'est calmé en haut des marches. Chaque fois qu'une nouvelle rafale résonnait, le trompette, sonnant à nouveau, la faisait taire.

Après ces sonneries, Debrosse a fait évacuer un de ses hommes qui se vidait de son sang, la gorge transpercée par une balle. Il a sans succès cherché son radio et, en désespoir de cause, c'est à l'aide du poste d'un appelé du 9$^e$ zouaves qu'il a tenté en vain de rentrer en liaison avec ses officiers demeurés à la Délégation générale.

S'étant au tout dernier moment écarté de la trajectoire d'un pneu bourré d'explosif qui est allé sauter sans dégâts dans un buisson, Debrosse a été rejoint à 18 h 25 par une estafette venue de la Délégation générale lui annoncer que le colonel Fonde voulait lui parler au téléphone. Avant de remonter les escaliers du Forum, il a pris le temps de confier à un de ses adjoints le commandement des escadrons engagés sur la droite du boulevard et ordonné de les faire refluer au-dessus de l'avenue Pasteur, puis d'empêcher, par le feu s'il le fallait encore, les manifestants de franchir la large voie.

Revenu dans le bureau du chef de cabinet de Delouvrier, Debrosse a expliqué au colonel Fonde la situation dramatique et celui-ci lui a ordonné de faire remonter tous ses escadrons au-delà de l'avenue Pasteur.

— En ce qui concerne mes colonnes de droite, lui a-t-il répondu, j'en ai pris l'initiative et j'ai fait transmettre les mêmes ordres aux officiers de celles de gauche. Mais, mon colonel, je voudrais savoir pourquoi les paras ne sont pas encore là.

— Je crois qu'ils ont des ennuis pour progresser aussi vite que prévu. Il semblerait qu'ils se sont heurtés à des barrages.

Pas du tout satisfait de l'explication, Debrosse a décidé de regagner la place de l'Hôtel des Postes. Un de ses sous-officiers l'a arrêté à la hauteur de l'hôtel Albert-I$^{er}$ pour lui annoncer que les paras venaient de déloger sans ménagements les gendarmes qui s'abritaient encore avenue Pasteur. Courant parfois, Debrosse se heurte devant *Le Bled* à quelques légionnaires qui obligent des gendarmes à remonter vers le monument aux morts.

— Qui vous a donné cet ordre ? s'inquiète-t-il d'un ton rogue.

— Le colonel Dufour, lui répond un béret vert à l'accent allemand. Si vous voulez en savoir plus, il est à la Grande Poste.

— Sergent, veuillez aller lui dire que le colonel Debrosse l'attend.

*

## — 10 —
## Michel Debré dans l'impasse

Il est maintenant 19 heures. Dès qu'il aperçoit Debrosse, le lieutenant-colonel Dufour l'apostrophe :
— Vous voilà ! On peut dire que vous avez fait du beau travail. Le délégué général avait pourtant donné sa parole que nous ne viendrions pas dans cette partie de la ville et que nous laisserions les manifestations aller à leur terme ! Vous êtes venu ici de votre propre chef. Voyez le résultat. Vous ne l'avez pas volé !

Debrosse balbutie.
— J'ignorais ces instructions.
Puis il affirme :
— En revanche, je connais les ordres qu'on m'a donnés. Je les ai exécutés, comme vous auriez dû le faire, puisque vous avez certainement reçu les mêmes.

Cette fois, c'est au tour du patron des légionnaires d'être ébahi.
— Quels ordres ? Je suis venu à votre secours de ma propre initiative, sitôt que j'ai entendu les premiers coups de feu.
— Et vous avez mis quarante-cinq minutes pour parcourir quatre cents mètres ?

Dufour ne suit pas le gendarme dans la polémique stérile. Il affirme :
— Tout me paraît calme maintenant. Les blessés ont été enlevés pour la plupart. Je vais demander à l'état-major de la 10ᵉ D.P. si je dois me retirer ou rester ici.

Debrosse, afin de s'assurer que l'officier en béret vert n'a pas menti en affirmant n'avoir pas reçu d'ordres pour intervenir, lui conseille d'utiliser le téléphone du *Bled*.

Dufour répète au commandant Laffargue, chef d'état-major du colonel Mayer, ce qu'il a dit à Debrosse, puis il propose de faire retirer tous les gendarmes du secteur. Et aussi l'hélicoptère qui tourne toujours au-dessus de la foule.

Après la réponse de Laffargue, Dufour annonce à Debrosse qu'il a reçu

## Chap. 10. – *Michel Debré dans l'impasse*

l'ordre d'établir son P.C. au journal. Puis il sort donner ses consignes à ses officiers.

Dufour est à peine parti que Debrosse s'empare du téléphone et, pressé de rassurer son épouse, il compose le numéro de son appartement situé rue Berthezène. Appelant ensuite le colonel Mayer, il lui demande, d'une voix cassée par l'émotion, de le sortir du *Bled* car il « craint d'être tué ».

Un brouhaha montant du rez-de-chaussée abrège la communication. Debrosse se précipite vers la porte qui s'est refermée derrière Dufour. L'appelé du 9e zouaves qui l'a suivi avec sa radio brandit dans le hall son pistolet M.A.C. 50 en bégayant :

— Lagaillarde, mon colonel ! J'ai vu Lagaillarde. Attention, ils arrivent.

Entrouvrant la porte, Debrosse aperçoit des civils et des territoriaux en armes qui marchent tranquilles vers la Grande Poste en escortant un grand homme drapé dans une courte cachabia.

De l'autre côté de la place, Broizat accueille lui-même l'occupant des Facultés et lui refuse l'accès au bâtiment maintenant occupé par ses paras et des manifestants terrorisés. Il lui conseille d'abréger sa patrouille et de retourner dans son réduit en précisant :

— Je n'irai certainement pas vous y embêter.

Lagaillarde ayant regagné le camp retranché, Dufour décide de parlementer avec Ortiz. Les deux hommes, qui se rencontrent pour la première fois, se tiennent sur la défensive.

— Ortiz, avertit Dufour, on vous a sans doute rapporté que j'étais dans le coup avec vous. Mais je n'y étais pas.

Malgré la gravité de l'instant, Ortiz plaisante.

— Je crois bien que maintenant, mon colonel, vous y êtes !

Dufour sourit et veut en savoir plus sur le drame. Entouré par ses gardes du corps, l'Algérois lui explique qu'il n'est pour rien dans le déclenchement de la fusillade.

— Eh bien moi, Ortiz, lui rétorque le patron du 1er R.E.P., je suis certain que les gendarmes n'ont pas tiré les premiers. Si ce n'est pas vous, qui est-ce ?

— C'est ce que je ne comprends pas, mon colonel. Challe m'a pourtant dit ce midi : « Si vous ne montez pas au monument aux morts, je ne vous rentrerai pas dedans. » C'était clair !

Dufour a enfin la confirmation que le commandant en chef a passé un contrat personnel avec Ortiz.

— Maintenant, lui conseille-t-il, vous allez rester tranquille. N'est-ce pas, mon vieux ?

— Cela voudrait dire, mon colonel, que vous ne marcheriez pas sur nous si vous en receviez l'ordre ?

Le para élude la question.

— Je ne peux que vous répéter que nous sommes là dans la seule intention de nous interposer entre vous et les gendarmes. Cela devrait vous suffire. Non ?

Les deux hommes se séparent sur ces mots et, revenu au *Bled*, Dufour confie le commandement de son régiment à son second, le chef de bataillon Verdier, et remonte à Hydra où le général Gracieux l'a convoqué avec les lieutenants-colonels Bonnigal et Broizat.

A 20 heures, l'hélicoptère qui survolait la manifestation a enfin disparu et Challe parle à la radio.

— Alors que l'Armée et ses chefs, déclame-t-il, pendant toute la journée ont tout fait pour maintenir l'ordre sans molester les manifestants, à la tombée de la nuit, les émeutiers, qui avaient patiemment attendu pour perpétrer leur mauvais coup, ont attaqué et tiré sur les forces de l'ordre. Les forces de l'ordre, qui ont jusqu'à présent protégé l'Algérie contre les fellaghas, comptent ce soir des tués et des blessés. L'émeute ne triomphera pas contre l'Armée française. Je fais converger des régiments de l'intérieur sur Alger. L'ordre sera maintenu ! Avec l'accord du délégué général du gouvernement, je considère la ville en état de siège. Tout rassemblement de plus de trois personnes est interdit. C'est tout !

Après avoir commenté ce discours pour Dufour, Bonnigal et Broizat, le général Gracieux leur annonce que Challe les recevra à 23 heures.

Le lieutenant-colonel Broizat qui, après Dufour, a lui aussi rencontré Joseph Ortiz arrive le premier au quartier Rignot. Sans attendre les deux autres chefs de corps, il lance à Challe :

— Mon général, c'est moche. Voici où nous a conduits la politique actuelle du gouvernement et ce n'est là sans doute qu'un hors-d'œuvre. Je me trompe ?

Le commandant en chef lui confie :

— Ah, ne m'en parlez pas, Broizat ! J'en pense encore plus de mal que vous.

Les autres chefs de corps arrivant, Challe les fait entrer dans son bureau et, sans préambule, il attaque :

— Messieurs, si je vous ai demandé de venir ici, c'est afin de vous permettre de m'exposer en toute franchise votre sentiment sur ce que vous avez vu tout à l'heure en ville.

Les colonels brossent un tableau cru des affrontements qui, ils le savent, ont déjà provoqué vingt-deux morts et plus de cinquante blessés graves. A eux seuls, les gendarmes de Debrosse déplorent quatorze morts et cent vingt-trois blessés.

Ce rapport fait, Dufour précise :

— Je crois savoir, mon général, que nous ne nous trouvons pas confrontés à une simple épreuve de force. C'est vraisemblablement quelque chose de plus politique.

Challe l'écoutant avec beaucoup d'attention, il continue son monologue :

— Cette affaire me paraît particulièrement mal goupillée. Je ne vois pas pourquoi on a demandé aux gendarmes de dégager le plateau des Glières et le boulevard Laferrière à 18 heures. Chacun sait, mon général, que c'est l'heure où les gens rentrent toujours chez eux ou ne vont pas tarder à le faire. D'un autre côté, Ortiz m'a affirmé que vous lui aviez dit que s'il n'allait pas vers le G.G., vous n'entreprendriez rien contre sa manifestation.

Challe ne niant pas, Dufour exige des sanctions immédiates. Affirmant que la décision de faire évacuer le plateau des Glières est la cause de la fusillade, il réclame la relève du colonel Fonde et du général Costes.

Broizat et Bonnigal appuyant la demande de Dufour, Challe affirme :

— Puisque c'est ainsi, je vais immédiatement faire relever le colonel Fonde par le lieutenant-colonel Ceccaldi.

Les trois chefs de corps poussant un soupir de satisfaction, il ajoute avant de leur rendre la liberté :

— Quant au général Costes, nous verrons plus tard.

Pendant que les chefs de corps parachutistes confèrent avec le commandant en chef, Joseph Ortiz, toujours accompagné du capitaine Filippi, préside à la Compagnie algérienne une réunion au sommet avec son ami Marcel Ronda et le commandant Sapin-Lignières, qui l'a rejoint après l'ouverture du feu.

Après leur avoir fait part des propos rassurants échangés avec Dufour et Broizat, conscient que les choses pourraient se gâter d'un instant à l'autre, Ortiz invite ses cadres à renforcer le périmètre insurgé. Arguant de l'autorité que Sapin-Lignières a sur les territoriaux, il lui confie la responsabilité militaire du réduit et le charge d'organiser des patrouilles et des veilles. Marcel Ronda, lui, est invité à regrouper les armes dérobées dans les dépôts de la territoriale et à aller si besoin s'approvisionner dans d'autres arsenaux de quartier. Jean-Claude Pérez reçoit la mission de veiller à ce que personne ne pénètre plus dans le périmètre occupé s'il n'est pas porteur d'un laissez-passer ou d'un brassard aux couleurs du F.N.F.

Ortiz craint surtout une attaque de chars lancée par le général Costes. Il jubile en entendant monter de la rue les staccatos continus de quelques marteaux pneumatiques maniés par des hommes arrachant des pavés et des rails de tramway. Sur la barricade de la rue Charles-Péguy flotte un drapeau français taché du sang du sergent Roger Hernandez.

Dufour, sitôt qu'il a expliqué la situation à ses officiers, revient bavarder avec Ortiz au milieu de ses gardes du corps. Il ne lui cache pas grand-chose de ce qui s'est dit dans le bureau de Challe.

— Le général laisse, pour l'instant du moins, deux régiments de paras, le mien et celui de Broizat, devant vos foutues barricades, précise-t-il dans l'intention de détendre l'atmosphère pesante.

Ortiz ne répond rien. Il va au balcon dont les volets ont été rouverts et, apercevant devant la Grande Poste le P.C. roulant hérissé d'antennes dont Dufour se sert en opérations, il songe que l'officier dit vrai. Avant de s'en aller, Dufour lui conseille d'accorder un peu de repos à ses adjoints, puis il lui promet :

— Vous n'avez rien à craindre tant que le commandement nous laisse ici en tampon. Mais le resterons-nous encore longtemps ? Je n'en sais rien.

Broizat, lui, a transporté son P.C. dans la brasserie Bab-Azoun en laissant le gros de ses hommes dans l'Hôtel des Postes où, parmi quelques réfugiés, deux sœurs de moins de quinze ans, Monique et Aline Alliez, terrorisées, refusent de rejoindre leurs parents rue Rochambeau, à Bab el-Oued. Elles ont avoué à un officier étonné de les trouver là, si jeunes et si fragiles, qu'elles sont venues dans l'après-midi, seulement poussées par la curiosité.

En quelques minutes de folie meurtrière, prises sous les balles qui couchaient des gens autour d'elles, les deux gamines en robe de vichy et ballerines à la Brigitte Bardot ont vieilli de dix ans.

Sitôt Dufour sorti de son bureau, Ortiz décrète un ordre de grève générale que ses cadres vont diffuser dans tous les quartiers de la ville quadrillée par l'armée.

Seuls, précise-t-il dans l'intention de ne pas enrayer la lutte contre la rébellion, les trains transportant des troupes ou du matériel de guerre pourront rouler. Il a aussi décidé que les pharmacies et les magasins d'alimentation seront autorisés à ouvrir dans la matinée. Et il prône l'usage de la force pour amener les récalcitrants à garder clos les rideaux de leurs boutiques.

Mais les militants du F.N.F. ne réussissent pas à imposer partout l'ordre de grève. Un groupe de jeunes gens se présente dans un immeuble situé au 4 du boulevard Saint-Saëns, tout proche du tunnel des Facultés et dont l'entrée est barbouillée d'une haute croix celtique et d'une inscription au goudron appelant « Jeune Nation au pouvoir ». Ayant l'intention d'obliger les fonctionnaires des Finances à cesser le travail, ils se heurtent à un petit homme d'une trentaine d'années qui, sans hausser le ton, leur tient tête en leur faisant remarquer que l'Algérie doit continuer à vivre, même dans les pires moments, et qu'ils seraient plus utiles à leur pays en s'engageant dans une unité de combat.

Ce faisant, l'inspecteur des Finances François Thadome, futur cadre de l'O.A.S., sait de quoi il parle. Après avoir servi au grade de sous-lieutenant au 1$^{er}$ R.C.P. depuis le mois d'avril 1956, il s'est fait mettre en situation d'activité et il a combattu à la tête d'une harka dans le secteur kabyle de Tigzirt, près de Tizi-Ouzou. Frappés par son grand calme, les militants du F.N.F. laissent les fonctionnaires travailler.

Si le lieutenant de réserve Thadome, trois fois cité au feu, dont une à l'ordre de l'armée de Terre, est peu enclin à se plier aux diktats de Joseph Ortiz, il n'en est pas moins un farouche défenseur de l'Algérie française.

## Chap. 10. – *Michel Debré dans l'impasse*

Les jeunes gens quittant l'immeuble, il ne peut s'empêcher de repenser à ce que lui confiait il y a quelque temps au sujet des budgets de l'armée d'Algérie le colonel Roger Graudeau, un polytechnicien de la même promotion qu'Argoud affecté à l'état-major général de l'armée de Terre : « Mon cher Thadome, je suis, hélas, obligé de vous avouer qu'ils sont en chute libre ! » Et il lui semble encore entendre la conclusion pessimiste de cet officier : « L'Algérie ne peut certainement pas continuer longtemps comme ça ! »

Le drame d'Alger n'est pas observé en métropole par les seuls dépositaires du pouvoir. Des comploteurs qui ont manqué leur affaire en mai 1958 étudient déjà de quelle manière ils pourraient raccorder leurs espoirs à la colère des Algérois. D'autres, plus modérés, tel le général André Zeller, observent.

Le général André Zeller était chef d'état-major de l'armée de Terre jusqu'à sa retraite en octobre 1959. Bien qu'il le sache très peu inconditionnel à son endroit, le général de Gaulle l'a par deux fois obligé à garder ses fonctions malgré la limite d'âge. Il a refusé d'être élevé à la dignité de grand-croix de la Légion d'honneur dans le seul souci de ne pas recevoir cette distinction en même temps que François Mauriac, coupable, selon lui, de prises de position choquantes concernant l'armée d'Algérie.

De son côté, depuis son retour en métropole, Philippe de Massey n'a pas cessé d'écrire des articles antigouvernementaux dans la *Lettre confidentielle* publiée par Xavier Marchetti, le futur conseiller de Jacques Chirac lorsque celui-ci sera en 1972 ministre de l'Agriculture et du Développement rural dans le premier gouvernement de Pierre Messmer. Ses brûlots sont si bien reçus par les dirigeants ruraux qu'aussitôt mis au courant de ce qui se tramait à Alger, le président de la F.N.S.E.A. (Fédération nationale des syndicats d'exploitants agricoles), M. Couraud, par ailleurs introduit dans le cercle des proches du D$^r$ Martin grâce à son ami Fernand Vangraefschepe, président de la chambre d'agriculture du Nord, soucieux de ne pas contrarier les manifestations d'Alger, a repoussé de quinze jours celle qui était prévue devant la préfecture d'Amiens.

De son côté, même si les rênes du M.P. 13 lui ont échappé au profit de Robert Martel, le général Chassin était au courant de ce qui se tramait à Alger. Et si Cherrière semble avoir abdiqué toute ambition, Yves Gignac n'a pas été plus surpris que Chassin par la tournure prise par les événements puisqu'il entretient un réseau d'amitiés à Alger, grâce au commandant de réserve Lassauzet, rapatrié du Maroc où il dirigeait un domaine agricole. Lorsque la manifestation a dégénéré, il maintenait depuis quelques jours sous pression les plus engagés parmi les adhérents de l'A.C.U.F.

Gignac se trouvait avec le D$^r$ Martin chez le général Salan lorsque le drame a éclaté à Alger. Avec le capitaine Crittin, l'aide de camp de Salan, il a écouté un reportage radio de la fusillade. Dès les premiers coups de feu, le général s'est crispé. Le masque douloureux, il a murmuré : « C'est épouvantable... Ils ont fait couler le sang entre Français. »

Le D$^r$ Martin, Gignac et le capitaine Crittin fixaient Salan qui poursuivait : « C'est terrible ! J'avais toujours évité cela. Ce n'est pas possible, c'est à croire qu'on a voulu l'affrontement. »

Puis Salan a décidé d'en appeler à de Gaulle.

— Il faut, a-t-il annoncé, qu'il prenne ses responsabilités dans cette affaire.

Et il a proposé d'écrire une lettre au président de la République.

De son côté, dès que les échos du drame algérois lui sont parvenus à Colombey-les-Deux-Eglises, de Gaulle a écourté son repos pour regagner l'Elysée. Il a rappelé à Paul Delouvrier qu'il représentait l'Etat en Algérie et que cette position l'obligeait à ramener l'ordre au plus vite, par la persuasion ou par la force.

— Il faut que vous ayez réglé ça pour demain matin ! lui a-t-il ordonné avant de reposer son combiné téléphonique.

A Alger, le général Challe devine que s'il était obligé d'ordonner l'assaut contre les barricades, il aurait du mal à persuader ses chefs de corps parachutistes d'utiliser leurs armes. Manœuvrant en finesse sans revenir sur son intention d'écarter le colonel Fonde de ses fonctions, il le bombarde adjoint opérationnel de la 10$^e$ D.P. et confie au général Gracieux toutes les responsabilités en matière de maintien de l'ordre.

Alger est en ébullition. Dans les quartiers où les manifestants sont revenus exaltés ou abattus, on discute pour savoir à qui incombe la responsabilité du carnage. Il est clair pour tous que les gendarmes sont les seuls coupables. On parle déjà du lieutenant-colonel Debrosse comme d'un émule de la SS nazie.

Les bérets verts de Dufour et les bérets rouges de Broizat se montrent amicaux envers les territoriaux. Ils laissent passer leur ravitaillement sans fouiller les couffins d'où dépassent des goulots de bouteilles et des pains. Des gendarmes, eux, rêvent de revanche. Ceux qui ont été placés rue Hoche en protection des bâtiments de la radio ne laissent passer personne. Ils redoutent tout autant l'intrusion des insurgés que celle des militaires, puisque le colonel Gardes guigne ces installations qui seraient très utiles pour ses services d'action psychologique qu'il entend mettre au service de l'insurrection.

En attendant de pouvoir utiliser les émetteurs de France V qu'ils rêvent de rebaptiser « Radio France », des officiers de Gardes lancent sur les ondes de La Voix du Bled, l'émetteur militaire abrité derrière les basses arcades de l'Amirauté, des messages témoignant de la sympathie de Gardes envers les insurgés. « La barricade ne sépare plus, se réjouissent en effet d'entendre les Algérois. Elle unit. Elle est devenue le trait d'union entre civils, territoriaux et militaires. »

Dans l'après-midi du 25 janvier 1960, chacun, à Alger, campe donc sur ses positions et, à Paris, le général de Gaulle réunit à l'Elysée un conseil des ministres extraordinaire. Michel Debré, qui a écrit avant mai 1958 : « Que les Algériens sachent surtout que l'abandon de la souveraineté française en Algérie est un acte illégitime, c'est-à-dire qu'il met ceux qui le commettent et qui s'en rendent complices hors la loi et ceux qui s'y opposent, quel que soit le moyen employé, en état de légitime défense », brosse le tableau des désordres algérois et propose d'aller immédiatement se faire sur place une idée précise de la situation. Puis il ajoute :

— Selon le général Challe, que je viens d'avoir au téléphone, il faudrait craindre une nouvelle effusion de sang si nous décidions de réduire par la force les insurgés.

De Gaulle est visiblement agacé par cette proposition de l'homme qui, s'adressant à ceux qui aujourd'hui le bravent, leur conseillait : « Algériens, on vous trompe et on abuse de votre candeur. Faites comme vos ancêtres de 1789 et 1848 : révoltez-vous ! » Il élude la question du voyage et demande à chaque ministre de donner son avis sur ce qu'il conviendrait d'entreprendre pour ramener le calme en Algérie.

Certains, ainsi Bernard Cornut-Gentille, ministre des P.T.T. qui fut ministre de la France d'outre-mer dans le gouvernement du Général en juin 1958, sont partisans de la modération.

— Je dois vous avouer, souligne avec franchise celui-ci, que je ne connais pas très bien l'Algérie. En revanche, je connais l'Afrique et cela m'autorise à vous rappeler qu'on ne peut pas mener à bien dans un pays d'outre-mer une politique qui soit à la fois proposée aux Européens et aux indigènes.

Afin d'être mieux compris, Cornut-Gentille ajoute qu'il ne faut pas laisser se répandre en Algérie le « complexe du Glaoui », qui a eu de si piètres résultats avant l'indépendance du Maroc proclamée le 2 mars 1956.

— Il faut, en cette dramatique affaire, préconise-t-il, que nous soyons particulièrement attentifs aux craintes légitimes des uns et des autres. Mais quoi qu'il advienne, sachez que l'épreuve présente ne sera certainement pas terminée avec la liquidation des barricades.

Jacques Soustelle approuve ce propos. L'ancien gouverneur de l'Algérie à qui le général de Gaulle a confié un poste de ministre délégué aux attributions imprécises et qui s'estime tout au contraire numéro deux du gouvernement est particulièrement crispé. Personne ne l'ayant prévenu de ce conseil extraordinaire, il n'en a pris connaissance qu'en venant humer le vent à l'Elysée.

Vexé d'avoir été oublié, Soustelle n'hésite pas à braver la colère de De Gaulle en plaidant avec encore plus de chaleur que le ministre des P.T.T. la cause des Algérois. Il provoque la réprobation d'André Malraux, le ministre des Affaires culturelles, dont la mèche noire tombe sur le front chaque fois que, faisant virevolter ses mains fines au-dessus de son maroquin, il menace les insurgés des foudres républicaines.

Soustelle ayant proposé de discuter avec Ortiz, l'auteur de *L'Espoir* réclame des méthodes plus radicales.

— Il ne faut surtout pas causer avec les insurgés ! tonne-t-il en laissant sa voix dérailler. Ce serait leur donner l'impression que nous sommes décidés à pactiser. A qui fera-t-on croire qu'il n'y a pas en Algérie quatre mille hommes avec des blindés pour balayer leur réduit ?

Soustelle blêmit. Sans se préoccuper de s'attirer une réaction brutale du général de Gaulle dont l'irritation se trahit par un afflux de sang sur ses pommettes saillantes, il ironise :

— Je vous rappelle, monsieur le ministre des Affaires culturelles, que nous avons d'ores et déjà une bombe atomique toute prête. Pourquoi ne la ferions-nous pas exploser sur Alger plutôt qu'à Reggane ?

Le général de Gaulle s'énerve un peu plus encore lorsque l'ancien responsable de ses services secrets à la Libération et ex-pilier de son défunt R.P.F. poursuit :

— Ma conscience m'interdit d'accepter la mise en œuvre de la répression. Et je vous demande pourquoi on a chargé la foule à une heure si tardive, sans même avoir procédé aux sommations exigées par la loi.

Cette fois, c'est Pierre Guillaumat qui mêle sa voix au débat en précisant que si les sommations n'ont pas été faites, c'est parce que les commissaires de police qui en était chargés ont disparu juste avant.

— Monsieur le président de la République, reprend Soustelle, pourquoi en sommes-nous arrivés là ? Le danger était bien plus grand le 13 mai 1958 et il n'y a pourtant pas eu un coup de feu tiré au Forum, pas une goutte de sang versé ! Et voilà qu'aujourd'hui, pour une simple manifestation pacifique, nous nous retrouvons avec des morts dans les deux camps.

Le général de Gaulle n'apprécie pas cette tirade. Et le ministre des Travaux publics et des Transports, Robert Buron, pas plus, qui vitupère l'engagement massif des territoriaux avec Ortiz et Lagaillarde et qui, saisissant le prétexte déjà énoncé par Malraux qu'on ne doit pas transiger avec des rebelles, voudrait interdire à Michel Debré de se rendre à Alger.

— Il faut, au contraire, s'énerve-t-il, dissoudre les unités territoriales, investir les Facultés et ordonner l'assaut immédiat contre les barricades !

Pierre Sudreau, ministre de la Construction, s'en prend au général Challe et à Paul Delouvrier en soulignant la passivité, selon lui scandaleuse, dont ils font preuve. Edmond Michelet abonde dans ce sens et répète qu'il ne faut surtout pas négocier. Pierre Guillaumat qui, mis à part Soustelle, devrait être de par sa position de ministre des Armées l'homme le mieux au fait des problèmes algériens, ce qui d'après Constantin Melnik est loin d'être le cas, reprend la parole pour évoquer les hésitations de ses militaires.

— Monsieur le président, avance-t-il en leur cherchant des circonstances atténuantes, notre armée n'a pas compris que nous ne la défendions pas avec plus de conviction contre les campagnes de dénigrement qui la visent depuis le début de la guerre d'Algérie. Cela suffit à expliquer l'amertume de ses officiers.

Michel Debré se rend compte que la tension baisse quelque peu autour de la longue table du conseil. Estimant le moment opportun, il souligne qu'il est naturel que la population algéroise accorde sa sympathie aux insurgés et que les officiers qui leur font face soient indécis. Puis il conclut :

— Je dois donc connaître de près les positions des uns et des autres.

Personne ne reprenant la parole, le président de la République déclare :

— Les militaires sont contre la politique algérienne du général de Gaulle.

Après cette constatation, le président trouve naturel que, dans cet état d'esprit, le commandement, à Alger, fasse preuve de mollesse dans l'épreuve. Il s'en prend aussi avec virulence aux meneurs de l'Algérie française, qu'il tient pour des individus stupides et criminels.

— Avec qui voudriez-vous donc que nous discutions ? Avec les insurgés ? A aucun prix ! Avec les parlementaires et les élus d'Algérie ? Ils ne représentent rien !

Ayant fait ces remarques, le chef de l'Etat autorise Michel Debré à se rendre en Algérie avec Pierre Guillaumat, à la condition que le voyage soit bref et qu'il s'agisse seulement de vaincre les hésitations des responsables de l'ordre. Il répète que l'insurrection doit être abattue, et, après avoir lâché sentencieusement : « Investi d'une responsabilité suprême, je ne la dépouillerai pas. Je suis parti en 1946, parce que j'ai cru que, si je partais, la France pourrait se passer de moi. Maintenant, j'ai une mission », il donne le signal de la séparation.

Comme Bernard Cornut-Gentille, Jacques Soustelle sort de l'Elysée furieux après avoir annoncé à Michel Debré qu'il lui remettrait sa démission. L'attitude du général de Gaulle, son maître à penser depuis le 18 juin 1940, ne lui permet plus de douter que le sort de l'Algérie est suspendu à sa volonté bien plus qu'à la manière dont la crise des barricades algéroises se dénouera. Et il craint que l'homme qu'il a tant servi n'ait déjà fait pour l'Algérie un choix définitif qui ne saurait être le sien. Ce faisant, il ne devine pas que son départ précipité du gouvernement le conduira dans quelques mois à l'exil, puis à l'O.A.S.

*

## — 11 —
## Delouvrier et Challe quittent Alger

Pendant que leur sort se joue à Paris, les insurgés d'Alger se préparent au pire derrière leurs barricades. Ortiz et Lagaillarde sont persuadés qu'impressionné par le sang de leurs militants et des gendarmes Michel Debré se comportera comme Guy Mollet au lendemain du 6 février 1956 et qu'il incitera de Gaulle à revenir sur sa politique. A l'heure où le Premier ministre et le ministre des Armées, Pierre Guillaumat, volent vers Alger, les hommes du camp retranché déchantent lorsque le chef de l'Etat parle sur les ondes de la R.T.F.

— L'émeute qui vient d'être déclenchée à Alger est un mauvais coup porté à la France, martèle en effet le Général. Un mauvais coup porté à la France en Algérie. Un mauvais coup porté à la France dans le monde. Un mauvais coup porté à la France au sein de la France.

Et il continue sur ce ton :

— Avec le gouvernement, d'accord avec le Parlement, appelé et soutenu par la Nation, j'ai pris la tête de l'Etat pour relever notre pays et, notamment, pour faire triompher dans l'Algérie déchirée, en unissant toutes ses communautés, une solution qui soit française. Je dis en toute lucidité et en toute simplicité que si je manquais à ma tâche, le prestige, le sort de la France, seraient du même coup compromis. Et, d'abord, il n'y aurait plus pour elle aucune chance de poursuivre sa grande œuvre en Algérie. J'adjure ceux qui se dressent à Alger contre la patrie, égarés qu'ils peuvent être par des mensonges et par des calomnies, de rentrer dans l'ordre national. Rien n'est perdu pour un Français quand il rallie sa mère, la France.

La bronca qui monte parmi les insurgés les empêche d'entendre de Gaulle exprimer sa « confiance profonde à Paul Delouvrier, délégué général, au général Challe, commandant en chef, aux forces qui sont sous leurs ordres pour servir la France et l'Etat, à la population algérienne, si chère et si éprouvée » et ajouter, menaçant : « Quant à moi, je ferai mon devoir. Vive la France ! »

De Gaulle parle encore, lorsque le général Chassin, affaibli par des ennuis de santé, se prépare à partir pour Alger avec son fidèle ami Louis de Charbonnières malgré l'embargo imposé par le gouvernement. Georges Bidault, du moins l'espère-t-il, sera du voyage organisé par Philippe de Massey qui, utilisant ses relations du Puits sans eau, s'est procuré les « vrais-faux » papiers qui leur permettront de voyager incognito. Le quatuor prendra à Marseille un des rares avions d'Air Algérie autorisés à voler vers Alger.

Le général Chassin, commandant de réserve pour l'occasion, débarque à Marseille avec pour seul bagage une valise renfermant son uniforme et ses décorations. Louis de Charbonnières est sous-lieutenant et Philippe de Massey, lui, voyagera sous son véritable grade dans la réserve.

Sitôt l'arrivée de Michel Debré annoncée, le général Challe s'empresse de réunir à son état-major les généraux Crépin, Dudognon, Gilles, Gracieux, Lancrenon et les colonels Autrand, Argoud, Georges de Boissieu, Broizat, Coustaux, Dufour, Mayer et Bonnigal, et leur annonce qu'ils vont l'un après l'autre s'entretenir avec le Premier ministre.

Le colonel Gardes, lui, est encore avec Joseph Ortiz qui a eu la surprise de retrouver Philippe Castille en liberté. Le futur plastiqueur de l'O.A.S. était en soins à l'hôpital Mustapha lorsqu'il a été libéré par un groupe de militants du F.N.F. mené par Jo Rizza. Apprenant l'arrivée de l'homme au bazooka, Lagaillarde lui a fait donner un treillis, un béret rouge et des galons de lieutenant, puis lui a demandé d'assumer la liaison avec Martel et Ortiz et d'épauler en cas de coup dur le capitaine Ronda à la tête de son unité de territoriaux de choc.

Les officiers généraux et supérieurs de Challe sont toujours au quartier Rignot, lorsque la Caravelle transportant Debré et Guillaumat se pose à Maison-Blanche où, seul, les accueille Jean-Michel Maffart, le chef de cabinet des affaires militaires à la Délégation générale.

Sans même avoir songé à remercier d'un geste les commandos de l'Air gelés qui attendaient leur arrivée, les visiteurs pressés montent dans une voiture qui, afin d'éviter toute mauvaise surprise, file vers le Q.G. de Challe par un itinéraire détourné.

Michel Debré ne perd pas son temps en politesses. Laissant Challe rédiger une lettre destinée au général de Gaulle, il s'installe dans un bureau où il reçoit un à un les responsables du maintien de l'ordre.

Les questions du Premier ministre sont brèves : « Que pensez-vous de la situation ? » et : « A votre avis, que faut-il faire ? » et les réponses des généraux et des colonels le sont tout autant, du moins jusqu'au tour d'Argoud. Le petit colonel affirme en effet que toute solution de force est à exclure, que les insurgés sont déterminés à tenir et qu'ils sont soutenus par la totalité de la population européenne. Et, péremptoire, il prédit qu'aucun commandant des unités engagées dans le bouclage des barricades n'obéira à l'ordre d'ouvrir le feu.

— Il serait criminel, affirme-t-il, que des troupes françaises tirassent sur des Français pour la seule raison qu'ils tiennent à rester français.

Puis il explique que le problème d'Alger n'est qu'une simple affaire de confiance.

— Les Européens, et plus encore les Musulmans, ne croient plus en la parole de la France et même, depuis le 16 septembre, dans celle du général de Gaulle. Après vingt-cinq ans de reniements en chaîne, ils interprètent l'autodétermination comme l'amorce d'un nouveau reniement.

Debré lui demandant, ainsi qu'il l'a fait aux précédents confessés, ce qu'il faut faire, Argoud répond sans ciller :

— Faire revenir le général de Gaulle sur l'autodétermination !

Comme le Premier ministre veut savoir ce qui se passerait si le président de la République ne reconsidérait pas sa politique, Argoud avance que ce serait alors au général Challe de prendre l'affaire à son compte.

— Et s'il refusait ? demande encore Debré qui a toute confiance en Challe.

— Dans ce cas, je ne verrais pas d'autre solution qu'une junte de colonels !

— Et si la France ne cédait pas ?

— Je ne vois pas pourquoi le destin de cinquante-cinq millions d'hommes resterait suspendu à l'orgueil d'un seul homme.

Puis, rappelant que des chefs d'Etat ont parfois changé de politique, Argoud déclare que le général de Gaulle se grandirait en les imitant.

Pierre Guillaumat, qui se tient derrière le Premier ministre, n'a pas cillé en entendant Argoud évoquer une junte de colonels puisque le général Ely lui a déjà fait part d'un complot ourdi à Paris, dans lequel le général Zeller serait impliqué. S'il n'intervient pas, c'est qu'il serait vain, il en est sûr, de vouloir obtenir d'Argoud les noms des officiers prêts à s'engager dans un tel coup de force.

Les entretiens terminés, Michel Debré adresse à ses hôtes crispés un discours évoquant l'unité de l'Armée et le respect de la raison d'Etat. A la fin de son speech sans flamme, le colonel Georges de Boissieu, un colosse que rien ne pourrait émouvoir, l'apostrophe d'un sonore : « Monsieur le Premier ministre, vous n'avez convaincu personne ! »

Cet éclat vaut à Boissieu de se retrouver une nouvelle fois en tête à tête dans un bureau avec le Premier ministre et d'y subir des remontrances auxquelles il répond si fort que les échos de l'algarade parviennent jusqu'à ses homologues sur le point de se séparer.

Michel Debré et Pierre Guillaumat rentrent donc bredouilles à Paris.

Philippe de Massey, le général Chassin et Louis de Charbonnières sont toujours à Marseille alors que, de l'autre côté de la Méditerranée, le message de l'Elysée n'a pas le moins du monde influencé les hommes d'Ortiz et de Lagaillarde, qui campent toujours sur leurs positions vers lesquelles

les paras laissent passer la foule de femmes et d'enfants qui vient les ravitailler.

Parmi les territoriaux de la barricade Hernandez, si personne ne s'étonne de ne plus voir au balcon d'Ortiz le colonel Gardes, c'est que personne ne sait encore que celui-ci a été muté d'urgence par Challe pour s'être trop affiché avec eux et qu'il est déjà en route vers le sud de l'Oranie, où il doit se mettre aux ordres du général Mirambeau, remplaçant depuis le mois précédent le colonel Bigeard à la tête du secteur opérationnel de Saïda.

Malgré les ordres d'Ortiz, des inconnus se sont infiltrés dans le périmètre bouclé par l'armée. Ce sont des curieux. Comme moi-même, quartier-maître fraîchement débarqué du commando *Jaubert*, fiancé à une jeune Pied-noire de Bab el-Oued habitant avec sa grand-mère, sa mère et ses deux frères au 36, rue Mizon. Ou comme cet autre ancien de *Jaubert*, Barthélemy Rossello, qui, lorsque je le rencontre, m'avoue que, malgré son attachement à l'Algérie française, la pagaille du camp retranché ne l'incite pas à faire confiance à Ortiz, ni même à Lagaillarde qui a pourtant organisé de façon stricte l'occupation de la Faculté des sciences. Je le suis pour boire le verre des retrouvailles au local de l'Union nationale des parachutistes situé à quelques mètres de la barricade de la rue Monge donnant en bas du boulevard Laferrière sur le plateau des Glières.

Je ne puis évidemment pas me douter que nous côtoyons dans le local enfumé des anciens paras un homme qui sera en embuscade au soir du 22 août 1962 au Petit-Clamart, dans l'intention de tuer de Gaulle. Il s'appelle Jacques Prévost. Il n'est pas très grand et un peu empâté pour ses trente ans. Il porte sans aucun souci d'élégance un treillis délavé. Le casque léger qu'il a déposé sur le comptoir et la carabine U.S. qu'il porte en bandoulière mettent une touche finale à l'allure du réserviste de la Territoriale qu'il n'est pas. En effet, si Prévost est entré dans les barricades, c'est dans l'intention d'espionner ce qui s'y trame.

Jacques Prévost était à Diên Biên Phu sergent au 1er bataillon de parachutistes coloniaux. Grièvement blessé aux dernières heures du combat dont l'issue malheureuse pour les armes françaises a précipité la perte de l'Indochine, le Viêt-minh l'a remis aux autorités françaises le 14 mai 1954 avec vingt-neuf autres blessés graves. Vite remis, il a travaillé en Algérie comme technicien à la Thomson, puis il s'est reconverti dans la recherche pétrolière, au sein de l'O.C.R.S. – l'Organisation commune des régions sahariennes. Après quelques semaines de Sahara, il venait d'arriver en repos à Alger lorsque les échos de la fusillade meurtrière du boulevard Laferrière ont attiré son attention d'ancien baroudeur.

Au matin du 25 janvier 1960, Jacques Prévost a été reconnu devant les barricades par deux anciens compagnons d'Indochine qui l'ont entraîné dans un café de la rue d'Isly. En trinquant à l'amitié, ces deux hommes lui ont avoué faire partie des services de renseignement de l'Armée et lui ont demandé d'aller observer ce qui se passait dans les barricades.

— Mais, s'est étonné le futur conjuré du Petit-Clamart, à quel titre voudriez-vous que je me fourre dans ce merdier ?

Les deux espions peu discrets lui ont expliqué qu'il serait considéré comme sous-lieutenant de réserve tant qu'il resterait dans le réduit. Le devinant tenté par l'aventure, ils lui ont fourni une tenue de territorial, un casque et une carabine U.S., et il a rejoint le périmètre bouclé.

Barthélemy Rossello me quitte en promettant de me revoir, quoi qu'il arrive. Tandis qu'il se perd parmi les territoriaux en armes, je suis à mille lieues d'imaginer que mon copain au nez pointu, au regard noir et au visage grêlé sera une des premières victimes de l'O.A.S.

Une fois dans la rue Monge, j'aperçois un homme en béret penché à droite, comme les commandos de Marine sont seuls à le faire dans l'Armée française depuis leur création en Angleterre en 1942. Je cours vers lui. Il porte des galons de lieutenant de vaisseau et, bien qu'en civil, j'esquisse machinalement un garde-à-vous et me présente :

— Quartier-maître Fleury. Je viens de *Jaubert* et je voudrais marcher avec vous.

L'officier de réserve me demande si j'ai une expérience du combat. Je le rassure en avançant que j'ai été cité deux fois au feu, dont une à l'ordre de l'Armée.

— C'est bien, souffle-t-il, nous aurons bientôt besoin de gars comme toi. Aujourd'hui, c'est le bordel et dans cette pagaille tu ne nous serais pas très utile. Mais tiens-toi prêt à nous rejoindre quand les choses deviendront plus sérieuses.

Depuis novembre 1956 que je sers dans la Marine, j'ai toujours professé des sentiments Algérie française. Estimant que la demi-brigade de fusiliers marins ne s'engageait pas assez vite en mai 1958 dans le mouvement d'Alger, j'ai pris la tête d'un complot interne au commando *Jaubert*. Encourant de gros risques, j'ai alors imité la signature de mon pacha, le lieutenant de vaisseau Costagliola. Puis, utilisant le sacro-saint cachet de Service à la mer qui confère un caractère officiel à la moindre paperasse dans la Marine, j'ai établi de faux-vrais ordres de mission pour une quinzaine d'hommes décidés à se rendre avec moi de Nemours à Alger dans un G.M.C. fourni par un appelé pied-noir, garagiste dans le civil. Un agent de la sûreté navale m'ayant mouchardé, je n'ai dû qu'aux sentiments de mon commandant, tout aussi Algérie française que les miens, d'échapper au Tribunal permanent des forces armées. « Fleury, m'avait dit en effet le lieutenant de vaisseau Costagliola une fois la cabale éventée, je ne vous punirai pas. Si la Marine ne rallie pas demain le mouvement d'Alger, en accord avec les autres commandants de commando, je brusquerai les choses. » Et, presque paternel, il avait ajouté : « Je vous trouve tout de même un peu jeune pour faire de la politique. Contentez-vous désormais de faire votre travail de commando et vous verrez que tout ira bien. »

## Chap. 11. – *Delouvrier et Challe quittent Alger*

Aujourd'hui, suivant les conseils de l'officier de réserve des barricades, je remonte la rue Monge en direction de la rue Charles-Péguy et je me mêle dans la rue Charras à des badauds venus encourager les insurgés. Parvenu au large carrefour des rues Sadi-Carnot et du boulevard Baudin, je vois soudain jaillir de la foule un homme poursuivi par une poignée de territoriaux et qui dévale le boulevard Baudin en direction du commissariat central en hurlant « Vive de Gaulle ! ».

Quoi que m'en ait dit le lieutenant de vaisseau rencontré tout à l'heure, c'est d'organisation que se soucie Lagaillarde. Le député en tenue camouflée commande maintenant près de mille hommes, parmi lesquels se trouvent la plupart des futurs commandos de l'O.A.S.

Le capitaine Forzy et Lagaillarde, tous deux adversaires de la pagaille bon enfant qui règne un peu partout ailleurs dans les barricades, ont instauré dans la Fac des Sciences une cour martiale qui leur permettra de juger dans l'heure les coupables de débordements ou de défaitisme et ils y ont interdit la consommation d'alcool.

Dans la matinée du 26 janvier 1960, Michel Debré propose à Paris sa démission au général de Gaulle. Le président de la République la refuse d'un péremptoire : « Pas question de démission, Debré ! Vous êtes à côté de moi, au besoin sur les marches de l'Elysée, pour y attendre les parachutistes. »

Puis le Général lui ayant annoncé que, comme prévu depuis déjà trois semaines, il s'adressera à la Nation le 29 janvier, le Premier ministre dépêche à Alger Jean Mamert, son chef de cabinet, avec la mission de pousser Challe à amener les Musulmans à manifester en masse pour affirmer leur confiance en de Gaulle. Mais il est tout de suite évident que les généraux chargés du maintien de l'ordre ne prendront pas le risque d'opposer les deux communautés.

A Paris également, Jouhaud et Salan, le « Caïd » et le « Mandarin » qui seront bientôt les chefs de l'O.A.S., suivent le développement de l'affaire. Salan, après l'avoir communiquée à Jouhaud, a fait porter par le colonel Juille au président de la République cette lettre rédigée aux premières heures de l'insurrection : « Au moment où des événements tragiques, particulièrement lourds de conséquences, ensanglantent notre terre d'Algérie, je pense avoir le devoir, au nom des charges et des responsabilités que j'ai assumées dans ce pays et des liens affectifs qui m'unissent à lui, de venir vous demander très respectueuscment, mais avec insistance, de faire cesser cette lutte fratricide. Le général Jouhaud, qui fut mon adjoint le plus direct, s'associe entièrement à ma requête. Lorsque, après votre accession au pouvoir, vous avez bien voulu me faire l'honneur de me confier le commandement civil et militaire en Algérie, j'ai pu apprécier directement cette population de toutes confessions dont les sentiments farouchement français ne faisaient aucun doute. L'assurance affirmée de la pérennité française encourageait les plus timorés à dévoiler leur pensée, une fois libérés de la terreur et de la hantise du F.L.N. Les chefs, à tous les échelons, ont affirmé solennellement que l'Armée était la garante de l'Algérie française. Aussi ai-je pu constater combien les liens qui unissaient la population algérienne étaient affectueux et solides. Ma confiance en l'avenir était totale car je n'ai jamais douté de la fidélité de tous à l'égard de leur seule et même patrie : la France. Ces sentiments se sont d'ailleurs matérialisés le 28 septembre 1958 dans des proportions dépassant toutes les espérances.

« Il est douloureux de constater aujourd'hui que des coups de feu français ont porté atteinte à la vie d'autres Français. Les Français d'Algérie ne sont pas exempts de toute critique, mais dans le drame que nous vivons, il ne saurait être tenu pour non fondamental l'amour passionné de la terre natale sur laquelle ont grandi déjà plusieurs générations, l'amour passionné de la France pour la défense de laquelle tant d'entre eux ont donné leur vie et reposent sur les champs de bataille de Tunisie, d'Italie et de France.

« Peut-être parce que j'ai vécu en Algérie, peut-être parce que le général Jouhaud est né en Algérie, sentons-nous que le drame, en Algérie, demande un acte de foi dans l'avenir de cette terre dont les habitants ont fait le serment de ne jamais être déracinés. Le désespoir, mon général, commence à hanter l'esprit de beaucoup d'Algériens, désespoir réfléchi qui peut créer l'irrémédiable.

« Pour notre armée unie autour de ses chefs et qui, en toutes circonstances, a su se montrer digne de son rôle, pour cette population capable de tant de générosité, de courage et d'attachement à la patrie, qu'il me soit permis, mon général, d'intervenir auprès de votre très haute autorité pour qu'une solution humaine intervienne sans tarder, et rende l'espérance à l'Algérie dont la foi ardente pour la mère patrie incline au respect le plus profond. »

Tandis que Salan attend en vain une réponse à sa lettre, la tension monte dans les barricades en fin d'après-midi du mardi 26 janvier. Une rumeur courant de groupe en groupe annonce un assaut imminent de l'armée, les femmes venues ravitailler leurs hommes s'éloignent entre les cordons de paras. Des culasses claquent derrière les basses murailles de pavés et de planches, mais rien ne bouge devant les hommes d'Ortiz.

Le lendemain, en fin de matinée, le général Salan est convoqué rue Saint-Dominique par Pierre Guillaumat, qui lui annonce que de Gaulle s'est montré très mécontent de sa lettre et a réclamé sa mise à la retraite. « Je n'ai fait, se défend le Mandarin, qu'exprimer ses sentiments auxquels je demeure fidèle » et lorsque Guillaumat lui demande ce qu'il pense des barricades, il avance qu'il suffirait pour arranger les choses que le général de Gaulle déclare, comme il le lui a écrit en son temps, précise-t-il : « Nous ne lâcherons pas l'Algérie. »

Après ce rappel d'une lettre que le président de la République, alors Premier ministre et qui l'avait nommé délégué général et commandant en chef en Algérie, lui avait adressée le 24 octobre 1958, Salan se rend dans l'après-midi à Matignon à la demande de Michel Debré. A quelques iotas près, il tient au Premier ministre le même langage qu'à Pierre Guillaumat et, lorsque son hôte lui annonce que la conjoncture, à Alger, interdit désormais la mise en route du plan de cessez-le-feu qu'il avait proposé en décembre 1957 à Robert Lacoste, il laisse tomber :

— Eh bien, monsieur le Premier ministre, s'il en est ainsi, craignez que le sang coule à nouveau.

Salan ne sait pas que de Gaulle, qui lui donnait du « mon cher Salan » et l'assurait de ses « sentiments de confiance profonde et de sincère amitié » dans sa lettre du 24 octobre 1958, en quittant vingt jours plus tôt l'Algérie au terme d'un voyage achevé à Constantine, a confié d'une manière très méprisante dans sa Caravelle au journaliste du *Monde* Pierre Viansson-Ponté : « Vous les avez vus, ces généraux ? Tous des cons. Des crétins uniquement préoccupés de leur avancement, de leurs décorations, de leur confort, qui n'ont rien compris et ne comprendront jamais rien. Ce Salan ? Un drogué. Je le balancerai aussitôt après les élections. Et ce Jouhaud ? Un gros ahuri. »

Rentré chez lui, Salan conseille à Yves Gignac de s'éloigner de Paris, où désormais il n'est plus en sécurité.

Le secrétaire général de l'A.C.U.F. quitte donc son domicile de La Courneuve pour rejoindre Bordeaux. De son côté décidé à se mettre à l'abri des pressions d'Alger, Paul Delouvrier conseille à Challe de se replier avec lui sur la base aérienne de La Réghaïa, à quarante kilomètres à l'est d'Alger. Avant de quitter la ville, il enregistre un message radiotélévisé qui sera diffusé à 16 heures le 28 janvier.

Au matin du jeudi 28 janvier 1960, Eugène Manonni et Alain Jacob, envoyés spéciaux du *Monde*, se préparent à participer à une réunion d'information organisée par le colonel Argoud à la caserne Pélissier. Manonni est à son aise dans les arcanes algérois. Il a déjà couvert les événements de mai 1958 et a même été arrêté par les paras et interrogé par le colonel Vaudrey qui était alors l'adjoint du colonel Godard à la Sûreté. Il est donc sur ses gardes lorsque la réunion commence dans la grande salle réservée à la préparation des opérations du corps d'armée. Le colonel Le Bos, commandant dans la zone opérationnelle de l'Est algérois le secteur de Bordj-Ménaïel, est le seul officier supérieur présent et Argoud précise à son sujet qu'il est là pour bien marquer que tout ce qui sera dit au cours de l'entretien ne reflètera pas seulement le sentiment de l'état-major algérois.

Plutôt que de sacrifier au rituel des questions et des réponses, Argoud propose un exposé sur la situation. A la fois volubile et précis, il traite des trois parties intéressées par l'Algérie, qui sont pour lui : l'opinion publique métropolitaine, l'Armée et les populations d'Algérie. Mêlant les Musulmans et les Européens dans l'analyse, le futur O.A.S. affirme que les habitants de l'Algérie, depuis l'évocation de l'autodétermination, n'ont plus confiance dans la parole de la France et pas plus dans celle du chef de l'Etat. Puis, après une longue digression sur l'Indochine et les pays africains, il en vient enfin à ce qui intéresse le plus aujourd'hui les deux journalistes : les barricades. Il leur explique que c'est le peuple d'Alger qui a tenu à manifester seul son désarroi et, puisque les colons ne sont pas nombreux au cœur d'Alger, il estime que la révolte du 24 janvier doit être considérée comme une émanation de la masse prolétaire.

Passant ensuite à l'Armée, Argoud affirme que le général Massu est sorti de ses gonds parce que son sens des réalités est plus fort que sa fidélité au général de Gaulle. Puis, en venant à l'opinion publique, elle est selon lui aveuglée par la presse qui ne reflète qu'une vision des faits imposée de Matignon et, surtout, de l'Elysée. Il faudrait, réclame-t-il, que les Français sachent que l'Armée comprend les insurgés et que le général Challe, lorsqu'il s'exprime, parle au nom de l'Armée entière.

Après avoir écouté ce monologue, Eugène Manonni et Alain Jacob risquent quelques questions. Jacob voulant en savoir un peu plus sur Joseph Ortiz, Argoud lui répond que l'homme des barricades est « quelqu'un de bien ».

Puis, lorsque les journalistes s'inquiètent de la manière dont ils présenteront cet entretien, il avance :

— Vous n'avez qu'à parler d'un groupe d'officiers.

Manonni et Jacob estiment qu'en la matière l'anonymat n'est pas souhaitable. Ils voudraient au moins citer Argoud et préciser au nom de qui il leur a fait son exposé.

Le ton monte. Un capitaine qui assiste à l'entrevue s'emporte en regrettant que les gens du *Monde* considèrent les officiers comme des factieux. Manonni obtient cependant de présenter son article comme émanant d'un groupe d'officiers du corps d'armée d'Alger.

— Mais, Challe ? interroge-t-il une fois ce point de détail réglé.

— Le commandant en chef est, bien sûr, au courant de notre démarche, affirme Argoud.

Eugène Manonni demande alors s'il peut écrire que l'exposé d'Argoud est le reflet de la pensée d'« un groupe d'officiers du corps d'armée d'Alger s'exprimant en accord avec le général Challe ». Mais le colonel refuse en arguant que le commandant en chef peut très bien être au courant du texte sans que son nom y soit associé. L'éthique du journalisme pousse Manonni et Jacob à poursuivre l'âpre marchandage, qui s'achève par l'entente autour d'une phrase signifiant que le manifeste qui sera publié est un texte qui leur a été « remis par un groupe d'officiers du corps d'armée d'Alger après avoir été soumis au préalable au général Challe ».

Le colonel Godard ayant, avant cet entretien, confié à Alain Jacob qu'aucun commandant d'unité n'accepterait de lancer ses hommes sur les barricades, la situation paraît très préoccupante aux envoyés du *Monde*. C'est donc d'un commun accord qu'ils décident de confier le résultat de leurs entretiens avec Godard et Argoud à un proche de Paul Delouvrier qui met à leur disposition une machine afin qu'ils tapent leur article qui, après avoir été soumis à Argoud, ne paraîtra pas avant le samedi.

De retour à la caserne Pélissier, les journalistes remettent une copie de leur papier à un officier du cabinet de Crépin, puis ils en discutent encore avec Argoud et Broizat qui, après avoir relu leur travail, tique sur une phrase et s'emporte :

— Non, messieurs, vous essayez de faire croire à l'opinion publique que seule une minorité insurrectionnelle s'est massée derrière les barricades. C'est faux ! Il s'agit, tout au contraire, d'un vaste mouvement de la population tout entière.

L'article de Jacob et Manonni ne paraîtra jamais. Les choses se précipitent et Alger se fige pour écouter le message de Paul Delouvrier.

— Le chef de l'Etat m'a dit, commence ce dernier, lorsqu'il m'a nommé à mon poste en Algérie – vous vous en souvenez tous – : « Vous êtes la France en Algérie. » Aujourd'hui, cette noble phrase trace ma ligne de conduite : la France ne démissionne pas, je ne démissionnerai pas ! Le général de Gaulle m'a dit aussi : « Un chef est celui qui décide. » J'ai décidé : j'ai donné l'ordre au général Challe de gagner un P.C. d'où il puisse, effectivement, commander. Algérois, Algéroises, et tous les Algériens qui veulent que l'Algérie reste française, officiers, sous-officiers de l'Armée française, vous, soldats de France, ne soyez pas stupéfaits : écoutez-moi, vous allez comprendre.

Des hourras montent des insurgés serrés autour de leurs postes. Des hommes hurlent : « Ils foutent le camp... On a gagné ! »

Mais Delouvrier douche quelque peu leur enthousiasme en poursuivant sur le ton de la confidence :

— Ecoutez-moi. Je serai long, mais l'heure est si grave, l'instant si dramatique, qu'il faut m'écouter jusqu'au bout. Le général Challe et moi, nous avons lié notre sort et juré de laisser s'il le faut notre vie sur cette terre pour sauver l'Algérie en épargnant la France. Je vais m'adresser d'abord à la métropole. Je ne renie rien de ce que j'ai dit à Alger, l'autre jour : il n'y a pas encore d'insurgés à Alger.

Les gendarmes crispent les poings dans leurs casernes. Ils songent à leurs quatorze morts dont les dépouilles attendent leur rapatriement dans une chapelle ardente et à leurs dizaines de blessés. Ils n'apprécient pas que Delouvrier n'ait pas un mot pour eux, qui continue :

— Il y a des hommes résolus, eux aussi, au sacrifice suprême, des hommes à l'heure de la vérité qui veulent mourir pour rester français. Il n'y a pas d'armée insoumise ; le général Challe vous l'a dit : l'Armée est l'armée du gouvernement de la République ; il y a des hommes résolus, officiers et soldats, résolus, eux aussi, à mourir, puisqu'ils meurent tous les jours dans les combats contre la rébellion. Et ces deux groupes d'hommes sont face à face, amenés là par une tragique méprise. Les uns parce qu'ils croient qu'ils ne vont plus être français, les autres parce qu'ils doivent obéir. Face à face. Et c'est si terrible que personne n'ose tirer, chaque balle tuant la conscience de celui qui tire, en tuant un frère qui combat pour le même combat.

La voix de Delouvrier tremble de plus en plus.

— C'est atroce, proclame-t-elle. Voilà pourquoi on ne tire pas à Alger ; voilà pourquoi, malgré cela, l'Armée n'est pas insoumise. Il faut comprendre, Français de métropole, que chacun qui vit en ces instants sur la terre d'Algérie a un drame de conscience. Chaque acte provoque une prise de conscience. Entre de Gaulle et le sang versé entre Français, comment choisir ? Pour savoir si l'Armée doit obéir, il faudrait interroger chacun, un à un, les officiers et les soldats. Hier, j'ai posé brutalement la question : « De Gaulle ou le sang versé ? » à plusieurs officiers d'Alger. J'ai vu sur le visage de ces soldats loyaux à la République la crispation de l'indécision ; j'ai vu dans leurs yeux la lueur de la crise de conscience, et des larmes chez plusieurs de ces paras, vaillants baroudeurs. Voilà la vérité pour ceux de métropole. Voilà la situation.

De tels propos ne peuvent que toucher des hommes comme Barthélemy Rossello, qui décide de prendre ses distances avec ses amis activistes. Et le doute s'installe aussi parmi les plus tièdes des insurgés lorsque Delouvrier poursuit :

— Il n'est pas possible d'aller plus loin dans le drame, car chacun sait qu'à la solution de sa crise personnelle est suspendu ou le désordre et le chaos en Algérie, ou la sécession d'avec la métropole, ou la chute du régime et le désordre en France. Pensez à cette situation, hommes de la métropole. Hommes de la métropole, dont la colère cache aussi l'angoisse, pensez aussi que les colonialistes – comme vous dites – sont morts en Algérie. Ils sont morts le 13 Mai, quand l'égalité politique avec les Musulmans a été par eux acceptée. Bien sûr, tous les comportements ne sont pas changés. Je le sais, et les Musulmans le savent surtout. L'égalité sociale sera longue à venir, mais enfin les Européens ont accepté – et ce fut l'éclair, le miracle fulgurant du 13 Mai, pas encore exactement compris dans la métropole –, que leur domination politique locale prenne fin. Ils l'ont accepté, parce qu'ils étaient sûrs – ce jour-là – de rester français. L'intégration, c'est cela ; le reste, c'est pour les professeurs de droit constitutionnel. Voilà les vérités que je voulais dire à l'opinion publique de la métropole.

Personne, parmi les Pieds-noirs, ne sait que le général de Gaulle, en recevant au matin du mardi 20 octobre 1959 son futur porte-parole Alain Peyrefitte, député U.N.R., a déclaré que l'intégration n'était qu'une « entourloupe » destinée à permettre aux Musulmans majoritaires en Algérie à dix contre un de se retrouver minoritaires dans la République française à un contre cinq. « C'est un tour de passe-passe puéril ! a-t-il ajouté. On s'imagine qu'on pourra prendre les Algériens avec cet attrape-couillons ? »

Et, aujourd'hui, le garant de la politique élyséenne en Algérie, ignorant lui aussi cette féroce saillie du Général, annonce :

— Je m'adresse maintenant à l'Armée, à qui le général Challe va donner des ordres immédiatement après moi. Je connais maintenant l'armée d'Algérie, qui est, par les relèves des officiers, toute l'Armée française, et par les soldats du contingent, l'Armée de la nation française. Depuis cinq ans, sur cette terre, et avant, en Indochine, elle a été soumise au dur apprentissage de la guerre révolutionnaire. Pour les métropolitains, sauf pour les Musulmans de métropole, cette guerre révolutionnaire est un mythe ; pour nous, c'est la vie de chaque jour ; cela, je l'ai appris. Et cette vie de chaque jour, pour l'armée, ce n'est pas le plus souvent le combat à la loyale, mais la lutte sournoise, souterraine, la lutte à l'intérieur de la population, où tout voisin peut être l'ennemi ; avec cela, une justice tellement inadaptée à la protection du corps social ! Et voilà pour chaque officier ou soldat, de nouvelles crises morales dans leur comportement de maintien de l'ordre. Mais le drame d'aujourd'hui pour vous, hommes de l'Armée, le drame le plus terrible, il est celui-ci : unité de l'Armée ou unité de la République et de la France. A quel chef obéir ? A celui en qui l'Armée a confiance pour maintenir son unité ou à celui qui est constitutionnellement le chef des armées et l'expression de l'unité de la patrie. Officiers, sous-officiers et soldats, dans votre recherche du chef qui sauvegardera l'unité de l'Armée, vous risquez de l'opposer au chef qui commande à Paris ; disons-le brutalement, à vous qui aimez le langage clair : certains vont oser demander au général commandant en chef de désobéir au président de la République. Vous voulez continuer à obéir, je le sais, c'est votre grandeur et votre servitude, et vous transportez votre drame sur la tête d'un seul, le général Challe, mon compagnon de lutte. Mais ici, écoutez-moi bien : on ne peut pas refaire le 13 Mai. Vous ne referez pas le 13 Mai, il n'y a pas de De Gaulle en réserve.

Certains paras, comme les insurgés massés autour de leurs postes à transistors ouverts à toute puissance sur leurs G.M.C. disposés en ligne devant les barricades, sont secoués lorsque Delouvrier interroge :

— Et si le président de la République rentrait à Colombey, la France pardonnerait-elle à son Armée ? Il faudrait deux siècles pour guérir de ce divorce, et la grandeur de la France qui ne peut exister sans son armée y passerait. Voilà votre dilemme à vous, hommes de l'Armée, et il n'y a qu'une méthode pour en sortir, une et une seule, il faut obéir au général Challe qui obéit au président de la République.

Et le délégué général interroge encore les militaires : « Mais l'Algérie, direz-vous, l'Algérie ? Allez-vous dire que le chef de l'Etat veut brader l'Algérie ? » et, sûr de lui, il scande :

— Comment pouvez-vous le croire ? Vous êtes enfermés dans un cercle vicieux. Vous savez qu'en guerre subversive, pour gagner la guerre, il faut conquérir la population, et vous vous y employez. Mais les Musulmans vous paraissent hésitants, vous l'imputez aux méthodes de la France. Ma conviction est plus simple. Les Musulmans vous crient en vérité : « Pour que nous soyons conquis, il faut que vous gagniez la guerre ! » Pourquoi ce cercle vicieux ? Parce que la tête de la subversion est à l'extérieur, et parce que la situation internationale ne vous permet pas de la chercher et de l'écraser là où elle est.

Une bronca naît dans les barricades lorsque Delouvrier affirme :

— Mais, écoutez-moi bien, je vous en adjure : le général de Gaulle est le seul qui permette de sortir de ce cercle vicieux. Il a frappé diplomatiquement le F.L.N. à l'extérieur et il a la confiance des Musulmans à l'intérieur. Si vous vous coupez de De Gaulle, vous vous coupez des Musulmans. Alors, comment la gagner, la guerre ? Comment terminer les combats dont la fin seule permettrait une solution politique durable, solide ? Vous vous plaignez que les Musulmans sont indéterminés, et vous allez perdre le seul point sur lequel ils sont farouchement déterminés : l'amour de la France à travers de Gaulle.

Delouvrier hausse le ton : « Armée d'Algérie ! c'est une supplication, mais c'est aussi un ordre : serrez derrière le général Challe, serrez derrière de Gaulle, les Musulmans sont là » et, afin d'obtenir d'eux ce que l'envoyé de Michel Debré n'a pu faire, il passe aux Musulmans.

— C'est à vous que je m'adresse maintenant, compatriotes musulmans. Je vous ai déjà dit combien je vous aimais ; combien je croyais vous comprendre, vous aussi écartelés... J'ai dit tout cela à Médéa. Même les attentistes, je les comprends : qui va gagner ? ne pas être le Glaoui ! Voilà votre crainte, voilà votre peur. La peur, la peur viscérale, ce chancre de l'Algérie. Il y a les Musulmans qui ont peur, il y a les Européens qui ont peur, il y a l'armée qui a peur de ne pas gagner cette guerre. Il y a la peur des terroristes. Il y a la peur que de Gaulle n'abandonne en esprit l'Algérie. Il y a la peur que la France ne lâche. Eh oui, les Musulmans, c'est vous qui avez le plus peur, c'est vous qui avez le plus souffert, et de Gaulle vous a donné la dignité, l'égalité, la liberté. Il vous a donné tout cela et vous ne l'avez pas encore pris. Qu'attendez-vous ? Prenez vous-mêmes votre dignité et votre égalité. Aujourd'hui, c'est le jour ! Il n'y aura plus de peur ni de Glaoui pour l'avenir. Que faire pour les prendre ? Crier à votre tour ce que vous pensez. Dans les villes et les campagnes, sortez en cortège, librement, spontanément, et criez : « De Gaulle ! Vive de Gaulle ! » Que les maires et les conseillers municipaux se réunissent et envoient des télégrammes à la Délégation générale et à Paris ; que fassent de même les associations et les corporations. Si tout le monde croit en la France, les drames de conscience de tout le monde seront résolus. Alors, la paix sera bientôt proche, parce que la pacification sera bientôt faite. Cette épreuve terrible que nous traversons, c'est vous qui allez aider à la résoudre, vous sauvant vous-mêmes, et grâce à vous, sauvant les Européens aussi. En criant « De Gaulle », on ne pourra pas dire que c'est préfabriqué. De Gaulle est le seul chef incontesté chez les Musulmans. En criant « De Gaulle », c'est pour vous la libération véritable. Vous devenez majeurs ; avec vos vies, celles de vos femmes, celles de vos enfants, vous saurez sauver l'Algérie et le F.L.N. devra plier, disparaître, sans risque pour vous de retomber sous une prépondérance politique des Européens, que ceux-ci ont abandonnée le 13 Mai, comme je le rappelais tout à l'heure. Peut-être ce 13 Mai-là, vous n'y avez pas cru, et c'est pour cela en large part que vous êtes indéterminés, c'est la peur du retour à l'ancien état de choses. Non ! Cela est fini, ça ne reviendra pas. Si vous criez les premiers « Vive de Gaulle ! » vous allez vaincre votre attentisme, vous allez décider aujourd'hui et les jours suivants ; vous allez vous déterminer, et le référendum de la paix sera seulement une confirmation, quand on se sera mis d'accord avec vous pour sauvegarder vos particularismes, vos coutumes et vos ambitions légitimes. Alors, je vous en conjure, mes compatriotes musulmans, criez le nom de l'homme qui a fait de vous des hommes majeurs, des hommes modernes, de l'homme qui vous conservera cette conquête par la présence définitive de la France, ici, votée par vous. Crier « Vive de Gaulle », c'est la paix, c'est l'union, c'est la fin du cauchemar d'aujourd'hui et de demain, c'est la réconciliation finale avec les Européens, c'est la grandeur de votre patrie, la petite qui est l'Algérie et la grande qui est la France. Allons, libérez-vous ! Libérez-vous ! Libérez-vous, tous ensemble en criant partout, dans toute l'Algérie : « Vive de Gaulle ! »

Après ces mots, les commentaires désobligeants fusent parmi les insurgés. Mais leur attention redouble lorsque Delouvrier se soucie enfin d'eux en psalmodiant :

— Je m'adresse maintenant aux Européens d'Algérie, et avant tout, aux Algérois. Si je dois rejoindre le général Challe à son nouveau P.C., pour retrouver, moi aussi, ma liberté de commandement, je vous laisse, Algérois, le dépôt le plus sacré qu'un homme puisse avoir : sa femme et ses enfants. Veillez sur Matthieu, mon dernier fils. Je veux qu'il grandisse, symbole de l'indéfectible attachement de l'Algérie à la France.

Et, avec une emphase qui ne déplaît pas aux Algérois, il ajoute :

— Ce dépôt sacré me donne le droit de vous parler comme si je n'avais pas quitté Alger, et voilà ce que j'ai à dire...

\*

— 12 —

## Un discours pathétique

— Je m'adresse à vous, tout d'abord, Ortiz, Lagaillarde et vous Sapin-Lignières, chef des U.T., et tous ceux qui sont enfermés dans les Facultés, comme dans l'Alcazar de Tolède, prêts à mourir, je crie à la métropole que je salue votre courage, enfants de la Patrie.

Alors que des insurgés se rengorgent au rappel de la résistance qu'avaient en septembre 1936 opposée aux républicains assiégeant Tolède mille deux cents cadets et officiers franquistes et quatre centaines de civils, hommes, femmes et enfants mêlés, les gendarmes, eux, grimacent en entendant évoquer le courage de ceux qui ont abattu leurs compagnons.

— Eh bien, Ortiz, Lagaillarde, Sapin-Lignières et tous les autres, poursuit en effet le délégué général, vous allez réussir ! Demain, vous allez réussir si vous m'écoutez aujourd'hui. Je m'adresse à vous aussi, représentants du peuple, sénateurs, députés, conseillers municipaux. A vous, président Bouharaoua du Grand Alger. A vous, les anciens combattants, Arnould, Mouchan, Martin et tous les autres. A vous du patronat et de l'agriculture, monsieur Chollet, monsieur Lamy. Je m'adresse à tous ceux qui m'ont vu, à tous ceux qui ne me connaissent pas, mais qui me savent français et maintenant algérien. A vous, foule d'Alger, peuple de Bab el-Oued et de Belcourt, peuple d'El-Biar. A vous encore, peuple de la Casbah, de tout le Grand Alger. Vous ne m'avez pas aperçu ces jours-ci dans ces jours de crise, mais moi j'ai vu vos visages : dans ce sursaut du désespoir, quelle tristesse au lieu de la joie du 13 Mai.

Puis il évoque les victimes du 24.

— Quelle tristesse devant les morts de dimanche, morts réunis maintenant pour le salut de l'Algérie, quelle tristesse, profonde devant l'avenir, les risques immenses. Oui, ces risques immenses, tous vous les voyez et la vue claire de ces risques paralyse tout le monde, les enfermés des Facultés, la troupe, officiers et soldats, la foule, les chefs, ici, et Paris, frappé de stupeur, et la France, tremblante d'angoisse ; et dans les villes de l'intérieur, c'est la même tristesse. C'est la poudrière : un coup de feu et tout s'écroule, tout est joué. Qui va tirer ? Qui va tout faire s'écrouler ?

Cette fois, faisant vibrer très fort la chanterelle, Delouvrier envisage le pire : « Et si c'était le F.L.N. ? » demande-t-il. Mais il s'écrie :

— Non, non, ce serait trop affreux, l'Algérie et la France offertes, livrées ainsi et rendues à l'ennemi par une seule balle. Moi-même, j'ai été comme frappé de paralysie, angoissé, torturé comme vous tous, avec le poids de la responsabilité en plus, et je voyais, en face de moi, au P.C. de Challe, le visage du commandant en chef angoissé, torturé entre l'unité de l'Armée et l'unité de la France. Quel choix ! Quel choix dramatique !

Puis, reprenant le ton de la confidence, Delouvrier précise :

— Alors, hier soir, tous les deux – l'équipe –, nous avons décidé en nous regardant les yeux dans les yeux de sortir de cette paralysie, de poser un geste sauveur et, pour cela, d'aller à un P.C. dans le bled, non pas pour vous fuir, non pas pour diviser l'Algérie, mais pour retrouver nos esprits, démêler cette suite terrible de malentendus et hurler la vérité. Oui, hurler, la vérité ! Mes frères d'Alger, le sort de l'Algérie, le sort de la France, le sort du monde libre peut-être, se joue ici, dans ces jours.

Evoquant mai 1958 et le Comité français de libération nationale que de Gaulle, avec le général Giraud, d'abord, le 3 juin 1943, puis seul à partir du 31 juillet de la même année, avait installé à Alger, conférant ainsi à cette ville le rang de capitale provisoire de la France, Delouvrier affirme :

— Si vous me suivez, Alger aura sauvé encore une fois l'Algérie, pour la troisième fois la France et – quelle gloire – peut-être l'Europe et l'Afrique. Suivez-moi, je vous en supplie. En plébiscitant tous ensemble de Gaulle et la France, vous vous délivrerez du complexe de l'abandon, vous n'aurez plus peur d'un référendum, le F.L.N. va mourir et alors l'Algérie sera définitivement, mais librement, française. En rejetant de Gaulle, vous vous perdez, vous perdez l'Armée, et la France aussi. En plébiscitant de Gaulle, qui me demande vos voix, vous sauverez l'Armée et son unité, vous sauverez la France et son unité ; et vous forcerez la France à vous sauver. Vous gagnerez aussi la guerre d'Algérie, vous allez tuer le F.L.N., qui attend en ricanant dans l'ombre, vous allez le tuer en déterminant les Musulmans, quand demain, si vous me suivez, ces Musulmans croiront enfin qu'ils sont vraiment devenus nos égaux. J'ai pris le risque terrible de déclencher la guerre civile en Algérie, pour éviter la sécession, le départ de De Gaulle, et la guerre civile en France ! J'ai pris le risque terrible de casser l'unité de l'Armée ! Oui, mais je l'ai pris avec confiance et j'avais le droit de le prendre en laissant ici ma femme et mes enfants – à Alger –, chair de moi-même qui veux vous sauver. J'ai pris tous ces risques, parce que, je le répète, j'ai confiance ; j'ai confiance que vous me suivrez, que les barricades – par-dessus lesquelles, on rêve de s'embrasser, alors qu'on craint de se tuer –, que ces barricades vont tomber. Allons, fraternisez, allons, fraternisons, en criant : « Vive de Gaulle ! Vive la France ! »

Cette objurgation ne soulève que des plaisanteries dans le camp d'Ortiz.

— En tombant – ces barricades –, imagine pourtant Delouvrier, elles feront tomber votre peur, elles feront tomber l'angoisse de toutes les mères de France et d'Algérie. Suivez-moi, je vous en supplie, tout est si près d'être perdu, tout, l'Algérie, et la France, et vos vies, Ortiz et Lagaillarde, vos vies dont la France a besoin. Tout ! et tout, cependant, peut être retrouvé, tout sera gagné.

Des territoriaux songent que le délégué général les supplie décidément beaucoup lorsqu'il enchaîne, à bout d'émotion :

— Allons, je vous en supplie pathétiquement, si les Musulmans se sont déterminés en criant « De Gaulle ! », – malgré vous peut-être, de leur plein gré en tout cas –, alors la politique de De Gaulle ne comporte plus de risques ; je vous en supplie, une dernière fois, Européens, Musulmans, mes frères, criez tous ensemble, tous unis : « Vive de Gaulle ! Vive la France ! » Demain, après-demain, dans quelques jours, si vous me suivez, je serai, Algérois, de nouveau parmi vous, ayant grâce à vous remis en ordre les affaires d'Algérie, pour que la France sauve et garde l'Algérie. A l'appel du général Gracieux et de ses paras, demain, après-demain, si vous le voulez, Challe et Delouvrier seront à Alger. Nous visiterons l'Alcazar des Facultés, nous serrerons la main à Ortiz, à Lagaillarde et à vous, Sapin-Lignières, chef des U.T. « Rien n'est perdu pour un Français quand il rallie sa mère, la France », a dit le général de Gaulle dans la nuit de dimanche. Nous irons ensemble au monument aux morts pleurer et prier les morts de dimanche, morts à la fois pour que l'Algérie soit française et pour que l'Algérie obéisse à de Gaulle. Et, le lendemain de ce jour faste, Challe et Delouvrier iront à Paris pour remettre sans conditions – on ne pose pas de conditions au chef de l'Etat –, pour remettre sans conditions l'Algérie à de Gaulle et à la France. Voilà, j'ai fini, après ces journées harassantes. Massu, le général Massu, qui est loyal m'approuverait, n'est-ce pas colonel Argoud ? D'ailleurs il va m'approuver. Challe et moi, nous avons mis, tout mis, dans cet effort : notre cerveau, notre cœur, notre âme, et ce plan est conforme à l'honneur. Que Dieu nous garde et nous entende et sauve la France et l'Algérie. Je donne l'ordre à toutes les autorités, civiles et militaires, de réaliser par tous les moyens en leur pouvoir, de toutes les forces de leur âme, de réaliser ce plan sauveur, le seul plan sauveur.

Même si les chefs de l'insurrection ne font pas crédit à Delouvrier, son discours fleuve a tout de même eu des vertus apaisantes. Dans l'heure qui suit, l'armée renoue avec les civils. Dès le début du soulèvement, le colonel Bigeard, commandant maintenant dans le Sud oranais le secteur d'Aïn Sefra a dépêché à Alger le sergent-chef Marc Flament qui, sans se soucier de discrétion, a rencontré en son nom Ortiz et Lagaillarde. Puis, lorsque des patriotes oranais sont venus le supplier d'adopter le parti de l'insurrection en venant prendre le commandement à Oran où des barricades se sont dressées au cœur de la ville, Bigeard a refusé en arguant du combat qu'il mène contre l'A.L.N. Pourtant, dès qu'il a appris l'arrivée de Gardes à Saïda, il est allé le trouver et l'a écouté. Puis, avec le général Mirambeau, par les soins de son adjoint le commandant Raymond Chabanne, un baroudeur surnommé « le Chat-Tigre », il a adressé le communiqué suivant à la presse oranaise : « Dans les circonstances particulièrement graves que nous traversons, au moment où rien n'est clair, où chacun s'interroge, hésite, où des intérêts personnels commencent à se dévoiler, de mon poste d'Aïn Sefra où je continue la lutte contre le F.L.N., j'estime de mon devoir de faire connaître à mes camarades de combat, d'hier et d'aujourd'hui, mes sentiments. Pour les Français de la métropole, pour les Français d'Algérie, Européens et Musulmans, pour l'Occident, je suis convaincu que nous menons ici notre dernier combat d'hommes libres. Je suis seul, je ne fais partie d'aucun complot. Je pense, en toute bonne foi, que les hommes des barricades représentent effectivement le peuple d'Algérie et n'ont agi que par désespoir. Que veulent ces hommes et l'Armée qui combat ? C'est la certitude que leur combat ne soit pas vain et que tous les doutes soient définitivement levés, que soient prises les mesures indispensables qui permettront de vaincre la subversion. C'est-à-dire : revaloriser notre instrument militaire, adapter la justice aux circonstances, retrouver la foi dans les destinées de la France. Alors les barricades disparaîtront et, tous ensemble, nous pourrons terminer la lutte contre la véritable rébellion. »

La littérature de l'idole des Algérois ayant été diffusée au balcon du P.C. d'Ortiz, Bigeard est convoqué à Paris avec le général Mirambeau.

Pendant ce temps, à Matignon, Constantin Melnik, depuis un an déjà conseiller technique de Michel Debré, a écourté ses vacances à la montagne sitôt connue la fusillade du boulevard Laferrière. Soucieux d'empêcher l'agitation algéroise de se répandre en métropole, il a recommandé à Jean Verdier, toujours directeur de la Sûreté nationale, de passer outre à l'immunité parlementaire des quelques députés qui, comme Jean-Marie Le Pen, tenteraient de se rendre à Alger.

Alors que Delouvrier parlait aux Algérois, le président de la République s'adressait au Conseil d'Etat en réclamant :

— Je demande maintenant à vos pensées de se porter avec la mienne vers l'Etat lui-même et le service qu'on lui doit. Il n'y a eu de France que grâce à l'Etat. La France ne peut se maintenir que par lui.

Il était clair qu'il songeait à l'Algérie en ajoutant :

— Qu'au travers des crises inouïes, qui, peut-être, ne sont pas terminées, nous avons pu sauver l'Etat et nous avons tenté, sinon de le refaire, du moins de l'améliorer.

Sortant de cette réunion, le président de la République confie au général Ely la mission d'aller à La Réghaïa exposer à Challe et Delouvrier les grandes lignes du discours qu'il prononcera le lendemain devant les micros et les caméras de la R.T.F. Le général Crépin est lui aussi convié au P.C. de Challe. Argoud le suit, puisqu'il est encore son chef d'état-major, et Broizat est également du voyage.

Ayant pris connaissance des propos du Général, Argoud est persuadé en rentrant à Alger qu'il ne reviendra pas sur l'autodétermination. Suivant les ordres de Challe, il demande à Ortiz et Lagaillarde de le rejoindre à 16 heures au Q.G. du corps d'armée et il leur propose de participer en fin d'après midi à une cérémonie au monument aux morts.

— C'est votre dernière chance, précise le futur chef de l'O.A.S., l'Armée, en son ensemble, ne vous est pas favorable. Et le discours de De Gaulle ne va certainement pas changer les choses. Mais toutefois si vous venez au monument aux morts, vous lierez en quelque sorte les autorités d'Algérie à votre mouvement.

Ortiz et Lagaillarde refusent de suivre leur allié et ils regagnent les barricades où Jacques Prévost grenouille toujours en quête des observations qu'il s'est décidé, gagné par la fièvre ambiante, à ne pas transmettre à ses employeurs occasionnels. Il a vu l'hélicoptère blanc que Lagaillarde fait ostensiblement garder par ses hommes sur une terrasse des Facultés. L'appareil appartient à la société Gyrafrique, spécialisée dans l'épandage d'insecticides sur les cultures. Son pilote a été appelé pour un travail dans une ferme et des hommes en armes l'ont obligé à venir se poser dans le camp retranché.

L'ancien de Diên Biên Phu s'est vite aperçu que les tubes de canons sans recul qui menacent les paras ne sont que des télescopes grossièrement camouflés. Le futur conjuré du Petit-Clamart a vu quelques bérets rouges venir proposer leurs services à Lagaillarde mais, comme le lieutenant de vaisseau l'a fait pour moi, celui-ci leur a conseillé de rester en attente dans leur unité. Lagaillarde a tout de même accepté le renfort de Michel Labbé, l'élève pharmacien maintenant aspirant au 1$^{er}$ R.C.P. qui lui avait succédé à la tête des étudiants d'Alger et, le 13 mai 1958, avait enlevé avec lui le Gouvernement général.

Le bruit court vite parmi les insurgés que plusieurs centaines de paras seraient sur le point de les rejoindre et que le général Gracieux aurait remercié Lagaillarde de leur avoir conseillé la fidélité. Tout acquis à l'insurrection, Jacques Prévost a également vu quelques dizaines de harkis entrer dans le camp retranché.

La pluie qui tombe sans cesse sur Alger ajoute au climat tendu qui règne dans les barricades. Des portions de rues labourées par les arrachements de pavés et de rails sont des bourbiers où pataugent les hommes de veille aux créneaux en se réchauffant autour de quelques bûchers et braseros.

A Paris, le Groupement interministériel de contrôle, le G.I.C. créé par Constantin Melnik afin de coordonner les services d'écoutes téléphoniques sous l'autorité du général Caillaux, un ancien de la France libre que le général Grossin a détaché du S.D.E.C.E., fonctionne à plein. Des centaines de personnalités et des militants de tous bords politiques sont jour et nuit espionnés en toute légalité puisque le G.I.C. est habilité à dépasser le domaine des écoutes normales qui, elles, ne peuvent être ordonnées que par un juge d'instruction. De très hauts personnages, comme le général Salan, sont donc écoutés. Des arrestations et des mises en garde à vue préventives mettent en émoi de nombreux groupuscules et ceux de gauche ne sont pas épargnés. Des journaux comme l'*Observateur* et *La Voie communiste* sont en effet saisis en même temps que les droitiers *Rivarol* et *Le Charivari* et le monarchiste *Aspects de la France*.

Pendant que la capitale est prise d'une frénésie sécuritaire, chacun, à Alger, sait que le sort de l'Algérie française est suspendu au discours de De Gaulle. Puisqu'il est évident que plus rien d'important n'adviendra avant qu'il parle, les insurgés et les responsables du maintien de l'ordre campent sur leurs positions.

De nouvelles rumeurs d'assaut énervent pourtant encore les territoriaux hâves en fin d'après-midi. Bien qu'ils aient déjà subi de nombreuses fausses alertes, des hommes se précipitent aux créneaux. Cette fois, accompagné de ma fiancée, je suis pris dans leur ruée. Craignant pour elle, je l'oblige à presser le pas vers la Compagnie algérienne. Parvenu sous le balcon d'Ortiz, là où la barricade Hernandez s'appuie sur le mur de l'immeuble aux balcons hérissés d'armes, je tente de grimper sur le tumulus de pavés, mais un énorme jeune Pied-noir coiffé d'un fez et agitant un drapeau bleu blanc rouge en direction des paras tente de m'en interdire le passage. Je réussis malgré lui à hisser ma compagne sur l'obstacle, je la rejoins, je bouscule sans ménagements l'obèse, je propulse ma fiancée vers les paras. Soudain conscient de l'absurdité du face-à-face, je me retourne vers les territoriaux et, oubliant que je suis en civil et qu'ils pourraient me prendre pour un provocateur, je hurle :

— Vous ne voyez pas que vous risquez de gâcher la partie que nous sommes en train de gagner dans le djebel !

Puis, sautant à bas de la barricade sans me soucier des quolibets et des armes pointées sur moi, je rejoins ma fiancée et je l'entraîne vers la rue d'Isly au milieu d'une foule houleuse.

Malgré les bruits alarmistes, rien ne bouge parmi les paras. Bientôt certains que rien ne les menacera plus avant le discours de De Gaulle, les insurgés laissent les barricades aux seuls hommes de garde.

*

— 13 —

## De Gaulle intervient

Cette fois, De Gaulle a passé sa tenue militaire pour s'adresser au pays. Joseph Ortiz dispose d'un téléviseur et se rend compte que c'est le chef suprême des armées qui va parler. L'ayant vu apparaître sur l'écran, apparemment décontracté, il choisit de revenir l'écouter à la radio, dans son bureau, près du capitaine Filippi.

— Si j'ai revêtu l'uniforme pour parler aujourd'hui à la télévision, avertit le président, c'est afin de marquer que je le fais comme étant le général de Gaulle aussi bien que le chef de l'Etat.

Et il poursuit :

— Nous combattons en Algérie une rébellion qui dure depuis plus de cinq ans. La France poursuit courageusement l'effort nécessaire pour la vaincre. Mais elle veut aboutir à une paix qui soit la paix, faire ce qu'il faut pour que le drame ne recommence pas ensuite, agir de manière à ne pas perdre, en fin de compte, l'Algérie, ce qui serait un désastre pour nous et pour l'Occident.

Jusque-là, aucun insurgé ne trouve rien à redire. Et pas plus lorsque de Gaulle continue :

— Le monde, en prise aux vastes crises et mouvements que l'on sait, assiste à cette lutte qui le trouble et dont cherchent à se mêler les divers camps opposés. Il est clair que l'unité, le progrès, le prestige du peuple français sont en cause et que son avenir est bouché tant que le problème algérien ne sera pas résolu.

Des cris de colère montent dans les barricades lorsque le président proclame :

— Compte tenu de tout cela, j'ai pris, au nom de la France, la décision que voici : les Algériens auront le libre choix de leur destin. Quand, d'une manière ou d'une autre – conclusion d'un cessez-le-feu ou écrasement total des rebelles – nous aurons mis un terme aux combats, quand, ensuite, après une période prolongée d'apaisement, les populations auront pu prendre conscience de l'enjeu et, d'autre part, accomplir, grâce à nous, les progrès nécessaires dans les domaines politique, économique, social, scolaire, etc., alors ce sont les Algériens qui diront ce qu'ils veulent être.

— Nous, on le sait depuis longtemps ce que nous voulons être, hurle un territorial, c'est rester français ! Vive l'Algérie française ! Algérie française.

La litanie frénétique empêche les voisins de cet homme de saisir la suite du discours :

— Cela ne leur sera pas dicté. Car, si leur réponse n'était pas vraiment leur réponse, il pourrait bien y avoir pour un temps une victoire militaire, mais rien, au fond, ne serait tranché.

Et le hourvari se déchaîne quand de Gaulle annonce :

— Bref, l'autodétermination est la seule politique qui soit digne de la France. C'est la seule issue possible. C'est celle qui est définie par le président de la République, décidée par le gouvernement, approuvée par le Parlement, adoptée par la nation française.

La fureur des insurgés est à son comble lorsqu'il précise :

— Or, deux catégories de gens ne veulent pas de ce libre choix. D'abord l'organisation rebelle, qui prétend ne cesser le feu que si, auparavant, je traite avec elle, par privilège, du destin politique de l'Algérie, ce qui reviendrait à la bâtir elle-même comme la seule représentation valable et à l'ériger, par avance, en gouvernement du pays. Cela, je ne le ferai pas.

Malgré cette allusion défavorable au F.L.N., le chahut ne cesse pas. Sauf dans le P.C. d'Ortiz où l'on pèse en silence chaque mot du discours présidentiel.

— D'autre part, poursuit le président, certains Français de souche exigent que je renonce à l'autodétermination, que je dise que tout est fait et que le sort des Algériens est d'ores et déjà décidé. Cela, non plus, je ne le ferai pas.

— Quand est-ce qu'il va parler de nous, s'impatiente sous le balcon d'Ortiz un territorial de Bab el-Oued.

Il est tout de suite satisfait, puisque de Gaulle égrène :

— C'est alors que, pour tenter d'imposer leurs prétentions à la nation, à l'Etat, à moi-même, certains, à Alger, sont entrés en insurrection, qu'ils ont tiré sur le service d'ordre et tué de bons soldats et qu'ils se dressent en armes contre l'autorité de la France.

Les insurgés prennent le discours présidentiel comme un réquisitoire.

— Aidés initialement par l'incertitude complaisante de divers éléments militaires et profitant des craintes et des passions fiévreuses excitées par des meneurs, ils obtiennent, jusqu'à présent, le soutien d'une partie de la population européenne, provoquent la grève forcée, l'arrêt des transports, la fermeture des magasins. De leur fait, une rupture de l'unité nationale risque de se réaliser, à l'indignation de la nation française et au beau milieu de la lutte menée contre les rebelles. Il n'y a pas un homme de bon sens qui ne voie quelles conséquences ne manqueraient pas de se produire si cette affreuse sécession l'emportait.

La voix épaisse de l'orateur est parfois couverte par les huées montant des groupes de territoriaux qui l'avaient pourtant acclamé si volontiers en juin 1958 à quelques mètres de leurs barricades.

— Devant le mauvais coup qui est ainsi porté à la France, je m'adresse, d'abord, à la communauté de souche française en Algérie. Elle me connaît depuis bien des années. Elle m'a vu maintes fois au milieu d'elle et, notamment au cours de la guerre, quand ses fils, en grand nombre, servaient dans les rangs de l'armée de la libération ou bien quand, au lendemain de la secousse de mai 1958, j'ai repris la tête de la France pour refaire l'unité des Français sur les deux bords de la Méditerranée. Quoi que des agitateurs essaient de lui faire croire, il y a entre elle et moi des liens exceptionnels qui me sont très chers et très vivants. Je sais parfaitement bien quels services elle rend à la France par son labeur séculaire en Algérie, quelles épreuves cruelles elle traverse, quelles émouvantes victimes elle pleure. Mais je dois lui parler clair et net.

Abandonnant le ton paterne dont il usait depuis quelques phrases, de Gaulle gronde :

— Français d'Algérie, comment pouvez-vous écouter les menteurs et les conspirateurs qui vous disent qu'en accordant le libre choix aux Algériens la France et de Gaulle veulent vous abandonner, se retirer de l'Algérie et la livrer à la rébellion ? Est-ce donc vous abandonner, est-ce vouloir perdre l'Algérie que d'y envoyer et d'y maintenir une armée de cinq cent mille hommes pourvue de matériel énorme, d'y consentir le sacrifice d'un bon nombre de nos enfants, d'y consacrer, cette année même, des dépenses civiles et militaires d'un millier d'anciens milliards, d'y entreprendre une œuvre immense de mise en valeur, de tirer du Sahara, à grand effort et à grands frais, le pétrole et le gaz pour les amener jusqu'à la mer ? Comment pouvez-vous douter que si, un jour, les Musulmans décidaient, librement et formellement, que l'Algérie de demain doit être unie étroitement à la France, rien ne causerait plus de joie à la patrie et à de Gaulle que de les voir choisir, entre telle ou telle solution, celle qui serait la plus française ? Comment pouvez-vous nier que toute l'action de développement des populations musulmanes, entamée depuis dix-huit mois, actuellement poursuivie et qui, après la pacification, devra s'épanouir encore, tend précisément à créer de multiples et nouveaux liens entre la France et les Algériens ? Par-dessus tout, comment ne voyez-vous pas, qu'en vous dressant contre l'Etat et contre la Nation, vous vous perdez à coup sûr et, qu'en même temps, vous risquez de faire perdre l'Algérie à la France au moment même où se précise le déclin de la rébellion ? Je vous adjure de rentrer dans l'ordre. Ensuite, je m'adresse à l'Armée, qui grâce à de magnifiques efforts est en train de remporter la victoire en Algérie, mais dont certains éléments seraient tentés de croire que cette guerre est leur guerre, non celle de la France, qu'ils ont droit à une politique qui ne serait pas celle de la France. Je dis à tous nos soldats : votre mission ne comporte ni équivoque, ni interprétation. Vous avez à liquider la force rebelle qui veut chasser la France de l'Algérie et faire régner sur ce pays sa dictature de misère et de stérilité.

Parmi les insurgés, ceux qui dans quelques mois reprendront les armes au sein de l'O.A.S. pour tenter de détruire de Gaulle, il en est pourtant qui estiment que jamais personne n'a parlé si clairement des objectifs de l'Armée. Le mot « liquider » résonne encore à leurs oreilles quand le président continue, sur le ton de la persuasion :

— Tout en menant l'action des armes, vous avez à contribuer à la transformation morale et matérielle des populations musulmanes pour les amener à la France par le cœur et par la raison. Quand le moment sera venu de procéder à la consultation, vous aurez à en garantir la liberté complète et sincère. Oui ! C'est là votre mission, telle que la France vous la donne et c'est la France que vous servez. L'Armée française, que deviendrait-elle, sinon un ramas anarchique et dérisoire de féodalités militaires, s'il arrivait que des éléments mettent des conditions à leur loyalisme ? Or, je suis, vous le savez, le responsable suprême. C'est moi qui porte le destin du pays. Je dois donc être obéi de tous les soldats français. Je crois que je le serai, parce que je vous connais, que je vous estime, que je vous aime, que j'ai confiance dans le général Challe que j'ai, soldats d'Algérie, mis à votre tête, et puis parce que, pour la France, j'ai besoin de vous.

Puis de Gaulle en vient enfin au réduit d'Ortiz et de Lagaillarde.

— Ceci dit, écoutez-moi bien ! exige-t-il avec encore plus d'autorité. En présence de l'insurrection d'Alger et au milieu de l'agitation, parvenue au paroxysme, le délégué général, M. Paul Delouvrier, qui est la France en Algérie, et le commandant en chef ont pu, sous leur responsabilité, ne pas vouloir déchaîner d'eux-mêmes une bataille rangée. Mais aucun soldat ne doit, sous peine de faute grave, s'associer à aucun moment, même passivement, à l'insurrection. En fin de compte, l'ordre public devra être rétabli. Les moyens à employer pour que force reste à la loi pourront être de diverses sortes. Mais votre devoir est d'y parvenir.

Avant de conclure, le chef des armées tonne : « J'en ai donné, j'en donne l'ordre » et il retrouve sa voix paterne pour annoncer :

— Enfin, je m'adresse à la France. Eh bien ! Mon cher et vieux pays, nous voici donc ensemble, encore une fois, face à une lourde épreuve. En vertu du mandat que le peuple m'a donné et de la légitimité nationale que j'incarne depuis vingt ans, je demande à tous et à toutes de me soutenir, quoi qu'il arrive. Et, tandis que les coupables, qui rêvent d'être des usurpateurs, se donnent pour prétexte la décision que j'ai arrêtée au sujet de l'Algérie, qu'on sache partout, qu'on sache bien, que je n'y reviendrai pas. Céder sur ce point et dans ces conditions ce serait brûler en Algérie les atouts que nous avons encore, mais ce serait aussi abaisser l'Etat devant l'outrage qui lui est fait et la menace qui le vise. Du coup, la France ne serait plus qu'un pauvre jouet disloqué sur l'océan des aventures. Une fois de plus, j'appelle les Français, où qu'ils soient, quels qu'ils soient, à se réunir à la France. Vive la République ! Vive la France !

Alger vomit vers le ciel noir des cris hostiles à de Gaulle. Blême dans son bureau parmi les volutes de fumée de cigarettes et de pipes, Ortiz demande qu'on lui passe et repasse un enregistrement du discours présidentiel. Puis il interroge ses adjoints. Pour tous, les choses sont claires : les chefs de corps des unités massées devant les barricades ne désobéiront certainement pas à l'ordre de les bousculer et de désarmer les patriotes qui les défendent.

Quelques heures après le discours, s'étonnant de ne plus avoir vu le docteur Pérez depuis la veille, Ortiz reçoit un coup de téléphone de Robert Tabarot, ancien boxeur, neveu du fondateur du *Républicain d'Oran* et responsable du F.N.F. à Oran, lui annonçant qu'il vient de recevoir un ultimatum du général Gambiez et des autorités civiles.

— Ils me demandent, explique l'Oranais, de faire immédiatement évacuer les barricades et de laisser la place à des légionnaires. Qu'est-ce que je fais ?

Ortiz lui propose de laisser démanteler ses barricades car, plaide-t-il, il est impensable d'ouvrir le feu sur des soldats qui se battent en Algérie depuis plus de cinq ans.

— Mais attention, prévient-il, cet ordre n'est pas valable s'il s'agit de gendarmes ou de C.R.S.

Après avoir donné ses consignes à son ami Tabarot, Ortiz accueille Lagaillarde dont le visage est sculpté par la fatigue et qui, comme lui, n'a presque pas dormi depuis la fusillade.

— Dis-moi, Jo, s'inquiète d'emblée le député, qu'est-ce que tu penses du discours de De Gaulle ?

— Je pense que tout est foutu et que l'armée va se remettre au garde-à-vous. Elle est incapable de nous suivre jusqu'au bout.

Lagaillarde parle de son hélicoptère et avance qu'il pourrait compter au besoin sur des avions de chasse.

— Et, précise-t-il d'une voix à la raucité accentuée par les ordres donnés à ses hommes et les harangues adressées à la foule, j'ai dans la Fac suffisamment d'acide fluorhydrique pour foutre le feu à tout le quartier.

— Si c'est comme ça, admet Ortiz d'un ton las, nous prendrons en temps voulu nos dispositions en tenant compte de tes moyens. Mais je suis persuadé que tu bluffes. Je me trompe ?

Lagaillarde, bluffant ou pas, est reparti vers les Facultés lorsque Robert Tabarot rappelle Ortiz pour lui annoncer que des légionnaires progressent vers ses positions.

— Alors, lui conseille-t-il, il faut t'en tenir aux ordres de tout à l'heure. Laisse-leur la place et retire-toi dans ton P.C. de la rue Foch. Ici, rien ne bouge.

Après ce coup de fil, Ortiz reçoit le capitaine Hautechaud, l'homme qui a introduit le journaliste Ulrich Kempski auprès de Massu. Cet officier ne paraît pas du tout touché par la sinistrose que le discours de De Gaulle a provoquée chez la plupart des insurgés. Plein de fougue, il propose à Ortiz de prendre le maquis avec tous ses hommes. Il dispose, avance-t-il, des véhicules nécessaires à ce genre d'opération.

— Mais, lui objecte Ortiz, j'aurais besoin d'au moins une centaine de camions !

— La partie matérielle de cette opération me concerne, Ortiz. Faites-moi confiance.

Ortiz hésite. Puis il refuse de tenter l'aventure. A 2 heures, toujours flanqué de ses habituels gardes du corps, il descend bavarder dans la rue avec ses hommes. Il s'étonne de ne plus retrouver autant d'U.T. que la veille à la même heure.

— Où sont passés les autres ? s'inquiète-t-il.

— Ils sont rentrés chez eux, lui avoue un militant du F.N.F. armé d'une mitraillette Thompson. Leurs officiers leur ont dit que tout était foutu.

Sonné, Ortiz demande des nouvelles de Pérez et le militant lui répond que le médecin a lui aussi prétendu que tout était perdu. Un autre avance qu'il a été vu à plusieurs reprises avenue Pasteur, dans la clinique Laverne et précise que Pérez a plusieurs fois rencontré le colonel Godard durant la journée.

Ortiz fait mine de croire encore au miracle.

— Malgré les apparences, crâne-t-il afin de donner à ses fidèles l'exemple de la détermination, rien n'est encore définitivement perdu.

Pour l'instant, nous sommes dans un camp retranché et nous y resterons ! Je ne quitterai la position que si l'armée nous lâche complètement. Mais sachez, mes amis, que je ne le ferai qu'après avoir imposé des conditions telles que nous sortirons des barricades la tête haute, puisque nous sommes des soldats !

Après cette déclaration, Ortiz décide d'aller prendre deux ou trois heures de repos chez lui, où son épouse l'attend. Ses hommes regardent disparaître sa haute et large silhouette que la lassitude extrême ne voûte pas.

En face de l'immeuble d'Ortiz, Jacques Prévost dort à poings fermés, allongé sur son arme dans un magasin dont la vitrine a volé en éclats au premier soir de révolte. Ayant retrouvé une ambiance quelque peu comparable à celle qui régnait parmi les paras à Diên Biên Phu, il a décidé, après en avoir longtemps parlé avec Georges Watin, l'homme au pied-bot qu'il retrouvera plus tard au Petit-Clamart, de partager jusqu'au bout le sort grimaçant des hommes qu'il était chargé d'espionner. Barthélemy Rossello, qui basculera bientôt dans le camp gaulliste, est rentré chez lui tout de suite après le discours du président de la République.

\*

— 14 —

## L'agonie du camp retranché

Réunis à la nouvelle mairie que des territoriaux de la Marine ont envahie sans tirer un coup de feu, les élus algérois mettent la dernière main à la motion qu'ils entendent rendre publique et adresser à Paris. Puis quelques-uns d'entre eux réclament un aval qu'Ortiz, à peine reposé, leur accorde volontiers, puisque, solidaires avec les barricadés, ils demandent au gouvernement de « décréter immédiatement la mobilisation dans tous les départements algériens, et d'y rendre général l'état de siège ».

Ce texte appelant à la lutte totale contre le F.L.N. est signé par quatre sénateurs, MM. Marcellin, Montaldo, Paulian, Schiaffino, et par vingt-trois députés ou par leurs suppléants : MM. Abdesselam, Arnuff, Agha Mir, Baouhia, Ben Elkadji, Biaggi, Boualam, Colonna, Deramchi, Ghalem, Guettaf, Ioulalalen, Kadari, Kaouah, Laradji, Lauriol, Marçais, Maquaire, Portolano, Puech-Samsom, Salado, Vignau et Vinciguerra.

M$^e$ Abdesselam fait partie des pétitionnaires bien qu'avant de regagner Alger le 28 janvier il se soit pourtant prononcé à Paris contre l'insurrection. Avant le discours de De Gaulle, il a discuté avec le général Jouhaud qui, lui non plus, ne s'est pas déclaré favorable aux insurgés. Après la communication de cette motion, les commentaires vont bon train dans l'entourage d'Ortiz, où certains regrettent qu'elle n'ait pas été rédigée au début de la rébellion.

Malgré l'initiative des élus algérois, il est évident que les insurgés ont échoué et que de Gaulle ne reviendra pas sur l'autodétermination. Agacé par les rodomontades de quelques-uns de ses proches, qu'il aurait en d'autres temps acceptées, Ortiz est furieux que Radio-Alger diffuse des messages nominatifs concoctés par des officiers de l'action psychologique qui, prétextant de graves ennuis de santé de leurs proches, font sortir des militants du camp retranché. Il est enfin soulagé de voir revenir le D$^r$ Pérez, qui, confirmant ainsi les dires de ses hommes, reconnaît avoir discuté avec le colonel Godard à la clinique Laverne mais qu'il ne voulait pas ajouter à ses soucis en lui rendant compte de ses démarches.

Le docteur reconnaissant aussi avoir incité des territoriaux à rentrer chez eux, Ortiz lui rétorque que rien n'est joué et qu'en faisant déserter le camp retranché, il contrecarre les négociations qu'il a lui-même engagées avec les militaires.

Après cette rencontre tendue, un insurgé annonce à Ortiz que le colonel Godard l'attend avenue Pasteur. N'ayant jamais rencontré cet officier, le leader du F.N.F. prend rapidement conseil de ses cadres. Le capitaine Filippi, qui souffre d'une jambe au point de devoir de temps en temps l'allonger sur une chaise, avance qu'il n'a rien à craindre du chef de la Sûreté.

— Je suis chargé de vous mener auprès du général Faure, annonce tout de suite Godard quand Ortiz l'a rejoint à l'arrière d'une traction avant.

Le chauffeur de la Citroën fend la foule des paras et des civils mêlés d'où jaillissent des encouragements à la résistance destinés à Ortiz. Comme il contourne le camp retranché par le boulevard du Télemly, Ortiz devine que le rendez-vous n'aura pas lieu dans un des P.C. de l'Armée.

Tout de même sur ses gardes, puisque celui-ci lui a tu ses rencontres avec Pérez, il écoute Godard expliquer que c'est avec lui seul qu'il traitera du sort de ses hommes. Il s'en étonne et veut savoir ce qu'il en est des pourparlers entamés avec Broizat et Dufour. Godard hausse les épaules, prétend qu'il n'est au courant de rien et répète qu'il est seul habilité à négocier.

La voiture s'arrête devant un immeuble cossu de la rue Michelet, à trois cents mètres au-dessous du parc Saint-Saëns. Godard l'ayant averti que sa mission s'arrêtait là, un civil guide Ortiz jusqu'à l'appartement du

## Chap. 14. – *L'agonie du camp retranché* 133

D<sup>r</sup> Gardel qu'il connaît bien. Il y est accueilli par un de ses amis, un des frères Bozzi, responsable du F.N.F. en Kabylie, et, lorsque le général Faure, en civil, vient lui serrer la main, il explose :

— Mon général, voici huit jours que nous avons, ensemble, vous et moi, pris une décision grave. Depuis sept jours, il y a des barricades dans Alger. Et c'est seulement aujourd'hui que je vous retrouve. A l'extérieur du camp retranché.

Faure accusant le coup, il poursuit :

— Est-ce que c'est une habitude, chez vous les militaires, de laisser s'engager seuls les civils et de fuir ensuite vos responsabilités ?

Faure plaide qu'il a été mis aux arrêts en Kabylie avant le déclenchement de l'affaire. S'il est là, avoue-t-il ensuite, c'est afin de lui conseiller la reddition et, lorsque son hôte refuse, il précise :

— Il s'agit de sauver le pays ! Vous rendez-vous compte, Ortiz, que le F.L.N. recrute à l'étranger des volontaires pour former des brigades internationales ?

Le leader du F.N.F. paraît quelque peu inquiet. Avant de s'engager sur la voie de la reddition, dans le seul but de ne pas nuire à la France, il exige d'en savoir plus sur ce que lui a confié Godard et il ne cache rien de ses discussions avec Broizat et Dufour. Ni son désir d'obtenir, grâce à l'intervention à la Chambre des parlementaires d'Algérie, le droit d'engager ses militants contre l'A.L.N.

Faure téléphone à Challe, qui est revenu au quartier Rignot en même temps que Paul Delouvrier.

— Le commandant en chef va me recevoir en fin d'après-midi, annonce-t-il en reposant le combiné du D<sup>r</sup> Gardel.

Puis il s'inquiète de savoir de combien d'hommes dispose Ortiz.

— Deux mille. Du moins dans un premier temps...

Et Ortiz déclare qu'il verrait bien cette force pied-noire combattre en Kabylie, région qu'il connaît bien pour y avoir souvent chassé le sanglier.

— Ainsi, ajoute-t-il, je serais placé directement sous vos ordres et vous pourriez nous aider.

— C'est bien, Ortiz, tranche le général, considérez que l'affaire est conclue.

Ortiz, pas du tout échaudé par la première défection de Faure, regagne les barricades avec son ami Bozzi, comme lui résolu à combattre l'A.L.N. en Kabylie, clouant ainsi le bec aux métropolitains qui estiment que c'est aux Pieds-noirs de défendre leur terre natale et leurs biens.

Au P.C. de la rue Charles-Péguy, le capitaine Filippi reçoit d'Argoud l'ordre de regagner le P.C. de la 10<sup>e</sup> D.P. Ortiz le regarde partir en songeant qu'il ne reverra sans doute plus cet officier qui a été le seul à honorer ses engagements.

Comme Ortiz le craignait Filippi est mis aux arrêts et le commandant Sapin-Lignières est lui aussi appréhendé dans son P.C. de la nouvelle mairie.

Après ces mauvaises nouvelles, Ortiz accueille quelques délégués du F.N.F. d'Oran qui, abusés par des informations diffusées par Radio-Alger, imaginaient que les barricades étaient démantelées.

Au soir, les dirigeants du Comité d'entente se réunissent chez Ortiz. Seuls manquent à l'appel Lagaillarde et, bien sûr, le commandant Sapin-Lignières. Ces hommes à bout de fatigue accusent les militaires de les avoir sciemment abandonnés.

Le capitaine Renaud, venu du Constantinois, se mêle à la discussion en annonçant que le colonel Roger Trinquier rejoindrait peut-être le réduit. Les insurgés connaissent bien Trinquier, le créateur du D.P.U. (dispositif de protection urbaine) qui, grâce à des chefs d'immeuble volontaires ou désignés d'office, permettait de détecter l'intrusion des agents du F.L.N. dans les quartiers musulmans.

Après l'intervention du capitaine Renaud, Auguste Arnould annonce que le général Jouhaud pourrait rejoindre enfin les barricades et réclame qu'elles tiennent encore quarante-huit heures. Ortiz ne peut lui donner satisfaction et, après un dernier bilan de l'insurrection, chaque militant se prononce sur son issue. Dominique Zattara, vétéran de la campagne d'Alsace, instituteur et conseiller municipal d'El-Biar habitant à Hydra la villa Marguerite proche du cantonnement du C.C.I., le Centre de coordination interarmes, conseille à Ortiz de s'extirper au plus vite du guêpier afin d'avoir les coudées franches pour reprendre, plus tard, le combat. Un cargo va bientôt appareiller vers un port espagnol, précise le fondateur du Syndicat des instituteurs indépendants à tendance Algérie française, qui sera l'un des animateurs de l'O.A.S.

Les chefs de l'insurrection se séparent, résignés à la reddition. Ortiz discute durant plusieurs heures avec les irréductibles qui veillent aux barricades. A ceux qui, le hélant d'un « Jo » amical, lui demandent ce qui va se passer, il ne cache pas qu'ils pourront sortir en bon ordre des barricades, la tête haute, et que la lutte reprendra contre l'A.L.N.

Au petit matin du dimanche 31 janvier 1960, le ciel d'Alger est bas. Une bruine froide tombe sur la ville où les paras de la 10$^e$ D.P. attendent d'être relevés par ceux de la 25$^e$ qui, opérant dans le Constantinois, sont moins liés avec les Algérois.

La colère monte dans les barricades lorsque le bruit court que l'archevêque d'Alger, le très libéral Mgr Léon Etienne Duval que les partisans de l'Algérie française ont surnommé « Mohamed ben Duval », a interdit à ses prêtres d'y célébrer une messe à l'intention de tous les morts du 24 janvier.

Mais les insurgés tenant à leur messe, Ortiz leur conseille de faire donner à fond leurs transistors à l'heure de la traditionnelle messe radiodiffusée et, sur un autel improvisé à quelques mètres du drapeau taché du sang de Hernandez, l'abbé Georges Dahmar, vicaire kabyle de la paroisse de Saint-Augustin, donne la communion à ceux qui le désirent. L'émotion

## Chap. 14. – *L'agonie du camp retranché*

est telle que les israélites et les harkis encore présents participent au recueillement. Quelques paras franchissent même la barricade pour communier. Que ce soit dans la foule massée derrière les G.M.C. des forces de l'ordre ou dans les groupes de territoriaux en armes, des larmes coulent.

Pendant ce temps, de Gaulle fait venir Crépin à Paris. Avant de lui donner ses ordres, il lit le rapport manuscrit que le successeur de Massu lui a remis et dans lequel il a écrit : « Si vous m'ordonnez d'employer la force et de tirer, mon général, j'obéirai. Je prendrai une mitraillette à mon râtelier d'armes personnel et j'irai seul aux barricades. Je crierai "Vive de Gaulle !" et je tirerai. Je ne crierai sans doute pas longtemps avant d'être abattu. » Après cette profession de foi absolue qui n'engage que lui, Crépin a nuancé sa détermination en précisant : « L'armée est loyale au gouvernement, mais elle ne peut entreprendre une action offensive contre les Français d'Algérie. Il faut laisser les responsables civils et militaires trouver eux-mêmes les moyens de liquider le camp retranché. »

Passant à la situation générale en Algérie, Crépin a conseillé au président de la République de « donner à cette armée les assurances nécessaires pour qu'elle ait le sentiment qu'elle ne se fait pas tuer pour rien ».

Après ce coup de sonde, le général de Gaulle se promène dans le parc de l'Elysée avec son gendre Alain de Boissieu et lui confie :

— Vos camarades qui soutiennent cette comédie des barricades sont des criminels. Ils sont en train de mettre en question le pouvoir de la métropole vis-à-vis de l'Algérie, au moment où j'étais sur le point de diviser le G.P.R.A. et d'obtenir des chefs de la rébellion l'autonomie interne pour l'Algérie pendant une période probatoire de dix ans. Pendant ce temps, l'Armée serait restée en Algérie et au Sahara.

Le plan du Général, maintenant menacé par l'insurrection, prévoyait que le ministre délégué en Algérie deviendrait un haut-commissaire qui aurait géré l'Algérie avec un gouvernement franco-algérien composé d'hommes de tous les bords politiques et de la rébellion. Des personnalités de l'Algérie française, précise de Gaulle, ont été contactées par son directeur de cabinet Georges Pompidou qui, profitant de ses fonctions de secrétaire général de la banque Rothschild, les a persuadées de participer au gouvernement provisoire de l'Algérie.

Mais ce projet est bien mort aujourd'hui. Une foule de plus en plus dense s'étant massée à Alger sous le plateau des Glières, à peine rentré de Paris, le général Crépin reçoit de Paul Delouvrier l'ordre d'attaquer les barricades. Il refuse et, bien que le délégué général l'ait menacé d'obtenir sa relève immédiate, il téléphone au chef de cabinet militaire de l'Elysée, le général Groût de Beaufort, et lui réclame des explications. En effet, rappelle-t-il, le quartier occupé par Ortiz est si peuplé qu'il faudrait envisager au moins deux mille morts avant d'en arriver au nettoyage des barricades.

Pour le général de Beaufort, un assaut ne s'impose plus, puisqu'il est évident que les insurgés déposeront les armes le lendemain. Crépin lui confirmant qu'il a reçu de l'Elysée l'ordre de les attaquer et qu'il ne pourra qu'obéir, sitôt la communication interrompue, il téléphone à Michel Debré qui, lui non plus, ne sait rien de cet ordre et déclare qu'il va s'en inquiéter.

Après seulement quelques minutes, le Premier ministre rappelle Beaufort et lui affirme que l'ordre reçu par Crépin n'est pas parti de Matignon, mais de l'Elysée. Se souciant bien peu de l'étiquette, Beaufort pénètre dans le bureau du chef de l'Etat, interrompt la conversation que celui-ci tenait avec Georges Pompidou et, d'une voix blanche, il lui lance :

— Mon général, le sang de milliers d'innocents et de patriotes va couler à Alger. Il vous retombera sur les mains et l'opinion mondiale évoquera un nouveau Budapest.

De Gaulle, accusant le coup, Beaufort le supplie de faire annuler l'ordre d'assaut. Lorsque c'est fait, trahissant ainsi l'état d'esprit qui règne à l'Elysée, René Brouillet, qui assume sous la tutelle directe du général de Gaulle le secrétariat des Affaires algériennes, déclare : « Quel dommage que le contrordre ait été lancé hier : c'était l'occasion de leur donner une belle leçon ! »

Même si la relève des troupes s'active autour du réduit, Alger est sauvée. La foule pressée derrière les G.M.C. des paras écoute les brûlots patriotiques que leur adressent encore au fil des heures les compagnons d'Ortiz. La tension monte lorsque, utilisant des haut-parleurs branchés aux balcons du journal *Le Bled,* des officiers de l'action psychologique diffusent de la musique militaire et, au nom du général de Gaulle, conseillent aux Algérois de rentrer chez eux. Comme cette musique finit par couvrir la voix de ses orateurs, Ortiz se fâche.

— Allez dire à ces cons, ordonne-t-il à un de ses fidèles, que s'ils n'arrêtent pas tout de suite de nous emmerder avec leur musique et leurs mensonges, je les fais allumer au fusil-mitrailleur.

L'émissaire se faufile entre les paras du bouclage. La présence des armes braquées derrière les balcons de la Compagnie algérienne appuyant son propos, il n'a aucun mal à se faire entendre. Les airs martiaux et les appels à la reddition cessent.

Malgré les espoirs d'Auguste Arnould, Ortiz sait que le général Jouhaud ne ralliera pas le camp retranché. Quant au colonel Roger Trinquier, le capitaine Renaud vient en fin de journée annoncer qu'il est bien à Alger, mais seulement pour y rendre visite à un ami à l'article de la mort.

— Il a même refusé que je lui parle des barricades, regrette Renaud avant de prendre congé d'Ortiz.

La situation se dégrade dans le camp retranché malgré les encouragements de centaines de visiteurs qui, après avoir bousculé par endroits le bouclage, ont réussi à s'y engouffrer et d'où, entraînant avec eux de nombreux défaitistes, ils se retirent à l'approche de la nuit. Comme on quitte un zoo après une visite dominicale, ne peut s'empêcher d'ironiser Jacques Prévost.

Le calme est retombé sur le réduit noyé sous la pluie lorsque, à minuit, les colonels Broizat et Dufour viennent, au nom de Paul Delouvrier, précisent-ils à Ortiz qui les reçoit dans le local des U.T., traiter d'une reddition honorable. Si Jean-Jacques Susini, Lagaillarde, Auguste Arnould et le capitaine Forzy assistent à l'entretien, Pérez, lui, n'est pas là.

Broizat annonce que les paras de la 10ᵉ D.P. sont sur le point de quitter la ville et Dufour poursuit :

— Si vous acceptiez, vous, Ortiz, et vous, Lagaillarde, de vous tenir à la disposition du délégué général, nous vous conduirions à la prison militaire et aucune poursuite ne serait engagée contre vos compagnons.

Après ce préambule, le colonel de la Légion énonce les modalités de la reddition.

— Ceux qui désireront s'engager avec l'armée pourront sortir des barricades avec leurs armes et en ordre serré. Les honneurs militaires leur seront rendus. Et moi, Ortiz, je viendrai à votre rencontre et je vous serrerai la main. Je vous garantis aussi l'immunité judiciaire, sauf, bien sûr, pour ceux qui seraient plus tard convaincus d'avoir assassiné des gendarmes.

Lagaillarde se crispe. Dufour s'en aperçoit et ajoute :

— Mais je sais bien qu'il n'y en a aucun parmi vous.

Puis il précise :

— Quant à ceux de vos compagnons qui ne décideront pas d'aller combattre dans le djebel, ils devront laisser leurs armes dans le réduit et pourront rentrer chez eux sans être inquiétés.

Après avoir fixé à 10 heures du matin la reddition, Dufour menace :

— Au cas où vous n'accepteriez pas nos propositions honorables, eh bien, demain matin, moi, colonel Dufour, je prendrais la tête de mon régiment en colonne par six, décorations pendantes, les culasses de mes armes ouvertes, et je franchirais les barricades pour occuper le réduit ! Ainsi, Ortiz, si vous donniez l'ordre d'ouvrir le feu, c'est sur des soldats français désarmés que vos troupes tireraient.

Un long silence règne parmi les chefs insurgés que Dufour et Broizat fixent, conscients que le sort de l'Algérie française et celui de l'Armée est en train de se jouer. Lagaillarde tente de cacher ses larmes de rage derrière ses larges mains. Ortiz, lui, ne songe pas du tout à les dissimuler et Dufour porte l'estocade en déclarant :

— Messieurs, je vous ai parlé avec franchise, comme à des militaires. J'attends donc votre réponse de militaires.

Ni Lagaillarde, ni Ortiz ne bronchant, plus solennel encore, il ajoute :

— C'est bon, j'ai compris. Je vais de ce pas transmettre à Delouvrier votre acceptation des conditions que je vous ai proposées.

Après le départ des colonels, Lagaillarde retourne aux Facultés sans reparler de son intention de les faire sauter. Ortiz descend retrouver ses derniers fidèles devant l'immeuble de la Compagnie algérienne. Il leur exprime sa fierté d'avoir eu à les commander dans l'épreuve et il leur répète les propositions de Broizat et Dufour.

— Demain, conclut-il, nous franchirons ensemble la barricade Hernandez, la barricade de l'honneur. Puis, je vous quitterai, mes amis. Lagaillarde et moi nous allons être arrêtés. Je vous demande de rester fidèles à la ligne de conduite de notre F.N.F.

Ces hommes brisés, futurs cadres de l'O.A.S. pour la plupart, ont beau opposer à leur chef et ami qu'il faut poursuivre l'épreuve de force avec Paris, Ortiz ne croit plus au miracle.

— Non, mes amis, je vous dis que tout est fini, tranche-t-il. A demain...

\*

## — 15 —
## Une reddition honorable

La relève de la 10ᵉ D.P. est achevée à l'aube du lundi 31 janvier 1960. Des éléments du 9ᵉ R.C.P. campent devant les Facultés et leur chef, le colonel Bréchignac, héros de la Libération et de Diên Biên Phu, où il commandait le 2ᵉ bataillon du 1ᵉʳ R.C.P., est de mauvaise humeur. Lagaillarde venant lui demander de faire reculer ses hommes, il lui répond : « Vous commencez à nous faire chier, Lagaillarde ! Avec vos conneries, vous m'empêchez de courir après les fellaghas. »

De son côté, rendu confiant par la conversation qu'il a eue par téléphone à 4 heures avec lui, le colonel Dufour est sûr qu'Ortiz tiendra ses engagements, puisqu'il lui a demandé de repousser d'une heure la sortie de ses hommes.

A l'heure prévue, le ciel est redevenu bleu sur la ville silencieuse. Lagaillarde, mitraillette sur le ventre, un chèche passé autour du cou, béret rouge sans insigne vissé sur le crâne, avance vers la barricade Hernandez. Il précède la garde du drapeau d'une amicale parachutiste et ses cinq cents derniers fidèles suivent en colonne par deux.

## Chap. 15. – *Une reddition honorable*

Mais Ortiz, lui, n'est pas là. A la fin de la nuit, Marcel Ronda, Mᵉ Biaggi, son collègue député Colonna avec l'ex-élu du Finistère et ami de Jean-Marie Le Pen, Jean-Maurice Demarquet, lui ont en effet conseillé de prendre le large afin de préserver ses chances de reprendre le combat pour l'Algérie française. Il est donc sorti du réduit avec Biaggi, Colonna et Demarquet. Après avoir franchi la barricade opposée à celle de la Compagnie algérienne où personne ne veillait plus, le quatuor a été refoulé par des paras de Bréchignac qui, venant du bled, n'ont reconnu ni Ortiz, ni les députés. Passant par la rue Charras, les quatre hommes sont entrés dans un immeuble du boulevard Carnot, où Ortiz s'est réfugié chez un ami.

Le leader de l'Algérie française n'est pas seul à sortir des barricades avant l'heure fixée par les militaires. Jean-Paul Piclet, un Breton blond aux yeux verts, ingénieur des Travaux publics et officier-marinier de la territoriale dont les activités au sein d'un service de renseignement installé à l'Amirauté sous les ordres du lieutenant de vaisseau de réserve Pierre Galvin lui ont valu d'être condamné à mort par le F.L.N., se prépare lui aussi à abandonner la barricade qu'il tient encore avec quelques anciens marins à l'angle de la rue Charras, en face du lycée de jeunes filles Delacroix.

Après trois ans de Marine, Jean-Paul Piclet a suivi l'école d'ingénieurs d'Alger avant d'être rappelé en 1956 à la demi-brigade de fusiliers marins. Ayant sous ses ordres quatre centaines d'employés, il travaille à la S.O.D.E.T.E.P, une compagnie de travaux publics, et s'il a refusé d'attendre l'heure de la reddition, c'est parce que, chez les Piclet, on ne se rend pas. Son grand-père était officier de fusiliers marins lors de la Grande Guerre et son père, résistant, a été fusillé le 4 août 1944 à Châteauneuf-du-Faou par des Allemands en déroute. Décidé à continuer le combat pour l'Algérie française sans être fiché, il sort de sa barricade afin de reconnaître vers le carrefour de l'Agha l'avancement de la relève des paras. Il tombe sur une patrouille de légionnaires dont le chef, lui reprochant d'avoir tiré sur des soldats venus risquer leur vie pour les Pieds-noirs, lui arrache son béret vert.

La réaction brutale de Piclet voulant récupérer son bien attire l'attention d'un lieutenant qui l'entraîne à l'écart et lui conseille de filer par le boulevard Baudin qui n'est pas encore tout à fait barré par les unités de relève.

Pendant que le marin disparaît nu-tête, Lagaillarde, ignorant le départ d'Ortiz, se plie au cérémonial imposé par les colonels. A gauche de son drapeau marche un petit territorial manchot, casqué et engoncé dans une capote ornée de la médaille militaire portée en pendant et de cinq rangées de barrettes de décorations. Les paras de Dufour, au garde-à-vous tout le long du boulevard Laferrière, canalisent les vaincus qui, après avoir franchi la barricade Hernandez, se dirigent vers une file de camions. Jean-

Maurice Demarquet, après avoir accompagné Ortiz jusqu'à sa première cachette, est revenu se mêler à ces hommes qui, sauf les vétérans d'âge trop avancé et les infirmes comme le petit homme casqué, sont décidés à rejoindre l'Armée.

Seuls les premiers rangs des insurgés acclamés par la foule massée derrière les paras gardent une attitude militaire. Les autres les suivent en désordre dans leurs uniformes disparates et peu d'entre eux songent à mêler leur voix à *La Marseillaise* hurlée par leurs concitoyens en larmes lorsqu'elle éclate après des litanies d'« Algérie française ».

Lagaillarde salue le colonel Dufour et le fanion de la compagnie qui fait barrage à la foule. Puis il fait monter ses compagnons dans les camions qui les mèneront à Zéralda. Ses amis Sultana, Mentzer et Aoustin, qui n'ont pas voulu participer au cérémonial, l'ayant rejoint, malgré les larmes qui embuent son regard fiévreux, il adresse un sourire las à chacun d'eux. Lorsque le dernier insurgé est assis sur sa banquette de camion bâché, il murmure : « C'est bien », remet sa mitraillette à un para, serre les mains de quelques officiers et monte dans une voiture qui prend la direction de Maison-Blanche, où un avion l'attend pour le mener à Paris, vers la prison.

A l'heure où Lagaillarde se retrouve enfermé à la 2$^e$ division de la Santé, le quartier des condamnés à mort, Ortiz a déjà changé de refuge et, à bout de forces, il accepte qu'un médecin lui administre une piqûre qui l'endort.

Sitôt la fin des barricades, le colonel Broizat a reconduit ses compagnies en Kabylie, où les opérations *Jumelles* se poursuivent. Les légionnaires de Dufour ont retrouvé leur base de Zéralda et les bérets rouges de Bonnigal sont repartis en opération dans le Constantinois.

Un tract intitulé « Ordre du jour n° 1 des Patriotes » circule dans la ville matée. Ses auteurs, membres du F.N.F., proclament que « L'heure n'est pas au désespoir, mais à la résolution ! », que le combat n'est pas terminé et que le « sursaut du 24 janvier » a sauvé l'Algérie française. Affirmant que leur cause était juste, ils se félicitent que l'armée « l'a si bien comprise, qu'elle s'est refusée à un nouveau Budapest » et de ce que les Musulmans ne se soient pas engagés « dans la guerre civile à laquelle on les conviait ». Estimant que l'armée ne doit pas être accusée de trahison, même si elle n'a pas voulu tenir tête au gouvernement en proclamant l'Algérie à jamais française, les auteurs du tract avertissent : « Si le pouvoir est sage, s'il sait tirer la leçon des événements, s'il est capable de sérénité et de grandeur, alors tout peut être sauvé. » Puis ils menacent : « Mais si, pour le malheur de la patrie, il cherche à tirer une vengeance implacable de ce coup d'arrêt qui lui a été imposé, alors, patriotes, le moment viendra bientôt de reprendre la lutte, aux côtés d'une armée désormais vigilante qui nous comprend et nous aime. »

Jean-Jacques Susini n'a pas poussé Ortiz à tenir tête plus longtemps aux forces de l'ordre parce qu'il s'est rendu compte que les insurgés ne possédaient plus assez de munitions pour engager un combat sérieux et que la lutte inégale ne pourrait se terminer que par un massacre. Mais sa conception de l'honneur ne l'a pas incité à participer au défilé proposé par le colonel Dufour. Comme le D$^r$ Pérez et Marcel Ronda, il s'est laissé appréhender à l'écart du rituel, parmi la foule des Algérois rameutée par le F.N.F., mais trop abattue pour hurler encore sa colère.

Philippe Castille, bien que ses compagnons libérés en même temps que lui aient préféré aller achever leur peine à la prison de Barberousse, choisit comme Michel Féchoz la clandestinité. Quant à l'aspirant Michel Labbé, il a repris sa place au 1$^{er}$ R.C.P. avec la bénédiction de Broizat. Jacques Prévost a suivi les hommes de Lagaillarde, et, comme Jean-Jacques Susini, Pierre Sultana, Alain Mentzer et tous les autres, il a signé à Zéralda un engagement au titre de supplétif de la Légion étrangère dans une nouvelle unité baptisée commando *Alcazar*.

Si quatre à cinq cents hommes sont sortis des barricades, ils n'étaient plus que la moitié deux jours plus tard, puis guère plus d'une centaine lorsque le moment est venu de rejoindre, sous les ordres du capitaine Guy Forzy, le 2$^e$ R.E.P. du lieutenant-colonel Lefort à Taher, dans la région de Djidjelli.

Des cantonniers enlèvent au cœur d'Alger les traces des barricades et goudronnent les rues là où elles ont été dépavées, lorsqu'un profond remaniement agite l'armée et le gouvernement.

Le général de Beaufort quitte le cabinet militaire de l'Elysée. Pierre Guillaumat perd son portefeuille de ministre de la Défense. C'est Pierre Messmer, gaulliste de juin 40, ancien de Bir-Hakeim, gouverneur général des Colonies, compagnon de la Libération et lieutenant-colonel de réserve, qui le remplace le 6 février 1960 après avoir été rappelé d'Algérie, où il effectuait dans le Constantinois une période de réserve volontaire au 8$^e$ régiment de parachutistes de l'Infanterie de Marine, sous les ordres du lieutenant-colonel de Seguin-Pazzis. Les généraux Faure, Gracieux et Mirambeau, taxés de mollesse face aux insurgé, quittent l'Algérie. Argoud est muté à Montpellier, Broizat affecté à Châlons-sur-Marne et Godard, avant de rejoindre sa nouvelle garnison à Nevers, a remis la direction de la Sûreté nationale au préfet Jacques Aubert.

Le successeur de Godard a servi à Constantine et à la préfecture de Police de Paris sous les ordres de Maurice Papon. Il réunit à la Délégation générale les responsables des services de renseignement. Après les avoir avertis que l'Algérie française perdrait tout crédit devant l'opinion métropolitaine si de nouvelles barricades réapparaissaient à Alger, il annonce qu'il attend d'eux qu'ils lui fassent part du moindre indice de révolte. Si aucun officier ne bronche, le colonel Jacquin s'insurge :

— Nos services n'ont pas pour vocation d'espionner les mouvements politiques qui n'ont pas l'intention de porter atteinte à l'intégrité du territoire national ! Ne comptez pas sur moi. Je n'ai d'ailleurs pas les moyens de me battre sur deux fronts.

Ayant précisé qu'il ne se souciera que de la rébellion F.L.N. et de ceux qui lui portent assistance, Jacquin ironise :

— Quant aux provocateurs, monsieur le directeur de la Sûreté, la police connaît très bien ceux que Paris envoie actuellement en Algérie.

Jacques Aubert est très au fait du renseignement militaire. Ne tenant pas à braquer le patron du B.E.L., il le rattrape à la fin de la réunion et, d'une voix aussi cassée que celle de François Mauriac, il lui confie qu'il ne doutait pas de sa réaction. Avant de le laisser partir, il lui conseille de se tenir sur ses gardes en arguant que des personnalités parisiennes ont décidé de l'éliminer et que, même dans son entourage, certains officiers n'hésiteront pas à le trahir.

Le capitaine Filippi a été expédié en métropole. Cette mise à l'écart est la seule sanction que lui attire sa présence auprès d'Ortiz durant l'insurrection, et une promotion au grade de chef de bataillon lui a même été signifiée le 8 février.

A la veille du jour où Pierre Messmer allait prendre ses fonctions, le général de Gaulle recevait Jacques Soustelle à l'Elysée. Une fois assis à son bureau, il lui a asséné :

— Je vais vous demander de quitter le gouvernement. Vous n'êtes pas d'accord avec moi sur la politique algérienne ; il faut donc que vous partiez.

Soustelle, ayant déjà décidé de partir, lui a répondu du tac au tac :

— Je regrette que vous n'ayez pas attendu le 18 juin ; cela aurait alors fait tout juste vingt ans que je répondais à votre appel !

Sans se soucier de l'agacement de son hôte, il lui a rappelé qu'il n'était pour rien dans les événements d'Alger et, comme de Gaulle reconnaissait que c'était « parfaitement exact », il a ajouté :

— Mon général, je redoute que votre politique algérienne ne puisse aboutir à rien, qu'elle ne conduise pas à la paix, et qu'au contraire la situation en Algérie n'aille en s'aggravant au cours des mois à venir.

Le Général l'a coupé d'un ton sec :

— On ne fait pas de la politique avec des appréhensions.

A ces mots, Soustelle n'a pas attendu que le président lui donne congé. Quand il a marché vers la porte, de Gaulle l'a suivi et, tout juste avant de le quitter, il a lâché, ému :

— Les situations peuvent changer, et alors qui sait si nous ne nous retrouverons pas ?

Assailli par les journalistes, Jacques Soustelle, à la fois démissionnaire et remercié, fait cette déclaration :

— 19 ans, 7 mois et 18 jours après la date où j'ai répondu à l'appel du général de Gaulle, 1 an 8 mois et 23 jours après le 13 mai 1958, je suis exclu du gouvernement aux applaudissements de ceux qui ne m'ont

## Chap. 15. – *Une reddition honorable*

jamais pardonné la part que j'ai prise dans la fondation du nouveau régime.

Après avoir fait le bilan de ses actions au Sahara et rappelé qu'il n'a aucune responsabilité dans les barricades, il affirme :

— Ainsi, l'exclusion dont je suis l'objet n'a d'autres motifs que l'attachement que je prétends garder envers et contre tout à la cause de l'Algérie française. Sur ce point rien ni personne ne fera fléchir ma conviction. Je ne puis qu'obéir à ma conscience.

Il avance aussi que :

— Rien ne sera fait qui vaille en Algérie, tant que les rigueurs de la loi républicaine ne se seront pas abattues sur les communistes et les défaitistes, complices du F.L.N., dont l'impunité a poussé au désespoir les malheureuses victimes du terrorisme et dont les insultes démoralisent l'armée.

Après avoir estimé qu'il serait dangereux d'entamer une répression contre des « Français, même égarés, tandis que les terroristes, coupables de crimes affreux seraient épargnés », Soustelle rappelle que la France n'a qu'un seul ennemi en Algérie : le fellagha !

Dans quelques mois, cette intransigeance poussera Soustelle à se joindre à un nouveau Conseil national de Résistance présidé comme celui de 1943 par Georges Bidault. Constantin Melnik me révélera quarante ans après ce divorce le paradoxe suivant : lorsque l'O.A.S. était au faîte de sa puissance, Soustelle avait accepté, au cours d'une réunion du C.N.R. tenue à Milan en présence, entre autres, du colonel Argoud, l'éventualité de faire abattre de Gaulle. Dans le même temps, le Général s'inquiétait de lui auprès du colonel André Dewavrin – connu des Français sous le pseudonyme de Passy – et lui demandait de lui faire parvenir, s'il en était besoin, de l'argent en Italie.

Pendant qu'Ortiz, que les policiers et les gendarmes croient déjà à l'étranger, allant de cache en cache, organise la survie du F.N.F. désormais hors la loi et embryon de la future O.A.S., Michel Debré dispose depuis le 4 février 1960 de pouvoirs spéciaux que l'Assemblée nationale lui a confiés par 441 voix contre 75. Il pourra prendre seul désormais toute mesure destinée à assurer la « sauvegarde de l'Etat, la pacification et l'administration de l'Algérie ».

Le général Chassin arrivait à Marseille lorsque Philipe de Massey qui, en attendant la navette de Marignane, discutait avec le directeur de l'agence marseillaise d'Air Algérie, a appris la chute des barricades. Conscient d'avoir perdu sa seule chance de récupérer des conducteurs pour les chars du commandant Gravelines, Massey a laissé Chassin regagner Paris et il est resté à Marseille avec Louis de Charbonnières. Remonté à Paris après un bref coup de fil à l'une de ses collaboratrices, Mlle Porier, qui l'a mis en garde à mots couverts, craignant d'être arrêté dans l'appartement qu'il vient d'acheter à Boulogne et qui n'est pas encore aménagé, il passe la nuit dans une chambre de bonne prêtée par l'avocat Charles Robaglia.

Des policiers ont saisi à Lille chez un ami de Massey des documents concernant le gouvernement de salut public dont il rêvait. Maintenant au courant des chars de Douai, ils savent presque tout du plan qui lui aurait permis de s'emparer de la préfecture de Lille, de l'émetteur de la R.T.F. et de quelques bâtiments publics. Après avoir également découvert une liste qui ne représentait en fait que la banale recension de militants monarchistes établie à partir de bottins mondains et de bulletins d'associations, les policiers ont effectué d'autres perquisitions et découvert par-ci par-là quelques armes. Forts de ces premiers résultats, ils obtiennent l'autorisation exceptionnelle de fouiner dans les bureaux du S.D.E.C.E.

Furieux dès qu'il apprend cette initiative unique dans l'histoire de ses services, le général Grossin reçoit lui-même les policiers à la caserne Mortier. Revêtu de son uniforme et porteur de ses décorations, il exige d'assister à la fouille des dossiers du colonel Leroy-Finville et du commandant Lenoir.

Ayant échappé à l'arrestation, Philippe de Massey décide de se réfugier en Suisse. Avant de partir, il reçoit chez le commandant Lenoir le journaliste Robert Cario, de *L'Aurore,* devant qui il feint de s'étonner d'être recherché, puisque les accusations dont on l'accable sont fantaisistes. Surtout le trafic d'armes prétexté par les policiers, qui n'est motivé que par la découverte de quelques vieilles pétoires, comme le pistolet d'ordonnance du contrôleur général à la retraite Bourdoncle de Saint-Salvy. Massey reconnaît seulement son engagement pour l'Algérie française dans le cadre des activités légales de l'A.C.U.F. qui, précise-t-il, compte tout de même parmi ses membres des personnalités comme le général Salan et l'amiral Philippe Auboyneau, le Français libre de la première heure qui a succédé à l'amiral Muselier à la tête des Forces navales françaises libres le 4 mars 1942.

Après cet entretien, avec l'aide d'un Corse, propriétaire à Pigalle du Petit Noailles, Massey passe en Suisse, où ses correspondants du S.D.E.C.E. lui ont procuré un poste administratif dans une firme d'armement. Son ami Gignac, lui, n'a pas eu la même chance. Au soir du 30 janvier 1960, il a été, comme en mai 1958, appréhendé au cours d'une perquisition que les policiers venaient effectuer à son domicile.

**Troisième partie**

# LES COMPLOTS DES COLONELS

— 16 —
## L'homme de Salan à la P.J.

L'agitation provoquée dans le nord de la France par Philippe de Massey et ses amis finit par prendre de belles proportions. La presse la présente maintenant comme « l'Affaire de Lille », un complot tentaculaire qui menaçait la République.

Des rafles visant des organisations de droite et d'extrême droite, Robert Magnin, le doyen des juges d'instruction de la Seine, signe les mandats de dépôt de Nicole Dion, une secrétaire de Massey âgée de dix-neuf ans, et de Guy Didier, un de ses collaborateurs à Douai, l'une et l'autre suspectés d'atteinte à la sûreté intérieure de l'Etat.

Après Yves Gignac, le contrôleur général Bourdoncle de Saint-Salvy, Valère della Rocca, son frère Antoine et le général Touzet du Vigier, président de la Fédération des amicales régimentaires, ont rejoint la 1re brigade territoriale, rue du Faubourg-Saint-Honoré, avec le général Chassin arrêté à son retour de Marseille. Mais, devant le manque de charges sérieuses, le doyen Magnin les a vite remis en liberté.

Quant au Dr Martin, cible favorite de la police lorsqu'il y a rumeur de complot antirépublicain, il a disparu après sa rencontre avec Salan.

Têtus, des policiers s'imposent à nouveau chez Yves Gignac au petit matin du dimanche 7 février 1960.

— Mais, s'étonne celui-ci sans forcer sa voix douce à peine teintée d'un soupçon d'accent bordelais, vos collègues ont déjà tout chamboulé chez moi sans rien trouver.

L'inspecteur Martinez lui explique tout aussi calmement qu'il n'appartient pas au même service que ses précédents visiteurs et, la fouille vaine terminée, il le prie de le suivre au siège de sa brigade.

— Ce ne sera pas long, juste une formalité, précise-t-il en l'installant dans sa voiture.

Gignac se retrouve à la direction de la P.J. au 11, rue des Saussaies. Dimanche obligeant, le calme règne dans les bureaux contigus du ministère de l'Intérieur, dont Pierre Chatenet détient le portefeuille depuis le 28 mai 1959.

Alors qu'il espérait être aussitôt libéré, Yves Gignac est gardé rue des Saussaies en attendant l'arrivée du fonctionnaire qui lui fera signer son procès-verbal de perquisition. Mais les heures passent sans que nul s'intéresse à lui et ce n'est qu'en fin de journée que les inspecteurs Jacques Delarue et Jean Pouzol, faussement navrés, lui expliquent qu'il est trop tard pour le libérer et qu'il doit passer la nuit à la P.J.

Au matin du lundi 8 février, les inspecteurs Delarue et Pouzol reviennent dans le bureau où Gignac a dormi. L'inspecteur des R.G. Riffet qui les accompagne le conduit au bureau de l'anthropométrie et le ramène après lui avoir fait subir le rituel de l'identification judiciaire. Delarue, faisant signe à Riffet et Pouzol de sortir du local, commence son interrogatoire.

L'inspecteur Jacques Delarue n'est guère plus grand que son patient. L'Algérie lui tient à cœur. Il y a enquêté en 1957 avec l'inspecteur Pouzol sur les agissement de militants de l'O.R.A.F. qui passaient à tabac des agents du F.L.N. à la villa les Sources louée par Georges Watin. Avec l'aide de policiers algérois, il avait alors confondu les Watin, Joly, Kovacs et quelques autres prosélytes de l'antiterrorisme illégal. Revenu à Paris avec le sentiment du devoir accompli, il a déchanté. Malgré les armes et les explosifs récupérés avec l'aide des paras de Bigeard, le dossier des activistes algérois a en effet été confié à la justice militaire par François Mitterrand, garde des Sceaux et ministre de la Justice du gouvernement de Guy Mollet.

Jacques Delarue sait qu'Yves Gignac connaît le D$^r$ Martin, qu'il a retrouvé en 1957 mêlé de loin au contre-terrorisme. Persuadé de la réalité d'un complot antirépublicain, il ne tient pas à gâcher la moindre chance d'en démêler les fils. Aussi patient que rusé, il ne brusque pas le secrétaire général de l'A.C.U.F. en lui parlant de Chassin et de Salan, du général Massu, de Cherrière, de Martel, de Lagaillarde, du Belge Pierre Joly, de Jean-Baptiste Biaggi, du colonel Thomazo, d'Ortiz, bien entendu, du très gaulliste Alexandre Sanguinetti – qu'il sait son intime –, de Jacques Soustelle, de Roger Frey et d'autres acteurs des derniers événements d'Alger.

Les heures passent vite à parler ainsi de tout et de rien. Delarue feint soudain de s'apercevoir que celle du déjeuner est arrivée. Il invite Gignac au Santa Maria, un petit établissement de la rue des Saussaies qui fait florès grâce à la clientèle policière. Devant une bouteille de bordeaux de belle tenue, mine de rien, il continue son interrogatoire avec l'espoir qu'après sa nuit inconfortable, l'ambiance du restaurant sera propice aux confidences de son convive.

Après ce repas qui n'a pas fait avancer ses affaires, Delarue poursuit l'interrogatoire dans son bureau et il prolonge de vingt-quatre heures la garde à vue de Gignac.

Le tête-à-tête stérile reprend au matin du mardi 9 février. L'inspecteur

Delarue trahit parfois son agacement dans la pièce en travaux où il mène l'interrogatoire. Au bout de quelques heures crispantes, il annonce :

— Jouons cartes sur table, Gignac. Nous sommes en possession de documents et de témoignages qui vous font apparaître comme un élément essentiel, sinon le chef du complot ourdi en métropole en liaison avec Alger dans le but de renverser le régime et, peut-être même, d'attenter à la vie du chef de l'Etat.

Gignac, lui tenant encore tête malgré la fatigue, il menace :

— Tout ça vous vaudra sans doute une condamnation de détention à perpétuité.

Puis il se radoucit pour ajouter :

— Vous devinez sans doute que j'ai de l'estime pour vous. Je vous considère comme un patriote sincère, courageux et désintéressé. Je suis d'ailleurs convaincu que vous avez agi selon les ordres des véritables patrons de l'affaire. Je vous en cite deux : Salan et Chassin. Mais il y en a d'autres, bien entendu. Et vous les connaissez. Ils ont abusé de votre bonne foi.

Comme Gignac ne bronche toujours pas, il poursuit :

— Ces gens-là sont à l'abri derrière leurs fonctions et leurs titres. Comme toujours en pareil cas, ils vont vous laisser tomber. C'est vous qui paierez, les petits, comme votre copain Massey qui a senti le vent venir et qui a foutu le camp.

Gignac hausse à peine les sourcils à l'évocation de son représentant dans le Nord qui, bien malgré lui, est à l'origine de la vague d'arrestations.

— Je vous dis, enchaîne Delarue, que vous allez payer les pots cassés, Gignac. Pensez à votre femme, à vos enfants. Dites-moi la vérité. Pour votre bien, je vous en conjure, n'ayez pas de scrupules, ceux que vous vous entêtez à protéger n'en ont pas à votre égard.

Après un long silence, patelin, le policier va plus loin.

— Nous sommes seuls, tous les deux. Tenez, Gignac, pour limiter vos scrupules, tenons-nous-en au général Salan. Il a suffisamment mauvaise réputation, même dans l'armée, et tout le monde sait qu'il est votre patron, que vous êtes son homme, son fidèle. Je vous en prie, tant qu'il en est encore temps, libérez votre conscience.

Le conseil tombe à plat et la journée s'écoule au rythme des questions insidieuses et de quelques menaces imprécises. A la nuit, Delarue renonce à tirer quoi que ce soit de son client toujours aussi calme, presque goguenard même. Il le ramène dans le bureau où ses compagnons attendaient le résultat de ses efforts.

Le dircteur de la P.J., Michel Hacq, est furieux. Il ordonne d'expédier le prisonnier au dépôt, où il passera la nuit avant de rejoindre la prison. Inculpé d'atteinte à la sûreté intérieure de l'Etat, Gignac est conduit au rez-de-chaussée de la 2$^e$ division de la Santé où se trouve déjà Pierre Lagaillarde, et la porte de la cellule 28 se referme sur lui.

Les policiers d'Alger ne chôment pas non plus. Grâce aux observations faites par leurs collègues des R.G. durant l'insurrection et à l'aide de gendarmes qui ont participé à la charge du 24 janvier, ils arrêtent plus de soixante suspects, pour la plupart membres du F.N.F.

Le commissaire Jean Fachot ayant pris ses fonctions au commissariat central d'Alger et Jacques Aubert les siennes à la tête de la Sûreté, Robert Schmelck, le nouveau procureur général de la République, va être officiellement installé au Palais de Justice pris dans un carré borné par les rues Colonna d'Ornano, de Strasbourg, de la Liberté et du Canton-de-Vaux.

Si Challe s'est fait représenter à la cérémonie par le général Dudognon, le général Crépin et l'amiral Auboyneau y assistent auprès de Mgr Léon Etienne Duval, du grand rabbin David Askenazi, du pasteur André Chatonney et du grand muphti Boubakeur drapé dans un burnous blanc. Edmond Michelet, ministre de la Justice, est venu participer au rituel républicain. Il se tient au premier rang des magistrats en robes rouges rehaussées d'hermine. Si les avocats d'Alger ne sont pas là, c'est qu'ils ont avisé le garde des Sceaux qu'ils ont voté l'abstention par quinze voix contre six dans l'intention de protester contre leur bâtonnier qui, alors que la règle l'exigeait, ne les a pas avisés de l'inculpation de leurs collègues Jacques Laquière et Jean Trape, en fuite depuis la chute des barricades.

Soucieux de calmer les esprits, Robert Schmelck, qui a une allure de jeune homme mais le regard d'acier, après les politesses et les banalités d'usage, parle des barricades en annonçant que ceux qui en ont été les promoteurs et les meneurs seront durement châtiés mais que la « piétaille » n'a pas à craindre ses foudres.

Les engagements des colonels Broizat et Dufour n'ayant pas tenu devant la répression organisée de Paris, la promesse du nouveau procureur, si elle rassure quelque peu les Algérois, n'empêche pas Yves Gignac et Lagaillarde d'être rejoints à la Santé par la plupart des responsables des barricades.

Le commando *Alcazar* grenouillait depuis le début du mois de février avec le 2$^e$ R.E.P. dans le djebel, lorsque le colonel Dufour est venu annoncer à Susini et ses compagnons qu'ils devaient se tenir à la disposition de la justice. Le capitaine Forzy, qui n'a pas été inculpé, ayant menacé de faire un coup d'éclat, le patron du 1$^{er}$ R.E.P. lui a expliqué que cela ne servirait pas l'Algérie française.

Forzy ayant renoncé à son projet, Dufour ramène lui-même à Alger le D$^r$ Pérez, Jean-Jacques Susini, Serge Jourdes et le capitaine Ronda. Avant de les conduire à Maison-Blanche, où un avion les attend, il les emmène déjeuner à Zéralda au mess de son régiment. Susini rencontre le lieutenant Roger Degueldre, un grand Nordiste très brun qui ne lui cache rien de ses sentiments Algérie française, ni de sa détermination à s'opposer bientôt, même par les armes, à son abandon.

Outre celui de Jean-Jacques Susini, le plus jeune inculpé dans cette affaire, des trois autres accusés du commando *Alcazar*, et ceux de Pierre

Lagaillarde et de Mᵉ Biaggi, arrêté dans des conditions de flagrant délit qu'il estime illégales, le ministre de la Justice Edmond Michelet a obtenu le renvoi devant le Tribunal permanent des forces armées, le T.P.F.A. qui siège à Paris, de Victor Sapin-Lignières, d'Auguste Arnould, de Jean-Maurice Demarquet, Fernand Féral, Bernard Lefèvre, Marcel Rambert et Jean-Marie Sanne, ancien chef de cabinet de Massu devenu professeur de philosophie, d'Alain de Sérigny et du professeur de médecine Pierre Michaux. Sa condition d'officier d'active n'a pas empêché le colonel Jean Gardes d'être lui aussi l'invité du directeur de la Santé.

Jacques Laquière, Robert Martel, Jean Méningaud et Joseph Ortiz, eux, seront jugés par contumace. Ortiz est accusé de tentative d'homicide volontaire avec préméditation et de complicité de tentative d'homicide volontaire. Ses compagnons enfermés à la Santé sont convaincus d'atteinte à la sûreté intérieure de l'Etat pour avoir « à Alger, du 24 janvier au 1ᵉʳ février 1960, en tout cas sur l'étendue du territoire national et depuis temps non prescrits, en qualité de coauteurs, commis des attentats dont le but était : *a*) de détruire ou de changer le Gouvernement, *b*) d'exciter les citoyens ou habitants à s'armer contre l'autorité constitutionnelle ».

Le lieutenant de réserve Serge Jourdes, chef de service à l'Electricité-Gaz d'Algérie, qui était dans les barricades l'adjoint officiel de Marcel Ronda, et Marcel Rambert sont, comme Ronda lui-même, en plus des mêmes délits, accusés d'avoir « occupé illégalement des édifices publics ». Et Marcel Ronda écope d'un supplément d'accusation pour « avoir exercé dès le 25 janvier 1960 le commandement de plusieurs barricades ».

Alain de Sérigny, qui chaque jour après la sortie matinale de son *Echo d'Alger* est venu visiter les insurgés, a droit lui aussi à son supplément de charges car il lui est reproché d'« avoir menacé l'autorité de l'Etat en aidant ou assistant avec connaissance les auteurs de ces attentats dans les faits qui les ont préparés ou facilités, ou dans ceux qui les ont consommés ».

Derrière Mᵉ Charpentier, bâtonnier du barreau de Paris, la défense des prisonniers s'organise avec Mᵉˢ Goutermanoff, Kalflèche, Longchamp, Bozzo, Philippi, Lainne, Caporal, tous venus d'Alger, et Engrand, Chadirat, Gallot, Macaigne, Vignoles, Tardif, Rambaud, Loyrette, de Richemont, Palmieri, l'oncle de Jean-Jacques Susini, Négroni du barreau de Paris, auquel appartiennent aussi Mᵉˢ Le Corroller et Isorni, qui fut en juillet 1945 le défenseur du maréchal Pétain. Mᵉ Jean-Louis Tixier-Vignancour fait aussi partie de la défense. Ce Béarnais aux cheveux en brosse était député en 1958. Il fut alors l'un des rares élus de droite à refuser sa voix au général de Gaulle et cette attitude lui a valu de perdre son mandat lors des législatives de novembre 1958 qui avaient entériné le triomphe des gaullistes. Et cette opposition à de Gaulle lui interdira en 1962 de se rendre à l'Elysée présenter les recours en grâce des condamnés à mort de l'O.A.S.

Ce trio d'avocats de choc – ainsi qu'ils le feront en 1962 et 1963 lorsqu'il s'agira de défendre Jouhaud, Salan et les conjurés du Petit-Clamart – espère engager devant le Tribunal permanent des forces armées le procès du général de Gaulle et de sa politique algérienne.

L'armée d'Algérie n'est pas seule à subir des remaniements. En même temps que le procureur général Rocca, MM. Guillet et Toruja, patron du commissariat central et directeur des informations de la télévision, ont eux aussi été rappelés en métropole.

Le 11 février 1960, près de vingt-cinq mille agriculteurs du nord de la France envahissent Amiens. Leur mouvement revendicatif, repoussé pour laisser le champ libre aux insurgés d'Alger, tourne à l'émeute. Des hommes en colère se collettent avec une rare violence aux C.R.S. rangés devant la préfecture. Et beaucoup de ces assaillants, excités par les militants de Gignac et Massey, vocifèrent des slogans aussi favorables à l'Algérie française qu'insultants pour le général de Gaulle.

A Alger, deux jours après cette manifestation, les partisans de l'ex-F.N.F. encore sous le choc de la chute des barricades ne songent pas à applaudir la première explosion nucléaire à Reggane. Le général de Gaulle, lui, adresse au général Charles Ailleret, responsable de la base d'essais, le message suivant : « Hourra pour la France. Depuis ce matin elle est plus forte et plus fière. Du fond du cœur, merci à vous et à ceux qui ont remporté ce magnifique succès ! »

La France entrant ainsi dans le groupe fermé des nations nucléaires, les activistes algérois songent que ce n'est pas le seul fait du hasard si les cinq généraux dont dépend désormais le sort de l'Algérie française sont compagnons de la Libération. Le général Crépin, qui a donné durant les barricades toute la mesure de sa fidélité à de Gaulle, et Adolphe Vézinet, son adjoint au corps d'armée d'Alger, le sont depuis juin 1943, comme le général Bernard Saint-Hillier, nouveau patron de la 10e D.P. Le général Simon qui, avec Pierre Messmer, s'est évadé en juin 1940 de Marseille en détournant sur Gibraltar un cargo italien chargé de matières premières de grande valeur, lui, l'est depuis juin 1941.

Tout compagnon de la Libération qu'il soit également, Pierre Messmer n'a pas seulement choisi des gaullistes historiques pour commander l'armée dont il tient à reconsolider l'unité. Bien que ce dernier soit loin d'être un de ses thuriféraires, il a arraché à de Gaulle la nomination du général Le Pulloch au poste de chef d'état-major des Armées.

Après le limogeage de Gardes, Pierre Messmer s'est empressé de dissoudre les 5e bureaux et, afin de garder la haute main sur le moral des troupes en Algérie, il a fait rapatrier à Paris la rédaction du *Bled* et l'a assujettie directement à son cabinet.

Pendant que l'armée change peu à peu de commandement, la résistance de l'Algérie française se réorganise à Alger. Philippe Castille, *alias* Jacques Berthier grâce à des papiers fournis par un militant du F.N.F. de la Préfecture, s'est réfugié chez son ami Claude Piegts. Ce jeune homme de vingt-cinq ans à large mâchoire, lèvres fines et cou de taureau qui exploite avec son frère Roger un commerce de limonade en gros et un portefeuille d'assurances à Castiglione sera fusillé en juin 1962 pour un crime perpétré au nom de l'O.A.S. L'homme du bazooka attend pour quitter sa retraite que les policiers et les gendarmes d'Alger mettent un bémol à la traque des militants du F.N.F. repérés dans les barricades par leurs collègues des Renseignements généraux. Joseph Ortiz envisage de quitter Alger en bateau et Jacques Prévost a rejoint avec le reste des volontaires des barricades les djebels de la frontière tunisienne.

La complexité de l'affaire des barricades autorise les dirigeants du F.N.F. devenu depuis son interdiction le creuset de l'O.A.S. à imaginer que, malgré la hâte du gouvernement, le procès des emprisonnés à Paris ne se déroulera pas avant des mois. D'ici là, espèrent les plus combatifs d'entre eux, une nouvelle occasion de se dresser contre Paris surgira peut-être.

Si peu occupés dans leurs nouvelles garnisons, les colonels Broizat et Argoud auront tout loisir de se rendre à Paris. Ils y rencontreront à l'Ecole militaire où il dirige les études sur l'action psychologique leur homologue en grade Charles Lacheroy, le créateur du Service d'action psychologique et d'information, le S.A.P.I. maintenant dissous. Sans avoir besoin de se dissimuler, ils ébaucheront avec lui les grandes lignes d'une fronde qui mènera à un putsch en avril 1961, puis à l'O.A.S. De manière étrange, ces manœuvres passeront toujours inaperçues bien que Pierre Messmer ait pourtant obtenu du général Caillaux l'attribution de quelques lignes d'écoutes téléphoniques dépendant du Groupement interministériel de contrôle.

\*

— 17 —

## Les Hongrois du général Chassin

Après avoir dissous en Algérie le F.N.F., le M.P. 13 et tous les groupements du Comité d'entente des mouvements nationaux, le gouvernement s'en prend en métropole aux organismes favorables à l'Algérie française.

Bien qu'elle soit une organisation patriotique réunissant des centaines d'hommes qui ont combattu les nazis, l'A.C.U.F. se retrouve mêlée dans l'anathème à la Phalange française, un groupuscule formé d'anciens nazis et de néo-nazis, et au Front national des combattants, créé en juillet 1957 par Jean-Marie Le Pen et Jean-Maurice Demarquet après leur rupture avec Pierre Poujade et lui aussi menacé de dissolution.

Jean-Marie Le Pen a d'ailleurs été retenu par la P.J. du jeudi 28 au samedi 30 janvier. Sitôt libéré, il a écrit au président de l'Assemblée nationale pour protester contre cette détention selon lui illégale. Le mouvement de la Restauration nationale, animé par Olivier de Roux, dont le dessein est de défendre l'Occident chrétien contre le « communisme athée et matérialiste », est aussi sur la liste rouge des Renseignements généraux. Ce groupuscule a des liens étroits avec le Centre d'études supérieures de psychologie sociale, le C.E.S.P.S. animé par Georges Sauge, un quadragénaire ancien des Jeunesses communistes. Jeune Nation, l'organisation ouvertement déclarée fasciste dont les statuts ont été déposés en 1950 mais qui s'est manifestée pour la première fois en public le 11 novembre 1955, est d'autant plus visée que trois de ses dirigeants, François Sidos, Jean Malardier et Dominique Venner, sont recherchés par la police.

Ces actions, selon l'habituelle technique policière du coup de pied dans la fourmilière, ont été menées par Emile Vié, le patron des R.G., qui prend ainsi une revanche sur mai 1958. En ce temps-là, oubliant ses nombreux amis partisans de l'Algérie française, l'actuel directeur des R.G. avait en effet ordonné d'arrêter tous les comploteurs parisiens repérés par ses services, y compris la plupart des gaullistes, devenus aujourd'hui le gouvernement légal qu'il sert avec un zèle exemplaire.

Dominique Venner qui a échappé au coup de filet a vingt-cinq ans. Le cheveu taillé court, il a un regard bleu d'une étonnante fixité et les lèvres fines. Il a un passé tourmenté. Après avoir tenté à quinze ans de s'engager dans la Légion étrangère en trichant sur son âge, il a intégré à dix-huit ans une école créée en 1945 à Rouffach par le général de Lattre pour former des sous-officiers d'Infanterie. Volontaire pour l'Algérie dès 1954, il a combattu dans la région de Tébessa-Khenchela au sein d'une unité commando du 4e bataillon de chasseurs à pied. Ecœuré par les obligations juridiques qui entravaient la répression, il a quitté l'armée en octobre 1956. Quand les chars soviétiques ont pris Budapest, il a participé à des actions de soutien aux patriotes hongrois et, le 7 novembre 1956, il était aux premiers rangs de la foule parisienne qui s'est lancée à l'attaque du siège du parti communiste.

Les policiers qui traquent aujourd'hui Dominique Venner savent qu'il figure sur la liste des dirigeants du parti nationaliste créé le 6 février 1959 par Pierre Sidos, le frère de François, et dissous tout aussitôt pour avoir participé à Alger à une manifestation contre le général de Gaulle. Joseph Ortiz, invité à l'assemblée constitutive de ce groupuscule, avait approuvé son credo qui était : « Action directe si le gouvernement n'est pas conforme à ses vues. »

## Chap. 17. – *Les Hongrois du général Chassin*

Comme il le prouvera bientôt, Venner n'est pas un révolutionnaire de salon. Conscient que les militaires de carrière n'oseront jamais faire couler le sang et qu'ils se contenteront de camarillas sans but politique bien affirmé et sans chef indiscutable, il a choisi de mener son action avec des civils qui lui paraissent plus accessibles à la fermeté. Il a eu un choc au cours d'une conversation avec Georges Bidault lorsque, après avoir évoqué toutes les solutions qui permettraient de garder l'Algérie française, celui-ci l'a fixé dans les yeux et a lâché :
— Le seul moyen d'y parvenir et de provoquer le renouveau de la France, c'est de tuer le général de Gaulle !

Le vendredi 19 février 1960, les dépouilles de treize des quatorze gendarmes tués au soir du dimanche 24 janvier à Alger sont honorées à Marseille. Leur ancien chef, le colonel Crozafon, commandant à présent les gendarmes de la IX$^e$ région militaire, lit les citations accompagnant les décorations qu'il dépose une à une sur leurs cercueils drapés de bleu blanc rouge.

Si personne, à Alger du moins, ne s'est soucié des noms de ces hommes déclarés morts pour la France, il s'agit, comme l'annonce le colonel Crozafon, des lieutenants Maurice Castaing et Jean-Jacques de Borcuragnes, le premier de Barr et le second de Béziers, qui reçoivent à titre posthume la croix de chevalier de la Légion d'honneur. L'adjudant Edouard Garaerd, de la Drôme, le maréchal des logis-chef René Miellon, un Breton des Côtes-du-Nord, et le gendarme Jean Lemaire, du Doubs, reçoivent les mêmes honneurs posthumes. Quant aux dépouilles de leurs compagnons de malheur, les maréchaux des logis-chefs Jean Ferniatte et Antoine Mongiaud, comme celles des gendarmes Lucien Cais, Claude Chesnaud, Jean-Pierre Lefin, Paul Morin, Maurice Robert et Alexandre Sinet, elles reçoivent la médaille militaire.

La France ayant ainsi honoré à la sauvette les victimes militaires de la fusillade d'Alger, le général de Gaulle part le 4 mars 1960 faire en Algérie la tournée qu'il avait prévue pour le début du mois de février et qui a été reportée à cause de l'insurrection algéroise.

Evitant cette fois les grandes villes, le Général accorde son attention aux seuls commandants de secteur qui sont nombreux à faire la guerre sans trop se soucier des manifestations algéroises. Suivi par un seul journaliste de l'Agence France-Presse, Jean Mauriac, il se déplace en hélicoptère et en avion avec Pierre Messmer et Geoffroy de Courcel, son ancien chef de cabinet à Londres devenu maintenant secrétaire général de l'Elysée.

Allant de l'est de la presqu'île de Collo où il discute avec le colonel Roland Vaudrey, chassé de son poste d'adjoint à la Sûreté d'Alger après les barricades et qui sera dans quelques mois un de ses ennemis dans l'O.A.S., il répète à Hadjer-Mafrouch, Catinat, au col de Tamentout, à Batna, Menaa, Barika, Aumale, Souk el-Khemis, Ouled-Moussa, Bir-

Rabalou, Boghari, Paul-Cazelles, Tiaret, Zenata, Zarifète, au poste de la cote 811 dans la région de Tlemcen, à Souani et à Montganac qu'il « n'y aura pas de Diên Biên Phu en Algérie », que « la rébellion ne nous mettra pas dehors », et que l'Algérie « ... n'est pas le seul problème de la France ». Il souligne aussi : « On ne peut rien faire si d'abord on ne l'a pas emporté sur le terrain d'une manière indiscutable. » Sans évoquer cette fois « l'Algérie de Papa », il affirme qu'on ne peut plus « recommencer l'Algérie d'avant l'insurrection ».

Dans un douar proche d'El-Milia, dans la zone opérationnelle commandée par le colonel Roger Trinquier, l'homme qu'Auguste Arnould a en vain espéré dans les barricades, de Gaulle s'exclame : « Ce qu'on appelle l'indépendance, c'est la misère, la clochardisation, la catastrophe. Quand les Algériens pourront choisir, je ne crois pas qu'ils choisiront cela. La France ne doit pas partir. Elle a le droit d'être en Algérie. Elle y restera. »

Même si ce langage plaît aux Pieds-noirs quelque peu soulagés d'avoir également entendu le Général dire qu'il y a en Algérie « un million de Français qui ont le droit d'y rester », quelque chose est brisé dans l'opinion publique et le bruit court qu'il a dit aussi, au moment de regagner Paris : « L'Algérie sera algérienne avec le concours de la nation française. » Puis le ministère de l'Information, confié à Louis Terrenoire, émet un communiqué condamnant sans appel l'intégration des Musulmans en Algérie en prétendant qu'elle n'est qu'une manière détournée de revenir aux pratiques coloniales condamnées en mai 1958.

Après ce voyage de De Gaulle réservé aux seuls militaires du bled, l'ambiance est toujours pesante à Alger, où le pouvoir est de mieux en mieux contrôlé par le gouvernement. Lors de la dernière réunion d'état-major à laquelle assistait le colonel Argoud avant de rejoindre Montpellier, le général Crépin a lui-même donné le ton en déclarant : « Si les Pieds-noirs s'avisaient de manifester à nouveau, je ferais tirer sur eux avec les chars ! »

Tout se sait en métropole dans les milieux favorables à l'Algérie française où nul n'entend se résigner. Venant après ceux de René Brouillet, le propos de Crépin, repris et amplifié, excite la colère des antigaullistes de droite. Parmi eux, Gyula Sari, ancien sous-officier hongrois de la Légion étrangère blessé dans les rangs du 2ᵉ R.E.I. à Diên Biên Phu, d'où, après la chute du camp retranché, il a été libéré grabataire une semaine après Jacques Prévost qu'il retrouvera dans la conjuration du Petit-Clamart, a, lui, des raisons supplémentaires d'en vouloir au général de Gaulle. Le 23 mars 1960, il le maudit de faire accueillir à Orly le président du Conseil de l'U.R.S.S. Nikita Khrouchtchev par cent un coups de canons.

Sari est un grand homme mince et brun. Exilé de son pays natal depuis 1950, il y est retourné en 1956 pour combattre l'Armée rouge à Budapest. Depuis son retour en France, il fait partie d'une association d'anciens combattants hongrois rattachée à l'A.C.U.F. Même si c'était sous les ordres du général Chassin qui avait de tout autres motivations, Sari a, dans le cadre de l'opération *Résurrection*, œuvré pour le retour de De Gaulle. Il faisait partie des Hongrois anticommunistes entraînés par un autre ancien légionnaire, Robert Pentek, qui, un soir de mai 1958, avaient reçu l'ordre d'occuper l'Hôtel de Ville de Paris au cas où le président Coty n'aurait pas appelé de Gaulle.

Ce soir-là, Sari et ses amis avaient des armes dans une camionnette garée rue de la Savonnerie, à deux pas des Armes de Paris, la brasserie proche du Bazar de l'Hôtel de Ville où ils attendaient l'ordre d'assaut. Mais René Coty ayant sollicité de Gaulle, le général Chassin avait décommandé l'action.

Un peu plus tard, lorsque le 16 juin 1958 les Soviétiques ont pendu en Hongrie Imre Nagy, le président du Conseil destitué le 1$^{er}$ novembre 1956, et décapité le général Pal Maleter qui leur avait résisté jusqu'au 11 novembre 1956, Gyula Sari a songé, comme en 1956, à retourner à Budapest combattre les oppresseurs soviétiques. Mais, puisque le général de Gaulle, l'homme qu'ils ont, en quelque sorte, aidé à retrouver le pouvoir était à cette époque président du Conseil et ministre de la Défense nationale, il est allé, avec ses amis, présenter à Matignon cette supplique signée par Robert Pentek : « Mon général, notre association regroupe tous les Hongrois qui ont servi la France dans les rangs de la Légion étrangère. Nous avons tenu à vous exprimer notre fidèle attachement à notre seconde patrie ainsi que notre confiance totale à votre personne qui incarne pour nous l'idéal pour lequel nous avons lutté depuis tant d'années. En ce moment même notre cœur est étreint d'une profonde émotion et d'une très grande angoisse. Les exécutions qui viennent de se dérouler dans notre pays ont, une fois de plus, fait couler le sang que nous avons volontairement versé en Indochine, en Tunisie, au Maroc et en Algérie pour la France. Nous mettons toute notre confiance en votre haute autorité, qu'une intervention de votre part puisse encore sauver ceux qui souffrent dans les prisons bolcheviques et redonner espoir à tous nos frères de sang qui vivent dans l'esclavage.

« Grâce à vous, la France renaît à l'espoir, redevenue une grande nation, nous espérons qu'elle saura reprendre sa mission mondiale, que bientôt tombera le rideau de fer et qu'alors la Hongrie chrétienne redeviendra une nation libre.

« Nous vous renouvelons, en même temps que notre confiance totale, notre volonté inébranlable de servir la France, à qui nous devons tant. Nous vous prions de bien vouloir agréer, mon général, l'expression de notre très respectueux dévouement. »

Le lundi 23 juin 1958, Gyula Sari, Robert Pentek, Jenö Balogh et Jenö Paradi, tous les quatre blessés en Indochine et porteurs de leur médaille militaire et de leur croix de guerre piquetées des palmes et des étoiles de dix-sept citations, ont patienté sous les lambris de Matignon. Un chef de cabinet a remis leur supplique au président du Conseil. Puis il a affirmé que celui-ci s'engageait à intervenir auprès des autorités hongroises et soviétiques afin que cessent les exécutions à Budapest.

Rentré dans la chambre de bonne qu'il occupe encore aujourd'hui au 45 de la rue de Rivoli, Gyula Sari a rangé ses médailles dans leurs écrins de carton bleu en songeant qu'il était impensable que l'homme du 18 Juin, si soucieux du sort des Musulmans d'Algérie, demeurât insensible à celui de ses compatriotes opprimés.

Pourtant, à l'heure où le président Khrouchtchev est l'hôte de la France, rien n'a changé en Hongrie depuis l'ambassade des légionnaires. Des dizaines de Hongrois exilés ont été déportés en résidence surveillée en Corse. Si Gyula Sari a échappé à cette mesure vexante, il ne peut s'empêcher de songer que le président de la République, en recevant avec faste l'homme qui était en novembre 1956 premier secrétaire du Comité central du parti communiste en U.R.S.S., n'a pas respecté sa parole. Son amertume le conduira à l'O.A.S. et, au soir du 22 août 1962, il tirera sur le Général au fusil-mitrailleur, dans l'intention de lui faire payer l'abandon de l'Algérie, mais, aussi et surtout, son amitié aujourd'hui affirmée avec Nikita Khrouchtchev.

Gyula Sari n'est pas le seul Hongrois à militer à la fois contre le communisme et pour l'Algérie française. Lajos Marton, ancien élève officier de l'armée de l'Air hongroise, est un proche du général Chassin. Il ne rencontrera Sari qu'en 1962, lorsque le rescapé de Diên Biên Phu se sera mis aux ordres du lieutenant-colonel Bastien-Thiry.

Quant à l'homme qui dirigera militairement l'attentat du Petit-Clamart, le lieutenant d'Artillerie Alain Bougrenet de La Tocnaye, il n'était pas en Algérie au moment des barricades. Après avoir assumé sous les ordres du chef de bataillon Niaux, qui mourra en prison, le commandement d'une harka en Kabylie, il suit maintenant un stage à l'école d'Artillerie de Châlons-sur-Marne. Cet officier de trente-quatre ans, né à Neuilly-sur-Seine en 1926, dont le crâne rond est déjà bien dégarni et qui porte des lunettes à verres teintés, est un comte de très vieille noblesse. En 1248, on retrouve un Bougrenet parmi les proches de Saint Louis dans la septième croisade. Il y eut aussi un comte Gilles de Bougrenet de La Tocnaye dans l'entourage d'Henri IV. Un autre, Jacques Louis, émigra à la Révolution et ne revint en France qu'en 1805. Le grand-oncle du futur conjuré du Petit-Clamart, le comte Arthur de Bougrenet de La Tocnaye, né en 1848, fut officier des zouaves pontificaux avant de se distinguer durant la guerre de 1870. C'est en référence à une lignée si honorable que le futur conjuré du Petit-Clamart se proclame parfois bien trop aristocrate pour être tout à fait royaliste.

Dans la nuit du 16 novembre 1952, La Tocnaye a veillé la dépouille de Charles Maurras à Saint-Symphorien, près de Tours, avant que, venant de Paris, Michel Déon, Bernard Grasset et son neveu Bernard Privat le rejoignent. Homme au caractère entier, il ne dissimule jamais devant quiconque l'aversion qu'il porte au général de Gaulle et qui remonte à 1940.

Il avait alors quatorze ans et se trouvait en Vendée lorsqu'il a entendu l'appel du 18 Juin chez un de ses oncles, qui lui a affirmé qu'il ne fallait rien attendre de bon de De Gaulle et qu'il serait le fourrier du communisme. Après avoir effectué son service militaire en 1947 dans un régiment d'Artillerie légère parachutiste basé à Philippeville, le futur organisateur de l'embuscade du Petit-Clamart a exploité dans la baie du Mont-Saint-Michel le domaine normand de son épouse, née Tardif de Moidrey. Divorcé, il a été rappelé sous les drapeaux en 1956 au grade de maréchal des logis-chef et affecté à Bouira, à l'état-major de la 20ᵉ division d'Infanterie du général Simon. Libéré au bout de six mois au grade de sous-lieutenant, il a repris du service en septembre 1956 au 61ᵉ R.A. Plus à son aise sous les drapeaux que dans le civil, le futur officier de l'O.A.S. a servi tour à tour dans un commando de renseignement dans le secteur de Port-Tifrit, comme chef d'une S.A.S. aux Issers et, enfin au poste de Beni-Tarmazit. Son remariage au début de 1958, avec une demoiselle d'Arnal de Serres, qui lui a donné un fils, ne lui a pas fait quitter le djebel et c'est avec les harkis de la S.A.S. d'Ouriacha qu'il a vécu le 13 mai 1958.

Après avoir adressé le 14 mai 1958 un télégramme de ralliement au général Massu, La Tocnaye s'est enflammé pour la révolte d'Alger mais en espérant qu'elle déboucherait sur tout autre chose que le retour du général de Gaulle.

Le 4 juin 1958, La Tocnaye se trouvait à Alger sous le large balcon du Gouvernement général d'où le Messie revenu de Colombey pour sauver une seconde fois la France, bras levés, adressait à une foule extatique de Musulmans et d'Européens son fameux : « Je vous ai compris ! »

A la fin du discours, alors que de Gaulle n'avait pas crié « Vive l'Algérie française ! », La Tocnaye a grommelé : « Le salaud, le salaud ! Il ment. » Les Pieds-noirs qui l'entouraient l'ont pris à partie et il n'a dû son salut qu'à l'intervention d'un inconnu et de quelques jeunes gens qui l'ont dégagé de la foule et entraîné vers la Maison des étudiants du boulevard Baudin, toute proche du Forum. Le sauveur de La Tocnaye n'était autre que Robert Martel. Les deux hommes se sont si bien entendus que le leader de la Mitidja a persuadé son nouvel ami de démissionner du comité de salut public de Fort-Ighil dont il assumait la vice-présidence. Lorsque le maire de cette bourgade tenta de le persuader que de Gaulle était l'homme de la situation, jamais avare de formules chocs, La Tocnaye lui a rétorqué : « Même Hitler n'a pas osé dire aux Juifs "Je vous ai compris !" ni qu'ils étaient des Allemands à part entière. »

Cette prise de position n'a pas empêché La Tocnaye de décider de vivre en Algérie et d'acheter un appartement de trois pièces à El-Biar. Depuis juin 1958, il a continué à bien s'entendre avec Robert Martel qui n'hésite pas à expliquer les malheurs de la France par le reniement du Christ. Il s'est engagé au M.P.13 et aujourd'hui, attendant à Châlons-sur-Marne le moment de retourner en Algérie, il continue à critiquer de Gaulle. Cette attitude peu discrète lui vaut, en même temps que l'attention des policiers, l'intérêt des militants de l'Algérie française les plus actifs ou de ceux qui ont saisi le prétexte algérien pour comploter contre la République.

Après quelques contacts pris à Paris sous l'égide d'un prêtre en qui il a toute confiance, un jour qu'il était sous le coup de la colère d'avoir entendu au lendemain des barricades le général commandant l'école d'Artillerie déclarer devant ses élèves qu'il n'appréciait pas du tout les Pieds-noirs, une de ses relations de Châlons lui a proposé de rencontrer à Paris quelqu'un avec qui, selon lui, il s'entendrait certainement.

La Tocnaye a donc fait la connaissance d'un homme qui lui a seulement confié qu'il se prénommait Jean. Il s'agissait de Jean Bichon, un grand homme maigre d'une cinquantaine d'années, un fidèle du D$^r$ Martin qui l'appelle affectueusement « le Petit ». Capitaine d'active blessé au pied gauche lors des combats de 1940, Bichon claudique à peine grâce à une chaussure orthopédique qu'il répare lui-même dans le souci de ne pas se faire remarquer.

Parfait homme de l'ombre depuis les services secrets de Vichy où il a connu Henri Martin, Jean Bichon est aussi un homme d'action. Entré dès 1942 dans la Résistance, il a abattu en 1943 deux sbires de la Gestapo qui voulaient l'appréhender à Lyon.

Ses pairs de 1940 ayant pris du galon, Bichon garde de nombreux contacts dans l'Armée. Il rencontre souvent les généraux Chassin, Touzet du Vigier et Guillaume, qui vient de perdre un fils en Algérie tué à la tête d'un commando de chasse dont, tout aussitôt, son aîné, le lieutenant de vaisseau Pierre Guillaume, a obtenu le commandement.

Aujourd'hui, pour rallier La Tocnaye à ses desseins, Bichon lui avoue son appartenance au « vieil état-major », une confrérie, lui annonce-t-il, qui compterait dans ses rangs des personnalités des trois armes. Passant aux raisons qui l'ont poussé à le rencontrer, il affirme que la seule chance de ramener la France à l'esprit du 13 mai 1958 est tributaire du départ de De Gaulle. Il précise qu'il envisage d'organiser des attentats contre des proches du président de la République et que, si ces avertissements ne suffisaient pas, il faudrait lui-même l'éliminer.

La Tocnaye écoute son interlocuteur dévoiler un à un les plans auxquels il a songé pour tuer de Gaulle, mais il ne lui cache pas que ses préférences vont au fusil-mitrailleur 24/29, dont il a souvent apprécié les qualités dans les djebels kabyles où il a gagné deux citations, au fusil de chasse ou au pistolet-mitrailleur. En bon fantassin qu'il est devenu à la tête de sa harka, l'artilleur passe à l'étude de la manière dont il immobilisera la voiture présidentielle avant d'ouvrir le feu. Bichon propose l'usage en rase campagne d'un tombereau chargé de foin, ou d'un camion si l'attentat se déroulait en ville.

Après cette première entrevue, les deux hommes se quittent en se jurant le secret mutuel et sans que La Tocnaye, par prudence, ait évoqué ses précédents contacts.

## Chap. 17. – *Les Hongrois du général Chassin*

Pendant que certains songent en métropole à attenter à la vie du général de Gaulle, des tractations s'engagent en Algérie avec des officiers de l'A.L.N. décimée par les grandes opérations du plan Challe. L'homme qui en cette affaire a initié les approches les plus sérieuses est le commandant Mohamed Zamoun, un ancien secrétaire de mairie plus connu sous le nom de Si Salah, qui commande la wilaya IV, comprenant la Mitidja et Alger. Cet officier de très haute taille, dont l'étroit visage au long nez et aux lèvres charnues est barré par une fine moustache, ne commande pas seul les quatre à cinq cents combattants rebelles qui subsistent dans sa wilaya. Il dépend du commandant Si Mohammed, un ancien mineur de fer, Bounaâma Djilali de son vrai nom, petit homme trapu, fruste et réputé pour sa cruauté.

Sitôt mis au courant de ces initiatives par Edmond Michelet, qui en a été lui-même averti par le nouveau procureur général de la République à Alger, le général de Gaulle a décidé de rencontrer les rebelles. Il a chargé Michel Debré de confier le soin de superviser cette affaire au colonel Edouard Mathon, l'un des rares membres parfaitement fidèles de son cabinet militaire.

Au soir du 28 mars 1960, les détails de leurs déplacements en wilaya IV ayant été réglés par le général Challe, par le général Roy, commandant de la zone opérationnelle de Médéa, et par le colonel Jacquin, Bernard Tricot, conseiller de De Gaulle pour les affaires algériennes, et le colonel Mathon rencontrent trois émissaires de Si Salah dans un bureau de la sous-préfecture de Médéa.

Les parlementaires de l'A.L.N. se nomment Si Lakhdar, responsable politique de la wilaya IV, Abdelhatif, chef du F.L.N. à Médéa, et Halim, qui se présente comme le conseiller politique du commandant de la wilaya. Ces trois hommes regrettent que seul jusqu'ici le G.P.R.A. ait eu droit aux attentions du gouvernement français. Puis, parlant au nom des combattants de la wilaya IV, Si Lakhdar avance que l'A.L.N. a atteint tous ses objectifs depuis que le général de Gaulle a proclamé l'autodétermination des Algériens. Il propose donc, dans le cas où le gouvernement français accepterait de décréter un cessez-le-feu, que les *djounoud* de la wilaya IV remettent leurs armes à des représentants de l'administration civile et qu'elles soient gardées par des Français et des Algériens.

Ce premier point étant admis par Bernard Tricot, le colonel Mathon, en bon homme de guerre, s'inquiète de savoir si tous les rebelles de la wilaya IV accepteront vraiment d'être désarmés et Si Lakhdar répète :

— Nos chefs de secteur sont au courant de notre démarche. Et tous l'ont approuvée.

Le 31 mars 1960, les forces de l'ordre étant une nouvelle fois neutralisées dans le secteur de Médéa, les envoyés de l'Elysée et de Si Salah se retrouvent de nouveau à Médéa.

Le principe du désarmement et de l'impunité qui seront imposés et accordés aux combattants de l'A.L.N. étant accepté, Bernard Tricot et le colonel Mathon évoquent les crimes de sang commis contre des civils pieds-noirs et musulmans. Ils précisent que les membres de l'A.L.N. ou du F.L.N. qui auront été reconnus coupables d'actions terroristes ne pourront pas échapper à la justice. Mais il tempère son propos en ajoutant qu'une amnistie générale sera décrétée après le référendum sur l'autodétermination et que, de ce fait, les hommes jugés et condamnés, même à la peine capitale, seront certainement libérés.

Rassurés, les négociateurs de la wilaya IV quittent Médéa après s'être engagés à rallier les autres régions rebelles. Quand l'union sera faite, a ajouté l'un d'eux, les combattants de l'intérieur imposeront au G.P.R.A. et au commandement de l'A.L.N. cantonné au Maroc et en Tunisie leur manière de négocier la fin des combats.

Le général Challe ordonne l'arrêt provisoire des offensives de ses troupes de réserve générale dans la wilaya IV. Mais les unités de secteur poursuivront cependant leurs activités de pacification ce qui, ainsi que Si Lakhdar l'a confié à Tricot et Mathon, ne gêne pas du tout les groupes de l'A.L.N. cantonnés dans des zones sanctuaires d'où ils ne sortiront plus jusqu'à la fin des négociations.

Pendant que l'Elysée engage ces tractations secrètes avec la rébellion intérieure, la mainmise gouvernementale sur le commandement militaire en Algérie est totale lorsque, le 23 avril 1960, bien que le bruit ait couru que sa succession devait échoir au général Gambiez, le général Challe transmet son commandement en chef au général Crépin.

\*

## — 18 —
## Les premiers exilés

Philippe Castille, toujours porteur de ses vrais-faux papiers au nom de Berthier, a quitté au début avril 1960 l'Algérie à bord d'un cargo. Passant par Paris et Bordeaux, cornaqué par des amis de Me Jean-Louis Tixier-Vignancour, il entre en Espagne par le col d'Arnéguy. Une fois à Madrid, il se présente au ministère de l'Intérieur au colonel Blanco, le chef de la

## Chap. 18. – *Les premiers exilés*

Sécurité, la puissante et crainte *Seguridad*, qui l'autorise à rester en Espagne à condition qu'il ne se mêle plus de politique.

En attendant l'amnistie qui lui permettrait de rentrer en Algérie, Castille démarche pour le compte d'un institut de commerce ayant une clientèle de cadres et de chefs d'entreprise. Apprenant l'espagnol et se tenant à l'affût des nouvelles d'Algérie grâce à son ami Claude Piegts, il devient très vite un excellent vendeur de la brochure éditée par son employeur.

C'est au tour de Joseph Ortiz de quitter l'Algérie. Après avoir avec André Seguin, journaliste à *La Dépêche quotidienne*, recollé les lambeaux du F.N.F., il en confie la direction à l'agriculteur Camille Vignau et songe déjà à former un mouvement légal, le Front national de l'Algérie française, qui aura des candidats aux prochaines élections cantonales. L'homme des barricades, qui a décidé de se réfugier en Espagne, se cache dans un appartement proche de l'église Saint-Charles, dans le quartier de l'Agha. Il a déjà tenté de partir à bord d'un voilier aussitôt rattrapé par un garde-côte dont le commandant a ordonné à son barreur de revenir vers la côte sans le fouiller. Il a aussi pris le risque de filer à bord d'un avion de tourisme dont le pilote a été sommé par le leader d'une patrouille de T 6 de retourner à l'aérodrome de Cheraga proche d'Alger. Conscient que les côtes et les aérodromes sont trop bien surveillés, Ortiz se rabat sur un cargo transportant des balles de coton et, le lundi 2 mai 1960, il bruine sur Alger lorsque le bateau prend la mer.

Joseph Ortiz est depuis l'enfance sujet au mal de mer. Il souffre puisque, prenant de fortes lames par bâbord, le cargo roule bord sur bord en naviguant vers Bône, où il doit débarquer une partie de sa cargaison. La tempête est bientôt si forte qu'elle oblige le capitaine du cargo à mouiller quelques heures devant Bône. Puis, la mer apaisée, il met le cap sur Gênes. Ortiz, tapi depuis trois jours à fond de cale entre des ballots de coton pour échapper à la curiosité de l'équipage, a fini par s'amariner et souffre un peu moins du mal de mer. Lorsqu'il touche le port italien, le marin qui s'est chargé d'organiser son voyage sans confort vient lui annoncer que deux hommes lui ont remis un colis à son intention.

Heureux de pouvoir enfin changer de linge et d'être en possession du passeport qui lui permettra de gagner l'Espagne, épousseté des traces de soufre provenant d'un chargement précédent, rasé à la va-vite dans la cabine de son passeur, Ortiz tient mal sur ses jambes et la tête lui tourne lorsqu'il descend furtivement sur le quai grouillant de dockers. Bien qu'il pleuve, il a du mal à réadapter ses yeux à la lumière. Les deux hommes qui ont confié son bagage au marin, l'écrivain Jean Brune et un de ses amis d'Alger, l'entraînent à la suite d'un passeur qui, parvenu à un poste de contrôle, bouscule une femme dans l'intention de susciter l'algarade qui permet au fuyard de passer sans être contrôlé.

Gagnant en voiture Lugano, où il se repose durant quatre jours, Ortiz prend au matin du mercredi 11 mai 1960 le train de Zurich avec Jean Brune et son ami. L'écrivain changeant de train en fin de matinée, il prend l'avion pour Genève et, de là, un autre vol pour Madrid puis un troisième qui le dépose en fin de journée à Palma de Majorque, sur l'aérodrome de San Bonet où l'avocat en fuite Jacques Laquière aurait dû l'attendre. Mais Ortiz cherche en vain durant trois jours sur les pontons de la marina où, selon le plan élaboré à Alger, le *Santa Maria II* des Laquière aurait dû être amarré.

Pendant qu'Ortiz les quittait, les Algérois n'ont pas répondu en masse à l'appel d'André Seguin et Camille Vignau qui espéraient provoquer une manifestation de masse pour marquer le deuxième anniversaire du 13 mai 1958. Choqués par la fusillade du 24 janvier, ils n'étaient que quelques centaines à défiler entre des rangs de gendarmes et de C.R.S. en criant « Algérie française » et « Libérez nos prisonniers ! ». Huée de loin par les manifestants, la cérémonie officielle n'a pas connu plus de succès.

Après cet anniversaire timidement célébré, les Algérois votent le 27 mai 1960, afin de renouveler, pour la première fois au collège unique, leurs conseils généraux. Craignant qu'ils ne votent pour des candidats enfermés à la Santé, Michel Debré a fait publier au *Journal officiel* du 15 mai un arrêté interdisant à Lagaillarde et ses compagnons de participer à ces élections. Si cette mesure renforce la détermination des militants du F.N.F. à suivre la consigne d'abstention donnée par Ortiz, Jean-Marie Le Pen, lui, qui est venu soutenir la candidature d'Elisabeth Lagaillarde, l'épouse de Pierre, appelle au contraire à un vote massif.

Elisabeth Lagaillarde enseigne la physique à Alger. Surtout soucieuse du baccalauréat qui approche, elle ne s'est engagée dans l'aventure que pour soutenir son mari. Et aussi parce que ses proches, qui ne sont pas tous des amis de Joseph Ortiz, l'ont persuadée que l'abstention offrirait à coup sûr la victoire aux candidats gaullistes et que leur succès, même obtenu avec un minimum de voix, influencerait défavorablement l'opinion publique métropolitaine.

L'initiative de l'épouse de Lagaillarde est combattue par André Seguin et Camille Vignau, qui font circuler un tract hostile à Jean-Marie Le Pen, l'accusant d'être venu à Alger dans l'intention de diviser les Pieds-noirs. Jouant de l'insinuation, ils ont écrit : « M. Jean-Marie Le Pen a franchi l'obstacle des pouvoirs spéciaux qui interdisent l'entrée en territoire français d'Algérie à tous les défenseurs notoires de l'Algérie française. Depuis quarante-huit heures, Le Pen, grand national des IVe et Ve Républiques, est à l'ouvrage. Sa réputation, bien plus que ses motifs cachés, lui a permis de trancher à la sauvette la question des élections cantonales. M. Le Pen a décidé pour nous, installé au Saint-George où, il est vrai, le confort est plus grand que derrière les barricades. En bref, cet ambassadeur inattendu est venu torpiller le coup de pied aux fesses qui se préparait à Alger, coup de pied réservé à la politique saugrenue du Guide. Pour la circonstance M. Le Pen, nouvellement breveté en gaullisterie, a choisi contre une majorité d'avis contraires ce qu'il y avait de mieux, de plus sacré, pour briser l'entente sur l'abstention totale. M. Le Pen, invité d'honneur de Delouvrier, n'a rien trouvé de mieux que d'opposer les plus purs d'entre nous, ceux de la Santé. Bravo, monsieur Le Pen, c'est de la belle ouvrage ! Vous avez dissocié l'esprit des barricades en opposant le chevalier Lagaillarde aux chevaliers Pérez, Susini, Sapin-Lignières. »

C'est donc protégé par des policiers que Jean-Marie Le Pen va au bout de son affaire. Prouvant son loyalisme à l'Algérie française, il insulte le général Crépin lorsqu'il apprend que les forces de l'ordre ont blessé par balles un jeune Musulman qui collait des affiches de Pierre Lagaillarde. La veille du scrutin, il arrache *in extremis* aux dirigeants du F.N.F. la levée de la consigne d'abstention, et sa protégée est élue le 27 mai 1960. Même s'ils sont tardivement revenus sur leur tactique, les militants du F.N.F. pavoisent. Au cours des manifestations de joie qui ont tenu éveillée la ville une bonne partie de la nuit malgré le couvre-feu, rêvant déjà d'un nouveau 13 Mai, ils se sont en effet réjouis que les Algérois semblent décidés à sortir enfin de l'apathie provoquée par la chute des barricades.

Le souci de trouver des raisons de croire encore en l'Algérie française empêche cependant les militants du F.N.F. de se rendre compte que, mis à part le succès triomphal d'Elisabeth Lagaillarde qui a bénéficié du prestige de son époux, et celui, plus étriqué, de Marc Lauriol et Philippe Marçais, l'ancien doyen de la Faculté des Lettres d'Alger et professeur d'arabe qui a fondé avec M$^e$ Kalflèche *L'Esprit public,* journal hostile à la politique algérienne de De Gaulle, les candidats algérois appuyés par le pouvoir ont fait le plein de voix dans les circonscriptions où la consigne d'abstention n'avait pas été levée.

Cet entêtement des militants du F.N.F. a permis à Mostefaï Ben Charif, un proche d'Alain de Sérigny devenu gaulliste zélé, d'obtenir la présidence du conseil général du département d'Alger. En revanche, à Oran où les consignes d'abstention n'ont pas été suivies, les partisans de l'Algérie française sont encore majoritaires au conseil général de l'Oranie.

Ses fidèles digérant mal à Alger les séquelles des élections cantonales qui ont tourné à leur confusion, Joseph Ortiz prend ses marques à Palma de Majorque où, grâce à Jacques Laquière enfin retrouvé, il s'est installé dans un immeuble du front de mer.

Rentré d'Alger, Jean-Marie Le Pen prend le 1$^{er}$ juin la parole à l'Assemblée nationale où, sous les huées des gaullistes et des députés de gauche, il réclame la libération de Lagaillarde. Le ton montant, l'ancien élu poujadiste est accusé de défendre un assassin. Arguant de son passé de parachutiste en Indochine, à Suez et durant la bataille d'Alger, il clame qu'il n'a pas d'autre sang sur les mains que celui des ennemis de la patrie. Après le tumulte, les députés, bien loin des habituels 441 suffrages de la majorité, refusent l'élargissement de Lagaillarde par 284 voix contre 175.

Ces péripéties électorales n'ont pas gêné les tractations de Bernard Tricot avec les officiers de la wilaya IV. Le jeudi 9 juin 1960, après avoir été pris en main par le colonel Jacquin, Si Salah, Si Lakhdar et le commandant Si Mohammed prennent place à Maison-Blanche dans un S.O. *Bretagne* du Groupement de liaisons aériennes interministérielles. Afin d'éviter quelque coup tordu du style de celui qui a permis en octobre 1956 de détourner l'appareil de Ben Bella, le colonel Mathon a ordonné à deux gendarmes en armes de surveiller discrètement ses invités.

Durant le vol, Si Salah fait part de son intention de rencontrer Ben Bella, mais, prétextant que le captif de l'île d'Aix mettrait certainement le G.P.R.A. au courant de sa démarche, Bernard Tricot le lui déconseille.

Les rebelles passent la nuit à Rambouillet et, au soir du 10 juin 1960, ils gagnent l'Elysée dans une DS 19. Le colonel Gaston de Bonneval les reçoit dans la pièce réservée aux aides de camp. Habitués depuis des années à ne se déplacer que de nuit, les rebelles ont remarqué les gardes disséminés dans le parc. Une fois dans le bureau du président de la République, ils se doutent qu'un garde du corps se tient prêt à intervenir, dissimulé derrière quelque tenture. Saisis par l'ambiance, ils écoutent le Général, qui a passé son uniforme afin de signifier que c'est en tant que chef suprême des armées qu'il les reçoit, reprendre un à un les points dont ils ont débattu avec Tricot à Médéa. Lorsqu'il en a terminé, Si Salah précise que ni lui ni ses compagnons ne sont venus au nom de l'ensemble des officiers de l'A.L.N. intérieure. Mais il se fait fort, affirme-t-il, de les amener à rejoindre le processus de paix qui, maintenant qu'il a été reçu par la plus haute personnalité de l'Etat, est certainement en bonne voie.

Si Salah demande la prolongation de trêves locales qui lui permettront d'aller porter la bonne parole dans les zones opérationnelles qui ne sont pas de son ressort. En wilaya III, surtout, précise-t-il, dans le fief kabyle maintenant commandé par Mohand Ou el-Hadj, un homme déjà âgé et réputé pour sa sagesse. Son prédécesseur, Amirouche, Aït Amoura de son vrai nom, tué au combat le 28 mai 1959 alors qu'il se rendait en Tunisie avec le colonel Si Haous, chef de la wilaya VI, l'était, lui, pour sa cruauté révélée lors des purges qui ont autant décimé ses katibas que les opérations de l'armée française.

Le général de Gaulle admet la demande de Si Salah.

— Je dois vous avertir, avoue-t-il après s'être engagé à faciliter ses déplacements, que j'ai décidé d'adresser bientôt un nouvel appel aux dirigeants de votre G.P.R.A.

Après avoir exposé l'essentiel de sa démarche, dans la ligne de ses premières avances du 16 septembre 1959, le Président affirme qu'au cas où les exilés n'accueilleraient pas favorablement ses propositions, il ferait alors appliquer le plan de Bernard Tricot et du colonel Mathon.

Si Salah, quelque peu choqué par cette révélation, accepte toutefois de patienter jusqu'à ce que les ministres du G.P.R.A. donnent leur réponse.

Signifiant ainsi la fin de l'entretien, le Général se lève et accompagne les trois rebelles vers la porte en regrettant de ne pas leur serrer la main puisque, précise-t-il, les combats ne sont pas terminés. Puis, avant de les laisser partir, il leur lance :

— Messieurs, je ne sais si nous nous reverrons. Je l'espère.

Les ambassadeurs de la rébellion ramenés en Algérie, le colonel Mathon se montre peu optimiste quant aux suites de l'opération qui a reçu le nom de code de *Tilsit*. En attendant le discours que le Général prononcera le 14 juin, il confie ses doutes au colonel Jacquin, qui n'est pas plus confiant. Quant à Si Salah, il prédit à ses proches que les ministres du G.P.R.A. n'agréeront pas les propositions de De Gaulle et c'est encore plein d'espoir qu'il a donné rendez-vous à Bernard Tricot après le nouveau discours du Général.

Le mardi 14 juin 1960, de Gaulle est en civil lorsqu'il brosse le portrait de la France « un vieux pays, tout bardé d'habitudes et de circonspection » qui s'était « après de grands malheurs replié sur lui-même. Il avait peu de charbon, point de pétrole. Son industrie souffrait de routine, son agriculture restait figée, sa population n'augmentait plus ».

Sans doute afin de rassurer les milliers de fonctionnaires qui ont fait grève le 1er juin, de Gaulle promet aux Français des lendemains plus riants. Selon lui, le pouvoir d'achat doit augmenter chaque année de 4 % et le progrès est partout, proclame-t-il. Avant dix ans, les universités accueilleront six cent mille étudiants, alors qu'elles n'en recevaient que trente mille au début du siècle.

Les Pieds-noirs grondent lorsque le Général affirme :

— Le génie du siècle change aussi les conditions de notre action outre-mer et nous conduit à mettre un terme à la colonisation.

Ils grondent plus fort encore lorsqu'il poursuit :

— Il est tout à fait naturel que l'on ressente la nostalgie de ce qui était l'Empire, tout comme on peut regretter la douceur des lampes à huile, la splendeur de la marine à voile, le charme du temps des équipages. Mais quoi ? Il n'y a pas de politique qui vaille en dehors des réalités. Et l'Algérie ? Ah ! je n'ai jamais cru que je pourrais, d'un instant à l'autre, trancher ce problème posé depuis cent trente ans. Mais, le 16 septembre, a été ouverte la route droite et claire qui doit mener à la paix. L'autodétermination des Algériens quant à leur destin est la seule issue possible d'un drame complexe et douloureux.

La colère des tenants de l'Algérie française atteint son paroxysme lorsque, suscitant ainsi des vocations pour l'O.A.S. qui tentera de l'obliger à revenir dans quelques mois sur ses engagements actuels comme il est revenu de lui-même sur ceux de 1958, de Gaulle continue :

— Une fois de plus, je me tourne, au nom de la France, vers les dirigeants de l'insurrection. Je leur déclare que nous les attendons ici pour trouver avec eux une fin honorable aux combats qui se traînent, régler la destination des armes, assurer le sort des combattants. Après quoi, tout sera fait pour que le peuple algérien ait la parole dans l'apaisement. Mais je suis sûr, quant à moi, qu'il prendra celle du bon sens : accomplir, en union avec la France dans la coopération des communautés, la transformation de l'Algérie algérienne en un pays moderne et fraternel.

Les mots « Algérie algérienne » ont ruiné les derniers espoirs des militants du défunt F.N.F. qui estiment que le Général considère comme un fait accompli l'Algérie indépendante.

A Alger, André Seguin, Camille Vignau, le journaliste de *La Voix du Nord* Georges Ras, le commerçant Antoine Andros, comme à Oran leurs amis les frères Santini, dont l'un, Yvon, est conseiller municipal, le Dr André Laborde, Ange Codina et Charles Finas, tous futurs membres de l'O.A.S., ne baissent pas les bras au lendemain du discours présidentiel. Achevant le plan qu'ils ont élaboré avec Joseph Ortiz, ils tiennent une conférence de presse à l'hôtel Saint-George et annoncent la création du Front de l'Algérie française, le F.A.F., que l'exilé de Majorque aurait préféré voir appeler Front national de l'Algérie française.

Puisque, si préoccupé de museler le nationalisme français, le gouvernement n'a pas songé à interdire la constitution de nouveaux mouvements politiques, c'est donc en toute légalité que le F.N.F. renaît à travers son avatar. Le F.A.F. connaît tout de suite un énorme succès, tant à Alger qu'à Oran et Constantine. Ouvrant partout des bureaux de recrutement, faisant circuler des bulletins collectifs d'adhésion, exploitant avec habileté le désarroi accentué par le dernier discours présidentiel, ses promoteurs annoncent bientôt un million d'adhésions. Même s'il faudrait diviser par deux ce chiffre pour être plus près de la réalité, la génération spontanée du F.A.F. atteint des proportions jusqu'ici inégalées par aucun mouvement politique et ne peut s'expliquer que par le renfort de dizaines de milliers de Musulmans. La présidence du mouvement de refus est confiée au bachaga Boualam, un riche propriétaire terrien de haute stature, ancien officier, vice-président de l'Assemblée nationale, et archétype du Musulman francisé qui, de sa maison familiale de Lamartine, règne sur la région des Béni-Boudouane où les agents du F.L.N. et les *djounoud* de l'A.L.N. ne songent plus à lui disputer la suprématie.

Le bachaga et député d'Orléansville est assisté à la tête du F.A.F. par six vice-présidents, Antoine Andros, Ange Codina, Yvon Santini, Camille Vignau et les députés du Constantinois Canat et Portolonao.

Derrière cette vitrine officielle du F.A.F., Camille Vignau, Dominique Zattara et Antoine Andros structurent en secret des groupes de combats. Ces durs de l'ancien F.N.F. disposent des armes qui, après les barricades et la dissolution des unités territoriales, ont échappé aux fouilles lancées un peu au hasard, parfois même sans zèle, par certaines unités des forces de l'ordre.

Dans l'enthousiasme de l'émergence du F.A.F., c'est donc une organisation secrète et armée qui se dessine. Dans quelques semaines, ce dernier avatar des groupes antiterroristes qui se sont succédé depuis le début de la rébellion prendra le nom d'O.A.S.

\*

## — 19 —
## L'O.A.S. a des appuis en métropole

L'opération *Tilsit* n'ira pas à son terme. Le 26 mars 1960, deux jours avant la première rencontre de Médéa, Edmond Michelet, afin de ne pas contrecarrer le plan de De Gaulle, l'avait déjà condamnée en avertissant Krim Belkacem, ministre de la Guerre du G.P.R.A., que Si Salah voulait traiter seul avec la France. Puis, court-circuitant ainsi les efforts du chef militaire de la wilaya IV, les ministres algériens exilés ont accepté l'invitation du président de la République à venir discuter en France.

La réponse du G.P.R.A. a été interceptée et décryptée par le S.D.E.C.E. le 18 juin 1960. Lorsque Constantin Melnik à l'heure de la cérémonie commémorant à l'Arc de Triomphe l'appel du 18 juin 1940 la fait passer à Michel Debré, celui-ci la remet discrètement au général de Gaulle qui, perdant durant une demi-seconde sa fixité de statue, lâche « Merde ! » et empoche le message ruinant les espoirs de Si Salah.

Le 20 juin 1960, ignorant encore qu'un membre du F.L.N. convaincu de crime de sang a été exécuté à la prison d'Orléansville, le G.P.R.A. délègue en France l'avocat Ahmed Boumendjel et Mohamed Benyahia avec un chiffreur nommé Hakiki. Ces hommes doivent, au nom du C.N.R.A., le Conseil national de la révolution algérienne, préparer une rencontre entre le général de Gaulle et Ferhat Abbas, le président du G.P.R.A.

Les émissaires de Tunis sont logés à la préfecture de Melun, sans qu'il leur soit possible d'aller à Paris ni, surtout, de rencontrer Ben Bella ainsi que Boumendjel, comme avant lui Si Salah, l'a demandé. Pendant qu'ils prennent leurs quartiers, le colonel Jacquin escorte lui-même Si Salah jusqu'à une vingtaine de kilomètres de Tizi-Ouzou où, près du douar d'Aït-Ouanech, il a rendez-vous avec Mohand Ou el-Hadj.

Le successeur d'Amirouche est au courant de la mission de Boumendjel. Rusé, il ne s'engage pas dans la voie dans laquelle le chef de la wilaya IV voudrait l'entraîner. Soucieux de l'avenir et ignorant que celui-ci est également allé à Paris, il adresse un courrier à Si Mohammed pour lui faire part de la visite de Si Salah et de ses compagnons. « Notre wilaya, lui explique-t-il, qui les a accueillis en frères, a été l'objet de leurs criminelles visées. Après qu'ils m'ont appris leurs contacts avec l'ennemi, j'ai pu surmonter ma fureur et mon indignation. Ignorant de quel crédit jouissaient ces responsables et dans quelle mesure ils étaient suivis dans cette voie où ils s'étaient engagés, j'ai jugé bon de ne rien brusquer afin de ne pas rompre avec votre wilaya. Les esprits mal intentionnés auraient alors interprété cette attitude comme une provocation et pris prétexte de cela pour entretenir un climat, sinon de haine, du moins de méfiance, entre nos deux wilayas. »

Si Mohammed reçoit ce courrier après qu'il est passé entre les mains d'un agent du capitaine Paul Alain Léger, l'adjoint du colonel Jacquin au B.E.L., qui dispose en Kabylie d'un réseau d'informateurs qui relèvent les boîtes aux lettres de l'A.L.N. après le passage d'un *djoundi* ou d'un *tissal*, agent de liaison de l'O.P.A., l'organisation politico-administrative de la rébellion.

Mohand Ou el-Hadj engageant sa partie truquée avec Si Salah, une délégation française reçoit les émissaires du C.N.R.A. à Melun. Elle est composée du général de Gastines, qui a enquêté en 1959 sur la torture en Algérie, de Roger Morris, secrétaire général du Comité des affaires algériennes créé après les barricades, et du colonel Edouard Mathon.

La moindre phrase étant chiffrée et expédiée à Tunis par Hakiki, les conversations n'avancent pas. Le général de Gaulle est bientôt à bout de patience et les « Arabes », ainsi qu'il les appelle en petit comité, quittent la France le 29 juin, sans que rien de concret ait été arrêté. Ranimant les espoirs des militants du F.A.F., Ferhat Abbas annonce le 5 juillet 1960 à Tunis que l'indépendance ne « s'offre pas, qu'elle s'arrache et que la guerre peut être encore longue ».

Deux jours après cette proclamation, le général de Gaulle, au cours d'un voyage en Normandie, déclare à Granville : « L'Algérie décidera de son destin. Et alors, c'est un vote de tous les Algériens qui réglera leurs propres problèmes, c'est-à-dire les problèmes de leur structure, de leur gouvernement, de leurs rapports avec la France. »

Malgré l'échec de Melun, Si Salah a été arrêté par le commandant Si Mohammed, qui a retourné sa veste. Tous ses proches qui rêvaient de traiter avec Paris sont, comme son conseiller Si Lakhdar, exécutés comme traîtres. L'opération *Tilsit* rejoint ainsi l'affaire Bellounis sur la liste des échecs français en Algérie.

Loin des purges ordonnées en wilaya IV par Si Mohammed, le général Edmond Jouhaud, ainsi qu'il s'en doutait depuis l'accrochage qu'il a eu le 22 janvier 1960 avec le général de Gaulle, n'est pas resté longtemps à la tête de l'armée de l'Air. Après avoir transmis son commandement au général Stehlin au mois de mars, il est maintenant inspecteur général de son arme, fonction qui le prive du pouvoir réel sur ses escadrilles. Au milieu du mois de juillet, il décide de faire une tournée d'inspection en Algérie mais, avançant que ce déplacement serait interprété de façon tendancieuse, Pierre Messmer ne le laisse pas partir. Jouhaud se rend donc au ministère des Armées où le ministre évoque son opposition à la politique algérienne du Général pour justifier son interdiction.

Jouhaud rétorque au ministre que pour être en désaccord avec la politique de De Gaulle, il faudrait encore qu'il la connaisse. L'entretien ne va pas plus loin et Jouhaud décide de démissionner de l'armée, non pas, selon la formule consacrée, afin de se mettre en réserve de la République, mais au service actif de son pays : l'Algérie.

De son côté, le colonel Pierre Chateau-Jobert a terminé son stage au C.H.E.M., le Centre des hautes études militaires. Tout en suivant de près grâce au colonel Lacheroy et ses amis l'évolution des affaires algériennes, il attend le commandement qui le sépare encore des étoiles. Installé dans sa villa cannoise baptisée Kerconan en souvenir de la France libre, il étudie des ouvrages traitant de la Révolution et de la Contre-Révolution qui lui ont été confiés par de nouveaux amis et qui, peu à peu, lui ouvrent les yeux sur un domaine spirituel qu'il a jusque-là négligé. En attendant son affectation, suivant les conseils d'un jésuite, l'abbé Georges Lauze, venu lui rendre visite sans se faire annoncer et qui lui a laissé une brochure intitulée *Pour une doctrine catholique de l'action politique et sociale*, il se retire au début d'août 1960 dans un couvent, près de Valence, afin de méditer sur les grands principes de saint Ignace de Loyola, le fondateur de la Compagnie de Jésus.

Pendant que « Conan » découvre la solitude studieuse, le général Jouhaud ne s'est toujours pas rendu en Algérie lorsque, malgré les affirmations présidentielles qui, le 6 juillet, laissaient entrevoir l'indépendance de l'Algérie, le commandement de l'A.L.N. en Tunisie fait au matin du 19 août 1960 exécuter à Ghardimaou Clotaire Legall et Michel Castera, deux prisonniers du contingent. Pierre Messmer, présentant ces exécutions comme des assassinats, s'empresse de déclarer qu'elles n'influenceront pas l'action de l'Armée qui « continuera à assumer sa mission dans le respect du droit des gens et des engagements de la France ».

Les Pieds-noirs se souviennent que trois autres exécutions perpétrées le 30 avril 1958 en Tunisie par l'A.L.N., celles de René Decourteix et Robert Richomme du 218e dragons et de Jacques Feuillebois, un rappelé du 23e R.I., capturés deux ans plus tôt dans le secteur de Lacroix, les avaient jetés dans la rue et menés à la victoire éphémère de mai 1958. Malgré leur écœurement, ils ne bougent pas. Le commandant Filippi ayant à son tour rejoint le colonel Gardes dans l'inculpation d'atteinte à la sûreté intérieure de l'Etat, les nouvelles de l'instruction du procès des barricades devraient pourtant les inciter à refuser les diktats du général de Gaulle, qu'ils appellent « la Grande Zorha ».

L'inquiétude des Européens d'Algérie est grande lorsque, à la veille de l'ouverture d'un procès intenté aux membres européens d'un réseau de collaborateurs du F.L.N. animé par l'écrivain Francis Jeanson et dont les rouages ont été démontés sous la direction de Constantin Melnik, 121 intellectuels de gauche avec Jean-Paul Sartre à leur tête publient un manifeste réclamant le droit à l'insoumission pour les appelés du contingent.

Francis Jeanson est né en 1922 dans une famille bourgeoise bordelaise. Tout en dirigeant la collection « Ecrivains de toujours » aux éditions du Seuil, il a été le secrétaire de Jean-Paul Sartre jusqu'à ce que les événements de Budapest le séparent en 1956 du philosophe dont les prises de position antisoviétiques risquaient, selon lui et bien qu'il n'ait pas lui-même adhéré au parti communiste par refus du stalinisme, de faire le lit de l'anticommunisme en occultant le caractère contre-révolutionnaire du soulèvement hongrois. Lassé de l'immobilisme affiché par la gauche quant aux problèmes de l'Algérie, il a fini par créer un réseau d'aide au F.L.N., dans lequel des marxistes se sont mêlés à des chrétiens progressistes, et il a choisi la clandestinité en octobre 1957.

La révélation de l'existence du réseau Jeanson écœure la plupart des Européens d'Algérie. Et ce n'est pas la publication d'un second manifeste prenant le contre-pied du premier qui suffit à calmer leur colère, même si celui-ci, favorable à l'Algérie française, est signé, entre autres, par des personnalités des Arts et des Lettres comme Antoine Blondin, Henry Bordeaux, Michel Déon, par la résistante Marie-Madeleine Fourcade, le maréchal Juin ou Geneviève Baïlac, la jeune femme qui a montré un si grand courage le 24 janvier 1960 à Alger.

Pour les durs du F.A.F., bien que les signataires de la réponse au manifeste des 121 affirment que : « C'est une des formes les plus lâches de la trahison que d'empoisonner, jour après jour, la conscience de la France, d'intoxiquer son opinion publique et de faire croire à l'étranger que le pays souhaite l'abandon de l'Algérie et la mutilation du territoire », il est clair que la majorité des métropolitains, même si c'est avec moins d'empressement que Francis Jeanson, espèrent la fin rapide de la guerre, qui ne pourrait que préluder à une Algérie algérienne.

Rendu par l'exil plus amer encore que ses amis algérois, Joseph Ortiz a rencontré, grâce à Jacques Laquière, Pierre Joly, l'ancien conseiller belge du D<sup>r</sup> Kovacs. Il apprécie tellement l'esprit de *Contre-Révolution. Stratégie et Tactique*, le petit ouvrage que le Belge vient de publier à compte d'auteur, qu'il lui propose d'être son porte-parole itinérant.

Malgré l'attention quotidienne que lui prodigue Jacques Laquière pendant que son épouse tente en vain d'obtenir à Alger la réouverture de son café du Forum, le leader des barricades bout d'impatience dans sa retraite majorquine. Des bouffées d'Algérie lui reviennent parfois lorsque le soir venu des conducteurs de quelques voitures immatriculées à Oran ou Alger improvisent sur le bord de mer un concert de klaxons au rythme d'« Algérie française ». Il sait qu'à Paris des personnalités favorables à l'Algérie française ne se contentent plus de signer des manifestes et que deux cents d'entre elles se sont réunies le 17 juin à la mairie de Vincennes à l'initiative de Jacques Soustelle. L'immense sénateur de Sétif-Batna, Claude Dumont, ancien dirigeant du service d'ordre du R.P.F. qui, avant de fonder avec Soustelle l'U.S.R.A.F. (l'Union de sauvegarde et de résistance de l'Algérie française), a été une personnalité de la Sûreté en Algérie et sera un pilier de l'O.A.S., a participé à cette réunion avec le bachaga Boualam et de nombreux déçus de mai 1958, comme Léon Delbecque, le dirigeant du patronat Yvon Chotard, le D$^r$ Bernard Lafay, sénateur et président du conseil municipal de Paris, Max Lejeune, ancien secrétaire d'Etat aux Armées, Maurice Bourgès-Maunoury, ancien président du Conseil, et la plupart des élus d'Algérie.

Ces personnalités ont applaudi l'ancien ministre résidant en Algérie Robert Lacoste qui, après avoir fait huer les signataires du manifeste des 121, s'est écrié : « La mort de l'Algérie française, ce serait la mort de la République ! » Et tout autant Georges Bidault qui a fait mouche avec cette formule : « L'intégration, la souveraineté, l'unité se feront du Nord au Sud ou bien elles se feront de l'Est à l'Ouest ! »

Après l'intervention d'André Morice, ancien ministre de la Défense nationale et des Forces armées en 1957, la réunion suivie par des inspecteurs des R.G. a débouché sur la création du Centre de liaison et coordination du colloque de Vincennes, qui s'est donné pour mission d'amener le gouvernement à revenir sur l'autodétermination.

Bien que la presse de gauche et catholique progressiste se soit unanimement dressée contre la manifestation organisée par Jacques Soustelle, le député Albert Bayet, de gauche pourtant, a écrit dans *Le Journal du Parlement* : « Il est évident que le colonialisme est une notion périmée et que, par conséquent, il n'est pas question de coloniser à nouveau l'Algérie. Ce que nous demandons, c'est qu'elle soit partie intégrante de la République une et indivisible. »

La réunion de Vincennes entraîne la création du Front national pour l'Algérie française, le pendant métropolitain du F.A.F. Elle a aussi attiré sur Jacques Soustelle, Georges Bidault, André Morice et Robert Lacoste les attentions policières. Une note du 18 juin 1960, émanant du ministère de l'Intérieur et adressée aux responsables des postes frontières, ordonne leur arrestation au cas où ils tenteraient de quitter la France.

Interpellé au sujet de cette mesure à la Chambre des députés, le ministre de l'Intérieur Pierre Chatenet affecte d'abord de nier son existence. Mais il finit par admettre que l'ordre a effectivement été transmis aux policiers des frontières, mais tout de suite annulé.

Après le succès de Vincennes, les partisans de l'Algérie française organisent d'autres réunions similaires en métropole et Ortiz, de son observatoire des Baléares, dissèque la liste des personnalités engagées dans ce nouveau mouvement. Outre M$^{es}$ Tixier-Vignancour, Isorni et Le Corroller, les avocats de l'affaire des barricades, Jean-Marie Le Pen et de nombreux déçus de Mai 1958, il découvre des gens qui ont d'autres griefs contre la République française que l'abandon de l'Algérie. Il y a en effet au F.N.A.F. des anciens collaborationnistes et des poujadistes qui n'ont pas su tirer parti de leur triomphe électoral de 1956. Il craint que ces gens-là, qui rêvent de mettre à bas le régime gaulliste, tiennent surtout à revenir à la IV<sup>e</sup> République, qui reste à ses yeux la principale coupable du drame algérien.

Philippe de Massey, tout en suivant de Suisse la défense de l'Algérie française, étudie avec un ancien vice-président de la T.W.A. la création d'une fabrique d'emballages légers en Sicile, où les propriétaires d'orangeraies utilisent pour exporter leurs fruits vers l'Allemagne de lourdes caissettes datant du début du siècle. Cette activité, tout en étant rémunératrice, espère-t-il, lui permettra d'organiser en Italie l'accueil des exilés d'Algérie. Au cours d'un voyage d'affaires à Milan, par le truchement d'un capitaine qui s'est présenté à lui sous le nom de Mauro, il a rencontré le général Viggevani, le directeur du S.I.F.A.R., le *Servizio d'informazione delle forze armate* équivalant à la Sécurité militaire française. Et ce général, en présence de son adjoint, le lieutenant-colonel Alavena, et du comte Henrico de Boccard, un Piémontais apparenté aux Grimaldi-Polignac dont les aïeux ont choisi en 1860 l'Italie lors du rattachement du comté de Nice à la France, a proposé de faciliter le séjour en Italie de personnalités de l'Algérie française en leur fournissant des passeports de la région autonome du Val d'Aoste. En contrepartie, Massey s'est engagé à ce que ces exilés, sous peine d'immédiate expulsion, ne se livreraient en Italie à aucune activité contre le gouvernement français.

Quant au lieutenant de La Tocnaye, il poursuit son stage de perfectionnement à Châlons-sur-Marne où le colonel Broizat n'en finit pas de s'ennuyer. Jacques Prévost a quitté le 2<sup>e</sup> R.E.P. lors de la dissolution du commando *Alcazar* dont les membres, après quarante jours de service, n'ont souffert que de quelques blessures accidentelles durant leur instruction dans le secteur de Chefka au sud-est de Djidjelli. Repris par les démons de la guerre tandis que, déjà, un à un ses compagnons quittaient le service pour retourner à Alger, d'accord avec les officiers du 2<sup>e</sup> R.E.P., il a tenté de créer une équipe de fouille de grottes. Mais le combat ayant cessé faute de combattants, il a repris ses activités pétrolières tout en se promettant de répondre au premier appel des dirigeants du F.A.F. ou si, comme il l'espère depuis les conversations qu'il a eues avec quelques officiers de Légion durant son séjour à la frontière tunisienne, l'armée se levait contre Paris.

Sitôt libérés, les inséparables Pierre Sultana, Alain Mentzer et Pierre Aoustin ont été expulsés d'Algérie vers l'Espagne où, parmi d'autres exilés, ils ont retrouvé Philippe Castille. Quant à Yves Gignac, élargi de la Santé à la veille du procès du réseau Jeanson que Salan, retraité depuis le mois de juin, lui a demandé de suivre au Tribunal permanent des forces armées siégeant à l'ancienne prison du Cherche-Midi, il continue à animer l'A.C.U.F. qui, après quelques arrestations et le départ de Philippe de Massey, n'a plus connu d'alertes. Le colonel Chateau-Jobert est sorti de sa retraite monacale avec l'intention nouvelle d'œuvrer en Algérie à la sauvegarde de la civilisation chrétienne. Sa longue réflexion, basée sur l'œuvre de saint Thomas d'Aquin, l'a amené à penser que les Musulmans d'Algérie se détachent de la France seulement parce que de Gaulle leur a proposé l'autodétermination et semble avoir choisi, pour eux, l'indépendance. Il ne songe nullement, comme tant d'autres, à garder l'Algérie française dans le but de conserver les richesses sahariennes et d'éviter la spoliation des Européens. Lui, affirme-t-il en rencontrant à Paris Lacheroy et quelques autres colonels pressés d'engager le fer avec le gouvernement, c'est des populations musulmanes qu'il se préoccupe avant tout.

Refusant quelques affectations peu à son goût, Chateau-Jobert se rend clandestinement en Algérie. C'est donc en civil qu'il se présente un soir à Constantine au général Gouraud, au Q.G. du corps d'armée de la place d'Armes, et lui demande quelle serait son attitude si une partie de l'armée se dressait contre la politique algérienne de De Gaulle.

Gouraud tergiverse et Chateau-Jobert le quitte avec l'intime conviction qu'il ne s'engagera qu'à coup sûr. Il rencontre ensuite Jouhaud à Alger, puis Claude Capeau, quelques autres dirigeants du F.A.F. et des anciens de son bataillon de la France libre. Ces conversations l'amènent à se rendre compte que, parmi les Pieds-noirs surtout, si on parle d'un coup de force, personne n'est véritablement au fait de ce qui se trame à Paris. Il rencontre dans un bar corse son vieil ami compagnon de la Libération le colonel Ceccaldi, l'ancien chef d'état-major de la 10$^e$ D.P. qui avait, en janvier 1960, remplacé le colonel Fonde à Alger-Sahel et qui évoque à voix haute parmi un groupe de civils l'éventualité d'un putsch. Gêné, Chateau-Jobert lui propose de poursuivre ailleurs la conversation, mais Ceccaldi, arguant qu'il n'est entouré que de bons amis, continue d'exposer sa vision du coup de force.

Ignorant que deux de ses compagnons de la Libération sont sur le point de lui désobéir, le général de Gaulle déclare le lundi 5 septembre 1960 au cours d'une conférence de presse :

— Il y a une Algérie, il y a une entité algérienne, il y a une personnalité algérienne. C'est aux Algériens qu'il appartient, par le suffrage, de décider de leur destin. Mais moi, je vous dis qu'à mon sens, en tout cas, ils voudront que l'Algérie soit algérienne. La seule question qui se posera, à mon avis, ce sera de savoir si cette Algérie-là sera algérienne contre la France, par sécession, par rupture avec la France, ou en association, en union amicale, avec elle.

Confortant ainsi dans leurs convictions les Européens libéraux qui sont plus nombreux qu'on ne l'imagine en Algérie à accepter l'avènement d'une Algérie libre dans laquelle ils auraient leur place, leurs droits et leurs devoirs, le président de la République ajoute :

— Encore une fois, je ne préjuge pas de la réponse, mais le bon sens, lui, en préjuge et il a déjà, lui, le bon sens, décidé pour ce qui le concerne. Car, pourquoi voudrait-on briser tant de liens qui se sont établis depuis très longtemps et qui s'établissent encore tous les jours et les changer en une espèce d'inimitié formelle et cruelle ? Sur les neuf millions environ d'habitants que compte l'Algérie, il y en a un peu plus d'un million qui sont de souche française et aussi nombre de Musulmans qui ne veulent être séparés de la France en aucun cas. Ils ont bien le droit de vivre en Algérie puisque c'est leur terre natale.

Puis il évoque le sort des 400 000 Algériens travaillant en métropole – le cinquième de la population active de l'Algérie –, qui font vivre, rappelle-t-il, deux millions de personnes de l'autre côté de la Méditerranée et s'interroge :

— En cas de rupture, où iront-ils ? Au Caire, à Tunis, à Rabat, à Pékin, à Moscou, à New York ? Et puis, enfin, faut-il, oui ou non, que l'Algérie se transforme en un pays moderne et prospère ? Si oui, quelle est la puissance qui puisse s'y prêter, y concourir, dans les proportions et dans les conditions voulues ? Une seule, la France.

Après avoir affirmé au sujet du référendum qui scellera le destin de l'Algérie : « Je le dis et je le répète, aucune tendance ne sera exclue de ce débat », de Gaulle condamne les attentats nationalistes visant des civils. Il estime que les combats qui perdurent en Algérie sont « du temps, des douleurs et du sang perdus » et il laisse entendre que « lorsque seront finis les derniers accrochages et les derniers attentats, le souffle qui s'élèvera sur l'Algérie déchirée sera celui de la fraternité, pour la coopération, pour la liberté et pour la paix ».

Parlant encore de sa promesse de permettre à toutes les tendances nationalistes de participer au débat démocratique qu'il propose, l'homme de mai 1958 regrette que les négociations n'aient pas encore abouti. Visant le G.P.R.A. qui fait la sourde oreille à ses appels, il interroge :

— Qui peut croire que la France, sous le prétexte, d'ailleurs fallacieux, d'arrêter les meurtres, en viendrait à traiter avec la seule organisation extérieure de la rébellion, avec les insurgés, de tout l'avenir politique de l'Algérie, en viendrait à les bâtir comme étant la représentation unique de l'Algérie tout entière, bref, à admettre que le droit de la mitraillette l'emporterait d'avance sur celui du suffrage.

Et, levant à demi ouverte à hauteur de son menton la main qu'il a refusée le 10 juin à Si Salah, il hausse le ton pour demander :

— Pour qui me prennent ceux qui imaginent que je pourrais converser avec les chefs de la rébellion tant que les meurtres continuent, de telle sorte qu'à mesure de ma conversation avec eux, on viendrait peu à peu m'annoncer que des malheureux Musulmans ont été encore égorgés dans les douars d'Algérie ou des faubourgs de la métropole, qu'on a jeté des grenades sur des marchés arabes ou kabyles, qu'on a tiré sur des femmes et des enfants à la baignade sur les plages, qu'on a exécuté des troupiers pris au combat, qu'on les a exécutés sous une parodie de justice et que telle petite fille française a été massacrée dans son lit ?

Et il ajoute :

## Chap. 19. – L'O.A.S. a des appuis en métropole

— Tant qu'on donne la parole au couteau, on ne peut pas parler politique.

Puisque le G.P.R.A. voudrait que l'O.N.U. organise le référendum d'autodétermination en Algérie, de Gaulle, ironique, le contre :

— Il est possible que la même organisation extérieure pense que quelque résolution, qui serait votée par une assemblée des Nations dites unies, pourrait amener la France à leur passer la main. Cela aussi c'est une illusion totale. D'abord, parce que les Nations unies n'ont aucun droit, d'après leur propre charte, à intervenir dans une affaire qui est de la compétence de la France. Ensuite, parce qu'on peut imaginer de trouver, dans cette organisation, une majorité formée d'Etats totalitaires, d'Etats sans consistance, d'Etats pour qui la vie internationale c'est l'invective à perpétuité. La France ne reconnaît à une telle éventuelle majorité aucune qualité pour dire le droit ou faire la loi.

Et le président de la République déclare avec superbe :

— Et puis enfin, parce que tous ces conseillers de New York ne seraient certainement pas les payeurs dans le cas où, d'aventure, la France leur livrerait demain l'Algérie. C'est pourquoi, quoi qu'il arrive ou n'arrive pas à New York, la France poursuivra sa route et cette route c'est celle du droit des gens à disposer d'eux-mêmes. C'est celle de la raison et c'est celle de l'humanité.

Après avoir longuement parlé de la défense militaire de l'Europe occidentale dans le cadre de l'O.T.A.N. auquel, en cas de crise majeure avec le bloc de l'Est, il est prévu, depuis un accord signé le 7 mars 1959, que la flotte française s'intégrerait, le Général tient des propos conformes à ceux qui, en juin 1959, avaient obligé le général américain Norstadt, commandant en chef des forces de l'O.T.A.N., à retirer des bases aériennes françaises les avions destinés au transport et au largage d'engins nucléaires en affirmant que la France doit être seule responsable de ceux qui seraient un jour stockés sur son territoire. Puis il met un terme à sa conférence par cette boutade :

— De temps en temps, on me dit, ou on me fait dire – et c'est fort gentil à mon égard : Eh oui ! vous êtes là, par conséquent, c'est bien. Mais après vous ? Ce sera la pagaille ! Alors, quelques-uns suggèrent que l'on institue la pagaille tout de suite, de manière à assurer ma succession. Eh bien ! je demande à réfléchir.

Le 6 septembre 1960, si la presse fait en Algérie la part belle aux propos du général de Gaulle, elle fait aussi état des dernières exactions du F.L.N. qui ne semble pas vouloir suivre le général dans sa logique de négociation, infirmant ainsi ce qu'il a dit au sujet de la rébellion. C'est ainsi qu'au cours d'une opération dans le secteur de Batna, les forces de l'ordre ont délivré six hommes et une femme musulmans capturés par l'A.L.N. Emmurés et enchaînés deux à deux dans un puits de mine où, bastonnés toutes les quatre heures, ils allaient périr d'inanition et de douleur. Et à Frenda, petite ville perchée à cent soixante-dix kilomètres au sud-est d'Oran sur un contrefort de montagnes plantées de thuyas et de chênes, un terroriste a blessé trente personnes en lançant une grenade dans une soirée dansante organisée la veille de la conférence de presse présidentielle.

Lorsqu'il revient à Paris quelques jours après le discours de De Gaulle, Chateau-Jobert ne cache pas au colonel Lacheroy ses doutes quant au sérieux avec lequel la fronde est préparée à Alger. Il n'a pas tort puisque, malgré ses précautions, un entrefilet signale son périple algérien dans un journal suisse dont la lecture, craint-il, n'a certainement pas échappé aux observateurs parisiens. Lassé de ne rien voir venir de concret, il finit par prendre ses distances d'avec les Lacheroy, Argoud, Broizat et Godard puisque ceux-ci, bien qu'il se déclare de son côté prêt à obéir à un capitaine ou même à un civil s'ils lui offraient des garanties d'efficacité, cherchent toujours aussi désespérément le général qu'ils placeront à la tête de leur *pronunciamiento*.

Argoud et ses pairs ne sont pas les seuls engagés dans la grogne. Sitôt après le discours du 16 septembre 1959, quelques capitaines et commandants ont mis sur pied un réseau baptisé *Centurion*. Dans le Sud-Ouest, le colonel Ducasse, qui fut en 1958 l'un des principaux artisans de l'opération *Résurrection*, n'a pas eu grand mal à gagner à l'Algérie française un officier dans chaque unité des IV$^e$ et V$^e$ régions militaires. Il espère que ceux-ci, au premier signal, obligeront leurs chefs de corps à suivre la révolte.

De son côté, tenant parole, le général Jouhaud a quitté l'armée le samedi 15 octobre 1960 au cours d'une cérémonie à la base aérienne de Dijon où, mis à part Pierre Messmer, le gratin de l'armée s'était donné rendez-vous.

Décidé à vivre à Alger, le futur second du général Salan à la tête de l'O.A.S. doit faire face à tout un tas de tracasseries. Comme on lui réclame une sorte d'attestation d'emploi, il en obtient sans peine une auprès de Maurice Franck, P.-D.G. des Cartonneries de la Rochette dont les ateliers sont à Baba-Ali, pas très loin d'Alger, sur la route de Boufarik, et les bureaux dans l'immeuble qui abrite aussi les services de l'inspection des Finances au 4, boulevard Saint-Saëns, dans lequel Jouhaud disposera d'un logement de fonction.

Ayant levé un à un les obstacles, il se prépare donc au départ pour l'Algérie, où la valse des officiers supérieurs et des hauts fonctionnaires se poursuit et où des gaullistes occupent maintenant tous les postes clés. Comme à Alger où François Coulet, compagnon de la Libération à l'instar de beaucoup d'hommes de pouvoir en Algérie, âgé de cinquante-quatre ans, à la tête chauve et portant lunettes, occupe les fonctions de directeur des affaires politiques auprès de Paul Delouvrier.

François Coulet est diplomate. Il était secrétaire à l'ambassade de France à Helsinki en juin 1940. Après avoir rejoint les Forces françaises libres en août de la même année, il a occupé le poste de chef de cabinet et d'aide de camp du général de Gaulle jusqu'en 1942. Il s'est ensuite porté volontaire pour servir dans une unité aéroportée au grade de chef de bataillon. Il était à nouveau auprès de De Gaulle lorsque celui-ci, pour la première fois depuis le 17 juin 1940, foulait le sol français en débarquant le 14 juin 1944 à Courseulles de la frégate *La Combattante*. Nommé ce jour-là commissaire de la République pour les territoires encore occupés, François Coulet a retrouvé à la fin de la guerre la Carrière qui l'a mené en Suède, en Iran et Yougoslavie. Il a repris en 1955 du service dans l'armée de l'Air et le général Jouhaud, en 1956, lui a ordonné de créer cinq commandos de l'Air de cent hommes chacun et commandés par les capitaines Führer, Le Guen, Mayer, Morel et Turk. Après avoir transmis ses unités d'élite au lieutenant-colonel Maurice Emery qui, dans quelques mois, les entraînera dans l'aventure du putsch, il a rejoint la Délégation générale où, infatigable travailleur, secret et spartiate, il passe pour le véritable délégué général.

L'information est maintenant coiffée à Alger par Jacques Coup de Fréjac, comme Coulet ancien de la France libre, et assisté par Jean-Louis Guillaud – futur directeur de TF 1 puis de l'A.F.P. et dont le fils commandera en 2001 le porte-avions *Charles de Gaulle* –, Emmanuel de La Taille, Thierry de Scitivaux et Robert Villeneuve. Coup de Fréjac, que tous les Algérois savent acharné à imposer l'idée que – serait-ce dans dix ans – l'Algérie sera indépendante, est haï par les militants du F.A.F. Conscient que la radio représente en Algérie un élément capital dans la manipulation de l'opinion et craignant l'insidieux prosélytisme en faveur de l'Algérie française distillé par les émetteurs dont les militaires ont encore la charge, il crée douze nouvelles stations émettrices avec des gaullistes à leur tête.

Les slogans émancipateurs diffusés par le service d'information finissent par agacer des hommes qui, tout en restant fidèles au Général, n'admettent pas pour autant de baisser déjà les bras. Ainsi du général Crépin qui s'en ouvre à Michel Debré venu se rendre compte sur place de l'avancée du plan de Constantine. Lorsqu'il fait remarquer au Premier ministre que les services de Coup de Fréjac n'emploient plus jamais le mot intégration, mais parlent beaucoup plus d'association, celui-ci s'emporte et lui ordonne d'un ton sec de se contenter désormais de « faire son métier de militaire ».

Jouhaud bouclant ses bagages, le général Salan, qu'il sait retraité depuis le mois de juin, le devance et débarque du *Kairouan* à Alger avec son épouse. Sitôt qu'il rencontre Le Mandarin, Paul Delouvrier lui reproche de venir exciter la colère des Pieds-noirs. Salan en a vu d'autres. Crispé mais souriant, il explique au délégué général que rien ne lui interdit de vivre dans la villa qu'il possède à Hydra et qu'il a baptisée du prénom de sa fille Dominique aujourd'hui étudiante. Et pas plus, souligne-t-il, d'aller se recueillir à sa guise au cimetière du Clos-Salembier sur la tombe de son fils Hugues, mort en 1943.

Enervé, Delouvrier ne peut se retenir de rappeler que l'enfant évoqué par le général n'était encore qu'un bébé, puisqu'il n'avait que trois ans. Salan ne relève pas le propos indécent. Presque badin, il avance que le climat d'Alger est particulièrement bon pour le paisible retraité qu'il est devenu et que son épouse, elle aussi, l'apprécie tout particulièrement.

— Je vous avertis, Salan, vitupère Delouvrier en le quittant, que je vous ferai expulser avant trois mois.

Le futur patron de l'O.A.S. ne prend pas la menace à la légère et devine que le temps lui est compté. Bien décidé à se tenir à l'écart des activistes les plus voyants, quelques jours après son installation à la villa Dominique, il prend la parole à l'Aletti devant un parterre composé d'anciens combattants d'Indochine dont, sur les conseils d'Yves Gignac, il a accepté la présidence à l'issue du dixième congrès national de l'A.C.U.F. qui s'est tenu à Rennes le 5 juin 1960.

Abordant l'actualité sans jamais élever le ton, Salan subjugue son auditoire. Surtout lorsque, après avoir rappelé que l'article 72 de la Constitution dénie à qui que ce soit le droit de décider d'abandonner une portion du territoire national, il déclare au sujet de l'Algérie :

— Je n'hésite pas à affirmer que le sursaut national du 13 Mai et le référendum qui l'a suivi ont établi définitivement l'Algérie comme terre française par la volonté unanime et libre de ses habitants.

Ces propos sont repris par la presse d'Algérie et utilisés par le F.A.F. pour la composition de tracts. Les Pieds-noirs, qui ne lui avaient pourtant pas toujours accordé leur amitié lorsqu'il les gouvernait – certains allant même jusqu'à accepter de le tuer ! –, ne sont pas loin de songer que Salan représente aujourd'hui l'atout maître qui leur permettra de garder l'Algérie française.

*

— 20 —

## Salan s'installe en Espagne

L'Algérie française perd vite son « atout Salan ». Paul Delouvrier, tenant parole, a obtenu son rappel en métropole car, faisant partie de la 2$^e$ section de l'armée, le Mandarin n'a pas respecté son devoir de réserve lors de ses déclarations à l'Aletti.

## Chap. 20. – *Salan s'installe en Espagne*    181

Pierre Messmer lui ayant interdit de retourner à Alger au cours d'un entretien tendu, l'ancien commandant en chef prend ses quartiers parisiens à l'hôtel Astor, le quatre étoiles de la rue d'Astorg qu'il fréquente depuis la Libération avec son épouse et sa fille et qui est tenu par Pierre Perrin, un de ses amis d'enfance. Il rencontre Jouhaud et Zeller au domicile parisien de son aide de camp, le capitaine Ferrandi, un Corse de Muro. Ses yeux bleus pétillent lorsqu'il entend Jouhaud affirmer qu'une explosion de colère populaire enfiévrera bientôt Alger. Sachant que Jouhaud ne parle jamais à la légère, après avoir discuté pour savoir s'il faut attendre que cette colère algéroise éclate d'elle-même ou bien la précipiter, il décide de rester à Paris avec Zeller qui, sans vraiment choisir l'une ou l'autre des éventualités, est, comme Jouhaud, persuadé qu'ils trouveront certainement le moyen de renvoyer de Gaulle à Colombey. Puis Salan annonce à Jouhaud que lorsque le coup de force éclatera, il devra remplacer à Alger Paul Delouvrier et attendre ses ordres à la Délégation générale.

Ayant accepté l'idée qu'il faut en venir à un coup de force militaire pour sauver l'Algérie française, Salan décide de donner une conférence de presse le mardi 25 octobre 1960. Et ce n'est pas par hasard qu'il choisit le grand salon du Palais d'Orsay, puisque c'est là que le 19 mai 1958 de Gaulle avait annoncé son intention de revenir aux affaires.

En mai 1958, Michel Debré, Jacques Chaban-Delmas, Edmond Michelet, le général Koenig, Roger Frey, François Mauriac et Joseph Kessel se trouvaient au premier rang de l'assistance massée entre les hauts murs lambrissés du Palais d'Orsay. Aujourd'hui, ce sont Georges Bidault, le général Zeller, Jean-Marie Le Pen, le bachaga Boualam et les notables du comité de Vincennes qui occupent leurs sièges devant trois cents personnes filtrées par un service d'ordre fourni par Pierre Poujade qui assiste lui aussi à la conférence.

Parlant en civil, l'ancien commandant en chef en Algérie offre sans passion apparente à l'assistance le discours qu'elle espérait entendre. Il refuse à de Gaulle le droit de traiter avec les rebelles qui se conduisent en assassins. La seule manière de régler le problème algérien, propose-t-il, est de revenir à la fraternité de mai 1958. Haussant à peine le ton après avoir affirmé que l'Armée ne comprend plus rien à la politique présidentielle, il conclut :

— Le pays s'est toujours dressé, depuis des siècles, contre les responsables de l'amputation de son territoire. Il faut proclamer à la face du monde que l'Algérie demeurera ce qu'elle est, française ! et que la France est prête à tous les sacrifices pour remporter une victoire française.

Le lendemain, Salan reçoit un ancien membre du Comité de salut public d'Alger, le trésorier-payeur général des Finances André Regard. Il connaît bien ce grand commis de l'Etat car, après que le général de Gaulle lui eut confié tous les pouvoirs en Algérie, il en avait fait l'adjoint du préfet Serge Baret qu'il venait de nommer secrétaire général de l'Administration à la place de Pierre Chaussade. D'autant plus fidèle aux idéaux de l'Algérie française qu'il est natif d'Oran, André Regard propose au général en disgrâce de l'aider à se réfugier en Espagne au cas où le gouvernement en viendrait à prendre des mesures contre lui.

Le polytechnicien André Regard a cinquante-six ans. Il occupait en 1949 le poste de directeur de la Caisse centrale algérienne des assurances sociales. En mai 1958, il a cru discerner en de Gaulle l'homme providentiel qui lui donnerait les moyens de moderniser l'Algérie. Et de Gaulle, derrière qui il se trouvait le 4 juin 1958 lorsqu'il magnétisait la foule massée sur le Forum d'Alger, gardant longtemps sa main dans la sienne, lui a manifesté ce jour-là « sa confiance et sa gratitude pour tout ce qu'il avait fait pour la France et l'Algérie ».

Mais le vent a tourné. Après les barricades, André Regard a été ramené à Paris sans bagages dans un avion militaire, et Pierre Racine, le directeur de cabinet de Michel Debré, un petit homme effacé, lui a proposé des postes peu dignes de ses anciennes responsabilités. L'entretien s'est mal terminé et Regard a confié à son fils Robert, polytechnicien de vingt-quatre ans, qu'il n'avait pu se retenir de traiter de con le principal collaborateur de Michel Debré et que cela l'avait grandement soulagé.

Depuis cette engueulade, l'ancien secrétaire général de l'Administration en Algérie s'est placé en situation de « non-emploi » et, bien qu'étant toujours officiellement trésorier-payeur général affecté à l'administration centrale des Finances, il a rallié les extrémistes de l'Algérie française.

Salan n'a pas attendu pour songer à l'Espagne de retrouver André Regard qui, sous le nom de code de Raphaël, deviendra une des plus hautes et plus mystérieuses figures de l'O.A.S. Son plan de fuite était d'ailleurs prêt et, Jouhaud retourné depuis deux jours à Alger, en compagnie du capitaine Ferrandi, il échappe le dimanche 30 octobre 1960 aux policiers qui le surveillaient nuit et jour sans avoir l'ordre de l'arrêter. Changeant plusieurs fois de train après avoir avec ostentation fait croire qu'il se rendait à Nîmes chez son frère médecin, il gagne Perpignan et passe en Espagne à bord d'un taxi sans que bronchent les douaniers du Perthus. Il se fait reconnaître par les Espagnols de la douane et de la *Guardia civil*, qui le saluent avec déférence.

Désormais à l'abri de toute attaque gouvernementale, le futur chef de l'O.A.S. et Fernandi changent de taxi et se font conduire à Barcelone où, installé dans une suite de l'Avenidad Palace, Salan subit les assauts de journalistes à qui, pince-sans-rire et patient, il affirme qu'il est venu en Espagne pour faire du tourisme. Puis, reconnaissant qu'il a quitté Paris parce que le gouvernement lui a interdit de vivre chez lui, à Alger, il ajoute qu'il rejoindra les Français d'Algérie s'ils viennent à prendre les armes.

Sitôt qu'il apprend l'arrivée de Salan à Barcelone, Joseph Ortiz lui dépêche en ambassade Jacques Laquière. Connaissant bien les colonels et les généraux qui servaient sous ses ordres, Salan ne s'étonne pas d'apprendre que la plupart d'entre eux n'ont pas tenu leurs engagements le 24 janvier 1960. Le général s'inquiète de l'état d'esprit dans lequel se trouve Ortiz. Laquière lui affirme que celui-ci ne songe pas à baisser les bras et qu'il est en liaison permanente avec le F.A.F. algérois. Salan lui conseille de l'engager à continuer dans cette voie et, au cas où la population d'Alger le réclamerait, de le lui faire savoir afin qu'il débarque là-bas avec lui.

Le procès des barricades s'étant ouvert la veille, Salan et Ferrandi sont à Madrid au soir du 4 novembre 1960, lorsque le général de Gaulle prononce un nouveau discours à l'Elysée. C'est à l'aide d'un poste prêté par le directeur de l'hôtel Phénix où ils sont descendus qu'ils l'écoutent en compagnie de quatre journalistes qui l'ont suivi depuis Barcelone, Jacques Chapus, de *France-Soir*, Charles Finaltéri, reporter à Europe n° 1, Claude Paillat, envoyé spécial de *Paris-Presse*, et Philippe Noury, du *Figaro*.

Après avoir évoqué, à la grande colère des Pieds-noirs du F.A.F. et de leurs partisans métropolitains du F.N.A.F., « le génie libérateur de la France » qui a permis l'émancipation de treize pays africains et celle de Madagascar, de Gaulle évoque l'affaire algérienne « pendant depuis cent trente ans ».

— Oh, vous l'avez entendu ce coulo ? s'inquiètent des centaines de Pieds-noirs, qui menacent, unanimes : C'est lui qu'on devrait pendre !

A Paris, Michel Debré, pourtant prévenu puisque, au matin, lorsque le général de Gaulle lui a accordé la primeur de son discours si mal accueilli en Algérie, il n'avait pu s'empêcher de lui faire remarquer que son texte n'était pas conforme à ses engagements personnels de 1958, est atterré. Mais le président, qui lui a expliqué que ses propos n'engageaient que lui-même, expose la voie nouvelle qui s'offre à l'Algérie et qui « conduit non plus à l'Algérie gouvernée par la métropole, mais à l'Algérie algérienne ».

Dans les cafés où le petit peuple européen d'Algérie s'est massé, des cris de rage naissent lorsque de Gaulle poursuit :

— ... cela veut dire une Algérie émancipée, une Algérie dans laquelle les Algériens eux-mêmes décideront de leur destin, une Algérie où les responsabilités seront aux mains des Algériens. Une Algérie qui, si les Algériens le veulent – et j'estime que c'est le cas –, aura son gouvernement, ses institutions et ses lois.

Bien qu'il ait admis que « l'Algérie de demain, telle qu'en décidera l'autodétermination, pourra être bâtie, ou bien avec la France ou bien contre la France », des dizaines de milliers de Pieds-noirs considèrent que de Gaulle vient de signer l'arrêt de mort de l'Algérie française. Epié par les quatre journalistes, le général Salan a du mal à contenir son émotion. Près de lui, aussi élégant en civil qu'en uniforme, le capitaine Jean Ferrandi crispe les mâchoires lorsque le président de la République, rappelant les derniers propos de Ferhat Abbas, s'adresse sans le nommer au

G.P.R.A., ces « dirigeants rebelles, installés depuis six ans en dehors de l'Algérie et, qui, à les entendre, le seront encore pour longtemps, se disent être le gouvernement de la République algérienne, laquelle existera un jour, mais n'a encore jamais existé ».

Pour beaucoup d'Européens d'Algérie, l'évocation de la République algérienne qui « existera un jour » sonne le glas de leurs espérances. Georges Watin et Jo Rizza n'y vont pas par quatre chemins. Ils font devant leurs proches le serment de tuer de Gaulle. Et pour ces durs parmi les durs, ces menaces ne sont certainement pas des paroles en l'air.

Le général Crépin a écouté de Gaulle au quartier Rignot avec Paul Delouvrier, son directeur de cabinet, le préfet Jean Vaujour, son adjoint le général Héritier et André Jacomet, le successeur d'André Regard, un homme presque chauve et au visage rond qui, étant directeur de l'Administration est, après Paul Delouvrier et le général Crépin, la troisième personnalité de la République française en Algérie.

Le discours ayant été enregistré, Crépin le réécoute tout aussitôt et, visiblement soulagé, il avance que les propos de De Gaulle lui sont apparus moins tranchés qu'à la première audition. André Jacomet fait remarquer sèchement qu'il ne le trouve pourtant pas plus acceptable à la seconde écoute et il prend congé.

Trois jours après le discours catastrophique pour l'Algérie française, le général Salan est reçu en Espagne par Ramón Serrano Suñer, le beau-frère du général Franco, qui était ministre des Affaires étrangères de 1940 à 1942. Pendant que son hôte le présente à la haute société madrilène dans son appartement de la *calle* Molla, Paul Delouvrier est presque étonné que les Algérois ne soient pas encore descendus dans la rue. Réunissant ses directeurs de service, il les invite à s'en tenir à la plus stricte obéissance. André Jacomet, qui avant cette séance avait déjà confié son intention de démissionner au général Crépin, puis à Delouvrier lui-même, s'étonne que celui-ci lui demande encore son avis.

— Monsieur le délégué général, martèle-t-il d'une voix crispée, s'il est nécessaire d'en arriver à une négociation avec les dirigeants du G.P.R.A., pourquoi leur abandonner avant d'avoir négocié ce pour quoi ils se battent : l'Algérie algérienne !

Les regards inquiets des hauts fonctionnaires vont avec ensemble du masque fermé de Delouvrier à la face ronde de Jacomet. Le directeur général de l'Administration s'emporte soudain et s'écrie « Pour moi, la France n'est pas de Gaulle et de Gaulle n'est pas la France ! » et, après un implacable réquisitoire contre les bradeurs de l'Algérie française, il demande pour la seconde fois au délégué général de présenter sa démission à Michel Debré puis, très raide, il sort de la salle.

Après cet éclat, le délégué général recommande à ses directeurs d'observer un mutisme absolu sur ce qui vient de se passer.

Dans les quatre heures qui suivent, André Jacomet est relevé de ses fonctions et sommé de rentrer en métropole. Désormais, c'est le préfet Max Moulins, jusqu'à ce jour I.G.A.M.E. (inspecteur général de l'Administration en mission extraordinaire) à Constantine et ancien directeur des Renseignements généraux, qui le remplace. Mais, malgré la discrétion exigée par Delouvrier, la nouvelle et les causes du départ de Jacomet font le tour de la ville quadrillée par les forces de l'ordre en alerte depuis le discours présidentiel.

Se tenant aux aguets du moindre écho sortant de la Délégation générale, le général Jouhaud, bien que Pied-noir, est loin de jouir de l'amitié unanime des leaders de l'Algérie française et Robert Martel fait circuler des consignes de méfiance le présentant comme un agent du gouvernement venu ourdir à Alger on ne sait quel complot machiavélique destiné à précipiter la fin de l'Algérie française. Martel insinue que si le général Salan n'a pas été toléré à Alger par le gouvernement, Jouhaud, lui, y va et vient à sa guise et rencontre en toute liberté les hommes qui comptent dans l'Administration et les états-majors militaires.

Ces rumeurs dont Jouhaud connaît la source animent les conversations de comptoir lorsque, Salan étant depuis trois jours installé à San Sebastián, les Pieds-noirs, jusque-là contenus par les mots d'ordre du F.A.F., décident de crier leur désespoir à l'occasion des cérémonies patriotiques du 11 Novembre.

Bien que la rumeur circule que des ultras du F.A.F. vont tenter de l'assassiner, Delouvrier n'entend pas renoncer à célébrer l'armistice de la Grande Guerre. Par prudence, il a ordonné à Crépin de rameuter en ville quelques bataillons du bled. Il a aussi demandé à Jean Vaujour et à Max Moulins de rester sur le qui-vive à la Délégation générale durant la cérémonie au monument aux morts et, au cas où les choses tourneraient mal, d'aller se réfugier à La Réghaïa.

Au matin du 11 novembre, des cordons de gendarmes mobiles et de C.R.S. barrent les accès à la Délégation générale et des observateurs embarqués dans des hélicoptères suivent les mouvements de la foule.

Si aucun coup de feu ne claque lorsqu'il descend de sa D.S., Delouvrier plonge tout de même dans un chaudron bouillant. Tout autour de lui le service d'ordre plie sous les assauts de la foule. Des explosions de grenades lacrymogènes percent à peine le concert d'insultes vomi par les Algérois. La situation est si critique que Delouvrier écourte la cérémonie. Comme il n'est plus question de rejoindre sa D.S. déjà cabossée parmi la mêlée d'hommes et de femmes cristallisant sur lui la haine qu'ils vouent au général de Gaulle, il décide de regagner à pied la Délégation générale par les escaliers du boulevard Laferrière. Derrière lui, des Algérois piétinent les gerbes de fleurs ornées de larges rubans lilas ou blancs. Des gendarmes casqués barrent l'avenue Pasteur, stoïques sous les projectiles lancés des immeubles comme au soir du 24 janvier. Ils s'écartent pour laisser Delouvrier et sa suite se mettre hors de portée des jeunes militants du F.A.F. qui les poursuivaient en exigeant la libération de Lagaillarde et le retour d'Ortiz.

Essoufflé, Delouvrier ordonne à Crépin d'appeler des renforts afin de soulager les gendarmes et les C.R.S. qui, en bas du Forum, sont sur le point de céder. Les échos des explosions de grenades lacrymogènes grossissant, enfin revenu dans son bureau, il avoue au préfet Vaujour :

— Je ne suis sans doute plus l'homme de la situation.

A Paris, à la même heure, les personnalités qui se sont massées sous l'Arc de Triomphe devant la tombe du soldat inconnu s'étonnent de ne pas voir le maréchal Juin. Afin d'expliquer son absence, l'ancien condisciple du général de Gaulle à Saint-Cyr a fait diffuser un communiqué dans lequel, malgré l'amitié cinquantenaire qui l'a lié au président de la République, il proteste, en sa qualité de plus haut dignitaire de l'Armée et en tant qu'Algérien, contre l'idée d'abandonner un jour ses frères d'Afrique du Nord.

A Alger, comme s'ils se livraient à la répétition d'une action de plus grande envergure, des petits groupes de militants du F.A.F. et d'étudiants nationalistes dirigés par Jean-Marcel Zagamé harcèlent durant des heures les forces de l'ordre en les bombardant de boulons, de ferrailles et de cocktails Molotov.

Lorsque le calme revient enfin sur la ville respirant des relents de gaz lacrymogènes, si le sang n'a pas coulé comme au soir du 24 janvier 1960, il y a cependant de nombreux blessés parmi les forces de l'ordre et dans les rangs des émeutiers.

Loin des fièvres algéroises, onze légionnaires du 1$^{er}$ R.E.P. tombaient au combat à l'heure même où les militants du F.A.F., des Facultés à la Grande Poste, assaillaient les forces de l'ordre. Trois jours plus tard, le lieutenant-colonel Dufour, qui n'a cessé de comploter depuis la chute des barricades, affirme devant les cercueils de ses bérets verts et les Européens de Zéralda venus partager le deuil de leurs idoles :

— Il n'est pas possible que votre sacrifice demeure vain. Il n'est pas possible que nos compatriotes de la métropole n'entendent pas nos cris d'angoisse.

Après l'absoute, le père Delarue, l'aumônier de la 10$^e$ D.P., proclame quant à lui :

— Vous êtes tombés à un moment où, si nous en croyons les discours, nous ne savons plus très bien pourquoi nous mourons.

Pendant que les baroudeurs au béret vert qui, dans six mois, retourneront avec ensemble contre la République les armes qu'elle leur a confiées enterrent leurs morts, le général Salan participe à une célébration du 11 Novembre à San Sebastián, en présence d'une section de parachutistes venus de Bayonne et il profite de l'occasion pour remettre à la presse un communiqué attaquant le dernier discours de De Gaulle.

Après avoir refusé de suivre le Général sur le chemin de l'autodétermination qui ne peut mener qu'à une « Algérie qui ne sera pas plus déterminée qu'elle ne sera finalement unie à la France », le futur patron de l'O.A.S. salue les « hauts fonctionnaires parmi ceux qui étaient le moins suspects d'"activisme", qui n'ont pas voulu trahir la mission qui leur avait été confiée » et il affirme qu'ils ont agi avec « une dignité, une rigueur et un courage qui sont tout à leur honneur ».

*Le Monde* publie l'essentiel du manifeste de Salan réclamant que chacun prenne « ses responsabilités à l'égard du pays et du monde libre comme à l'égard de sa conscience », car, selon lui, « le temps des faux-fuyants est révolu ».

« Aux postes de responsabilités, chacun, a-t-il écrit, doit dire nettement s'il est pour l'Algérie française ou pour l'Algérie algérienne. Car il ne fait plus aucun doute aujourd'hui que l'Algérie algérienne, qui aura, selon les propres paroles du chef de l'Etat, "son gouvernement, ses institutions et ses lois", rejoindra au magasin des illusions éphémères le Vietnam "dans l'Union française", la Tunisie "autonome", le Maroc "indépendant dans l'interdépendance", la Guinée et le Mali et autres Etats communautaires à rénovation permanente. La suite n'est que trop évidente. Cet Etat algérien sans passé, sans structures, sans esprit national, créé dans la confusion des esprits et la menace de l'égorgement, deviendra une République populaire algérienne, suivant le modèle unique fabriqué à Moscou. C'est aveugler les Français que de leur faire croire le contraire. C'est aveugler l'Occident tout entier que de lui laisser croire que l'Algérie ne fait pas partie du monde qu'il doit défendre pour préserver sa sécurité immédiate. »

Après avoir évoqué l'Algérie qui naîtrait de la politique du général de Gaulle, Salan a brossé le portrait de celle dont il rêve, qui, tout en restant française, serait « transformée dans l'égalité véritable des Musulmans avec les quarante millions de Français ». Le lendemain, il reçoit le général Paul Gardy, envoyé de Paris par le général Faure et les colonels de l'Ecole militaire.

Paul Gardy, né en 1901, est de deux ans le cadet de Salan. Petit homme sec aux traits volontaires et aux sourcils broussailleux, il était avant sa retraite inspecteur technique de la Légion étrangère. Ayant toujours confondu sa vie personnelle avec son arme, il a marié ses deux filles à des officiers du 1er R.E.P., les capitaines Michel Bésineau et Michel Glasser. Le premier de ses deux gendres est fils d'un contre-amiral à qui son obéissance à Vichy alors qu'il commandait le croiseur *Duquesne* a valu une retraite précipitée en 1945, et le second, actuellement en charge à Sidi Bel Abbes de la compagnie d'instruction des cadres de la Légion et de l'instruction des volontaires parachutistes, est titulaire de onze citations qui ont fait de lui à trente-trois ans un commandeur de la Légion d'honneur. Et ces deux gendres suivront bientôt sans hésiter leur beau-père sur les chemins de la désobéissance lorsqu'il s'agira de rallier l'O.A.S.

Pour Gardy, le sort de la Légion étrangère est lié à l'Algérie française. A un point tel que si, comme il le craint, de Gaulle accordait l'indépendance à l'Algérie, sa chère Légion n'aurait plus sa place dans un Empire français réduit comme peau de chagrin. Le seul moyen de sauver l'une et l'autre est donc, ainsi qu'il le confie à Salan, d'engager une nouvelle épreuve de force avec l'Elysée. Et il se fait fort, promet-il, d'entraîner dans la sédition toutes les unités arborant la grenade à sept flammes. Même, précise-t-il, le 1$^{er}$ R.E.I. de Sidi Bel Abbes, la Mecque de la Légion, qui est commandé depuis le 16 mai 1959 par le colonel Albert Brothier, ancien chef d'état-major de la 10$^e$ D.P. durant la bataille d'Alger de 1957, figure de la Légion qui a aussi commandé le 1$^{er}$ R.E.P. du 4 février 1956 au 25 mars 1957 et, après la mort au combat du lieutenant-colonel Jeanpierre, en a repris le commandement en juillet 1958 avant de le transmettre le 1$^{er}$ mai 1959 au lieutenant-colonel Henri Dufour.

A la fin de l'entretien durant lequel Gardy n'a cessé de mâchouiller un mégot jauni, Salan prie son visiteur de faire savoir au général Faure, à condition que cela se passe en Algérie, qu'il prendra volontiers la tête de toute action militaire d'envergure qu'il estimera bon d'engager.

De son côté, sitôt arrivé à Paris, André Jacomet, à qui songeait Salan en évoquant les « hauts fonctionnaires les moins suspects d'activisme », a rencontré Pierre Racine et celui-ci l'a mis en garde contre la fureur du général de Gaulle qui a parlé de « mort civile » à son sujet. Et c'est bien de cela qu'il s'agit puisque, sans se soucier de la décision du bureau du Conseil d'Etat, de Gaulle a ordonné – fait sans précédent dans l'histoire de cette institution ! – sa radiation de la liste des hauts conseillers de la République.

Le procès des barricades divisant de plus en plus l'opinion à Paris, le général Jouhaud reçoit le 15 novembre 1960 à Alger deux visiteurs connus lorsqu'il commandait l'aviation en Algérie et dont, et c'est surtout ce qui l'a incité à les accueillir, il sait les sentiments Algérie française.

Ces deux hommes sont membres du Comité des associations nationales d'anciens combattants, le C.A.N.A.C. dirigé par Alexandre Sanguinetti et qui a pesé si lourd au mois de mai 1958 dans l'opération *Résurrection* en mobilisant des milliers d'anciens combattants de droite contre la IV$^e$ République. Le premier, le banquier René Legros, est président des sous-officiers de réserve de l'armée de l'Air. Le second, l'ingénieur Claude Gérard, qui préside les anciens de l'Artillerie coloniale, entre dans le vif du sujet tout de suite après les politesses.

Les deux voyageurs ont participé à Paris à des discussions sur l'Algérie avec Alexandre Sanguinetti et des officiers de réserve dont l'un, Paul Jérôme, importateur de cacao du Cameroun et ancien officier de renseignement de l'équipe du colonel Paillole, est un proche de Jacques Foccart, qui occupe toujours à l'Elysée le poste de secrétaire général de la Communauté française. Puisque l'intégration prônée par Jacques Soustelle est condamnée, ces hommes ont lancé l'idée d'une Algérie indépendante différente de celle qu'entendent instaurer les ministres du G.P.R.A.

D'après Claude Gérard, le maréchal Juin aurait refusé de prendre la tête de cette Algérie nouvelle bâtie sans le F.L.N. et en union avec la France.

— C'est donc à vous, mon général, précise l'officier de réserve, que nous avons pensé.

Tombant des nues, Jouhaud réclame des précisions. Prenant chacun leur tour la parole, ses deux visiteurs affirment que leur ami Paul Jérôme a discuté avec Michel Debré et que ce dernier, après quelques réserves sur l'urgence d'engager une telle action et semblant vouloir attendre les premiers résultats de la politique présidentielle, lui a donné le feu vert pour le contacter.

Après cet entretien avec le Premier ministre et d'autres avec Jacques Foccart, les défenseurs de cette Algérie idéale ont rédigé un mémoire, que Paul Jérôme est allé présenter à l'Elysée le samedi 12 novembre.

S'étant ainsi expliqué, Claude Gérard présente à Jouhaud une copie de ce document accompagnée d'une lettre du général Zeller.

Jouhaud cale ses lunettes sur son nez rond, sourcille en prenant connaissance du courrier de Zeller qui le met en garde : « Méfiez-vous, vous allez tomber dans un traquenard épouvantable ! » Désormais plus circonspect, avant de s'atteler à l'étude de leur mémoire, il pose quelques questions sur les personnalités qui, selon ses visiteurs, sont dans le secret de l'affaire. Il est quelque peu abasourdi d'apprendre que, comme Jacques Foccart, Pierre Lefranc, chargé de mission à l'Elysée, et Roger Frey – devenu ministre délégué auprès de Debré depuis les barricades – sont d'accord avec ce projet.

— Et, mon général, précise René Legros, c'est M. Sanguinetti lui-même qui a pris nos billets d'avion.

Le futur patron de l'O.A.S. rechausse ses lunettes et se rend compte que les auteurs du mémoire, s'en tenant aux déclarations du président de la République, ont comme Salan établi sans équivoque que le chef de l'Etat « ira jusqu'au bout de sa politique algérienne » et que « la métropole, dans sa majorité », le suivra sur cette voie.

Les promoteurs de la République française d'Algérie ont également envisagé « la probabilité que l'installation d'un exécutif algérien par Paris sera suivie de la création par les Européens d'un deuxième exécutif en opposition au premier » et reconnu que « les divergences certaines d'opinions au sein de l'Armée, comme dans les autres éléments du corps social français, l'état de désespérance des Français d'Algérie » sont des « éléments pouvant entraîner un mouvement insurrectionnel à conséquences incontrôlables ».

Jouhaud ne s'emballe pas à la lecture du document tissé de lieux communs. Pendant que les deux ambassadeurs de Sanguinetti épient la plus furtive crispation de son visage marqué d'un gros grain de beauté à droite de la lèvre supérieure, il y trouve cependant quelque intérêt en découvrant ce paragraphe : « Tous ces éléments nous ont entraînés à la recherche d'une solution qui permette, tout en respectant les impératifs nationaux, de construire une République d'Algérie à laquelle Européens et Musulmans seraient intimement liés dans l'esprit du 13 Mai (fraternisation), dans l'esprit et le respect des principaux engagements pris par l'armée au lendemain du 13 Mai (coexistence des deux communautés, égalité des droits, égalité sociale), dans le cadre de la politique d'autodétermination fixée par le général de Gaulle le 16 septembre 1959. »

Son attention croît encore lorsqu'il lit : « Le but est donc bien la création d'une République d'Algérie avec la participation la plus large des Français d'Algérie et des Musulmans, sans rupture définitive avec la métropole, mais entraînant bien au contraire l'assentiment de celle-ci, et surtout permettant à l'Armée de retrouver son unité et, en conséquence, d'apporter un appui sans réserve aux promoteurs de cette action. En fait, il s'agit de déterminer l'élément européen jusqu'ici divisé, opposé, désespéré, à retrouver la notion de son unité et de son efficacité pour le faire participer à fond avec tous ses moyens à la construction de son propre avenir. Mais encore est-il nécessaire de trouver le moyen de cette action, c'est-à-dire, dans le contexte actuel de l'Algérie, l'homme susceptible de réaliser la cohésion des Européens et des Musulmans et dont la personnalité donnera à l'armée toute garantie de succès. »

Jouhaud lève un instant sa tête ronde vers ses hôtes qui retiennent leur souffle. « Cet homme doit être à la fois, découvre-t-il ensuite, patriote éclairé, conscient des risques que comporte pour l'Algérie et pour la France la situation présente, Algérien d'origine française, chef militaire ayant participé au 13 Mai, libre de tout engagement politique antérieur, possédant suffisamment de courage et d'autorité pour, l'action étant engagée, la poursuivre en évitant qu'elle ne se détourne de son but final et ne se transforme en un conflit définitif avec la métropole, soit, n'étant pas suffisamment étoffée, qu'elle crée un chaos faisant le lit du F.L.N., solutions toutes deux contraires au but poursuivi. »

Le reste du mémoire explique le voyage de ses deux visiteurs : « Après des premiers sondages effectués auprès de personnalités diverses, il est apparu qu'en raison des contextes algérien et métropolitain une telle solution recevrait l'agrément de ceux qui étaient partisans de l'Algérie française. Forts de cette première approbation, il nous est apparu qu'en raison de l'urgence et l'imminence des décisions du général de Gaulle pouvant entraîner une réaction sanglante en Algérie, il était urgent de faire part de ce projet, d'une part à de hautes personnalités, d'autre part à l'homme qui semblait répondre aux qualités recherchées.

« Un premier contact fut pris le vendredi 11 novembre à l'Elysée, auquel participèrent : M.D., J.F., P.L., P.J., R.L., R.F. Le principe fut reconnu valable, la solution souhaitable, l'urgence moins certaine. Le choix de la personnalité reçut une approbation générale, un doute subsistant quant à son acceptation. J.F. exprima l'opinion que R.F. devait prendre cette affaire à bras le corps et essayer de la mener à bien. M.D., moins convaincu de l'urgence, estimait que son déclenchement pouvait attendre les précisions que le Général devait apporter à sa politique algérienne. »

Jouhaud retire ses lunettes. Ayant compris que les initiales M.D. désignent Michel Debré, J.F., Jacques Foccart, P.L., Pierre Lefranc qui est très proche du général de Gaulle, R.L., René Legros, P.J. Paul Jérôme et R.F. Roger Frey, il plie le document que Legros, main tendue, voulait lui reprendre ainsi qu'Alexandre Sanguinetti le lui avait vivement conseillé et il le glisse dans la poche intérieure de son veston.

— Messieurs, lâche-t-il ensuite, tout cela me semble bien, mais vous comprendrez que je dois réfléchir avant de m'engager. Sachez aussi que je suis venu en Algérie dans l'intention d'y finir tranquille mes jours, en travaillant tant que mes forces me le permettent.

Après le départ des émissaires de Sanguinetti, Jouhaud relit leur mémoire et il se pose beaucoup de questions sur les réalités de cette Algérie française *bis* qui serait gouvernée par lui et que sembleraient appeler de tous leurs vœux des hommes comme Jacques Foccart et Alexandre Sanguinetti. Puis il parle de ce mirifique projet au député Philippe Marçais qui le met en garde :

— Mon général, faites attention, vous risquez de tomber dans un traquenard qui n'a certainement pas d'autre but que de détruire votre crédit dans la population algérienne.

En l'entendant citer Foccart, craignant une manœuvre tordue imaginée par le conseiller le plus secret de De Gaulle, quelques autres partisans de l'Algérie française donnent à Jouhaud le même conseil que le créateur de *L'Esprit public*. Finalement, au matin du 16 novembre 1960, Jouhaud décide d'exposer l'affaire au préfet Vaujour. Mais celui-ci refusant de le recevoir à la Délégation générale, il faut toute l'insistance de l'énarque Jean Poincaré, chargé de l'exécution du plan de Constantine, pour qu'il accepte de lui ouvrir au moins la porte de son domicile privé.

Jouhaud en venant tout de suite au fait, Jean Vaujour est ébahi. Sans aucune considération pour les cinq étoiles de son visiteur, il le taxe d'une naïveté qui, selon lui, serait hélas commune à tous les militaires.

Le général en civil s'attendait à un tout autre accueil d'un homme qui, alors préfet de Police à Alger, n'avait pas été écouté en 1954 lorsqu'il avait fait parvenir à Pierre Mendès France des indices recueillis par ses services, qui annonçaient l'imminence du soulèvement musulman.

Le préfet n'admet pas que puisse se développer dans l'entourage même de De Gaulle un courant opposé à sa politique. Renonçant à le convaincre, se demandant lequel des deux est le plus naïf, Jouhaud décide d'abréger la discussion.

Mais le préfet Vaujour n'est pas un naïf, puisqu'il ironise en quittant son fauteuil :

— Vous savez, mon général, votre République algérienne, la première semaine, ce seront des *Marseillaise,* la deuxième, il faudra nourrir les populations et la troisième, l'Armée française sera à genoux devant la métropole.

Puis, après cette boutade réaliste, sitôt la grille de sa villa refermée derrière Jouhaud, il s'empresse de consigner tout ce qui s'est dit au cours de l'entretien en apparence si décousu.

Le lendemain de cette rencontre stérile, René Legros revient seul à la charge boulevard Saint-Saëns. Jouhaud a réfléchi à l'éventualité de présider une République algérienne française. Mais, tient-il à préciser à son visiteur, cela ne pourrait se faire qu'à certaines conditions.

— La première serait qu'on déclare qu'on ne renoncera jamais à la souveraineté française. La deuxième que, tout au moins dans un premier temps, l'Armée observe une sorte de neutralité. Enfin et surtout, il faudrait que les plus hautes instances du pays ne prennent pas parti contre moi, tout au moins dans l'immédiat. Et qu'elles me permettent de mener à bien cette mission pour laquelle, je vous l'avoue, je ne me sens nullement qualifié.

Comme Legros tente de le détromper, il le coupe et poursuit :

— Cher monsieur, je n'ai pas l'audience que vous voulez bien me prêter auprès des Musulmans et des gens de ce pays. Par conséquent, on devrait penser à quelqu'un d'autre que moi. Au surplus, si le gouvernement veut me voir, il peut bien m'envoyer le général Nicot. Et si je vais à Paris, je tiens à rencontrer d'abord M. Chatenet, le ministre de l'Intérieur, que je connais mieux que Roger Frey.

Jouhaud explique que lorsqu'il était chef d'état-major de l'armée de l'Air il a souvent eu affaire à Pierre Chatenet, alors délégué du ministre des Armées au ministère de l'Air. Ayant ainsi admis qu'il pourrait s'engager dans l'affaire, au moment de laisser partir l'envoyé de Sanguinetti, soudain ému, il lui recommande :

— Dites bien tout de même à Paris, quoique je ne veuille pas me mêler de ça, que si on ne change pas de politique pour notre pays, on va vers un petit Budapest et, ensuite, à une sorte de Saint-Barthélemy.

Alexandre Sanguinetti est venu accueillir ses deux messagers à Orly. Il commence par leur reprocher de n'avoir pas repris à Jouhaud l'exemplaire du mémoire qu'ils lui ont confié. Puis il les mène devant Roger Frey à qui Legros répète mot à mot les propos de Jouhaud. Le ministre délégué auprès du Premier ministre n'y trouve rien à redire et décide :

— Si le général Jouhaud veut un entretien, il faut qu'il sache que ce n'est pas le gouvernement qui le convoque, mais seulement que je le rencontrerai volontiers dans le but de rechercher avec lui ce qui peut être réalisé en Algérie.

*

— 21 —
## De Gaulle est menacé

Pendant qu'un nouvel avenir pour l'Algérie se dessine peut-être à son insu, Paul Delouvrier sait qu'il ne restera plus longtemps à la Délégation générale où François Coulet prend des mesures de plus en plus opposées au maintien de l'Algérie française.

Balayant la rumeur de la nomination du préfet de police de Paris, Maurice Papon, à Alger ou de celle de Raymond Haas-Picard, I.G.A.M.E. à Marseille, le général de Gaulle, furieux que Pierre Lagaillarde ait été mis en liberté provisoire en même temps que les autres prévenus du procès des barricades, annonce dans l'après-midi du vendredi 18 novembre 1960 son intention de confier la direction de l'Algérie à Jean Morin, l'ancien collaborateur de Georges Bidault lorsque celui-ci était en 1947 ministre des Affaires étrangères dans le gouvernement de Paul Ramadier et qui, jusque-là, était inspecteur général de l'Administration à Toulouse.

Sitôt qu'il apprend la nouvelle de la libération de Lagaillarde, Joseph Ortiz lui adresse à Paris un télégramme l'assurant de sa sympathie au nom des « mouvements nationaux exilés » qui n'existent encore que dans son esprit.

Ortiz s'active de plus en plus et, Pierre Joly ayant joué son rôle d'attaché de presse, la télévision belge diffuse sur fond d'images tournées en Algérie une de ses déclarations hostiles à la politique de De Gaulle. Cette émission ayant déplu à l'Elysée, le directeur de la R.T.B. a été sommé de s'en expliquer à l'ambassade de France à Bruxelles. Après cette diffusion, ses amis du F.A.F. avertissent Ortiz qu'un coup de force va éclater début décembre à Alger. Apprenant que le lieutenant-colonel Dufour a souvent rencontré André Seguin et qu'il prendra la tête de la partie militaire du soulèvement, le leader des barricades se prépare déjà à rentrer à Alger en triomphateur.

Bien entendu au courant de ce qui se trame à Alger, Pierre Sultana, muni de faux papiers, a rejoint Paris où, avec Aoustin et Mentzer, il organise la fuite de Lagaillarde en Espagne. Après une étape à Montpon-

Ménestérol, en Dordogne, où un médecin les a hébergés, tandis que Sultana et Aoustin faisaient diversion au poste frontière d'Irún, Lagaillarde et Mentzer, passant par la montagne, gagnaient San Sebastián. Alertés par leur teint bronzé, les policiers français contrôlent Aoustin et Sultana, leur interdisent le passage et les présentent au procureur de la République à Hendaye qui les gardera une dizaine de jours au frais et les relâchera sans procès après que *France-Soir* aura publié leurs photos, en les présentant comme les gardes du corps de Lagaillarde.

Pendant que Sultana s'impatiente à Hendaye, Jean Morin débarque à Maison-Blanche du S.O. *Bretagne* ministériel avec Louis Verger, le préfet d'Orléansville dont il a fait son chef de cabinet. Le préfet Vaujour, aussitôt remplacé, quitte l'Algérie avec ses notes sur la République algérienne du général Jouhaud.

Le général de Gaulle, afin de mieux marquer son domaine réservé sur les problèmes algériens, a décidé que Jean Morin ne sera pas, comme l'était Paul Delouvrier, délégué général du gouvernement en Algérie, mais délégué général en Algérie. Supprimant le secrétariat aux Affaires algériennes, il nomme Louis Joxe, qui fut professeur à Alger et, en 1943, secrétaire général du gouvernement de la Libération, ministre d'Etat chargé des Affaires algériennes.

Parce qu'il fut l'un des proches de Georges Bidault, des militants du F.A.F. prêtent à Jean Morin des sentiments Algérie française et cette réputation usurpée lui évite d'être hué lorsque, sacrifiant à la tradition, il vient déposer une gerbe au monument aux morts. Avant son arrivée, c'est dans l'indifférence que Paul Delouvrier a adressé ce message d'adieu aux Algérois : « A la suite de la réorganisation gouvernementale des responsabilités dans les affaires algériennes, je quitte l'Algérie, mais l'Algérie ne me quittera pas. Deux ans de combat en commun avec la magnifique armée de la France, avec l'administration si dévouée, qui se rénove, avec les hommes et les femmes de toutes les communautés ; deux années pendant lesquelles j'ai participé profondément aux souffrances, aux angoisses, aux espoirs de tous ; deux ans de progrès, de promotion musulmane, d'impulsion économique. Ces deux années m'ont lié aux Algériens définitivement. Je dis merci à tous, à ceux qui m'ont aidé et aussi à ceux qui m'ont combattu. Une nouvelle étape s'annonce. La voie tracée par le général de Gaulle est la seule voie pour arriver à la paix et à la cohabitation fraternelle de tous les Algériens, à une Algérie qui ne peut être qu'unie à la France. »

Et le speech que Jean Morin, petit homme à la calvitie avancée, fait à l'attention des journalistes qui se bousculent au premier rang d'une maigre foule de curieux, tombe également à plat parmi la population ravie de savoir Pierre Lagaillarde en liberté.

— Je ne vais pas tenir une conférence de presse, prévient-il en forçant la voix dans son micro afin de percer le concert de klaxons scandant des « Algérie française ! ». Je veux seulement, en arrivant à Alger, prendre contact rapidement avec vous après m'être incliné devant le monument aux morts et vous dire qu'au moment où je prends pied sur cette terre d'Algérie je ressens une grande fierté d'avoir été choisi par la France pour accomplir une des plus hautes et des plus nobles missions qu'elle puisse demander à l'un de ses enfants d'accomplir. Je suis venu ici pour unir et non pour séparer, pour rassurer et non pour alarmer, en un mot pour réconcilier l'Algérie avec elle-même. J'ai décidé de consacrer toutes mes forces à forger une Algérie nouvelle, fière de son destin et désireuse de l'assurer avec la France. J'aurai l'occasion dans les jours qui viennent, peut-être, d'en dire davantage, mais je veux simplement vous exprimer aujourd'hui le grand honneur que j'ai d'être à Alger, et le grand désir qui m'habite d'y travailler utilement pour l'intérêt commun de l'Algérie et de la France.

Pendant que le représentant de De Gaulle s'installe, le colonel Argoud, qui s'est vu refuser l'entrée au Centre des hautes études militaires, le C.H.E.M., « l'école des maréchaux » qui lui aurait ouvert la route vers les étoiles, dirige maintenant à Metz l'instruction des réserves de la VI$^e$ région militaire commandée par le général Lecoq. Cette affectation indigne des hautes fonctions qu'il a assumées en Algérie lui offre cependant la liberté d'aller souvent à Paris où, avec Broizat et quelques autres officiers, il travaille à l'Ecole militaire à un plan de sauvetage de l'Algérie française.

Dès son arrivée à Metz, le lieutenant-colonel de Saint-Sauveur, patron de la Sécurité militaire de la VI$^e$ région militaire, dont les deux fils seront de l'O.A.S., a prévenu Argoud qu'il était dans le collimateur de son service. Les policiers des R.G. ne le lâchent pas plus, ses lignes de téléphone privées et professionnelles sont sur écoutes et son courrier ne lui parvient le plus souvent qu'après avoir été ouvert.

Ainsi surveillé, Argoud ne refuse jamais de parler à quiconque de l'Algérie. Après l'ancien ministre Max Lejeune, qui n'est pas loin d'épouser ses vues, Jean-Jacques Servan-Schreiber et Gaston Defferre, eux tout à fait opposés à sa façon de voir l'Algérie nouvelle, il a reçu Jules Roy, ancien pilote de l'armée de l'Air devenu écrivain qui, dans un livre récent, a flétri l'armée en Algérie. Le seul point qui pourrait rapprocher ces deux hommes est que Jules Roy est natif de Sidi-Moussa, à moins de dix kilomètres de L'Arba, où Argoud a servi en 1957. Malgré les divergences, la rencontre s'est déroulée sur le mode courtois. Ce qui n'empêche pas Jules Roy d'affirmer dans *L'Express* qu'Argoud fait partie de ces enragés qui ne veulent pas entendre parler du G.P.R.A. et ne rêvent que de restaurer l'Algérie de papa, afin, ironise-t-il, « de marier leurs fils avec quelques milliers d'hectares de vignes ».

A Alger, la police et la gendarmerie tiennent toujours sous pression les hommes suspectés d'avoir participé aux barricades. Abreuvé de plaintes, le F.A.F. diffuse un ordre du jour plus virulent que le premier. « Nous avions laissé espérer dans notre dernier appel à la clémence d'Auguste, mais c'est de la vengeance de Néron que nous sommes poursuivis. Les patriotes sont emprisonnés, les perquisitions se multiplient, la terreur policière s'abat comme une chape de plomb sur tous ceux dont le crime est de vouloir vivre français. Nous avions laissé espérer que la leçon des événements serait méditée, comprise, et que l'on prendrait acte de la volonté de tout un peuple. Mais il est maintenant évident que l'orgueil d'un seul homme continue à prévaloir. L'on ose parler ouvertement sans la moindre gêne du découpage de l'Algérie, de fédération et de confédération, et cela en plein accord avec le F.L.N. Mais, pour perpétrer son mauvais coup contre la Patrie, le pouvoir dictatorial et policier, qui ne repose point sur le consentement populaire, doit s'appuyer sur les forces marxistes, il se fait ainsi le fourrier du bolchevisme en Europe occidentale. Pensez-vous que notre armée, battue sur ordre depuis vingt ans sur tous les champs de bataille de ce qui fut l'Empire français, acceptera le déshonneur d'une ultime défaite, débouchant à la fois sur la perte de l'Algérie et sur la communisation de la France et de l'Europe ? Allons donc ! Faites-lui confiance. Son heure est plus proche que vous ne le pensez. Soyez prêts, quand elle donnera le signal, à l'aider de toutes vos forces et de tous vos moyens à restaurer la France maternelle. »

Ignorant les menaces du F.A.F., Jean Morin, bien que le général Crépin y soit opposé, ordonne de nouveaux limogeages dans l'Armée. Le lieutenant-colonel Dufour, premier visé par ces mesures destinées à écarter les officiers fidèles au 13 mai 1958, devance son rappel et, en attendant le coup de force préparé par le F.A.F., il disparaît avec le drapeau de son régiment. Comme ont également disparu en métropole Jean-Maurice Demarquet, Fernand Féral, Marcel Ronda et Jean-Jacques Susini qui ont filé en Espagne en profitant de la liberté provisoire accordée par le président Thiriet aux accusés des barricades jusqu'à la reprise du procès prévue pour le 4 décembre 1960.

Jouhaud met à profit l'arrivée à Alger de stagiaires de l'I.H.E.D.N. pour rencontrer le général de Beaufort, qui dirige maintenant cet institut. Sa confiance en l'homme qui a tenu tête à de Gaulle aux pires moments des barricades est telle qu'il n'hésite pas à lui parler de la République d'Algérie française. Beaufort estime qu'en cette affaire, Jouhaud risque de se prêter à une machination destinée à interdire à l'Algérie de demeurer française et il promet d'en parler au général Ely dès son retour à Paris.

Troublé par les propos de Jouhaud, Beaufort profite du voyage avec ses commandants et ses colonels stagiaires pour prendre le vent à la Délégation générale. Vieux routier, il n'a aucune peine à se rendre compte que des consignes destinées à soulever la population musulmane partent bien des services de François Coulet.

Le général de Beaufort rentrant à Paris, les leaders du F.A.F., qui n'ont plus de contact avec Dufour, activent le mécanisme des manifestations et du mouvement armé qu'ils provoqueront lors du prochain voyage de De Gaulle en Algérie. A San Sebastián, le capitaine Ferrandi reçoit Pierre

Lagaillarde mais lui faisant remarquer que sa présence risque de focaliser l'attention des policiers sur le général Salan, il lui conseille d'aller attendre à Alicante le signal de rejoindre Madrid, d'où il s'envolera pour Alger avec lui.

Lagaillarde a tout juste pris la route d'Alicante, lorsque Mme Gardy, venant rejoindre son époux qui s'est installé près du général Salan depuis le 17 novembre, débarque à San Sebastián avec un émissaire de Me Tixier-Vignancour qui voudrait que Lagaillarde se remette à la disposition de la justice pour la reprise du procès des barricades, ainsi que les colonels Gardes et Sapin-Lignières l'ont déjà fait.

Le capitaine Ferrandi n'a plus le moyen d'avertir Lagaillarde qui est passé par Pampelune avant d'aller à Alicante. Mis au courant de la démarche de Me Tixier-Vignancour, Salan refuse de recevoir son messager. Ferrandi, après avoir reçu un nouvel envoyé de France qui lui a expliqué la stratégie des avocats de l'Algérie française, décide tout de même de rejoindre Lagaillarde et le rattrape à Pampelune. Mais, Lagaillarde refusant d'obéir à Tixier-Vignancour, il lui conseille de raser au moins sa barbe si reconnaissable.

André Regard est lui aussi arrivé à San Sebastián où le général Salan, veillé par ses habituels correspondants de presse, subit l'assaut incessant d'autres journalistes français. Du 2 au 5 décembre 1960, il s'est tu dans l'agitation provoquée par Tixier-Vignancour dans la petite colonie d'exilés. Lorsque l'avocat est reparti, Ferrandi, agacé de devoir organiser le voyage de Salan pour Alger dans de pareilles conditions d'énervement, est quelque peu soulagé d'apprendre que Lagaillarde, maintenant rasé, s'est installé chez des amis à Alicante, où il s'est composé un personnage de médecin appelé Martin.

Le faux docteur, sans se rendre compte qu'il a choisi comme pseudonyme le nom d'un homme que les polices connaissent depuis longtemps, semble redouter d'être tenu à l'écart du coup de force qu'il sait maintenant imminent. Il abreuve Ferrandi de coups de téléphone et celui-ci lui conseille une patience qui ne le rassure guère. Me Tixier-Vignancour, tenant mordicus à ce qu'il rentre à Paris, finit par débarquer à Madrid. Mais il ne réussit pas à extorquer à Ferrandi l'adresse de Lagaillarde.

Salan commence à s'inquiéter de l'insistance de Tixier à ramener son client devant ses juges. Songeant depuis le début à une machination destinée à faire capoter le plan des Algérois, il demande à Lagaillarde de rentrer à Madrid avant le dimanche 11 décembre, jour présumé du coup de force d'Alger.

Le 7 décembre, Tixier-Vignancour annonce à la presse sa résolution de présenter tous ses clients au tribunal. Mais le message ne passe pas. Lagaillarde ne le contacte pas. Le général Salan met alors Claude Paillat et Philippe Noury au courant de l'arrivée prochaine de Lagaillarde à Madrid. Les deux journalistes, sitôt après cette confidence, brûlent la politesse aux autres reporters campant au bar de l'hôtel de Salan et filent à Alicante interviewer Lagaillarde.

Pendant que les exilés s'agitent en Espagne, Jean Morin est mis au courant de ce qui se trame à Alger et à Oran. Mais, comme l'ont été avant lui ses prédécesseurs, de Soustelle à Delouvrier, il est gagné par l'ambiance chaleureuse des deux villes au cours d'une rapide tournée de prise de contact. Comme eux aussi, il finit par se départir de sa réserve et, le 5 décembre 1960, après avoir rencontré le général Henri de Pouilly, l'ancien condisciple de Challe à Saint-Cyr qui commande le corps d'armée d'Oran, évoquant à l'hôtel de ville les jumelages du département de l'Ain et de son ancien fief de Haute-Garonne avec les arrondissements algériens de Perrégaux et de Philippeville, il reconnaît que ces initiatives heureuses marquent le « caractère indissoluble des liens qui unissent l'Algérie à la métropole ».
Le général de Gaulle est très irrité par l'envolée de son nouveau délégué général. Il le fait immédiatement savoir et Jean Morin est fermement prié de s'en tenir désormais à la stricte observation des directives élyséennes.
Après avoir encore reçu le 7 décembre René Legros et Paul Jérôme qui l'ont prié de venir rencontrer à Paris des membres du gouvernement au sujet de la République algérienne, Jouhaud accueille le lendemain matin le capitaine Pierre Sergent.
Cet officier à peine plus grand qu'Argoud a le visage étroit et les yeux bleus. Il a écourté pour rencontrer Jouhaud la permission qu'il passait en métropole. D'un verbe rapide, après s'être présenté puisque c'est la première fois qu'il rencontre le général, il lui fait part du message oral que lui a confié à son intention M$^e$ Tixier-Vignancour, qui s'est érigé de son propre chef en fédérateur de la grogne antigaulliste à Paris.
— Le général Salan vous donne le feu vert.
Jouhaud est soufflé. Depuis des jours, il n'a plus eu de nouvelles de Paris et il n'a pas rencontré un seul officier d'active à Alger. Il lâche donc :
— Salan ? Mais avec quoi voudrait-il donc que je prenne le pouvoir ? Il n'a qu'à venir lui-même me présenter les généraux et les colonels qui accepteront de se rebeller.
Après cet aveu d'impuissance, c'est au tour de Sergent de s'étonner. Habitué à la rigueur militaire, prenant depuis longtemps chaque parole de ses supérieurs pour une assurance, il avait naïvement cru qu'une fois délivré son message, le plan d'action exposé à Paris par M$^{es}$ Tixier-Vignancour et Le Coroller, approuvé par le général Zeller et dont, à ce qu'on lui en a dit, Salan et Lagaillarde avaient dû être avertis en Espagne, allait se mettre immédiatement en route. L'opération d'abord prévue pour le 4 décembre a été repoussée de huit jours afin de coïncider avec le voyage de De Gaulle en Algérie, où il sera capturé ou assassiné.

Ravalant sa déception, le petit capitaine entame avec son hôte une conversation sur la situation en Algérie, que la plupart des comploteurs parisiens connaissent seulement par les rapports optimistes des militants du F.A.F.

Après avoir fait le tour des chefs de corps susceptibles de s'engager dans un coup d'Etat, Pierre Sergent se met jusqu'à la fin de sa permission à la disposition de Jouhaud.

A l'issue de cet entretien, songeant que Salan, qu'il sait homme de bon sens et incapable de céder à des chimères, n'a pu lui adresser son feu vert avec tant de légèreté, Jouhaud conseille à Camille Vignau, Dominique Zattara et à l'ingénieur de l'Electricité-Gaz d'Algérie, Claude Capeau, de brimer les ardeurs de leurs militants, puisqu'ils ne sont même pas assurés de l'engagement des 14$^e$ et 18$^e$ R.C.P. des lieutenants-colonels Lecomte et Masselot, qui se préparent à faire route sur Alger avec le 9$^e$ R.C.P. du colonel Bréchignac et le 8$^e$ R.P.I.Ma. maintenant commandé par le lieutenant-colonel Lenoir, l'ancien second de Bigeard au 3$^e$ R.P.C.

A Paris, le général de Beaufort, comme promis, parle de la République française d'Algérie au général Ely et celui-ci convient que les consignes données aux Musulmans par François Coulet sont contraires au plan de sauvetage proposé à Jouhaud par les émissaires de Sanguinetti et Foccart. Le chef d'état-major des Armées, avant d'accompagner de Gaulle en Afrique du Nord, incite donc son visiteur à rencontrer Michel Debré à ce sujet.

Beaufort se présente donc à Matignon le 9 décembre 1960, à l'heure où le président de la République s'envole pour l'Algérie. Michel Debré étant bien trop préoccupé par les renseignements que lui communique Constantin Melnik sur l'agitation qui s'est, à Paris, emparée des milieux favorables à l'Algérie française, c'est Pierre Racine qui le reçoit.

Lorsqu'il apprend la raison de cette visite, le chef de cabinet de Debré jure qu'il n'a jamais entendu parler d'une République française d'Algérie mais, devant les précisions de son visiteur, il promet d'en parler au Premier ministre.

Si les promoteurs du complot d'Alger, Jouhaud en tête, n'ont guère de raisons d'envisager son succès, l'ambiance n'est pas meilleure à la Délégation générale lorsque, le 9 décembre 1960, le président de la République commence sa tournée par Aïn-Témouchent, pas très loin d'Oran.

Il pleut et le vent souffle froid. Quelques centaines d'Européens encadrés par des militants du F.A.F. venus la veille d'Oran se sont massés sous les banderoles qui leur ont tant servi depuis mai 1958 et psalmodient devant la mairie d'incessants « A bas de Gaulle ! » et « Algérie française ! ».

Le service d'ordre de C.R.S. réclamé par Jean Morin ne faisant pas taire les trublions, des anciens combattants musulmans, arborant devant les Européens les drapeaux de leurs associations, ne semblent pas comprendre ce qui se passe. Les cris redoublent lorsque de Gaulle sort de sa D.S. et, accompagné par Jean Morin, Louis Joxe, Pierre Messmer et les généraux Ely et Crépin, avance vers la mairie où l'attendent tous les officiers du secteur.

Toisant les Européens qui le huent, le Général annonce aux militaires que, même s'il est arrivé sans joie à cette conclusion, l'Algérie « ... sera nouvelle et il faut que nous l'aidions à ce qu'elle soit nouvelle, à ce qu'elle soit elle-même. Ou bien tout sera rompu avec la France ».

Indifférent en apparence aux insultes qui lui parviennent de la place, de Gaulle reconnaît le succès des armes françaises et rejoint dans une seconde salle les élus, les édiles et les administrateurs civils de la région à qui il tient à peu près le même discours qu'aux officiers.

La rumeur du dehors est bientôt si forte que le Général, excédé, interrompt le fil de son propos pour regarder la foule par une fenêtre close puis, reportant son attention sur son auditoire, reprenant presque mot à mot ce qu'il a confié à voix basse à Jean Morin en arrivant, il ironise : « Les cris, les clameurs, cela ne signifie rien. » Et, enflant la voix, il répète : « Rien ! »

Les gardes du corps de De Gaulle, quand il sort de la mairie, tentent en vain de l'empêcher de tendre les bras vers des Musulmans qui l'acclament, de serrer leurs mains, de se laisser palper par ces admirateurs en chèches. Encouragés par cette réaction amicale, les Musulmans s'enhardissent. Ils crient « Vive de Gaulle ! » puis, sans se soucier des Européens qui, poings tendus, les menacent, ils hurlent soudain : « Vive l'Algérie algérienne ! »

Un C.R.S. pied-noir suit longtemps des yeux la voiture présidentielle qui s'éloigne. Il avait juré de tuer de Gaulle d'une rafale de mitraillette lorsque celui-ci passerait à sa portée. S'il ne l'a pas fait, c'est parce que les vagues de la foule ne lui ont pas permis d'utiliser son arme.

Quelques jeunes militants du F.A.F. envisageaient eux aussi d'assassiner le chef de l'Etat à coups de poignard mais, juste avant son arrivée, un officier dont ils connaissent la puissance des sentiments Algérie française les en a dissuadés en arguant qu'il ne fallait pas assassiner de Gaulle, mais le capturer, afin qu'il soit jugé et « rende compte à la Nation du mal qu'il lui a fait ».

De Gaulle a donc frôlé la mort à Aïn-Témouchent ! Après cette première étape houleuse, son convoi solidement escorté et survolé par des hélicoptères chargés de commandos file dans la grisaille vers Tlemcen.

A Alger, Claude Vieillescazes, l'adjoint de Verger au cabinet de Jean Morin, est sur des charbons ardents car Jacques Foccart ne cesse de le harceler au téléphone au sujet de l'imminence d'un attentat contre de Gaulle.

Les forces de l'ordre barrent depuis la veille les accès à Tlemcen pour empêcher les militants oranais du F.A.F. d'y précéder le convoi présidentiel et d'y organiser la même bronca qu'à Aïn-Témouchent.

L'ancienne capitale de l'Islam maghrébin s'étale sur un haut plateau d'où, mais ce n'est pas le cas aujourd'hui où un vent glacé plaque sur ses remparts des volées de grêle et des nuées de neige, la vue, bien au-delà de la ligne douce des monts des Traras, va jusqu'à la mer distante de soixante kilomètres.

Les Européens ne sont pas nombreux à accueillir le président devant l'hôtel de ville dont le maire, Mouhas, est musulman et, en bon chef de bataillon de réserve, ne lui donne pas du « Monsieur le Président » mais l'appelle « Mon général » lorsqu'il lui affirme :

— Nous mettons tout notre espoir en vous, dans le drame qui se joue ici, afin que nous puissions vivre sur cette terre dans la paix et toujours liés à la France.

Puis, évoquant les nuées gelées qui nimbent la ville, le maire vaticine :

— Vous nous apportez la pluie, c'est un signe favorable. Peut-être, bientôt, nous apporterez-vous la paix !

Et le Général trouve les mots qu'il faut pour s'attirer la dévotion des Musulmans qui bousculent ses gardes du corps, Henri Djouder, Raymond Sassia, Roger Tessier et leur chef, l'ancien commando de la France libre Paul Comiti. Puis le chauffeur de sa D.S., suivant des appelés de la 262$^e$ compagnie de sécurité routière aux casques cerclés de blanc, emprunte la rue de France pour gagner le quartier général de la 12$^e$ division d'Infanterie où l'attend le général Lennuyeux. Comme une ruée hurlante de jeunes Arabes se lance à sa poursuite, de Gaulle, les apercevant, ordonne au chauffeur de stopper, sort de la voiture et, tout sourire, marche vers eux en devançant les policiers de plus en plus fébriles. Soudain, hostiles ceux-là, d'autres cris montent d'une voie adjacente à la rue de France. Un cortège d'Européens vient se camper, menaçant, devant les Musulmans. De Gaulle aperçoit les nouveaux venus mais, ignorant leurs insultes, il continue à serrer des mains pendant que des C.R.S. s'interposent entre les deux communautés.

Dans le tumulte grossissant, Djouder, Tessier, Sassia et Comiti bousculent les Musulmans afin de récupérer le Général et le raccompagner à sa voiture.

Le voyage présidentiel se poursuivant, même s'ils sont toujours sans nouvelles de Dufour rentré en métropole sans les avertir, les leaders du F.A.F. ont appelé à la grève générale. Au matin du 10 décembre un de leurs commandos a quitté Alger avec Jo Rizza à sa tête dans l'intention de tendre une embuscade au président de la République sur la route d'Orléansville.

Jacques Foccart le sait et il ne doute pas que Rizza, dont il connaît le zèle activiste, ira au bout de son dessein. Sitôt mis au courant de ce qui se tramait, un juif algérois lié à un service secret israélien a prévenu ses contacts qui, par le truchement de l'ambassade d'Israël à Paris, ont transmis l'information à l'Elysée.

A son tour averti de la menace, Jean Morin demande conseil à Louis Joxe, qui lui fait remarquer que c'est à lui seul d'apprécier s'il faut ou non prévenir le général de Gaulle.

Mis dans la confidence, le président de la République hausse ses larges épaules et, Jean Morin lui demandant s'il accepterait de changer d'itinéraire pour entrer dans Orléansville, il lui répond que c'est à lui de prendre une décision.

Bien avant l'heure prévue, qui leur a été communiquée par un homme du F.A.F. travaillant à la Délégation générale, Jo Rizza et ses trois compagnons sont embusqués à l'entrée nord d'Orléansville, sur un bas-côté buissonneux de la route de l'aérodrome où se posera l'avion présidentiel et sa suite d'hélicoptères. Lorsque, montant soudain du cœur de la cité pavoisée, leur parviennent les échos de la huée qui accueille le général de Gaulle, les conjurés comprennent qu'ils ont raté leur coup. Ils rembarquent leur fusil-mitrailleur et leurs mitraillettes provenant de l'arsenal des unités territoriales et s'empressent de rentrer à Alger, afin de participer à l'insurrection qui devrait se déclencher dans quelques heures.

*

— 22 —

## Le drapeau de la rébellion flotte sur Alger !

A Paris, de rares militants du F.N.A.F. mis dans le secret de ce qui doit se passer en Algérie attendent la mort de De Gaulle qui, pour eux, donnera le signal d'un renouveau politique et provoquera l'abandon de l'autodétermination. A Alger, Jean-Marcel Zagamé et Jean Sarradet, un élève de Sciences Po dont les parents exploitent une brasserie, sont prêts à l'affrontement. Comme Jean-Charles Isselin, l'homme qui a succédé à Jean-Jacques Susini à la tête des étudiants d'Alger.

Dans le sud-ouest de la métropole, les officiers du réseau *Centurion* fourbissent leurs armes. A Orléansville, où de Gaulle s'est couché tôt à la préfecture, le général Crépin fait part à Jean Morin de ses inquiétudes quant à la fronde d'Alger.

Alarmé par les renseignements dont ses collaborateurs du quartier Rignot l'ont nourri au fil des heures, le commandant en chef est persuadé d'avoir affaire à un complot d'envergure nationale. Il estime de son devoir de rentrer à Alger et il aimerait que Morin l'y suive. Mais celui-ci, arguant qu'il est tard, refuse de déranger le Général qu'il ne peut pas quitter sans l'avertir et laisse Crépin partir en lui recommandant de l'appeler dimanche dès 8 heures.

Au matin du dimanche 11 décembre 1960, Jean Morin reçoit de Crépin des nouvelles alarmantes qui le poussent à abandonner le cortège présidentiel. Mais de Gaulle, soulignant que la place du délégué général est auprès du président de la République quand celui-ci se déplace en Algérie, refuse de le laisser partir.

Crépin n'a pas noirci le tableau. Alger est paralysée par la grève. Des groupes du F.A.F. attaquent un peu partout. Il faut même engager des blindés pour les empêcher de s'emparer du Palais du Gouverneur. Des mouvements de foule inhabituels ont été observés dans les quartiers musulmans et, partout, les pelotons de gendarmerie et les compagnies de C.R.S. reçoivent des cocktails Molotov lancés par des Européens.

Pour ajouter à la pagaille naissante, à l'heure où l'avion du général de Gaulle se pose près de Tizi-Ouzou après avoir ricoché sur des nuées noires et tangué dans des orages, une bombe explose sans dégâts à la mairie de cette ville. Un peu plus tard, Jacques Foccart fait avertir Crépin que quelques officiers vont tenter de capturer ou même tuer le Général près de Philippeville, qu'il doit visiter avant de rentrer à Paris.

Jean Morin, sitôt averti de la menace d'attentat, décide de ne pas en parler au président. Mais un dernier entretien téléphonique avec Crépin l'ayant convaincu de l'extrême gravité du moment, il le met tout de même au courant et de Gaulle, admettant l'exigence de sa présence à Alger, l'autorise à partir en lui ordonnant de le retrouver le lendemain soir à Biskra.

Sitôt débarqué d'un hélicoptère qui a dansé dans le mauvais temps, Jean Morin se rend au quartier Rignot, où le général Crépin lui expose la situation critique. Selon lui, si les C.R.S. et les gendarmes ne s'affoleront pas devant les masses musulmanes qui convergent maintenant vers le cœur de la ville en brandissant des drapeaux algériens, il craint en revanche que les paras de la 25e D.P. rameutés sur la ville ne soient pas aussi calmes.

Pendant que les responsables de l'ordre discutent, croulant du Clos-Salembier et des cités El-Djenane et Diar el-Mahçoul en hurlant « *Yahia Djézaïr !* » – Vive l'Algérie –, les musulmans forment des cortèges à l'est de la ville. Ceux qui parviennent à la rue Albin-Rozet butent sur des goumiers de la section administrative urbaine de Belcourt qui leur barrent le passage. Le capitaine de la S.A.U. rameute une autre douzaine de supplétifs armés de fusils et de mitraillettes et réussit à contenir une seconde coulée de manifestants qui, par la rue de Cambrai, tentait de rejoindre la longue rue de Lyon afin d'atteindre le centre de la ville en passant par la place du Général-Sarrail.

Excitée jusque-là par les seuls agents du G.P.R.A. infiltrés en ville afin de provoquer des troubles destinés à frapper les esprits à New York lors des discussions sur l'Algérie qui vont s'ouvrir à l'O.N.U., la foule musulmane est peu à peu reprise en main par le F.L.N. surpris par l'ampleur et la spontanéité apparente de la manifestation qui doit beaucoup aux conseils serinés sur les ondes radio par les services de propagande de la Délégation générale.

Les Coup de Fréjac et autres François Coulet boivent du petit-lait en appréciant de la Délégation générale l'avance des Musulmans qui, obéissant ainsi à l'invite lancée par Paul Delouvrier durant les barricades, osent enfin le face-à-face avec les Européens.

Les durs du F.A.F., Dominique Zattara, Camille Vignau et Claude Capeau en tête, même si de Gaulle est toujours vivant, sont, malgré les appels à la prudence de Jouhaud qui craint de les voir tomber dans le piège de la provocation, persuadés que l'affrontement avec les Musulmans précipitera dans leur camp les paras que Crépin va engager à la rescousse des C.R.S. et des gendarmes. Et ils ne doutent pas non plus que Jouhaud, malgré ses mises en garde, acceptera de prendre le pouvoir dès que la bataille sera générale.

Alors que Jouhaud ne croit pas au renfort spontané des militaires, Joseph Ortiz, persuadé que le grand jour est arrivé, n'attend plus aux Baléares que le signal de rentrer à Alger et il a fait prévenir Salan par Demarquet qu'un avion affrété en Angleterre par M$^e$ Tixier-Vignancour sera à leur disposition à l'aube du 11 décembre.

M$^e$ Tixier-Vignancour est toujours en Espagne et il espère encore ramener à Paris Lagaillarde, Jean-Jacques Susini, Demarquet, Marcel Ronda et Fernand Féral. Quant au général Gardy, prêt à l'action, il a précédé Salan à Madrid et l'attend chez Serrano Suñer à minuit. Ferrandi et Salan prennent en fin d'après-midi du 10 décembre la route de Madrid après avoir affirmé à leurs anges gardiens qu'ils allaient visiter Burgos. Ils changent une première fois de voiture à la sortie de cette ville et une seconde à quarante kilomètres de Madrid.

Après sept heures de route rythmées par les nouvelles d'Alger distillées par les radios des trois voitures qu'il a empruntées, Salan apprend que Lagaillarde arrive à Madrid. L'ambiance est crispée chez Serrano Suñer. Nul ne parlant plus d'Ortiz, qui attend pourtant le signal du départ, Salan finit par s'impatienter. Après avoir taxé Tixier-Vignancour et Jouhaud de légèreté, il décide de finir la nuit avec Gardy et Ferrandi à l'hôtel Princesa, un établissement de deux étages situé calle Princesa, dans un quartier tranquille de la capitale.

## Chap. 22. – *Le drapeau de la rébellion flotte sur Alger !*

Au matin du 11 décembre, comme le craignait Ferrandi, les policiers semés durant le voyage sont à nouveau en garde autour du groupe. A midi, personne n'étant venu leur signifier l'heure du départ, Salan et Gardy font grise mine en apprenant que des militants du F.A.F., suivant les premières consignes données, ont ouvert le feu sur la foule descendue des cités populaires avec les drapeaux de la rébellion. Ils tempêtent lorsque Ferrandi les avertit que leur avion n'est toujours pas annoncé et que la police cerne l'appartement où Pierre Lagaillarde s'est réfugié. L'ambiance se détend pourtant lorsque l'avocat retrouve sa liberté de mouvements après une intervention de Serrano Suñer et rejoint l'hôtel Princesa.

Salan, qui avait pourtant promis à Ferrandi qu'il ne recevrait jamais l'homme des barricades, fait avec le pseudo-Martin le tour de la situation et, puisque son avion n'est toujours pas annoncé, il décide de trouver un autre moyen de gagner Alger.

Le capitaine Ferrandi part en fin de journée pour Alicante, avec l'intention de s'adresser au directeur d'une compagnie de navigation renommé pour sa sympathie envers l'Algérie française. Mais l'homme refuse de prendre en charge des passagers clandestins et l'aide de camp de Salan, suivi par des policiers, refile sur Madrid.

A Alger, les Musulmans crient moins de « Vive de Gaulle ! » Ils scandent maintenant des slogans favorables au G.P.R.A. et à Ferhat Abbas. Si les tirs sporadiques des Européens ont provoqué parmi eux une trentaine de morts, le F.L.N. a fait courir le bruit que le F.A.F. a assassiné des centaines de Musulmans et qu'il va certainement continuer le massacre. De son côté, Argoud a été averti par le général Lecoq de l'imminence du coup de force dont lui a parlé le général Zeller à Paris. A l'heure où les Musulmans tentent de gagner le centre d'Alger, il se rend à Paris et, dans l'intention de lui confier la tête de la révolte, il débarque avec Broizat au domicile de Massu, au rez-de-chaussée du 23, boulevard d'Argenson, à Neuilly.

Massu est trop entier pour être un bon comploteur. S'il a accepté de participer au 13 Mai 1958, ce n'était que pour précipiter le retour de De Gaulle au pouvoir. Mais aujourd'hui, s'il écoute Argoud lui dresser l'inventaire des renoncements successifs du président de la République, il ne cède pas. Après avoir subi sa colère et s'être entendu accuser de prétention, Argoud songe qu'il a tout de même quelque peu ébranlé le compagnon de la Libération lorsque celui-ci, du bout des lèvres, admet qu'il pourrait peut-être s'engager, si du moins l'Armée entrait avec ensemble dans la fronde.

Pendant qu'Argoud et Broizat quittent déçus l'appartement de Massu, le général Crépin presse à Alger les mouvements des paras de la 25ᵉ D.P., car les manifestants musulmans, d'abord débandés par les tirs du F.A.F. puis rameutés par le F.L.N., redescendent vers la ville en poussée irrésistible en brandissant des couteaux de boucher, des crocs de docker, des masses de charpentier, des serpes d'ouvrier agricole et des smilles de carrier. Ils égorgent un Européen à Birmandreïs, en brûlent vif un second, éventrent des vitrines, pillent des magasins. Devant la menace, la grande majorité des Pieds-noirs se calfeutrent chez eux. Seuls, quelques dizaines de jeunes militants du F.A.F. se risquent encore à tenir tête aux milliers de Musulmans.

En attendant les paras, les forces de l'ordre, dépassées par endroits, improvisent des barrages. Des appelés du 117e R.I. qui ont établi celui qui boucle les accès à la cité Diar el-Mahçoul, bâtie par Le Corbusier au-dessous du Clos-Salembier, ne reçoivent pas l'ordre d'intervenir lorsqu'un Européen est lynché devant eux dans un horrible concert d'insultes hystériques.

L'agitation gagne bientôt la Casbah, où un groupe d'excités armés attaque la synagogue de la place du Grand-Rabbin-Bloch où, retrouvant la haine que leurs anciens vomissaient le 5 août 1934 en saccageant le quartier israélite de Constantine, ils assassinent quelques dévots aux cris de « Mort aux juifs ! ».

A 15 heures, la situation est si grave que le général Crépin demande à Jean Morin de signer l'ordre d'ouvrir le feu qu'il a préparé à son intention. Le délégué général paraphe ces directives si lourdes de conséquences, puis il gagne le Palais du Gouverneur protégé par des blindés et où, en apprenant son retour précipité, ses collaborateurs sont venus l'attendre avec le lieutenant-colonel Thozet, son chef de cabinet militaire, un ancien résistant tout particulièrement chargé par François Coulet de sonder les intentions de la population musulmane.

Crépin décide d'engager d'abord le 18e R.C.P. Venant d'Hussein-Dey, les camions des bérets rouges débouchent de la rue de Kouba, mais le commandant d'une C.R.S. refuse de les laisser traverser le carrefour des rues de Polignac et de Lyon.

La foule musulmane est saisie de frénésie autour des véhicules immobilisés pendant que le lieutenant-colonel Masselot, un solide Pied-noir de Bougie, parlemente avec le chef des C.R.S. Elle s'enhardit bientôt à insulter les paras en agitant devant eux ses drapeaux vert et blanc. Les hommes de Masselot, des appelés pour la plupart, ont vu tomber des camarades sous les balles de *djounoud* au cours d'assauts destinés à récupérer de semblables emblèmes. Quelques-uns ne supportent pas la provocation. Ils sautent à bas de leurs camions, bousculent les C.R.S., lancent des grenades offensives sur la foule qui s'égaille et, au bout d'un assaut furieux, ils réussissent à ramener quelques drapeaux algériens.

Après l'échauffourée, les C.R.S. reviennent se placer entre les Musulmans et les bérets rouges. Le lieutenant-colonel Masselot ne réussit pas à obtenir que le barrage policier s'écarte, car son chef affirme que les tenues camouflées de ses hommes vont exciter les Musulmans.

A quelques mètres du premier G.M.C. des paras, une camionnette de la S.A.U. de Belcourt est prise dans le magma de la foule. Le patron des

C.R.S. décide de ramener le calme à l'aide du haut-parleur à double cornet qui est rivé sur la cabine du véhicule. Aucun de ses hommes ne parlant arabe, un Musulman s'avance, se propose comme interprète et, en quelques secondes seulement, il obtient un peu de silence.

Isolé avec ses moghaznis, le capitaine Bernhardt, le responsable de la S.A.U., comprend suffisamment l'arabe pour se rendre compte que loin de réclamer le calme le civil si coopératif est en train de faire croire aux manifestants que de Gaulle a traité avec Ferhat Abbas, que l'indépendance de l'Algérie a été proclamée, que personne ne les empêchera plus jamais de manifester leur joie et leur fierté. L'inconnu, avant que le capitaine ordonne à son chauffeur de récupérer le véhicule, a encore le temps d'annoncer que les C.R.S. sont avec les manifestants et qu'ils ne laisseront pas passer les paras.

La foule ainsi trompée hurle et agite de plus belle ses drapeaux. Masselot, à bout d'arguments, remonte dans sa jeep et ordonne à son chauffeur d'éviter le barrage des C.R.S. par une petite rue parallèle à la rue de Lyon.

La manœuvre est à peine engagée que des coups de feu claquent au-dessus des camions presque submergés par une vague de Musulmans entraînés par des meneurs du F.L.N. Habitués aux accrochages dans le djebel, les paras repèrent des tireurs embusqués sur les arêtes boisées du ravin de la Femme Sauvage montant vers El-Biar et d'autres sur un minaret plus proche. Leur riposte précise débandant la foule, ils sautent au sol, se lancent à la poursuite de meneurs qu'ils ont eu tout le temps de repérer, les rattrapent et, à coups de pied aux fesses, il les font monter dans les G.M.C.

Le convoi de vingt-cinq camions regagne la rue de Lyon au large du barrage de C.R.S., mais il se heurte tout aussitôt à un peloton de blindés de la gendarmerie mobile. Masselot, furieux d'être encore retardé, se présente à l'officier des gendarmes et, après lui avoir exposé sa mission, il lui demande d'engager lentement un blindé dans la foule afin de lui ouvrir le passage.

— Il n'en est pas question !

La réponse a claqué sec. Masselot, devinant que son interlocuteur, comme tout à l'heure le chef des C.R.S., va trouver un prétexte pour lui interdire le passage, s'en retourne vers ses officiers. Il attend en vain près de sa radio un ordre du colonel Moullet, qui commande maintenant le secteur opérationnel Alger-Sahel, ou du Q.G. du corps d'armée du général Vézinet.

La foule grossissant devant les blindés, Masselot, à bout de patience, fait signe à quelques paras de le rejoindre et, se souciant bien peu des gendarmes, il marche droit sur la manifestation.

Les cris baissent d'intensité lorsqu'une palabre commence. Un agent du F.L.N. explique à Masselot que si les gens qui l'entourent sont nombreux et si décidés, c'est parce qu'ils ont obéi aux consignes du capitaine de la S.A.U. de Belcourt. Quelque peu déconcerté par la révélation, le patron des paras propose de libérer ses prisonniers en échange de son passage. Les militants du F.L.N. finissent par accepter le marché et les vingt-cinq agitateurs capturés reprennent place aux premiers rangs de la foule qui les acclame.

Après cette libération, la marée humaine s'écarte comme promis devant le convoi et se referme sur lui sitôt le dernier camion passé.

Masselot ne va pas loin. Cette fois, c'est un ordre de la Délégation générale qui le stoppe. Des Pieds-noirs se risquent à sortir de leurs immeubles pour supplier les paras d'avancer encore vers le centre de la ville où, selon eux, les Arabes pillent et massacrent depuis des heures.

Pendant que les habitants de la rue de Lyon tentent d'inciter Masselot à oublier les consignes de la Délégation générale, les paras des 14e R.C.P., 8e R.P.I.Ma. et 9e R.C.P., bloqués par les mêmes ordres, font le pied de grue à Maison-Carrée. Leurs chefs, les lieutenants-colonels Lecomte, Lenoir et Bréchignac, décident d'aller aux nouvelles et rejoignent Masselot.

Le bruit court vite parmi les Pieds-noirs que les quatre chefs de corps de la 25e D.P. sont à Alger. Obéissant au capitaine Sergent qui ne cesse d'aller et venir entre les différents P.C. d'où ils tentent d'entretenir la colère des Européens, une poignée de dirigeants du F.A.F. se précipitent à leur rencontre. Tolérant mal que l'emblème de la rébellion flotte sur Alger, les colonels acceptent de se rendre le lendemain à une réunion secrète au cours de laquelle les leaders du F.A.F. leur dévoileront leur plan destiné à amener de Gaulle à revenir sur l'autodétermination.

Les paras du 18e R.C.P. ayant regagné la périphérie algéroise en abandonnant la charge du maintien de l'ordre urbain aux gendarmes mobiles et aux policiers, les quatre chefs de corps rejoignent leurs unités après avoir fait le bilan de la sinistre journée. Au moins cent dix hommes ont péri. Cent du côté des Musulmans et dix parmi les Européens. Les durs du F.A.F. fourbissent leurs armes pour un lendemain qui, grâce aux paras l'espèrent-ils, scellera leur victoire avant même que de Gaulle ait le temps de regagner l'Elysée.

\*

## — 23 —
## Jouhaud et la République algérienne

Pendant que les leaders de l'action clandestine du F.A.F. se préparent à discuter avec les patrons des paras, Jean Morin, qu'ils ont déjà baptisé « le Gauleiter », profite du calme précaire que le couvre-feu de 20 heures a ramené en ville pour s'entretenir au Palais du Gouverneur avec le ministre des Transports Robert Buron et Bernard Tricot, venus de Paris dans la journée. Il les quitte à 21 heures pour adresser à la population un message radio fustigeant les exactions du F.A.F. qui « déshonorent leurs auteurs ». Après avoir précisé que ceux qui prônent la violence retardent l'heure de la paix, il proclame :

— A vous tous qui habitez sur cette terre, je redis que l'union est et sera de toute manière indispensable à la vie de l'Algérie !

Au matin du lundi 12 décembre 1960, si les drapeaux algériens ont presque disparu des faubourgs, ils flottent nombreux sur les terrasses de la Casbah. Les forces de l'ordre, qui ont déploré plus de six cents blessés durant l'émeute et quadrillent les abords des bâtiments administratifs et des casernes, ne sont plus attaquées que par de rares jeunes Européens. Ce calme relatif permet à Jean Morin et à Crépin de rejoindre le général de Gaulle à Biskra. Après le dîner, le président les prend à part dans sa chambre et les remercie, au nom de la France, d'avoir été suffisamment fermes pour maintenir l'ordre à Alger et suffisamment humains pour que cela fût réalisé au prix de dommages selon lui limités.

Jean Morin et Crépin savourant les compliments du Général, les quatre colonels de la 25e D.P. vont au rendez-vous que Vignau, Capeau et leurs amis leur ont fixé dans le sous-sol d'un immeuble du IIIe arrondissement, près de la rue Rovigo et de la colonne Voirol.

Fidèles à leurs habitudes les officiers sont à l'heure. Claude Capeau leur demande de patienter et, l'air mystérieux, il affirme qu'ils ne regretteront pas d'avoir attendu. Un bavardage s'engage, auquel ne se mêle pas le capitaine Pierre Sergent qui, lui, est au courant de la surprise annoncée.

Le brouhaha feutré cesse lorsque, raide dans son costume civil, le général Jouhaud entre dans la pièce.

— Mes chers camarades, attaque-t-il après avoir dévisagé un à un les officiers, comme pour les reconnaître, l'heure est grave. Vous avez pu, hélas, vous rendre compte hier que les autorités civiles sont parfaitement incapables d'assurer l'ordre en Algérie.

Capeau et ses compagnons, plus encore que les lieutenants-colonels, sont ravis d'entendre ce propos. Et encore plus lorsque Jouhaud les rejoint dans leur détermination en décrétant qu'il faut profiter de la présence de De Gaulle en Algérie pour activer le coup de force.

Le futur adjoint de Salan à la tête de l'O.A.S. leur demandant s'ils sont prêts à prendre Alger à son signal, les paras hésitent. Le lieutenant-colonel Lenoir ne se reconnaît pas le droit d'engager dans une affaire franco-française les parachutistes africains qui représentent la moitié du 8e R.P.I.Ma. Et Lecomte annonce qu'il ne peut pas compter sur tous ses officiers.

— Mon général, avoue-t-il en effet, à l'heure qu'il est, je ne suis sûr que de deux compagnies. Et encore...

Quant à Masselot, s'il se met aux ordres de Jouhaud, il réclame des camions, puisqu'il ne dispose que de vingt-cinq véhicules et qu'il lui en faudrait le double pour être opérationnel en ville.

— Et puis, ajoute-t-il, il me faudrait des guides. Mes chefs de section ne connaissent pas Alger.

S'engageant au nom du F.A.F., Claude Capeau promet de fournir les camions, des chauffeurs et des guides.

Masselot lui pose des questions sur les autres unités qui seront engagées. Il sait que le 1er R.E.P. commandé par le lieutenant-colonel Guiraud est en opérations dans le Constantinois et qu'une seule de ses compagnies est disponible à Zéralda. Lorsqu'il s'inquiète de savoir comment réagiront les autres chefs de corps face à une action engagée avec les seuls paras et légionnaires, un homme du F.A.F. avance que ses hommes, en ôtant leurs tenues camouflées et se coiffant de casques, pourraient se faire passer pour des fantassins lambda.

Cette proposition refusée, les conjurés font l'appel des unités qui ne marcheront pas avec eux et ils reconnaissent que le 18e R.C.P. renforcé par trois compagnies du 14e et une autre du 1er R.E.P., bien qu'aidé par des centaines de civils rompus à la guérilla urbaine, ne fera pas le poids devant la quinzaine d'escadrons blindés dont disposent Jean Morin et le général Crépin.

Le capitaine Sergent annonce que le 2e régiment étranger de Cavalerie, armé de blindés et commandé par le lieutenant-colonel de Coatgoureden, sera bientôt aux portes de la ville.

— Si Coatgoureden marche, avance Masselot, le coup est peut-être jouable.

Déçus par la tiédeur des militaires, les hommes du F.A.F. reprennent espoir lorsque Masselot leur demande de préparer les camions dont il a besoin, de rameuter les chauffeurs et les guides promis et de s'assurer la complicité d'un bataillon d'Infanterie. Mais, comme le capitaine Sergent, ils déchantent lorsque Jouhaud lui promet ce qu'il demande, mais pas avant le lendemain matin.

Après avoir exigé que l'action s'engage dans l'heure en profitant de l'absence de Crépin et Morin, l'un des dirigeants du F.A.F. menace :

— Il faut bouger dès ce soir, mon colonel ! Sinon, je ne pourrai pas empêcher mes hommes de lancer des ratonnades.

Masselot tient à ses engagements de mai 1958. Comme beaucoup d'officiers qui basculeront bientôt dans l'O.A.S., il se bat pour l'avènement d'une Algérie dans laquelle les Musulmans seraient parfaitement intégrés. Il se fâche donc :

— Monsieur, je n'accepte pas votre chantage ! Je suis tout aussi pied-noir que vous, mais mettez-vous bien dans la tête qu'on ne fera pas l'Algérie française sans les Musulmans. Si vos tueurs les attaquent, soyez certain qu'ils trouveront mes paras devant eux !

Craignant de tout perdre, les militants du F.A.F. refrènent leurs ardeurs et Jouhaud fait habilement glisser la conversation sur le renfort des personnalités civiles. Il soulève un tollé parmi les amis d'Ortiz en avançant le nom de Pierre Lagaillarde et reconnaît qu'il n'hésiterait pas à coffrer l'avocat s'il s'avisait de revenir à Alger.

Le nom de Salan attire quelques réserves des paras, qui confortent Jouhaud dans le sentiment que le Mandarin est loin de faire l'unanimité parmi les baroudeurs.

Capeau et ses compagnons n'ayant pas convaincu Masselot, les comploteurs se séparent après être convenus que l'opération commencera une fois que les camions, les guides, les chauffeurs et les fantassins exigés par le patron du 18e R.C.P. seront mis à sa disposition.

Les hommes du F.A.F. s'éloignent en maudissant une fois de plus la pusillanimité des militaires qui, selon eux, sont en train de leur jouer la même farce qu'en janvier. Les colonels, eux, regrettent la légèreté des civils qui, comme dans l'affaire des barricades, s'engagent toujours trop vite et sans assurer leurs arrières.

Pendant ce temps, à Oran, des gendarmes ont arrêté à un barrage une voiture occupée par cinq hommes armés, dont le solide Atanase Georgeopoulos, l'ancien journaliste plus connu sous le surnom de Tassou, qui gère le Grand Café Riche, à l'angle des boulevards Clemenceau et Charlemagne et qui prendra bientôt une grande place à la tête de l'O.A.S. oranaise. Ces militants du F.A.F. transportaient dans leur coffre de quoi armer un groupe de combat sur le modèle de ceux qui fonctionnent à Alger.

Alarmées par des comptes rendus de plus en plus en plus nombreux et précis, les autorités militaires estiment la situation très préoccupante. Entre autres mesures, elles rappellent à Mers el-Kebir le porte-avions *La Fayette,* sur lequel ont embarqué depuis le 2 décembre une trentaine de gradés fusiliers marins qui sont ramenés en hâte à Cap-Matifou, où ils suivent un stage du cadre spécial au centre *Siroco*.

Je suis parmi ces hommes et toujours aussi inquiet pour l'Algérie française. Depuis le début du stage qui s'achèvera début mars, sans en parler à ma fiancée, j'ai rencontré des gens du F.A.F., à Fort-de-l'Eau surtout. Et, en attendant mieux, je fais du prosélytisme pour leur compte parmi mes compagnons. Lorsque, au matin du 13 décembre, nous rentrons au centre *Siroco,* plus de mille cinq cents hommes y sont consignés aux ordres des officiers, gaullistes inconditionnels pour la plupart. Mais, ni les camions promis par Dominique Zattara, ni les guides du F.A.F. n'ayant été mis à la disposition des paras, Alger ne vivra pas un nouveau 13 Mai. Aucune barricade ne se lèvera en son centre et le général Salan restera en Espagne où, de plus en plus amer, il accuse le gouvernement d'avoir fomenté les manifestations musulmanes afin de contrarier le coup de force.

De son côté, tenace, le capitaine Sergent tente une dernière fois de retenir à Alger les chefs de corps paras. Masselot regrette d'autant moins de n'avoir pas engagé son 18ᵉ R.C.P. que le lieutenant-colonel Coatgoureden lui avoue qu'il n'a pas été mis au courant de ce qui se tramait.

Les officiers paras et le nouveau chef de corps du 2ᵉ R.E.C., qui vient de prendre la relève du colonel Ogier de Baulny, se séparent donc après avoir fait une dernière fois le tour de la situation. Au moment du départ, Masselot lance à Sergent :

— Ne vous en faites pas, ce sera pour plus tard. Pour bientôt. Et cette fois, vous verrez que nous marcherons tous !

Alors que les meneurs du F.A.F. remisent les armes héritées des barricades, des troubles éclatent dans la région de Constantine et, sur la piste de la Réghaïa, le général de Gaulle, revenu du Constantinois, passe en revue le commando de l'Air n° 40 avant de monter dans la Caravelle qui le ramène en métropole. Parmi les officiers de cette unité, le sous-lieutenant Pierre Delhomme, un grand et maigre Pied-noir de Sétif qui a combattu en Indochine, se prépare à le tuer. Mais, comme les trois camarades qu'il a mis dans le secret, il hésite trop longtemps avant de passer à l'acte et de Gaulle échappe à la mort.

Au moment où l'appareil décolle avec le président qui ne saura jamais qu'il vient de saluer des hommes qui voulaient l'assassiner, des Musulmans et des Européens s'affrontent à Bône.

Le général Charles Ailleret, l'ancien responsable du centre d'expérimentation atomique de Reggane, commandant la zone opérationnelle du Nord-Est constantinois, ordonne le feu pour ramener le calme. L'armée, tirant d'abord sur des éléments du F.L.N., récupère des drapeaux algériens, puis elle s'en prend aux Européens. Au soir, le bilan est d'une dizaine de morts et cinquante blessés. Alain Randel et Gilbert Gamba, deux gamins de dix-sept et quinze ans, sont morts sous des balles françaises à la sortie de leur lycée.

Jean Morin et le général Crépin ayant regagné Alger, Ailleret lance un appel radiodiffusé à Bône, dans lequel il souligne :

— Quand la violence et le désordre s'installent, le malheur s'abat souvent sur des innocents.

Puis il supplie :

— Bônois, Bônoises des deux communautés, je vous adjure de cesser toute agitation. L'avenir de notre Algérie en dépend. Reprenez votre travail. Honorez vos morts dans le calme et le recueillement et conservez votre confiance dans l'armée qui souhaite reprendre rapidement ses missions normales.

Jean Morin, après avoir appris ce nouveau drame, prononce la dissolution du F.A.F. et ordonne d'engager avec une égale détermination la répression contre les Musulmans, les agitateurs se réclamant du défunt F.A.F. et les étudiants nationalistes à croix celtique.

Après ces troubles, le capitaine Sergent rejoint son unité dans le Constantinois et le général Jouhaud, muni d'un aller et retour payé par le gouvernement, part pour Paris afin d'y discuter avec Roger Frey de la République algérienne française.

Durant le vol, le général, échaudé par la faillite du plan imaginé par M$^e$ Tixier-Vignancour et ses amis, songe au texte qu'il a remis le 7 décembre à Paul Jerôme à l'intention de Roger Frey et du général Nicot, major général de l'armée de l'Air. Dans son compte rendu confié à l'envoyé de Foccart, il a précisé qu'il veut « avoir la certitude qu'aucune déclaration du général de Gaulle ne viendra condamner l'action entreprise et que l'aide matérielle, financière et militaire de la métropole à l'Algérie sera entièrement maintenue ».

Le potentiel président de la République d'Algérie française est accueilli à Orly par Paul Jérôme et par le commandant Henri Leroy, son fidèle aide de camp depuis 1945, qui le conduisent directement chez Roger Frey, dans un hôtel particulier proche de Matignon. Le ministre semble très au fait de l'affaire. Après un premier entretien sur le fond, Jouhaud déjeune avec Paul Jérôme et le commandant Leroy au domicile de Roger Legros. Puis il se rend au ministère de l'Intérieur, où Pierre Chatenet le reçoit tout de suite.

Jouhaud va droit au but.

— Monsieur le ministre, n'y a-t-il personne, à Paris, qui puisse enfin ouvrir les yeux du général de Gaulle sur les réalités de l'Algérie où tout va de mal en pis.

Comme Chatenet ne répond pas, il poursuit :

— Vous-même, ministre de l'Intérieur et donc chargé du maintien de l'ordre, êtes-vous vraiment conscient que nous avons frôlé la catastrophe ces derniers jours, à Alger ?

Le ministre ne bronchant toujours pas, Jouhaud continue sur le même ton passionné :

— Vous rendez-vous compte que le sang, dès demain, pourrait ruisseler dans les rues d'Alger ?

Mais n'obtenant pas plus de résultat, il songe à la fin de son monologue que son hôte est un grand commis de l'Etat qui se contentera toujours de faire appliquer quoi qu'il arrive les ordres de l'Elysée et de Matignon.

Lorsque Jouhaud rencontre une dernière fois Roger Frey dans la matinée du 15 décembre, il est fermement décidé à faire avouer ses véritables projets algériens à cet homme aux cheveux argentés et ondulés, dont les petits yeux vifs éclairent un visage d'acteur de western.

Le futur numéro 2 de l'O.A.S. explique à son hôte, qui dans quelques semaines s'acharnera à le réduire, que l'Algérie dont on a songé à lui confier le gouvernement devra être autonome de la métropole, sinon, avance-t-il, elle ne sera pas reconnue par les autres Etats francophones d'Afrique. Poussant plus loin le raisonnement, il reconnaît que cette Algérie ne pourrait exister qu'au prix d'une sécession illégale.

— L'Algérie fait encore partie intégrante de la France, rappelle-t-il. Et vouloir l'en séparer, ne serait-ce pas attenter à la Constitution ? Monsieur le ministre, je ne crains pas de franchir le Rubicon. Mais je ne tiens pas à engager mon pays, l'Algérie, dans une aventure douteuse et catastrophique. Ce que vous me proposez, c'est une insurrection à laquelle l'Armée apportera son concours. C'est bien ça ?

Roger Frey reconnaît :

— Oui, au fond, c'est une insurrection. On s'arrangera.

— Est-ce que je peux compter sur le soutien financier de la métropole ?

— Eh oui, bien sûr.

C'est au tour de Jouhaud de réfléchir. Et de lâcher :

— Mais il faudrait aussi que le général de Gaulle soit au courant.

L'homme qui sera ministre de l'Intérieur aux pires moments de la lutte contre l'O.A.S. semble décidé à assumer pleinement ses responsabilités, puisqu'il affirme en souriant :

— Quand je le mettrai au courant, je me ferai engueuler comme jamais je ne me suis fait engueuler. Mais nous saurons bien le faire taire.

Satisfait de la boutade, Jouhaud passe à la politique qu'il faudrait entreprendre pour que la République française d'Algérie soit différente de la République algérienne dont de Gaulle a semble-t-il accepté l'installation sous l'égide du G.P.R.A.

— Sera-t-elle une province française autonome sous la souveraineté de la France ?

Plissant ses petits yeux, Roger Frey le laisse parler.

— Cette république ne pourrait vivre longtemps sans la protection de la France. Et cela durant de nombreuses années.

Puis Jouhaud s'inquiète encore des réactions du général de Gaulle qui, selon lui, ne tolérera certainement pas une initiative concernant l'Algérie allant à l'encontre de sa politique personnelle.

— C'est là, bien entendu, reconnaît Roger Frey, le point difficile. Nous allons-y réfléchir et nous donnerons peut-être des ordres à l'Armée pour faciliter votre tâche.

— Mais n'est-ce pas le président de la République qui est le chef des armées ?

Le ministre délégué ne relevant pas l'évidence, Jouhaud demande encore :

— Et que pense Pierre Messmer de tout cela ?

Roger Frey éludant la question, le futur chef de l'O.A.S. explique qu'il faudra rappeler en métropole les hauts fonctionnaires en poste en Algérie. « Délégué général en tête ! » précise-t-il. Il redoute aussi l'instauration d'un blocus décrété par le général de Gaulle et reconnaît que la République française d'Algérie aura, très longtemps encore, besoin de l'Armée française pour assurer l'étanchéité de ses frontières et le maintien de l'ordre.

— Et, monsieur le ministre, demande-t-il encore, est-ce que le commandant en chef de l'armée française en Algérie serait subordonné à l'exécutif algérien ?

— N'avons-nous pas mis une force française à la disposition de l'Etat camerounais ?

— Je le sais bien, reconnaît Jouhaud, mais on ne peut tout de même pas comparer une armée de cinq cent mille hommes avec le maigre contingent engagé au Cameroun !

Après avoir envisagé de procéder à la relève progressive des appelés métropolitains par des Européens et des Musulmans algériens, Jouhaud demande à son hôte pourquoi, jusque-là, personne n'a songé à confier de plus grandes responsabilités aux députés d'Algérie.

— Mon général, lui répond Frey, amusé, si vous tenez à tout foutre en l'air, eh bien, vous n'avez qu'à aller parler des parlementaires d'Algérie au général de Gaulle. Pour lui, ils ne représentent rien. Il considère que leur élection a été préfabriquée et qu'ils ne sont que les élus de l'armée d'Algérie.

Craignant que l'entretien ne prenne un tour désagréable, Jouhaud décide de l'abréger. Avant de le laisser partir, Roger Frey ajoute seulement :

— Est-ce que, mon général, vous m'autorisez à mettre MM. Joxe et Delouvrier au courant de nos conversations ?

Songeant en un éclair que tout ce qui s'est dit à Alger, puis à Paris, manque quelque peu de réalisme, Jouhaud refuse la proposition et se fait conduire au bureau d'Alexandre Sanguinetti, où l'attendaient Paul Jérôme, René Legros et le commandant Leroy.

Sitôt après le départ de Jouhaud, Roger Frey confie à ses proches collaborateurs :

— Je respire. Avec Jouhaud, au moins je suis sûr que l'Algérie ne risque pas de devenir une nouvelle Rhodésie.

Alexandre Sanguinetti, toujours si peu élégant malgré le costume de bonne coupe qui moule ses formes massives, et qui s'appuie lourdement sur la prothèse remplaçant son pied droit déchiqueté par une mine en 1944, offre du whisky à Jouhaud puis, matois, il écoute les avis des uns et des autres. Il s'avoue préoccupé par les conséquences d'un coup de force en Algérie qui ne pourrait réussir que grâce à un putsch militaire. Jouhaud, taquin malgré la gravité de l'instant, lui fait remarquer :
— Cher monsieur, cette éventualité ne devrait pourtant pas vous effrayer outre mesure. Souvenez-vous des propos que vous me teniez en mai 1958, lorsque vous incitiez les généraux à la révolte !

Sanguinetti ne se démonte pas :
— Je m'en souviens très bien, mon général, reconnaît-il. Mais il était nécessaire de demander à l'Armée d'abattre la IV$^e$ République, puisqu'elle nous menait tout droit au désastre. Mais aujourd'hui, il serait criminel d'attenter à l'autorité du général de Gaulle.

Soudain hargneux, il redresse sa petite taille et, bien qu'il soit notoirement lié d'amitié à Yves Gignac, il menace :
— D'ailleurs, mon général, sachez que si un coup de force était dirigé par Salan, vous me retrouveriez dans la rue avec une mitraillette en main !

Ainsi averti, Jouhaud rencontre encore le général Nicot et lui rend fidèlement compte de ses entretiens qui, avoue-t-il, le laissent perplexe. Les deux hommes évoquent les camarillas qui tentent de contrecarrer la politique élyséenne en Algérie, dont l'une, semble-t-il, aurait même pris corps dans l'entourage du Général. Après ce dernier tour d'horizon, Jouhaud regagne Alger et le général Nicot s'empresse de relater sa visite à Michel Debré en précisant :
— Monsieur le Premier ministre, je puis vous assurer que l'attitude du général Jouhaud, bien que tranchée, me paraît en tous points correcte.

De bonne foi ou dans l'intention de ne pas gêner la cabale qu'il approuve, le chef d'état-major de l'armée de l'Air ajoute que le général pied-noir, si préoccupé par les événements d'Algérie, ne lui semble pas du tout enclin à participer à une manœuvre à caractère insurrectionnel.

A Matignon, où avant de quitter ses fonctions de chef de cabinet militaire de Debré, le général Nicot a placé un de ses officiers les plus fidèles, Constantin Melnik, malgré les écoutes téléphoniques qui fonctionnent nuit et jour et le flot de renseignements qui lui parvient de tous les services de police et de renseignements, est en fait presque tout à fait ignorant de la réalité activiste de l'Algérie française qu'il se contente de faire réprimer lorsqu'elle éclate au grand jour. Le fossé se creuse ainsi entre Matignon et l'Elysée. Si Melnik fait confiance aux services officiels, Jacques Foccart, lui, doute de leur inconditionnalité et préfère s'en remettre à des réseaux personnels qui n'inspirent que des réserves au conseiller de Michel Debré.

Constantin Melnik s'acharne surtout à combattre les menées du F.L.N. en métropole et à l'étranger. Sur son impulsion, le S.D.E.C.E. a tissé une toile d'observateurs dans les ports européens et nord-africains si dense que le ravitaillement en armes de la rébellion est devenu pratiquement nul. Vingt ans après l'indépendance, Ali Haroun, l'un des chefs les plus actifs du F.L.N. métropolitain, reconnaîtra dans *La 7e Wilaya* qu'il publiera en 1986 aux Editions du Seuil : « Le S.D.E.C.E. déploie ses antennes dans tous les ports où les fournitures au F.L.N. sont susceptibles d'être embarquées.(...) Le long des côtes de la Méditerranée et de l'Atlantique, la Marine nationale française impose sa loi.(...) Les services de contre-espionnage français avaient déployé un effort remarquable pour asphyxier les maquis algériens. »

Comme le général Grossin, Constantin Melnik songe surtout à mettre au plus vite un terme à une tuerie désormais inutile en Algérie. Profondément impressionné par les mots de « République algérienne » prononcés par le président de la République le 4 novembre, en accord parfait avec le directeur général du S.D.E.C.E., il a engagé de son propre chef des tractations ultra-secrètes avec des représentants du G.P.R.A.

*

## — 24 —
## De Gaulle réclame un « Oui » franc et massif

Si, à cause de Jacques Foccart surtout, un antagonisme sépare les responsables du renseignement de l'Elysée et ceux de Matignon, la répression est plus unie en Algérie. Des fonctionnaires qui ont suivi la grève lancée par Vignau et ses amis ont été révoqués sans appel à Alger et, pour la même raison, des commerçants ont été interdits d'ouverture durant quelques semaines.

Cette répression qui a mené à l'arrestation de six cents Européens n'épargne pas plus les Musulmans. Plus d'un millier d'entre eux sont emprisonnés ou internés dans des camps de triage. Le général Salan, considéré comme l'âme du complot qui aurait peut-être réussi si les lieutenants-colonels Lecomte, Lenoir et Masselot s'y étaient engagés, est prié de venir s'expliquer à Paris. Mais il ne bouge pas de son refuge madrilène établi à l'hôtel Princesa.

De son côté, le G.P.R.A. diffuse à l'étranger des photos des foules musulmanes brandissant son drapeau dans les faubourgs d'Alger. Le président Ferhat Abbas lance un appel au secours concernant « le génocide caractérisé du peuple algérien » et le Yougoslave Tito, le pandit Nehru, Nikita Khrouchtchev, le Chinois Chou En-Lai et Dag Hammarskjöld, secrétaire général des Nations unies qui doivent bientôt se prononcer sur la légitimité française en Algérie, approuvent son manifeste.

Depuis le 19 décembre 1960, Krim Belkacem, Ahmed Boumendjel, Abdelkader Chanderli, Ahmed Francis, Saad Dalhab et Mohamed Benyaha s'agitent à New York au nom du G.P.R.A. dans les coulisses de l'O.N.U., le « Machin » moqué par le général de Gaulle. Et Krim Belkacem a fait adopter en première lecture la motion antifrançaise par la quasi-totalité des Etats d'Afrique et d'Asie. Ce texte, qui a recueilli l'adhésion des délégués africains et asiatiques, exige que soient imposées à la France des mesures « adéquates et efficaces pour assurer avec succès la juste application du principe de libre détermination, sur la base de l'unité et de l'intégrité nationale du territoire de l'Algérie », et réclame un référendum « organisé et contrôlé par les Nations unies, afin de permettre au peuple algérien de déterminer librement les destinées de son pays dans son ensemble ».

Nikita Khrouchtchev l'ayant en public serré dans ses bras, Krim Belkacem claironne qu'une amitié si ostentatoire doit être considérée comme une reconnaissance quasi officielle de l'indépendance de l'Algérie par le bloc de l'Est. Mais, grâce à l'engagement du jeune président des Etats-Unis John Fitzgerald Kennedy, qui ne tient pas à contrarier les efforts de De Gaulle, l'O.N.U. ne suit pas le 19 décembre 1960 les propositions adoptées par ses commissions. Le référendum dont rêvait Krim Belkacem n'aura pas lieu. Celui qui a été annoncé par le général de Gaulle se déroulera, comme prévu, le dimanche 8 janvier 1961, posant aux Français cette question : « Approuvez-vous le projet de loi soumis au peuple français par le président de la République et concernant l'autodétermination des populations algériennes et l'organisation des pouvoirs publics en Algérie avant l'autodétermination ? ».

A Palma de Majorque, Joseph Ortiz, qui ne manque pas un article traitant de l'Algérie, reçoit Philippe de Massey venu d'Italie où, en plus des militaires des services spéciaux, il a gagné à la cause de l'Algérie française des personnalités proches du pouvoir. Pendant que les deux exilés évoquent la révolution nationale anticommuniste qu'ils espèrent engager à partir de l'Algérie, que les ministres du G.P.R.A. tentent de transformer en victoire diplomatique leur échec new-yorkais, Francis Jeanson – réfugié en Suisse – et ses complices dans l'aide au F.L.N. ont écopé de douze années de prison chacun et le procès des barricades a repris son cours à Paris.

Le 21 décembre 1960, le colonel Argoud est appelé à déposer devant le Tribunal permanent des forces armées que ni Lagaillarde, ni Susini, ni Ronda n'ont rejoint. L'homme chargé de diriger les débats est le président Thiriet. Les conseillers Larrieu et Mazel sont juges avec les généraux Benet, Berne, Bourdarias, Le Carpentier de Sainte-Opportune et les colonels Coffigniet et Imbert. L'avocat général Mongin et le général Gardon, en qualité de commissaires du gouvernement, font office de procureurs.

Avant de se rendre au tribunal, Argoud a discuté avec le général de Beaufort, qui lui a annoncé qu'il va encourager les officiers des S.A.S. en Algérie à faire voter non le 8 janvier. Alors qu'il se préparait à utiliser le prétoire comme une tribune, c'est à huis clos que le procès se déroule. Après avoir précisé que ni lui ni le colonel Gardes n'ont été indisciplinés en 1959, alors que, pourtant, « les nuages s'accumulèrent à l'horizon », et pas plus au cours de cette semaine des barricades, « tragique où le vent souffla en tempête », Argoud s'explique :

— Un tel état d'esprit peut paraître surprenant, choquant même, de la part d'officiers d'active. La voie du devoir n'était-elle pas toute tracée : celle de l'obéissance sans murmure ? En fait, la chose allait de soi pour le capitaine Alfred de Vigny, mais, depuis, bien des événements sont survenus qui modifièrent complètement les données du problème. D'abord, certain jour de juin 1940, on donna à choisir aux officiers de France entre la voie de l'honneur et celle de la discipline. Certains choisirent l'honneur, d'autres, beaucoup plus nombreux, la discipline. On ne peut pas dire que ceux-ci furent récompensés.

Argoud fait ensuite un exposé magistral sur la guérilla à laquelle l'Armée est confrontée depuis quinze ans en Indochine et en Algérie. Puis il affirme :

— Vous comprendrez, dans ces conditions, que l'obéissance inconditionnelle du centurion n'est plus de mise.

Brandissant le péril communiste qui, selon lui, menace l'Occident et reprenant d'anciens propos de Massu, Argoud interroge : « D'où nous venait, me direz-vous, cette exorbitante prétention d'être les seuls à détenir la vérité ? » et il donne lui-même la réponse :

— En fait, chaque jour davantage, l'évolution de la politique algérienne, nos contacts avec les élites françaises justifiaient cette prétention. Je ne citerai que deux exemples : le problème de l'autodétermination et celui de la justice.

Affirmant tenir le langage qu'il servit jadis à Edmond Michelet, Paul Delouvrier et Michel Debré, le colonel à la voix sèche évoque le temps où, commandant le 3$^e$ R.C.A., il réclamait en Algérie une justice aussi expéditive qu'implacable.

— ... cette justice, pour ne rien vous cacher, monsieur le Président, précise-t-il, je l'ai moi-même appliquée pendant près d'une année, commandant le sous-secteur de L'Arba, au cours de la bataille d'Alger en 1957, me refusant à utiliser la justice légale, dérisoire, aussi bien que les procédés inavouables utilisés couramment. Je l'avais appliquée sous ma propre responsabilité. Après des enquêtes précises, serrées, aidé par les inspecteurs de la police judiciaire, j'avais fusillé des assassins ou des responsables politiques rebelles sur la place publique.

Cette digression sur la justice achevée, Argoud entre dans le vif du sujet. Sa conduite, lors des barricades, affirme-t-il, n'a été dictée que par le souci de sauvegarder la cohésion de l'Armée et il se retire après quatre heures de déposition.

Sortant du tribunal, Argoud se rend avec Broizat, qui n'a pas été admis à l'écouter, chez Massu, afin de tenter une fois encore d'obtenir son adhésion au putsch dont il rêve. La conversation étant aussi stérile que la précédente, les deux colonels sont prêts à l'abréger, lorsque les généraux Faure et Gracieux se présentent à leur tour boulevard d'Argenson.

Le débat reprend donc sur l'opportunité d'un coup de force qui, seul, selon Argoud et Broizat, arrangerait les choses en Algérie. Si Faure approuve cette perspective, Gracieux émet des réserves concernant les unités de réserve générale, régiments de parachutistes, de Légion étrangère et commandos sans qui il serait vain de tenter quoi que ce soit.

Argoud, parlant à Massu, reconnaît que l'unité est loin d'être parfaite au sein de ces unités. Pour l'instant, regrette-t-il, il ne peut répondre que de deux chefs de corps, peut-être trois. Massu l'a écouté en fronçant ses sourcils épais. Se tournant soudain vers Broizat, il lui demande :

— Si vous aviez la possibilité de supprimer de Gaulle, le feriez-vous ?

Le para au crâne presque ras affirme que s'il le fallait, il n'hésiterait pas et Argoud l'imite. Massu, étonné, ne relève pas les propos outranciers de ses deux anciens subordonnés et relance la discussion. Le général Gracieux, finassant sur des points de détail, finit par agacer Argoud. Celui-ci décide de clore le débat et, dans un souci de prudence élémentaire, de quitter Massu en même temps que son contradicteur.

Lorsque Broizat et Argoud s'en vont, ils ne s'aperçoivent pas qu'un homme mal dissimulé derrière les rideaux d'un appartement d'angle de l'immeuble d'en face consigne sur un calepin leur nom, ainsi que ceux de Gracieux et Faure.

Le lendemain de la réunion chez Massu épiée par la police, un journaliste feint de s'étonner dans les colonnes de *L'Humanité* que le colonel Argoud ait pu impunément avouer devant un tribunal avoir fait assassiner des douzaines de personnes. Puis c'est au tour de Jacques Soustelle de témoigner devant le T.P.F.A. Maniant l'ironie, l'ancien ministre du Général énumère les changements d'attitude concernant l'Algérie française adoptés depuis 1958 par ses anciens amis gaullistes.

A l'approche du référendum, le procès des barricades passe au second plan. En métropole, le général Zeller a entraîné ses pairs de Montsabert et

## Chap. 24. – *De Gaulle réclame un « Oui » franc et massif*

Boyer de La Tour à militer pour le refus de l'autodétermination. D'autres officiers généraux et supérieurs, d'active ou à la retraite, brandissent comme Argoud la mainmise des Soviétiques sur la Méditerranée au cas où le principe d'autodétermination serait adopté. Si le communiste Maurice Thorez appelle lui aussi à voter « Non », ce n'est pas pour les mêmes raisons, mais parce qu'il est contre la poursuite de la guerre. La Confédération générale des travailleurs, jouant son rôle de courroie de transmission des ordres du P.C., appelle aussi ses adhérents à refuser le quitus au général de Gaulle.

Tous les élus gaullistes se prononçant pour le « Oui », Michel Debré déclare :

— Il est bon, il est nécessaire, il est capital d'affirmer que la France voit l'Algérie de demain dans l'égalité des hommes et la fraternité des communautés.

A Alger, où le sigle du défunt F.A.F. s'étale encore sur des affiches ou tracé sur les murs à la chaux, à la peinture noire ou au goudron, un autre placard n'a droit de cité que dans les quartiers musulmans. Représentant une large croix de Lorraine bleue et deux enfants, un musulman et un européen, se tenant par la main, il proclame : « Oui à de Gaulle. Paix. Justice. » Ce texte émane d'un Comité de coordination pour le soutien de la politique du chef de l'Etat. Ce comité, dont les Pieds-noirs ignoraient l'existence, est l'avatar du Mouvement pour la communauté, le M.P.C., créé en juin 1959 en métropole par Jacques Dauer, jeune imprimeur gaulliste qui en avait confié la présidence au cadi Mohammed Benhoura et dont le journaliste sportif Charly Bonaldi, avec le père Badin, une vieille figure du gaullisme en Algérie, est un des principaux animateurs.

Le cadi Benhoura est un nationaliste modéré. Au temps du Front populaire, il était de ceux qui, avec Léon Blum et l'ancien gouverneur d'Algérie Maurice Viollette, proposaient d'accorder la nationalité française à vingt et un mille Musulmans supplémentaires. Cette mesure avait été rejetée. Jacques Chevallier, le maire d'Alger aujourd'hui libéral actif et qui en 1934, à l'âge de vingt ans, militait au sein des Volontaires nationaux du colonel de La Rocque, l'avait lui-même condamnée parce qu'il estimait qu'elle risquait de favoriser l'émergence d'une « république algérienne illusoire ».

Le meneur du M.P.C. se nomme Lucien Bitterlin. Il a fait la connaissance de Jacques Dauer au temps des jeunesses du R.P.F. Cheveu noir, visage en lame de couteau, louchant très légèrement et fines moustaches à la Clark Gable, il use de la couverture idéale de producteur à Radio-Alger. Il n'est officiellement que le second du groupuscule gaulliste dont la présidence est assumée par Yves Le Tac, un résistant né en 1908 et commandeur de la Légion d'honneur.

Yves Le Tac, Breton de Saint-Pabut, est plus grand que Bitterlin. Son allure sportive et son crâne chauve lui interdisent de passer inaperçu. Ressemblant à son frère Joël, député U.N.R. du XVIIIe arrondissement de

Paris, compagnon de la Libération et ancien du bataillon de Corée, il exploite à Belcourt un commerce de matériel médical près du cinéma Le Mondial. Il préside aussi l'Association des anciens déportés d'Alger. Mon ami Barthélemy Rossello, devenu photographe, persuadé depuis les barricades que la politique algérienne de De Gaulle peut seule ramener la paix, milite lui aussi au M.P.C. et Bitterlin lui a confié le service action du mouvement.

Il existe aussi à Alger, discrètement domiciliée au-dessus du port dans un immeuble du boulevard Carnot, une antenne de l'Association nationale pour le soutien au général de Gaulle, animée par Claude Raybois et le colonel Gentgen, dont le siège, comme ceux de la plupart des organisations gaullistes, est à Paris, au 5, rue de Solférino. Et Gaston Pernot, un déporté de quarante-cinq ans, ancien des services secrets, que Jacques Foccart a persuadé en avril 1960 d'abandonner son poste de chef de cabinet du préfet du Bas-Rhin pour défendre en Algérie les idées de De Gaulle, a installé à Oran une seconde antenne de cette association dans un bureau discret de la rue du Général-Leclerc que les Oranais appellent toujours la rue d'Arzew et où il réside dans un grand hôtel.

Les quelques dizaines de membres actifs et sympathisants des mouvements gaullistes ne sont pas les seuls Européens à militer en Algérie pour le « Oui ». Des communistes, sans se soucier des directives parisiennes de Maurice Thorez, font même cause commune avec les amis de Le Tac et Bitterlin. Rien n'est donc simple dans cette consultation et, par un message seriné par Radio-Tunis, Ferhat Abbas, au nom du G.P.R.A., demande de son côté aux Musulmans de ne pas voter le 8 janvier.

Les premiers exilés de l'Algérie française usent aussi de la radio. Le 1$^{er}$ janvier 1961, bien que Salan et Ortiz n'aient pas été avertis de cette initiative, quelques-uns d'entre eux émettent à midi des messages destinés à l'Algérie à l'aide d'un poste installé quelque part sur la côte sud-est de l'Espagne. Mais leur émetteur manquant de puissance, l'émission n'est captée que par quelques Oranais. Le même jour, le général Valluy commandant les forces de l'O.T.A.N. du centre de l'Europe, confie à un journaliste du *Monde* : « L'armée française qui continue à mourir est passée de l'étonnement à la tristesse puis à l'amertume. Ses éléments les meilleurs sont au bord du désespoir, peut-être de la révolte, certainement du mépris. »

Le lendemain de cette prise de position et de la première manifestation radiophonique de la diaspora de l'Algérie française, le général Salan reçoit Pierre Poujade à l'hôtel Princesa. Bien que le leader des petits commerçants et artisans lui propose de mettre ses réseaux à sa disposition, le général insiste pour que cette coopération ne sorte pas du cadre de l'Algérie française, puisque celle-ci est sa seule préoccupation et qu'il n'a d'autres desseins que de la garder à la République, régime qui, précise-t-il, le satisfait.

Si elle ignore Salan, la presse d'Algérie publie le 5 janvier 1961 un article de Jouhaud expliquant les vertus du « Non » à de Gaulle. « Je sens profondément, avoue-t-il, l'absolue nécessité de faire coexister pacifiquement et fraternellement les deux communautés. Je sais que toutes deux désirent la paix et doivent vivre en bonne harmonie pour que chacun puisse, par son travail, mener une existence décente d'homme libre et heureux. Cette paix durable ne peut venir que de l'armée française et de la volonté conjuguée des deux communautés à lutter contre le terrorisme, les mensonges et la haine. »

Quant aux contacts du gouvernement avec la rébellion, Jouhaud déclare : « Je suis d'accord, s'il s'agit de demander au G.P.R.A. de cesser d'ensanglanter ce pays, à ses troupes de regagner leurs villages en bénéficiant de la générosité que la France a toujours manifestée à l'égard des gens abusés par une propagande mensongère et à ses chefs de choisir entre l'exil et le retour en simples citoyens, sans activité politique outrancière, dans notre pays. »

Le futur second de l'O.A.S. refuse de voir revenir en Algérie les ministres du G.P.R.A. avec l'auréole d'hommes « représentant abusivement l'opinion musulmane » car cela serait un « contresens historique et un crime ».

« Si le G.P.R.A. revient en Algérie, souligne-t-il pour ses "compatriotes musulmans", il submergera les raisonnables et demain, par la terreur qui a déjà fait couler tant de sang, il vous conduira inexorablement à une république populaire communiste. On ne prend pas de contacts avec Moscou et Pékin sans laisser des gages. On ne traite pas avec les communistes sans perdre de sa liberté d'action. Demain les hommes révolutionnaires du G.P.R.A., débordant les têtes les plus froides, prendraient le pouvoir et l'Algérie deviendrait un satellite du monde communiste. »

Au cas où cela se produirait, Jouhaud prédit que les Français quitteraient l'Algérie et que les Musulmans auraient des comptes à rendre à ceux qui « fondent leur politique sur le sang et les larmes ».

En venant aux Européens d'Algérie, Jouhaud avance qu'ils comprennent « le sentiment de fierté des Musulmans, leur amour-propre, la nécessité de leur permettre d'accéder aux plus hauts postes de responsabilité que leur mérite justifie ». Puis, songeant sans doute à la République française d'Algérie dont il est maintenant sans nouvelles, il affirme aussi que : « Dans le cadre de la paix française, dans le cadre de la République française, toute décentralisation administrative et politique ne nous effraie pas » et que « toutes les audaces politiques deviennent possibles ». Promettant aux Musulmans « l'arbitraire et l'égoïsme des puissances d'argent » si la France se retirait, il conclut son plaidoyer pour l'Algérie française en annonçant qu'il répondra de manière négative à toute question qui « ne postulera pas la souveraineté de la France, qui a tant fait dans ce pays, pour ne pas trahir les pauvres gens de ma terre natale, Européens comme Musulmans, moi dont la seule richesse est ma foi dans la fraternisation des deux communautés et le profond libéralisme que m'ont légués mes parents, moi qui ne possède ici que quelques mètres carrés où sont enterrés ceux qui me sont chers, moi qui redoute l'aventure sanglante d'une république indépendante livrée au G.P.R.A., je dirai sans hésitation "Non !" ».

A l'avant-veille du référendum, le général de Gaulle engage son prestige au cours d'une allocution radiodiffusée et télévisée enregistrée à l'Elysée. Reconnaissant que les combats font en Algérie huit fois moins de morts qu'il y a deux ans, il estime que le conflit algérien est « absurde et périmé » et que la seule solution « conforme au bon sens, à la justice, au génie de la France est proposée à la décision du pays ».

— Y répondre par la négative, affirme-t-il pour la plus grande colère de la majorité des Pieds-noirs, pour quelque raison que ce soit, c'est refuser que le problème soit à jamais résolu pour la France, c'est choisir l'impuissance pour la France. Voter le projet c'est vouloir que la France puisse gagner, en Algérie, avec l'Algérie, la cause de la paix et de la raison.

Puis il avance que la question posée ne concerne pas seulement la reconnaissance du processus d'autodétermination, mais aussi, et surtout, le propre destin de la France et annonce :

— Pour la nation française, voici l'occasion solennelle, soit de prouver son unité, soit d'étaler sa division.

Il termine son intervention passionnée par ces mots :

— Françaises, Français, tout est simple et clair ! C'est un Oui franc et massif que je vous demande pour la France.

La réponse des défenseurs de l'Algérie française ne se fait pas attendre. Des militants du F.A.F. clandestin font en effet sauter dans la nuit une charge de plastic devant la villa de Jacques Chevallier bâtie à El-Biar, sur les hauteurs d'Alger, et baptisée le Bordj. Et un second engin explose au 69 du boulevard du Télemly, devant le domicile de M. Picard, un des animateurs du M.P.C.

En métropole où, hormis les communistes, les électeurs semblent en grande majorité décidés à donner satisfaction au président de la République, les fidèles de l'Algérie française lui refusent tout crédit. Il en est même qui imitent les Algérois et, quelques heures après le discours présidentiel, préludant à ce que seront les actions de l'O.A.S. qu'ils rallieront, ils font sauter à Paris des bombes de faible puissance avenue de Breteuil, avenue Foch, avenue de l'Observatoire, boulevard Berthier et dans les jardins du Trocadéro.

A Madrid, le général Salan a piqué une de ses colères froides en apprenant que Pierre Poujade, aussitôt rentré en France, s'est empressé de faire savoir à la presse que l'entrevue qu'il a eue avec lui a été chaleureuse et lui a permis, en même temps que de parler de l'Algérie, de traiter aussi des problèmes métropolitains. Et sa colère croît encore lorsque le capitaine Ferrandi lui apprend que Pierre Lagaillarde a rendu publique une courte lettre qu'il a rédigée avec lui, Susini et Marcel Ronda, dans l'intention d'appeler quelques personnalités de métropole et d'Algérie à voter Non. Par ce courrier collectif, Salan entendait seulement proclamer qu'il est à jamais lié à la terre de France « par tous les êtres chers qui y reposent de Dunkerque à Tamanrasset » et qu'il ne renie pas les serments de 1958.

Après l'incident de la lettre communiquée à d'autres personnes que ses destinataires, Salan a un peu plus l'impression que Lagaillarde et certains fidèles de l'Algérie française ont l'intention d'utiliser son prestige pour leur compte. Conscient que les métropolitains sont de plus en plus hostiles à la guerre, il sait qu'à moins d'un improbable retournement de dernière minute le « Oui » l'emportera.

**Quatrième partie**

# L'O.A.S. ET LE PUTSCH

# Le gouvernement provisoire de l'Algérie en Europe

Si elles n'ont pas causé de victimes, les bombinettes parisiennes ont excité les policiers qui, piochant dans les milieux de droite et d'extrême droite, appréhendent, entre autres suspects, Pierre Faillant dont ils ne tirent pas un mot concernant ces attentats.

Pierre Faillant est journaliste au service étranger de l'Agence France-Presse. Avec un petit groupe d'hommes sûrs qu'il baptisera bientôt O.A.S.7 en référence au code téléphonique qu'il utilisait dans la Résistance, il lance des actions spectaculaires contre le F.L.N. et ses alliés communistes.

De corpulence trapue, tête ronde et crâne dégarni bien qu'il n'ait pas encore quarante ans, Pierre Faillant, fils d'un aviateur de la Grande Guerre, a utilisé pour signer *Le Quatorzième complot du 13 Mai* publié aux Presses continentales l'année précédente le nom de sa mère, née de Villemarest, une vieille famille du Vendômois. Résistant de la première heure en 1940, cité à l'ordre du corps d'armée alors qu'il se battait dans un maquis du Vercors en 1944, antisoviétique farouche, il a été officier de renseignement à la D.G.E.R. (Direction générale des études et recherches) jusqu'en 1947, puis honorable correspondant du S.D.E.C.E. jusqu'en 1951.

Ignorant son ancienne appartenance aux services secrets, les policiers connaissent surtout Villemarest parce qu'il préside depuis janvier 1956 le mouvement clandestin « Résistance à la désagrégation de la France et de l'Union française » qui leur a rendu service dans la lutte contre le F.L.N. Malgré cette coopération, ils l'interrogent toujours en vain dans les combles du Palais de Justice lorsque, au soir du 8 janvier 1961, le premier bilan du référendum annonce la victoire du « Oui ». Renonçant à tirer quoi que ce soit de leur client qui en a vu d'autres, les policiers remettent Villemarest au Parquet et, sans aucune preuve pourtant, un juge d'instruction l'inculpe d'atteinte à la sûreté intérieure de l'Etat et de bris d'édifices publics par explosifs et le fait libérer.

En Algérie, le 1ᵉʳ R.E.P. est maintenu par le général Saint-Hillier à l'écart des tentations algéroises. A l'approche du référendum, le patron de la 10ᵉ D.P. l'a placé aux ordres du général Ailleret dans la région de Bône. Ailleret, futur commandant en chef qui aura à lutter contre l'A.L.N. et l'O.A.S., est polytechnicien et artilleur. Il traite le 1ᵉʳ R.E.P. comme les autres unités dont il dispose. Au matin du 8 janvier 1961, il l'a engagé dans une opération destinée à nettoyer les canyons de l'oued Soudan, entre les deux barrages frontaliers au nord-est de Souk-Ahras.

Le bouclage était en place, lorsqu'un officier est venu lui dire à son P.C. que le 1ᵉʳ R.E.P. était encore à son campement proche de Lamy, un bourg dominé par les monts de la Medjerda, parce que des commandants de compagnie refusaient de partir en opérations.

Ailleret était sur le point de quitter Bône pour aller aux nouvelles à Lamy, lorsque le général Saint-Hillier, de passage à Constantine où il a été averti de la désobéissance des officiers du R.E.P., a débarqué d'un hélicoptère. Les deux généraux ayant rejoint le P.C. du lieutenant-colonel Guiraud à Lamy, les coupables, les capitaines Simonot, Sergent, Ponsolle et le lieutenant Godot, ont été sommés de s'expliquer.

S'adressant à Saint-Hillier, Sergent a proclamé qu'il était intolérable de risquer la vie de ses hommes devant un ennemi dont le drapeau flottait impunément sur Alger.

— Je vous ordonne de rejoindre votre compagnie et de partir en opération, même si, à cause de vous, elle est si mal engagée.

— Il n'en est pas question, mon général !

Le capitaine Simonot et ses compagnons restant sur leurs positions, le général Saint-Hillier a désigné le lieutenant Picot d'Assignies – qui sera bientôt responsable de l'O.A.S. à El-Biar –, et le lieutenant Coatalem pour assumer leur commandement. Puis le R.E.P. a rejoint l'opération qui, comme l'a souligné Ailleret, était devenue inutile.

Furieux, Ailleret a annoncé que les coupables allaient être immédiatement traduits devant le tribunal militaire de Bône pour refus d'obéissance en présence de l'ennemi, chef d'accusation qui pouvait leur valoir la peine de mort. Un secrétaire tapait déjà l'ordre de renvoi des officiers gardés par un homme en armes dans un bureau de son P.C., lorsque Ailleret a reçu un message du général Gouraud lui enjoignant de se défaire de la procédure au profit du général Saint-Hillier. Les capitaines et le lieutenant incriminés sont donc partis pour Alger avec le patron de la 10ᵉ D.P. et, pour toute punition, ils ont reçu chacun quelques jours d'arrêts de rigueur et une mutation en métropole.

Au matin du 9 janvier 1961, les journaux de métropole et d'Algérie annoncent les résultats du référendum. 15 200 073 métropolitains ont accordé au général de Gaulle le « Oui » franc et massif qu'il réclamait et

## Chap. 25. – *Le gouvernement provisoire de l'Algérie en Europe*

4 996 474 lui ont répondu « Non ». Malgré les consignes d'abstention du F.L.N., le « Oui » l'a également emporté en Algérie avec 1 918 532 suffrages contre 786 536.

Les partisans du « Non » dissèquent ces résultats. Certains d'entre eux proclament que de Gaulle a perdu des millions de voix depuis le premier référendum du 28 septembre 1958. Le colonel Argoud, comme il l'affirmera dans ses mémoires, estime même que cette déperdition, significative d'un certain refus de sa politique jusque-là inexprimé, est de 4 000 000 de voix.

Quant au général Salan, au soir de la victoire de De Gaulle qu'il n'avait pas envisagée aussi éclatante, il n'a pas fait de commentaires durant le dîner auquel il avait convié à Madrid des exilés de l'Algérie française. Lorsque Lagaillarde s'est lancé dans une diatribe destinée à ranimer les ardeurs des convives déçus, il l'a prié de se taire et a écourté la réunion pour regagner son hôtel.

Jacques Soustelle accepte aussi mal qu'Argoud le verdict populaire. Pour lui, le résultat du référendum n'a été obtenu que grâce à un malentendu. Dire « Oui » à de Gaulle, expliquera-t-il dans *L'Espérance trahie*, qui sortira en mars 1962, cela représentait pour la masse populaire, selon lui manipulée, seulement une opportunité de se prononcer pour la paix en Algérie et voter « Non », c'était choisir la guerre.

S'il reconnaît à son ancien maître à penser une victoire sur le plan juridique, Soustelle lui dénie le succès politique. Selon lui, de Gaulle a échoué en Algérie où 42 % de la population, Européens et Musulmans confondus, se sont abstenus et où seulement 39 % des votants lui ont dit « Oui ». L'ancien gouverneur d'Algérie avance que ce résultat, s'il exprime l'acceptation de la politique élyséenne, officialise aussi un douloureux divorce entre la métropole et les départements algériens.

Le général de Gaulle, lui, se contente des chiffres. Il écrira dans ses *Mémoires d'espoir* : « C'est fait ! Le peuple français, offrant la liberté à sa conquête, accorde aux Algériens le droit de disposer de leur sort. » Oubliant qu'il a déclaré le 16 septembre 1959 : « Je suis, pour ma part, convaincu qu'un tel aboutissement serait invraisemblable et désastreux », et que la sécession « entraînerait une misère épouvantable, un affreux chaos politique, l'égorgement généralisé et, bientôt, la dictature belliqueuse des communistes », il songe déjà à une autre consultation qui réglera définitivement le problème algérien.

Pour les observateurs avertis, il est évident que le président de la République n'envisage plus que la sécession. Ils ne se trompent pas, car il écrira aussi : « Or, il est certain qu'ils choisiront l'indépendance. »

Des élus d'Algérie cherchent le moyen d'enrayer le processus de séparation annoncé par le référendum. Faisant état de directives confidentielles de la Délégation générale à l'Armée et à l'Administration sur la manière d'orienter la population vers le « Oui », le député d'Alger Philippe Marçais remet une protestation officielle à la commission de contrôle du scrutin. Ces directives ne seraient jamais venues à la connaissance de Marçais si, dans l'entourage de Jean Morin, quelqu'un n'avait jugé bon de les rendre publiques.

Sitôt averti de cette manœuvre destinée à invalider les votes en Algérie, le délégué général n'a aucune peine à l'anéantir en se servant d'un décret du 8 décembre 1960 stipulant que toute réclamation doit être inscrite sur le procès-verbal des opérations de vote, ce qui n'a pu être fait puisque les papiers de la Délégation générale n'ont circulé qu'après la clôture du scrutin.

Naturellement déçu dans son exil de Palma par le résultat du référendum, Joseph Ortiz reçoit Jean-Jacques Susini qui lui affirme que les prisonniers de la Santé ne l'ont jamais oublié.

— Jo, précise-t-il, nous avions épinglé votre photo sur le mur de la pièce qui nous servait de réfectoire.

L'exilé, très ému, écoute son jeune visiteur lui expliquer que s'il n'a pas regagné son box au procès des barricades, c'était parce qu'il savait que Lagaillarde ne le ferait pas lui-même. Puis Susini parle de Salan, qu'il estime trop prudent dans ses déclarations.

Avant de retourner à Madrid, l'ancien leader des étudiants d'Alger demandant conseil à Ortiz sur la conduite à suivre, celui-ci lui répond qu'il ne faut plus jamais s'appuyer sur l'Armée pour lancer un coup de force. Quant aux responsables civils, l'homme du F.N.F. souligne qu'il ne faut pas non plus leur accorder une trop grande confiance. Pour appuyer son propos pessimiste, il ajoute que ces hommes, dont il ne doute pas de la bonne volonté, ne seraient pas certains, en cas de succès, de recevoir dans le nouvel appareil d'Etat et dans l'Administration les responsabilités qui leur permettraient d'engager une véritable politique révolutionnaire. Car, ainsi qu'il l'a déjà dit à Massey, c'est à une révolution qu'il faut s'atteler pour sauver l'Algérie et la France.

— Nous devons, poursuit-il, obtenir une audience internationale. Voyez, Jean-Jacques, comment agissent les ministres du G.P.R.A. Leur F.L.N. ne représente que quelques milliers d'hommes et on parle de lui à l'O.N.U ! Nous n'avons qu'à les imiter.

Les deux hommes reconnaissent qu'en dehors d'un putsch militaire, aucune action de rébellion ne pourrait réussir dans le cadre juridique actuel de l'Algérie. Seul, avance Ortiz, un gouvernement provisoire en exil pourrait peut-être attirer aux militants de l'Algérie française la reconnaissance internationale qui obligerait le gouvernement à l'inviter aux discussions qui vont s'engager avec le G.P.R.A.

Susini reparti vers Madrid avec le sentiment qu'Ortiz n'est plus sur la même longueur d'onde que les autres exilés, le solitaire de Palma de Majorque reçoit Jean-Maurice Demarquet qui, comme Lagaillarde et Ronda, refuse de se remettre à la disposition de la justice.

Après avoir appris que, malgré les engagements de Dufour, son visiteur a été arrêté avec d'autres insurgés durant l'instruction du commando *Alcazar*, Ortiz reprend les propos qu'il a tenus à Susini. Puis, soucieux de retarder l'installation de l'exécutif provisoire de la future Algérie indépendante à Alger, il décide :

— Nous allons mettre sur pied un gouvernement provisoire de l'Algérie européenne !

Demarquet souscrit au projet avec plus d'enthousiasme que Susini. Mais pour être crédible, avance-t-il, ce gouvernement en exil devrait être créé dans le seul contexte de l'Algérie française. Puis il propose à Ortiz une liste d'officiers et de hauts fonctionnaires qui n'hésiteront pas à participer à ce contre-pouvoir.

Bien qu'il ait souffert de l'irrésolution des militaires, Ortiz approuve les propositions de l'ancien député. Le 14 janvier 1961, il avertit le F.A.F. algérois qu'il reprend la lutte ouverte et termine sa lettre par cette proclamation : « Le gouvernement provisoire de l'Algérie française verra officieusement le jour le 17 courant, en raison de l'urgence, et officiellement le 24 janvier 1961, anniversaire des barricades où, il y a un an, le F.N.F. montrait que l'Algérie française était une cause digne des plus grands sacrifices. » Puis il confie à Demarquet des copies de cet envoi afin qu'il les fasse circuler en métropole.

Ortiz demande ensuite au journaliste Georges Heeckeren d'Anthès, qui a longtemps travaillé au bureau madrilène de l'agence Havas, d'aller proclamer en Suisse la création du gouvernement provisoire de l'Algérie française.

Le 15 janvier 1961, d'Anthès annonce donc à Genève devant un très maigre parterre de journalistes que le gouvernement provisoire de l'Algérie française est né, mais que, pour d'évidentes raisons de sécurité, il ne peut encore en révéler la composition.

Le lendemain de cette annonce, le G.P.R.A. se déclare prêt à la négociation. Le 24 janvier 1961, après cet engagement qui a fait plus de bruit dans la presse internationale que la création de son gouvernement, Joseph Ortiz rejoint à Madrid la petite colonie d'exilés étoffée par Camille Vignau, Tassou Georgeopoulos et quelques autres déçus des journées de décembre. S'il tient à célébrer avec eux l'anniversaire des barricades, il désire, surtout, établir son gouvernement provisoire qui, puisqu'il est revenu sur son intention d'y accueillir des militaires, sera composé de huit civils qui ne porteront pas le titre de ministre.

Le fondateur du F.N.F. s'est arrogé la direction des Affaires politiques au sein du G.P.A.F. Pierre Lagaillarde reçoit la mission d'organiser l'Action avec Marcel Ronda. Le portefeuille symbolique des Relations avec la métropole est confié à Jean-Maurice Demarquet, Georges Heeckeren d'Anthès reçoit celui de l'Information, Jacques Laquière gérera la Trésorerie, Jean Méningaud la Délégation en Italie et en Suisse et Jean-Jacques Susini se chargera du Secrétariat général et des services de propagande.

L'entente s'étant faite sur cette liste, profitant qu'une jeune exilée dactylographie cet acte de naissance du Gouvernement provisoire de l'Algérie française et du Sahara, Pierre Lagaillarde invoque un motif futile pour quitter la petite assemblée et il ne revient pas lorsque le projet est proposé à la signature. En fait, le pseudo-Martin a profité de cette suspension de séance pour aller à l'hôtel Princesa rendre compte du débat à un proche du général Salan qui, estimant trop peu sérieux ce gouvernement en exil, lui a conseillé de ne pas rejoindre ses compagnons.

Dans les jours qui suivent, des députés reçoivent cet avertissement timbré le 24 janvier en Espagne : « Monsieur le Député, le pouvoir du général de Gaulle est arrivé à son terme. Nous tenons pour négligeables les derniers soubresauts d'un chef d'Etat qui s'est exclu lui-même de ses fonctions par sa persistante politique d'abandon et par l'atteinte délibérément voulue à l'intégrité du territoire national. Nulle prévention contre le parlementarisme n'est inscrite dans le programme du Gouvernement qui, d'ici quelques heures, proclamera son existence à Paris. Les institutions démocratiques de la représentation populaire ne sont pas menacées par le soulèvement national de l'Algérie. Il vous appartient de ne pas vouloir égarer l'opinion publique par des discours, par des déclarations, par des votes, par des manifestations. Les événements sont dorénavant inéluctables. Vous savez que les autorités françaises d'Algérie ont décidé la création de tribunaux pour sanctionner très sévèrement la politique d'abandon. Le mandat parlementaire n'est pas un mandat impératif, il laisse aux députés entière liberté de conscience. De ce fait, il sera permis aux juges d'imputer à tout parlementaire l'entière responsabilité de ses actes et de ses paroles. Si vous n'avez pas l'intention ou le courage d'applaudir au départ du général de Gaulle, ayez l'habileté de vous taire. Tout ce que vous écrirez sera lu, tout ce que vous direz, même dans les couloirs ou dans vos permanences sera écouté. Il vous en sera sévèrement demandé des comptes. Dans l'intérêt supérieur du pays, tout comme dans le vôtre personnel, nous vous demandons de réfléchir soigneusement à notre avertissement, avant que soit prononcée votre inéligibilité ou que vous soit infligée une condamnation infamante ou même la mort. »

Après la création de son gouvernement, puisqu'il n'a pas revu Pierre Lagaillarde, Joseph Ortiz, sans grandes illusions, regagne Majorque où, désespérant de pouvoir rouvrir un jour le café du Forum, son épouse l'a rejoint. Il en aurait moins encore s'il savait que Demarquet, se rendant enfin aux bonnes raisons de M$^e$ Isorni, a regagné le box des accusés au T.P.F.A. sans avoir diffusé les documents qu'il lui a confiés. L'exilé joue d'autant plus de malchance que les meneurs du F.A.F., avec en tête son ami Bozzi, ont choisi de ne pas ébruiter à Alger la création de son fantomatique gouvernement provisoire. Ignorant ce coup du sort provoqué par des dissensions, il trouve tout de même une raison de se réjouir dans la maison qu'il occupe sur les hauteurs de Palma en apprenant que le général Challe a démissionné de l'armée.

## Chap. 25. – *Le gouvernement provisoire de l'Algérie en Europe*

Si une loi a été promulguée afin de faciliter en Algérie la constitution de nouveaux conseils généraux et assemblées d'arrondissement qui, en attendant l'exécutif provisoire, permettront aux Musulmans de s'investir davantage dans l'administration, des hommes qui formeront plus tard les commandos de l'O.A.S. en métropole, ignorant les initiatives d'Ortiz, ne baissent pas les bras. Le 17 janvier 1961, ils posent deux charges à Paris, rue Monsieur-le-Prince et boulevard Edgar-Quinet. Le lendemain, une troisième bombe explose à Nîmes, devant la maison du D$^r$ Georges Salan, le frère du général, qui est conseiller national de l'U.N.R. et gaulliste.

A Alger, bien que le président Kennedy, par le vote de son représentant à l'O.N.U., ait empêché le G.P.R.A. de parvenir à ses fins, des militants du F.A.F. font sauter un engin devant le consulat américain au 119 de la rue Michelet.

Pendant que Pierre Faillant de Villemarest retrouvait la liberté à Paris, que le général Challe quittait l'armée avant l'échéance proche de sa retraite et que le capitaine Sergent rejoignait sa nouvelle affectation à Chartres, deux activistes algérois travaillant parfois en sous-main pour le compte du F.A.F., Hubert Thibault, plusieurs fois inquiété pour ses menées contre-terroristes, et Roland Agay, un ancien du commando *Alcazar*, décidaient avec l'industriel en matériel sanitaire André Canal – le petit homme râblé et borgne de l'œil gauche depuis un accident de voiture qui sera plus tard nommé par Salan responsable de l'O.A.S. en métropole – d'exécuter l'avocat libéral Pierre Popie.

M$^e$ Popie, exprimant ainsi l'opinion des milliers de Pieds-noirs qui ne manifestent jamais dans la rue et n'applaudissent pas lorsqu'on guillotine des terroristes du F.L.N., lors d'un passage à la populaire émission de télévision « Cinq colonnes à la une » créée par Pierre Lazareff, Pierre Dumayet, Pierre Desgraupes et Igor Barrère, a eu le courage d'avancer en parlant du F.A.F. : « Si nous parvenons à leur faire comprendre qu'une République algérienne est un Etat neuf dans lequel ils auront tous les droits de citoyen à part entière, eh bien, je suis persuadé que nous arriverons à les raisonner car, pour eux, il n'y a pas d'issue. »

Les futurs dirigeants de l'O.A.S. reprochaient aussi à Pierre Popie d'avoir aidé à la fin 1959 Georges Pompidou à contacter des personnalités susceptibles de participer au plan de partition de l'Algérie concocté à l'Elysée.

M$^e$ Popie, depuis qu'il a reçu des coups de feu en allant plaider à Oran pour un militant du F.L.N., était sur ses gardes et portait un pistolet automatique. Bien qu'André Canal ait mis beaucoup d'argent à leur disposition, Thibault et Agay ont eu du mal à pousser à l'acte les deux hommes qu'ils ont recrutés. Le premier, Léon Dauvergne, est un ancien légionnaire au front bas que Thibault a connu au camp de transit de Berrouaghia où il avait été interné préventivement en décembre 1960 lors du voyage mouvementé de De Gaulle. Le second, l'ancien para Claude

Peintre, malgré ses vingt-trois ans, fait encore si gamin qu'on pourrait le prendre pour un potache. Afin de balayer leurs dernières hésitations, les émissaires d'André Canal ont affirmé que Pierre Popie n'était pas seulement le défenseur attitré des terroristes qui, grâce à son talent, n'ont jamais été punis comme ils le méritaient, mais qu'il est, surtout, le principal trésorier du F.L.N. à Alger. Et, afin d'enlever la décision, ils ont ajouté que l'avocat allait témoigner contre Pierre Lagaillarde au procès des barricades.

A la mi-journée du 25 janvier 1961, Me Popie n'a pas le temps de saisir son pistolet lorsque Dauvergne et Peintre pénètrent dans son appartement situé au quatrième étage de l'immeuble du 2 de la courte rue de l'Abreuvoir qui, près du Palais de Justice et de l'église Saint-Augustin, va de la rue Turgot à la rue Dumont-Durville. Il meurt, percé de coups de poignard.

L'exécution n'a pas fait de bruit et les deux tueurs disparaissent dans la foule qui va et vient, surveillée par des patrouilles de zouaves, de gendarmes et de C.R.S. casqués.

Gahia Dahmoune, la secrétaire de Pierre Popie, s'inquiète de trouver porte close en revenant de déjeuner. Après avoir appelé en vain, elle enjambe le balcon de l'appartement voisin et le découvre couché sur le côté droit. Cet assassinat revendiqué par le F.A.F. clandestin en annonce beaucoup d'autres qui, bien que commandités par les mêmes hommes, seront signés par l'O.A.S. dont Jean-Jacques Susini et Pierre Lagaillarde, ne croyant pas plus que Salan à l'efficacité du gouvernement provisoire d'Ortiz, préparent déjà à Madrid la création.

\*

— 26 —

# Naissance de l'O.A.S. à Madrid

Les capitaines Sergent, Simonot, Ponsolle et le lieutenant Godot ne sont pas les seuls à subir au 1er R.E.P. les foudres du commandement. Tour à tour, parce qu'ils ont estimé à voix haute que Michel Debré fait

## Chap. 26. – Naissance de l'O.A.S. à Madrid

maintenant tuer des soldats au nom d'une politique qu'ils ne comprennent plus, les chefs de bataillon Martin et Loth, comme le capitaine de La Forest Divonne et les lieutenants Labrisse, Barret et de La Bigne, sont rappelés en métropole. Quant au lieutenant Roger Degueldre, avec qui Jean-Jacques Susini a sympathisé à Zéralda avant de gagner la Santé et qui sera le chef le plus redouté des commandos de l'O.A.S., il est depuis longtemps repéré pour ses relations avec des dirigeants du F.A.F., surtout avec René Giono, un ancien policier proche d'Andé Canal, et a été muté au 4ᵉ R.E.I.

Roger Degueldre sort du rang. Ancien de Diên Biên Phu, il a connu le baptême du feu dans un maquis communiste de F.T.P. durant l'Occupation. Il est brun, large et grand. Il a une gueule carrée, toujours rasée de près, et une voix de stentor. Il aime le baroud autant que la vie. En apparence incapable de ressentir le moindre trouble face au danger, il est un modèle pour ses légionnaires qui, entre deux opérations, aiment à boire avec lui en chantant les chansons de ses anciens ennemis nazis. N'ayant pas rejoint son affectation aux confins sahariens, il se cache à Alger où les amis ne lui manquent pas. Il a écrit des lettres aux officiers d'Algérie, afin de proclamer qu'il ne suffit plus d'obéir aux ordres pour sauver l'Algérie française. La légalité est dépassée, avance-t-il en conseillant à ses pairs de se tenir prêts à le rejoindre dans la clandestinité.

Pendant que le F.A.F. émet à Alger des tracts affirmant, preuve à l'appui depuis l'exécution de Mᵉ Popie, que le mouvement peut frapper qui il veut et quand il le veut, les préparatifs du coup de force se poursuivent à Paris. Au soir du 30 janvier 1961, après une dernière réunion stérile, le général Faure songe que les colonels, même Argoud, ne brusqueront pas les choses. Dominique Venner, qui a rencontré Georges Bidault et André Regard après sa libération, tente au soir du 31 janvier 1961 de le convaincre de prendre les choses en main en Algérie. Il lui explique que, dans l'état actuel des choses, il lui serait aisé de proclamer la déchéance du gouvernement. Il pourra, lui promet-il, compter sur l'appui du groupement de commandos parachutistes du commandant Georges Robin. Et, ajoute-t-il, d'autres unités de choc lui sont acquises, comme le 18ᵉ R.C.P. où un de ses amis, le sergent Renard, a créé une cellule révolutionnaire très active.

Venner explique également à Faure qu'il a reçu à Toulouse les confidences du colonel Mayer, l'ancien chef de corps du 1ᵉʳ R.C.P. qui, en cas de coup de force, se propose de larguer deux régiments de paras en région parisienne. Il a aussi profité de ses prises de contact dans le Sud-Ouest et les Pyrénées pour renouer avec des militants de Jeune Nation. C'est ainsi qu'il est allé à un rendez-vous fixé à Pau au bar des Pyrénées qui fait face sur la place Clemenceau au Palais des Pyrénées.

Christian Hitier, le jeune homme de dix-neuf ans attendait Venner avec quatre compagnons, n'avait pas, avec ses grands yeux en amande, ses cheveux très noirs et sa barbichette bohème, le profil des militants d'extrême droite. Artiste de talent, qui a exposé ses sculptures dans des galeries cotées du Sud-Ouest, fils de famille dont l'oncle et le grand-oncle furent directeurs de l'école Boulle à Paris et dont le père était un ami du colonel de La Rocque, le créateur des Croix de Feu, il a découvert la politique en mai 1958 avant de devenir délégué régional de Jeune Nation.

L'engagement de Christian Hitier pour l'Algérie française, qui le poussera bientôt à sacrifier sa carrière artistique en ralliant l'O.A.S., vient d'un violent choc émotif ressenti alors qu'il séjournait à Casablanca dans la villa des Crêtes de son oncle Roger Hitier, directeur général de l'Énergie électrique au Maroc.

Un jour de novembre 1957, alors que son oncle l'emmenait à Marrakech où le Glaoui l'avait invité à une soirée dans son palais, Christian Hitier a déjeuné dans une auberge à six kilomètres de cette ville puis, au soir, en attendant d'être reçu par le Glaoui, Roger Hitier a proposé de retourner boire l'apéritif chez les aubergistes qu'il connaissait depuis longtemps.

Le silence régnait dans l'établissement et, horrifié, Christian Hitier y a découvert sur une table les têtes coupées des aubergistes. Marqué par le supplice des amis de son oncle, âgés de plus de soixante-dix ans et qui aimaient sincèrement le Maroc, il s'est juré de combattre par tous les moyens le terrorisme nord-africain.

Alors qu'il attendait Dominique Venner, Hitier a vu jaillir de deux voitures des policiers qui se sont précipités vers le dirigeant de Jeune Nation au moment où il allait pousser la porte de la brasserie des Pyrénées. Dégainant un vieux Colt 92, il a bondi au secours de son invité. Apercevant son arme, le premier policier qui allait agripper Venner a reculé vers ses trois compagnons et, profitant du flottement, Hitier a entraîné le leader de Jeune Nation vers une porte dérobée de l'établissement. Il l'a poussé dans une ruelle jusqu'à un atelier de menuiserie tout proche et appartenant à sa demi-sœur, d'où il a téléphoné à Georges Mathiot, son adjoint de Jeune Nation, afin qu'il vienne le chercher en voiture.

Mais ce soir, discutant rue Richer chez son ami Louis Daney, alors qu'il s'évertue à convaincre Faure de passer à l'action avant minuit, Dominique Venner ne songe plus à l'équipée paloise. Afin de ne pas heurter ses principes, il ne parle pas à Faure de l'opération *Gerfaut*, qu'il espère mener à bien avec quelques amis sûrs, mettant ainsi un terme brutal à la vie du général de Gaulle, ce qui provoquerait dans l'Armée l'électrochoc qui l'obligerait à aller au-delà des timides résolutions des officiers engagés dans le complot parisien.

Mais, à minuit, Faure refuse encore de donner le signal de la révolte attendu à Alger. Lorsqu'il prend congé de ses hôtes déçus après leur avoir laissé entendre que « peut-être, plus tard... », Dominique Venner s'empresse de téléphoner à Alger pour décommander le coup de force.

De leur côté, les exilés en Espagne se réunissent à Madrid le 11 février 1961 et, après d'âpres discussions dirigées par Pierre Lagaillarde et Jean-Jacques Susini, ils décident de créer une nouvelle organisation armée.

Au cours de cette séance fondatrice, des anciens du F.N.F. algérois s'étonnent de ne pas entendre parler de Joseph Ortiz parmi les responsables mis en avant pour prendre la tête de l'organisation. Lagaillarde explique qu'Ortiz est en ce moment trop fatigué pour participer à des travaux de détail, mais qu'il est au courant et solidaire des décisions qui vont être prises. Mais, en fait, l'exilé de Majorque n'a même pas été averti de la réunion.

Pierre Lagaillarde, Alain Mentzer, Pierre Aoustin et Pierre Sultana, qui en ont déjà discuté la veille avec Elisabeth Lagaillarde, n'ont aucun mal à imposer à leurs compagnons le sigle O.A.S. (Organisation armée secrète) qui deviendra l'Organisation de l'armée secrète.

L'organigramme primitif de l'O.A.S. délimite principalement trois secteurs d'activités. Le premier, le service « Action », est confié à Pierre Lagaillarde. Le deuxième, le secteur « Politique », comprend une dizaine de membres dont Jean-Jacques Susini, Marcel Ronda et Camille Vignau. La charge du troisième, le compartiment « Armée », échoit au général Salan qui est mis d'heure en heure au fait de l'avancée des travaux par les soins de Jean-Jacques Susini qui, après Ortiz, semble l'avoir choisi comme chef indiscutable.

Mis devant le fait accompli, Ortiz se voit proposer par Lagaillarde un vague poste au sein du service « Politique ». Mais il le refuse en arguant que l'O.A.S. fera double emploi avec son gouvernement provisoire. Salan, de son côté, ne semble pas croire au mouvement et lorsque Lagaillarde et Susini, par le truchement du capitaine Ferrandi, lui offrent d'en prendre la tête, il ironise : « Pauvres Pieds-noirs, ils ont déjà connu l'U.S.R.A.F., le F.N.F. et le F.A.F. Les voilà maintenant avec votre O.A.S. ! Ils ne vont plus s'y reconnaître. » Puis, fataliste, il ajoute : « Après tout, si cela les amuse et peut les aider à passer le temps en attendant des jours meilleurs, pourquoi pas ? »

Pendant que l'O.A.S. prend forme, des officiers pressés de passer à l'action se réunissent une fois de plus à l'Ecole militaire, chez le colonel Lacheroy. Il y a là le général Faure et les colonels Argoud, Broizat, de Blignières, qui commandait il y a peu le 1$^{er}$ R.E.C. en Algérie, Callet et Chateau-Jobert.

Invité par le général Faure, un commandant venu de l'Algérois où il commande près de Boufarik un sous-secteur opérationnel dresse un tableau idéal de l'état d'esprit des chefs de corps qu'il a questionnés en Algérie sur leur engagement dans un putsch. L'ayant écouté, le général Faure, loin des réserves qu'il exposait à Dominique Venner, propose d'actionner la révolte militaire dans les quarante-huit heures. Lorsque Chateau-Jobert demande sur quels moyens il s'appuiera, reprenant le topo de Venner, il répond :

— Mais voyons, sur le 18ᵉ R.C.P. et sur les commandos parachutistes du commandant Robin.

Argoud et Broizat estiment que, malgré les qualités de ces unités, elles ne suffiront pas et le projet de Faure est remis sine die.

Quelque peu désarçonné par la légèreté avec laquelle Faure semble vouloir s'opposer au gouvernement, le colonel Chateau-Jobert finit par accepter l'affectation qu'on vient de lui proposer au Niger.

Si les militants du F.A.F. ignorent les tergiversations de leurs alliés parisiens, ils ne sont pas plus dans le secret de l'O.A.S. Le général Gambiez ayant succédé depuis le 1ᵉʳ février à Crépin, ils songent plutôt à des maquis Algérie française qui, selon des renseignements sûrs, se formeraient déjà dans le bled avec la bénédiction de l'armée. Mais la réalité est loin de correspondre aux rumeurs et il n'existe encore que des embryons de forces Algérie française en Oranie. L'un d'eux, formé d'une vingtaine de civils appartenant au mouvement Résurrection française créé par le comte André de Brousse de Montpeyroux, ancien commandant d'une S.A.S., s'est établi à Bouguirat, près de Mostaganem sous le commandement du capitaine des commandos de l'Air Jean-René Souètre qui, comme Degueldre, a choisi la dissidence active. L'Algérois Jo Rizza, bien qu'il n'ait aucune attirance pour ses idées monarchistes, a rejoint provisoirement ce groupe sur les conseils de son ami René Villard.

Si elles ignorent les maquis fantômes, les forces de l'ordre ne laissent plus de répit aux militants du F.A.F. et, après les explosions de trois charges de plastic à Alger, elles arrêtent Claude Peintre le 12 février.

Pendant que les policiers se félicitent de leur capture, Philippe Castille, alias Berthier, s'en tient à Madrid à ses engagements pris devant le colonel Blanco. Et il a, semble-t-il, l'intention de les respecter encore, lorsqu'il croise par hasard le capitaine Ferrandi, qui, sur le conseil de Susini, lui propose de rencontrer Salan.

Après avoir longtemps hésité, Castille se rend le 14 février 1961 à l'hôtel Princesa avec Michel Féchoz qui l'a rejoint depuis peu. Salan reçoit avec un sourire crispé les deux hommes qui voulaient le tuer en 1957. Après les salutations d'usage, il leur explique que s'il a réclamé contre eux de lourdes peines, c'était seulement parce qu'ils ont assassiné le commandant Robert Rodier, qui était un de ses amis, presque un fils, souligne-t-il avant de poursuivre :

— Je sais maintenant que vous avez été manipulés. Vous n'avez certainement pas agi en votre âme et conscience.

Pas fâché de la tournure de la conversation, Castille se met en peine d'apporter à son hôte si enclin au pardon des précisions sur le complot dont il fut la cible. Lorsqu'il en a terminé, après avoir cité pêle-mêle le général Cogny, Pascal Arrighi et Alain Griotteray, Salan lui explique à son tour que le « Comité des Six » invoqué par René Kovacs a bien existé. Michel Debré, André Achiary, le général Cogny et Alexandre Sanguinetti en faisaient partie, affirme-t-il, et il se réunissait à Paris, dans la demeure de Mᵉ Biaggi, avenue Victor-Hugo.

L'ancien commandant en chef confie également à ses visiteurs que Michel Debré a tenté de lui faire accepter que l'affaire du bazooka n'aille pas en justice. Abasourdi, Castille lui demande s'il répéterait ce qu'il vient de dire au cours d'un nouveau procès. Superbe, Salan lui répond qu'il lui rendra son honneur lorsque le pouvoir sera renversé, peut-être par la grâce de l'O.A.S., précise-t-il.

Le général Salan est d'autant mieux placé pour évoquer l'O.A.S. qu'il vient de présider une réunion de ses membres fondateurs et que ceux-ci l'ont confirmé comme leur chef.

Par prudence, Castille, sans lui en dire évidemment l'essentiel concernant l'O.A.S., ne cache pas cette visite au colonel Blanco, qui semblait craindre pour lui les réactions de son ancienne victime potentielle de 1957.

L'arrestation de Claude Peintre grâce à ses empreintes relevées chez Mᵉ Popie sur une tache de sang et qui a avoué son crime au bout d'un interrogatoire mené sans ménagements ne freine pas à Alger les ardeurs du F.A.F. Après trois charges qui ont provoqué deux blessés le jour même où les policiers arrêtaient l'assassin de Mᵉ Popie, quatre bombes explosent le 16 février dans Alger, provoquant vingt et un blessés et à Paris une charge détone devant les locaux du *Monde*. Le 18 février une nouvelle bombe explose chez un conseiller général d'Alger, coupable aux yeux du F.A.F. d'avoir signé le 7 février avec vingt-cinq autres conseillers généraux un manifeste de confiance au général de Gaulle, qui réclamait des négociations en vue d'obtenir un cessez-le-feu préalable à l'autodétermination de l'Algérie.

Le 20 février 1961, deux jours après ce dernier attentat, les initiatives de Constantin Melnik et du général Grossin aboutissent à une première rencontre secrète en Suisse avec des émissaires du gouvernement et des représentants du G.P.R.A. Du côté français, Louis Joxe, après avoir été désigné par Michel Debré pour prendre la relève de ses premiers émissaires plus secrets, délègue en Suisse son chef de cabinet, l'ancien préfet de Constantine Jacques Legrand, avec Claude Chayet, jusque-là en poste auprès de l'O.N.U. Bruno de Leusse, un autre diplomate détaché du Quai d'Orsay, Philippe Thibault et Yves Roland-Billecart, inspecteur des Finances et ancien conseiller particulier d'Habib Bourguiba, complètent tour à tour cette délégation. Ainsi qu'en janvier 1960 – lorsqu'il s'agissait de tâter des représentants de l'Algérie française en vue de la création d'un Etat franco-musulman –, c'est à nouveau Georges Pompidou que de Gaulle, une fois les conversations amorcées, désigne pour mener les débats.

Le futur président de la République rencontre donc à Lucerne trois émissaires du G.P.R.A., Tayeb Boulahrouf, plus connu sous le pseudonyme de Pablo qu'un physique d'Européen du Sud lui a attiré, l'avocat Ahmed Boumendjel, qui a déjà négocié en vain à Melun, et Saad Dahlab, l'adjoint de Krim Belkacem au ministère des Affaires étrangères du G.P.R.A., deux habitués des coulisses de l'O.N.U.

Ces pourparlers, devenus le secret de Polichinelle, provoquent autant à Paris qu'à Alger l'indignation des partisans de l'Algérie française. En même temps que quatre autres bombes posées ailleurs dans Alger, le F.A.F. plastique le domicile de la veuve d'Ali Boumendjel, le frère d'Ahmed, le négociateur du G.P.R.A., qui a été assassiné le 23 mars 1957 à El-Biar par des paras du 2$^e$ R.P.C. au cours d'une mise en scène ordonnée par le commandant Aussaresses pour faire croire à un suicide.

Inquiets des entretiens de Lucerne, les colonels Argoud et Broizat en discutent avec Jacques Soustelle durant une réunion à laquelle prennent part le général de Beaufort et le colonel Vaudrey, l'ancien adjoint de Godard à la Sûreté algéroise.

Soustelle avance que l'Armée, écœurée par le processus de négociation, est certainement prête à la désobéissance. Mais il rappelle qu'un coup de force n'aboutira qu'à l'expresse condition d'être commandé par un chef au prestige indiscutable. Songeant toujours à Massu, Argoud et Broizat reprennent donc leurs bâtons de pèlerin.

Les conjurés parisiens ne trouvant pas d'issue à leurs problèmes de commandement, les dirigeants du F.A.F. qui ont encore échappé à la répression des forces de l'ordre font glisser le 22 février 1961 ce tract menaçant dans des milliers de boîtes aux lettres : « Français d'Algérie, musulmans et Européens, l'agitation fomentée par des meneurs communistes et F.L.N. dans les quartiers musulmans des centres urbains devient une menace permanente pour la sécurité des deux communautés. Cette agitation est favorisée par la trahison de certains responsables du maintien de l'ordre qui espèrent que les Européens, excités, se livreront à des ratonnades. Nous ne tomberons pas dans cette grossière provocation. L'agitation doit être jugulée. Faute de quoi, le F.A.F. clandestin exercera des représailles sur certains représentants de l'ordre public. Cet avertissement s'adresse particulièrement aux responsables de la zone Nord-Algérois et Alger-Sahel, à la gendarmerie mobile, aux C.R.S., au corps préfectoral et aux services de police. Que chacun prenne ses responsabilités ! »

Ces tracts abondamment distribués remplacent le journal clandestin du F.A.F., *Algérie Terre française,* qui ne paraissait qu'à un rythme trop irrégulier pour être efficace.

Les cadres du F.A.F. algérois s'efforçant de reconstituer leur armement saisi ou spontanément remis aux forces de l'ordre après la chute des barricades, le maquis de Mostaganem est mis hors de combat avant d'avoir pu passer à l'action. Le jeudi 23 février 1961, dénoncés ou trahis par des bavardages, le capitaine Souètre et André de Brousse de Montpeyroux ont été arrêtés à Bouguirat. Puis, refusant de tuer des soldats français, la vingtaine d'hommes qu'ils commandaient sont rentrés chez eux ou se sont rendus tandis que Jo Rizza regagnait Alger.

Le comte de Montpeyroux a rencontré durant la campagne du référendum le lieutenant de La Tocnaye, qui visitait l'Oranie avant de rejoindre sa nouvelle affectation dans les Aurès. Les deux hommes se sont si bien entendus que La Tocnaye a rallié le mouvement Résurrection française au sein duquel, le moment venu, il servira au grade de capitaine.

Après la disparition du maquis de Bouguirat, le sergent-chef Marcel Petitjean, ancien du 5e R.E.I. en Indochine et, dans le Constantinois, du commando de chasse V 44 du 60e R.I. commandé par le lieutenant Jambel, huit fois cité au feu, assume seul la continuité du réseau de Montpeyroux à la tête d'un petit commando grenouillant alentour de Canastel, à dix kilomètres à l'est d'Oran.

A l'heure où, d'un côté de la Méditerranée, des liens se tissent avec le G.P.R.A. et que, de l'autre, la résistance armée à de Gaulle tente de s'organiser, Argoud cherche toujours un chef qui sauvera l'Algérie française. Malgré le peu de discrétion qu'avec Broizat il observe dans ses démarches, il semble que personne à Matignon et au ministère des Armées ne se préoccupe vraiment d'un putsch.

Pendant que l'O.A.S. prend forme, onze députés musulmans, pour la plupart de l'U.N.R., créent le 28 février à l'Assemblée le Mouvement démocratique algérien favorable à la négociation avec le G.P.R.A.

Au matin du 1er mars 1961, ignorant l'initiative des élus musulmans qui ne sert pas leurs intérêts, des milliers d'Algérois découvrent dans leur courrier le premier tract de l'O.A.S. « L'union sacrée est faite, lisent-ils en craignant, pour certains, quelque provocation ourdie par les services de la Délégation générale, le Front de la résistance est uni. Français de toutes origines, la dernière heure de la France en Algérie est la dernière heure de la France dans le monde, la dernière heure de l'Occident. Aujourd'hui, tout est près d'être perdu ou sauvé. Tout dépend de nos volontés. Tout dépend de l'Armée nationale.

« Nous savons que l'ultime combat approche. Nous savons que ce combat, pour être victorieux, exige l'unité la plus totale, la discipline la plus absolue. Aussi tous les mouvements nationaux clandestins et leur organisation de résistance ont décidé de joindre unanimement leurs forces et leurs efforts dans un seul mouvement de combat : l'Organisation armée secrète. O.A.S.

« Algériens de toutes origines, en luttant pour l'Algérie française, vous luttez pour votre vie et votre honneur, pour l'avenir de vos enfants, vous participerez ainsi au grand mouvement de rénovation nationale. Dans cette lutte, vous suivrez désormais et exclusivement les mots d'ordre de l'O.A.S.

« Soyez certains que nous nous dresserons tous ensemble les armes à la main contre l'abandon de l'Algérie et que la victoire est assurée si nous savons la mériter. Dans le calme et la confiance. Tous dehors, tous prêts, tous unis. Vive la France ! »

Le lendemain de la première manifestation publique de l'O.A.S. à Alger, les partisans de l'Algérie française oublient pour quelques heures à Paris les contacts avec l'adversaire pour venir nombreux au Palais de Justice assister à la dernière séance du procès des barricades. Après les réquisitoires et les plaidoiries, le président Thiriet demande aux accusés s'ils ont quelque chose à ajouter pour leur défense. Comme ils se taisent, la cour s'isole pour répondre aux deux cent vingt-trois questions les concernant. Il est 18 heures lorsque, après cinq heures de délibérations, le tribunal revient devant l'assistance bruissant d'impatience. Le président menace de faire évacuer la salle au premier brouhaha et, le silence obtenu, il entame l'énumération des accusés acquittés.

— Auguste Arnould, Jean-Maurice Demarquet, Fernand Féral, le colonel Jean Gardes, Jacques Laquière (contumax), Bernard Lefèvre, Pierre Michaud, Jean-Claude Pérez, Jean-Marie Sanne, Victor Sapin-Lignières, Alain de Sérigny, Serge Jourdes, Marcel Rambert.

Après avoir maté le contentement bruyant de l'assistance, il continue : « Sont condamnés par contumace, Joseph Ortiz, à la peine de mort » et, ignorant les murmures hostiles, il psalmodie : « Pierre Lagaillarde, à dix ans de détention criminelle, Jean Méningaud, à sept ans de détention criminelle, Robert Martel, à cinq ans de détention criminelle, Marcel Ronda, à trois ans de prison, Jean-Jacques Susini, à deux ans de prison avec sursis. »

Alors qu'à Paris les sentences ont été mal accueillies par la presse de gauche, à Alger, où les rues résonnent de concerts de klaxons triomphants, la liesse fait mal aux gendarmes estimant que leurs tués du 24 janvier n'ont pas pesé lourd sur la conscience des juges. Pour eux, le procès des barricades n'aura été qu'une farce insultante.

Interprétant le verdict du T.P.F.A. comme une éclatante victoire de l'Algérie française et un avertissement de l'Armée au général de Gaulle, c'est plein d'un nouvel espoir nouveau que les Pieds-noirs commentent le 4 mars 1961 un tract qui les appelle à l'union dans l'armée secrète et évoque le gouvernement provisoire de l'Algérie française en exil.

Malgré la grande diffusion de ce libelle, les Algérois sont perplexes en découvrant pour la première fois au matin du 6 mars 1961 le sigle O.A.S. peint sur quelques murs. Les étudiants nationalistes, à qui Jean-Jacques Susini a transmis d'Espagne l'ordre de ces barbouillages, ne savent même pas ce que signifient ces trois lettres. Des Algérois avancent que l'O.A.S. est une composante du F.A.F. D'autres, méfiants, craignent qu'elle ne soit un nouvel organisme de soutien à de Gaulle.

L'épouse du général Salan elle-même est perplexe quant à la nature du mouvement. Téléphonant à son mari, elle lui recommande de se méfier de cette O.A.S. dont on parle tant, qui pourrait procéder d'une provocation gouvernementale.

De mon côté, j'ai terminé au centre *Siroco* mon cours de gradé du cadre spécial. Comme il n'y a pas hélas de poste pour ce grade dans un commando, j'ai choisi de rejoindre la base aéronavale de Dugny-Le Bourget. Traînant dans la rue d'Isly avant de partir, je m'entends héler. Je me retourne et mon ami Rossello m'entraîne vers un petit café dans une rue adjacente où, très excité, il m'avertit qu'il va se passer des événements graves en Algérie, mais qu'il est encore temps d'empêcher que le sang coule.

— Les Pieds-noirs n'ont pas compris ce que le général de Gaulle attend de nous, regrette-t-il. Ils n'ont pourtant rien à craindre de l'Algérie indépendante.

Malgré la conjoncture, je rêve encore d'intégration. Je ne suis donc pas d'accord avec Rossello, mais je le laisse décrire ce que sera l'Algérie affranchie de la France et gardant des liens avec Paris. Selon lui, on y construirait des usines et les blédards, trouvant ainsi sur place les revenus suffisants pour entretenir leurs familles, ne seraient plus tentés par l'émigration.

— En tout cas, conclut-il, ce n'est pas leur foutue O.A.S. qui empêchera de Gaulle d'aller au bout de son projet.

Puis, baissant le ton, il ajoute :

— Et je vais être pour beaucoup dans cette réussite. Ecoute...

Ebahi, je l'entends parler d'un putsch tout proche et d'un réseau O.A.S. capital, puisque le premier structuré, qui sera démantelé dans quelques jours. Grâce à lui, se rengorge-t-il, puisqu'il s'est infiltré parmi des proches de Dominique Zattara grâce à un certain Medan, fonctionnaire des Chemins de fer d'Algérie vivant à Blida. Peu avare de précisions, il me raconte qu'il a rencontré cet homme au retour d'un voyage en métropole qui lui a permis de rencontrer des activistes du M.P. 13 qui éditent une feuille de chou, *Poitiers-Ultra,* et qui lui ont donné en confiance des renseignements sur les réseaux de Martel.

La destruction du noyau de l'O.A.S. envisagée par Rossello devrait, selon lui, empêcher un soulèvement. Sûr de lui, l'homme de confiance de Bitterlin précise qu'il est en liaison permanente avec le commissaire des R.G. Nivos, qu'Yves Le Tac lui a présenté avec un autre policier nommé Gautray. Puis, il me fait remarquer qu'il n'est plus un simple quartier-maître des commandos Marine, puisque, grâce à ses nouveaux amis, il est en relation avec l'avocat Pierre Lemarchand, Alexandre Sanguinetti et même Roger Frey.

M'ayant livré ses secrets, Rossello me quitte après m'avoir recommandé de n'en parler à personne. Je tiens parole et je tais ses projets à mes amis du F.A.F. qui, me sachant sur le départ, me recommandent de plaider pour eux en métropole et me font promettre de les rejoindre lorsque éclatera le coup de force espéré. Et je n'en parle pas plus à ma fiancée, que je dois revenir épouser au mois de mai.

Pendant que je rumine les confidences de Rossello, Argoud rencontre à Paris le lieutenant-colonel de La Chapelle, son ancien second au 3ᵉ R.C.A., qui commande aujourd'hui le 1ᵉʳ régiment étranger de cavalerie. Celui-ci, pressé d'agir, promet le concours de son régiment et affirme que Masselot, Lecomte et Lenoir sont maintenant décidés à le suivre.

Après ces bonnes nouvelles, Argoud et Broizat se rendent à nouveau chez Massu. Mais le général leur oppose d'entrée que la politique de De Gaulle est devenue la seule solution pour mettre un terme à la guerre. Selon lui, ainsi que Rossello me l'a fait remarquer, les Pieds-noirs auront leur place en Algérie nouvelle.

— Et si c'est nécessaire, ironise-t-il, eh bien, ils n'auront qu'à porter le fez !

Argoud trouve l'image déplacée. Laissant à peine la parole à Broizat, il se libère de ses rancœurs accumulées depuis des mois. Il reproche à Massu la grossièreté avec laquelle il parle des Français d'Algérie. Il lui affirme que s'il est venu lui offrir la tête d'une révolte armée, c'est parce qu'il n'a pas sous la main, pour l'heure du moins, un autre chef valable.

Prenant un pareil tour, il était immanquable que la discussion ne dure pas longtemps. Massu, furieux, y met fin en signifiant à ses hôtes qu'ils doivent s'en aller.

Après cet entretien qui a tourné à leur confusion, Argoud et Broizat, renonçant à lancer leur affaire sous la houlette du général Faure, se résignent à prendre eux-mêmes les choses en main.

Le même jour, le 10 mars 1961, Barthélemy Rossello va au bout de son dessein à Alger. Sans se soucier de brûler Bitterlin, il lui téléphone à son bureau de France V pour lui demander de venir le retrouver à Bab el-Oued, place des Trois-Horloges.

Comme le producteur explique qu'il ne peut pas se libérer de ses obligations professionnelles et que son affaire peut sans doute attendre quelques heures, Rossello lui donne rendez-vous en fin d'après-midi.

A l'heure convenue, Bitterlin gare son Aronde avenue de la Bouzaréah et gagne à pied la place des Trois-Horloges. Rossello est là, qui le prend par le bras, l'entraîne dans la foule, lui demande d'aller rechercher sa voiture et lui indique d'un geste discret un homme assis au volant d'une Peugeot 403 stationnée de l'autre côté de la place qui résonne de coups de klaxons.

— Sitôt que je serai dans sa bagnole, précise l'ancien commando qui a du mal à masquer son excitation, tu nous suis. Il me mènera aux têtes de l'O.A.S.

Coupant court à ses explications, Rossello laisse partir Bitterlin et, comme convenu avec les gens de l'O.A.S., il va se poster devant l'arrêt des bus et jouant à l'homme qui vient de sortir de son travail, les mains dans les poches, il sifflote un air à la mode.

Pendant que son homme de confiance trompe ainsi sa grande nervosité, Lucien Bitterlin se hâte vers son Aronde. Il passe une première fois devant Rossello qui fait mine de ne pas l'avoir remarqué. Pestant contre la circulation, il entame un second tour de la place mais, lorsqu'il revient à la hauteur de l'arrêt des bus, Rossello n'est plus là.

L'homme du M.P.C. retourne inquiet à son bureau de la place Hoche. Durant des jours, il guette le signal de son agent pour déclencher une vague d'arrestations. Plus inquiète que Bitterlin, l'épouse de Rossello finit par signaler la disparition de son mari à la police. Mais ce n'est que le 27 mars qu'un reporter du *Journal d'Alger* signale à Bitterlin que le cadavre d'un Européen vient d'être retrouvé sur la plage de Daouda-Marine, entre Zéralda et Castiglione, à une trentaine de kilomètres à l'ouest d'Alger et qu'il pourrait s'agir de Rossello.

Sitôt mis en présence du corps, Bitterlin reconnaît l'ancien commando malgré les traces de tortures qui déforment son visage, dont le crâne est à demi scalpé et les tempes trouées par une balle.

Le bruit court dans les cafés populaires d'Alger que l'agent de Bitterlin a été tué sur le territoire des frères Piegts par un militant de l'O.A.S. surnommé « Petit Jeannot ». Et l'O.A.S. s'empresse de revendiquer la mort d'un traître à l'Algérie française et proclame que celle-ci devrait faire réfléchir ceux qui seraient tentés de suivre la politique du général de Gaulle.

Lucien Bitterlin, très marqué par la disparition de son ami, fait passer dans *Le Journal d'Alger* et *La Dernière Heure* ce bref communiqué : « Le Mouvement pour la coopération salue le sacrifice d'un de ses militants les plus exemplaires, Barthélemy Rossello. Il s'était donné pour tâche de rallier certains milieux européens à l'idée de coopération et d'association franco-musulmane, entreprise dont il n'ignorait pas les dangers. C'est pour cette action qu'il a été enlevé et assassiné. S'inclinant devant la fin tragique de Barthélemy Rossello, le M.P.C. déclare qu'aucun acte de haine ou de vengeance ne pourra l'empêcher de continuer son action, dont l'efficacité se trouve démontrée par ce crime aussi odieux qu'inutile. »

Avant la découverte du corps de mon ami, Bitterlin a remis aux commissaires chargés de la lutte contre l'activisme européen le premier rapport sur l'O.A.S. que Rossello lui avait transmis avant de tomber dans le piège de ceux qu'il voulait confondre. Puis il a pris l'avion pour Paris afin de participer au deuxième congrès national du M.P.C.

Sitôt qu'il l'a aperçu à la séance inaugurale des assises du mouvement gaulliste, le chef de cabinet de Louis Joxe a pris Bitterlin à part et lui a demandé de retirer des rapports de Rossello tout ce qui concernait la participation de militaires de haut rang à l'agitation d'Alger.

— Vous comprenez, lui a-t-il expliqué, il ne faut pas attiser les scrupules de certains membres du M.P.C. et de l'U.N.R. quant à la politique algérienne du Général.

L'O.A.S. naissante, débarrassée de la menace de Rossello, tergiverse moins que les généraux retraités et les colonels. Le 19 mars 1961, dès que la ville d'Evian a été désignée pour accueillir les pourparlers avec le G.P.R.A., elle a adressé à son maire, Camille Blanc, une lettre de menaces et, le 21 mars, des éléments se réclamant d'elle ont fait sauter une bombe au siège parisien de la banque Rothschild, dont Georges Pompidou est toujours le secrétaire général. Le 23 mars, en Algérie cette fois, des anciens commandos du F.A.F., narguant directement les représentants du pouvoir, ont fait exploser une charge à la Délégation générale, où Jean Morin venait de recevoir René Jannin, le nouveau préfet de Police. Enfin, au cours de la nuit du 24 mars, les alliés inconnus de l'O.A.S. s'en sont pris à Paris à l'Assemblée nationale, en provoquant un début d'incendie au Palais-Bourbon.

*

— 27 —

## Salan et les exilés

Pendant que l'O.A.S. affirme sa présence en Algérie et en métropole grâce à ses appuis, le nombre des exilés installés en Espagne grossit. Ortiz vit chichement à Palma de Majorque. Salan reçoit des visiteurs plus ou moins sérieux qui lui proposent leurs services et, seul ou avec le capitaine Ferrandi, il passe souvent ses soirées à la Zambra, un cabaret réputé pour la pureté de son flamenco.

Pierre Lagaillarde, surveillé en permanence par la police et des agents du colonel Blanco, reçoit souvent les leaders de l'O.A.S. oranaise, Atanase Georgeopoulos et le garagiste Georges Gonzalès, dit Pancho, dans une suite louée au vingt-deuxième étage de la Torre, un immeuble moderne proche de l'hôtel Princesa. A Paris, Argoud, Broizat et les autres colonels, après le dernier refus de Massu, se sont rabattus sur les généraux Challe, Jouhaud et Faure et accélèrent le rythme des rencontres. Même si le colonel Brothier leur a promis en janvier l'adhésion des neuf régiments de la Légion, ils modèrent leurs emballements. Ils craignent surtout que leurs généraux, Faure surtout, ne fassent pas l'unanimité des patrons des troupes de choc. Ils songent toujours à l'appui du maréchal Juin, mais celui-ci ne se manifeste plus depuis le 11 novembre précédent. Quant aux personnalités politiques, s'ils imaginent qu'elles les rejoindront en cas de réussite, les colonels leur accordent bien peu de confiance.

De son côté, le capitaine Sergent met à profit son affectation chartraine pour multiplier les contacts à Paris. Renseigné par des amis du ministère des Armées, il ne laisse pas passer une occasion de rencontrer un officier de paras de passage dans la capitale sans tenter de l'amener à rallier le complot d'Argoud. Le lieutenant Roger Degueldre, profitant d'un vol de l'armée de l'Air, vient parfois le rejoindre et participe à quelques réunions de l'Ecole militaire, chez André Regard au 192 du boulevard Malhesherbes ou chez le colonel Vaudrey, rue Vavin.

Parfois, le général Jouhaud, qui semble avoir renoncé à la République française d'Algérie, vient à Paris prendre le pouls de la fronde. Arguant que sa présence à Alger en décembre n'a pas suffi à entraîner dans la révolte les colonels de la 25ᵉ D.P., il refuse de prendre la tête du *pronunciamiento*. Bien qu'il n'ait pas réussi à l'attirer dans la révolte en janvier, il préfère que ce commandement soit confié à Challe qui, selon lui, a gardé intacte son aura de commandant en chef victorieux de l'A.L.N.

Mais Challe ne s'engageant pas franchement et les réunions s'éternisant, le général Faure, sans avertir ses compagnons, décide d'aller s'entretenir avec Salan.

Avec sa haute taille et son long visage, même en civil, Faure ne passe pas facilement inaperçu lorsque, après avoir franchi clandestinement la frontière, il débarque à Madrid le 23 mars. Les agents de la *Seguridad* attachés à Salan le repèrent tout de suite lorsqu'il rencontre des exilés de l'Algérie française qui accueillent ses propos comme l'Evangile. Surtout lorsqu'il leur dévoile le putsch qui se prépare. Et plus encore lorsqu'il affirme que Challe a décidé de mobiliser tous les Pieds-noirs en âge de porter les armes et fera sauter des paras sur Paris.

Après ces premiers contacts, Faure se présente à Salan le 24 mars et, sûr de lui, il lui annonce d'emblée que le coup de force se fera le dimanche 9 avril. Puis, avec franchise, il lui avoue qu'il est loin de faire l'unanimité parmi les conjurés parisiens et les chefs de corps contactés en Algérie et que ceux-ci lui préfèrent Challe :

— C'est pour vous avertir de l'état d'esprit qui règne parmi nous à Paris, mon général, que j'ai pris l'initiative personnelle de venir vous trouver. Afin qu'il n'y ait jamais entre vous et moi de situation ambiguë.

Salan affecte de refuser de s'engager dans une affaire dans laquelle il n'aurait pas de rôle défini. Faure le quitte donc soulagé et rentre en France sans penser à rendre visite à Ortiz, bien que ce dernier, sans rancune pour les barricades, lui ait écrit pour lui offrir de mettre ses fidèles anciens du F.N.F. algérois à son service, au cas où.

Jean-Jacques Susini a assisté à l'entretien des deux généraux. Salan, ignorant que Faure a parlé du putsch à quelques exilés et craignant un emballement de Pierre Lagaillarde qui risquerait de faire capoter le projet, il lui demande de ne pas ébruiter ce qui s'est dit à l'hôtel Princesa. Puis, bavardant au soir avec Ferrandi, il n'affiche pas une grande confiance dans le coup de force. Reprenant l'idée de son épouse, il avance même qu'il pourrait s'agir d'une machination ourdie avec l'aval de De Gaulle dans l'intention de précipiter la fin de l'Algérie française en coupant l'Armée de la Nation.

Dans les jours qui suivent, Salan, ayant appris officieusement que les pourparlers d'Evian vont tout de même s'engager le 7 avril, revient sur sa façon de considérer le complot. Rejetant maintenant l'idée d'un coup tordu initié par Foccart ou quelque autre proche du général de Gaulle, il estime que, même si leur affaire a peu de chances d'aboutir, elle aurait au moins le mérite d'enrayer le processus d'entente avec la rébellion.

Jouhaud, ainsi que Barthélemy Rossello me l'avait prédit, s'investit à fond dans la dissidence et il ne cesse de faire des allers et retours entre Alger et Paris. Décidé à brusquer les choses, il se rend à Lyon le 26 mars 1961 avec André Regard et rencontre Challe, qui est venu assister au mariage d'un proche. Il lui propose de venir début avril à Alger afin de prendre la tête de la révolte. Bien que son ancien chef d'état-major, le colonel Georges de Boissieu, lui ait affirmé que sa présence en Algérie suffirait à assurer le succès d'une rébellion militaire, Challe hésite encore. Il fait remarquer à Jouhaud qu'il est impossible de s'emparer d'Alger avec le seul 1$^{er}$ R.E.P., mais l'aviateur affirme que d'autres unités, celles de Masselot et Lecomte en particulier, sont disposées à suivre le mouvement des bérets verts de la Légion.

Challe réfléchit quelques instants et, toujours sans s'engager, il expose à son tour un schéma de coup de force approuvé par Georges Bidault, par le député Marc Auriol, par Jacques Soustelle et les généraux Zeller et Valluy. Alors que le plan d'Argoud ne s'appuie que sur l'armée, celui de Challe prévoit que tous les maires d'Algérie couperont les liens avec l'Administration métropolitaine. « La collecte de l'impôt, explique-t-il à André Regard et à Challe, permettrait à l'Algérie de vivre en autarcie tant que la crise durera avec Paris. » Puis, très optimiste, il avance que les gendarmes et les C.R.S. ne s'opposeront certainement pas à des milliers de patriotes insurgés et que le haut commandement – il sait de quoi il parle ! ironise-t-il – sera décontenancé devant des hommes résolus qui ne prendraient pas l'initiative d'ouvrir le feu.

Après avoir écouté cet exposé, Jouhaud et Regard s'inquiètent de savoir ce que le gouvernement ferait après avoir été contraint d'accepter de discuter avec les promoteurs de la sécession pacifique. Challe lâche un timide : « On verra, il sera bien temps d'aviser », et Jouhaud profite de son flottement pour lui faire remarquer que le plan d'Argoud est basé surtout sur l'intensification de la lutte qu'il a lui-même engagée contre l'A.L.N. Quelque peu ébranlé par le rappel de son action en Algérie, Challe accepte de rencontrer les conjurés à Paris et, le 28 mars 1961, un émissaire de Faure apprend à Salan qu'il s'est définitivement engagé dans la révolte.

Deux jours plus tard, le gouvernement annonce que les négociations d'Evian débuteront bien le 7 avril 1961. Le 31 mars, au lendemain de ce communiqué, Camille Blanc meurt dans l'explosion d'une bombe déposée sur sa fenêtre par Pierre Fenoglio. Les organisateurs de cet attentat proclament tout aussitôt qu'ils n'avaient pas l'intention de tuer, mais seulement d'amener le maire d'Evian à revenir sur sa décision de « prêter » sa ville au gouvernement durant les pourparlers avec le G.P.R.A.

Après l'enterrement de Camille Blanc, Louis Joxe ayant proclamé à Oran que le gouvernement n'envisageait pas d'écarter des discussions le M.N.A. de Messali Hadj, le G.P.R.A., tenant à l'exclusivité du F.L.N., revient sur ses engagements tout en prenant la précaution de préciser dans un communiqué de presse que la négociation n'est pas pour autant remise en question.

Heureux de voir les pourparlers repoussés une nouvelle fois, grâce à eux, proclament-ils, les dirigeants algérois de l'O.A.S. intensifient leurs actions violentes, même si Léon Dauvergne a été à son tour arrêté par des hommes du commissaire Louis Grassien, le sous-directeur de la Sûreté chargé d'organiser la lutte contre les militants de l'Algérie française. Le 2 avril, ils s'en prennent au domicile du sénateur musulman Neddaf Labidi, qui est membre du M.D.A., le Mouvement démocratique algérien. Leurs alliés parisiens, avec qui ils n'ont encore aucun contact, font sauter une charge devant l'immeuble de la rue Guynemer, dans le VI$^e$ arrondissement, où habite l'ancien garde des Sceaux, François Mitterrand, depuis longtemps revenu sur ses déclarations de 1954 : « Il n'y a de France, des Flandres au Congo, que la loi, une seule nation, un seul parlement » et « Tous les moyens seront réunis pour que la force de la nation l'emporte quelles que puissent être les difficultés et les cruautés de cette tâche ».

A Madrid, Salan a accepté l'idée que Challe prendra la tête du putsch, lorsqu'un envoyé des conjurés parisiens vient lui confirmer que l'action se déroulera dans la nuit du 20 au 21 avril. Il est décidé qu'il gagnera Alger avec Ferrandi et Jean-Jacques Susini sitôt le centre de la ville investi par le 1$^{er}$ R.E.P. Le signal du départ lui sera donné par ce message radio : « La chambre de bonne a été cambriolée », qui fait référence à la fouille en règle qu'a subie en décembre dernier la chambre de service de son ancien appartement parisien.

L'action étant imminente, après avoir écrit une lettre à Challe concoctée par Ferrandi et Susini, dans laquelle, tout en se réservant la direction des affaires civiles du coup de force, il s'est mis à ses ordres pour la durée de l'opération, Salan adresse aux conjurés parisiens ce document auquel il travaillait depuis quelque temps avec Jean-Jacques Susini :

« Tous les principes de notre action militaire sont basés sur l'existence à Paris d'une équipe dite des colonels qui, sous la direction du général Faure, représente le seul élément solide et valable parce que composé d'officiers d'active appartenant à toutes les armées et ayant un rayonnement certain sur l'ensemble de l'Armée, aussi bien en métropole qu'en Algérie. Compte tenu de ce que notre ligne de conduite est entièrement orientée sur l'Algérie, la présente note ne traitera que de cet aspect du problème.

« Toutes les questions traitant des personnes et des missions individuelles seront directement traitées par le général Faure, à charge pour ce dernier d'en rendre compte au général Salan toutes les fois qu'il le jugera utile. Il va de soi, et ceci pour la parfaite conservation du secret, que les missions individuelles ne seront portées à la connaissance des intéressés qu'au dernier moment.

« 1° En l'état actuel de choses, il paraît nécessaire que l'équipe des colonels concentre ses activités :

« A/ Sur l'étude des dispositions intellectuelles des officiers en général et des chefs de corps en particulier. Il importe qu'elle soit en mesure de dresser un bilan exact de l'état d'esprit de la majorité des officiers et d'en déduire la détermination de chacun. Ce travail est en principe partiellement réalisé.

« B/ En fonction de cet état d'esprit, dresser un tableau des missions individuelles dévolues à chacun. Ces missions seront :

« a) Pour les unités implantées en Algérie, l'occupation des points stratégiques et des édifices publics, la prise en main par les officiers des pouvoirs civils et militaires, chacun à l'échelon correspondant à son commandement. Cela étant valable pour les S.A.S. (Sections administratives spéciales) et les G.M.P.R. (Groupements mobiles de protection rurale).

« b) Pour les unités de réserve générale, l'entrée en action en faveur de la population dans le cas de manifestation de rue. L'Armée devra s'interposer entre le service d'ordre et la population, non seulement pour protéger cette dernière, mais encore et surtout afin de neutraliser dans les plus brefs délais les forces dites adversaires (désarmement progressif si besoin des forces de l'ordre traditionnelles).

« Nota : – L'occupation des points stratégiques et des édifices publics doit être réalisée par l'Armée, mais il ne faut pas que cette dernière soit paralysée par ce genre de mission. Ceci revient à dire que cette mission doit être brève, et l'Armée sera relevée en tout ou partie, et dans les plus brefs délais, par des éléments civils armés.

« c) Contact avec les organisations activistes civiles à travers la représentation permanente à Paris.

« d) Liaisons permanentes avec l'échelon de représentation en Allemagne. Détail à fixer par le général Faure.

« 2° En cas de déclenchement et quelle qu'en soit la forme, le général Faure prendra toutes les dispositions pour répartir les missions au sein de l'équipe des colonels et en particulier la position géographique de chacun le moment venu.

« 3° Maintien des contacts et amélioration si besoin est avec Boualam et Si Chérif. »

En attendant le grand jour ou le grand soir, les différentes fractions de l'O.A.S. et, selon certains observateurs, quelques provocateurs aux desseins mal définis, accélèrent le rythme de leurs actions des deux côtés de la Méditerranée. Un engin explose le 4 avril 1961 devant le consulat de Tunisie à Marseille et, le lendemain, faisant écho à cinq charges ayant sauté à Alger et à Oran, deux bombes plus fortes que les autres font quatorze blessés à la Bourse de Paris et quatre à Montmartre.

L'O.A.S. annonce à Alger la création d'un tribunal d'exception destiné à juger les « collaborateurs » de la politique « suicidaire » du général de Gaulle. Le lendemain, elle fait sauter une charge à Hydra devant la villa de Jacques Coup de Fréjac, son ennemi privilégié qui dirige toujours l'Information. Puis, reprenant l'antienne favorite du F.A.F., elle fait circuler le 10 avril un tract annonçant qu'elle a les moyens de « frapper qui elle veut, où elle veut et quand elle le veut ».

L'avatar de l'O.R.A.F., du F.N.F. et du F.A.F. prenant peu à peu de l'épaisseur, un autre organisme secret, l'O.A.R., l'Organisation Armée Révolution prend forme en métropole. Ce groupe est créé par Denis Baille, Pierre Charrié-Marsaines et Jean Marie Curutchet, ancien *Centurion* et Toulonnais âgé de trente ans qui, avec Pierre Sergent, deviendra l'un des principaux animateurs de l'O.A.S. métropolitaine, et de Jacques Balland, jeune professeur d'histoire à Montauban.

Dans la charte qu'ils diffusent chichement dans les troupes du Sud-Ouest, les promoteurs de l'O.A.R. dénoncent « l'abandon sans vergogne et sans regret d'une terre fécondée au nom de la liberté et de la fraternité ; le reniement fanfaron des promesses, des serments, de l'honneur, des paroles données, jamais tenues, toujours reprises ; le lâche soulagement présenté comme, habileté suprême ! la paix à tout prix saluée comme une victoire du bon sens ; l'égoïsme mesquin annoncé comme une vision grandiose ; en vérité, toutes les raisons de juger absurde ce monde renversé, d'être un homme révolté, seule manière d'être encore un homme ». Après avoir souligné qu'ils refusent de « rendre l'Algérie à la rébellion qui ne l'a pas conquise mais ravagée, au F.L.N. qui ne fut jamais un libérateur, mais toujours son tortionnaire », Curutchet et ses compagnons déclarent : « Notre révolution est d'abord la Révolution de l'Algérie, la Révolution par et pour les Algériens, la Révolution française en Algérie. Seules peuvent assumer ce devoir révolutionnaire (auquel le pays ne peut se soustraire en invoquant un intérêt dérisoire) la France et son Armée. Celle-ci en effet, qui n'est autre chose que la Nation au combat, sera l'instrument essentiel de la Révolution. » S'interrogeant sur le bolchevisme qui selon eux ne cesse de progresser en Occident depuis 1945 : « Parce que c'était fatal ? » ils répondent : « Allons donc ! Parce que le mouvement subversif mondial est le mieux organisé, le plus abondamment financé, le moins scrupuleux qu'on ait jamais combattu. Mais il suffit d'opposer une volonté supérieure, une organisation plus efficace pour renverser la tendance. » Et, se refusant à crier « Debout les morts ! » parce que ceux-ci doivent reposer en paix « s'ils ont bien servi », ils appellent les vivants au combat, afin qu'ils continuent à vivre « libres et fiers ». En conclusion, les capitaines et leur ami universitaire paraphrasent Winston Churchill pour avancer : « Sans doute faudra-t-il du sang, de la sueur et des larmes pour être pris au sérieux et sceller notre union. » Et ils affirment : « Nous sommes prêts. Préparez-vous à nous rejoindre. » Ils signent leur profession de foi au nom de l'Algérie française et de la Révolution française, pour lesquelles ils entendent mener leur « dernier combat d'hommes libres ».

\*

## — 28 —
## De Gaulle renie l'intégration

Si le général Salan, ignorant tout de l'O.A.R. du capitaine Curutchet, affecte de vivre à Madrid comme si rien ne devait se passer à Alger, Jean-Jacques Susini, lui, craignant de se faire couper l'herbe sous le pied, décide de le ramener en Afrique du Nord avant le déclenchement du coup de force. Mais, malgré l'appui de Serrano Suñer, il se heurte avec le capitaine Ferrandi aux nombreuses tracasseries des autorités espagnoles qui craignent que le voyage de Salan ne mette un bémol aux relations commerciales entre Paris et Madrid.

L'Espagne de Franco est depuis la fin de la Seconde Guerre mondiale une terre d'asile pour des milliers de fascistes européens. Madrid fourmille d'exilés italiens, roumains, allemands, autrichiens et belges. Les militants de l'Algérie française, prêts à s'allier avec quiconque les aiderait à renverser de Gaulle, en présentent à Salan quelques-uns, qui se font forts de le faire passer en Algérie. Mais le Mandarin a des scrupules. Il refuse d'abord de gagner le Maroc à bord d'un chalutier fourni par des exilés roumains. Il n'accepte pas plus la collaboration de l'ancien général nazi Otto Skorzeny, le spécialiste des opérations de commando du IIIe Reich qui, le 12 septembre 1943, a enlevé le Duce Benito Mussolini alors prisonnier dans les Abruzzes. Afin de préparer son voyage, il préfère dépêcher à Alger Jacques Achard, un de ses amis les plus fidèles, l'ancien sous-préfet de La Calle qui faisait partie de son cabinet civil de 1956 à 1958 et qui vient de se mettre à ses ordres après avoir abandonné son poste à l'ambassade de France d'Abidjan.

Jacques Achard est né en 1924, à Tresques, dans le Gard. Il n'est pas très grand et, portant court ses cheveux noirs, il a une allure de sportif accompli ou de l'officier des troupes de choc qu'il aurait pu devenir s'il avait choisi de rester dans l'armée au lieu de poursuivre sa carrière d'administrateur des Colonies après avoir été maquisard à seize ans. Capitaine parachutiste et chevalier de la Légion d'honneur à vingt-quatre, il a gagné l'estime et l'affection de Salan en faisant pour lui du renseignement en Indochine. Resté à Saigon après Diên Biên Phu, il a participé au soulèvement des sectes et, menacé de mort, il s'est réfugié au Laos auprès du commandant Jean Deuve, l'un des chefs du renseignement en Extrême-Orient.

Sitôt débarqué à Madrid, Jacques Achard, qui est toujours, comme Salan le sait, honorable correspondant du S.D.E.C.E., s'est très vite rendu compte que le coup de force ne sera pas aussi facile à réussir que sur les plans et les organigrammes dressés à Paris par Argoud et ses compagnons. Les opposants historiques à de Gaulle, comme Ortiz ou les généraux Cherrière et – à un degré moindre – Chassin, sont en effet une fois pour toutes hors circuit. Il n'est même pas certain que les généraux Challe, Zeller et Jouhaud accepteront la tutelle de Salan, ni qu'ils aillent au bout de leur dessein.

Ayant fait le tour de la situation, Achard est arrivé à Alger où il s'est présenté à l'épouse du général Salan qui le connaît depuis l'Indochine, lorsque le général de Gaulle donne le 11 avril 1961 une conférence de presse au Palais de l'Elysée.

Un journaliste lui demandant pourquoi les négociations n'ont pas encore repris à Evian, de Gaulle préfère s'étendre sur l'affaire algérienne dans son ensemble et, après un court rappel des derniers événements, il annonce :

— Ce que sera l'Algérie de demain, quels sont ses rapports futurs avec la France, voilà ce dont je veux parler et vous exposer, une fois de plus, quelle est la politique de mon pays. Il est de fait que l'Algérie, pour l'instant, est un pays où sévit la guerre. Il est de fait, aussi, que son avenir n'est nullement défini.

Puis il affirme que la France n'a aucun bénéfice à maintenir sous sa loi et sous sa dépendance une Algérie qui choisirait un autre destin.

— Et, précise-t-il, la France n'aurait pas intérêt à porter à bout de bras l'existence des populations dans une Algérie qui serait devenue maîtresse d'elle-même, et qui n'offrirait rien en échange de ce qu'elle aurait à demander.

Il fait ensuite une constatation économique que nul avant lui n'a osé exprimer si crûment : « C'est qu'en effet l'Algérie nous coûte, c'est le moins qu'on puisse dire, plus cher qu'elle nous rapporte », et il énumère les investissements économiques, les frais d'assistance sociale, de développement culturel, le coût du maintien de l'ordre et, après avoir évoqué les « hypothèques militaires et diplomatiques » que la guerre d'Algérie impose à la France, il précise :

— Et c'est pourquoi, aujourd'hui, la France considérerait avec le plus grand sang-froid une solution telle que l'Algérie cessât d'appartenir à son domaine, solution qui, en d'autres temps, aurait pu paraître désastreuse pour nous et, qu'une fois encore, nous considérons actuellement d'un cœur parfaitement tranquille.

Comme s'il tenait à atténuer la cruauté d'un propos qui, énoncé en 1958, ne lui aurait certainement pas permis de retrouver le pouvoir, il ajoute :

— Il n'en serait pas de même, bien entendu, si la masse algérienne tendait à faire partie du peuple français, car alors, garder à la patrie une fraction de ses enfants, cela vaudrait tous les sacrifices.

Ayant balayé cette hypothèse, il constate :

— Mais il est difficile de prétendre que la masse algérienne, dans son ensemble, veut faire partie du peuple français. Dès lors, quand il s'agit de son sort par rapport à nous, nous devons considérer d'abord notre intérêt et c'est pourquoi, je le répète, la France ne fait aucune objection et n'entend élever aucun obstacle contre le fait que les populations algériennes décideraient de s'ériger en Etat qui prendrait leur pays en charge.

Et, ruinant les espoirs des tenants de l'Algérie française, il martèle, impérieux :

— Cet Etat sera ce que les Algériens voudront. Pour ma part, je suis persuadé qu'il sera souverain au-dedans et au-dehors.

Après avoir rappelé que depuis Brazzaville en janvier 1944, il n'a pas cessé de proclamer que les populations d'outre-mer devaient disposer de leur destin, de Gaulle évoque ses engagements successifs. En 1941, il a accordé l'indépendance à la Syrie et au Liban. En 1945, il a donné le droit de vote à tous les Africains des colonies et des protectorats français. En 1947, de sa retraite de Colombey, il a approuvé le nouveau statut de l'Algérie qui « s'il avait été appliqué, souligne-t-il, aurait vraisemblablement conduit à l'institution progressive d'un Etat algérien associé à la France ».

— En 1958, ayant repris les affaires en main, poursuit-il, j'ai, avec mon gouvernement, créé la Communauté et, par la suite, reconnu et aidé l'indépendance des jeunes Etats d'Afrique noire et de Madagascar. N'étant pas revenu à temps pour prévenir l'insurrection algérienne, dès mon retour, j'ai proposé à ses chefs de conclure la paix des braves et d'entamer des conversations politiques. En 1959, j'ai proclamé le droit des populations algériennes à l'autodétermination, et la volonté de la France d'accepter la solution, quelle qu'elle soit, qui en serait l'aboutissement. En 1960, j'ai, à maintes reprises, affirmé que l'Algérie serait algérienne, évoqué la naissance de sa future République et renouvelé nos offres de pourparlers.

Répondant enfin à la question d'un premier journaliste, il fait remarquer que ce n'est pas du fait de la France que les contacts de Melun n'ont pas été suivis d'autres rencontres. Puis il regrette la résistance acharnée que sa politique suscite chez les partisans de l'Algérie française et affirme :

— En même temps, j'ai brisé les complots qui voulaient me forcer à soutenir l'intégration.

Les complots évoqués par le chef de l'Etat sont pourtant loin d'être brisés. Revenu à Alger lassé par les bavardages parisiens et craignant de ne voir jamais arriver à Alger un général de grand prestige décidé à prendre le pouvoir, le lieutenant Degueldre a menacé de « tout foutre en l'air » en empêchant le 1ᵉʳ R.E.P. de se mutiner et en improvisant un baroud d'honneur. Au lendemain de la conférence présidentielle, l'O.A.S. menace de mort les conseillers municipaux favorables à la politique gouvernementale qui ne démissionneront pas sous huit jours. A Paris, après l'ultimatum de Degueldre, les conjurés redoublent d'activité pour organiser le putsch qui imposera à de Gaulle, sinon de quitter le pouvoir, au moins de revenir sur l'autodétermination et de renoncer aux négociations avec le G.P.R.A.

Le 12 avril 1961, alors que Degueldre a accepté de patienter, Argoud discute avec le général Blanc, ancien chef d'état-major de l'armée de Terre devenu conseiller d'Etat, qui lui présente M. Massenet, directeur de la R.A.T.P., qui serait très utile s'il fallait paralyser les transports en commun à Paris. Puis il rejoint en fin d'après-midi les autres conjurés à l'Ecole militaire.

Le général Faure ouvre le débat en annonçant que Challe va prendre la tête du coup de force qui se déroulera dans la nuit du 19 au 20 avril. Certains conjurés ne sont pas chauds pour accorder un crédit total à Faure. De son côté, Argoud, qui a lui-même reçu l'engagement de Challe le 30 mars après que celui-ci lui eut exposé le même plan utopique qu'à Jouhaud et André Regard, est soulagé d'avoir le chef qu'il cherchait depuis six mois. Afin de dissiper tout malentendu, il précise donc que Faure ne bluffe pas en affirmant que Challe est à Paris et qu'il rejoindra Alger au soir du 19 avril.

A l'issue de cette réunion, les policiers qui veillent nuit et jour boulevard Malesherbes devant le domicile d'André Regard, non loin du Cercle militaire de la place Saint-Augustin, pourtant habitués à voir monter chez le haut fonctionnaire des visiteurs de marque, s'étonnent de voir défiler les généraux Challe, Gardy, Jouhaud, Vanuxem et Zeller, le colonel Godard, le commandant Robin et le lieutenant Degueldre. Et, parmi quelques civils, ils reconnaissent Georges Bidault, qu'en d'autres temps ils auraient salué bien bas.

Robert Regard, quelque peu troublé d'accueillir de telles personnalités, guide les visiteurs vers son père qui les attend au troisième étage. Pendant que les policiers se préparent à alerter leurs chefs, les conjurés, tenant à profiter de la présence à cette date du 1$^{er}$ R.E.P. en son entier au camp de Zéralda, décident de reporter le putsch à la nuit du 20 au 21 avril. Puis, le général Vanuxem s'étant engagé à faire marcher sur Paris les deux brigades de blindés qu'il commande en Allemagne, ils décident que le général Faure organisera dans la capitale les troubles qui justifieront son intervention.

Etudiant l'organigramme de l'armée d'Algérie, les invités d'André Regard se rendent compte qu'ils ne pourront compter que sur très peu de généraux. Surtout pas sur le général Gambiez, pas plus sur son chef d'état-major, le général Héritier, et encore moins sur le très gaulliste amiral Querville, préfet maritime d'Alger et commandant en chef des forces maritimes. Si le général Bigot, le Pied-noir algérois qui commande la V$^e$ région aérienne, semble acquis à la fronde, les généraux Prayer, Clausse et Michel Fourquet qui commandent les G.A.T.A.C. (groupements aériens tactiques) des corps d'armée d'Oran, Constantine et Alger sont loin d'avoir les mêmes idées que leur chef. Parmi les généraux Vézinet, de Pouilly et Gouraud, patrons des corps d'armée d'Alger, Oran et Constantine, il est clair que, seul, le général Gouraud écoutera peut-être les propositions des mutins.

En ce qui concerne les quatre généraux disposant directement de troupes dans l'Algérois, Gombaud pour la zone opérationnelle nord (Z.O.N.), Arfouilloux pour la Z.O.S., Simon pour la Z.O.E. et Prieur pour la zone opérationnelle ouest (Z.O.O.), les promoteurs du putsch ne peuvent espérer obtenir l'engagement que du seul général Arfouilloux. En Oranie, ils savent qu'il ne leur faut pas compter sur les généraux de Menditte, commandant la zone opérationnelle nord, Ginestet, patron de la zone sud, Lassalle, qui commande l'est, Fouquault l'ouest et Perrotat qui, installé à Sidi Bel Abbes, dirige les opérations de la zone centre. Et l'état des lieux n'est pas plus rose dans le Constantinois où le général Lennuyeux commande la zone nord, le général Paul Ducournau celle du sud, le colonel Simon le sud-est, le général Ailleret le nord-est et le général Géliot la zone opérationnelle ouest.

Après cette étude si peu encourageante, les comploteurs recensent les régiments qui les suivront : les 1er et 2e R.E.P., les 1er et 2e R.E.C., le 5e R.E.I., la 13e demi-brigade de Légion étrangère, les 14e et 18e R.C.P, les commandos de l'Air, le groupement de commandos parachutistes du commandant Robin, le 1er R.C.P., les 2e et 6e R.P.I.Ma et les 13e et 27e régiments de dragons. Rendus optimistes à l'énoncé de ces quinze unités de choc, les hôtes d'André Regard étudient les moyens de se rendre en Algérie. Le général Gardy et le colonel Godard (initialement désigné pour la mission dévolue à Faure, mais réclamé par Challe à Alger parce qu'il y a assumé la direction de la Sûreté) prendront un vol régulier d'Air Algérie. Argoud et Gardes, eux, feront appel à la même compagnie pour aller à Constantine. Le capitaine Sergent profitera de la complicité de quelques amis aviateurs pour se rendre à Alger avec la plupart des officiers récemment mutés du 1er R.E.P. Enfin, les généraux Challe, Zeller et le colonel Broizat seront eux aussi grâce au général Nicot, transportés à bord d'un appareil militaire.

Les conjurés se séparent. Noyé dans une masse de paperasses, le rapport des deux policiers qui les ont observés ne remontera pas jusqu'au bureau de Constantin Melnik, ni sur ceux des autres hauts responsables de la sécurité nationale.

Pendant que les colonels et les généraux de la fronde se réunissaient chez André Regard, une rumeur annonçait dans Paris que le général de Gaulle serait la cible d'un attentat lorsqu'il se rendrait le 12 avril à Montauban. Elle atteint les exilés en Espagne et annonce qu'un ancien légionnaire, inaugurant ainsi la série de tentatives d'assassinat que l'O.A.S. et ses alliés baptiseront bientôt « opérations *Chamois* », usera d'un fusil à lunette pour abattre le président de la République. Des gens très au courant avançant que le tireur touchera 40 000 000 d'anciens francs, Salan ne prend pas l'affaire au sérieux et, au matin du 13 avril, aucune détonation n'a effectivement troublé la visite du Général dans le Sud-Ouest.

Deux jours après l'attentat manqué – le tueur présumé aurait disparu avec la moitié de son salaire –, l'O.A.S. qui ignore encore l'imminence du putsch fait sauter une quinzaine de charges à Alger. Cette violence algéroise éclate dans une impunité qui n'est qu'apparente, puisque les policiers ont appréhendé une quarantaine d'activistes à Paris, dont le Dr Jean-Claude Pérez qu'ils se sont empressés de réexpédier en Algérie au camp de Téfeschoun, où il a rejoint de nombreux amis de l'ancien F.A.F. et de la nouvelle O.A.S.

Le samedi 15 avril 1961, afin de protester contre les attentats, des milliers de militants du parti communiste, de la S.F.I.O. (Section française de l'internationale ouvrière), du tout nouveau P.S.U. (parti socialiste unifié), de l'Union progressiste, du parti radical, de la Jeune République et de l'U.D.S.R. (Union démocratique et socialiste de la Résistance) participent à un meeting commun à Paris et font circuler une pétition réclamant au gouvernement, « qui en a tous les moyens », de prendre les mesures qui mettront « hors d'état de nuire les groupes fascistes ».

Au moment où les organisations de gauche condamnent l'O.A.S., de nombreuses associations d'anciens combattants de l'Algérois appellent leurs adhérents à manifester leur opposition à la politique gouvernementale. Cette agitation pareille à celle qui a précédé le soulèvement de mai 1958 et le drame du 24 janvier 1960 présage un coup de force, dont les Algérois imaginent qu'il sera engagé par l'O.A.S. Et personne ne doute que l'Armée, mise devant le fait accompli suivra comme en 1958, le mouvement destiné à sauver l'Algérie française pour laquelle, au prix de plus de vingt mille morts déjà, elle combat depuis plus de six ans.

Si les rumeurs de coup de force énervent tant les tenants de l'Algérie française, personne, au gouvernement, à cause sans doute de leur trop grande abondance, ne semble les prendre au sérieux. Surtout pas Pierre Messmer qui, le jeudi 18 avril, avant d'aller au Maroc participer avec le ministre des Affaires étrangères Maurice Couve de Murville aux cérémonies marquant le rapatriement des cendres du maréchal Lyautey, évoquant l'état d'esprit de l'Armée, affirme à des journalistes américains : « Je ne dis pas qu'il n'y aura pas certains accès de mauvaise humeur, des réactions de mécontentement, mais il est exclu que l'Armée sorte de la discipline. » Et le ministre de l'Intérieur, Pierre Chatenet, tout aussi confiant, a décidé de profiter du printemps paisible pour subir une opération chirurgicale bénigne trop longtemps repoussée à cause de ses responsabilités.

A Alger, le général Gambiez respire également un bel optimisme en déclarant : « L'Armée obéit et ne serait plus disponible pour un nouveau 24 janvier ! »

Salan, lui, qui en sait plus, attend son heure à Madrid. Toujours très urbain, il rédige en prévision de son départ furtif quelques lettres à l'intention des gens qui l'ont si bien reçu. Il n'oublie pas de s'excuser auprès du général Franco de quitter son pays dans des conditions si précipitées qu'elles l'empêcheront de lui présenter ses devoirs. Il confie ce courrier à Serrano Suñer, avec la recommandation de ne le remettre à son beau-frère qu'une fois qu'il sera parti.

*

## — 29 —
## L'opération *Gerfaut* n'aura pas lieu

Les Pieds-noirs d'Alger se sont trompés car, à Paris, les militaires ont décidé d'agir sans inviter l'O.A.S. officielle à participer aux ultimes préparatifs de la révolte. Mais les durs de l'ancien F.A.F. font sauter le 17 avril 1961 trois charges à Alger, devant le bâtiment de la R.T.F., à l'Inspection académique et à la Préfecture, et trois autres à Oran.

Le lendemain de ces attentats revendiqués par l'O.A.S., les dirigeants du Comité de Vincennes proclament dans un communiqué de presse que : « La vraie décolonisation porte un nom : l'intégration. Le reste est un honteux abandon du territoire de la France ! »

Les rumeurs de coup de force s'amplifiant à Alger, où l'O.A.S. fait circuler de nouveaux tracts menaçant les policiers, Robert Martel annonce le 19 avril dans sa feuille de chou *La Voix du maquis* qu'il entre dans la clandestinité afin de sauvegarder sa liberté d'action et appelle les militants du M.P. 13 à rejoindre l'Organisation armée secrète qui, selon lui, est seule capable de représenter l'Algérie française. Et il demande aussi à ses militants de métropole de se fondre dans le mouvement France-Résurrection ou dans Ici la France, un groupuscule quasi inconnu. « Ces organisations, affirme-t-il à l'intention de ses quelques centaines de lecteurs, fonctionnant en étroite liaison avec Madrid, avec son chef le général Salan, coordonnent la libération de la patrie. L'opposition s'organise, s'unifie, devient de plus en plus forte. Malgré les multiples complots qui s'accumulent depuis des mois, aucune voix militaire, hors celle du général Salan, ne s'est élevée pour appeler aux armes contre les bradeurs, lui seul l'a fait, lui seul est notre chef. Puisse le général Salan aller jusqu'au bout et puisse l'armée française comprendre qu'en l'épaulant, elle nous aidera à sauver l'Occident. »

L'O.A.S. renforcée par les ordres de Martel que ses nombreux ennemis appellent « le Raspoutine » ou « le Chouan » de la Mitidja publie un nouveau tract : « La résistance nationale se dresse victorieusement contre le pouvoir en métropole même. Partout les traîtres commencent à trembler. Ils savent que les coups des patriotes ne les épargneront pas. Des tombeaux les attendent à Paris aussi bien qu'à Evian et à Alger. Policiers, C.R.S., vous qui appartenez aux forces de l'ordre, sachez que le moment du choix est proche. Souvenez-vous du sort des miliciens, dix mille d'entre eux furent fusillés pour avoir cru que l'on pouvait marchander avec la patrie. Aujourd'hui, car il est encore temps, prenez résolument parti. Sabotez les ordres du pouvoir infâme. Transmettez de faux renseignements à vos supérieurs convaincus de trahison. Organisez vos propres réseaux de résistance. Tenez-vous prêts à rejoindre l'armée nationale à l'heure du soulèvement ! »

De son côté, Roger Degueldre, que ses anciens compagnons du 1er R.E.P. reçoivent encore comme si de rien n'était à Zéralda, demande au commandant Roger Vailly, un ancien chasseur alpin passé au 1er R.C.P. en 1947 et qui a maintenant en charge l'instruction parachutiste sur la base aérienne de Blida, de se tenir prêt à accueillir les généraux Challe et Zeller.

Ayant apprécié la rigueur avec laquelle ils ont harcelé les forces de l'ordre avec leurs groupes d'étudiants nationalistes et militants de Jeune Nation en décembre, Degueldre rencontre Jean-Marcel Zagamé et Jean Sarradet et, sans leur en dire trop, il les met au courant de ce qui se prépare. Puis il avertit René Villard, un cadre de l'Aéronautique civile âgé de trente-sept ans, dont la calvitie est déjà bien affirmée et qui est un des meneurs de France-Résurrection, avatar de Résurrection française d'André de Montpeyroux. Tout en étant de l'O.A.S. puisque, avec son ami Georges Bertrand, il participe à la plupart des réunions organisées par Dominique Zattara, Villard tient à ce que France-Résurrection garde son autonomie.

René Villard est un Pied-noir de la cinquième génération. Son père, Arsène, a combattu à Verdun et il s'est engagé à dix-huit ans dans l'Aviation. Il a été un des organisateurs de la manifestation du 6 février 1956 et, au 13 Mai, il était dans les premiers à investir le Gouvernement général. Membre du Comité de salut public, vite déçu par la politique algérienne de De Gaulle, il était dans les barricades et, en décembre, il a organisé avec Michel Leroy et Jean-Marcel Zagamé les jeunes Pieds-noirs qui se sont opposés à la masse musulmane. Proche du général Jouhaud, avant même que Degueldre le contacte, il a obtenu de celui-ci que les commandos de l'Air, dans les rangs desquels il compte des amis sûrs, participent au putsch.

Pendant que René Villard prépare les groupes de jeunes gens qui serviront dans Alger de guides aux putschistes, sitôt averti par le général Faure du déclenchement du coup de force, Dominique Venner décide de passer à Paris à l'exécution du plan *Gerfaut*. Il dispose de trois équipes d'hommes décidés. Ces militants, plus âgés que les lycéens et les étudiants de la Rive gauche, travaillent la plupart aux Halles où Dominique Venner bénéficie de l'appui inconditionnel de Ferdinand Ferrand, un répartiteur en légumes qui, malgré son air de petit bonhomme tranquille, est ce qu'il appelle un « fanatique froid ».

Ferdinand Ferrand est né en 1928 à Châteaurenard, près d'Avignon. Son travail consiste à distribuer aux mandataires aux Halles les légumes arrivant en camion des régions de production. Après avoir milité dans les rangs de l'Action française, trouvant là le moyen de secouer la IV$^e$ République moribonde, il a participé à la création de Jeune Nation avec Venner et Sidos.

Disparaissant chaque fois que quelque chose d'important se trame à Alger où il est en relation avec Michel Leroy et refusant de connaître les noms des gens qu'il rencontre aux réunions de Jeune Nation, Ferrand échappera jusque bien après l'indépendance de l'Algérie aux attentions policières. C'est lui qui a procuré à Venner les trois camions qui seront dotés pour l'opération *Gerfaut* d'énormes pare-chocs destinés à enfoncer la lourde porte de l'Elysée. Et il a mis à sa disposition le hangar d'un de ses amis des Halles pour entreposer les armes de guerre et les tenues camouflées fournies par le gérant d'un surplus américain installé aux puces de Saint-Ouen.

Le général Faure estimant que, par sa folle audace, l'opération *Gerfaut* a des chances de réussir, Venner décide de passer à l'action au matin du coup de force d'Alger. La mort de De Gaulle précipitera selon lui la fin de la V$^e$ République qui n'a pas tenu les promesses de 1958.

Le mercredi 19 avril 1961, tout est prêt pour l'attaque de l'Elysée. Venner en a arrêté les derniers détails avec Ferdinand Ferrand dans un restaurant situé à l'angle de la rue Jean-Jacques-Rousseau et de la rue du Louvre. Il quitte à peine son compagnon lorsque, jaillis de deux voitures, des policiers l'encadrent.

La lutte est inégale. Venner a beau ruer, donner des coups de coude et tenter d'ameuter les passants, une menotte claque sur un de ses poignets. Conduit au siège de la Brigade criminelle, il est interrogé sommairement avec son ami Philippe Bergés par le commissaire Bouvier, qui ne lui parle pas de *Gerfaut*. Puis, maudissant le sort ou, ce qui est plus probable, l'homme qui l'a trahi, après avoir répété au commissaire qu'il n'a rien à déclarer, il se retrouve à la Santé, dans le quartier des droit commun.

Argoud ignore tout de *Gerfaut*. Il est retourné à Metz après les derniers préparatifs du putsch et il a obtenu sans peine du général Lecoq, qui est au courant de ses activités secrètes, une permission de huit jours. Au soir du 19 avril 1961, il prend le train de Marseille avec le lieutenant Godot qui, avec son air de professeur à lunettes tout ce qu'il y a de vieille France, cache bien son jeu de baroudeur. Au matin du 20 avril, il retrouve le général Gardy et le colonel Gardes au siège d'Air Algérie. Tout acquis à leur cause, le directeur de l'agence leur a facilité à l'aéroport les formalités d'embarquement.

Gardy et Gardes s'étant posés à Alger, Argoud et Godot atterrissent en début d'après-midi à Ain Beïda, près de Constantine, où le lieutenant-colonel de La Chapelle les attendait et leur annonce :

— L'opération est retardée de vingt-quatre heures. Mais je ne suis pas au courant de ce qui a motivé ce report.

Argoud est perplexe car, soulignant que ce report tombe bien mal, le chef de corps du 1$^{er}$ R.E.C. précise que son régiment doit participer le lendemain à une opération vers Youks-les-Bains, dans le secteur de Tébessa. D'autre part, ajoute La Chapelle, une seconde manœuvre d'envergure mobilisera à l'aube les 14$^e$ et 18$^e$ R.C.P de Lecomte et Masselot. Cette opération aura pour but la destruction de rebelles de la wilaya II repérés sur le djebel Filfila qui, à quinze kilomètres à l'est de Phillipeville, culmine à moins de six cents mètres d'altitude entre la mer et les mines d'El Halia où, le 20 août 1955, les rebelles ont perpétré le massacre qui a définitivement séparé dans cette région les Européens et les Musulmans.

Le 18$^e$ R.C.P. débarquera à l'aube au pied du Filfila par la mer, le 14$^e$ sautera de vingt-cinq Nord 2301 à l'est du massif de chênes-lièges, à l'orée de la forêt de Guebres. Sonné, Argoud reprend pourtant espoir lorsque La Chapelle avance qu'il évitera de participer à cette manœuvre ou, au pire, qu'il s'en retirera plus tôt que prévu. Le patron du R.E.C. se déclarant certain des engagements des colonels Lenoir, Lecomte et Masselot, Argoud l'interroge sur les réactions du général Ducournau, commandant à Batna la zone opérationnelle du Sud constantinois.

— Il a refusé de m'écouter, regrette La Chapelle. Il est parti en permission. Mais je pense que le général Gouraud, lui, marchera avec nous.

Ignorant encore qu'un peu partout en Algérie des officiers supérieurs sont comme Ducournau partis en permission dès qu'ils ont eu vent du putsch, Argoud accepte l'augure du ralliement du commandant de corps d'armée de Constantine et, avec Godot, il prend la route de Kenchela où se trouve le P.C. de La Chapelle.

Pendant ce temps, Martel, sans revenir sur l'ordre donné à ses fidèles, fait circuler dans Alger un tract demandant à la population de ne pas s'engager à la légère dans un coup de force qui, selon lui, sera téléguidé par le gouvernement. Après cette mise en garde, Martel dénonce la formation d'un gouvernement de rechange préparé par Michel Debré avec Georges Bidault, Jacques Soustelle, Mendès France, et qui, bien qu'excipant de l'Algérie française, n'aurait pour seul programme que la « liquidation totale de la Nation française ».

A Madrid, au moment où Argoud peaufine avec La Chapelle son plan et tente d'obtenir par radio de nouveaux ralliements, le capitaine Ferrandi guette le signal qui doit venir d'Alger, où le colonel Lacheroy est arrivé sous le couvert d'une mission fantôme. Tandis que son aide de camp et Serrano Suñer préparent le voyage, Salan affiche un calme exceptionnel en écoutant du flamenco à la Zambra.

## Chap. 29. – *L'opération* Gerfaut *n'aura pas lieu*

A Paris, le commandant Henri Schutz, un ancien de la *Royal Air Force* durant la Seconde Guerre mondiale qui amènera à Alger les généraux Challe et Zeller avec le colonel Broizat, a directement reçu ses ordres du général Bigot dont il est le chef du 3e bureau à l'état-major de la 5e région aérienne. Et Bigot a lui-même obéi au général Nicot qui, en l'absence du général Stehlin parti en représentation à Madagascar, assume le commandement de l'armée de l'Air.

Si le voyage de Blida vers Villacoublay s'est déroulé en toute légalité en suivant un plan de vol annoncé aux différents points de contrôle de l'espace aérien, il n'en est pas de même pour le retour.

En effet, le commandant Schutz, après avoir laissé son Nord 2301 à Villacoublay, a reçu boulevard Victor, au ministère de l'Air, d'autres directives de vol pour regagner l'Afrique du Nord.

Lorsque l'appareil décolle de Villacoublay, il ne va pas loin et se repose à Creil où le commandant Schutz le range en bout d'une piste secondaire et se rend à la tour de contrôle. Habitué aux coups tordus des services secrets, il n'a aucun mal à persuader les contrôleurs qu'il a une panne de radio. Pendant ce temps, une voiture roulant tous feux éteints stoppe en bout de piste avec Challe, Zeller et Broizat à son bord. Estimant que ses trois passagers en civil ont eu le temps de gagner la piste, Schutz les rejoint et les fait monter dans le Nord 2301.

Volant en rase-mottes, l'appareil échappe aux radars de la région parisienne. Puis, prenant de l'altitude, son pilote l'engage dans un couloir réservé au trafic civil et, suivant les ordres du général Bigot, il se pose un peu après minuit sur l'aérodrome de Maison-Blanche.

A la même heure, les commandants Roger Vailly, de la base-école de Blida, Forhan, second du groupement de commandos parachutistes, et le capitaine Michel Boisson, commandant une compagnie de cette unité créée par le commandant Pierre Tourret et dont l'indicatif radio est *Totem*, organisent des sauts de nuit afin de permettre à Schutz de se poser sans se faire remarquer. Ne voyant pas venir le Nord 2301 après les premiers largages, ils décident de faire sauter leurs hommes une deuxième fois pendant qu'à Maison-Blanche Challe et ses compagnons trouvent le temps long dans l'avion garé sans lumière.

Schutz, lui, est allé tranquillement aux nouvelles à la tour de contrôle. Après quelques coups de fil, il se rend compte que c'est à Blida qu'il aurait dû se poser. Il explique le quiproquo aux généraux et au colonel inquiets et rejoint le carrousel des avions largueurs.

Si les pistes de Maison-Blanche étaient obscures, celle de Blida est éclairée a giorno. Le commandant Schutz engage son avion dans la noria des Nord 2301 et se pose comme s'il participait à l'exercice. Il a été convenu que les voyageurs clandestins passeraient la nuit à Blida, au domicile du capitaine Clédic, un autre ancien du 1er R.C.P. affecté au G.C.P. du commandant Robin.

Chez le capitaine breton, le général Challe pique une colère froide en apprenant que le putsch, une nouvelle fois retardé de vingt-quatre heures, ne se déroulera que la nuit suivante. Tout en tirant de grosses bouffées de sa pipe, il interroge Vailly et Clédic :

— Et Salan, savez-vous au moins où il se trouve ?

Et personne ne lui répondant, il grommelle :

— Il ne faudrait tout de même pas qu'il commence l'affaire sans nous.

Au bout d'une heure de discussion agrémentée par un en-cas préparé par l'épouse du capitaine Clédic, le colonel Broizat retourne à la base pour téléphoner au P.C. du 1$^{er}$ R.E.C. et annoncer à Argoud que les chefs du mouvement sont arrivés.

Ainsi rassuré quant aux prémices de l'affaire, Argoud s'accorde enfin quelques heures de repos.

Au matin du 21 avril 1961, à 8 heures, le commando que Georges Robin a dépêché à Blida sous les ordres du commandant Vallaury, afin de protéger les abords de la base aéroportée durant les séances de saut, escorte Challe et ses compagnons vers Alger. Le petit convoi emprunte un itinéraire détourné choisi par Vailly qui a tenu à monter dans la voiture dans laquelle, Zeller s'étant installé dans celle du capitaine Clédic, ont pris place Challe et Broizat.

Les généraux sont une heure plus tard à la villa Poirson qui, entourée d'un vaste parc et d'un court de tennis sur les hauteurs des Tagarins, domine sous le fort l'Empereur la baie d'Alger et sert de base de repos aux cadres du G.C.P. Les commandants Forhan et Robin les accueillent avec le colonel Godard, qui s'inquiète auprès de Vailly de savoir si tout est prêt à Blida et l'avertit qu'il connaîtra très bientôt les objectifs à investir à l'heure « H ».

Rentré à Blida, Vailly met dans le secret le commandant de la base aéroportée, le lieutenant-colonel Guillaume Le Bourhis qui, avec son brevet n° 7, est un pionnier du parachutisme. Celui-ci ne se fâche pas en apprenant que le général Challe s'est posé à son insu sur sa base et, bien qu'il n'accorde pas au putsch beaucoup de chances de succès, il ne tente pas de dissuader Vailly d'y engager les trois compagnies dont il dispose.

A Alger, le général Challe expose au commandant Robin les raisons de la révolte et, bien que père de cinq filles et deux garçons dont l'aînée, Véronique, a douze ans et le cadet, Jean-Claude, à peine plus d'un an, Robin n'hésite pas une minute à s'engager dans l'aventure, mais il lui fait tout de même remarquer qu'il n'ordonnera jamais à ses hommes de tirer sur des soldats français. L'entretien terminé, l'ancien commandant en chef fait demander le chef de bataillon Hélie Denoix de Saint Marc, qui assume au camp de Zéralda le commandement par intérim du 1$^{er}$ R.E.P. durant la permission de son chef de corps, le lieutenant-colonel Guiraud.

Après avoir servi à Saint Marc le même exposé qu'à Robin, Challe flétrit surtout le comportement du général de Gaulle qui, entre autres erreurs, a selon lui délibérément sacrifié le plan de paix du commandant

## Chap. 29. – *L'opération* Gerfaut *n'aura pas lieu*

Si Salah sur l'autel des négociations avec le G.P.R.A. Puis il lui demande de mettre à ses ordres au cours de la nuit prochaine le régiment dont il est dépositaire.

Saint Marc, après avoir résisté aux nazis à l'âge de seize ans, a failli mourir dans un camp de concentration. A jamais marqué par l'abandon des supplétifs qu'il commandait au Tonkin, il redoute pour les Musulmans fidèles à la France le même sort injuste. Après avoir écouté Challe parler d'honneur, de fidélité, de serment au drapeau, s'affirmer parfait démocrate et pas du tout enclin à mener une révolte à caractère fasciste, promettre qu'il est seulement animé par le seul désir de ramener la paix et de garder l'Algérie française, Saint Marc s'engage à marcher au soir sur Alger avec ses légionnaires.

Rentré à Zéralda avec la recommandation d'éviter toute effusion de sang et de ne pas laisser brutaliser les autorités civiles et militaires, Saint Marc réunit ses officiers, leur explique la situation telle que Challe la lui a présentée et les laisse libres de leur engagement.

Parmi les lieutenants et capitaines Picot d'Assignies, Bésineau, Bonelli, Borel, Carette, Catelotte, Coicaud, Durand-Ruel, Estoup, Rubin de Cervens (le remplaçant de Sergent à la tête de la 1$^{re}$ compagnie) et Ysquierdo, deux ou trois officiers sont indécis mais, au nom de la solidarité légionnaire et pour l'honneur du drapeau, ils suivent tout de même leurs camarades qui n'ont, eux, aucun scrupule à retourner leurs armes contre le gouvernement et le général de Gaulle, le chef suprême des armées.

Quant aux parachutistes étrangers du 1$^{er}$ R.E.P., il ne sera pas besoin de les mettre dans le secret, qui n'en est d'ailleurs plus un pour beaucoup depuis qu'ils ont vu revenir à Zéralda le capitaine Pierre Sergent, le lieutenant Michel de La Bigne et leurs anciens officiers mutés à titre disciplinaire. Leurs chefs n'auront qu'à donner des ordres auxquels, comme d'habitude, ils obéiront sans états d'âme.

En fin d'après-midi, le commandant Vailly a préparé à Blida ses trois compagnies à prendre la route d'Alger avec les capitaines Clédic et Mosconi (l'ancien commandant de compagnie du 1$^{er}$ R.C.P. au temps des barricades, qui a aujourd'hui une jambe prise dans un plâtre à cause d'un accident de saut), lorsque le lieutenant Maurice Commerçon, ancien sergent du 1$^{er}$ R.C.P. en Indochine, vient lui annoncer qu'il a reçu l'ordre de l'arrêter.

Vailly, soufflé, s'enquiert de l'origine de cette consigne. Commerçon avoue qu'elle émane du parti communiste auquel il appartient depuis les maquis de la Libération et s'empresse d'ajouter qu'il n'a pas l'intention de les exécuter.

— Alors, s'impatiente Vailly, qu'est-ce que tu attends de moi ?
— Que vous me mettiez au trou. Comme ça, mes amis ne pourront rien me reprocher.

Vailly fait donc enfermer son lieutenant et reprend l'étude des consignes que vient de lui faire parvenir le colonel Godard. Avec le renfort d'un bataillon d'infanterie de Marine qui viendra de Tizi-Ouzou, il s'emparera de la Préfecture d'Alger sur le boulevard Carnot, du commissariat central du boulevard Baudin, du central téléphonique de Mogador situé dans les sous-sols de la Grande Poste et du fort l'Empereur qui abrite le P.C. opérationnel de la zone urbaine.

Pendant que son chef peaufine le plan d'investissement d'Alger, l'adjudant-chef Batifoulier, un vétéran d'Indochine au 1$^{er}$ R.C.P., rend visite au lieutenant Commerçon. Emu par le sort qu'il croit réellement infligé par Vailly à son compagnon de baroud dans les rizières et les calcaires tonkinois, il lui rend la liberté et lui accorde vingt minutes de répit avant de lancer à sa recherche une section de paras.

Revenu sur ses intentions premières, Commerçon file se réfugier à Alger et Batifoulier l'ayant mis au courant de sa libération, Vailly entre dans une rage folle. Il n'a pas tort, Commerçon vend la mèche à ses amis politiques et ses révélations ajoutent du crédit à d'autres informations qui, arrivant de métropole pour la plupart, affluent à la Délégation générale.

Jean Morin finit par s'inquiéter de ces rumeurs concordantes. Il fait effectuer par Louis Verger, son directeur de cabinet, quelques contrôles afin de savoir sur quoi ses correspondants parisiens, allant jusqu'à fixer le putsch à 2 heures de la nuit prochaine, basent leurs informations alarmantes. Ayant rapidement la preuve du sérieux de ces renseignements qui émanent directement du patron des R.G. Emile Vié à qui Constantin Melnik a recommandé de les lui transmettre en même temps qu'à Jacques Aubert, directeur de la Sûreté en Algérie, il en apporte la synthèse au général de Bazoncourt, le patron de la Sécurité militaire.

Afin d'empêcher la tentative d'investissement d'Alger, Jean Morin donne ensuite au colonel Debrosse l'ordre de réprimer par le feu la première manifestation des mutins.

Des messages annonçant l'imminence du coup de force circulent en Algérie entre tous les postes de commandement. Le général Vézinet, de la caserne Pélissier, met en alerte ses commandants opérationnels et le préfet de Police René Jannin.

Du côté de l'O.A.S., si les jeunes gens désignés pour guider les unités putschistes vers leurs objectifs attendent avec fébrilité le signal de l'action, personne ne croit vraiment au coup de force dénoncé par Robert Martel. Quant au général Ailleret, qui doit bientôt quitter le commandement du Nord-Est constantinois et de la 2$^e$ division d'Infanterie motorisée pour aller en métropole occuper le poste d'inspecteur général de l'Artillerie, son chef d'état-major, le colonel Hallais, venu l'accueillir à la descente de la Caravelle le ramenant de Paris, lui fait part de son inquiétude concernant une opération factieuse de grande envergure.

Entre autres indices alarmants, Hallais précise que le lieutenant-colonel Pierre Buchoud, créateur du 9$^e$ R.C.P., qui commande le secteur opérationnel de La Calle, a quitté récemment une réunion d'état-major en lançant un « Au revoir, messieurs, et à très bientôt, car je peux vous dire que ça va chier ! » qui lui a mis la puce à l'oreille. S'il ne prend pas les impressions du colonel Hallais pour des certitudes, Ailleret s'en inquiète tout de même lorsque, quelques instants plus tard, son adjoint opérationnel, le général Demarle, lui expose lui aussi ses doutes sur la rébellion d'une partie de l'armée et lui tend un télégramme qu'il vient de recevoir de Montauban, par la poste civile, précise-t-il.

Le petit bleu est adressé au général de brigade commandant la 2e division d'Infanterie motorisée à Bône et ne comporte que six mots : « Entendu pour le 24. Signé Faure. » Connaissant la personnalité frondeuse du général Jacques Faure, le futur ennemi numéro un de l'O.A.S. en Algérie ne doute pas de l'origine du télégramme qu'une erreur d'adresse a fait parvenir à son adjoint opérationnel. Il décide donc d'alerter immédiatement le général Gouraud à Constantine.

Rendez-vous est déjà pris pour le lendemain, lorsque le général Demarle revient dans le bureau d'Ailleret et, quelque peu penaud, lui explique que son télégramme n'a aucun caractère alarmant, mais qu'il confirme seulement pour le 24 avril l'accueil à Montauban de sous-officiers de la 2e division d'Infanterie désignés pour un stage de perfectionnement au tir de nuit. Et si le responsable du centre de tir s'appelle Faure, il n'est que colonel. Faure est d'ailleurs un nom répandu dans l'armée puisque, outre l'artilleur de Montauban, il existe aussi un général portant, en plus, le même prénom que le bouillant ancien champion de ski.

Le mystère ainsi élucidé, le général Ailleret décrète qu'il n'y aura pas de putsch et il se décommande auprès du général Gouraud.

A la même heure pourtant, Argoud pénètre dans l'ancien palais du Bey abritant à Constantine le Q.G. du corps d'armée. Après lui avoir annoncé l'imminence du coup de force en précisant que le général Challe en assume le commandement, il demande à Gouraud s'il est prêt à honorer ses engagements. Le général, indécis, veut connaître les hommes politiques engagés dans l'affaire. Quelque peu pris de court, Argoud cite pêle-mêle une litanie de personnalités de la IVe République, dont l'ancien gouverneur d'Algérie Robert Lacoste. Gouraud laisse échapper un petit rire nerveux et avance qu'aucun d'eux ne marchera dans son affaire.

— Sans hommes politiques de grande renommée, affirme-t-il ensuite, votre putsch n'a aucune chance !

Argoud tente de forcer la main à Gouraud en lui annonçant d'un ton sec qu'il sera le lendemain à Alger avec quatre régiments de son corps d'armée et, devant sa tiédeur, il lui lance en le quittant :

— Vous n'aurez qu'à téléphoner demain matin de bonne heure au général Challe pour lui annoncer votre ralliement. Il sera au quartier Rignot !

Après cet entretien stérile, Argoud rejoint La Chapelle et, avec quelques autres officiers acquis à sa cause, il entame une veillée d'armes à El-Milia en essayant encore d'obtenir par radio de nouveaux engagements.

A Alger, après avoir travaillé avec ses directeurs de service à l'élaboration du prochain budget prévisionnel de l'Algérie, Jean Morin accueille au Palais du Gouverneur le ministre des Transports, Robert Buron. Le commandant de Saint Marc, comme c'était prévu depuis longtemps, dîne à El-Biar avec son épouse à la résidence du général Saint-Hillier en affectant une telle décontraction que ni le patron de la 10ᵉ D.P. ni le général Gambiez, qui participe au repas, ne pourraient imaginer qu'il projette de revenir les arrêter dans moins de quatre heures.

Le dîner est achevé depuis peu et Saint Marc a rejoint Zéralda lorsque Jean Morin, de plus en plus préoccupé par les renseignements collationnés au long de la journée, fait venir au Palais du Gouverneur Louis Verger et Jacques Aubert. Après avoir une dernière fois étudié la situation avec eux et son chef de cabinet militaire, l'ancien chef de corps du 1ᵉʳ R.C.P. le colonel Coustaux, il téléphone un peu avant minuit à Paris pour demander à Jean Verdier de faire immédiatement diriger sur Alger par avion le renfort de quelques compagnies républicaines de sécurité. Puis, par le truchement du colonel Moullet, commandant le secteur Alger-Sahel, il ordonne au colonel Debrosse de barrer tous les accès à Alger.

Ces précautions prises, le délégué général appelle le général Gambiez, mais celui-ci, faisant confiance à Saint Marc qui, il n'y a pas trois minutes encore, le rassurait sur la destination de camions du 507ᵉ groupe de transport signalés par des officiers inquiets de les voir rouler vers Zéralda, affirme que tout est calme dans l'Algérois.

\*

— 30 —

## Les paras marchent sur Alger

Si tout est calme pour le général Gambiez, il règne pourtant une activité intense à la base du 1ᵉʳ R.E.P. et à Blida où les légionnaires de Saint Marc et les hommes du commandant Vailly se préparent à partir. A Paris, se fiant aux rapports rassurants du commissaire Baudry, son représentant en Algérie, Emile Vié, le patron des R.G., considère lui aussi que la nuit sera paisible. Du côté des promoteurs du putsch, André Regard ne doute pas de la réussite du plan *Arnat* (Armée nationale) qui jettera deux régiments sur Paris. N'écoutant pas son fils Robert qui lui conseille de s'éloigner afin de se mettre à l'abri en cas d'échec, il décide de passer la nuit chez lui.

Le 1$^{er}$ R.E.P. se prépare à investir la Délégation générale et le relais de la R.T.F. situé au faubourg d'Ouled-Fayet, et le commandant Robin, dont la moitié de l'effectif est en opération dans l'Ouarsenis aux ordres du capitaine Brandon, s'apprête à s'emparer à El-Biar des résidences de Gambiez et de l'amiral Querville et à s'assurer de Jean Morin au Palais du Gouverneur.

Pendant que les putschistes peaufinent l'opération, le général de Gaulle assiste à la Comédie-Française à une représentation de gala de *Britannicus* donnée en l'honneur de Léopold Senghor, président du Sénégal.

Avant de rentrer chez lui, impressionné par les renseignements reçus au fil de la journée, dont certains annonçaient un attentat à la bombe à la Comédie-Française, Constantin Melnik a recommandé au préfet de Police Maurice Papon d'étoffer le dispositif de protection du président de la République.

A Madrid, le général Salan, après avoir décidé de gagner Alger avec Susini, Ferrandi et Lagaillarde, écoute toujours du flamenco tandis que Jean-Jacques Susini et le capitaine Ferrandi restent branchés à leur hôtel sur Radio Alger dans l'attente du message qui donnera le signal du départ.

A 22 h 30, les trois compagnies du commandant Vailly ont pris la route d'Alger sans se douter que le colonel Laverne, commandant de la base aérienne, a immédiatement averti l'état-major d'Alger, où l'officier de permanence lui a répondu que ce mouvement entre sans doute dans le cadre du maintien de l'ordre. Après avoir emprunté la N 1 jusqu'à Boufarik, les vingt camions et les jeeps ont quitté la grand-route et, par la départementale 11, ils débouchent à 23 h 15 à un carrefour situé entre Maison-Carrée et Fort-de-l'Eau où, avant de rejoindre Alger par la route moutonnière, Vailly doit attendre le 2$^e$ bataillon du 1$^{er}$ R.I.Ma. et des harkis venus de Kabylie avec le chef de bataillon Henry-Jean Loustau.

A 23 h 45, dans le studio de nuit de France V, Alain Gerbi, le jeune journaliste de vingt et un ans qui est de service et était un ami de Barthélemy Rossello, diffuse *La Marseillaise* qui, comme chaque soir depuis Mai 1958, annonce la fin des émissions. Il ferme l'antenne à la dernière note de l'hymne, puis quitte la place Hoche afin de regagner rue Michelet l'appartement de ses parents sans rien remarquer d'inhabituel dans la ville assoupie.

A minuit, les camions du commandant Loustau ne sont pas au rendez-vous. Vailly et le commandant Penduff, l'officier en second du colonel Laverne, décident de les attendre encore un peu. A Zéralda, la mission du 1er R.E.P. sortant des normes, le capitaine Pierre Sergent a repris la tête de la 1re compagnie. Les chauffeurs du groupe de transport 507 signalés à Gambiez en venant de Staouéli sont sur le point de prendre la route. Lorsque des sergents rentrant d'une sortie en ville signalent que des blindés de la Gendarmerie barrent les carrefours proches d'Alger. Le commandant Saint Marc hésite à donner le signal du départ, mais rassuré par le coup de fil du général Gambiez, il fait monter ses bérets verts dans les véhicules.

La jeep ouvrant le cortège est occupée par Pierre Sergent et le capitaine Rubin de Cervens qui lui a volontiers remis son commandement. Elle stoppe bientôt devant une herse cloutée tendue au travers de la route à la sortie de Chéraga. Découpé en ombre chinoise dans les faisceaux jaunes des phares, un officier de Gendarmerie avance vers Sergent et lui annonce que toute circulation est interdite en direction d'El-Biar. Le béret vert insistant en arguant que le R.E.P. vient de recevoir l'ordre de gagner Alger, le gendarme fait écarter la herse et lui demande de le suivre en jeep jusqu'à sa voiture radio arrêtée en arrière du barrage.

Quelques mètres après le barrage, Sergent ordonne soudain à son chauffeur de faire demi-tour et revient annoncer aux gendarmes que leur chef a reçu l'ordre de laisser passer le convoi.

Un second barrage est disposé sur la route quelques centaines de mètres plus loin. L'ayant sans doute rejoint par un chemin de traverse, l'officier berné est encore là, furieux. Continuant à jouer la bonne foi, Sergent et Rubin de Cervens le décident à parlementer avec Saint Marc, dont la jeep est arrêtée derrière le dernier camion de leur compagnie.

Pendant que Sergent escorte le gendarme en tenue kaki, Rubin de Cervens ordonne au lieutenant Godot, chef de la section occupant le premier camion, de débarrasser la chaussée de la herse et des barbelés. La manœuvre est si rapide que les gendarmes, tenus sous la menace des pistolets-mitrailleurs et des fusils, n'ont pas eu le temps de s'interposer et, malgré les ordres de Jean Morin, aucun d'eux n'ouvre le feu lorsque les légionnaires filent vers Alger.

Le commandant Vailly, ne voyant toujours pas venir à minuit trente les fantassins du commandant Loustau, décide de foncer seul sur ses objectifs. Il se heurte à un barrage de deux blindés disposés en épi devant le pont de l'oued Harrach d'où monte l'insupportable odeur de pourriture qui lui vaut le surnom d'*oued Merda*. Après une courte discussion engagée à cent mètres du pont, Vailly explique à l'officier des blindés que le général Challe vient de prendre le pouvoir et qu'il a reçu l'ordre de marcher sur Alger. Impressionné, le commandant lui laisse le passage.

A peine relancé, le convoi s'immobilise à un second dispositif de sécurité. Pressé par le temps, ignorant le lieutenant qui veut lui interdire le passage et qui menace de faire tirer ses hommes, il ordonne à ses paras d'écarter les barbelés.

Parvenu sans autre ennui devant l'Hôtel des Postes, Vailly saisit que cette fois ce n'est pas un simple barrage que ses hommes devront bousculer avant de s'emparer du central téléphonique, mais une compagnie républicaine de sécurité. Le commandant de cette unité vient d'ailleurs le prévenir que, s'il était contraint d'en arriver là, ses hommes n'auraient pas de scrupules à ouvrir le feu à son ordre. « Eh bien, tonne Vailly, ils n'ont qu'à essayer ! » Et ajoutant que ses paras tirent certainement plus vite que les policiers, sans même avoir besoin de donner un ordre, il laisse le capitaine Clédic déployer sa compagnie devant l'obstacle et, se refusant à faire couler le sang, le commandant des C.R.S. capitule.

Les mutins venus de Blida occupant le central téléphonique, le général Héritier avertit Jean Morin que le commandant en chef est parti sans escorte en direction de Zéralda.

La voiture de Gambiez ne va pas loin. Son chauffeur stoppe bientôt devant les phares du convoi de Saint Marc. Le général se campe au milieu de la route en agitant les bras dans l'illusoire intention d'arrêter les légionnaires.

Les officiers au béret vert ne peuvent ignorer le fanion tricolore étoilé qui flotte sur la voiture de Gambiez. Ils ne s'arrêtent pas pour autant et le convoi frôle sans ralentir le petit général replet qui s'est jeté in extremis sur le bas-côté de la route.

Le dernier camion passé, Gambiez remonte dans sa voiture et ordonne à son chauffeur de poursuivre le convoi. Le 1$^{er}$ R.E.P. se scindant bientôt en plusieurs éléments allant chacun vers leur objectif avec les guides fournis par René Villard qui l'attendaient au premier faubourg d'Alger, Gambiez se retrouve derrière les camions qui filent vers la Délégation générale.

Le capitaine Sergent n'a aucun mal à parvenir au quartier général du corps d'armée. Il fait stopper les camions de sa compagnie et ceux de la 2$^e$ derrière la caserne, sur le boulevard de l'Amiral-Pierre. Après un rapide conciliabule avec son chef de corps et Rubin de Cervens, il prend dans sa jeep la grosse enveloppe couverte de tampons officiels qu'il doit, soi-disant, remettre à l'état-major du général Vézinet et, laissant sur place ses compagnons, il contourne la caserne par la rue Velland pour se présenter place Jean-Mermoz à son entrée principale.

Un sous-officier de garde se campe devant le capitaine souriant qui lui demande d'avertir de son arrivée l'officier de permanence. N'ayant pas de raisons de se méfier d'un officier parachutiste, il laisse entrer Sergent et le fait accompagner par un planton au deuxième étage du bâtiment principal.

Sergent constate qu'une animation anormale règne au Q.G. du corps d'armée. Un colonel vient à sa rencontre, le dévisage et s'écarte pour laisser la place au général Vézinet qui, agressif, l'interroge :

— Qu'est-ce que vous venez foutre ici, à cette heure ?

Songeant que le stratagème de l'enveloppe ne va pas lui être utile puisque, ne contenant aucun papier, elle n'était destinée qu'à servir de sésame auprès de l'officier de permanence, il prétend avoir été convoqué.

— Qu'est-ce que c'est que cette enveloppe ? s'inquiète le patron du corps d'armée, ignorant sa réponse.

Le petit capitaine, maintenant cerné par une douzaine d'officiers, ne peut empêcher Vézinet de s'emparer de l'enveloppe, mais il la lui reprend d'un geste vif, fait demi-tour et dévale les deux étages du large escalier. Parvenu devant la grille déjà refermée, il reprend son souffle et obtient son ouverture avant que ses poursuivants n'aient eu le temps de traverser la cour.

Comprenant que l'alerte est donnée dans l'immense caserne dont les hautes fenêtres s'éclairent une à une, Saint Marc ordonne un assaut en règle. Avant que les gardes s'organisent, des légionnaires de sa 2$^e$ compagnie escaladent les murs donnant sur le front de mer, tandis que ceux de Sergent s'engouffrent par la grande porte.

Sergent ordonne au lieutenant Godot de contrôler au deuxième étage les bureaux du corps d'armée. Ses officiers ne songeant pas à résister, Vézinet tente de sortir de son étui son pistolet lorsque Godot s'impose dans son bureau. Le voyant sur le point de tirer, le lieutenant se jette sur lui et le ceinture tandis qu'un légionnaire braque sa mitraillette. Godot est jeune et rompu aux sports de combat, la lutte est inégale et Vézinet, désarmé, se rend en faisant remarquer que, de son temps, les lieutenants n'arrêtaient pas les généraux.

— C'est parce que de votre temps, ironise Godot en le forçant à s'asseoir dans son fauteuil, les généraux ne trahissaient pas.

Vézinet, très pâle, se tait en fixant le portrait du général de Gaulle qui pendait au-dessus de son bureau et qu'un légionnaire a brisé sur sa tête. Puis Sergent le fait emmener par un sous-lieutenant et Saint Marc, prenant le commandement provisoire du corps d'armée, établit son P.C. dans son bureau.

La compagnie du lieutenant Durand-Ruel, guidée par des militants de France-Résurrection, débouche aux abords de la Délégation générale lorsque Gambiez rattrape la tête du convoi et, avec le courage de l'officier de commando qu'il fut en 1944, tente une dernière fois de raisonner les mutins. Durand-Ruel, ne l'écoutant pas plus que le général Saint-Hillier qui vient aussi de le rejoindre, lui lance : « Vous n'êtes plus rien du tout, mon général ! » Puis, ajoutant que Challe et Zeller ont pris le pouvoir, il fait signe à ses légionnaires d'immobiliser son véhicule en crevant d'une balle un de ses pneus.

## Chap. 30. – *Les paras marchent sur Alger*

Saint-Hillier, profitant de la bousculade, s'éclipse pour rejoindre le général Héritier, l'adjoint de Gambiez, qui a échappé aux paras qui se sont emparés du quartier Rignot. Les deux généraux filent au Palais du Gouverneur où, par le truchement du commandant Guyard qui commande la garde, ils demandent à parler à Jean Morin.

Après avoir fait avec ses hôtes l'étude rapide des événements, le délégué général croit encore à un renversement de situation et demande à son directeur de cabinet d'aller avec Saint-Hillier parlementer avec les paras. Le préfet Jacques Aubert accompagne Louis Verger et le général, mais les trois hommes reviennent vite annoncer que les commandos du commandant Robin bouclent le palais.

Quelques minutes après cette tentative de sortie, le commandant Forhan demande à son tour à être reçu par le délégué général et, sans ambages, il lui annonce que le général Challe a pris le commandement de l'armée d'Algérie et qu'il lui a confié la mission d'assurer sa protection.

Le Palais du Gouverneur ainsi investi sans un coup de feu par les commandos parachutistes menés par Forhan et les capitaines Murat et Basset, Jean Morin se retire dans ses appartements et le ministre des Transports Robert Buron est également prisonnier.

Sous le fort l'Empereur, où le colonel Moullet commande le secteur Alger-Sahel, d'autres sections de Robin attendent le renfort de la compagnie Mosconi venue de Blida. Mais ne voyant rien venir, leur chef décide d'agir seul.

Après avoir sans mal franchi les postes de garde et reçu enfin le renfort espéré, le capitaine Boisson surprend les officiers d'état-major réunis dans un bureau. Seul le colonel Debrosse renâcle lorsqu'il leur annonce qu'à moins de se rallier, ils sont désormais ses prisonniers.

Tout à leur victoire éclair, les paras ne se sont pas souciés des lignes téléphoniques reliant directement la Délégation générale et le Palais du Gouverneur à Paris et aux grands centres d'Algérie. A partir de 2 h 45, personne ne s'occupant plus de lui, Jean Morin peut donc alerter Michel Debré à Matignon et Geoffroy de Courcel, le secrétaire général de l'Elysée. Soucieux d'interdire aux mutins l'emploi des avions de transport, il téléphone ensuite au général Bigot qui, lui mentant effrontément, l'assure de sa fidélité. Après l'aviateur, c'est à l'amiral Querville que s'adresse le prisonnier. Rassuré de le savoir libre, il lui confie le commandement de l'armée et lui conseille de quitter Alger afin de l'exercer de Mers el-Kebir. Après avoir également alerté les inspecteurs généraux de l'Administration Roux et Gey à Constantine et à Oran, Jean Morin contacte le général Fourquet à Constantine, aviateur de la France libre et ancien conseiller de De Gaulle à l'Elysée.

Les proches collaborateurs de Morin, bénéficiant eux aussi du laisser-aller en matière de communications, animent à coups de fil la résistance au putsch.

C'est ainsi que le colonel Thozet, chef de cabinet militaire de la Délégation générale, discute avec le général Tridon, responsable de la Gendarmerie en Algérie et qui, disposant de dix-huit escadrons, refuse pourtant de les engager à la libération de la Délégation générale. Le manège de ces conversations cesse pourtant lorsque des paras découvrent le standard du Palais du Gouverneur installé dans un bureau de poste à l'entrée sud de son parc.

Le colonel Thozet serait moins étonné du peu d'empressement du général Tridon à ordonner la contre-attaque s'il savait, à l'heure où il renonçait à l'amener à plus de fermeté, qu'un de ses officiers, au lieu de lui barrer le passage boulevard Galliéni alors qu'il regagnait son P.C. à Béni-Messous, sablait le champagne avec le commandant Robin.

\*

## — 31 —
## 22 avril 1961 : l'éphémère victoire de Challe

Alors que, renforcés par des commandos de l'Air du lieutenant-colonel Emery, les paras de Vailly, de Robin et de Saint Marc enlèvent leurs objectifs algérois sans l'aide massive de l'O.A.S., à Madrid le général Salan écoute toujours du flamenco. Et à Paris, après avoir fait réveiller le général de Gaulle par un de ses aides de camp, Michel Debré réclame Constantin Melnik.

En l'absence du ministre des Armées et du ministre de l'Intérieur, Melnik et le préfet de police Maurice Papon étudient dans le bureau du Premier ministre une parade aux menées putschistes en région parisienne. Grâce surtout aux écoutes téléphoniques exploitées au ministère des Armées par Xavier Deniau, un haut fonctionnaire issu comme Pierre Messmer de l'Administration coloniale, il ne leur faut guère de temps pour cibler des arrestations.

De son côté, sitôt mis au courant par son Premier ministre à qui incombe la charge du ministère des Armées tant que Pierre Messmer est

## Chap. 31. – *22 avril 1961 : l'éphémère victoire de Challe*

encore au Maroc où Mohamed V lui a lui-même annoncé le putsch, le général de Gaulle a ordonné à Louis Joxe et au général Olié, le chef d'état-major général qui a remplacé le général Ely, de s'envoler pour l'Algérie afin d'y exercer les autorités civile et militaire.

Mis à part les quelques dizaines de militants de France-Résurrection placés à la disposition des militaires, les Algérois ne se sont aperçus de rien. La prise de la ville par Saint Marc, Robin, Vailly et Emery s'est effectuée sans vacarme. Hormis celui qui a crevé le pneu de Gambiez, un seul coup de feu a été tiré, tuant à Ouled-Fayet le maréchal des logis Brillant, qui voulait interdire aux bérets verts du capitaine Estoup l'accès à l'émetteur dont il avait la garde avec une poignée d'appelés.

L'O.A.S. ayant été tenue à l'écart des événements, Dominique Zatarra s'est couché tard à Hydra avec le sentiment qu'il allait se passer quelque chose. A l'heure du lever du couvre-feu, il descend en ville où, face à face de place en place, des gendarmes armant des blindés légers et des parachutistes paraissent aussi calmes les uns que les autres.

Sitôt réveillé à l'aube du 22 avril, le journaliste Alain Gerbi se met par réflexe professionnel à l'écoute de son poste de radio, afin de s'assurer que sa consœur Suzanne Vienner a bien ouvert l'antenne à l'heure précise. Après *La Marseillaise,* il ne s'étonne pas d'entendre une marche militaire, puisqu'il en passe de temps en temps sur les ondes algéroises. Mais il tique lorsqu'une deuxième antienne martiale, puis une troisième, se succèdent. Et, lorsqu'il entend *Les Africains*, l'hymne de l'Armée d'Afrique interdit d'antenne depuis décembre, il songe qu'il s'est passé quelque chose de grave durant la nuit. Il n'en doute plus lorsque, peu professionnelle, une voix grave annonce :

— Ici Radio-France. Les généraux Challe, Jouhaud et Zeller ont pris le pouvoir à Alger. L'Armée a la situation en main. Soyez calmes. Allez à votre travail comme tous les jours. Vive l'Armée ! Vive la France ! L'Algérie française n'est pas morte. Il n'y a pas, il n'y aura pas, il n'y aura jamais d'Algérie indépendante.

Ayant écouté ce message dans leur voiture, des milliers de travailleurs improvisent un concert de klaxons en rythmant les cinq notes de l'Algérie française. Pressant le pas, des centaines de piétons se hâtent vers la Délégation générale et, comme au 13 mai 1958, des drapeaux bleu blanc rouge fleurissent aux façades.

Si France V rebaptisée Radio-France diffuse de la musique martiale et des messages claironnant la victoire de Challe, les stations métropolitaines ramènent l'événement à de plus justes proportions en précisant que les mutins ne tiennent qu'Alger.

A l'Amirauté, le maître de réserve Jean-Paul Piclet qui, depuis les barricades, a repris ses activités au sein de son équipe de renseignement reçoit un coup de téléphone du lieutenant de vaisseau Pierre Galvin.

— Le putsch est lancé ! lui annonce l'officier. Rejoins-moi à la Délégation générale avec tous les gars que tu trouveras.

Le petit groupe de territoriaux de la Marine passe tout à fait inaperçu dans l'agitation qui s'est installée à la Délégation générale et les paras de la Légion ne lui prêtent pas d'attention particulière lorsque Jean-Paul Piclet, coiffé du béret vert qu'il s'est procuré après la chute des barricades, s'installe dans le jardin du Forum avec son ami Claude Fougères.

Le général Salan est rentré à 4 heures du matin à l'hôtel Princesa. Avant de s'accorder du repos, sans manifester d'émotion, il a ordonné au capitaine Ferrandi de faire savoir à Serrano Suñer qu'il est inutile de maintenir en alerte les gens dévoués qui ont proposé de faciliter son départ. Ferrandi a déjà fait son deuil du voyage sur Alger et il s'est endormi, lorsque Jean-Jacques Susini lui annonce par téléphone qu'Alger est aux mains de Challe. Réveillé à son tour, Salan allume son petit poste à transistors toujours calé sur France V devenue Radio-France. Dès qu'il a la confirmation de la mise en route du putsch, ses yeux pétillant comme ils ne l'avaient plus fait depuis longtemps, il laisse tomber d'un ton neutre qui tranche avec son inhabituelle excitation :

— L'affaire me semble bien partie. Il faut y aller.

Susini l'ayant rejoint, Ferrandi alerte Serrano Suñer, qui est déjà au courant du putsch et s'engage à réactiver le réseau d'évasion qu'il vient de libérer. Puis le beau-frère de Franco conseille aux exilés de quitter l'hôtel Princesa car, après la révolte armée d'Alger, la police et la *guardia civil* vont certainement boucler l'établissement. Suivant ses conseils, Salan, Ferrandi et Susini se précipitent avec Lagaillarde et Ronda chez la duchesse d'Abrantès, qui a proposé de les héberger.

Pendant que le chef de l'O.A.S. patiente chez l'amie de Serrano Suñer, la majorité des Algérois clament leur enthousiasme. Mais les généraux putschistes, eux, savent que rien n'est encore gagné.

A Fort-de-l'Eau, le P.C. de la zone opérationnelle du Nord algérois est pris sans un coup de feu par le commando de l'Air n° 40, commandé par le lieutenant Trouillas qui téléphone au colonel François Boquet, le compagnon de la Libération commandant le sous-secteur d'Aïn-Taya, et prétend que le général commandant la Z.N.A. le réclame d'urgence à Fort-de-l'Eau.

Accueilli par les bérets noirs en tenue camouflée commandés par le sous-lieutenant Delhomme, l'homme qui a hésité à tuer de Gaulle le 12 décembre précédent, le colonel Boquet est prié de lever haut les bras. Amputé, il ne dresse que le droit et ses vainqueurs laissent échapper des rires humiliants pour un homme qui s'est évadé d'un oflag allemand pour rejoindre la Résistance et qui, après avoir été interné durant huit mois à la prison de Fresnes, a connu l'horreur de Buchenwald jusqu'à la Libération.

Le glorieux manchot, qui sera désigné dans quelques mois pour juger

Roger Degueldre puis les conjurés du Petit-Clamart, est conduit à la caserne Pélissier et confié à la garde du 1er R.E.P. Mais il fausse compagnie aux bérets verts et rejoint des officiers hostiles aux putschistes. Sitôt qu'il apprend son évasion, le général Challe ne mâche pas ses mots aux officiers du R.E.P.

— Vous êtes des andouilles, leur lance-t-il. Quand on a la garde d'un type aussi courageux et aussi gaulliste que Boquet, on le ficelle comme un saucisson et on s'assoit dessus. Sinon il part. Et c'est ce qu'il a fait...

Au petit matin d'une nuit de sortie à Saint-Germain-des-Prés, j'apprends les événements d'Alger. Je m'empresse d'interpeller les quatre ou cinq dizaines d'officiers-mariniers qui, rentrant comme moi à la base, petit-déjeunent sans faire de commentaires. Grimpé sur une table, je tente de les amener à prendre parti pour la révolte. Abreuvé de lazzis, je les traite de lâches embourgeoisés et, après leur avoir promis l'arrivée des paras, j'accepte de suivre le capitaine d'armes de la base, qui m'ordonne de gagner ma chambre, tout en bout de piste, et de n'en plus sortir en attendant le rapport du pacha.

Pendant que je rumine ma déception, suivant les plans de Constantin Melnik et de Maurice Papon, des policiers déployés par centaines ont appréhendé les uns après les autres les conjurés avant qu'ils aient eu le temps de déclencher l'opération *Arnat*. Tandis que de son côté le général Vanuxem est consigné dans sa résidence en Allemagne et que le colonel Dufour est arrêté à Offenbourg, le général Faure est pris avenue Niel, au domicile du commandant Bléhaut, chez qui il a passé la nuit. Un autre conjuré, le capitaine de Saint-Rémy, subit le même sort pour, après s'être une première fois échappé de son domicile cerné par la police, avoir eu la malencontreuse idée de se réfugier lui aussi chez son ami Bléhaut.

Après Faure et ses compagnons, André Regard, le colonel Vaudrey, les commandants Robert Casati (le collaborateur de la *Lettre Armée-Nation*), François Azaïs et Pierre Mouchonnet, le docteur Henri-Pierre Cathala, le préfet en disponibilité Joseph Léger, François Thévenin, professeur au lycée Janson-de-Sailly, et Claude Sabouret Garat de Nedde sont piégés les uns après les autres.

En arrêtant Vaudrey, la police a saisi un plan de Paris sur lequel sont indiqués les objectifs des troupes engagées dans la révolte. La plupart des conjurés se retrouvent donc sous les verrous sans avoir eu le temps de faire parvenir des contrordres aux deux centaines de jeunes militants qui se dirigent en voiture, à moto, en car ou en train vers Orléans où, dans le cadre du plan *Arnat*, ils doivent prendre la place d'appelés du 2e régiment de hussards et remonter sur Paris avec les blindés légers de cette unité.

Décontenancés de ne pas avoir été accueillis par les officiers qui ont été arrêtés, les jeunes gens, royalistes ou militants de Jeune Nation pour la plupart, errent sous une pluie battante autour de la caserne des hussards. Les cadres de réserve, presque tous parachutistes, qui devaient prendre la place de leurs homologues qui auraient refusé de suivre le mouvement, les repèrent sans peine. Ces officiers de réserve appartiennent au Cercle d'études de la défense nationale, le C.E.D.N. créé en 1960 après une scission provoquée au sein de l'Union nationale des officiers par des partisans de l'Algérie française déçus par le discours présidentiel du 16 septembre 1959. Ils engagent des conciliabules désabusés avec les hommes qu'ils auraient dû encadrer dans les cafés de la ville où une foire commerciale doit s'ouvrir dans quelques heures.

Las de ces palabres, certains volontaires décident d'attendre les ordres en forêt d'Orléans tandis que, ne croyant plus au coup de force, la majorité d'entre eux rentrent à Paris.

D'autres jeunes gens vivent pareille désillusion à Rambouillet où ils devaient renforcer le 501e régiment de chars qui, en attendant les parachutistes, aurait dû investir avec le 2e hussards le ministère de l'Intérieur, la Chambre des députés, l'Hôtel Matignon et le Palais de l'Elysée.

Pendant que les militants de Jeune Nation rongent leur frein à Orléans, le général Challe, qui a reçu avant l'aube le ralliement du général Gouraud, fait passer à la radio cette déclaration qu'il a enregistrée dans la nuit : « Officiers, sous-officiers, gendarmes, marins, soldats et aviateurs, je suis à Alger avec les généraux Zeller et Jouhaud... » Comme le général Gardy lui a fait remarquer que les Algérois s'étonneraient de ne pas entendre parler de Salan, le nouveau commandant en chef, qui a nommé le colonel Coustaux chef de l'état-major interarmes, ajoute : « ... en liaison avec le général Salan... » et poursuit :

— Pour tenir notre serment. Le serment de l'Armée de garder l'Algérie. Pour que nos morts ne soient pas morts pour rien. Un gouvernement d'abandon nous apprenait successivement l'Algérie française, l'Algérie dans la France, l'Algérie algérienne, l'Algérie indépendante associée à la France. Il s'apprête aujourd'hui à livrer définitivement l'Algérie à l'organisation extérieure de la rébellion. Est-ce cela la paix annoncée ? Ne sait-il pas qu'il ne saurait y avoir de garantie, même militaire, du libre choix, pas plus que de liberté et de justice dans une organisation totalitaire ?

Gagnés par l'enthousiasme, les Algérois rajeunissent de trois ans en écoutant Challe condamner la politique du général de Gaulle et rappeler le triste dénouement de l'affaire Si Salah, dont ils ont fini par avoir des échos :

— Il a même refusé de faire la paix avec certains rebelles de l'intérieur prêts à cesser les combats. Nous en avons, hélas, les preuves.

Même si Challe s'adresse surtout aux officiers supérieurs et généraux, les Pieds-noirs frémissent d'aise lorsqu'il poursuit :

— Sachant tout cela, voudriez-vous renier vos promesses, abandonner nos frères musulmans et européens, abandonner nos cadres, nos soldats, nos supplétifs musulmans à la vengeance des rebelles ? Voudriez-vous que Mers el-Kébir et Alger soient demain des bases soviétiques ? Voulez-vous, une fois de plus, la dernière, amener votre drapeau alors que vous auriez tout perdu, même l'honneur ? Mais je vous connais tous, et je sais quels sont votre courage, votre fierté, votre sens de l'honneur et du devoir ; la discipline qui fait votre force ne saurait en aucun cas conduire au déshonneur. L'Armée est avant tout au service de la France et garante du territoire national.

Se proclamant ainsi le successeur du général Gambiez, l'ancien commandant en chef hausse le ton pour affirmer :

— L'Armée ne faillira pas à sa mission et les ordres que je vous donnerai n'auront jamais d'autres buts.

Et il menace :

— Le commandement réserve ses droits pour étendre son action à la métropole et reconstituer un ordre constitutionnel et républicain compromis par un gouvernement dont l'illégalité éclate aux yeux de la nation.

Alors que les nouvelles du bled affluent à Alger après ce discours, le commandant Vailly, lui, ne sait toujours pas pourquoi son homologue en grade Loustau n'était pas au rendez-vous de Maison-Carrée. Si le bruit court dans l'état-major du putsch que le général Simon, après avoir reçu à son P.C. de Tizi-Ouzou les confidences d'un ancien du 1er R.C.P. devenu officier de S.A.S., le capitaine Georges Oudinot, qui tentait de l'amener à participer au putsch, s'est empressé de rendre compte au général Gambiez, de faire arrêter le chef de S.A.S. et d'ordonner au colonel Rocca, commandant le secteur opérationnel de Tizi-Ouzou, d'établir des barrages pour empêcher les mouvements sur Alger, l'absence des marsouins de Loustau a une tout autre raison.

En effet, le colonel Argoud, trop confiant, était certain que le bataillon du 1er R.I.Ma. s'engagerait en son entier dès les premières heures du coup de force. Mais il ignorait que des éléments de cette unité étaient en opérations. Pendant qu'Alger tombait aux mains des paras, les harkis du bataillon Loustau investissaient des caches de l'A.L.N. avec à leur tête Jacques Mugica, un médecin-aspirant du contingent, et un sous-officier de carrière, le sergent-chef Rebatet, qui, l'un comme l'autre, n'étaient pas du tout au courant de ce qui se tramait.

Le médecin-aspirant Jacques Mugica est un grand et large gaillard. Avant de passer sous les drapeaux à la fin de ses études de médecine, il affichait une sensibilité socialiste et n'avait aucune attirance particulière pour l'Algérie française. Affecté en Kabylie, au poste de la cote 636 proche de Guerrouma, bourgade isolée au cœur du dispositif du 1er R.I.Ma., en bout de la mauvaise piste partant de la Nationale 5 à hauteur de Palestro, il n'a eu aucun mal à obtenir d'Alger tout ce dont il avait besoin. En plus de quantité de médicaments, il dispose même – luxe rarissime dans le bled – d'une unité de radioscopie.

Après avoir mérité la confiance des Musulmans, jouant tour à tour au vétérinaire et à l'accoucheur, le jeune médecin, gagné par les réalités de l'Algérie française surtout perceptibles dans le bled, a souvent accompagné en opérations les harkis du commando de chasse de Guerrouma. Durant ces raids contre des sanctuaires de la rébellion moribonde, il s'est efforcé à ce que les *djounoud* prisonniers soient respectés comme des soldats et il a toujours soigné les blessés de l'A.L.N. avec la même conscience professionnelle dont il use pour ceux de son camp.

Au matin du putsch, Mugica a ramené un butin de trois fusils de son coup de main lancé dans le secteur de Fort-National. Revenu à Palestro en passant par Tizi-Ouzou, aussitôt mis au courant de ce qui se passait à Alger, tandis que le commandant Loustau tentait en vain de faire admettre au général Simon qu'il fallait rallier le mouvement, assuré que le colonel Rocca et son second le commandant Boulois avaient déjà mis en Kabylie le 27e bataillon de chasseurs alpins à la disposition des putschistes, il a investi à Palestro le poste central des communications militaires. Après s'être ensuite emparé du P.C. de son chef de corps, le colonel Giroud, qu'il a fait enfermer avec son second, le commandant Bertin, il a rejoint Alger avec le chef de bataillon Loustau et l'équivalent d'une section du régiment.

Aujourd'hui, alors qu'il rencontre le colonel Godard à la Délégation générale, l'aspirant Mugica lui explique que la première mesure à prendre d'urgence devrait consister à renvoyer le contingent en métropole et ne plus compter que sur les Pieds-noirs et sur l'armée de métier pour régler le sort de la rébellion. Mais Godard n'est pas d'accord et les deux hommes se quittent fâchés.

Si l'O.A.S. de Dominique Zattara et de ses compagnons n'a pas pris une grande part à la première partie du putsch, de leur côté, Jean-Marcel Zagamé, René Villard, Michel Leroy et leur ami Schembri, bien qu'ils y aient participé, ne contrôlent pas pour autant la totalité des civils qui viennent grossir d'heure en heure leurs groupes de guides. Comme lors du 13 mai 1958 et aux jours des barricades, des partisans de l'ancien F.N.F. se précipitent vers les prisons et les centres d'hébergement administratif de Maison-Carrée, Béni-Messous et Téfeschoun et libèrent une centaine de leurs compagnons arrêtés au fil des semaines, parmi lesquels Léon Dauvergne et Claude Peintre, les assassins de Me Popie que le commandant Denoix de Saint Marc refuse de réintégrer dans son régiment. Quant au docteur Jean-Claude Pérez et au journaliste André Seguin, après une intervention de Jean-Marcel Zagamé, ils ont été élargis du camp de Téfeschoun sur ordre du colonel Godard.

Les libérés réclamant des armes, Jean-Marcel Zagamé investit le commissariat central où les paras, n'ayant pas reçu d'ordres contraires, le laissent s'emparer de deux cents pistolets-mitrailleurs et de munitions. Si le commandant Saint Marc craint des débordements vengeurs, le colonel Godard, redevenu le patron de la Sûreté algéroise, estime tout au contraire, comme Degueldre, Gardes, Lacheroy, Broizat et Sergent, qu'il faut maintenant mettre les civils dans le coup. Sans prendre l'avis de

## Chap. 31. – *22 avril 1961 : l'éphémère victoire de Challe*

Challe, il rencontre Dominique Zattara et, après lui avoir conseillé de mettre un frein à la chasse aux sorcières gaullistes et communistes lancée par ses militants, il l'autorise à ouvrir au nom de l'O.A.S. un bureau de recrutement à la nouvelle mairie où, se refusant à prendre parti, le préfet normand Jean de Saint-Jorre, qui a en charge l'administration de la ville, leur laisse le champ libre et se retire dans ses appartements. Et Zattara installe ensuite des P.C. de l'O.A.S. dans un immeuble du boulevard Laferrière et un garage de la rue Debussy.

Ces initiatives agacent Challe qui, entre deux conversations téléphoniques avec des chefs de corps qu'il tente de rallier, refuse toujours de prendre contact avec les civils, sans doute parce qu'il les estime responsables de sa disgrâce en janvier 1960.

S'il ne nie pas l'utilité des anciennes unités territoriales qui se reforment sous la houlette de l'O.A.S., Challe craint qu'en accordant trop de place aux anciens des barricades, il ne braque contre lui les commandants d'unité qui, un à un, lui exposent par téléphone ou par radio leurs derniers scrupules à épouser sa cause. Il ordonne donc que les paras ne remettent pas aux hommes de Zattara et Zagamé les autorités légalistes dont ils ont la garde.

C'est pourquoi, après quelques bousculades, les hommes de Robin repoussent une cohorte de civils armés qui entendaient, au nom de l'O.A.S., s'emparer de Jean Morin au Palais du Gouverneur.

La sévérité de Challe n'empêche pas les leaders de l'O.A.S. de faire circuler un communiqué affirmant qu'elle est désormais habilitée par l'armée à donner des directives à la population. Mais le général les contre en faisant circuler cet ordre :

« Il est interdit à quiconque de sortir avec une arme. Tout contrevenant sera immédiatement arrêté et transféré devant un tribunal militaire. Toute initiative personnelle d'opération de police sera impitoyablement sanctionnée. En cas de manifestations provoquées par des éléments du F.L.N., aucune intervention armée civile ne sera tolérée, sauf sur ordre précis. Le maintien de l'ordre est du seul ressort de l'autorité militaire. »

Challe faisant tout pour que la révolte n'échappe pas à son commandement, le lieutenant de La Tocnaye, affecté au 1$^{er}$ régiment d'Artillerie dans les Aurès à cinquante kilomètres au sud-ouest de Khenchela, apprend le putsch par un message du Q.G. du général Gouraud. Il réunit aussitôt les gradés du poste de Sidi-Ali dont il a le commandement, leur explique la situation en quelques mots et décrète :

— Pour moi, messieurs, le choix est fait. C'est celui que doit faire tout Français digne de ce nom. Je me rallie au général Challe.

Et, après avoir annoncé sa décision de placer son unité aux ordres de Challe, il accorde un instant de réflexion à ses sergents puis, ravi de constater qu'aucun d'eux ne le contrarie, il les renvoie auprès de leurs hommes.

A peine une heure après la décision de La Tocnaye, un hélicoptère se pose à Sidi-Ali et son chef de corps, le colonel Rivié, un compagnon de la Libération, en descend et, dès qu'il l'a salué, s'enquiert de sa position quant au putsch d'Alger.

La Tocnaye ne lui ayant rien tu de sa solidarité avec Challe, le colonel Rivié fait mine de ne l'avoir pas bien entendu et, après avoir avancé que les mutins se fourvoient dans une affaire qui n'a aucune chance de réussite, il conclut :

— Il n'y a qu'à laisser venir. Pas vrai, La Tocnaye ?

Mais le lieutenant se rebiffe :

— Non, mon colonel ! Vous connaissez mes sentiments Algérie française et vous devez bien penser que toutes mes sympathies vont vers les généraux d'Alger !

Nullement décontenancé par la réaction de l'homme qui tentera de tuer le général de Gaulle en août 1962, après avoir promis de revenir le lendemain, le colonel Rivié remonte dans l'hélicoptère dont il dispose en tant que commandant du secteur de Bou-Hamama.

Pendant que le colonel Rivié revenait de prendre le vent à son poste de Sidi-Ali, une colonne de blindés du 1er R.E.C. et de camions transportant les unités ralliées au putsch par le colonel Argoud, les 14e et 18e R.C.P. et une harka, prenait à cent kilomètres au nord la direction d'Alger sur la N 5 après que le général Zeller fut venu assister à son départ.

Parmi les unités tassées dans les camions rameutés par Argoud et La Chapelle, une quarantaine de harkis et une trentaine d'appelés ne semblent pas savoir où ils vont. Ils appartiennent au 94e R.I. et leur chef, le sous-lieutenant de réserve Jacques Roger, a obéi sans se poser de questions à un message reçu au petit poste de Taouzghen, perdu entre Batna et Khenchela, qui lui ordonnait de rejoindre la colonne. Si ces hommes ne savent rien, les paras ne sont pas mieux lotis et ce n'est qu'en traversant Saint-Arnaud que la plupart d'entre eux apprennent ce qui s'est passé à Alger.

Ainsi détournés de leurs activités habituelles, les paras du 14e R.C.P. ignorent que la révolte dans laquelle leur chef de corps les a engagés les a empêchés d'être parachutés au cours de l'opération du Filfila qui, bien que l'aviation ait déjà commencé à mitrailler et bombarder la montagne, sitôt connue la défection de leur régiment et du 18e R.C.P., a été annulée par un ordre du colonel Bréchignac, chef d'état-major de la 25e D.P. commandée par le général Autrand.

Tandis que le convoi ravitaillé en carburant grâce à un wagon-citerne réquisitionné dans une gare par le lieutenant-colonel de La Chapelle poursuit sa route sans rencontrer de barrage, la Caravelle de Louis Joxe et du général Olié, escortée par un chasseur qui a décollé à sa rencontre selon les ordres du général Clausse, se pose près d'Oran, sur la base aérienne de la Sénia.

Une section de fusiliers de l'Air conduit les missi dominici de De Gaulle à Mers el-Kébir où, avec l'amiral Querville, les attendaient le général de Pouilly, l'I.G.A.M.E. Gey et le préfet de Police Plettner. Joxe et Olié sont consternés en apprenant que les forces loyales se sont montrées si timides. Comme il n'est pas question de distraire de leurs missions de combat les unités de secteur, la riposte ne pourra être engagée en Oranie qu'avec le seul 2$^e$ R.I. renforcé par quelques blindés et par de l'artillerie.

— Et le 2$^e$ zouaves ? s'inquiète le général Olié.

Le général de Pouilly fait remarquer que ce régiment est à Oran composé de quatre-vingts pour cent d'appelés d'origine pied-noire et qu'il ne faut donc pas compter sur lui.

Après ce tour d'horizon, Louis Joxe et Olié décident que le général de Pouilly ira se réfugier à Tlemcen avec le préfet Gey, le général Perrotat et le préfet de Police. Puis ils regagnent la Sénia d'où ils décollent pour se rendre dans le Constantinois, à Télergma.

Le colonel Rivié est revenu à Sidi-Ali.

— Alors, La Tocnaye, lance-t-il à son chef de poste en pénétrant dans la mechta qui lui sert à la fois de P.C. et de chambre, toujours pour Salan ?

— Bien sûr, mon colonel !

— Eh bien c'est dommage voyez-vous, car, ici, vous êtes bien le seul à être de cet avis. Je dois donc vous demander de me remettre vos armes.

Le futur conjuré du Petit-Clamart remet sans broncher sa mitraillette, son pistolet et les grenades qui étaient accrochées à son ceinturon. Puis il lui demande de le considérer comme démissionnaire de l'Armée et proclame :

— Mon colonel, il faut que vous sachiez que ma volonté et mon cœur sont aux côtés de mes amis qui se battent pour l'Algérie française ! Je n'ai plus qu'un seul désir : les rejoindre, même si ce ne doit être que pour participer à un baroud d'honneur.

Le colonel Rivié refuse la démission du lieutenant dont il apprécie les qualités guerrières.

— Je dois, hélas, décide-t-il seulement, vous demander de considérer que vous êtes aux arrêts de rigueur.

Et, revenant au moral de ses hommes, il s'inquiète de leur état d'esprit et La Tocnaye affirme qu'ils pensent tous comme lui. Dubitatif, le compagnon de la Libération fait quelques pas en direction de son hélicoptère, puis il se retourne vers le lieutenant et lui annonce :

— A propos, j'ai oublié de vous dire que j'ai intercepté le télégramme de ralliement que vous avez cru bon d'adresser hier aux généraux d'Alger par la voie civile. Cela vous évitera sans doute des ennuis supplémentaires car, ne vous en déplaise, je vais essayer de vous sortir de là.

Sur la N 13, les parachutistes des 14e et 18e R.C.P. et les blindés légers de La Chapelle ont traversé Sétif. Après Bordj-Bou-Arreridj, un hélicoptère survole leur convoi aux approches des Portes de Fer qui donnent accès à la chaîne boisée des Bibans et se pose au bord de la route. Le colonel Broizat en descend et avertit Argoud que le général Challe le réclame à Alger.

Déposé à 11 h 30 sur un terrain vague près de la colonne Voirol, Argoud rejoint Challe au quartier Rignot. En compagnie de Zeller et Jouhaud, le commandant en chef se réjouit d'apprendre que les régiments promis par l'ancien chef d'état-major de Massu seront là dans moins de cinq heures.

Même si le général Gouraud, influencé par l'I.G.A.M.E. Roux, semble revenu sur son ralliement, l'optimisme règne à l'état-major putschiste. Comme le général Zeller lui demande s'il serait utile qu'il aille s'expliquer avec Gouraud, Argoud l'encourage à partir et il prend congé après avoir écouté Challe énoncer les unités sur lesquelles il peut compter.

Au bout de quelques heures passées sans que personne lui propose une mission, Argoud revient de lui-même dans le bureau de Challe et il prend très mal que Jouhaud ait décidé de l'envoyer à Oran avec ses régiments. Sachant que c'est à Alger que tout se jouera dans les jours à venir, il objecte que le général Gardy est déjà là-bas. Mais Challe lui ordonne d'aller prendre un avion à Boufarik et de rejoindre à Sidi Bel Abbes l'ancien inspecteur général de la Légion.

— Bien entendu, précise-t-il, même si Gardy, général et plus ancien que vous, recevra le commandement de l'opération, c'est vous qui dirigerez la prise d'Oran.

Pendant qu'Argoud se fait très mal à l'idée de faire semblant d'obéir à Gardy, Michel Debré parle à 13 heures à la télévision et à la radio.

— Tous les chefs qui exercent un commandement en Algérie, affirme-t-il, ont un devoir et un seul : le service de la Nation par la discipline et l'obéissance au chef de l'Etat, le général de Gaulle ! En dehors de ce devoir, il n'y a que désordre, anarchie, déboires, et, en fin de compte, défaite de la patrie. J'adjure ceux qui ont une responsabilité de ne pas s'engager dans une aventure qui ne peut avoir pour la Nation que de tragiques conséquences.

A 14 heures, c'est au tour de Challe de s'exprimer sur les ondes de Radio-France.

— Renouvelant les serments faits en mai 1958, proclame-t-il, la France n'abandonnera jamais les Musulmans. Nous assurons les Européens qu'ils ne se verront pas obligés de quitter leur terre natale.

Puis il annonce que l'Algérie est en état de siège et il laisse à un

## Chap. 31. – 22 avril 1961 : l'éphémère victoire de Challe

speaker au timbre métallique le soin d'énumérer les applications de cette mesure.

L'article 2 de l'ordre de Challe précise que « tous les pouvoirs dont l'autorité civile était revêtue passeront à l'autorité militaire » et que « l'autorité civile exercera ses pouvoirs sous le contrôle de l'autorité militaire ».

Au paragraphe 3 de la proclamation qui affirme la haute main des putschistes sur l'Algérie il est stipulé que les civils, comme les militaires, deviennent « responsables de l'accomplissement de leur mission à compter de la déclaration de l'état de siège ». Le quatrième volet, garantissant les libertés assurées par la Constitution de 1958, précise que « nul citoyen ne pourra être poursuivi pour ses opinions, pourvu qu'elles ne soient pas accompagnées d'actes » et l'article 5 que « les individus ayant participé à l'entreprise d'abandon de l'Algérie et du Sahara seront traduits devant un tribunal militaire ».

Le chapitre 6 recommande que « les opérations de prise de tous les postes de commandement se déroulent dans l'ordre » et, après avoir ordonné : « Les populations civiles suivront les consignes qui leur seront données par les autorités militaires », il annonce que : « Toute violence sera réprimée avec la plus grande rigueur. »

Dans le dernier article de cette proclamation plaçant solennellement l'Algérie en sécession, Challe s'affirme « décidé à atteindre tous les objectifs qu'il s'est fixés pour le salut du pays », il avertit que : « Toute résistance sera brisée d'où qu'elle vienne » et prend soin d'accoter le nom du général Salan au sien et à ceux de Jouhaud et Zeller.

Cette proclamation, si elle attise l'enthousiasme des partisans de l'Algérie française, atterre les Pieds-noirs libéraux qui crient déjà au fascisme. Elle a pour première conséquence de pousser des membres de l'O.A.S. à réclamer en vain au bureau du procureur général Schmelk des mandats d'amener concernant des communistes et des fonctionnaires de la Délégation générale, dont le zèle gaulliste leur est connu ou supposé.

Pendant ce temps, Challe au cours d'une audience accordée à des parlementaires menés par Marc Lauriol, refuse la constitution de milices comparables à celles du Constantinois après le soulèvement de Sétif en mai 1945. Puis il explique à ses visiteurs dépités que la meilleure façon de s'impliquer dans la révolte serait encore pour eux de s'atteler à l'élaboration d'un projet de réforme agraire attribuant de nouvelles terres aux Musulmans.

Au moment où les Algérois se rendent compte que l'armée ne leur laissera pas une grande place dans le putsch, ayant surmonté son dépit d'être tenu à l'écart des décisions, le colonel Argoud débarque à 16 h 30 à Sidi Bel Abbes où croyait-il, l'attendaient le général Gardy et le colonel Brothier, le chef de corps du 1er R.E.I. qui rentre de permission en métropole et de qui dépend sans doute le succès de l'opération sur Oran.

\*

## — 32 —
## Oran aux mains de Gardy et Argoud

Brothier n'est pas à Sidi Bel Abbes et son second, le lieutenant-colonel Ogier de Baulny, explique à Argoud qu'il est parti à Oran discuter avec le général de Pouilly. Las d'attendre en vain des échos de la palabre oranaise, Argoud décide de brusquer les choses en appelant la foule à manifester à Oran. Avec l'accord du général Gardy escorté par son gendre le capitaine Glasser, il ordonne aux officiers de Légion d'envoyer dans la ville leur musique régimentaire qui conférerait un caractère officiel à la démonstration de force.

Le petit convoi transportant les musiciens en grande tenue, képi blanc, épaulettes vertes à parements rouges et large ceinture de flanelle bleue, roule déjà sur la Nationale 13, lorsque Brothier, téléphonant à son P.C., apprend l'arrivée d'Argoud.

— Rejoignez-nous, lui demande-t-il. Vous êtes sans doute le seul qui parviendra à amener le général de Pouilly à se rallier à Challe.

Vite installé dans la 403 de fonction de Brothier avec le capitaine Pompidou, Argoud rattrape les musiciens mais le convoi stoppe à Sainte-Barbe-du-Tlelat, à vingt-huit kilomètres d'Oran, où l'officier commandant la musique reçoit un message lui ordonnant de ne pas aller plus loin.

Argoud reprend la route avec le capitaine Pompidou sans se soucier de ce contrordre. Alors qu'il songe à la manière dont il haranguera les Oranais, agacé par la lenteur avec laquelle le capitaine conduit, il prend le volant et, empruntant des sens interdits, il gagne le Château-Neuf qui abrite au-dessus du port le quartier général de Pouilly avec qui Brothier parlemente toujours.

Serrant la main de Brothier, saluant le général Perrotat, patron de la zone opérationnelle de Sidi Bel Abbes, le général Hublot, l'adjoint de Pouilly, et le colonel Lancrenon, Argoud suit Pouilly dans son bureau et lui demande d'obéir à Challe. Comme le général exige des précisions sur les buts du putsch, il lui sert le même discours qu'au général Gouraud.

— Votre affaire est vouée à l'échec, Argoud, tranche le général. L'Algérie ne tiendra pas seule contre l'avis de la métropole.

## Chap. 32. – *Oran aux mains de Gardy et Argoud*

Argoud lui fait remarquer que s'il ralliait la révolte avec les autres chefs de corps d'armée, la métropole ne broncherait pas plus que depuis le début de l'affaire. Mais Pouilly tient bon et, à bout d'arguments, l'ancien adjoint de Massu fait appel à ses sentiments personnels.

— Mon général, il faut que vous pensiez à votre fils tombé au combat sous les ordres de Masselot.

Au rappel du sacrifice de son aîné, Pouilly a grimacé durant une fraction de seconde. Argoud songe qu'il va peut-être gagner, mais le général se reprend et lui reproche de ne pas l'avoir prévenu du coup de force. Il a beau lui rappeler qu'il l'en avait averti en janvier, mais que Pouilly n'avait pas répondu à son courrier, celui-ci le coupe :

— Non, Argoud, n'insistez pas. Je ne vous suivrai pas ! Ce que vous me demandez m'est impossible à admettre. Considérez que je suis votre prisonnier et exécutez les ordres de Challe.

— Vous ne serez pas prisonnier, mon général. Vous allez rentrer en France. Il faudra que vous ne soyez plus là lorsque je reviendrai de Sidi Bel Abbes demain matin.

Avant de laisser partir Argoud, Pouilly lui rapporte que des représentants de l'ex-F.A.F. venus lui demander des ordres patientent dans un bureau.

— Ils sont nerveux, Argoud, souligne-t-il. Allez leur parler car je crains qu'ils n'ordonnent des ratonnades.

Remettant à plus tard l'entrevue avec les civils, Argoud revient discuter avec Hublot et Perrotat.

Si Perrotat et le colonel Lancrenon s'affirment solidaires des mutins, Hublot déclare qu'il n'obéira qu'au général de Pouilly. Considérant la situation favorable au putsch, Argoud rejoint les représentants de l'O.A.S. et il leur demande d'ameuter leurs concitoyens devant l'Hôtel de Ville et la Préfecture avec la musique du 1$^{er}$ R.E.I. qui, selon lui, ne va pas tarder à arriver. Songeant aux propos du général de Pouilly, il leur enjoint de veiller surtout à ce qu'aucune manifestation d'hostilité ne se développe à l'encontre de la population musulmane. Lorsque Charles Micheletti, leur porte-parole, lui demande de faire une déclaration à Radio Oran, Argoud refuse en arguant que c'est au général Gardy de le faire mais s'engage à écrire le texte de l'allocution.

La délégation O.A.S. s'étant retirée satisfaite, Argoud reprend la route de Sidi Bel Abbes dans la voiture du général Perrotat. Après lui avoir promis que Challe lui confiera le corps d'armée d'Oran, il s'évertue à lui conseiller d'affirmer plus clairement son ralliement. Mais lorsqu'il le dépose devant le quartier Viénot, le fief de la Légion étrangère, Perrotat n'a pas changé d'avis.

Argoud se fait conduire chez le capitaine Glasser où, avant d'aller dîner chez Brothier, il rapporte au général Gardy ce qui s'est dit à Oran et celui-ci accepte d'intervenir à la radio oranaise.

Ne doutant pas que l'invitation de Brothier exprime une totale adhésion au putsch, Argoud se détend au cours du dîner. Surtout lorsque son hôte affirme que Louis Joxe et le général Olié, quand ils l'ont rencontré à Mers el-Kébir, n'ont pas convaincu le général de Pouilly d'opposer à la révolte une résistance armée.

Après le dîner, tout est calme dans les rues de Sidi Bel Abbes tracées au cordeau lorsque Argoud gagne l'hôtel où Brothier lui a retenu une chambre.

Alger somnole aussi même si, à la nouvelle mairie, les militants de l'O.A.S. s'agitent encore et si, au quartier Rignot, les généraux putschistes harcèlent de coups de téléphone les généraux et les chefs de corps qui, comme Gouraud revenu sur sa décision première, hésitent à braver le gouvernement.

Rentré d'urgence à Paris avec Couve de Murville, Pierre Messmer organise rue Saint-Dominique la résistance de ses troupes. Quant à Ortiz, bien qu'il en ait été averti par ses correspondants parisiens, c'est en écoutant la radio qu'il a appris le déclenchement du putsch. Malgré le laconisme des communiqués distillés d'heure en heure, il a compris que les militaires n'avaient pas l'intention de mêler les civils à leurs affaires. Furieux, il téléphone à Pierre Joly pour lui demander de l'éclairer au plus vite sur la position de l'O.A.S. à qui, au nom de son gouvernement en exil, il dénie une réelle représentation de l'Algérie française.

Joly contacte Susini et Lagaillarde qui se déclarent à l'écart du coup de force. Puis il explique à Ortiz qu'ils lui ont laissé entendre que le premier qui trouvera le moyen de gagner l'Algérie n'aura qu'à partir sans se soucier des autres.

Ortiz demande à un couple de jeunes mariés algérois en voyage de noces de lui céder leurs billets de retour. Mais, au matin du dimanche 23 avril, l'interdiction des vols à destination de l'Algérie décrétée par les autorités espagnoles dès le déclenchement du putsch l'empêche de partir avec Jacques Laquière.

Philippe de Massey était à San Remo avec Jean Méningaud, Claude Piegts, Jean-Maurice Demarquet, Chevallet, un proche de Pierre Poujade, et le colonel de réserve Raymond, lorsque les radios ont annoncé le soulèvement militaire d'Alger. Connaissant bien Challe et ne le considérant pas comme un véritable révolutionnaire, il craint qu'il n'ordonne pas l'usage des armes qui assurerait le succès de son entreprise.

En attendant des nouvelles précises d'Alger, Jean-Maurice Demarquet, sûr de lui dans un costume bleu ciel, se promène avec ses compagnons sur le front de mer de San Remo. Bien que l'ancien député ne soit pas clandestin, Massey lui conseille un peu plus de discrétion en soulignant qu'avec ce qui se passe à Alger, il vaut mieux éviter de se faire remarquer.

Saisissant l'occasion de lancer vers la France des appels à la révolte,

## Chap. 32. – *Oran aux mains de Gardy et Argoud* 291

Philippe de Massey étrenne ensuite le poste émetteur maritime dont il vient de faire l'emplette, mais qui ne porte guère plus loin que Nice.

A l'heure où Massey renonce à ses émissions inutiles et où, à Palma de Majorque, Ortiz et Laquière cherchent avec leur ami d'Anthès le moyen de gagner l'Algérie, le colonel Argoud retourne à Oran où, installé dans le bureau de Pouilly qu'il croit déjà en métropole, le général Gardy assume le commandement du corps d'armée avec son gendre Glasser comme chef d'état-major.

Les habituels collaborateurs de Pouilly, suivant les directives qu'il a données au colonel Louis Petit avant de partir, non pas pour Paris mais pour Tlemcen afin d'y organiser la résistance, expédient les affaires courantes comme si rien ne s'était passé.

Soucieux de maintenir la pression sur l'A.L.N., Pouilly a précisé dans l'ordre remis au colonel Petit que celui-ci, « dès l'arrivée à Oran de chefs militaires investis par les autorités d'Alger (généraux Challe, Zeller, Jouhaud), se mettra à la disposition de ces chefs avec la totalité des troupes, services et unités spécialisées du maintien de l'ordre (gendarmerie, C.R.S.) du secteur, en vue du maintien de l'ordre dans ce secteur. »

Irrité par le manque de zèle des collaborateurs du colonel Petit, le général Gardy les réunit et leur explique les raisons qui ont poussé Challe à mener la révolte. Mais cela ne secoue pas leur apathie.

Pendant ce temps, l'O.A.S. plastronne dans Oran où, sitôt tombée la nouvelle du putsch et avant même que le général Gardy prenne la place de Pouilly, le sergent-chef Marcel Petitjean est venu avec ses commandos en uniforme acclamés par les Oranais ouvrir un bureau de recrutement dans le garage de son ami Rochon, un ancien résistant auvergnat, comme son épouse partisan actif de l'Algérie française.

Petitjean est autorisé par le général Challe qu'il a rencontré avant le déclenchement du coup de force à porter le grade de capitaine. Ne se contentant pas de propagande, il fait arrêter des fonctionnaires fidèles au gouvernement, dont les inspecteurs Bourdon et Brand, qui étaient chargés de la protection du maire Fouques-Duparc.

Bien renseigné sur la situation, l'amiral Querville est intraitable dans son bastion de Mers el-Kébir. Deux officiers de Marine et le capitaine de vaisseau de réserve Picheral viennent annoncer en fin de matinée à Argoud qu'il suffirait d'une section d'hommes décidés pour enlever la base. Mais Brothier n'ayant toujours pas engagé son régiment, Argoud ne dispose même pas de la section réclamée par ses visiteurs.

Après le départ des trois marins déçus, Argoud comprend mieux la retenue du patron du 1er R.E.I. lorsque Baulny, son second, lui téléphone de Sidi Bel Abbes pour lui apprendre que Brothier lui reproche d'avoir donné hier des ordres à son régiment sans avoir eu la politesse de l'attendre. Tombant des nues, le putschiste plaide qu'il n'a fait que proposer l'envoi de la musique régimentaire à Oran et que Gardy a lui-même approuvé cette initiative. Si Baulny convient que son chef de corps s'est braqué pour une broutille, il conseille à Argoud de se faire discret durant quelques jours, jusqu'à ce que sa colère retombe. Mais Argoud n'a pas de temps à perdre en soucis de préséance et il s'écrie : « Je n'ai tout de même pas participé à un putsch pour céder devant les caprices de Brothier ! » Puis il réclame l'immédiate arrestation du patron du 1er R.E.I. Mais Baulny lui fait remarquer que ses officiers ont trop de respect pour porter la main sur leur chef de corps.

Déçu par la dérobade de Brothier, Argoud rend compte par téléphone à Challe de tout ce qui s'est passé à Oran depuis son arrivée. Il insiste sur la nécessité d'investir Mers el-Kébir, mais le patron du putsch semble plus enclin à contrôler la base aérienne de la Sénia, où le général Clausse ne veut pas entendre parler de ralliement. Puis il contacte le général Perrotat qui n'a pas changé d'attitude et entend simplement continuer le combat contre l'A.L.N. qui, selon lui, pourrait tirer parti du manque de combativité qui règne à cause du putsch dans son secteur opérationnel.

Manquant de troupes, Argoud se résout à autoriser quelques poignées de territoriaux à attaquer la base de la Sénia. Mais leurs cadres reviennent bientôt bredouilles à Oran en expliquant que le général Clausse leur a lui-même barré l'accès à son réduit. Songeant à la demi-brigade de fusiliers marins qui a pacifié la région de Nemours, Argoud se tourne vers le capitaine de vaisseau Roure qui la commande. Mais cet officier, s'il approuve les grandes lignes du plan Challe, annonce qu'il n'engagera qu'à coup sûr ses trois bataillons d'appelés encadrés par des gradés de carrière. Après ce dernier coup de fil, Argoud est réduit à attendre les 14e et 18e R.C.P. qui, après avoir laissé à Alger sans mission précise les harkis du sous-lieutenant Jacques Roger, font route vers Oran.

Il n'y a pas qu'à Oran que les choses ne prennent pas la tournure imaginée par les putschistes. Dans le Constantinois, même si le colonel Bréchignac, le chef d'état-major de la 25e D.P., après avoir annulé l'opération sur le djebel Filfila, a fait transporter par avion le 1er R.C.P. à Alger sans en référer à son patron, le général Autrand, la majorité des chefs de corps hésitent également à suivre le mouvement d'Alger.

Bien que des aviateurs légalistes aient tenté de les empêcher de partir en barrant à l'aide d'un Broussard l'extrémité de la piste de Philippeville, les Nord 2301 réquisitionnés par Bréchignac ont atterri à 16 h 30 à Maison-Blanche et les paras du lieutenant-colonel Plassard sont aux ordres de Challe.

D'autres figures de l'armée d'Algérie n'ont pas imité Bréchignac. Son homologue en grade Fourcade, l'ancien patron du G.C.M.A. (groupement de commandos mixtes aéroportées) du Tonkin, qui avait transmis le commandement du 8e R.P.I.Ma. au lieutenant-colonel de Seguin-Pazzis pour occuper le poste de second du général Autrand, a même tenté de rattraper les régiments de Lecomte et Masselot dans l'intention de les ramener sur leurs bases. Le lieutenant-colonel Leborgne, successeur de Trinquier au commandement du 3ᵉ R.P.I.Ma., si cher aux Pieds-noirs depuis la bataille d'Alger menée en 1957 sous les ordres de Bigeard (aujourd'hui affecté en République Centrafricaine), a quant à lui ordonné à ses officiers d'ignorer la révolte.

Si Leborgne s'est fermement opposé au putsch, le lieutenant-colonel Darmuzaï, patron du 2ᵉ R.E.P., le régiment frère du 1ᵉʳ R.E.P. de Saint Marc, bien que décidé à observer lui-même la plus stricte obéissance aux ordres de Paris mais se refusant à les obliger à affronter leurs camarades au cas où les choses tourneraient mal, a laissé ses officiers libres de leur choix. Bien avant l'aube, quelques-uns d'entre eux ont donc ordonné sans lui le départ du régiment vers Alger et, sitôt averti de leur départ, le chef de bataillon Bernard Cabiro, l'un des officiers adjoints du régiment, s'est lancé à leur poursuite. Mais ce n'était pas, dans l'intention de les ramener à l'obéissance, mais dans celle de prendre leur tête. Le 2ᵉ R.E.P. est donc aujourd'hui avec le 1ᵉʳ R.C.P. aux ordres des putschistes.

Si les principaux artisans du soulèvement prévu à Paris n'avaient pas été arrêtés, les régiments de la 25ᵉ D.P., comme sans doute ceux de la 10ᵉ maintenant mise aux ordres du colonel Ceccaldi, le chef d'état-major de Saint-Hillier, auraient été dirigés sur la capitale.

Sans être dans le secret des dieux bien que mon ami Barthélemy Rossello m'en ait dévoilé les grandes lignes, j'appelle de tous mes vœux le débarquement des paras. Lorsque je vois deux Nord 2301 se poser à Dugny-Le Bourget, je me précipite à la rencontre des hommes qui en débarquent. Trompé par leurs bérets verts, je les prends tout d'abord pour des légionnaires mais, reconnaissant en les approchant le second-maître Jansen, mon ancien chef de groupe au commando *Jaubert*, je me rends compte qu'il s'agit en fait des nageurs de combat du commando *Hubert*. Imaginant déjà aller occuper avec eux quelque point sensible à Paris, je déchante lorsqu'un quartier-maître, avant de monter dans un des deux cars rangés près d'un hangar, m'explique que le commando *Hubert* n'est pas venu pour participer au coup de force, mais afin d'assurer la protection rapprochée du général de Gaulle.

Au même moment, le commando *Jaubert*, mon ancienne unité maintenant commandée par le lieutenant de vaisseau Champierre de Villeneuve, a été dirigé sur la base aérienne de Hyères avec la mission d'intercepter, par le feu s'il le fallait, les passagers d'avions provenant d'Afrique du Nord. Peu enclins à affronter des frères d'armes, les commandos sont soulagés de ne voir atterrir que quelques officiers fuyant les putschistes.

Les nageurs de combat s'étant installés à l'Elysée en ultime rempart de la République, le général Salan, le capitaine Ferrandi et Jean-Jacques Susini, qui ont laissé Pierre Lagaillarde et Marcel Ronda chez la duchesse d'Abrantès, attendent l'heure du départ pour Alger au domicile d'un critique littéraire madrilène.

Toujours aussi calme, Salan a dormi sur un sofa tandis que, étudiant de nouvelles possibilités de partir au cas où Serrano Suñer ne parviendrait pas à organiser leur voyage en avion, Susini et Ferrandi n'ont pas fermé l'œil. A l'aube du 23 avril, le beau-frère de Franco vient leur annoncer que le Convair affrété par ses soins prétendûment pour convoyer à Rome un malade avec son médecin est prêt à décoller.

Comme s'il allait faire une banale promenade dominicale, Salan s'assure que ses souliers vernis sont parfaitement cirés. Marqué par les démarches incessantes entreprises depuis la veille, Serrano Suñer expose aux trois exilés la combinaison destinée à tromper les policiers. Puis il garde longtemps la main de Salan dans la sienne et, soudain, lui dit : « Mon général, vous, les Français, je crains que vous ne soyez bien trop civilisés pour mener une véritable révolution », et, évoquant la conduite implacable des Espagnols nationalistes lorsqu'il s'agissait pour eux, en juillet 1936, de mettre à bas le gouvernement républicain, il ajoute :

— Lorsque les officiers de la garnison de Tétouan ont refusé de nous suivre, mon général, nous les avons immédiatement fusillés !

Et, il ajoute :

— Mais j'ai bien peur que vous ne vous refusiez à faire couler le sang de vos compatriotes.

Salan ne fait pas de commentaires et suit Ferrandi vers la voiture qui doit le conduire à l'aérodrome de Barajas.

Suivant le plan de Serrano Suñer, les voyageurs changent de véhicule à quelques kilomètres de l'aérodrome. Après avoir passé des bleus de travail, ils achèvent le trajet dans une camionnette de maintenance de l'aéroport. Leur chauffeur s'engage bientôt sur la piste d'où, piloté par le colonel Carlos Texidor, le Convair doit décoller.

Le faux malade et son médecin, enregistrés dans les règles, descendent de l'appareil et montent dans la camionnette de maintenance qui s'éloigne tandis que Salan, Ferrandi et Susini s'engouffrent dans l'avion qui décolle aussitôt.

A l'heure où Challe étale à Alger son optimisme sur les ondes de Radio-France en déclarant : « Hier, nous n'étions rien et le général Olié faisait son inspection. Aujourd'hui, le général Olié est en fuite et nous représentons la plus grande partie de l'Algérie, avec tous les aérodromes, y compris Télergma et Constantine », le pilote du Convair, après avoir suivi jusqu'au-dessus des Baléares son plan de vol déclaré, met cap au sud et, à 10 heures, il se pose à Maison-Blanche.

*

## — 33 —
## Salan, chef de l'O.A.S., est à Alger

Si le général Salan s'attendait à recevoir un accueil chaleureux, il en est pour ses frais. Seul un lieutenant-colonel de l'armée de l'Air lui souhaite la bienvenue. Et, amenés par Jacques Achard, des civils en armes qui ont eu quelque mal à le reconnaître puisqu'il n'est pas en uniforme ont beau risquer quelques applaudissements, l'ambiance est glaciale. Mme Lucienne Salan, héroïne de la Résistance, est là, parmi la vingtaine de jeunes gens arborant des brassards à croix celtique, pour la plupart des fidèles de Robert Martel qui se proposent d'assurer la protection de son mari jusqu'à la villa Dominique.

Avant de quitter la base de Maison-Blanche où la nouvelle de son arrivée s'est vite répandue, Salan a tout de même salué quelques officiers et écouté un résumé de ce qui s'est passé à Alger depuis le début du putsch. Pas du tout impressionnés par sa présence, des appelés penchés aux fenêtres de leur casernement ont crié « La quille bordel ! » et cette sensation de désordre s'est accentuée lorsque Salan a croisé sur la route moutonnière des camions de bidasses hilares, qui hurlaient la même antienne. Certains même, en apercevant l'escorte O.A.S. de Salan, se sont enhardis à crier leur hostilité aux putschistes.

Une fois dans sa villa d'Hydra faisant l'angle de deux rues pentues et sans trottoir, Salan passe un uniforme de toile, ajuste sur sa poitrine son large placard de décorations et rejoint le quartier Rignot où il s'isole durant quelques minutes avec Challe.

L'entente est loin d'être parfaite entre les deux anciens commandants en chef et des éclats de voix sourdent de temps en temps du bureau dans lequel ils se sont enfermés.

De son côté, Jean-Jacques Susini s'est empressé d'aller retrouver Dominique Zattara et les dirigeants de l'O.A.S. dans le garage proche du port où les anciens du F.N.F. et les militants de Jeune Nation ont pris l'habitude de se réunir, aujourd'hui au grand jour, puisque le coup de force les a tirés de la clandestinité.

Outre Zattara, parmi la cinquantaine d'hommes qui se sont tus à l'intrusion de Susini, il y a Claude Capeau, Jean-Charles Isselin (le leader des étudiants), le journaliste Georges Ras, André Seguin, le docteur Jean-Claude Pérez, René Villard, Jean-Marcel Zagamé, René Giono, l'ami de Degueldre, André Saada, un catcheur israélite que Zattara a eu quelques scrupules à admettre dans son entourage à cause de sa réputation d'homme du milieu lorsque celui-ci est venu le trouver en mettant en avant son amitié avec Lagaillarde. Il y a aussi Marcel Barbu, que ses compagnons appellent « le Cubain », l'entrepreneur en peinture Guy Villalonga et le footballeur José Colle.

Après avoir posé en désordre des questions sur leurs amis en exil, sur l'absence de Lagaillarde et, surtout, sur celle de Marcel Ronda qui a loué un appartement à Madrid dans la calle Victor Pradera, les meneurs de l'O.A.S. se plaignent d'avoir été, sauf une poignée de privilégiés, soulignent-ils avec amertume, tenus à l'écart du coup de force militaire.

— Si ça continue comme ça, avance un jeune homme sans se soucier de la présence du lieutenant Degueldre qui se tient à l'écart du débat, on fera mieux de replonger dans l'illégalité.

Un autre militant regrette que Radio-France diffuse trop de musique militaire et n'accorde pas assez de place aux communiqués de l'O.A.S. C'est à peine, précise-t-il, si elle a toléré à 13 heures la diffusion de l'annonce de l'arrivée de Salan.

— Ils ne veulent même pas laisser passer une critique directe sur la Grande Zhora, renchérit un troisième militant.

— Heureusement, espère un quatrième, Salan, maintenant il est là ! Et comme, à c'qui paraît, c'est lui le vrai chef de l'O.A.S., vous allez voir que les choses vont changer. Dis, c'est pas vrai, Susini ?

L'homme de confiance de Salan ne peut qu'acquiescer. Après cette réunion aussi houleuse que stérile, durant laquelle il lui a souvent fallu crier, il est bien décidé à proposer à Salan la dissolution de tous les mouvements de l'Algérie française, selon lui maintenant trop divisés, et de créer un parti unique et révolutionnaire.

Ce que les militants algérois de l'Algérie française ignorent, c'est que Pierre Lagaillarde a été sciemment empêché de quitter l'Espagne. Sitôt qu'il a appris que Salan partirait sans lui, son fidèle Pierre Sultana a fait venir d'Oran un avion de tourisme piloté par son ami Chanfreau. Mais les autorités espagnoles ont interdit à l'appareil de reprendre l'air. Quant à Philippe Castille, à qui le général Salan a confié une valise de documents avec la mission de la lui apporter à Alger, grâce à un ami de Serrano Suñer, il a trouvé avec Michel Féchoz un embarquement à Alicante sur un bateau de plaisance mis à la disposition de l'Algérie française par un homme d'affaires nommé D'Esty.

Louis de Charbonnières était naturellement au fait du déclenchement du putsch. Son ami Lacheroy lui ayant laissé entendre qu'il aurait à y assumer la direction de la Radio, il a donc gagné Alger et, étonné de trouver André Rosfelder dans la place, lui qui envisageait de diffuser

## Chap. 33. – *Salan, chef de l'O.A.S., est à Alger*

des programmes militants, il subit, impuissant, des tirades oiseuses et un interminable concert de musique martiale.

Lorsqu'il rencontre une nouvelle fois Challe, avec Zeller et Jouhaud cette fois, Salan ne sait rien de la réunion de l'O.A.S. qui s'est terminée dans la confusion. Les quatre hommes se partagent les responsabilités au sein d'un Conseil supérieur de l'Algérie dans lequel Challe s'arroge le haut commandement des forces armées. Salan et Zeller sont chargés de l'Administration et Jouhaud reçoit la tâche d'organiser les rapports entre les communautés musulmane et européenne.

A Majorque, Ortiz et Jacques Laquière se tiennent à l'écoute de toutes les stations radio depuis leur retour de l'aéroport. Ils reprennent espoir de rejoindre Alger lorsque Georges d'Anthès leur parle d'une vedette anglaise. Mais, ne disposant pas de la somme exorbitante que le *captain* de ce bateau leur réclame, ils décident de prendre un avion qui les mènera à Madrid, où ils trouveront sans doute parmi les autres exilés un moyen de quitter le pays.

A Alger, le journaliste Alain Gerbi va et vient à sa guise dans les locaux de Radio-France surveillés par des parachutistes et où André Rosfelder, fils de l'ancien maire de Cap-Matifou, ancien adjoint de Lucien Neuwirth à la radio aux temps du 13 mai 1958 et géologue de son état, occupe suivant un ordre de Challe le bureau du directeur. Il s'aperçoit qu'aucune grille de programmes n'est affichée aux emplacements habituels. Les bavardages vont bon train parmi la poignée de journalistes qui, comme lui désœuvrés, attendent la suite des événements en exprimant à haute voix leurs opinions qui ne sont pas toutes, loin s'en faut, favorables aux nouveaux maîtres d'Alger.

Aux environs de 20 heures, toute activité cesse soudain dans le haut bâtiment de la place Hoche car le général de Gaulle, parlant de l'Elysée où les nageurs de combat du commando *Hubert* ont tissé autour de lui une garde solide, va s'adresser aux Français.

Lorsque sa voix crispée s'impose sur les ondes et que sa silhouette massive apparaît sur les écrans de télévision, de Gaulle, en uniforme de général de brigade, annonce qu' « un pouvoir insurrectionnel s'est établi en Algérie par un *pronunciamiento* militaire ». Puis, sombre, son long visage un peu plus ridé par la tension, il déclame de mémoire ce texte dont il a pesé chaque mot :

— Les coupables de l'usurpation ont exploité la passion des cadres de certaines unités spécialisées, l'adhésion enflammée d'une partie de la population de souche européenne qu'égarent les craintes et les mythes, l'impuissance des responsables submergés par la conjuration militaire. Ce pouvoir a une apparence : un quarteron de généraux en retraite. Il a une réalité : un groupe d'officiers, partisans, ambitieux et fanatiques.

Il n'est pas besoin d'être initié pour comprendre qu'évoquant un

« groupe d'officiers », de Gaulle a visé les colonels Argoud, Broizat, Gardes, Godard et Lacheroy.

— Ce groupe et ce quarteron, poursuit-il, possèdent un savoir-faire expéditif et limité. Mais ils ne voient et ne comprennent la nation et le monde que déformés à travers leur frénésie. Leur entreprise conduit tout droit à un désastre national. Car l'immense effort de redressement de la France, entamé depuis le fond de l'abîme, le 18 juin 1940, mené ensuite jusqu'à ce qu'en dépit de tout la victoire fût remportée, l'indépendance assurée, la République restaurée ; repris depuis trois ans, afin de refaire l'Etat, de maintenir l'unité nationale, de reconstituer notre puissance, de rétablir notre rang au-dehors, de poursuivre notre œuvre outre-mer à travers une nécessaire décolonisation, tout cela risque d'être rendu vain, à la veille même de la réussite, par l'aventure odieuse et stupide des insurgés en Algérie. Voici l'Etat bafoué, la nation défiée, notre puissance ébranlée, notre prestige international abaissé, notre place et notre rôle en Afrique compromis. Et par qui ? Hélas ! Hélas ! par des hommes dont c'était le devoir, l'honneur, la raison d'être, de servir et d'obéir.

Passant à la menace, le Général tonne :

— Au nom de la France, j'ordonne que tous les moyens, je dis tous les moyens, soient employés pour barrer partout la route à ces hommes-là, en attendant de les réduire. J'interdis à tout Français et, d'abord, à tout soldat d'exécuter aucun de leurs ordres. L'argument suivant lequel il pourrait être localement nécessaire d'accepter leur commandement sous prétexte d'obligations opérationnelles ou administratives ne saurait tromper personne. Les seuls chefs, civils et militaires, qui aient le droit d'assumer les responsabilités sont ceux qui ont été régulièrement nommés pour cela et que, précisément, les insurgés empêchent de le faire. L'avenir des usurpateurs ne doit être que celui que leur destine la rigueur des lois. Devant le malheur qui plane sur la patrie et la menace qui pèse sur la République, ayant pris l'avis officiel du Conseil constitutionnel, du Premier ministre, du président du Sénat, du président de l'Assemblée nationale, j'ai décidé de mettre en œuvre l'article 16 de notre Constitution. A partir d'aujourd'hui, je prendrai, au besoin directement, les mesures qui me paraîtront exigées par les circonstances. Par là même, je m'affirme, pour aujourd'hui et pour demain, en la légitimité française et républicaine que la nation m'a conférée, que je maintiendrai, quoi qu'il arrive, jusqu'au terme de mon mandat ou jusqu'à ce que me manquent soit les forces, soit la vie, et dont je prendrai les moyens d'assurer qu'elle demeure après moi. Françaises, Français ! Voyez où risque d'aller la France, par rapport à ce qu'elle était en train de devenir. Françaises, Français ! Aidez-moi !

Si la plupart des Européens d'Algérie ont hué ce discours, Robert Martel s'empresse d'expliquer à ses proches que lui seul avait pressenti la machination élyséenne qui, maintenant qu'elle est en marche, va permettre à de Gaulle, qu'il considère comme l'Antéchrist, de mater une fois pour toutes les partisans de l'Algérie française et précipiter l'avènement de l'Algérie algérienne.

Le discours présidentiel a pour effet immédiat de renforcer la fidélité de nombreux officiers qui hésitaient encore à prendre parti pour les révoltés et qui, maintenant, s'empressent de téléphoner à leurs chefs directs afin de les assurer de leur obéissance. De Gaulle a, aussi et surtout, incité les appelés vivant dans les casernes citadines et les cantonnements proches des grandes villes à désobéir aux putschistes. Ils sont nombreux, surtout dans les bases de l'aviation, à former des comités de résistance sous la houlette de sous-officiers communistes. La désobéissance s'installe même dans les sections du 9e zouaves, le régiment qui a en charge la Casbah sous les ordres du chef de bataillon Sobra, un ancien du 11e choc maintenant près de la retraite et qui subit les événements sans grande passion.

Des officiers, craignant que leurs cadres n'optent pour la révolte malgré l'appel du président de la République, sont prêts à tout pour les en empêcher. Ainsi de ce capitaine du 31e bataillon du Génie affecté au déminage d'une zone frontalière près de Marnia, qui décide de désarmer cinq sous-lieutenants, parmi lesquels se trouvent deux Pieds-noirs. N'osant pas les affronter lui-même, il ordonne à son armurier de leur réclamer leurs pistolets et leurs carabines sous le prétexte de les nettoyer et de les réviser. L'un de ces jeunes officiers, le sous-lieutenant de Lartigue qui, tout en n'étant pas pied-noir habite Alger, décide d'aller demander des explications à son capitaine. Le ton monte vite sous la tente de commandement de la compagnie et le trois-galons finit par laisser leurs armes à ses subordonnés.

Dans les heures qui suivent le discours de De Gaulle, une ambiance délétère se répand dans Alger où circulent les rumeurs les plus folles, dont l'une prétend que l'O.A.S. s'est emparée d'une bombe atomique dans des entrepôts du port. Et une autre, plus crédible, affirme que les régiments de la 10e et de la 25e D.P. sont sur le point de s'envoler vers Paris.

Mais les paras n'ont pas reçu l'ordre de se préparer au départ. Ceux du 1er R.C.P., après avoir assisté à une messe à la base de Maison-Blanche, se contentent de monter la garde à El-Biar, autour des villas des Oliviers et Arthur, les résidences de l'amiral Querville et de l'adjoint du délégué général qui a réussi à s'enfuir, et campe au-dessous de la rampe Chasseloup-Laubat sur le môle El Djefna où, au quai d'Aigues-Mortes, accostent les paquebots de la Compagnie de navigation mixte.

Malgré l'optimisme de Challe, l'ensemble des troupes de réserve générale n'est pas à ses ordres. En Kabylie, le lieutenant-colonel Vaillant, chef de corps de la 13e demi-brigade de la Légion étrangère, n'a pas caché à ses officiers qu'avant d'obéir aux putschistes, il leur faudrait se débarrasser de lui. Comme Vaillant, le colonel musulman Rafa, commandant le

7ᵉ régiment de tirailleurs algériens dans le Constantinois, n'a pas écouté les sirènes algéroises. Et pas plus le patron du 4ᵉ régiment de hussards, le lieutenant-colonel La Noë, qui a prévenu de sa fidélité le général Ailleret. Quelques-uns de ses cadres, eux, sont cependant sur le point d'obéir à Challe. C'est le cas du sous-lieutenant François-Xavier de Vivie, commandant près de la frontière tunisienne une unité de supplétifs et frère d'un enseigne de vaisseau pilote de chasse à Télergma.

En attendant l'arrivée des 14ᵉ et 18ᵉ R.C.P., la situation des putschistes n'est pas claire en Oranie. Outre la défection capitale du colonel Brothier, le général de Menditte a fait arrêter à Mostaganem le député Pierre Puech-Samson, pourtant compagnon de la Libération, et quelques chauds partisans de l'Algérie française.

Quant au général Gouraud, il semble à nouveau changer d'attitude en prenant à Constantine ses distances avec les émissaires de Challe venus le presser d'adopter enfin une position tranchée. Il a opposé une fin de non-recevoir à son ami le lieutenant-colonel Jean Voltaire Raphanaud, qui vient de quitter le commandement du 11ᵉ bataillon du 7ᵉ R.T.A. du colonel Rafa.

Avec les vingt-huit citations, dont la moitié à l'ordre de l'Armée, qui font de lui le fantassin le plus décoré de l'Armée française, Raphanaud, petit homme rondouillard aux gestes vifs, est pour les militaires une légende vivante. Bloqué à Alger par le putsch au moment où il allait rejoindre la métropole, il s'est présenté à Challe et, avec sa franchise proverbiale, sans se soucier de la présence du colonel Coustaux, il lui a demandé :

— Est-ce que ça va marcher, votre truc ?

Désarçonné par la précision de cette question, Challe a réfléchi et, à mi-voix, exprima ses doutes de façon laconique :

— Hélas, je crains bien que non, mon vieux Raphanaud.

Raphanaud, acteur de tant de coups tordus depuis la Résistance et qui s'était déjà fait une idée claire de la situation, lui a répondu du tac au tac :

— Moi non plus je ne crois pas à votre réussite. Mais ça ne fait rien, mon général, je marche avec vous. Si vous le voulez bien, je vais aller à Constantine remonter le moral de Gouraud.

Rentrant désabusé de son entrevue avec Gouraud et songeant à l'avenir des tirailleurs nord-africains qu'il a quittés après trois ans de combats, Raphanaud vient s'assurer auprès du colonel Coustaux que la pression sur l'A.L.N. ne va pas être relâchée à cause du putsch. L'adjoint de Challe le rassure en affirmant que les unités de secteur, afin de pallier l'immobilisation temporaire des régiments de parachutistes, sont gardées en alerte permanente.

Si Gouraud tergiverse à Constantine, c'est à cause de ce message que le général de Gaulle lui a fait adresser par le truchement du commandant de la Marine à Bône :

« Votre attitude présente est inacceptable. La discipline et l'honneur ne se divisent pas. Quelles que puissent être les difficultés, vous devez absolument refuser toute subordination au pouvoir insurrectionnel et ne tenir aucun compte des ordres qui ne vous viennent pas du général Olié au nom du gouvernement. »

Avant le discours de De Gaulle, Jean-Jacques Susini s'est rendu à la Délégation générale gardée par les paras du 1er R.E.P. qui n'ont pu empêcher un commando de l'O.AS. d'y fouiller quelques bureaux. Ces hommes lui ont remis des papiers trouvés dans des dossiers abandonnés par François Coulet. Effaré de ce qu'il a découvert, il les a serrés dans une valise et emportés chez lui dans l'intention d'en tirer une synthèse qu'il se propose de présenter le lendemain à Salan lorsque, comme convenu, il le retrouvera dans le bureau qu'il occupait en 1958 lorsqu'il était gouverneur général.

Jacques Achard a fait lui aussi une trouvaille édifiante. Fouinant dans le bureau de M$^{me}$ Nekkoud, la déléguée adjointe à la promotion sociale des Musulmans, il est tombé sur une correspondance suivie depuis longtemps avec des dirigeants de la rébellion.

Sur le plan des découvertes étonnantes, le colonel Argoud a saisi dans le bureau du général de Pouilly un document signé par Michel Debré, une récente hypothèse de travail transmise pour information par le général Gambiez, prouvant que le gouvernement, sans attendre les résultats des négociations, a pris la décision d'aller plus avant dans sa politique de désengagement en Algérie. « Je vous adresse ci-joint, a-t-il en effet lu, abasourdi, le texte de ma "Directive au sujet de l'Interruption des opérations offensives". Ses termes ont été approuvés par le Chef de l'Etat. Des instructions vous seront adressées qui préciseront, notamment, la date à partir de laquelle l'Interruption des opérations offensives sera effective. Comme vous l'avez souhaité, vous serez prévenu cinq jours au moins avant cette date. Je vous précise dès maintenant que l'Interruption fixée par la Directive sera rendue publique à la veille de son entrée en vigueur. Je vous précise également qu'au cas où dans une région déterminée, les attentats et les exactions rendraient dangereux le maintien de l'Interruption, le commandement local pourrait vous saisir d'une demande de reprise des opérations offensives. Vous transmettrez la demande et je statuerai. Vous êtes autorisé, dans des conditions assurant un secret absolu, à faire connaître cette Directive aux généraux commandants de corps d'Armée et aux généraux commandants de zone. De son côté, M. le Délégué général pourra la faire connaître aux inspecteurs généraux en mission extraordinaire. »

Longtemps Argoud a pesé chaque ligne du document expédié par Gambiez dont les objectifs sont définis à son premier paragraphe :

« L'Interruption des opérations offensives s'inscrit dans un processus de règlement pacifique du problème algérien. Prescrite spontanément par le Chef de l'Etat et le Gouvernement, elle revêt une importance psychologique considérable. Les buts visés consistent, tout en démontrant le succès et la discipline de nos armes, 1° – à prouver à l'opinion au-dedans et au-dehors la volonté de la France de mettre un terme aux hostilités ; 2° – à amener l'adversaire à cesser ses attaques et à renoncer au terrorisme, à moins d'assumer la responsabilité publique de prolongation des combats ; 3° – à provoquer en Algérie une atmosphère de détente ; 4° – à créer au sein de la rébellion un climat favorable à un éventuel cessez-le-feu. »

Le deuxième paragraphe du document traite de la trêve et donne la nausée à Argoud. « L'opération envisagée consiste en une décision unilatérale d'interrompre pour un délai déterminé les opérations offensives. Elle amorce une évolution vers le rétablissement des libertés individuelles. Elle n'affecte pas l'action de garde et de protection aux barrages et ne s'étend ni aux actions maritimes ni aux actions aériennes de surveillance et d'interception. »

Son troisième volet décide de quelle manière le haut commandement exposera l'opération. « La présentation de l'Interruption des opérations offensives revêt une grande importance. Il y a lieu de faire ressortir que cette interruption est décidée unilatéralement, ne résulte pas de négociations et ne s'applique que dans les domaines et suivant les conditions fixées par l'autorité. Tout en passant à l'exécution, il convient de mettre en relief qu'au cas où l'adversaire ne modifierait pas fondamentalement son attitude à la suite de cette décision, le terme serait mis à l'interruption. »

Enfin, le quatrième paragraphe des ordres de Michel Debré définit l'application de la trêve unilatérale :

« 1° – Adaptation de lieu et de temps.

« Les conditions détaillées d'application de l'interruption des opérations offensives demandent une adaptation rigoureuse, dans le temps et sur le terrain, notamment pour ce qui concerne l'aménagement des dispositions réglementaires visant les libertés individuelles. Il appartient aux autorités responsables de l'exécution de régler cette adaptation.

« 2° – Durée.

« La durée de l'opération est fonction du comportement de l'adversaire. *A priori* limitée à trois semaines, elle peut être, compte tenu de la nécessité du maintien de la sécurité de nos forces, prolongée ou interrompue.

« 3° – Champ d'application.

« L'opération s'étend à l'ensemble des départements algériens, à l'exception de la zone des frontières terrestres sur une profondeur à déterminer par le général commandant en chef en Algérie.

« 4° – Mesures d'application.

« a) Action des forces de l'ordre :

« Les forces de l'ordre, tout en conservant leur liberté d'action, de manœuvre et de déplacement sur l'ensemble du territoire pour assurer leur sécurité et celle des populations, n'entreprendront plus d'opérations à caractère offensif visant à rechercher ou à détruire les éléments rebelles.

Elles n'ouvriront pas le feu les premières sur les formations rebelles ou les individus en armes. Elles riposteront dans les formes habituelles à tout acte d'agression caractérisé et poursuivront les agresseurs. La circulation des rebelles en armes ou en tenue, isolément ou en groupe, demeure naturellement interdite.

« b) Maintien de l'ordre public.

« – l'ordre public demeure assuré suivant les dispositions en vigueur ;

« – les actes de terrorisme continuent à relever des juridictions répressives compétentes.

« c) Mesures concernant les libertés individuelles. « Indépendamment de mesures qui seraient prescrites par le Gouvernement, les autorités responsables en Algérie décideront, soit pour l'ensemble du territoire, soit localement, des allégements à apporter aux restrictions des libertés individuelles.

« Ces aménagements pourront viser :

« – l'assouplissement des restrictions relatives à la circulation des personnes et des biens.

« – la diminution de la durée du couvre-feu ou sa suppression, la mise en œuvre délibérée d'une politique de détente : réduction des assignations à résidence au minimum imposé par les nécessités de l'ordre public ; remise en liberté de certains individus actuellement détenus dans les centres d'internement, etc.

« d) Mesures d'ordre économique et social :

« Les autorités responsables en Algérie s'efforceront de développer l'effet psychologique de l'interruption par un effort accru dans le domaine économique et social.

« e) Problèmes touchant l'information :

« Dans le cadre du plan d'information établi sous la responsabilité du ministre d'Etat chargé des Affaires algériennes, le Délégué général en Algérie prendra toutes les mesures et utilisera tous moyens civils et militaires à sa disposition pour aider à obtenir l'effet psychologique attendu. L'information des observateurs français et étrangers sera facilitée au maximum. »

Après avoir rangé en lieu sûr cette bombe dont il entend se servir, Argoud n'a pas encore décoléré lorsque, à 23 h 45, Michel Debré s'adresse à la population. Si le Premier ministre, grippé depuis la veille, était encore plein d'allant durant la séance de travail réunissant au matin à Matignon Constantin Melnik, les généraux Gazin, gouverneur de la place de Paris, Puget, chef d'état-major général adjoint des Armées, Maurice Papon et Roger Frey qui, palliant l'hospitalisation de Pierre Chatenet, assume l'intérim au ministère de l'Intérieur depuis le 19 avril, ce soir, il apparaît éteint. Il était pourtant très sûr de lui durant une seconde réunion de crise improvisée au retour de Louis Joxe et du général Olié, au cours de laquelle, en présence du très gaulliste président de l'Assemblée nationale Jacques Chaban-Delmas, le chef d'état-major général a fait remarquer qu'afin d'éviter à des militaires de se retrouver dans l'horrible situation de s'entre-tuer, il faudrait laisser aux seules forces dépendant de Maurice Papon la responsabilité du maintien de l'ordre dans Paris.

Mais ce soir, devant la caméra et les micros de la R.T.F. amenés de la rue Cognacq-Jay à Matignon, Michel Debré, assombri par une barbe de deux jours, apparaît comme un homme las lorsque, toujours obnubilé par l'intrusion prochaine d'avions chargés de paras dans le ciel de l'Ile-de-France, il s'apprête à exhorter les Parisiens et les Franciliens à s'opposer au putsch.

Jacques Chaban-Delmas et Jacques Foccart, à l'Elysée, Constantin Melnik, à Matignon, se sont penchés sur le texte qu'au signal du chef d'antenne, Debré, le regard atone, presque pathétique, débite d'une voix de fausset :

— Des renseignements nombreux, précis et concordants permettent au gouvernement de penser que les auteurs du coup d'Etat d'Alger envisagent à très brève échéance une action de surprise et de force sur la métropole, et en particulier sur la région parisienne. Des avions sont prêts à faire sauter ou poser des parachutistes sur divers aérodromes afin de préparer une prise de pouvoir. Je tiens à dire aux Français, et notamment aux habitants de la région parisienne, que le gouvernement a pris des mesures pour s'opposer à cette entreprise.

Reprenant la formule du général de Gaulle, Debré rappelle que :

— Des ordres ont été donnés aux unités de repousser par tous les moyens, je dis bien par tous les moyens, cette folle tentative.

Puis il annonce :

— Le gouvernement est certain que la population entière, qui fait confiance au général de Gaulle, non seulement réprouvera de tout son cœur cette aventure, mais aidera de toutes ses forces à la défense de la nation. Les vols et les atterrissages sont interdits sur tous les aérodromes de la région parisienne à partir de minuit.

Enflant sa voix crispée, le Premier ministre prend le risque d'affoler la population en s'exclamant :

— Dès que les sirènes retentiront, allez-y, à pied ou en voiture, convaincre ces soldats trompés de leur lourde erreur. Il faut que le bon sens vienne de l'âme populaire et que chacun se sente une part de la nation.

\*

— 34 —
## Paris s'affole

A cause de l'heure tardive, l'appel de Debré a été très peu écouté. Mais son appel à la résistance aux putschistes a toutefois déclenché une effervescence patriotique dans les sphères politiques de la capitale quadrillée par les forces policières rameutées par Maurice Papon. Embossés aux alentours de l'Assemblée nationale et d'autres édifices de la République, des chars ajoutent encore à l'atmosphère guerrière.

Cette fièvre artificielle est entretenue par les gesticulations alarmistes de gaullistes historiques, comme Olivier Guichard, Jacques Chaban-Delmas ou Pierre Lefranc, qui n'accordent plus, semble-t-il, de crédit aux militaires, ni aux services secrets.

Au matin, même le général Puget, fidèle parmi les plus fidèles malgré son amitié pour Challe, n'a pas été écouté lorsqu'il a expliqué que les putschistes, grâce au général Fourquet surtout, ne disposent plus des avions nécessaires à une opération aéroportée sur Paris. Et Constantin Melnik ne l'est pas plus lorsqu'il abonde dans ce sens en arguant des derniers renseignements du général Grossin qui, n'ayant pas quitté son bureau directorial depuis le début du coup de force, a organisé l'interception de toutes les communications radio en Algérie.

Jusque-là seul allié des putschistes au sein de la haute autorité de la République, le général Nicot semble être revenu à un peu plus de fidélité. Lorsque, avant son discours, Michel Debré lui a demandé de donner par écrit à ses chefs d'escadrille l'ordre d'intercepter, et de détruire si nécessaire, tout appareil venant d'Afrique du Nord, il a transmis au général Bigot une copie de cette directive en précisant qu'il l'exécutera mais, dans un dernier sursaut de fidélité à Challe, il ne l'a pas encore fait diffuser dans ses états-majors. De son côté, Pierre Messmer, peu convaincu de l'importance de la menace algéroise, convoque rue Saint-Dominique le général Delfino, adjoint opérationnel du général Nicot et ancien de l'escadrille Normandie-Niémen, et lui ordonne de faire strictement appliquer les consignes.

Le général Delfino, bien que sorti troublé de l'entretien avec son ministre, a répercuté ses ordres aux responsables de l'Aviation. Le général Bernard Challe, qui n'a aucun lien de parenté avec le patron du putsch et commande à Paris la 2ᵉ région aérienne, s'il communique à ses chefs d'escadrille les directives de Messmer, les assortit d'une consigne orale de tirer à côté de leurs cibles. Quant aux autres responsables de région aérienne, leurs réactions diffèrent. Si les généraux Gauthier, responsable de l'espace aérien allant de Dijon à la Méditerranée, et Accart, qui commande le 1ᵉʳ G.A.T.A.C. en Europe, dont les forces sont concentrées en Allemagne, affichent tous deux une fidélité exemplaire, d'autres, bien que ce ne soit pas pour les mêmes raisons que le général Nicot, mais dans le souci d'éviter que le sang ne coule entre Français, se montrent moins empressés à placer leurs chasseurs en alerte de combat.

Pierre Messmer, afin d'interdire aux généraux d'Alger d'expédier des paras sur Paris, décide ensuite que : « L'aviation de transport et celle de la défense aérienne doivent rejoindre immédiatement le territoire métropolitain à toute occasion favorable en se présentant de jour et conformément aux règles de la circulation aérienne normale. »

Sitôt cet ordre reçu, le général Fourquet organise le rapatriement des appareils de transport dont le maintien en Algérie n'est pas nécessaire à la lutte contre l'A.L.N.

Les mesures prises par Messmer ne calment pas pour autant les ardeurs belliqueuses des gaullistes de choc et de leurs alliés. Des observateurs excités signalant déjà un peu partout des passages d'avions suspects volant vers Paris, Roger Frey laisse entrer dans la cour du ministère de l'Intérieur des dizaines de volontaires ameutés par des associations de Français libres, par l'U.N.R., le P.S.U. et la S.F.I.O. unis dans la peur du fascisme.

La cour Pierre-Brossolette est vite remplie d'hommes d'âge mûr réclamant des armes et Roger Frey a du mal à se faire entendre dans la rumeur belliqueuse.

— Mes compagnons, hurle-t-il, vous êtes prêts à vous battre ?

Un charivari de gamins lui répondant, le ministre poursuit :

— Je vous annonce que dans une demi-heure, vous serez armés !

En attendant les armes, les volontaires enfilent des treillis neufs, chaussent des rangers et se coiffent de casques. Si la plupart d'entre eux sont des anonymes, les policiers de Roger Frey reconnaissent parmi eux Alexandre Sanguinetti, Joël Le Tac, Achille Peretti, l'ancien organisateur du service d'ordre du R.P.F. Charles Pasqua et l'un des plus jeunes chefs de groupe, le socialiste Charles Hernu.

D'autres hommes décidés à barrer la route aux paras n'ont pas besoin de passer par le ministère de l'Intérieur pour se procurer des armes. Une trentaine de ces volontaires, pour la plupart armés de pétoires datant de la Résistance, se dirigent en voiture vers la base aéronavale de Dugny-Le Bourget.

Le capitaine de frégate Pillet, commandant en second de la base, a ordonné à son capitaine d'armes, le premier-maître Laffont, de renforcer les gardes. Songeant qu'un commando aguerri ne serait pas de trop en cas de coup dur, Laffont, bien que je sois en attente de punition pour mon éclat de la veille, m'a confié la responsabilité de la garde de nuit. Bien qu'espérant toujours l'arrivée des paras, j'ai pris cette mission au sérieux et j'ai disposé tous les deux cents mètres sur le glacis bordant la base des factionnaires munis de cartouches réelles, cousues dans des sachets de toile.

Sitôt qu'il entend les voitures des volontaires antifascistes, le factionnaire placé derrière la grille d'entrée donne l'alarme. Je le rejoins et, voyant les inconnus avancer l'arme à la main, je fais réveiller l'aspirant qui assure les fonctions d'officier de garde.

Un homme portant un brassard bleu blanc rouge se campe devant la grille et annonce au premier factionnaire que, suivant les ordres de Michel Debré, il vient occuper les pistes, afin de barrer la route aux « paras fascistes ». Pour toute réponse, je rameute le reste de mes hommes qui dormaient dans le poste de garde. Puis je fais mine de m'intéresser au discours du civil rejoint par ses compagnons et qui, apercevant ma casquette, m'ordonne d'ouvrir la grille. Je fais sortir du chenil installé derrière le poste de garde un berger allemand et un beauceron qui, tirant sur leur laisse, appuient les pattes sur la grille en aboyant vers les intrus.

Malgré la gravité du moment, je m'amuse du réflexe qui a fait reculer mes interlocuteurs. Pour avoir souvent joué avec eux, je sais que les deux chiens, gavés de sucre et de biscuits par les matelots, ne sont pas dangereux.

— Au nom du Premier ministre, revient éructer le meneur du groupe que je devine communiste, ouvrez la grille ! Sinon, je fais ouvrir le feu.

J'ai connu des situations plus dramatiques pendant plus de deux ans de combat. Je ne songe pas un instant à brandir le pistolet dont j'ai par réflexe pris la précaution de m'armer. Comme je ne donne toujours pas l'ordre de les laisser passer, les miliciens improvisés me traitent de putschiste, de fasciste, puis de nazi, ce qui me hérisse lorsque je songe à mon père, officier de la France libre en 1940. Je laisse s'écouler les vociférations haineuses puis, estimant que la plaisanterie a assez duré, juste au moment où l'aspirant de service me rejoint, j'ordonne à ma douzaine de matelots de braquer en direction des intrus leurs armes qui ne sont même pas approvisionnées.

Le face-à-face tendu perdure encore deux minutes avant que les tartarins se retirent en lançant des insultes et en menaçant de ramener du renfort.

Lorsque la dernière portière de voiture claque, j'explique la situation à l'officier de garde. Je fais enfermer les deux pépères de chiens de guerre, j'exécute une ronde rapide et je me recouche en laissant l'officier pas si tranquille que ça seul devant ses responsabilités.

Les généraux d'Alger, autant pour les éloigner que pour les mettre à l'abri d'éléments incontrôlés qui les réclament au nom de l'O.A.S., décident d'expédier au Sahara Jean Morin et les autres personnalités prisonnières.

A 2 heures du matin, le délégué général et le préfet de police René Jannin, séparés de leur famille comme leurs compagnons d'infortune, sont conduits à Maison-Blanche par une escorte commandée par le chef de bataillon Forhan. Ils montent dans deux Nord 2301 avec les généraux Gambiez, Vézinet, Saint-Hillier et Gombaut, les colonels Moullet, Debrosse, Faig, de Bazoncourt, ainsi que les commandants Degats et Artignan.

Au moment où les autorités légalistes débarquent après trois heures de vol au bordj d'Aïn-Salah, à 1 200 kilomètres d'Alger, les colonels Masselot et Lecomte arrivent à Oran.

Si l'irruption annoncée comme imminente des deux régiments de paras a fait fleurir des drapeaux aux balcons de la ville, les bérets rouges ne restent pas à Oran. Bien qu'Argoud eût préféré les diriger sur Mers el-Kébir, le général Gardy les expédie à Sidi Bel Abbes avec ordre de s'emparer ensuite de Tlemcen, où le général de Pouilly résiste toujours.

Une fois au fief de la Légion, Masselot convainc Gardy de le laisser aller seul à Tlemcen en hélicoptère, afin de parlementer avec Pouilly sans risquer un combat fratricide.

Après une âpre discussion, le commandant du corps d'armée d'Oran, raffermi dans ses intentions par le discours de De Gaulle, accepte d'aller à Alger discuter avec Challe. Ramené à Oran dans l'hélicoptère de Masselot, il s'assure que son épouse est bien traitée par les mutins, discute quelques minutes avec Argoud et prend place dans un avion qui le mène à Maison-Blanche. Son entrevue avec les généraux est orageuse et, devant son refus de se rallier, ils l'expédient lui aussi au Sahara.

Pendant que Pouilly retrouve Jean Morin à Aïn-Salah, la situation, à cause des changements d'attitude du général Gouraud, est loin d'être claire dans le Constantinois. Bien que Challe, après s'être engagé à les libérer avant trois mois, ait déjà organisé le rapatriement de quelques milliers de libérables de la classe 58 1-C, des appelés ont enfermé leurs officiers et chantent un peu partout *L'Internationale*. Après la prise de contrôle de l'aérodrome de Télergma décidée par le colonel Buchoud, le 9e R.C.P. du lieutenant-colonel Deferre, le 2e R.P.I.Ma. du lieutenant-colonel Toce et le 6e R.P.I.Ma. du lieutenant-colonel Balbin se sont déployés dans les faubourgs de Constantine où, assuré du soutien du général Lennuyeux et barricadé dans sa préfecture, le préfet musulman Mahdi Belhadad, qui a perdu le bras droit lors de la dernière guerre, prône l'obéissance au gouvernement avec qui il est en liaison téléphonique permanente. Et l'I.G.A.M.E. Roux ne peut plus sortir de son domicile cerné par des paras de la 10e D.P. commandés par le lieutenant-colonel Ceccaldi.

Dans les dernières heures de la nuit du 23 avril, de son P.C. des commandos de l'Akfadou établi en Kabylie à la cote 1621, le lieutenant-colonel Delayen capte toutes les émissions d'Algérie grâce aux importants moyens radio qui servaient à Challe pour diriger les premières opérations de son plan destiné à éradiquer l'A.L.N. en ratissant l'Algérie d'ouest en est. D'abord amusé, puis écœuré, Delayen surprend d'édifiantes conversations de colonels qui s'inquiètent pour leur solde et pour leur retraite au cas où les putschistes resteraient les maîtres à Alger.

Les appelés du 9ᵉ zouaves, barricadés à Alger dans la caserne d'Orléans, ont menacé d'ouvrir le feu sur les parachutistes qui tenteraient d'investir leurs quartiers, pris au-dessus de la Casbah entre le boulevard Clemenceau et l'avenue du Maréchal-de-Bourmont. De l'autre côté de la baie, l'officier des équipages Michel a devancé toute ébauche de sédition en organisant au centre *Siroco* une manifestation de fidélité à de Gaulle.

Bien avant l'aube du lundi 24 avril, le commandant du paquebot *El-Mansour*, sans attendre l'embarquement de la totalité des libérables annoncé par Challe, a pris la mer sans pilote et sans remorqueur en emmenant une quarantaine d'officiers et fonctionnaires légalistes avec l'épouse du général Vézinet. La Marine nationale, dont le chef, l'amiral Querville, croise avec son épouse au large d'Oran à bord de l'escorteur d'escadre *Maillé-Brézé* et n'a pas cédé aux menaces du lieutenant de vaisseau Pierre Guillaume venu à Mers el-Kébir tenter de l'entraîner dans la révolte, n'a bien entendu pas lancé ses garde-côtes à la poursuite du paquebot.

Après la fuite du paquebot *El-Mansour*, les putschistes qui disposaient des hélicoptères et des avions du 3ᵉ groupement d'aviation légère de l'armée de Terre basé à Cheraga, à cinq kilomètres d'El-Biar, apprennent qu'ils seront désormais privés de leurs moyens de transport favoris. Le capitaine Pierre Cibot, un grand homme brun et maigre ayant derrière lui une longue carrière d'observateur aérien en Indochine et en Algérie, après que son chef de corps a été obligé de remettre sous la menace son commandement à son second, a organisé la résistance avec le capitaine de Pouilly, le frère du général. Aidé par quelques autres officiers et la plupart des appelés de la base, Cibot a enfermé son commandant en second, putschiste comme son adjoint et son officier trésorier. Puis il a réuni tous les appelés et leur a annoncé qu'ils ne devront plus obéir qu'à lui. Ayant repris le contrôle de la base, il a adressé un télégramme à Michel Debré et au général de Gaulle pour leur annoncer : « Le G.A.L.A.T. est rentré dans le rang. » Le général Clausse, tenant de son côté en main la base de la Sénia malgré la pagaille instaurée par des appelés, lui a ensuite ordonné de faire décoller vers lui tous les hélicoptères en état de voler, afin de les soustraire à un coup de main des parachutistes.

Bien que le commandant Vailly y soit rentré dans l'intention d'y mettre de l'ordre, l'anarchie règne sur la base de Blida. Avec la bénédiction d'un de leurs officiers, le commandant Kubaziak, les appelés de Blida ne se contentent plus de gueuler « La quille ! », ni de chanter *L'Internationale*. Après avoir tracé à la chaux de hautes croix de Lorraine sur leurs baraquements et des slogans clamant leur loyauté, du genre « Le contingent ne marche pas ! », ils ont barré la piste à l'aide d'avions disposés en travers.

Malgré ces mauvaises nouvelles, le général Challe a annoncé dans son communiqué quotidien : « Les forces armées d'Algérie vont dès maintenant intensifier la lutte contre la rébellion », puis il a exigé de ses officiers « un très grand effort pour que nous aboutissions rapidement à la paix ».

Radio-France, n'accordant pas de place à l'évasion de l'*El-Mansour* ni aux informations défavorables au putsch qui parviennent de quart d'heure en quart d'heure sur le bureau de Challe, entretient l'espoir de la population. Entre autres communiqués enthousiastes, un speaker déclare : « Tandis que sur tout le territoire de l'Algérie règnent le calme et la confiance, cette nuit, à Paris, ce ne fut que confusion et affolement. Vers 23 h 30, le Premier ministre prononçait une allocution radiodiffusée pour annoncer qu'une opération aéroportée des forces d'Algérie était imminente sur la métropole et en particulier sur la région parisienne. Depuis minuit, tous les vols et atterrissages sont interdits sur tous les aérodromes de la région parisienne. Le ministre de la Défense et le préfet de Police ont passé une nuit blanche. D'autre part, il est faux que les généraux Challe, Jouhaud, Salan et Zeller, ainsi que le ministre de l'Information Louis Terrenoire les en a accusés, soient considérés comme responsables du sang qu'ont fait couler les bombes au plastic posées à Orly, à la gare de Lyon et à Montparnasse. Les véritables responsables de ces attentats sont le F.L.N., le parti communiste et le gouvernement ! »

Au matin de cette journée si mal commencée pour les putschistes, le général Zeller se rend compte que l'Algérie n'a pas les moyens de subsister longtemps en autarcie. Il est sans illusions lorsque, un peu après 11 heures, Radio-France annonce l'arrivée de Pierre Lagaillarde et Marcel Ronda et que les deux hommes se sont engagés dans l'armée. Cette fausse rumeur agace Challe qui, depuis qu'il le traitait de « rigolo » devant Ortiz au temps des barricades, n'apprécie toujours pas Lagaillarde.

A Oran, le général Perrotat ne baisse pas sa garde. Il est revenu s'installer au Château-Neuf avec des éléments de la 12ᵉ division d'Infanterie. Manquant de moyens pour lui résister, Argoud, le général Gardy et son gendre Glasser, bien qu'en principe assurés du ralliement du 5ᵉ R.E.I. organisé par les chefs de bataillon Buzy-Debat et Julien Camelin, faute de troupes, lui ont laissé la place.

Peu après l'abandon du Château-Neuf, un ordre de Challe enjoint aux paras de Masselot et Lecomte de revenir sur leurs bases de départ. Dans une pagaille incessante d'ordres et de contrordres donnés par on ne sait trop qui, les appelés du 14ᵉ R.C.P. finissent pas ne plus rien comprendre à la situation. Comme leurs compagnons du 18ᵉ habitués à être bringuebalés au gré des opérations, ils ne se sont pas posé de questions en quittant le Constantinois et ils sont nombreux à ignorer encore que leurs chefs les ont engagés dans la révolte.

Pendant que le convoi des paras de Lecomte et Masselot roule vers Alger, Salan, comme Jean-Jacques Susini, sait que l'action militaire ne suffira pas à entraîner l'Algérie dans la révolte constructive à laquelle il s'est préparé à Madrid. Dans la pagaille qui règne à la Délégation générale solidement gardée par des cordons de bérets verts de la Légion qui ont mis en batterie quelques canons sans recul derrière un glacis de barbelés, il ébauche un cabinet politique avec Susini et Achard. Puis il reçoit les chefs de service de Jean Morin, qui lui montrent plutôt de la bienveillance puisqu'ils ont presque tous travaillé avec lui quand il gouvernait l'Algérie au nom de la République.

Après ces rencontres encourageantes, même si de nombreux fonctionnaires, redoutant la mainmise des militaires sur leurs services, parlent déjà de grève, Susini se retrouve partagé entre ses amis de l'O.A.S. qui le pressent de leur faire remettre les agents de l'Etat les plus ouvertement gaullistes et le général Salan qui tente d'amadouer les uns et les autres. Craignant la grève qui paralyserait l'Algérie, il conseille à Salan de signer à l'avance des réquisitions de personnel. Puis il réfléchit avec lui à la manière d'unir Musulmans et Européens dans une Algérie nouvelle. Mais Challe, sitôt qu'il l'entretient de ce sujet pourtant capital, s'entête à vouloir clarifier d'abord la situation militaire avant d'étudier les affaires civiles.

Ecoutant Jean-Jacques Susini malgré l'avis contraire de Challe, Salan décide de provoquer une manifestation de foule en fin d'après-midi sur le Forum. Lorsque le commandant en chef lui a enfin donné son aval, Susini rejoint la mairie où Dominique Zattara et ses amis enrôlent et arment avec le matériel dérobé au commissariat central des volontaires qui n'ont pour uniforme qu'un simple brassard bleu blanc rouge. Après leur avoir annoncé la manifestation, arguant que Salan a été nommé à Madrid chef militaire de l'O.A.S., il leur recommande de s'arranger pour qu'il soit acclamé plus fort que les autres protagonistes de la révolte.

Radio-France appelant la population à « manifester en masse son réconfort à l'armée française », Susini retrouve à la Délégation générale les colonels Gardes et Lacheroy avec Auguste Arnould, toujours président du Comité d'entente des associations d'anciens combattants, sans qui il serait vain de vouloir organiser une manifestation de masse, puisque les Algérois ont toujours eu besoin de symboles pour les guider.

Challe, Salan, Jouhaud et Zeller sont introuvables lorsque des cohortes de manifestants, dans lesquelles les Musulmans sont bien moins nombreux qu'en mai 1958, commencent à se regrouper sur la place de l'Hôtel des Postes et à gravir les escaliers du boulevard Laferrière sans avoir à craindre, cette fois, d'être pris sous le feu des forces de l'ordre. Les dalles en béton de la place Clemenceau disparaissent bientôt sous la masse compacte d'hommes et de femmes serrés en dévotion devant l'édifice qu'ils s'entêtent à appeler encore le G.G. Les regards des manifestants scandant leurs habituels slogans vont vers le balcon où, le 4 juin 1958, leur était apparu le général de Gaulle, sauveur acclamé en ce temps-là, mais qu'ils vomissent aujourd'hui.

Agglutinés autour de Susini, Gardes et quelques officiers craignent les débordements de cette foule qui s'épaissit. Ils redoutent surtout qu'elle ne scande des antiennes trop injurieuses pour le président de la République, à qui, la victoire affirmée, ils remettront l'Algérie afin qu'il la garde française.

Susini n'approuve pas la vision de ces officiers. Ne serait-elle plus tout à fait française, dans le sens classique du terme, lui, c'est d'une Algérie bouleversée de fond en comble dont il rêve.

Une rumeur annonçant que les généraux arrivent enfin par le parc de la Délégation, saisi par l'ambiance électrique attisée par l'imminence des discours où il ne sera évidemment question que de l'Algérie française, Susini s'éloigne des officiers. Jouant les acrobates, il va s'asseoir sur un rebord de toiture au-dessus de la manifestation contenue par le rempart des paras de Saint Marc.

— Algérois, hurle un officier jouant le Monsieur Loyal, voici ceux qui sont venus avec vous pour se battre, souffrir, pour mourir s'il le faut, pour que l'Algérie reste française !

Challe prend ensuite la parole.

— L'armée est intervenue le 22 avril pour sauver l'Algérie du joug de la rébellion, pour rendre à la France une Algérie pacifiée. Dans ce domaine, moi, général Challe, j'irai jusqu'au bout.

Ne se rendant pas compte que le chef de la révolte vient de préciser là les limites de son action et que celle-ci sera seulement militaire, la foule hurle sa confiance retrouvée. Après avoir laissé cascader vers le port les échos de la liesse provoquée par sa profession de foi si souvent serinée à la radio, Challe affirme :

— Les militaires ont pris le pouvoir pour que l'armée puisse sauvegarder la métropole du danger communiste qui la menace et établir une paix véritable en Algérie. Je tiens à vous dire aujourd'hui, personnellement, que ce qui compte dans l'armée, c'est qu'aucun des chefs militaires n'a d'ambition personnelle politique. L'armée tout entière n'a pas non plus d'ambition politique.

Ainsi que l'espérait Susini, après l'envolée de Challe, un peu trop neutre à son goût, la foule acclame Salan lorsque, blême sous l'hommage auquel les Algérois ne l'ont pas habitué, eux qui le huaient en 1958 à chacune de ses apparitions, il lui lance :

— Tous les quatre, malgré les embûches qu'on a mises sous nos pas, nous avons réussi à venir auprès de vous et auprès de vous nous resterons jusqu'au bout, jusqu'à la victoire que l'on vous a promise et, cette fois, avec vous, nous la réaliserons !

Jouhaud, venant ensuite, a l'heureux réflexe de saluer les militants de l'O.A.S., si nombreux parmi la foule.

— Je tiens à rendre un hommage solennel, s'écrie-t-il en effet, à tous les camarades de la clandestinité qui se sont battus, qui ont pris des risques énormes et ont réussi à monter l'organisation magnifique qui nous a permis de réussir.

Se sentant enfin récompensés par l'attention du général pied-noir, les membres de l'O.A.S. ovationnent l'homme en qui ils avaient placé tous leurs espoirs en décembre 1960, mais qui, jusqu'à ce cri du cœur, les avait tant déçus.

Exaltés par la reconnaissance quasi officielle de leurs mérites, sûrs de leur victoire, les compagnons de Dominique Zattara s'attardent à leur P.C du boulevard Laferrière après la manifestation en se laissant bercer par les derniers échos des discours du Forum et en rêvant d'un lendemain qui chantera.

Mais ils ignorent qu'en métropole, appelés par tous les syndicats pour une fois unis, dix millions d'hommes et de femmes, afin de condamner avec fermeté l'entreprise des généraux, ont débrayé durant une heure dans leurs usines, leurs ateliers et leurs bureaux. Et bravant à Paris l'interdiction du préfet de Police Maurice Papon, des milliers de manifestants ont défilé en criant des slogans hostiles aux parachutistes. Abreuvés des communiqués de Radio-France tous plus favorables les uns que les autres à leur révolte, les militants de l'O.A.S. naissante ne savent pas plus que la majorité des officiers généraux obéissent à Pierre Messmer et sont sur le point de passer de la résistance passive à la contre-attaque.

L'amiral Cabanier, chef d'état-major de la Marine, pionnier des Forces navales françaises libres et compagnon de la Libération, a ordonné à l'amiral Barthélemy, commandant l'escadre de la Méditerranée, de faire appareiller ses bâtiments pour l'Algérie. Sitôt qu'il l'a appris, le lieutenant de vaisseau Guillaume s'est empressé de rassurer Challe sur la réalité de cette menace. Selon lui, l'amiral Barthélemy ne dispose pas de suffisamment de fusiliers marins pour oser un débarquement en force. Et il affirme qu'aucun de ses pairs n'obéira à l'ordre de tirer au canon sur Alger, sur Bône ou sur Oran.

De son côté, le capitaine de corvette Philippe de Gaulle, le fils du président de la République, qui commande l'escorteur rapide *Le Picard*, a mouillé depuis le 22 avril son bâtiment à deux cents mètres d'un quai de Mers el-Kébir. Philippe de Gaulle craint que son père n'intervienne pour qu'il soit mis hors d'atteinte des révoltés qui pourraient tenter de s'assurer de sa personne. Prétextant une révision urgente de machines, il a placé son bateau en position de défendre la base de Kébir.

*

## — 35 —
## Fin sans gloire de la révolte

Le colonel Georges de Boissieu, après avoir mis à plusieurs reprises le général Challe en garde sur l'inanité du coup de force, s'y est tout de même rallié après en avoir reçu l'ordre du général Gouraud. Ayant confié à son adjoint le commandement du secteur opérationnel de Djidjelli, il est revenu prendre auprès de Challe ses anciennes fonctions de chef d'état-major. Il a signé des ordres exilant certaines autorités légalistes à Aïn-Salah puis, afin d'être certain de s'entretenir avec le commandant en chef aux premières heures du mardi 25 avril, il a passé la nuit dans une chambre du quartier Rignot. Lorsque Challe le quitte après une heure de discussion dont aucun écho n'a filtré du bureau de commandement, les officiers qui les regardent se serrer la main comprennent à leurs mines sombres que le putsch agonise.

En effet, Boissieu s'empresse de téléphoner à son cousin, le gendre de De Gaulle, qui sert à l'état-major de l'armée de Terre à Paris, et lui annonce que Challe est à bout et décidé à rentrer en métropole dans des conditions restant à définir.

Pendant que Challe, encore à l'insu semble-t-il des trois autres généraux, songe à négocier une fin honorable à la révolte, la pagaille paralyse les trois corps d'armée d'Algérie. A part ceux qui sont directement engagés contre l'A.L.N., aucun officier ne se risque plus à exécuter un ordre sans en avoir au préalable fait vérifier l'origine. Le général Fourquet, à qui Pierre Messmer a confié le commandement de l'Aviation en Algérie, a fait diffuser ce communiqué à ses personnels : « Votre devoir est clair. Vous ne pouvez accepter le chantage auquel vous êtes soumis. Voici quelle doit être, pour le moment, votre attitude : tout ordre que vous recevrez du commandement insurgé ne doit pas être exécuté. Restez disciplinés dans vos unités. Vos officiers, dans leur ensemble, refusent la situation dans laquelle on les a placés. Vous n'avez qu'à leur poser la question. Ils ne peuvent pas ne pas vous répondre. S'ils ont cessé d'être fidèles au gouvernement et à la France, ils ont cessé par là même d'être vos chefs. Prenez alors les ordres du plus ancien de vos officiers restés fidèles. »

Cet ordre raffermit la résolution républicaine des appelés de l'aviation qui, comme à la Sénia, à Blida et à la base aérienne 213 proche de Bône, n'ont pas attendu leur chef pour s'emparer du pouvoir réel au sein de leurs unités.

A Oran, le sergent-chef Petitjean ne baisse pas les bras. Après l'avoir rencontré une première fois la veille, il a rendez-vous à 11 h 30 au Château-Neuf avec le général Gardy qui doit lui donner ses dernières directives. Mais lorsqu'il se présente devant la forteresse avec une trentaine de commandos entassés dans trois 403 et une camionnette, au lieu des paras promis par Argoud et Gardy, ce sont des gendarmes qui l'accueillent.

Gardy et les putschistes ne sont plus là, lui explique un chef de peloton triomphant. Ils ont rejoint les 14ᵉ et 18ᵉ R.C.P. sur la route d'Alger. Et, comme l'officier lui ordonne de se rendre, Petitjean, indiquant d'un geste ses hommes en tenue camouflée qui pointent leurs armes sur les gendarmes, lui rétorque, goguenard :

— Si, comme tu le dis, mon affaire devait s'arrêter là, dis-toi bien que tu ne pourrais sans doute pas le raconter si tu essayais de m'arrêter !

Pestant contre l'irrésolution d'Argoud et de Gardy, l'ancien sous-officier du commando 44, avant de les rattraper, décide d'aller récupérer l'armement de policiers affectés à la garde d'un chenil à Saint-Eugène. Après s'être emparé sans peine d'un fusil-mitrailleur et de quelques mitraillettes il regroupe une cinquantaine d'hommes et, estimant qu'Argoud va engager les régiments de Masselot et Lecomte à Alger, il se lance à la poursuite de leur colonne.

Petitjean use de la menace pour franchir quelques timides barrages tendus sur la Nationale 4. Celle-ci, peste-t-il, aurait pu être une route triomphale si au lieu de les laisser organiser la résistance à Tlemcen, Argoud et Gardy avaient fait enfermer les généraux d'Oran. Le sergent-chef rejoint les camions avant Duperré, à quarante kilomètres d'Affreville, alors que le convoi est immobilisé à trois cents mètres d'un barrage de blindés d'un régiment de dragons.

Après avoir discuté avec le général Gardy, les colonels Argoud et Lacheroy, le lieutenant de vaisseau Guillaume et le capitaine Pompidou, qui ne lui semblent pas enclins à forcer le barrage, Petitjean rejoint Masselot et Lecomte. Il les trouve d'autant plus indécis que leurs hommes, surtout ceux du 14ᵉ R.C.P., sont serrés par petits paquets autour de leurs transistors qui ne cessent de débiter des appels au loyalisme.

Alors qu'après une discussion stérile avec les deux chefs de corps, Petitjean revient vers ses hommes, un avion de reconnaissance trace des cercles au-dessus du convoi. S'emparant du combiné de son poste radio calé sur la fréquence 16, il ordonne à son pilote d'aller faire du tourisme ailleurs, sous peine de recevoir des rafales de fusil-mitrailleur.

L'appareil se perd au fond du ciel et, personne ne prenant de décision, Marcel Petitjean marche seul vers l'officier commandant les blindés, qui le connaît de réputation et qui lui laisse entendre que s'il se constituait prisonnier, le convoi pourrait poursuivre la route vers l'est.

Petitjean réfléchit vite. Tout ce qu'il a vu et entendu depuis le début du putsch ne prélude pas à une réussite. Argoud et Gardy estime-t-il ont trop tergiversé. Trop de liens les unissent aux généraux qu'ils auraient dû traiter plus durement. Saisi d'une lassitude soudaine, contrecoup de tant de jours d'excitation, il choisit la reddition. Mais à l'expresse condition que ses hommes restent libres.

— Vous n'êtes plus en position d'imposer quoi que ce soit, lui rétorque son interlocuteur. Il ne vous reste qu'à vous rendre. C'est tout !

— Mes hommes, si peu nombreux qu'ils soient, sont encore capables de bousculer vos tanks. Discutons...

Un marchandage surréaliste commence. Petitjean, conscient de l'aura que lui ont attirée ses mois de maquis, met sa liberté dans la balance sans rien céder quant au sort de ses compagnons.

— Il faut que j'en réfère à mes supérieurs, finit par proposer le capitaine.

Le général Hublot accepte le marché et vient lui-même dans sa Peugeot de fonction arborant son fanion à deux étoiles en arrêter les détails. Maintenant assuré que ses hommes, abandonnant leur armement collectif, pourront rentrer à Oran avec leurs armes de poing, sans se soucier des réactions de Gardy et consorts, Petitjean reste près de son poste radio en attente du message codé que son adjoint doit lui adresser pour signifier que les forces de l'ordre ont respecté la première partie de l'accord. Ce signal capté, il monte dans la voiture du général Hublot qui, après avoir de son côté obtenu l'assurance que les compagnies des 14$^e$ et 18$^e$ R.C.P. regagneront leurs bases sans rentrer dans Alger, fonce vers Oran. Argoud et ses compagnons, après avoir retiré leurs galons et dissimulé leurs képis et casquettes, sans se douter qu'ils doivent la liberté au sacrifice de Marcel Petitjean, se mêlent aux paras dans les camions et les jeeps.

Pendant que, maintenant survolé par des hélicoptères, le convoi roule vers l'est, le général Hublot traite au Château-Neuf son prisonnier comme s'il était un officier. Lui laissant même son pistolet, il partage avec lui un en-cas et lui demande ensuite de lancer à la radio un appel à la reddition générale. Mais Petitjean refusant de s'exécuter, Hublot le confie à ses officiers qui lui retirent son arme et l'enfournent dans un avion qui décolle en direction de Marseille, où il se retrouve à la prison des Baumettes. Le pionnier des maquis O.A.S. ne retrouvera qu'à Noël 1965 sa liberté sacrifiée à celle de ses hommes et au libre passage d'Argoud et Gardy vers Constantine.

Pendant ce temps, dans la zone opérationnelle Nord-Est du Constantinois, le général Ailleret, craignant de subir le même sort que Pouilly sitôt qu'il arriverait à Alger, n'a pas écouté le lieutenant-colonel Buchoud qui lui recommandait d'aller discuter avec Challe. La veille encore, trois chefs de corps se sont pourtant ralliés à Buchoud qui mène la fronde en même temps que ses activités opérationnelles et, se fiant aux communiqués triomphants distillés d'heure en heure par Radio-France, la population européenne de Bône est tout entière acquise à la révolte.

Ailleret et son adjoint Demarle ont passé la journée du lundi 24 avril à sillonner leur secteur à bord d'un hélicoptère. En fin d'après-midi, après le traditionnel rapport hebdomadaire présenté par ses officiers d'état-major qui, tous, ont accepté de poursuivre le combat contre l'A.L.N. dans le strict respect des ordres du gouvernement, le commandant de la Marine à Bône lui a transmis un message de Paris réclamant des précisions sur sa situation personnelle et celle du général Fourquet. Il s'est empressé de répondre, toujours par le truchement de la Marine, qu'il exerce son commandement dans des conditions normales au nom du gouvernement, que la majorité de ses troupes sont fidèles et qu'il va reprendre la situation en main en établissant à Bône une tête de pont loyaliste.

Quant au général Fourquet, Ailleret précisait dans ce message optimiste qu'il était à Tébessa, en zone Sud-Est, et totalement loyal au gouvernement.

Le 25 au matin, après avoir reçu de nouveaux messages de fidélité, Ailleret et Fourquet se rencontrent à la base aérienne 213, installée à l'aérodrome des Salines à trente kilomètres au sud-est de Bône, sur la N 44 menant à Morris. Devant le grand calme qui règne sur cette base, certain de pouvoir compter sur le 4ᵉ régiment de hussards dont le lieutenant-colonel La Noë, son chef de corps basé à Gambetta, lui a dépêché la veille cinq chars M 24 pour renforcer la défense de son P.C., Ailleret annonce à Paris qu'il estime « très opportun et possible » que le général Olié vienne s'installer sur cette base.

Après cette proposition, Ailleret rentre à Bône, où l'O.A.S. a mis la population en ébullition en décrétant la grève générale et en appelant à manifester en fin d'après-midi devant le théâtre municipal. Il convoque le maire de la ville, M. Grobi, un lieutenant-colonel de réserve dont il connaît l'attachement à l'Algérie française. Décidé à amener les organisateurs de la grève et de la manifestation à revenir sur leur décision, il lui déclare que le putsch vit ses dernières heures. M. Grobi, croyant quant à lui la radio d'Alger qui continue à distiller d'heure en heure des discours ronflants, refuse l'évidence. Ailleret appelle alors Buchoud qui, pourtant putschiste convaincu, reconnaît :

— C'est terminé, monsieur le maire. C'est fini, le putsch a pratiquement raté.

— Ecoutez, monsieur le maire, renchérit Ailleret, votre manifestation ne servira à rien. Maintenant que vous êtes au courant, si vous envoyez la population de Bône sur mon P.C., je ne la laisserai pas y entrer. Il faut que la force reste à la loi et s'il le fallait, nous ferions usage de la force. Ce serait évidemment une chose que je considérerais comme catastrophique et qu'il faut éviter à tout prix.

— Oui, mon général, mais la population est si échauffée que je ne sais pas comment je pourrais me faire entendre. Si vous lui disiez que l'armée obéit tout en étant de sentiment favorable à l'Algérie française, si en somme vous disiez que l'armée n'a pas d'hostilité contre la population européenne, je pourrais peut-être la faire changer d'avis et l'amener à renoncer à sa manifestation.

Dans le souci d'éviter un affrontement armé avec la population encore sous le coup des fusillades de décembre 1960, Ailleret accepte le principe d'une telle démarche.

Le maire de Bône s'empresse de rédiger un texte avec Buchoud et deux autres officiers. Mais Ailleret, après l'avoir lu, refuse de le signer en arguant qu'il est trop favorable aux putschistes. Puis il s'attelle à la rédaction de ce second communiqué qu'il propose au maire :

« Bônois, Bônoises, devant la gravité des événements actuels, je tiens à faire connaître à la population civile que mon sentiment le plus profond, comme celui des cadres et de la troupe, est de voir l'Algérie demeurer française. Pour atteindre ce but, il faut que se poursuive la lutte contre l'adversaire. Cette lutte que nous menons ici, sur le front, face à la frontière, exige encore plus qu'ailleurs que soient maintenus la cohésion et le respect des liens hiérarchiques sans lesquels elle perd toute son efficacité. Cette cohésion ne peut être maintenue que dans le cadre de la légalité nationale. Telles sont les raisons de la prise de position officielle que j'ai fait connaître et qui me paraît seule conforme aux intérêts supérieurs de notre patrie. »

M. Grobi, satisfait par le ton de ce document somme toute favorable à l'Algérie française, vient à peine de quitter Ailleret qu'on apporte à celui-ci un message de Paris lui ordonnant de prendre le commandement du corps d'armée de Constantine et lui annonçant l'arrivée devant Bône d'un renfort de la Marine.

Comme s'il avait eu vent du texte qui le destitue, Gouraud adresse une heure plus tard à Ailleret un message lui demandant de ne plus tenir compte de sa position putschiste qui lui a été « imposée par la force ». Les transistors remplissant dans le Constantinois, comme partout en Algérie, leur rôle de porte-parole du gouvernement, plus de trois cents parachutistes du 9$^e$ R.C.P. proclament leur loyauté à de Gaulle. Ce ralliement tardif a été orchestré par de simples gradés, comme ce caporal-chef de la compagnie du capitaine René Leguéré, pionnier du 1$^{er}$ R.C.P. en 1943 et qui fut avec le chef de bataillon Bréchignac l'un des derniers défenseurs du point d'appui *Eliane 4* à Diên Biên Phu, qui a poussé une partie de ses camarades à rejoindre Bône.

Averti de l'approche de ce détachement loyaliste, Ailleret craint des heurts avec la population et décide de le faire camper à Oued el-Aneb, à une quarantaine de kilomètres au sud-ouest de Bône. Le lieutenant-colonel Deferre, chef de corps du 9e R.C.P., jusque-là dépassé par les événements, rejoint ses hommes et fait lui aussi allégeance au gouvernement. Mais ses paras refusent d'être tenus à l'écart de Bône. Comme il se montre incapable de les ramener à la raison, il faut pour qu'ils obéissent qu'Ailleret s'engage à adresser au ministre de la Défense un message soulignant leur loyalisme.

Pendant que les appelés du 9e R.C.P. s'impatientent à Oued el-Aneb dominé par le massif de l'Edough qu'ils ont si souvent parcouru pour traquer les rebelles, le maire de Bône, même si ce document circule déjà parmi ses proches et les anciens militants du F.A.F., ne juge plus nécessaire de rendre public le papier signé par Ailleret. C'est donc grâce à son seul pouvoir de persuasion que l'O.A.S. n'a pas tenté d'investir l'état-major d'Ailleret.

Quant à la manifestation, elle ne mobilise que quelques dizaines de Bônois qui, des jeunes gens comme Jean Xerri pour la plupart, bravant la menace des blindés du 4e hussards, se contentent de hurler devant le théâtre leur haine à de Gaulle et de scander des slogans favorables aux généraux d'Alger.

A Paris, où le Parlement ouvre sa session de printemps, le général de Gaulle, afin qu'ils donnent officiellement connaissance aux sénateurs et aux députés de sa décision d'utiliser l'article 16 de la Constitution fait tenir aux présidents du Sénat et de l'Assemblée nationale un message : « La rébellion de certains chefs et éléments militaires, provoquée en Algérie par un complot contre l'Etat, favorisée localement par la tension morale résultant d'épreuves prolongées et encouragée par diverses menées organisées en métropole, fait peser sur les institutions de la République, l'indépendance de la nation et l'intégrité de son territoire une menace grave et immédiate, a écrit le Général en reprenant les termes exacts de l'article 16 de la Constitution. Conformément à la Constitution, j'ai, après avoir procédé aux consultations officielles qu'elle prévoit, notamment à celle de votre Président, décidé de faire application de l'article 16 et commencé à prendre les mesures nécessaires pour faire prévaloir l'autorité des pouvoirs constitutionnels. D'autre part, le Parlement se trouve réuni de droit. Dans les circonstances actuelles, je considère que la mise en œuvre de l'article 16 ne saurait modifier les activités du Parlement : exercice du pouvoir législatif et contrôle. De ce fait, les rapports du Gouvernement et du Parlement doivent fonctionner dans les conditions normales, pour autant qu'il ne s'agisse pas de mesures prises ou à prendre en vertu de l'article 16. Le Parlement, dont s'ouvre aujourd'hui la seconde session, est donc appelé à poursuivre sa tâche.

« Je suis certain – et la nation le souhaite à coup sûr – qu'il voudra l'accomplir comme l'exigent la sauvegarde de la patrie et le salut de la

République. Dans la dure et déplorable épreuve que la France traverse, laissez-moi vous dire, Mesdames, Messieurs les Députés (ou Sénateurs), que je compte sur tout votre concours pour m'aider moi-même à m'acquitter des devoirs que m'impose ma fonction. »

Au soir de cette affirmation de pouvoir absolu du général de Gaulle, Ailleret attend à Bône l'arrivée d'un avion ramenant de Paris des généraux et des chefs de corps qui se trouvaient en permission, très diplomatique pour certains ! Cet appareil n'est pas encore arrivé, lorsque le général Gouraud lui annonce son intention de parler à la radio pour inciter la population à manifester son loyalisme envers le gouvernement. Il veut aussi, précise-t-il, donner à ses troupes l'ordre de tirer au besoin sur les derniers partisans de la fronde.

Le général Fourquet, lorsqu'il apprend cette prise de position ridicule, estime que les retournements successifs de Gouraud ont fait plus de mal à la cohésion des troupes du corps d'armée de Constantine que les putschistes eux-mêmes. Il conseille donc à Ailleret de lui interdire de prendre la parole. Ce qui est aussitôt fait et Gouraud se tait.

A Alger, où Challe n'attend plus pour mettre un terme à la révolte que le résultat de l'ambassade qu'il a confiée au colonel Georges de Boissieu, l'O.A.S. croit encore à la victoire. Ses bureaux d'enrôlement fonctionnent à bon rythme. Ses commandos porteurs de brassards à croix celtique arrêtent des citoyens convaincus de trop de zèle à servir les autorités gouvernementales. Sans les molester, puisque les paras de Saint Marc, de Robin et les commandos de l'Air du lieutenant-colonel Emery ne les laisseraient pas faire, ils les conduisent pour la plupart au camp de Béni-Messous où ils héritent des places libérées par les militants de l'Algérie française élargis par l'O.A.S. au premier jour du putsch.

Le lieutenant Degueldre est souvent avec les hommes de Zattara qui le considèrent comme leur meilleur allié dans l'entourage des généraux. Jean Bichon, l'homme qui échafaudait à Paris avec le lieutenant Bougrenet de La Tocnaye des plans d'attentat contre de Gaulle, est arrivé à Alger quelques jours avant le déclenchement du putsch dont il savait presque tout pour s'en être souvent entretenu avec ses concepteurs. Aujourd'hui conseiller occulte du général Zeller, il se fait appeler Blanche et se présente comme lieutenant-colonel de réserve, grade qu'il porte avec une vérité criante, comme les différents autres personnages qu'il a utilisés au fil des complots auxquels, toujours sans succès, il a participé depuis la Libération. Usant de cette couverture idéale, il va de groupe O.A.S. en groupe O.A.S. afin d'y attiser la combativité en distillant d'habiles ragots dont il a la paternité.

Lorsque le colonel Georges de Boissieu descend sur un petit aérodrome proche de Tours d'un appareil dont le plan de vol, plusieurs fois modifié, a été communiqué à son cousin, le gendre du président de la République, des gendarmes sont là. Avec un envoyé du ministère de la Défense, ils

## Chap. 35. – *Fin sans gloire de la révolte*

l'escortent à la préfecture de l'Indre-et-Loire où il remet au préfet le courrier de Challe. Ayant pris possession du message du chef de la révolte, le préfet annonce à Boissieu qu'il a reçu l'ordre de le mettre aux arrêts de rigueur.

Tandis que l'envoyé de Challe passe ainsi du rôle d'ambassadeur à celui de prisonnier, à Alger, Jean-Jacques Susini retrouve le capitaine Ferrandi à la Délégation générale, dans le bureau de Salan. Et le capitaine, qui vient d'apprendre qu'il a été condamné à dix ans de prison, l'avertit que tout est perdu, puisque Challe a décidé de négocier sa reddition.

Susini, sonné, s'adresse au général Salan qui ajoute encore à son trouble en précisant qu'Oran est retombée sous la coupe des troupes loyalistes et que les 14e et 18e R.C.P. sont en ce moment même sur la route d'Alger avec Argoud et Gardy.

Ne dissimulant pas sa colère, le jeune homme reproche à Salan de n'avoir pas imposé aux autres généraux le plan élaboré en Espagne. Puis, affirmant que rien n'est encore perdu, si du moins, précise-t-il, l'O.A.S. recevait une plus grande part de responsabilités, il tente d'amener son interlocuteur impassible à prendre le pouvoir, à décréter la mobilisation de tous les Pieds-noirs en âge d'être appelés sous les drapeaux et à reconstituer les unités territoriales.

Salan semblant intéressé par son exposé, Susini lui rappelle qu'il y a dans Alger suffisamment d'armes pour équiper les U.T., ne serait-ce que dans un arsenal proche de la caserne d'Orléans.

— Mon général, s'emporte-t-il, quand vous aurez fait distribuer cet armement, vous disposerez au bout de quelques heures seulement de plus de cinquante mille hommes !

Après avoir affirmé qu'aucune force militaire constituée n'osera s'opposer à cette armée populaire et que celle-ci, disciplinée, entraînera dans la révolte les officiers jusqu'ici indécis, Susini réclame la constitution de tribunaux O.A.S. destinés à juger les militaires et les fonctionnaires qui, saboteurs de l'Algérie française, seront reconnus coupables de trop de servilité envers le gouvernement.

Salan est troublé. Il demande à Susini de consigner ses propositions, afin qu'il les communique à Challe qui, après les avoir lues, retrouvera peut-être sa pugnacité. Puis, en attendant de le présenter aux trois autres généraux, il l'invite à déjeuner à la villa Dominique.

Avant le repas, Susini rédige le mémoire exigé par Salan et accueille à la nouvelle mairie des dirigeants de l'O.A.S. d'Oran exprimant le désarroi de leurs militants lorsqu'ils se sont rendu compte que les régiments de Masselot et Lecomte reprenaient le chemin d'Alger. Les ayant renvoyés après leur avoir fait miroiter que la mise en route du plan qu'il vient d'exposer à Salan changera les choses, Susini file à Hydra.

Le déjeuner commencé, après quelques propos légers destinés à détendre l'atmosphère en présence de Mme Salan, la conversation revient sur l'avenir de l'Algérie. Salan ayant admis que l'O.A.S., dont il est le chef, souligne-t-il, mérite d'être mise à l'épreuve, Susini affirme que ses hommes, une fois réunis en unités constituées, devront partager avec l'armée le poids du maintien de l'ordre urbain. Son hôte ayant décidé que la première force de l'O.A.S. sera casernée dans les bâtiments des Groupes laïques du Champ de Manœuvre qui accueillent souvent les unités de passage, Susini quitte la villa Dominique pour aller répercuter à Dominique Zattara, Claude Capeau et leurs compagnons les propos de Salan, qu'il considère comme encourageants pour l'O.A.S. Puis il demande aux leaders de l'Organisation de regrouper en bon ordre autour de la Délégation générale leurs commandos déjà équipés et armés. L'heure de son rendez-vous venue, il rejoint le capitaine Ferrandi au quartier Rignot où il doit rencontrer les généraux.

L'ambiance est glacée lorsque Salan annonce à son visiteur que le général Challe persiste dans son intention de se rendre et qu'il considère que, de ce fait, il s'est de lui-même retiré du Conseil supérieur de l'Algérie. Après cette révélation, Salan présente Susini à Jouhaud et Zeller. Mais le jeune homme ne veut pas se contenter d'un bavardage feutré dans le vaste bureau enfumé. S'adressant directement à Salan, il s'inquiète de savoir si Challe est encore là. Rassuré sur ce point, il insiste pour le rencontrer. Les trois généraux se consultent du regard et l'autorisent à rejoindre leur chef déchu qui médite, seul, dans le bureau d'à côté.

Challe n'a jamais rencontré Susini. Il le reçoit aimablement et son regard d'homme las s'embue lorsque, parlant d'une voix étonnamment neutre, il lui confie :

— Vous voyez, Susini, tout est fini. Hier encore, je commandais à l'armée d'Algérie entière. Mais ce soir, je n'aurai même plus un planton.

Se rengorgeant quelque peu, il ajoute :

— Nous ne devons pas désespérer. Car nous avons ébranlé ce régime et je crois qu'une reprise sera possible et victorieuse.

Révélant pour la première fois les conditions de sa reddition arrêtées à Paris après l'arrivée de Georges de Boissieu, il précise :

— J'ai décidé de partir tout à l'heure pour Paris. Un avion m'emmènera à 18 heures. Je me présenterai au général de Gaulle et je lui dirai qu'il n'y a dans toute cette affaire qu'un seul responsable : moi !

Comme le général terrassé est convaincu d'aller au-devant de la peine de mort, Susini, touché par son grand calme, ne tente pas de le rassurer. Il lui demande seulement s'il craint de perdre la vie.

— Bien sûr que non, Susini, et vous le savez bien ! Mais ce que je crains, voyez-vous, c'est la comédie judiciaire que je vais endurer.

Susini, saisissant à ces mots l'occasion de ramener le commandant en chef à la raison, se risque à lui faire comprendre que maintenant qu'il est assuré de la condamnation à mort que de Gaulle exigera de la justice militaire, il n'a plus rien à perdre. Il devrait plutôt, plaide-t-il, risquer sa vie, ici, en Algérie, où des centaines de milliers de citoyens ont placé en lui leur espoir de rester français, sur la terre qui leur appartient.

— Mon général, insiste-t-il, il est encore temps de sauver l'Algérie. Pour cela, il faut donner des armes aux Algériens qui les attendent et sont prêts à risquer leur vie pour leur idéal.

Puis il s'enhardit à démontrer à son hôte les erreurs qu'il a commises en refusant l'aide des civils et celui-ci plaide :

— C'est parce que je suis un militaire, Susini. Pas un révolutionnaire.

L'ancien leader des étudiants se retient de dire « Hélas » et se met en peine d'amener le général à voir les choses autrement.

Salan qui, jusque-là, assistait coi aux échanges passionnés, abondant dans le sens de Susini, Challe retrouve soudain sa fermeté de ton et l'interrompt en lui faisant remarquer que si l'armée d'Algérie a tout de même suivi en partie la révolte, c'était seulement sur son nom. Trouvant dans ce changement d'attitude des raisons d'espérer, Susini prend Challe par le bras et, appuyant ses propos de quelques pressions de main, il passe à la lecture de la déclaration qu'il a mise au point avec Salan.

Challe écoute le jeune homme en se massant le menton et en mâchonnant sa pipe éteinte. Lorsque Susini arrive à la fin de sa plaidoirie, il le fixe durant une bonne minute et, soudain, il lâche :

— Maintenant, laissez-moi seul, Susini. J'ai besoin de réfléchir.

Estimant que le temps joue pour lui, Susini se réjouit que le commandant en chef ne parle plus de prendre tout à l'heure son avion pour Paris.

Laissant Salan, Susini rejoint les officiers paras qui attendaient le résultat de l'entretien. Presque triomphant, il leur annonce que Challe ne partira pas ce soir. Puis il leur détaille les grandes lignes de son plan et ils semblent l'approuver, surtout lorsqu'il souligne la nécessité de lever en masse les Pieds-noirs et de les incorporer à une armée populaire. Il ose même parler de l'avènement souhaitable d'une « gauche patriote » puis, arrivé au bout de son exposé hors normes, il retourne auprès de Salan, Zeller et Jouhaud dans leur bureau où, attirés par la rumeur du départ de Challe, d'autres officiers viennent d'arriver.

La porte du bureau de Challe s'ouvre soudain au fond de la longue pièce. Le commandant en chef s'y encadre et fait signe à Susini de le rejoindre.

Susini s'attendait à se retrouver en tête à tête avec le commandant en chef, mais celui-ci a déjà convoqué les principaux artisans de la révolte. Après avoir répété pour eux la plus grande partie de ce qu'il a déjà exposé à Challe, il attend les questions du lieutenant-colonel de La Chapelle qui a laissé son régiment derrière l'Hôtel des Postes, des commandants Saint Marc et Robin et du lieutenant-colonel Broizat.

C'est Broizat qui lance le débat en s'inquiétant de savoir si les Français d'Algérie sont réellement capables de supporter les sacrifices prévus par le plan de Susini, qui tranche net :

— J'en suis certain, mon colonel !

Et, pour fonder cette certitude, il explique que le climat d'illégalité du putsch, tout en s'appuyant sur l'autorité de fait de Challe, n'est pas pour déplaire aux Algériens et qu'ils s'engageront en masse disciplinée.

Challe rétorque qu'il ne tient pas du tout à envenimer l'atmosphère de guerre civile. Susini, estimant qu'il n'y a plus de temps à perdre et qu'il faut passer aux actes, affirme qu'en cas d'affrontement fratricide, la responsabilité en incomberait au seul gouvernement de Michel Debré, coupable, selon lui, de vouloir abandonner sans combattre « douze départements français et dix millions d'hommes ».

— Il faut donc, mon général, poursuit-il avec fougue, que vous annonciez que vous ne partez plus... Que vous repreniez votre commandement.

Vaincu par l'ambiance révolutionnaire qui règne dans son bureau, Challe accepte de ne pas partir et demande à Susini de parfaire le discours qu'il lui a présenté et qu'il ordonne à Jouhaud de prononcer à la radio.

Revenu à la Délégation générale avec Salan et Ferrandi, Susini se met à l'ouvrage avec le commandant Loustau. Les deux hommes peaufinent le texte en y incluant les suggestions du commandant en chef. Cette tâche expédiée, Susini remet une copie du discours à Zeller, Salan et Jouhaud et, une fois signé par Challe, qui a rejoint la Délégation générale, il est lu devant la caméra de la télévision par Jouhaud. Les Algérois, déjà désabusés pour la plupart, ne réagissent pas avec la passion espérée par Susini lorsque le général, très ému, annonce que les généraux sont décidés à se battre jusqu'à « leur dernier souffle » et que huit classes de Pieds-noirs vont être rappelées sous les drapeaux.

Peu après ce discours si peu entendu, les mines se ferment parmi les officiers qui se sont engagés les premiers dans la révolte car, si elles ont été pourtant acceptées par Challe, les propositions révolutionnaires de Susini les inquiètent. Le bruit court bientôt à la Délégation générale que des blindés de la Gendarmerie font route vers le centre de la ville. Susini devine que ces unités vont renforcer les défenses de la caserne d'Orléans afin d'interdire l'accès aux arsenaux regorgeant de dizaines de milliers d'armes automatiques nécessaires à l'armée populaire dont Challe a fini par admettre l'existence.

L'I.G.A.M.E. Roux ayant déjà annoncé à la radio en fin d'après-midi le rétablissement de l'autorité sur tout le Constantinois, le général Gambiez, reprenant les rênes du pouvoir, ordonne à ses geôliers d'Aïn-Salah de préparer son retour sur Alger. A la Délégation générale, les officiers parachutistes s'agitent. Surtout le capitaine Sergent. Avec son ami le capitaine Le Braz, après que Challe a une nouvelle fois annoncé qu'il fallait mettre un terme à la révolte et confié à Saint Marc la responsabilité du maintien de l'ordre jusqu'à ce que les forces loyalistes reprennent le contrôle d'Alger, il envisage de l'abattre et de prendre le pouvoir avec ses plus jeunes compagnons.

Mais la reconquête d'Alger s'organise déjà avec une force invincible.

## Chap. 35. – *Fin sans gloire de la révolte*

Les blindés de La Chapelle reprenant la route du Constantinois, il ne reste bientôt plus qu'une compagnie du 1er R.E.P. à la Délégation générale. Apercevant soudain les quelques dizaines de militants de l'O.A.S. qui s'entêtent à déambuler encore en armes sur le Forum, Challe les montre à Susini et ironise :

— Les voilà sans doute, vos civils ? Ils ne sont pas bien nombreux.

Ulcéré, Susini ne répond pas à la boutade cruelle. Il s'éloigne en emportant le viatique de six millions cinq cent mille anciens francs que Jacques Achard lui a remis après l'avoir prélevé sur le pactole représentant le double de cette somme qu'il a trouvé dans un coffre-fort éventré dans le bureau de Louis Verger, proche de celui de Jean Morin.

Le colonel Godard, sombre, est resté dans le bureau de Salan encombré de gens qui vont et viennent en chuchotant. Avisant son amie Marie Elbe parmi les journalistes guettant la suite des événements, il marche vers elle en sortant de sa poche le calepin sur lequel il a noté depuis les premières heures de la révolte tout ce qui lui paraissait digne d'être retenu. Craignant que la police ne s'en saisisse lors de l'arrestation à laquelle il s'est résigné, il tend ce carnet à la jeune femme en même temps qu'un pistolet.

La scène furtive n'a pas échappé à Salan qui, tandis que Godard rejoint les autres officiers, voit Marie Elbe, qu'il connaît sous son véritable nom, Jeanine Plantié, remettre l'arme et le calepin à Jean-François Chauvel, l'envoyé spécial du *Figaro*.

Un peu plus tard, alors qu'en civil et le visage masqué par le rabat d'un chapeau, engoncé dans un manteau civil, le général Zeller, qui avait pourtant tenté d'amener Challe à se replier dans les djebels kabyles afin d'y créer un sanctuaire Algérie française, frôle Jean-Paul Piclet, qui le reconnaît, et le regarde se perdre parmi la foule dans l'intention d'aller se réfugier chez un cousin, Saint Marc vient demander à Challe s'il veut partir avec lui à Zéralda.

Le lieutenant de vaisseau Pierre Galvin avertit Piclet qu'il va aux nouvelles à la Délégation générale. Ne le voyant pas revenir, le Breton se décide à aller à sa recherche. Il est à peine entré dans le hall de la Délégation générale que son ami dévale le grand escalier, le rejoint, le prend par le bras, l'entraîne au-dehors et, sans reprendre son souffle lui annonce :

— C'est fini !

Plein d'espoir, Piclet interroge :

— C'est fini : ça veut dire qu'on a gagné ?

— Non, Jean-Paul. Ça veut dire qu'on a perdu et qu'on doit foutre le camp.

Ayant libéré ses hommes, Pierre Galvin disparaît. Piclet reste seul avec André Fougères qui habite boulevard du Maréchal-Foch et qui, bien qu'il soit plus petit, propose de lui prêter des vêtements civils. Une fois vêtu d'un pantalon trop court, d'une chemise trop étroite et chaussé d'une paire d'espadrilles à semelles de corde, Piclet cache son arme avec celle de son compagnon et s'éloigne avec lui du périmètre dangereux.

Se faufilant au travers des barrages en installation, les deux hommes s'assoient sur un coin de trottoir de la rue de l'Abbé-de-l'Epée et, sans fausse pudeur, comme beaucoup d'autres sans doute au même moment, ils pleurent leurs espoirs perdus.

Pendant ce temps, revenant sur sa décision d'attendre sur place l'arrestation et estimant que les conditions de sa reddition seront moins humiliantes dans le camp des légionnaires, le général Challe accepte la proposition de Saint Marc. La passation de pouvoir s'organisant sans gloire et sans le baroud d'honneur réclamé par le lieutenant Degueldre, des messages, lancés surtout par des partisans de Robert Martel qui s'adresse lui-même à la population, passent sur les ondes de Radio-France déjà abandonnée par son éphémère directeur et appellent les civils à prendre les armes.

Jean Bichon, le pseudo-colonel Blanche, profite de la pagaille pour se glisser parmi les inconnus qui se succèdent à l'antenne. Sans être sûr que son message passera, après avoir comme les précédents intervenants supplié les Algérois de rejoindre la Délégation générale menacée d'être prise en tenaille par des blindés de la Gendarmerie mobile et des sections du 9e zouaves, il hurle presque :

— Partez, de Gaulle ! Il faut que votre imposture prenne fin. Nous vous avons assez vu, nous, les vieux résistants, depuis 1940 !

Puis, oubliant le colonel Blanche, tandis que Jacques Coup de Fréjac sortant de la clandestinité dans laquelle il a plongé aux premières heures du putsch reprend le contrôle des studios, Jean Bichon quitte le bâtiment et songeant déjà à partir d'Algérie tout aussi discrètement qu'il y est arrivé, il se fond dans la foule.

D'autres brefs communiqués consomment la défaite des putschistes. L'un d'eux annonce même le suicide du général Salan. A bord de leur petit bateau pris depuis leur départ dans une tempête, Philippe Castille et Michel Féchoz, affaiblis par un mal de mer tenace, font demi-tour vers l'Espagne.

Au moment où Bichon sommait le président de la République de s'en aller, Jouhaud avertissait Salan de l'intrusion prochaine des forces loyalistes et celui-ci décidait de résister encore. Mais Challe, prévenu de cette prise de position radicale du Mandarin, a refusé de prendre l'initiative de faire couler le sang.

La défaite des généraux étant scellée, les compagnies du 1er R.C.P. se regroupent devant le Palais Carnot et, suivant les derniers éléments du 1er R.E.C. du lieutenant-colonel de La Chapelle, elles prennent la route de Philippeville.

Tandis que les paras et les cavaliers de la Légion abandonnent Alger aux forces loyalistes, Challe se repose à Zéralda sur un lit de camp installé dans le bureau de Saint Marc. Salan a rendu sa liberté de manœuvre au capitaine Ferrandi, brisé et qui a regagné la chambre qu'il loue au Saint-

## Chap. 35. – *Fin sans gloire de la révolte*

George dans l'intention d'y attendre son arrestation. Mais, ne trouvant pas le sommeil, il change d'avis et, juste avant l'aube du 26 avril, il téléphone à un de ses amis et lui demande de venir le chercher, puis de le cacher.

Tandis que l'aide de camp de Salan se laisse conduire en voiture vers une ferme de Boufarik, les paras de Lecomte et Masselot traversent un peu avant 8 heures Mouzaïaville. Le convoi parvenu à l'embranchement de la N 4 qui, par Boufarik, mène à Alger et de la N 42 à Blida, le colonel Argoud et le général Gardy décident de laisser Masselot et Lecomte poursuivre sans eux la route vers l'Est.

Le dernier camion du convoi disparaissant, Argoud brûle son képi bleu et son stick devenus les symboles d'une armée qui, selon son éthique, a failli à tous ses devoirs. Puis il téléphone d'une ferme à un ami pied-noir rencontré aux temps où il commandait le 3$^e$ R.C.A. et celui-ci conduit les deux officiers vaincus dans le refuge discret de son domaine situé à trois kilomètres de L'Arba.

Salan et Jouhaud, eux, ont quitté très tôt Zéralda. Sans attendre les officiers désignés pour les arrêter, ils ont suivi dans le bled une escorte de quelques légionnaires commandés par le lieutenant Chiron et ils ont fait leurs adieux à cet officier aux abords d'une ferme tenue par des fidèles de Robert Martel, où ils ont endossé des vêtements civils.

Challe a refusé de les suivre. Sitôt qu'il entend le grondement des hélicoptères au-dessus de la base du 1$^{er}$ R.E.P., il devine qu'on vient le chercher. Fataliste, il marche d'un pas raide vers son triste sort. La compagnie du lieutenant Durand-Ruel lui présente les armes. Cette brève cérémonie achevée, Challe serre longtemps la main du chef de bataillon Saint Marc qui a négocié son arrestation avec le général Héritier lorsque celui-ci a repris ses fonctions auprès de Gambiez ramené d'Aïn-Salah par le commandant Forhan en même temps que Jean Morin.

Afin d'éviter que l'officier de gendarmerie venu s'assurer de sa personne ne le fasse, Challe arrache ses épaulettes à cinq étoiles et ses décorations, les tend au lieutenant Favreau, à qui il a déjà confié une lettre destinée à son épouse.

Le jeune officier grand et maigre hésite à accepter le dépôt symbolique. Challe insiste :

— Prend-les, je te dis.

Puis, se retournant vers les gendarmes pressés de le faire monter dans la voiture qui le conduira à Maison-Blanche où un avion l'attend pour le mener à Paris, il ajoute :

— Je préfère te les remettre plutôt qu'à ces messieurs.

Après le départ de Challe, les paras sont replacés aux ordres de leur chef de corps, le lieutenant-colonel Guiraud qui a écourté sa permission en métropole et les consigne dans le camp cerné par des blindés de la Gendarmerie. Au matin du 27 avril, il accompagne Saint Marc à la Délégation générale. Les deux officiers de Légion sont reçus par le ministre de la Défense, Pierre Messmer, venu de Paris avec Louis Joxe et le général Olié afin de remettre de l'ordre dans l'armée. Masque dur, décidé à sévir sans états d'âme, l'ancien officier de Bir-Hakeim leur annonce la dissolution immédiate du 1er R.E.P.

En fin d'après-midi les paras de la Légion, destinés à servir comme fantassins sous les ordres de Brothier au 1er R.E.I., montent dans leurs camions après avoir, la rage au cœur, détruit sur leur base tout ce qu'ils ne pouvaient emmener. Comme elle l'a toujours fait lors des grands événements, la population européenne de Zéralda est venue se masser près du camp où elle pleure en silence. Soudain entonnée par une voix éraillée, *Je ne regrette rien,* la chanson de Charles Dumont qu'interprète Edith Piaf, est reprise en chœur. Les échos épais et rauques de la romance font un sillage sonore au dernier camion des vaincus survolés, sans doute dans l'intention de leur interdire toute tentation de désobéir encore, par quelques hélicoptères d'où dépassent, menaçants, des mitrailleuses et des canons de 20 mm.

**Cinquième partie**

# LA MONTÉE EN PUISSANCE

## Le manifeste de Raoul Salan

Alexis de Tocqueville n'avait pas tort d'estimer que : « Les hommes qui perdent le plus aisément la tête et qui se montrent d'ordinaire les plus faibles dans les jours de révolution sont les gens de guerre. » Les militaires n'ont pas accepté de faire couler le sang à Alger et, ainsi que l'avaient prédit les alliés espagnols de Salan, cette attitude leur a interdit la réussite. Les civils de l'O.A.S., Susini surtout, leur reprochent de n'avoir pas été au bout de leur révolution. Ils regrettent que le commandant Forhan ne leur ait pas remis Jean Morin et le général Gambiez. Ils les auraient jugés avec d'autres représentants du gouvernement, condamnés à mort pour trahison et, sans doute, exécutés.

L'ambiance est toute différente dans les unités d'appelés parachutistes entraînées par Argoud dans la révolte. Si, une fois ramenés à Philippeville, la majorité des bérets rouges du 18e R.C.P. regrettent autant que leur chef la faillite du putsch, ceux du lieutenant-colonel Lecomte sont moins unanimes au 14e. Les plus opposés à la révolte font lire à leurs compagnons cette lettre destinée aux autorités légalistes : « Compte tenu des incidents survenus dans la période comprise entre le 22 et le 27 avril 1961 et des conséquences fâcheuses qui en résultèrent pour notre dignité d'hommes et notre honneur de Français, nous, appelés du contingent, avons unanimement décidé de ne pas remonter en opération tant que des mesures satisfaisantes nous réhabilitant aux yeux du gouvernement, de nos camarades du contingent, de nos familles, de la nation entière, n'auront pas été prises.

« Cette réhabilitation devra se faire par les moyens d'information les plus populaires (radios et journaux) et devra nécessairement comporter les paragraphes suivants :

« 1° – Il est exact que nous avons marché sur Alger, puis sur Oran, mais ni nous, ni nos supérieurs immédiats ne savions quelle était la position de notre chef de corps, ni le but de notre mission, en conséquence de quoi nous avons été victimes d'un abus de confiance.

« 2° – Lorsque, à Oran, pour la première fois, nous avons eu une mission précise (se diriger sur Mers el-Kébir) la majorité du régiment a refusé d'obéir.

« A partir de là, notre position était nettement prise, nous étions contre les insurgés d'Alger. A la suite de ces événements, nous parachutistes appelés, constituant pour 95 % les unités d'élite de l'Armée française, étant les héritiers d'un passé prestigieux, avons été calomniés et traînés dans la boue. Pour que notre honneur de parachutiste reste intact, pour que nous soyons en mesure de le léguer sans rougir, il importe de briser le mensonge sans tarder. Nos parents, nos fiancées nous considèrent comme traîtres à la Patrie. Si l'un de nous mourait en opération, il serait moralement impossible de le considérer comme "Mort pour la France". Pour toutes ces raisons, nous refusons de partir en opération. »

Cette littérature accusant le lieutenant-colonel Lecomte d'avoir entraîné ses hommes dans le putsch sans les en avoir avertis demeurera lettre morte. Le 28 avril, les 14e et 18e R.P.C. sont dissous.

A cette nouvelle et à l'encontre de la prose de leurs compagnons, des bérets rouges de Lecomte tirent des rafales en l'air, lancent des grenades alentour de leurs guitounes, fracassent leurs lits de camp et, cernés par des blindés, rendent leurs paquetages et leurs armes. Dans les heures qui suivent, ils rejoignent par petits groupes des unités d'Infanterie, du Génie et de chasseurs alpins ou à pied.

Saluant de son côté la fidélité plus volontiers affirmée par ses aviateurs, le général Fourquet leur adresse ce message :

« Officiers, sous-officiers, soldats de l'armée de l'Air en Algérie, je vous félicite de votre attitude au cours de ces dures et tragiques journées. Vous avez permis par votre détermination et votre fidélité au gouvernement de la France et au chef de l'Etat, le général de Gaulle, le maintien de la légalité française un instant ébranlée. Votre unanimité et votre dévouement ont apporté le soutien indispensable et efficace pour l'accomplissement de ma tâche. Je vous en remercie du fond du cœur. Maintenant nous devons panser les plaies et réparer le mal fait par quelques égarés. Tout d'abord, je vous demande de maintenir votre cohésion et votre discipline derrière vos chefs qui sont confirmés dans leur commandement. Ainsi sera maintenue la force et l'autorité de l'Etat. Nous devons aussi retrouver immédiatement la totalité de nos activités opérationnelles. La lutte contre le F.L.N. continue. L'ordre doit être rétabli complètement pour le bien de la France et de l'Algérie. Je sais que je peux avoir confiance en vous tous et vous exprime la fierté que j'ai à vous commander. Vive la France ! »

A Paris, Pierre Messmer, avant de songer à féliciter les unités restées sourdes aux sirènes algéroises, a eu le réflexe de donner sa démission en prétextant qu'il était « un ministre auquel ses subordonnés n'ont pas obéi ». Mais, de Gaulle l'ayant encouragé à rester en place en avançant qu'il serait désormais mieux obéi, il a confié au général Hublot la mission d'apprécier les responsabilités au sein de l'armée d'Algérie. L'épuration étant rondement engagée, Coup de Fréjac, à la Délégation générale, en annonce à la presse les premiers résultats :

— Les officiers suivants ont été mis aux arrêts et transférés en métropole : les généraux Gouraud, Petit, Bigot, Mentré, commandant interarmes du Sahara, le général de Gendarmerie Tridon, les colonels Buchoud, Bréchignac, Rocca, Bravelet, Bogat, le lieutenant de vaisseau Guillaume. Ont été ou seront dissoutes les unités suivantes : le 1$^{er}$ régiment étranger de parachutistes, le 14$^e$ régiment de chasseurs parachutistes, le 18$^e$ régiment de chasseurs parachutistes, ainsi que tous les commandos de l'Air. Des mandats d'amener ont été lancés, quatre cents arrestations ont été opérées dans l'Algérois. Dans les quatre cents arrestations effectuées ne figurent pas celles de membres de la police. Est suspendue pour l'instant, jusqu'au terme d'une enquête, la parution des journaux suivants : *L'Echo d'Alger, La Dépêche quotidienne, Dernière Heure.* Des sanctions ont été prises contre deux cents officiers. Des mandats d'amener ont été lancés par les autorités judiciaires contre des individus actuellement en fuite et inculpés d'usurpation et détention illégale d'un commandement militaire, d'organisation et direction d'un mouvement insurrectionnel, de fourniture d'armes et de moyens à ce mouvement.

Puis, durcissant le ton, l'homme de l'Elysée menace :

— Toute personne prêtant aide et assistance à ces prévenus se rend coupable du crime de complicité prévu par l'article 100 du Code pénal et toute personne ayant connaissance de leur situation actuelle et n'en informant pas les autorités se rend coupable du délit de non-dénonciation prévu par les articles 100 et 62 du Code pénal.

Ainsi prévenus, les tenants de l'Algérie française s'attendent au pire dans leur ville maintenant quadrillée par les forces de l'ordre comme elle ne l'a jamais été. Ils sont nombreux à saboter les armes dérobées au commissariat central, à les jeter à la mer, les enfouir dans des caches ou, plus simplement, à les déposer dans des poubelles.

Malgré leurs craintes, ces hommes sont plus en colère qu'abattus. Ils n'admettent pas que la défaite pourrait être définitive. Et les concerts d'ustensiles de cuisine frappés chaque soir au rythme des cinq temps d'« Algérie française » accompagnant les patrouilles bercent leurs espoirs.

Comme Zattara, Susini et Achard, tous les militants de l'organisation espèrent obtenir leur revanche sans l'armée. Un tract circule pour dénoncer le défaitisme trop vite affiché par les responsables du putsch « qui n'ont pas su utiliser le potentiel de l'O.A.S. ». Annonçant que l'organisation retourne à la clandestinité, mais qu'elle « continuera à agir contre la trahison » et qu'elle fera « régner la terreur chez les partisans du général de Gaulle », ce libelle est signé « le Monocle », pseudonyme d'André Canal, l'homme qui a ordonné l'exécution de M$^e$ Popie. Un second tract de l'O.A.S. traite de « félons » le général Gambiez et les autres officiers généraux fidèles au gouvernement.

Alors que le putsch agonisait, craignant d'être arrêté comme le général Faure, André Regard et son ami M^e Biaggi, Jacques Soustelle a décidé de se mettre à l'abri. En accord avec son épouse Georgette, il a trompé la vigilance des policiers détachés à la surveillance de son domicile de l'avenue Henri-Martin pour s'installer dans un appartement mis à sa disposition dans le XV^e arrondissement. Puis il s'est rapproché de chez lui en se réfugiant avenue Raymond-Poincaré, chez un homme d'affaires pied-noir. Sachant sa ligne de téléphone écoutée, il a usé d'un dialecte aztèque pour s'entretenir avec son épouse.

Cette disparition enflammant les imaginations, on a signalé Soustelle un peu partout en France. *Le Figaro* a même affirmé qu'il se cachait dans une villa de Louveciennes.

Tandis que l'ancien collaborateur du général de Gaulle attend le moment de réapparaître ou de s'exiler comme les rares proches au courant de son refuge le lui conseillent, les journaux favorables aux putschistes étant interdits de parution, seul *Le Journal d'Alger* a droit de cité dans les kiosques, parce que Georges Blachette, son propriétaire, a interrompu sa parution au deuxième jour de la révolte.

Quant à moi, si mes prises de position ne m'ont pas valu de punition, je digère mal la défaite à Dugny-Le Bourget. En attendant de retourner à Alger, où je dois me marier le 13 mai, date symbolique pour les partisans de l'Algérie française, je fréquente chaque soir les cabarets de Saint-Germain-des-Prés, où il m'arrive de chanter mes compositions et un ami pied-noir, tenant rue de l'Echaudé le Club de la Rousse, me reconduit souvent en voiture à ma base. Une nuit, alors que je suis au comptoir du Bonaparte, à l'angle de la rue éponyme et de la rue Guillaume-Apollinaire, deux Musulmans importunent une étudiante seule à sa table. Je tente de les raisonner en leur faisant remarquer que la jeune fille a besoin de calme pour travailler. Le plus petit des deux m'insultant en arabe, je dévoile ma condition de commando Marine en espérant que cela suffira à les calmer, mais le plus grand m'apostrophe en français : « Toi, un commando ? Regarde-toi dans la glace. Tu es blanc de trouille ! » Et il me lance un coup de poing que j'esquive. Son compagnon me contourne, tente de m'étreindre et s'écroule, sonné par un coup de coude à la face. Des chaises volent, des tables tombent, des verres se brisent. L'étudiante s'éclipse avec ses livres. Trois ou quatre noctambules s'esbignent sans songer à payer leurs consommations. Le patron appelle Police-Secours. Mes deux adversaires sont toujours là lorsque des sirènes annoncent l'arrivée d'un panier à salade. Deux policiers m'empoignent et me poussent hors du Bonaparte tandis que quatre autres s'emparent des Musulmans. Amené près du fourgon, je m'apprête à exhiber ma carte d'identité militaire, lorsque le plus petit de mes adversaires prend un brigadier à témoin en montrant sa lèvre éclatée.

— Regarde, m'siou, c'qu'il m'a fait. C'est lui qui a commencé.

Comme son compère appuie le mensonge, je rempoche ma carte d'identité, j'échappe à la prise des policiers et, d'un coup de tête, j'expédie le menteur au sol. Donnant à l'incident plus d'importance qu'il n'en mérite, le chauffeur du fourgon réclame du renfort par radio. Je l'entends parler d'O.A.S. et de Musulmans. D'autres policiers armés de mitraillettes giclent de trois nouveaux cars et cernent une partie de la place. L'affolement devient général. Je me sens propulsé dans le premier panier à salade et je suis sur le point de montrer enfin ma carte d'identité, lorsque je reçois une grêle de coups de matraque.

Laissant tomber ma carte, je crie que je suis militaire. Mais cela n'y faisant rien, je me roule en boule au milieu des policiers qui, ne pouvant donner de la matraque, me frappent à coups de pied.

Je titube en sortant du car et je saigne du nez. Une fois dans le commissariat du VIᵉ arrondissement, je montre enfin ma carte d'identité que j'ai eu le réflexe de ramasser dans le car et le régime change. On me force à m'asseoir. On m'applique sur le visage de la glace serrée dans une serviette. On me propose à boire. Ayant tout à fait retrouvé mes esprits, je n'ai qu'une idée, celle de m'en aller, malgré les protestations d'un inspecteur qui tient à me conduire à l'hôpital.

J'attends dans un bistrot l'heure du premier métro pour rejoindre la porte de la Villette, d'où part chaque matin un car réservé au personnel de ma base. Mais des étourdissements m'obligent à descendre à Réaumur-Sébastopol et à téléphoner à Dugny pour appeler du secours.

Je suis déjà ragaillardi lorsque, en milieu de matinée, je reçois à la base un coup de téléphone de l'officier des équipages Alex Lofi, compagnon de la Libération et l'un des 177 commandos débarqués à Ouistreham à l'aube du 6 juin 1944 sous les ordres du capitaine de corvette Philippe Kieffer. Cet officier occupe à Paris le poste d'officier des sports et, en tant que sportif moi-même et aide-moniteur, je travaille souvent avec lui. Je lui raconte ma petite histoire dont je ne suis pas fier et il me demande de le retrouver au commissariat de la rue de l'Abbaye, derrière l'église Saint-Germain-des-Prés.

Mes yeux au beurre noir cachés derrière des lunettes de soleil, je m'aperçois que Lofi arbore ses décorations et s'est fait escorter par deux gendarmes maritimes en longue veste de cuir. Le commissaire nous reçoit, nous propose du whisky et, sans me prêter attention, parle de tout et de rien avec le héros du débarquement. Puis, lorsque Lofi lui demande d'en venir au fait, il lit la déclaration du patron du Bonaparte, qui a affirmé que « malgré tous leurs efforts » mes deux adversaires n'ont pas réussi à me porter de coups. Lofi s'inquiétant des marques de mon visage, le commissaire reconnaît que les policiers m'ont passé à tabac en me prenant pour un provocateur de l'O.A.S. Puis il demande si j'ai l'intention de porter plainte.

Lofi laisse le policier mariner. Il m'interroge du regard et, superbe, il lâche :

— « Nous » ne portons pas plainte.

Le commissaire nous annonce que les policiers qui m'ont tabassé nous attendent afin de me présenter leurs excuses. Beau joueur, je leur serre la main et je marche déjà vers la porte, lorsque l'un d'eux me rattrape et me conduit devant une cellule grillagée dans laquelle, visiblement mal en point, se tiennent mes deux compagnons de pugilat. Comme je ne me souviens pas les avoir mis dans un tel état, mon guide précise qu'ils ont reçu un supplément de horions après mon départ et que l'un d'eux est membre du F.L.N.

Lofi me prend à part. Me rappelant une fois de plus qu'il a connu mon père à Londres en 1940 et 1941, il me conseille, sinon de renoncer à mes sorties car il est lui-même trop bon vivant, de me méfier au moins de mes fréquentations dont, souligne-t-il, paternel, le caractère activiste n'a pas échappé à la Sûreté navale depuis mes éclats lors du putsch. Puis, ayant rendu leur liberté à notre escorte de gendarmes maritimes, il m'offre un dernier verre et me raccompagne à Dugny-Le Bourget dans sa traction avant.

Aux aguets des nouvelles d'Algérie, je sais que les gendarmes et les policiers utilisent parfois contre des Pieds-noirs convaincus ou suspectés d'être de l'O.A.S. des méthodes d'interrogatoire comparables à celles dont usaient en 1957 les parachutistes de la 10$^e$ D.P., lorsqu'il s'agissait de prendre de vitesse les poseurs de bombes du F.L.N. C'est ainsi que le commissaire Sarahoui ayant fait appréhender le 27 avril la sœur de Jean-Jacques Susini alors qu'elle se promenait rue Michelet avec son fiancé et son cousin, ils n'ont pas hésité à menacer la jeune fille à l'école de Police d'Hussein-Dey. Quant au cousin de Susini ce sont de véritables tortures que les policiers lui ont infligées.

Sitôt qu'il a appris ces arrestations, Susini a envisagé de faire abattre le commissaire Sarahoui, mais sa sœur, son fiancé et son cousin ayant été libérés, il a renoncé à ce dessein. La colère monte dans les quartiers populaires où, pour une simple présomption, des gendarmes ou des policiers saccagent de jour comme de nuit des appartements. Et au moindre tract découvert, ils emmènent les suspects aux camps de Béni-Messous et de Téfeschoun, proche de Castiglione.

S'habituant à la clandestinité dans une ville dont il connaît la moindre ruelle et où il a tant d'amis parmi les anciens étudiants dont il était le président, Susini s'est foncé les cheveux et il porte des lunettes. Jusque-là toujours habillé de stricts costumes gris, il passe des vêtements plus voyants et sa nouvelle allure empêche parfois ses proches de le reconnaître lorsqu'il sort pour chercher le moyen de rencontrer Salan dont il est sans nouvelles depuis le 26 avril.

Si les activistes algérois semblent décidés à leur dénier le droit de se mêler de leurs affaires, les militaires qui ont refusé la reddition songent encore qu'il ne pourrait y avoir sans eux de révolution en Algérie française. Comme le général Gardy, Pierre Sergent, Godard, qui se cache rue Michelet chez son amie Marie Elbe, Gardes, Roger Degueldre, Lacheroy et Argoud, ils sont décidés à poursuivre le bras de fer avec le gouvernement dans une clandestinité à laquelle, mis à part les anciens résistants comme Godard et Degueldre, leurs années de combat au grand jour ne les ont pas préparés.

Pendant que les futurs chefs des commandos de l'O.A.S. s'efforcent d'affecter des manières de civils, ne tenant pas à ce que se renouvelle la palinodie du procès des barricades, le gouvernement est pressé de juger les protagonistes du putsch. Se souvenant avec quelle étonnante mansuétude les insurgés des barricades ont été traités, qu'il qualifiera de « défaillance » dans ses *Mémoires d'espoir*, le général de Gaulle, comme l'article 16 de la Constitution l'y autorise, ordonne la création de nouvelles institutions juridiques.

Créé le 27 avril 1961, le premier appareil d'exception prend le nom de Haut Tribunal militaire et jugera les principaux responsables du putsch. Le second, Simple ou Petit Tribunal militaire, aura à connaître les dossiers des accusés subalternes. Cinq juges siégeront au Haut Tribunal présidé par le président de la chambre criminelle de la Cour de cassation, Maurice Patin. Il s'agit du général Catroux, grand chancelier de l'ordre de la Légion d'honneur, du général Joseph Ingold, grand chancelier de l'ordre de la Libération, du général d'Infanterie Gillot, qui commandait en mai 1958 la région militaire de Marseille, du général de l'armée de l'Air Gelée (chef d'état-major général de l'Air à la même époque) et d'un autre aviateur, le général Bodet. Le Haut Tribunal est complété par le conseiller d'Etat Henri Hoppenot qui, lors du référendum du 28 septembre 1958 portant sur la nouvelle Constitution, présidait la commission de contrôle chargée de veiller à sa régularité. Enfin, les présidents de cour d'appel Marcel Ganne et Robert Mischlich complètent l'aréopage.

L'installation de ces juridictions d'exception est aussi mal accueillie à Alger que la déclaration de Louis Joxe qui, le général de Gaulle ayant obtenu la prolongation d'application de l'article 16, a présenté au conseil des ministres du 3 mai 1961 le limogeage de deux cent vingt officiers et deux cent cinquante fonctionnaires. En réponse, les dirigeants de l'O.A.S. annoncent dans un tract diffusé le 5 mai 1961 la mise sur pied d'une « grande armée » et de maquis composés d'hommes décidés à sacrifier leur vie pour l'Algérie française. Ce tract recommande aux Algérois de ne pas écouter les mensonges de la radio d'Etat, de tirer sur les représentants de l'ordre qui viendraient perquisitionner chez eux et de « tuer tous les traîtres ».

Si les mythiques maquis de l'O.A.S. enflamment l'imagination des Algérois qui ne supportent plus la pression constante des forces de l'ordre, ils n'empêchent pas le général Zeller, hébergé jusque-là par ses cousins, de négocier sa reddition. Ayant obtenu du général Vézinet de ne pas être rapatrié entre deux policiers, mais sous la surveillance discrète d'officiers de la Sûreté militaire, il se rend au matin du 6 mai à René Jannin.

Au soir, Zeller couche à la Santé, où sont déjà gardés les généraux Bigot, Gouraud, Nicot, Petit et Challe depuis le 27 avril. Après cette dernière reddition, Jean Morin durcit encore la répression sans se soucier des menaces de l'O.A.S. Et le général Vézinet, qui n'a pas digéré l'humiliation imposée par les légionnaires de Saint Marc, fait diffuser au matin du dimanche 7 mai par France V ce communiqué : « Depuis plus de six ans, l'armée et la police vous protègent. Les manifestations, qui depuis quelques jours se produisent à l'heure du couvre-feu et qui souvent se traduisent par des actes et des propos intolérables à l'égard de cette police et de cette armée, doivent cesser. Le général Vézinet, commandant d'armes délégué et le préfet de Police Jannin invitent la population européenne à se rendre compte qu'elle encourt les plus graves dangers en faisant ainsi le jeu des extrémistes des deux bords. Il est fait appel à la raison de l'immense majorité des Européens dans l'intérêt supérieur des deux communautés, et nous rappelons que rien ne se règle dans le désordre et sous l'emprise de la passion. »

La population européenne des quartiers populaires reprend le soir même ses concerts d'ustensiles. Injuriés de plus belle, les pelotons de gendarmes et les sections de zouaves en patrouilles rasent les murs pour éviter des jets d'ordures.

La vindicte légaliste n'épargnant pas les officiers qui se sont montrés hésitants aux premières heures du putsch, Pierre Messmer place le général Gracieux en disponibilité. Les foudres gouvernementales frappant même très loin d'Alger, le colonel Chateau-Jobert est mis aux arrêts de forteresse à Niamey après avoir tenté le 23 avril de rejoindre Alger et essayé d'entraîner dans la révolte le général Kergaravat, le commandant des troupes françaises au Niger.

Ainsi puni, l'ancien patron du $2^e$ R.P.C. rentre à Paris le 12 mai 1961. Deux gendarmes et un colonel le conduisent au fort de La Courneuve, près du Fort de l'Est où sont enfermés les putschistes subalternes et on lui signifie soixante jours d'arrêts de forteresse. Le lendemain de l'incarcération de son futur responsable à Constantine, l'O.A.S. marque le troisième anniversaire du 13 mai 1958 en faisant sauter du lundi 8 au dimanche 14 mai douze charges de plastic à Alger et cinq à Oran. Quant à ses alliés métropolitains, ils font détoner cinq bombes à Paris et trois en province.

Le général Faure a rejoint le 9 mai la Santé en même temps que le colonel Vaudrey et les commandants Azaïs, Bléhaut, Casati et Mouchonnet. Le capitaine de Saint-Rémy, les lieutenants-colonels de La Chapelle, Lecomte et Masselot, transférés d'un fort militaire, ont fait partie de la même charrette, ainsi que le chef de bataillon Bernard Cabiro. Jamais, depuis son inauguration en août 1867, la prison parisienne n'avait accueilli autant d'étoiles et de galons.

Ignorant le sort de ses chefs et camarades, caché sur les hauteurs d'Alger, Roger Degueldre étudie avec Jacques Achard la façon d'utiliser les déserteurs du 1$^{er}$ R.E.P. égaillés dans Alger et la Mitidja. Ferrandi rencontre Salan et Jouhaud dans un domaine proche d'un cantonnement de gendarmes mobiles. Après cette visite, il rejoint Mme Salan dans une ferme de Birtouta où une escorte voyante d'anciens du M.P. 13 l'a conduite avec l'ex-capitaine Noëlle Luchetti, détachée au secrétariat de Salan depuis plus de dix ans.

A Paris, le D$^r$ Henri Martin trouve dans la faillite du putsch de nouvelles raisons d'engager le fer avec la République. Par le truchement d'Yves Gignac, il met ses réseaux au service de l'Algérie française. Quant à Pierre Faillant, qui épousera sa fille Danièle en 1968, toujours en marge de l'O.A.S., il continue à réserver les grenades et les balles de son groupe au F.L.N.

La Tocnaye a été assommé lorsque le colonel Rivié lui a appris l'échec du putsch et le probable suicide de Salan annoncé par Jean Bichon dans l'intention de provoquer une réaction populaire. Après l'avoir mis aux arrêts dans sa mechta, son chef de corps lui a conseillé d'aller à Alger afin d'accélérer sa procédure de démission. Bien décidé à rejoindre l'O.A.S., le futur conjuré du Petit-Clamart a trouvé asile chez Henri Talmant, un antiquaire, et, aujourd'hui, il recherche Jean Bichon, dont il a reconnu la voix à l'éphémère Radio-France. Allant de planque en planque fournies par des amis d'Henri Talmant, il tire les leçons du putsch en rédigeant un mémoire à l'intention de Salan. Soulignant qu'une révolution ne peut réussir sans effusion de sang, il regrette que les militaires se soient appuyés sur des politiques, comme le gaulliste Léon Delbecque en 1958 et plus encore sur le Comité de Vincennes, composé selon lui de « politiciens qui flirtent avec le pouvoir ». Fidèle à ses idéaux de jeunesse, La Tocnaye rappelle que l'âme de l'action future devrait être l'antibolchevisme. « Bien que la métropole nous rejette, écrit-il, nous devons rester unis avec elle, si toutefois elle ne sombre pas dans le communisme. »

Sa pensée étant issue de celle de Robert Martel, La Tocnaye réclame l'avènement d'un Etat « qui ne soit plus esclave des partis ou d'un parti et qui n'accepte plus la dictature de la haute finance internationale ». En attendant un gouvernement qui régirait la France avec une assemblée collégiale composée de représentants « valables et compétents » issus de « tous les métiers et professions », il en appelle à la « mise en place d'un gouvernement provisoire » et préconise la mobilisation des Franco-Musulmans âgés de dix-huit à soixante ans, le renvoi des appelés en métropole, le jugement et l'exécution rapide des principaux « responsables et traîtres ».

De son côté, le colonel Argoud supporte mal la vie de proscrit à Alger où il est revenu après avoir été trimbalé de ferme en ferme sans jamais rencontrer Salan, sans doute parce que Robert Martel n'y tenait pas. Persuadé que l'Algérie française n'a plus aucune chance de pérennité, déçu que Salan n'ait pas proposé d'enjeux politiques allant au-delà du seul maintien de l'Algérie dans la France, il annonce à Godard son intention de regagner l'Europe. Mais l'ancien patron de la Sûreté algérienne tente au contraire de l'inciter à reprendre le combat en Algérie et Salan lui fait tenir ce message :

« Certes notre situation est dure, mais le seul fait que nous sommes debout va nous permettre de nous battre à nouveau. Ce sera la bataille cachée, mais des gens solides nous sachant ici se regroupent autour de nous. Gardez confiance avec nous, nous vous tiendrons au courant. »

Pour bien marquer que Jouhaud espère également le garder en Algérie, Salan précise en fin d'envoi : « Amitiés de nous deux. » Mais cet encouragement amical ne suffit pas à faire revenir Argoud sur sa résolution. Au soir où Salan écrivait ce courrier, Ferrandi a obtenu des amis de Martel qu'ils retirent la protection voyante de Mme Salan et, la laissant dans la ferme avec la capitaine Luchetti, il s'est installé dans un autre domaine de Birtouta avec Susini.

Après avoir travaillé nuit et jour à élaborer la structuration de l'O.A.S., Susini regagne Alger lorsque Mme Salan rejoint son mari et que Ferrandi va s'installer dans un cabanon de plage à Fort-de-l'Eau.

Si les forces de l'ordre ont effectué au moins dix mille perquisitions et arrêté plus de quatre cents militants de l'Algérie française à Alger, la répression a sévi également à Oran et l'essentiel de l'état-major de l'O.A.S. de cette ville est sous les verrous. A l'heure où, le samedi 13 mai 1961, le curé de Bab el-Oued, l'abbé Jean Scotto, me marie dans l'église Saint-Joseph où il a parfois caché des gens du F.L.N., Alger est toujours quadrillée par un impressionnant dispositif de maintien de l'ordre auquel, tout à mon bonheur neuf, je n'ai pas prêté d'attention particulière. Le lendemain, tandis que nous entamons ma femme et moi notre lune de miel à la Madrague dans un studio prêté au bord de la mer par quelqu'un de sa famille, malgré de nouvelles arrestations de militants, les responsables de l'O.A.S. ont échappé aux rafles et ils se réunissent comme souvent dans un garage du Champ de Manœuvre.

Dominique Zattara est là, avec André Seguin, Georges Ras et Jean-Claude Pérez et, alors que les militaires déserteurs Godard, Sergent, Degueldre et Godot ont été conviés à la réunion, Jean-Jacques Susini, lui, manque étrangement à l'appel.

A l'heure prévue, le jeune homme s'est pourtant présenté avec Ferrandi devant le garage. Mais, Godard craignant qu'il impose une collégiale civile à la tête de l'O.A.S., personne ne lui a ouvert. Redoutant d'être reconnu malgré ses cheveux teints et la fine moustache qu'il se laisse pousser, il n'a pas insisté. Il a raccompagné Ferrandi à Fort-de-l'Eau et regagné le studio qu'il a loué rue d'El-Biar, à deux pas de la rue de Mulhouse où il a passé son enfance.

Dans les jours suivants, Susini, renseigné par des fidèles, apprend que rien de positif n'est sorti de l'assemblée du Champ de Manœuvre. Dans l'intention de raffermir l'union entre les groupuscules nationaux d'Algérie, concrétisant ainsi la proposition qu'il avait faite à Salan au dernier jour du putsch, il décide de faciliter la création d'un Front nationaliste regroupant les militants de Jeune Nation, ceux des réseaux France-Résurrection de René Villard, les étudiants nationalistes et le groupuscule de la Légion nationaliste. Avec Michel Leroy, un ingénieur pétrolier mis sur son intervention en disponibilité par la direction de la S.N.R.E.P.AL. (Société nationale de recherches et d'exploitation pétrolière en Algérie), Susini entend accorder au sein du Front nationaliste la liberté d'expression à tous les courants de l'Algérie française sans que l'O.A.S., organisme de combat, pâtisse de ces divergences.

Ignorant la zizanie régnant parmi leurs chefs, les hommes de Dominique Zattara, d'André Canal, de Jean-Claude Pérez, de Jean-Marcel Zagamé, de Michel Leroy et René Villard resserrent d'eux-mêmes les rangs lorsque le gouvernement annonce l'ouverture des pourparlers à Evian. Au soir du 19 mai 1961, à la veille de la première réunion entre les émissaires du G.P.R.A. et ceux de Michel Debré, ils font exploser vingt-cinq charges. De leur côté, bien que leurs chefs soient presque tous en prison, les militants de l'O.A.S. oranaise tiennent à marquer eux aussi leur refus de la négociation en en faisant sauter dix. Quant à Martel, il fait distribuer quelques centaines d'exemplaires ronéotypés de ce manifeste signé par le général Salan :

« D'un coin très cher de cette terre française, où je me trouve par la grâce de Dieu, après les péripéties douloureuses des journées d'avril, sollicité par l'ensemble des mouvements nationaux d'Algérie, j'ai décidé de prendre la tête de la résistance à la politique d'abandon. Le 22 avril avait marqué l'aube d'une grande espérance : l'Algérie française devenait une réalité vivante. Le 25 avril, tous nos espoirs fervents ont paru sombrer et à la joie délirante ont fait place l'amertume et le désespoir. Car nul ne saurait douter du destin de cette province, tel que l'a décidé le pouvoir gaulliste : c'est l'abandon de ce sol où vous êtes nés et auquel vous êtes charnellement attachés. Pourtant rien n'est perdu, car toutes les forces du mal se heurteront à la volonté farouche de tous ceux qui habitent cette terre, hommes et femmes de toutes confessions, pour poursuivre sans relâche le combat. Car le combat continue et la résistance s'organise. Moi, général d'armée Raoul Salan, ancien commandant en chef civil et militaire en Algérie, je prends le commandement du grand mouvement de rénovation nationale. J'ai décidé de réunir tous les patriotes dans un front de combat, sous la devise "Algérie française ou mourir !" Ce front est dirigé par un Comité national militaire et politique dont je suis le chef.

Les moyens d'action seront constitués par les équipes de l'O.A.S. et les commandos spécialisés. Notre but est de faire une Algérie fraternelle où Européens et Musulmans trouveront, dans l'égalité des droits et des devoirs, la place qui leur revient. Chaque mouvement, chaque individu qui refuserait mon autorité ferait le jeu de notre ennemi et cautionnerait indirectement la politique d'abandon. Soyons prêts à vaincre ou à mourir et, avec l'aide de la Providence, nous ferons triompher nos justes et légitimes aspirations. Vive l'Algérie française ! »

Si ce texte émane bien de Salan et de Jouhaud, Robert Martel est l'auteur d'un autre tract qui affichait un ton mystique pas du tout en rapport avec les convictions du général sur lequel il veille avec une jalousie maladive. « Les yeux fixés sur l'exemple de sainte Jeanne d'Arc, ont lu quelques centaines d'Algérois, nous allons engager cette ultime croisade dont dépend le sort de l'humanité. Quand, à l'unisson, sonneront les cloches de Notre-Dame des Sept-Douleurs, de Notre-Dame d'Afrique et de Santa-Cruz, les démons seront exorcisés. »

Le manifeste de Salan n'ayant eu, comme les bombes d'Oran et d'Alger, qu'un très faible écho en métropole, Louis Joxe, à l'heure de l'ouverture de la réunion d'Evian annonce la trêve unilatérale baptisée « Interruption des opérations offensives » dont les putschistes avaient, avant tout le monde, pris connaissance grâce aux papiers découverts par Argoud dans le bureau du général de Pouilly.

Les pourparlers d'Evian seront menés du côté français par Louis Joxe lui-même, son chef de cabinet Vincent Labouret, Bernard Tricot, Bruno de Leusse, le conseiller d'Etat Roland Cadet, Claude Chayet, M. Sallusse, maître des requêtes au Conseil d'Etat, le général Simon et le colonel de Seguin-Pazzis, qui commandait le 8e R.P.I.Ma. lorsque, tout juste avant d'être nommé ministre des Armées, Pierre Messmer y effectuait une période de réserve volontaire durant laquelle il a échappé à une embuscade sur la route d'El-Hanser, dans le secteur d'El-Milia.

Quant au G.P.R.A. il a délégué dans la ville en état de siège depuis l'assassinat de son maire, Krim Belkacem, Ahmed Francis, Aït Ahmed et Ahmed Boumendjel. Et il tient en réserve à Genève Saad Dahlab et « Pablo » Taïeb Boulahrouf.

Afin de détendre d'emblée l'atmosphère, Louis Joxe lit en préambule de la première rencontre les modalités de la trêve décidée par le général de Gaulle.

— Le gouvernement a ordonné l'interruption unilatérale des opérations offensives sur l'ensemble du territoire algérien à partir du 20 mai à 15 heures. Les forces de l'ordre n'entreront désormais en action qu'en cas de légitime défense ou pour la poursuite des auteurs d'attentats. Cette interruption est prévue pour une période d'un mois. Elle sera suspendue ou au contraire prorogée suivant l'évolution de la situation. Le délégué général a reçu instruction d'accélérer les mesures de libération que le gouvernement a déjà prises en faveur d'internés et de prisonniers. Il est prévu six mille libérations au cours des quatre semaines à venir. En outre, dans un grand nombre d'arrondissements, les autorités prendront les mesures nécessaires pour rétablir la circulation normale des personnes et des biens. Des crédits spéciaux permettront enfin l'exécution accélérée des travaux d'intérêt général ou local prévus par le plan de Constantine.

Après ces preuves de la bonne volonté française, Louis Joxe rassure un peu plus ses hôtes en annonçant qu'Ahmed Ben Bella, Hocine Aït Ahmed, Rabah Bitat, Mohamed Boudiaf et Mohammed Khider seront désormais placés en simple résidence surveillée et que Mostefa Lacheraf, arrêté en même temps qu'eux le 22 octobre 1956, lors du détournement de leur avion, va être remis en liberté.

Commentant le lendemain ces mesures au cours d'une conférence de presse, Jean Morin précise à Alger que l'interruption des offensives ne représente pas un cessez-le-feu.

— Décidée unilatéralement, explique-t-il, la trêve n'est donc pas le résultat de négociations et ne s'applique que dans les domaines fixés par le gouvernement français.

Un murmure parcourant les rangs de journalistes métropolitains et algériens, il ajoute que la trêve ne concerne pas les abords des frontières, où l'armée garde sa latitude d'action sur une largeur de trente kilomètres.

Le reste du propos de Jean Morin, portant sur le plan social qui va aller en s'accélérant et l'assouplissement des mesures restrictives de liberté de mouvement frappant les Musulmans du bled, n'intéresse pas les observateurs de l'O.A.S. qui, malgré le filtrage de la police, assistent à la conférence de presse. Ceux-là, furieux, ne retiennent que le mot « trêve » et regrettent que six mille rebelles retrouvent la liberté par la seule volonté de De Gaulle, alors que le gouvernement n'accorde pas la même faveur à un seul de leurs compagnons emprisonnés.

Après cet exposé qu'ils estiment aussi néfaste pour l'Algérie française que tous les discours de De Gaulle, les militants armés de l'O.A.S. n'ont pas besoin des ordres de leurs chefs désunis pour passer à l'action. Considérant les pourparlers d'Evian et la trêve comme une déclaration de guerre, ils se décident à frapper à la tête de la police, d'où six commissaires taxés de timidité durant la révolte ont été limogés. André Canal, qui se fait appeler « le Colonel » en souvenir du grade que Salan lui avait décerné en 1958 au titre de la réserve, à la demande de Godard désigne comme première cible le commissaire Gavoury.

Le commissaire Roger Gavoury est un Parisien de cinquante ans. Après avoir combattu les activistes opposés à l'indépendance du Maroc, il s'est installé à Alger en février 1960 avec la mission de traquer les anciens des barricades. Il se reposait en métropole au moment du putsch et, rappelé d'urgence, il a été chargé d'organiser avec une quinzaine de policiers volontaires la lutte contre l'O.A.S. Le démantèlement d'un réseau de fourniture de faux papiers et d'hébergement de déserteurs, puis l'arrestation de l'épouse de Dominique Zattara lui ont valu de retrouver son appartement ravagé par une charge de plastic.

*

## — 37 —
## L'O.A.S. élimine le commissaire Gavoury

Le général Salan, préoccupé par les groupuscules qui y font çà et là parler le plastic, n'oublie pas la métropole. Songeant à Yves Gignac pour essayer d'organiser leur pétaudière et de les fédérer sous la bannière de l'O.A.S., il confie à un homme d'affaires un ordre de mission l'instituant son représentant. Son messager remet le document au lieutenant-colonel de réserve François de Marignan, un ancien de la campagne d'Italie apparenté au capitaine de Gorostarzu, et comme lui irréductible opposant au général de Gaulle.

Marignan diffuse dans le Sud-Ouest du matériel chirurgical et vit avec sa famille sur la petite île de Bérens plantée dans l'Adour sur la commune d'Urt, à vingt kilomètres en amont de Bayonne. Cette situation exceptionnelle lui a déjà souvent permis, comme lors du procès des barricades, d'héberger des militants de l'Algérie française en route pour l'Espagne ou qui en revenaient. Dès ses premiers engagements, au risque d'attirer sur lui l'attention policière, on lui a tout naturellement octroyé *1515* pour numéro de code.

Marignan lui ayant transmis le message en profitant d'un voyage professionnel à Paris, Gignac, bien qu'en liberté provisoire, accepte la mission que Salan lui a attribuée. Cependant, lorsque, grâce à un système de relais souvent mis à l'épreuve, il lui téléphone afin d'obtenir des précisions sur ce qu'il attend de lui, usant de son ironie naturelle, il lui fait tout de même remarquer :

— N'est pas Jean Moulin qui veut, mon général !

Ce n'est pas par hasard que Salan a songé à Gignac pour le représenter. Il sait que le secrétaire général de l'A.C.U.F. n'aura aucune peine à rameuter en son nom des responsables de son association, surtout implantée en banlieue parisienne, à Nancy, Strasbourg, Lyon, Marseille, Toulouse, Bordeaux et Blois.

Avant de passer à l'action, Gignac fait le recensement des hommes déjà engagés dans les mouvances O.A.S. et qui sont pour la plupart des membres de l'Union nationale des combattants, anciens de la 2$^e$ D.B. du général Leclerc et de Rhin et Danube. Des notables liés au Dr Martin sont entrés dans la fronde en Alsace, en Bretagne, en Vendée et au Pays basque. Des rapatriés de Tunisie et du Maroc, très dispersés sur tout le territoire, se déclarent prêts à rendre service malgré leur isolement. Et de nombreux poujadistes, avec d'anciens camelots du roi et l'ensemble des militants de Jeune Nation, forment le gros des forces à fédérer. Sur le plan de l'action, le représentant de Salan, dont on ignore encore la nomination, reconnaît que, quasiment seule et agissant surtout en région parisienne, la solide équipe de Villemarest est parfaitement opérationnelle. Le journaliste a aussi étoffé ses réseaux. Il dispose maintenant de correspondants dans quarante départements. Idéalement placé à l'A.F.P. pour être avisé de ce qui se trame dans les coulisses de Matignon et de l'Elysée quant à l'Algérie française, il fait profiter le général Salan de cette manne d'informations et sa position lui permet de se rendre à Alger où il rencontre de nombreux opposants à l'abandon, surtout Georges Watin et Robert Martel, qu'il a connu au M.P. 13. Villemarest bénéficie également de l'aide d'un diplomate du Quai d'Orsay, un de ces « courriers » qui acheminent des documents confidentiels destinés aux gouvernements ou aux chefs d'Etat étrangers, et qui ne manque jamais de lui faire part de tout ce qu'il peut glaner quant à l'évolution internationale de l'affaire algérienne.

Ajoutant à sa liste composée de mémoire quelques rares hommes politiques et une poignée de policiers et de fonctionnaires, Yves Gignac se rend compte qu'il n'y a pas en métropole plus de six à sept cents hommes et femmes susceptibles de s'engager dans des actions antigouvernementales sérieuses. Et encore, s'avoue-t-il avec franchise, ils ne le feraient certainement pas tous avec la même conviction.

Au fil de ses premières rencontres, Gignac n'a pas besoin d'exhiber l'ordre de mission de Salan. Mais il n'en est pas de même lors d'une réunion avec les principaux dirigeants poujadistes organisée par prudence extrême dans les allées du bois de Boulogne. Avant d'entamer le débat ambulatoire, le papier de Salan est en effet longuement étudié par l'ancien député poujadiste Marcel Bouyer.

Marcel Bouyer est un petit homme rondouillard âgé de quarante et un ans. Pâtissier à Royan, il anime le mouvement Résurrection-Patrie créé durant le putsch. Les policiers le suspectent d'avoir organisé le plasticage du 24 mars précédent qui avait failli mettre le feu au Palais Bourbon et d'être pour quelque chose dans la mort du maire d'Evian. Il circule aujourd'hui avec de vrais-faux papiers établis au nom de Germain Lacouturie et il a pris pour nom de code *Gelée*. Il s'est entouré d'une équipe composée d'un ancien des services secrets de la Marine, le capitaine de corvette de réserve Jacque Roy (Lapouge de son vrai nom), d'un catholique fervent, le D$^r$ Bernard Lefèvre, qui espère créer une Phalange française comparable à celle des franquistes, et du charcutier Raoul Vidart, contrebandier réputé qui recrute parmi ses nombreux amis poujadistes de la région de Saint-Jean-de-Luz et qui assure une liaison permanente avec les exilés en Espagne.

Sitôt que Bouyer commence à parler, Gignac se rend compte qu'il aura du mal à lui imposer les directives de Salan. Le pâtissier, soliloquant en agitant les mains, lui annonce en effet qu'il entend organiser au plus vite une plate-forme politique avec les responsables de tous les mouvements de droite et d'extrême droite. Une sorte de « congrès de la Soummam », précise-t-il en faisant référence à la première réunion du Conseil national de la révolution algérienne qui s'est déroulée en août 1956 au sud de Bougie, dans la vallée de la Soummam.

Jacques Roy, le D$^r$ Lefèvre et leur compagnon n'ayant rien à redire à la proposition de l'ancien député, Yves Gignac fait remarquer à Bouyer que ses propos ne correspondent pas du tout au plan de Salan.

— S'il a accepté de prendre la tête de l'O.A.S. après l'échec du putsch, lui explique-t-il sans hausser le ton ni faire un geste, le général Salan n'a pas l'intention de créer une sorte de gouvernement *bis* en s'appuyant sur une plate-forme politique érigée en parlement parallèle.

Poursuivant sur le même ton de la confidence, obligeant ainsi ses compagnons de promenade à tendre l'oreille, Gignac présente Salan comme l'archétype de l'officier républicain.

— Il n'a jamais songé à s'emparer du pouvoir. Même en mai 58, alors qu'il lui aurait suffi de le ramasser, il a fait appel au général de Gaulle. Je dois, hélas, reconnaître aujourd'hui que ce fut pour notre grand malheur. Mais pouvait-il deviner les reniements du président de la République ? D'ailleurs, vous ne pouvez pas savoir à quel point il se sent coupable d'avoir manqué à ce point de discernement.

Bouyer, qui s'attendait à un tout autre discours, est contraint d'écouter Gignac préciser que, pour Salan, l'O.A.S. n'est qu'une structure provisoire destinée à mobiliser le peuple français en vue de défendre son unité et de lutter contre ceux qui veulent l'obliger à accepter l'abandon de l'Algérie, ce qui signifierait le retour à la barbarie pour le dixième de sa population. Reprenant un propos qu'il a souvent entendu de Salan lui-même il souligne :

— La prise de pouvoir, c'est au peuple de France qu'elle incombe ! Salan n'a jamais voulu et ne voudra jamais être un Franco, auquel, je peux vous l'assurer, il n'a jamais voué d'admiration, c'est le moins qu'on puisse dire et le Caudillo lui-même ne l'ignore pas.

Et il affirme, au nom du général :

— L'O.A.S., actuellement clandestine comme le fut la Résistance pen-

## Chap. 37. – L'O.A.S. élimine le commissaire Gavoury

dant l'occupation allemande, ne doit être qu'une organisation armée au service de la nation.

Bouyer accusant le coup, le quatuor croise un petit homme promenant son chien. L'ami de Bouyer dont Gignac n'a pas compris le nom reconnaît l'acteur Noël Roquevert et, se souvenant de *Fanfan la Tulipe*, il le hèle en utilisant une de ses répliques. Roquevert, flatté, sourit aux quatre hommes à la mise quelque peu sévère pour une promenade au Bois.

La conversation ayant repris son cours, Bouyer décide d'y mettre un terme.

— Tu comprends, lance-t-il à Gignac après l'avoir averti qu'il continuerait ses actions violentes, on ne va pas se débarrasser du gaullisme pour tomber dans le salanisme !

Après cet entretien décevant, Yves Gignac détruit l'ordre de mission de Salan qui lui serait fatal en cas de nouvelle arrestation. Mais avant de le faire, il en avertit quelques amis sûrs, dont André Regard qui a été remis en liberté, afin qu'ils puissent, au besoin, témoigner de son existence.

En Algérie, La Tocnaye a très mal accueilli les discussions d'Evian. Le 23 mai 1961, il est en train d'en parler avec le sous-lieutenant des commandos de l'Air Pierre Delhomme dans une ferme de la Mitidja où ses amis l'ont conduit, lorsqu'il voit arriver Ferrandi avec un fidèle de Robert Martel arborant une énorme épingle de cravate en fleur de lys. Songeant à pouvoir enfin rencontrer le général Salan, il entreprend son aide de camp avec un enthousiasme qui agace celui-ci. Ferrandi rentre à Alger sans avoir fait de promesses aux deux déserteurs.

Roger Degueldre, filant le parfait amour avec Nicole Gardy, une des filles du général, lui demande de convaincre son père de quitter la ville pour s'installer dans la villa de Fort-de-l'Eau où il héberge déjà deux légionnaires en cavale.

La police ayant perquisitionné chez des voisins des amis qui le logeaient à Alger, Gardy finit par admettre qu'il serait plus en sécurité dans le cabanon de Ferrandi. Il ne voit pas d'un bon œil que sa fille, épouse d'un brillant officier du 1er R.E.P., vive avec Roger Degueldre. Outrant ainsi Susini, il en a fait la remarque au cours d'une réunion d'état-major, allant jusqu'à exiger l'éloignement du coupable.

Argoud, toujours décidé à quitter l'Algérie, a renoué avec des agents des D.O.P. dont le P.C., commandé par le lieutenant-colonel Errouard, est installé boulevard du Télemly et qui disposent de quelques autres demeures sur les hauteurs de la ville, comme l'El-Mansour, une grande villa mauresque dont le minaret, le clocheton et la large terrasse dominent à El-Biar le chemin Beaurepaire et la rue Fabre. Nicolas d'Andréa, le propriétaire de cette maison réquisitionnée, a été expulsé d'Algérie après le putsch et poursuit en France le combat avec les embryons de l'O.A.S. métropolitaine.

Un de ses amis officier ayant proposé de le ramener à Paris à bord d'un avion dépendant du S.D.E.C.E., Argoud débarque le 26 mai 1961 en fin d'après-midi à quarante kilomètres au nord de Paris, sur l'aérodrome de Persan-Beaumont où est basée l'escadrille des services secrets.

En Algérie, où personne n'est encore au courant du départ précipité d'Argoud, Ferrandi, qui a obtenu de Degueldre le rappel des deux légionnaires qu'il lui avait envoyés, beaucoup trop exubérants pour ne pas attirer l'attention des policiers sur Gardy, reçoit le 30 mai un exemplaire du manifeste de La Tocnaye, afin qu'il le transmette à Salan. Mais le chef de l'O.A.S. ne prendra jamais connaissance de cette prose. Après l'avoir lue, le général Gardy prétexte pour ne pas la faire suivre qu'elle est trop inspirée des convictions catholiques et monarchistes de Martel et il ajoute qu'au cas où il serait abondamment diffusé, ce document risquerait de desservir l'O.A.S. qui ne doit, précise-t-il avec autorité, avoir pour seul objectif que le maintien de l'Algérie française.

Sans attendre de savoir si Salan a reçu son manifeste, La Tocnaye en a tiré quelques dizaines d'exemplaires sur la ronéo d'un ami d'Henri Talmant. Il les a distribués à quelques Algérois décidés à suivre son programme axé sur la fraternisation des trois communautés religieuses d'Algérie. Mais ses rencontres de plus en plus nombreuses lui valent de se faire arrêter.

Persuadés d'avoir capturé une personnalité de l'activisme, les policiers remettent pourtant La Tocnaye à l'autorité militaire après que celui-ci leur a prouvé que le calepin couvert de signes cabalistiques qu'ils ont saisi dans ses affaires ne contient pas l'organigramme codé de l'O.A.S., mais des dizaines de blagues consignées à l'aide d'un moyen mnémotechnique.

Averti par un officier du corps d'armée d'Alger, le colonel Rivié assure que son lieutenant, du moins s'il engageait sa parole d'officier, regagnerait certainement son unité sans faire d'histoires. La Tocnaye rentre donc à Bouhama, où il apprend que sa démission a été refusée, sans doute, avance son colonel, parce qu'il vient d'être admis dans le corps des officiers de carrière.

Alors que tant d'autres officiers ont sacrifié leur idéal à leur carrière, La Tocnaye se soucie bien peu de la sienne. Il demande au lieutenant-colonel Rivié de le considérer comme déserteur. Et, comme il persiste dans sa rébellion, il se retrouve bouclé dans la prison de Biskra.

Les meneurs des groupuscules composant l'O.A.S. n'étant pas souvent d'accord entre eux, les officiers déserteurs qui restent encore en Algérie ont, comme eux, beaucoup de mal à se regrouper et les pourparlers d'Evian s'engagent, sans, hormis Ferrandi, qu'aucun d'eux ait réussi à rencontrer Salan ou Jouhaud. Maintenant secondé à la tête des commandos de l'O.A.S., que Salan appelle ses « unités spéciales », par l'Algérois Paul Nocetti, le mécanicien en radiologie qui en est à la fois l'un des plus sûrs agents de liaison et l'intendant, Degueldre, lui, est bien dans sa peau de clandestin endossée depuis six mois et il sillonne Alger au volant d'une 403 Peugeot. Le capitaine Sergent est nettement moins à l'aise. Bien qu'il dispose de faux papiers d'une qualité à toute épreuve, puisqu'ils ont été enregistrés à la Préfecture de Police par un fonctionnaire acquis à l'O.A.S., l'ancien commandant de compagnie du 1er R.E.P. est, comme le colonel Argoud, pressé de rentrer en Europe. En attendant de partir, il se terre dans une cache aménagée dans les combles de la villa de plain-pied dans laquelle des amis ont pris le grand risque de l'accueillir à Birmandreis.

Le capitaine esseulé finit par être contacté par Broizat qui le reçoit dans une arrière-boutique où il s'adonne à une recherche religieuse permanente et semble tout aussi décidé qu'Argoud à mettre un terme à ses activités en Algérie. Puis un guide sûr le conduit à la villa où Godard s'est installé après avoir, par souci de prudence, quitté l'appartement de Marie Elbe.

L'ancien résistant du Vercors fait avec son visiteur un rapide tour de la situation et regrette d'être coupé de Salan et de Jouhaud qui, à son avis, sont gardés de force dans la Mitidja par Robert Martel.

Après ce préambule pessimiste, Godard, qui n'a pas, lui, l'intention de partir, expose à Sergent l'organigramme qu'en bon militaire de carrière il est en train d'ébaucher pour l'O.A.S. après avoir obtenu l'accord de principe de Zattara et de ses amis lors de la première réunion du Champ de Manœuvre. Sergent se rend compte que le colonel a bâti l'ossature de l'O.A.S. sur le modèle de celle du F.L.N. qu'il combattait lorsqu'il était à la tête de la Sûreté. Godard a en effet tracé en haut d'une feuille de papier un large rectangle encore vide, d'où partent des flèches menant à d'autres rectangles plus petits, dans lesquels il a inscrit des sigles en lettres majuscules. Comme Sergent s'inquiète de savoir s'il entend placer dans ce grand rectangle matérialisant le commandement supérieur de l'O.A.S. un ou plusieurs noms, Godard affirme que Salan doit rester le chef suprême du mouvement sous le nom de code de *Soleil* et qu'une direction collégiale serait néfaste à l'organisation.

Les deux hommes discutent ensuite de la mise en place de l'Organisation des masses (O.M.) dont le responsable, en même temps qu'il sera chargé de la mobilisation des unités territoriales, aura pour tâche d'amener la population à épauler les clandestins en leur fournissant des refuges, de l'argent et des faux papiers. Ils parlent de l'O.R.O. (Organisation du renseignement et des opérations) qui regroupera le Bureau central des renseignements (B.C.R.) et du B.A.O. (Bureau d'action opérationnel), dont les sigles définissent avec clarté les missions.

Enfin, pour compléter l'organigramme sur lequel, lorsque les civils l'auront approuvé, il ne lui restera qu'à ajouter des noms dans les triangles, Godard a prévu un service d'action politique et de la propagande (A.P.P.), doté de deux départements, le C.P. (Comité politique) et le C.A.P. (Comité d'action psychologique).

L'organigramme de l'O.A.S. n'est pas terminé lorsque, expédié en deux jours à Paris, le procès des généraux Challe et Zeller s'achève par une égale condamnation à quinze ans de détention criminelle. Comme une réponse de l'O.A.S. à ces condamnations, Canal, au matin du 30 mai 1961, décide l'exécution du commissaire Roger Gavoury.

L'équipe désignée pour la mission a été ramenée du domaine où Salan se cache. Elle est composée de trois déserteurs du 1er R.E.P., le sergent d'origine yougoslave devenu autrichien par naturalisation et engagé en 1957 dans la Légion Albert Dovecar (Dodevar de son vrai nom), Claude Tenne et Herbert Piétri, et de trois civils, Paul Frappoli, dont le père a été égorgé sous ses yeux par un tueur du F.L.N., Jacques Malmassari, petit-fils d'un contrôleur général de la Pénitenciaire et fils d'un médecin, et Claude Piegts, l'ami de Philippe Castille.

Des observateurs ont repéré les habitudes du policier condamné à mort. Depuis le premier attentat dont il a été la cible, Gavoury vit seul dans un studio au quatrième étage d'un immeuble au 4 de la rue du Docteur-Trolard partant du lycée de jeunes filles Delacroix pour rejoindre sous le stade Maréchal-Leclerc la rue du Duc-des-Cars.

Mais les choses ne se passent pas ainsi que Bobby Dovecar l'avait imaginé. Le commissaire Gavoury se présente plus tard que prévu devant la porte de son immeuble et il n'est pas seul. Au lieu de monter directement chez lui, il pénètre avec sa secrétaire dans un appartement du rez-de-chaussée.

Bien qu'il soit minuit passé, le chef du commando fait signe à un des complices impatient penché au balcon du quatrième de rester en guet. Le commissaire ressort bientôt de chez sa secrétaire qui lui a trouvé son studio après l'attentat du mois de mars. Il est à peine devant sa porte que Claude Tenne jaillit de l'appartement d'en face avec un poignard de commando à la main, le pousse dans son studio et, enfonçant sa lame près des reins à la hauteur de la troisième vertèbre, au point mortel que les spécialistes du close-combat appellent le « triangle de Petit », il lui perce le dos avec une précision quasi chirurgicale.

Claude Tenne, ayant répété plus de mille fois ce geste à l'entraînement, accompagne la chute de sa victime en la bâillonnant de la main gauche.

Après cette exécution rapide et silencieuse, Dovecar conduit comme prévu son équipe dans un appartement tout proche situé dans la rue Lys-du-Parc longeant les Facultés.

Au matin du 1er juin 1961, ne voyant pas descendre le commissaire à l'heure habituelle, sa secrétaire s'inquiète, monte aux nouvelles et découvre son corps sans vie.

Les tueurs n'ont pas pris de précautions durant l'attente. Dans le studio de leur indicateur, les cendriers sont pleins de mégots et la table de la cuisine encombrée de canettes de bière vides. Vite arrêté et durement interrogé, le locataire des lieux avoue qu'il a prêté son logement à des amis. Et il reconnaît que ceux-ci, dont il ignore les noms, font partie de l'O.A.S. et qu'ils avaient l'intention d'impressionner son voisin.

Craignant l'arrestation, Claude Piegts se rend le lendemain matin rue d'El-Biar chez Susini et lui annonce qu'il va gagner l'Italie en bateau et rejoindre ensuite l'Espagne. Puis Dovecar retrouve les deux hommes et remet à Piegts le pistolet qui ne lui a pas servi.

Tandis que les policiers rendus enragés par l'attentat cherchent bien loin les assassins qui se terrent à moins de cent mètres du lieu de leur crime, la ville est bouclée par les forces de l'ordre. Apprenant le lendemain dans le journal que deux légionnaires déserteurs ont été arrêtés près de Guyotville, le capitaine Ferrandi redoute qu'il s'agisse des hommes dont il s'est débarrassé. Prévenu par Jacques Achard que les déserteurs arrêtés sont bien ceux qu'il hébergeait, il s'empresse de faire conduire le général Gardy vers une autre cache et, avec Noëlle Luchetti, il rejoint un appartement sans meubles appartenant au propriétaire de son ancien cabanon, situé sur le plateau Saulière à deux cents mètres de l'hôpital Mustapha dans la courte rue Ampère parallèle à la rue Michelet.

Le même jour, lassé des palabres incessantes des petits chefs de l'O.A.S. qui ne savent pas accorder leurs voix à l'unisson révolutionnaire dont il rêve avec Susini et Degueldre, et déçu que Salan ne s'éloigne pas de Martel, le capitaine Sergent embarque sur un cargo pour Marseille. Il a saisi si vite l'occasion de partir qu'il n'a pas eu le temps de revoir le colonel Godard, le seul avec Degueldre à qui il fait encore confiance. Il est déjà à Marseille lorsque les tueurs de la rue Trolard se réfugient au-dessus du parc Saint-Saëns dans un local mis à leur disposition dans un méandre du chemin Laperlier par des étudiants des Beaux-Arts ignorant qu'ils ont tué Gavoury.

Quant au Belge Pierre Joly, il est retourné à Bruxelles où il se considère comme l'ambassadeur d'Ortiz. Marqués par la perte du Congo, les fascistes belges ont épousé la cause de l'Algérie française. Ils ouvrent donc à Joly les colonnes du volet *Nation Europe* de leur journal *Nation Belgique*. Dans un article titré « Alger délivrera Paris ! » Joly écrit le 2 juin : « Pour conserver le pouvoir, le général de Gaulle doit, aujourd'hui, liquider l'Algérie. Ce n'est plus à démontrer ; mais s'il arrivait que cette époque troublée lui fasse (dans une position ou une autre) quitter l'Elysée, la faillite algérienne serait en tout état de cause revendue par le régime qui veut lui survivre. Certes, la disparition du Général laisserait nos amis d'Alger souffler un temps, mais cela serait-il suffisant, même si c'est nécessaire ? »

Après avoir également vilipendé l'O.N.U., ce « super-Etat subversif qui sème le désordre au Congo », Joly vaticine : « Si l'Algérie risque de n'être plus française, c'est que la démocratie met sa griffe sur l'Afrique. » Après avoir brandi le spectre communiste qui, selon lui, menacerait l'Europe et rappelé le slogan de Martel, dont le nom est tout à fait inconnu des Belges : « Nationalistes de tous les pays, unissez-vous ! », il affirme : « Il faut qu'à chaque fois qu'un nationaliste, où qu'il soit, qu'à chaque fois qu'un nationaliste va se faire étrangler par un communiste, une organisation européenne puisse voler à son secours. »

L'ami d'Ortiz annonce à la fin de son éditorial de combat que l'Aide mutuelle européenne, l'A.M.E., est habilitée à recueillir des fonds destinés à armer l'O.A.S. S'il n'indique pas l'adresse de cette organisation, il demande aux éventuels donateurs de le contacter à *Nation Belgique*.

Sans savoir que les fascistes belges se préoccupent de leur sort, au matin du 4 juin 1961, Bobby Dovecar et ses compagnons sont toujours hébergés par les étudiants. Deux voitures conduites par des hommes de Martel chargent à Hydra le colonel Godard, le lieutenant Degueldre, le capitaine Ferrandi et Noëlle Luchetti.

Peu disert sur la destination de l'équipée, le chauffeur de Godard et Degueldre prend la route moutonnière et s'enfonce dans la Mitidja. Dans la seconde voiture, Ferrandi le voit bientôt s'arrêter à un barrage de gendarmes installé à un carrefour perdu au milieu des vignes.

Le conducteur descend de son véhicule tandis qu'un gendarme souriant invite celui de Ferrandi à poursuivre sa route. Lorsqu'il est sûr d'échapper à la vue des gardes mobiles, Ferrandi fait arrêter la voiture. Craignant que ses deux compagnons n'aient été démasqués malgré la bonne qualité de leurs faux papiers, il scrute en vain la route durant quelques minutes et, enfin soulagé, il voit venir à pied les deux déserteurs. Tandis que la voiture de Ferrandi redémarre, Godard, maudissant l'amateurisme de Martel, explique que son chauffeur, propriétaire du véhicule, roulait sans assurance.

— Les gendarmes sont en train de lui dresser un procès-verbal. J'ai prétexté que nous voulions nous dégourdir les jambes et ils nous ont laissés partir.

Ferrandi s'attendait à rejoindre la ferme de Birtouta où il avait retrouvé Salan pour la première fois, mais c'est à un autre domaine que son chauffeur le conduit. Salan est là avec Jouhaud et Gardy. Mais Ferrandi s'étonne de ne pas rencontrer d'autres civils que Martel.

Les discussions commencent sous la protection de quelques guetteurs qui ne prennent même pas la peine de dissimuler leurs armes. Gardy souligne d'emblée que la trêve est une mascarade qui n'a pas empêché l'A.L.N. de tuer une vingtaine de soldats en moins de quinze jours et le F.L.N. d'organiser de nombreux attentats.

Salan écoute ensuite durant près de trois heures un exposé de Godard sur l'organigramme de l'O.A.S. Le colonel ayant obtenu l'accord de Jouhaud et Gardy, presque distrait, il lâche seulement : « Je sais que vous ferez pour le mieux, Godard. Et tout ce que vous ferez sera bien fait. »

Degueldre n'a pas parlé. Martel, ronronnant comme si la réunion organisée sur ses terres lui conférait la primauté sur l'O.A.S., a joué les maîtres d'œuvre. Avant la séparation, Salan prend son aide de camp à part et, après lui avoir expliqué que Martel n'a pas voulu prendre le risque d'organiser la réunion sur son domaine parce qu'il n'a aucune confiance en Godard, il lâche :

— Tout cela n'est pas très sérieux, Ferrandi. Godard fait fausse route avec son organigramme trop rigide.

En quittant les lieux, Ferrandi songe que cette première réunion des généraux de l'O.A.S., que Martel présentera certainement comme une réussite personnelle, était inutile et dangereuse. Il est également persuadé que Martel garde les généraux comme des garants de sa propre stratégie.

Le capitaine s'est bien rendu compte que Godard n'a pas été dupe du ton léger dont Salan a usé pour affirmer que tout ce qu'il ferait serait bien fait et il le sait suffisamment finaud pour ne pas ignorer que Salan ne l'apprécie pas. Godard et Salan, réagissant encore une fois en militaires et non en révolutionnaires, ne se rejoignent que dans la condamnation de l'assassinat du commissaire Gavoury. Cette exécution n'est pour eux qu'un crime gratuit et crapuleux, qui risque de déconsidérer la cause de l'Algérie française. Et ils n'ont pas tort car, en métropole, de leur directeur Michel Hacq au dernier planton de la rue des Saussaies, elle dresse contre l'O.A.S. tous les policiers de la P.J.

Alors que les procès des protagonistes du putsch se poursuivent à Paris, le commandant Denoix de Saint Marc est déféré devant le Haut Tribunal le lendemain de la réunion O.A.S. de la Mitidja qui a miraculeusement échappé aux observations des forces de l'ordre.

Le sort du commandant par intérim du 1$^{er}$ R.E.P. était fixé avant l'ouverture de son procès. L'avocat général Pierre Reliquet, l'ancien procureur général de la République à Alger, a en effet reçu le matin même de son ministre de tutelle une lettre de Pierre Messmer l'invitant à réclamer vingt ans de détention criminelle. « Le procureur général près le Haut Tribunal militaire, a écrit Pierre Messmer, qui a échappé il y a trois jours à un attentat sur la route d'Oran à la Sénia, vous a désigné pour soutenir l'accusation à l'encontre du chef de bataillon Denoix de Saint Marc, ancien commandant par intérim de l'ex-1$^{er}$ régiment étranger de parachutistes, j'estime devoir appeler à nouveau et par écrit votre attention sur l'exceptionnelle gravité de cette affaire. Elément essentiel du mouvement insurrectionnel du 22 avril 1961, puisque sans sa participation l'insurrection n'aurait pu se déclencher, officier chargé d'un commandement étant, au surplus, celui d'un régiment de Légion, Denoix de Saint Marc n'a pas hésité en usant de violences allant jusqu'à la mort d'un sous-officier, l'arrestation des plus hautes autorités civiles et militaires en Algérie et l'occupation de bâtiments publics, à mettre dangereusement en péril les institutions et les libertés républicaines, à briser la discipline et l'unité de l'Armée. Seule une peine très lourde peut sanctionner et en partie réparer aux yeux de l'Armée et de l'opinion publique le crime commis en toute connaissance de cause par cet officier supérieur. Je vous invite, en conséquence, compte tenu des états de services antérieurs du commandant de Saint Marc, à requérir à son encontre une peine de vingt ans de détention criminelle. »

Après de telles recommandations, la tâche de l'avocat de Saint Marc, M<sup>e</sup> Martin-Sané, ancien défenseur de plusieurs collaborateurs en 1945, s'annonce désespérée. Mais, le moment des réquisitions venu, le procureur Reliquet, homme presque chauve et très maigre, évoque les pressions des ministres de la Justice et des Armées.

— J'ai l'honneur de vous faire connaître, lance-t-il au président Patin, que MM. Michelet, garde des Sceaux, et Messmer, ministre des Armées, m'ont adressé des instructions écrites en date des 4 et 5 juin 1961, m'enjoignant de requérir une peine de vingt ans de détention criminelle à l'encontre du chef de bataillon Denoix de Saint Marc.

Des murmures de réprobation montent de la salle. Le procureur n'en a cure et poursuit :

— Comme l'exige le code de procédure pénale, je prends les conclusions écrites conformes à ces instructions et je dépose le tout sur le bureau du Haut Tribunal militaire. Mais, usant de la faculté que me donne la loi et pour satisfaire ce que je crois être la justice, je ne demanderai pas que la peine infligée à l'accusé soit aussi lourde.

A ces mots, un frisson de satisfaction anime les rangs serrés de l'assistance encore sous le coup de la poignante déposition de Saint Marc qui a fait le tour de tous les renoncements imposés depuis vingt-cinq ans à l'Armée.

— Le gouvernement a ses soucis, reprend le procureur. Le juge a les siens, qui ne sont pas nécessairement les mêmes. L'un assure la bonne marche de l'Etat. L'autre veille à ce que l'équité soit respectée.

Après avoir rappelé le passé de l'accusé, jeune résistant en Aquitaine, déporté à Buchenwald, officier parachutiste en Indochine et en Algérie, le procureur en vient au fait et accuse :

— Saint Marc, vous avez dit avoir agi pour défendre l'honneur. L'honneur militaire – qui est inscrit en lettres d'or sur votre drapeau – vous commandait d'obéir à vos chefs légitimes. Une armée qui n'obéirait plus ne serait qu'une horde à la solde d'un régime sans pouvoir.

Ne sachant plus très bien où veut en venir le procureur, l'assistance, les gardes et les journalistes respectent un silence total et les juges sont plus graves que jamais.

— Mais la faute, reprend-il, si lourde soit-elle, ne saurait effacer vingt ans d'héroïsme.

Ces paroles pouvant laisser présager une sentence clémente du Tribunal, le procureur en termine :

— Messieurs, lance-t-il aux juges parmi lesquels le général Ingold semble très mal à l'aise, vous recherchez les circonstances atténuantes et je vous demanderai de descendre de deux degrés. Pour ce soldat, dont le départ de l'armée sera déjà une peine cruelle, je ne requiers qu'une détention de cinq à huit années.

Le mot acquittement se chuchotant parmi les travées combles, M$^e$ Martin-Sané se contente d'une plaidoirie sans envolées. Puis des huées jaillissent de la salle lorsque le président Patin annonce que le Haut Tribunal militaire a condamné Saint Marc à dix ans de détention criminelle.

Au soir de ce verdict, le général Ingold, qui a perdu un frère en déportation, décide de se démettre de sa charge de grand chancelier de l'ordre de la Libération. Et sitôt qu'il reçoit cette démission, le président de la République ordonne au secrétaire général de l'Elysée, Geoffroy de Courcel, de faire savoir à Ingold qu'il la refuse et de lui conseiller en son nom de se retirer simplement du Haut Tribunal militaire pour des raisons de santé.

Quatre jours après ce jugement qui a choqué de Gaulle, le général Charles Ailleret, adjoint de Gambiez depuis le début du mois de mai, est convoqué à Paris par le général de Gaulle qui, chef suprême des Armées, lui annonce sa promotion au grade de général de corps d'armée et lui confie le commandement supérieur en Algérie. Après lui avoir rappelé qu'il entendait demeurer le seul maître de la politique algérienne, il lui recommande de ne pas hésiter à en appeler directement à lui au cas où il aurait des difficultés avec sa hiérarchie.

Lorsqu'il rentre à Alger le 10 juin, Ailleret, que les gens de l'O.A.S. surnomment « Presse-Bouton » parce qu'il a déclenché la première explosion atomique à Reggane, n'est donc que commandant supérieur des forces en Algérie, alors que Gambiez, avant d'être nommé à la direction de l'Institut des hautes études de défense nationale et du Centre des hautes études militaires, était, lui, commandant en chef.

Sitôt installé au quartier Rignot, Ailleret s'entoure d'officiers qui ont fait la preuve de leur fidélité à la République durant le putsch. Il a choisi comme aide de camp le lieutenant Commerçon, l'homme que le commandant Vailly avait fait enfermer de manière si symbolique à Blida. Et il confie au chef d'escadron Bourgue, qui a évité dans le Constantinois de nombreux ralliements aux putschistes, le poste de chef de cabinet et de porte-parole du commandement supérieur.

Une nouvelle valse de mutations anime le quartier Rignot où Ailleret fait du général Michel Fourquet son adjoint et du général Hublot, si zélé à la direction des commissions d'enquête qui traquent encore dans toutes les unités les officiers qui n'ont pas affiché une franche attitude de refus envers le mouvement de Challe, son chef d'état-major.

Sitôt Gambiez rapatrié, les responsables de l'O.A.S. s'empressent de faire courir sur Ailleret des rumeurs désobligeantes. Se servant de la proclamation qu'il a signée à Bône au nom de l'Algérie française, ils le traitent de renégat puis, rappelant qu'il a occupé le poste d'attaché militaire à Moscou et soulignant qu'il parle russe, ils le désignent comme un agent à la solde du bloc communiste.

Soucieux de garder ses distances avec une ville qui le rejette à coups de tracts et de menaces, Ailleret transporte peu à peu son état-major sur la base aérienne de La Réghaïa, là où Challe et Delouvrier s'étaient réfugiés lors des barricades.

Ailleret prenant ainsi ses marques à Alger, la plupart des protagonistes du putsch ont été jugés. Le 21 juillet 1961, le général Pierre-Marie Bigot a écopé de quinze ans de détention criminelle et le général Nicot de douze. Les colonels Lecomte et Masselot ont hérité l'un et l'autre de la même peine de huit ans de prison. Malgré ses revirements durant le pronunciamiento, le général Gouraud a été quant à lui condamné à sept ans de réclusion. Le lieutenant-colonel de La Chapelle a été taxé de la même peine et le commandant Robin, le patron des commandos parachutistes qui a joué un si grand rôle dans la prise d'Alger, a reçu six années de prison. Quant au général Petit, s'il ne bénéficie pas d'une amnistie espérée pour tous les condamnés par leurs avocats, il passera cinq ans derrière les barreaux.

Leurs peines étant assorties du sursis, le général Mentré, le lieutenant-colonel Ceccaldi, le chef de bataillon Loustau et le capitaine Pompidou ont été condamnés à cinq ans de prison. Le sursis a été également accordé au commandant Forhan, qui hérite de quatre ans de prison, au lieutenant-colonel Maurice Emery, au commandant Julien Camelin, aux capitaines Hustaix, Clédic et Mosconi qui sont frappés de trois ans de la même peine. Il est également consenti au colonel Bréchignac, au lieutenant-colonel Le Bourhis, au chef de bataillon Penduff, aux capitaines Bésineau, Bonelli, Carette, Joseph Estoup, Rubin de Cervens, aux lieutenants Picot d'Assignies, Labriffe et Durand-Ruel qui sont frappés d'une peine de deux ans. Le chef de bataillon Cabiro et l'adjudant-chef du 1$^{er}$ R.E.P. Giubbi écopent de dix-huit mois de prison, également assortis du sursis. Quant aux chefs de bataillon André Botella et Guizien, ils ont droit à un an de prison avec sursis, comme les capitaines du 1$^{er}$ R.E.P. Catelotte, Borel, Coicaud et Ysquierdo et leurs homologues en grade Branca, Amet et Montagnon, du 2$^e$ R.E.P., et Ziegler, du 1$^{er}$ R.I.Ma.

Quant au général Petit, si peu fidèle, chef de cabinet de Debré, s'il ne bénéficie pas d'une amnistie espérée pour tous les condamnés par leurs avocats, il passera cinq ans derrière les barreaux. Les juges ont acquitté les colonels Bravelet, Buchoud, Rocca, le commandant Bonnafous, les capitaines Desvonges, de Roquefeuil, Helmer, Oudinot, les lieutenants Mertz et Auriolle. Alors qu'il avait pourtant plus de chefs d'accusation que le commandant Loustau, c'est sans doute parce qu'il est du contingent que Jacques Mugica, lui, a eu droit à un acquittement inespéré.

Arguant de ces si nombreuses peines de sursis et acquittements, quelques Pieds-noirs algérois, proches de Martel pour la plupart, s'acharnent à faire courir le bruit que les militaires putschistes ont été plus ou moins sciemment manipulés par des proches du gouvernement et de la présidence de la République et que, grâce à un tour de passe-passe juridique, ils retrouveront très vite leur liberté. Pourtant, parmi les sursitaires ou acquittés, ils seront nombreux, comme le commandant de Légion Julien Camelin, le médecin-aspirant Jacques Mugica et les capitaines Branca et Montagnon, à rejoindre l'O.A.S. ou, comme le chef de bataillon Botella, à travailler pour elle dans l'ombre.

\*

— 38 —

## L'O.A.S. algéroise manque de moyens

Suivant les conseils de ses amis algérois, à son arrivée à Paris, le capitaine Sergent s'est gardé de renouer tout de suite avec ses anciennes relations. Arborant le petit nœud papillon bleu à pois blancs que des monarchistes d'Alger lui ont remis en signe de reconnaissance, il s'est d'abord présenté au siège de l'Action française situé dans le IIe arrondissement, au 10 de la rue Croix-des-Petits-Champs. Là, Pierre Juhel, un des dirigeants de cette organisation, et Olivier de Roux, fondateur de la Restauration nationale, sans se soucier des risques qu'ils prenaient, l'ont reçu avec amitié et, le soir même, ils lui ont procuré un gîte dans un immeuble proche de la place Saint-Augustin.

En attendant de rencontrer, grâce à Juhel et de Roux, les sympathisants de l'Algérie française qui lui permettront de reprendre enfin le contact avec les personnes croisées du temps de son exil chartrain, du moins celles qui ont échappé aux rafles, Sergent profite de son oisiveté forcée pour ébaucher l'organigramme d'une O.A.S. métropolitaine calqué sur celui de Godard. Sans se soucier de n'avoir pas été mandaté par Salan, il décide de créer un service d'organisation des masses, l'O.M., qui sera chargé du recrutement de l'O.A.S. Il y ajoute l'O.R.O., le service qui organisera le renseignement et les opérations jusqu'à la prise du pouvoir. Puis il réfléchit à la mise sur pied d'un service d'action psychologique et de propagande, l'A.P.P., qui aura pour tâche d'influencer l'opinion publique en faisant, après coup, connaître les motivations de chaque action de l'O.A.S.

Au matin du 14 juin 1961, les partisans de l'Algérie française jubilent en apprenant l'interruption des discussions avec le G.P.R.A. Ne se souciant pas de connaître les raisons de cet ajournement tant espéré, ceux qui se réunissent à l'heure de l'anisette et de la kémia dans les cafés de Bab el-Oued et de la Bassetta évoquent une reculade du gouvernement provoquée par les trente bombes que l'O.A.S. a posées les jours précédents à Alger et à Oran plutôt que la mésentente entre les envoyés de Paris et de Tunis au sujet du Sahara et la façon dont l'Algérie serait gérée durant la période précédant le référendum.

Un peu avant que les émissaires du gouvernement aillent à Evian rencontrer ceux du G.P.R.A., l'ancien délégué général Paul Delouvrier a discuté du Sahara avec de Gaulle. Le président de la République lui ayant fait part de son intention de tenir à l'écart des pourparlers ces immensités désertiques dont le sous-sol est si riche en pétrole et en gaz, il lui a annoncé :

— Dans ce cas, mon général, Evian sera un fiasco !

Et, comme de Gaulle s'entêtait, Delouvrier a répliqué :

— Mon général, même si vous avez neutralisé les généraux du putsch, il reste encore des colonels dans le maquis, en métropole comme en Algérie. Si les accords d'Evian ne sont pas signés en réglant le problème du Sahara : ils vous tueront !

Le Général a un instant considéré Delouvrier et, fataliste, il a lâché :

— Et bien, Delouvrier, ils me tueront. Ce sera une belle mort.

Le lendemain de la séparation d'Evian, le lieutenant Godot rejoint Sergent à Paris et approuve son plan de structuration de l'O.A.S. Puis Sergent, dans le jardin du lycée Sainte-Geneviève, la vénérable institution versaillaise tenue par des Jésuites d'où, de Lyautey au maréchal Leclerc, est sortie la fine fleur de l'Armée française, rencontre Roland Laudenbach, P.-D.G. des éditions de La Table ronde, ami d'Yves Gignac et neveu de Pierre Fresnay, dont le vrai nom est Pierre Laudenbach. Les deux hommes se connaissent depuis que le capitaine Bertrand de Gorostarzu, alors affecté à la Direction des personnels de l'Armée de terre, et son cousin Robert Lalfert, cadre civil dans le même service qui participait aux réunions du « Grand O » du D$^r$ Henri Martin, les ont présentés à la fin de 1959.

Lalfert et Gorostarzu collaboraient alors à *Armée-Nation*, une revue confidentielle éditée par Roland Laudenbach. Entre autres personnalités attachées à l'Algérie française et opposées au général de Gaulle, quoique pas toutes pour les mêmes raisons, le futur académicien Jacques Laurent, le commandant Casati, le professeur Raoul Girardet et Yves Gignac prêtaient également leur plume à ce journal réservé à une clientèle d'initiés.

Les auteurs écrivant bénévolement dans cette revue se rencontraient alors souvent avec Roland Laudenbach rue du Bac, au restaurant Les Ministères situé à deux pas des éditions de La Table ronde et appartenant à la mère du colonel Gardes, qui dirige aujourd'hui à Alger la branche Organisation des masses, l'O.M. de l'O.A.S.

Roland Laudenbach a rencontré Salan au cours d'une réception organisée par Michel de Saint-Pierre dans son appartement du Faubourg Saint-Honoré. C'était au début 1960, lorsque le général commandait la place de Paris et, depuis, l'éditeur n'a cessé de faire des émules pro-Algérie française dans son entourage d'intellectuels. Grâce au mécénat de quelques Algérois fortunés mis à contribution par leur député Philippe Marçais et par M$^e$ Kaflèche, il a créé *L'Esprit public*, un bimestriel dont la ligne éditoriale réclame le retour aux idéaux du 13 mai 1958. Le P.-D.G. de La Table ronde a formé pour ce journal un comité de rédaction de choc avec Jean Brune, expulsé d'Algérie, le professeur Raoul Girardet, Philippe Héduy, Jacques Laurent, Philippe Marçais et Jules Monnerot.

*L'Esprit public* est un véritable organe de combat. Ses rubriques virulentes telles que ses chroniques du « Lavage de cerveau » et « De la wilaya de Paris » assurent la continuité de son engagement défini dans la charte publiée dans sa livraison du 10 mai 1961, qui tend à « éviter aux départements algériens la misère, l'anarchie et la régression » et, à la France métropolitaine, « le chaos politique et moral qu'entraînerait inévitablement le fait de la sécession ».

L'an passé, se souciant peu des réactions du gouvernement, après avoir été un des premiers éditeurs à publier des ouvrages concernant la guerre d'Indochine, Laudenbach a sorti à La Table ronde *Barricades pour un drapeau*, un témoignage sur les drames du 24 janvier 1960 écrit à chaud par le journaliste Paul Ribeaud, frère de Guy, l'homme de confiance de Georges Bidault.

Pierre Sergent n'ignore rien de tout cela. C'est pourquoi aujourd'hui, à Versailles, il propose à l'éditeur de prendre la direction de l'action psychologique et de la propagande de l'O.A.S. Roland Laudenbach plisse à peine son haut front lisse barré par une mèche de cheveux rétifs et, estimant qu'il serait lâche de ne pas accorder ses actes à ses idées, il accepte cette offre.

Yves Gignac, catholique sincère, et Laudenbach, comme le colonel Broizat protestant rigoureux, s'affrontent de temps en temps sur les mérites de leurs religions respectives.

— Mon pauvre Roland, a même osé affirmer un jour Gignac, se faisant plus sectaire qu'il ne l'est dans le seul but de décrisper quelque peu une conversation rendue difficile par les malheurs de l'Algérie française, c'est un mystère que vous puissiez être protestant. Car, voyez-vous, pour moi, il est vraiment impossible à un homme d'être à la fois intelligent, honnête et bon disciple de Luther ! Intelligent et malhonnête, oui... Honnête et stupide également, mais comme vous ne rentrez heureusement pas dans l'une ou l'autre de ces deux catégories, permettez-moi de m'interroger.

Le neveu de Pierre Fresnay lui avait alors rétorqué :

— Je ne sais, mon cher Yves, si vous deviendrez un jour sérieux.

Ces taquineries n'ont pas empêché Laudenbach de présenter à Gignac Michel de Saint-Pierre, puis Jacques Laurent et Jean Cassagneau, un cardiologue toulousain acquis à l'Algérie française. Gignac, s'entendant à la perfection avec ce médecin, avait aussitôt mis sur pied avec lui le premier réseau O.A.S. à Toulouse bien avant l'arrivée du capitaine Sergent.

Depuis l'exécution du commissaire Gavoury, les accès d'Alger sont toujours bouclés par des chevaux de frise et des blindés. Leurs amis étudiants ayant été mis en demeure par le directeur de l'Ecole des beaux-arts de les remettre à la rue, Dovecar et ses compagnons en sont réduits à se terrer chaque soir dans une cabane à outils, au fond du jardin d'une villa de la Bouzaréah.

Leurs incessantes allées et venues entre la villa et le réduit où ils s'enferment à l'heure du couvre-feu ne passent pas inaperçues et un voisin, haut fonctionnaire à la délégation générale et proche de Bitterlin, finit par s'en inquiéter. Téléphonant au commissariat central, il s'entend féliciter pour son civisme et, puisque c'est la règle lui annonce son interlocuteur, il décline son identité et son adresse.

Deux jours après ce coup de fil, deux hommes sonnent à la porte de ce bon citoyen, s'inquiètent de savoir s'ils ont bien affaire à M. Perrin et le tuent.

Estimant après ce nouveau crime qu'ils ne sont plus en sécurité, Degueldre ordonne à Bobby Dovecar et ses hommes de déménager encore. Cette fois, toujours à la Bouzaréah, ils trouvent refuge dans la grande villa des Lung, négociants en vins, où vit la veuve d'un ophtalmologiste réputé, Mme Gauthier-Saliège, apparentée au cardinal Jules Saliège mort depuis quatre ans. Ce dernier, dont le général de Gaulle avait fait un compagnon de la Libération, avait désavoué la politique raciale du maréchal Pétain, le 31 août 1942, alors qu'il était évêque de Toulouse.

Logés dans une immense bibliothèque aux rayons chargés de livres de grand prix, les déserteurs et leurs compagnons découvrent chez la vieille dame un luxe qu'ils n'ont jamais approché. Quelques emblèmes nazis, récupérés durant les combats de la Libération par le docteur Gauthier, pendent aux murs de cette pièce consacrée à la culture.

Livrés à eux-mêmes, les légionnaires traqués s'enivrent de leur liberté relative. Adulés comme des héros par les militants de l'O.A.S. qui les ravitaillent, ils ne savent pas toujours garder leurs secrets. Et encore moins les civils qui les accompagnent et dont l'un d'eux, s'enhardissant à faire une escapade en ville, retrouve ses amis dans un café. Sûr de lui et vantard, il leur laisse entendre qu'il a participé à l'exécution d'un

## Chap. 38. – *L'O.A.S. algéroise manque de moyens*

patron de la lutte anti-O.A.S. Comme seul le commissaire Gavoury a été assassiné parmi les cadres de la police, ses compagnons de comptoir le comprennent à demi-mot. Mais, à cette heure d'affluence, ils ne sont pas seuls à recueillir les fanfaronnades du compagnon de Dovecar et de Tenne. Lorsqu'il remonte à la Bouzaréah, le « permissionnaire » est suivi de loin par un des nombreux indicateurs de police qui, de Belcourt à Bab el-Oued, glanent des renseignements qui sont épluchés par les hommes du commissaire Louis Grassien, le remplaçant de Gavoury au commissariat central.

La villa de la vieille dame est vite cernée par un escadron de gendarmes et tous les accès à la Bouzaréah barrés par des blindés.

Bobby Dovecar n'est pas là. Il a confié à Claude Tenne le commandement des cinq hommes qui restent dans la villa. Un capitaine de gendarmerie procédant aux sommations réglementaires à l'aide d'un porte-voix, des rafales tirées du rez-de-chaussée en abrègent le cérémonial et les gendarmes investissent la place.

Alerté par les échos de l'accrochage alors qu'il venait donner des ordres et ramenait Dovecar à la villa, Roger Degueldre a tout juste le temps de faire demi-tour à cent mètres d'un barrage. Craignant que la nuit ne favorise la fuite du commando, le patron des gendarmes décide de brusquer les choses. Couvert par le tir nourri de tous ses compagnons, un assaillant réussit à approcher de l'entrée de la villa. Il va y pénétrer lorsque soudain, jaillissant à l'air libre, Claude Tenne, l'arme à la hanche, tire une dernière rafale et, à bout de munitions, lance son arme vers les gendarmes qui, lorsqu'il lève les bras au-dessus de la tête, l'abattent et se ruent dans la villa enfumée où ils découvrent ses compagnons morts ou blessés.

Impressionnés, les officiers de Gendarmerie rendent compte à la Délégation générale de la découverte des trophées allemands dans la bibliothèque transformée en dortoir par la parente de monseigneur Saliège, heureusement absente au moment de l'assaut.

Sautant sur une si belle occasion de prouver que l'O.A.S. mène un combat fasciste sous le couvert de l'Algérie française, Coup de Fréjac autorise des journalistes à pénétrer dans la villa dévastée afin d'y photographier les emblèmes hitlériens. Et tandis que Claude Tenne est emmené mourant à l'hôpital Maillot, ses compagnons abattus sont présentés à la presse comme des néo-nazis.

Les plus chauds partisans du général de Gaulle, après avoir distillé la rumeur que Degueldre est un vétéran de la Waffen S.S. alors qu'il a combattu les nazis dans un maquis F.T.P. avant de s'engager dans la Légion étrangère et d'y gravir en treize ans tous les grades de deuxième classe à lieutenant, font courir le bruit que d'anciens soldats du IIIe Reich participent à Alger à un vaste complot revanchard.

Bien qu'ayant perdu son premier commando de déserteurs, l'O.A.S. se structure. Salan en est supposé le chef, et Jouhaud le second au sein d'une direction collégiale baptisée Comité supérieur (C.S.-O.A.S.). L'organigramme de Godard permet au seul général Gardy de rencontrer Salan et Jouhaud sans passer par la filière de liaison reliant les unes aux autres les personnalités de l'organisation. Degueldre et le D$^r$ Pérez sont chargés de l'organisation armée tandis que Susini dirige avec Georges Ras son service d'action politique et de propagande.

En dehors de cette organisation qu'il approuve, Jean-Jacques Susini est toujours décidé à démontrer aux militaires que rien n'est possible sans la participation des civils. Il s'évertue à étoffer le Front nationaliste au sein duquel, sur le modèle des commandos de Degueldre connus sous le nom de *deltas* – l'initiale grecque de Degueldre – et de ceux d'Achard, appelés *alphas* pour la même raison. Il a formé les commandos Z – commandos de zone – avec des militants de Jeune Nation et de France-Résurrection qui ont conservé leur armement du putsch et quelques vétérans de l'antiterrorisme clandestin.

Susini possède comme Degueldre des faux papiers de très bonne qualité qui font de lui un Strasbourgeois. Le choix de sa fausse ville natale n'est pas fortuit. Pour y avoir vécu presque trois ans, il la connaît bien. Il ne risque donc pas de tomber dans un des pièges grossiers dont les policiers émaillent leurs contrôles de plus en plus tatillons.

Le créateur du Front nationaliste a déménagé une nouvelle fois. L'entrepreneur Roger Caruana lui en ayant signalé la vacance, il s'est installé au-dessous de Diar el-Mahçoul et du Clos-Salembier, dans la villa les Arcades. Ce nouveau refuge, avec sa toiture ouvrante et ses colonnades romaines, allie le luxe moderne au classicisme. Son concepteur et propriétaire est l'architecte Fernand Pouillon, l'ami de Caruana, qui a bâti les cités d'avant-garde de Climat-de-France, au-dessus de Bab el-Oued, et de Diar es-Saâda sur les hauteurs du Clos-Salembier et qui, convaincu de prévarication, est aujourd'hui emprisonné en métropole. Degueldre, le spartiate, apprécie tellement l'ambiance de cette demeure qu'il vient souvent y dormir. Mais lorsque, après l'assassinat du commissaire Gavoury, il a proposé d'y installer Dovecar et ses compagnons, Susini a refusé au nom de principes de sécurité que Degueldre a très bien admis.

S'il n'a pas hébergé ses hommes, Susini prodigue une amitié sans faille à l'ex-lieutenant, dont il apprécie le jusqu'au-boutisme révolutionnaire. Certains militants de l'O.A.S. ayant mis en doute la fidélité de Degueldre à l'Algérie française, il l'a accompagné à quelques réunions secrètes pour remettre les choses au clair.

Mais, malgré les tracts et les attentats à chaque fois revendiqués, Susini, plus pragmatique que les militaires, se rend compte que le recrutement de l'O.A.S. n'est pas efficace. C'est tout juste si Degueldre, le D$^r$ Jean-Claude Pérez et Jacques Achard, qui se partagent les affaires militaires de l'organisation, disposent de cent volontaires opérationnels. Tous les autres, dix fois plus nombreux et qui se proclament de manière un peu excessive membres de l'O.A.S., ne suivront sans doute le mouvement qu'une fois le succès bien engagé.

Le colonel Godard, qu'une grosse moustache et des cheveux longs rendent méconnaissable, sait comme Susini la réelle puissance de l'O.A.S. Sans tenir compte des volontaires politisés de Zagamé, Michel Leroy et des vétérans du contre-terrorisme rangés sous la bannière de Jacques Achard, il estime qu'elle est surtout représentée par la quinzaine de groupes de légionnaires déserteurs mis aux ordres de Degueldre avec à leur tête des guerriers comme Bobby Dovecar et Wilfried Schliederman qui commandent les *deltas* 1 et 2. Mais l'O.A.S. est loin d'être à l'échelle de ses organigrammes, puisqu'il n'a même pas suffisamment de noms à inscrire dans les cases des chefs de secteur.

L'ancien patron de la Sûreté a beau menacer de mettre la clé sous la porte si les bonnes volontés ne se concrétisent pas au plus vite par des engagements en masse, rien n'y fait. Les discussions stériles entre les dirigeants traînent en longueur. Salan et Jouhaud, de leur exil dans la Mitidja, ne semblent toujours pas au courant de la précarité de la situation qui pousse le général Gardy à adresser le 17 juin 1961 cette lettre à Godard :

« Il est certain que la situation présente (et qui dure depuis le début) de l'Autorité qui devrait commander à l'échelon de l'Algérie, qui dit le faire, entraîne :

« – Inexistence ou incohérence des actes de commandement (Décision, directives d'ensemble, instructions particulières importantes).

« – Désordre : comme vous le dites, initiatives plus ou moins opportunes prises par des membres "Alger" s'adressant à des responsables d'Oran ou d'ailleurs, etc.

« – Déviationnisme de certains, questions de personnes, entraînant des divergences fâcheuses.

« Pour essayer de limiter les dégâts, me donner une délégation de pouvoir de *Soleil* serait *a priori* une solution possible. Mais serait-ce accepté, autrement que pour la forme, par les plus personnels de nos camarades civils ? D'autre part, il n'est pas sûr que *Soleil* y consentirait ; à la dernière demande que je lui ai adressée, il y a une huitaine, assez véhémente mais respectueuse, il m'a répondu par un mot des plus secs ; son entourage lui déconseilla une telle solution, de nature à diminuer son influence. »

Et Godard répond au général :

« *Soleil*, reconnaît-il crûment, est dans sa tour d'ivoire et le reste, il ne se manifeste par aucune directive depuis notre reprise de contact il y a bientôt un mois ; il joue la carte O.A.S., mais, étant intoxiqué par son entourage, il craint des manœuvres de notre part et se fait, inconsciemment sans doute, l'instrument des manœuvres de certains autres ; il a peut-être désigné des représentants pour l'Oranie et le Constantinois (*Métro* – le colonel Lacheroy – est à Bône, tout en y étant assez inopérant, d'après le Dr Pierrot que j'ai vu vendredi) ; en tous les cas, les véhicules de sa pensée, et peut-être même ses représentants en dehors d'Alger, sont des hommes de Martel. D'autre part, il ne peut être question de nous dégager de *Soleil* ; si nous avons, il me semble, reconnu son autorité, sa présence en Algérie est quand même un symbole, malgré les réserves que sa personnalité soulève dans certains milieux ; la masse de la population ne comprendrait d'ailleurs pas qu'il ne soit pas le grand patron de l'O.A.S. et nos adversaires ne manqueraient pas de le souligner et de l'exploiter contre nous. Enfin se dégager de *Soleil* tout en se servant de son nom est une manœuvre trop déloyale pour que j'accepte personnellement de m'y prêter (le Comité adoptera, je l'espère, cette position). »

Gardy répond à son tour à cette note et, ainsi que dans son courrier du 17 juin, il se déclare prêt à assumer une délégation du commandement de l'O.A.S. Mais avant, écrit-il, il faudrait que « *Soleil* donne son accord, ce dont je doute ; que mon autorité par délégation soit acceptée sans réticence, ce dont je doute également (j'en suis même sûr). Par ailleurs, si malgré tout cette solution était adoptée, je craindrais que les directives que me donnerait *Soleil* ne soient de la même eau que certains papiers qu'il a pondus épisodiquement jusqu'ici, ou une ou deux instructions qu'il m'a adressées personnellement, ahurissantes par leur méconnaissance de toutes réalités. Tant qu'il sera sous l'influence exclusive de Martel, il ne faut, hélas ! rien en attendre de sérieux. Il me serait évidemment impossible de me conformer à des directives de ce genre, et cela me mettrait dans une situation tout à fait fausse, ce dont j'ai horreur. Tout ceci dit, poursuit-il en en appelant à Jouhaud, je souhaite qu'on trouve une formule qui limite les dégâts : soit *Soleil bis,* dont vous parlez dans votre message page 4, soit ce que je vous ai exposé comme solution de fortune dans ma lettre du 17, paragraphe 3. Enfin, on verra, d'après les réponses des uns et des autres à vos suggestions. »

Quant à Salan il a refusé toute discussion politique en stipulant dans une des rares notes ayant échappé au contrôle de Martel : « Lorsque de Gaulle aura disparu, de la scène politique tout au moins, et que la France se trouvera devant le problème de déterminer sur quelles bases elle aura à orienter son avenir, alors, mais seulement alors, les doctrines politiques pourront s'affronter. »

Susini est au courant de ces échanges paperassiers qui ne font pas avancer les choses. Le 20 juin 1961, lors d'une réunion de responsables, il annonce que le Comité supérieur de l'O.A.S. doit pouvoir, quand c'est nécessaire, passer à l'action sans avoir à attendre des confirmations écrites de tel ou tel dirigeant. Au matin du mercredi 21 juin, quelques heures après cette réunion à laquelle il n'a pas assisté, c'est par un nouveau courrier de Gardy que Godard est mis au courant de cette décision. « Il n'est pas douteux, affirme en effet le général, que soumis à une influence exclusive et le plus souvent néfaste, *Soleil* n'est pas en mesure d'exercer un commandement effectif et efficace. On a évoqué de nouveaux exemples de l'action nocive et méchante de Martel ne cherchant qu'à provoquer et entretenir la division et les méfiances. Il fait décidément beaucoup de mal. »

Après avoir vilipendé Martel, Gardy affirme que la proposition de Susini n'est qu'un palliatif. Il faut cependant, propose-t-il : « Eviter à tout prix, comme vous l'avez écrit, et j'y ai insisté, une rupture avec *Soleil*. Tout le monde est d'accord. Toutefois, il faut trouver une formule qui permette d'agir à défaut de son commandement effectif et de limiter les dégâts provoqués par la nocivité de Martel et ses activités ou propos incohérents. »

Ce même jour, dans un appartement du XV$^e$ arrondissement proche du métro Félix-Faure, six hommes se réunissent pour parler de l'O.A.S. Il s'agit d'Yves Gignac, du capitaine Sergent, de Bertrand de Gorostarzu qui a organisé la rencontre, du lieutenant Daniel Godot, de Robert Lalfert et du capitaine de réserve Jean Fort, depuis peu adjoint militaire de Gignac.

Pierre Sergent, sitôt les présentations faites par Robert Lalfert qui seconde Gignac pour les affaires civiles, explique qu'il a reçu l'ordre de créer en métropole une O.A.S. structurée. Sachant que cet ordre ne vient pas de Salan, Gignac ne trahit pas sa perplexité et laisse le petit capitaine aux yeux noirs développer son propos.

— L'O.A.S. en métropole, entend-il, sera calquée sur l'organisation adoptée en Algérie. Elle comportera trois branches : l'A.P.P., l'O.M. et l'O.R.O., respectivement chargées des affaires politiques et de propagande, de l'organisation des masses, du renseignement des opérations. Point final !

Se promettant de s'informer sur l'origine de la mission de Sergent, Gignac décide de lui cacher sa condition de représentant officiel de Salan. Il se contente de lui faire remarquer qu'il existe déjà un embryon d'organisation comprenant des civils et des militaires et il avance :

— Il ne vous reste donc qu'à vous occuper du seul recrutement et de l'aspect purement militaire de notre affaire sans intervenir sur le plan civil. Je ne vois que des avantages à cette attitude. D'autre part, je suis au regret de préciser que pour avoir quelque chance d'efficacité, l'O.A.S. ne doit pas se calquer sur le modèle algérien.

Sergent tiquant, l'homme de Salan précise :

— En effet, si là-bas nous sommes en état de guerre, la situation psychologique est complètement différente en métropole. Il faudrait donc, et nous l'avons déjà entrepris, manœuvrer pour pénétrer les associations, les syndicats et toutes sortes de groupes de pression. Cela s'appelle de l'entrisme.

Le capitaine s'emporte et l'interrompt :

— Nous n'avons rien à faire des politicaillons parisiens. Il n'y a rien à en tirer. J'ai des ordres et je les exécuterai !

Pas plus que Bouyer, Gignac ne réussit pas à rallier le déserteur à sa façon de concevoir l'O.A.S. en métropole. Il quitte cependant la réunion avec la ferme intention de ne pas laisser le mouvement glisser vers la violence aveugle.

Tandis que l'O.A.S. a tant de mal à naître en métropole et que, par manque évident de moyens et d'hommes, elle ne déploie pas en Algérie une activité proportionnelle à sa renommée, le F.L.N. accentue malgré la trêve ses activités terroristes. De leur côté, les partisans de la politique gaulliste s'enhardissent. Quelques-uns d'entre eux punissent la famille Gauthier-Saliège en incendiant la villa de la Bouzaréah qui était pourtant surveillée par des policiers.

Malgré leur très petit nombre, les commandos de l'O.A.S. ne chôment pas. Ils reçoivent le plus souvent leurs missions et s'approvisionnent en explosifs dans un café de la place Dutertre, à Bab el-Oued où, prenant de très gros risques, avec la tranquillité d'un épicier détaillant son beurre, Degueldre leur remet des charges de plastic d'un à dix kilos selon l'importance des objectifs désignés. Ils reçoivent un détonateur et de la mèche lente et ils cachent le tout dans des couffins d'où dépassent parfois des baguettes de pain ou des fanes de légumes. Après cette distribution, les commandos qui ne sont pas clandestins rentrent chez eux en attendant l'heure de passer à l'action.

Si les hommes et les armes leur manquent, il reste à Susini et ses amis l'action psychologique qui a si bien réussi à l'armée pour mener à des purges sanglantes les chefs de l'A.L.N. soi-disant infestée d'espions. Ils font bientôt courir le bruit qu'un nouveau coup de force va se déclencher à Alger, avec cette fois le renfort de trois mille supplétifs du bachaga Boualam venus des douars des Beni Boudouane. De son côté, le « colonel » Si Chérif appuiera le mouvement avec le millier de ralliés qu'il commande dans le secteur d'Aumale.

Le bobard prend si bien que le général Hublot expédie en fin d'après-midi du 20 juin 1961 un télégramme au général Ailleret qui participe à Paris avec le délégué général à une réunion du Conseil des affaires algériennes présidée par de Gaulle. Ce câble annonçant l'arrivée prochaine des hommes de Si Chérif et de Boualam, Ailleret persuade Jean Morin de la gravité de la situation et il décide de rentrer avec lui à Alger.

Des motards leur ouvrant la route à coups de sirènes, Ailleret et le délégué général parviennent à Orly juste avant le départ de la Caravelle régulière d'Air France qui doit décoller avant 20 heures. Quelques voyageurs râlant sec sont priés de leur céder leur place et l'avion se pose à Maison-Blanche à 22 heures.

Le colonel Viala, chef de cabinet d'Ailleret, ne doutant pas de l'imminence du coup de force, a pris la précaution de réunir une escorte de gendarmes mais, pressé de rejoindre son état-major, le commandant supérieur l'oublie volontairement à l'aéroport.

Il suffit à Ailleret de quelques coups de téléphone pour se persuader qu'il ne se passera rien cette nuit. Il ordonne donc de démonter les grosses embuscades placées par le général Hublot sur les itinéraires que les harkis de Boualam et les ralliés de Si Chérif auraient dû emprunter. Puis il reçoit de Paris l'ordre d'expédier les troupes de Boualam et Si Chérif en opérations aux confins sahariens. Il bataille ferme pour faire annuler cet ordre aberrant dont l'exécution réclamerait tous les moyens aériens dont il dispose et le renfort de quelques escadrilles de transport basées en métropole.

Le colossal canular qui a affolé le haut commandement a permis au colonel Gardes de retrouver tranquillement Godard dans la villa où il se cache depuis qu'il a quitté l'appartement de Marie Elbe. Le voyant débarquer avec ses cheveux ébouriffés, sa chemise presque crasseuse, son pantalon de toile froissé et ses sandales, Godard n'a pas tout de suite reconnu l'officier élégant que Gardes était il y a moins de deux mois et qui s'est doté de faux papiers établis au nom de Navarro.

\*

— 39 —

## Une trêve ensanglantée

Outre l'énorme farce du faux coup de force dont la population ignore tout, puisque la Délégation générale et le haut commandement ridiculisés n'en ont pas communiqué l'essentiel à la presse, l'O.A.S., malgré ses faiblesses, s'est également manifestée en faisant exploser à Alger et Oran une quarantaine de bombes dans la seule semaine du 10 au 25 juin 1961.

Bien que Jean-Claude Pérez, secondé par Gérard Dufour, un ancien parachutiste de la Seconde Guerre mondiale, soit le chef de l'O.R.O. et que Jean Lalanne, un ancien para métropolitain établi à Alger depuis 1947, dirige déjà le B.C.R., le Bureau central de renseignements de l'O.A.S., le colonel Godard s'est réservé la direction du S.R.A. (Service de renseignements sur l'armée) et du S.R.P. (Service de renseignements sur la police) qui, grâce à des militaires et des fonctionnaires sympathisants, lui permettent de repérer les ennemis de l'O.A.S.

Mais cela ne suffit pas pour décourager Lucien Bitterlin et Yves Le Tac dont, signe des temps estiment les dirigeants de l'O.A.S., le M.P.C. est devenu le Mouvement pour la coopération. En effet, après la diffusion d'un tract révélant déjà l'existence d'un nouvel organisme anti-O.A.S., la D.R.F. (Défense de la République française), des gaullistes bravent encore les durs de l'Algérie française en traçant à la chaux sur quelques murs d'Alger le sigle O.A.F., dont un autre tract explique qu'il désigne l'Organisation de l'Algérie fraternelle et appelle les Algérois à condamner l'O.A.S. Cette O.A.F. a été créée avec la bénédiction de François Coulet par le jeune professeur André Angsthelm, ancien président des étudiants catholiques d'Alger. Le père Scotto, le prêtre qui m'a marié, en fait partie avec une quinzaine de chrétiens favorables à l'indépendance. Le curé de Bab el-Oued et ses amis espèrent que de nombreux Pieds-noirs renieront l'O.A.S. qui leur interdit d'aller en vacances en métropole.

À Oran, où s'est installé un nouveau préfet de Police, Pierre Le Thiais, les dirigeants de l'O.A.S. font circuler le 29 juin 1961 un tract avertissant que l'organisation est en état de se procurer la liste des candidats au départ et que les biens de ceux qui partiraient sans son autorisation seront plastiqués.

L'argent manquant à l'O.A.S., ses dirigeants d'Alger se réunissent au soir de la distribution de cet avis très impopulaire afin de mettre au point un système de contributions directes qui remplacera les collectes ressemblant à des campagnes de charité qui ont permis jusqu'ici d'assurer la survie des familles des emprisonnés et des clandestins. Cet impôt révolutionnaire permettra aussi d'acheter des armes et empêchera des escrocs de collecter des fonds au nom de l'O.A.S.

Un Bureau « appui et couverture », mis aux ordres de Gardes dans le cadre de l'Organisation des masses, disposera dorénavant de fiches comportant deux numéros à deux chiffres, le premier correspondant à un corps de métier et le second à la ville de l'imposé qui sera lui-même désigné dans le cadre de sa profession par trois chiffres. Une fois chaque citoyen assujetti à l'impôt O.A.S. nanti de son matricule d'identification à sept chiffres, la dîme sera levée par des collecteurs munis de carnets à souches. Ce système de recouvrement intéressant surtout les industriels, les professions libérales, les agriculteurs et les commerçants, il est également prévu de taxer les salariés en quadrillant les villes par rue, par îlot et par immeuble. Les sommes ainsi moissonnées au prorata des fortunes et des revenus, dont l'O.A.S. aura connaissance grâce à des complicités, seront remises en fin de mois à son Bureau financier avec les carnets à souches. À moins qu'ils ne prouvent leur impécuniosité, les récalcitrants seront doublement taxés le mois suivant et des sanctions allant jusqu'à la mort sont prévues en cas de refus caractérisé.

Une fois encore, les officiers de l'O.A.S., Gardes surtout, rechignent à adopter la méthode révolutionnaire de financement qui a pourtant réussi au F.L.N. S'ils acceptaient les aides qui leur ont permis de survivre, ils

## Chap. 39. – *Une trêve ensanglantée*

hésitent à taxer la population et rien n'est arrêté lorsque le comité se sépare sous la protection invisible des hommes de Degueldre.

A l'issue de cette réunion, Dominique Zattara est arrêté dans sa nouvelle planque sur dénonciation d'un voisin et, prudent, le délégué général l'expédie immédiatement en avion à Paris. La réaction de l'O.A.S. ne se fait pas attendre et le responsable de cette arrestation est abattu devant son domicile.

La mise hors de combat de Zattara, véritable cheville ouvrière de la révolte civile, renforce la hâte de Godard à doter enfin l'O.A.S. d'un commandement indiscutable. Il s'empresse de faire savoir à Georges Ras, dont il craint l'influence sur les petits chefs de l'organisation, qu'il entend régler la succession de Zattara sans poser sa propre candidature.

La presse ayant annoncé le rapatriement de la 11$^e$ division d'Infanterie légère qui, sous le commandement du général Martzloff, officier de cavalerie choisi pour sa neutralité quant aux affaires algériennes, regroupe les anciennes unités parachutistes de la 10$^e$ D.P. démantelée, l'O.A.S. appelle la population à s'opposer à ce départ qui, selon elle, trahit l'intention du général de Gaulle de céder la place à l'A.L.N. Comme de son côté le F.L.N. redouble d'activité, le chaos s'installe en Algérie et, le général de Gaulle ayant annoncé le 30 juin à Epinal que la guerre d'Algérie était, pour lui, « terminée », le F.L.N. décrète le 1$^{er}$ juillet une grève générale pour protester contre la partition du pays dont Michel Debré, au cas où le G.P.R.A. ne renverrait pas ses émissaires à Evian, vient d'évoquer l'éventualité à l'Assemblée nationale. Une manifestation dégénère à Blida. Les forces de l'ordre, un moment dépassées, ouvrent le feu et, lorsque le calme revient, il y a dix morts parmi les Musulmans.

Le lendemain, Salan estime que Lagaillarde et ses amis perdent leur temps en Espagne et que leur place est à Alger, facile à rejoindre maintenant que le trafic aérien et maritime est redevenu normal. Susini leur dépêche un émissaire avec dix mille francs prélevés sur la somme qui lui a été remise par Jacques Achard aux dernières heures du putsch. Sitôt au courant de cette initiative, Ferrandi, se souvenant de la façon de vivre des exilés, fait remarquer que ce viatique finira dans les bars et les cabarets madrilènes.

L'envoyé de Susini à peine parti, les amis de Bitterlin plastiquent le 3 juillet la demeure déserte du général Salan. Le lendemain de cet attentat symbolique, Blida, encore sous le choc des dernières fusillades, est une ville morte bien avant le couvre-feu fixé à 21 heures. A Alger Jean Morin a ordonné la mise en place du plan *Valentine*. Près de quarante mille hommes quadrillent la ville, et ses faubourgs sont bouclés de manière imperméable pour quiconque n'a pas une parfaite connaissance de ses réseaux dédaléens de ruelles. La Casbah, comme les gourbis et les bidonvilles bordant la ville, est entourée de rouleaux de barbelés. Des blindés et des compagnies de fantassins ont investi les alentours des cités musulmanes du Clos-Salembier, de Diar el-Mahçoul, Diar es-Saâda, Climat-de-France, Kouba et Maison-Carrée.

Dans cette ambiance de veillée d'armes, Godard, impressionné par le nombre des arrestations, surtout par celle de Dominique Zattara, reconnaît que le risque de trahison est permanent chez les civils de l'O.A.S. Il décide par prudence de remanier l'organigramme de l'organisation et de ne plus confier les activités principales qu'à des militaires. Rejoignant Susini, il écrit à Jean-Claude Pérez : « Je ne vous cacherai pas qu'avant de faire la révolution tout court, il faut faire notre révolution interne, notre organisme étant en ce moment frappé de sénilité congénitale », puis il se réjouit que Salan, dont il vient de recevoir des nouvelles, semble enfin « ouvrir les yeux ».

Godard fait également parvenir un courrier sur le même thème à Gardy, dans lequel, pressé d'en finir avec les problèmes de préséance, il lui demande de prendre le commandement de l'échelon d'Alger avec comme adjoints Gardes à l'Organisation des masses et lui-même à l'Organisation du renseignement et des opérations.

Dans la restructuration proposée par Godard, secondé par Georges Ras et André Seguin, Jean-Jacques Susini dirigerait un ensemble regroupant les C.P. et C.A.P. (comités politique et d'action psychologique). Michel Leroy, qui a déjà en charge les militants du Front nationaliste, deviendrait l'adjoint de Gardes à l'organisation des masses en même temps que le second opérationnel du D$^r$ Pérez.

Au matin du mercredi 5 juillet 1961, jour choisi par le F.L.N. pour engager la grève et les manifestations contre la partition, les militaires et les policiers, comme aux prémices de la bataille d'Alger de 1957, obligent les commerçants musulmans à ouvrir leurs boutiques et leurs échoppes tandis que les fonctionnaires se rendent à leur travail sous la menace de graves sanctions. La date choisie par le F.L.N. n'est pas due au hasard, puisque c'est en effet le 5 juillet 1830 que le corps expéditionnaire de Charles X s'emparait d'Alger.

Bravant les interdictions, des milliers de Musulmans déferlent au petit matin sur Alger. Le F.L.N., dépassé au début des manifestations de décembre 1960, est cette fois aux premiers rangs. Ses meneurs, tout juste libérés pour certains par les dernières décisions gouvernementales, ont mis la trêve à profit pour réorganiser leurs réseaux urbains.

Suivant les ordres d'Ailleret et de Jean Morin, les forces de l'ordre se contentent de canaliser les cohortes menaçantes. Des jeunes militants de l'O.A.S. n'attendant pas les consignes de leurs dirigeants pour lancer des contre-manifestations, la troupe s'interpose et traite souvent plus durement les défenseurs de l'Algérie française que les Musulmans réclamant leur indépendance.

Malgré la puissance des forces de l'ordre, les manifestations virent à l'émeute. Les militaires tirent à Bab el-Oued pour repousser la foule musulmane qui reflue au travers du cimetière d'El-Kettar en abandonnant trois morts et au moins cent cinquante blessés.

Si le calme est ramené au prix du sang dans Alger, les troubles persistent à sa périphérie où des *djounoud* de l'A.L.N. sont venus des djebels prêter main-forte aux civils. A Koléa, des paras et des gendarmes tirent pour éviter le lynchage de quelques Européens et les émeutiers détalent après avoir perdu une trentaine de blessés.

La rumeur courant que le grand soir du F.L.N. est arrivé, les partisans de l'O.A.S. prennent les armes et participent à la répression. A Guyotville, les manifestants paient de huit morts et de dizaines de blessés l'assassinat d'un lieutenant poignardé. Huit Musulmans sont tués à Fouka par les tirs conjugués de jeunes militants de l'O.A.S. et d'une section de parachutistes. A Castiglione, dans le fief des frères Piegts, un brigadier de gendarmerie échappe de justesse à la mort alors qu'il voulait s'emparer d'un drapeau algérien. Ses hommes tirent dans la foule pour le dégager, tuent huit Musulmans et en blessent plus de cinquante. A Bérard, à dix kilomètres à l'ouest de Castiglione, des appelés du 23e R.I.Ma. repoussent aussi par le feu une masse de manifestants qui, dans un concert de hurlements de haine et de terreur mêlées, laisse derrière elle onze morts et au moins soixante blessés.

Le Constantinois n'échappe pas à la violence déclenchée par le F.L.N. et l'A.L.N. Maintenant assurée de la quasi-impunité conférée par la trêve et renforcée par quelques harkis déserteurs, la rébellion engage à Télergma des *djounoud* aux premiers rangs de l'émeute. Il ne s'agit plus de maintien de l'ordre, mais d'une opération de guerre. Lorsque cessent les accrochages aux alentours de la base aérienne un moment menacée d'envahissement, la population musulmane dénombre treize morts. A Aïn Beida, cinq mille manifestants fanatisés refluent en pagaille sous le feu des soldats qui en tuent cinq et en blessent dix fois plus.

Le bilan s'alourdissant d'heure en heure, il y a cinq morts à Djidjelli et quatorze près de Taher, une bourgade située à dix kilomètres du port de pêche déserté par les paras de l'ex-10e D.P.

A Constantine, le préfet Belhadad hésite avec le général Metlz, qui a succédé au général Lennuyeux au commandement de la 14e D.I., à engager contre les milliers de manifestants un bataillon de Légion étrangère ou une unité composée d'appelés. Comme les légionnaires n'ont plus la confiance du haut commandement, ce sont les appelés du 27e B.I. qui héritent de la mission.

Les sections d'hommes casqués se pressent parmi la foule des Piedsnoirs affolés vers la rue Nationale afin d'y dresser des barrages destinés à interdire la ville européenne à dix mille manifestants. Egarés parmi les youyous des femmes voilées, les insultes des hommes et les explosions de grenades lancées par des gendarmes sur le point de rompre, les appelés, pour la plupart séparés de leurs chefs, se dégagent à coups de crosse et en tirant en l'air. Une large coulée d'émeutiers menaçant de les prendre à revers, ils finissent par tirer à hauteur d'homme. Comme une bête blessée, la foule hésite, recule, se reforme et, poussée par les meneurs du

F.L.N., elle repart à l'assaut des barrages. Menacés par des hachettes et des coutelas, les fantassins tirent encore. La foule se retire à nouveau puis, scindée en plusieurs torrents hurlants, elle revient à de nombreuses reprises à l'assaut des gendarmes et des appelés qui se sont mis en carrés et ne cèdent plus de terrain. Au soir, la ville européenne est sauvée et les manifestants déplorent dix-sept morts et plus de deux cents blessés.

A l'heure où les Musulmans se déchaînaient, une foule de deux mille Algérois marchait vers le cimetière de Saint-Eugène derrière un corbillard transportant le cercueil d'une gamine de dix ans retrouvée violée et égorgée l'avant-veille à Sidi-Ferruch. Au moment de la mise en terre de la petite suppliciée, soulevant la colère des Pieds-noirs, des fatmas postées sur les pentes menant à Notre-Dame d'Afrique ont entamé un concert de youyous hystériques. Ressortis du cimetière par le boulevard de Flandre, quelques dizaines de jeunes gens ont lancé une chasse à l'Arabe. Après avoir longé le mur d'enceinte de l'hôpital Maillot, ils ont bloqué une 4 CV rue du Cardinal-Verdier. Ils l'ont retournée puis ils en ont arraché son conducteur et l'ont roué de coups. Ils n'ont lâché leur proie pantelante qu'à l'apparition grinçante du trolleybus de la ligne H venant du boulevard de Champagne et peinant sur la pente avant de s'engager dans le premier méandre de la route de Notre-Dame d'Afrique. Les jeunes Algérois savent immobiliser un trolley. Ils grimpent sur son toit et font riper d'un coup sec ses perches d'alimentation électrique.

Le trolleybus bloqué dans le virage, les Pieds-noirs en font descendre les Européens et interdisent aux Musulmans d'en sortir. Le tri étant fait, ils ramassent des pierres sur les bords inégaux de la route et brisent les vitres du trolley.

Une explosion couvre soudain les cris de fureur, le martèlement des cailloux sur les flancs du véhicule et le fracas de l'éclatement des vitres épaisses. Attirés par l'attroupement qui s'acharnait sur les Musulmans, des hommes de l'O.A.S. se sont postés à quelques mètres au-dessus de la scène et l'un d'eux a lancé une grenade dans le trolleybus.

L'alerte étant donnée depuis longtemps, les lyncheurs se débandent à l'approche de trois cars de C.R.S. et les policiers découvrent dans le trolley ravagé une quinzaine de mourants et de blessés.

Au soir de cette journée dramatique, la Délégation générale reconnaît que la répression a provoqué quatre-vingts morts et quatre cent trois blessés parmi les Musulmans. Mais ces chiffres sont certainement bien en dessous de la réalité, puisque les manifestants ont souvent, surtout dans le bled, récupéré leurs blessés et leurs morts.

A l'heure de ces batailles rangées, le comité directeur de l'O.A.S. se réunissait à la villa de Gardes pour débattre encore des propositions de Godard. Il se sépare sans s'être doté d'un véritable commandement et, les échanges de courriers reprenant à bon rythme, sans souci des risques ainsi courus par les agents de liaison, Gardy répond à Godard qu'il est de son avis quant à l'incapacité du comité à commander l'O.A.S. Reconnaissant l'urgence de nommer quelqu'un à la tête du secteur d'Alger-Sahel, il ergote sur l'autorité mal définie de Salan. Mettant en avant « la discipline intellectuelle envers un patron dont on n'est pas sûr qu'il soit bien inspiré, éclairé et en mesure de prendre des décisions », il craint que les civils, très largement majoritaires, refusent en bloc un commandement tricéphale militaire.

Tandis que Godard, Gardes et Gardy se relancent inlassablement la balle sans s'émanciper de la tutelle informelle de Salan, le préfet Belhadad, qui n'a jamais caché ses préférences pour l'indépendance, serait-elle tempérée par des liens forts avec la France, est atterré par l'ampleur des dégâts à Constantine. Il confie à Alain de Sédouy, envoyé spécial de *Paris-Presse*, ses doutes quant à l'utilité des pourparlers d'Evian et juge la partition irréaliste parce que, sans parler du problème des Musulmans qui choisiraient de vivre en zone européenne, elle réclamerait l'engagement permanent d'un million de militaires à la frontière des deux Algéries. Réfutant les allégations de témoins qui affirment l'avoir vu laisser tomber des grenades sur la foule alors qu'il survolait la ville à bord d'un hélicoptère, il déclare :

— Je suis venu à Constantine afin d'y mener une politique d'apaisement et de coopération qui, faute de gens de sang-froid, est en train d'échouer.

A Paris, après avoir pris connaissance des manifestations réprimées dans le sang, le général de Gaulle, tout en les regrettant, expose quant à lui ses craintes de voir bientôt, seuls en tête-à-tête en Algérie, l'O.A.S. et le F.L.N. en arriver à un affrontement qu'il qualifie d'« abominable ».

\*

— 40 —

## Dernier 14-Juillet de l'Algérie française

A part quelques dizaines de jeunes gens et ceux qui accompagnaient l'homme qui a lancé la grenade dans le trolleybus de la ligne H, les militants de l'O.A.S. ont pour la plupart passé la journée tragique du

5 juillet 1961 à compter les coups tandis que leurs chefs s'évertuaient dans leur tour d'ivoire à organiser leur commandement.

L'organisation se reprend vite et poursuit ses plasticages à Alger et à Oran. Faisant écho à ces explosions, quelques bombes, dont l'une visait le général Vézinet, devenu gouverneur de la place de Paris, troublent les nuits de la capitale où, sitôt libéré, l'aspirant Jacques Mugica a demandé à finir son service en Kabylie. Mais la direction du service de santé a préféré l'affecter à Paris, à l'hôpital Villemin, où il n'a pas reçu de fonctions précises.

Très libre de son temps, allant nuit et jour à sa guise sans avoir à se soucier des sentinelles puisque le médecin-colonel Dauzy lui a confié la clé d'une des portes dérobées de l'hôpital, Mugica a rencontré des officiers engagés dans l'O.A.S. Il a écouté Sergent, Curutchet, le commandant Casati, le lieutenant-colonel de Sèze. Mais ils avaient, lui semblait-il, trop de projets, trop de confiance en l'Armée, trop de « si », trop de « peut-être », trop de « nous pourrions » et, en tout cas, pas assez d'action. Il a donc pris contact avec des harkis kabyles commandés par le lieutenant Montaner et casernés à Romainville, dans le fort de Noisy abritant le service action du S.D.E.C.E. Il a fraternisé avec le commandant Raymond Muelle, un officier du 11ᵉ choc et, de nombreux volontaires musulmans opérant en civil étant de la région où il servait au 1ᵉʳ R.I.Ma., il se retrouve en terrain de connaissance. Conscient que le F.L.N. doit rester l'ennemi privilégié des partisans de l'Algérie française, Mugica hérite de missions ponctuelles que les patrons des harkis de Paris ne peuvent pas mener eux-mêmes. C'est ainsi qu'il fait sauter à l'aide de grenades sortant de la Préfecture de Police quelques cafés qui, dans le XVIIIᵉ arrondissement ou en proche banlieue, servaient de P.C. aux collecteurs de fonds du F.L.N. et à la réunion de tribunaux condamnant parfois à mort les fidèles à Messali Hadj et les récalcitrants à leur impôt. L'O.A.S. étant incapable de lui fournir les fonds nécessaires et sa maigre solde d'aspirant n'y suffisant pas, Mugica met ses parents à contribution pour entretenir chichement son groupe de combat. Son père finit par lui reprocher de mettre en jeu sa carrière et sa vie pour « des nèfles et pour des gens qui n'en valent pas la peine ».

En Algérie, pendant que Jacques Mugica, agissant sous le pseudonyme de *Gabriel*, parce que Mugica veut dire musique et que Gabriel est le prénom de Fauré, porte des coups au F.L.N. francilien, de nombreux sous-officiers pieds-noirs, y compris des appelés, ont pris fait et cause pour l'O.A.S. dès l'instauration de la trêve. Tel le maréchal des logis Jean-Paul Angelelli, professeur d'histoire et de géographie à l'école nationale de l'Air de Cap-Matifou et qui dirige depuis quelques semaines le 2ᵉ bureau du sous-quartier d'Aïn Tagrout tenu entre Sétif et Bord-Bou-Arredidj par le 3ᵉ escadron du 6ᵉ spahis commandé par le lieutenant-colonel Cremière. Ce jeune sous-officier viscéralement attaché à l'Algérie française et militant de l'Action française descend de Corse qui ont fui en 1871 l'annexion allemande et se sont accrochés à la terre algérienne à Camp-du-Maréchal, à vingt kilomètres à l'est de Tizi-Ouzou. Idéalement placé à son poste d'Aïn Tagrout, il est aujourd'hui au courant de tout ce qui se trame dans cette zone charnière entre le Constantinois et l'Algérois. Sitôt qu'il est informé de désertions de harkis, il les transmet sous la forme de lettres anonymes à un journaliste algérois. Et, dans l'intention de dénoncer la nocivité de la trêve, l'O.A.S. utilise ses renseignements de première main dans ses communiqués de presse.

Jean-Paul Angelelli, qui ralliera l'O.A.S. dans quelques mois, ne se limite pas à fournir des renseignements. Disposant d'explosifs destinés à détruire des caches, il gonfle leur dépense dans ses rapports et remet les pains de T.N.T. ainsi officiellement utilisés à un sous-officier qui les fait parvenir à l'O.A.S. de Constantine et de Sétif.

Alors que le commandant Vailly et le capitaine Michel Boisson se sont évadés la veille à Paris en profitant d'une visite médicale de complaisance à l'hôpital du Val-de-Grâce, le comité directeur de l'O.A.S. émet le 9 juillet à Alger une nouvelle directive relative aux collectes de fonds. L'initiateur de ce document destiné à la base de l'organisation est un certain Médeu, que Jean-Claude Pérez a fait nommer trésorier de l'organisation sans se soucier des militaires. Si le comité reconnaît les progrès accomplis en matière de collecte, il regrette qu'il y ait encore la possibilité pour « des organismes se couvrant d'étiquettes diverses de collecter des fonds à leur seul profit ou dans des buts avouables mais qui ne s'insèrent pas encore avec assez de rigueur dans le cadre du combat entrepris par l'O.A.S. ».

Médeu précise que les responsables des sous-secteurs auront désormais la responsabilité de la collecte et qu'aucune autre démarche dans ce domaine ne devra plus être effectuée. Au paragraphe III de sa directive, le nouveau trésorier annonce qu'afin d'interdire le racket l'imposition O.A.S. sera identique pour tous et fixée à dix francs. Mais, comme à Alger on compte encore en monnaie d'avant janvier 1960, il précise : « Mille anciens francs », qui seront collectés tous les deux mois à partir du 1er août.

Après avoir annoncé que toute collecte effectuée selon l'ancienne méthode devra avoir cessé le 25 juillet, Médeu décide que : « Les responsables O.A.S. à tous les échelons, qu'ils appartiennent à la branche territoriale ou aux organisations de renseignements et d'action, devront profiter de la période du 25 juillet au 1er août pour déceler au sein de la population toute collecte irrégulière. » Puis il avertit que les responsables de ces impositions sauvages subiront la loi des commandos de sous-secteurs.

Quant aux grandes fortunes, la directive financière de l'O.A.S. prévoit des « collectes particulières » intéressant les vingt-cinq principaux chefs d'entreprise de la région d'Alger, qui seront perçues par un délégué muni d'une accréditation particulière du commandement supérieur. Le tiers de la collecte effectuée dans chaque sous-secteur sera affecté à l'entretien des familles des clandestins et des emprisonnés. Chaque commando célibataire touchera à Alger une solde de cinquante mille anciens francs équivalant à celle d'un sergent d'Infanterie.

Le colonel Gardes prend mal la nomination du nouveau trésorier. Il écrit au commandement supérieur en précisant que ni Zattara avant son arrestation, ni Georges Ras ne lui avaient parlé de ce Médeu tombé du ciel. « Ça fait trois semaines, rappelle-t-il, que chacun sait que je prends la direction de la branche O.M. » Puis il exige que Médeu lui remette un compte rendu de ses activités avant la prochaine réunion du comité du jeudi 13 juillet et, en attendant de prendre connaissance de sa directive financière, il ordonne l'interruption de sa diffusion.

Quant à Godard, sitôt au courant de la réaction de Gardes, lui qui a lu la directive de Médeu, il n'abonde pas dans son sens et précise qu'il faut définir en priorité la part de l'impôt revenant à Salan. Il craint, explique-t-il dans son courrier, que ne se développe dans Alger un racket mené au nom du général et il souligne qu'il lui a été rapporté qu'André Canal a prélevé sept cent mille anciens francs à une collecte organisée rue Mizon à la fabrique de cigarettes Bastos, en prétextant que cette somme lui était destinée.

En attendant de mettre de l'ordre dans le financement de l'organisation et de clarifier l'organigramme de son commandement supérieur, l'O.A.S. décide de contrarier en Algérie la diffusion du discours que le général de Gaulle a l'intention de prononcer au Palais de l'Elysée au soir du mercredi 12 juillet 1961.

Le Haut Tribunal ayant prononcé à Paris des peines de mort par contumace à l'encontre de Jouhaud, Gardy, Salan, Godard, Argoud, Broizat, Gardes et Lacheroy, la répression ne mollit pas à Alger. Jean-Paul Piclet, qui a repris après le putsch ses activités de chef de travaux et au sein de son équipe de renseignement à l'Amirauté, est à son tour appréhendé. Au dernier jour du coup de force, des policiers des R.G. l'ont photographié devant la Délégation générale. L'ayant pris de trois quarts arrière gauche, s'ils n'avaient pu l'identifier, ils ont reconnu le large badge de son béret de commando Marine, un insigne qui, malgré la proximité de l'école des fusiliers marins, ne court pas les rues à Alger. A force de recoupements, ils ont fini par le localiser et, aussitôt frappé de la même mesure administrative qui vient de permettre d'expulser sans procès trente-six militants raflés au cours de l'enquête concernant la mort du commissaire Gavoury, il est assigné à résidence à Marseille.

A la veille de l'intervention de De Gaulle, les dirigeants de l'O.A.S. algéroise prennent connaissance de cette analyse de la situation faite à leur intention par le général Gardy :

« 1°/ J'ignore ce que dira M. de Gaulle mercredi soir, et si, compte tenu de ses équivoques habituelles, nous serons fixés davantage sur ses intentions. J'ignore si les pourparlers d'Evian reprendront, et dans l'affirmative, s'ils aboutiront, et à quoi. Une chose me paraît en tout cas certaine : c'est la volonté de M. de Gaulle d'en finir avec l'Algérie, avant l'automne, d'une manière ou d'une autre. Il compte profiter du répit des vacances, de l'assoupissement des oppositions pour liquider l'affaire et mettre tout le monde devant le fait accompli ; il espère faire face, à la rentrée, aux difficultés de tous ordres qui menacent le régime en proclamant qu'il a apporté la paix, si désastreuse qu'elle soit et ne fût-elle qu'en apparence. Il est, d'ores et déjà, en train de commencer à rendre les choses irréversibles. Le départ brusqué de la 11e D.I. (qui sera suivi d'autres) en est un test ; un autre signe est une circulaire facilitant les mutations de fonctionnaires en métropole. Je suis convaincu que nous allons assister dans les prochaines semaines à une série de mesures plus ou moins partielles, plus ou moins camouflées, qui tendront toutes à cette préparation sournoise de l'abandon. L'opinion, la population, seront mises ainsi par paliers devant une situation irréversible.

« 2°/ Le départ de la 11e D.I. a été catastrophique. Il concrétise l'intention, avouée d'ailleurs, de ne jamais reprendre d'opérations sérieuses. Il prive l'Algérie d'une fraction importante de nos troupes de choc au moment où le F.L.N. accroît ses possibilités et son audience. Mais surtout, il réalise ce fait capital que l'armée – et ses meilleurs éléments – a accepté de se rembarquer, sans doute avec désespoir, mais sans protester. Le pouvoir peut en conclure que désormais le reste suivra. Les journées des 1er et 5 juillet ont fait ressortir la présence multiforme du F.L.N. dans toute l'Algérie, l'obéissance des masses à ses mots d'ordre, la possibilité pour lui de les encadrer par des fractions de l'A.L.N., y compris dans les villes et des zones considérées comme pacifiées depuis longtemps. Les cortèges et rassemblements, dans l'Algérois notamment, n'auraient pas été concevables avant la trêve. Il peut s'ensuivre une tentation du désespoir chez les Européens et nos amis musulmans. Seul un service d'ordre puissant et alerté à l'avance a empêché sur certains points les choses de tourner au tragique. Que se passerait-il en cas de défaillance ou d'absence de forces de l'ordre, en cas de surprise ? Que se passera-t-il plus tard, quand seules des "garanties" s'opposeraient à la haine et au fanatisme ?

« 3°/ Je suis effrayé par la faiblesse de nos résultats depuis la fin avril. Je connais les énormes difficultés rencontrées sur tous les plans et n'incrimine personne. La situation de l'O.A.S. est aujourd'hui ce qu'elle est, comme dirait M. de Gaulle, et il est inutile d'épiloguer sur le passé, sauf pour en tirer des enseignements. Notre organisation est encore à l'état de projet ; nos cadres sont peu nombreux ; nos effectifs et nos moyens d'action sont faibles, notre propagande peu efficace, sa diffusion très limitée. Nos partisans en sont encore à s'interroger sur nos buts, nos objectifs. L'opinion en métropole tend à nous considérer comme un mythe. Seuls les plastics – heureusement – manifestent notre existence. Ici, çà et là, on sent pourtant chez les sympathisants un découragement résigné ou désespéré. Le pouvoir cherchera certainement à aggraver et à exploiter cet état d'esprit.

« 4°/ La situation, je le répète, est ce qu'elle est, et nos moyens sont ce qu'ils sont, pour l'instant, et il faut regarder les choses en face. Mais, dans ces conditions, je me demande avec angoisse, et le mot n'est pas trop fort, comment nous comptons nous opposer effectivement à l'abandon que prépare le pouvoir, qu'il amorce déjà. Je demande que ce problème, qui est notre problème capital, le seul qui importe vraiment en définitive, soit examiné avec réalisme lors de notre prochaine réunion. Que soit enfin fixée notre ligne de conduite, quelle action, et sous quelle forme, et dans quel but, nous pourrions – ou nous ne pourrions pas – engager en face de mesures successives conduisant à l'abandon, qui seront prises par le pouvoir, n'en doutons pas, dans les temps prochains. »

Ses chefs réfléchissant au manifeste de Gardy, l'O.A.S. fait exploser une charge de plastic dans les locaux de France V, mais ses dégâts vite réparés, elle n'empêche pas la retransmission du discours présidentiel.

Se félicitant que la France ait enfin « épousé son siècle », le Général expose sa situation industrielle et agricole. Il parle de l'enseignement et des logements, évoque la décolonisation de l'Afrique, puis il annonce : « Il s'agit qu'elle se fasse également en Algérie. » Après avoir souligné : « Mais, puisque la rébellion prodiguait les combats, les attentats et la terreur, il fallait que notre armée l'emportât sur le terrain, de telle sorte que la France gardât l'entière liberté de ses décisions et de ses actes » et estimant que ce résultat est aujourd'hui obtenu, il ajoute :

— Nous pouvons donc prendre sur place maintes mesures d'apaisement, commencer à transférer dans la métropole d'importantes unités, envisager de réduire de plusieurs semaines, à partir de septembre prochain, la durée du service militaire en virant à l'armement moderne l'économie qui en résultera.

Glaçant le sang de dizaines de milliers d'Européens d'Algérie qui refusent l'émancipation algérienne et faisant pour la première fois dans un discours public référence à l'indépendance de l'Algérie, il annonce :

— Cela étant, la France accepte sans aucune réserve que les populations algériennes constituent un Etat indépendant.

Un peu plus loin, de Gaulle égratigne le G.P.R.A. et le F.L.N. en évoquant également pour la première fois l'éventuelle partition de l'Algérie. Au cas où l'Algérie nouvelle ne garantirait pas les intérêts des Européens, il avance que la France devrait les « regrouper, dans telle ou telle zone, afin de les protéger ».

Le président de la République admet qu'en cas de mésentente totale avec le G.P.R.A. il faudrait envisager le rapatriement des Français d'Algérie et « leur procurer les moyens de s'installer dans la métropole si tel était leur désir ».

Les larmes aux yeux, serrant les poings, des milliers d'hommes et de femmes maudissent le Général qui n'a consacré que onze phrases à l'Algérie dans son discours qui a émietté leur espoir de garder l'Algérie française et risque d'attirer à l'O.A.S. de nouveaux partisans.

Les poseurs de *stroungas*, comme les Algérois appellent les charges d'explosif, se déchaînent après l'intervention présidentielle en activant plus de soixante bombes à Alger et vingt-cinq à Oran. Leurs alliés métropolitains en font de leur côté exploser six à Paris et trois en province. Si un groupuscule appelé Résistance pour la démocratie et la liberté revendique quelques attentats parmi les quatre-vingt-trois qui ont troublé le calme de la métropole depuis le mois de janvier 1961, le capitaine Sergent et Yves Gignac ne savent rien de ces activistes se réclamant de l'O.A.S.

C'est à Madrid, où il est arrivé d'Allemagne la veille, que le colonel Argoud a pris connaissance des derniers propos du général de Gaulle, qu'il appelle maintenant « Monsieur Gaulle » en lui déniant toute légitimité à gouverner. Le promoteur du putsch s'est d'abord caché à Paris chez Maurice Gingembre, le neveu de Léon Gingembre, président du puissant syndicat des Petites et moyennes entreprises. Alors qu'il discutait avec Sergent et Godot, celui-ci lui a reproché d'avoir manqué de discernement en plaçant le général Challe à la tête du putsch. Il a plaidé qu'il fallait bien choisir un chef, puis il a écouté Sergent exposer les grandes lignes de son O.A.S. métropolitaine qui, bien qu'elle commence déjà à se structurer grâce à ses contacts avec la Restauration nationale de Pierre Juhel, n'existe dans l'opinion publique que par les échos des bombes posées par des inconnus.

Quoique d'accord sur plus d'un point avec Sergent, Argoud a refusé d'assumer le commandement de son armée si informelle. Il a également refusé d'écouter Yves Gignac qui lui conseillait de retourner à Alger afin de se remettre aux ordres de Salan. Une dernière rencontre avec le colonel Hervé de Blignières l'a rassuré sur le moral de l'Armée. Selon cet officier, celle-ci pourrait bientôt se dresser, dans son ensemble cette fois, contre le gouvernement. Oubliant ses projets d'installation en Argentine, Argoud a rejoint Madrid avec l'aide de ses amis du S.D.E.C.E.

De son côté, témoin impuissant des malheurs de l'Algérie française, Ortiz sait que Dominique Zattara est en prison. Il a fini par prendre à Palma de Majorque son parti de pas être appelé à Alger par ses anciens amis Susini, Pérez et Seguin. Afin de ne pas nuire à l'union précaire de l'O.A.S., il ordonne à ses derniers fidèles algérois de cesser de faire référence à son gouvernement provisoire de l'Algérie française. Puis il rencontre à Madrid Camille Vignau, qui lui affirme que l'O.A.S. doit avoir son siège à Madrid sous la direction de Lagaillarde et qu'il a mis Susini en demeure de le rejoindre. Lorsque Ortiz s'inquiète de Salan, Vignau avance que, bien qu'il serve d'emblème à l'organisation, le général ne représente en fait que lui-même.

Déçu par ce contact, l'homme des barricades rentre à Palma en redoutant que les dissensions de ses défenseurs gâchent les dernières chances de l'Algérie française. Mais, paradoxe, il s'empresse de créer lui-même l'Union méditerranéenne anticommuniste.

De son côté, dans la Mitidja menacée de sécheresse, Salan commence à trouver pesante la tutelle de Martel. Et Jouhaud plus encore, puisqu'il se considère non seulement comme l'otage de Martel mais également celui de Salan, qui refuse de le laisser rentrer à Alger où sa présence aiderait pourtant à unifier les clans de l'organisation.

Des groupes d'obédience nationaliste échappant à la férule de Pérez et Degueldre se réclament du seul Front nationaliste qui semble prendre la prépondérance dans l'O.A.S. sous l'impulsion de Michel Leroy, maintenant à la tête de mille volontaires réclamant des armes. Michel Leroy ne se contente plus de vouloir imposer ses idées monarchistes et chrétiennes proches de celles de Martel et de tenter d'amener le colonel Gardes à l'imposer au comité directeur de l'organisation. Il détourne de la collecte effectuée par ses hommes 6 700 000 anciens francs et les adresse en métropole aux frères Sidos, leaders de Jeune Nation qui survit dans la clandestinité.

Oubliant leurs dissensions, c'est avec un bel ensemble que les poseurs de *stroungas* du Front nationaliste, les *deltas* et les *alphas* marquent à leur façon la veille du 14-Juillet que nul flonflon d'accordéons n'égaie. Les manœuvres de Michel Leroy ne préoccupent pas que Susini et, à l'heure même où les bombes explosent dans Alger, le comité directeur de l'organisation se réunit pour discuter de son cas.

Selon ses accusateurs, Leroy est un traître jouant le jeu du gouvernement avec qui, par le truchement d'agents de Constantin Melnik, il aurait depuis longtemps déjà noué des contacts. Les preuves fournies par ses accusateurs finissent par gagner Gardy à leur paranoïa exacerbée presque chaque jour par des arrestations. Il décide d'en appeler à l'arbitrage de Salan, mais Gardes, tempérant les attaques, garantit sur son honneur d'officier que Michel Leroy est son plus fidèle collaborateur, qu'il n'a certainement pas noué de contacts avec Matignon et que les seuls métropolitains avec qui il a discuté de l'Algérie sont des membres du Comité de Vincennes.

Les accusateurs rengainant leurs attaques, l'affaire Leroy demeure en suspens et, le lendemain matin, avant les cérémonies du 14-Juillet, l'O.A.S. a fait circuler des mots d'ordre pour que le défilé, dont les Algérois sont pourtant friands, ne connaisse pas son succès habituel.

Prudents, le général Ailleret et Jean Morin ont décidé que la parade se déroulerait sur le Front de Mer plutôt qu'au cœur de la ville. Le silence pesant qui accompagne le command-car dans lequel ils ont pris place se déchire de hurlements et de coups de sifflet chaque fois que le véhicule passe avec lenteur devant les rues perpendiculaires au boulevard Carnot où, contenus par des cordons épais de C.R.S. et de gendarmes, quelques milliers d'Algérois sont tout de même venus dans l'intention de huer les représentants du gouvernement.

## Chap. 40. – *Dernier 14-Juillet de l'Algérie française* 381

Le général Ailleret fait mine de ne pas entendre les insultes. Après avoir décoré des officiers et des soldats des trois armes, il regagne avec Jean Morin la tribune d'honneur afin d'assister au défilé. Les troupes allant au rythme de la musique de la $X^e$ région militaire s'écoulent devant des estrades aux trois quarts vides. Tandis que les Algérois, réservant leurs huées aux seuls gendarmes, ne peuvent s'empêcher d'applaudir les fantassins venus du bled et les fusiliers marins du centre *Siroco* en tenues blanches et bonnets à pompon rouge, des observateurs notent que François Coulet n'assiste pas au défilé. Si Coulet n'est pas là, c'est parce que Jean Morin, agacé qu'il se comporte comme le seul représentant de l'Elysée en prenant des initiatives allant parfois à l'encontre de ses directives, a obtenu son rappel.

Quelques jours avant cette parade sans éclat, le général Ailleret a déjà eu son content d'insultes lorsqu'il est allé saluer à Philippeville le départ de la $11^e$ division d'Infanterie légère à bord du paquebot *Ville d'Alger*. Il a même subi les coups de sifflet de quelques paras furieux d'être rapatriés avant la victoire sur l'A.L.N. qu'ils estimaient tenir en main.

Des bagarres ayant éclaté à Oran entre Musulmans et Européens, l'O.A.S. y a marqué la fête nationale d'une trentaine de *stroungas* et, au lendemain de ce 14-Juillet que certains annoncent comme le dernier de l'Algérie française, le capitaine Philippe Le Pivain, ancien officier du $5^e$ R.E.I., rallie l'organisation à Alger et Gardes l'attache à son service sans prévenir les autres dirigeants.

Bien qu'averti de l'arrivée de Le Pivain et du comportement autoritaire de Gardes, Salan décide de ne pas se mêler de cette affaire subalterne. Il paraît maintenant décidé à s'affranchir de Martel et de son entourage d'anciens militants du M.P. 13 arborant volontiers la Croix et le Cœur du Christ et qui se déplacent sans précautions, alors qu'à Alger, les gens de l'O.A.S. sont traqués nuit et jour et portent des noms de code dont certains, par ironie, ont été empruntés à des ministres du G.P.R.A.

C'est ainsi que Susini est désigné par les prénoms féminins de *Jeannette* et *Jeanine*, ainsi que par le nom de *Boumendjel* et les numéros 14, 45 ou R 19. Degueldre est tantôt appelé *Danielle* ou *Djamila* et, en plus de son indicatif *Delta*, il a le numéro de code E 13. Ferrandi, maintenant installé à Saint-Eugène, près du casino de la Corniche, et qui possède des faux papiers parfaits faisant de lui un agent de publicité appelé à de fréquents déplacements, a hérité des noms de code de *Ferhat*, *Fernande* et *Fayard*. Michel Leroy, dont les commandos Z prennent de plus en plus de place, est tantôt surnommé *Lisette*, *Lorette* ou *Boudiaf*. Le $D^r$ Pérez, qui a reçu les numéros 13 et R 17, est dissimulé dans les papiers O.A.S. par les surnoms de *Papa*, *Paulette*, *Pauline* et *Bentobbal*.

Le général Salan est *Soleil*, mais aussi *Francis* et *Eléphant*. Jouhaud, *Soleil bis*, se fait aussi appeler *Yazid* et *Compagnon*. Gardy étant R 15, 30, *Krim*, *Guy*, ou *Golf*, le colonel Godard est désigné par les numéros B 15 et 30 et utilise les pseudonymes de *Khider*, *Françoise* et *Claude*. Quant à Gardes, qui se joue des barrages de police grâce à sa mise peu soignée, il est R 16 et 35 sur l'organigramme de Godard avec pour noms de code *Hôtel, Fleur* et *Boussouf.* Argoud, avant de quitter l'Afrique du Nord s'appelait *Albatros* et son ami Broizat, toujours à Alger mais qui ne fait pas officiellement partie de la direction de l'O.A.S. bien qu'il assiste parfois à ses réunions dans la villa discrète de Gardes, est appelé *Bravo* dans les comptes rendus de ses travaux. Le capitaine Le Pivain, à peine arrivé, a reçu le surnom de *Cap* et Lagaillarde, qui n'en finit pas de réclamer à Susini de le faire reconnaître comme seul chef de l'O.A.S., est désigné par le surnom de *Laon*. Le code de *Métro* a été attribué à Lacheroy. *Rolande* et *Roméo* au journaliste Georges Ras et Jacques Achard, *Alpha*, a reçu le numéro R 19912.

La manière dont Roger Degueldre organise les plasticages et les coups de main des *deltas* sans jamais se préoccuper de l'avis des généraux et des colonels de l'O.A.S., parce qu'il les considère responsables de la faillite du putsch, ne plaît pas à Godard, qui lui reproche d'avoir fait assassiner le commissaire Gavoury et aimerait qu'il se cantonne désormais au débauchage d'officiers et de sous-officiers des troupes de choc. Pour une fois, Gardy abonde dans son sens. Il écrit à Gardes qu'il estime Degueldre « très gonflé mais imprudent » et qu'il y aurait « intérêt à le sortir au plus tôt du travail quotidien pour lui confier la mission de prospecter l'armée ». « La question emploi *Delta* a été réglée à la dernière réunion : il conserve sa mission actuelle qu'il est seul à pouvoir bien remplir et doit s'y consacrer exclusivement. Comme je vous l'ai dit l'autre jour, il a cependant des suggestions à présenter, qui concernent d'autres activités et qui m'ont paru dignes d'intérêt, car il est sur le tas en permanence depuis bien longtemps (en fait depuis l'automne 60). L'ayant écouté, vous serez bien entendu libre d'en tenir compte dans la mesure que vous estimerez opportune. Par ailleurs, psychologiquement, *Delta* est un garçon qui a besoin d'être soutenu, et une conversation avec l'un d'entre nous de temps en temps est une bonne chose pour lui. »

En présentant Degueldre comme un « garçon qui a besoin d'être soutenu », Gardy fait état dans un courrier adressé au colonel Godard d'une conversation avec l'ex-lieutenant du 1er R.E.P. Selon lui, Degueldre est devenu un homme seul. Il estime que l'amant de sa fille souffre depuis l'affaire Gavoury d'être désavoué par ses pairs encore en service et il avance qu'il lui semble sur le point de se transformer en *desperado,* peut-être même de disparaître, ajoute-t-il.

Pourtant, Degueldre se plaint seulement d'être mal renseigné sur ses objectifs et de devoir se débrouiller seul pour procurer des planques à ses hommes et les voitures nécessaires à ses opérations. Malgré l'apparent désarroi psychologique dans lequel il l'a soi-disant trouvé, Gardy reconnaît que le chef des *deltas* est un élément majeur de l'organisation et qu'à ce titre il doit être « soigné » et placé dans les meilleures conditions afin d'obtenir de lui « un rendement maximum ».

« Il faut donc, conclut-il, trouver un joint pour sa subordination et son emploi dans le cadre de l'O.R.O., sans qu'il soit cependant rigidement et uniquement aux ordres de *Paulette*. »

Après avoir étudié à son tour la situation de Degueldre, Godard répond à Gardy le 17 juillet : « Je crois que le fond du problème réside dans le fait que *Delta* n'admet pas la subordination à l'égard de *Papa* et qu'il désirerait être associé au brain-trust directionnel. Par ailleurs, il est irremplaçable à la tête des actuelles équipes action de Z.A. 1 (Zone d'Alger). D'autre part enfin, *Papa* est assez chatouilleux et n'aimerait pas être court-circuité par des liaisons directes permanentes entre *Delta*, vous et moi. J'ai pensé à la solution qui consisterait à placer *Delta* adjoint à *Papa* en tant que responsable à l'échelon O.R.O. Il pourrait peut-être cumuler cette fonction avec celle de chef B.A.O. Je l'ai suggéré à *Papa*. D'autre part, j'adresse un mot à *Delta* pour lui dire que je maintiens une liaison directe avec lui (par une boîte aux lettres en sommeil) et lui propose de le rencontrer. Croyez-vous que cela soit suffisant ? »

A l'heure où Godard écrit ce courrier, une charge composée de gros pétards d'artifice explose à Sarcelles devant la porte de Pierre Hanry, un professeur militant au parti socialiste unifié dont les prises de position anti-O.A.S. sont bien connues et lui attireront une dizaine d'attentats en moins d'un an.

Pendant que les colonels échangent tant de paperasses à son sujet, Roger Degueldre continue d'agir. Ses commandos et quelques autres volontaires qui les rejoignent parfois juste le temps d'une opération ponctuelle, troublent de plus en plus souvent les nuits algéroises avec des *stroungas* que les plus experts d'entre eux ont appris à déclencher au rythme d'« Algérie française ».

*

— 41 —

# Les carnets du colonel Godard

Au lendemain du dernier courrier de Godard à Gardy, le président de la République tunisienne Habib Bourguiba, adulé par un peuple qui lui doit son indépendance accordée par la France le 20 mars 1956, ne se contente pas d'offrir l'hospitalité aux milliers de combattants de l'A.L.N. qui attendent le signal de se ruer en Algérie. Le 18 juillet 1961, il appelle ses sujets à la guerre sainte contre les troupes françaises qui occupent encore la base aérienne de Sidi-Ahmed, l'arsenal maritime de Sidi-Abdallah et la base aéronavale de Karouba proches de Bizerte, qu'il a fait encercler par quatre bataillons d'Infanterie et cinq batteries d'Artillerie depuis le 4 juillet. Cinq mille miliciens fanatisés par les propos incendiaires du Combattant suprême marchant sur les positions françaises, une opération de dégagement est montée en Algérie avec les 2$^e$ et 3$^e$ R.P.I.Ma., le 3$^e$ R.E.I., le 8$^e$ hussards et une section du Génie.

Bravant une condamnation certaine de l'O.N.U., le général de Gaulle lance l'opération de sauvetage le mercredi 19 juillet. Dix-huit Nord 2301 du groupe de transport *Anjou* décollent à 16 heures de la Sénia avec une première vague de deux cent soixante-douze bérets rouges du 2$^e$ R.P.I.Ma. commandés par le lieutenant-colonel Mollo et les larguent une heure et demie plus tard sur la base de Sidi-Abdallah.

La bataille est déjà engagée lorsque des messages de Paris viennent troubler son déroulement. Craignant le contrordre qui mettrait en danger les paras, l'amiral Amman, commandant en chef à Bizerte, décide d'interrompre les communications avec la métropole tant que tous les renforts d'Algérie ne seront pas à pied d'œuvre. Les bases sont dégagées au bout de deux jours de combats qui ont coûté une trentaine de morts et deux centaines de blessés aux troupes françaises et plus de mille morts aux Tunisiens.

Arrivant au bout de sa peine, le colonel Chateau-Jobert, dernier prisonnier du fort de La Courneuve, a suivi l'affaire de Bizerte, surtout parce que son ancien 2$^e$ R.P.C. avec lequel il a sauté sur Suez en 1956 et devenu 2$^e$ R.P.I.Ma. y a participé. Libéré le 15 juillet, il est reçu le 19 par Pierre Messmer, devant qui il plaide une nouvelle fois qu'il n'a fait à Niamey qu'exprimer lors du putsch auprès du général Kergaravat son attachement à l'Algérie française.

— Et c'est bien ce que je vous reproche : vous faites de la politique, lâche Messmer.

— Non, monsieur le ministre ! Vouloir défendre l'intégrité du territoire national et sauvegarder les personnes et les biens des Français en Algérie, ce n'est pas, pour moi, faire un acte politique.

Le petit colonel au visage pointu ne refuse pas qu'il faille en venir à une forme d'indépendance pour l'Algérie, mais, précise-t-il, pas tout de suite et surtout pas dans les conditions actuelles, que le général de Gaulle a lui-même dénoncées en évoquant l'éventualité d'un chaos sanglant.

Pierre Messmer, nullement convaincu, laisse partir à Cannes le futur délégué de l'O.A.S. dans le Constantinois après lui avoir conseillé d'attendre sans faire de vagues une nouvelle affectation dans sa villa Kerconan.

## Chap. 41. – *Les carnets du colonel Godard*

Alors que leurs alliés tunisiens tombaient à Bizerte, c'est dans un climat de grande méfiance que les émissaires du G.P.R.A. ont accepté de revenir discuter en France. Cette fois ce n'est plus à Evian que les délégations se sont retrouvées le 20 juillet 1961, mais au château de Lugrin qui domine le lac Léman à moins de dix kilomètres à l'est de la ville dont les habitants ne sont pas fâchés d'être débarrassés de leurs hôtes qui risquaient de leur attirer les attentions de l'O.A.S.

Le même jour, des activistes parisiens font sauter six faibles charges de plastic aux domiciles de députés favorables à l'indépendance. Sergent poursuit sa quête de partenaires avec le lieutenant Godot. Il a désigné dans chacune des neuf régions militaires un officier d'active avec mission d'y former un état-major parallèle comprenant les habituels services d'Oganisation des masses, d'Organisation du renseignement et des opérations, d'Action psychologique et de propagande. Il ne doute pas que ce dispositif permettra un jour de prendre le contrôle du pays en s'emparant en quelques heures des mairies, des préfectures et des infrastructures de la R.T.F.

Comme il fallait s'y attendre, l'installation en métropole des unités de choc de la 11$^e$ D.I.L. du général Martzloff provoque des heurts avec la population musulmane encadrée par le F.L.N. que la reprise des discussions n'incite pas du tout à la discrétion. Les paras du 1$^{er}$ R.C.P., maintenant commandés par le lieutenant-colonel Lafontaine et basés en Lorraine à Montigny-lès-Metz, bien qu'ils aient été mis en alerte, n'ont pas participé à la bataille de Bizerte. Des bagarres les ayant déjà opposés à des Musulmans depuis leur retour d'Algérie, une altercation tourne mal dans la nuit du 21 au 22 juillet. Le sergent-chef Lacou et le caporal-chef Coquet reçoivent à Nancy des coups de poignard en sortant d'un bar près de la porte Saint-Nicolas.

Le lendemain, la présence de nombreuses patrouilles de policiers renforcées par des bérets rouges ne dissuade pas les camarades des deux blessés de monter une expédition punitive à Nancy. Un Musulman a l'aorte sectionnée rue Saint-Dizier et un autre est tué devant l'église de Bonsecours. La ville est rapidement bouclée par des barrages de gendarmerie. Une trentaine de paras sont arrêtés et conduits au commissariat central. Mais cette riposte menée si rondement ne calme pas les esprits et, au soir du 23 juillet, des militants F.L.N. tirent des coups de feu sur le Trianon, un dancing de Montigny-lès-Metz fréquenté par les bérets rouges. Un barman s'écroule mort sans que personne dans le vacarme de la musique et la pénombre s'en soit rendu compte. Seuls quelques paras l'ont vu tomber. Ils s'emparent de canettes de bière et se risquent au-dehors où, placés en embuscade, les Musulmans les tirent comme des lapins. L'un d'eux, le chasseur Henri Bernaz, est tué d'une balle en pleine tête. Un de ses compagnons, blessé, retourne dans le dancing. Un sous-officier l'apercevant ensanglanté grimpe sur une chaise afin de dominer la cohue enfumée et hurle : « A moi le 1$^{er}$ R.C.P. ! »

Les Musulmans s'enfuient en tirant quelques coups de feu et le chasseur Francis Soro tombe, mortellement touché.

Les paras lancent dans Metz une furieuse chasse aux Nord-Africains. De nombreux Musulmans arrachés aux cafés encore ouverts sont tabassés et jetés dans la Moselle. Le général Massu, qui commande maintenant la VIe région militaire, organise tout aussitôt le maintien de l'ordre mais les renforts de la prévôté ne suffisent pas à ramener le calme. Au matin du 24 juillet, un premier bilan fait état de quatre Musulmans tués et de vingt-sept blessés graves et, durant le ratissage en règle qui a suivi les premières ratonnades, les policiers ont arrêté de nombreux agents du F.L.N. armés et porteurs de documents.

Après ces désordres, les bérets rouges du 1er R.C.P. sont consignés sur la base de Montigny-lès-Metz. Le général Constans leur fait un exposé sur la situation délicate dans laquelle se trouvent les Nord-Africains en Lorraine et leur recommande de s'en tenir désormais à l'écart. Mais l'agitation croît encore au régiment lorsque les paras apprennent qu'un de leurs officiers, le capitaine Martret, est parti à Paris témoigner au procès du lieutenant-colonel Plassard, qui les commandait durant le putsch.

Tandis qu'une garde d'honneur veille à Metz la dépouille du caporal Soro dans une chapelle ardente de l'hôpital militaire Legouest, le capitaine Ferrandi, étrennant ses nouveaux papiers d'identité, se rend en Oranie. Participant le 23 juillet à une réunion secrète organisée à son intention à Oran, il a la pénible impression que l'entente n'y règne pas plus qu'à Alger. Alors qu'on lui présente l'état-major clandestin, le délégué des officiers de réserve avance avec le plus grand sérieux que les anciennes U.T. ne s'engageront vraiment qu'une fois que le général Emile Cantarel, le successeur de Pouilly à la tête du corps d'armée d'Oran, leur donnera le feu vert. Quant aux maquis baptisés *Bonaparte* implantés en Oranie, dont l'un tient le quartier de la gare d'Oran sous les ordres du boulanger Jean-Paul Reliaud, qui a pris le nom de code de *Président*, ses hôtes sont très évasifs sur leurs effectifs réels. Avant de rentrer à Alger le 24, Ferrandi revient toutefois sur ses premières impressions désastreuses en rencontrant le dirigeant du Syndicat commercial et industriel de l'Oranie Daniel Brun, l'entrepreneur Charles Micheletti, par ailleurs président de la Caisse de sécurité sociale du bâtiment, son fils Jean-Marie, le Dr Roméo et le garagiste Georges Gonzalès, plus connu sous le sobriquet de « Pancho », qui reconnaissent Salan et Jouhaud comme chefs de l'O.A.S. Encore sous le coup des rodomontades entendues la veille, il apprécie d'autant plus le sérieux avec lequel ces hommes lui expliquent qu'ils ont partagé Oran en neuf secteurs opérationnels baptisés *collines*, avec à leur tête des hommes portant les noms de code de *Bayard, Bugeaud, Cicéron, Clovis, Colbert, Hoche, La Fayette, Socrate* et *Surcouf*. Chaque *colline* est, en principe, car il n'est pas aisé d'appliquer à la lettre le plan d'ensemble, elle-même cloisonnée en quartiers, îlots, immeubles et cellules. L'O.A.S. oranaise est censée posséder un état-major composé de cinq bureaux. Le 1er a mission de contrôler la population. Le 2e est chargé du renseignement. Le 3e traite des opérations, le 4e de l'intendance et le 5e, ainsi que le faisait son pendant officiel dissous par de Gaulle, gère l'action psychologique.

Mais, ainsi qu'à Alger, si l'organigramme de cette organisation est prêt, toutes ses cases sont loin d'être remplies, même au plus petit échelon des *collines*. Ferrandi est satisfait par l'organisation oranaise. Malgré ses lacunes, il l'estime même plus cohérente que celle d'Alger. Il dresse le 26 juillet pour Salan et Jouhaud le bilan de ses observations et il leur parle du bras armé de l'organisation qui est à Oran représenté par des commandos articulés sur le modèle des *deltas* algérois et mobilisables à tous moments.

*Le Monde* annonçant la parution de documents qui auraient appartenu au colonel Godard dans *Le Nouveau Candide*, un journal créé avec des fonds secrets de Matignon dans le but de soutenir la politique algérienne de De Gaulle, Ferrandi retrouve à Alger une ambiance encore plus pesante qu'à son départ. Ecrits par Godard lui-même, annonce *Le Monde*, ces papiers relateraient au jour le jour les péripéties du putsch. Sans attendre l'article annoncé, Godard, qui n'a toujours pas renoncé à persuader Gardy de prendre la tête de l'O.A.S., s'est empressé de lui expliquer par courrier qu'il n'a évidemment pas adressé ses notes au *Nouveau Candide*, mais qu'il est victime d'un abus de confiance. Au matin du 25 juillet, sans faire état des conditions dans lesquelles il a confié son calepin à Marie Elbe, il a demandé à Susini de faire circuler cette mise au point : « La publication dans *Le Nouveau Candide* des soi-disant carnets de route de l'ex-colonel Godard m'amène à vous fournir, à titre strictement personnel et confidentiel, certains éclaircissements :

« 1° – Je n'ai bien entendu adressé aucun document à *Nouveau Candide* ni à aucun autre périodique ni à aucun tiers en vue d'une publication quelconque.

« 2° – Dans les tout premiers jours qui suivirent les événements d'avril, j'ai eu l'intention de rédiger, pour un usage éventuel, personnel et en tout cas ultérieur, un journal relatant succinctement et dans l'ordre chronologique, les événements auxquels j'avais été mêlé. J'ai ainsi rédigé l'histoire des journées des 17, 18 et 19 avril. M'estimant alors à la merci d'une arrestation, j'ai remis le document à la personne qui m'hébergeait (je n'avais pas le choix) en lui demandant de mettre le papier en lieu sûr ; par la suite, je n'ai pas poursuivi la rédaction de ce journal, qui s'est donc arrêté au 19 avril.

« Je crois savoir que la personne à qui j'avais remis le document s'en est dessaisie par mesure de sécurité et l'a confié à un tiers pour le mettre en sécurité. Ce dernier, par imprudence ou par calcul ? l'aurait montré à un troisième larron, appartenant aux milieux de la presse, qui l'aurait subrepticement photocopié. Ce qui est certain, c'est que cette photocopie est allée tout droit chez Frey. Et c'est ce dernier ou son entourage qui en aurait inspiré la publication dans *Nouveau Candide,* après l'avoir complété par la relation des journées du 20 et 21 avril et de commentaires puisés dans des rapports de police (certains renvois, et en particulier le renvoi 13 relatif à certaines de "mes amies personnelles", m'en apportent la preuve formelle.)

« Quoi qu'il en soit :

« – Le document est malheureusement authentique en ce qui concerne les journées du 17, 18 et 19 avril ; heureusement par réflexe de prudence j'avais caviardé les initiales de ceux dont l'activité n'était pas détectée.

« – Les commentaires est un faux en ce qui concerne les journées du 20 et 21 avril.

« – Les commentaires et l'interprétation sont inspirés par l'Intérieur et la Direction de la sécurité territoriale.

« Cette fuite est regrettable pour moi, elle l'est plus encore pour Faure et Vaudrey (Initiales F et V et ESG) ; toutefois, je ne crois pas qu'elle puisse avoir une interprétation judiciaire au détriment de F et V.

« Pourtant, dans le but de limiter dans une certaine mesure la portée de cette malheureuse affaire, je propose à Guy la publication ci-jointe, par voie de tracts O.A.S. Par ailleurs, je m'efforce d'établir les responsables de la fuite me réservant de les traiter comme ils le méritent.

« P.S. – De sources sérieuses, il m'a été rapporté que l'Intérieur aurait proposé à certains leaders nationaux la destruction de leur "dossier" et une somme de 35 millions s'ils fournissaient des renseignements susceptibles d'amener la capture de certains "ex" dont moi en particulier. »

*Le Nouveau Candide* n'étant lu à Alger que par une poignée de fonctionnaires de la Délégation générale, l'affaire des carnets du colonel Godard n'aurait sans doute eu aucun retentissement au sein de l'O.A.S. si *Le Monde* n'en avait fait état et si l'intéressé lui-même n'avait cru utile de s'en disculper.

Mais le mal est fait lorsque, le 27 juillet 1961, les paras du 1$^{er}$ R.C.P. rendent à Metz les derniers honneurs à leur camarade Francis Soro.

Le lieutenant-colonel Lafontaine ayant déposé la médaille militaire sur le cercueil drapé de bleu blanc rouge, le lieutenant Gonzague Chéron du Pavillon, grand et large officier depuis longtemps acquis à l'O.A.S. et qui a l'intention de démissionner, prononce cet adieu :

— Il m'appartient le douloureux privilège, au nom de tes chefs et de tes camarades, de venir te parler le dernier. Oranais, tu en avais la « chache », la grande gueule et le courage. Tu es mort en soldat. Quatorze mois de crapahut, avec la mort possible à chaque buisson, à chaque anfractuosité, t'avaient laissé intact dans cette guerre où le champ d'honneur est tout un pays, ta terre natale, la France.

Ne pouvant brimer plus longtemps ses sentiments personnels, le lieutenant crispe un peu plus son long visage bruni par des mois de djebels et lâche :

— Si nos législations ne te considèrent pas comme mort pour la France, sache que tes chefs et tes camarades ont déjà inscrit dans leur cœur cette maxime : « Mort au champ d'Honneur ! »

A la même heure, Salan, qui se cache dans la ferme d'une demoiselle Garcin, fille d'un officier général de Gendarmerie, alors que son épouse s'est réfugiée dans une villa du bord de mer toute proche de l'exploitation du frère de son hôtesse, reçoit *Le Nouveau Candide* de la part de Robert Martel. S'il est bien entendu furieux d'y découvrir les « Carnets du colonel Godard », puisqu'il a vu Godard remettre à Marie Elbe ses notes en même temps que son pistolet, il ne songe pas, lui, à crier à la machination. Avec Ferrandi il imagine simplement que Marie Elbe, peu soucieuse d'être trouvée en possession d'une arme alors que le putsch agonisait, a remis le dépôt de Godard à Jean-François Chauvel et que la journaliste Georgette Elgey, en obtenant la primeur du document, a réussi l'un des plus beaux coups journalistiques réalisés depuis le début de la guerre en Algérie.

*

## — 42 —
## Première émission pirate

Pendant que l'O.A.S. patauge dans ses soucis financiers et perd son temps en querelles byzantines, trois hommes la combattent à Alger avec un acharnement exemplaire. Le premier, le commissaire Louis Grassien, a créé une brigade spéciale de huit policiers métropolitains et deux musulmans, ce qui est dérisoire mais paraît suffisant pour Roger Frey. Le deuxième, le chef d'escadron Paul Rivière, commande par intérim la Sécurité militaire et le troisième est le colonel Georges Debrosse. Mais leurs entreprises conjuguées n'ont encore connu de succès que grâce à la délation et, surtout, aux bavardages et vantardises collectées par leurs indicateurs. Bien que leurs méthodes leur aient permis d'arrêter Dominique Zattara et Claude Tenne, pressés de faire du résultat par la Délégation générale, les policiers et les gendarmes passent à des méthodes de moins en moins orthodoxes. Se souvenant sans doute qu'un jour d'octobre 1958 le général de Gaulle avait traité Salan de drogué en bavardant avec le journaliste du *Monde* Pierre Viansson-Ponté, les policiers imaginent que le chef de l'O.A.S. risque de manquer de stupéfiants dans son refuge de la Mitidja qu'ils enragent de ne pouvoir localiser. Ils contactent un maquereau trafiquant de drogue et, moyennant une promesse d'immunité, ils le persuadent d'approcher des gens de l'O.A.S. et, grâce à la cocaïne qu'il leur proposera, de remonter jusqu'à Salan.

Le piège est trop grossier. Après quelques contacts encourageants, le trafiquant tombe sous les balles du sergent Dovecar dans un restaurant de la rue Berthezène.

A la suite de cette élimination à moitié réussie puisque le maquereau a survécu et obtenu de ses commanditaires qu'ils le rapatrient, l'O.A.S. diffuse un bilan d'activité annonçant que du 20 juin au 28 juillet 1961 elle a posé 145 bombes à Alger, 125 à Oran et 110 sur le reste du territoire. Et les Algérois ne sont pas près de passer des nuits paisibles, puisque l'organisation annonce dans ce communiqué la récupération de quatre tonnes d'explosifs et mille détonateurs dans la région de Boghari.

Ces bilans claironnés, s'ils ne contentent pas Jean-Jacques Susini qui, au-delà des assassinats d'opposants, des concerts de *stroungas* et des mitraillages de cafés maures, rêve d'un soulèvement de masse et de mobilisation d'une armée pied-noire, enthousiasment la majorité des partisans de l'Algérie française.

Prenant enfin ses responsabilités, le général Salan autorise Jouhaud à effectuer une tournée en Oranie. Mais le capitaine Ferrandi, qui est allé préparer le terrain, se rend compte qu'à cause du colonel Gardes qui a cru bien faire en prévenant ses contacts oranais, l'arrivée prochaine de Jouhaud n'a plus rien de secret. Craignant que cette rumeur ne soit déjà parvenue aux agents du pouvoir, il téléphone à Salan dans l'intention d'annuler le déplacement devenu trop périlleux, mais le général lui annonce que Jouhaud a déjà pris la route, grimé et moustachu.

Après quelques autres coups de téléphone de Ferrandi, le second de l'O.A.S. est stoppé à Orléansville par un responsable local et prié de rebrousser chemin puisque les forces de l'ordre sont en train de mettre en place de nombreux barrages sur la route d'Oran.

Jouhaud mis à l'abri, les *deltas* de Degueldre traquent les agents du F.L.N. Le vendredi 4 août 1961, ils abattent un cadre musulman des Ciments Lafarge. Le lendemain, un de leurs compagnons du quartier Belcourt nommé Di Rago ayant été achevé à l'hôpital Mustapha par un Musulman, ils tuent en représailles dans le même hôpital Ali Merzak, responsable F.L.N. du quartier du Hamma proche du Jardin d'Essai.

Les policiers musulmans engagés dans la lutte anti-O.A.S. étant également les cibles des *deltas* et des *alphas*, le commissaire Ouamri est visé mais échappe plusieurs fois à leurs coups. Après l'avoir encore manqué devant son domicile de Saint-Eugène, trois *deltas* le poursuivent en voiture. Afin de les semer, le policier s'engage en haut du boulevard Bru dans la rue des Pins longeant le lycée de jeunes filles Fromentin installé dans un ancien hôtel de grand luxe à l'architecture tarabiscotée qui s'appelait le Splendid. Rattrapé, il est abattu d'une rafale et agonise dans sa voiture.

Le 5 août 1961, Jouhaud a rejoint Salan depuis trois jours, lorsque Louis Joxe et Pierre Messmer arrivent en Algérie. Le premier se pose à Alger et le second à la Sénia, car il doit inspecter quelques secteurs opérationnels de l'Oranie dont celui de Nemours tenu par la demi-brigade de fusiliers marins. Un peu avant 13 heures, le délégué général attend le journal télévisé pour passer à table avec Louis Joxe et quelques autres invités. Les bavardages feutrés cessent lorsque l'image disparaît soudain du poste. Les secondes s'écoulent sans que s'estompe la grisaille tremblotante qui a envahi l'écran. Louis Joxe et son hôte grimacent en entendant *Le Chant des Africains,* devenu l'hymne de l'O.A.S. Puis ils se crispent un peu plus lorsqu'une voix au débit trop rapide pour être professionnelle annonce : « Ici Radio-Algérie française. L'O.A.S. a décidé d'interrompre aujourd'hui l'émission de la radio gaulliste. Délégué par le général Salan, le général Gardy vous parle. »

L'image ne revenant pas, les invités de Jean Morin fixent machinalement l'écran brouillé et entendent la voix acide de Gardy déclamer mécaniquement :

— Français européens et musulmans, au lieu de la voix dérisoire et mensongère des valets du régime, vous entendez la voix de la vérité, la parole française de ceux qui luttent pour maintenir la communauté nationale sur les deux rives de la Méditerranée et pour reconstruire la France sur les ruines accumulées par la dictature gaulliste.

Partout dans Alger, des propriétaires de téléviseurs haussent à fond le son de leur appareil et ouvrent en grand leurs fenêtres afin que leurs voisins profitent du message de Gardy. Les techniciens de la R.T.F. renoncent à ramener les choses à la normale quand l'un d'eux s'aperçoit que les saboteurs de l'O.A.S. ont sectionné la ligne à haute tension qui alimente l'émetteur d'Ouled-Fayet. A moins de couper l'électricité dans toute la ville, ils n'ont aucun moyen de faire taire le trouble-fête dont le discours, certainement préenregistré, est diffusé par un émetteur clandestin calé sur la fréquence son de la télévision depuis quelque villa des hauteurs d'Alger.

— Je m'adresse d'abord, entendent donc les Algérois croyant déjà à un nouveau putsch, à mes camarades de tous grades restés dans les rangs de l'Armée, cette Armée déchirée, décomposée par le régime, condamnée, la rage au cœur, à remplir un rôle contraire à sa mission essentielle et à l'honneur militaire.

Gardy n'a pas terminé son intervention que les rues d'Alger résonnent de concerts de klaxons ainsi qu'aux plus belles heures de mai 1958.

— Nous mettons en jeu, poursuit-il, toutes les forces de résistance contre toutes mesures conduisant à l'abandon de l'Algérie. Vous devez, dès à présent, organiser votre autodéfense afin de vous accrocher sur place le jour venu. Des délégations O.A.S. seront constituées dans tous les centres de l'intérieur et notamment à l'échelon du département et de l'arrondissement, pour animer et encadrer cette résistance.

Haussant le ton, le général conclut le message par cette exhortation :

— Union, discipline, révolution ! Européens et Musulmans, vous qui voulez vivre et mourir français sur cette terre française : debout ! Ni valise, ni cercueil ! La patrie et un fusil !

Cet appel à la résistance n'était pas encore terminé que Jean Morin ordonnait au préfet de Police de mettre en place un dispositif policier destiné à prévenir toute tentative de soulèvement.

En Oranie, Ailleret s'est posé un peu après midi près de Tlemcen sur l'aérodrome de Zénata et, à l'heure où passait le discours de Gardy, il volait vers Nemours en hélicoptère. Il se préparait déjà à retrouver Pierre Messmer et à inspecter avec lui les fusiliers marins, lorsqu'un message émis du Q.G. de La Réghaïa lui a annoncé que des troubles venaient d'éclater à Alger.

Ailleret a ordonné à son pilote de le ramener à Zénata. Il allait bientôt s'y poser afin de regagner Alger en avion, lorsqu'un second message de La Réghaïa a annulé le premier. Rebroussant une deuxième fois chemin, ce n'est qu'après avoir retrouvé Pierre Messmer à Nemours qu'il a enfin appris ce qui s'était véritablement passé à Alger.

Si vite enivrés par l'émission pirate de l'O.A.S., les Algérois retrouvent le sens des réalités en voyant dans l'après-midi des blindés de la Gendarmerie se poster à tous les points sensibles de la ville.

Attisée à plaisir par Yves Gignac et ses amis, une rumeur annonçait à Paris l'imminence d'un nouveau putsch. Si crédible que la plupart des centrales syndicales de gauche ont diffusé le 2 août 1961 ce communiqué commun : « Les organisations syndicales ont décidé de rester en contact en vue de s'opposer, conformément aux engagements, à tout nouveau coup de force. » Le matin même où Gardy parlait à Alger, *L'Express* titrait : « Putsch ou pas putsch ? » et, sous la plume flamboyante de Jean Cau, publiait une interview masquée de Constantin Melnik qui, se désignant ainsi comme cible à l'O.A.S., déclarait que les officiers supérieurs engagés dans la fronde algéroise, que ce soit Lacheroy, Gardy ou Salan, ne sont que des « bras cassés », des « Tintin de l'Algérie française » et qu'il ne prête qu'au seul colonel Godard des qualités de meneur d'hommes et d'organisateur.

## Chap. 42. – *Première émission pirate*

Lorsque Jean Cau lui a demandé s'il fallait s'attendre, comme les rumeurs parisiennes le faisaient croire, à un nouveau coup d'Etat militaire, Melnik, et pour cause bien renseigné, a repoussé cette éventualité qui affole tant d'autres proches du pouvoir, surtout le ministre de l'Intérieur, Roger Frey.

L'O.A.S. et le pouvoir ont engagé une véritable bataille de l'information où tous les coups sont permis. Si en Algérie le général de Gaulle ne peut se faire entendre que par les déclarations officielles du gouvernement, qui ne lui attirent que haine de la majorité des Pieds-noirs même si les appelés, toujours à l'écoute des transistors, l'approuvent massivement, le phénomène est inversé en métropole. L'O.A.S. y est désarmée car le pouvoir dispose du monopole de l'information. La télévision est l'apanage exclusif du Général par l'intermédiaire du secrétariat d'Etat à l'Information dont il a confié le 24 août 1961 la charge à Christian de La Malène, l'ami de Michel Debré et de Constantin Melnik. La presse écrite, mis à part *L'Esprit public* et quelques organes monarchistes ou d'extrême droite chichement diffusés comme *La Nation française* et *Rivarol*, est hostile à l'O.A.S., comme *France-Soir* dirigé par Pierre Lazareff, *Paris-Presse* de Pierre Charpy et, bien sûr, *Le Nouveau Candide*. Et les journaux de gauche lui sont tout aussi opposés, *L'Express* en particulier, dans les colonnes duquel Jean Cau est devenu le médium de Matignon par le truchement de Constantin Melnik.

Le conseiller particulier de Michel Debré déjeunant d'autre part au moins une fois par semaine avec François Furet et Hector de Galard, les dirigeants de *France-Observateur*, ainsi qu'avec Pierre Viansson-Ponté, du *Monde*, l'O.A.S. n'a aucune chance de s'imposer dans la bataille de l'information si bien cadenassée de l'Elysée et de Matignon.

Même s'il est évident qu'il n'y aura pas de putsch au lendemain de l'intervention du général Gardy, le colonel Gardes, débordé malgré l'aide de la fille d'un chirurgien, Mlle Lombard, un professeur de lycée dans la quarantaine qui assure bénévolement son secrétariat en usant du pseudonyme de *Jasmine*, propose au capitaine Ferrandi de le seconder à la tête de l'Organisation des masses. Mais l'aide de camp de Salan, tenant à rester à l'écart des querelles qui divisent de plus en plus le comité directeur, refuse ce poste.

Et ce n'est pas la protection qu'accorde Gardes aux commandos du Front nationaliste qui risque d'arranger les choses. Jean-Claude Pérez admet en effet de moins en moins les initiatives des hommes de Michel Leroy qui plastiquent à tout-va sans attendre ses ordres, ni même ceux de Degueldre.

Alors que les cadres de l'O.A.S. se déchirent ainsi, le commandant Si Mohammed, dernier survivant des trois Algériens reçus en juin 1960 à l'Elysée, puisque Si Salah a été tué dans la nuit du 19 au 20 juillet au cours d'une embuscade tendue par des chasseurs alpins dans la région de Bouira, est abattu le 8 août dans un faubourg de Blida au terme d'un coup de main monté par des hommes du groupe mobile 11 dépendant directement du S.D.E.C.E. L'indiscrétion d'un officier ayant participé à l'affaire permet à Godard d'affirmer que le F.L.N. collecte à Alger des renseignements sur la direction de l'O.A.S. Après les indices fournis à chaud par l'officier du 11e choc qui a étudié les documents saisis à Blida sur Si Mohammed, le colonel reçoit un courrier d'un autre officier de renseignement de l'état-major d'Ailleret confirmant que l'ancien visiteur de De Gaulle, outre un exemplaire des textes diffusés par l'O.A.S. à Alger, possédait des précisions sur les fermes dans lesquelles Salan a trouvé asile.

Aussitôt, mais en vain, le général Ailleret ordonne la fouille du dernier domaine de la Mitidja indiqué par les papiers périmés saisis sur l'ancien compagnon du commandant Si Salah.

Mais d'autres fouilles systématiques de l'armée lancée contre les seuls maquisards de l'O.A.S., puisque la trêve unilatérale lui interdit désormais toute action offensive contre l'A.L.N., portent leurs fruits. Dans la nuit du 9 au 10 août, des artilleurs du 1/405e régiment d'artillerie antiaérienne envahissent la minuscule gare désaffectée du Corso, entre Ménerville et La Réghaïa. Ils ne trouvent dans la bicoque qu'une bouteille d'alcool de poire entamée et non rebouchée, visiblement abandonnée par l'homme qui leur a été signalé.

Le mystérieux occupant de la gare a tout juste eu le temps de s'enfuir au travers d'une vigne sitôt qu'il a entendu des bruits de moteurs. Seulement vêtu d'un pantalon de toile et d'une chemisette, bien que l'homme qui l'a trahi l'ait désigné comme un chef de l'O.A.S., il n'est pas armé. Les artilleurs se déploient en ligne derrière lui pour ratisser la vigne en direction de la mer. Un de leurs groupes frôle le fuyard tapi dans une ride de terre où une touffe de roseaux achève de se dessécher. Puis un deuxième. Le cœur battant, la respiration retenue, l'homme de l'O.A.S. songe déjà à rebrousser pour échapper à la ligne de fouille qui s'éloigne. Mais il entend soudain un bruit d'eau et se rend compte qu'un traînard est en train de soulager sa vessie près de lui. L'artilleur se reboutonne et par acquit de conscience inspecte une dernière fois le secteur à l'aide de sa lampe de poche. Apercevant le présumé responsable de l'O.A.S., il alerte ses compagnons qui reviennent vers lui en galopade bruyante.

— Le voilà ! Il est là ! hurle-t-il en braquant son fusil sur la faille abritant le suspect.

L'homme se redresse et, d'un ton de commandement trahissant le militaire, il ordonne de ne pas tirer. Empoigné, palpé et rapidement fouillé, il se débat lorsqu'un artilleur tente de lui arracher le scapulaire de la Sainte Vierge qu'il porte sur la poitrine. Amené sans ménagements au P.C. du 1/405e R.A., il est vite identifié. Il s'agit du lieutenant Alain Bougrenet de La Tocnaye, qui s'est sans grand-peine évadé de Biskra avec la complicité d'un prêtre antigaulliste.

Réfugié dans la région de Fort-de-l'Eau après quelques jours de cavale,

La Tocnaye a renoué avec l'O.A.S. dont le chef local lui a bientôt annoncé qu'il lui avait trouvé la planque idéale. C'est ainsi qu'il s'est installé dans la petite gare du Corso désaffectée depuis le début de la guerre. Encouragé par le grand calme du secteur, se dissimulant au passage des trains, il s'est enhardi à contacter les exploitants des fermes environnantes. Rêvant d'un maquis O.A.S., il a sympathisé avec Georges Wittmer, un jeune Lorrain père de famille qui, subjugué par sa faconde, a accepté de le suivre dans son entreprise.

Georges Wittmer travaillait et logeait avec son épouse et sa fille dans un domaine de Surcouf appartenant à Jean Lamy, président depuis 1946 de la Confédération générale de l'agriculture en Algérie, qui partage son temps entre le Bordelais où il a des intérêts et ses vignobles algériens.

Décidé à passer à l'action, La Tocnaye a demandé à ses amis algérois de lui procurer des armes et des explosifs. Il a d'abord reçu du plastic, des détonateurs et de la mèche lente, puis deux douzaines de grenades. Georges Wittmer ayant entreposé ce matériel chez lui, La Tocnaye, en attendant la livraison des armes promises, a recruté au Corso un deuxième volontaire en la personne d'Yves Nachirip. Puis, afin d'avoir plus de liberté d'action, il a conseillé à Georges Wittmer d'envoyer son épouse et sa fille chez ses parents en Lorraine.

La Tocnaye aurait sans doute mené à bien son dessein si, rappelé d'urgence à Alger pour participer à la Délégation générale à une réunion de responsables agricoles, Jean Lamy n'avait pas été alerté par son employé musulman Hamoud qui, lorsqu'il est venu le chercher à Maison-Blanche, lui a raconté que Georges Wittmer vivait maintenant seul au Corso et qu'il recevait parfois des inconnus en pleine nuit.

Jean Lamy, songeant à l'O.A.S., dont il n'approuve ni les méthodes ni les buts, a décidé de tirer les choses au clair après la réunion d'Alger. Ce riche propriétaire est un homme d'action. Quatre fois cité au feu durant la guerre de 14-18, il est officier de la Légion d'honneur. Chrétien fervent et ami de Mgr Duval, il est également homme de raison. Il a souvent discuté de l'Algérie avec Pierre Mendès France, Guy Mollet, Edgar Faure, Pierre Pflimlin et Antoine Pinay. Après 1958, il s'est vite fait à l'idée que la politique imposée en Algérie par le général de Gaulle était la seule capable de sortir de la guerre. Louis Joxe ne lui a d'ailleurs pas caché qu'il songeait à lui pour occuper la vice-présidence de l'Exécutif provisoire qui succédera bientôt à l'administration actuelle et s'installera dans une cité administrative pour le moment en chantier à Rocher-Noir.

Le lundi 7 août 1961, Henri Piana, le régisseur du domaine de Jean Lamy, lui a téléphoné à sa villa de Surcouf. Il avait, annonçait-il, des choses bien trop graves à lui dire pour le faire par téléphone. C'est ainsi que Jean Lamy a appris que le bruit courait que l'O.A.S. était en train d'installer un dépôt d'armement dans son domaine du Corso. Ayant envoyé Georges Wittmer faire des achats à L'Alma, le bourg le plus proche du Corso, Piana et lui ont découvert dans son logement une bombe prête à l'emploi, l'explosif et les grenades apportés d'Alger par les amis de La Tocnaye.

Jean Lamy devant retourner à Alger pour la fin de la réunion agricole et prendre tout de suite après l'avion de Bordeaux, a ordonné à son régisseur d'avertir le capitaine Maltré qui commande le 1/405e R.A.

Arrêté au soir du 10 août avec son ami Nachirip, Georges Wittmer, confondu par le matériel saisi chez lui, a avoué avec une pointe de fierté dans la voix faire partie de l'O.A.S. et que son chef, dont il ignore le nom, se cachait dans la gare du Corso.

Le capitaine Maltré a aussitôt fait investir la gare, mais La Tocnaye, qui était en train de siroter un verre d'alcool de poire, a eu le temps de traverser la voie et de filer à travers les vignes.

Transféré après un premier interrogatoire à la brigade de gendarmerie de L'Alma, La Tocnaye bavarde de tout et de rien, surtout pas de l'O.A.S., avec le brigadier-chef Danrée qui, s'apercevant qu'il est domicilié dans la Manche, lui fait remarquer qu'ils sont voisins, puisque lui-même est originaire de l'Ille-et-Vilaine.

Détendu par la coïncidence, La Tocnaye confie au gendarme qu'il a épousé une demoiselle de Moidrey, dont la famille exploite un domaine agricole dans la baie du Mont-Saint-Michel. Pendant que les deux hommes devisent ainsi, le secrétaire du capitaine Maltré tape au Corso le rapport des événements de la journée et de la nuit du 10 août 1961 en notant : « Arrestation de 3 F.S.E., membres de l'O.A.S. Chez qui sont découverts des explosifs, des grenades et documents importants. » Alors qu'il y a encore quelques semaines ce genre de rapport ne signalait que des arrestations de F.S.N.A. (Français de souche nord-africaine), on y voit apparaître de plus en plus de F.S.E. (Français de souche européenne).

Tandis que les généraux Challe, Zeller et Faure sont maintenant enfermés avec le commandant Saint Marc et d'autres officiers putschistes dans la prison de Tulle réservée à leur seul usage, La Tocnaye est bouclé dans une cellule à Maison-Carrée. Toujours décidé à attenter un jour à la vie du président de la République, il lance aux premiers officiers de la sécurité militaire qui l'interrogent :

— Vous verrez bien ce qu'il adviendra de votre Grand Charles quand je m'évaderai !

Et faisant de cette menace son credo, il la répète à chaque contact avec les gardes mobiles ou les C.R.S. qui vont et viennent jour et nuit devant sa cellule. En attendant de s'évader, comme tous les prisonniers de l'Algérie française il se réjouit d'apprendre que le gouvernement a dénoncé le 12 août la trêve unilatérale.

Jean Sicurani, l'ancien préfet de Mostaganem qui a travaillé avec Pierre Messmer à l'administration de l'Afrique équatoriale française et que Jean Morin a nommé secrétaire général des affaires politiques et de l'information à la place de François Coulet, expose les raisons de ce retour à l'offensive. Après avoir rappelé que ni l'A.L.N. ni le F.L.N. n'ont cessé leurs exactions depuis la trêve, il déclare :

— Dans ces conditions, le Gouvernement français a décidé de donner une plus grande liberté au général commandant supérieur des Forces françaises.

Et les durs de l'Algérie française, à l'affût de la moindre raison d'espérer, ont applaudi en découvrant le reste de la déclaration du remplaçant de leur ennemi juré François Coulet que Philippe Mestre, nouveau directeur de l'Information de la Délégation générale, a transmis à la presse : « Des opérations de destruction seront engagées avec fermeté et la détermination d'en finir avec la rébellion partout où elle manifestera un redoublement de violence. Il n'est pas possible de laisser le F.L.N. poursuivre ses attentats. »

Puisque quelques-uns de ses participants sont partisans de l'O.A.S., tout ce qui s'est dit au cours de la réunion de la Confédération des agriculteurs d'Alger à laquelle participait Jean Lamy a été fidèlement rapporté à Godard. Un maraîcher ayant fait remarquer à Jean Morin qu'il était maintenant inutile d'ensemencer la terre, puisqu'elle sera algérienne à la prochaine récolte, Jean Morin lui a rétorqué :

— Si nous perdions l'Algérie, cher monsieur, dites-vous bien que ce serait à cause des colons qui hébergent des déserteurs militaires et des civils en fuite !

Au cours d'une autre séance, alors qu'un autre agriculteur regrettait que les militaires protègent de moins en moins les cultures maraîchères et les champs de tabac tandis que le F.L.N., redoublant d'activité, ruine les récoltes, le colonel Thozet, chef du cabinet militaire de Jean Morin, lui a répliqué :

— Vous ne manquez pas de culot de nous réclamer la défense de vos campagnes, alors que nous avons tant de problèmes à cause de vos plastiqueurs.

Ayant aussi appris que le nom de Jean Lamy était cité avec celui d'Abderrahmane Farès pour prendre la tête de l'Exécutif provisoire, dont le général de Gaulle a demandé à Louis Joxe de préparer la création éventuelle, le colonel Godard, qui le connaît et l'apprécie, le signale aux *deltas* en précisant toutefois qu'il ne faut pas plastiquer ses biens, mais attendre sa réaction aux tracts lui conseillant d'abandonner la présidence de la Confédération agricole d'Alger.

La réunion des agriculteurs de la Mitidja s'étant terminée par d'autres échanges peu amènes et bien qu'il ne soit pas toujours mis au courant par les uns ou les autres des dissensions du commandement de l'O.A.S., le général Salan finit par s'alarmer de la proportion prise par le Front nationaliste. Surtout lorsque Gardy, encore auréolé par son émission pirate et persuadé que des éléments de cette fraction O.A.S. ont pris l'initiative de rencontrer des émissaires du gouvernement, préconise l'élimination de Michel Leroy. Bien qu'il fasse confiance à l'ancien inspecteur de la Légion, Salan n'accepte pas la condamnation à mort de l'adjoint de Gardes et il lui recommande d'essayer encore d'arranger les choses. Ignorant presque tout des efforts de Sergent et Godot, il décide également de confier au général Vanuxem, vite libéré après le putsch et qui rentre d'Allemagne, un rôle de fédérateur de l'organisation en métropole. Et au cas où il refuserait, il demande à Ferrandi d'adjoindre à son courrier la liste de quelques autres officiers généraux qui pourraient éventuellement le suppléer. Il demande à son aide de camp de ne communiquer la décision qu'à Gardy, Godard et Susini.

Le 13 août, la lettre destinée à Vanuxem est partie depuis deux jours quand Salan, semblant de plus en plus désireux de prendre personnellement les affaires de l'O.A.S. en main, adresse à Gardy ces nouvelles instructions : « Je reste fermement convaincu, je l'ai dit et répété, que, quelle que soit la forme de l'action que nous entreprendrons, quels que soient les facteurs qui nous l'auront imposée, rien de durable ne sera fait sans la participation totale de la population. »

Puis en venant aux violences de l'O.A.S., Salan regrette d'avoir « constaté que les contacts les plus divers et souvent les plus fantaisistes » étaient pris à son insu et parfois en son nom. Il envisage la possibilité de créer un Comité national civil et militaire, en écartant *a priori* les parlementaires et les dirigeants des mouvements métropolitains proches de l'O.A.S. Les premiers, parce qu'il craint qu'ils transforment vite ce comité en « une assemblée aux discussions stériles » et les seconds, parce que, seulement tournés vers l'action, ils sont si nombreux que leur présence interdirait le secret de l'affaire. « Pour l'instant, écrit-il, je ne suis pas partisan de la création d'un comité extérieur, tel que le souhaitent nos amis de Madrid. » Connaissant bien les dirigeants espagnols, il avance que la naissance d'un tel organisme importunerait le gouvernement de Franco qui, les tolérant seulement sur son sol, ne regarde pas toujours d'un œil bienveillant les exilés de l'Algérie française.

Alors que les bisbilles de préséance sont laissées au comité directeur de l'O.A.S., les commandos de Michel Leroy et du lieutenant Degueldre, eux, agissent. Le courrier du capitaine Ferrandi étant rentré la veille de métropole sans avoir réussi à rencontrer le général Vanuxem, l'un d'eux assassine le 18 août Albert Duclerc, un ancien militant du parti communiste algérien. Le lendemain, un commando, placé en embuscade aux accès de sa propriété du Clos-Saint-Gilles, assassine dans sa voiture le D$^r$ Michel Schembri, conseiller général depuis le 12 mai 1960, maire socialiste de Fort-de-l'Eau et proche d'Yves Le Tac. Marqué par cette exécution, M. Lacombe, le suppléant du défunt maire au conseil général, s'empresse de donner sa démission.

Jouhaud, qui ignore tout à fait cette initiative, Jouhaud, avec l'accord de Salan, décide de se rendre à Oran le 20 août avec Ferrandi comme chauffeur. Cette fois le départ est plus furtif qu'à la première tentative et les gens de Martel ne sont pas admis à escorter les voyageurs jusqu'aux confins de la Mitidja. Jouant à plaisir son rôle de paisible retraité du commerce, Jouhaud, souriant et détendu, tend à chaque barrage de police ses faux papiers parfaits.

Ferrandi ne tient pas à revoir les matamores de bonne volonté qui l'ont accueilli lors de son premier voyage en Oranie. Il conduit directement Jouhaud aux Micheletti père et fils qui, la première surprise passée, alertent « Pancho » Gonzalès, Daniel Brun et le D$^r$ Roméo.

Plus à l'aise qu'à Alger dans la ville où ses parents étaient enseignants et où il a passé sa jeunesse, Jouhaud cède bien volontiers aux pressions des Micheletti et de leurs amis lorsque ceux-ci le supplient de rester à Oran.

Le second de Salan prenant la mesure de la tâche qui l'attend, le 23 août, la police arrête dans le Sud-Ouest le charcutier Raoul Vidart, le bras droit de Marcel Bouyer qui détenait les archives de Résurrection-Patrie. Cette opération a été montée de Paris par le directeur de la P.J., Michel Hacq, qui, depuis l'assassinat du commissaire Roger Gavoury, a fait de la lutte anti-O.A.S. une affaire quasi personnelle. Le décryptage des documents saisis chez Vidart lui permet de faire arrêter d'autres activistes du réseau Bouyer. Le capitaine Guy Matthieu, l'adjudant Claude Collignon et le soldat Bernard Varoquaux, anciens des commandos du commandant Robin, se retrouvent sous les verrous. Ainsi que Robert Diacono et Jean-Jacques Boutereaud, arrêtés à Angoulême.

Dans la région de Toulouse, le cardiologue Jean Cassagneau a jusque-là échappé aux attentions policières, bien qu'il assume toujours, en contact avec Yves Gignac, la continuité de l'organisation avec le capitaine Bertrand de Gorostarzu et son cousin Robert Lalfert. Il organise dans son hôtel particulier de la rue des Remparts-Saint-Etienne, ou dans quelque restaurant de bonne tenue, des dîners au cours desquels, sans être l'unique sujet de conversation, l'O.A.S. est évoquée. Même en présence de gens très neutres comme le pétillant journaliste Kléber Haedens ou son ami l'éditeur Jean-Claude Fasquelle, témoins amusés qui écoutent les propos antigouvernementaux d'Yves Gignac, de leurs hôtes, des Gorostarzu, de Robert Lalfert et, entre autres invités anti-gaullistes, du révérend père dominicain Calmels, avec le même plaisir qu'ils prendraient à suivre un match de rugby du Stade toulousain. Charlette, l'épouse du D$^r$ Cassagneau, est issue d'une famille de pionniers venus très tôt s'installer en Algérie près de Sidi-Ferruch. Elle n'ignore rien des activités secrètes de son époux. Bien que les ayant acceptées, y participant même autant que faire se peut, elle ne peut s'empêcher de s'inquiéter lorsque son mari tarde un peu à revenir de Paris où, sous le couvert de ses activités de cardiologue, il se rend souvent pour rencontrer Pierre Sergent, Roland Laudenbach ou Yves Gignac. Un soir qu'il rentre beaucoup plus tard que prévu, il lui explique qu'il est resté quelques heures de plus à Paris dans le but d'amener un jeune militant de l'O.A.S. qui projetait de plastiquer le domicile de Simone de Beauvoir, à renoncer à son projet. « Pourquoi elle ? » a-t-il d'abord demandé. Et le jeune homme lui a répondu :

— Mais, voyons, parce qu'elle n'est pas gardée par la police.

Jean Cassagneau n'a pas du tout apprécié cette raison. Lui qui, après avoir été interné à l'âge de son interlocuteur dans le camp espagnol de Lerida a débarqué comme aspirant-médecin à Cavalaire le 15 août 1944, s'est mis en peine de lui expliquer que le combat pour l'Algérie française devrait être plus loyal. Et il n'a repris le train de Toulouse qu'une fois certain que le jeune homme n'irait pas au bout de son dessein.

Ce n'était pas la première fois qu'un militant de l'O.A.S. demandait au D$^r$ Cassagneau d'approuver un attentat en prétextant que sa réalisation ne présentait aucun danger. C'est ainsi qu'il avait déjà empêché l'inutile destruction d'un pont toulousain, qui aurait attiré une fois pour toutes à l'O.A.S. la condamnation de la population. Et ce n'est qu'après avoir bien étudié les objectifs signalés par les hommes de Pierre Sergent qu'il donne à ses militants les plus sûrs les ordres de passer à l'action.

Les réseaux métropolitains de l'organisation survivant ainsi tant bien que mal, à Alger, le colonel Lacheroy songe déjà à rejoindre Argoud en Espagne. Il s'échappe dès qu'il le peut de l'ambiance pesante de l'état-major de Salan afin de se rendre compte des réalités de la base de l'O.A.S. C'est ainsi qu'il vient un soir discuter avant le couvre-feu à El-Biar avec François Thadome qui, tout en assumant ses fonctions d'inspecteur des Finances, assure aussi l'intendance, l'approvisionnement en armes et la fourniture de faux papiers d'une zone O.A.S. couvrant, outre El-Biar, les communes d'Hydra, Bouzaréah, Baïnem et Guyotville.

— Il me semble que tout va bien chez vous et que vous ne manquez pas d'hommes, lui fait-il remarquer en se fiant aux organigrammes de Godard. Je sais que nous pourrons compter, quand le moment sera venu, sur vos mille deux cents volontaires en armes.

L'ancien lieutenant du 1$^{er}$ R.C.P. dont le code dans l'organisation, connu de très peu de gens, est *Le chauffeur du garage,* tombe des nues. Désolé, il avoue à son visiteur optimiste qu'il ne dispose que de vingt-sept hommes capables de mener des actions de combat.

Après cette révélation qui a mis un bémol à son enthousiasme, Lacheroy se rend compte que les chiffres portés sur les documents de Godard correspondent à l'ancien rôle de mobilisation des unités territoriales à l'époque de leur plus grande activité. Comme il retrouve dans tous les secteurs d'Alger la même situation illusoire, il décide de précipiter son départ pour l'Espagne. François Thadome, qui n'est pas le seul cadre supérieur des Finances dans l'O.A.S., puisque Jean-Pierre Max Ville, un ami d'André Regard qui est administrateur civil de classe exceptionnelle depuis le 1$^{er}$ janvier 1956, lui rend aussi de grands services, use à loisir de sa carte barrée de bleu blanc rouge pour franchir tous les barrages. Adressant à Salan des comptes rendus sans emphase qui tranchent avec tant d'autres qui proclament que, d'ores et déjà, l'ensemble de l'armée d'Algérie est sur le point de se mettre à ses ordres, Thadome met à profit ses tournées d'inspection pour sonder de nombreux officiers du bled et d'administrateurs de communes mixtes. Sillonnant sans escorte les routes et les pistes, il visite tour à tour dans le Constantinois, Batna, M'Sila et Corneille, Tizi-Ouzou et Maillot en Kabylie, Berrouaghia dans l'Algérois, Mascara et Saint-Lucien en Oranie. Alors qu'il s'entretient avec ses anciens harkis de Tigzirt, ému par leurs doutes exprimés avec pudeur, il fait le serment de les aider à gagner la métropole si l'Algérie accédait à l'indépendance.

**Sixième partie**

# VERS LA FIN D'UN MONDE

## Giuseppe Pino, le fantôme balafré

Le 27 août 1961, de retour à la ferme de Mme Garcin, le capitaine Ferrandi, qui craignait la colère de Salan apprenant l'installation de Jouhaud à la tête de l'O.A.S. oranaise, est étonné que celui-ci accepte si facilement le fait accompli. Le lendemain, il reçoit un courrier de Marcel Bouyer exposant la situation du nouveau réseau Résurrection-Patrie-O.A.S. qu'il a mis sur pied dans le Sud-Ouest après sa rencontre stérile avec Gignac.

Si le capitaine Sergent, suivant les conseils de Gignac, précise toujours à ses nouveaux contacts que Salan est le seul patron de l'O.A.S., Bouyer rechigne à admettre l'autorité de l'ancien gouverneur de l'Algérie. S'exprimant au nom des militants qu'il prétend représenter et qui, selon lui, agissent du Nord aux Pyrénées, s'il reconnaît que Salan fait bien partie de l'O.A.S., il lui dénie le droit de l'incarner à lui seul. Car, a-t-il écrit à Ferrandi après l'avoir dit à Gignac au bois de Boulogne, il ne tient pas à « sortir du gaullisme » pour instaurer le « salanisme ».

L'installation de Jouhaud à Oran, les difficultés de l'O.A.S. métropolitaine et les prises de position de Lagaillarde qui a été rejoint à Madrid par les colonels Argoud et Lacheroy et le lieutenant Michel de La Bigne, poussent Salan à sortir enfin de son isolement. Décidé à contrer la camarilla madrilène, il demande à Ferrandi de rédiger une directive générale définissant les responsabilités et les buts de l'O.A.S.

Le général est d'autant plus enclin à affirmer son commandement que Lagaillarde a adressé au comité algérois de l'O.A.S. un courrier en date du 24 août, dans lequel, sans nommer Salan, il l'accuse de l'avoir « délibérément écarté de l'action au moment du 22 avril ». Lagaillarde rappelle dans ce courrier qu'il était lui-même, alors, seul chef de l'O.A.S. et que la direction centrale de l'organisation lui avait reconnu une autorité sur toute l'Algérie. Puis l'avocat se déclare prêt à rejoindre l'Afrique du Nord lorsque les problèmes de hiérarchie y auront été réglés car, souligne-t-il :

« Il est impossible d'imaginer que je puisse rentrer pour ouvrir un conflit brutal avec les dirigeants régionaux actuels. »

Se comportant déjà en patron, Lagaillarde s'inquiète des réactions des « trois chefs régionaux de l'O.A.S. algérienne » au cas où il effectuerait « une tournée d'inspection et de contrôle » en Algérie et il exige de disposer du tiers des collectes effectuées au nom de l'O.A.S.

Le Front nationaliste manifestant de plus en plus d'indépendance à Alger, le colonel Gardes reçoit au matin du 23 août 1961 cette réclamation signée de son directoire : « Au terme d'une expérience de trois mois, nous sommes dans l'obligation de dresser un bilan et de tirer des conclusions. Après avoir accepté, dans un souci très valable, d'inclure nos forces structurées et armées dans le dispositif général de l'Organisation ; après avoir mis à la disposition de l'Organisation des masses nos cadres politiques et notre appareil logistique ; après avoir loyalement respecté une discipline commune, quels qu'en soient pour nous les désavantages immédiats, nous constatons :

« 1° – Les divers bureaux de l'O.M. sont encombrés depuis peu d'un personnel pléthorique et inefficace, embauché tardivement sur la simple recommandation des uns et des autres, sans aucun critère de valeur ou de nécessité. Tapi dans de confortables retraites, il pond des splendides organigrammes, sans aucun sens des réalités urgentes, et il est aberrant de croire que dans six mois ça ira mieux. »

Dévoilant ainsi des visées aussi antirépublicaines que pro-Algérie française, le rédacteur de ce texte a écrit : « D'ici deux mois, nous serons tous logés par la Gueuse, du train où vont les choses » et a continué :

« 2° – Les sous-secteurs en sont toujours (hormis deux d'entre eux) au stade de structuration. Du côté des U.T., il a fallu l'énergique prise en main de la situation par un officier pour démarrer la boutique. Pour l'autodéfense, un seul grand immeuble d'Alger est organisé et le mérite n'en revient sûrement pas à l'O.M. du sous-secteur (même pas au courant, sans doute).

« 3° – Lors de notre rentrée dans l'Organisation, l'accord s'était fait sur un certain nombre de points et notamment sur les objectifs à atteindre. Cela impliquait l'adoption par tous d'un programme clair et le refus de toutes les manœuvres et de tous les hommes de ce qu'on nomme le Système. Il semble aujourd'hui que certains, soit par lassitude, soit par ambition personnelle, engagent une opération de rapprochement avec des personnalités du dit Système, donnant ainsi une troublante apparence de véracité à une partie des affirmations de *Cristal* et nous amenant à étudier de plus près le reste des mises en garde. Quand nous avons confronté les grandes lignes de notre nationalisme avec celles de votre socialisme chrétien, nous n'avons pas trouvé la moindre incompatibilité et nous avons la certitude que nos chemins vont au même but. Nous ne pouvons donc admettre ni concessions ni tolérances, qu'il s'agisse des méthodes, des principes ou des objectifs qui nous sont communs. En conséquence de cette analyse de la situation telle qu'elle se présente aujourd'hui, nous demandons :

« 1° – La présence de notre représentant au Comité supérieur de l'O.A.S. lors de toutes les réunions de ce comité et nous considérons toutes les décisions politiques ou opérationnelles prises hors de cette présence comme nulles et non avenues.

« 2° – La création pour le Grand Alger d'un bureau opérationnel (B.O.G.A.) de trois militaires et de trois civils (notamment de *Cap, Danielle, Pauline*), qui devra être mis en possession de tous les moyens et pouvoirs nécessaires, notamment auprès des actuels responsables de sous-secteurs, pour mettre sur pied la structuration U.T. et la structuration d'autodéfenses.

« En contrepartie, ce B.O.G.A. devra présenter dans un délai de quinze jours :

« *a* – Un bilan réel des moyens et des effectifs valables dont nous disposons sur la ville, ainsi que leur répartition géographique.

« *b* – Une étude des objectifs de première urgence en fonction de *a*.

« *c* – Un plan de feu général de la ville et un choix des points d'appui principaux avec leurs moyens de communication.

« *d* – Un projet de consignes d'autodéfense qui, après approbation, sera tiré à 100 000 exemplaires et stocké en divers endroits sûrs pour diffusion immédiate en cas de déclenchement d'une action de force.

« *e* – Un bilan des points et importance des dépôts de vivres et approvisionnements existants, ainsi qu'un projet de gestion de ces dépôts permettant un contrôle de vie en isolement total de la ville pendant un temps à déterminer (pourrait être confié à une sous-section du B.O.G.A.).

« 3° – Nous considérons que le fonctionnement du Bureau financier est une condition principale de notre action et nous demandons à en prendre l'entière responsabilité, tant du point de vue personnel que de celui des méthodes. Cette solution nous paraît seule susceptible de mettre un terme au piétinement actuel et de limiter les causes des frictions qui, en raison de la gravité d'une solution en rapide évolution, affaiblissent tout le monde. Nous souhaitons connaître soit par un message, soit de préférence au cours d'une réunion avec vous, la suite que vous comptez donner à ces propositions. Nous attendons votre réponse, que nous aimerions connaître avant le 25 septembre. »

En réclamant la constitution du B.O.G.A., le Front nationaliste ne semble accorder de confiance totale qu'au capitaine Le Pivain (*Cap*), et pour cause puisque, avec Michel Leroy, il en est le principal rédacteur !, au lieutenant Degueldre (*Danielle*) et au D$^r$ Pérez (*Pauline*).

Ajoutant encore au mauvais climat régnant dans les hautes sphères cloisonnées de l'O.A.S., le général de Gaulle fait procéder à un petit remaniement de son gouvernement dont Michel Debré garde la tête alors qu'Edmond Michelet, qu'il blâme d'avoir observé envers l'O.A.S. un laxisme qu'il ne lui reprochait pas lorsqu'il s'agissait de combattre le F.L.N., transmet le portefeuille de la Justice à Bernard Chenot.

Salan, laissant à Gardes le soin de régler les problèmes avec le Front nationaliste, se soucie surtout de Lagaillarde, a écrit à Argoud afin de le décider à revenir à Alger où, selon lui, est sa vraie place et où il lui confiera le commandement d'une région.

En attendant la prise de position d'Argoud, Salan se rend le 30 août 1961 à Tipasa afin d'y rencontrer le sénateur de Sétif Claude Dumont. Ferrandi assiste à l'entretien protégé de loin par des hommes de Martel et songe que le Mandarin prend quelque peu ses désirs pour des réalités en affirmant à son interlocuteur que le général Vanuxem, dont il est pourtant sans nouvelles, le représente en métropole. Mais, ne songeant pas à le contredire, il le laisse expliquer au sénateur qu'en France comme en Algérie, tout va bien pour l'O.A.S.

A Cannes, le colonel Chateau-Jobert vient d'apprendre par une note de Pierre Messmer qu'il avait été mis à la retraite anticipée, mais que cette mesure venant d'être rapportée, il doit s'attendre à une proposition d'affectation.

Contrairement aux craintes de Ferrandi, Salan ne se trompait guère en affirmant à Claude Dumont que les affaires de l'O.A.S. métropolitaine allaient bien. En effet, le capitaine Sergent et le lieutenant Godot, qui ne survivaient jusque-là que des aides de Roland Laudenbach et de ses amis, ont eu la chance de rencontrer Maurice Gingembre. Cet homme d'affaires, peu chiche d'une fortune dont la pérennité ne peut être assurée qu'en Algérie française, leur a proposé, comme il le faisait déjà pour les exilés d'Espagne, de financer une bonne part de leurs entreprises.

Maurice Gingembre, qui a un moment caché Argoud chez lui, est, à trente-cinq ans, vice-président d'une compagnie minière qui exploite dans le Constantinois les riches gisements de phosphates du djebel Onk. Il est grand, maigre et très sûr de lui malgré une forte myopie l'obligeant à porter des lunettes à double foyer. Pierre Sergent a eu le temps de jauger cet homme à l'élégance raffinée au cours d'un week-end passé au sud de Paris dans sa propriété de Seine-Port près de Ponthierry. Le sachant polytechnicien, donc certainement sensible à la rigueur militaire, il a accepté de le présenter à l'aréopage de l'O.A.S.-Métro (pour métropolitain) qu'il venait tout juste de constituer.

Le directeur de Djebel-Onk, dont le costume de bon faiseur tranche avec les mises passe-murailles de ses hôtes, rencontre donc une dizaine de cadres de l'organisation dans la salle à manger d'un appartement du XVe arrondissement de Paris. Ayant écouté leurs doléances, il remet à chacun les liasses de billets de cent francs qui leur permettront, comme le professeur Raoul Girardet pour son service de propagande, de passer plus efficacement à l'action. Après avoir été nommé trésorier de l'O.A.S. métropolitaine, Maurice Gingembre met ses moyens financiers, selon lui

## Chap. 43. – *Giuseppe Pino, le fantôme balafré*

infinis ou presque, à la disposition de Sergent et, profitant des facilités de déplacements que lui procure son statut d'homme d'affaires d'envergure internationale, il propose d'assurer lui-même les liaisons avec l'Espagne et l'Algérie.

Alors que le capitaine Sergent espère déjà, grâce à l'argent de Gingembre, un essor rapide de l'O.A.S., Albert Garcin, frère de l'hôtesse de Salan et principal agent de liaison du général, est arrêté à Alger en possession de documents qui risquent de permettre aux policiers de remonter à la tête de l'organisation. Sitôt prévenu du coup dur, Salan se réfugie chez un curé proche de Robert Martel.

La répression est dirigée par le colonel de la Sécurité militaire André (souvent appelé Laurent), le commissaire Grassien et le commandant de l'armée de l'Air René Poste, un autre officier de la S.M. proche du général Charles Feuvrier, le patron de cet organisme. Ferrandi sait qu'Albert Garcin a été dénoncé par Giuseppe Pino, un Pied-noir de Tiaret au visage marqué d'une longue balafre, engagé depuis peu comme garde du corps de Salan. Comme il le craignait, les policiers exploitent les documents saisis chez Albert Garcin et qui confirment les dires du balafré. Ils arrêtent tout d'abord à Oran le D$^r$ Roméo, puis à Bourbaki le capitaine de réserve Gaston Servolles, qui commandait l'O.A.S. d'Orléansville. Ils appréhendent ensuite à Alger Mlle Lombard, la secrétaire de Gardes, dans l'appartement proche de France V qu'elle mettait à sa disposition et qu'il a encombré d'une masse de dossiers, dont la nouvelle Constitution dont il rêve de doter la France.

Gardes ayant lui-même échappé in extremis à l'arrestation en sautant dans une carriole tirée par un âne mené par un Musulman, Salan continue à affirmer que son agent de liaison ne parlera pas, même sous la torture. Alors que Ferrandi le presse de quitter la Mitidja, il décide de revenir au contraire dans la ferme de Mlle Garcin et, bien que l'urgence soit à la discrétion, il fait diffuser sa directive n° 1 dont le préambule, rappelant Lagaillarde à l'ordre, précise : « Il ne doit exister qu'une seule et même organisation de l'armée secrète pour l'ensemble du territoire métropole et Algérie-Sahara. »

Affirmant qu'il est le chef de l'O.A.S. secondé par le général Jouhaud désigné sous le code de *Compagnon*, Salan explique que l'organisation comporte désormais deux branches : l'O.A.S./Métropole et l'O.A.S./Algérie-Sahara. Puis, bien que celui-ci ne donne toujours pas signe de vie, sans parler de Gignac qu'il préfère voir rester dans le plus parfait anonymat, il affecte derechef de considérer que Vanuxem le représente en métropole sous le nom de code de *Verdun*. Il compte surtout sur André Regard qui, toujours officiellement en poste à l'administration centrale des Finances, est en liberté provisoire en attendant un très hypothétique jugement pour sa participation à la préparation du putsch et qui, désigné par le pseudonyme de *Raphaël* dans l'organisation, continue à entretenir d'excellentes relations au ministère des Finances avec Michel Poniatowski et le secrétaire d'Etat Valéry Giscard d'Estaing.

Salan confirme également que l'O.A.S. est en Algérie scindée en trois activités principales, l'organisation des masses, l'action psychologique, le renseignement et action, qui sont confiées dans l'ordre à Gardes, Susini et Pérez. Puis il règle le sort des exilés madrilènes : « J'insiste une fois de plus pour que Lagaillarde et Argoud viennent tenir leur place dans l'organisation, soit en Algérie, soit en France. S'ils choisissent de ne pas accepter mon offre, ils seront considérés comme sont considérés tous les groupes isolés. »

La distribution restreinte de cette directive ne touche même pas tous ses destinataires car, orchestrées par le colonel Debrosse, les arrestations se poursuivent. Après avoir démantelé le réseau O.A.S. d'Orléansville, les gendarmes arrêtent le 5 septembre à Alger Mme Salasc, une autre proche de Gardes, dont l'époux est gynécologue et qui, de temps en temps, a hébergé Godard.

Au soir de cette dernière arrestation, le général de Gaulle a fait convoquer la presse au Palais de l'Elysée. Sans compter celle du 19 mai 1958, au cours de laquelle il s'annonçait prêt à revenir au pouvoir, cette conférence est la septième que le chef de l'Etat donne depuis son retour aux affaires. Comme les 23 octobre 1958, 23 avril 1960 et 11 avril 1961, il commence par ces mots : « Je me félicite de vous voir », et il passe à l'énumération des quatorze questions auxquelles il a décidé de répondre, dont les première, cinquième, septième, huitième, dixième, douzième et dernière, concernent l'Algérie.

— Notre objectif, reconnaît-il, n'est pas du tout de garder la responsabilité politique, administrative et économique de l'Algérie. Cette politique-là, si elle a pu en d'autres temps être peut-être valable, serait aujourd'hui vaine et anachronique et nous ne croyons pas du tout que l'intérêt, l'honneur, l'avenir de la France soient liés au maintien, à l'époque où nous sommes, de sa domination sur des populations dont la grande majorité ne fait pas partie de son peuple et que tout porte et portera de plus en plus à s'affranchir et à s'appartenir.

En réponse à la question d'un journaliste, affirmant l'inéluctabilité de la fin de l'Algérie française, le Général précise :

— Cela étant, le problème algérien se ramène pour nous à trois termes essentiels : institution d'un Etat algérien, rapports de la France avec cet Etat et, comme vous l'avez proposé, avenir du Sahara.

Reconnaissant que l'Algérie nouvelle ne pourra sortir que de l'autodétermination puisqu'« il n'existe pas de légitimité, de souveraineté algérienne antérieure à la conquête à qui l'on puisse s'en remettre comme on l'a fait en Tunisie ou au Maroc », le président de la République expose le processus qui permettra d'en arriver à cette autodétermination. Après avoir affirmé que « seul un pouvoir provisoire algérien peut mener le pays à l'autodétermination et aux élections », il ajoute :

— Encore faut-il, bien sûr que ce pouvoir ait assez de consistance, assez d'audience et aussi qu'il se soit mis en accord avec nous sur les conditions de l'opération.

Passant aux nationalistes algériens dont le G.P.R.A. est présidé depuis le 27 août par Ben Youssef Ben Khedda qui a succédé au très modéré Ferhat Abbas, il use du conditionnel pour évoquer le F.L.N.

— On avait pu imaginer – peut-être peut-on encore imaginer – que le F.L.N., pourvu que tous les combats et les attentats aient cessé, ferait partie d'un tel organisme. D'ailleurs, c'était là un des objets principaux des conversations que nous avons tenté d'engager avec ses représentants. Faute que cela puisse se faire, la seule source concevable d'où puisse sortir un exécutif algérien serait de conduire le pays au référendum et aux élections avec, sans doute, la mise à sa disposition d'une force d'ordre proprement locale.

Après avoir menacé les nationalistes de « tirer les conséquences » s'ils refusaient une nouvelle fois les propositions de la France, le Général poursuit :

— En effet, pour la France, la situation actuelle en Algérie ne peut pas durer toujours. D'autre part, le succès de nos armes sur le terrain nous assure l'entière liberté de nos décisions et de nos mouvements, liberté dont nous ne sommes pas certains que la situation internationale nous la laissera garder entière indéfiniment.

Puis il évoque la partition de l'Algérie :

— C'est pourquoi, dans l'hypothèse que je dis, nous serions amenés à regrouper dans une région déterminée les Algériens de souche européenne et ceux des musulmans qui voudraient rester avec la France. Après, on y verrait sans doute plus clair. D'autant plus que, parmi ces éléments, ceux qui en exprimeraient le désir seraient transférés en métropole où leur implantation et leur situation futures doivent être réglées incessamment.

Reconnaissant que de nombreux Pieds-noirs seront certainement confrontés à l'incapacité de vivre en paix sur leur terre natale quand celle-ci sera devenue indépendante, le Général précise qu'un secrétariat d'Etat, créé à leur intention le 24 août, a été confié à Robert Boulin afin de prendre des mesures destinées à accueillir les « Français que les événements obligeront à quitter l'Afrique du Nord ».

Passant au Sahara dont, que ce soit à Evian ou à Lugrin, la question de souveraineté est restée, à cause de lui, en suspens et elle a empêché la poursuite des pourparlers, le président réclame « la libre exploitation du pétrole et du gaz que nous avons découverts ou que nous découvririons » ainsi que la jouissance d'aérodromes et le droit de circulation vers les pays d'Afrique noire. S'il reconnaît que les Algériens ont vocation à revendiquer la possession des déserts sahariens, il se cantonne sur ses positions anciennes en déclarant :

— C'est dire que, dans le débat franco-algérien, qu'il se ranime avec le F.L.N. ou qu'il s'engage avec un autre organisme représentatif – celui des élus – la question de la souveraineté du Sahara n'a pas à être considérée, tout au moins elle ne l'est pas par la France. Cela peut servir de slogan, de panneau, pour une propagande. En ce qui concerne la France, c'est un coup d'épée dans l'eau. Mais, ce qui nous intéresse, c'est qu'il sorte de cet accord, s'il doit se produire, une association qui sauvegarde nos intérêts. Si ni la sauvegarde ni l'association ne sont possibles, du côté algérien, il nous faudra, de toutes ces pierres et de tous ces sables sahariens, faire quelque chose de particulier aussi longtemps et pour autant que, pour nous, l'inconvénient ne sera pas supérieur à l'avantage.

Ayant ignoré les avis de ceux qui, tel Paul Delouvrier, voudraient que le Sahara soit inclus dans la négociation avec le G.P.R.A., de Gaulle ironise :

— De toute façon, bien entendu, il faudra que les populations sahariennes soient consultées sur leur sort et dans des conditions conformes à leur dispersion et à leur diversité.

Puis, presque gouailleur, il ajoute :

— Ces populations sahariennes, étant donné que le Sahara, figurez-vous, est un désert, elles sont en nombre infime et rarissimes.

Sans se soucier des rires mal contenus qui agitent l'assistance, il parle de Bizerte, des problèmes agricoles, se félicite de l'adhésion prochaine de la Grande-Bretagne au Marché commun jusque-là cantonné à six pays et, en conclusion de son long entretien, il affirme :

— Je crois que la nation française est vraiment digne de la France.

En Algérie, parmi les Pieds-noirs qui ont écouté le discours présidentiel, ceux qui l'ont approuvé sont au moins aussi rares que les habitants du Sahara.

A l'heure où le Général parlait, la police métropolitaine, aussi bien renseignée que celle d'Alger par des indicateurs, arrêtait dans la région de Toulouse quelques militants de l'Algérie française, dont le fils du colonel Lacheroy et Jean Caunes, le jeune officier de réserve à la voix rauque dont Philippe de Massey avait en mai 1958 apprécié les qualités d'organisateur.

Le lieutenant Nicolas Kayanakis, ancien secrétaire général des étudiants royalistes, est, lui aussi, tombé dans la nasse policière. Ce jeune officier de trente et un ans, père de trois enfants, est issu d'une famille tunisienne depuis plusieurs générations. Licencié ès lettres et en droit et diplômé de Sciences Po et du Centre des hautes études administratives, il servait à la base-école des pilotes de l'A.L.A.T. (l'aviation légère de l'armée de Terre) à Saint-Paul-lès-Dax. Le colonel Lacheroy l'avait chargé de mettre sur pied dans le Sud-Ouest un réseau O.A.S. destiné à supplanter ceux de Marcel Bouyer et de ses amis poujadistes auxquels il n'accordait pas une grande crédibilité.

Le lendemain de ces arrestations et de la conférence de l'Elysée qui a attisé la rancœur de l'O.A.S., Yves Gignac reçoit un coup de téléphone de Jean Caille, patron de la 2ᵉ section des R.G. à la préfecture de Police de Paris, avec qui il a sympathisé lorsque celui-ci assurait en 1960 la protection du général Salan durant son commandement parisien.

— Mon cher ami, s'entend-il avertir, vous allez être arrêté dans quelques heures. En même temps qu'un général, un colonel et un autre civil de vos connaissances. Vous êtes victimes d'un sale coup tordu décidé dans le bureau de Maurice Papon.

Comme Yves Gignac ne répond pas, le policier poursuit :
— Je ne peux évidemment pas vous en dire plus. Si j'ai décidé de vous prévenir, c'est parce que nous nous connaissons bien et que je me doute que vous connaissez les trois autres personnes dont je parle. Vous comprendrez que je ne peux pas vous en dire davantage. Vous savez maintenant ce qu'il vous reste à faire. Mais faites vite : ça presse !

Gignac se rend avec son avocat, Mᵉ Menuet, chez des amis qui hébergent le général Vanuxem depuis son retour d'Allemagne rue du Puits-l'Ermite, près de la Mosquée de Paris.

Après lui avoir fait part de l'alarme du commissaire Caille, Gignac annonce à Vanuxem qu'il prendra le soir même le train de 22 heures pour Marseille et rejoindra son épouse et ses enfants en vacances à Riez, un village des Basses-Alpes, et il lui conseille de l'imiter.

— Mais, s'insurge *Verdun,* je suis le délégué militaire de Salan, je ne peux pas partir comme ça !

Et, d'une traite, il explique à ses visiteurs qu'il devra trouver un point de chute avant de quitter Paris.

— Et mes filles, Gignac, je ne sais pas où les caser. Pensez qu'ils m'ont refusé leur inscription à la Légion d'honneur.

Gignac ayant traduit « Légion d'honneur » par « maison d'éducation de la Légion d'honneur », l'institution réservée à Saint-Denis aux jeunes filles dont la mère ou le père sont décorés de cet ordre, Vanuxem poursuit :

— Et puis, tout de même : on n'arrête pas un général comme ça ! Surtout que je n'ai encore rien fait. D'autre part, votre renseignement est peut-être bidon. Je ne bouge donc pas ! Mais faites ce que vous voulez et à bientôt, ma vieille.

Désolés, Gignac et Mᵉ Menuet, renonçant à convaincre *Verdun,* se précipitent chez André Regard, *Raphaël,* qui est à coup sûr le civil dont parlait le commissaire Caille. Par prudence, Gignac ne monte pas directement chez son ami. Il téléphone de la poste située au 101, boulevard Malesherbes. C'est l'épouse de *Raphaël* qui lui répond. Sachant la ligne écoutée par la préfecture de Police, il lui demande de le rejoindre.

André Regard est en mission à Genève, où il participe à une réunion de hauts fonctionnaires du Bureau international du travail. Gignac, soulagé, conseille à son épouse de lui recommander de ne pas revenir tout de suite, mais d'attendre en Suisse son feu vert.

Quant au colonel évoqué par le commissaire Caille, Gignac a deviné qu'il s'agit de l'officier dont Vanuxem lui a parlé il y a quelques jours et qui a accepté de le seconder. Mais celui-ci ayant déjà quitté son bureau du ministère des Armées, il téléphone à son ami Jean Joba et lui confie le soin de l'alerter à son domicile versaillais.

Le capitaine de corvette de réserve Jean Joba, aujourd'hui chargé de négocier la création de nouvelles lignes internationales d'Air France, est sorti de Navale en 1928. Il a fait partie avant la Seconde Guerre mondiale de la branche la plus secrète de la Cagoule, qui, dans l'armée, réunissait des spécialistes du renseignement, comme le capitaine Brouillard – l'écrivain Pierre Nord –, et dont le but était d'amener au pouvoir le maréchal Pétain en balayant le Front populaire. Fidèle du D$^r$ Martin, Jean Joba a rencontré Gignac en 1954. En plus de ses fonctions à Air France, il est chargé de cours à l'Ecole militaire commandée par le général Lecomte.

Alors que Gignac a pris le train pour Marseille, le mystérieux colonel averti par Jean Joba s'empresse de revenir à son bureau du boulevard Saint-Germain, s'établit un ordre de mission et s'envole pour Dakar par le premier avion.

Il n'y a pas qu'à Paris que des personnalités de l'O.A.S. sont menacées d'arrestation. Le matin du coup de fil du commissaire Caille à Gignac, le capitaine Ferrandi s'apprêtait à regagner sa villa de Saint-Eugène lorsque, alerté par le linge que Noëlle Luchetti avait eu la présence d'esprit de suspendre à une fenêtre avant de se laisser appréhender par des policiers, il a eu le temps de faire demi-tour.

Avant l'arrestation de Noëlle Luchetti, à qui Salan, dans le souci de la tenir à l'écart du danger, a prudemment interdit de rallier l'O.A.S., inquiété par les bruits furtifs accompagnant la mise en place d'un bouclage, le colonel Godard a tout juste eu le temps de s'esbigner avant l'irruption des hommes de Debrosse chez ses amis Duchesnes-Marullaz, qui l'hébergeaient depuis quelques jours rue Michelet.

Godard apprend bientôt que plusieurs indicateurs sont à la base de la réussite des hommes de Debrosse et Grassien. Les Oranais ont été trahis par le même Giuseppe Pino qui a donné Albert Garcin. Les amis de Gaston Servolles appréhendés après lui dans la région d'Orléansville ont tous été vendus par un nommé Pujol, un officier du S.D.E.C.E. balafré comme Pino.

En métropole, ignorant encore les arrestations de leurs alliés inconnus en Algérie, des militants de l'Algérie française agissant au nom du C.N.R.I., le Conseil national de la résistance intérieure, un groupuscule créé par Louis de Charbonnières, le fidèle ami du général Chassin, ont décidé d'attenter à la vie de De Gaulle. Au soir du vendredi 8 septembre 1962 des francs-tireurs quasi indépendants de l'O.A.S. tendront donc une embuscade au président de la République lorsque, sans protection particulière, il regagnera Colombey-les-Deux-Eglises par la Nationale 19.

*

## — 44 —
## Le miracle de Pont-sur-Seine

Les hommes de l'O.A.S. fourbissant le matériel qu'ils utiliseront le lendemain pour tuer le général de Gaulle, le capitaine Sergent, ignorant cette initiative, discute un peu avant 18 heures avec Maurice Gingembre dans une brasserie de la place du Trocadéro. Le directeur de Djebel-Onk, qui a reçu *Tacite* pour nom de code, a décidé d'aller à Alger rencontrer les dirigeants de l'O.A.S. Comme son avion décolle dans moins d'une heure, il est quelque peu agacé par le retard de son épouse qui, rentrant de Madrid, doit lui remettre le courrier que Lagaillarde et Argoud lui ont confié pour Godard.
Mme Gingembre arrivant enfin dépose sous la table un sac gonflé de trois cents exemplaires d'*Appel aux Français,* une feuille de propagande éditée par Lagaillarde et ses amis, dans laquelle Argoud expose ses différends avec Salan. Puis elle tend à son mari le courrier destiné à Godard. Gingembre serre les missives compromettantes dans sa serviette de cuir et demande à Sergent :
— Et vous, mon cher Pierre, vous n'avez rien à me confier pour nos amis ?
Le capitaine a justement une épaisse enveloppe destinée à Salan et une autre, plus mince, pour Godard, à qui il a écrit le matin même pour lui annoncer l'arrivée prochaine à Alger des capitaines Branca et Montagnon et de l'adjudant Rebatel. Dans cette lettre, il évoque sans le nommer le général Vanuxem. « Pour *Verdun*, a-t-il en effet écrit, il n'a pas encore pris contact avec nous. J'espère qu'il ne va pas attendre six mois pour s'apercevoir que le travail est commencé. D'autre part, notre équipe est bien décidée (*Balance* y compris) à ne l'admettre que selon le degré de son efficacité. Nous n'avons pas besoin d'inspecteur et nous n'avons plus confiance que dans les généraux qui ont plongé ou qui sont en prison. Les généraux ont eu leur heure, ils n'avaient qu'à la saisir. » Sergent est en fait hostile à cette nomination qui, pour lui, risque d'« officialiser la clandestinité ».
Il hésite à confier ses lettres au voyageur mais, cédant à sa pression, il

les lui remet et, Gingembre filant vers Orly, il regagne la voiture qu'un ami a garée par prudence en bord de Seine, devant le musée d'Art moderne, et il rejoint près de la place Péreire le studio qu'il loue dans la rue de Saint-Senoch.

Lorsque la Caravelle transportant le mécène de l'O.A.S. décolle d'Orly, le colonel Debrosse est à son bord. Il est en civil et ce n'est pas par hasard qu'il s'est assis à quelques rangs derrière Gingembre. Il a en effet trouvé parmi les papiers saisis chez les amis de Godard et dans la villa que Noëlle Luchetti louait sous le nom de Paschetti des notes annonçant des rendez-vous pris avec Godard, Ferrandi et Salan par un nommé Gingembre, dont le nom ne lui était pas inconnu. Il a l'intention de le suivre jusqu'à son premier rendez-vous avec le colonel Godard, qui lui a échappé de si peu.

Gingembre est nerveux car un policier de l'Air et des Frontières s'est attardé à la fouille de son bagage au cours d'un dernier contrôle effectué à bord de l'appareil. Reconnaissant un steward pied-noir, il lui demande de garder sa serviette derrière le poste de pilotage. Mais l'homme ayant refusé, après l'atterrissage, Debrosse alerté par la grande nervosité de son client, précipite les choses. Il n'a aucun mal à s'emparer du courrier remis par Sergent et à interpeller Gingembre qui hurle en espérant que quelqu'un de l'O.A.S. s'apercevra qu'il est tombé aux mains des forces de l'ordre et avertira ses chefs.

Directement conduit à la caserne des Tagarins et ne pouvant pas nier l'évidence affirmée par les courriers qu'il transportait, Gingembre se lance dans de longues tirades destinées à tromper ses interrogateurs. S'arrogeant le beau rôle dans l'O.A.S. et sans bien sûr donner des détails, il s'étend sur sa mission d'unificateur de ses éléments algérois, madrilènes et parisiens. Les policiers et les gendarmes relevant des informations réelles dans son verbiage avantageux destiné à les égarer sont soudain plus intéressés lorsqu'il avance que Salan a désigné le général Vanuxem pour coiffer l'organisation en métropole.

Après cette révélation, Gingembre précise que *Verdun* fait partie d'un groupe d'officiers baptisé *Nébuleuse étoilée*, dont certains sont prêts à assumer des responsabilités au sein de l'O.A.S. et les autres de simples sympathisants de l'Algérie française.

En début de soirée du vendredi 8 septembre 1961, alors que Maurice Gingembre subit toujours les questions des gendarmes de Debrosse et des policiers du commissaire Grassien et que Claude Rodenas, l'agent de liaison de Godard, vient de se faire arrêter à Alger, la DS du général de Gaulle pilotée par le maréchal des logis Francis Marroux s'engage sur la Nationale 19 vers Colombey-les-Deux-Eglises.

Décidé à noyer le poisson, Gingembre parle toujours autant sans céder sur l'essentiel. Il provoque même ses questionneurs en leur promettant que dans trois mois ils seront à sa place et lui à la leur. Tandis qu'il tente

## Chap. 44. – *Le miracle de Pont-sur-Seine*

de jouer au plus fin, le chauffeur de De Gaulle, suivi par quatre autres véhicules, roule à plus de cent kilomètres à l'heure sur la N 19 dont il connaît le moindre cassis. Près de lui, le lieutenant-colonel de l'armée de l'Air Teisseire, aide de camp unijambiste du Général, scrute la route d'un regard machinal. Le petit convoi traverse Nangis, Provins et Nogent-sur-Seine. Quelques centaines de mètres après Pont-sur-Seine, un rideau de flammes se dresse soudain devant la voiture présidentielle et des graviers fouettent son pare-brise et ses flancs.

Craignant des tirs d'armes automatiques, Francis Marroux accélère tandis que l'aide de camp se tourne vers le président de la République et son épouse.

— Vous n'êtes pas blessés ? leur demande-t-il.

Le Général le rassure et d'une voix sèche, il ordonne :

— Marchez ! Marchez !

Une fois certain d'avoir conduit le Général hors de portée de ses ennemis, Marroux arrête la DS sur le bas-côté.

Descendu de voiture, le président de la République s'assure que son épouse est indemne puis se dirige vers les policiers de son escorte et demande une nouvelle fois si personne n'a été touché. Rassuré, il regarde longtemps en direction de l'embuscade ratée, lâche : « Les maladroits. » Lorsque Marroux annonce au colonel Teisseire que le phare droit de sa DS ne fonctionne plus, de Gaulle monte avec son épouse dans une voiture de sa suite et, en apparence aussi tranquille que si rien ne s'était passé, il reprend la route vers Colombey-les-Deux-Eglises.

Des gendarmes viennent fourrager aux alentours de l'embuscade. L'un d'eux découvre dans le faisceau de sa lampe-torche un fil électrique long de trois cents mètres qui mène à un bosquet proche de la départementale 52, où les enquêteurs tombent sur un système de mise à feu composé d'un bouton de sonnette et de piles électriques.

A quelques dizaines de mètres de là, Daniel Pillet, un ouvrier agricole qui rentrait chez lui par la départementale 52, a aperçu la gerbe de feu qui a enveloppé la DS présidentielle. Croyant à un accident, il est descendu de sa Mobylette pour aider un automobiliste à retirer sa voiture engagée dans le fossé d'une courbe. Le véhicule, une Fiat Neckar rouge, étant remis sur la route, son conducteur propose d'aller boire un verre dans un café de Pont-sur-Seine. Les deux hommes trinquant à l'amitié, les gendarmes passent les abords de l'explosion au peigne fin. Ils se sont déjà rendu compte que les hommes qui voulaient tuer de Gaulle ont placé une bouteille de gaz sous un tas de sable abandonné par des ouvriers des Ponts et Chaussées et que celle-ci, au lieu d'exploser, s'est seulement ouverte en deux, libérant des pains de plastic intacts. Ils retrouvent ensuite un étui à jumelles vide près du bosquet d'où a été déclenchée la mise à feu.

Une fois seul, Daniel Pillet réalise que l'automobiliste qu'il a dépanné a certainement vu quelque chose. Bon citoyen, il communique aux gendarmes le numéro de sa voiture qu'il a relevé par réflexe.

Des barrages sont immédiatement tendus sur toutes les routes de l'Aube. La Neckar rouge poussée hors du fossé par Daniel Pillet donne sur l'un d'eux à la sortie de Pont-sur-Seine. Son chauffeur, très aimable, s'appelle Martial de Villemandy. Il est petit et porte d'épaisses lunettes de myopie. Il affirme d'abord n'avoir rien vu de l'attentat. Mais lorsqu'un gendarme lui montre la paire de jumelles qu'il vient de trouver sur le siège arrière de sa voiture et qui correspond à l'étui ramassé sur les lieux de l'explosion, il se trouble et, une fois menotté, il est confié à des inspecteurs de la P.J. qui l'emmènent à Troyes afin de le présenter au procureur de la République.

Toutes les radios abondant en détails sur les premières constatations de l'attentat, le capitaine Sergent, déjà sonné la veille par l'annonce de la capture de Maurice Gingembre, est effondré. L'O.A.S. étant naturellement désignée comme responsable de la tentative d'assassinat du président de la République, il décide d'abandonner son studio de la rue de Saint-Senoch. Dès l'aube du 9 septembre, les policiers se sont précipités chez les principaux officiers mis sous surveillance depuis l'échec du putsch. Ils arrêtent les généraux Vanuxem et Bouchet de Crévecœur, puis Denis Baille, le cofondateur de l'O.A.R. avec Curutchet. Et le colonel de Blignières, qui n'a pas eu le réflexe de s'éloigner de Versailles sitôt l'annonce de l'attentat, est cueilli lui aussi, ainsi que le professeur Girardet.

Le colonel de Blignières est le *Balance* cité par Sergent dans le courrier saisi lors de l'arrestation de Maurice Gingembre. Au cours de son premier interrogatoire, le colonel a reconnu que Vanuxem était bien *Verdun*. Jean-Yves Alquier, ancien officier en Algérie, au 8$^e$ R.P.C. du colonel Fourcade d'abord, puis chef de harka au 1$^{er}$ hussards en Petite Kabylie, un intime de Paul Delouvrier qui faisait partie du cabinet de René Brouillet en mai 1958, est lui aussi arrêté alors qu'il se trouvait chez ses parents à Cap-d'Antibes.

Aujourd'hui embastillé, Jean-Yves Alquier, homme pondéré et cité au feu en Algérie, n'avait pas hésité à dire à Pierre Sergent, lors d'une rencontre à Paris, qu'il était de tout cœur avec lui, mais qu'il entendait toutefois s'engager d'une autre manière dans le combat pour l'Algérie française. Sans que l'O.A.S. soit au courant de ses initiatives encouragées en haut lieu, il a ces derniers mois, avec le député Robert Abdesselam surtout, noué des contacts avec des personnalités algériennes convaincues que l'Algérie indépendante ne pourrait prospérer que dans la coopération étroite avec la France. Des membres de l'A.L.N., parmi lesquels un ancien adjoint d'Amirouche, ont adhéré à son projet de grand parti algérien, dont les dirigeants, une fois menés par leurs électeurs dans les antichambres du pouvoir, tempéreraient l'intolérance du F.L.N. Si elle ne prive pas l'O.A.S. d'un de ses éléments importants, l'initiative policière qui a conduit Jean-Yves Alquier à la Santé, du moins s'il devait rester longtemps sous les verrous, risque cependant de faire capoter un projet ambitieux mais nullement utopique.

André Regard, qui a suivi le conseil d'Yves Gignac, a échappé à la rafle. Et Pierre Sergent a aussi évité la vague d'arrestations qui, en quelques heures, a frappé de nombreux partisans de l'Algérie française.

Robert Abdesselam s'étant mis en peine de faire libérer Jean-Yves Alquier, le colonel Broizat, secoué à Alger par cette série de coups du sort risquant de ruiner les entreprises de Salan, sort de l'isolement dans lequel il se cantonnait. N'hésitant pas à la qualifier d'« erreur tactique qui pourrait avoir des conséquences stratégiques importantes, qui seraient obligatoirement mauvaises, sinon néfastes », il écrit à Argoud afin de l'amener à dénoncer son alliance avec Lagaillarde et à rentrer à Alger.

Après l'arrestation de Gingembre et les rafles en métropole, Salan prend enfin la mesure du danger qu'il court dans la ferme de Mlle Garcin. Au soir du dimanche 10 septembre 1961, il se laisse mener à Alger par le capitaine Ferrandi et se confie à l'hospitalité d'André Canal, chez qui l'attendait Susini, qu'il n'a plus revu depuis la fin du putsch.

Ajoutant à la suspicion qui règne à l'état-major de l'O.A.S., une rumeur attribue à l'organisation un détournement de fonds organisé au bureau des Affaires maritimes chargé de répartir les pensions des retraités de la pêche et de la marine marchande. La presse annonçant que le caissier de cet organisme a disparu avec un million d'anciens francs, le lieutenant Degueldre mène avec le capitaine Le Pivain une enquête qui confirme les racontars et ils ne doutent pas que Médeu, le trésorier que le colonel Godard continue de regarder avec hostilité, a participé au détournement et récupéré au nom de l'O.A.S. les trois quarts des retraites des gens de mer.

Jean-Jacques Susini use d'un banal motif de service pour demander à Médeu de le rejoindre à l'une de ses caches et, avec le capitaine Le Pivain, il le conduit au P.C. des *deltas* que Degueldre a installé dans une villa isolée, au 75, chemin Laperlier, à quelques mètres seulement de la demeure dans laquelle il participait avec Ortiz, Argoud, Broizat et le général Faure à l'élaboration du coup de force du 24 janvier 1960.

Connaissant les risques qu'il courrait à ne pas jouer franc-jeu, arguant qu'il faut bien pallier les collectes officielles qui ne suffisent pas à alimenter la caisse de l'organisation, Médeu avoue sa participation à la combine du port. Il prétend qu'une bonne part de l'argent détourné a été remise au docteur Pérez et que celui-ci s'est engagé à dédommager plus tard les marins retraités.

Ainsi édifiés, Susini, Degueldre et Le Pivain laissent repartir leur trésorier et, sans mettre en cause l'honnêteté du médecin de Bab el-Oued, ils décident tout de même de demander à Godard et Gardes de l'exclure du comité directeur. Selon eux, l'O.A.S., déjà décriée pour ses plasticages et ses exécutions d'hommes dont la population ignore les activités qui ont motivé leurs condamnations, risque de ternir encore son image de marque en organisant des hold-up et des détournements de fonds.

Ignorant la magouille dans laquelle s'est engagé son trésorier, conscient que l'attentat du 8 septembre risque d'influencer de manière négative l'opinion publique métropolitaine et écoutant ainsi Susini qui a repris auprès de lui le rôle de conseiller politique qu'il occupait à Madrid, le général Salan adresse le 12 septembre 1961 au *Monde* un communiqué niant la responsabilité de l'O.A.S. dans l'affaire de Pont-sur-Seine. Dédouanant habilement au passage les généraux Vanuxem et Bouchet de Crèvecœur de tout lien avec l'organisation, il conclut son envoi en précisant qu'il ne ternirait pas son passé et son avenir militaire en ordonnant un attentat contre quelqu'un « dont le passé appartient à l'histoire de notre nation ». Puis il expédie ce message aux parlementaires :

« Notre pays se doit de répondre à des impératifs internationaux qui le contraignent à prélever des forces en Algérie pour parer à toute éventualité tant à Berlin qu'à Bizerte. Les Français, d'origine et musulmans, qui subissent chaque jour plus nombreux les balles et les couteaux des tueurs du F.L.N. le comprennent, mais ils voient avec angoisse l'Algérie se dégarnir, alors que l'adversaire est et deviendra de plus en plus menaçant. Le désarroi ne tardera pas à s'emparer des esprits. Il est à craindre que, devant les violences qu'exerceront les hordes des égorgeurs, l'irréparable ne soit commis et que notre Algérie, livrée à la vengeance et à la haine, ne soit plongée dans le sang.

« Nous croyons, poursuit-il en passant à l'exposé du plan qu'il entend appliquer dès que possible, devoir souligner solennellement les conséquences tragiques qu'entraîneraient le retrait progressif des forces de l'ordre et la prochaine mise en place du pouvoir algérien, prélude à l'entrée imminente du F.L.N. à la Délégation générale. Puisque le Pouvoir a besoin de forces pour la protection de la capitale allemande devant la menace communiste, ou pour conserver une base au cœur d'un pays où il a déjà tout abandonné, qu'il laisse les Algériens prendre à leur compte la défense de leur terre et qu'il mobilise immédiatement sur place les huit classes nécessaires. Tous ici sont volontaires pour reprendre l'uniforme. Ainsi la métropole pourra disposer des forces nécessaires au maintien de son prestige et de sa place dans le concert international.

« Au moment où vous allez siéger pour rétablir la position de la paysannerie française, l'O.A.S., au nom de toute la population et de l'armée, attend de vous des actes positifs face à ce problème algérien que le Pouvoir parisien est en train d'aggraver dangereusement. Nous avons décidé de poursuivre dans la clandestinité la lutte pour la défense de l'intégrité du territoire national. Notre farouche détermination nous conduira tôt ou tard à la victoire. »

Le capitaine Curutchet, au nom de l'O.A.R., écrit lui aussi à la presse

## Chap. 44. – *Le miracle de Pont-sur-Seine*

pour innocenter Vanuxem de toute participation à l'attentat de Pont-sur-Seine.

La veille de ces courriers, Martial de Villemandy a été ramené à Paris. Il est maintenant confié rue des Saussaies à deux collaborateurs du commissaire divisionnaire Georges Parat, les inspecteurs Jacques Delarue et Jean Pouzol. Confondu au fil des heures par l'étalage de nouveaux éléments ramenés à Troyes par le commissaire principal Honoré Gévaudan, récemment rapatrié d'Alger et qui, avec Jean Pouzol, s'était rendu sur le terrain au matin du samedi 9 septembre, Villemandy a fini par parler. Et il le fait encore dès les premières questions de Jacques Delarue. Il raconte sa jeunesse de fils d'artistes de cirque. Bien que très myope, il a été soldat en Indochine, speaker à Radio-Saigon précise-t-il, photographe puis courtier en assurances. Il ne cache rien de la préparation de l'attentat, puis il parle d'un certain Jean-Marc Rouvière, l'électricien de vingt-quatre ans qui a bricolé la mise à feu de la bonbonne de gaz et qui habite à Boulogne-Billancourt.

Arrêté dans l'heure, Jean-Marc Rouvière avoue tout ce que les inspecteurs Delarue et Pouzol veulent lui faire dire. Les policiers savent maintenant qu'un troisième conjuré se nomme Bernard Barbance, ancien parachutiste et marchand de voitures d'occasion.

L'ancien para, alerté par la presse de l'arrestation de ses complices, a quitté le domicile de sa maîtresse à Montrouge. Les enquêteurs ne trouvent que sa compagne et il leur apparaît très vite qu'elle n'est pas dans le coup.

Les hommes du commissaire Gévaudan poursuivant leur enquête, l'O.A.S. fait courir le bruit que l'attentat de Pont-sur-Seine serait une machination des services secrets ou de quelque officine gaulliste, ourdie afin de renforcer la popularité de De Gaulle. Mais le professeur Henri Forestier, expert reconnu en explosifs, remet aux policiers un rapport attestant que Villemandy, Rouvière et leurs complices avaient réellement l'intention de tuer le président de la République.

La bouteille de gaz qui s'est ouverte en deux sous le tas de sable était bourrée de trente-cinq pains de plastic. Le Général, son épouse, le colonel Teisseire et le chauffeur Francis Marroux auraient été pulvérisés par cette machine infernale si, au lieu de l'enfourner en vrac avec un épais mélange d'huile et de savon destiné à enflammer la voiture présidentielle, les conjurés avaient pétri l'explosif en une seule masse compacte et s'ils avaient utilisé une soudure de meilleure qualité pour replacer le fond de la bonbonne.

La justice suivant son cours, le général Faure, le colonel Vaudrey et vingt-deux autres militaires et civils arrêtés après le putsch sont traduits le 13 septembre 1961 devant leurs juges. Ce même jour, des altercations entre Européens et Musulmans dégénèrent en ratonnades à Bab el-Oued.

Ces lynchages, que l'O.A.S. condamne par tracts, poussent les organisateurs de la répression, agacés de ne pouvoir encore crier victoire puisque, malgré leurs premiers et rapides succès, ils ne parviennent pas à s'assurer des véritables responsables de la fronde, à employer des méthodes illégales pour obtenir des renseignements.

La torture, jusqu'ici réservée aux seuls militants du F.L.N., est maintenant utilisée contre ceux de l'Algérie française et, à la Délégation générale, on ne répugne plus à encourager la délation.

L'urgence est telle que Jean Morin, sans en référer à Louis Joxe ni à Roger Frey, s'est impliqué dans la répression. A la demande pressante du préfet de police Jannin, il a reçu un légionnaire déserteur portant une longue balafre sur le visage. Paul Rivière, l'adjoint du colonel Laurent à la Sécurité militaire, qui vient d'être promu lieutenant-colonel, assistant à l'entretien, il a écouté son visiteur raconter qu'il a décidé de changer de camp parce que l'O.A.S. lui a ordonné d'assassiner un fonctionnaire innocent.

C'est donc sur la promesse d'être absous de sa désertion et de recevoir un passeport en règle que le légionnaire Giuseppe Pino, faux Pied-noir de Tiaret puis faux officier du S.D.E.C.E. sous le nom de Pujol, s'est présenté à ses victimes sous les identités de Pinaud, Godel, Goguel, Danoussy ou Dairozi. Il a ainsi permis les arrestations d'Albert Garcin, du D$^r$ Roméo et de ses amis à Oran, de Gaston Servolles et, entre autres, de Mmes Salasc, Lombard et de la capitaine Luchetti à Alger.

Toujours réfugié chez André Canal, le général Salan reçoit chaque jour de nouvelles preuves des tortures dont usent les forces de l'ordre. Gardes lui apprenant que Charles Daudet, un responsable de l'O.A.S., vient de mourir dans de troubles circonstances à la prison de Constantine et que l'épouse du D$^r$ Salasc a été odieusement maltraitée par des gendarmes à la caserne des Tagarins, il adresse ce réquisitoire au colonel Debrosse :
« Immense est ma stupéfaction lorsque, chaque jour, il me parvient une somme considérable de renseignements qui vous désignent comme le tortionnaire de vos propres concitoyens. Faites votre métier et nul ne vous le reprochera. Mais que vous, colonel de l'Armée française, qui plus est colonel d'une arme d'élite, consentiez à présider aux tortures que vos tueurs infligent à des Français, dont le seul crime est d'aimer leur pays, cela est inexplicable. Que vous consentiez à souiller votre uniforme du sang de mères de famille, telles que Mme Salasc, ou de femmes dont le passé militaire est pour le moins aussi brillant que le vôtre, telles que la capitaine féminin Luchetti, ce n'est pas pensable.

« Savez-vous que votre nom est déjà cité aux jeunes générations de l'Armée comme le synonyme de torture et de barbarie ? J'ignore si vous êtes marié ou si vous êtes père de famille, mais avez-vous pensé que vos enfants porteront toute leur vie la honte de vos monstruosités ?

« Un fait cependant me console. Vous n'avez pu trouver de Français pour l'exécution de vos basses œuvres. Vous en êtes réduit à faire couler du sang français avec l'aide d'étrangers, que ce soit votre Giuseppe Pino ou vos sbires de l'ancienne Gestapo. Vous avez beau bander les yeux de vos victimes, vos complices sont maintenant connus, les caves où vous sévissez sont repérées. Vos propres gendarmes, écœurés par vos agissements, viennent spontanément raconter vos actes. Votre cas est unique dans l'histoire de l'Armée française. Y pensez-vous ? Quels que soient ceux qui vous les ont commandés, vous portez l'entière responsabilité de vos actes et je tenais à vous le faire savoir. »

Cette lettre est distribuée sous forme de tract et Salan la fait expédier aux parlementaires, au président de la Ligue des droits de l'homme et aux rédacteurs en chef des principaux journaux avec cette notice d'explications : « J'ai l'honneur de vous adresser ci-joint la copie d'une lettre que j'ai cru devoir envoyer au colonel de Gendarmerie Debrosse. Depuis quelques jours, en effet, des renseignements étonnants me parviennent, selon lesquels des Français récemment incarcérés en Algérie sont soumis à des atrocités dépassant tout entendement. Il est certain que le colonel de Gendarmerie Debrosse, assisté de spécialistes étrangers, préside personnellement aux tortures. Mme Salasc, mère de cinq enfants, récemment admise à la clinique Laverne à Alger, dans un état grave, en est une des principales victimes. Je vous prie solennellement d'intervenir sans retard pour demander à ce qu'une commission d'enquête composée de parlementaires soit envoyée en Algérie. J'adresse un appel aussi pressant aux élus algériens pour qu'ils dénoncent avec fermeté les monstruosités dont se rendent coupables en Algérie les hommes du colonel Debrosse et pour que soit mis un terme à cette barbarie dont une partie de l'Armée risque de porter à tout jamais la honte. »

Après avoir exprimé sa colère et son dégoût, Salan accepte de participer le 19 septembre à une réunion du comité directeur de l'O.A.S. organisée dans un local de la rue Auber, proche de l'hôpital Mustapha. Il apprend que deux recrues de choix, les capitaines Guy Branca et Pierre Montagnon, condamnés avec sursis après le putsch et dont Sergent avait annoncé la venue dans son courrier saisi sur Gingembre, sont arrivées la veille.

Si le D$^r$ Pérez, les colonels Gardes et Godard, Michel Leroy et d'autres dirigeants de l'O.A.S. qui ont échappé aux rafles policières manquent à l'appel, Jean-Jacques Susini, Roger Degueldre, Jacques Achard et le capitaine Le Pivain sont là. Agissant pour la première fois en chef opérationnel, le général Salan participe au débat animé qui tend à réorganiser les commandements des secteurs. Il intronise le capitaine Branca, un solide Pied-noir originaire de Tiaret, responsable de la zone centrale d'Alger et il place le capitaine Montagnon à la tête de la zone couvrant à l'est d'Alger les quartiers d'Hussein-Dey, Kouba, Birmandreïs et Birkadem. Le capitaine Le Pivain, libéré de la tutelle exclusive du colonel Gardes, reçoit le secteur de Maison-Carrée et Jacques Achard, empiétant parfois sur Bab el-Oued, continuera de commander le secteur d'Orléans-Marine englobant le port d'Alger.

L'organigramme du commandement ayant été revu une fois encore, Susini songe à élargir le débat politique. Comme il l'écrira plus tard, il est favorable à l'émergence d'un « front populaire inversé », qui regrouperait dans une opposition constructive tous les adversaires du régime gaulliste. Ne rejetant pas une Algérie française séparée de la mère patrie, du moins le temps que la métropole change de régime, chaque fois qu'il se retrouve en tête à tête avec Salan, il tente de le convaincre de nouer des contacts avec d'anciens chefs de gouvernement de la IV$^e$ République et avec Jacques Soustelle, qui s'est exilé en Italie grâce à la complicité efficace de Pierre Guillain de Bénouville, l'homme qui l'avait déjà aidé à gagner l'Algérie en 1958.

Mais Salan préfère s'en tenir au combat au jour le jour et Degueldre, Godard et le D$^r$ Pérez continuent à désigner des cibles à leurs poseurs de *stroungas* et à leurs tueurs armés de pistolets et de mitraillettes.

Malgré les épurations qui ont bouleversé les administrations depuis les barricades de janvier 1960, Godard, ancien patron de la Sûreté, jouit toujours d'une bonne réputation au sein des services de Police. Que ce soit à la préfecture, aux R.G. ou à la D.S.T., il compte encore suffisamment d'amis pour le prévenir à chaque fois qu'un nouveau commissaire va descendre d'un avion à Maison-Blanche ou débarquer d'un paquebot amarré aux quais d'Antibes ou d'Ajaccio. Il a sursauté en étudiant le curriculum vitae du commissaire Alexis Goldenberg que vient de lui transmettre par le truchement de son ami Yann Derrien un policier nommé Berger.

La perplexité de Godard est provoquée par les titres universitaires du nouveau venu, si brillants qu'ils ne le destinaient pas aux besognes subalternes du service des passeports que semble lui avoir réservées René Jannin.

Mais Godard se rend vite compte que le nouveau venu, par ailleurs signalé comme affilié au parti socialiste unifié, établit surtout des ordres d'internement destinés à des militants de l'Algérie française, ce qui le désigne aux *deltas* de Degueldre, aux *alphas* d'Achard ou aux Z de Michel Leroy.

L'opération contre le commissaire Goldenberg est fixée au 20 septembre 1961 alors que, de son côté, le général Ailleret publie cet ordre du jour destiné aux forces de l'ordre :

« De récentes opérations de police viennent de prouver à l'évidence que les organisations activistes qui se disent O.A.S. sont en réalité des organisations subversives visant, par le terrorisme et la guerre civile, à renverser les institutions de la République et à imposer au pays par la force la politique et la volonté d'une minorité. Une mission permanente de l'armée étant la défense de la loi, par le maintien de l'ordre public, son devoir est simple et net : mettre hors d'état de nuire des organisations révolutionnaires, caractérisées et agissantes.

« En conséquence, tout en poursuivant la lutte contre la rébellion fellagha dans laquelle elles sont engagées à plein et en s'opposant à toute manifestation raciale d'où qu'elle vienne, nos forces armées doivent par ailleurs :

« – Apporter leur concours aux forces de police chargées de neutraliser la soi-disant O.A.S.

« – Récupérer les armes, munitions et équipements pour la plupart volés à l'armée par les factieux.

« – S'opposer à toute propagande visant à faire l'apologie de la révolte et de la violence.

« – Protéger les personnalités visées par des attentats.

« – Protéger la population contre les extorsions de fonds appuyées sur la terreur et les destructions à l'explosif.

« Si le respect des libres opinions légalement exprimées est en France une règle absolue, toute faiblesse à l'égard d'une organisation factieuse et terroriste déclarée constituerait une trahison caractérisée qui devrait être sanctionnée comme telle. »

La diffusion de cet ordre du jour belliqueux commence à peine à alarmer les P.C. de l'O.A.S., lorsqu'un homme juché sur un scooter rouge rejoint sous le tunnel des Facultés la 2 C.V. beige du commissaire Goldenberg et, sans connaître son nom ni ses fonctions et ne sachant pas même les raisons qui ont poussé Godard à le condamner, il le tue.

Quelques heures après avoir appris cette mort, Mouloud Feraoun, l'écrivain, l'ami d'Albert Camus qui partage son temps entre Alger, où il dirige une école au Clos-Salembier, et son douar kabyle de Tizi-Hibel, écrit dans son journal qui sera interrompu par sa mort dramatique en mars 1962 : « Même si la France retire son épingle du jeu et par là même ses troufions, le match est engagé entre Indigènes et Européens qui doit se terminer à l'avantage de l'un ou l'autre des protagonistes. Il est donc temps que la France décide de mettre tout le poids de sa puissance pour abattre elle-même l'un ou l'autre des adversaires. Car enfin, ces adversaires s'entre-dévorent peu à peu et sacrifient d'abord froidement les innocents. Pitié pour les innocents ! »

*

## — 45 —
## Salan s'installe à Alger

Afin d'éviter la répétition des violences qui se sont déroulées le 12 septembre 1961 à Oran en représailles de l'assassinat d'un coiffeur israélite par le F.L.N. et le lendemain à Bab el-Oued, faisant en tout une douzaine de morts et des dizaines de blessés, Jean-Jacques Susini avertit que tout Européen qui organisera ou participera désormais à une expédition raciste sera exécuté sans jugement par l'O.A.S. Puis, afin de contrer l'ordre du jour n° 5 du général Ailleret, l'organisation fait circuler parmi la population un manifeste recommandant à « tous les patriotes » de ne pas gêner les commandos des sections spéciales qui, annonce-t-elle, vont encore intensifier la lutte. Menaçant de dures sanctions quiconque signalerait aux forces de l'ordre, serait-ce involontairement, les mouvements de ces hommes qui « vont porter la mort et la destruction chez les dénonciateurs ou les renégats à la cause de l'Algérie française », le tract ordonne : « Vous devez protéger les centaines de spécialistes clandestins qui mènent par tous les moyens le combat pour l'Algérie française. Donc, si un membre de l'O.A.S. a été suffisamment imprudent pour se révéler à votre attention, vous avez le devoir catégorique de le couvrir et d'assurer sa liberté. »

Puis les auteurs du tract préviennent que les biens de ceux qui seront la cause de l'arrestation de patriotes seront détruits et que les véritables traîtres, eux, seront abattus. Le libelle réclame aussi une collaboration exemplaire de la population à l'identification des policiers détachés à la lutte anti-O.A.S., ces « mercenaires du régime dont chacun doit s'efforcer de s'assurer des noms et des adresses ».

Et le tract se termine par cet appel :
« Algérois, en cas d'arrestation d'un patriote, portez-vous, dans la mesure du possible à son secours, abritez ceux qui refuseront l'arrestation par le feu. Accordez également votre aide et votre appui aux sections spéciales chargées de l'exécution des traîtres. Détectez nos ennemis gaullistes, F.L.N. et policiers qui fanfaronnent, mais qui changent toutes les nuits de domicile parce que l'O.A.S. les traque. Que les patriotes qui

subissent les dégâts matériels qu'entraînent souvent les opérations menées par l'O.A.S. comprennent que ce préjudice n'est que leur modeste contribution à une lutte impitoyable. Ce préjudice n'est rien en comparaison du meurtre, du brigandage ou de l'affreuse misère de l'exil, dans une métropole en proie à une guerre civile. Enfin, soyez discrets et silencieux. Faites taire les bavardages dangereux, évitez les discussions stériles dans les endroits publics. En cas d'arrestation ou d'interrogatoire, taisez-vous, taisez-vous. La trahison vous écoute. »

Un autre tract, signé celui-ci de la R.A.F. – Résistance Algérie française –, proclame : « Nous avons été trahis par l'armée gaulliste qui n'a rien d'une armée, mais tout du bourgeois lymphatique. Nous plions mais ne rompons pas devant "ces petits soldats parfumés", devant ces traîtres à l'image de leur chef, de Gaulle. Nous vous demandons de boycotter tous les militaires du contingent. Ne les invitez plus chez vous. Automobilistes ne vous arrêtez plus sur la route pour leur venir en aide. Quêteurs et quêteuses, plus de bonnes œuvres, plus de collectes pour les blessés, qu'ils crèvent comme des chiens galeux qu'ils sont. Ils nous ont montré qu'ils n'avaient rien d'humain en tuant impitoyablement les jeunes Algérois dans la nuit de mardi à mercredi. Répondons par les mêmes moyens. Et surtout, n'oubliez pas que ce sont les agents de police qui ont arrêté les jeunes de l'O.A.S. Plus une parole ni un regard à ces traîtres, même s'ils sont de votre famille. Désormais, nous tuerons tous ceux qui s'opposeront à notre œuvre, puisque c'est la seule méthode qui s'impose. Plastiqueurs à vos postes et cette fois-ci visons les personnes et non le matériel. Mort à tous les gaullistes. Vive l'Algérie française. »

Salan affiche une belle combativité depuis son installation chez André Canal. S'il avait laissé Gardy s'adresser à la population lors de la première émission pirate, il décide de lui parler au soir du jeudi 21 septembre 1961.

Ayant reconnu lui-même cet objectif quelques jours auparavant sous la protection du *delta* de Dovecar, Degueldre a confié à Jo Rizza le sabotage de la station émettrice de télévision de Cap-Matifou, située au-dessus de la mer, à moins de cinq cents mètres du centre *Siroco*.

Jo Rizza s'est déguisé en quartier-maître chef de la Marine. Avec ses trois galons en chevrons rouges et son bonnet à pompon rouge, il inspire confiance à l'unique technicien de la station lorsqu'un de ses hommes, qui le connaît, après avoir sonné à son domicile de fonction, lui demande s'il n'aurait pas « un petit coup à boire » à offrir à ses compagnons de patrouille. L'homme, nommé Henry, s'exécute volontiers et plaisante avec son ami. Mais il déchante vite car Rizza entraîne son groupe à l'intérieur de la station, déleste les deux marins de veille de leurs armes, un fusil M.A.S. 36 et un M.A.S. 44, et, sans les malmener, il les boucle dans le poste de garde avec leurs cinq camarades de relève.

Six charges ayant explosé à 20 h 05, les *deltas* emmènent leurs sept prisonniers et les deux fusils des factionnaires. Ils franchissent sur la Nationale 24 le pont de l'oued Hamiz juste avant que l'élément d'alerte du centre *Siroco* ne vienne y établir un barrage. Un autre groupe de *deltas* ayant fait sauter dans les parages deux pylônes supportant une ligne à haute tension, Rizza libère ses prisonniers à l'entrée de Fort-de-l'Eau, dans une cité en construction au milieu d'un bois d'eucalyptus.

Après ce coup de main, l'intervention de Salan dure une demi-heure. Pour la plus grande satisfaction de Susini, le général se montre décidé à impliquer les masses populaires dans la résistance. Selon son plan, les Européens devront offrir le lendemain soir aux forces de l'ordre le plus formidable concert de casseroles qu'elles n'ont jamais entendu. Puis il recommande que tous les immeubles d'Alger soient le lundi 25 septembre tendus de drapeau bleu blanc rouge et des emblèmes de l'O.A.S. Trois jours après cette manifestation qui proclamera l'attachement des Pieds-noirs à la France et leur ralliement total à l'O.A.S., c'est par un gigantesque concert de klaxons qu'ils manifesteront durant deux minutes dans toute l'Algérie leur refus de la politique de De Gaulle et ces journées de revendication s'achèveront le lundi 2 octobre par un débrayage général qui paralysera le pays durant une demi-heure.

Avant de conclure, Salan s'adresse aux Musulmans « pour qu'ils comprennent ce que sera la tristesse de leur sort si la France venait à quitter, même partiellement, cette terre ». Puis, retrouvant des accents oubliés depuis 1958, il ajoute à leur intention :

— Qu'ils sachent bien que toutes les promesses fallacieuses qu'on leur fera les entraîneront tôt ou tard à la ruine et à la misère. Seule la fraternité retrouvée au Forum d'Alger, sur la place des Victoires à Oran, sur la place de la Brèche à Constantine, doit permettre de vivre à nouveau suivant les aspirations de tous dans l'union des communautés.

Le lendemain de cette émission pirate, les juges parisiens viennent à bout du procès des conjurés du « complot de Paris ». Le général Faure et le colonel Vaudrey sont condamnés l'un comme l'autre et sans sursis à une peine de dix ans de réclusion criminelle. Bernard Sabouret de Garat est frappé de sept ans de la même peine et le capitaine de Saint-Rémy de cinq. Quant au colonel Godard et au capitaine Sergent, jugés par contumace et l'un et l'autre déjà condamnés à mort en juillet, ils héritent de vingt-cinq années de détention criminelle.

Avant ce verdict, les inspecteurs des commissaires Parat et Gévaudan poursuivaient rondement leurs enquêtes. Après l'électricien Jean-Marc Rouvière, ils ont arrêté le 15 septembre en Dordogne l'ancien parachutiste Bernard Barbance qui se cachait à Ribérac chez la sœur de sa maîtresse. Les inspecteurs Delarue et Pouzol savent que manque encore à l'appel Henri Manoury, un courtier en assurances, et qu'Armand Belvisi, un ancien parachutiste du 1$^{er}$ R.C.P. âgé de trente-cinq ans, vétéran de l'anti-terrorisme en Tunisie, déjà arrêté après le putsch et libéré le 25 juin 1961, était le recruteur du commando. Ils savent aussi que Dominique Cabanne de La Prade, contrôleur aérien à Orly, a participé à l'affaire, mais qu'il s'est enfui en Belgique d'où il ne pourra pas être extradé.

Si le nom d'un certain Germain revient souvent dans les aveux des conjurés de Pont-sur-Seine, Villemandy et ses deux compagnons ne savent rien sur cet homme qu'ils n'ont, disent-ils, rencontré qu'une fois à la terrasse d'un café du XVIe arrondissement.

Daniel Pillet, l'ouvrier agricole qui a provoqué l'arrestation de Villemandy, a reçu des menaces de mort et, que ce soit dans la ferme de son patron ou au hameau de Longueperte, chez ses parents, il vit nuit et jour avec un fusil de chasse à portée de main.

Les policiers étant sur le point de boucler leur enquête, des hommes de Canal expatriés déposent dans la nuit du 23 au 24 septembre une bombe incendiaire dans un immeuble situé au 3 *bis* de la rue Brunel, dans le XVIIe arrondissement. La mise à feu de cette machine infernale n'ayant fonctionné qu'à demi, le comte Alain Pâris de Bollardière, cousin du général homonyme qui a démissionné de l'armée en 1957 pour protester contre la torture en Algérie, sort indemne de l'attentat. Un quart d'heure plus tard, à 22 h 30, c'est dans le Ve arrondissement qu'une petite charge de plastic souffle les vitres du 37, rue Pierre-Nicole, où habite le professeur Laurent Schwartz, cousin de Michel Debré que Pierre Messmer a révoqué de son poste à l'Ecole polytechnique en octobre 1960 pour avoir signé le manifeste des 121 exigeant le droit à l'insoumission. Dix minutes après cette explosion sans conséquences, une dizaine de voitures garées dans la rue du Sommerard, toujours dans le Ve et près du cinéma Le Cluny, sont endommagées par une charge placée sous une 403 de l'ambassade de Pologne. Enfin, à 1 h 55, une dernière charge ravage dans le IXe la librairie de *Témoignage chrétien*.

Désormais pris entre deux feux par l'O.A.S. et le F.L.N., le préfet de Police Maurice Papon est la cible d'attaques de quelques conseillers municipaux de Paris qui, regrettant que sept policiers aient été tués et vingt-cinq autres blessés par des Musulmans depuis le 6 juin précédent, s'inquiètent de voir la violence s'installer dans la capitale et sa banlieue. Répondant à ces critiques dans les colonnes du *Bulletin municipal officiel*, Maurice Papon rappelle que 29 087 Algériens ont été contrôlés et conduits au centre de tri de Vincennes entre le 5 juin et la fin août, et que treize pistolets-mitrailleurs, vingt-cinq pistolets automatiques et trente grenades ont été saisis au cours d'opérations de contrôle. Et il affirme que depuis le début du mois, ses services ont accentué la répression contre le F.L.N., puisque, à la date du 10, ils ont déjà interpellé et mené à Vincennes 7 421 Musulmans et que 313 d'entre eux ont été internés et 184 transférés en Algérie.

La lutte contre le F.L.N. prenant ainsi de l'ampleur, les policiers, se battant sur deux fronts, traquent Armand Belvisi et le mystérieux Germain, qu'ils devinent être l'organisateur de l'attentat de Pont-sur-Seine.

Après avoir prévenu Lacheroy qu'il reprendrait le combat au cas où il serait frappé d'une condamnation sans sursis, le colonel Vaudrey met à profit une séance de soins dentaires à l'hôpital militaire de Saint-Mandé pour prendre le large, dans l'intention de regagner Alger. Et le capitaine de Saint-Rémy s'évade aussi.

Ignorant encore ces évasions, Roger Degueldre, abusé par un renseignement soi-disant de bonne source, décide d'éliminer un officier connu pour ses opinions gaullistes et qui a l'habitude lorsqu'il vient en liaison à Alger de descendre à L'Oasis, un hôtel de cinquante chambres situé au-dessus du port, à l'angle de la courte rue du Laurier et du boulevard de la République. Bénéficiant d'une complicité parmi le personnel de cet établissement, un *delta* dépose une charge de plastic sous le lit du condamné. La mise à feu à retard fonctionne à l'heure mais, au lieu de l'officier gaulliste, c'est le chef de bataillon Perret, farouche partisan de l'Algérie française, qui meurt.

Après cette bavure, Gardy regrette dans une note que Degueldre, qu'il désigne avec prudence sous son pseudonyme de *Djamila* et son numéro de code *E 13*, prenne de plus en plus d'initiatives en se fiant à son propre réseau de renseignement. Mais, sans doute soucieux de ne pas braquer le redoutable lieutenant devenu l'idole des Algérois les plus attachés à l'Algérie française, le général atténue ses griefs en précisant que ce qu'il vient d'écrire au sujet du ratage de L'Oasis n'oblitère en rien les « mérites de l'ensemble des opérations d'*E 13* » et il lui renouvelle publiquement ses félicitations.

De son côté, le général Ailleret, abreuvé chaque jour de lettres d'insultes, fait rapatrier son épouse à Paris. Le 23 septembre, le jour même où Mme Ailleret vient de s'y réinstaller, un commando plastique son appartement dans un immeuble du XVIe arrondissement situé au 7 de la rue Faustin-Hélie. L'épouse de l'ennemi n° 1 de l'O.A.S., heureusement protégée par une cloison, réchappe par miracle à l'explosion qui a ravagé également l'appartement voisin.

Les responsables de la répression en Algérie enragent de ne pas pouvoir le situer avec précision, Salan, rendu méconnaissable par un grimage de plus en plus parfait, s'offre parfois le plaisir d'aller et venir au centre d'Alger et de boire un demi de bière à la pression dans un café populaire en écoutant les bavardages des Pieds-noirs qui, en ayant vu bien d'autres depuis novembre 1954, poursuivent leurs activités habituelles sans se soucier des brimades policières. Un matin, alors qu'il se rend dans une voiture conduite par l'épouse d'André Canal à un rendez-vous avec un cadre de l'organisation, il tombe sur un barrage de l'armée de Terre. Un sous-officier casqué inspecte les papiers de Berthe Canal, fouille son sac à main, se penche vers Salan et ordonne à un 2e classe musulman de le contrôler. Le blédard, très poli, va s'exécuter, mais lorsque le général lui tend ses vrais-faux papiers il se ravise en lui faisant remarquer qu'il est trop vieux pour faire partie de

## Chap. 45. – *Salan s'installe à Alger*

l'O.A.S. Berthe Canal, le cœur battant, sourit à cette remarque quelque peu désobligeante pour son passager et franchit le barrage des biffins moins brutaux que la plupart des gendarmes.

Le patron de l'O.A.S., désormais à l'aise dans la clandestinité urbaine, a écouté avec plaisir les concerts de casseroles et de klaxons qu'il a ordonnés. Il a contemplé les oriflammes de l'O.A.S. qui, avec leurs lettres noires tranchant parmi des centaines de drapeaux bleu blanc rouge, ont fleuri comme il l'espérait dans l'après-midi du 25 septembre 1961 aux balcons et sur les terrasses de la ville.

Ignorant que son principal ennemi se déplace aussi tranquillement dans Alger, le colonel Debrosse reçoit Mlle Garcin qui, en tant que fille d'officier de Gendarmerie, espère lui arracher l'autorisation de visiter son frère. Lorsque, sans grande conviction, il lui laisse entendre qu'il n'ignore pas qu'elle a hébergé le général Salan, elle reconnaît les faits en précisant que le général est encore resté onze jours chez elle après la capture de son frère.

Sidéré par la révélation, Debrosse se maudit de ne pas avoir entrepris la fouille de la ferme des Garcin, parce qu'il n'imaginait pas que le patron de l'O.A.S. y resterait alors même que les forces de l'ordre le cherchaient alentour.

Le Front nationaliste avait réclamé une réponse à ses exigences pour le 25 septembre. Le colonel Gardes, sous son pseudonyme de *Boussouf*, a attendu cette date pour adresser à *Boumendjel* (Susini) ce courrier également destiné à *Krim* (Gardy), *Khidder* (Godard), *Bentobbal* (Pérez) et *Boudiaf* (Leroy) :

« 1° – J'ai reçu du Directoire F.N. une demande de modifications importantes de notre dispositif à la tête. Je ne peux malheureusement faire taper cette demande en ce moment. Je la transmets à *Boumendjel* qui à ma connaissance a créé avec *Boudiaf* et quelques amis le groupement devenu F.N. Pour partir d'un bon terrain, j'estime que c'est à lui en tout premier lieu de voir cette affaire.

« 2° – De cette note ou demande, je pense personnellement que :

« – En ce qui concerne le premièrement, *Boumendjel*, du F.N., fait partie du C.S.-O.A.S. et donc représente le F.N. Si tant est qu'il doive y avoir des questions de représentation dans notre force engagée actuellement au plus fort du combat. Car je pense comme vous que nous sommes en plein dans les semaines vitales.

« Pour le deuxièmement, je serais d'accord. Je pense qu'un Bureau opérationnel pour le Grand Alger et même la Z.A.1 permettrait d'accélérer les mises en place et la coordination des efforts.

« Quant au troisièmement, je ne suis pas d'accord. J'ai toujours défendu le principe d'une attribution de fonds aux mouvements mais, là, il y a un dispositif que nous ne pouvons pas modifier en pleine bataille. D'ailleurs le F.N. est dans ce dispositif et y dispose même d'un poste de contrôle que je compte rendre effectif le 11 octobre, une histoire de 6 700 000 dont j'ai parlé à *Bentobbal* et *Boudiaf* ayant retardé la réalisation. »

Gardes est habile manœuvrier. Il ménage comme toujours la chèvre et le chou. S'il laisse entrevoir aux dirigeants du Front nationaliste une intégration dans l'appareil financier de l'organisation, il leur refuse encore le droit de siéger au sein de son comité, puisque la présence de Susini, à son avis, suffit à leur conférer une représentation valable.

Et deux jours plus tard, après un tête-à-tête orageux avec Michel Leroy, il élargit le débat en adressant ce courrier à son interlocuteur nationaliste et à *Ferhat* (Ferrandi) :

« Objet : Semi-dissidence F.N. et 6 700 000 Fr "déviés". Vu *Boudiaf* durant deux heures. 1° – M'a appris que *Jeanine* avait participé création du F.N., mais ne faisait pas partie du Directoire F.N. et pas partie du F.N. Ami du F.N. 2° – F.N. ne part pas en dissidence, ni au maquis par rapport à l'O.A.S. Toutefois sont très alertés par compromissions politiques vers lesquelles notre attitude actuelle semble conduire. Extrême réserve à l'égard de notre tactique, mais restant cependant dans les structures O.A.S. et les opérations. Conclusion : Forceront les opérations, pressions etc., au moment des décisions de mise en place d'un nouveau système – si ça vient. Nota : Sur ce point, je suis d'accord avec eux pour rester vigilant. 3° – Là où je ne suis plus d'accord, c'est quand ils me piquent 6 700 000 sans crier gare. Explications très denses avec *Boudiaf*. Enfin, ça va finir par s'arranger mais c'est épuisant. Au total : Unité O.A.S. sans changement, mais il y aura d'autres coups d'épaules. »

Salan est bien sûr au courant de la démarche de Mlle Garcin auprès du colonel Debrosse mais, s'en souciant bien peu, il se rend deux fois encore aux réunions de ses chefs de secteur organisées par le capitaine Ferrandi dans le local de la rue Auber. Et tous, des derniers arrivés comme Branca et Montagnon, aux premiers engagés dans la révolte comme les lieutenants Degueldre et même Pierre Delhomme, responsable des commandos du Front nationaliste qui a hérité du pseudonyme de *Canard*, semblent lui accorder une obéissance parfaite. Il trouve au contact enthousiaste et apparemment discipliné de ces jeunes officiers des raisons de croire en une victoire proche.

S'il apprécie le groupe uni des capitaines et lieutenants, Salan n'a pas du tout aimé la façon dont, après un long silence dû à l'intense activité policière de ces derniers temps, le D$^r$ Pérez a renoué avec lui le 20 septembre par une courte lettre le rassurant sur l'intégrité sauvegardée de ses commandos et qui se terminait par une allusion à sa propre santé, imagée par cette expression triviale : « Moral de fer, couilles d'airain. »

L'O.A.S. ne se contente pas de terroriser les fonctionnaires de la Délégation générale. En attendant les moyens d'affronter au grand jour les gendarmes et les policiers, elle rend à l'occasion quelques services indirects aux services secrets du Centre de coordination interarmes où œuvre toujours pour elle le capitaine Louis Bertolini qui use du pseudonyme de *Benoît*. Le 26 septembre 1961, après avoir déjà fait abattre la veille par ses commandos un citoyen britannique trempant dans des affaires douteuses avec le F.L.N., le lieutenant Degueldre ordonne au sergent Dovecar d'éliminer Alfred Fox, un attaché commercial du consulat général de Grande-Bretagne situé sur les hauteurs de Birmandreïs, au 6 de l'avenue Foureau-Lamy.

Rompu à ce genre de mission, l'ancien sous-officier du 1$^{er}$ R.E.P., sincèrement persuadé de poursuivre le combat qu'il menait pour la France sous le béret vert, tend dans son propre garage un guet-apens à Alfred Fox et le tue.

Le sergent déserteur a eu d'autant moins de scrupules à assassiner cet Anglais qui vivait à Alger depuis 1943 que Degueldre ne lui a pas caché son appartenance à l'Intelligence Service et qu'à ce titre il lui était arrivé de faire livrer des armes au F.L.N. Christopher Ewart-Biggs, le représentant des intérêts britanniques à Alger, est comme le défunt Fox agent secret de la Couronne. Ne tenant pas à ce que les Français révèlent les relations de son défunt subordonné avec le F.L.N., il ne réclame pas d'explications à la Délégation générale. Sachant toutefois d'où est venu l'ordre de tuer Alfred Fox, il s'arrange pour que Degueldre n'ignore pas qu'il connaît la vérité. L'ex-lieutenant du 1$^{er}$ R.E.P. ne se dérobe pas. Avec un culot monstre, il fait irruption au consulat de l'avenue Foureau-Lamy et, comme s'il s'agissait d'un avertissement sans frais, il affirme au représentant de la reine Elisabeth qu'Alfred Fox a été condamné à mort et exécuté parce qu'il livrait des armes à la rébellion.

L'agent anglais ainsi éliminé sans tapage, le général Gardy qui, durant les rafles et les arrestations, a continué à mettre au point des tactiques de résistance, écrit à Susini dans le style haché dont il use toujours : « Le régime paraît fichu à brève ou moyenne échéance, mais va tenter de se défendre par tous les moyens. Peut chercher, par esprit haine et vengeance, à rendre irrémédiable l'abandon de l'Algérie avant sa chute. Son intérêt évident est de provoquer un *clash* prématuré avant que sa décomposition en métropole soit totale ; il chercherait à l'exploiter pour rameuter une partie de l'opinion, en particulier les forces de gauche contre le danger fasciste. C'est usé, mais ça peut encore servir. »

Visiblement au fait des intentions de De Gaulle, l'ancien inspecteur technique de la Légion étrangère de 1958 évoque la probabilité que « M. de Gaulle » annonce le 2 octobre la reprise des négociations avec le G.P.R.A. ainsi que la mise en place d'un exécutif de transition qui pourrait, souligne-t-il, avoir le consentement tacite du F.L.N., voire la participation de celui-ci, et qui serait chargé de préparer l'autodétermination – en fait prédéterminée – et la formation d'une force militaire algérienne au service propre de cet exécutif.

Gardy s'inquiétant ainsi du prochain discours du président de la République, les partis et organisations de gauche s'unissent en métropole pour condamner l'O.A.S. qui, bien que le capitaine Sergent ne soit toujours pas au courant de ces initiatives, fait sauter dans la nuit du 27 au 28 septembre quatre charges à Paris et onze dans le Sud-Ouest, où les amis de Marcel Bouyer sont toujours aussi virulents malgré les arrestations qui ont éclairci leurs rangs depuis la mise à l'ombre du charcutier Vidart.

Au cours de cette même nuit, en Algérie, exploitant toujours les renseignements fournis par Giuseppe Pino, les policiers arrêtent Robert Orfila, un viticulteur de Bab-Hassan, et Louis Randieri, un entrepreneur de travaux publics de Sidi-Ferruch âgé de trente ans. Conduits à la caserne des Tagarins, si le vigneron réussit à se dédouaner, l'entrepreneur, soupçonné d'être *Jaguar*, un des chefs des commandos de la Mitidja, endure un interrogatoire de plus en plus « musclé ». Roué de coups, subissant le supplice de l'électricité, attaché sans boire sur un lit près d'une bouteille d'eau inaccessible, il finit par avouer tout ce que ses tourmenteurs espéraient l'entendre dire.

Les gendarmes de Debrosse sont allés cette fois si loin dans la brutalité que Randieri restera un mois et demi à l'hôpital Maillot avant d'être incarcéré en métropole. Le lendemain de ces arrestations, Gaston Defferre, grand résistant devenu sénateur et maire socialiste de Marseille, profite de la réunion extraordinaire du conseil national de la S.F.I.O. organisée à Puteaux pour condamner les membres de l'O.A.S. Après avoir déclaré que le seul moyen d'en venir à bout était « de les fusiller ou de les pendre », il ne se prive pas du plaisir d'égratigner Michel Debré, en le désignant comme le « complice et l'ami » de l'O.A.S.

Godard claironnant déjà l'arrivée imminente à Alger du colonel Vaudrey et du capitaine de Saint-Rémy, Salan décide de mettre en circulation l'*Instruction générale* que Ferrandi a rédigée en suivant à la lettre ses indications inspirées par Jean-Jacques Susini.

Dans cette nouvelle directive, le Mandarin fait en trois paragraphes la synthèse de toutes les théories de la guerre révolutionnaire. Traitant d'abord de la préparation d'un nouveau coup de force, rendu optimiste par les rapports de ses chefs de secteur claironnant des succès obtenus avec seulement une centaine d'hommes, il souligne : « C'est la phase que nous avons entreprise depuis quelques jours et qui a été exécutée, il faut le reconnaître, avec une cohésion et des résultats dépassant toutes les prévisions. »

Cette phase préparatoire, selon Salan en si bonne voie, a pour but de démoraliser et user physiquement l'adversaire par « des actions instantanées et brèves touchant surtout le domaine psychologique, pouvant aller jusqu'à l'action sporadique brutale », et tend à amener la population à une « intégration inconditionnelle dans la guerre ». En fin de premier paragraphe, Salan se révèle adepte de la méthode Coué en déclarant :

« En ce qui nous concerne, cette phase qui se développe depuis quinze jours donne, je le répète, des résultats inespérés et notables sur tous les points précités. Si nous tenons compte des assauts que nous avons subis aussi bien en Algérie qu'en métropole, nous pouvons, sans nous laisser aller à l'optimisme, parler de victoire. Je dirais plus : toutes ces actions, même lorsqu'elles n'ont pas parfaitement réussi, sont déjà un immense succès du seul fait que nous avons osé les entreprendre dans le climat et l'ambiance actuels. » Puis il étudie au deuxième paragraphe l'utilisation de la population qui, si elle est selon lui surchauffée et encouragée par des victoires dont elle prend vite la mesure, « risque de dévier très vite et de sombrer dans l'indiscipline, surtout lorsqu'il s'agit d'une foule latine ». Afin d'empêcher que cette masse populaire devienne incontrôlable et fasse perdre « en quelques instants » le bénéfice de la première phase de son plan d'ensemble, Salan ordonne que les unités territoriales se reforment pour l'encadrer.

Comme s'il commandait vraiment encore l'armée et l'administration civile, Salan évoque déjà la réalité de « l'organisation générale » des unités territoriales et ordonne l'immédiate mise en place dans Alger d'une hiérarchie pyramidale à base de chefs d'immeuble dont il souligne que les désignations « doivent être d'autant plus faciles à réaliser qu'après cinq mois de travail de préparation les commandants des sous-secteurs doivent connaître parfaitement les possibilités à l'intérieur de leur commandement ».

Salan rappelle que les unités territoriales ne doivent être en aucun cas formées de « volontaires ni de personnels sélectionnés » mais représenter un « service obligatoire ». Il définit ensuite leurs missions : « l'encadrement de la masse communément appelée "marée humaine" destinée à jeter le trouble dans le dispositif adverse ; la conquête et la destruction des objectifs ainsi "enveloppés" par le "rush" final qui leur revient intégralement. »

Enfin, dans son dernier paragraphe, le général traite de la défaite totale de l'adversaire. « Cela ne veut pas dire obligatoirement la destruction par le feu. Elle peut revêtir plusieurs formes :

« Soit l'adversaire abandonne la partie sous des pressions diverses ou par crainte d'affronter nos forces et de prendre l'initiative de l'ouverture du feu.

« Soit que son "pourrissement" ait atteint un tel degré qu'il ne puisse plus compter sur ses propres troupes. Mais nous effleurons là un aspect dont il est encore prématuré de parler tant que les éléments, – objets de mes deux paragraphes précédents –, n'auront pas été précisés et réalisés. »

En attendant de procéder à cette « destruction totale de l'adversaire » dont elle ne doute pas, l'O.A.S. fait circuler à l'annonce d'un nouveau discours de De Gaulle des mots d'ordre de grève qui paralyseront à nouveau le 2 octobre Alger et Oran durant une demi-heure. Et tous les anciens officiers de la territoriale reçoivent cet ordre : « Vous devez vous considérer en service à compter de ce jour et être en mesure de répondre instantanément aux ordres. Maintenez-vous en contact avec vos hommes. En fonction des circonstances et des jours à venir, tous les cadres doivent se tenir prêts à être en mesure de rassembler leurs effectifs dans les trois heures qui suivraient les ordres donnés dans ce sens et en des points géographiques qu'ils auront reconnus et étudiés. »

\*

— 46 —

## Ortiz, Argoud et Lagaillarde prisonniers de Franco

Au soir du lundi 2 octobre 1961, le général de Gaulle commence par ces mots le discours télévisé et radiodiffusé qu'il prononce au Palais de l'Elysée :

— Rénovation nationale ! Voilà une vaste et rude entreprise ! Car, à la France telle qu'elle est, l'époque et le monde où nous vivons n'offrent le choix qu'entre une grande réussite ou un abaissement sans recours. Grâce à l'unité profonde dont notre peuple donne l'exemple, nous sommes en marche vers la réussite. Mais si, par malheur, nous laissions, de nouveau, le tracassin, le tumulte, l'incohérence, que l'on connaît, s'emparer de nos affaires, c'est l'abaissement qui serait notre lot.

En venant très vite à l'Algérie, le président, en civil, avoue que, depuis 1958, il n'a pas eu d'autres ambitions pour elle que l'indépendance et déclare :

— Pour ce qui est de l'Algérie, à travers les vents et les marées, nous n'avons pas cessé, depuis trois ans, de nous approcher du but que j'ai fixé au nom de la France : exercice par les Algériens du droit de disposer de leur destin ; institution, s'ils le veulent – et je ne doute pas qu'ils le veuillent –, d'un Etat algérien indépendant et souverain par la voie de l'autodétermination ; coopération de la France offerte à l'Algérie nouvelle pour sa vie et son développement, ce qui implique, en particulier, que la communauté d'origine européenne d'Algérie y ait ses droits et ses garanties.

Soulignant une nouvelle fois que la France est victorieuse sur le terrain des combats, le Général déclare en martelant sèchement ses mots :

— Enfin, sous peine d'effondrement, il fallait, il faut, qu'en dépit des excitations à la désobéissance et à la désertion prodiguées par des dévoyés, l'Armée soit restée et reste dans le devoir. Elle l'a été. Elle l'est. Honneur à elle ! »

Il préconise alors la reprise des discussions avec le G.P.R.A. et la création d'une « force publique proprement algérienne, dont disposera le pouvoir provisoire quand il assumera la responsabilité de conduire le pays à la décision ».

Après ces mots inacceptables pour l'O.A.S., de Gaulle adjure les Français d'Algérie :

— ... quels que puissent être les regrets que leur inspire une époque révolue, de se tenir avec la France, d'apporter leur franc concours à la naissance de l'Algérie nouvelle, celle que souhaite la France, c'est-à-dire qu'ils y aient leur digne place. Il reste, bien sûr, entendu que, s'il n'en était pas ainsi, leur protection serait, en tout cas, assurée, soit en les regroupant dans des zones de sécurité, soit, pour ceux qui le demanderaient, en leur procurant les moyens de prendre part dans la métropole à l'activité nationale.

Evoquant en fin de discours l'article 16 de la Constitution, le Général rappelle que : « Cette disposition exceptionnelle, qui a efficacement joué lors des événements d'avril, a pu, cette fois, être maintenue dans un étroit domaine... » L'étroit domaine dont parle le président est, bien entendu, celui de l'Algérie et il balaie la vision optimiste que le général Salan se fait de l'O.A.S. en ajoutant :

— ... et l'alarme paraissant actuellement stoppée, j'ai jugé bon d'en cesser, hier, l'utilisation. Mais elle demeure, dans toute son étendue possible, la garantie suprême de la patrie et de l'Etat.

Sans se soucier de la menace d'un retour à l'application de l'article 16 évoqué par le président de la République, Philippe de Massey, qui a déjà participé à la mi-septembre à Torre Pedrara, près de Rimini, à une convention des jeunes néo-fascistes du M.S.I., *Movimento sociale italiano* fondé en 1946 par Giorgio Almirante, prend à nouveau la parole au cours d'une réunion de cadres de ce parti organisée à Rome, via dei Quattro Fontane.

Bien que M. Michelini, le secrétaire général du M.S.I., ait déclaré à la presse que son parti n'entretenait aucune relation avec l'O.A.S., c'est pourtant en tant que représentant de l'organisation que Massey est accueilli et en son nom qu'il expose la situation critique de l'Algérie française et condamne la politique du général de Gaulle.

Le lendemain, l'O.A.S., pour qui Massey a si bien plaidé devant les fascistes italiens, s'en prend à Alger à Yves Le Tac. Alors qu'il passait par Bab el-Oued, l'ami de Bitterlin est pris sous le feu d'un commando, mais ses réflexes de vieux soldat jouant, il réussit à se sauver en zigzaguant parmi la circulation.

Et, le 5 octobre, le procès des antiterroristes arrêtés puis relâchés à Alger en 1957 s'ouvre devant le Tribunal permanent des forces armées de Lille. Les policiers qui avaient démantelé leur réseau de police parallèle algérois se sentent humiliés par la clémence des juges militaires qui, statuant à huis clos sur des faits vieux de plus de quatre ans, acquittent douze des quatorze inculpés et prononcent seulement des peines de prison ferme à l'encontre de deux autres qui sont en fuite, dont Georges Watin.

Après ce jugement, Lagaillarde, Argoud et les autres exilés de Madrid qui, comme leurs frères ennemis de l'O.A.S. d'Afrique du Nord, ont très mal accueilli le dernier discours du président de la République, sont tous arrêtés par la police espagnole dans la nuit du 6 octobre. Argoud, qui recevait en toute amitié un officier supérieur espagnol dans son appartement proche du stade San Bernabeu, tombe des nues lorsqu'on le mène place de la Puerta del Sol au siège de la Seguridad où il retrouve le colonel Lacheroy, Lagaillarde et Ortiz, ce dernier venant d'arriver à Madrid afin de faire avancer les affaires de son Union méditerranéenne anticommuniste au cours d'une rencontre organisée à la demande expresse de Salan décidé à ramener à lui la majorité des exilés. Les policiers espagnols s'en sont pris également à une quinzaine d'autres réfugiés de l'Algérie française, parmi lesquels Marcel Bouyer, lui aussi venu participer à la réunion d'Ortiz et dont les argousins franquistes ignorent le véritable nom, puisqu'il leur a présenté ses papiers établis au nom de Lacouturie.

Habitués à plus de considération de la part de leurs hôtes, Lagaillarde, Argoud, Ortiz et Georges d'Anthès, traités comme des malfrats, demeurent bouclés avec des prostituées et des petits voleurs jusqu'à ce que, dans l'après-midi du 7 octobre, ils reçoivent enfin la visite du directeur de la police madrilène qui leur explique que leur enfermement n'est que temporaire et qu'ils ne seront pas extradés vers la France, mais seulement assignés à résidence en Espagne.

Les exilés de Madrid enfermés, les députés favorables à l'Algérie française font de l'agitation à l'Assemblée nationale et les dirigeants de l'O.A.S., se préoccupant de leurs prisonniers de plus en plus maltraités par les hommes du colonel Debrosse, font distribuer ce tract à Alger :

« L'O.A.S. en appelle à toute l'opinion publique de notre pays et à la presse. Elle demande au Parlement, à toutes les autorités civiles et religieuses d'intervenir auprès du gouvernement français pour que la commission de sauvegarde ou d'autres commissions d'enquête jugées concevables viennent sur place constater au plus vite la réalité des sévices infligés aux patriotes français d'Algérie. »

Ne se souciant quant à lui pas plus du sort des exilés madrilènes que ne le font le commissaire Grassien et le colonel Debrosse, le commandant René Poste dirige son service de la Sécurité militaire en restant imperméable à la propagande de l'O.A.S. Usant sans scrupules d'indicateurs pour la plupart anciens militaires, il recueille les éléments d'un puzzle qui, il n'en doute pas, lui permettra une fois reconstitué de coffrer les cadres de l'organisation qui ont pour la plupart échappé aux dernières interventions trop voyantes des policiers et des gendarmes. Le 3 octobre, l'ayant arrêté grâce à un renseignement fourni par le barman européen d'une brasserie du centre, les hommes du commissaire Grassien ont conduit à la caserne des Tagarins René Giono, l'ancien dirigeant du F.A.F. surnommé « Fines Moustaches » et revenu d'Espagne pour occuper les fonctions d'agent de liaison de son ami Degueldre. Si Giono n'a pas lâché ce qu'il sait sur le patron des *deltas*, il a parlé du commando de Dovecar maintenant réfugié au-dessous du parc de Galland, dans un immeuble du boulevard Marcel-Duclos donnant dans un méandre de la rue Michelet, pas très loin de la rue Auber où Salan participe aux réunions de ses officiers.

Le sort de Bobby Dovecar étant ainsi scellé, après avoir été lui-même obligé de renoncer à ses rendez-vous folkloriques de la place Dutertre, Roger Degueldre, bien décidé à imposer une discrétion salutaire à ses groupes de combat, leur adresse au soir du 6 octobre cette directive :

« 1°/– Dans le but d'éviter des contacts trop fréquents et des stations dans les bistrots, ce qui devient de plus en plus fréquent, tous les *deltas* choisiront une boîte aux lettres chez une personne sûre, commerçante de préférence (sauf cafés). Ils organiseront un mot de passe. Le courrier descendant et ascendant sera porté dans cette boîte qui devra être relevée tous les jours. 2°/– Me faire parvenir d'urgence l'endroit de la boîte aux lettres et le mot de passe. 3°/– Dans le cadre du travail à effectuer je vous demande : a) De voir dès à présent les moyens dont vous pouvez disposer par récupération d'armement. Achats. Prises. Pour les achats, me soumettre les prix et genres de matériel. b) Prises : axez-vous sur les patrouilles légères militaires sans effusion de sang. Il y a moyen en préparant bien le travail par connaissance, par amis ou autres moyens de récupérer armement ou munitions chez les militaires. 4°/– Pour tout ce qui représente une action opérationnelle au-dessus de vos moyens, après en avoir étudié les détails, soumettez-moi le plan. 5°/– Trop de grenouillages encore, il faut que cela cesse si nous voulons survivre. »

Bien avant l'aube du 7 octobre 1961, l'opération lancée contre la planque du commando delta n° 1 est cette fois discrètement menée par des gendarmes et des policiers. Ils arrêtent tout d'abord Willy Ingelman, puis Vincent Roigt-Dobal, un ancien légionnaire comme son compagnon mais qui, dépassé par la situation, obéit aux gendarmes et leur désigne dans le hall de l'immeuble le sergent Dovecar et un delta qui allait sortir déguisé en employé de la Compagnie des compteurs après avoir pris le temps, aidé par des sympathisants de l'O.A.S., de planquer des documents parmi les dossiers de cette société. Ils appréhendent ensuite Françoise Zajec, la mère d'un membre du commando qu'elle ravitaille depuis son installation.

Jacques Zajec, à qui Dovecar a ordonné de filer par les toits, est un jeune homme de vingt et un ans. Admis à l'école d'officiers de Cherchell, il a estimé qu'il servirait plus efficacement l'Algérie française dans l'O.A.S. et il a mis sa vocation militaire entre parenthèses. Tandis qu'il demande en vain à quelques Pieds-noirs intrigués par son manège de lui lancer la corde ou le drap qui lui permettront de franchir les trois mètres de vide qui le séparent de leur immeuble, les policiers appréhendent Michelle Gomez, la jeune fiancée de Dovecar, puis Enea Cella. Ils s'emparent d'un poste émetteur-récepteur et de documents dont une liste d'opérations passées portent, de la main de Degueldre, la mention « exécutées ». Enfin, Dovecar, qui sitôt mis au courant de l'arrestation de René Giono a réclamé en vain à Degueldre l'ordre de prendre du large avec son commando, tombe à son tour dans le piège et Zajec est surpris sur le toit de l'immeuble.

Rejoignant à la caserne des Tagarins d'autres prisonniers comme Yves Morel de La Colombe de Lachapelle d'Apchier, un ancien sergent du commando *Guillaume*, médaillé militaire, trois fois cité au feu et fils d'un pilote abattu en 1944 par les Allemands au cours d'une mission sur le Jura, clandestin depuis le putsch, les hommes de Dovecar sont durement interrogés et, devant leur mutisme, ils subissent des coups et le supplice de l'électricité.

Degueldre, sitôt connue l'arrestation de son agent de liaison René Giono, avait quitté par prudence la villa où il se cachait. Il n'est donc pas sous les verrous. Néanmoins, persuadé d'avoir provoqué la mise hors de combat de l'assassin du commissaire Gavoury, le commandant Poste triomphe et les policiers algérois savourent leur facile victoire obtenue grâce à la torture imposée durant des jours à Giono.

Claude Raybois est rentré en métropole lorsqu'il a appris que sa secrétaire avait remis à l'O.A.S. la liste de ses principaux collaborateurs. Gaston Pernot est devenu le responsable de l'Association pour le soutien au général de Gaulle en Algérie. Il se fait apostropher à Oran dans la rue du Général-Leclerc par un jeune homme curieux de savoir ce qu'il vient d'écrire sur un petit calepin.

Bien qu'il ait déjà reçu des dizaines de menaces de mort écrites ou téléphonées, que les durs d'Oran, au moment du putsch, aient saccagé ses bureaux et qu'il ait échappé à un lynchage en règle alors qu'il prenait la défense d'un jeune Musulman agressé lors d'une manifestation, Gaston Pernot n'est pas armé. Son interlocuteur, déconcerté par son calme, l'agonit encore de quelques insultes et se fond dans la foule très dense à cette heure du déjeuner.

Son interlocuteur disparu, Gaston Pernot choisit de se rendre au restaurant où il a ses habitudes en empruntant la rue Elisée-Reclus, parallèle à l'ancienne rue d'Arzew et bien moins fréquentée. Des jeunes gens le rattrapent, le jettent à terre et le rouent de coups de pied sans que des C.R.S. postés au coin de la rue viennent à son secours. Ses assaillants enfuis, les policiers ramassent le militant gaulliste qui a un bras cassé et l'installent dans une jeep. Mais les jeunes gens reviennent en force. Ils tirent Gaston Pernot par une jambe, le jettent dans le caniveau et le frappent encore jusqu'à ce que les C.R.S., cette fois, les chargent.

Le militant gaulliste a perdu connaissance. Il ne reprend ses esprits que dans une chambre d'une clinique chirurgicale du Front de Mer. Les jeunes gens de l'O.A.S. n'ont pas renoncé à éliminer cet homme qu'ils considèrent comme un traître exemplaire. Alors qu'on l'emmène en salle d'opération, ayant repéré sa chambre, ils y lancent deux grenades qui rebondissent contre le rideau de la fenêtre et explosent dans la rue sans provoquer de dégâts.

Une fois opéré, le blessé est ramené dans sa chambre que ses amis, avertis du drame, font garder nuit et jour par deux policiers en armes.

Degueldre se jurant de faire payer aux forces de l'ordre l'arrestation de son ami Dovecar, l'O.A.S. organise au soir du passage à tabac de Gaston Pernot une nouvelle émission de radio pirate annonçant que la « résistance française » fera bientôt entendre sa voix à New York, à la tribune des Nations unies. Et, comme toujours, les Européens d'Algérie, affamés d'espoir, donnent à tout-va du klaxon dans les rues d'Alger.

Affichant un bel optimisme, Salan annonce à son tour le 9 octobre au cours d'une nouvelle émission pirate qu'il sera avant la fin de l'année à la tête d'une armée de cent mille hommes équipés et disciplinés. Près de lui, le capitaine Ferrandi n'est pas dupe de cette propagande orchestrée par Susini. Mais il lui reconnaît au moins le mérite de frapper l'opinion et de faire parler de l'O.A.S. autrement que par des plasticages et des assassinats.

Le lendemain, apportant ainsi de l'eau au moulin des activistes emprisonnés à Madrid qui estiment avoir été trahis sur ordre de Salan, un porte-parole de l'O.A.S. affirme au cours d'une autre émission pirate qu'aucun d'eux ne faisait partie du commandement supérieur de l'organisation. Le gouvernement madrilène annonçant de son côté que les exilés de l'Algérie française ont abusé du droit d'asile politique et qu'ils pouvaient être à l'origine de « complots menaçant la vie d'hommes politiques français », il est clair que l'O.A.S. algéroise n'est pour rien dans les déboires de Lagaillarde, Argoud et consorts.

Quarante-huit heures après l'arrestation du groupe de Dovecar qui représentait le fer de lance de l'O.A.S. algéroise, Yves Le Tac est une nouvelle fois la cible d'un attentat. Un artificier a piégé sa 2 C.V. avec huit kilos de plastic. Mais au moment où il va monter dans la voiture garée devant le Mondial, un employé musulman de la voirie lui fait remarquer qu'il y a quelque chose de suspect entre ses roues. Le Tac se baisse, remarque le colis de plastic qui, disposé sans doute avec trop de précipitation par le saboteur, est à demi tombé sur la route, puis les fils qui le relient au delco de la 2 C.V.

Un de ses principaux ennemis lui ayant une nouvelle fois échappé à Alger, l'O.A.S. reçoit en métropole un renfort de poids lorsque le capitaine Jean-Marie Curutchet décide de fondre l'O.A.R. dans l'organisation naissante de Pierre Sergent.

Au moment où il prenait la décision de déserter, le capitaine Curutchet, adressait à son commandant du 11ᵉ bataillon de chasseurs alpins, où il assumait l'instruction des jeunes recrues, une lettre qu'il ajoutera en annexe à *Je veux la tourmente*, le livre qu'il publiera chez Robert Laffont en avril 1973. « Les raisons qui m'ont conduit à prendre une aussi grave décision sont très simples, a-t-il écrit d'Alger afin de faire croire qu'il allait rester en Afrique du Nord, elles se nomment respect de la parole donnée, solidarité avec les meilleurs d'entre nous, volonté de participer directement au sauvetage de l'Algérie française, certitude d'avoir historiquement raison ; enfin attachement sentimental à une terre où j'ai fait souche. »

S'expliquant sur le sens de cette parole donnée, le capitaine déserteur a tenu à préciser : « J'ai personnellement pris l'engagement en mai 1958, devant 4 000 musulmans, que la France resterait en Algérie, que toute distinction était abolie entre les Algériens de religion chrétienne et les Musulmans, que tous étaient également et définitivement Français : j'ai vu alors des larmes dans les yeux de ces gens ; j'ai pris leurs enfants de dix-neuf ans et j'en ai fait des harkis. J'ai contribué à convaincre un jeune musulman de mon âge d'accepter la place de délégué spécial en remplacement de son père, égorgé par le F.L.N. Tout était simple puisque nous restions. Comment puis-je concilier tout cela avec les conséquences inéluctables de la politique de "dégagement" officiellement prônée aujourd'hui. »

Songeant à protéger son passage dans la clandestinité, Curutchet a aussi écrit qu'après avoir appris « de la bouche même du chef d'état-major de l'armée de Terre », l'énergique général Le Pulloch, qu'on n'envoyait plus en Algérie « les gens comme lui », il a pris la décision de s'y rendre de son propre chef.

Gignac, clandestin depuis son retour de Riez et signalé comme individu dangereux compromis dans un trafic d'armes destinées à l'O.A.S., a renoué avec Sergent pour le bien de la cause. Mais il cache toujours au capitaine sa position de représentant officiel de Salan. Lorsque son ami le capitaine Pierre Charrié-Marsaines a annoncé à Gignac que Curutchet allait déserter, il en a informé Sergent. Puis, le 23 septembre, il a organisé leur rencontre dans le petit appartement de la rue Saint-Ferdinand, dans le XVIIᵉ arrondissement, où, après avoir été caché grâce à Jean Bichon rue Michel-Ange dans une institution de jeunes filles offrant une issue de secours dans la rue Erlanger, il a élu domicile sous le faux nom de George MacDonald, prétendument journaliste. Au cours de ce dîner improvisé avec des victuailles achetées par la jeune femme qui lui sert de secrétaire bénévole, Sergent et Curutchet se sont bien entendus. Après en avoir fait lui-même la proposition, le capitaine déserteur a reçu la mission de créer des cellules d'officiers pro-Algérie française au sein des forces armées basées en Bourgogne. Il rencontre tout d'abord à Dijon le colonel Bertrand de Sèze au collège Notre-Dame, tenu comme Sainte-Geneviève à Versailles par des Jésuites. L'ancien chef de corps du 2ᵉ R.E.I. cantonné à Aïn Sefra, dans le Sud oranais, aurait très certainement conduit ses hommes à la dissidence si le putsch n'avait pas été mis en route alors qu'il suivait une cure thermale à Dax. Mais Curutchet le découvre moins enclin à s'engager. Pourtant, après avoir hésité, de Sèze accepte le très informel commandement de l'O.A.S. dans la VII$^e$ région militaire.

Yves Gignac, tout en appréciant l'engagement de Curutchet, s'est une nouvelle fois accroché avec Sergent en lui faisant remarquer que les officiers ralliés à l'O.A.S. seraient bien plus utiles en se tenant prêts à engager leurs anciennes unités dans l'action.

Malgré ces frictions, les choses s'arrangent entre les deux principaux courants métropolitains de l'O.A.S. et André Regard intronise Sergent chef d'état-major de l'organisation. En attendant la nomination par Salan du nouveau délégué militaire qui remplacera Vanuxem, l'O.A.S.-Métro n'a donc plus à sa tête, en principe au-dessus de Sergent, que V*oyant* (André Regard, d'autre part toujours appelé *Raphaël*) et *Georges* (Gignac, qui a pris le titre de secrétaire général). Cette fonction nouvelle attribue à Gignac les communications de l'organisation et, ce qui ne le change guère, la responsabilité des contacts avec Salan.

Après l'engagement du colonel de Sèze, Curutchet, voituré de ville en ville par des officiers d'active, prospecte la quasi-totalité des unités de la VII$^e$ région. A l'issue de cette tournée assez encourageante, il fait part à Pierre Sergent de son intention de rester dans la capitale.

L'ancien capitaine du 1$^{er}$ R.E.P. ne trouvant rien à redire à ce souhait, Curutchet, tout en ayant la charge de procurer des armes et des explosifs à l'organisation, s'attelle à la rédaction d'un document concernant l'articulation, la composition et les missions des états-majors de l'O.A.S.-Métro. Sergent lui avouant que l'argent manque depuis l'arrestation de Gingembre, il décide de collecter de l'armement auprès d'officiers sympathisants qui n'osent pas franchir le pas de la désobéissance totale mais qui, selon lui, ne refuseront pas de prendre le risque mineur de détourner par-ci par-là quelques poignées de munitions, des grenades et quelques armes qui s'ajouteront au très maigre stock qu'il a déjà constitué dans le cadre de l'O.A.R.

Sergent et Godot ont fini par former au sein de l'O.A.S. – sur le papier tout au moins – un solide état-major de l'O.R.O. Commandée par le colonel Buchoud, cette branche essentielle de l'O.A.S., qui sera chargée de l'organisation du renseignement et des opérations, comprend les chefs de bataillon Rioual et André Botella – l'ancien commandant à Diên Biên Phu du 5$^e$ bataillon de parachutistes vietnamiens que les initiés appellent « Jambe de laine » à cause des séquelles d'une grave blessure. Le lieutenant-colonel de réserve Edgard Tupet-Thomé, ancien parachutiste de la France libre et comme Chateau-Jobert compagnon de la Libération, complète cette brochette d'officiers avec les capitaines Charrié-Marsaines et Baille, les amis de Curutchet.

Enfin Yves Gignac a choisi en désespoir de cause comme remplaçant provisoire de Vanuxem le général de Vesinne de La Ruë, officier périgourdin de la 2$^e$ section, ancien commandant en 1939 de la cavalerie au Maroc, adhérent au M.P. 13 jusqu'à ce que Robert Martel s'accapare celui-ci.

L'O.A.S. s'organisant ainsi à Paris, ses commandos oranais décident d'achever Gaston Pernot au matin du 14 octobre 1961. Sans la présence permanente de deux policiers choisis parmi les métropolitains de leur compagnie, il est probable qu'ils l'auraient déjà tué, puisque le personnel de la clinique du Front de Mer, des infirmières à la plupart des médecins, leur est acquis.

Afin d'éviter les erreurs de leur premier grenadage, les hommes des *collines* ont demandé à une infirmière de laisser ouvert le rideau de fenêtre de leur victime. Et, pour plus de sûreté, le lanceur se poste dans la chambre d'un médecin située à moins de dix mètres en face de celle de Gaston Pernot. Malgré ces précautions, une première grenade explose sur le rebord extérieur de la fenêtre, une autre dans la rue et une troisième, après avoir renversé un vase contenant une énorme gerbe de glaïeuls, explose au pied du lit de Pernot.

Le pied entamé, le miraculé est rapatrié le jour même en avion militaire et, refusant de se faire soigner à Paris au Val-de-Grâce, il obtient son transfert dans un hôpital de Strasbourg.

Bien qu'elle ait manqué sa cible, l'O.A.S. oranaise considère tout de même comme une victoire de s'être enfin débarrassée de Pernot. Et à Paris, comme à Alger, Sergent et Curutchet s'aperçoivent que les discussions d'état-major prennent le pas sur l'action véritable. En attendant l'armement espéré, Pierre Sergent, ne disposant pas de commandos comparables à ceux qu'utilise en moyenne quatre ou cinq fois par semaine son ami Roger Degueldre à Alger, se cantonne à des envois de courriers à la presse et aux élus en abandonnant à des sympathisants inconnus l'initiative de l'action qui, à la date du 15 octobre 1961, se résume à deux cent cinquante explosions de plastic n'ayant provoqué que la seule mort de Camille Blanc, le maire d'Evian.

\*

— 47 —

## Une arrestation spectaculaire à El-Biar

Le général Vanuxem étant gardé en prison, le général Bouchet de Crèvecœur est vite libéré. Ses quinze jours passés derrière les barreaux ont attisé ses ardeurs antigouvernementales. Lorsqu'il retrouve Yves Gignac qui a servi sous ses ordres au Laos en 1946, il lui demande de le mettre en contact avec le général Salan.

— Vous comprenez, cher Gignac, insiste-t-il, on m'a arrêté sans que je sache pourquoi. Si je devais être embastillé une nouvelle fois, au moins ce serait pour de bonnes raisons. Je me mets donc aux ordres du général Salan. J'ai eu le temps de réfléchir et je suis persuadé qu'il mène un bon combat pour la France.

Gignac explique que Vanuxem n'a pas eu le temps de s'installer à la tête de l'organisation et, saisissant l'occasion de remplacer le général Vésinne de La Rüe, il propose à Crèvecœur le poste de délégué militaire de Salan.

Crèvecœur argue qu'il ne serait pas à la hauteur. Puis, à condition que Salan l'agrée, il finit par accepter de poser sa candidature. Gignac obtient sans peine l'aval d'André Regard et il écrit une lettre qui parviendra à Salan par une filière inviolée dont le barman de l'hôtel Astor est le premier maillon, qui se poursuit par un relais espagnol ou par quelque officier de marine marchande ou pilote d'Air France ou d'Air Algérie et se prolonge banalement par la poste algéroise.

Bien que ce système ait jusqu'ici donné entière satisfaction, Gignac, craignant tout de même une interception, ne cite pas Crèvecœur. Songeant que le Mandarin n'a certainement pas oublié que Crèvecœur commandait au Laos en 1946, il évoque un général sous les ordres duquel il servait à cette époque. Et il suggère de lui attribuer les codes 25 et 26 indiquant ainsi à Salan, depuis si longtemps habitué à ses ruses épistolaires, que Crèvecœur est saint-cyrien de la promotion 1925-1926. Suivant les ordres de Salan, il ne garde pas de copie de sa lettre et, ainsi que tous ses précédents courriers à caractère personnel, le général la détruira une fois lue et il ira en retirer la réponse à Neuilly, dans un magasin de lingerie féminine.

Tandis que la proposition de Gignac gagne l'Algérie, les forces de l'ordre, procédant à des repérages goniométriques à l'aide d'hélicoptères, marquent le 15 octobre 1961 un nouveau point contre l'O.A.S. en s'emparant à Hydra d'un de ses émetteurs pirates.

A Paris, excédé par de nombreux mitraillages nocturnes de commissariats par le F.L.N., le préfet de Police Maurice Papon a édicté le 6 octobre cet ordre restreignant la liberté de mouvement des Algériens musulmans :

« Dans le but de mettre un terme sans délai aux agissements criminels des terroristes, des mesures nouvelles viennent d'être décidées par la préfecture de Police. En vue d'en faciliter l'exécution, il est conseillé de la façon la plus pressante aux travailleurs algériens de s'abstenir de circuler la nuit dans les rues de Paris et de la banlieue parisienne, et plus particulièrement de 20 h 30 à 5 h 30 du matin. Ceux qui, par leur travail, seraient dans la nécessité de circuler pendant ces heures pourront demander au secteur d'assistance technique de leur quartier ou de leur circonscription une attestation qui leur sera accordée, après justification de leur requête. D'autre part, il a été constaté que les attentats sont la plupart du temps le fait de groupes de trois ou quatre hommes. En conséquence, il est très vivement recommandé aux Français musulmans de circuler isolément, les petits groupes risquant de paraître suspects aux rondes et patrouilles de police. Enfin, le préfet de Police a décidé que les débits de boissons tenus et fréquentés par des Français musulmans d'Algérie doivent fermer chaque jour à 19 heures. »

Incapables d'agir, puisque ce sont surtout dans les cafés visés par l'arrêté de Papon que leurs activités d'organisation et de collecte de fonds se déroulent à la sortie des usines, les dirigeants du F.L.N. en métropole, décidés à montrer aussi à la rébellion en Algérie qu'ils comptent pour beaucoup dans l'indépendance qui se dessine, ont trouvé une parade. Malgré les risques auxquels ils exposeront leurs concitoyens, ils les ont préparés à défiler dans Paris le 17 octobre à l'heure du couvre-feu.

Alors qu'au matin des centaines de Musulmans, devançant les consignes du F.L.N., ont déjà manifesté autour de l'Opéra, au soir du 17 octobre 1961, venus en habits du dimanche de leurs cités et de leurs bidonvilles d'Aubervilliers, Nanterre et Choisy-le-Roi, ils sont près de quarante mille à converger vers le centre de la capitale malgré les barrages installés à ses portes. Il était inéluctable que la manifestation interdite se heurtât aux forces de l'ordre sur le qui-vive. Après quelques bousculades anodines, des charges de plus en plus brutales se succèdent durant des heures entre la Défense et le pont de Neuilly, vers la place Saint-Michel et sur les Grands Boulevards. Des centaines d'Algériens ont été arrêtés lorsque le bruit court parmi les cohortes casquées que quelques policiers ont été tués. L'opération de maintien de l'ordre tourne par endroits à la ratonnade. Trouvant un exutoire aux angoisses endurées derrière les sacs de sable protégeant leurs commissariats, des policiers se laissent aller à une violence inacceptable. D'autres, peu enclins à sympathiser avec les Musulmans qui ont tué depuis 1957 cinquante-trois de leurs compagnons et en ont blessé près de trois cents, laissent faire. Près de la préfecture de Police, où Maurice Papon dirige un état-major de crise, des manifestants sont jetés à la Seine. Partout, à coups de pied, de matraque et de crosse, les policiers entassent jusqu'à la limite de l'étouffement des Musulmans dans des paniers à salade qui les mènent au centre de tri de l'hôpital Beaujon ou au Palais des Sports. Dans ce pandémonium peuplé d'explosions de grenades, des bruits sourds des coups de matraque, des hurlements de douleur, des insultes et des supplications, des policiers dépassés font usage de leurs armes et cette réaction attise la violence rendue plus aveugle par une pluie tenace.

Au petit matin de cette nuit sanglante, les policiers déplorent des centaines de blessés, mais aucun d'eux n'a été touché par balle. Du côté des manifestants le bilan est impossible à dresser. Si la préfecture de Police annonce trois morts, la Fédération de France du F.L.N., elle, en avance au moins trois cents. C'est seulement une trentaine d'années après les faits que des historiens, se disputant à coups de chiffres, tenteront d'y voir plus clair sur ce sujet. Il apparaîtra qu'il n'y a pas eu trois cents morts mais plus vraisemblablement entre soixante-dix et quatre-vingt-dix. Quant à l'O.A.S., elle n'a pas participé à cette affaire, même si des policiers, surtout des anciens d'Algérie, faisaient sans aucun doute partie de ses sympathisants.

Le surlendemain de cette manifestation montée comme une opération de guerre par le F.L.N. qui savait à quoi il exposait les travailleurs algériens et qu'il considère, malgré le sang versé, comme une réussite, Yves Le Tac est une nouvelle fois à Alger la cible de l'O.A.S. Mitraillé et blessé dans sa 2 C.V. en sortant d'une réunion d'anciens déportés au cours de laquelle il venait de défendre la politique de De Gaulle, il a réussi à échapper aux hommes de Degueldre et, bien que perdant son sang, il trouve la force de se réfugier à l'hôpital Maillot.

De son côté, Bitterlin est prudemment rentré en métropole lorsque, en fin de matinée le 20 octobre, deux experts médicaux commis par le parquet à la demande de la Délégation générale se présentent à l'hôpital Mustapha afin d'examiner Noëlle Luchetti, hospitalisée depuis la veille dans un état de faiblesse extrême provoqué par les interrogatoires qu'elle a subis aux Tagarins. Ils n'ont pas le temps de se faire une idée de son état lorsqu'un médecin-capitaine et un lieutenant de Gendarmerie débarquent d'une ambulance et réclament leur patiente. Le professeur Robert Raynaud, médecin-chef de Mustapha et titulaire de la chaire de clinique thérapeutique médicale à l'université d'Alger, venant s'opposer à ce transfert, les gendarmes escortant les deux officiers battent en retraite mais reviennent à la charge le lendemain après-midi. Et, cette fois, l'officier qui les commande est porteur d'un ordre du préfet de Police. Les examens réclamés par la justice n'étant pas terminés, le professeur Raynaud refuse encore de laisser partir la capitaine Luchetti. Ignorant cette interdiction, le lieutenant, toujours accompagné d'un médecin-capitaine, ordonne à ses hommes de s'emparer de la malade et de l'enfourner dans une ambulance qui la mène à l'hôpital Maillot d'où, comme Yves Le Tac, elle sera transférée en métropole.

Outré d'apprendre que sa collaboratrice a été rapatriée malgré les avis des experts désignés par la Délégation générale, Salan écrit au médecin-chef de l'hôpital Maillot pour lui signifier, puisqu'un de ses médecins accompagnait les gendarmes, qu'il le tient pour responsable de son enlèvement. De son côté, le professeur Raynaud porte ces faits à la connaissance du président de l'Ordre des médecins d'Algérie.

Deux jours après ce transfert destiné à empêcher Noëlle Luchetti de faire état des sévices des gendarmes, le *delta* François Lecca annonce à Degueldre que Dominique Fondacci, un Corse tenancier de bar et figure du milieu algérois, lui a proposé des armes au nom du commandant Poste.

Sautant sur l'occasion d'éliminer le responsable de l'arrestation de Dovecar, l'ancien lieutenant du 1ᵉʳ R.E.P. ordonne à Lecca de suivre la manœuvre du Corse.

François Lecca appelle le commandant Poste d'une cabine et lui annonce qu'il va immédiatement lui présenter Susini pour discuter de la vente d'armes. L'officier de la Sécurité militaire est encore sous le coup de sa réussite du 12 et, puisque Lecca parle de Fondacci, il ne se méfie pas. Comme il est à peine 7 heures du matin, il estime qu'il est trop tôt pour avertir ses subordonnés. Ignorant les précautions élémentaires, il omet d'alerter le commissaire Bardoux, l'adjoint de Grassien avec qui il est en contact permanent, et il se rend seul au rendez-vous fixé par Lecca à la Redoute, sur les pentes de Birmandreïs.

Soudain inquiet après avoir échangé quelques mots avec son contact dans le hall d'un immeuble moderne, Poste se retourne vers la porte et Lecca, profitant de ces trois secondes d'inattention, le tue d'une balle dans la nuque et s'enfuit avec ses compagnons dans la 403 de sa victime. Degueldre, décidé à faire d'une pierre deux coups, lui ordonne ensuite d'éliminer le soir même Dominique Fondacci.

La mort de l'officier de la Sécurité militaire fait grand bruit dans Alger. La Délégation générale en profite pour stigmatiser une nouvelle fois les méthodes de l'O.A.S. qui n'hésite pas à s'en prendre aux officiers de l'Armée française. Et, en réponse, l'organisation claironne qu'elle éliminera tous ceux qui la combattront, fussent-ils fonctionnaires ou militaires.

Le lendemain de ces exécutions, Jean Sarradet, l'ami de Zagamé et de Michel Leroy, se rend très tôt à El-Biar, où il a rendez-vous avec le sous-lieutenant Pierre Delhomme.

Vêtu d'une chemise de gros coton bleu et d'un pantalon anthracite, Sarradet, avec son visage maigre et ses cheveux noirs rétifs au coup de peigne, a l'air de l'étudiant qu'il était il y a encore quelques semaines. Habitué à la clandestinité, il a laissé sa voiture rue Jules-Ferry, en contrebas de la place de la République, et il a tenu à être le premier au rendez-vous dans un café proche de la mairie. Arrivant sur la place, il aperçoit des Européens qui, affectant un air faussement dégagé, vont et viennent sous les palmiers. Il va faire demi-tour mais y renonce en voyant venir Pierre Delhomme, très grand, très maigre et dont le pas trahit le militaire. Un des faux promeneurs indique à ses compagnons le patron des commandos Z si reconnaissable à son visage effilé et sa coupe de cheveux à la para. Sarradet a remarqué le manège du policier. Il bondit vers le grand officier, l'agrippe par un bras et l'entraîne vers une ruelle étroite entre la mairie et le marché.

Surpris par cette réaction, les policiers disséminés sous les palmiers n'ont pas le temps de barrer le passage aux deux fuyards.

Sarradet connaît parfaitement El-Biar. Il contourne la poste dans l'intention de regagner sa voiture, mais d'autres policiers lui barrant l'accès

## Chap. 47. – *Une arrestation spectaculaire à El-Biar*

à la rue Jules-Ferry, il entraîne son compagnon vers les hauteurs de la ville où il espère disparaître dans une ruelle.

Les deux fuyards sont sur le point de semer leurs poursuivants, lorsque surgit soudain derrière eux une 403 dont les occupants armés de pistolets ouvrent le feu sans se soucier de la population qui, comme toujours curieuse, afflue.

Sarradet hurle : « Chacun pour soi ! » Puis, rebroussant une nouvelle fois chemin, il se lance en déséquilibre sur une pente abrupte dans l'espoir de détourner l'attention des policiers. Des coups de feu claquent autour de sa silhouette souple lorsqu'il s'engage enfin dans la rue Jules-Ferry bordé de villas blanches. Il décide de chercher refuge dans un jardin qui n'est plus qu'à trente mètres, mais une balle le touche à la cuisse et il boule sur la chaussée. Des hommes l'enjambent en tiraillant vers Delhomme qu'ils ont repéré un peu plus loin.

Tandis que les coups de feu s'espacent, Sarradet reste conscient. Un policier se penche sur lui, le fouille sans se soucier de sa blessure et se redresse en lançant à ses compagnons : « Il n'en a plus pour longtemps ! »

Un autre inspecteur lui réclamant ses papiers qu'il a laissés dans sa voiture, le blessé perd à demi connaissance et se retrouve allongé dans une ambulance dévalant les pentes vers l'hôpital Mustapha où, dans un couloir et sous la garde de deux policiers, un médecin évalue la gravité de sa blessure. Après avoir ripé sur l'os de son bassin, la balle fichante qui l'a jeté dans le caniveau a labouré son fémur avant de finir dans sa rotule.

Pierre Delhomme a eu plus de chance. Sitôt certain d'avoir échappé aux policiers, il s'est empressé de savoir vers quel hôpital les policiers ont emmené son jeune camarade. Puis, s'étant assuré par un coup de téléphone la complicité du médecin qui vient d'examiner Sarradet, il envoie des hommes à Mustapha à bord d'une ambulance prêtée par le directeur d'une clinique privée.

Sans trop en dire afin de ne pas éveiller l'attention, le médecin de Mustapha pose quelques questions au blessé pour être sûr qu'il est bien l'homme signalé par Pierre Delhomme. Puis, faisant mine de le conduire en salle d'opération, il prie les policiers de ne pas le suivre, puisque, leur fait-il remarquer, il n'y a aucun danger qu'il leur brûle la politesse avec sa jambe en capilotade. Il le mène ensuite dans une resserre où il l'abandonne après lui avoir recommandé de ne pas appeler, même si la douleur devenait intolérable.

Sarradet souffre mille morts en silence durant une demi-heure puis, à peine conscient, il devine qu'on le charge à nouveau dans une ambulance et il se réveille dans la chambre claire d'une clinique dont la direction est acquise à l'O.A.S. Tout de suite soulagé de la balle qui le faisait souffrir, il est gardé toute la nuit par des commandos de Delhomme.

Le lendemain, si la presse annonce que « l'étudiant Jean Sarradet, âgé de vingt-quatre ans, a été blessé d'une balle à la cuisse au cours d'un attentat rue Jules-Ferry, à El-Biar », sa récupération si rapide attire aux forces de l'ordre les moqueries de la population. Mais elle a aussi pour effet de faire apparaître de nouveaux barrages aux portes d'Alger et de multiplier les contrôles de voitures en ville.

Devant cette recrudescence d'activité policière, Salan renonce aux réunions de la rue Auber et il ne sort plus de l'appartement d'André Canal que pour de courtes promenades.

Tandis que Jean Sarradet reprend des forces sous la protection de ses gardes du corps, la presse, sans parler du sous-lieutenant Delhomme, relate enfin la façon dont il a été blessé et l'O.A.S. redouble d'activité. Le 26 octobre 1961, elle abat le policier Robert Rhéty. Louis Joxe étant venu la veille annoncer que le gouvernement repoussait les conditions préalables émises par le G.P.R.A., qui exigeait l'abandon du processus de l'autodétermination pour aller directement à l'indépendance, elle assassine entre autres, le commissaire, Louis Pelissier, patron des R.G. à Sétif.

La répétition de ces attentats salués chaque soir par des *stroungas* et des concerts de casseroles finit par rendre dangereuse la présence de Salan chez Canal, le principal fournisseur de plastic de l'O.A.S.

Après les coups répétés qui l'ont frappée à cause des indiscrétions de fonctionnaires pieds-noirs qui renseignent l'O.A.S., la police subit une profonde réorganisation. Le commissaire principal des R.G. Jean-Paul Guépratte a été nommé par Roger Frey à la tête d'un service baptisé Organisme central de coordination et d'action judiciaire (l'O.C.C.A.J.) et formé de quatre-vingts commissaires et inspecteurs métropolitains dont la mission prioritaire est de venir à bout des partisans de l'Algérie française.

Le commissaire Guépratte, ancien résistant torturé par la Gestapo, n'a pas mis longtemps pour s'apercevoir que l'O.A.S. bénéficie de complicités dans toutes les administrations. Les premiers rapports qu'il a adressés à Matignon précisent que l'organisation a certainement des informateurs au sein même des organismes militaires de renseignement.

De nombreux policiers et fonctionnaires sont donc écartés du service ou mutés en métropole. De la R.T.F. qui n'a pas su éviter les émissions pirates qui ont repris dès le lendemain de la saisie du premier poste clandestin de l'O.A.S., à l'Electricté et Gaz d'Algérie, tous les secteurs publics sont touchés par cette refonte. Des médecins sont chassés de l'hôpital Mustapha d'où on s'évade un peu trop facilement selon les autorités. Et des centaines de simples citoyens, commerçants, ouvriers et agriculteurs, sont expulsés d'Algérie.

Ces mesures d'exception, mises en œuvre pour certaines à la limite de la légalité par la Délégation générale, font le lit de l'O.A.S. Mais celle-ci, faute d'armement et d'argent, en est réduite à bricoler des lance-roquettes rudimentaires à l'aide de tubes de soixante-quinze millimètres récupérés sur un chantier et munis d'une mise à feu fonctionnant à l'aide d'une pile

## Chap. 47. – *Une arrestation spectaculaire à El-Biar*

de lampe de poche, et ne peut pas enrôler les quelques centaines de nouveaux clandestins qui se terrent dans les grandes villes.

Le général Salan ne reçoit le dernier courrier d'Yves Gignac que le 28 octobre. Avec l'aide de Ferrandi, et bien qu'il ne dispose pas d'un annuaire des anciens de Saint-Cyr, il finit par être sûr que son représentant lui propose de nommer le général Bouchet de Crèvecœur à la place de Vanuxem. Soulagé, il lui répond que cette solution lui convient tout à fait.

Le F.L.N. appelant à faire du 1er novembre 1961, septième anniversaire de l'insurrection de 1954, une journée nationale pour l'indépendance, le général Salan au cours d'une nouvelle émission pirate que les Algérois écoutent avec les mêmes mines de conspirateurs que ceux qui, sous l'Occupation, captaient la B.B.C. lorsque le général de Gaulle, leur ennemi juré d'aujourd'hui, les appelait à l'espoir, recommande aux Musulmans de ne pas suivre ses consignes. A Oran, Jouhaud en fait autant. Les militants de l'O.A.S. ayant reçu l'ordre d'éviter les provocations qui pourraient venir du F.L.N. et des forces de l'ordre, la journée du 1er novembre s'écoule sans affrontements notables.

A Alger, où les habitations vacantes ont été recensées par l'armée en vue de réquisitions, la villa de l'architecte Fernand Pouillon fait la convoitise de quelques officiers de Gendarmerie désireux de caser leur P.C. dans un cadre agréable. Jean-Jacques Susini, qui l'habitait en se faisant passer pour le conseiller juridique de l'architecte emprisonné, est contraint de céder la place. Il s'installe dans le pavillon mauresque que Pouillon avait aménagé en 1957 un peu à l'écart de sa résidence, pour le créateur de la demi-brigade de fusiliers marins de Nemours, l'amiral Pierre Ponchardier, compagnon de la Libération, frère de l'auteur de romans policiers Antoine Dominique et mort en avril 1961 dans un accident d'avion alors qu'il venait de décoller de Dakar.

Un gentleman's agreement ayant été conclu avec les gendarmes, Susini entre à sa guise dans le domaine de Pouillon en utilisant le mot de passe changeant chaque jour que lui communiquent les sous-officiers chefs de garde. Ainsi protégé par les gendarmes qui le recherchent partout ailleurs, il se sent tellement en sécurité dans son nouveau refuge qu'il envisage même d'y installer Salan. Mais il renonce à ce projet lorsqu'un de ses adjoints lui fait remarquer que les gendarmes disposent maintenant de photos retouchées de Salan, de lui-même, et des autres chefs de l'O.A.S. affublés de toutes sortes de moustaches, barbes, chapeaux, casquettes et lunettes.

*

## — 48 —
## De Gaulle et les soldats perdus

Les autorités espagnoles ont déporté le 27 octobre 1961 Lagaillarde, Ortiz, Lacheroy et Argoud à La Palma, l'une des sept îles habitées des Canaries, à près de cinq cents kilomètres du Maroc. Mais les exilés, installés à leurs frais à l'hôtel Mayantigo de Santa Cruz, surveillés sans zèle particulier par des policiers mis aux ordres du commissaire Del Toro, ne s'avouent pas vaincus.

En effet, après avoir constitué un directoire de l'O.A.S. présidé par Argoud avec Marcel Bouyer pour adjoint, ils remettent le 1er novembre 1961 à la presse un communiqué accusant Salan d'être responsable des « traitements indignes » que leur impose le gouvernement espagnol.

Furieux de la réaction des exilés, Salan a quitté l'appartement d'André Canal pour s'installer dans celui que Ferrandi, en plus d'un studio dans la rue Desfontaines et d'une villa à El-Biar dont il réserve l'usage aux cas d'extrême urgence, loue aux Tagarins sous le nom d'Anselme dans un immeuble baptisé « Les Deux Entêtés », en face d'un garage exploité par un Musulman. Mme Salan, elle, se cache avec sa fille Dominique dans une villa de Kouba appartenant à André Canal, qui possède également le local de la rue Auber où se réunissent les cadres de l'organisation.

La rumeur annonce que le colonel Debrosse vient d'être nommé à Paris sous-directeur de la Gendarmerie.

Ce bruit se confirmant, l'O.A.S. fait circuler cette lettre sous forme de tract :

« Monsieur Debrosse s'en va.

« Nous avons appris que cet individu – il n'est pas question d'écrire cet officier : nous respectons trop l'Armée – a quitté l'Algérie. Sa haine des Français de cette province française s'y est suffisamment exercée. Il a réussi, hélas, dans une certaine mesure, à animer son personnel en partie de son animosité. Il a réussi également à se faire haïr, et surtout mépriser des Français, mais aussi, malheureusement, à faire considérer ses gendarmes, soldats d'élite, comme les prétoriens du régime abject qu'il a servi avec tant de zèle.

« Le 24 janvier 1960, il a lancé ses escadrons contre les Algérois "pour leur ouvrir la gueule à coups de crosse". L'affaire ayant mal tourné, il a menti pour se justifier, et a été confondu devant un tribunal (qui n'était pas alors d'exception) par les témoins. D'où sa haine décuplée.

« Depuis, et singulièrement depuis le 22 avril 1961, ses unités s'étant rendues sans résistance aux unités des "ex" généraux, lui-même ayant été traité avec courtoisie, il s'est déchaîné et a accumulé les répressions, puis les crimes. Songez, monsieur Debrosse, qu'on a pendu des criminels de guerre qui n'en avait point tant commis.

« Il s'est comporté, non en militaire, mais en délateur de la plus basse espèce. Il a fait torturer affreusement, entre autres, de nobles femmes, qui se sont montrées héroïques. Voyez-vous, monsieur Debrosse, elles avaient la Foi. Sous les coups et les humiliations de vos voyous, elles priaient pour la Cause qu'elles servaient, pour la Patrie.

« Pire que tout, il a échoué. Il s'en va, honteusement, alors que l'O.A.S., qu'il avait mission d'abattre par n'importe quels moyens, est plus puissante que jamais. Or, son Maître admet les crimes, les prescrit et les couvre. Mais il ne pardonne pas l'échec de la part de ses exécuteurs des basses œuvres.

« Monsieur Debrosse part donc chargé du mépris unanime. Sa réputation s'est répandue en métropole, à l'étranger. Son nom restera attaché aux horreurs de l'été 1961 en Algérie. De cela il ne se relèvera pas. Il est déshonoré. Et cela définitivement. Mais il a aussi déshonoré son Arme, et cela, il faut que l'avenir le fasse oublier. Le passé de la Gendarmerie française, qui remonte, ne l'oublions pas, à la Chevalerie, est le garant que les atrocités commises en Algérie, sous les ordres de Monsieur Debrosse, ne doivent pas se poursuivre, lui parti. La Gendarmerie de cette province doit revenir à ses traditions : Honneur et Patrie, Valeur et Discipline, au service du peuple français. La population algérienne n'oubliera pas Monsieur Debrosse. Mais elle rendra son estime aux gendarmes, si désormais, n'étant plus soumis à un chef méprisable, ils se comportent comme doivent le faire des soldats d'une arme d'élite de l'Armée française. »

Ainsi insulté, Debrosse est loin d'avoir réussi dans la tâche que lui a confiée la Délégation générale. Dénoncées par Salan, constatées par des commissions d'enquête, les méthodes dont il a usé pour arracher des renseignements aux prisonniers de l'Algérie française ont joué contre lui. Des intellectuels de gauche, le professeur Vidal-Naquet surtout, qui avait dénoncé le premier la torture contre le F.L.N., se sont insurgés contre les errements de la lutte anti-O.A.S. Louis Joxe, après avoir lu les rapports des commissions d'enquête, a ordonné l'amélioration des conditions de vie dans les centres d'internement administratif et a fait fermer le sinistre camp de Djorf, ouvert au début du mois de septembre dans le sud désertique du Constantinois.

Après l'espèce de trêve qui a régné en Algérie le mercredi 1$^{er}$ novembre, l'O.A.S. assassine à Alger Joseph Cohen, un notable libéral. Et Salan qui, pour l'occasion, a retrouvé la blancheur naturelle de ses cheveux accorde, à la demande de Susini, une interview à des journalistes de la chaîne de télévision C.B.S. Espérant trouver des alliés aux Etats-Unis, il termine son court exposé dans une villa du bord de mer en soulignant que son combat contre le gouvernement français a surtout pour but d'interdire en Algérie l'avènement d'une république populaire communiste. Le lendemain de l'entretien qui a échappé à la surveillance des forces de l'ordre bien qu'il se soit déroulé sous la protection ostentatoire de quelques hommes de Michel Leroy, Salan félicite les Musulmans de ne pas avoir suivi le 1er novembre les mots d'ordre du F.L.N.

Au soir, il est en train de dîner, lorsque les vitres de son appartement volent en éclats et Ferrandi se rend compte que des plastiqueurs, ignorant la présence si proche de leur chef suprême, ont ravagé le garage qui fait face à l'immeuble.

Sans cesse sur la brèche depuis le début de la campagne de *stroungas*, les vitriers d'Alger font de bonnes affaires et cent dix-sept bombes ayant explosé dans Alger du 30 octobre au 5 novembre, Salan doit attendre le 6 pour retrouver enfin des fenêtres intactes.

Sans nouvelles d'Yves Gignac au sujet du général Crèvecœur et pressé d'avoir un délégué en métropole, Salan songe à son ami le général Jean-Etienne Valluy et lui adresse un courrier par le truchement d'André Canal. Mais si Gignac ne s'est plus manifesté, c'est parce que, lorsque l'Assemblée nationale commence à discuter du budget de l'Algérie le 8 novembre, il n'a pas reçu la réponse de Salan au sujet de Crévecœur.

Georges Bidault profite de la discussion du budget algérien pour dénoncer au Palais Bourbon la politique de De Gaulle, qu'il qualifie de désastreuse. Dans le brouhaha montant des bancs de la gauche et des travées gaullistes d'où fusent des cris les taxant de fascisme, les députés de l'Algérie française, presque tous membres du Comité de Vincennes, ont du mal à se faire entendre. Et le tintamarre prend de l'ampleur lorsque François Valentin, élu indépendant de la Charente et président de la commission de la Défense nationale, reprenant pratiquement à la lettre le projet de Salan, propose de ramener à dix-huit mois le service militaire et d'affecter les crédits économisés par cette mesure à l'immédiate mobilisation de huit classes de Français d'Algérie.

Le lendemain de ce débat houleux, l'ancien député poujadiste Jean-Maurice Demarquet est arrêté dans le Sud-Ouest et l'Assemblée refuse comme prévu la proposition de François Valentin que la presse s'est empressée de baptiser « l'amendement Salan » et que quatre-vingts élus ont approuvée.

Le colonel Debrosse n'est pas le seul acteur de la lutte anti-O.A.S. visé par la réorganisation des forces de l'ordre en Algérie. Le commissaire Grassien fait aussi partie de la charrette. Comme il doit quitter l'Algérie le lendemain avec la plupart de ses hommes, il décide d'offrir un pot d'adieu au soir du rejet de l'« amendement Salan ». Alors que des *deltas* ont abattu dans la journée Matiben Tayeb Ouazani, un médecin musulman soupçonné d'être lié avec le F.L.N., Grassien retrouve donc ses amis à l'Universal, un café du boulevard Gallieni. Les policiers ne sont pas nombreux, six inspecteurs en tout avec les commissaires Bardoux et Joubert, les adjoints de Grassien.

Deux policiers placés en protection font les cent pas sur le trottoir. Habitués à ce genre de manifestation sonore, ils ne prêtent pas attention aux cinq coups de klaxon que tambourine de bon cœur un automobiliste en passant devant eux. Mais ils se méfient pourtant lorsque, averti par le signal de la première voiture, un homme en gabardine descend d'une Simca Aronde beige et marche vers le café. L'un d'eux remarque une bosse anormale à la hauteur de la hanche droite de l'imperméable de l'intrus. Il dégaine son pistolet et ouvre le feu sans sommation. Une courte rafale de mitraillette l'oblige à se jeter au sol en même temps que son compagnon.

Le *delta* s'engouffre dans l'établissement, vide le reste de son chargeur sur les policiers assis et, sans se préoccuper des deux hommes de veille qui se sont relevés, il bondit vers l'Aronde dont le chauffeur démarre en trombe sans attendre qu'il ait refermé la portière.

L'action n'a duré qu'une poignée de secondes. Le commissaire Grassien a échappé aux balles, mais son ami Joubert agonise.

L'O.A.S. revendique le lendemain matin cet attentat et, au soir, elle plastique pour la seconde fois le garage situé en face des « Deux Entêtés ». Se retrouvant de nouveau sans vitres et exposé au vent frisquet, Salan donne dès le lendemain des consignes afin que cessent les plasticages aveugles qui, selon lui, ne servent plus à grand-chose.

Obéissant aux mots d'ordre de Susini, les Européens d'Alger tendent au matin du 11 Novembre leurs fenêtres et leurs balcons de drapeaux bleu blanc rouge, dont quelques-uns sont frappés des lettres noires de l'O.A.S. Et, malgré les recommandations de Salan, l'organisation marque la fin de la Grande Guerre en faisant sauter une vingtaine de charges à Alger et autant à Oran et Constantine. Le lendemain, un *delta* abat le sénateur de Grande Kabylie Salah Benacen qui, après avoir été élu sur une liste Algérie française en 1959, venait de glisser ouvertement vers la gauche.

Mais Salan, conseillé par Susini, ne veut pas contenir l'O.A.S. dans la seule violence. En attendant d'en faire une force politique avec un programme sérieux, il se préoccupe de la moindre action gouvernementale annonçant le désengagement. Une de celles qui l'inquiètent le plus est la fermeture progressive des foyers et des centres de formation de la jeunesse gérés par le S.F.J.A., Service de formation de la jeunesse algérienne jusque-là dirigé par Fehrat Bouldjouane, qui vient d'être promu général de brigade. Ces établissements sont depuis la fin septembre un à un démantelés et le colonel Godard sait que ce plan d'abandon s'achèvera en avril 1962.

Si cette situation mettant à la disposition du F.L.N. des milliers de jeunes gens est la conséquence directe du rapatriement d'unités de l'armée, les dirigeants de l'O.A.S. en tiennent surtout pour responsable René Petitbon, l'ancien préfet de Constantine, l'ami intime de Jean Morin qui occupe le poste de haut-commissaire délégué à la Jeunesse.

Alors que l'O.A.S. fait circuler depuis la veille dans Alger un tract revendiquant les assassinats du commissaire Joubert et de quelques policiers du rang, Salan déjeune le mercredi 15 novembre avec le bachaga Boualam et Ferrandi.

Parce qu'il a été enfant de troupe et qu'il a fait comme lui ses premières armes durant la Grande Guerre, Salan éprouve de la camaraderie pour l'ancien président du Front de l'Algérie française dissous après les événements de décembre 1960. Boualam, à qui Godard a attribué dans l'organigramme de l'O.A.S. le nom de code de *Béziers* et qui a souvent rencontré Gardes, lui rend bien cette amitié. C'est donc naturellement qu'il promet de mettre à sa disposition ses partisans des Beni Boudouane mais, précise-t-il, il faudra que l'O.A.S. assume leur entretien.

Salan n'est jamais à l'aise lorsqu'il s'agit de gros sous. Il laisse donc Ferrandi demander au bachaga de chiffrer ses besoins.

Bien que Boualam ne réclame que le même budget de fonctionnement que l'armée lui sert aujourd'hui et dont, bien évidemment, il serait privé sitôt son ralliement à l'O.A.S., Salan ne s'engage pas. Lorsque le gouvernement aura enfin plié, explique-t-il en éludant le problème financier, il envisage de confier de « très hautes responsabilités » à son invité. En attendant, il lui demande d'user de son influence sur les officiers musulmans pour les pousser à rejoindre l'O.A.S., surtout Ahmed Rabah ben Rafa, l'ancien chef de corps du 7e R.T.A. qui a été promu général en même temps que Ferhat Bouldjouane.

Le lendemain de cette rencontre qui donnera certains espoirs à l'O.A.S. dans quelques semaines, le Comité de Vincennes se réunit à Paris au Palais de la Mutualité. Des policiers des R.G. photographient au passage les partisans de l'Algérie française insultés par des militants du P.S.U. et d'autres organisations de gauche contenus par des cordons de C.R.S. casqués.

Georges Bidault, Léon Delbecque, – sans doute l'homme qui a été le plus déçu par les suites du 13 mai 1958 dont il a été le principal acteur gaulliste à Alger –, les députés Philippe Marçais et Jean-Marie Le Pen, le professeur Raoul Girardet et le commissaire Jean Dides font tour à tour ovationner les généraux putschistes. Puis, réclamant dans leurs discours le départ de De Gaulle et de Michel Debré, ils appellent Salan à venir prendre le pouvoir.

Jean-Marie Le Pen excite un peu plus l'auditoire en proclamant avec emphase :

— Mes amis, c'est une veillée d'armes que nous vivons ce soir à la Mutualité. Je crois voir dans cette nef la cathédrale de la patrie. J'entends, déjà, qui montent des maquis, les voix de l'armée secrète qui, bientôt, sera publique. A partir de ce soir, la déclaration de guerre est faite ! L'Algérie, berceau d'une première libération en 1942, nous libérera de nouveau bientôt.

Le même jour, le député gaulliste Raymond Dronne, compagnon de la Libération et qui fut un des premiers officiers du général Leclerc à entrer dans Paris le 24 août 1944, crée l'U.S.R., l'Unité pour la sauvegarde de la République, qui se propose d'apporter à l'Algérie une solution française.

Salan trouve de nouvelles raisons de légitimer sa croisade Algérie française en apprenant que son nom a été scandé à Paris. Et plus encore lorsqu'on lui rapporte que Raymond Dronne, après avoir souligné que l'O.A.S. n'est pas unitaire mais formée d'une organisation « bleue » et d'autres, qui sont « blanche » et « néo-fasciste », a écrit dans le *Journal du Parlement* : « L'O.A.S. bleue est constituée par des éléments qui veulent rester français en Algérie. Ils ont eu recours à l'illégalité parce que leurs organisations ont été dissoutes et poursuivies par le gouvernement. Il aurait mieux valu les laisser s'exprimer librement. L'arbitraire n'est jamais une bonne politique. »

Tandis que le Comité de Vincennes se réunissait à la Mutualité, l'O.A.S. opérationnelle vivait à Alger un remaniement spectaculaire. Nouvel arrivé en Afrique du Nord, l'ancien lieutenant du 1er R.E.P. Olivier Picot d'Assignies, condamné comme Camelin, Branca et Montagnon à une peine de prison avec sursis pour sa participation au putsch, a reçu le commandement du secteur d'El-Biar et le capitaine Philippe Le Pivain a été muté à une dizaine de kilomètres de la ville, au commandement du secteur de Maison-Carrée. Le lendemain de ces mesures proposées par Jean-Jacques Susini et Jacques Achard sans que les colonels Gardes et Godard en aient été prévenus, Henri Manoury, désigné par ses complices sous les verrous comme l'instigateur de l'attentat de Pont-sur-Seine, est appréhendé près de Dijon dans un restaurant routier. Il a été signalé aux policiers par deux militaires à qui il venait naïvement de demander de lui indiquer un hôtel discret où il pourrait passer la nuit sans avoir à présenter ses papiers.

Dans les antichambres du pouvoir, l'ensemble des élus ne considèrent pas l'O.A.S. comme une menace fasciste. Outre Bidault et Soustelle, certaines figures politiques, quoique plus prudentes, n'ont pas hésité à rencontrer Sergent. L'ancien président du Conseil de la IVe République Antoine Pinay, le père du « franc lourd » qui était chargé des Finances dans le gouvernement de Michel Debré jusqu'au 13 janvier 1960, de qui le général de Gaulle avait dit en 1952 : « Je n'ai tout de même pas libéré la France pour la confier à M. Pinay ! », n'est pas le moindre de ceux-là. Au cours de ses discussions avec Sergent, il a avancé que le général de Gaulle, à cause de l'affaire algérienne, s'est engagé dans un cul-de-sac politique d'où il lui sera désormais difficile de sortir. Et selon lui, le pouvoir ne tient plus que grâce aux manœuvres de Jacques Foccart, Alexandre Sanguinetti et Constantin Melnik, qu'il réunit bien à tort dans l'anathème, puisque ce dernier n'a aucun contact avec l'entourage de Foccart.

Antoine Pinay, qui avoue craindre pour la vie de Georges Bidault et Jacques Soustelle, rencontre au moins une fois par semaine Guy Mollet. S'il le sonde sans lui donner de détails sur ce qu'il sait de Sergent et ses amis, il s'ouvre plus franchement de la situation à René Pleven, comme lui ancien président du Conseil et compagnon de la Libération qui a rejoint Londres en juillet 1940. Selon Pleven, qui ne refuserait pas de discuter avec Salan, le président du Sénat, Gaston Monnerville, estimerait également que de Gaulle est en mauvaise posture à cause de l'Algérie.

Le 19 novembre 1961, Sergent rédige donc un rapport détaillé sur ses contacts directs ou indirects avec les hommes politiques susceptibles de participer avec plus ou moins d'engagement à un Comité national bâti sur le modèle du Comité national de la Résistance qui fut, durant l'Occupation, dirigé par Georges Bidault après la disparition de Jean Moulin. Antoine Pinay figure en tête de ce document, devant Guy Mollet et René Pleven. Gaston Monnerville porte le numéro 6 et les numéros 9 et 10 sont attribués à Max Lejeune et André Marie.

Le rapport de Sergent reprend l'essentiel des propositions d'Antoine Pinay, qui avance que la majorité des Français tolère le pouvoir gaulliste parce que « De Gaulle est peut-être impossible mais il est malgré tout nécessaire car, après lui, c'est le chaos » et qui envisage de provoquer des rencontres avec les dirigeants de la S.F.I.O., du M.R.P. et des autres partis nationaux opposés à l'U.N.R. Dans son troisième volet, Sergent a écrit : « Tôt ou tard, 12 (Salan) prendra le pouvoir en Algérie. Une fois cette opération réalisée, il adressera un appel à la métropole, appel qui comprendra quatre principaux thèmes :

« 1. C'est un simple pouvoir de fait en Algérie qui prend le relais du pouvoir légal qui est tombé en déshérence. Il n'est pas question de se séparer de la métropole et de constituer une République algérienne indépendante.

« 2. Il est nécessaire de faire respecter la Constitution qui est sans cesse violée par le pouvoir. Développement des thèmes de la phraséologie radicale-socialiste, république, démocratie, libertés publiques, et les thèmes démocratie chrétienne, Europe. L'actuel chef de l'Etat n'a plus la confiance de la Nation et de l'Armée, d'où nécessité de son départ et de la constitution d'un gouvernement d'union nationale.

« 3. Renvoi du contingent.

« 4. Rétablissement de l'unité de l'Armée autour de ses véritables chefs. Ceci a été exposé à 1 (Antoine Pinay) qui a trouvé cela raisonnable. Il doit en reparler la semaine prochaine. La balle ayant été lancée ainsi d'Alger, il appartiendrait aux leaders des partis nationaux de la saisir au bond et de dire qu'ils sont prêts à former ce gouvernement d'union nationale. »

Un peu plus loin, le capitaine précise, cette fois de lui-même :

« La manœuvre ci-dessus est nécessaire, mais elle est insuffisante, car l'équipe au pouvoir ne se retirera pas, même si les leaders nationaux le demandent. D'autre part, il faut compter avec la veulerie de ces leaders qui peuvent, malgré toutes les promesses faites, rentrer dans leur coquille au dernier moment. Il est donc nécessaire de la conjuguer avec deux manœuvres supplémentaires. 14 (le général Valluy) pense qu'il faut mettre dans le circuit un certain nombre de généraux (en particulier 15 – le maréchal Juin –) qui appuieraient la démarche des leaders nationaux et qui feraient savoir au pouvoir que l'Armée ne peut plus suivre dans ces conditions et qu'il faut trouver une formule transactionnelle. 14 me paraît être l'homme le mieux placé pour monter cette opération et ce, pour plusieurs raisons : l'homme plaît au milieu parlementaire à qui il inspire confiance. Il peut être utile sur le plan international pour les raisons que vous savez. Cette opération doit être menée en liaison avec Tulle qui, par un appel, peut se solidariser avec les camarades. »

Après avoir rappelé les généraux actifs à Tulle, l'ancien officier du 1<sup>er</sup> R.E.P. évoque « l'absolue nécessité d'une action directe » destinée à montrer à l'opinion publique que de Gaulle ne détient plus le pouvoir réel. Ce faisant, il songe bien entendu au plan *Aristide*, un coup de force imaginé depuis longtemps par le député Pascal Arrighi et qui prévoit de s'emparer en priorité de la R.T.F. et des autres stations radio parisiennes.

Vingt-quatre heures après le départ du courrier de Sergent pour Alger, l'O.A.S. abat Belkacem Lachlaf, le secrétaire général des dockers algérois où le F.L.N. est tout-puissant. Le lendemain, c'est au tour de Léon Bouis, un ami de Lucien Bitterlin et Yves Le Tac, de tomber sous les balles activistes. Puis des *alphas* s'en prennent le 20 novembre à William Lévy, secrétaire général de la fédération S.F.I.O. algéroise. Cet homme âgé de soixante et un ans, dont un fils a été assassiné le 23 juin 1956 par un tueur du F.L.N. et une nièce amputée des deux jambes après un attentat perpétré le 9 juin 1957 à Saint-Eugène, est abattu par deux hommes d'Achard qui ignoraient que le colonel Godard avait annulé l'ordre de le tuer.

Le lendemain de cette « action ponctuelle », puisque c'est ainsi que sont libellés les ordres d'exécutions remis aux *deltas* et aux *alphas*, l'organisation s'en prend au chirurgien libéral Joël Mégnin. Puis Salan, qui n'avait jamais voulu lui parler lorsqu'il était commandant en chef et lui maire d'Alger, accepte de rencontrer Jacques Chevallier au cours d'un rendez-vous organisé par Susini.

Après les formules de politesse, l'ancien secrétaire d'Etat reconnaît volontiers qu'il a toujours prêché pour la négociation avec le F.L.N. Mais il souligne qu'il n'a jamais été dans ses desseins d'admettre une séparation brutale entre la France et l'Algérie. Malgré la violence aveugle dont elle use, il admet que l'O.A.S., puisqu'elle représente une grande part de la population européenne, devrait participer à la discussion sur l'avenir de l'Algérie. Puis il s'engage à en brosser auprès de ses nombreux amis musulmans une description moins caricaturale que celle qu'ils s'en sont faite à l'écoute de la Délégation générale.

Au lendemain de cette rencontre au cours de laquelle Susini a insisté pour que Jacques Chevallier s'engage à servir de relais entre l'O.A.S. et les organisations musulmanes étrangères au F.L.N., des commandos oranais expédient *ad patres* le conseiller municipal musulman Tayeb Khellib. Et Salan étudie avec Ferrandi l'étonnante proposition que le colonel Pierre Fourcaud – compagnon de la Libération et spécialiste du renseignement toujours lié au pouvoir bien que le général de Gaulle, après une homérique explication, l'ait officiellement écarté des services secrets en même temps qu'il retirait à Roger Wybot la direction de la D.S.T. – vient de faire au colonel Godard. Par le truchement d'un ami de Jean-Claude Pérez, Fourcaud se déclare prêt à mettre à la disposition de l'O.A.S. d'importants moyens radio en Algérie et en métropole.

Le colonel Godard a eu beau insister auprès de Ferrandi sur les bénéfices à tirer d'une collaboration aussi providentielle qu'inattendue, Salan, qui fut lui-même officier de renseignement de très haut niveau, est beaucoup moins enthousiaste. Craignant d'offrir au gouvernement le moyen d'espionner l'organisation, il décide de ne pas donner suite à la proposition du redoutable et sulfureux compagnon de la Libération.

Salan, à qui les fascistes belges viennent d'accorder dans *Nation Belgique* ce bandeau en sous-titre d'un encart dans *Nation Europe* : « En Algérie, le général Salan commande le front sud de l'Europe », s'étant peut-être privé d'un allié utile, des partisans de l'O.A.S. métropolitaine, sans doute pour protester contre la dissolution du Comité de Vincennes qui vient d'être annoncée, font sauter à Paris douze charges qui ne provoquent pas de victimes. Et *Nation Europe* publie encore ces conseils au nom de l'O.A.S. :

« Vous débaptiserez toutes les plaques administratives (indication de rue, de boulevard, de place publique) portant mention d'un certain général de Gaulle ou d'un certain généralissime Staline en les surchargeant d'affichettes préparées à cet effet avec le texte "rue Général Salan" ou "avenue Général Salan", etc. Tâchez de confectionner ces affichettes sur place à l'aide d'un imprimeur. Si vous n'y arrivez pas, nous pouvons vous procurer des affichettes d'environ 20 × 40 cm au prix de 10 NF pour dix exemplaires, frais d'envoi (discret) compris. Impression blanche sur fond bleu. Ecrire B.P. 9, 33, ch. De Charleroi, Saint-Gilles, Bruxelles. »

## Chap. 48. – *De Gaulle et les soldats perdus*

A Paris, malgré la fureur ambiante, quelques hommes, jusque dans l'entourage du Premier ministre, prennent l'initiative de discuter avec des gens de l'O.A.S. L'un d'eux, Jacques Mauricheau-Beaupré, l'un des adjoints de Jacques Foccart aux Affaires africaines et malgaches et ancien collaborateur de Michel Debré, se rend très discrètement à Alger afin de conseiller à Gardes de tout faire pour éviter une escalade de la violence qui rendrait tout compromis impossible. Mais cette discussion privée, dont Gardes ne parlera jamais à Salan, ni même à ses pairs, ne donne aucun résultat.

L'O.A.S. expliquant à l'aide d'un tract que William Lévy et Joël Mégnin ont été jugés en tant que membres du « Cartel des libéraux », une organisation soutenant le F.L.N., et exécutés pour « intelligence avec l'ennemi », le ban et l'arrière-ban des armées métropolitaines, d'outre-mer et d'occupation en Allemagne se réunissent à Strasbourg au matin du 23 novembre 1961, afin d'y écouter le discours que le général de Gaulle prononcera à midi à l'occasion du dix-septième anniversaire de la libération de cette ville symbole.

Alors que son train roule vers l'Alsace, comme toujours si peu préoccupé de sa sécurité, le président de la République ignore que trois explosions ont troublé la veille la sérénité gelée de Strasbourg envahie depuis des jours par des milliers de policiers et de gendarmes.

La faible charge posée par l'O.A.S., qui a sauté le mercredi à 14 h 45 dans une triperie algérienne du faubourg National, ne visait bien évidemment pas le chef de l'Etat. Et pas plus celle qui, un quart d'heure plus tôt, explosait dans les toilettes arrière d'un wagon de 1$^{ère}$ classe de l'express Paris-Vienne, le train 11 parti de Paris à 08 h 15 et arrivé à 14 h 15. Cette charge, qui a déchiré le flanc du wagon juste avant le marchepied d'accès, n'a pas fait de victimes car les passagers arrivés à destination venaient de descendre et ceux qui se rendaient en Allemagne ou en Autriche attendaient l'accrochage de leurs trois derniers wagons au convoi D 31 qui devait partir à 15 h 54.

Agissant selon les renseignements de son chef de groupe clandestin, Dominique Pierini, un Corse né en Indochine dont Curutchet n'a pas jugé bon de s'attacher les services parce qu'il travaille à la préfecture de Police de Paris, l'artificier de l'O.A.S., un nommé Louette-Debord, lui aussi fonctionnaire dans les services de Maurice Papon, s'est trompé d'objectif en installant sa charge dont le mécanisme de mise à feu était réglé pour exploser en gare de Strasbourg. Ne pouvant pas confondre le Paris-Vienne avec le convoi présidentiel composé d'un luxueux wagon-salon, d'un wagon-restaurant et de trois voitures bleu marine et grises rehaussées d'arabesques dorées, Louette-Debord visait certainement un des deux trains supplémentaires prévus pour conduire à Strasbourg quelques centaines d'officiers taxés par l'O.A.S. de trop grande servilité envers le général de Gaulle.

Un peu après minuit, un coup de téléphone anonyme avertissait les services de sécurité de la gare de l'Est qu'une bombe (peut-être s'agissait-il de celle qui avait été posée par erreur au matin ?) exploserait dans la voiture 4 d'un de ces trains bondés de galonnés. Le premier convoi a donc été arrêté à 01 h 30 en gare de Bar-le-Duc et sa quatrième voiture dirigée sur une voie de garage où, pendant que ses occupants battaient la semelle pour lutter contre le froid sibérien, elle a été fouillée en vain des boggies aux toilettes. Quant au second convoi, stoppé à Château-Thierry, il a été lui aussi passé au peigne fin.

L'O.A.S., ou plus certainement un de ses alliés occasionnels, ayant posé à Lille une bombinette qui n'a fait que casser des vitres aux fenêtres des façades des maisons voisines de celle où naquit de Gaulle en 1890, dix explosions plus sérieuses ont retenti au cours de la nuit devant les domiciles parisiens de personnalités de gauche, dont un journaliste de *Libération*.

Quant à la troisième bombe strasbourgeoise, elle a endommagé quelques motos de l'escorte du président de la République, qui serait certainement édifié d'apprendre comment cet attentat a été organisé. En effet, quelques jours avant le voyage présidentiel, Jacques Mugica, après avoir pris contact avec André Regard, a rencontré un officier du service action dans un café proche de l'Elysée. Déjà mis au courant par Sergent des bonnes relations que celui-ci entretenait avec l'O.A.S., il s'est à peine étonné de le voir accompagné par Michel Poniatowski. Et le bras droit du secrétaire d'Etat aux Finances n'a pas manifesté plus de trouble en lui demandant :

— On m'a dit que vous êtes un des derniers à disposer encore d'un certain genre de matériel ?

Surpris par cette question venant d'un proche du gouvernement, Mugica a interrogé du regard l'officier du S.D.E.C.E. Celui-ci ne bronchant pas, il a reconnu qu'il disposait en effet de quelques crayons allumeurs. Michel Poniatowski lui a alors annoncé que le général de Gaulle allait bientôt « faire un petit tour du côté de Strasbourg » et qu'à cette occasion « ses amis » aimeraient bien qu'on « provoquât un peu de bruit sans, bien entendu, qu'il y ait mort d'homme ».

Comprenant à demi-mot ce qu'attendait de lui l'homme qui deviendra en 1973 son ministre de tutelle à la Santé publique et à la Sécurité sociale dans le deuxième gouvernement de Pierre Messmer, Jacques Mugica est passé à l'action. Si aucun motard de l'escorte présidentielle n'a souffert de l'explosion, c'est seulement parce qu'il s'est arrangé pour que ses crayons allumeurs activent les charges en leur absence.

Au matin du 23 novembre, le wagon du train 11 endommagé a déjà disparu de la gare de Strasbourg lorsque, à 8 h 58 – deux minutes avant l'heure prévue –, Maurice Cuttoli, préfet du Bas-Rhin, et Pierre Pflimlin, l'inamovible député-maire de Strasbourg qui s'est effacé devant lui en mai 1958, accueillent le général de Gaulle avec les généraux Massu et le général Dewatre, gouverneur militaire de la place.

## Chap. 48. – *De Gaulle et les soldats perdus*

Suivi par Michel Debré, Pierre Messmer et le ministre des Anciens Combattants, Raymond Triboulet, le président de la République, saluant la foule encore éparse debout dans une Simca décapotable, gagne la cathédrale où Mgr Weber va célébrer la grand-messe du 17e anniversaire de la libération de la ville par la 2e division blindée de Leclerc.

Ecrasée sous des lambeaux de brouillard givrant, Strasbourg est en état de siège depuis des jours. Toutes les boîtes aux lettres du centre ont été inspectées par des policiers, les artères où passera le Président sont barrées depuis la veille, les travailleurs ont dû faire de larges détours pour gagner leurs bureaux ou leurs ateliers. Un peu partout, des agents s'activent à faire disparaître des tracts de l'O.A.S. Alors que, effarouchant des nuées de choucas tournoyant autour de son unique flèche, des échos de grandes orgues s'évadent de la cathédrale, des dizaines de pompiers sont postés sur les toits et, ainsi que quelques tireurs d'élite disséminés par-ci par-là, ils se tiennent prêts à intervenir à la moindre alerte.

Après l'office, le convoi présidentiel acclamé par des milliers de Strasbourgeois gagne la préfecture. Puis, après avoir salué tout ce que l'Est compte de personnalités, le président de la République aide la maréchale Leclerc à déposer au pied de la statue érigée en mémoire de son mari une gerbe en forme de croix de Lorraine.

Un homme trouble soudain le recueillement en criant « Trahison ! » sans que les policiers aient le temps de le repérer. Le général de Gaulle se fige, fait un quart de tour pour toiser le pan de foule d'où l'insulte a jailli et, plongeant ses gardes du corps dans l'angoisse, il avance vers elle, serre des mains, sourit à des gosses émus aux larmes.

Alors que le Général s'est enfin laissé entraîner vers sa voiture, l'homme, qui s'est déplacé de quelques mètres, hurle à nouveau « Trahison ! », mais cette fois la foule, conquise, étouffe ce cri de ses « Vive de Gaulle ! ».

N'accordant pas d'attention aux rares coups de sifflet et cris hostiles qui lui sont adressés de place en place, le président de la République dépose une seconde gerbe au monument aux morts. Connaissant le rituel des cérémonies réglé à la minute près, sitôt passée devant eux sa voiture précédée et encadrée par des motards qui, après avoir trouvé des montures de rechange, sont arrivés juste à temps pour l'accueillir sur la place de la gare, une grande partie de la foule se défait à la course. Sa cavalcade, empruntant des rues de traverse, rejoint la longue avenue de la Paix, qui relie la place de Haguenau au pont d'Anvers, sur laquelle défileront des troupes plus nombreuses qu'elles ne l'ont jamais été depuis la Libération.

Après avoir inspecté, debout dans un command-car près de Michel Debré et derrière le général Massu assis auprès du chauffeur, un front de blindés et de fantassins long de trois kilomètres dans l'avenue de la Forêt-Noire, le Général assiste au défilé sans descendre de ce véhicule. Le ciel est suffisamment dégagé pour permettre à l'aviation de combat de parader au-dessus de la ville. Le véhicule qui ferme le convoi des troupes qui ont roulé et marché au rythme des musiques des équipages de la Flotte et de l'armée de l'Air ayant disparu, de Gaulle descend de son command-car et rejoint l'estrade tendue d'étamine bleu blanc rouge sur laquelle sont alignés quatre-vingts officiers généraux représentant la fine fleur de l'Armée fidèle, en face de trois mille officiers, sous-officiers et officiers-mariniers venus de toutes les garnisons de France, d'outre-mer, d'Algérie et d'Allemagne.

Se défaisant de son manteau malgré le froid, le Général, tenant en main le texte de son discours qu'il ne lit pas mais récite par cœur, rappelle tout d'abord le passé de Strasbourg, qui est selon lui « l'un de ces lieux où la conscience nationale parle plus haut qu'ailleurs » et qui fut tour à tour, au fil des guerres, française ou allemande jusqu'à sa dernière libération menée par les troupes de Leclerc. A la fin de ce préambule historique, il proclame : « La leçon est éternelle. Plus que jamais, elle s'impose aujourd'hui », et il affirme que la France est « de nouveau menacée dans son corps et dans son âme ».

Evoquant l'U.R.S.S. comme souvent sans la citer nommément, il vaticine :

— La voici à proximité presque immédiate d'un bloc totalitaire ambitieux de dominer et brandissant un terrible armement. La voici, tellement essentielle que, si elle tient ferme et droite, le monde libre peut garder son espoir et sa cohésion, mais que, si par malheur, elle vient à fléchir, c'en est fait de l'Europe et, bientôt, de la liberté du monde. En aucun temps, la France n'eut à ce point le droit et le devoir d'être elle-même, ni tant besoin de ses soldats.

Au bout d'un exposé magistral de géopolitique, le président de la République évoque la transformation en association des liens de colonisation que la France a « naguère noués avec maints peuples du dehors ». Comme cela a été, souligne-t-il, « entrepris et réussi pour ce qui concerne douze Etats africains et la République malgache ».

En venant enfin à l'Algérie, qui concerne de très nombreux officiers parmi l'immense auditoire qui le fixe avec des regards rendus atones par le froid, le Général évoque la « rébellion acharnée » et « favorisée par le sentiment de la masse de la population, liée à la passion du monde musulman, aidée par les Etats voisins, soutenue par toutes sortes de concours dans l'ensemble international », qui y a été déclenchée et il déclare :

— En effet, la présence en Algérie d'une nombreuse communauté d'origine européenne, la forme d'administration qui y était établie, l'attachement de la métropole à l'égard d'un pays uni au nôtre depuis cent trente ans, l'instabilité et l'incertitude du régime d'antan, avaient empêché la politique française de discerner et de vouloir, au moment où il l'aurait fallu, l'évolution nécessaire.

Parlant des hommes qui se sont dressés contre lui et de sa façon de concevoir l'avenir de l'Algérie après ses engagements de juin 1958, il martèle :

— En même temps, dans les cadres de l'armée, engagée partout en Algérie, certains éléments s'étaient, quant au but de leur combat, formé une conception limitée à leurs souhaits immédiats et au terrain où ils opéraient. Pour résoudre un problème qui, dans cette voie, n'avait pas d'issue et risquait d'entraîner chez nous – on ne l'a vu que trop clairement – d'affreux déchirements intérieurs, il fallait que fût fixée la volonté de la France.

Reprenant ce qu'il a souvent exprimé dans ses précédents discours, le président poursuit :

— C'est ce qui a été fait. Croit-on que ç'ait été facile ? L'autodétermination, autrement dit la libre disposition des Algériens par eux-mêmes, aboutissant à l'institution d'un Etat souverain, des garanties assurées aux Algériens de souche européenne, la coopération organisée de l'Algérie et de la France, ce fut, c'est, la solution arrêtée par le Chef de l'Etat, adoptée par le Gouvernement, approuvée par le Parlement, ratifiée par le peuple français.

Ayant félicité l'armée d'Algérie qui a « rempli sa tâche avec courage et avec honneur », de Gaulle reconnaît avec franchise :

— Certes, chacun peut s'expliquer – et moi-même le premier – que, dans le cœur et l'esprit de certains soldats, se soient fait jour naguère d'autres espoirs, voire l'illusion qu'à force de le vouloir on puisse faire que, dans le domaine ethnique et psychologique, les choses soient ce que l'on désire et le contraire de ce qu'elles sont.

Après cette tirade, le Président annihile par une courte phrase les derniers espoirs de ceux qui lui résistent encore au sein de l'O.A.S. et à ses franges imprécises.

— Mais, dès lors que l'Etat et la nation ont choisi leur chemin, leur assène-t-il en effet, le devoir est fixé une fois pour toutes. Hors de ses règles, il ne peut y avoir, il n'y a, que des soldats perdus. En lui, au contraire, le pays trouve son exemple et son recours.

Tandis que son auditoire prend d'assaut la moindre gargote pour s'y réchauffer en mangeant de la choucroute, de Gaulle déjeune place Kléber dans l'immense salle de l'Aubette avec quelque deux cent cinquante convives et il regagne Paris à bord d'un S.O. *Bretagne* décollant à 15 h 45 de la base aérienne d'Entzheim, suivi de trois autres appareils du même type transportant sa suite.

Après ce voyage qui a permis à de Gaulle, au-delà de la célébration du 17e anniversaire de la libération de Strasbourg, de rencontrer le ban et l'arrière-ban de l'Armée, si bien préparé et si bien protégé qu'il n'a pas donné la possibilité à l'O.A.S. de tenter quoi que ce soit de sérieux contre lui, les policiers et les gendarmes, encouragés par son discours, n'en finissent pas de trier en Algérie des renseignements provenant de tous les services de police. Comme ils se sont emparés dans un immeuble du Champ de Manœuvre d'un fichier concernant les clandestins des commandos Z jusque-là installés en toute tranquillité dans des studios et des appartements prêtés par des amis de Jean-Marcel Zagamé, Michel Leroy, René Villard ou de Robert Martel, Josué Giner, l'ami de Jo Rizza, alerte le reste de l'organisation. Mais un chef de groupe recruté il y a moins de cinq mois décide malgré tout d'aller récupérer des paperasses compromettantes dans une des deux planques dont il se sert boulevard Baudin. Prenant la précaution de ne pas s'armer, il sonne à la porte de son immeuble. Soulagé de voir un de ses compagnons lui ouvrir, il y pénètre mais, sentant soudain sur ses reins la pression de deux canons de pistolets, il comprend qu'il est tombé dans le piège que redoutait Josué Giner. Tandis que d'autres policiers sortent de l'ombre et emmènent l'homme qui, sans doute sous la menace, lui a ouvert, le prisonnier décide de jouer à l'ahuri et présente des faux papiers établis au nom de Robert Etienne Sangiovanni, un Corse bon teint, affirme-t-il avec aplomb.

Sangiovanni s'appelle en fait Roger Michel Daparo. Engagé très jeune dans la Marine, il a été cité au feu en Indochine alors qu'il servait au commando *Jaubert*. Il a ensuite vécu les enthousiasmes de mai 1958 au centre *Siroco* comme élève du cours de gradé du cadre spécial. La harka de Nemours à laquelle il fut ensuite affecté ayant été dissoute, il a rejoint près d'Oran l'unité de protection de la base aéronavale de Lartigue. Il a rencontré des membres de l'O.A.S., pour la plupart anciens des maquis de France-Résurrection. Ayant encouragé sa désertion, ses nouveaux amis l'ont aiguillé en juillet 1961 vers les groupes du lieutenant Delhomme.

Daparo a reçu comme première mission de s'attaquer à Yves Le Tac. Un comparse devait lui remettre une arme à Belcourt, devant le cinéma Le Mondial. Mais si quelqu'un l'attendait à l'heure prévue, c'était pour lui annoncer que l'opération était décommandée. Après cet examen de passage, Daparo a touché son jeu de faux papiers au nom de Sangiovanni et un second qui lui servirait en cas d'alerte grave. Discret à l'extrême, il n'a jamais cherché à en savoir plus sur l'organisation que ce qui lui était strictement nécessaire. Homme de guerre avant tout, s'il a participé à des opérations ponctuelles visant des Européens convaincus de collusion avec la rébellion et des agents du F.L.N., il ne s'est jamais mêlé aux ratonnades pour la plupart improvisées par des éléments étrangers à l'O.A.S. Son engagement était si désintéressé qu'au bout d'un mois de clandestinité il a été surpris de toucher une solde de six cents francs.

Aujourd'hui, interrogé sans brutalité à l'école de Police d'Hussein-Dey, Daparo soutient qu'il s'appelle bien Sangiovanni et qu'il n'a rien à voir avec l'O.A.S. Mais les policiers lui présentent bientôt son autre fausse carte d'identité découverte dans sa seconde planque du boulevard Baudin. Et un peu plus tard, alors qu'il leur tient encore tête, ils le confondent, preuves à l'appui fournies par les gendarmes maritimes qui le recherchaient en vain depuis plus de quatre mois. Traité en soldat, s'il reconnaît sa désertion, il ne dit rien sur Josué Giner, ni sur le lieutenant Delhomme, que, comme Jean-Marcel Zagamé, Michel Leroy et René Villard, il n'a entraperçu qu'à deux reprises lors de briefings opérationnels. Embarqué dans un avion militaire avec quelques autres *deltas*, *alphas* ou Z, il sera enfermé au C.N.O. – le Centre national d'orientation – de Fresnes et, une fois jugé et condamné, il rejoindra le pénitencier de l'île de Ré, d'où il sortira amnistié en 1965.

\*

— 49 —

# Le *soviet* des capitaines tient Alger

Au lendemain du discours de Strasbourg, les « soldats perdus » tiennent à prouver qu'ils ne sont pas les racistes et les fascistes dont font état la Délégation générale et les organisations de gauche qui multiplient les communiqués de presse, les tracts, les pétitions et les manifestes afin de les faire une fois pour toutes condamner par l'opinion publique. Ils mettent sur pied à Alger des brigades spéciales destinées à protéger les Musulmans des attaques aveugles lancées par des Européens se réclamant de l'O.A.S. Et Salan, dans le but d'interdire des règlements de comptes qui n'ont rien à voir avec les buts de l'organisation, donne l'ordre de cesser les plasticages à partir du 1er décembre 1961.

Après cette décision qui risque de décontenancer plus d'un militant de base, Claude Piegts est arrêté à Nice où, venu d'Espagne avec Marcel Barbu et Bruno Riga, un caporal-chef déserteur du 1er R.E.P. qui a épousé une sœur de Pierre Sultana, il tentait d'extorquer à un promoteur italien, quelque peu truand et peu disposé à payer son dû, les cinq cent mille francs que des Libanais chrétiens lui avaient remis pour acheter des armes destinées à l'O.A.S. Mais la discussion a tourné au pugilat et la police, avertie, s'est emparée de Piegts et de ses compagnons. Avant d'être pris, Claude Piegts avait en Algérie grièvement blessé à la chevrotine un médecin de Castiglione, le Dr Meyrou, une connaissance du général de Gaulle et, depuis son passage en Europe, il travaillait surtout au montage d'un attentat contre Jacques Foccart.

Après ces arrestations, l'O.A.S. ayant fait sauter dans la semaine du 20 au 26 novembre 1961 trente-neuf charges de plastic à Alger et trois à

Oran et fait évader de l'hôpital Mustapha une quinzaine de militants, le colonel Vaudrey, revenu en Algérie, reçoit le commandement du Grand Alger, vacant depuis l'arrestation de Zattara.

Vaudrey ayant reçu les numéros de code R 1491 et S 300, le colonel Godard met une touche finale à son organigramme sans cesse remanié depuis des semaines. Salan étant le seul et indiscutable grand patron de l'O.A.S., Jouhaud, tout en assumant le commandement en Oranie, fait partie de son état-major avec Gardy, Gardes, Godard, Jean-Jacques Susini et Jean-Claude Pérez. Le capitaine Ferrandi reste chargé de la direction du cabinet particulier de Salan et, dans la case Finances de l'organigramme, seul le nom de Godard apparaît désormais. Susini a toujours en charge le service d'action politique et de propagande avec André Seguin et Georges Ras et si, malgré tous les efforts déployés auprès de Gardes, Michel Leroy n'a pas encore intégré l'état-major, il garde la haute main sur les commandos Z, en principe assujettis au colonel Vaudrey.

Secondé par Gérard Dufour, Jean-Claude Pérez, qui n'a toujours pas subi les foudres de l'état-major de l'organisation pour avoir autorisé Médeu à organiser le vol du port, demeure au commandement de l'O.R.O. Jean Lalanne continue à diriger le renseignement tandis que Degueldre reste l'indiscutable chef des *deltas*.

Les commandements des secteurs d'Alger centre, Maison-Carrée, El-Biar et Hussein-Dey sont assurés par les « soldats perdus » Branca, Le Pivain, Picot d'Assignies et Montagnon. Jacques Achard, qui les a baptisés le « soviet des capitaines », commande toujours le secteur d'Orléans-Marine comprenant Bab el-Oued.

A Oran, l'autorité de Jouhaud est unanimement reconnue bien que certaines composantes de l'O.A.S., en particulier le mouvement Garde au Drapeau issu des anciennes unités territoriales, peu enclin à l'action directe, l'un des groupes du réseau *Bonaparte* de Saint-Eugène, sur lequel Roger Degueldre semble avoir quelque influence par le truchement de son chef, l'ancien policier Marcel Carreno, et les groupes constitués d'anciens de France-Résurrection tiennent à conserver leur liberté de manœuvre.

Le Dr Brun gère les finances de l'organisation oranaise qui recense environ deux cents commandos mobilisables à tout instant et il assure les liaisons entre Jouhaud et Charles Micheletti, de son côté responsable du renseignement. Robert Tabarot, échappé d'Espagne, est chargé des affaires politiques et des liaisons avec l'importante communauté israélite cantonnée en majorité près de l'hôtel de ville et de la grande synagogue du boulevard Magenta, dans un quartier dont les maisons à patio alignent leurs trois ou quatre étages dans des ruelles perpendiculaires aux rues de la Révolution, d'Austerlitz, de Wagram et de l'Aqueduc, où le populaire Yaya Bénichou a organisé de solides commandos.

Charles Micheletti ayant également en charge l'organisation des masses, « Pancho » Gonzalès décide des opérations à entreprendre et Tassou Georgeopoulos – comme Tabarot revenu d'Espagne pour reprendre la lutte et à qui Jouhaud a demandé de tisser des liens avec les Musulmans – dispose d'un groupe autonome au sein des neuf *collines*.

Malgré les consignes de Salan, des groupes d'Européens s'attaquent le 28 novembre à Oran à tous les Musulmans qu'ils rencontrent dans les quartiers européens. Les graves incidents ayant duré jusqu'au soir malgré les interventions de patrouilles du 2$^e$ zouaves et de la Gendarmerie mobile, l'O.A.S. distribue le lendemain un tract condamnant avec fermeté ces démonstrations de haine.

Le jour de ces ratonnades, Argoud, qui ne cesse d'étudier dans son exil de Santa Cruz les possibilités d'avenir de l'O.A.S., a adressé à Salan cette lettre en quatre paragraphes :

« I. – Je suis convaincu depuis le départ, vous le savez, qu'il est indispensable que l'O.A.S. précise son objectif final, son but politique. L'exemple récent du général Giraud en 1943, pour nous en tenir à lui, est là pour nous avertir du sort qui, dans une telle conjoncture, guette ceux qui s'en tiennent aux seuls objectifs militaires. Telle est la raison pour laquelle j'ai tenté d'obtenir de vous des éclaircissements à cet égard, je vous ai demandé de bien vouloir participer à une réunion destinée à mettre sur pied une organisation et à élaborer une charte commune. Dans vos réponses, mon général, vous avez constamment éludé le problème posé, vous bornant à préconiser le maintien de l'intégrité du territoire, à me proposer un poste à Oran.

« II. – Quel que fût mon désir de sauvegarder une unité d'action que j'estimais, que j'estime encore, fondamentale au moment où l'O.A.S. se préparait à engager un combat décisif avec une pénurie certaine de cadres, il m'était difficile, je vous l'ai expliqué déjà en son temps, de souscrire un engagement inconditionnel. La récente et dernière expérience du 22 avril me donnait quelques droits à la prudence, sinon à la méfiance. D'autant que nous savions, Broizat lui-même ne m'en a fait nul mystère, que vous aviez de secrètes négociations avec les éléments les plus représentatifs du système. Je m'inclinais devant votre courage, devant les sacrifices que vous avez consentis à la cause de l'Algérie française, mais je n'en restais pas moins fermement persuadé qu'un retour même éphémère du système impliquerait à coup sûr la perte de cette Algérie. Pouvais-je dans ces conditions prêter mon nom à une telle manœuvre tactique, et encourir de ce fait une grave responsabilité si l'affaire tournait mal ? C'est pourquoi devant votre silence, j'ai voulu préciser ma position politique dans un "Appel aux Français".

« III. – Sur ces entrefaites, je fus arrêté avec mes camarades dans la soirée du 6 octobre, par la police madrilène, sans qu'aucun indice pût nous laisser prévoir ce retournement spectaculaire. Du même coup, se trouvait gravement compromis le travail que nous avions effectué depuis des mois, pour la cause commune, au moment même où notre organisation prenait chaque jour une importance plus grande. Aujourd'hui nous sommes confinés aux îles Canaries. Nous constituons aux mains du gouvernement espagnol une magnifique monnaie d'échange, ce qui explique que tout en limitant strictement nos activités, pour apparaître tenir ses engagements vis-à-vis de De Gaulle, il déploie tous ses efforts pour bien nous traiter et nous convaincre de prendre notre sort en patience.

« IV. – Qu'on le déplore ou non, c'est là une réalité que nous sommes obligés de considérer en face. Deux solutions s'offrent à nous : Ou nous restons sur la montagne refusant de continuer en quoi que ce soit une politique dont nous mesurons les dangers, et nous y attendons notre heure. Ou nous acceptons de rentrer en métropole ou en Algérie pour y combattre sous vos ordres, sur le terrain, sur un plan strictement militaire. C'est à cette dernière solution que nous nous sommes ralliés. D'abord parce que nous ne voulons pas encourir le reproche, un jour, d'avoir par notre absence été les responsables de l'échec du mouvement, ensuite pour ne pas aggraver le malaise du militant de base qui combat au jour le jour et comprend mal les querelles sur les lendemains. En ce qui me concerne, je suis prêt avec votre accord à prendre le commandement de la région I à Oran. Nous invitons simultanément, par le même courrier, nos chefs de réseau à tous les échelons, à accepter désormais votre subordination dans le même état d'esprit, face à l'ennemi commun, jusqu'à ce que soit assuré le destin de l'Algérie française. Il restera bien entendu à résoudre le problème délicat de notre départ de l'île. Nous allons demander officiellement à quitter ce pays. Mais si le gouvernement espagnol s'y refuse ou simplement fait traîner les choses en longueur, il nous faudra bien trouver une autre solution. Croyez, mon général, à l'expression de mes sentiments les plus respectueux. »

A Paris, où la préfecture de Police annonce que toute personne menacée de racket par l'O.A.S. peut désormais obtenir par téléphone de l'aide immédiate en composant Odéon 81-43, la S.F.I.O. organise une « Journée William Lévy » afin de monter l'opinion contre l'O.A.S. et le Mouvement pour la paix mène simultanément une seconde manifestation baptisée « Journée pour la paix immédiate en Algérie ». Aux heures où ces manifestants de gauche le conspuent dans les rues de Paris, Salan reçoit à Alger Jouhaud, qu'il n'a pas revu depuis le 20 août.

Au cours de son rapport sur la situation de l'O.A.S. dans l'ouest du pays, le Caïd précise au Mandarin que les groupuscules qui, jusque-là, rechignaient à adhérer à l'organisation semblent enfin décidés à le faire. Mais les choses n'en sont pas plus simples pour autant, ajoute-t-il, puisqu'il manque de cadres militaires. Ignorant encore les ratonnades qui ont éclaté à Oran après son départ, il regrette que l'organisation, au-delà des rapports qu'elle entretient déjà avec les figures de l'Algérie française que sont le bachaga Boualam et le « colonel » Si Chérif, n'engage pas une franche politique de rapprochement avec les Musulmans. C'est donc bien naturellement qu'il évoque une possible alliance avec le F.A.A.D., un mouvement nationaliste issu du M.N.A. et opposé au F.L.N. qui, selon ses renseignements, serait bien implanté en Oranie, où ses dirigeants auraient déjà rencontré quelques personnalités favorables à l'O.A.S.

Sur les conseils de Godard, le capitaine Ferrandi et Jacques Achard ont déjà parlé à Salan de ce F.A.A.D., le Front algérien d'action démocratique, mais il refuse encore aujourd'hui d'engager des contacts avec lui et, ne tenant pas à en discuter plus longtemps, il recommande à Jouhaud d'observer la plus grande prudence envers ses agents.

Le Caïd, déçu par cette fin de non-recevoir et soucieux de mettre un terme aux rancunes nées de l'échec du putsch, conseille à Salan d'adresser un courrier amical au général Challe emprisonné à Tulle. Puis il lui laisse entendre que le commandant en chef de la révolte d'avril pourrait peut-être bientôt retrouver la liberté à la faveur d'un coup de main organisé par il ne sait trop qui.

A l'heure où Jouhaud et Salan se séparaient, le capitaine Sergent confiait à Paris à un journaliste suédois que l'O.A.S. pourrait peut-être un jour parlementer avec le F.L.N. Si elle y était connue, cette déclaration du patron de l'O.A.S.-Métro ferait scandale à Alger car, malgré le peu d'empressement de Salan à étudier leurs propositions et le refus qu'il vient d'opposer à Jouhaud à ce sujet, c'est avec le F.A.A.D. que Godard et Achard sont décidés à discuter.

Le F.A.A.D. est présidé en métropole par le cadi Belhadi récemment exclu du M.N.A. par Messali Hadj, et en Algérie par Kheliffa ben Ammar, venu de Suisse. Il regroupe quelques centaines de militants se réclamant toujours de bonne foi du M.N.A. et quelques dissidents du F.L.N. Si Salan ne veut pas en entendre parler, c'est parce qu'il redoute que, si soudainement sorti du néant en métropole, ce mouvement ne soit manipulé par Constantin Melnik pour le compte du gouvernement. C'est pour cela qu'il a refusé à Ferrandi et à Achard d'entrer en contact avec l'émissaire du cadi Belhadi, un Européen qui s'est présenté sous le nom de Jean-Marie Lavanceau et que Godard lui recommandait pourtant chaudement.

A priori, comme Jouhaud l'a expliqué à Salan, le F.A.A.D. paraît sérieux. Et si, comme son ennemi le F.L.N., il s'est donné pour but l'indépendance de l'Algérie, c'est en étroite coopération avec la France qu'il espère la réaliser.

En fait, Salan ne se trompe guère quant à la possibilité d'une manipulation ourdie à Matignon, puisque le mouvement anti-F.L.N. a été créé en Suisse avec la bénédiction occulte du gouvernement après l'exclusion de Belhadi du M.N.A. lors du dernier congrès de ce parti qui s'est déroulé à Fribourg le 13 juillet 1961. Quinze jours plus tard, Constantin Melnik recevait Kheliffa, son dirigeant actuel en Algérie. Peu après cette entrevue, le colonel Roussillat, le chef du service action au S.D.E.C.E., qui a toujours refusé l'engagement direct de son personnel contre l'O.A.S. en arguant qu'on ne joue pas bien aux gendarmes et aux voleurs quand les uns et les autres sont de la même famille, s'est rendu à Alger pour remettre 20 000 000 de francs anciens au commandant Georges Puille, alias Peltier, qui, sous les ordres du lieutenant-colonel Errouard, dont le nom de code est *Martyr*, dirige le service action du Centre de coordination interarmées. Ce premier viatique ayant été partagé entre des chefs de maquis messalistes de la région de Djelfa, les maigres forces du F.A.A.D. ont été, comme naguère l'Armée nationale populaire algérienne de feu le « général » Bellounis, ravitaillées par des parachutages effectués à l'aide d'un appareil de transport de l'escadrille du S.D.E.C.E.

Les groupes armés du F.A.A.D. ont obtenu quelques succès sur l'A.L.N., moins bien lotie. Cependant, le 20 octobre 1961, le général Grossin a reçu de Matignon une note lui enjoignant à la demande expresse du général Ailleret de mettre un terme aux parachutages clandestins. Puis, par une lettre datée du 27 octobre et dont il a adressé une copie au général de Gaulle, à Michel Debré et au colonel Roussillat, le général Grossin a averti Jean Morin qu'il cessait tout contact avec les nationalistes dissidents. Le commandant Puille et son adjoint en cette affaire, le capitaine Jacques Zahm, dont le nom de code est *Mercier*, ont donc dû à contrecœur abandonner leurs protégés.

Si le S.D.E.C.E. depuis cette date s'est, de manière officielle du moins, désintéressé du F.A.A.D., le mouvement a survécu grâce à la relève discrète de la Délégation générale. Lorsque le F.L.N. a claironné qu'il allait célébrer avec éclat le septième anniversaire de la rébellion en organisant des manifestations dans toute l'Algérie, le F.A.A.D. s'est empressé d'infiltrer des agents dans les quartiers musulmans des grandes villes. Au prix de sept morts, il a réussi à mettre hors de combat une soixantaine de meneurs du F.L.N., ce qui, sans doute plus encore que les appels au calme lancés sur les ondes pirates de l'O.A.S. par Salan et Jouhaud, a incité la population musulmane à rester en grande partie chez elle le 1er novembre.

Godard a toujours été tenu au courant des actions du F.A.A.D., par Louis Bertolini, d'abord, mais aussi et plus en détail par Mario Faivre, l'ami de Joseph Ortiz qui, sans faire partie de l'O.A.S., garde toujours des contacts avec les officiers du service action du S.D.E.C.E. et qui, à la demande du colonel Errouard et du commandant Puille, a permis les premiers contacts de l'armée avec les messalistes.

A Paris, le capitaine Géronimi, détaché au service des Affaires musulmanes à la préfecture de Police, aide toujours les militants du F.A.A.D. à porter des coups au F.L.N. Les Parisiens et les banlieusards sont souvent les témoins de ces règlements de comptes et de l'âpre combat, officiel celui-là, que mènent contre le F.L.N. des harkis venus d'Algérie et commandés par quelques officiers du 11e choc avec la bénédiction de Maurice Papon.

Après ce nouveau refus de Salan de s'engager dans une aventure douteuse, l'ambiance est devenue délétère, mortifère pour certains, au sein de l'état-major de l'O.A.S. de plus en plus divisé au sujet du Front nationaliste. Le Mandarin est soucieux de mettre André Canal à l'abri des balles du clan Pérez ou d'autres anciens amis. Sur les conseils de Susini, qui n'apprécie pas du tout la rage destructrice du Monocle, il décide de l'expédier à Paris. Il le charge de s'atteler à l'organisation de l'O.A.S.-Métro, dont, malgré les rares courriers d'Yves Gignac, il ne sait toujours pas grand-chose.

Salan espère ainsi ramener un peu de sérénité au sein de son état-major que, pour d'évidentes raisons de sécurité, il ne rencontre jamais en son entier et qui a tant de difficultés à s'imposer aux quelque huit cents hommes armés qui font du bruit comme dix mille et composent à Alger les commandos Z, *deltas* et *alphas*, et à Oran, les *collines*.

Tandis que le Mandarin s'évertue à éviter l'éclatement de son mouvement, *Nation Europe* diffuse en Belgique un communiqué frappé du sigle O.A.S. et traitant de son organisation extérieure. « Le temps du combat décisif est proche, annonce ce tract en forme d'appel à la mobilisation. Le nombre croissant tous les jours des combattants qui rejoignent nos cellules, la prise de conscience effective du peuple français et de nos amis européens imposent pour réussir le travail d'organisation un bref rappel de consignes élémentaires et essentielles.

« Formation :

« 1) Pas de réunions nombreuses, ni colloques ni palabres. Ils paralysent l'action, dispersent les efforts et multiplient les risques.

« 2) Pas de cellules civiques (C.C.), d'action (C.A.) ou de propagande (C.P.) de plus de 5 personnes. Chaque cellule doit ignorer sa voisine. Seul le chef de cellule sera en contact avec son chef hiérarchique désigné.

« Cellules :

« 1) *Action (Cellules d'action : C.A.)*

« Elles seront obligatoirement séparées des cellules de propagande. Dans les cellules d'action doivent se retrouver les éléments les plus durs. La réalisation des actions directes leur est confiée.

« 2) *Propagande (Cellules de propagande : C.P.)*

« Il s'agit d'un élément essentiel de l'action O.A.S. Elle ne peut en aucun cas être tenue pour action mineure ou accessoire. Les moyens les plus simples sont les plus efficaces :

« – drapeaux noirs frappés de la croix celtique et du sigle blanc O.A.S. et hissés sur les lieux publics ;

« – inscriptions O.A.S. et croix celtique sur les murs et les routes, les habitations des collabos gaullistes et des valets du pouvoir sont des emplacements de choix ;

« – rumeurs sur le mécontentement social et l'asservissement des travailleurs et des classes moyennes au profit des trusts apatrides qui profitent du gaullisme, répétez autour de vous tous les scandales, petits et grands, dont vous avez eu connaissance ; les bonnes histoires qui ridiculisent le pouvoir et ses larbins ne sont pas à dédaigner : chacune d'entre elles à mesure qu'elle circule est un coup porté au nouveau Système et en active la fin ;

« – recommandations pressantes à vos amis et relations de proscrire les journaux collabos les plus marqués : *Le Monde, Le Figaro, Libération* et les hebdomadaires *Candide, L'Express, France-Observateur, Témoignage chrétien* ;

« – recommandation aussi de proscrire la Radio-télévision soi-disant française ;

« – diffusion maximum de tous les écrits, journaux clandestins, lettres confidentielles qui mènent le même combat que nous. Cette diffusion doit être faite par n'importe quel moyen : ronéo, impression, même aussi chaîne manuscrite – dans ce cas ne jamais diffuser dans votre voisinage, entourage et même dans votre commune si elle est peu importante ;

« – transmission à *Nation Europe* – adresse : Boîte Postale n° 9, 33, chaussée de Charleroi, Saint-Gilles-Bruxelles – qui s'est engagé à répercuter dans ses colonnes tous les écrits qui servent notre lutte ;

« – diffusion maximum de *Nation Europe* : discrètement : à des amis sûrs ou sous pli anonyme car il est interdit en France gaulliste sous peine de prison ;

« – aide maximum à *Nation Europe* :

« Pour les moins fortunés : transmettre à notre adresse les noms et adresses de 5 amis à convaincre et 2 NF en timbres français pour l'expédition (sous pli anonyme).

« Pour les plus fortunés : transmettre au moins 5 noms et une somme plus importante, en timbres ou billets de banque.

« 3) *Civisme (cellules civiques : C. C.).*

« Tous nos amis, sans être des combattants, qui disposent de moyens propres à aider notre action ou notre propagande dépendront des Cellules Civiques. Collecte de fonds – Aide à nos emprisonnés sanctionnés, épurés – Secours médicaux. »

Si Salan ignore cet appel à l'aide si voyant et qui porte à coup sûr la marque de Jacques Vandebroeck, l'adjoint de Jean Thiriart, directeur de *Nation Europe*, qui est depuis des mois le principal propagandiste de l'O.A.S., d'autres, dans son organisation, songent déjà en métropole que le pays du roi Baudouin, d'où Dominique Cabanne de La Prade nargue toujours la police française, pourrait représenter une plate-forme idéale de contre-attaque.

\*

## — 50 —
## Soustelle : « De Gaulle est mort à Colombey... »

Tout à fait ignorant des vicissitudes de l'O.A.S. en Algérie où il est toujours vilipendé par Robert Martel qui lui reproche d'utiliser le drame algérien pour satisfaire ses ambitions personnelles, Jacques Soustelle vit à Rome. Il s'est installé via Pelaiolo dans un studio prêté par le député Pacciardi qui, bien qu'ancien des brigades internationales en Espagne, est aujourd'hui de droite. Le 3 novembre 1961, il a affirmé à un journaliste américain que de Gaulle « a systématiquement trompé ceux qui lui avaient fait confiance, trompé les musulmans d'Algérie » et qu'en acceptant d'être son Premier ministre, « Debré s'est renié lui-même » et qu'il a « commis une forfaiture » car il assumait le devoir d'appliquer la Constitution. Or, il l'a systématiquement violée, notamment en abandonnant au chef de l'Etat la conduite de la politique, dont le Premier ministre est constitutionnellement responsable. Et, alors que le journaliste américain lui demandait ce qu'il pensait de De Gaulle, s'interdisant toute chance de réconciliation, ironique et cruel, Soustelle a répondu :

— Je pense que le général de Gaulle est mort entre 1951 et 1958, à Colombey-les-Deux-Eglises. Malheureusement, on ne s'en est pas aperçu. L'homme qui porte ce nom aujourd'hui incarne exactement le contraire de ce que symbolisa de 1940 à 1944 le chef de la Résistance française à qui nous devons la libération et le retour de la République.

Et quand son visiteur a tenté de savoir pourquoi le Général s'est séparé de lui, il s'est comparé à « un citron jeté après qu'on en eut exprimé tout le jus ».

Passant à l'Algérie, Soustelle a précisé qu'il est un ennemi farouche du F.L.N. et que celui-ci le sait, puisqu'il a tenté de l'abattre à Paris le 15 septembre 1958. Mais il a désapprouvé les mesures prises le 17 octobre 1961 contre les Algériens « parce qu'elles sont d'essence raciste et qu'elles ne peuvent avoir d'autre résultat que de jeter les musulmans dans les bras du F.L.N. ».

Soulignant ensuite au sujet de la répression des partisans de l'Algérie française qu'il était « assez bien informé pour savoir que des femmes ont été horriblement torturées, que des jeunes gens sont morts à la suite des sévices endurés », l'ancien gouverneur de l'Algérie a déclaré :

— La façon dont le gouvernement traite la population algérienne de souche européenne est ignominieuse. Même Paris sous l'occupation nazie n'avait pas été traité comme Alger depuis le mois d'avril.

Répondant ensuite à des questions sur l'O.A.S., Soustelle a précisé qu'il n'en faisait pas partie mais qu'il fallait la considérer comme une indiscutable troisième force en Algérie, puisque, selon lui, elle a « montré son sens des responsabilités et sa compréhension politique en désapprouvant les bagarres racistes d'Oran et en envoyant ses commandos pour s'y opposer ».

— Pour quelles raisons, s'est-il emporté, ou pour quels prétextes l'O.A.S. ne serait-elle pas considérée comme un « interlocuteur valable » ? Ses chefs, dira-t-on, sont condamnés. C'est vrai : ce sont des condamnés politiques, alors que les chefs F.L.N., avec lesquels on traite depuis des mois, sont pour la plupart des condamnés de droit commun, comme Ben Bella, des assassins comme Krim Belkacem ou d'anciens agents de la Gestapo comme Mohammedi Saïd. Je pense que des soldats comme Salan, Godard ou Gardes méritent au moins autant de considération.

Et, amer, il a ajouté :

— Sans doute l'O.A.S. n'a-t-elle pas à son actif des massacres comme ceux d'El-Alia ou de Melouza : lui en fera-t-on grief et espère-t-on, pour qu'elle soit plus représentative, des prouesses macabres du type de celles-là ? Il faut négocier avec l'O.A.S. : c'est le bon sens qui l'ordonne et c'est la voie de la paix.

Après avoir rappelé que l'O.A.S. ne briguait pas le pouvoir et affirmé que Salan et ceux qui l'entourent ne sont pas des fascistes, Soustelle a souligné que « tous les ex-nazis, antisémites, racistes et fascistes d'Europe occidentale et du Proche-Orient, depuis le trop fameux grand mufti El Hadj El Husseini jusqu'aux dirigeants de l'Internationale fasciste en Allemagne et ailleurs, collaborent activement avec le F.L.N. et avec ses organisations annexes ».

A la fin de cet entretien, ayant tenu à rappeler que, le 2 septembre 1959, Michel Debré lui a promis dans une lettre qu'il n'y aurait pas de négociations politiques avec le F.L.N. et rien qui puisse un jour ressembler à un Etat algérien, Jacques Soustelle a affirmé que la politique algérienne de De Gaulle, loin de constituer un « moindre mal » est « le mal suprême » et que « le devoir impérieux de tous les patriotes et de tous les démocrates est d'y mettre fin sans délai ».

L'ancien ministre du Général n'est pas seul à Rome. Outre Philipe de Massey et, de temps en temps, l'ex-député algérois Marc Lauriol, André Rosfelder y vit toujours. L'éphémère directeur de Radio France durant le putsch, qui a quitté Alger avec l'aide de son beau-père, le viticulteur Camille Dudex, et a été condamné à vingt ans de prison par contumace, a bénéficié d'une complicité amicale pour obtenir sous sa véritable identité un poste de traducteur à la F.A.O. (Food and Agriculture Organization), l'organisme international qui est chargé par l'O.N.U. de l'amélioration des ressources alimentaires dans le monde et dont le siège est installé à Rome, vialle delle Terme di Caracalla.

Si Jacques Soustelle a été assez bien reçu en Italie, c'est surtout grâce à Pierre Guillain de Bénouville, qui dirige *Jours de France*, l'hebdomadaire de l'avionneur Marcel Dassault, et à ses amitiés universitaires personnelles. L'extrême droite italienne, surtout représentée par le M.S.I. qui a pourtant si bien accueilli Philippe de Massey, n'est pas très favorable à l'Algérie française. Ce sentiment s'explique parce que, l'Angleterre ayant assumé en Libye la charge de la Tripolitaine et de la Cyrénaïque, la France, bien que l'O.N.U. ait décrété l'indépendance de cette ancienne colonie italienne en 1951, a administré le Fezzan jusqu'en 1955. Et surtout parce que le général de Gaulle est apprécié par les dirigeants du M.S.I., qui considèrent comme un modèle la Constitution qu'il a imposée aux Français en 1958.

D'autre part, la presse italienne en son ensemble reçoit des subventions occultes d'Enrico Mattei, le tout-puissant directeur général de l'agence nationale des hydrocarbures, l'E.N.I., l'Ente nazionale idrocarburi, très intéressé par l'avenir du pétrole saharien, et elle approuve unanimement les actions indépendantistes du F.L.N.

Malgré ce climat peu favorable à l'Algérie française, Massey persiste à croire que l'Italie, plus encore que la Belgique, pourrait devenir une plate-forme de recueil pour l'O.A.S. Sitôt installé à Rome au quartier du Panthéon, il a réorganisé une entreprise de travaux publics spécialisée dans l'enlèvement de gravats sur les chantiers. Cette tâche menée à bien, ayant au passage fait acheter à son employeur quelques bennes françaises, il lance la fabrication des caissettes légères destinées à l'expédition des oranges siciliennes en Allemagne. Grâce à l'indépendance financière que lui apporte ce travail et à son titre de vicomte qui lui ouvre les portes de la noblesse italienne, Massey, introduit dans les cercles politiques par le journaliste du *Tempo* Giorgio Torchia, continue donc à tisser des liens amicaux avec des militants de la droite et de l'extrême droite italienne, comme Raimondo Meloni que son ami Enrico de Boccard lui a présenté.

Meloni, connu sous le nom de Rafaelle Mura, a trente-trois ans et un solide passé d'agitateur. Il n'avait que quinze ans en 1943 lorsqu'il falsifiait ses papiers afin de s'engager dans les bersaglieri. Après une blessure, sa mère, infirmière militaire, l'a fait muter dans l'Artillerie antiaérienne et il a été récupéré à la victoire par les services américains qui l'ont infiltré au secrétariat du ministère de la Défense. Profitant de cette position, il a favorisé au fil des années les demandes de pension d'anciens combattants fascistes. Puis, avec Enrico de Boccard, il a participé en 1953 à un coup d'Etat à San Marin et la police militaire du général Winterton, gouverneur britannique de Trieste, l'a identifié en 1954 comme un des meneurs du soulèvement qui a précipité le rattachement à l'Italie de cette ville confiée depuis 1945 à la tutelle yougoslave.

Massey rencontre aussi le munificent prince Borghèse, qui fut l'ami de Gabriele D'Annunzio jusqu'à sa mort en 1938 et le créateur des *maïali*, les nageurs de combat italiens, et qui approuve autant son engagement pour l'Algérie française que son anticommunisme.

Ainsi installé, Massey, songeant que l'O.A.S. connaîtra des moments encore plus difficiles qu'aujourd'hui, envisage de former un commando de volontaires de la trempe de Meloni, avec lequel il lancerait des actions en France. De son côté, Jean-Paul Piclet occupe un appartement au Parc Fleuri, dans le IX$^e$ arrondissement de Marseille. Grâce à Pierre Chauvet, un royaliste dirigeant une entreprise de travaux publics, il est à nouveau chef de chantier mais, malgré l'exil, il ne s'est pas résigné à l'inaction politique. Il a pris dans l'O.A.S. le nom de code de *Brive* (parce que la Gaillarde !). Responsable d'un secteur allant jusqu'au Vaucluse, il a créé avec un officier de Légion, le capitaine Le Berre, une filière maritime destinée aux clandestins.

A Alger, pour Jean Morin, comme à Paris, pour Michel Debré, il est flagrant que, malgré quelques succès obtenus par la délation et des méthodes d'interrogatoires unanimement condamnées, l'équipe du commissaire Grassien, les quatre-vingts policiers de son homologue en grade Guépratte et les centaines de gendarmes détachés par le colonel Debrosse à la traque de l'O.A.S. n'ont pas atteint leur but. Jean Morin est d'autre part conscient que sa police, à soixante-dix pour cent composée de Français d'Algérie, est favorable à l'O.A.S. Estimant que la justice se montre elle aussi laxiste lorsqu'il s'agit de juger des partisans de l'Algérie française, il a obtenu du garde des Sceaux Bernard Chenot que les accusés de l'O.A.S. soient désormais tous déférés devant les tribunaux militaires créés en métropole dans le cadre de l'article 16.

Estimant que les détenus de l'organisation se font trop aisément admettre à l'hôpital Mustapha d'où ils s'évadent sans peine, le délégué général, reprenant la politique des pontons sur lesquels les Anglais parquaient les marins français prisonniers au XVIII$^e$ siècle, envisage de les enfermer sur un bâtiment de la Marine transformé en prison. Puis, soucieux de s'assurer de ses services, il s'est rendu à Paris le 9 novembre et il a rencontré Michel Hacq, le directeur de la Police judiciaire.

Michel Hacq, très grand homme d'allure sportive, a été déporté en Allemagne pour faits de résistance. Profondément attaché au général de Gaulle et bouleversé par la mort du commissaire Gavoury, il a immédiatement accepté d'aller s'installer provisoirement à Alger. Mais à ses propres conditions.

D'abord, il exige de choisir lui-même ses collaborateurs parmi les meilleurs spécialistes des différentes disciplines policières de la Sûreté nationale. Afin d'éviter les erreurs qui ont empêché la réussite de ses prédécesseurs Grassien et Guépratte, il exige que ces hommes soient rassemblés en un point unique et tenus à l'abri des contacts avec la population et qu'ils représentent en Algérie une sorte de « Sûreté nationale *bis* ».

Estimant que ses prédécesseurs ont, ainsi qu'il l'a fait remarquer à Constantin Melnik, « écopé avec une petite cuiller », il réclame des équipes plus nombreuses que celles dont ils disposaient et propose que la police locale soit écartée des opérations anti-O.A.S.

Son projet étant bouclé, Constantin Melnik le présente à Michel Debré. Se montrant aussi piètre organisateur qu'il est habile manœuvrier politique, aussitôt mis au courant, Roger Frey, qui vit dans la hantise des attentats en métropole, s'oppose à l'opération. Son refus s'explique parce que, contrairement à Michel Debré, il ne fait pas assez confiance à ses fonctionnaires, ce qui l'a incité à rémunérer des indicateurs sans jamais obtenir un résultat à la hauteur de ses investissements. Rejoignant Foccart dans la basse police, Roger Frey finira par tolérer en Algérie l'emploi de contractuels. Mais, un accord étant enfin intervenu, Michel Hacq passe au recrutement de ses hommes. Et son groupement prend le nom de *Mission C*. Comme Choc.

Jacques Dauer, le créateur du M.P.C., a demandé à Lucien Bitterlin de retourner à Alger afin d'y activer le militantisme gaulliste. L'ancien producteur de France V se fait maintenant appeler Jacques Dulac et se prétend gérant d'une société de peinture en bâtiment. Jean Morin, après avoir écouté son exposé sur la bataille psychologique qu'il entend engager contre l'O.A.S., lui a garanti les subsides nécessaires à l'entretien du M.P.C. et assuré que la Sécurité militaire lui fournira les laissez-passer et les ports d'armes qui permettront à ses hommes de circuler pendant le couvre-feu. Ce sauf-conduit de la Délégation générale est ainsi rédigé :

« Le soussigné ...... en mission à la Sécurité militaire en Algérie est autorisé à effectuer son service de jour et de nuit et à transporter dans son véhicule des personnes dont il n'a pas à décliner l'identité. En outre, si les circonstances l'y obligent, il est habilité pour requérir l'aide des agents de la Force publique ou des militaires des Forces de l'ordre. Il est autorisé à avoir en sa possession une arme individuelle. »

Le délégué général décide aussi que Bitterlin traitera désormais avec le colonel André, avec Louis Verger, son inamovible directeur de cabinet, et son adjoint Claude Vieillescazes.

Ainsi protégé, Bitterlin choisit comme adjoint André Goulay, un Pied-noir ancien dirigeant du service d'ordre du R.P.F. qui a combattu en Corée et a été rappelé en Algérie par le compagnon de la Libération Roger Barberot lorsque celui-ci commandait en 1956 dans le secteur de L'Arba la demi-brigade de fusiliers de l'Air.

André Goulay, ancien président du comité de salut public de L'Arba, est un colosse dont la dégaine de boxeur poids lourd tranche avec le physique passe-partout de Bitterlin. Bien qu'il exploite à L'Arba une blanchisserie industrielle, c'est volontiers qu'il a repris du service et, avec l'aide d'une équipe réunie par son ami Robert Gitz, il a organisé dans la nuit du 13 au 14 novembre 1961 une première expédition de collage d'affiches à Orléansville et Alger. Baroudeur avant tout, il n'a pas voulu se contenter de ces actions militantes. Avec quatre hommes recrutés à Paris par Jacques Dauer sous la houlette du député Raymond Schmittlein, président du groupe gaulliste à l'Assemblée, et de l'écrivain baroudeur Dominique Ponchardier, il a engagé le M.P.C. dans des actions dépassant sa vocation de propagande. Mario Lobianco, membre de l'U.N.R., ancien brigadiste en Espagne et comme le commandant Saint Marc rescapé de Buchenwald, Michel Dirant, un ancien para, et Jean Lecerf, un gaillard de près de deux mètres encore plus impressionnant qu'André Goulay, avec qui il a combattu en Corée et qui porte une balafre sur le visage complètent l'équipe de gros bras avec quelques Musulmans recrutés par le cheik Zechiri, un membre du F.L.N. jouant en sous-main le jeu de son organisation. Ce commando s'est installé à El-Biar dans la villa El Mansour qui avait abrité rue Fabre les agents du S.D.E.C.E. et qui sert aujourd'hui de siège social à la si peu active entreprise de peinture dirigée par le pseudo-Jacques Dulac.

Jacques Dauer leur ayant pourtant recommandé de s'en tenir à des actions politiques, Bitterlin et Goulay sont pressés d'affronter l'O.A.S., qui représente à leurs yeux l'ultime obstacle à la politique de De Gaulle. Ils ont reçu leurs premières armes de la Sécurité militaire avec des bordereaux signés par un colonel Martin qui n'existe pas, puisqu'elle est toujours dirigée par le colonel André (alias Laurent) et son adjoint Paul Rivière. En attendant de leur fournir des mitraillettes, les deux patrons de la S.M. ont remis du plastic aux dirigeants du M.P.C. et ils leur ont communiqué une liste de cafés tenus ou fréquentés par des militants de l'Algérie française.

Ayant clairement compris le message, c'est dans un convoi composé d'une Simca Aronde, de deux Peugeot, de la Mercedes d'André Goulay et d'une Simca Marly que Dirand, Lecerf, Lobianco et les Musulmans du M.P.C., présentant aux barrages leurs sauf-conduits remis par Jean Morin, utilisent durant deux nuits le plastic de la Sécurité militaire. Ils font voler en éclats rue d'Isly les deux vitrines de l'Otomatic, lieu mythique de l'Algérie française qui fut la cible des bombes du F.L.N. en 1956. Ils font sauter l'Auberge du Cheval Blanc à l'hippodrome du Caroubier, Les 7 Merveilles, boulevard du Télemly, le Joinville dans la rue de Tanger, le Tantonville, la brasserie qui, place de la République, près de l'Opéra, est une institution de l'« Algérie de papa », et ravagent dans le centre d'Alger l'établissement des parents de Jean Sarradet.

Les Algérois réveillés par le plastic gaulliste songent à des *stroungas* déposées par leurs Robin des bois et Mandrin que sont devenus les chefs de *deltas*, *alphas* ou Z, comme Gabriel Anglade, un commissionnaire en douane âgé de vingt-cinq ans, Josué Giner ou Jo Rizza qui sillonne la ville sur son scooter Lambretta. Les militants du M.P.C. essuient seulement quelques coups de feu tirés par des militants de l'O.A.S. alertés par leur manège.

Les hommes de Degueldre et Leroy désireux déjà de laver l'affront des attentats qui n'ont provoqué aucune victime, la préfecture de Police annonce que les explosions sont le fait de « groupes non identifiés opposés à l'O.A.S. ». Mais les plastiqués placardent sur leurs murs noircis des panneaux accusant la « gestapo gaulliste ».

Encouragés par la manière dont les militants du M.P.C. ont bravé l'O.A.S., leurs protecteurs de la Délégation générale acceptent le recrutement de nouveaux contractuels. De son côté, conscient des carences de la justice et de la police en Algérie en matière de répression, le général de Gaulle a réagi aux demandes de soutien de Jean Morin. Le 15 novembre, il a d'abord recommandé à Roger Frey d'expédier deux cents policiers à Alger et de les affecter à la lutte contre l'organisation. Puis, Jean Morin se plaignant à nouveau le 20 novembre de n'être pas écouté, il a adressé le 23 à son Premier ministre, à Louis Joxe, son ministre d'Etat chargé des Affaires algériennes, à Roger Frey et à Bernard Chenot, son garde des Sceaux et ministre de la Justice, cette note comminatoire :

« Je viens de lire le télégramme de M. Morin, daté du 20. 1. Il est incroyable que les tueurs de l'O.A.S. arrêtés en Algérie soient laissés en Algérie où les médecins, les magistrats et la police sont avec l'O.A.S. Les tueurs, aussitôt arrêtés, doivent être mis dans un avion, sans écouter qui que ce soit, et incarcérés dans une prison de la métropole. 2. Il faut donner tout de suite satisfaction à M. Morin pour ce qui concerne le bateau d'internement qu'il réclame et, en outre, mettre ce bateau sous la responsabilité du commandant de la Marine en Algérie. 3. On traîne beaucoup trop pour envoyer le renfort de police judiciaire demandé par M. Morin depuis des semaines. »

Le président de la République a été obéi. A l'heure où des bandes de jeunes gens rossaient les Musulmans dans les quartiers européens d'Oran et où le général Salan recevait Jouhaud à Alger, Michel Hacq, le directeur de la P.J., ayant tout ce qu'il demandait, volait vers Alger à bord d'une Caravelle.

Jacques Dauer, que les initiatives guerrières de Bitterlin et Goulay ont atterré et qui, après avoir en vain exigé leur retour immédiat en métropole, se rendait à une convocation du délégué général, voyageait dans le même appareil. Assis derrière le grand policier et auprès du député Robert Abdessalam, il a parlé de son mouvement. En toute confiance, puisqu'il n'ignorait pas les fonctions de Michel Hacq et qu'il approuvait la modération de l'élu algérois exprimée dans un article publié le 31 octobre dans *Le Figaro*, qui accusait l'O.A.S. de cultiver des illusions dangereuses. « Certains de ses membres, s'interrogeait en effet l'ancien joueur de coupe Davis, frustrés de cette victoire sur eux-mêmes qu'avait été la fraternisation du Forum, ne rêvent-ils pas déjà d'un retour au *statu quo*, plutôt que d'un nouveau 13 mai, se faisant ainsi les fossoyeurs de leurs concitoyens ? Et ceux qui souhaitent étendre leur action à la métropole ignorent-ils que les différentes oppositions qui s'y manifestent depuis quelques mois n'accepteront pas de se soumettre à un mouvement extérieur de tendance militaire ? »

Les trois hommes, tout en évoquant les plasticages organisés par André Goulay et Lucien Bitterlin, n'ont pas pris garde à l'attention qu'ils éveillaient chez le voyageur assis derrière eux, un gros et grand homme à la longue figure qui, après les avoir écoutés, s'est mêlé à la discussion.

Le gros homme aux yeux plissés et dont le souffle court hachait le débit de sa voix de poitrine était Lucien Bodard, le grand reporter de *France-Soir* qui s'est fait un nom en Indochine. Edifié par ce qu'il a entendu, il a gagné l'hôtel Albert-I[er] et, dès le lendemain matin, pressé d'avoir confirmation de la tournure peu orthodoxe qu'allait prendre la lutte contre l'O.A.S., il s'est rendu en taxi à Rocher-Noir, où le préfet Jean Sicurani l'a fait recevoir par un de ses adjoints à l'Information. Ses premières impressions confirmées, confondant hâtivement les policiers de la *Mission C* de Michel Hacq et les contractuels en cours de recrutement sous l'appellation spectaculaire de « barbouzes » mise à la mode par Antoine Dominique dans ses romans, il a téléphoné son article à la rédaction de *France-Soir*.

Alors que Brigitte Bardot vient de recevoir une lettre lui réclamant 50 000 francs et signée par un mystérieux J. Lenoir qui s'annonce « chef des services financiers de l'O.A.S » et proclame qu'elle ne cédera pas à la menace, l'article de Bodard paraît le 30 novembre sous un large titre racoleur : « Carte blanche aux barbouzes contre l'O.A.S. » Sitôt mis au courant, Jean Morin se fâche. Il téléphone rue Réaumur à Pierre Lazareff, le patron de *France-Soir*, et lui demande des explications en exprimant le désir de rencontrer l'auteur de ce papier qui, selon lui, risque de saboter la mission de Michel Hacq.

Alertés par *France-Soir*, les cadres de l'O.A.S. isolés dans des repaires dont par prudence chacun d'eux ignore celui des autres, ne semblent pas se préoccuper de la menace activée par le chef de l'Etat lui-même et dont le but final, défini par Michel Hacq devant ses policiers, est l'arrestation de Salan, Jouhaud, Degueldre et le démantèlement des commandos *deltas*, *alphas* et Z.

Se croyant revenu au temps où il était l'adjoint de Godard à la Sûreté, le colonel Vaudrey inonde de paperasses les chefs de secteur O.A.S. du Grand Alger. S'ils admettraient qu'il leur exposât la manière dont il entend obtenir une plus grande efficacité des faibles moyens dont ils disposent, les capitaines Branca et Montagnon digèrent mal la prose du colonel émaillée de digressions politiques et ils s'en plaignent à Salan.

## Chap. 50. – *Soustelle : « De Gaulle est mort à Colombey... »* 483

Le Mandarin est lui aussi remonté contre Vaudrey qui, sans l'en avertir, a pris en son nom un rendez-vous avec Henri Bergasse, un parlementaire de la commission de la Défense nationale. Sachant les déplacements des parlementaires surveillés par la Délégation générale, il a décliné la rencontre mais, fidèle à ses habitudes, il n'intervient pas dans les relations de ses capitaines avec Vaudrey. Espérant que les choses s'arrangeront toutes seules, il apprend avec plaisir le 30 novembre que Marcel Ronda est revenu à Alger après s'être évadé à bord d'un voilier des Baléares où le gardait la police franquiste. Puis, lorsque le capitaine Ferrandi lui présente au soir le commandant Julien Camelin et le lieutenant de vaisseau Pierre Guillaume, qui viennent eux aussi d'arriver à Alger, songeant aux doléances de Jouhaud rentré la veille à Oran, il leur ordonne d'aller se mettre à ses ordres.

Septième partie

# LE TEMPS DES BARBOUZES

## Les barbouzes s'installent à Alger

Michel Hacq tente de passer inaperçu sous le pseudonyme d'Hermelin et la couverture d'un professeur de l'école de Police d'Hussein-Dey, considérée par les Français d'Algérie comme le siège d'une nouvelle Gestapo au même titre que la caserne des Tagarins. En attendant ses deux cents policiers, il met au point une stratégie anti-O.A.S. résolument offensive avec le capitaine de gendarmerie Lacoste et le petit état-major d'officiers métropolitains mis à sa disposition par le successeur de Debrosse, le général André Chérasse, qui commandait depuis septembre 1960 la Gendarmerie dans le Constantinois. Profondément républicain, il n'entend pas laisser la bride sur le cou aux barbouzes annoncées par Lucien Bodard.

Du côté de l'O.A.S., Marcel Ronda s'est intégré à l'entourage de Salan et travaille avec le capitaine Ferrandi et Jean-Jacques Susini. Les ordres du Mandarin ayant été bien compris par les plastiqueurs, aucune *strounga* ne trouble le sommeil des Algérois durant les trois premières nuits de décembre 1961.

André Canal embarque le 4 décembre pour la métropole, avec en poche cet ordre de mission signé l'avant-veille par Salan :

« 1. Je charge le détenteur de cette décision, établie en exemplaire unique, d'être mon responsable en métropole du réseau Action-Finances.

« 2. Sa mission est dénommée "France III".

« 3. A ce titre, il coordonnera tous les réseaux actuellement existants sous le titre de l'O.A.S. Ceux qui ne voudront pas se placer sous son autorité, donc sous la mienne, se placent de ce fait en dehors de l'O.A.S. »

La veille du départ du Monocle, le capitaine Bertrand de Gorostarzu a réussi à faire évader en plein jour de la prison de Mont-de-Marsan Nicolas Kayanakis, Jean Caunes et Luc Céteaux, un de leurs compagnons de captivité. Et, aujourd'hui, à Alger, alors qu'il a accordé de mauvaise grâce un entretien au correspondant du *Sunday Telegraph* anglais, Salan reçoit pour la première fois Degueldre dans l'immeuble des « Deux Entêtés ».

Avec sa casquette à carreaux, ses cheveux noirs maintenant plus longs et teints en blond roussâtre, son pantalon en tire-bouchon et un blouson de sport, l'ex-lieutenant du 1er R.E.P. a perdu de sa raideur légionnaire. Après avoir salué son hôte en se découvrant et se figeant au garde-à-vous, il lui annonce que deux agents de la C.I.A. américaine, à condition de traiter l'affaire à Paris, lui garantissent une livraison d'armes à un prix défiant toute concurrence.

Depuis l'Indochine, le général a souvent été en contact avec la Central Intelligence Agency dirigée en 1961 par John Alex McCone. Il connaît la manière d'agir de ses agents et celle des hommes rencontrés par Degueldre ne lui dit rien qui vaille. Craignant une manœuvre destinée à remonter jusqu'à lui, il interdit donc au déserteur de se rendre en métropole et lui recommande de faire lanterner les prétendus émissaires de la C.I.A.

Bien que Jean Morin, après les plasticages de l'Otomatic et des autres établissements algérois, ait songé à leur couper les vivres s'ils ne s'en tenaient pas à leur mission de propagande, André Goulay et Lucien Bitterlin sont décidés à intensifier les actions violentes. Le recrutement des contractuels est donc rondement mené grâce à Dominique Ponchardier. Peut-être un peu trop rapidement pour choisir les meilleurs parmi les volontaires, pour la plupart membres du S.A.C., le Service d'action civique, un avatar du service d'ordre du R.P.F. créé en 1959 par Jacques Foccart et dont le secrétaire général, Pierre Debizet, gaulliste de choc paradoxalement attaché à l'Algérie française, vient de présenter sa démission.

Avec l'appui de Roger Frey, le père du « Gorille » est aidé dans sa tâche illégale par Pierre Lemarchand, un avocat gaulliste installé rue François-Miron, dans le IVe arrondissement, qui, en 1956 et comme André Goulay, a servi en Algérie sous les ordres de Roger Barberot. Il est chargé avec son épouse des actes d'engagement et des contrats d'assurance des volontaires. Avec la bénédiction d'Alexandre Sanguinetti qui est en train de devenir « Monsieur anti-O.A.S. » dans l'entourage de Roger Frey, il a tout d'abord accepté l'engagement de Jean Dufour, un ancien résistant de la France libre, quinquagénaire à demi chauve. Puis, après un entretien avec Bitterlin venu pour l'occasion à Paris, Marcel Pisano, un autre ancien gros bras du R.P.F., a abandonné son emploi de chauffeur routier pour retrouver l'odeur de la poudre. Jim Alcheïk, professeur de judo, s'est à son tour enrôlé en entraînant dans l'aventure Alain Belaïche et Joseph Touitou, comme lui Juifs d'Afrique du Nord, fréquentant la salle d'arts martiaux qu'il dirige près de la Bastille et qui ont déjà assuré la protection musclée de réunions de l'U.N.R. Sans doute beaucoup plus impressionnés par leur capacité sportive que par leur foi politique, n'exigeant pas un extrait de casier judiciaire, les recruteurs pressés par le temps ont fait signer quatre élèves d'Alcheïk, petits hommes d'origine vietnamienne.

## Chap. 51. – *Les barbouzes s'installent à Alger*

Puis ils ont enrôlé deux truands sans envergure, Raymond Meunier, tout juste sorti de prison, et Jean Auger, qui exerçait ses coupables activités dans la région de Lyon.

Si Roger Frey, sensible à l'enthousiasme de Sanguinetti, a soutenu ce projet barbouzard, Constantin Melnik s'y est opposé à Matignon. Ayant au cours d'une rencontre organisée par Dominique Ponchardier jaugé les premiers volontaires, il a attiré l'attention de Michel Debré sur le risque de transformer leur équipe en police parallèle agissant au mépris des règles de l'Etat de droit. Mais, sans doute poussé par la note que de Gaulle lui a remise le 20 novembre, le Premier ministre, certainement à contrecœur puisqu'il n'apprécie pas plus que lui les manœuvres de l'Elysée et de l'Intérieur, n'a pas écouté son conseiller.

Aujourd'hui, en cette fin d'après-midi du 5 décembre 1961, après avoir beaucoup bu et fanfaronné durant le vol, les premières barbouzes débarquent d'une Caravelle à Maison-Blanche. Alertés par l'article de Lucien Bodard, des observateurs de l'O.A.S. n'ont aucune peine à les repérer parmi la cohorte d'hommes d'affaires et d'officiers.

Tandis que les barbouzes récupèrent leurs maigres bagages, les deux cents policiers de la *Mission C* débarquent de deux autres appareils sur une piste militaire. Cette arrivée ne passe pas plus inaperçue aux yeux des espions de l'O.A.S. que celle des contractuels que Bitterlin et Goulay conduisent à la villa El Mansour et à la villa Dar Likoulia louée un peu plus bas sur la pente d'El-Biar rue Faidherbe, un cul-de-sac passant derrière le parc du Saint-George. Après avoir installé une partie de son renfort, Bitterlin rejoint son épouse musulmane à Hydra, dans une maison de la rue Séverine louée en même temps qu'une autre dans la rue des Pins.

Les barbouzes attendant les armes de la Sécurité militaire de Pierre Messmer, Salan, toujours isolé des réalités par un cloisonnement parfait dont il ne s'évade que pour rejoindre chaque samedi son épouse et sa fille à Kouba en accentuant à plaisir sa dégaine de colon vêtu d'un costume de velours marron et coiffé d'un feutre mou, n'apprend qu'au matin du 6 décembre l'assassinat de William Lévy. Il est furieux car – comme cela s'est effectivement passé – il craint que cet attentat ne fournisse des armes aux partisans de la politique gouvernementale et aux organisations de gauche.

Le 8 décembre, Jacques Achard, dont la vie sentimentale débridée lui a peu à peu attiré la froideur de Mme Salan, vient reparler du F.A.A.D. au général. Mais celui-ci, avant de l'écouter, réclame des éclaircissements sur l'assassinat du militant de la S.F.I.O., qui a eu lieu dans son secteur d'Orléans-Marine. Quelque peu sonné par l'accueil, l'ancien sous-préfet avoue ne pas savoir grand-chose sur l'affaire Lévy. Mais il couvre ses hommes en en revendiquant la responsabilité. Comme Salan, après lui avoir recommandé de veiller à ce que les contrordres de l'organisation parviennent à leurs destinataires, lui annonce qu'il va désavouer publiquement le meurtre de William Lévy ainsi que ceux qui adviendraient désormais, Achard ironise :

— Alors, si je vous comprends bien, mon général, c'est donc à nous d'agir et à vous de désavouer. Eh bien, faites-le, si cela peut servir votre politique !

Salan apprécie depuis trop longtemps son bouillant chef de secteur pour relever l'insolence de son propos. Il le laisse plaider pour le F.A.A.D. et, lorsqu'il en a terminé, il lui interdit à nouveau d'amorcer une coopération avec ce mouvement qui, lui répète-t-il, sent le soufre.

Le lendemain de cette entrevue stérile, les dirigeants de l'O.A.S. apprennent que le gouvernement, s'appuyant sur une loi édictée le 20 juin 1936 par Léon Blum lorsqu'il s'agissait de dissoudre les ligues d'extrême droite considérées comme « factieuses », a mis l'O.A.S. hors la loi le 6 décembre. Et, prenant le contre-pied de Salan qui a écrit à Guy Mollet en condamnant l'assassinat de William Lévy, l'organisation fait circuler un tract le revendiquant.

Dans le cadre de la réorganisation de la répression, Jean Morin ne s'est pas contenté de doter le M.P.C. et d'accueillir la *Mission C*. Tandis que Jacques Aubert devenait préfet du Loir-et-Cher, il le remplaçait par René Jannin à la tête de la Sûreté tandis que Vitalis Cros, jusque-là préfet des Ardennes, devenait préfet de Police. Le délégué général a choisi Vitalis Cros pour succéder à René Jannin, parce qu'on lui en avait dit le plus grand bien lors de son installation à la tête de l'administration de la région toulousaine, où il avait occupé le poste de secrétaire général.

De nouvelles directives gouvernementales exigeant que les préfets de Police d'Oran et Alger disposent de moyens militaires importants, Vitalis Cros a un adjoint militaire en la personne du général Capodanno, par ailleurs commandant du secteur Alger-Sahel. Ces changements effectués, Jean Morin reçoit le 7 décembre 1961 copie d'un courrier de Michel Debré au général Ailleret stipulant sans équivoque que l'armée d'Algérie, en plus de ses missions de pacification et de poursuite de l'A.L.N., doit être engagée contre les éléments « groupés sous le sigle O.A.S., qui doivent être traqués au même titre que les rebelles du F.L.N. ».

Si l'O.A.S. connaît toujours des problèmes de hiérarchie au sein de son nébuleux état-major noyé sous les notes de service et les courriers des colonels Vaudrey, Gardes et Godard, l'entente n'est pas parfaite entre le commandant supérieur et le délégué général. Selon Ailleret, Jean Morin se mêle un peu trop des affaires militaires en voulant affecter de plus en plus d'unités au maintien de l'ordre à Oran, Alger et Constantine, afin d'éviter que des tueurs se réclamant de l'O.A.S. ne lancent de sanglantes chasses à l'Arabe en représailles des manifestations du F.L.N. Il lui oppose donc son sentiment sur le maintien de l'ordre urbain, dans lequel l'armée ne doit pas être engagée de manière préventive, mais intervenir seulement en cas d'urgence. Il plaide qu'il ne sert à rien de fragmenter à l'extrême les régiments sous le prétexte de faire du volume, ce qui conduit à isoler des sections ou des groupes dans des dédales d'escaliers, de rues et de ruelles, où ils s'exposeraient à des attaques imparables de l'O.A.S., puisque c'est maintenant d'elle seule dont il s'agit.

Bitterlin s'inquiète car, lorsqu'il envoie au soir du 11 décembre deux hommes accueillir trois nouvelles recrues à Maison-Blanche, il n'a toujours pas reçu les mitraillettes promises. Ses deux émissaires, ne voyant pas descendre de la Caravelle les hommes annoncés, décident de rentrer à Hydra. Mais une voiture mal garée les empêche de repartir. Le temps passant, ils finissent par voir des tueurs de l'O.A.S. un peu partout, même parmi les C.R.S. en patrouille sous une bruine têtue en attendant l'heure proche de la fermeture de l'aéroport. L'un d'eux, Gérard Maugueret, comme André Goulay ancien du bataillon de Corée, finit par craindre une attaque en règle et il ordonne à Jim Alcheïk, son compagnon qui n'en mène pas plus large, d'alerter par téléphone Lucien Bitterlin qui les attend rue Séverine.

Le patron du M.P.C., redoutant lui aussi un traquenard, expédie à leur secours trois barbouzes avec André Goulay. Mais Maugueret et Alcheïk se sont alarmés pour rien et rentrent penauds à leur bercail du chemin Beaurepaire. Bitterlin réclame dans l'heure des armes à Michel Hacq et celui-ci lui promet que le capitaine de la Sécurité militaire Chazotte, qui, pour sa mission de liaison avec le M.P.C., se fait appeler Ramon Hernandez, les lui livrera au plus vite.

Le lendemain matin, alors qu'aucune *strounga* n'a troublé la nuit humide et fraîche, ainsi assuré de toucher l'armement nécessaire à passer à l'offensive, Bitterlin est optimiste à l'heure de quitter sa villa dans la Mercedes de Goulay. Ayant confié la veille au soir son pistolet à Michel Dirand pour aller avec Goulay à Maison-Blanche à la rescousse de Gérard Maugueret et Jim Alcheïk, il est désarmé. Goulay, lui, porte son arme dans un holster et râle sec car, revenant de Maison-Blanche dans la nuit, il a garé sa voiture l'avant vers le fond de la rue Séverine trop étroite pour lui permettre d'exécuter le demi-tour qui la ramènera dans la rue Mangin. Le colosse rouspéteur sort donc en marche arrière de la rue lorsque, avertis par des guetteurs, deux trios de *deltas*, le premier commandé par Gaby Anglade et le second par Jo Rizza, ouvrent le feu de deux 404 Peugeot.

Les rafales de mitraillettes trouent la lourde carrosserie de la voiture allemande dont le moteur a calé. En une seconde, Goulay arrache son pistolet de son holster et se jette contre son compagnon désarmé qui tombe sur la chaussée lorsque la portière droite s'ouvre sous le choc.

Pris en tenaille par les tirs giclant des deux Peugeot, les deux employeurs des barbouzes ne peuvent s'éloigner de leur véhicule sans prendre le risque d'être fauchés par des rafales.

Le feu des *deltas* cessant, après quelques secondes de silence, une grenade défensive à quadrillage interne explose près de la Mercedes. Après avoir jeté un dernier coup d'œil à la voiture criblée de balles et d'éclats, persuadés d'avoir tué ses deux occupants, les *deltas* se retirent.

Mais Bitterlin et Goulay vivent encore. Une fois sûrs que tout danger est passé, quelques riverains de la rue Séverine s'approchent d'eux. Goulay, ventre et bras gauche déchirés, serrant toujours son arme dans la main droite, est tassé, inerte, sous son volant. Bitterlin, visage en sang et l'épaule labourée par une balle, est assis sur la chaussée.

Craignant qu'il n'y ait des militants de l'O.A.S. parmi les curieux qui entourent la voiture, Goulay les menace avec l'arme dont il n'a pas eu le temps de se servir. Dominant la douleur montant de son bas-ventre, il trouve la force de proclamer qu'il est gaulliste. Un curieux s'affirmant partisan du Général, Bitterlin lui confie le numéro de téléphone de la villa Dar Likoulia où ses hommes l'attendent. Tandis que l'inconnu donne l'alerte, les pompiers arrivent, dégagent Goulay qui a perdu à demi connaissance, puis allongent les deux blessés sur des civières et leur ambulance file dans la rue Mangin vers la rue du Docteur-Lucien-Reynaud menant droit à l'hôpital Mustapha.

Les barbouzes font irruption rue Séverine une minute après le départ des blessés. Ils se lancent à la poursuite de l'ambulance, la rattrapent, obligent son chauffeur à s'arrêter et Roger Bui Thé, l'un des Vietnamiens recrutés à la Bastille par Jim Alcheïk, braque son arme sur les infirmiers et s'installe près des deux blessés.

Si Goulay est évanoui, Bitterlin est lucide. Expliquant à Bui Thé que l'hôpital Mustapha est un bastion O.A.S. où les *deltas* l'achèveront en toute impunité, il lui ordonne de dérouter l'ambulance vers l'hôpital Maillot.

S'imposant près du chauffeur, le petit Vietnamien lui ordonne de filer vers le boulevard de Champagne. Jim Alcheïk et Jean Dubucquoy suivent l'ambulance dans leur voiture et, lorsque celle-ci s'est arrêtée devant un pavillon de chirurgie, l'arme à la main, ils rejoignent Bui Thé pour assurer la garde rapprochée des blessés.

Lucien Bitterlin a le visage lacéré par des éclats de pare-brise. La balle qui a frappé son épaule en séton n'a pas fait de dégâts. Vite soigné et pansé, il reçoit l'autorisation de quitter l'hôpital. Mais Goulay, lui, est au plus mal.

Malgré les protestations des médecins militaires et exhibant les papiers fournis par Jean Morin, Bitterlin laisse Michel Dirand et Roger Bui Thé en faction devant le bloc opératoire et leur annonce qu'il les fera relever dans l'après-midi.

L'ancien de Corée étant sur le billard, abusés par des renseignements imprécis, Gaby Anglade et Jo Rizza font courir dans Alger le bruit qu'ils ont exécuté François Coulet, l'ancien maître occulte de la Délégation

## Chap. 51. – *Les barbouzes s'installent à Alger*

générale, qui serait revenu secrètement à Alger afin d'y ourdir quelque machination contre l'Algérie française.

A peine revenu rue Séverine, Bitterlin décide de transporter son P.C. dans la villa d'El-Biar jusque-là occupée par Jean Dubucquoy et son épouse. Puis, craignant une nouvelle attaque, il se fait conduire par un de ses hommes à Rocher-Noir où, déjà au courant de l'attentat, Jean Morin et Louis Verger le reçoivent.

Après avoir affirmé que la mise hors de combat d'André Goulay ne l'empêchera pas de poursuivre sa mission, le patron du M.P.C. obtient sans peine des billets d'avion pour son épouse, pour celle de Jean Dubucquoy et pour la famille de son adjoint blessé. Les places retenues à bord de la Caravelle du soir, il exige la livraison immédiate de quelques mitraillettes.

Les familles des barbouzes pieds-noirs envolées vers la métropole, tous les contractuels du M.P.C., excités par l'attentat du matin, se réunissent dans la villa Dar Likoulia, où les armes et les munitions promises viennent d'être enfin livrées par les soins du capitaine Chazotte. Pressés de venger Goulay, ils se partagent les mitraillettes et les boîtes de cartouches, lorsqu'un guetteur descend de la terrasse et avertit Bitterlin qu'un individu s'intéresse aux voitures du groupe garées rue Faidherbe.

Immédiatement cravaté, le suspect est fouillé et délesté d'un petit pistolet 6,35 et d'un port d'arme établi pour un 7,65. Mais ce métropolitain habitant une maison proche prétend s'être muni du petit pistolet parce qu'il a oublié son 7,65 dans son bureau du boulevard du Télemly, dont il a d'ailleurs les clés sur lui.

Soucieux d'éviter une méprise au moment où il a besoin de gagner l'estime des autorités civiles et militaires, Bitterlin ordonne à un de ses hommes d'aller vérifier les dires du prisonnier.

L'épouse de l'homme au pistolet finit par s'inquiéter de ne pas le voir revenir. Elle téléphone à quelques voisins et descend avec eux dans la rue. L'un d'eux, ayant vu le disparu y pénétrer, sonne à la villa Dar Likoulia et, comme on ne lui ouvre pas, il invective ses occupants dont il a suivi les manèges furtifs depuis leur installation.

Les riverains maintenant massés nombreux devant la villa, Bitterlin appelle le colonel André à la rescousse. Puis il fait ouvrir la porte et empoigner le vitupérateur sans se soucier des huées de ses voisins. L'arrivée du patron de la Sécurité militaire avec une petite escorte calme quelque peu les esprits. Il veut tout de suite savoir de quoi il retourne. Bitterlin lui ayant présenté la situation, il exige la remise en liberté du second prisonnier et décide d'attendre que l'homme expédié boulevard du Télemly confirme ou non la présence de l'arme oubliée dans le bureau du premier.

Le coup de fil du contractuel envoyé à la recherche du 7,65 se faisant attendre, le colonel André est en train de conseiller à Bitterlin de veiller à ce que ses hommes ne cèdent pas à la psychose qui transforme de paisibles promeneurs en tueurs de l'O.A.S., lorsque deux Vietnamiens qui montaient la garde au fond du jardin ramènent deux individus en bleu de travail, coiffés de képis et qui exhibent des cartes de police en expliquant qu'ils font partie d'une brigade de déminage.

Cette fois irrité, le colonel André fait relâcher les deux policiers en leur recommandant de garder le secret sur leur aventure. La sonnerie du téléphone empêche l'officier de s'en aller car Bitterlin, après avoir reposé le combiné, lui annonce que l'homme envoyé boulevard du Télemly a retrouvé le pistolet de son prisonnier, mais qu'il ne peut plus sortir de l'immeuble car des *deltas* en voiture en bloquent les issues.

Une dizaine de barbouzes européennes, musulmanes et vietnamiennes entraînées par Jim Alcheïk bousculent sans se soucier de dissimuler leurs mitraillettes les voisins toujours massés devant la villa, se tassent dans deux Peugeot et filent à la rescousse boulevard du Télemly. Lorsqu'ils arrivent à pied d'œuvre, leur compagnon les attendait l'arme au poing dans l'entrée de l'immeuble et leur explique que les *deltas* ont filé en les entendant arriver.

L'homme aux deux pistolets ayant regagné son domicile et le colonel André s'en étant allé avec son escorte après avoir fait de nouvelles recommandations à Bitterlin, la rue Faidherbe redevient paisible tandis que, maintenant repérées, les barbouzes se relaient à la garde de la villa Dar Likoulia.

L'élimination des barbouzes n'est pas l'unique préoccupation de l'O.A.S. Roger Degueldre organise des embuscades contre des policiers musulmans suspectés de faire le jeu du F.L.N. Un soir, juste après le couvre-feu, deux *deltas* habitués à agir en francs-tireurs, tendent une embuscade à une patrouille de gardes mobiles renforcée de supplétifs musulmans à l'angle du boulevard du Télemly et de la rue Lys-du-Pac. Le premier, Guy Dubuc, a servi au 9e R.C.P. puis dans une C.R.S. basée à Rovigo dont il a déserté, et le second, Jean-Pierre Ramos, est un ancien sous-lieutenant du même régiment. Ayant déjà victorieusement expérimenté leur tactique de guérilla urbaine et repéré leur chemin de repli, c'est avec confiance qu'ils ouvrent le feu sur les gendarmes en visant les Musulmans. Ils sont à peu près sûrs d'avoir atteint leurs cibles, lorsque, de l'arrière du groupe piégé, jaillit une longue rafale de fusil-mitrailleur. Si Dubuc a échappé au tir, Jean-Pierre Ramos s'écroule dans le ruisseau alors que les gendarmes détalent en tiraillant encore au hasard.

Ramos, touché au talon, à la jambe et au crâne, trouve la force de ramper sous une voiture tandis que Dubuc s'éloigne pour chercher du secours. Il revient vite et, avec un jeune militant, Jean-Marie Rouanet, il transporte Ramos au domicile de Marcel Ronda. Soulagé, il s'aperçoit que bien qu'étant couvert de sang de la tête aux pieds, son ami n'est pas grièvement touché.

Sitôt prévenu, Roger Degueldre prend le grand risque d'accourir chez Ronda et, dans un geste de respect fraternel, très ému, il se fige une seconde au garde-à-vous devant Ramos.

Jean-Pierre Ramos est né en 1935 à Alger. Son père était en Algérie un des seuls avocats spécialistes en droit maritime. Après un stage de préparation parachutiste, bien que vice-président des étudiants en droit de la Faculté d'Alger, il a expliqué à ses camarades que la place d'un jeune Pied-noir était plutôt dans le djebel que dans les amphis, il a servi au 9e R.C.P. avec Guy Dubuc et son ami Axel Gavaldon, ingénieur commercial dans le civil. Soucieux d'avoir plus de contacts avec la population musulmane du bled, qui représente selon lui l'avenir de l'Algérie française, il a ensuite demandé à rejoindre une unité d'Infanterie coloniale. Après un stage à l'école de Cherchell, affecté au grade de sous-lieutenant au 2e R.I.Ma. en Kabylie, parlant correctement l'arabe, il a participé avec un commando de harkis et de ralliés à des opérations d'intoxication au-dessus de la vallée de la Soummam, dans le massif de l'Akfadou. Préférant l'action directe à la politique, il a suivi de loin l'affaire des barricades et il était en opérations au moment du putsch. A la suite d'un des coups tordus qu'il montait contre l'A.L.N. et l'O.P.A., l'organisation politique et administrative du F.L.N., alors que, paradoxalement, ses supérieurs venaient de le proposer pour la Légion d'honneur, il a été convoqué devant le tribunal militaire de Sétif. Ecœuré il est rentré à Alger durant l'instruction de son procès. Me Marcel Kalflèche lui a fait rencontrer Roger Degueldre et, son engagement arrivant à expiration, il n'a pas eu à déserter pour rejoindre l'O.A.S.

Le retrouvant sur pied après quatre jours de soins intensifs, Roger Degueldre propose à Jean-Pierre Ramos de prendre la responsabilité d'un *delta* composé d'une quinzaine d'hommes aguerris.

\*

— 52 —

## Du rififi à l'hôpital Maillot

Les hommes de Bitterlin et Goulay ne sont pas les seuls à manquer d'armement. A Paris, Pierre Sergent, le capitaine Curutchet et le lieutenant Godot ne disposent toujours pas de l'arsenal qui lui permettrait de prendre le pas sur les plastiqueurs dont ils n'ont pas le contrôle. Au lendemain de l'attentat qui a failli coûter la vie à André Goulay, dont ils ne savent rien, c'est avec soulagement qu'ils attendent le renfort du lieutenant Roger Bernard, un ancien du 1er R.E.P. muté après le putsch au 43e R.I. stationné dans le Nord.

A l'aube du jeudi 14 décembre 1961, l'unité de ce lieutenant campe en manœuvre près du fort d'Englos à une dizaine de kilomètres à l'ouest de Lille sur la Nationale 41 menant à Béthune. Bernard est prêt à franchir le Rubicon. A 6 heures, comme décidé la veille avec le capitaine Curutchet dans un café parisien de la place Denfert-Rochereau, il braque une lampe-torche vers deux voitures arrêtées feux éteints sur le bas-côté, dans lesquelles six hommes attendaient son signal pour passer à l'action.

Bernard n'a placé qu'une sentinelle près des armes de sa section. Le chef du petit commando n'a aucun mal à s'en approcher et à lui arracher son fusil. Le factionnaire, bâillonné, ligoté et allongé ventre à terre, songe d'autant moins à se débattre que son chef, le couvrant d'un poncho imperméable, l'assure qu'il a été surpris dans le cadre de la manœuvre. Puis les intrus se sont emparés d'une pièce de lance-roquettes, d'une mitrailleuse légère A.A. 52, l'arme qui a peu à peu remplacé le fusil-mitrailleur 24/29 dans les unités d'infanterie, de dix pistolets-mitrailleurs M.A.T. 49 et de douze fusils M.A.S. 36. Cet armement si facilement récupéré est déposé dans les coffres des voitures et le lieutenant Bernard monte dans l'une d'elles.

Sergent et Curutchet ont ordonné que le butin soit entreposé dans une cache aménagée dans une maison amie. Puis, les hommes de Godot se séparant à Château-Thierry, une seule voiture rentre sur Paris. Tandis que les occupants de la seconde prennent le train, déjà, toutes les stations de radio annoncent leur équipée et la désertion du lieutenant Bernard.

A l'heure où le chef de section du 43e R.I. prenait le large, une charge de plastic explosait dans le port d'Alger sous la poupe du L.S.T. *Laïta*, un long et large bâtiment à fond plat à bord duquel le haut commandement venait d'installer un émetteur destiné à contrarier les émissions pirates de l'O.A.S. et à lancer en son nom des fausses informations destinées à inciter ses partisans à déposer les armes. Posée par deux membres du club de plongée d'Alger à hauteur des hélices du L.S.T., l'énorme charge de trente kilos de plastic agencés au milieu d'une chambre à air de voiture a tué le second-maître Gérard Renaud et blessé trois autres marins, dont l'un, le second-maître de manœuvre André Vimond, a eu un pied arraché.

S'il prouve que l'O.A.S. est capable de frapper où elle veut et quand elle veut, cet attentat spectaculaire fait naître un sentiment de gêne parmi les marins-pêcheurs algérois et les nombreux anciens territoriaux de la Marine qui, sans le condamner tout à fait, le considèrent quelque peu sacrilège.

Avant cet attentat revendiqué par l'O.A.S., tandis qu'André Goulay retrouvait peu à peu quelques forces à l'hôpital Maillot, ses compagnons sur le qui-vive ont arrêté quatre suspects qui rôdaient devant leur villa transformée en forteresse et où venaient de s'installer en renfort trois Musulmans envoyés par le cheik Zechiri.

L'un des suspects cravatés, un Musulman durement interrogé par ses coreligionnaires, a reconnu qu'il avait été payé par un cafetier européen pour surveiller la villa. Quant aux trois autres, ils ont été torturés par les contractuels vietnamiens qui, utilisant leurs connaissances en arts martiaux, ont pris soin de ne pas marquer leurs corps. Ils ont avoué qu'ils travaillaient à la S.N.R.E.P.A.L. et que, sans faire partie de l'O.A.S., ils se servaient de l'imprimerie de leur compagnie pour tirer des affiches et des tracts.

Le capitaine Chazotte lui ayant affirmé que ce n'était pas à la Sécurité militaire de prendre ses prisonniers en main, Lucien Bitterlin s'est résigné à les libérer. Et ceux-ci, malgré les mauvais traitement subis, se sont bien gardés de porter plainte, soucieux de ne pas révéler les liens qui semblent unir l'O.A.S. à la S.N.R.E.P.A.L. Michel Leroy est en effet ingénieur mis en disponibilité par cette société.

Malgré les mésaventures de ses agents, l'O.A.S. ne relâche pas la surveillance des contractuels gaullistes. Ce même 14 décembre 1961, ses observateurs désormais plus discrets signalent à Degueldre que Bitterlin vient de quitter la villa Dar Likoulia avec une dizaine d'hommes serrés dans deux voitures qui semblent se diriger vers l'hôpital Maillot. L'alerte donnée, cinq *deltas* filent vers l'hôpital dans une Peugeot 403 bleu foncé.

Bitterlin est accompagné par l'avocat Pierre Lemarchand, qui vient d'arriver à Alger dans l'intention de faire le point avec lui et de discuter de l'envoi d'un renfort dont le recrutement est en cours à Paris sous la houlette de Roger Frey. Ayant laissé Alcheïk et ses compagnons devant le pavillon de chirurgie, les deux hommes bavardent avec André Goulay et celui-ci, semblant croire à ce qu'il dit, leur annonce d'une voix encore bien faible qu'il reprendra vite le combat.

Ce bavardage amical dure encore lorsque la voiture des *deltas* se présente devant l'entrée de l'hôpital dont la grille, à cette heure du jour, est ouverte. Un sous-officier de garde s'avance vers son chauffeur en saluant et lui demande ses papiers. Le *delta* embraye d'un coup sec et file vers les deux voitures de barbouzes qu'il a repérées à l'autre bout de la cour. L'homme que Bitterlin avait pris soin de laisser en veille près du portail a tout juste le temps de hurler pour avertir ses compagnons adossés contre un mur, la mitraillette en bandoulière.

Dès la première rafale tirée par les hommes de Degueldre sans descendre de la Peugeot, Jean Dufour, que ses compagnons appellent « le père Peysson », comprend tout de suite la situation. Pistolet en main, il entraîne Bitterlin et l'avocat vers le feu.

Jim Alcheïk et ses compagnons sont couchés au sol pour riposter. Mais les M.A.T. 49 fournies par la Sécurité militaire après avoir transité par l'armurerie de l'école de Police d'Hussein-Dey se sont enrayées à la première rafale. Deux *deltas* ont jailli de leur voiture pour tirer quelques balles qui n'ont eu pour effet que de crever les pneus des deux Peugeot. Puis ils ont filé.

Devant l'hôpital, un attroupement s'est formé. Renforcé peu à peu par des curieux accourus du boulevard de Champagne et de l'avenue des Consulats menant à la place des Trois-Horloges, il finit par devenir une petite foule. Et celle-ci, réalisant ce qui vient de se passer, gronde puis scande une litanie d' « Algérie française » en tendant les poings vers les barbouzes alignées devant elle et qui la menacent de leurs armes enrayées en craignant qu'elle ne s'écarte soudain au passage des *deltas* revenus à la curée.

Mais la Peugeot bleu marine ne revient pas. Les cris prenant de l'ampleur, un Vietnamien bondit soudain vers la terrasse d'un café tout proche, dont il revient en poussant devant lui et lui tordant le bras un jeune homme qu'il a vu rôder rue Faidherbe.

Bientôt menacées d'être écharpées par la foule devenue furieuse après cette arrestation, les barbouzes sont prêtes à faire usage de leurs pistolets. Bitterlin les fait rentrer dans la cour de l'hôpital où l'ambiance ne leur est pourtant pas plus favorable. Lorsqu'ils sont revenus auprès de leurs voitures aux pneus crevés et que les soldats de la garde ont refermé la grille du portail, Bitterlin est apostrophé par un médecin-colonel réclamant des précisions quant aux fonctions et qualités de ses hommes, qu'il tient pour responsables de la fusillade qui aurait pu faire des victimes parmi les malades, les infirmiers et les visiteurs.

Le colonel furieux exige que les barbouzes remettent leurs armes à la garde de l'hôpital et déguerpissent. Bitterlin, usant de sous-entendus, lui explique que s'ils ne sont pas de véritables policiers, ils travaillent tout de même pour la Délégation générale, dans le cadre d'une mission spéciale dont il ne peut rien lui dire. Le médecin-chef consent à ce qu'il téléphone et, après avoir hésité à avertir la Délégation générale ou le capitaine Chazotte, Bitterlin ordonne à Roger Bui Thé de venir à la rescousse avec deux voitures.

Après ce coup de fil, l'arrivée du commissaire de police de Bab el-Oued ramène un peu de calme dans le hall de l'hôpital empli de malades curieux qui ont passé sur leurs pyjamas délavés des robes de chambre à la trame usée. Bitterlin, prudent, se présente au policier sous sa fausse identité de Dulac. Le médecin-colonel venant parfois s'en mêler, la conversation s'éternise sans qu'il en sorte une solution d'évacuation de Jim Alcheïk et de ses compagnons toujours sur les nerfs. Elle ne se calme que lorsque la foule massée devant la grille, encore excitée par l'arrivée de Roger Bui Thé et d'une autre barbouze conduisant la seconde voiture réclamée par Bitterlin, vocifère de plus belle.

Bui Thé, se voyant refuser l'accès à l'hôpital, braque sa mitraillette sur les soldats de faction puis, une fois la grille ouverte, il menace le commissaire qui a quitté Bitterlin pour venir aux nouvelles avec sa petite escorte d'agents armés, eux aussi, de pistolets-mitrailleurs.

La palabre stérile, qui a repris depuis plus d'une demi-heure, ne prend fin qu'à l'arrivée d'un peloton de C.R.S. escortant une poignée d'inspecteurs venus de l'école d'Hussein-Dey. Leur apparition détend tout de suite l'atmosphère et Bitterlin, enfin, peut s'expliquer avec franchise. Le quiproquo étant éclairci, le commissaire de Bab el-Oued, un *patos*, comme les Pieds-noirs appellent les métropolitains, prend Bitterlin à part. Abusé par l'intervention des inspecteurs de la *Mission C* dont il connaît les raisons de l'installation à l'école d'Hussein-Dey, il s'excuse de la façon dont il l'a traité, lui donne du « mon cher collègue » et, ironisant peut-être, il le félicite pour le sang-froid de ses *gorilles*.

Abandonnant dans la pagaille le prisonnier du Vietnamien, les barbouzes montent avec Bitterlin et Lemarchand dans un car de C.R.S. qui sort de l'hôpital sous les huées de la foule obstinément massée devant la grille et qui s'écarte à peine pour le laisser passer.

Après l'incident de l'hôpital Maillot, bien qu'il n'y en ait encore eu que neuf de recrutés, Alger bruit d'une rumeur annonçant la présence d'une centaine de mercenaires vietnamiens prêts à tout pour briser la résistance de l'Algérie française. Pendant qu'elle prend de l'ampleur, la désertion du lieutenant Bernard pose en métropole des problèmes de conscience à de nombreux officiers. Le général Valluy, ruinant ainsi sans doute le plan exposé par le courrier du capitaine Sergent au général Salan qui, toujours sans nouvelles de Crèvecœur, espérait le placer à la tête de la révolte, flétrit dans *Le Figaro* la conduite du lieutenant Bernard. Selon lui, il a bafoué l'honneur militaire en usant de son autorité pour tromper la sentinelle ligotée à Englos et en dérobant l'armement dont il était dépositaire.

Quelques autres officiers plus ou moins engagés dans l'O.A.S., dont le général de Vesinne de La Ruë et même les colonels Bertrand de Sèze et Pierre Buchoud, pourtant plus fermement décidés à affronter le gouvernement, demandent des comptes au capitaine Sergent.

L'ancien capitaine du 1er R.E.P., retrouvant les discussions sans fin qui ont fait avorter le putsch d'avril, est obligé d'expliquer à ces officiers dont la morale rigide leur interdit de devenir de véritables révolutionnaires que la seule manière de s'emparer des armes du 43e R.I. sans effusion de sang consistait à neutraliser la sentinelle avec l'aide de son chef de section.

Bien décidé à ne pas tenir compte de ces rappels à l'ordre, Sergent apprend qu'un inconnu grenouille depuis quelques jours dans les milieux parisiens attachés à l'Algérie française en se présentant comme un colonel de l'O.A.S. arrivant d'Alger pour reprendre les choses en main au nom de Salan. Songeant tout de suite à Godard, Gardes, Vaudrey ou Broizat, il le fait en vain rechercher.

Personne de son entourage ne localisant l'inconnu qui, déjà et au nom de l'O.A.S., donne des ordres écrits, Sergent finit par craindre un piège grossier de la police et il décide de laisser venir.

L'homme mystérieux, c'est André Canal qui, avant même de rencontrer Yves Gignac, Sergent, André Regard ou d'autres responsables de l'O.A.S.-Métro, use de sa fortune pour fournir de l'explosif et des armes à des hommes dont il ne sait rien dans la plupart des cas.

D'autre part, Gignac a été contacté par un jeune homme d'allure sportive et visiblement pressé de se battre pour l'Algérie française. Il s'agit d'Hubert Bassot, qui habite rue de Rivoli dans l'immeuble des parfums Lanvin appartenant à son père, Jacques Bassot, l'un des principaux dirigeants de la compagnie Bull et richissime fondateur du Mouvement fédéraliste français, qu'il abrite aussi dans l'immeuble familial.

Hubert Bassot n'en est pas à ses premiers contacts avec l'Algérie française. Dès 1957, avant d'aller faire son service militaire en Afrique du Nord, il a rencontré Philippe de Massey au sujet de l'association Ceux d'Algérie qu'il venait de mettre sur pied avec son ami Roger Chinaud, comme lui âgé de vingt-cinq ans à peine. Après une vibrante profession de foi, le futur député des années 1980 a demandé à Gignac de l'intégrer à la direction financière de l'O.A.S. Mais, comme toujours prudent, l'homme de Salan, en attendant de se renseigner à son sujet, a douché son enthousiasme en ne lui disant ni oui ni non. Le jeune homme a donc cherché ailleurs un engagement et Pierre Sergent l'a intégré à son organisation.

A Alger, le F.L.N., allié avec le M.P.C. puisque, en plus des renforts qu'il lui a fournis, le cheik Zechiri a transmis à Bitterlin une liste de membres de l'O.A.S. repérés par ses agents, que ce dernier s'est empressé de communiquer à Michel Hacq, assassine le 15 décembre le syndicaliste Saïd Madani, ancien membre du Comité de salut public de mai 1958. Sitôt qu'il l'apprend, le colonel Vaudrey appelle les Musulmans d'Alger à engager une grève générale pour dénoncer ce crime. Mais, à part des syndicalistes proches de Madani et quelques militants du F.A.A.D., personne ne lui obéit.

Bien que Vaudrey vienne une fois de plus d'étaler la preuve de son impuissance, Salan, toujours confiant, fait circuler cette note datée du 15 décembre à « tous les patriotes réfugiés en territoire étranger » :

« Le combat pour la défense de l'intégralité du territoire national et le triomphe de la cause de l'Algérie française arrive à un tournant capital, qui exige le concours de tous les hommes de bonne volonté, dont la foi et la détermination sont indiscutables. Ce combat, qui pourrait devenir plus précis encore et nécessiter la participation active de tous, se déroule en Algérie et en métropole, où l'Organisation de l'armée secrète a atteint, dans tous les domaines, un stade et une force dont nul ne peut nier la réalité. Si aujourd'hui le pouvoir chancelle et essaie toutes les manœuvres

## Chap. 52. – *Du rififi à l'hôpital Maillot* 501

possibles pour asseoir et sauver un peu de son autorité disparue, c'est à l'O.A.S. que nous le devons. Les jours, ou tout au plus, les semaines à venir pourraient constituer un tournant décisif dans l'histoire de l'Algérie et partant de la France tout entière. De ce fait, l'état-major de l'O.A.S. ordonne à tous les patriotes dignes du nom et réfugiés en pays étrangers, où en cas de nécessité leur action ne pourra qu'être très limitée, de rejoindre sans délais le territoire national en Algérie ou en métropole et de se mettre au service de la cause dans le cadre de l'Organisation de l'armée secrète. »

Le lendemain, Jacques Achard vient déjeuner avec Ferrandi et, évoquant à nouveau le F.A.A.D., il lui demande d'insister encore pour amener Salan à recevoir le nommé Lavanceau qui, renseignements pris, serait à Paris un adjoint du capitaine Géronimi au service des Affaires algériennes de la préfecture de Police. Mais Ferrandi refuse.

Après ce nouvel échec d'Achard, Louis de Charbonnières qui, tout en animant le C.N.R.I., dirige *Vive la France*, un journal clandestin publié par des anciens de Jeune Nation, reçoit à Paris deux Algérois.

Ces deux hommes lui exposent la situation pénible dans laquelle se trouvent maintenant à Alger René Villard et les militants de France-Résurrection. Ils craignent même pour la vie de Villard qui, selon eux, serait, avec Michel Leroy, sur le point de se laisser entraîner dans une aventure incertaine par Jean Sarradet. Comme Charbonnières réclame un peu plus de précisions, ses visiteurs avancent que leur ami Villard s'est mis en tête d'amener l'O.A.S. à créer un Etat pied-noir en Algérie, mais que cette idée, reprenant presque le plan exposé il y a quelques mois par le député Alain Peyrefitte dans un essai intitulé *Faut-il partager l'Algérie ?*, ressortit certainement aux arcanes de Matignon ou de l'Elysée. Perplexe, Louis de Charbonnières les laisse repartir après leur avoir promis d'aller rencontrer Salan à Alger.

Jean Sarradet, marchant maintenant à l'aide de légères béquilles en duralumin, s'est réfugié dans une villa à Baïnem. Sans craindre de nourrir les griefs de ceux qui font courir le bruit qu'avec Michel Leroy il aurait noué des relations avec des envoyés du gouvernement, il a rencontré un fonctionnaire de Rocher-Noir dans le studio d'une amie. Après l'avoir écouté évoquer une partition qui, seule à son avis, permettrait aux Français d'Algérie de vivre encore sur leur terre natale, l'homme de la Délégation générale a estimé les propositions de Sarradet suffisamment sérieuses pour lui proposer de rencontrer René Petitbon.

Celui-ci ayant accepté, Sarradet est averti que le rendez-vous aura lieu le 16 décembre 1961 à 10 heures, devant le Viaduc, un bar du boulevard du Télemly proche du stade Maréchal-Leclerc et du restaurant Les 7 Merveilles, qui porte encore les stigmates du plastic du M.P.C. A l'heure pile, Sarradet, flanqué de Pierre Delhomme, case ses béquilles à l'arrière d'une 403 Peugeot conduite par René Petitbon lui-même. Aussitôt qu'il est assis près de Pierre Delhomme, l'ancien préfet de Constantine, qui fut aussi gouverneur à Tahiti, chevelure épaisse et argentée, massif de corps et regard gris acier, lui annonce avec une pointe d'accent du Sud-Ouest que l'entretien se déroulera dans une dépendance du Palais d'Eté.

La voiture se range bientôt près de l'immense bâtisse mauresque entourée de mitrailleuses mises en batterie sur les pelouses. Des gendarmes casqués saluent René Petitbon sans prêter d'attention particulière aux deux hommes crispés qui l'accompagnent. Une fois assis dans le salon d'une maison isolée sous la verdure, Sarradet précise qu'il n'est pas venu au nom de l'O.A.S.

— Il faut que vous sachiez, monsieur le gouverneur, ajoute-t-il, que cette organisation n'est pas notre raison d'être.

Et, sidérant le haut-commissaire, il poursuit :

— Moi et mes amis, nous ne croyons plus du tout en l'Algérie française !

Après cet aveu étonnant dans la bouche d'un jeune homme considéré comme membre éminent de l'O.A.S., Petitbon l'écoute expliquer que la faillite du putsch a précipité son changement d'attitude, à cause de l'armée sur laquelle il comptait tellement mais qui, selon lui, a trahi tous ses engagements.

— Ce qu'il faut, aujourd'hui, avance le jeune homme, c'est que la communauté pied-noire conserve son originalité, ici, chez elle, en Algérie. Mais elle ne doit plus compter sur la métropole qui l'abandonne. Elle doit prendre son destin en main. Sinon, elle périra.

Soudain plus grave il demande à son hôte de faire savoir en très haut lieu, jusqu'à Paris puisque c'est là-bas que tout se jouera, que des hommes de bonne volonté sont décidés à s'engager dans la voie révolutionnaire de la partition, en parfait respect de ceux qui choisiraient de vivre dans l'une ou l'autre région de l'Algérie.

René Petitbon est depuis longtemps un proche de Jean Morin. Il s'engage à transmettre directement au délégué général le message du jeune homme. Puis, empruntant des chemins de traverse et une fois assuré que personne ne l'a suivi, il dépose Sarradet et Delhomme au carrefour du boulevard du Télemly et de l'avenue du Maréchal-de-Lattre-de-Tassigny, où un de leurs hommes les attendait dans une voiture pour les ramener à Baïnem.

Au petit matin d'une nuit de fièvre durant laquelle Sarradet a répété à Michel Leroy ce qui s'est dit au Palais d'Eté, et envisagé avec lui toutes les possibilités de convaincre ses chefs de les suivre dans la partition, l'O.A.S. assassine à Oran le lieutenant-colonel Pierre Rançon, qu'elle accusait d'être une barbouze parce qu'il commandait le 2e bureau du corps d'armée d'Oran. Rançon est donc mort déchiqueté par une charge de plastic placée sous son lit, parce qu'il avait toujours, depuis son affectation en Algérie, professé des idées libérales. La mort de cet officier élevé à la dignité de commandeur de la Légion d'honneur alors qu'il était encore chef d'escadron – ce qui n'est pas courant à ce grade subalterne et à moins de quarante ans –, plus encore que celle du commandant Poste, sème le trouble dans les états-majors de l'armée.

Jouhaud réprouvant cette exécution qui risque de braquer contre elle des centaines d'officiers neutres jusqu'ici, l'O.A.S. la revendique dans ce tract : « Le lieutenant-colonel Rançon n'est plus. Paix à son âme. En prenant la décision d'arrêter ses activités criminelles, l'O.A.S. a pris une grave responsabilité, mais il ne pouvait en être autrement. Le lieutenant-colonel Rançon, saint-cyrien, brillant combattant, c'est vrai, en acceptant de mener la lutte contre l'O.A.S., en proposant de mettre sur pied des réseaux de délation, ne pouvait plus être considéré comme un officier, mais comme un fonctionnaire de basse police. L'O.A.S. ne se permettra jamais d'attenter à la vie d'un officier. Hélas ! il n'est pas le seul ! Mais son devoir est de se défendre contre ceux qui traquent ses chefs, torturent les patriotes et aident le pouvoir à livrer l'Algérie à Krim Belkacem et à Ben Khedda. »

Bien qu'à Oran, à cause des menaces de l'O.A.S., sa dépouille n'ait eu droit qu'à la bénédiction d'un aumônier avant son rapatriement, comme si le gouvernement appelait l'armée à condamner unanimement ses assassins, il y a foule aux obsèques de Rançon organisées aux Invalides.

C'est un des meilleurs amis du défunt, Jean Mialet, ancien officier devenu administrateur civil et créateur en 1957 du mouvement Rencontres, aujourd'hui chef de cabinet de Jacques Foccart aux Affaires africaines et malgaches, qui a orchestré le battage médiatique autour de la tragique disparition du chef de bataillon. Jean Mialet a participé en 1960 à un comité national destiné à créer un climat favorable autour des discussions avec le F.L.N. Il représente donc une cible potentielle pour l'O.A.S. Mais il n'en a cure et, réussissant une première en la matière, il a obtenu que des syndicalistes de la C.F.T.C., la Confédération française des travailleurs chrétiens, déposent une gerbe devant le catafalque de son ami dont, avec l'assentiment de son épouse, il entend faire un martyr tombé au champ d'honneur de la politique gaulliste, la seule, à ses yeux, qui mérite d'être menée en Algérie.

*

## — 53 —
## De Gaulle récuse les barbouzes

Des dizaines de volontaires réclamant des armes à Alger, les dirigeants de l'organisation étudient les offres de trafiquants proposant surtout des pistolets-mitrailleurs Beretta à trente ou quarante mille anciens francs pièce. Toujours divisée à sa tête et par manque de fonds incapable de négocier l'achat d'un stock important, l'O.A.S. en est réduite à faire son marché au coup par coup. Mais ces initiatives individuelles ne donnant pour la plupart aucun résultat, les *deltas* – surtout –, les *alphas* et les commandos Z se contentent des armes qui vont de cache en cache depuis les barricades et le putsch.

Roger Degueldre pestant contre le manque d'armes, Jo Rizza lui avoue receler depuis longtemps quatre F.M. 24/29 et quelques M.A.T. 49 et mitraillettes Skoda dans une cache à Fort-de-l'Eau. Il le persuade de remettre un de ces fusils-mitrailleurs à Jacques Sintès, qui commande un groupe d'une dizaine de *deltas,* un autre à Marcel Lagier et, toujours sur son scooter Lambretta, Rizza livre lui-même le troisième à Saint-Eugène, au P.C. de Jean-Pierre Ramos, qui le confie à son adjoint Jean Taousson.

Jean Taousson a trente ans. Il est journaliste et il mène avec une adresse rare une double vie. Licencié de *Paris-Presse,* parce que la direction de ce journal, connaissant son attachement à l'Algérie française, n'admettait pas qu'il soit à la fois juge et partie, il a rejoint *L'Echo d'Alger.* Lorsque ce quotidien a été interdit de parution, il est allé en métropole où une place l'attendait à *Paris-Match.* Mais sacrifiant sa carrière, il a rallié l'O.A.S. il y a deux mois et, tout en travaillant à *La Dépêche quotidienne,* journal du matin dont le siège est situé près des Facultés, sur la place du Maréchal-Lyautey, il participe avec Jean-Pierre Ramos aux opérations contre les gendarmes mobiles et le F.L.N. S'estimant mauvais tireur au pistolet et à la mitraillette, il opère, sans doute le seul à le faire à Alger, avec un fusil de chasse à canon scié.

Tandis que, pressé d'activer la lutte contre les barbouzes, Jacques Achard se démène pour trouver les quelques millions d'anciens francs

## Chap. 53. – *De Gaulle récuse les barbouzes*

qui lui permettraient d'étoffer de façon sérieuse son arsenal, à Paris, Pierre Sergent s'inquiète toujours des manœuvres d'André Canal, qu'il n'a toujours pas réussi à localiser et qui continue à débaucher les militants des réseaux primitifs de l'organisation.

Comme Vaudrey, Godard et Gardes, dignitaires trop isolés de l'organisation, n'ont pas répondu à leurs demandes d'entretien à ce sujet, Sarradet et Leroy savent qu'ils vont avoir à affronter Susini, Achard et Pérez dès qu'ils engageront leurs tractations avec la Délégation générale.

Quant à Soustelle, bien qu'il n'y soit toujours pas officiellement menacé par la justice, il a pris la décision de donner une conférence de presse clandestine à Paris. Il a quitté l'Italie pour la Belgique où il s'est installé chez Christiane et Michel Baillieu, à Uccle, une banlieue résidentielle de Bruxelles où ce couple gère une laverie en gros dans la longue rue Edith-Cavell bordée de vieilles maisons bourgeoises et de petits immeubles modernes qui relie en pente douce l'avenue Winston-Churchill à l'avenue Molière où se trouvent de nombreuses ambassades. Les Baillieu ont longtemps vécu au Gabon. Bien qu'ils aient professé durant l'Occupation de la fidélité envers le maréchal Pétain, ils se sont enthousiasmés en mai 1958 pour le général de Gaulle. Vite déçus par sa nouvelle politique d'autodétermination, ils se sont voués après le putsch à l'accueil des proscrits de l'Algérie française. C'est ainsi qu'ils ont organisé un premier séjour pour Jacques Soustelle, alors qu'il transitait par la Belgique avant de gagner l'Italie.

Aujourd'hui, au matin du lundi 18 décembre 1961, les Baillieu emmènent dans leur voiture Jacques Soustelle à Paris. Ils évitent la route la plus directe et franchissent la frontière à un petit poste isolé dans les Ardennes. Le journaliste Guy Ribeaud, l'homme de Georges Bidault, prend leur relais à Rethel et, escorté pour la forme par quelques volontaires répartis dans trois autres véhicules, il mène l'ancien ministre place de l'Opéra, où il a retenu pour lui une suite au Grand Hôtel et donné rendez-vous à des journalistes sélectionnés pour les bons rapports qu'ils ont toujours entretenus avec lui.

Personne, parmi les dirigeants de l'O.A.S., n'est au courant de la conférence de Soustelle lorsque celui-ci, détendu, souriant et visiblement heureux de jouer un bon tour à de Gaulle, se prête au jeu des questions et réponses qui, évidemment, portent toutes sur l'Algérie. Après un très long monologue sur le passé récent des départements français d'Afrique du Nord, durant lequel il a paru vouloir ménager quelque peu Michel Debré, parce que celui-ci donne encore « de temps en temps un son de cloche peut-être plus apaisant que celui qui vient de la présidence de la République », l'ancien gaulliste assène à son petit auditoire, parmi lequel se trouve Jean Cau :

— Vous me disiez : quelle politique peut-on faire en Algérie ? Je réponds : d'abord, commençons par ne pas faire celle qu'on y fait aujourd'hui, car il ne peut y en avoir de pire.

Ayant clairement condamné les entreprises du président de la République, il précise :

— En ce qui me concerne, je le dis franchement, je n'ai jamais varié et je continue à penser aujourd'hui comme hier que le maintien de l'Algérie dans la République française, autrement dit ce qu'on appelait d'un mot bien galvaudé et bien ridiculisé car on s'en est donné la peine pendant des années, l'intégration, je le maintiens, était et demeure la base de toute solution viable pour l'Algérie. Il est évident, bien entendu, je l'ai assez dit et assez répété, que l'intégration n'est pas l'assimilation. Il est absolument inutile, comme l'ont fait beaucoup de beaux esprits qui y ont consacré du temps, de l'encre et de la salive, de nous expliquer que Blida n'est pas Bécon-les-Bruyères, car je le sais depuis longtemps. Mais que l'Algérie trouve son destin dans le cadre de la République française, cela me paraît encore la meilleure sinon la seule des solutions.

Ayant affirmé une fois encore son intransigeance quant à la légitimité de l'Algérie française, Soustelle ajoute :

— Maintenant, il est possible que, le gouvernement de la métropole persévérant dans son attitude actuelle, les événements continuant à évoluer, il est possible que l'Algérie ait à se défendre contre la domination du F.L.N. et du communisme. Dans ces conditions, quelle que soit la forme que prendrait cette Algérie, je pose en principe qu'une Algérie non F.L.N. et non communiste, qu'une Algérie libre qui ne céderait pas à la dictature du G.P.R.A. aujourd'hui et d'un régime communiste demain, serait en tout état de cause préférable à une Algérie abandonnée à M. Ben Khedda et à ses amis ou camarades, et qu'en tout état de cause ainsi serait préservé l'avenir.

Après ces prises de position, il était inéluctable que quelqu'un abordât le sujet de l'O.A.S., bien plus actuel que les considérations sur ce qu'il aurait fallu faire ou ne pas faire en Algérie au cours des dernières années. Et c'est par le biais du fascisme qu'un journaliste demande :

— Monsieur le ministre, je voudrais avoir quelques précisions sur votre conception du fascisme, parce que je n'ai pas très bien compris : vous avez dit que le régime actuel supprimait les libertés démocratiques et vous vous étonniez qu'une certaine gauche ne s'en émeuve pas suffisamment à votre gré. Alors, je voudrais vous demander comment une certaine gauche, et même la gauche tout court, pourrait-elle prendre la défense, même étant opposante au régime, du côté machine à tuer de l'O.A.S.

Soustelle ne se démonte pas.

— Si tous les gens qui agissent par la violence sont des fascistes, ironise-t-il, alors, nous, nous étions tous fascistes pendant la guerre, j'ai le regret de le dire, parce que beaucoup de mes amis et moi-même, auprès du général de Gaulle, nous avons agi par des moyens extrêmement violents contre l'occupant et contre ses complices vichystes et, cependant, nous ne nous considérons pas comme fascistes.

Et il ajoute :

— Lorsque, d'autre part, tous les moyens nouveaux d'expression sont retirés à une opposition, on rend presque inévitable le recours à des moyens violents, que pour ma part je déplore.

Après avoir rappelé qu'il a été la cible d'un attentat du F.L.N., il se lance dans une plaidoirie nerveuse :

— Je ne suis pas un apôtre de la violence, croyez-moi, mais puisque nous parlons définition, je crois que poser l'équation : emploi de moyens violents égale racisme, c'est ne pas avoir beaucoup de respect pour la rigueur logique.

Un peu plus tard, il affirme :

— Je comprends très bien que ceux qui ne partagent pas le point de vue des défenseurs de l'Algérie française réprouvent les méthodes de l'O.A.S., mais ce que je ne comprends pas, je le dis franchement, c'est comment des hommes de gauche, qui se disent tels, puissent tolérer que des gens qui n'ont rien à voir ni de près ni de loin avec le lancement des bombes ou avec les rafales de mitraillette soient traités comme l'ont été, et je pourrais vous citer cent cas : le professeur Girardet, par exemple, l'écrivain Alquier, le secrétaire de l'Institut Brissaud, et Mme Salasc, et le jeune Daudet et M. Ziano, et toute la famille Lung, et combien d'autres, je pourrais en citer jusqu'à demain. Des femmes soumises à des sévices indicibles, des hommes responsables, des intellectuels, des universitaires que l'on arrête, que l'on jette en prison pendant des semaines et qu'ensuite on met à la rue sans même une explication.

Très à l'aise dans le rôle d'accusateur, Soustelle s'emporte :

— Alors je dis que lorsque des mouvements ou des partis de gauche tolèrent cela sous prétexte que les victimes sont des gens de droite, ce qui est d'ailleurs souvent parfaitement faux, eh bien, ils commettent une faute contre l'esprit et ils commettent une faute de tactique et que ce sont deux genres de fautes qui peuvent parfaitement se retourner contre eux un jour ou l'autre.

Puis, répondant sur les relations qu'il entretiendrait en Italie avec le Movimento sociale italiano, il se dédouane de tout lien avec les néo-fascistes, parmi lesquels Philippe de Massey recrute pourtant des alliés de l'O.A.S., en expliquant que cette prétendue amitié étalée avec complaisance par la presse française émane d'un reportage sur ses activités en Italie qui a été publié dans une feuille de chou néo-fasciste tirant à trois mille exemplaires diffusés par abonnements, qui le présentait comme un des membres éminents de l'Internationale néo-fasciste européenne.

Après cette conférence, Soustelle prend le temps d'aller embrasser son épouse. Puis il se rend au bois de Boulogne, où Guy Ribeaud l'attendait pour aller le remettre à la frontière belge aux soins des époux Baillieu.

Ce même jour, le général de Gaulle, furieux d'apprendre que des barbouzes opèrent en Algérie avec l'aval du gouvernement, adresse cette note comminatoire à Michel Debré, Louis Joxe et Pierre Messmer :

« Je n'admets pas que des éléments "para-officiels" accomplissent, comme c'est le cas, des actes dits anti-O.A.S., comportant, comme ceux de l'O.A.S., des attentats, explosions, meurtres, etc. J'exige qu'il soit mis fin sans aucun délai à ces procédés qui déconsidéreraient l'autorité, l'Etat et moi-même. Me rendre compte aussitôt de ce qui est fait pour que cela cesse. »

Au lendemain de cet ordre qui, bien que transmis par Louis Joxe au délégué général Morin, restera lettre morte, Salan participe pour la première fois à une réunion d'ensemble de son état-major dans un immeuble de la rue Michelet. L'ambiance est détestable. Vaudrey, Godard et Gardes reprochent d'entrée au Mandarin de s'adresser directement aux capitaines chefs de secteur sans les tenir au courant de ses initiatives. Prenant alors l'attitude d'observation qui l'a si souvent fait passer pour l'homme suffisant qu'il n'est pas, Salan, masque fermé, yeux plissés, pianote du bout des doigts sur la table. Il ne participe plus du tout au débat d'organisation générale éloignant ses participants de l'urgence qui, selon lui, doit être l'action.

Le commandement de l'O.A.S. en Algérie perdant toujours son temps en discussions, les organisations politiques de gauche et les syndicats organisent contre elle des manifestations en métropole. A Pau, après avoir déjà observé au matin un débrayage symbolique d'un quart d'heure dans leurs entreprises ou dans les administrations, plusieurs centaines de manifestants du P.S.U., de la C.F.T.C., du P.C. et de la C.G.T., se regroupent sous la préfecture derrière une banderole rouge portant en lettres blanches « O.A.S. assassins » et réclamant la paix immédiate en Algérie. Ces manifestants vocifèrent dans le froid « Le fascisme ne passera pas ! » et les autres slogans inscrits sur leur banderole jusqu'à ce que le commissaire Lafon leur ordonne de se retirer. Christian Hitier et ses compagnons de Jeune Nation décident de marquer le coup de manière spectaculaire. Ils sabotent la station électrique de Bizanos alimentant l'agglomération paloise. La ville reste dans l'obscurité jusqu'au petit jour et les usines du secteur retardent l'embauche de quelques heures en attendant que la distribution de courant retrouve son niveau habituel.

A Alger, après la réunion de ses chefs, aussi stérile que toutes celles qui l'ont précédée, l'O.A.S. fait circuler un tract appelant les chrétiens, les israélites et les musulmans à observer à l'occasion de Noël une « Trêve de Dieu ». Elle émet aussi à l'intention de ses militants cette note visiblement inspirée par Susini même si elle porte la signature de Gardes :

« L'expérience d'avril dernier nous a montré que le contingent noyauté par des éléments communistes, mendésistes et gaullistes, pouvait constituer un obstacle important à l'action de notre mouvement. Depuis avril, les relations entre l'O.A.S. et le contingent se sont encore tendues. Les responsabilités en incombent aux meneurs qui, partout dans l'armée, forment des soviets, souvent à l'insu de leurs chefs. Il convient donc le jour "J" de neutraliser le contingent.

« *Nous devons* :

« 1° – Désarmer les hommes du contingent et les faire prisonniers dans leurs cantonnements.

« 2° – Appeler parmi eux les volontaires qui désirent servir dans nos rangs et les incorporer dans nos unités.

« 3° – Conserver les autres comme otages dans le but de faire pression sur le pouvoir gaulliste. Ce sera notre meilleure carte pour exiger la reconnaissance de la République Algérie-française et l'envoi de fonds, d'armes et de vivres dont nous avons besoin.

« *Exécution pratique :*

« L'exécution pratique de ces mesures est confiée aux U.T. que nous avons reconstituées partout. Il est nécessaire que le facteur surprise joue à fond, partout où ce sera possible, il est souhaitable que les U.T. soient encadrées par un officier sûr appartenant aux cantonnements que l'on veut investir. Les U.T. introduits dans les casernements doivent immédiatement désarmer la garde et neutraliser l'unité. Nous insistons sur le fait que ces préparatifs doivent se faire dans le plus grand secret avec le maximum de soins. »

Mais le « grand secret » souhaité par l'auteur de la note ne sera pas respecté. Sitôt qu'il en a pris connaissance, le général de Menditte ordonne à son chef d'état-major, le colonel Berthélémy, de diffuser la directive de l'O.A.S. aux appelés de son corps d'armée.

La note de Gardes est donc placardée dans tous les cantonnements de l'Algérois lorsque des policiers de la *Mission C* appréhendent au matin du 23 décembre l'épouse d'André Canal. Et cette arrestation affole les proches de Salan. Ils craignent que cette dame à la santé précaire, qui est au courant des planques de Salan et de sa famille, n'ait pas la force de se taire au cas où les hommes de la *Mission C* reviendraient aux méthodes d'interrogatoire prônées par le colonel Debrosse.

Ferrandi propose à Salan d'aller à Kouba récupérer son épouse et de les conduire dans un nouveau refuge, mais Mme Salan refuse de quitter la demeure des Canal. Le Mandarin, de son côté, est comme toujours impassible et ne tient pas à abandonner l'appartement des « Deux Entêtés ». Ferrandi doit donc parlementer des heures durant avant de l'entraîner enfin à la nuit tombée dans un appartement relais de la rue Michelet.

Si l'O.A.S. officielle respecte la « Trêve de Dieu », des groupes d'hommes impossibles à identifier mitraillent au soir de la Nativité quelques cafés maures dans la banlieue d'Alger, laissant derrière eux une dizaine de morts et de nombreux blessés.

Salan ayant passé Noël à Kouba avec quelques officiers autour d'un sapin orné par son épouse et sa fille, Jean Sarradet se rend au soir du 26 décembre à un rendez-vous avec le « soviet » des capitaines dans l'appartement que Michel Leroy occupe avec son épouse au nouveau siège de l'Electricité et Gaz d'Algérie, dans un immeuble en cours d'achèvement au-dessus du coude aigu formé au-dessus du pont Burdeau par le boulevard du Télemly.

Arrivé le dernier, le jeune homme aux béquilles a souffert en gravissant les escaliers du building qui sent le plâtre et le ciment frais. Jacques Achard, les capitaines Branca, Le Pivain et Montagnon l'attendaient avec Michel Leroy, Pierre Delhomme, son ami José Enciso et quelques membres des commandos nationalistes qui ne font rien pour dissimuler les pistolets qu'ils portent en holster ou passés dans la ceinture.

C'est la première fois que Jacques Achard rencontre Jean Sarradet et les débats commencent dès que le jeune homme s'est présenté. L'austérité de la pièce meublée de quelques chaises et de deux sommiers posés à même le sol souligne la gravité de ces hommes qui, plus que les colonels absents, représentent avec Degueldre, qui s'est fait excuser, les forces vives de l'O.A.S.

Afin d'éviter que la pagaille ne s'installe dans la discussion, les hommes des deux camps se sont entendus pour laisser parler seulement deux d'entre eux, Sarradet pour les tenants de la partition et Branca pour ses opposants.

Parlant le premier, l'ancien leader des étudiants regrette tout d'abord que Susini l'ait toujours empêché de rencontrer Salan. Puis, au fil de son exposé, il souligne l'inéluctabilité de la séparation de l'Algérie et de la métropole. Décontenancés par ses propos qui vont à l'encontre de leurs espérances, les officiers l'entendent prôner l'avènement d'une Algérie nationaliste pied-noire.

Le capitaine Branca met un terme à l'impossible débat en annonçant qu'il faut en référer à Salan avant de prendre une décision. La pièce se vidant, Jean Sarradet attire l'officier à part et, jouant sa dernière carte, sans parler de sa rencontre avec le haut-commissaire Petitbon, il prend le risque de lui avouer qu'il a engagé des tractations avec des représentants du gouvernement.

Branca ne paraît pas étonné et, du tac au tac, il répond au jeune homme appuyé sur ses béquilles que, de son côté aussi, il y a eu des contacts avec des gens des hautes sphères parisiennes, les Melnik et consorts précise-t-il. Même Salan, après Gardes, a lui-même été sondé à ce sujet.

Les chefs de secteur ayant un à un regagné leurs planques, Sarradet et Leroy font une dernière fois le point. Conscients que la tentative de rapprochement a échoué, ils devinent que Salan ne sera jamais mis au courant de leurs efforts et que cette réunion a coupé l'organisation en deux clans aux objectifs trop différents pour qu'une réconciliation soit envisageable.

L'année 1962 risque d'être très difficile pour l'O.A.S. En effet, après avoir reçu de Pierre Messmer l'ordre de combattre par « les moyens les plus énergiques » les initiatives de l'O.A.S., le général Ailleret émet le 26 décembre une nouvelle directive fixant les conditions d'emploi de ses forces contre « les organisations factieuses ».

Cette directive souligne que les unités stationnées en Algérie doivent : « Assurer leur propre sécurité vis-à-vis d'elles, dans les mêmes conditions qu'à l'égard de toute entreprise visant à atteindre leurs forces morales et physiques. Elles doivent en particulier éliminer de leurs rangs tous les éléments appartenant à l'O.A.S. ou manifestant en sa faveur une sympathie agissante. » Elle appelle à la vigilance de tous. Elle insiste sur la recherche des déserteurs durant les contrôles routiers et recommande aux chefs de corps de coopérer avec les services de police.

Ailleret, après avoir énuméré tous les cas imposant l'usage des armes, conclut : « Les forces armées en Algérie doivent tout faire pour que l'ordre soit maintenu. S'il s'agit de simples manifestations, l'ordre doit être rétabli dans l'esprit d'humanité qui est celui de l'Instruction ministérielle du 1er mars 1961. Si au contraire nos unités avaient à s'opposer à une insurrection comportant des éléments armés entrant en rébellion contre la loi, ceux-ci devraient être mis hors d'état de nuire au plus tôt par les moyens les plus énergiques. C'est ainsi que les pertes en vies humaines seraient réduites au minimum possible. »

Salan n'est pas encore au courant des nouvelles orientations offensives d'Ailleret lorsque, après avoir ricoché de boîtes aux lettres en boîtes aux lettres d'où l'ont sorti tour à tour des hommes sûrs ignorant tout les uns des autres, lui parvient enfin le courrier qu'Argoud lui a adressé le 28 novembre. Sans savoir où se trouve maintenant le colonel, il lui répond le 27 décembre en lui donnant du « mon cher ami ». « J'ai bien reçu votre longue lettre en date du 27 novembre et pris bonne note des projets d'avenir que vous y exposez. Votre argumentation appelle de ma part les observations suivantes :

« 1° Je vous avais mis en garde contre les fluctuations possibles du gouvernement espagnol dans son attitude à l'égard des réfugiés politiques français, et je crois être qualifié pour en parler. Dès le début de mon séjour en Espagne, en novembre 1960, le gouverneur civil de Saint-Sébastien, au cours d'une visite fort courtoise, m'avait édifié très loyalement. La fidélité de l'actuel ministre espagnol des Affaires étrangères à la cause du chef de l'Etat français ne fait aucun doute pour personne. Elle a pesé lourdement tout au long de notre séjour et pouvait laisser penser qu'un retournement était toujours possible. D'ailleurs, la surveillance très stricte dont nous avons été l'objet, et qu'il nous a fallu déjouer, lève toute équivoque à ce sujet. Tout cela vous le saviez, je vous l'avais écrit et fait dire en temps opportun.

« Une seule chose me heurte et me peine : comment, vous, Argoud qui me connaissez, avez-vous pu penser un seul instant que je me sois autorisé à exercer une pression malveillante dans de telles circonstances ?

« 2° Vous me parlez de "secrètes négociations" avec les éléments les plus représentatifs du système. Je vous prie de noter que le mot est impropre. Je n'ai fait que procéder à des contacts. Ils n'étaient assortis d'aucune promesse, d'aucun engagement et ne visaient qu'à un seul but :

faire mesurer les dangers de la politique du gouvernement et, dans le contexte d'une évolution d'ensemble, au moment choisi, provoquer des prises de position solennelles. En un mot, alors que la phase cruciale est entamée, de mettre les gens devant leurs responsabilités. J'y vois une nécessité tactique et historique.

« 3° Quant à la ligne politique future, je vais peut-être vous décevoir. Je ne peux envisager pour le moment, et ce sont les réalités qui m'y obligent, que le premier temps. Il consiste à lutter avec la dernière énergie pour défendre l'intégrité du territoire, de Dunkerque à Tamanrasset, avant que l'irrémédiable se produise et ne condamne alors toute perspective d'avenir. J'ai toujours considéré que c'était là le point de départ de la base de toute notre action. Sur cela je ne puis varier et je ne varierai pas.

« Très prochainement la plate-forme politique de l'O.A.S. verra le jour et sera assortie d'une plate-forme économique-sociale. Il ne nous échappe pas en effet que, l'intégrité du territoire sauvegardée, condition première et fondamentale, il restera la lourde tâche de reconstruire la France sur des bases spirituelles, morales et matérielles saines et viables.

« De vos projets, quelle qu'en soit la forme, je tiens à vous répéter, comme je vous l'ai déjà dit à plusieurs reprises, que nous sommes prêts à vous accueillir et à vous confier les fonctions et les responsabilités qui vous reviennent. Mes sentiments ne varieront pas à votre égard et nous vous attendons. Des camarades ont rejoint, rejoignent tous les jours, et toutes les bonnes volontés suffiront à peine. Croyez, mon cher Argoud, à mes sentiments de fidèle amitié. »

Salan rédigeait ce courrier lorsque la « Trêve de Dieu » prenait fin. L'O.A.S. reprend donc ses attentats qui causent, rien qu'à Alger, six morts et de nombreux blessés dans cette journée du 27 décembre. Et elle revendique à nouveau par tract l'assassinat du lieutenant-colonel Rançon.

Quant aux barbouzes, malgré les ordres de De Gaulle, ils sont encore à Alger. Si Michel Debré, après s'en être déjà entretenu avec lui à Paris, a bien écrit à Jean Morin qu'il fallait mettre fin à leurs activités, il a cependant admis dans le même courrier la nécessité d'employer au besoin des « collaborateurs moins visibles que des fonctionnaires ».

\*

## — 54 —

## Les *deltas* harcèlent les barbouzes

L'O.A.S. étant sur le point d'imploser à Alger, la Délégation générale entend continuer à utiliser les policiers contractuels recrutés par le M.P.C. et, à Paris, Sergent a enfin trouvé la trace de Canal. Un avocat ayant réuni chez lui près du bois de Boulogne Pierre Sergent, Yves Gignac, André Regard, le capitaine Glasser et les généraux de Vesinne de La Ruë et de Crèvecœur, Canal vient au rendez-vous avec Hubert Paldacci, un agent de publicité pied-noir qui accapare d'entrée la conversation. Sergent finit par s'agacer de sa volubilité et, lui coupant la parole, il exige d'un ton ferme qu'on en vînt à l'essentiel.

Le Pied-noir ayant obéi, André Regard rappelle que la réunion est destinée à préciser la position de Canal dans l'organisation. Comme il annonce l'intention d'en rendre compte au général Salan par le truchement de son délégué général qui, souligne-t-il sans le désigner, assiste à la réunion, Canal plastronne et fait remarquer que lui, c'est directement au chef suprême de l'O.A.S. qu'il adressera son rapport. Puis, d'un geste théâtral, il prend dans son portefeuille l'ordre par lequel Salan l'a intronisé son représentant en métropole.

Gignac observe la scène sans broncher. Il a de bonnes raisons d'adopter cette attitude. Sitôt qu'il a appris que Canal exhibait si volontiers dans Paris l'ordre de mission qu'il rempoche après l'avoir fait passer de main en main, il s'est empressé d'écrire à Salan pour lui réclamer des explications. Et la réponse, miraculeusement rapide, qu'il a reçu par le circuit habituel des communications avec Alger lui a glacé le sang. « Vous savez bien, cher Gignac, a-t-il lu, que je n'ai pas pour habitude de mettre tous mes œufs dans le même panier. »

De plus en plus en plus agacé par l'arrogance de Canal, Sergent hésite un instant à s'en aller avec le capitaine Glasser. Mais il se décide à transiger encore et demande à André Canal de quelle manière il envisage de travailler avec l'organisation déjà existante. Le Monocle, évasif, propose seulement de continuer à organiser des groupes d'action.

— Mais, s'emporte Sergent, que croyez-vous donc que nous essayons de faire depuis six mois ?

Canal reconnaît les efforts accomplis. Mais avec tant de condescendance qu'André Regard lui fait remarquer que la métropole n'est pas l'Algérie, que l'action ne peut y être menée de la même façon et que, quoi qu'il en soit, l'autorité de l'O.A.S. y est représentée par le délégué général de Salan. Comme Canal insiste sur la mission que Salan lui a confiée, Sergent lui propose d'attendre de nouvelles directives d'Alger. Et, bien que Curutchet lui ait suggéré avant la réunion qu'il serait possible de faire enfermer le gêneur dans une clinique privée dirigée par un de ses amis, il le laisse s'en aller après lui avoir conseillé de ne plus prendre d'initiatives opérationnelles sans en avoir discuté avec lui.

Après cet entretien, Sergent reçoit d'Alger une note datée du 1er décembre 1961 – donc antérieure à l'ordre dont Canal se sert pour recruter ses hommes –, dans laquelle Salan regrette que les responsables civils métropolitains manquent « d'autorité et de rayonnement ». Quant à la branche militaire de l'O.A.S.-Métro, Salan reconnaît les mérites de Y.08, le capitaine Sergent, qui « a déployé des efforts certains et efficaces ». Evoquant le commandement supérieur, le Mandarin annonce qu'il a décidé de demander à un de ses « camarades militaires, bénéficiant d'une audience certaine, assisté de deux ou trois autres camarades, de prendre en main l'ensemble de l'Organisation ».

Yves Gignac, l'homme qui sait lire entre les lignes les écrits de Salan, songe tout de suite à Valluy. Estimant qu'il n'y a dans cette note aucune précision quant au commandement dont André Canal se réclame, Sergent reçoit une nouvelle lettre du général, personnelle celle-ci, et qui les félicite, lui, le lieutenant Godot et Curutchet, pour les actions qu'ils ont entreprises.

Sergent cherchant le moyen de le contrôler, le Monocle organise sa *Mission III* avec la facilité que lui procurent ses moyens financiers. Usant aussi du nom de code d'Albert Charpentier, il s'attire le renfort de quelques étudiants de la Fac de droit et, surtout, des « corniches », les classes préparatoires à Saint-Cyr au sein desquelles les militants de l'Algérie française jouissent d'une sympathie naturelle, puisque de nombreux cyrards sont engagés dans l'O.A.S. ou ont participé au putsch. Il a également reçu le renfort appréciable de Philippe Castille qui, sitôt arrivé d'Espagne, lui a proposé de marquer l'opinion en organisant de plus en plus de plasticages.

De leur côté, les policiers de la P.J. se sont assuré depuis quelques semaines la coopération rémunérée d'un indicateur surnommé *Benoît*, d'origine strasbourgeoise et qui s'est engagé à livrer Marcel Bouyer à l'inspecteur Jacques Delarue. Alors qu'Argoud, Ortiz, Lagaillarde et Lacheroy s'envolaient sous bonne escorte le 27 octobre pour les Canaries, que Michel Féchoz était conduit par la *Guardia civil* dans une petite ville andalouse et que Georges d'Anthès était assigné à résidence à Medina del Campo, à moins de cent kilomètres de Madrid, Bouyer, que les policiers espagnols appellent toujours Germain Lacouturie, a été exilé à Astorga, une petite ville des montagnes du León.

Aujourd'hui, en cette fin d'année, Bouyer, qui a reçu d'Argoud une délégation de pouvoir, a faussé compagnie aux policiers et regagné la France. Il vit très discrètement chez une amie à Hoenheim, dans la banlieue de Strasbourg. Allant et venant à sa guise dans une région où, selon lui, personne ne songerait à le chercher, il ne se doute pas que l'homme de l'O.A.S. à qui il confie ses projets et qui lui a été présenté en Espagne sous le pseudonyme de *Pastis* rend compte rue des Saussaies de tous ses faits et gestes.

Le représentant d'Argoud étant ainsi menacé d'une arrestation imminente, l'O.A.S. s'efforce d'empêcher la retransmission du discours que le président de la République prononce au soir du vendredi 29 décembre 1961 au Palais de l'Elysée. Si elle ne parvient pas à ses fins à Paris et à Alger où des précautions exceptionnelles ont été prises, ses brouillages empêchent les Oranais d'entendre de Gaulle souligner au début de son allocution cette évidence : « Voici l'année nouvelle ! » et poursuivre :

— La France en a vécu beaucoup. Cependant, elle voit venir celle-ci sans manquer à l'espérance. Car elle sait où elle en est, ce qu'elle vaut et ce qu'elle veut.

Les Algérois entendent leur bête noire évoquer les « forces énormes qui bouleversent l'univers et nous secouent nous-mêmes à chaque instant », puis, une fois de plus, s'en prendre au bloc de l'Est en ces termes :

— C'est ainsi que les ambitions du système soviétique, les excitations qu'il prodigue à tout ce qui, sur la terre, tend au désordre et à la haine, le danger de la guerre atomique qu'il fait planer sur le genre humain, les interventions provocantes qu'il multiplie au-dehors à mesure de ses drames intérieurs et, notamment aujourd'hui, dans cette sorte de Thermidor où il affecte de condamner la série passée de ses abus et de ses crimes sans renoncer à leur cause qui s'appelle le totalitarisme, tout cela nous oblige à nous mettre en garde, à pourvoir à notre défense et à maintenir des alliances difficiles.

Après ces propos qui devraient pourtant satisfaire ses éléments les plus politisés, le Général évoque l'O.A.S. :

— Enfin, l'acheminement du problème algérien vers une solution de bon sens ne laisse pas de provoquer, de la part d'un groupe criminel, des révoltes, hier ouvertes, aujourd'hui concentrées en chantage et en assassinats.

Il fait encore gronder les partisans de l'Algérie française en affirmant :

— En Algérie, la France entend que se terminent, d'une manière ou d'une autre, les conditions actuelles de l'engagement politique, économique, financier, administratif et militaire qui la tient liée à ce pays et qui, s'il restait ce qu'il est, ne saurait être pour elle qu'une entreprise à hommes et à fonds perdus, alors que tant de tâches appellent ses efforts ailleurs. Pourtant, une fois qu'auraient cessé les combats et les attentats, elle serait disposée à apporter sa coopération à un Etat algérien souverain et indépendant, procédant du libre suffrage des habitants, pourvu que soient garantis ses intérêts essentiels en échange de ce qu'elle fournirait. C'est cette solution qu'actuellement encore elle tient pour la meilleure parce que l'association des communautés algériennes y verrait sans doute sa chance et qu'il pourrait en sortir des rapports féconds d'avenir entre notre pays d'une part, l'Algérie et l'Afrique du Nord d'autre part. Il semble possible, aujourd'hui, que tel doive être, en effet, en vertu d'un accord réciproque, l'aboutissement d'un drame cruel.

Ces propos font couler des larmes et la tristesse de la majorité des Pieds-noirs se mue en colère lorsqu'ils entendent l'homme qui les avait si bien « compris » le 4 juin 1958 annoncer que deux nouvelles divisions et plusieurs formations aériennes seront rapatriées le mois prochain.

Après le discours présidentiel, Mouloud Feraoun note sur son journal au sujet de De Gaulle : « Les Algériens se débrouilleront comme ils pourront, semblait-il nous dire sur un ton désabusé, un peu dédaigneux comme il fallait s'y attendre. » Et un peu plus loin, au sujet d'un Européen qui vient de tomber sous les balles des *deltas* il écrit : « L'O.A.S. tue les siens qu'elle considère comme des traîtres : tous ceux qui veulent nous traiter d'égal à égal et qui sont prêts à accepter de vivre dans ce pays arabe, administré par des Arabes. Non, l'O.A.S. estime que les Européens doivent former bloc et lutter à mort contre nous, à moins que nous, nous acceptions de vivre sous leur loi ; le vrai fascisme. Ils ont peut-être raison. Mais il ne suffit pas d'avoir raison. Il faut et il suffit d'être fort, le plus fort. Mais l'O.A.S. ne sera jamais le plus fort. Du moins ici, en Algérie. »

Salan, qui imagine que l'O.A.S. est en passe de devenir « la plus forte », adresse ses vœux officiels à tous ses partisans en Algérie et en métropole ainsi qu'aux emprisonnés de l'Algérie française. « 1961 s'achève, leur écrit-il, et le travail accompli pendant ces huit mois qui nous séparent des événements d'avril est immense. Le 22 avril, avec les généraux Challe et Zeller, la phase du combat, qui avait si heureusement débuté, a tourné à notre désavantage, mais cette bataille perdue nous a donné un regain de force et a confirmé notre détermination. Les destinées physiques des uns et des autres ont alors bifurqué, mais les sentiments et la foi n'ont pas varié. Dans les camps d'internement, à la Santé, à la Petite Roquette, à Tulle, en Algérie ou en métropole, le combat s'est poursuivi. Tous associés nous avons édifié, sous le sigle de l'Organisation de l'Armée secrète, un instrument qui a jeté le trouble dans les rangs de l'adversaire. En cette fin d'année, nous évoquons les difficultés que nous avons connues dans la clandestinité en Algérie, comme en métropole, les souffrances physiques et morales de ceux de nos camarades et amis qui subissent les camps et les prisons de la dictature gaulliste ; une pensée plus particulière va vers ces femmes dont le courage et la dignité doivent

## Chap. 54. – *Les* deltas *harcèlent les barbouzes*

être cités en exemple à tous les combattants. Tous les sacrifices ainsi consentis sont pour nous tous un stimulant et une raison supplémentaire d'espérer. » Et il conclut : « 1962, année de l'espoir. Année du triomphe. Comme nous l'avons été dans le combat, nous nous retrouverons tous unis pour la victoire que nous aurons tous également méritée. »

Au lendemain de ces vœux qui ne toucheront pas grand monde et du discours présidentiel, des heurts violents provoquent à Oran quelques morts parmi les Musulmans. Et une douzaine de charges amorcées devant les domiciles de personnalités connues pour leur zèle à appliquer la politique gouvernementale explosent durant la nuit du 29 au 30 décembre à Paris et en Provence.

Si la nuit qui a suivi l'intervention présidentielle n'a pas résonné de *stroungas* à Alger, c'est parce que Roger Degueldre, Gaby Anglade et leurs commandos étudiaient une attaque en force des barbouzes qui ne sortent plus de leurs repaires depuis la fusillade de l'hôpital Maillot. Jacques Dauer a ordonné à Bitterlin de ne plus entreprendre que des actions de propagande, de désarmer ses hommes et de les rapatrier.

Dauer n'ayant pas été obéi avant le réveillon, les barbouzes qui occupent rue Faidherbe la villa Dar Likoulia sont sur le qui-vive. Avant de les quitter pour rejoindre son épouse en ville, leur chef Jim Alcheïk s'est aperçu que le téléphone est coupé, saboté par l'O.A.S. Les échos des concerts de casseroles qui, répondant aux vœux de Salan diffusés au cours d'une émission pirate, montent de la ville en vagues épaisses énervent un peu plus encore les barbouzes postées en sentinelles sur la terrasse et dans le jardin.

Quant à Lucien Bitterlin, il réveillonne à El-Biar, dans la villa El Mansour, avec M$^e$ Lemarchand, revenu à Alger afin d'y rencontrer les délégués d'un nouveau mouvement de soutien au général de Gaulle, le C.D.R., Comité de défense de la République.

A moins de cinquante mètres de la villa Dar Likoulia, Marcel Lagier, un solide sous-officier parachutiste déserteur âgé de trente-quatre ans, profite du vacarme des concerts de casseroles montant de la ville pour installer sur une terrasse surplombant le bastion barbouze une embuscade composée de huit lance-roquettes bricolés.

Commandé par Gaby Anglade, un deuxième groupe armé de mitraillettes et de grenades se faufile derrière la villa par les jardins voisins afin d'interdire la fuite aux barbouzes qui, selon les plans de Degueldre, seront chassés par les roquettes de Lagier. Un troisième élément, mené par le lieutenant de réserve Jean-Loup Blanchy et armé d'un fusil-mitrailleur destiné à couvrir l'assaut que Degueldre lancera avec l'équipe de Jo Rizza, s'est engagé dans la rue Faidherbe à bord d'une camionnette Renault.

A 23 h 50, huit roquettes percutent avec fracas la façade de la villa. L'une d'elles fait exploser une caisse de grenades entreposée dans une chambre. Le dernier projectile tiré, Degueldre abandonne la fille du général Gardy qui a tenu à conduire elle-même sa voiture garée rue du Docteur-Lucien-Reynaud et se rue à l'attaque avec son pistolet à la main.

Malgré la violence du bombardement qu'elles ont subi, les barbouzes ripostent. Perché sur les toilettes du rez-de-chaussée, l'un d'eux tient les hommes d'Anglade sous le feu de son pistolet-mitrailleur. Degueldre, aussi calme qu'à un stand de tir, vide quelques chargeurs sur les fenêtres d'où ne s'évade plus aucune lumière. Vieux baroudeur, il se rend vite compte qu'à moins de prendre le risque de perdre de nombreux hommes, il n'enlèvera pas la villa car les barbouzes disposent certainement de munitions pour leur permettre de soutenir le siège jusqu'à ce que, sans doute déjà alertées par quelque voisin, les forces de l'ordre viennent les dégager.

Après un dernier jet de grenades dans l'entrée de la villa, Degueldre, persuadé que l'explosion provoquée par une des roquettes de Lagier a fait des victimes parmi les assiégés, ordonne le repli juste au moment où un premier fourgon de police débouche dans la rue du Docteur-Lucien-Reynaud. Touché par une balle perdue, un inspecteur meurt dans ce véhicule pris sous les feux croisés du dernier échange.

Contrairement à ce que pense Degueldre, les barbouzes ne déplorent qu'un seul blessé, un Vietnamien touché à la tête par un éclat de roquette.

Les *deltas* ayant rejoint leurs planques où quelques bouteilles de champagne mises au frais les attendaient pour fêter à la fois le Nouvel An et leur victoire, Michel Dirand, contrevenant aux règles de sécurité instaurées par Bitterlin, prend l'initiative de le rejoindre à El-Biar et, sans se soucier de discrétion, il laisse trois hommes armés de mitraillettes devant la villa de Nicolas d'Andréa et raconte à son patron ce qui vient de se passer rue Faidherbe.

Mᵉ Lemarchand, dans l'intention de prévenir les excès des contractuels qu'il devine prêts à ouvrir le feu sur quiconque viendrait maintenant rôder devant la villa Dar Likoulia, décide de les rejoindre. Au matin du 1ᵉʳ janvier 1961, pendant que le bruit se répand dans Alger que de nombreuses barbouzes ont été tuées à l'heure du réveillon, après avoir fait transférer à l'hôpital Maillot le Vietnamien blessé, qui avait d'abord été conduit à Mustapha où il ne donnait pas cher de sa peau, Bitterlin regroupe son monde avec armes et bagages dans la villa El Mansour. Et, puisque sa propre villa est désormais repérée à cause de l'intrusion nocturne de Michel Dirand, il s'installe avec eux.

Mis au courant des événements, Jacques Dauer ordonne une nouvelle fois le rapatriement des barbouzes. Mais même les contractuels qui, avant l'attaque de la villa Dar Likoulia, avaient proposé de lui obéir, ragaillardis par la manière dont ils ont tenu tête aux *deltas*, ne veulent plus entendre parler de retour. Et leurs compagnons qui n'ont jamais envisagé de partir sont encore plus décidés à poursuivre le combat.

\*

## — 55 —
## Salan refuse la partition

Bien qu'elles ne se risquent plus hors de leur forteresse d'El-Biar, les barbouzes reçoivent des renseignements sur l'O.A.S. par le truchement d'un mystérieux « colonel Foyer ». Cet officier de réserve, Jacques Despinoy de son vrai nom, est conseiller à la direction du Service de formation de la jeunesse algérienne dépendant de René Petitbon et collecte auprès de meneurs du F.L.N., qui espèrent en retour recevoir des armes, les noms et les adresses qu'il remet aux hommes de Bitterlin. D'autres informations sur l'O.A.S. parviennent à Bitterlin par un nommé Lavier, membre du M.P.C., qui, dans sa boucherie de la place Nelson servant de boîte aux lettres aux gaullistes, est idéalement placé pour recueillir les confidences de ses clients musulmans.

Dans l'après-midi du 3 janvier 1962, alerté par deux émissions pirates décrétant la mobilisation générale de tous les Français d'Algérie en état de porter les armes, Bitterlin, confiant en ses informateurs qui lui ont permis de faire arrêter de nombreux éléments de l'O.A.S., se rend à la Délégation générale pour prévenir Claude Vieillescazes qu'un coup de force risque d'éclater le lendemain. Le délégué général, précise-t-il, pourrait même être enlevé à Rocher-Noir par des nageurs de combat.

De son côté, le préfet de Police Vitalis Cros apporte lui aussi des renseignements sur l'imminence d'une action d'envergure de l'O.A.S. lancée contre la cité administrative de Rocher-Noir et la base aérienne de La Réghaïa. Selon ses sources, ces attaques simultanées seraient entreprises par vingt mille hommes et appuyées par une flotte de bateaux de pêche et de plaisance empêchant la fuite des autorités par la mer.

Pendant que les plus hautes personnalités d'Algérie prennent la menace au sérieux, Jean Sarradet qui, avec Michel Leroy, a gagné à la partition la quasi-totalité des commandos Z, soit les deux tiers des hommes en armes de l'O.A.S., se tient prêt à braver les *deltas* de Degueldre et les *alphas* d'Achard. Mais, encore soucieux d'éviter l'affrontement incertain qui ruinerait ses plans, il provoque un nouveau rendez-vous avec le haut-commissaire Petitbon.

Une fois au Palais du Gouverneur, le jeune homme va droit au but mais Petitbon, déjà au courant des rumeurs d'attaque prévue pour le lendemain et usant d'un ton sec tranchant avec celui qu'il employait lors de la première rencontre, met en doute sa capacité à imposer ses vues à l'ensemble de l'O.A.S. Sans se décontenancer, Sarradet maintient mordicus que le jeudi 4 janvier 1962 sera en Algérie une journée comme les autres. Puis il demande à son hôte crispé s'il a pris des contacts à Paris au sujet de sa proposition. Le haut-commissaire Petitbon lui faisant comprendre que la menace du coup de force rend toute discussion inutile, il se plie à ses raisons et, après avoir encore affirmé qu'il ne se passera rien à Rocher-Noir parce qu'il tient les choses en main, il se fait ramener à l'endroit où ses amis l'attendaient.

A la même heure, Jean Morin réunit à Rocher-Noir les responsables du maintien de l'ordre. Après avoir fait la recension des indices de coup de force, il demande au général Ailleret de faire converger vers la zone menacée ses troupes de réserve cantonnées dans la Mitidja et de les mettre à disposition du préfet de Police. Puis il réclame à Matignon le renfort immédiat de la flotte basée à Toulon.

Revenu à son Q.G. de La Réghaïa, Ailleret fait avec les officiers de son 2$^e$ bureau le point sur cette affaire qu'il ne prend pas très au sérieux. A les écouter, il se rend compte qu'à part les quelques dizaines d'hommes qui ont récemment quitté Alger pour échapper à des rafles provoquées par l'attaque de la villa Dar Likoulia et l'accrochage qui a opposé l'avant-veille des *deltas* à une poignée de barbouzes aventurées en ville, ses observateurs n'ont nulle part trouvé trace des milliers de partisans de l'O.A.S. annoncés par le M.P.C. et les indicateurs de Michel Hacq et Vitalis Cros.

Conforté dans ses impressions, Ailleret refuse d'alerter pour rien ses réserves générales et se contente d'activer un dispositif de sécurité prévu depuis longtemps dans l'Algérois. Tout est en place en fin d'après-midi, lorsque Pierre Messmer lui demande par téléphone si la situation est tellement préoccupante qu'elle réclame la venue de la flotte de Toulon. Ailleret lui ayant affirmé qu'il n'a jamais demandé un tel renfort, le ministre des Armées ne fait pas appareiller ses bâtiments de combat.

Après Pierre Messmer, c'est au tour du délégué général d'appeler Ailleret pour lui réclamer des explications quant aux troupes de réserve générale qui n'ont pas encore fait mouvement. Sans grand souci de diplomatie, le commandant supérieur fait remarquer à Morin que cette affaire n'est plus de son ressort. Ni du sien, précise-t-il, puisque le protocole de commandement lui impose de ne se soucier que de ses responsabilités personnelles et lui interdit d'intervenir auprès des chefs de corps quant à la manière dont ils entendent appliquer ses directives.

Jean Morin ne se risque pas à contrarier Ailleret, mais il lui fait tout de même remarquer que pour se contenir dans ses hautes prérogatives, il faudrait au moins que ses ordres fussent suivis. Ce qui, ajoute-t-il avant de raccrocher, n'est pas encore le cas.

Un peu après 12 h 30, la Délégation générale ayant tout de même pris des mesures exceptionnelles de sécurité, à près de deux mille kilomètres d'Alger, un homme âgé d'un peu plus de vingt ans sonne à l'entrée d'un pavillon situé au 13 de l'avenue du Président-Wilson à Alençon. Il s'appelle Paul Stéfani, il n'est pas pied-noir, son père est directeur de banque à Toulon et il a un frère dans la Marine nationale. Il vient d'Alger où, après son service militaire dans une unité parachutiste, il a travaillé dans une société de recherches pétrolières au Sahara avant de rejoindre en août 1961 les commandos de Jacques Achard sous le pseudonyme de *Petit-Paul*.

Trouvant là l'occasion d'aller embrasser ses parents, Paul Stéfani a accepté de Jacques Achard, qu'il ne connaît que sous le code de *Willy*, la mission d'éliminer un militant communiste complice du F.L.N. Et c'est cet homme, Alfred Locussol, un Pied-noir de cinquante-cinq ans, ami de Ben Khedda et de Saad Dahlab depuis le lycée de Blida et maintenant agent de l'Enregistrement à Alençon, qui, du moins l'espère-t-il, va lui ouvrir sa porte.

C'est à la demande de Degueldre et de Susini qu'Achard a monté cette première opération en métropole. Il ne l'a fait qu'après que l'ancien officier du 1er R.E.P. lui eut donné des précisions sur le passé de collaborateur du F.L.N. de Locussol, muté en Normandie après avoir purgé une peine de prison à Alger.

Avant de venir à Alençon, Paul Stéfani aurait dû rencontrer à Paris le capitaine déserteur Yves Van den Brûle de Régis qui devait lui remettre les dernières consignes d'Achard. Mais cet officier n'était pas à son domicile de la rue de l'Abbé-Groult. Alors, Stéfani a demandé à Robert Artaud, un ami d'enfance, de l'accompagner en Normandie.

Puisqu'on lui a affirmé que Locussol fait toujours partie de l'appareil le plus secret du parti communiste organisant des évasions de militants du F.L.N. vers les pays de l'Est, *Petit-Paul*, tandis que son compagnon armé d'un pistolet 22 long rifle guette dans un café tout proche, n'a pas d'états d'âme en faisant aujourd'hui le pied de grue devant la villa de sa victime désignée. Pour lui, il s'agit simplement d'une mission de guerre.

La porte s'ouvre enfin. Locussol se méfie. Après avoir demandé à sa sœur avec qui il vit de monter à l'étage, il dévisage le jeune homme sans se décider à le laisser entrer. Mais il le fait tout de même après que celui-ci, s'étant assuré qu'il était bien chez Alfred Locussol, a affirmé être porteur d'un message de ses amis algérois.

Sitôt dans le salon de l'allié du F.L.N., l'ancien para tire une première balle de pistolet dans sa poitrine, puis une seconde lorsqu'il s'affaisse. Sans se soucier de la sœur de Locussol qui dévale l'escalier en hurlant, il sort de la villa, passe devant le bar où Robert Artaud se tenait prêt à lui porter assistance. Marchant l'un derrière l'autre, les deux jeunes gens se dirigent d'un bon pas vers la gare et montent chacun dans un compartiment d'un train qui les dépose une heure plus tard au Mans.

Les deux hommes sont convenus de se retrouver dans un café près de la gare en attendant la correspondance pour Paris. Paul Stéfani s'y est installé, lorsqu'il voit soudain deux policiers encadrer son compagnon et le pousser dans une voiture. Songeant que le signalement d'Artaud a été communiqué par téléphone aux policiers du Mans, il décide de ne pas le laisser accuser seul de l'exécution. Il le rejoint alors qu'il est déjà assis entre les deux policiers et, s'adressant à lui comme s'il le retrouvait par hasard, il l'invite à boire un pot.

Les policiers ne sont pas dupes du manège. Ils bondissent hors du véhicule et empoignent le tueur qui s'est sacrifié par amitié.

A Alger, où Jacques Achard ne sait pas encore que Stéfani a atteint son objectif et a été arrêté, Jean Sarradet et Michel Leroy ont fait circuler des consignes pour que les commandos Z n'obéissent plus désormais à des ordres qui n'émaneraient pas d'eux. Et quelques hommes de Bitterlin, tenant à faire du zèle puisqu'ils sont à la base du remue-ménage agitant la Délégation générale, tiennent à participer avec les gendarmes mobiles à la garde rapprochée de Jean Morin.

Les hommes qui, malgré une tempête soudaine, patrouillent inlassablement sur les plages proches de Rocher-Noir ne signalent pas les bateaux annoncés. Les barrages qui interdisent les accès à la base de La Réghaïa ne voient venir aucun groupe armé. Si l'un d'eux intercepte deux sous-officiers parachutistes dans une voiture, ces hommes reconnaissent au Q.G. d'Ailleret qu'ils font bien partie d'une unité dépendant du S.D.E.C.E., mais qu'ils sont en virée galante et jurent qu'ils n'ont pas entendu parler d'un coup de force.

A la même heure, les capitaines Sergent et Curutchet, ignorant aussi la mort d'Alfred Locussol, organisent à Paris une attaque sur le siège du parti communiste installé au 44 de la place Kossuth dans le IXe arrondissement. Jaillissant d'une Dauphine Renault, trois rafales de quatre balles de mitraillette font voler en éclats quelques vitres de l'immeuble. Un permanent du P.C. riposte du premier étage. L'action engagée à quelques mètres seulement d'un fourgon de police garé n'a duré que quelques secondes. Le silence revenu, les rares passants qui se sont engouffrés dans des entrées d'immeuble ou réfugiés derrière des voitures en stationnement se risquent à venir rôder devant le siège du P.C. Aussitôt avertis, les dirigeants communistes songent à utiliser les rafales des compagnons de Sergent pour lancer une campagne nationale antifasciste visant autant le gouvernement que l'O.A.S.

Pendant ce temps, estimant à Alger que Sarradet et ses amis – alors qu'ils ne sont pour rien dans cette affaire – ont empêché les troubles annoncés, le haut-commissaire Petitbon, avec l'aval du délégué général, décide d'aller plaider à Paris pour la partition. Il est déjà à pied d'œuvre lorsque, dans la matinée du samedi 6 janvier, des milliers de manifestants rameutés par *L'Humanité* envahissent la place Kossuth en chantant *L'Internationale* et scandant des slogans hostiles à l'Algérie française et à l'O.A.S. Sergent a atteint son but, qui, au-delà du mitraillage symbolique des locaux du parti de Maurice Thorez, était de provoquer des heurts entre les forces de l'ordre et les militants du P.C.

Curutchet est, comme Sergent, satisfait des suites du bref harcèlement de la place Kossuth. La signant de son nom de code *André* au nom du délégué général de l'organisation en métropole, il fait diffuser le 7 janvier 1962 cette note à ses chefs de groupe :

« L'opération réussie dans la nuit du 4 au 5.1.62 contre le siège du P.C., carrefour Kossuth, à Paris, est une réussite au triple point de vue :

« *Technique* : Peu de moyens en jeu (1 Dauphine, 3 hommes, 1 pistolet-mitrailleur, 12 cartouches) ont suffi pour opposer 10 000 manifestants communistes et 8 000 policiers et C.R.S !

« *Politique* : Le P.C. a été forcé de réagir et de faire descendre ses gens dans la rue, ce qui nous a permis de l'"évaluer". Le gouvernement, pris entre deux feux, est mis dans une situation embarrassante : interdire la manifestation = se faire accuser de soutenir l'O.A.S. L'autoriser = risque d'action de nos sections spéciales. Les adversaires de l'O.A.S. sont divisés : ainsi la S.F.I.O. se réjouit du bon coup porté aux communistes. Aucune réaction syndicale commune n'a été possible : d'où la perspective d'un Front populaire s'estompe.

« *Psychologique* : De quelque bord qu'il soit, le Français admire l'audace de notre section spéciale qui a réussi son coup en plein Paris, à quelques mètres d'un car de police.

« Il s'agit là de l'opération révolutionnaire type à réaliser à partir de maintenant : opération illégale, violente, spectaculaire et sans bavures.

« Les chefs de l'O.R.O., à tous les échelons, sont invités à prendre exemple sur le Groupement des sections spéciales de Paris et à entreprendre au plus tôt des actions semblables sur l'adversaire communiste. »

Et Curutchet, tout aussi opposé que Sergent aux actions désordonnées de Canal, conclut sa note par ces mots :

« L'ère du plastic est close. Ceux qui voudront continuer à "faire la guerre aux concierges" ne doivent pas compter sur nous pour authentifier leurs actions. »

Au moment où Curutchet faisait diffuser sa note, cinq mille C.R.S. destinés à prévenir un coup de force arrivaient à Paris et un petit commando d'anciens du G.C.P. mené par l'adjudant-chef Marc Robin s'emparait au camp de Satory de quatre fusils-mitrailleurs 24/29 et d'une quinzaine de pistolets-mitrailleurs.

Les échos de l'affaire de la place Kossuth sont parvenus à Alger où, au moment de se rendre rue Michelet à une réunion de son état-major, Salan, ayant aussi appris l'assassinat d'Alfred Locussol, fait remarquer à Ferrandi qu'il aimerait qu'on le tînt un peu plus au courant des initiatives de ses subordonnés.

Comme à la première réunion, Salan endure les tirades de ses colonels. Il ne s'intéresse au débat que lorsque Godard annonce la création d'un nouveau service financier dirigé par le colonel d'intendance Raymond Gorel, aujourd'hui à la retraite et qui a reçu le nom de code de *Cimeterre*. Puis, avant de regagner avec Ferrandi l'immeuble des « Deux Entêtés », il subit sans daigner les relever les habituelles allusions lui reprochant ses contacts directs avec ses officiers responsables de secteur.

Pendant que l'état-major de l'O.A.S. se réunissait à Alger, la police raflait en banlieue parisienne une vingtaine de très jeunes gens qui avaient improvisé un réseau de soutien à l'Algérie française sans lien avec l'O.A.S.-Métro-Jeunes que Pierre Sergent a mis aux ordres de Nicolas Kayanakis en même temps qu'il confiait à Jean Caunes (devenu *Frédéric*) le secrétariat de l'Action Propagande et Politique, l'A.P.P., dirigée par le lieutenant Jean-Marie Chadeyron, dissimulé sous le pseudonyme de *Jean-Pierre*.

Le lendemain de ces arrestations, les commandos de l'O.A.S. se livrent dans Alger à des attentats provoquant une demi-douzaine de morts et de nombreux blessés musulmans. Et dans les jours suivants les autorités déplorent des vols d'armes dans des casernes d'Alger, d'Oran et de Biskra.

Bien que les rumeurs courent à leur sujet depuis longtemps, c'est seulement le 13 janvier 1962 que Salan se préoccupe des contacts de Sarradet et Leroy avec des personnalités gouvernementales. Ayant fait le tour de la situation préoccupante et écouté une fois de plus à la lettre Jean-Jacques Susini, il demande à Ferrandi de rédiger et de faire diffuser à tous les échelons de l'organisation cette *Instruction O.A.S. n° 20* :

« Depuis un certain temps déjà, des renseignements en provenance de Paris, et auxquels j'avais tout lieu d'accorder un crédit certain, faisaient ressortir que Matignon tenterait une manœuvre de dissociation au sein de l'Organisation en général. Il est confirmé maintenant qu'à Alger même des contacts précis ont été pris avec des éléments dirigeants du Front nationaliste et que ces derniers se sont faits non seulement l'écho favorable de ces manœuvres, mais ont essayé de circonvenir quelques-uns de leurs camarades. Ils ont fait ressortir en particulier l'aspect séduisant des théories émises par le Premier ministre en faveur de la partition en Algérie, par exemple.

« Je suis navré de constater que des patriotes, dont je ne doute pas un seul instant de la valeur et de l'honnêteté intellectuelle, aient pu se laisser séduire par de telles interventions. Si j'explique aisément que certains patriotes métropolitains (et mes renseignements sont excellents sur ce point) puissent, pour des raisons personnelles, je dis bien personnelles, se laisser aller à certains "chantages" gouvernementaux, je ne comprends pas qu'en Algérie, où nous vivons le combat quotidien, de telles influences aient pu trouver un auditoire.

« En tout état de cause, j'estime, dans l'intérêt supérieur de tous et de tout, devoir dénoncer violemment cette manœuvre qui, tout bien analysé, relève de la plus haute trahison, et ce disant, je pèse mes mots. C'est une trahison à l'égard de nous-mêmes puisque nous avons toujours posé comme principe de base la défense de l'intégrité du territoire. Elle l'est aussi à l'égard de la population d'Algérie, de La Calle à Marnia, où il ne peut être question de partition. Bien au contraire, nous lutterons contre cette partition qui est l'émanation du Pouvoir et que, partant, nous ne pouvons pas admettre. »

Après cette condamnation du Front nationaliste, Salan ordonne de « cesser immédiatement toute action susceptible de favoriser de près ou de loin ce jeu. Mieux encore, au moment où le F.L.N. déclare une guerre ouverte à l'O.A.S., non seulement je ne veux pas que nous prêtions le flanc à cette action, mais j'exige de tous un effort de compréhension total. Il faut, dans les cas particuliers qui peuvent se présenter à nous à l'avenir, agir avec intelligence et discernement et ne pas se laisser aller à des excès dont les conséquences pourraient être funestes ».

Songeant à quelques initiatives esquissées en même temps au début du mois par le F.L.N. et certains éléments de l'O.A.S. et destinées à isoler l'une de l'autre les fractions musulmane et européenne de la population, Salan a aussi dicté à Ferrandi : « Cela revient à dire qu'Alger doit cesser sur-le-champ les pratiques de ségrégation qui ont vu le jour dans certains quartiers périphériques, et qu'à Oran un effort tout particulier doit être fait pour limiter les heurts (je sais que cela n'est pas facile), que Constantine et Bône adoptent en toute circonstance une ligne de conduite similaire.

« Compte tenu de ce qui précède, et pour mettre un frein brutal à toute manœuvre inadmissible, je demande qu'une action psychologique soit entreprise immédiatement et tous les moyens réunis (radio, tracts, publications). Cette action fera ressortir les idées de base suivantes :

« – Le Pouvoir souhaite et essaie de nous pousser vers une insurrection limitée, pour mieux nous détruire. Nous ne nous laisserons pas entraîner. Notre lutte deviendra chaque jour plus révolutionnaire et plus efficace. Le Pouvoir le craint et collabore en cela avec le F.L.N., qui vient d'en faire l'aveu public.

« – Le Pouvoir veut creuser le fossé entre les communautés. Là aussi, par notre compréhension, notre bon sens, nous ne lui donnerons pas matière à succès. L'O.A.S. est contre la partition. Jamais elle ne l'admettra et la lutte continuera pour l'Algérie, de La Calle à Marnia.

« J'insiste pour que cette question soit menée franchement et sans tarder. Sur le plan pratique, à l'égard des groupes qui se laissent aller aux manœuvres que j'ai sévèrement qualifiées dans la première partie du présent ordre, je précise qu'il n'est pas question d'admettre un seul instant la moindre des négociations avec le Pouvoir et que toute idée de partition est une forme d'abandon que nous ne saurions tolérer. Dans ce cas particulier, il n'y a que deux solutions : se soumettre sincèrement ou se démettre, et je prendrai alors les mesures spectaculaires qui s'imposent.

« En résumé, je vous demande de considérer le présent document non pas comme une simple mise en garde, mais comme un ordre impératif. Il devra être porté tel quel à la connaissance de tous les échelons intéressés. »

\*

## — 56 —
## Un compagnon de la Libération rejoint l'O.A.S.

Avant la diffusion de la condamnation à mort du Front nationaliste que représente la *Directive n° 20* de Salan, le colonel Chateau-Jobert, qui occupait depuis octobre 1961 auprès de l'amiral préfet maritime de Cherbourg le poste d'officier de liaison de la III<sup>e</sup> région militaire dont le commandement est basé à Rennes, a rencontré Sergent à Paris.

Lorsque l'ancien du 1<sup>er</sup> R.E.P., arguant qu'il n'est que capitaine, a tenté d'amener « Conan » à prendre le commandement de l'O.A.S. en métropole, après avoir un instant caressé la barbiche qui affine un peu plus encore son visage aigu, celui-ci a refusé en expliquant que, comme ce fut le cas dans la Résistance et au début de la France libre, les grades ne devaient pas compter dans la clandestinité et que, seule, l'aptitude au commandement et à se plier aux situations les plus anormales doit diriger le choix des chefs. Il a ensuite décidé de déserter et d'aller en Algérie se mettre à la disposition de Salan.

Désigné après cet entretien pour suivre à Versailles un stage de spécialisation sur le commandement territorial qui doit s'ouvrir le lundi 15 janvier, Chateau-Jobert laisse ostensiblement le gros de ses affaires à Cherbourg, passe par l'hôtel versaillais où une chambre lui a été retenue, prévient sa direction qu'il s'y installera à partir du lundi soir et se fait conduire en voiture à Marseille, où, grâce au petit réseau de Jean-Paul Piclet et du capitaine Le Berre, il embarquera à bord d'un cargo.

Après les lieutenants-colonels Edgard Tupet-Thomé et Roger Ceccaldi et le comte Horace Savelli, Chateau-Jobert est le quatrième compagnon de la Libération à se dresser contre l'homme qui, utilisant la formule consacrée par lui à Brazzaville le 16 novembre 1940 : « Nous vous reconnaissons comme notre Compagnon pour la Libération de la France, dans l'honneur et par la victoire », l'a accueilli le 28 mai 1945 dans cet ordre de chevalerie des temps modernes.

Le comte Savelli, qui a rallié un des groupes de la 3$^e$ région de l'O.A.S.-métropole mise sur pied par le capitaine Renault, instructeur à Coëtquidan et qui a des ramifications en Bretagne, dans le haut Poitou, le Maine, la Normandie et la Vendée, est propriétaire du domaine de la Gascherie à La Chapelle-sur-Erdre, la commune du pays nantais dont il est le maire. Corse par son père et Vendéen par sa mère, il a rallié Londres en 1940 et terminé la guerre chef d'escadron à la 2$^e$ D.B. du général Leclerc. Apparenté à Olivier Guichard, l'un des plus proches conseillers du général de Gaulle, il préside depuis le 3 février dernier l'Union nationale des combattants. Pas plus que Tupet-Thomé, Ceccaldi et Chateau-Jobert, son passé de Français-libre ne l'a empêché de s'opposer au général de Gaulle sitôt que sa politique algérienne lui est apparue néfaste pour les intérêts de la France et incompatible avec sa conception de l'honneur.

Les amis qui attendaient Chateau-Jobert à Marseille lui ayant annoncé que le cargo à bord duquel il devait prendre place a été réquisitionné pour transporter à Alger une compagnie républicaine de sécurité, il attend une autre opportunité de départ chez un dentiste installé dans l'immeuble bâti par Le Corbusier que les Marseillais appellent « la Maison du Fada ». Louis de Charbonnières, lui, est accueilli le 13 janvier à Alger par René Villard qui, se proclamant tout à fait opposé à leur projet de partition, lui annonce d'emblée qu'à cause de Leroy et Sarradet, le Front nationaliste est maintenant hors la loi au sein de l'O.A.S. et que les réseaux de France-Résurrection sont menacés d'isolement.

Après s'être installé à Saint-Eugène dans le cabanon de la famille Villard, ainsi qu'il l'a annoncé à Sergent avant de quitter Paris, le créateur du Conseil national de résistance intérieure sollicite une rencontre avec Salan. Mais les filières normales ne s'ouvrant pas, après avoir longtemps discuté avec Claude Mouton, l'un des meilleurs amis de René Villard et de Robert Martel, il accepte de dîner avec Roger Degueldre.

Bien que ses commandos viennent de mitrailler un café maure dans lequel les pompiers et les policiers ont dénombré dix morts et ramassé vingt-cinq blessés, alors que d'autres s'emparaient de vingt postes radio-émetteurs dans un magasin d'Alger, Degueldre est à l'heure au rendez-vous, où il arrive avec Nicole Gardy.

Fidèle à son habitude lorsqu'il n'est pas en terrain d'amitié absolue, le patron des *deltas* est avare de politesses au moment des présentations et il se contente d'écouter, sans prendre une grande part au débat. Pour l'avoir pratiqué durant le putsch, Charbonnières se méfie du caractère abrupt du lieutenant. Rusé débatteur, espérant l'amener à évoquer de lui-même le Front nationaliste ou France-Résurrection, il ne tient pas à le braquer et avance avec prudence dans l'exposé de la situation de l'O.A.S. telle que, prend-il la précaution de souligner, elle lui est apparue de Paris. Malgré ces frais de diplomatie, lorsqu'il évoque les thèses exposées dans le journal clandestin de Jeune Nation, la compagne de Degueldre lui fait remarquer qu'elle ne lit pas *Vive la France*, ce torchon que Godard a d'ailleurs mis à l'index, souligne-t-elle.

Douché par la réaction de la jeune femme, Charbonnières tente de prouver que l'O.A.S. algérienne a tout intérêt à tenir compte des opinions de ses alliés métropolitains, puisque, selon lui, c'est à Paris que se joue le sort de l'Algérie française. Cette fois, c'est Degueldre qui intervient de sa voix de basse. Feignant de s'étonner que son hôte ait pu arriver aussi facilement à Alger, il insinue que sa venue pourrait peut-être avoir de tout autres desseins que ceux qu'il vient de lui exposer.

— En tout cas, menace-t-il sans avoir l'air d'y toucher, je vous avertis : vous êtes surveillé depuis votre arrivée. Il n'est d'ailleurs pas certain qu'on vous laisse repartir.

Après une pause, la compagne de *Delta* avertit le voyageur qu'une balle dans la nuque est vite tirée à Alger et qu'elle ne fait pas mal du tout. Puis, sûre de son effet, elle ajoute :

— Et après, on jettera votre corps dans le ravin de la Femme sauvage. Personne n'ira jamais vous y chercher.

Charbonnières fait remarquer à Degueldre qu'il ne serait pas difficile de le tuer, puisqu'il n'est jamais armé. Sans doute édifié par son calme, Degueldre lui propose de reprendre la conversation deux jours plus tard et, couvre-feu oblige, il décide de s'en aller.

Au lendemain de ce dîner, en attendant d'être enfin conduit à Salan, Charbonnières rencontre Michel Leroy dans une brasserie du centre. L'ami de Sarradet déplore que les commandos Z aient été sommés de déposer les armes.

— Si vous êtes venu dans l'intention de voir Salan, vaticine-t-il ensuite, ils ne vous laisseront pas l'approcher. Moi-même, alors que j'en ai fait la demande depuis plus de dix jours, je n'ai pas réussi à le voir. Alors, vous qui venez de Paris...

Charbonnières coupe la parole au pétrolier en disponibilité :

— Quand vous dites « ils », à qui pensez-vous ?

— Je ne sais pas trop. Peut-être à l'un ou l'autre des colonels. Ou alors à tous les capitaines.

Comme convenu, Sarradet vient se mêler à la discussion. Lorsqu'il a déposé ses béquilles et s'est assis près de Leroy, Charbonnières, prévenu contre lui par les deux hommes qui sont venus le trouver à Paris, le dévisage et le laisse parler.

Le jeune homme reprend sa thèse favorite selon laquelle l'Algérie française est condamnée et qu'il n'y a plus que la partition pour accorder encore une chance aux Pieds-noirs de vivre chez eux.

— Et c'est pour cela, seulement pour cela, affirme-t-il, que j'ai engagé des tractations avec la Délégation générale. Il ne faut plus gaspiller la moindre chance de rester chez nous !

Le lundi 15 janvier, au lendemain de cette franche discussion qui lui a éclairé d'un jour nouveau la situation, Charbonnières n'a pas encore rencontré Salan et Chateau-Jobert est toujours à Marseille lorsque Sarradet réunit à Baïnem une douzaine de responsables du Front nationaliste et leur annonce, sans bien sûr le nommer, que René Petitbon va lui communiquer dans les heures qui viennent la réponse du gouvernement concernant la partition. Puis il leur dévoile en détail son plan d'action approuvé par Michel Leroy.

Bientôt, explique-t-il, il ira à Paris avec quelques amis exposer au gouvernement la façon dont il engagera le processus de partition. Et, sitôt qu'il lui en aura donné le feu vert, Michel Leroy profitera de la prochaine réunion du comité directeur de l'O.A.S. pour arrêter Salan, les colonels, Susini et le D$^r$ Pérez, qui seront bien traités dans une maison du bord de mer des Pins-Maritimes près de Maison-Carrée.

Le jeune homme, sûr de lui, répond à quelques questions de détail, puis il expose la manière dont il entend éliminer les chefs de secteur du Grand-Alger. L'attention redouble lorsqu'il affirme que les chefs de groupe des *deltas* et des *alphas*, rebutés par les rappels à l'ordre des colonels, n'obéissent plus aussi volontiers qu'il y a quelques semaines aux ordres de Degueldre et Achard. Tout est une question d'argent, avance-t-il en précisant qu'il en aura suffisamment pour créer des unités spéciales destinées à venir à bout de ceux qui refuseraient de se rallier à la partition.

En ce qui concerne le reste de l'Algérie, Leroy et Sarradet comptent sur l'appui des réseaux *Bonaparte* dans le Constantinois. Et ils ont eu suffisamment de contacts positifs avec des militants de l'Oranie pour estimer que Jouhaud, Pied-noir de vieille souche, les approuvera et que tous les cadres de l'O.A.S. de cette région basculeront dans leur camp aux premiers succès obtenus à Alger.

Quant à la population européenne, Sarradet affirme qu'elle suivra le mouvement, comme en mai 1958 et comme elle l'aurait certainement fait en avril 61, si les militaires l'avaient associée à l'entreprise putschiste.

Pour conclure, Sarradet souligne qu'il ne vient pas de se livrer à la démonstration d'une hypothèse révolutionnaire, mais que tout ce qu'il a exposé procède d'un plan mûrement élaboré. Chacun s'étant déclaré favorable au coup de force, il se retrouve bientôt seul avec Leroy à attendre le retour de René Petitbon.

Mais le haut-commissaire a la voix éteinte lorsqu'il annonce par un bref coup de téléphone que Louis Joxe, reprenant une formule venant sans doute de l'Elysée : « Le gouvernement ne doit, en aucun cas, traiter avec des factieux ! », a opposé à ses propositions une fin de non-recevoir sans appel.

La messe est dite. Sarradet et Leroy, qui tout à l'heure encore se voyaient triomphants, sont maintenant des vaincus à la merci des dirigeants algérois de l'O.A.S.

Au soir de cette défaite des partisans de la partition, Salan quitte son immeuble des Tagarins pour s'installer boulevard du Télemly dans un appartement qu'il partagera avec Marcel Ronda. Quant au capitaine Ferrandi, il ramène ses affaires et ses paperasses dans son ancien studio de la rue Desfontaines, d'où il n'aura qu'à traverser le boulevard du Télemly pour se rendre chez le général.

Leur chef prenant ses nouvelles habitudes, les responsables de secteur du Grand Alger engagent à son insu le procès des dirigeants du Front nationaliste. Michel Leroy puis René Villard rencontrent Louis de Charbonnières et lui annoncent qu'afin d'éviter un bain de sang, ils vont écrire à Salan pour lui annoncer qu'ils rentreront dans le rang après avoir organisé la dissolution de leurs commandos.

Après ces discussions, Charbonnières retrouve au soir Degueldre et Susini qui se lance dans une longue critique des éléments antigouvernementaux de métropole qui, comme le Conseil national de résistance intérieure, souligne-t-il à dessein, s'aventurent dans des initiatives personnelles et inconsidérées, bien que, rappelle-t-il, il existe à la tête de l'O.A.S. un organisme directeur dont il suffit de suivre la doctrine et écouter les ordres pour atteindre à la victoire. Il assène aussi à Charbonnières qu'il est inutile de venir proposer à Salan de nouveaux documents de travail, puisqu'il ne manque pas à l'Université d'Alger de professeurs émérites qui, sans être toujours d'accord avec les actions de l'O.A.S., travaillent avec lui à l'élaboration d'une nouvelle Constitution et se tiennent prêts à engager une politique de gouvernement mieux adaptée aux nouvelles réalités de l'Algérie.

Ayant laissé soliloquer le conseiller de Salan, Charbonnières prend à son tour la parole. Mais aucun de ses arguments ne touche Susini, qui persiste à refuser l'organisation d'un coup de force précipité mais, comme Salan souligne-t-il, se déclare au contraire partisan de poursuivre un combat larvé qui, à la longue, finira par user les forces gouvernementales.

Lorsque Charbonnières demande encore de quelle manière l'O.A.S. espère tenir le bled algérien lorsque, comme c'est maintenant d'après lui inéluctable, les troupes françaises s'allieront à celles de l'A.L.N. pour imposer l'indépendance, Susini lui répond qu'au cas où la population musulmane attaquerait en masse les Européens, l'armée serait obligée d'intervenir et qu'elle ferait alors certainement, bon gré mal gré, le jeu de l'O.A.S.

## Chap. 56. – *Un compagnon de la Libération rejoint l'O.A.S.*

Ayant quitté cette réunion sans l'assurance de rencontrer Salan, Charbonnières discute avec Gardes, puis il rencontre encore Susini et Degueldre au soir du jeudi 18 janvier.

Philippe Castille a organisé la veille à Paris une spectaculaire « nuit bleue » en faisant sauter dix-huit charges de plastic. Si ce tintamarre réalisé avec des étudiants recrutés par Jean-Marie Vincent, un ancien élève de la Faculté de droit d'Alger qui n'a pas encore fait son service militaire, n'a provoqué aucune victime, il a incité les policiers à lancer de nouveaux coups de filet dans les milieux Algérie française et des arrestations sont en cours à l'heure où la discussion commence à Alger en présence de *deltas* en armes.

Charbonnières ignore que Susini a averti Salan que Degueldre et les autres chefs de secteur, interprétant ainsi à la lettre sa *Directive n° 20*, ont condamné à mort Michel Leroy, René Villard, Jean Sarradet ainsi que sept autres personnalités du Front nationaliste. Nullement impressionné, il plaide encore pour une action rapide qui, seule selon lui, garantirait la survie de l'O.A.S. lorsque, dans peu de temps sans doute, elle se retrouvera isolée dans les grandes villes parce que les forces françaises feront cause commune contre elle avec le F.L.N. et l'A.L.N. ou parce qu'elles auront été rapatriées sur ordre de De Gaulle.

Les heures s'étant écoulées sans que rien de constructif ne sorte du débat tendu et arrosé de café, de bière et de whisky, Charbonnières en vient au petit matin à prédire que si l'O.A.S. gardait sa ligne de conduite actuelle, elle se condamnerait à engager dans Alger, Oran et Constantine un baroud d'honneur qui transformerait ces trois villes en Budapest vouées à être écrasées par les chars et les bombes.

Après cette vision pessimiste qui lui rappelle les propos qu'il tenait lui-même au dernier jour du putsch, Degueldre fixe avec plus d'intensité l'homme dont il n'est pas encore parvenu à comprendre pourquoi il a pris le risque de traverser la Méditerranée et, surtout, par qui il est mandaté. Après l'avoir ainsi dévisagé, il lui déclare froidement qu'il l'aime bien, au fond, et que cela lui ferait de la peine de le flinguer, mais qu'il serait pourtant obligé de le faire s'il ne changeait pas de registre.

Charbonnières feint d'ignorer la menace et répète qu'il est venu à Alger de sa propre initiative, dans la seule intention de rencontrer Salan. Degueldre lui répond qu'il ne verra pas le général, parce que, au cas où il chercherait tout de même à l'atteindre, des ordres ont été donnés pour l'intercepter. Le créateur du Conseil national de résistance intérieure, conscient qu'il a définitivement perdu la partie, demande alors s'il peut se retirer. Degueldre fait un signe à ses hommes aux traits tirés par la veille et le laisse partir.

*

## — 57 —
## Les chefs de l'O.A.S. s'entre-tuent

Averti de la décision des capitaines et de Jacques Achard, Sarradet a quitté son refuge de Baïnem à l'heure où Charbonnières se rendait à son rendez-vous stérile. Il s'est replié en ville dans un studio du boulevard du Télemly prêté par un de ses amis fidèles, pas très loin de chez Michel Leroy qui, lui aussi, se tient sur ses gardes. En fin de matinée du 19 janvier il est encore dans ce studio, lorsque Anne Loesch, la jeune fille de vingt ans qui l'aime et qui, dans trois ans, publiera chez Plon *La Valise et le Cercueil*, vient lui annoncer que Leroy a été enlevé à 8 heures en bas de chez lui par trois hommes qui l'ont emmené dans une voiture qui n'appartenait ni à la police ni à la gendarmerie.

L'alerte donnée, les cadres du Front nationaliste font le vide dans leurs planques et Sarradet, écartant l'éventualité que Leroy ait été enlevé par des barbouzes, décide de réclamer des explications à Susini. Il n'a toujours pas trouvé sa trace, lorsqu'un de ses compagnons l'informe que René Villard n'est pas ressorti du P.C. du capitaine Le Pivain, avec qui il avait rendez-vous à Maison-Carrée.

Dans le climat électrique qui régnait au sein des groupes de l'O.A.S., René Villard a fini par craindre des représailles de Leroy ou Sarradet à cause de l'hostilité à leur projet de partition avouée à Charbonnières. Dès qu'il a su qu'il devait se rendre au P.C. de Le Pivain, puisque, en gros, sa ligne de conduite ne divergeait pas de l'orientation officielle de l'O.A.S., sans prendre le pistolet dont son ami Roland Faucogney aurait aimé qu'il s'armât, il a suivi à Maison-Carrée le jeune israélite qui lui a souvent servi de guide vers d'autres rendez-vous secrets.

Au fil des heures, l'ambiance devient de plus en plus tendue parmi les groupes du Front nationaliste où chacun semble se méfier de tous les autres. Si des chefs de commando proposent de résister dans leur fief aux *deltas* et aux *alphas*, d'autres prônent le dépôt des armes en attendant que la situation s'éclaircisse. Ce climat se détériore un peu plus lorsque le bruit court que le corps de René Villard a été retrouvé au matin du 20 janvier, criblé de balles, dans les dunes littorales de Fort-de-l'Eau.

## Chap. 57. – *Les chefs de l'O.A.S. s'entre-tuent*

Après cette disparition, Jean Sarradet se retrouve seul à braver l'appareil officiel de l'O.A.S. Estimant qu'il est peut-être encore temps de sauver Michel Leroy, par le truchement d'un ami commun, il avertit Susini qu'il n'hésiterait pas à engager un combat total avec l'O.A.S. si on ne le lui rendait pas indemne dans un délai de douze heures. Mais, sachant qu'il ne dispose pas de suffisamment d'hommes pour affronter les *deltas* et les *alphas*, Susini lui fixe rendez-vous un peu après midi avec Degueldre et les autres chefs de secteur.

Sarradet, plus prudent que Villard, ne se rend pas lui-même au rendez-vous. L'émissaire qu'il a dépêché revient bientôt lui annoncer que Michel Leroy a été tué et que Philippe Le Pivain, qui était pourtant son ami et avait même paru s'intéresser à son plan de partition, se serait lui-même chargé de son exécution.

Au soir, Sarradet a relu plus de vingt fois la missive que Susini a remise à son agent de liaison et qui lui promet que les choses en resteront là.

Salan assiste à une nouvelle réunion de son état-major. Comme s'ils ignoraient que l'O.A.S. vit une crise gravissime, Vaudrey et les colonels débattent de sujets d'une banalité affligeante. Quand ils en viennent à discuter de la collecte de l'impôt qui ne fonctionne toujours pas de manière satisfaisante, ils s'empoignent comme des petits chefs de bureau de l'Administration au sujet de la couleur des carnets à souches. Et personne ne parle de Michel Leroy et de René Villard.

Rentré chez lui avec Ferrandi, Salan annonce qu'il ne présidera plus aucune réunion de son état-major tant qu'on ne s'y montrera pas plus sérieux et, au matin du 21 janvier, un tract annonce l'exécution des « traîtres du Front nationaliste » jugés et condamnés par un tribunal présidé par lui-même.

Les commentaires allant bon train dans Alger au sujet des « traîtres » éliminés, Sarradet tente avec Pierre Delhomme de rameuter le reste des commandos Z mais il ne trouve qu'une vingtaine d'hommes. Assuré de leur fidélité, décidé à s'expliquer avec Le Pivain, il décide d'aller à Maison-Carrée. Puis, revenant sur son intention, il se résout à faire porter à Susini un mot par lequel, après lui avoir reproché la mort de ses compagnons, il annonce sa soumission aux décisions de l'O.A.S.

Susini improvise une réunion. Méfiant, Pierre Delhomme effectue une reconnaissance du lieu de la rencontre. Les hommes de Jo Rizza et de Josué Giner ne se dissimulent pas lorsqu'il se présente aux abords du petit immeuble de trois étages bâti sur les hauteurs d'Hydra où elle doit se dérouler. Mais comme il a pris la précaution de se faire accompagner par une demi-douzaine de fidèles, il estime que les deux clans sont à égalité et que cette situation interdira l'enlèvement ou l'assassinat de Sarradet.

Degueldre, visage fermé, assiste à la discussion. Susini rappelle à son hôte toujours encombré de béquilles la doctrine de l'O.A.S. dont, selon lui, il ne faut plus s'écarter. Puis, l'assujettissant ainsi à l'exécuteur de son ami Leroy, il lui annonce qu'il aura désormais en charge les finances du secteur de Maison-Carrée.

Les participants de la réunion se préparant déjà à s'égailler sans attirer l'attention de gendarmes cantonnés pas très loin de l'immeuble, Sarradet et Susini s'isolent en tête-à-tête dans la cuisine.

— Il fallait qu'ils meurent, martèle le conseiller de Salan pour répondre à une question de l'homme dont il a arraché la grâce en même temps que celle des sept autres condamnés qui figuraient sur la liste arrêtée par Godard et le comité directeur. Ils allaient tout foutre en l'air !

En métropole, le 22 janvier 1962, un commando de l'O.A.S. enlève à Bourg-la-Reine le D$^r$ Mainguy, député U.N.R. de la Seine. Le parlementaire est retrouvé quelques heures plus tard dans une villa de Montigny-lès-Cormeilles surveillée par les R.G. qui arrêtent immédiatement deux de ses ravisseurs, Robert Bradel et Jean-Claude Hourdeaux qui, semble-t-il, sont tombés dans un piège destiné à les prendre en flagrant délit.

Après ce coup tordu, la police décapite l'O.A.S. à Toulouse en arrêtant le D$^r$ Jean Cassagneau et son épouse. Si Charlette Cassagneau, après une intervention de son beau-père, ancien préfet ayant gardé de l'influence, sera immédiatement relâchée, son mari restera deux ans et demi en prison. Et ces arrestations font dans les milieux Algérie française du Sud-Ouest l'effet d'un coup de pied dans une fourmilière.

Le lendemain, Jean Sarradet étant rentré dans le rang, Louis de Charbonnières quitte Alger à bord de l'*El Mansour* sans avoir rencontré Salan. Il a le pénible sentiment, mais ce n'est peut-être qu'une coïncidence, qu'une O.A.S. républicaine obéissant à Salan et qui entend remettre l'Algérie à la République a brandi le prétexte de la partition pour éliminer le clan nationaliste et monarchiste algérois.

Lorsqu'il ne reste plus de l'*El Mansour* qu'un panache de fumée noire au large d'Alger, Sarradet retrouve Susini et Le Pivain dans un appartement où il doit, maintenant que le Front nationaliste et les commandos Z n'existent plus, recevoir des précisions quant à ses nouvelles responsabilités au sein de l'organisation.

L'entrevue, qui ne réunit qu'une demi-douzaine d'hommes, ne dure pas longtemps. N'ayant rien appris qu'il ne savait déjà, Sarradet prend à part le capitaine Le Pivain et l'avertit qu'il n'oubliera jamais les conditions dans lesquelles Michel Leroy a été abattu et qu'il lui en demandera compte lorsque les combats de l'O.A.S. auront pris fin. Jusque-là, affirme-t-il, il n'aura rien à craindre de lui et il abandonne l'officier du 5$^e$ R.E.I. au remords qu'il a deviné dans son regard.

Ce même 23 janvier, à la veille du deuxième anniversaire de la fusillade des barricades, Jean Morin, passant outre aux remarques du général Ailleret, adresse aux responsables de l'ordre cette directive destinée à empêcher une démonstration de force de l'O.A.S. :

« Des barrages seront mis en place sur les axes principaux qui desservent Alger, Oran, Bône, et aux entrées principales de ces villes. On y procédera à la fouille des véhicules choisis par catégorie variable selon les lieux et les heures, sur indication d'un organisme central. La vitesse sera limitée à 50 km/heure et fera l'objet, en cas de dépassement, de mesures sévères. La circulation automobile sera interdite à partir de 21 heures dans Alger, Oran et Bône, sauf laissez-passer délivrés à titre exceptionnel, et pour les seuls besoins professionnels d'intérêt général. Un système d'autorisation de circuler sera mis en place dès le début de février pour les voitures de tourisme et les véhicules utilitaires d'une charge égale ou inférieure à 1 500 kg. Les autorités locales responsables de l'ordre pourront instituer un couvre-feu dont les horaires sont laissés à leur libre appréciation, étant précisé que toute agitation généralisée de quelque importance entraînera le couvre-feu dans la demi-heure suivante. Un couvre-feu partiel pourra être imposé dans les quartiers où auraient eu lieu des attentats. Certaines grandes artères seront en permanence interdites à la circulation automobile, qui sera déviée sur des itinéraires soumis à un contrôle de barrages. Certaines rues ou ruelles, en particulier celles qui dévalent en escaliers, seront barrées à l'entrée ou à la sortie par des barbelés. Il sera procédé dans les rues à un nombre accru de fouilles au corps inopinées. Tout individu qui, trouvé en possession d'une arme, ne pourra présenter une autorisation *ad hoc*, sera aussitôt appréhendé, poursuivi en justice et, selon le cas, interné ou expulsé. Des bouclages systématiques de quartiers seront opérés de nuit comme de jour, avec visites domiciliaires, fouilles et recensement des habitants présents dans les immeubles. Enfin tous les établissements et lieux publics où auraient eu lieu des attentats pourront être frappés d'une décision administrative de fermeture. »

La rumeur court parmi les Algérois menacés de nouvelles restrictions de liberté que le gouvernement recrute encore des barbouzes en menaçant de rompre l'engagement de nombreux sous-officiers indochinois s'ils n'acceptent pas de lutter contre l'O.A.S. Ce recrutement au chantage serait confié au lieutenant-colonel Leroy, qui commande en Oranie une école de commandos de chasse et dont la personnalité de métis qui régnait sur les milices catholiques en Cochinchine se prête de manière idéale à la rumeur. Friands de sensationnel, des journalistes américains de *Time New U.S. Ambassadors* ont d'ailleurs évoqué le rôle que Leroy jouerait en Algérie au sein du S.D.E.C.E.

Pendant que le lieutenant-colonel Leroy en est réduit à demander à Oran au général Cantarel d'opposer un démenti à la calomnie qui le vise, Jean Morin, encore sous le choc de la menace du 4 janvier, s'est emballé pour rien. Salan a ordonné que le 24 janvier soit un jour de deuil marqué par l'observation d'un quart d'heure de silence et d'immobilité à partir de 18 heures.

A l'heure du souvenir, Alger, jusque-là bruissante comme une ruche, se tait. Presque tous les volets se ferment aux façades des immeubles habités par des Européens. Les voitures s'immobilisent et les trottoirs se vident. Les milliers de militaires qu'à contrecœur Ailleret a mis aux ordres du préfet Vitalis Cros, postés aux points sensibles ou en patrouilles, cherchent déjà à deviner d'où leur viendra le premier coup de feu. Aucune détonation ne troublant le silence réclamé par Salan, leur angoisse perdure jusqu'à ce qu'un formidable concert de klaxons ressuscite la ville morte.

François Thadome n'a pas participé à la manifestation silencieuse. A l'heure où les Algérois se transformaient en statues dans les rues, au volant de sa traction avant, il revenait de reconnaître à Tipasa le corps de son cousin Georges Hartmann, un maréchal des logis chef du Génie décapité par l'explosion d'une mine sur la Nationale 11 menant à Cherchell. Ce parent de Thadome appartenait à une unité dépendant du S.D.E.C.E. et qui trafiquait et livrait à l'A.L.N. et au F.L.N. des munitions et des grenades destinées à exploser dans les armes ou les mains de leurs utilisateurs.

Roulant vers Alger, l'adjoint d'Olivier Picot d'Assignies, choqué par la corvée macabre, songe que son cousin sacrifié pour la sécurité de ses concitoyens devait rejoindre un stage d'officier. Il revoit aussi en pensée le père du défunt, ancien des combats de la Libération qui, lors du putsch, est rentré dans la base de Marengo en brandissant le drapeau des anciens combattants de cette petite ville.

A Paris, les militants du Front des étudiants nationalistes, majoritaires à la Faculté libre de droit de la rue Notre-Dame-des-Champs, commémorent la fusillade des barricades en arborant près du Luxembourg des croix celtiques et appelant Salan au pouvoir sous les huées des étudiants de gauche.

Au bord de la Seine, une bombe pulvérise dans la cour du ministère des Affaires étrangères une voiture affectée à l'acheminement du courrier officiel, provoquant la mort d'un fonctionnaire et en blessant douze. Mais cet attentat, dont la responsabilité lui est immédiatement attribuée, n'a rien à voir avec l'O.A.S. Elle procède de la manipulation malheureuse d'un colis piégé par des agents du S.D.E.C.E. et destiné à sauter quelque part au Maroc dans le cadre d'une action visant la rébellion algérienne. Ce qui n'empêche pas la police d'arrêter dans les heures qui suivent une trentaine d'activistes fichés pour leur sympathie O.A.S.

Loin de l'agitation parisienne, le colonel Chateau-Jobert a embarqué sur un cargo de la compagnie Leborgne commandé par le commandant Caillazeau. Les nouvelles directives du délégué général concernant le maintien de l'ordre étant toujours en vigueur, il découvre Alger quadrillée comme au temps des attentats F.L.N. de 1957. Alors qu'il espérait rejoindre Jouhaud en Oranie, Salan, sans lui parler de la crise qui vient d'agiter l'O.A.S. et suivant l'avis de Susini, lui confie le commandement de l'organisation dans le Constantinois. Puis l'ancien chef de corps du

2ᵉ R.P.C. s'entretient avec Godard qui, se fiant toujours à ses réunions d'état-major et à ses sacro-saints organigrammes, lui dresse un tableau optimiste de la situation. Il rencontre ensuite Susini à qui il remet à l'intention de Salan un projet de restructuration de la France. L'ayant écouté, le jeune homme lui fait remarquer que l'O.A.S. ne manque pas d'hypothèses de travail, mais d'hommes et d'armes. Après cette rencontre peu chaleureuse, « Conan » fait le point de la situation avec Gardes qu'il connaît depuis longtemps et qui lui semble n'avoir d'autres ambitions que celle de mener à bien sa tâche d'organisation qu'il assume, se plaint-il, seul et dans un dénuement quasi monacal.

Chateau-Jobert s'installe donc à Constantine dans une villa du quartier résidentiel. Il a été accueilli par l'homme qui sera, usant du nom de code de *Marc*, son adjoint militaire, le lieutenant Michel Alibert, déserteur du 13ᵉ régiment de dragons parachutistes.

Le lieutenant Alibert, plus jeune élève de la promotion Amilakvari de Saint-Cyr, après avoir pris la décision de déserter, a été présenté à Gardes par son ami Le Pivain.

— Vous tombez à pic, lui a expliqué le colonel, je vais vous confier le commandement d'un important maquis dans la région de Bougie.

Et Gardes a expliqué à cet officier d'à peine vingt-cinq ans que les dirigeants de l'O.A.S. de Bougie lui réclamaient avec insistance un officier pour prendre dans la région de Yakouren la tête de volontaires musulmans dans cinq villages montagneux.

Saisissant une si belle occasion de servir la cause à laquelle il a sacrifié sa carrière prometteuse et connaissant bien la région de Bougie pour y avoir commandé en opération – à vingt-deux ans ! – un escadron du 13ᵉ R.D.P., Michel Alibert a seulement fait remarquer à Gardes qu'il ne possédait pas de faux papiers et même pas de vêtements civils. Le colonel, pressé de placer un officier à la tête du maquis de Yakouren l'a expédié à Bougie par le train, en uniforme et avec sa véritable carte d'identité.

Se fiant au plan de Gardes, Alibert avait imaginé que les dirigeants de l'O.A.S. l'accueilleraient à Bougie comme le Messie. Mais c'est avec une certaine gêne que leur chef lui a expliqué que son arrivée était quelque peu précipitée. En attendant de toucher des faux papiers, il s'est retrouvé parqué dans un bâtiment des Travaux publics. Les jours passant sans que personne ne lui donne des nouvelles précises du maquis de Yakouren où, selon le dirigeant qui l'a reçu, rien n'était encore prêt pour entrer en dissidence, il a décidé de regagner Alger en auto-stop.

Après avoir retrouvé Le Pivain et Achard, Alibert a été reçu par Gardes dans sa cache de la rue Daguerre, derrière les Facultés. Furieux après son rapport accablant pour l'O.A.S. de Bougie, le colonel lui a alors proposé :

— Les gens de Constantine me réclament un officier capable de prendre leur tête sur le plan militaire...

C'est à peine s'il a laissé Gardes achever la proposition et, cette fois muni de faux papiers et en civil, Alibert est arrivé en voiture à Constantine. Il a fait le tour de ses forces représentées en ville par une douzaine de volontaires mal armés et dans le bled par deux poignées de maquisards quelque peu dissidents de l'O.A.S. officielle et appartenant aux réseaux *Bonaparte,* dont un groupe bien organisé près de Tébessa par Roger Holeindre, un ancien sous-officier du 8$^e$ R.P.I.Ma.

Après avoir apprécié la précarité de la situation, Michel Alibert s'est mis en quête des moyens nécessaires à étoffer son organisation. Avec cinq hommes désarmés, brandissant lui-même une pétoire espagnole digne des plus anciens westerns, il a attaqué une armurerie de la police et dérobé quatre-vingts armes de guerre. S'organisant petit à petit, ainsi que Degueldre à Alger, il a lancé des opérations ponctuelles contre des agents du F.L.N. et des gaullistes trop voyants.

Bien éclairé par Alibert, Chateau-Jobert découvre vite que la situation de l'O.A.S. n'est pas aussi florissante dans l'Est algérien que Godard l'avait affirmé. Son adjoint lui avoue que l'organisation n'existe dans cette région que grâce à des initiatives personnelles d'anciens du F.A.F. qui s'en prennent surtout aux personnalités favorables au F.L.N. et badigeonnent chaque soir sur les murs les lettres O.A.S. Quant aux maquis *Bonaparte*, bien qu'il soit sûr de leurs chefs, surtout de Roger Holeindre, Alibert est trop au fait des choses de la guerre pour les considérer comme une menace sérieuse pour les forces de l'ordre.

Pendant que Chateau-Jobert cherche ses marques à Constantine, les *deltas* et les *alphas* algérois, soulagés de la menace du Front nationaliste dont certains membres les rejoignent déjà, accordent toute leur attention aux barbouzes de la villa d'Andréa.

Exploitant un renseignement fourni par Marcel Hongrois, membre très actif du C.D.R. et instituteur à Aïn-Taya, Jim Alcheïk et Gérard Maugueret, qui reviennent de Paris où ils se sont rendus en même temps que Bitterlin dans l'espoir d'obtenir de nouveaux renforts, s'emparent au soir du 27 janvier d'Henri Vinant, un ancien parachutiste qui servait de chauffeur et d'installateur d'antennes au réseau radio de l'O.A.S.

En capturant ce rouage de l'O.A.S., les barbouzes brisent sans le savoir un pacte conclu entre Susini et quelques responsables du maintien de l'ordre qui se sont engagés à boucler sans hâte excessive les zones d'émission signalées par les équipages des hélicoptères dotés d'un matériel de détection de plus en plus sophistiqué. Conduit les yeux bandés à la villa d'Andréa, Henri Vinant subit un sérieux passage à tabac de la part des karatékas de Jim Alcheïk. Puis, jeté dans une cave de la villa mauresque, une fois débarrassé de son bandeau, le jeune homme a la surprise de reconnaître parmi ses ravisseurs un sous-officier de la Sécurité militaire avec qui il a servi en 1958. L'ayant longtemps encore roué de coups avec un raffinement rare, en lui posant des questions concernant des activités de l'O.A.S. auxquelles il n'a jamais été mêlé, ses tortionnaires finissent par le questionner sur les émissions pirates.

S'apercevant que ses tourmenteurs savent qu'il a participé la veille à une émission dans un immeuble de la cité Marty, à Hussein-Dey, Vinant se décide à parler. Mais son ancien sergent-chef ne se contente pas de ses premiers aveux fragmentaires. Ce qu'il veut, hurle-t-il à son oreille, c'est le nom et l'adresse de l'homme qui est à la tête de la radio de l'O.A.S.

Comme Vinant se tait, les sévices reprennent. Un Vietnamien plante avec une lenteur sadique et une précision chirurgicale la pointe de son couteau à cran d'arrêt dans les parties génitales du jeune homme, sous ses yeux, derrière ses oreilles, entre ses doigts de pieds et sous ses ongles de mains. Ne sachant même plus vraiment s'il est vivant ou mort, Vinant finit par lâcher le nom de son chef direct, Alexandre Tislenkoff, mais, dans un dernier sursaut de lucidité, il trouve la force de taire son adresse.

Abandonnant la méthode du couteau et des coups, les barbouzes passent à la génératrice dont les décharges irradient une intolérable douleur dans tout le corps du jeune homme grâce à des électrodes pincées sur sa verge et ses testicules. A bout de résistance, le prisonnier avoue que Tislenkoff habite à Kouba, pas très loin du 40 de l'avenue Lavigerie où les barbouzes l'ont arrêté chez ses parents.

Jim Alcheïk expédie une de ses équipes à l'adresse extorquée, et elle en revient avec Alexandre Tislenkoff que les Vietnamiens tabassent et enferment à l'écart de son malheureux compagnon dans une autre dépendance de la villa.

Pendant que la résistance des deux prisonniers d'El-Biar permet à Susini de faire récupérer le poste émetteur par Diego Garcia, Gaby Anglade, comme tous les chefs des *deltas* et des *alphas*, se tient à l'affût de la moindre faille du dispositif barbouze. Anglade travaille rue d'Isly dans une société de transport en bénéficiant d'horaires élastiques lui permettant de consacrer la plupart de son temps à l'O.A.S. Il tique lorsqu'une secrétaire lui tend un avis de livraison de deux caisses venues de Paris, qui lui revient à cause de l'erreur de libellé qui a expédié ce courrier rue Fabre à Alger, alors que cette rue est à El-Biar.

L'enveloppe maintenant corrigée est destinée à Jim Lassus, villa d'Andréa, 8, rue Fabre. Si le nom du destinataire ne dit rien à Anglade, la rue retient son attention. Songeant aux barbouzes qui ont été souvent signalées à ses abords, il recommande à la secrétaire de l'avertir sitôt que le destinataire de l'avis se manifestera.

Lorsque le nommé Jim Lassus passe rue d'Isly pour demander la livraison de ses deux caisses dans l'après-midi du 29 janvier, Anglade sait maintenant que la villa d'Andréa est le principal repaire des barbouzes. Il fait immédiatement dédouaner les caisses et, avec Jo Rizza, au soir du dimanche 28 janvier, il se rend dans l'entrepôt de sa société et avec Jo Rizza, truffe l'une d'elles de grenades et d'explosif confiés par Jacques Achard et son second, l'ex-sous-lieutenant du 1$^{er}$ R.E.P. Claude Dupont.

En réclamant ses caisses, Alcheïk a contrevenu à la recommandation de Bitterlin de ne jamais accepter de colis, même pas un rouleau d'affiches, au-delà du délai normal de livraison.

*

— 58 —

## Les *deltas* piègent les barbouzes à El-Biar

Le général de Gaulle, se montrant très au courant du moindre incident survenu en Algérie, adresse le lundi 29 janvier 1962 cette note à Michel Debré et Louis Joxe : « L'O.A.S. vient de prendre sur un dock à Alger un poste émetteur-récepteur puissant. Comment se fait-il que l'arrivée de ce poste ait été inconnue des autorités ? » Puis, faisant référence à un autre vol de matériel radio qui a eu lieu le 14 janvier, il poursuit : « Tout récemment l'O.A.S. avait très tranquillement pris dans un magasin d'Alger tout un lot de postes émetteurs-récepteurs. Or, ces postes n'intéressent évidemment pas la clientèle normale en Algérie. Ce sont là des coups montés et on sait bien pour quoi faire. Je répète – car je l'ai déjà dit – que la Société radioélectrique et sa filiale d'Alger doivent être contrôlées. Mais on ne l'a pas fait. Je suis certain qu'après une rapide enquête il y aurait des arrestations à faire. »

Cette note riche de détails dont, jamais avant de Gaulle, aucun président de la République ne se serait soucié, cheminant vers ses deux destinataires parisiens, le camion transportant le matériel destiné aux barbouzes pénètre à 15 h 45 dans le jardin de la villa El Mansour.

Les caisses pesant près de trois cents kilos chacune, le chauffeur et ses six aides peinent trois quarts d'heure durant pour les amener au vaste salon de la villa. Après quoi Jim Alcheïk signe le bon de livraison, règle la facture du transport et distribue des pourboires.

Pressés de découvrir le matériel offset loué et acheté à Paris par M$^{me}$ Lemarchand et qui leur permettra d'imprimer eux-mêmes leurs affiches et leurs tracts de propagande gaulliste, ce qui leur évitera de se faire repérer par les artisans ou les fonctionnaires de la Délégation générale à qui ils confiaient ce travail, les barbouzes se serrent autour des caisses.

Il est 16 h 30 lorsque, activé par les gros tournevis destinés à soulever le couvercle de la première caisse décerclée, le dispositif de mise à feu d'Anglade déclenche une formidable explosion qui souffle les murs de la villa et déchiquette ses occupants.

Sous l'épais nuage de poussière qui n'en finit pas de retomber en crissant, des râles montent du magma de pans de murs éclatés, de plafonds écroulés, de poutres brisées et enchevêtrées. Deux barbouzes qui se reposaient à l'étage se retrouvent indemnes dans le jardin. Alexandre Tislenkoff et Henri Vinant, que leurs tortionnaires venaient de laisser à la garde d'un seul homme pour aller assister au déballage, sont intacts, eux aussi. Ils ont senti le sol vibrer sous eux. Les murs de leur prison ont tremblé mais ne se sont pas écroulés.

Des survivants poussiéreux libèrent les deux torturés en même temps qu'un troisième captif, Jacques Gosselin, un chef de chantier de l'Union algérienne des travaux publics arrêté au matin et qu'après avoir interrogé à l'électricité, ils ont enfermé dans une autre resserre. Fous de rage, ils annoncent aux trois hommes qu'ils vont les abattre pour venger leurs camarades mais, manquant de bras, ils leur ordonnent de s'attaquer au déblaiement de la villa.

Quelques corps brisés sont déjà à l'air libre, lorsque des policiers, des pompiers et des militaires arrivent à la rescousse. Méfiants, les barbouzes ingambes – parmi lesquels Christian David qui, dans quelques années, deviendra le tristement célèbre « Beau Serge » en assassinant à Paris le commissaire Gallibert – les dévisagent, cherchant à deviner les ennemis venus parfaire la besogne des saboteurs.

Pendant que tout ce monde fourrage dans les décombres, ramenant qui une jambe l'autre un bras, la nouvelle de l'explosion est parvenue à la Délégation générale. Claude Vieillescazes, l'adjoint de Louis Verger chargé des relations avec les contractuels, alerte le capitaine Chazotte qui s'empresse de venir d'Hussein-Dey avec quelques policiers et gendarmes de la *Mission C.*

A la nuit, alors qu'un cordon de sécurité empêche les curieux d'approcher de la villa détruite où les sauveteurs n'ont pas encore récupéré tous les cadavres, les barbouzes enfournent leurs prisonniers dans une camionnette Citroën et leur annoncent qu'ils les emmènent à leur P.C. de Rocher-Noir.

Les gendarmes font escorte aux survivants partagés dans deux voitures et la fourgonnette. Mais, alors qu'ils voulaient aller à la Délégation générale, c'est à Hussein-Dey que l'officier commandant le détachement les conduit. Une fois dans la cour de l'école de police, un inspecteur exige que les prisonniers sortent du fourgon. Les barbouzes refusent en arguant qu'ils ont encore des choses à dire, et qu'ils le feront à Rocher-Noir. Mais devant l'insistance des policiers, Tislenkoff et ses deux compagnons, pas plus rassurés que cela à l'idée de changer de mains, sortent du véhicule. Comme les sept hommes qui les accompagnaient font mine de descendre à leur tour, le chef des policiers leur ordonne de rester à leurs places et, comme ils insistent, il les avertit qu'il n'hésitera pas à les désigner pour cibles au tireur d'une mitrailleuse en batterie derrière des sacs de sable à l'angle d'un mur de l'école.

Les prisonniers se méprenant, apeurés, imaginent qu'ils sont victimes d'un jeu cruel destiné à les briser. Mais le policier parlait sérieusement. Tandis que leurs tortionnaires s'éloignent, il les conduit à l'infirmerie où, sous bonne garde tout de même et après avoir subi quelques questions sur leurs activités O.A.S., ils reçoivent des soins.

A l'heure où les barbouzes mouraient sous les décombres de leur repaire, à trente-sept kilomètres à l'est d'Alger, tandis que deux autres militants de l'O.A.S. l'attendaient dans une DS munie d'une fausse plaque d'immatriculation, un homme armé d'un pistolet, tapi derrière un arbre, guettait devant sa maison la sortie du maire de L'Alma qui, comme à son habitude, devait se rendre à pied à la mairie de cette petite ville dont les caves vinicoles ont fait la prospérité. Une seule balle tirée à bout portant a suffi pour tuer M. Contant, un retraité de soixante-douze ans, ancien inspecteur principal des Travaux publics au Maroc et qui, depuis le mois d'avril 1959, assumait une des vice-présidences du conseil général d'Alger en affichant les convictions libérales qui lui ont valu d'être condamné à mort.

Le lendemain de cette exécution comme tant d'autres sans gloire, la Délégation générale annonce que dix-neuf barbouzes ont péri à El-Biar. A Paris, les policiers de la P.J., qui pouvaient espérer que Marcel Bouyer, surveillé de très près par leur indicateur, les mènerait aux principaux animateurs de l'O.A.S., reçoivent de Roger Frey l'ordre de l'arrêter au plus vite.

Cette décision, frustrante pour l'inspecteur Delarue et ses équipiers, a été prise dans le but d'empêcher Bouyer d'organiser une nouvelle campagne de plasticages à l'occasion du discours que de Gaulle a décidé de prononcer le 5 février 1962.

Abusé par les fausses informations que lui distille la taupe de la P.J. concernant une opération de police d'envergure qui sera bientôt lancée en Alsace, Marcel Bouyer décide d'aller se réfugier à Nice. Jacques Delarue, dans l'intention de préserver l'anonymat de son indicateur, choisit de l'arrêter durant le voyage, comme si c'était par hasard.

Bouyer n'est pas le seul activiste à vouloir troubler le discours du président de la République. A Paris, Philippe Castille, fort de la réussite de sa « nuit bleue », en prépare une seconde durant laquelle il a prévu que les étudiants de Jean-Marie Vincent feront sauter quelques permanences communistes. Pour faire bon poids et interdire la retransmission du discours présidentiel, il envisage également de saboter en haut de la tour Eiffel l'émetteur de la R.T.F.

Jean-Marie Vincent a organisé ses jeunes gens en quatre commandos. Le premier, *Alpha 1*, est commandé par un jeune Pied-noir, Francis Cheilan, et composé de son frère, Alain, et de quatre autres étudiants, Gréta, Marchand, Mirakian et Villaréal. *Alpha 2* est aux ordres de Patrick Edel, qui prépare son baccalauréat de philosophie au lycée Carnot, et Vincent a confié le troisième commando à Jean-Louis Bohin. Didier Gonsolin, un Pied-noir de dix-neuf ans, ancien des commandos Z, dont le père, substitut du procureur de la République auprès du Parquet de la Seine, vient d'être muté d'Alger, commande *Alpha 4*. Malgré la bonne volonté de ces très jeunes gens, Philippe Castille, qui est en liaison avec le colonel de Sèze, à qui il envisage de faire remettre une importante somme d'argent ramenée d'Espagne par Camille Vignau, ne mènera pas ses tâches à bien.

Assis à une table au fond du Pam Pam, un bar à la mode de la rue Auber proche de l'Opéra, le commissaire Gévaudan et trois de ses hommes épient un client solitaire qui, chaque fois qu'il boit une lampée de whisky, laisse apparaître des dents aurifiées.

Les policiers ne prêtent tout d'abord pas d'attention particulière à Philippe Castille lorsqu'il pénètre dans l'établissement. Ils ne le font que lorsque l'homme qu'ils surveillaient lui adresse de grands signes de main et l'invite à s'asseoir. Bien qu'il ne porte plus de moustaches, le commissaire Gévaudan reconnaît l'ancien du 11e choc.

Le pseudo-Jacques Berthier s'assied après un dernier coup d'œil circulaire de prudence qui ne lui permet pas de déceler le piège tendu. Il commande à boire et prête attention à l'homme aux dents en or, un Espagnol nommé Rafael Barbera-Vilar, déserteur de la Légion qui arrive de Madrid et lui réclame une mission. Jean-Marie Vincent entre à son tour dans le Pam Pam et Castille s'attendait à ce qu'il vienne à sa table lorsque, une fois à sa hauteur, le jeune homme prend juste le temps de l'avertir en chuchotant que des policiers viennent d'investir la rue Auber puis rebrousse chemin vers la sortie.

Gévaudan s'est aperçu du manège. Ses hommes bondissent sur Castille et l'Espagnol, les ceinturent et les poussent dans la rue.

Conduit rue des Saussaies, Castille, sur lequel les policiers ont saisi des détonateurs et deux fausses cartes d'identité, la première établie au nom de Jacques Berthier, dont il s'est si longtemps servi en Espagne, et la seconde à celui de Jean de Kermadec, se rend compte qu'il n'est pas seul à avoir été piégé. Après avoir raflé une dizaine d'agents de liaison et de comparses de l'organisation qui fréquentaient à Montmartre un café de la rue Ramey tenu par un ancien footballeur du Gallia Club d'Alger, José Marco, qui a été lui aussi arrêté, les enquêteurs découvrent dans l'appartement où Castille résidait vingt kilos de plastic, du cordeau détonant Bickford, un pistolet de 11,43, des munitions et des documents prouvant sa participation à la nuit bleue du 17 au 18 janvier. Ils apprennent en étudiant ses paperasses qu'il projetait un attentat contre le colonel Debrosse et qu'il s'apprêtait à lancer ses plastiqueurs contre le chemisier pied-noir Jack Romoli installé 187, boulevard Saint-Germain où il a déjà subi trois *stroungas*. Castille envisageait aussi une nouvelle campagne à l'explosif contre des permanences du P.C. ainsi qu'au siège de la 1<sup>re</sup> brigade territoriale où il est interrogé en attendant de retrouver la Santé qu'il avait connue en 1958, après l'affaire du bazooka. Ses questionneurs, ébahis, découvrent qu'il voulait faire évader de cette même prison le lieutenant-colonel de Blignières à l'aide d'un hélicoptère piloté par un de ses amis, Alexandre Lebel, qui avait été arrêté et relâché après l'assassinat du maire d'Evian.

A l'heure où les hommes du commissaire Gévaudan vont de découverte en découverte, Marcel Bouyer, accompagné en voiture à la gare de Strasbourg au soir du 30 janvier par l'homme qui l'a trahi, monte dans le train de nuit en partance pour Nice où il n'arrivera jamais. Delarue et son collègue Rolland l'arrêteront avant Mulhouse au cours d'un pseudo-contrôle d'identité destiné à détourner les soupçons qu'il aurait pu avoir quant à une possible trahison. Descendus à Lyon les policiers reprennent en voiture la route de Paris avec leur prisonnier.

Préludant certainement à d'autres mouvements de cadres destinés à mettre ce service à la botte de Jacques Foccart, alors que Michel Debré aurait aimé qu'il restât à son poste au-delà de l'âge de la retraite, le général Paul Grossin est remplacé à la direction du S.D.E.C.E. par le général de division aérienne Paul Jacquier, pilote de chasse crédité de deux victoires durant la Seconde Guerre mondiale. Constantin Melnik, qui est sans doute l'homme qui prend le plus mal le départ de Paul Grossin, devine que Jacquier, dont le frère est un intime de Foccart et qui n'a, selon lui, qu'une curieuse vision politique du renseignement, se sent de plus en plus isolé.

Melnik, qui, sauf en 1959, lorsqu'il s'agissait de « casser du fell », n'a jamais reçu un seul ordre direct de l'Elysée, décide de ne plus compter que sur Jean Verdier et Michel Hacq pour lutter tant contre l'O.A.S. que contre les débordements des gaullistes qui se laissent trop facilement emporter par la passion. Il paiera d'ailleurs cher cette attitude une fois terminée la guerre d'Algérie.

Se souciant bien peu du changement de chef des services secrets et tandis que l'inspecteur Delarue, contre son gré, se préparait à mettre un terme à la carrière activiste de Marcel Bouyer, le lieutenant Bougrenet de La Tocnaye s'évadait de la Santé grâce à la complicité d'Isabelle de Serres, qu'il a épousée en secondes noces, et du capitaine Curutchet.

Enfermé dans une cellule individuelle de la 6<sup>e</sup> division d'où, pour sortir, il lui fallait passer par six points de contrôle, La Tocnaye a imaginé de tenter la belle à partir d'une des cellules réservées aux visites dont la

## Chap. 58. – *Les* deltas *piègent les barbouzes à El-Biar*

dernière donne sur l'escalier en colimaçon descendant à la salle du premier contrôle.

Avant de communiquer son plan d'évasion à Curutchet, l'irréductible chouan a observé le rituel auquel se plient les visiteurs. Ils remettent leur permis au gardien posté à l'avant-dernier point de contrôle et celui-ci, le regardant à peine, le dépose sur une table. La Tocnaye, au cours des visites que lui a faites son épouse, a remarqué que les gardes ne prenaient pas toujours le soin de prendre ou de remettre le sésame aux visiteurs et qu'ils les laissaient parfois les poser sur la table ou les reprendre eux-mêmes. Estimant qu'il y avait là une faille dans le système de surveillance et sachant que son dossier est toujours à Alger dans le bureau du juge Lagarde qui instruit son affaire, il a obtenu de ce magistrat, qui n'avait aucun moyen d'en vérifier le bien-fondé, des permis de visite pour de soi-disant parents. Mais ces premiers papiers utilisés alors qu'il avait déjà adressé son plan à Curutchet, tout a été remis en question lorsque son avocat lui a appris que son dossier venait d'être communiqué à un magistrat militaire du Fort de l'Est.

Heureusement pour La Tocnaye, le nouveau juge d'instruction s'est montré d'emblée sympathique, allant même jusqu'à le féliciter pour son courage d'avoir démissionné de l'armée en Algérie alors qu'il venait pourtant d'être intégré dans le corps des officiers de carrière.

— Vous auriez dû vivre au moment de la séparation de l'Eglise et de l'Etat, a-t-il même souligné. On savait encore briser son épée en ces temps-là !

Puis le magistrat a ajouté que La Tocnaye ne resterait plus longtemps en prison, puisque, quand la paix serait revenue en Algérie, ce qui, selon lui, ne devrait plus tarder, il bénéficierait des mêmes mesures libératoires applicables aux prisonniers du F.L.N.

Décidé à profiter sans vergogne des bonnes dispositions de son nouveau juge, La Tocnaye a demandé à son épouse de tenter de lui extorquer de nouveaux permis de visites pour de pseudo-parents trop âgés pour entreprendre eux-mêmes cette démarche. La jeune femme ayant réussi à émouvoir le colonel, il a reçu les précieux sauf-conduits.

Un des permis servira à un complice recruté par Curutchet, un artiste peintre de Montmartre, spécialiste du maquillage de scène. Celui-ci, profitant du droit de visite qu'Isabelle de Serres lui a obtenu en le présentant comme un oncle de son époux, vieillira La Tocnaye de trente ans au moins. Ainsi grimé et grandi de quelques centimètres par des talonnettes, affublé de moustaches postiches blanches et de lunettes, La Tocnaye se fera passer pour son grand-père, dont le peintre déposera le permis de visite sur la table du dernier contrôle en même temps que le sien et, au moment de la sortie, lui remettra la carte d'identité.

Aujourd'hui, mercredi 31 janvier 1962, La Tocnaye ressemble à son grand-père et passe à l'acte. Il est 17 heures, un gardien vient comme tous les jours ouvrir les cellules de visite en commençant par la plus proche de l'escalier. Il jette un coup d'œil machinal à La Tocnaye qui, dos à la porte, fait semblant d'écrire. Puis il passe à la deuxième cellule. La Tocnaye bourre sa pipe, passe le vieil imperméable que le peintre lui a apporté et, profitant que son visiteur tient ouverte en écran la porte de la cellule, il s'engage dans l'escalier pour aller se planter devant une porte qui ne s'ouvrira qu'une fois tous les visiteurs sortis des cellules.

Bien que, plus de cent fois déjà, il ait revu le scénario de son évasion, La Tocnaye a oublié de réclamer à son faux oncle la carte établie au nom de son grand-père. Sans s'affoler, il songe que le peintre rattrapera cet oubli avant le dernier point de contrôle. Alors qu'il est encore seul, la porte s'ouvre soudain devant lui. Un surveillant, l'apercevant si vieux, décide de ne pas le faire attendre et, tambourinant sur le battant déjà refermé, il réclame qu'on le laisse passer. Songeant qu'il doit attendre le maquilleur, La Tocnaye souffle une épaisse bouffée de fumée vers le visage du gardien trop serviable à son goût et qui lui a parlé au matin. Travestissant sa voix, il affirme que rien ne presse et qu'il peut attendre les autres visiteurs.

Touché par ce grand-père plus vrai que nature, le garde lui demande s'il vient de rendre visite au lieutenant de La Tocnaye. Le faux vieillard, de plus en plus inquiet, acquiesce mais l'arrivée des autres visiteurs le tirant enfin d'embarras, il sourit une dernière fois à son interlocuteur pendant que la porte s'ouvre et, s'efforçant de marcher bien droit sur ses talonnettes, il avance sans se retourner vers le deuxième point de contrôle. Un gardien pris par la routine lui tend le permis de visite que le peintre a subrepticement déposé en même temps que le sien.

Le candidat à l'évasion pénètre ensuite dans la large rotonde où aboutissent les couloirs des autres divisions. Marchant lentement dans l'intention de se laisser rattraper par son visiteur, il frôle les gendarmes mobiles armés de fusils M.A.S. 36 qui surveillent d'un air débonnaire la sortie des visiteurs dont les files se rejoignent en un épais brouhaha.

Poussé malgré lui par cette masse houleuse vers le troisième point de contrôle, La Tocnaye tente en vain d'apercevoir son maquilleur parmi elle. Juste avant d'arriver devant le dernier garde, décidé à ne pas échouer si près du but, avisant une femme encombrée d'un cabas et d'un marmot somnolant la tête contre son épaule, d'une voix peut-être un peu trop claire pour le vieillard qu'il est censé être, il propose de la soulager. Comme elle semble hésiter, il s'empare d'autorité du mioche et marche près d'elle vers l'obstacle à franchir.

Au moment de passer devant les gendarmes et les gardiens, La Tocnaye pique la fesse du bambin avec l'épingle qu'il conservait dans le col de sa veste. Puis il cajole le braillard comme le ferait un grand-père attentionné. Parvenu devant la dernière porte vitrée donnant sur la cour, il rend le garçonnet à sa mère et, après une hésitation destinée à laisser venir à lui le maquilleur, il se plante devant un gardien avec qui il s'est aussi entretenu au matin et qui le dévisage avec insistance.

La porte s'ouvre. Poussé dans la cour sous une pluie fine et glacée, La Tocnaye se résigne déjà à se faire arrêter à l'avant-dernier point de contrôle où on réclame les cartes d'identité. Il songe qu'il aura au moins tout tenté pour reprendre le combat et que Curutchet l'attendra en vain.

Il en est là de ses réflexions amères lorsque, réussissant enfin à s'extirper des files de visiteurs, le peintre lui tend sa carte d'identité. Il s'en empare et la présente à un C.R.S. qui, la regardant à peine, lui fait signe de passer.

Le dernier contrôle n'étant qu'une formalité de routine, l'évadé se retrouve dans la rue de la Santé. C'est tout juste s'il s'est aperçu que son compagnon d'équipée s'est déjà éloigné vers le boulevard de Port-Royal, lorsque, toujours aussi mal assuré sur ses talonnettes, il prend la direction opposée vers le boulevard Saint-Jacques, tourne à droite dans la rue Jean-Dolent et, comme prévu, monte dans une 2 C.V. La voiture est conduite par un de ses amis d'enfance, Alain Hubert-Bonnal, qui, sans s'abandonner aux joies des retrouvailles, le conduit à l'appartement du XV$^e$ arrondissement que Germaine Garnier, infirmière militaire, met à la disposition de Curutchet au troisième étage d'un immeuble au 5, rue Dulac.

L'homme qui, avec Georges Watin, est sans doute l'un des plus acharnés à désirer la mort du général de Gaulle est libre. Et la cavale qu'il vient d'entamer avec un culot digne de Jean Henri de Latude, l'ennemi acharné de la marquise de Pompadour, le mènera au soir du 22 août prochain – quand il se sera allié à Jean Marie Bastien-Thiry –, à lui tendre une embuscade au Petit-Clamart, avec la Boiteuse, justement.

*

— 59 —

## Les morts de Charonne

Tandis que La Tocnaye brûlait la politesse à ses gardiens, six attaques à main armée se déroulaient à Alger, rapportant plus de soixante millions d'anciens francs à l'O.A.S. Et, à Paris, la vague d'arrestations de la dernière quinzaine de janvier n'a pas ralenti le rythme des plasticages. Les hommes de Canal ont presque détruit avenue du Président-Wilson l'appartement de Gaston Defferre. Le sénateur-maire de Marseille a déclaré à la presse :

— Mes sentiments à l'égard de l'O.A.S. et du gouvernement ne sont en rien changés par le fait que j'ai été l'objet d'un plasticage. Je considère que l'O.A.S. est une bande d'assassins fascistes et que M. Debré n'est pas qualifié pour lutter efficacement contre eux. Une grande partie des hommes qui sont à la tête ou dans les rangs de l'O.A.S. étaient, il n'y a pas longtemps, des amis de M. Debré et ont encore avec certains membres du gouvernement, le Premier ministre ou leur entourage, des rapports suspects.

Au matin du 1$^{er}$ février 1962, Curutchet dévoilant ses plans d'action à La Tocnaye, toutes les stations de radio relatent l'arrestation de Marcel Bouyer. Trois jours durant, les correspondants de Delarue montent la garde aux abords de la consigne de la gare de Nice. Ils savent que Bouyer a fait enregistrer la veille de son départ une valise et présument qu'il en a adressé par courrier le bon de retrait au responsable O.A.S. du Sud-Est. Ils espèrent que celui-ci viendra la retirer, mais Jean Reimbold, l'homme dont ils ignorent tout, alerté par le battage médiatique, ne se montre pas.

A Alger, les dirigeants de l'O.A.S., après avoir fait tuer Michel Leroy parce qu'il en prônait l'éventualité, en viennent à envisager eux aussi la création d'une Algérie européenne. A cette variante près que, s'il était appliqué, leur plan regrouperait les Européens à l'ouest du pays, tandis que les musulmans occuperaient l'est et qu'une zone fédérale, au statut encore mal défini, s'établirait dans la région d'Alger avec vocation d'accueillir les administrations qui géreraient les intérêts communs aux deux fractions du pays.

En ce début de février, un commando O.A.S. sabote les transmissions de la préfecture d'Alger. Un autre dérobe des armes dans un commissariat à Oran et un troisième assassine dans une clinique privée de la même ville le militant communiste Mustapha Fodil. Se souciant peu de l'arrestation de Marcel Bouyer qu'il considérait d'ailleurs comme un gêneur, Salan, décidé à faire échec aux nouvelles mesures prises par la Délégation générale, travaille avec Ferrandi à la rédaction d'une nouvelle note d'orientation dans laquelle, passant outre à ses précédentes prises de position, il félicite ses troupes et les exhorte à accentuer leurs actions. « La semaine écoulée, écrit-il en effet, a été marquée par des actions de très haute valeur sur tous les plans. J'en adresse mes plus vives félicitations aux exécutants ; que ce soit les opérations dans les dépôts d'armes à Oran, à Bône ou la magnifique intervention faite à El-Biar sur la villa des barbouzes, ou l'explosion des installations de l'Igamie d'Alger, ou le sabotage d'un navire à Bône, ou les hold-up spectaculaires opérés à Alger et Oran. Ce sont des réalisations qui témoignent d'initiative et de courage physique incontestable. Ces actions sont de celles que je préconise dans mes instructions lorsque je dis qu'il faut allumer tous les secteurs. Dans la forme de guerre que nous menons, tout est bon pour démoraliser et neutraliser l'adversaire, consolider nos positions et améliorer nos moyens. »

Le général, qui a pourtant si souvent refusé d'en arriver là, n'hésite plus à recommander : « Encore une fois, il faut prendre l'armement dans les dépôts de l'adversaire, il faut prendre l'argent dans ses banques. » Forçant sa nature, visiblement décidé à engager une bataille révolutionnaire, il explique ensuite : « On ne fait pas la guerre, on ne descend pas dans la rue avec des enfants de chœur, ni avec des gens de salon, mais avec des hommes courageux et, il faut bien le reconnaître, dépouillés de considérations mondaines. » Et il conclut sa directive par cet encouragement à la violence : « Je profite de cette occasion pour renouveler un feu vert général pour toutes les actions payantes et spectaculaires telles que celles qui viennent d'être exécutées. »

Cette note commence à circuler dans Alger lorsque, désespérant de voir venir l'homme de confiance de Marcel Bouyer, les policiers de Nice retirent de la consigne la valise de l'ancien député et l'expédient rue des Saussaies.

En même temps qu'un pain de plastic, les inspecteurs du commissaire Gévaudan découvrent dans le bagage de Bouyer des courriers, des calepins, des listes de noms, des adresses, des codes et l'organigramme de Résurrection-Patrie-O.A.S.

Salan, revenant sur son intention de ne plus jamais s'y rendre, participe le 3 février à une réunion de son état-major. Et cette fois le débat s'engage sur du concret, lorsque Gardes et Godard exposent la possibilité d'implanter des maquis importants dans le bled.

C'est surtout en Oranie où Jouhaud, malgré les bandes de jeunes gens incontrôlables qui continuent à faire la chasse à l'Arabe, semble bien tenir son affaire, que la mise sur pied de zones insurrectionnelles paraît *a priori* la plus aisée. D'après une note optimiste de Jouhaud, il semblerait en effet que des éléments de la Légion étrangère et la totalité des supplétifs musulmans engagés dans les G.M.P.R. (groupes mobiles de protection rurale) sont sur le point de basculer dans la révolte.

Si l'O.A.S. entend étendre son influence en Algérie, les forces chargées de la combattre en métropole s'organisent de mieux en mieux. A Paris, une soixantaine de policiers détachés des R.G. et de la D.S.T. travaillent depuis la fin décembre 1961 en liaison étroite au sein d'un nouvel organisme baptisé B.D.L. (Bureau de liaison). Ce service imposé par Matignon et supervisé par Alexandre Sanguinetti est dirigé par le directeur de la D.S.T. Daniel Doustin et son adjoint le commissaire Gaston Bouhé-Lahorgue, par le commissaire Jules Plettner, patron des R.G. depuis que Roger Frey s'est séparé d'Emile Vié, et qui est secondé par Jean-Paul Guépratte, l'ancien organisateur de la lutte anti-O.A.S. en Algérie.

De son côté, le garde des Sceaux, Bernard Chenot, a pris des mesures durcissant l'enfermement des prisonniers O.A.S. Dans une instruction adressée aux directeurs de prison, il leur ordonne d'interdire aux « terroristes » le classement en catégorie « A » qui leur permettait de bénéficier de menus avantages comparables à ceux que procure le statut de prisonnier politique.

Cette mesure touche les prévenus ou condamnés au titre des articles 295 à 304 du Code pénal qualifiant l'homicide volontaire, des articles 319 à 313 traitant des blessures volontaires ayant entraîné la mort ou l'incapacité permanente, des crimes et délits commis en réunions séditieuses avec rébellion ou pillage. Sont également concernés par les ordres donnés place Vendôme ceux qui sont visés par les articles 341, 342 et 344 du Code pénal dans le cadre d'arrestation ou séquestration illégales. Enfin ceux qui tombent sous le coup des articles 434, 435, 437 et 438 à 443 inclus, intéressant la destruction des édifices par explosif et le dépôt d'engin explosif sur la voie publique seront désormais privés des adoucissements de détention représentés par un droit de visite assez souple, la possession de postes de radio dans les cellules, le droit de participer en groupe à la promenade quotidienne et la latitude de se faire adresser des colis en plus grand nombre que les prisonniers de droit commun.

Sitôt qu'ils ont appris les nouvelles mesures prises par Bernard Chenot, les prisonniers de l'Algérie française ont commencé à gronder à la Santé. Au matin du 2 février, alors que leurs gardiens se mettaient en grève afin de protester contre le surpeuplement de l'établissement et refusaient d'ouvrir leurs cellules, quelques-uns d'entre eux ont donné le signal d'un hourvari qui, durant toute la matinée, a fait vibrer les murs de la prison au rythme des « Algérie française » vociférés. Les choses ont paru se calmer lorsque, à 12 h 30, les gardiens ont enfin ouvert les portes des cellules dans l'intention de permettre les visites.

Des renforts de gendarmes mobiles et de C.R.S. se sont alors massés dans la cour. A la fin des visites, annoncée à 14 h 30, les détenus ont refusé de regagner leurs cellules où, mis à part les généraux et quelques officiers, ils se tassent à cinq. Ils ont chanté *Les Africains* et d'autres antiennes patriotiques entrecoupées de litanies d'« Algérie française ». Jean Brin, le directeur de la Santé, a fini par faire entrer des gardes mobiles dans les locaux transformés en caisse de résonance. Les deux parties se sont toisées et, après avoir encore hurlé quelques chants, les prisonniers ont réintégré leurs cellules.

Aujourd'hui, samedi 3 février 1962, la manifestation bruyante a repris de plus belle. La direction de l'administration pénitentiaire, sans revenir sur les orientations du garde des Sceaux, est obligée de lâcher du lest devant la résolution des jeunes gens de l'O.A.S. et des officiers dont quelques-uns, par coquetterie, ont cloué leurs insignes de la Légion d'honneur et leurs croix de guerre sur la porte de leur cellule. Soixante détenus quittent la Santé et, pour la plus grande satisfaction des gardiens qui ont repris le travail, ils rejoignent les prisons normandes de Caen et de Rouen.

En Belgique, alors qu'il avait jusque-là le droit de s'exprimer dans ses colonnes, *Nation Belgique* a mis la veille de cette agitation ses lecteurs en garde contre les agissements de Pierre Joly. Rappelant que l'homme de confiance de Joseph Ortiz « a dû créer cinquante sociétés fantômes et vingt-cinq organisations politiques bidon », les fascistes belges dénoncent l'A.M.E., l'Aide mutuelle européenne dont il annonçait la création dans son article du 2 juin 1961. Après lui avoir demandé où se trouve la comptabilité de cet organisme et insinué que la justice belge ne s'en soucierait sans doute pas, Jean Thiriart, le rédacteur en chef de *Nation Belgique*, a avancé que Salan pourrait très bien s'en soucier et lui demander des comptes. Cet article dénonciateur était illustré par des photocopies d'une carte de l'A.M.E. et d'un accréditif autorisant son porteur à procéder à un « ramassage de moyens » dans les départements de la Seine-et-Marne, de l'Yonne, de la Seine-et-Oise, de l'Oise, du Loir-et-Cher et de l'Oise.

Paul Fontaine, ancien militant du R.P.F. et de l'U.N.R. déçu par la politique algérienne de De Gaulle et venu se réfugier en Belgique, a accusé Joly d'avoir détourné un million de francs belges qui lui ont été remis pour l'O.A.S. par deux industriels. Mais Joly, ayant ses entrées dans quelques services de police bruxellois, a réussi à faire expulser son accusateur.

Pendant que la Santé résonnait de chants patriotiques auxquels, par solidarité, se mêlaient les hurlements des prisonniers de droit commun, le Tribunal militaire spécial siégeant au Palais de Justice de Paris jugeait par contumace le commandant Vailly, que des rumeurs signalent en métropole, alors qu'après avoir transité par le Liechtenstein il se trouve en Suisse sans aucun lien avec l'O.A.S. Ce même tribunal jugeait des civils, dont l'Algérois Claude Fromont, accusé d'avoir après le putsch recelé dans sa villa cent cinquante pistolets-mitrailleurs, un fusil-mitrailleur 24/29 et six caisses de munitions dérobés au commissariat central d'Alger.

Au moment de requérir contre Fromont, ancien militant de Jeune Nation, le commissaire du gouvernement a tenu à souligner que, blessé en Alsace en 1944, cet homme méritait l'estime du Tribunal.

— Je comprends, a-t-il ajouté, le désespoir, l'angoisse de ceux dont les parents ont vécu et sont morts en Algérie lorsqu'ils pensent qu'il leur faudra peut-être quitter cette terre. Tous les Français dignes de ce nom doivent prendre part à leur détresse, mais je m'élève contre les actes illégitimes et les violences. Nous n'admettons pas que le terrorisme et la loi de la jungle puissent l'emporter sur le droit et la justice.

Malgré ce réquisitoire nuancé, Claude Fromont a été condamné à un an de prison ferme. Puis le tribunal, en attendant de le juger pour sa participation aux actions d'un commando *delta* à Alger dont l'instruction est en cours au parquet de Rouen, a relaxé Yvon Agnor, arrêté le 3 janvier et accusé d'avoir participé à la création du maquis du capitaine Souêtre en Oranie.

Quant au commandant Vailly, les juges l'ont condamné à mort. Au cours de cette session, les juges ont frappé de dix ans de prison par contumace Antoine Cerda pour avoir, au matin du 22 avril 1961, arrêté arbitrairement un professeur antiputschiste à Sidi Bel Abbes. Enfin, jugeant pour la première fois l'auteur d'un plasticage, ils ont condamné Yves Florès à six ans de prison ferme bien que l'attentat qu'il ait perpétré à Blida avec son frère n'ait provoqué ni victimes ni dégâts.

Après ces jugements sévères, le député Robert Abdesselam soulève une tempête à l'Assemblée nationale lorsque, mis au courant d'un accrochage qui a permis aux forces de l'ordre de mettre hors de combat dix rebelles du F.L.N. et d'en capturer deux autres dans la région de Bouira, il adresse à Pierre Messmer ce courrier en forme de question écrite :

« L'un des prisonniers déclara qu'un groupe composé de membres du F.L.N. et du M.P.C. (Mouvement pour la communauté, auxiliaires de police chargés plus spécialement de la lutte anti-O.A.S. et mieux connus sous le terme de "barbouzes") était en cours de formation aux Moureoua, qu'il comprenait un chef du F.L.N. récemment arrivé dans la région (ce chef est d'ailleurs connu et fiché) et un instituteur, chef du M.P.C. pour la région d'Aïn-Taya, dont la maison abritait des adhérents de ce mouvement. Il ajouta que ce groupe attendait, pour entrer en action, les ordres du M.P.C. et qu'un certain nombre d'Européens de la région devaient être abattus. L'autre prisonnier déclara avoir reçu son arme – un fusil Mauser – de ce même instituteur, fiché depuis plus de six mois comme membre du parti communiste algérien. »

Après avoir souligné que le conseil de la wilaya IV de l'A.L.N. a émis le 2 janvier 1962 une note concernant les membres du M.P.C. qui ont proposé de fournir de l'armement à la rébellion, le député de la banlieue d'Alger demande au ministre des Armées :

« 1° Si les membres du M.P.C. sont de préférence recrutés parmi les agents du parti communiste algérien ?

« 2° Si ledit mouvement doit, sur un plan général, collaborer avec l'A.L.N. et le P.C.A. dans la lutte contre l'O.A.S. ?

« 3° Si l'armement fourni à cette organisation doit servir à combattre les éléments des forces de l'ordre et notamment les jeunes du contingent, aussi bien que les activistes de l'O.A.S. ? »

En attendant la réponse de Pierre Messmer, le M.P.C. riposte à ces attaques par un communiqué précisant qu'en tant que mouvement politique, il ne peut que s'associer au souci d'information du député d'Alger. Après cette précaution, les dirigeants du mouvement laissent entendre que les renseignements recueillis auprès des deux rebelles capturés à Bouira peuvent très bien procéder d'une opération d'intoxication, « une véritable machination dirigée non tant contre le M.P.C. que contre la politique de la France en Algérie ».

Au lendemain de ce pavé lancé dans la mare des députés, des policiers des R.G. apprennent que l'état-major de l'O.A.S.-Métro va se réunir au domicile de Me Pirche, un avocat depuis longtemps surveillé pour ses relations suivies avec les activistes.

Aussitôt averti, le commissaire Bouhé-Lahorgue place des policiers devant l'immeuble suspect mais, durant des heures, ils n'y voient entrer et en sortir que ses résidents et quelques livreurs. L'avocat apparaît seulement en fin d'après-midi et les mène droit à son cabinet situé avenue Franklin-Roosevelt.

Si le capitaine Sergent n'est pas pris, les hommes du B.D.L. arrêtent les commandants Robert Casati, Claude Jaupart et Lucien Huet. Ils appréhendent quelques civils, Ghislaine de Ficquelmont, Patrick Japiot, Jean-Marie L'Honnen, Arnaud Vérité et un avoué rapatrié du Maroc, Me Martin-Dupont, un dirigeant du Rassemblement national des réfugiés d'Afrique du Nord. Enfin, prise inespérée, ils s'assurent également du colonel Bertrand de Sèze, qui rentrait d'Alger, où il a rencontré Salan.

Ronronnant d'aise à l'annonce de ce coup de filet, Roger Frey déclare à ses collaborateurs de la place Beauvau :

— Cette affaire est beaucoup plus importante que celle de Castille et Bouyer. C'est la première fois que l'on tombe pile au cœur de l'O.A.S. en métropole ! Cette fois-ci, il ne s'agit ni d'anciens poujadistes ni d'activistes dépendant des réseaux basés en Espagne, mais de collaborateurs directs de Salan, en rapport avec l'ex-capitaine Sergent, chef de l'O.A.S. en métropole.

Pendant que leur ministre estime approcher de la destruction finale des réseaux O.A.S., les policiers parisiens de la P.J. commencent à y voir plus clair dans les paperasses de Marcel Bouyer. Ils sont en train d'en tirer une synthèse lorsque le chef de bataillon Roger Faulques, que la rumeur situait au Katanga, se manifeste à Alger. Au cas où il rejoindrait l'O.A.S., Salan verrait d'un bon œil qu'il prenne la place du colonel Vaudrey dont les relations avec ses chefs de secteur ne s'améliorent pas. Mais l'ancien officier de renseignement du 1er R.E.P., homme au long visage barré d'une cicatrice, demande à réfléchir.

Le dimanche 4 février, la série de hold-up se poursuit par l'attaque du poste central du P.M.U. d'Alger. Les quatre-vingt-dix mille francs qui y sont dérobés portent à plus de cent millions d'anciens francs le butin de quelques jours. Si, dans un communiqué remis à l'A.F.P., l'O.A.S. revendique la plupart de ces actions, elle annonce aussi que des truands profitent de la situation en lui faisant endosser la totalité des responsabilités et qu'ils seront impitoyablement exécutés.

Le même jour, interrogé à l'Assemblée nationale sur l'existence des barbouzes en Algérie, Roger Frey déclare : « Il faut que le pays sache qu'il n'y a, en France, que les forces régulières de la Sûreté nationale, de la Préfecture de Police et de la Gendarmerie. Il n'existe aucun personnel chargé de la lutte anti-O.A.S., en dehors des cadres normaux des forces du maintien de l'ordre. »

Le lendemain de cette proclamation qui sera publiée dans le *Journal officiel* du 10 février 1962, l'O.A.S. algéroise ne ralentit pas son activité à l'occasion du nouveau discours du général de Gaulle. Trois de ses militants musulmans tuent dans son cabinet le D$^r$ Maxime Fleck, conseiller général et ancien président de l'U.N.R. en Algérie. Puis c'est au tour du chef de bataillon Jean Bianconi, officier détaché au cabinet de Louis Joxe, de trouver la mort dans une villa d'El-Biar.

Le commandant Faulques n'a toujours pas pris de décision lorsque, au soir du 5 février 1962, le général de Gaulle commence son allocution radiodiffusée et télévisée à partir de l'Elysée par ces mots : « Oui ! Nous vivons des jours assez tendus et la route n'est pas toujours facile » et les militants de l'O.A.S. se reconnaissent lorsqu'il précise :

— Y sont évidemment pour beaucoup les troubles suscités par des agitateurs qu'il faut réduire et châtier.

Ils grondent lorsque le président de la République, d'un ton méprisant, poursuit :

— Mais rien ne serait plus absurde que d'en être obnubilés alors que nous sommes en période de grandes réalisations. Levons la tête pour les voir ! Du coup, les incidents, si odieux qu'ils puissent être, ne révèlent d'importance que relative et les médiocrités ne paraissent que ce qu'elles sont.

Après avoir rappelé les bouleversements que la France a connus au fil des siècles, le Général parle de la transformation vers laquelle il entend la conduire et qui, il le reconnaît, implique d'« inévitables remous ».

— En secouant le navire, prévoit-il, ceux-ci peuvent donner le mal de mer à des cœurs mal accrochés. Mais, poursuit-il d'un ton plus autoritaire, dès lors que la barre est fermement tenue, que l'équipage assure la manœuvre, que les passagers restent confiants et à leur place, il n'y a pas de risque de naufrage. En fait et en dépit de tout, nous voguons à pleines voiles vers les buts que nous nous sommes fixés en ce qui concerne tant notre développement intérieur que notre action à l'extérieur et le règlement de l'affaire d'Algérie.

Après avoir souhaité que la France achève en Algérie l'œuvre « généreuse et indispensable » qui lui a permis de transformer en coopération la domination qu'elle exerçait sur ses colonies, le Général attaque encore les « Français indignes » de l'O.A.S. qui « se sont lancés dans des entreprises subversives et criminelles ».

Puis il précise :

— Exploitant et exaspérant l'irritation et l'inquiétude d'une partie de la population d'origine européenne, la nostalgie de quelques éléments de l'armée, la rancune et l'ambition de plusieurs chefs militaires ou politiciens disponibles, des conspirateurs ont essayé, essaient et sans doute essaieront de créer des bouleversements à la faveur desquels ils s'imaginent saisir le pouvoir. Ils l'ont tenté, mais vainement, lors de l'affaire des barricades. Ils l'ont tenté, mais vainement, en avril. Ils le tentent en ce moment grâce à un système de chantages, de vols, d'assassinats, transporté jusqu'en métropole. Mais une fois de plus, ils le font vainement.

Un peu plus loin, le président affirme :

— Mais la nation, elle, méprise et condamne unanimement ces gens, leurs complots et leurs attentats. Leur destin ne saurait relever et ne relève que des forces de l'ordre, de la police et de la justice. Le Gouvernement est là pour en répondre. J'ai moi-même pris, quand il le fallait, je prendrais encore, au besoin, les moyens exceptionnels nécessaires.

Ayant une nouvelle fois fait comprendre qu'il en reviendrait si besoin à l'article 16 de la Constitution, de Gaulle précise que l'urgence est à la réalisation de la paix en Algérie par la création d'un exécutif provisoire, et à se préparer à reconnaître l'Etat souverain et indépendant qui, selon lui, sortira de l'autodétermination.

La présence d'un renfort de cinq mille C.R.S. rameutés de métropole n'a pas empêché Alger de résonner de concerts de klaxons et de casseroles durant le discours présidentiel. Et, considéré comme responsable de la transmission de la parole élyséenne, M. Oudinot, directeur de la R.T.F., est victime d'une *strounga*.

Alors qu'à Alger l'O.A.S. n'a pas pu empêcher la diffusion du message présidentiel, ses militants oranais ont fait sauter le relais image de la R.T.F. installé à la nouvelle préfecture. L'image du Général a disparu des écrans, puis sa voix a laissé la place à celle d'un commentateur de l'organisation installé devant un émetteur clandestin dans les locaux de *L'Echo d'Oran*. Pour faire bon poids, des linotypistes et des rotativistes de ce journal favorable à l'organisation font paraître le lendemain une édition spéciale avec un éditorial signé Jouhaud et imprimé à l'envers afin de détourner les soupçons de la police vers des intervenants étrangers au journal. « A l'heure où j'écris ces lignes, M. de Gaulle a dû, une fois encore, prendre la parole. Je ne sais pas ce qu'il a pu dire. Je n'y accorde aucune importance. Cet homme ne peut plus être cru, même si d'aventure il disait la vérité. Telle est, a dit le Talmud, la punition du menteur, punition bien douce pour l'instant, car un jour prochain la Justice passera. Le Nouveau Testament nous enseigne qu'à la voix de celui qui crie dans le désert, tout ce qui est tortueux devient droit. Charles de Gaulle parle aussi dans le désert, mais avec lui tout ce qui est droit devient tortueux.

« Charles de Gaulle a dû, dans son allocution, faire de nouvelles concessions au G.P.R.A., suivant une ligne de conduite traduite par André Tardieu de "politique du chien crevé au fil de l'eau". Il a dû manifester son autosatisfaction par un optimisme de bon aloi. Mais il y a longtemps que l'asile d'aliénés, où l'on trouve beaucoup de paranoïaques, est l'endroit où fleurit le plus d'optimisme. Et une politique se jugeant à ses résultats, nous pourrions penser que le Père Ubu a ressuscité. Mais lui au moins était drôle. Si une politique se jugeait à ses résultats : isolement diplomatique de la France, Patrie en état d'alerte, l'Algérie en révolte, il y a longtemps que le peuple français se serait débarrassé du tyran qui le mène au désastre. Nous en avons assez de l'homme providentiel, servi en fait beaucoup plus par le hasard, sobriquet de la providence. Nous en avons assez des mensonges et des sophismes. Nous sommes lassés par cette politique décadente. Devant cette veulerie, cette lâcheté, un homme auquel l'Algérie n'arrivera jamais à manifester son immense gratitude s'est élevé : le Général Salan. Toute une province, unanime et unie s'est mise aux ordres de l'homme qui a pris en main les destinées du pays. Lui seul a autorité en Algérie. Car que représentent les généraux qui plastronnent au camp d'internement du Rocher-Noir et leurs factotums locaux. Avec Raoul Salan, dans l'Ordre et l'Honneur, nous ferons cette Algérie fraternelle que nous souhaitons avec une foi toujours aussi intense dans l'avenir.

« Cette Algérie, nous la construirons sur trois principes :

« Un principe politique :

« La paix, c'est la tranquillité dans l'ordre. Qui peut assurer l'ordre, sinon un pouvoir politique non dominé par la haine, c'est-à-dire la République française.

« Un principe social :

« L'ordre politique ne saurait être durable en l'absence d'une prospérité, facteur du progrès social.

« Un principe moral :

« Tout racisme est générateur de guerre. Nous condamnons tout racisme et tout incident opposant les communautés. Nous souhaitons, exigeons une promotion sociale accélérée des musulmans et une égalité totale des droits et des devoirs. Et puis nous acceptons toute décentralisation régionale permettant l'adaptation de la législation aux particularismes locaux.

« Cette Algérie nous la bâtirons car nous vaincrons. Sur notre route se dressent encore de nombreux obstacles que nous surmonterons. Au travers des nuages hier si denses et si noirs, commence à filtrer la lumière. Le pilote commence à cheminer avec sécurité et certitude, sa route devient claire. Il maintiendra le cap et connaîtra bientôt l'ivresse du devoir accompli.

« Ce devoir c'est : l'Algérie fraternelle et française.

« Courage. On les aura. »

A Paris, Giacomo Gagliardi, un jeune militant de l'Algérie française enfermé au centre d'internement de l'ancien hôpital Beaujon, a décidé de protester à sa manière après le discours de De Gaulle. Trompant la vigilance de ses gardiens, ce délégué du M.S.I. italien pour la France et la Belgique réussit à faire passer des messages à ses correspondants fascistes européens, Jean-Pierre Huguet en Belgique, Zarco Moniz-Ferreira au Portugal, Angel Sumalia-Ricote en Espagne et Conrad Windisch en Allemagne de l'Ouest. A la même heure, des groupes de jeunes gens se massent donc à son appel le 6 février devant les ambassades de France à

Bruxelles, à Lisbonne, à Madrid et à Bonn pour hurler des slogans antigaullistes et des « Vive l'Algérie française ! ».

A l'heure où se déroulent ces petites manifestations internationales, bien peu soucieux de la paix réclamée par Jouhaud, deux hommes des *collines* oranaises assassinent un capitaine de Gendarmerie. Cet officier partait en permission à Aix-en-Provence où l'attendaient son épouse et ses trois enfants, lorsque deux tueurs en tenue camouflée et béret rouge ont dépassé la voiture du sous-officier qui le conduisait à l'aéroport de la Sénia. Ils se sont mis en travers de la route, ont abattu le capitaine et ont filé vers Oran sans prendre la peine de s'emparer du pistolet qu'il n'avait pas eu le temps d'utiliser.

Au matin du 7 février, Georges Bidault, attaqué depuis quelques jours par des hommes politiques réclamant qu'on « le fasse taire », publie dans *Aux écoutes* une critique du discours prononcé par l'homme qui, le 13 septembre 1959, lui remettait au Palais de l'Elysée la croix de la Libération qu'il lui avait attribuée le 27 août 1944. Après avoir démonté les arguments du président de la République, son ancien ministre des Affaires étrangères du 9 septembre 1944 au 20 janvier 1946, en venant à cette phrase : « D'ailleurs, le moment est proche où la France publiera dans le détail ce qu'elle propose et ce qu'elle offre », tient à souligner : « Il faut que l'univers sache que ce sont les propositions du général de Gaulle, et que ni la Constitution ni le droit ne lui permettent de parler au nom de la France sans l'avoir consultée dans ses organes réguliers. » Puis il s'emporte : « Aucun dictateur ne s'est jamais octroyé le droit – sauf les deux fous que nous avons combattus – de baptiser du nom de son pays sa volonté personnelle. »

Et Georges Bidault, citant à nouveau le président de la République, conclut sa diatribe par ces mots : « Ce que nous avons à faire est grand. C'est vrai. C'est d'empêcher une grande débandade. »

Quelques heures après la parution de ce texte, Philippe Le Pivain roule vers Maison-Carrée dans une voiture conduite par un légionnaire déserteur. Son adjoint opérationnel, Michel Labbé, l'aspirant du 1$^{er}$ R.C.P. engagé dans l'O.A.S. à la fin de son service qu'il a achevé dans une unité de tirailleurs en Oranie sans reprendre ses études de pharmacie, est avec lui. Apercevant un barrage de gendarmes alors qu'il passe sous Diar el-Mahçoul, Le Pivain ordonne à son chauffeur de se garer sans précipitation. Tandis que le conducteur d'un second véhicule dans lequel ont pris place deux autres membres de son commando stoppe derrière lui, le capitaine sort de sa voiture et, affichant un calme parfait, il fait signe à Michel Labbé de s'éloigner du barrage en marchant tranquillement. Un gendarme pointe soudain un doigt dans sa direction et, tirée sans sommations, une rafale crépite.

Quelques balles frappent Le Pivain dans le dos. Il s'écroule et meurt, tandis que, la rage au cœur, Michel Labbé donne le signal de la fuite à ses compagnons.

La mort du chef de secteur de Maison-Carrée suscite le trouble au sein de l'organisation. Certains avancent qu'il a été trahi et d'autres que, rongé par le remords depuis la mort de Michel Leroy, il a lui-même quelque peu provoqué le destin. Tout au long de la journée du lendemain, des dizaines d'Algérois viennent déposer des fleurs et se recueillir sur la tache de sang qui marque l'endroit où Le Pivain est tombé. Salan, choqué par la mort de cet officier, fils d'amiral, qu'il appréciait entre tous, accepte que le lieutenant Bernard dont la désertion a provoqué tant de controverses dans l'Armée le remplace au secteur de Maison-Carrée. Puis il donne l'autorisation d'ouvrir désormais le feu sur les gendarmes mobiles.

A l'heure où les Algérois rendent un hommage silencieux à l'un de leurs héros sacrifié, sur ordre d'André Canal, Jean-Marie Vincent, flanqué d'un étudiant, Edouard Tissandier, dépose une charge sur le rebord d'une fenêtre au rez-de-chaussée de l'immeuble cossu dans lequel, au 19 *bis* de l'avenue Victor-Hugo, à Boulogne, habite André Malraux.

Mais les deux plastiqueurs, mal renseignés sur l'heure, puisque Malraux n'est pas là, et même sur les lieux, puisque, se fiant à un plan imprécis dressé par un élève pied-noir de l'école Bréguet où règne une ambiance Algérie française, ils ignoraient que son appartement se trouve au deuxième étage, ratent leur cible.

Les éclats des vitres pulvérisées par la charge déchirent le visage de la petite Delphine Renard, la fillette des gardiens de l'immeuble âgée de quatre ans. Le minois ravagé et ensanglanté de la gamine fera plus de mal à l'O.A.S. que toutes les opérations de police et que toutes les campagnes d'opinion jusque-là orchestrées par les gaullistes et les organisations de gauche.

Les centrales syndicales, C.F.T.C., C.G.T., F.E.N. (Fédération de l'Education nationale), l'U.N.E.F. (Union nationale des étudiants de France), le S.G.E.N. (Syndicat général de l'Education nationale) et le S.N.I., (Syndicat national des instituteurs) n'ont pas attendu le lamentable plasticage de Boulogne pour condamner l'O.A.S. Ces organisations avaient prévu depuis huit jours d'organiser avec le P.S.U., le P.C. et le Mouvement de la Paix une grande marche pour la fin de la guerre en Algérie. Sitôt qu'il a eu vent de ce projet, Roger Frey s'est empressé de rappeler que toute manifestation est interdite dans la capitale depuis le putsch.

La mise en garde ministérielle, comme d'ailleurs celles du préfet de Police Maurice Papon, est restée lettre morte. En fin d'après-midi, l'annonce de l'explosion qui a blessé la petite Delphine Renard décuple la colère de la foule immense qui scande dans le froid tout aussi bien des slogans anti-O.A.S. qu'antigaullistes. D'importants renforts de police et de gendarmes convergent vers le quartier de la Bastille.

Une fois la nasse policière tendue, la marche pour la paix dégénère de place en place en combat de rue. Harcelés sous des volées de projectiles improvisés et de boulons amenés à dessein par des syndicalistes de la C.G.T. et de la C.F.T.C., des policiers armés de longues matraques en bois chargent les groupes de manifestants noyés dans des nuées de gaz lacrymogènes.

La nuit tombant après 19 heures ne ramène pas le calme bien que les organisateurs de la marche aient déjà donné place de la République des ordres de dispersion. Bien au contraire car, au moment où, à l'aide de mégaphones, des dirigeants syndicalistes répercutent les consignes appelant les manifestants à rentrer chez eux, des policiers traités de S.S. chargent à nouveau.

Revenus former boulevard Voltaire un fleuve houleux, des lambeaux de foule fuient vers la station de métro Charonne. Les premiers manifestants trouvent closes devant eux les grilles d'accès. Ils tentent de remonter les marches, mais les militants qui les suivent, affolés par les explosions de grenades et les coups de longues matraques que les spécialistes du maintien de l'ordre appellent « bidules », les en empêchent. Précipités dans le piège par les assauts des trois sections de la 31e compagnie de police du 3e district basée à la Villette sous les ordres du commandant Defrance et aujourd'hui mise à la disposition du jeune commissaire André Izert, lui-même placé sous les ordres du commissaire principal Dauvergne, des centaines d'autres manifestants viennent s'amasser sur eux.

Durant de longues minutes, des hurlements de douleur, des supplications, des malédictions, montent de la mêlée folle. Lorsque les soixante-quinze policiers de choc des trois sections commandées par les officiers de police Bisserbes, Courtois et Ravinet s'éloignent enfin un peu de la bouche de métro, la foule, comme si elle reprenait sa respiration, se défait en abandonnant derrière elle des corps inanimés. Des dizaines de blessés se relèvent, hébétés, dans la fureur des sirènes d'ambulances.

On compte bientôt huit morts, trois femmes et cinq hommes écrasés, asphyxiés contre les portes closes de la bouche de métro qu'il eût suffi d'ouvrir pour éviter le drame. Un premier bilan permet d'estimer à plus de deux cents les blessés parmi les manifestants et au moins cinquante de plus du côté des forces de l'ordre.

Deux heures après la fin tragique de la manifestation, le ministère de l'Intérieur publie un premier communiqué dans lequel Roger Frey fait porter au parti communiste une grande part de responsabilité dans ce drame. Puis, à minuit, un nouveau texte officiel qualifie les manifestants d'émeutiers qui « ont attaqué avec une extraordinaire violence » le service d'ordre en utilisant des matraques, des boulons, des grilles et des pavés.

Le même jour, à Santa Cruz de La Palma où Lagaillarde et Argoud ne s'adressent plus la parole, l'ancien chef de cabinet de Massu, que son épouse et ses deux filles ont rejoint et qui vient de mettre un terme à une grève de la faim destinée à faire pression sur les autorités madrilènes, écrit au ministre de l'Intérieur de Franco afin de lui rappeler ses engagements du dernier jour de son jeûne volontaire. Songeant toujours à la promesse faite à Salan dans son courrier du 28 novembre dernier, il se plaint surtout de rumeurs annonçant qu'avec ses compagnons d'infortune, il serait expédié en Amérique latine, ou qu'ils seraient libres de choisir un pays d'accueil. Après avoir affirmé que l'une et l'autre de ces mesures lui seraient inacceptables, Argoud exige de quitter le territoire espagnol au plus vite et demande l'autorisation de se rendre à Madrid, afin d'y préparer son départ.

Au matin du 9 février, le courrier d'Argoud partant de Santa Cruz, *L'Humanité,* après avoir été d'abord saisie, paraît avec dans ses colonnes des vides imposés par les ciseaux d'Anastasie et le ministère de l'Intérieur reproche aux dirigeants du P.C. d'avoir fait le jeu de l'O.A.S., dont la volonté d'affaiblir le gouvernement, souligne Roger Frey, était pour une fois liée à leurs intérêts.

Du côté de l'O.A.S., si on fait le dos rond à cause de la blessure de la petite Delphine Renard, on se réjouit de voir les gaullistes et les communistes s'affronter. Quant à Salan, lorsqu'il a appris l'attentat manqué contre Malraux, il est entré dans une fureur noire. Après avoir condamné en bloc tous ceux qu'il estime responsables de l'attentat manqué, de Sergent à Nicolas Kayanakis et à Jean Caunes qui, allant de l'O.A.S. classique aux groupes maintenant dissidents d'André Canal, mettent le feu là où il ne voudrait pas qu'il fût mis, il alerte un de ses amis, le professeur Amalric, afin que la petite blessée bénéficie des meilleurs soins. Au sujet de cette intervention que le général a toujours voulu garder secrète, Yves Gignac prendra connaissance en 1966 d'une lettre du professeur Amalric, dans laquelle il lui rendait compte que la fillette avait bien reçu les meilleurs soins et ne serait pas tout à fait aveugle.

Du côté des organisations antifascistes et des officines gaullistes soucieuses de déculpabiliser le gouvernement après la répression assassine de Charonne, on insinue que des nervis de l'O.A.S. déguisés en policiers se seraient mêlés aux forces de l'ordre.

Le surlendemain du drame de Charonne, les Pieds-noirs sont nombreux en Algérie à déplorer que leurs enfants massacrés ou mutilés par les terroristes du F.L.N. depuis 1954 n'aient jamais eu, comme la petite Delphine, droit à la une des journaux métropolitains et, sans qu'il y ait rapport de cause à effet, la Délégation générale n'ose pas interdire à la population de participer aux obsèques de Philippe Le Pivain.

C'est donc une foule respectueuse qui suit l'amiral Le Pivain et son second fils, lieutenant de vaisseau commandant *Le Frondeur*, un escorteur affecté à la surveillance des côtes de Bougie à la frontière tunisienne.

Après cet enterrement, le commandant Roger Faulques a quitté l'Algérie sans explications, sans doute pour aller, imaginent ceux qui le regrettent, participer à quelque aventure mercenaire en Afrique noire ou ailleurs. Salan reçoit la visite du chef de bataillon Bazin, qui, à Oued-Fodda, à une trentaine de kilomètres à l'est d'Orléansville, commande le 5e bataillon de tirailleurs algériens et se déclare prêt à rallier l'O.A.S. avec l'ensemble de ses hommes, tous des engagés, souligne-t-il. Et il affirme que le commandant Benos, le Pied-noir de Constantine qui est à la tête du 17ᵉ B.T.A., la seconde composante du 5ᵉ R.T.A. commandé par le lieutenant-colonel Jacques Puigt, est prêt à en faire autant.

Le commandant Bazin ayant rejoint son unité, Salan imagine déjà de mettre en place un solide maquis insurrectionnel dans l'Ouarsenis avec les deux bataillons du 5ᵉ R.T.A., des G.M.P.R. dont les chefs lui ont promis leur engagement et les harkis et moghaznis de quelques sections administratives spéciales dont les officiers à képi bleu ciel – des appelés pour la plupart – vivent dans la hantise de l'ordre qui les fera abandonner leurs administrés à l'emprise du F.L.N.

Le général Salan se trouve donc dans les meilleures dispositions lorsque, le 11 février 1962, toujours sans en avoir averti ses colonels, il préside une réunion de chefs de secteur, auxquels s'est joint le lieutenant Alibert, venu de Constantine.

Après avoir salué une dernière fois la mémoire du capitaine Le Pivain, le chef de l'O.A.S. dévoile son plan qui fera de l'Ouarsenis un bastion de l'Algérie française. Ayant énuméré les unités déjà acquises au mouvement, il engage le lieutenant Alibert à rendre compte de ce qui s'est dit au colonel Chateau-Jobert et à lui demander d'accélérer dans le Constantinois la formation d'une zone insurrectionnelle équivalente à celle de l'Ouarsenis.

Au lendemain de cette réunion, l'ambiance retombe de plusieurs crans dans l'entourage de Salan en apprenant que le lieutenant Picot d'Assignies a été arrêté dans sa 4 C.V. au cours d'un banal contrôle de gendarmerie.

Le secteur d'El-Biar n'a plus de chef militaire et François Thadome devine qu'il n'en aura sans doute plus avant longtemps, puisque l'organisation ne dispose pas d'officier pour remplacer d'Assignies.

\*

— 60 —

## Salan et de Gaulle : la guerre à outrance !

Le 11 février 1962, réunis dans le Yéti, le chalet alpin réservé près des Rousses aux loisirs des fonctionnaires des Ponts et Chaussées qui a déjà servi début janvier à des rencontres secrètes entre Saad Dahlab et Louis

Joxe, le ministre chargé des Affaires algériennes, le ministre des Travaux publics, Robert Buron, et le prince Jean de Broglie, secrétaire d'Etat chargé du Sahara, accompagnés par les spécialistes de l'Algérie que sont Claude Chaillet, Bruno de Leusse, Yves Roland-Billecart et le général de division Philippe de Camas, ancien commandant de la 27$^e$ D.I. et de la zone opérationnelle de l'Est algérien, renouent en secret avec Krim Belkacem, Lakdar Ben Tobbal, Saad Dahlab, M'Hamed Yazid.

Au lendemain de cette première rencontre, le capitaine Souètre s'est évadé du camp gardois de Saint-Maurice-l'Ardoise en même temps que le capitaine Raymond Murat et une quinzaine d'autres militants de l'Algérie française. Les discussions ardues sont déjà bien engagées entre les négociateurs lorsque, au matin du 13 février, se déroulent à Paris les obsèques des huit morts de Charonne, Jean-Pierre Bernard, Fany Dewerpe, Daniel Féry, Anne-Claude Godeau, Edouard Lemarchand, Suzanne Martorell, Hippolyte Pina et Raymond Wintgens.

Jamais, depuis le Front populaire et la Libération, une telle foule ne s'est massée dans les rues de Paris. Celle qui marche, silencieuse et digne vers le cimetière du Père-Lachaise, est forte d'au moins cinq cent mille opposants à la guerre en Algérie et ennemis déclarés de l'O.A.S. Et, pour la première fois depuis le Front populaire, les dirigeants de tous les partis, syndicats et organisations de gauche défilent au coude à coude derrière un orphéon dont les musiciens, tous syndicalistes et inlassables sous une pluie mêlée de neige fondue, jouent la *Marche funèbre* de Chopin. A quelques mètres de Pierre Mendès France, François Mitterrand, son ministre de l'Intérieur à l'aube de l'insurrection algérienne puis garde des Sceaux de Guy Mollet jusqu'en mai 1957 et qui, à ces titres, a combattu des communistes alliés au F.L.N., marche près de Maurice Thorez et Jacques Duclos.

La foule parisienne n'en finit pas de se défaire à l'issue de l'enterrement quasi national bien qu'aucune gerbe officielle n'ait été remarquée dans l'immense amas de fleurs vite défraîchies par la bruine glacée, lorsque l'O.A.S. reçoit à Alger le renfort providentiel du capitaine Guy d'Ammonville, ancien officier du 20$^e$ groupe d'artillerie parachutiste, qui hérite le soir même du commandement du secteur d'El-Biar.

L'O.A.S. se structure chaque jour un peu plus dans l'Algérois. A Tizi-Ouzou, l'avocat Jean Augeai, qui court chaque semaine de grands risques en venant prendre ses ordres à Alger, a reçu à la fin janvier le renfort de Jean-Paul Angelelli. L'ancien sous-officier du 6$^e$ spahis a été dès sa libération nommé professeur au lycée de Tizi-Ouzou où son épouse enseigne aussi. M$^e$ Augeai lui a confié la tête de l'O.R.O. de la région avec la consigne d'éviter de faire couler le sang kabyle. Maintenant investi de ses responsabilités, le jeune professeur cité à l'ordre de la brigade sous les drapeaux organise son secteur avec l'appui d'un médecin, d'un cadre de l'Electricité et Gaz d'Algérie et d'un sous-officier affecté à l'état-major de la subdivision. Confiant dans les rumeurs annonçant la création de maquis en Kabylie, il collecte des renseignements sur l'état d'esprit des militaires de la région. Afin d'empêcher quiconque de reconnaître son écriture, il rédige les rapports que M$^e$ Augeai se charge de transmettre à ses destinataires algérois en écrivant au crayon sur une feuille doublée de carbone, ne remet que la deuxième à l'avocat et détruit l'original.

Malgré l'activité de M$^e$ Jean Augeai et d'Angelelli, à Tizi-Ouzou comme partout, l'O.A.S. manque de bras et, lorsqu'il s'agit d'éliminer le commissaire de police kabyle de Bordj-Ménaiel, condamné par l'O.A.S. pour ses liens avec le F.L.N., l'ancien sous-officier ne trouve personne pour faire exécuter la sentence.

Leur allié de Bordj-Ménaiel restant aussi miraculeusement en vie, les quelques barbouzes qui ont réchappé aux attaques des *deltas* sont restées très discrètes depuis la destruction de la villa El Mansour. Après avoir reçu le renfort de quelques nouveaux contractuels recrutés par Ponchardier et Lemarchand, elles ont élu domicile au quartier de la Redoute, à l'hôtel Radjah, que le « colonel Foyer » a loué tout entier au bachaga Bouabdellah qui sert depuis longtemps de lien entre le F.L.N. et le M.P.C.

Le nouveau repaire des barbouzes, s'il n'est pas de la classe des deux quatre-étoiles algérois, le Saint-George et l'Aletti, et des huit autres hôtels de tourisme à trois étoiles, fait tout de même partie des quinze établissements de confort classés deux étoiles. Bâti au fond d'un cul-de-sac, au 64 de la rue Anatole-France et donnant sur deux rues, il offre à ses hôtes de bonnes possibilités de défense en cas d'attaque en force. Cette situation privilégiée permet aux barbouzes d'abattre le 14 février trois *deltas* repérés par leurs guetteurs avant qu'ils aient le temps d'utiliser leurs mitraillettes dissimulées sous leurs imperméables.

Roger Degueldre prend la mort de ses hommes comme une insulte personnelle. Dès l'aube du lendemain, il utilise les grands moyens pour les venger. Postant devant le Radjah deux half-tracks empruntés à l'armée, il le fait pilonner par des roquettes tirées à l'aide des bazookas artisanaux de Marcel Lagier, très efficaces à si courte distance. Harcelés ensuite par des tirs de fusil-mitrailleur et des jets de grenades, affolés de ne pas voir venir les forces de l'ordre à leur rescousse, les barbouzes, bien couvertes par le feu de la mitrailleuse qu'elles ont mise en batterie sur leur terrasse, cessent le combat et se défilent par les arrières de l'établissement.

Ayant abandonné ses half-tracks dont les équipages en uniforme n'ont fait l'objet d'aucun contrôle en franchissant les barrages de rouleaux de barbelés et de chevaux de frise, Degueldre estime que les barbouzes, maintenant réfugiées à Rocher-Noir et à l'école de police d'Hussein-Dey, amèneront leurs blessés à l'hôpital Maillot. Il charge Josué Giner d'en faire surveiller les entrées.

Au cours de la journée, à Oran, huit hommes de Micheletti s'emparent dans la caserne des Douanes, proche du Vieux Port réservé aux petits bateaux de pêche et à la plaisance, de cent dix pistolets automatiques, cinquante-huit pistolets-mitrailleurs et trente-sept fusils de guerre.

L'O.A.S. parisienne, bien qu'à un degré moindre, s'est également manifestée. Entre 16 h 15 et 16 h 30, elle a fait sauter sept bombes, dont les trois premières visaient trois journalistes du *Monde*, Philippe Herremann, du service politique, son rédacteur en chef Jacques Fauvet et Jean Planchais qui ont publié en octobre précédent aux éditions Arthaud un livre sur le putsch, *La Fronde des généraux*. Les trois autres engins ont explosé aux domiciles de M. Detraz, un cadre de la C.F.T.C., d'André Wurmser, éditorialiste à *L'Humanité*, de M. Mayoux, professeur en Sorbonne, et le septième a sauté dans un immeuble de la rue Montaigne. En fin de journée, une huitième charge de plastic a en partie ravagé rue Cardinet le siège du Syndicat des cheminots de Paris. Si elles n'ont pas provoqué de victimes, Roger Frey s'empresse d'émettre ce communiqué : « Les attentats commis à Paris nécessitent des mesures de contrôle renforcées qui risquent d'apporter une certaine gêne aux Parisiens. Le ministre de l'Intérieur est certain que la population comprendra ces nécessités et apportera tout son concours aux forces de Police dans l'accomplissement de leur mission. »

A Pau, Christian Hitier agit, lui aussi. Avec ses jeunes compagnons, que la police appelle maintenant « Les peintres de la nuit », tellement ils donnent du pinceau sur les murs de la ville, il organise trois plasticages dans la nuit du 15 au 16 février. Deux contre des librairies et un contre un restaurant. L'un des deux commerces de livres visés, Ma Librairie, situé au 10 de la rue Barthou entre le restaurant Chez Pierre et la parfumerie Mille, a été choisi parce qu'il sert de siège au P.C. local.

Deux jours plus tard, au matin du dimanche 18 février 1962, je suis pressé d'aller embrasser pour la première fois mon fils François, né six jours plus tôt à la clinique d'Alsace. Cet établissement se trouvant dans la rue de Nancy qui, tout de suite après la poste de Bab el-Oued, relie l'avenue des Consulats à la rue du Dey, je m'étonne, plus j'avance vers l'hôpital Maillot, de rencontrer de moins en moins de monde.

Je suis arrivé la veille de Lorient où, après avoir suivi durant six mois un cours de moniteur d'éducation physique à Saint-Mandrier, près de Toulon, j'ai été affecté à bord de l'aviso colonial *Commandant Bourdais*. J'ignore donc que Roger Degueldre et Jacques Achard ont conseillé à la population de s'abstenir d'aller et venir dans les parages de l'hôpital. Une fois dans la chambre de la clinique, ému et gauche, je prends mon bébé dans mes bras. Mais je ne le garde pas longtemps. Une intense fusillade éclatant dans les parages, je le rends à mon épouse, je bondis à la fenêtre, je l'ouvre et je me penche afin d'apprécier l'origine des coups de feu. Puis, ignorant les supplications de ma femme, je dévale l'escalier pour aller aux nouvelles.

Les tirs ont cessé lorsque je débouche dans la rue du Dey. Tournant sur ma gauche vers le boulevard de Champagne, je bute sur une demi-douzaine de civils qui braquent machinalement leurs mitraillettes sur moi. Je leur souris. Sans doute rassurés par ma casquette d'officier-marinier, le ruban rouge et blanc de ma croix de la valeur militaire piqueté d'une palme et d'une étoile, les fusils croisés et le mot commando en lettres dorées en haut de la manche gauche de ma veste bleu marine, ils baissent leurs armes. Le premier d'entre eux pousse à cinq mètres de moi le battant d'un portail donnant dans une courette et il le maintient entrouvert jusqu'à ce que tout le groupe s'y soit engouffré.

Aiguillonné par la curiosité, je reprends ma course vers les murs de l'hôpital Maillot et de la Salpêtrière que j'aperçois à moins de cent mètres. Je découvre bientôt sur ma gauche une Peugeot 403 beige, criblée de balles et engagée sur le trottoir.

L'esplanade formée par la rue de Normandie, la rue du Dey et le boulevard de Champagne est déserte. Et il n'y a personne aux fenêtres de l'immeuble d'angle contre lequel la voiture, que je devine sans peine tombée dans une embuscade tendue par les hommes que je viens de croiser, est venue finir sa course près de l'imprimerie Typolitho appartenant à un parent de René Villard.

Je connais bien la mort pour l'avoir souvent rencontrée dans les djebels lorsque je servais au commando *Jaubert*. A leurs postures, je me rends tout de suite compte que les trois hommes que je distingue, avachis dans la voiture, ont cessé de vivre et que je ne peux plus rien pour eux.

Je suis seul près des morts lorsque les plaintes acides d'une sirène annoncent l'arrivée des forces de l'ordre. Connaissant le repaire des *deltas*, je ne tiens pas à être interrogé comme témoin et je m'éloigne de la voiture d'où s'évade une odeur lourde d'essence et qui risque de s'enflammer d'un instant à l'autre.

En retournant dans la rue du Dey, je n'ai pas une pensée charitable pour les morts que je viens de quitter. Je songe seulement que ces hommes sont morts en soldats d'une cause qui n'est pas la mienne.

Après avoir rassuré mon épouse sans lui raconter en détail ce que j'ai vu, je regarde mon fils dormir, symbole d'une paix que j'appelle de tous mes vœux. Puis, par l'avenue des Consulats maintenant encombrée d'une foule ameutée par la rumeur de l'embuscade, je me dirige vers la rue Mizon. Au passage, je m'attarde dans un petit café de la rue Suffren où je retrouve Jean-Pierre Tuduri, un des deux oncles de ma femme, C.R.S. aujourd'hui au repos. Les conversations ont cessé à mon intrusion. Mais, puisque je suis devenu « Georgeo, le patos qui a marié la petite Victoria Sabatier de la rue Mizon », elles reprennent sitôt que je me suis accoudé au comptoir en piétinant des épluchures de cacahouètes grillées.

Les consommateurs sont au courant de ce qui vient de se passer près de l'hôpital Maillot mais, bien entendu, si j'ai entendu quelques échos de la fusillade qui, alors que je n'en ai vu que trois, aurait coûté la vie à quatre barbouzes, je n'ai rien remarqué. Surtout pas les *deltas* s'engouffrer dans leur repaire de la rue du Dey. Ce qui ne semble pas le cas d'un homme essoufflé, qui pénètre dans l'établissement en annonçant que leurs victimes ont brûlé vives dans leur voiture.

Ce même dimanche, Sergent envoie à Paris une de ses équipes à l'hôpital du Val-de-Grâce avec mission de terminer le travail des *deltas* algérois en tuant Yves Le Tac. En organisant ce coup de main à la demande de l'O.A.S. algéroise, Sergent a eu autant de scrupules que Philippe Le Pivain en recevant l'ordre d'éliminer Michel Leroy. Il connaît très bien Le Tac. Ils sont certes maintenant ennemis à cause de la politique algérienne de De Gaulle. Mais, à l'adolescence, ils étaient compagnons de vacances à Saint-Pabu, en Bretagne.

La présence d'Yves Le Tac au Val-de-Grâce a été découverte un peu par hasard par Jean-François Collin, un tout jeune ancien sous-lieutenant du groupement des commandos parachutistes qui a participé sous les ordres du capitaine Raymond Murat à la prise du Palais d'Eté au soir du 22 avril 1961. Ce farouche défenseur de l'Algérie française dont le père est à Alger éditeur de brochures à caractère médical et réside près de la Grande Poste, au 55 de la rue d'Isly, a eu le biceps droit complètement arraché par une décharge de fusil de chasse tirée à bout portant par un rebelle au terme d'un assaut lancé dans l'Ouarsenis. Après un séjour à l'hôpital Maillot, il a été évacué sur le Val-de-Grâce, où il a subi trois greffes de nerfs qui devraient lui permettre de retrouver peu à peu l'usage de son bras dont on avait d'abord voulu l'amputer.

Venant une fois par semaine en consultation à l'hôpital du boulevard de Port-Royal, Collin n'a pas attendu d'être tout à fait remis pour prendre du service dans l'O.A.S. en utilisant le nom de code de *Valentin*. Lorsqu'il s'est aperçu que la porte d'une chambre du premier étage de l'établissement était gardée en permanence par un gendarme assis sur une chaise, décidé à connaître l'identité du personnage qui méritait une telle attention, il s'est adressé mine de rien à un médecin-major et celui-ci, le connaissant depuis le premier jour de son arrivée, lui a avoué :

— Je ne peux pas vous dire qui est dans cette chambre. Vous êtes parachutiste, Collin, vous devez me comprendre.

— Vous pouvez me le dire tout de même, a-t-il insisté. Moi, vous savez, je ne suis pas du tout Algérie française.

Après avoir encore hésité quelque peu, le médecin a révélé à Collin que l'occupant de la chambre si bien gardée n'était autre qu'Yves Le Tac. Jouant encore au gaulliste, l'ancien du G.C.P. a alors ajouté :

— Le Tac ? Lui au moins c'est un héros !

Fort de ces renseignements, suivant les ordres de Sergent, le lieutenant Godot a organisé une première tentative d'élimination. Mais il y avait ce jour-là tellement de gendarmes dans la place qu'un de ses hommes, Jean-Pierre Grenette, comme Collin ancien du G.C.P., lui a conseillé de remettre l'affaire.

## Chap. 60. – *Salan et de Gaulle : la guerre à outrance !*

Aujourd'hui, alors qu'il est un peu plus de 15 heures, Jean-François Collin attend pas très loin du Val-de-Grâce le retour du commando que le lieutenant Godot a lancé une nouvelle fois contre Yves Le Tac en se basant sur ses plans et ses observations.

Outre Godot et son adjoint l'adjudant-chef Marc Robin, le groupe d'hommes qui a cette fois mis à profit le relâchement dominical pour s'introduire dans l'hôpital est composé de Jean-Pierre Grenette, Robert Labroche, toujours appelé « Moustache » depuis qu'il servait lui aussi aux commandos parachutistes, de Bernard Lenormand et de Jean-Loup Perret, le fils de l'écrivain Jacques Perret qui, de son côté, milite toujours activement avec Roland Laudenbach.

Armé d'un pistolet 11,43 et d'un poignard, l'adjudant Robin approche du gendarme assis sur sa chaise. Il le bouscule et, en tombant en arrière, le factionnaire ouvre la porte de Le Tac. Un second garde qui veillait dans la pièce, s'affolant en découvrant les armes braquées, saute par la fenêtre et se brise une jambe.

Le vacarme alerte d'autres gendarmes. Une brève fusillade éclate. Robert Labroche, qui était chargé de neutraliser le gendarme de faction et de veiller ensuite à ce que personne n'approche de la chambre, reçoit une première balle dans le ventre, puis une seconde. Le gendarme Legros est touché à mort. Deux autres gardes empoignent Jean-Loup Perret. L'un d'eux appuie le canon de son pistolet sur la tempe du jeune homme qui se débat et l'autre hurle : « Ne tire pas, bon Dieu ! »

Robert Labroche, couché sur le ventre, est retourné sans ménagements et reçoit quelques coups de pied. Un gendarme tâte sa nuque avec son pistolet et, constatant son peu de réactions, il s'écrie : « Celui-là, les gars, il n'en a plus pour longtemps ! »

Des renforts accourent. Le lieutenant Godot profite de la panique pour faire déposer les armes de ses hommes sur des armoires et dans des recoins et, abandonnant à contrecœur Jean-Loup Perret et Robert Labroche qui a maintenant perdu connaissance, il ordonne le repli. Yves Le Tac a, une nouvelle fois, miraculeusement échappé à la mort.

Aujourd'hui, l'O.A.S. parisienne n'est pas la seule à faire parler la poudre. A Alger les terroristes du F.L.N. assassinent cinq Européens et trois à Oran. Et ce dimanche 18 février 1962 laissera des traces dans la petite histoire de l'Algérie française. Surtout parce que les négociations secrètes engagées aux Rousses s'achèvent dans la soirée par la décision de les reprendre au grand jour à Evian. Mais aussi parce que, décollant au matin de l'aérodrome de la Sénia proche d'Oran, le sous-lieutenant Marcel Hoerner et le sergent Roland Raucoules, deux pilotes de chasse qui devaient participer à une opération de routine, ont largué les roquettes de leurs T 28 sur une base de l'A.L.N. installée au Maroc, près d'Oujda.

Cette opération spectaculaire n'est pas le fait d'un coup de tête de deux pilotes écœurés par la politique algérienne du général de Gaulle. Elle a été préparée par Jouhaud lui-même. Des pilotes de l'escadrille composée de réservistes à laquelle appartenaient le sous-lieutenant Hoerner et le sergent Raucoules s'étaient réunis dans la soirée du vendredi 16 février chez un capitaine. Comme ils étaient tous volontaires pour attaquer la base A.L.N. d'Oujda, il s'en sont remis à un tirage au sort. Le sergent Raucoules ayant insisté pour être de la partie en arguant qu'un de ses frères a trouvé la mort au cours d'un accrochage avec les rebelles, les deux élus se sont rendus en début de soirée du 17 février chez Jouhaud pour étudier leur objectif.

Sitôt que la radio marocaine annonce l'attaque aérienne en précisant que les Français ont pris pour cible un hôpital, le général Ailleret, furieux et craignant de graves tensions diplomatiques avec les autorités chérifiennes, fait remettre par le commandant Bourgue ce communiqué à la presse :

« Deux réservistes de l'armée de l'Air à Oran, militaires félons, un lieutenant et un sergent, chargés d'une mission normale en territoire algérien, ont trahi la confiance de leurs chefs et, abandonnant leur mission, sont allés attaquer avec les sept roquettes dont ils étaient au total armés un objectif au Maroc. Leur action au profit de la subversion ne peut avoir qu'un but de provocation évident dont personne de bonne foi ne peut être dupe. Les deux traîtres, après avoir posé leurs avions à Saïda, ont immédiatement disparu avant même que leur forfait ait pu être connu. Des recherches sont en cours pour les appréhender et les traduire devant la justice. »

Tout était prévu pour que les pilotes échappent aux recherches annoncées par Ailleret. Hoerner et Raucoules ne sont évidemment pas rentrés à leur base de la Sénia. Ils ont posé leurs appareils à quelques kilomètres au nord de Saïda, sur le petit terrain de Nazreg-Flinois. Là, ils ont reçu des vêtements civils et un jeune couple d'agriculteurs, Jacqueline et Louis Baylé, les a conduits le lendemain en voiture à Oran où Jouhaud les attendait pour sabrer le champagne.

En apprenant par le communiqué officiel du commandement supérieur le bombardement d'Oujda et la désertion des deux pilotes dont, sans l'initiative d'Ailleret, ils n'auraient certainement pas eu vent avant longtemps, les sympathisants de l'O.A.S. songent que l'organisation est de plus en plus puissante puisque, après avoir employé des half-tracks pour attaquer les barbouzes, elle use à sa guise d'avions de chasse pour pilonner les sanctuaires marocains de l'A.L.N.

En fin d'après-midi, des plastiqueurs parisiens s'attaquent rue d'Anjou aux bureaux de l'hebdomadaire *Aux écoutes du monde*, dont la ligne éditoriale n'est pourtant pas hostile à l'Algérie française. Puis, de 21 à 23 heures, ils font encore exploser sept charges. La première près d'une imprimerie communiste rue Clavel. La deuxième devant les locaux du Congrès pour la liberté de la culture proches de la caserne marine de la rue Pépinière. La troisième, posée dans une cour de la rue de la Harpe, blesse quatre clients d'un restaurant. La quatrième saute devant le siège des éditions Esprit. La cinquième à la bourse du Travail d'Asnières. La sixième devant un garage de la rue du Général-Delestraint et, enfin, pour la seconde fois en dix jours, la dernière ravage rue de Meaux la permanence de la cellule communiste du XIX<sup>e</sup> arrondissement.

De mon côté, le *Commandant Bourdais* devant appareiller à la mi-mars pour aller porter assistance aux pêcheurs de morue dans les mers nordiques, j'hésite durant deux jours à écouter des amis algérois qui me conseillent de déserter. J'ai beaucoup observé et écouté durant ces retrouvailles avec leur ville que j'aime mais que je n'ai presque pas reconnue tellement, suant la peur et la haine, elle a changé en moins d'une année. J'ai aussi beaucoup réfléchi et je ne peux plus croire à l'avènement de l'Algérie dont j'avais tant rêvé depuis le 13 mai 1958, un pays nouveau où chacun, qu'il soit musulman ou européen, recevrait la même part de droits et de devoirs. Je domine donc la tentation de rallier les *deltas*, j'embrasse une dernière fois mon épouse, le joli petit Pied-noir qu'elle m'a donné, et je rejoins Lorient avec le sentiment d'avoir découvert un immense gâchis, dont je tiens de Gaulle pour seul responsable, en qui, comme la grande majorité des Pieds-noirs qui le haïssent aujourd'hui, j'avais placé tant d'espoirs.

Après avoir étudié des papiers découverts sur Jean-Loup Perret et Robert Labroche, les policiers détachés à l'affaire du Val-de-Grâce arrêtent Jean-Pierre Grenette le 21 février 1962 et ils appréhendent également Jean-François Collin qui, certain de son impunité, venait continuer ses soins au Val-de-Grâce, où Robert Labroche a été opéré et se remet peu à peu.
Maintenant que le principe de reprise des discussions entre le gouvernement français et les représentants du G.P.R.A. est affirmé, le général de Gaulle, toujours très soucieux du moindre détail de l'application de sa politique algérienne, rédige le 22 février à l'intention de Michel Debré, Louis Joxe et Pierre Messmer, ce bref avertissement :
« Il faut prendre garde qu'à l'occasion du cessez-le-feu et si les musulmans des villes arborent des drapeaux verts, les forces de l'ordre ne s'excitent et ne fassent feu. Cela n'aurait aucun avantage et entraînerait beaucoup d'inconvénients. Il y a lieu de donner des ordres sur ce point. »
Dès le lendemain de cette note présidentielle, Salan fait circuler parmi ses cadres cette *Instruction n° 29* qui ne lui ressemble guère en son entier, puisque Susini est pour beaucoup dans sa conception :
« L'irréversible est sur le point d'être commis. Quelques variantes de dernière minute peuvent encore intervenir. Il n'est pas exclu que le C.N.R.A. à Tripoli ne dépose quelques amendements au protocole d'accord. Ce faisant, les négociations peuvent subir un léger retard. Quoi qu'il advienne des tractations en cours, de Gaulle est bien décidé à "tout

lâcher" et même, dans le cas extrême où le C.N.R.A. s'opposerait purement et simplement, il est hors de doute que, dans un avenir plus ou moins lointain, le Pouvoir mettra à exécution une de ces solutions contre lesquelles nous luttons depuis plus de dix mois et que nous ne pouvons admettre. Nous devons donc mettre à profit les quelques jours qui nous restent pour étudier la situation et les réactions que nous adopterons. Dès maintenant, je souhaiterais que nous ne nous laissions pas mettre en face d'une situation à laquelle nous serions contraints de répondre. Je veux que nous puissions dans la mesure du possible être maîtres des événements. Je veux les provoquer, en bref j'écarte *a priori* toute idée défensive au profit d'une offensive généralisée dont je vous expose ci-dessous les grandes lignes, les commandants de région ayant toute liberté et toute initiative pour les adapter à la physionomie propre à leurs territoires respectifs. »

Après cette présentation de la politique gouvernementale, Salan et les rédacteurs de la directive qu'il a signée analysent les éléments en présence et désignent les forces de l'ordre comme « l'adversaire ». « En vue du cessez-le-feu, de la mise en place de l'exécutif provisoire, et des différentes phases qui vont suivre, l'adversaire a concentré sur les grands centres urbains un luxe de moyens considérables, il pense de ce fait être en mesure de stopper brutalement tout mouvement de rue de quelque bord qu'il provienne. Sur l'ensemble des forces rassemblées à Alger il peut compter sur la fidélité des unités de gendarmerie mobile et C.R.S. Les unités de l'Armée paraissent à première vue moins satisfaites de leur mission et l'empressement qu'elles manifestent à intervenir lors de petits incidents peut être considéré comme un indice favorable pour nous. Les renseignements d'excellente valeur qui nous sont parvenus depuis quelques jours nous donnent l'orientation de sa manœuvre. Elle se résume ainsi :

« Etouffement des grands centres urbains par des moyens puissants et des mesures extrêmes. Sécurité des grands axes. Abandon presque total des campagnes. »

Puis Salan s'est penché sur ses propres forces en reconnaissant : « Les principaux moyens dont nous disposons sont hétéroclites et de trois sortes : la population, l'Armée, les maquis. »

Songeant enfin à la masse populaire qu'il entend maintenant utiliser alors que, malgré les conseils répétés de Susini, il répugnait pourtant à faire appel à elle lors du putsch, Salan a noté :

« Malgré les quelques imperfections qui subsistent toujours, j'estime que la population des grands centres urbains est parvenue à un degré de structuration et d'organisation suffisant pour la considérer comme un outil valable. Dans les campagnes, ce stade est loin d'être atteint et j'insiste pour que les commandements locaux fassent un ultime et grand effort pour améliorer et perfectionner la mobilisation de la masse et l'esprit de participation au combat sans réserves. »

Quant à l'armée d'Algérie, que Salan connaît si bien pour l'avoir commandée, se fiant peut-être aux seuls contacts des rares officiers qui sont en totale communion d'idées avec le commandant Bazin, il estime :

« Pendant les deux dernières semaines, il semble qu'un courant nouveau se soit dessiné au sein de certaines unités. Il n'est plus exclu qu'à la faveur de l'annonce du "cessez-le-feu" ou toute autre formule qui conduit à l'abandon, certaines unités militaires entraînées par les jeunes cadres se décident à franchir le pas et à entrer dans la lutte. Il est certes difficile, sinon impossible, de faire un bilan exact et un pointage précis. J'estime cependant que si, dans chacune des régions, une unité se décide à passer le cap, une certaine émulation ne manquera pas de se produire et que l'exemple pourra se généraliser, du moins faire progressivement tache d'huile, si nous savons exploiter les premiers succès sur ce plan. »

Au sujet des maquis, le Mandarin ne s'est pas bercé d'illusions et il a écrit :

« Si nous obtenons une réalisation même partielle de ce qui précède, les maquis ne sont plus alors qu'une variante du problème placé dans le cadre des moyens militaires. En l'état actuel, nos maquis sont loin de représenter un outil déterminant pour notre manœuvre. J'insiste aussi impérativement pour que les projets en cours soient mis à exécution sans tarder, même si le degré de la préparation n'est pas parfait. »

Dévoilant sa pensée de chef suprême de la révolte, Salan explique ensuite :

« En fonction des éléments qui précèdent, j'envisage :

« a De casser la manœuvre de l'adversaire et de l'obliger à modifier en tout ou partie ses plans. b De provoquer pour cela une ou des situations nouvelles échelonnées dans le temps. Ces situations doivent rechercher à entraîner la population à s'opposer aux consignes et aux décisions de l'autorité légale. Elles doivent empêcher l'exécutif d'exercer son action. c Articuler la manœuvre en fonction de nos deux possibilités. L'armée, avec la variante maquis, d'une part. La population considérée en tant qu'armée dans un premier temps, et en tant que masse et marée humaine dans un temps final, en vue d'exploiter les modifications de la manœuvre adverse et le "pourrissement" qui devrait en résulter. d Fidèle à la ligne de conduite que j'ai maintes fois exprimée dans mes instructions, je ne veux pas de coup de force ponctuel, je ne veux pas que nous nous enfermions localement. En bref, je ne veux pas de putsch caractérisé. e Il serait souhaitable enfin que dans toute la mesure du possible la métropole, tous moyens réunis (action, politique et éventuellement armée), s'associe de manière pratique et positive au déroulement de ce plan que nous devons réaliser le plus parfaitement possible en Algérie. »

Passant aux délais de mise en route de son plan d'ensemble, l'homme le plus recherché d'Algérie a décidé :

« La proclamation du cessez-le-feu étant en soi l'irréversible, sera choisie comme date moyenne de déclenchement de cette nouvelle phase. J'emploie volontairement le vocable de "date moyenne" compte tenu de ce qu'en principe le cessez-le-feu proprement dit sera précédé de la cérémonie solennelle de signature des accords et suivi aussi d'un temps mort de quelques jours avant l'exécution des premières mesures. C'est-à-dire la mise en place de l'exécutif provisoire. Même si, par un hasard extraordinaire, le cessez-le-feu n'avait pas lieu, notre plan se déroulerait dans les mêmes conditions et suivant un calendrier correspondant sensiblement à celui prévu pour les négociations. La période moyenne, précédemment étudiée, s'établira entre le 1$^{er}$ et le 20 mars 1962. »

Puis Salan aurait approuvé ces grandes lignes de la manœuvre présentée par Ferrandi qui, plus encore que les précédents volets de l'instruction, ne correspondent pas à son éthique :

« Elle comportera deux aspects :

« Accroissement à l'extrême du climat révolutionnaire dans les grands centres urbains et exploitation du pourrissement de l'adversaire pour l'ultime phase. Création de zones insurrectionnelles dans les campagnes à base d'unités militaires ralliées et de maquis.

« A. *Création de zones insurrectionnelles.*

« Ordre est donc donné aux commandants de région pour qu'à compter du 1$^{er}$ mars ils envisagent l'entrée en dissidence ouverte des unités militaires qui en ont manifesté l'intention. Il importe pour cela qu'entre le 3 et le 6 mars un élément de la valeur au moins d'un bataillon l'ait exécutée dans chacune des régions. A partir du noyau ainsi créé les commandants de régions s'efforceront alors de pousser les unités sympathisantes mais encore hésitantes à exécuter. Ordre sera aussi donné à ces unités de riposter par le feu au cas où des opérations seraient montées contre leurs zones d'implantation. Il serait souhaitable qu'entre le 15 et le 20 mars l'ensemble du territoire soit jalonné et carroyé par des zones insurrectionnelles. Au fur et à mesure de la croissance de telles zones, et en fonction de leurs implantations, tout sera mis en œuvre pour entraîner les grands ensembles musulmans hésitants. Ces derniers devront constituer le support de ces zones. Enfin ces unités militaires absorberont à leur profit les maquis existant dans leur voisinage immédiat.

« B. *Accroissement du climat révolutionnaire.*

« A compter du 4 mars, l'insurrection augmentera en force et en intensité dans les grands centres urbains. Nous devons casser le quadrillage. »

Comme Yves Gignac l'affirmera souvent plus tard, le général n'a peut-être pas eu connaissance de ce qui suit :

« 1° Ouverture systématique du feu sur les unités de gendarmerie mobile et les C.R.S. Emploi généralisé des "bouteilles explosives" pendant les déplacements de jour et de nuit.

« 2° Envisager l'utilisation de tous les moyens de la rue, tels que les pompes à essence. En particulier il sera recherché les postes particulièrement bien situés (par exemple ceux qui à Alger sont échelonnés en nombre de trois à cent cinquante mètres les uns des autres, sur le boulevard Maréchal-Joffre, peuvent s'ils sont bloqués pendant un quart d'heure donner une coulée d'essence débouchant dans le caniveau le long de la caserne des Tagarins. L'incendie de cette essence troublera le système des blindés stationnant en permanence devant cette caserne et pourra, grâce à la pente, s'étendre jusqu'aux abords de la caserne d'Orléans).

« 3° Il sera aussi possible de disposer en des points de passage obligés des systèmes composés de deux fûts, l'un rempli d'essence, l'autre d'huile de vidange. Ces deux liquides répandus sur la chaussée occasionneront le dérapage des convois, et une bouteille explosive judicieusement appliquée au moment d'un dérapage provoquera l'inflammation de l'essence.

« 4° Dans le cas de descente de musulmans, la population européenne sera invitée à rester chez elle en position défensive. Il sera disposé en des points judicieusement choisis des éléments de défenses armés et susceptibles de protéger par le feu la population au cas où les forces de l'ordre s'avéreraient impuissantes à canaliser les mouvements.

« 5° Toutes ces actions ne seront pas obligatoirement conduites par les commandos "action" traditionnels. Dans le cadre des ordres de mobilisation, la partie "population armée" devra y participer entièrement.

« 6° Il sera demandé dans chaque immeuble de prévoir d'ores et déjà des trousses de première urgence et tous moyens nécessaires pour donner les premiers soins aux blessés.

« 7° Par suite des éventuelles mesures de cloisonnement par quartiers il importe de prévoir des moyens de liaisons de secours à l'échelon des zones.

« 8° Sur ordre des commandements régionaux enfin, la foule sera poussée dans les rues à partir du moment où la situation aura évolué dans un sens suffisamment favorable. Cette situation nouvelle exigera lors des ordres précis en fonction des objectifs, la manière de les atteindre. Le "rush" final doit être aussi discipliné que le reste de la manœuvre. En tout état de cause il importe que chacun, à tous les échelons, comprenne qu'il ne s'agit pas là d'une action ponctuelle, d'un coup de force, mais bien d'une campagne échelonnée dans le temps et dans l'espace, mais que cette campagne peut et doit être décisive. »

Les rédacteurs de l'instruction, très au courant du calendrier du processus de désengagement évoqué à Paris en conseil des ministres avant que les discussions finales s'engagent avec les représentants du G.P.R.A., évoquent l'action à mener en métropole. « Quelles que soient les imperfections et les difficultés, la métropole doit, dans la mesure du possible, s'aligner sur cette phase prévue pour l'Algérie. Le délégué général s'efforcera d'adapter ses moyens et ses possibilités en métropole dans le même sens qu'en Algérie. Il va de soi que des facteurs supplémentaires interviennent. Ils sont essentiellement orientés vers la manœuvre politique qui ne manquera pas de se réveiller à la faveur de l'action en Algérie à partir du jour où elle apparaîtra clairement. Je ne pense pas non plus qu'on puisse espérer des actions d'origine militaire spectaculaire. En tout état de cause, tous les secteurs doivent être allumés et l'esprit insurrectionnel généralisé. »

Après avoir ordonné, mais lui en a-t-on présenté l'intégralité ou seulement les passages qui ne risquaient pas d'attirer son veto ? que cette véritable déclaration de guerre soit diffusée jusqu'au niveau des chefs de secteurs, Salan, soucieux de ce qui adviendrait au cas où l'Algérie serait coupée de la métropole, y a ajouté cette annexe :

« Compte tenu des éventuelles ruptures de liaisons entre la métropole et l'Algérie, il est nécessaire de prévoir, *a priori*, la conduite à tenir dans ses grandes lignes.

« I. Pour le cas où les camarades de Tulle arriveraient entre-temps à exécuter leurs projets, le général d'armée aérienne Challe prend automatiquement la direction de l'ensemble de l'Organisation métropolitaine.

« 1. L'Organisation au grand complet et sans discussions se met à ses ordres.

« 2. Une déclaration conjointe Challe-Salan est instantanément publiée. Elle fait ressortir :

« a. La parfaite et totale identité de vue dans la lutte.

« b. Malgré la séparation et la diversité des destinations des uns et des autres depuis le 22 avril, les buts sont restés identiques, le combat est resté le même.

« 3. Le général Challe prenant la direction d'ensemble, l'actuel délégué général est maintenu à son poste de commandement à la disposition du général Challe.

« II. Dans le cadre des manœuvres politiques qui ne manqueront pas de surgir, les positions de l'Organisation restent inchangées.

« 1. Le but principal étant la sauvegarde de l'intégrité du territoire national, l'O.A.S. ne peut admettre aucune combinaison qui n'adopte sans ambiguïté ce principe.

« 2. C'est une condition *sine qua non*, sans cela le combat continuera.

« 3. L'O.A.S. est une force représentative, rien ne peut se faire sans elle. Elle a son mot à dire pour le présent et l'avenir du pays.

« 4. Toutes les bonnes volontés, à quelque bord qu'elles appartiennent, et qui font leur cette ligne de conduite sont admises dans la lutte au titre de l'Organisation dont elles peuvent et doivent se revendiquer.

« 5. La lutte est au même degré antigaulliste et anticommuniste.

« III. Au cas où la situation métropolitaine parviendrait assez vite à un degré de confusion notable : il sera demandé aux personnalités marquantes de prendre des positions publiques sans ambiguïté et d'entrer en clandestinité pour poursuivre la lutte.

« IV. La même ligne de conduite sera adoptée à l'égard des militaires sympathisants, mais hésitants. Il faudra obtenir à un moment donné des désertions individuelles et massives de manière à perturber au maximum les commandements. Il n'est peut-être pas question en métropole de créer des zones insurrectionnelles, mais il faut s'efforcer de paralyser le pouvoir et le mettre dans l'impossibilité d'exercer son autorité.

« V. Les actions brutales seront généralisées sur l'ensemble du territoire. Elles viseront les personnalités influentes du parti communiste et du gaullisme, les ouvrages d'art et tout ce qui représente l'exercice de l'autorité, de manière à tendre au maximum vers l'insécurité généralisée et la paralysie totale du pays. La provocation à la grève générale sera aussi une excellente arme.

« VI. Le choix de la date en métropole est fonction de l'évolution en Algérie. Mais, en tout état de cause, la métropole doit agir et coordonner ses actions avec la campagne ouverte en Algérie. »

Cette directive – dont Salan, dans le souci de protéger ses subordonnés, revendiquera l'entière paternité lors de son procès – commence à circuler dans les états-majors de l'O.A.S., lorsque Jean Morin, qui s'est plaint à Paris du peu d'empressement avec lequel le général Ailleret le suit dans sa manière d'assurer le maintien de l'ordre urbain, reçoit à Rocher-Noir un coup de téléphone du président de la République.

Le Général, comme toujours laconique lorsqu'il use de ce moyen de communication qu'il n'apprécie guère, lui fait remarquer qu'il serait opportun que son différend avec Ailleret se réglât au plus vite. Et, téléphonant ensuite à Ailleret, il lui tient le même langage.

Après ces coups de fil, de Gaulle rédige à l'intention de son Premier ministre et de son ministre d'Etat chargé des Affaires algériennes cette note belliqueuse : « Avant tout, c'est à la gendarmerie et aux C.R.S. qu'il appartient d'être dans la rue à Alger et à Oran et de tuer ou d'arrêter les tueurs. Quant aux éléments de l'armée qui se trouvent dans Alger et dans Oran, la question est de les faire intervenir quand on se trouve devant un mouvement de masses afin de contenir ce mouvement et d'empêcher qu'il ne se heurte à un autre. Les éléments de l'armée qui se trouvent aux abords d'Alger et d'Oran doivent pouvoir à tour de rôle, et sans que leur mission principale soit changée, paraître dans les villes au cours de la journée et regagner le soir leur campement. Au total, il faut que M. Morin et le général Ailleret règlent les choses sur place ou bien qu'ils soumettent ici leurs divergences. »

Le général Puget, maintenant chef d'état-major général des Armées, ayant insisté dans le même sens, le général Ailleret fait une dernière fois part à Jean Morin de ses inquiétudes sur l'engagement morcelé de ses troupes en ville et fait tout de même entrer dans Alger cinq bataillons avec ordre qu'ils s'en retirent chaque soir.

Puisque le général de Gaulle a envisagé de « tuer les tueurs » et qu'il est clairement ordonné dans la *Directive n° 29* de l'O.A.S. de « casser le quadrillage », la situation est claire. Les deux camps vont engager un combat sans merci !

**Huitième partie**

# LA GUERRE TOTALE

## Le général Katz s'installe à Oran

Le 22 février 1962, à Oran, le F.L.N. a assassiné deux gendarmes près de la Ville Nouvelle et l'O.A.S. fait aussitôt distribuer cette lettre ouverte :

« Hier encore, 22 février, deux gendarmes ont payé de leur vie la politique criminelle du gouvernement ; l'un est tué par balles, rue de Ganay, pendant qu'il faisait une enquête, l'autre, un adjudant-chef, boulevard Joseph-Andrieu, était brûlé vif dans sa voiture. Nous demandons à la population oranaise de rendre un pieux hommage à ces deux martyrs en assistant à leurs obsèques. Malgré les heurts qui nous opposent quelquefois aux gendarmes, nous nous refusons à voir en eux des ennemis. Défenseurs véritables de l'ordre dans la nation, les gendarmes et la gendarmerie ont une tradition de discipline et d'honneur ; aussi nous comprenons leur déchirement devant certains ordres qu'ils reçoivent aujourd'hui, dont l'exécution coûte, certes, à leur esprit de discipline mais plus encore à leur honneur. Gendarmes, la population d'Oranie s'incline devant vos martyrs ; elle vous dit aussi toute sa sympathie, toute son affection. Depuis des années, vous avez combattu au nom de la France pour sa grandeur et l'intégrité de son territoire, votre ennemi a toujours été le F.L.N., avec ses voleurs, ses pillards, ses égorgeurs ; et voici que de Gaulle s'apprête à vous obliger de les protéger contre la justice des vrais Français qui ont toujours été, eux, vos amis. Alors que l'on assassine et qu'on brûle vivants vos compagnons, de Gaulle va, demain, vous contraindre à respecter leurs bourreaux, peut-être même à les aider dans leur lutte contre les patriotes. Le permettrez-vous ? Et, pour respecter une discipline devenue illégale, trahirez-vous vos morts et votre honneur ? Ceux qui demeurent vos amis ne le croient pas. Nous sommes, vous et nous, les ennemis de notre ennemi commun, le F.L.N. Il le rappelait d'ailleurs ces jours-ci par la voix des ondes, à 20 h 40, le 1er février 1962, alors que les négociateurs se congratulaient :

« "Frères combattants, combattez-les, luttez contre eux ; ils sont tous nos ennemis ; pas de différence entre un militaire, un civil ou un policier ; transformez leur vie en enfer, ne les laissez pas échapper au châtiment mérité et juste, contraignez-les à se mettre à genoux devant la volonté du peuple." Voilà qui est net, clair et ne peut laisser d'illusion qu'aux attardés volontairement aveugles. Voilà qui promettrait aussi des lendemains pacifiques si l'O.A.S. n'était pas là ! Gendarmes, la population d'Oranie vous fait confiance, elle sait qu'avec elle vous lutterez demain contre la trahison, pour la vraie France. Vive Salan. Vive l'Algérie française. Vive la Vraie France. »

Oran n'en finissant pas de compter ses morts, Argoud, lassé d'attendre une réponse du ministère de l'Intérieur franquiste, a décidé de quitter clandestinement son exil canarien. Ruinant ainsi le plan d'évasion de Lagaillarde, que le lieutenant de La Bigne devait prendre en bateau de pêche et mener en Mauritanie, il a pris le ferry qui l'avait amené dans l'île et qui assure chaque soir la navette avec Santa Cruz de Ténériffe.

En fin d'après-midi du 22 février 1962, alors qu'il ramenait ses deux filles de l'école en faisant semblant de jouer avec elles, Argoud a semé les deux policiers qui l'escortaient. Parvenu à un coude de la route côtière, il s'est dissimulé derrière des blocs de rochers tandis que les gamines couraient vers l'hôtel Mayantigo. Habitués à ces jeux, ses deux cerbères ont cru qu'Argoud avait suivi ses filles. Mais, grimé et serré dans un imperméable que Mme d'Anthès lui avait acheté à Ténériffe, le colonel est monté à bord du ferry. Transitant par Madrid, il a pris un avion pour l'Allemagne et, à l'heure où il se posait à Francfort, les autorités espagnoles et la *Guardia Civil* lancée à sa recherche ratissaient les plages et les collines de Santa Cruz.

Aujourd'hui, alors qu'après avoir révoqué le commissaire Del Toro et les policiers détachés à sa surveillance les Espagnols serrent la vis à ses compagnons, voituré comme Curutchet en France par des officiers sympathisants, Argoud fait une tournée de propagande dans les garnisons françaises en Allemagne où il jouit encore d'amitiés acquises lorsqu'il dirigeait le 2$^e$ bureau de Baden-Baden.

De son côté, Jacques Mugica, sachant que son père a été filé par la police en venant du Pays basque pour le voir, a décidé de déserter après avoir appris par un courrier de Salan que les harkis de Guerrouma font de son retour parmi eux un préalable à leur ralliement à l'O.A.S.

Pendant qu'Argoud retrouve ses habitudes prosélytes d'avant le putsch et ne recueille que de vagues promesses dont, optimiste, il se satisfait, et que Mugica cherche à gagner Alger, le général Joseph Katz relève le général Fritsch à la tête du secteur opérationnel autonome d'Oran. Il découvre au fil des jours la situation de pourrissement organisée par les consignes de Salan. Le général Ailleret s'est séparé de son prédécesseur à cause de ses scrupules à durcir le maintien de l'ordre, sans doute parce que son fils et sa fille ont épousé des Pieds-noirs.

## Chap. 61. – *Le général Katz s'installe à Oran*

Katz n'a eu qu'à consulter les bulletins de renseignements quotidiens au Château-Neuf pour apprécier la situation. Dans la journée du 23 février 1962, trois Européens et huit Musulmans ont été assassinés. Des dizaines de charges explosent chaque nuit et il y a tellement de voitures incendiées que les pompiers ne savent plus où donner de la lance.

Une égale violence règne à Alger où, le 24 février, des jeunes gens, que l'O.A.S. ne contrôle pas plus qu'à Oran, tuent au cours d'une ratonnade lancée à Bab el-Oued dix-neuf Musulmans et un Européen. Et la folie meurtrière gagne Maison-Carrée où elle provoque vingt-six morts et soixante-douze blessés.

A Rome, où Massey ne cesse d'œuvrer pour l'Algérie française et où Jacques Soustelle va et vient à sa convenance, André Rosfelder reçoit au soir de ce 24 février la visite de son frère Roger, venu de Tunis à la demande de sa mère avec mission de « le tirer de la merde dans laquelle les militaires l'ont entraîné ». Les frères Rosfelder sont des amis de Mario Faivre, dont Roger a épousé la sœur, Monique. Ils ont l'un et l'autre participé avec lui à la préparation du débarquement américain du 8 novembre 1942 à Alger. Ensuite, alors que son frère cadet, aujourd'hui exilé pour excès d'attachement à l'Algérie française, combattait au grade d'aspirant avec le 1er R.C.P. en Italie, puis dans les Vosges, Roger Rosfelder, sergent au 1er régiment de marche du Tchad, en faisait autant au sein de la 2e D.B. de Leclerc débarquée en Normandie en août 1944 et gagnait trois citations et la médaille militaire, ce qui lui vaudra de recevoir plus tard la Légion d'honneur. Aujourd'hui journaliste indépendant, persuadé que l'Algérie française est condamnée bien que son cadet pense le contraire, Roger Rosfelder effectue un reportage sur l'A.L.N. déployée en Tunisie à la frontière algérienne.

André Rosfelder donnera dans quelques années deux versions différentes de la rencontre avec son frère. La première dans une lettre qu'il adressera en 1993 à Francine Dessaigne, une métropolitaine arrivée en Algérie en 1946 avec son époux fonctionnaire et qui, jusqu'à sa mort en 1999, tentera d'établir la vérité sur la tuerie algéroise du 26 mars 1962, à laquelle elle échappera elle-même par miracle. Dans ce courrier qui sera publié dans *Un crime sans assassins* par Francine Dessaigne et Marie-Jeanne Rey aux éditions Confrérie-Castille, André Rosfelder affirmera qu'il attendait Jacques Soustelle pour dîner lorsque son frère, qu'il présentera seulement comme un proche, est arrivé chez lui. Une fois son visiteur reparti après l'avoir renseigné sur ce qui se serait dit aux Rousses entre les émissaires du gouvernement français et les représentants de la rébellion algérienne, il aurait reçu l'ancien ministre de De Gaulle. « Quand Soustelle a sonné à la porte, écrira-t-il en effet, je lui ai raconté ce qui se passait. »

Soustelle aurait donc écouté André Rosfelder évoquer un machiavélique pacte secret et parallèle aux accords d'Evian du 18 mars. Selon cet engagement, l'armée française isolerait du reste de la ville les quartiers populaires européens d'Alger. Ce bouclage réalisé, elle procéderait à des tirs d'avions sur leurs terrasses et leurs toits et transmettrait au F.L.N. et à l'A.L.N. les fichiers concernant l'O.A.S. et les partisans de l'Algérie française. La population européenne étant ainsi à leur merci, l'armée permettrait l'intrusion dans Alger de milliers de *djounoud* en les faisant passer pour des supplétifs.

Nommant cette fois son frère dans *Le Onzième Commandement* qu'il publiera en 2000 chez Gallimard, André Rosfelder – devenu Rossfelder aux Etats-Unis pour échapper aux recherches dans l'annuaire – ne parlera plus du dîner avec Soustelle. Il affirmera s'être rendu chez l'ancien ministre afin de l'avertir de ce qui se préparait en Algérie.

Jacques Soustelle, malgré l'heure tardive, décide d'utiliser la prétendue conversation des deux frères pour contrarier les bonnes relations entre la France et le G.P.R.A. André Rosfelder téléphone à un journaliste d'*Il Tempo* et, puisque les quotidiens italiens paraissent même le dimanche, la thèse du pacte secret est révélée le lendemain matin. Le gouvernement français réagit le soir même par ce démenti relayé par l'A.F.P : « Au ministère d'Etat chargé des Affaires algériennes, on met en garde contre de prétendues révélations sur le contenu des accords entre la France et le F.L.N., révélations qui ont été récemment publiées dans la presse internationale. Cette mise au point concerne certaines "révélations" publiées par un journal italien. »

En fait, selon Roger Rosfelder, une discrétion absolue régnant alors parmi les exilés algériens en Tunisie quant aux entretiens des Rousses, il ne pouvait pas être au courant de ce qui s'était dit dans le Yéti. Et la rencontre avec son frère se serait passée encore autrement que dans les deux versions que celui-ci en donnera. Selon lui, très crispé en le voyant débarquer, son cadet ne l'aurait écouté que quelques minutes, juste le temps qu'il lui transmette le message de sa mère. Prétextant un rendez-vous qu'il ne pouvait remettre, il s'en serait allé tandis que son épouse l'emmenait dîner dans une pizzeria. André Rosfelder serait revenu à la fin du repas. Il aurait proposé à son frère d'aller déguster ailleurs le « meilleur café du monde ». Dans l'intention commune de ne pas raviver une tension inutile, les deux hommes auraient très peu parlé de l'Algérie et, désespérant d'arriver à ses fins, Roger Rosfelder serait rentré à son hôtel et il aurait gagné la Suisse dès le lendemain matin.

A Oran, où nul n'est au courant de l'article d'*Il Tempo*, aucun Européen ne se risque plus dans le Village Nègre rebaptisé Ville Nouvelle. Prévu pour loger 20 000 habitants, ce quartier abandonné au F.L.N. en abrite aujourd'hui le triple. Il est délimité au sud par la rue Bourbaki longeant le cimetière israélite entre les portes de Valmy et de Mascara, à l'est par le boulevard Paul-Doumer et à l'ouest par la rue du Général-Cérez. Il forme un parallélogramme dont les grands côtés sont longs de sept cents mètres et les petits de trois cents. Devant la menace de cette enclave musulmane, les israélites ont levé dans leur quartier une milice d'autodéfense acquise à l'O.A.S.

Tandis qu'à Oran les communautés s'éloignent de plus en plus, les policiers du commissaire Bouvier arrêtent le 25 février à Puteaux Jean-Marie Vincent et Edouard Tissandier, les plastiqueurs d'André Malraux. S'ils ne trouvent rien de compromettant au domicile de Vincent, situé au 86 de l'avenue Emile-Zola, c'est parce que, leur signalent des voisins du jeune homme, quatre inconnus sont venus en retirer de lourds paquets.

Le gouvernement rameutant à Paris de plus en plus en plus de C.R.S. et d'escadrons de gendarmerie, le général Katz sait déjà qu'il ne disposera jamais en cette période de désengagement de forces suffisantes pour contenir les affrontements des deux communautés dans une ville qu'il connaît mal et dont, chacun dans leurs quartiers, l'O.A.S. et le F.L.N. sont les maîtres. Secondé par les colonels de gendarmerie Bouat et Meyrous et par un proche de Jouhaud, le colonel d'aviation Grégoire, il a établi son P.C. dans des locaux vétustes de l'ancienne préfecture qu'il partage sur la place Kléber avec les services du préfet Pierre Denizot, un ancien officier aviateur.

A Alger, les barbouzes ont réintégré l'hôtel Radjah bien qu'il soit encore chaque soir la cible de roquettes et de rafales de fusils-mitrailleurs. Elles adoptent un profil bas, mais Claude Vieillescazes a fait ouvertement remarquer à Robert Morel, l'athlétique remplaçant de Lucien Bitterlin, qu'il leur suffisait de réussir un gros coup pour regagner la confiance des autorités de Rocher-Noir.

Acculés à vaincre ou disparaître, les derniers contractuels du M.P.C. ont pris pour nom de code *Mission Talion* et ils espèrent que le F.L.N. leur fournira le renseignement capital qui leur permettra enfin d'arrêter, sinon Salan lui-même, au moins une personnalité de l'O.A.S. Ne voyant rien venir, pressés par le temps, ils finissent par passer à l'exploitation d'une confidence faite sur l'oreiller à Robert Morel par une Algéroise prétendant connaître une « pointure » de l'organisation. La dame sait très bien ce qu'elle fait, puisque son amant, solide bellâtre à la gueule carrée qui se fait appeler « colonel Bob » et a tenu des petits rôles dans des films policiers, ne lui a pas caché qu'il travaille pour le gouvernement. Elle précise que l'homme dont elle parle possède une 404 Peugeot immatriculée 470 KR 9A et qu'il est contremaître à Rouiba aux établissements Berlict.

Après avoir repéré les ateliers de Rouiba et s'être renseignées sur leurs cadres, les barbouzes découvrent que la Peugeot signalée par la maîtresse de leur chef n'appartient pas un contremaître, mais à l'ingénieur Camille Petitjean, et la préfecture de Police leur apprend que cet homme est commandant de réserve et qu'il a été décoré de la croix de guerre et de la Légion d'honneur en 1944.

Camille Petitjean est âgé de cinquante et un ans. Séparé de son épouse maintenant installée à Oran, il réside au 138, boulevard du Télemly et il pratique la voile avec assiduité.

Les contractuels estiment que leur victime désignée présente le profil idéal d'un chef O.A.S. Un peu avant 14 heures le 27 février, trois d'entre eux descendent d'une fourgonnette 403 Peugeot devant les bureaux de Berliet. Laissant le véhicule à la garde d'un quatrième homme, ils exhibent des cartes de police et réclament le directeur de l'établissement, M. Camatte. Attiré par le remue-ménage, le chef du personnel exige de voir les papiers des intrus. Rassuré, il leur annonce que M. Camatte est absent et il les conduit au bureau des ingénieurs.

Les barbouzes empoignent Camille Petitjean et le fouillent. N'ayant rien trouvé de suspect, elles fourragent dans son bureau, jettent au sol les dossiers de ses armoires et l'emmènent comme un malfrat. Après lui avoir confisqué les clés de sa 404, elles le poussent dans une seconde fourgonnette amenée par un complice pendant la fouille. Afin de dissiper les doutes des employés qui l'ont escorté, Robert Morel ordonne d'une voix forte de conduire le prisonnier à la préfecture de Police. Mais Camille Petitjean est mené directement à l'hôtel Radjah tandis que deux barbouzes se rendent boulevard du Télemly où, furieuses de ne pas trouver d'armes ni de documents, elles saccagent son appartement.

D'abord débonnaire, Morel annonce à son prisonnier qu'il sait déjà beaucoup de choses sur ses activités à l'état-major de l'O.R.O., avec Jean-Claude Pérez, précise-t-il. Nullement impressionné par le triste décor de la chambre dans laquelle il est enfermé et les mines patibulaires de ses ravisseurs, l'officier de réserve plaide qu'il n'est qu'un simple ingénieur partageant son temps entre son travail et l'entraînement aux régates.

Les deux hommes expédiés boulevard du Télemly revenant avec leur maigre butin de paperasses sans intérêt, Morel s'empare d'une lettre adressée à Mlle Jacqueline Arnal et demande à son prisonnier des renseignements sur sa destinatrice.

Mlle Arnal, avoue l'ingénieur, est une de ses amies, professeur de lettres au lycée de garçons de Maison-Carrée, avec qui il fait de la voile. Après cette parenthèse, convaincu qu'il ne tirera rien de lui avec un interrogatoire normal, Morel confie son prisonnier à Vien, un des derniers Vietnamiens encore en vie.

L'Indochinois n'emploie pas les mêmes méthodes de torture que ses compatriotes morts à El-Biar en même temps que Jim Alcheïk. Lui, c'est par la drogue qu'il espère obtenir des aveux. Pendant que Camille Petitjean ingurgite de force une mixture d'après Vieu capable de lui faire dire tout ce qu'on voudra dans moins de deux heures, Morel et deux barbouzes utilisent la voiture de l'ingénieur pour aller arrêter Jacqueline Arnal.

Le colonel Bob usant une fois de plus de sa carte de police demande au proviseur du lycée de Maison-Carrée de lui présenter la suspecte. Celle-ci, jolie jeune femme de vingt-deux ans, s'inquiète de savoir si, comme elle

## Chap. 61. – *Le général Katz s'installe à Oran*

en a l'habitude, elle pourra raccompagner chez eux son frère Pierre et trois autres professeurs, Annie Bonetto, Huguette Darmon et Jean Durand.

Songeant que si elle est de l'O.A.S., il y a des chances pour que son frère et ses collègues en fassent également partie, Morel conseille à la jeune femme de ne rien changer à ses habitudes.

Au moment de prendre le volant de sa 404, Jacqueline Arnal reconnaît la voiture de Camille Petitjean. Troublée, elle questionne Morel et celui-ci reconnaît qu'il s'agit bien du véhicule de son ami et qu'il le lui rendra à Hussein-Dey.

Parvenu à un endroit désert de la route moutonnière, le chauffeur de Morel, qui suivait jusque-là l'amie de l'ingénieur, accélère brusquement. Au lieu de la doubler, il se rabat sur la droite et oblige Jacqueline Arnal à se ranger sur le bas-côté. Le ton change cette fois. Une barbouze braque sa mitraillette sur les professeurs et Morel annonce à la jeune femme qu'il n'est plus question d'aller à Hussein-Dey, mais de prendre la direction de la Redoute.

Tandis que son frère et ses collègues restent dans sa voiture sous la garde de deux barbouzes, Jacqueline Arnal est entraînée dans l'hôtel Radjah. Morel commence à l'interroger poliment puis, usant de mots de plus en plus orduriers, il essaye en vain de lui faire avouer que son ami Petitjean est une personnalité de l'O.A.S.

Impressionnée par les armes déposées çà et là contre le mur et les grenades défensives alignées sur le rebord de la fenêtre sans vitres, Jacqueline Arnal tient tête à son tourmenteur. Alors qu'il lui présente les papiers soi-disant compromettants que ses hommes ont trouvés chez l'ingénieur, elle a un haut-le-cœur en reconnaissant sur une barbouze la veste d'uniforme d'officier de réserve de son ami. Soudain affolée, elle demande s'il est mort. Morel l'affirme d'abord, puis, usant de la douche écossaise, il la rassure en lui promettant que Petitjean est en vie et qu'il va certainement le rester puisque, ajoute-t-il, il a beaucoup de choses à dire sur l'O.A.S.

Au bout de trois heures d'interrogatoire, Morel fait libérer le frère de Jacqueline Arnal et ses collègues. Puis il conduit lui-même la captive à l'école de police d'Hussein-Dey, où il la remet à des inspecteurs de la *Mission C*. Après lui avoir affirmé qu'ils n'ont rien de commun avec ses ravisseurs, des policiers promettent à la jeune femme de lui donner des nouvelles de Camille Petitjean. Ils lui posent quelques questions et la raccompagnent à son domicile situé rue Desfontaines, pas très loin du studio de Ferrandi.

Pendant ce temps, à l'hôtel Radjah, Camille Petitjean ne réagit pas à l'élixir de vérité de Vien. Vexé, l'Indochinois explique qu'il a dû suivre un entraînement destiné à l'endurcir à toutes sortes de méthodes d'interrogatoire. Et, selon lui, son étonnante résistance est bien une preuve de son appartenance au premier cercle des proches de Salan.

Un peu après 21 heures, Petitjean commence enfin à suer à grosses gouttes, s'agite et claque des dents. Vien reprend de l'assurance et annonce qu'il va parler, mais l'ingénieur bredouille seulement des phrases décousues. Suant de plus en plus, les yeux vitreux, dodelinant de la tête, Petitjean finit par parler de plasticages. Le silence se fait autour de lui. Morel tente de le pousser dans les derniers retranchements de son inconscient révélé par la drogue. Mais il n'en tire rien de plus et, furieux, il l'abandonne à son délire.

Lorsque les *deltas* viennent reprendre dans la nuit le rituel de harcèlement, Camille Petitjean ne se rend compte de rien. Au matin du 28 février, il est toujours un zombie incapable de prononcer une phrase cohérente. Malgré des aspersions d'eau froide, il demeure prostré sur son lit. Sommé par Morel de le sortir de la torpeur qui l'empêche de reprendre l'interrogatoire, Vien plaide qu'il ne possède pas l'antidote à son poison, qu'il faut laisser faire le temps.

Dans l'espoir d'empêcher son prisonnier de dormir, Morel le fait installer debout, coincé dans une penderie. Les heures passant sans qu'il réagisse, il décide de le laisser enfermé puis, afin de gagner du temps, il téléphone à Claude Vieillescazes en affirmant qu'il sera bientôt en mesure de lui fournir les renseignements promis.

Les barbouzes sont toujours en train d'attendre le réveil de l'ingénieur, lorsqu'une voiture bourrée de plastic explose à 15 heures à Oran, place du Docteur-Roux, à l'embranchement des boulevards Paul-Doumer et Joseph-Andrieu à l'entrée du Village Nègre. Les pompiers accourus de leur caserne située de l'autre côté du boulevard Paul-Doumer, entre la rue du Tertre et la rue des Géreaux, dénombrent trente morts. Les Musulmans s'enhardissant à sortir en foule du Village Nègre, la pagaille est bientôt telle que les pompiers et les deux seuls médecins du dispensaire indigène de la rue Bourbaki établi à moins de cent mètres de l'explosion, ont du mal à approcher des blessés. Les gisants qui peuvent encore parler refusent de se laisser évacuer vers un hôpital européen, parce qu'ils craignent d'y être achevés par l'O.A.S.

Le général Katz fait boucler les autres quartiers musulmans afin d'éviter que trois ou quatre dizaines de milliers d'hommes ne déferlent en représailles vers le centre de la ville. Bien que le Village Nègre résonne toute la nuit de cris de haine et de slogans distillés par les meneurs du F.L.N., les cordons de sécurité tiennent isolées l'une de l'autre les deux communauté prêtes à l'affrontement général. L'O.A.S. et le F.L.N. s'accusent bien entendu mutuellement d'être les organisateurs de cette tuerie qui, sans les renforts alertés par Katz, aurait certainement provoqué un bain de sang.

A Paris, toujours décidés à contrer les plans des étudiants de droite sympathisants de l'O.A.S., les universitaires de gauche, étudiants et professeurs, se sont alliés au sein des G.A.R. – Groupes d'action et de résistance – et, pas plus que ceux qu'ils condamnent, ne répugnent à la violence. *Clarté*, l'organe des étudiants communistes, publie une liste de jeunes gens « peu disposés à réprouver publiquement les crimes de l'O.A.S. » où figurent le fils et le neveu de Jouhaud, lycéens à Louis-le-Grand et Saint-Louis. Pierre Chassin, fils cadet du général Chassin qui approuve sans réserves son engagement comme celui de son aîné, Max, et le fils de Bernard Lafay, pionnier du Comité de Vincennes, sont également proposés à la vindicte des comités anti-O.A.S. en même temps que Thierry d'Athis, le neveu du général Faure, et Charles-Henri de Roux, quant à lui neveu d'Olivier de Roux. S'ils ne le citent dans cette liste qu'en tant que simple relation de Jean-Marie Le Pen, Claude Mimet – recruté par Henri d'Armagnac, un ancien sous-lieutenant du 6e R.C.A. en Algérie, grand maigre racé à l'élégance cavalière qui seconde Curutchet – commande en fait au sein de l'O.R.O. le commando 103 bis.

L'O.A.S. parisienne ne recrute pas seulement parmi les élèves des corniches et les étudiants de la Fac de droit catholique. Outre le professeur en Sorbonne Raoul Girardet, elle compte dans ses rangs de nombreux enseignants. L'un des plus actifs, François Bluche, est titulaire de la chaire d'histoire à la Faculté de Besançon. Faisant chaque semaine plusieurs fois l'aller-retour entre le Doubs et Paris où il réside, ce jeune père de famille de trente-quatre ans qui affecte une élégance quelque peu britannique est le fils d'un industriel vosgien. Il a la tête ronde, le cheveu déjà rare et ses yeux, derrière ses verres de lunettes, pétillent en toute occasion de la malice naturelle qu'il cultive et qui donne à ceux qui le connaissent mal l'impression qu'il se moque du monde. L'Algérie française lui tenant à cœur, sitôt qu'elle a été menacée, il s'est engagé dans le Regroupement national créé en octobre 1960 par Jacques Soustelle. Retrouvant l'esprit de la Résistance qu'il a connue à l'âge de seize ans dans la région de Montpellier, après le putsch et l'exil volontaire de Jacques Soustelle, prenant le risque de sacrifier sa carrière et sa vie de famille, il a rallié l'O.A.S. Et Pierre Sergent a confié à un autre enseignant, Jean Reimbold, professeur agrégé de lettres au lycée Dumont-d'Urville de Toulon, la responsabilité de la zone 9 de l'O.A.S., qui couvre dans le Sud-Est le territoire de la IXe région militaire.

Jean Reimbold, l'homme que les policiers ont attendu en vain à la gare de Nice, est un Vosgien de quarante-deux ans. Capitaine de réserve et chevalier de la Légion d'honneur, cinq fois cité au feu, il a participé avec le 1er bataillon de choc aux combats de la Libération. En 1947, gaulliste pas du tout idolâtre, il enseignait au Maroc où il fut secrétaire général du R.P.F. jusqu'à ce que, simultanément démissionnaire et démissionné par Jacques Foccart, il adhère à l'Union de la présence française animée par Me Bertrand Le Corroller, qui sera l'un des avocats de l'O.A.S. Expulsé du Maroc après l'indépendance en même temps que Me Le Corroller et le Dr Causse, le principal organisateur de l'antiterrorisme secret dans le protectorat, il a professé le français, le latin et le grec à Clermont-Ferrand, puis à Toulon. Echaudé par l'expérience marocaine, il n'a pas cru à la spontanéité de l'enthousiasme du 13 mai 1958. Après avoir voté « non » au référendum du 28 septembre 1958, il a fondé en février 1960, avec Pierre Castellan, le clerc de notaire qui est aujourd'hui son adjoint dans l'O.A.S., l'Union pour l'Algérie française, dont la principale activité, dans les limites de la légalité, sera de publier un périodique destiné à mettre en garde contre l'abandon de l'Algérie.

Arrêté après le putsch et gardé pendant une quinzaine de jours au commissariat de Toulon avec Pierre Castellan et quelques militants de l'Union pour l'Algérie française, Jean Reimbold, désormais fiché et surveillé en permanence, a poursuivi les tirages et les distributions de son bulletin ainsi que celles de l'*Appel de la France* parmi les officiers de Marine. La surveillance policière devenant de plus en plus lourde, Reimbold a plongé dans la clandestinité avec Castellan le 23 janvier 1962. Rendu méconnaissable grâce à un changement complet de garde-robe, l'usage de lentilles de contact remplaçant ses grosses lunettes et une coiffure souvent modifiée, dormant seulement chez des amis dont il est sûr, engageant ses économies dans une cavale parfaitement organisée, il va de ville en ville en utilisant des voitures différentes. Il utilise pour les messages et les ordres qu'il fait parvenir à ses hommes un code basé sur le calembour à ressort d'une telle subtilité que, lorsqu'il leur arrive d'en saisir un au cours d'une arrestation, les policiers ne parviennent jamais à l'interpréter. Et il ne déroge jamais à son habitude de limiter au strict minimum la paperasse de son réseau.

Jean Reimbold et Pierre Castellan, devenus de véritables caméléons de la clandestinité jonglant avec les fausses identités, les fausses adresses et les faux métiers, sont toujours en liberté lorsque, le 1er mars 1962, les *deltas* abattent à Alger Me Pierre Garrigues, l'avocat libéral qui a succédé à Me Popie. Sa sœur, inquiète de ne pas le voir venir déjeuner comme chaque jour au domicile qu'elle partage au centre de la ville avec son mari et sa mère, l'a découvert baignant dans son sang sur le tapis où, le 25 janvier dernier, son prédécesseur était mort.

Alors qu'au cours de la nuit, le général Puget y est venu faire le point de la situation dramatique avec les généraux Katz et Cantarel et le préfet Denizot, une folle rumeur commence à circuler à Oran. Elle prétend que Katz serait un ancien nazi rescapé de l'épuration et qu'il jouerait en Algérie le jeu de Moscou sur ordre direct de De Gaulle. Elle a déjà attisé encore un peu plus la haine que les Oranais portent à leur ennemi n° 1, lorsque quelques Musulmans s'introduisent à Mers el-Kébir dans une petite maison et assassinent à coups de hachette Rosette Ortega, l'épouse du gardien bénévole du stade de la Marsa qui tentait de protéger de leur folie meurtrière son fils André, un bambin de quatre ans.

L'un des tueurs s'empare du gosse hurlant de terreur et, le tenant par les jambes, lui fracasse le crâne contre un mur. Les massacreurs saccagent la maison et ils sont sur le point de s'en aller, lorsque la sœur du petit

## Chap. 61. – *Le général Katz s'installe à Oran*

André, Sylvette, qui est âgée de six ans, revient du jardin avec des fleurs cueillies pour sa maman. Ils l'empoignent et lui font subir le même sort horrible qu'à son petit frère.

Sitôt l'attentat connu, des Européens ameutés et criant vengeance attaquent tous les Musulmans passant à leur portée. Des fusiliers marins accourus de la base de Mers el-Kébir tirent en l'air pour disperser la ratonnade et retrouvent quatre morts. Dans les heures qui suivent, les meneurs du F.L.N. insinuent que les assassinats de Rosette Ortega et de ses enfants ont été perpétrés par des provocateurs de l'O.A.S. Un commentateur de radio n'hésite pas à laisser entendre que ce crime n'est que la regrettable conséquence du racisme des Pieds-noirs d'origine espagnole qui, selon lui, « n'ont jamais eu de bons rapports avec les Musulmans ». L'A.P.S., l'Agence de presse algérienne, considère ce crime comme « la plus ignoble des provocations » et son rédacteur en chef écrit : « Hier encore, d'autres crimes racistes aussi ignobles ont été commis en Algérie. Devant la réprobation unanime de l'opinion mondiale après les massacres d'Oran, les fascistes européens, avec la complicité des forces réactionnaires de l'armée française, ont monté la plus ignoble des provocations. Pour faire oublier l'horrible tuerie de trente-sept Algériens dans des circonstances atroces, inspirée par une folie meurtrière, des tueurs ont, à Mers el-Kébir, sacrifié une jeune femme et ses deux enfants, présentant ce crime inqualifiable comme le fait des Algériens. »

Au soir de ces drames, comme s'ils voulaient prouver d'entrée de jeu à Katz qu'ils sont capables d'agir où et quand ils le décident, quinze hommes des *collines* cagoulés investissent à 23 heures le centre de tri postal de la rue Saint-Charles. Ayant neutralisé les alarmes, ils ligotent sans brutalité treize postiers et quatre policiers. Sans se presser, ils vident des centaines de sacs postaux et se retirent à 5 heures du matin avec un butin d'un million de francs lourds.

Pour faire bon poids, un autre commando bravant les blindés qui patrouillent en ville s'en prend dans l'après-midi du lendemain à la Trésorerie générale, à moins de cent cinquante mètres de la préfecture de Police, entre la ruelle Amillac, le boulevard du Docteur-Molle et la rue de Trobriant, et s'empare de 600 000 francs.

Malgré ces démonstrations de force, Katz n'est pas disposé à se plier à la loi de la rue. Cet homme au caractère bien trempé et taillé comme un décathlonien n'a pas eu une existence facile. Abandonné par ses parents à sa naissance en janvier 1907, il est pupille de l'Assistance publique. Confié à un couple de paysans de l'Allier, il a obtenu le certificat d'études à dix ans, mais sa condition d'enfant trouvé lui a interdit de poursuivre ses études.

Tour à tour garçon de ferme, maçon comme son père nourricier, puis chef de chantier à dix-neuf ans, Joseph Katz est entré dans l'Armée en 1927. Sorti sous-lieutenant de l'école de Saint-Maixent, il a été blessé en mai 1940. Décoré de la Légion d'honneur, il a participé à la Résistance dans un maquis de l'Allier et, gravissant un à un les grades de l'Armée qu'il a réintégrée à la Libération, fait unique pour un pupille de l'Assistance publique, il a été nommé général de brigade en 1958 par Jacques Chaban-Delmas.

S'il ignore tout d'Oran, Katz connaît en revanche le bled algérien. De 1956 à 1958, il a été à Bou-Saada adjoint du colonel commandant la zone opérationnelle du Sud-Algérois. Il a ensuite commandé un vaste secteur allant de Biskra à Geryville, où il a gagné trois citations à l'ordre de l'Armée et s'est attiré l'estime d'officiers aussi peu conventionnels que le journaliste Serge Groussard, réserviste volontaire, et le chef de bataillon Jean Pouget, ancien de Diên Biên Phu, qui commandait alors dans son secteur le 228$^e$ bataillon d'Infanterie devenu 584$^e$ bataillon du Train et qui, dans *Bataillon R.A.S.* qu'il publiera en 1981 aux Presses de la Cité, écrira de lui : « Il était sincère jusqu'au cynisme » et aussi : « J'aimais bien ce vieux pachyderme plus subtil qu'un fennec. »

En mai 1958, Katz avait douché d'entrée les ardeurs révolutionnaires de ses officiers en leur interdisant de participer aux comités de salut public. Après le putsch, alors qu'il commandait la subdivision de Perpignan, toujours aussi imperméable aux tentations subversives, il n'a pas caché qu'à son avis l'Armée ne devait avoir qu'un seul credo : l'obéissance aveugle aux ordres du gouvernement de la République. Aujourd'hui, proclame-t-il, ce ne seront pas Salan et Jouhaud qui le feront déroger à son inconditionnalité.

C'est donc dans cet état d'esprit de fermeté que Katz réorganise les dispositifs de maintien de l'ordre élaborés par son prédécesseur. Les C.R.S. et les gendarmes mobiles – que les Oranais européens appellent les « rouges » à cause du liséré de leur képi qui n'est pas blanc comme celui de la Gendarmerie départementale – étant les cibles privilégiées de l'O.A.S., Katz, dès sa première opération de contrôle, les a dotés d'uniformes kaki et amalgamés à ses unités d'Infanterie. Maintenant que les militaires assurent leur sécurité, ces gendarmes se livrent avec plus de tranquillité aux fouilles de véhicules et aux contrôles d'identité.

A Paris, décidés comme Katz à engager les grands moyens contre l'O.A.S., les militants du Comité de défense républicaine, qui ont déjà plastiqué Jean-Marie Le Pen et M$^e$ Tixier-Vignancour, adressent à des personnalités de l'Algérie française et aux quatre-vingts députés ayant voté en novembre dernier l' « amendement Salan » cet avertissement : « Le temps des tueurs est venu. A Alger, à Oran, des hommes tombent, la nuque trouée de balles. En Métropole, les assassins de l'O.A.S. fourbissent leurs armes. De nombreuses personnalités républicaines doivent être abattues par les tueurs à gages de l'O.A.S. Les activistes – des renseignements précis et concordants le prouvent – ont décidé de saboter, par tous les moyens, la paix qui va s'installer. Des hommes les aident dans cette

## Chap. 61. – *Le général Katz s'installe à Oran*

tâche insensée. Des hommes qui, pour la plupart, ont toujours été des ennemis de la République, des hommes comme vous. Par vos actes, vos paroles, vos écrits, vous encouragez les apprentis plastiqueurs, les tueurs, les tueurs en herbe, vous protégez leurs recruteurs. Il n'existe pas de moyens légaux pour prévenir ce genre de crime. Il n'est donc plus possible que vous puissiez combattre les hommes libres de ce pays, sans courir les mêmes dangers qu'eux. En conséquence, le C.D.R. a décidé de tenir pour responsables des crimes commis par l'O.A.S. sur le territoire métropolitain cent activistes. Vous en faites partie. Au premier attentat dirigé contre un républicain, l'un d'entre vous paiera. Dès aujourd'hui, vous êtes placé sous la surveillance des hommes du C.D.R. A tout moment ceux-ci seront en mesure d'exécuter les ordres reçus. Sachez-le bien, nous serons d'autant plus impitoyables que nous vous laissons des portes de sortie. Vous avez assez d'influence pour ordonner que l'on ne tue pas, vous pouvez démontrer que nous nous sommes trompés à votre égard. C'est très simple, il vous suffit de désavouer publiquement l'O.A.S. et ses méthodes. Votre silence sera interprété par nous comme étant la preuve que vous dirigez les assassins de l'O.A.S. »

Me Jean-Marc Varaut, le jeune avocat royaliste qui se prépare à défendre Claude Tenne au cours du procès qui doit aussi juger le sergent Dovecar et les hommes qui ont participé à l'assassinat du commissaire Gavoury, a lui aussi reçu cette lettre de menaces qui ne freine en rien son engagement pour l'Algérie française. Et les militants des G.A.R. collent des affiches frappées de croix gammées et celtiques et présentant, de Salan à Canal, les photos anthropométriques de quatre-vingt-seize membres de l'O.A.S. Comme ils l'ont fait au 193 du Faubourg-Poissonnière, pour Pierre Hénault, député indépendant-paysan de la Manche, les G.A.R. envoient des manifestants devant le domicile des élus convaincus d'avoir voté l' « amendement Salan ». Ces groupes de cinquante à cent personnes s'en prennent tour à tour à Paris à Michel Sy, comme leur pendant du C.D.R. à Jean-Marie Le Pen, qui habite 9, villa Poirier dans le XVe arrondissement, à Pierre Portolano, Me Biaggi et Bernard Lafay. Le scénario de ces actions est immuable : les jeunes gens des G.A.R. scandent « O.A.S. assassins ! » en badigeonnant sur les murs « Ici demeure un assassin O.A.S. », puis ils s'égaillent sitôt le premier képi de policier signalé par leurs guetteurs.

Le Club Jean-Moulin, le Syndicat national des instituteurs et le P.S.U. appelant aussi à la délation, la campagne anti-O.A.S. finit par donner des résultats. Maurice Papon ayant organisé dans la nuit du mercredi 28 février au jeudi 1er mars un vaste coup de filet à Paris, une cinquantaine de jeunes gens de quinze à vingt ans sont arrachés à leurs parents et conduits à la préfecture de Police. Mais les dénonciations qui ont permis d'improviser cette rafle baptisée *Jonquille* étaient pour certaines si peu fondées que les policiers ont arrêté un étudiant communiste et le fils d'un proche du général de Gaulle. Une fois vérifiées les identités des jeunes gens accusés d'avoir volé des voitures pour le compte des plastiqueurs et des mitrailleurs de cafés musulmans ou d'avoir distribué des tracts, ils se retrouvent parqués par des gardes mobiles dans le gymnase d'un groupe scolaire de l'avenue de La Bourdonnais.

Ces étudiants ne sont pas les premiers à être visés par les policiers. Au lendemain de l'attentat manqué contre André Malraux, les élèves de l'école Bréguet ont déjà été contrôlés. Leur sursis résilié sans explications, quelques condisciples du jeune Pied-noir qui avait si maladroitement dressé le plan de l'immeuble de Malraux ont été incorporés sous les drapeaux et affectés en Allemagne, loin des tentations subversives.

Après les étudiants, c'est au tour d'Yves Gignac d'être arrêté le 1er mars 1962 par des policiers de la D.S.T. au terme d'une longue traque basée sur des écoutes téléphoniques. L'homme de Salan avait fini par si bien s'entendre avec le capitaine Sergent que les deux hommes avaient pris l'habitude de dîner chaque vendredi chez une sympathisante qui, tandis qu'ils mettaient au point le bulletin hebdomadaire de renseignements destiné aux responsables de l'O.A.S., leur préparait rituellement des moules à la marinière.

Surpris dans une brasserie du boulevard Malesherbes proche du domicile d'André Regard, Gignac est comme toujours sans armes. Après l'avoir emmené rue des Saussaies, les policiers découvrent sur lui une enveloppe contenant un exemplaire du dernier bulletin hebdomadaire de renseignements qu'il s'apprêtait à confier à un de ses correspondants. Interrogé sur l'origine et la destination de ce document, il prétend qu'il lui a été remis par un individu qu'il connaît vaguement pour l'avoir croisé quelquefois. D'ailleurs, précise-t-il, il n'a pas encore eu le temps d'en prendre connaissance. L'inspecteur des R.G. Riffet, qui a déjà procédé à l'interrogatoire de Gignac lors de son arrestation en 1960, décachète l'enveloppe vierge d'adresse. Ayant parcouru son contenu, il sort du bureau et y revient tout aussitôt avec le commissaire Bouhé-Lahorgue qui, furieux et brandissant le document de Gignac, interroge ses policiers :

— Savez-vous ce qu'il y a dans ce torchon ? Eh bien, messieurs, il y a toute l'organisation de notre bureau. Mais, nom de Dieu, ce n'est pas possible, il y a un traître chez nous !

A ces mots, Gignac se rend compte qu'il est aux mains des policiers du B.D.L. Laissant le commissaire Bouhé-Lahorgue et ses policiers à leurs doutes quant à leur infiltration par une taupe de l'O.A.S., il tait la façon dont il a obtenu les renseignements qui lui ont permis de reconstituer l'infrastructure policière supervisée par Alexandre Sanguinetti.

En fait, l'O.A.S. n'a pas d'antenne au B.D.L. Les renseignements qui, jusqu'au mois précédent, arrivaient à Gignac et à Sergent sur les activités policières et les actions gouvernementales destinées à contrer l'O.A.S. provenaient tout simplement d'André Regard. *Raphaël*, maintenant chargé d'un vague service de contentieux au ministère des Finances et disposant à ce titre d'un bureau et d'un secrétariat situé rue de l'Echelle, tout près de la rue de Rivoli, recueillait chaque semaine les confidences de Michel Poniatowski, le chef de cabinet de Valéry Giscard d'Estaing et par ailleurs beau-frère de Michel de Saint-Pierre. L'ancien sergent du 1er bataillon de choc, ne serait-ce que par amitié, entre la poire, le fromage et le digestif, ne cachait pas grand-chose à Regard de ce que Valéry Giscard d'Estaing, aujourd'hui ministre des Finances et des Affaires économiques depuis le 18 janvier, lui confiait après les conseils des ministres. Et *Raphaël* engrangeait à plaisir ses confidences en matière de finances et sur la façon dont Michel Debré et Constantin Melnik entendaient mener la lutte contre l'O.A.S. en métropole et en Algérie. Yves Gignac faisait ensuite le tri dans cette récolte allant au-delà des communications du porte-parole du gouvernement et, toujours par la filière partant de l'hôtel Astor, il adressait à Salan ce qui lui semblait digne d'intérêt.

En dehors de ces informations recueillies au cours de ses rencontres avec Poniatowski, André Regard dépêchait parfois son fils Robert au ministère des Finances. Le jeune polytechnicien recevait alors, directement de Valéry Giscard d'Estaing ou de Michel Poniatowski, une enveloppe qu'il lui remettait sans jamais s'inquiéter de son contenu. Mais cette source d'informations du ministère des Finances s'étant tarie quelques jours avant son arrestation, les renseignements sur le B.D.L. qui ont tant énervé le commissaire Bouhé-Lahorgue étaient les derniers que Gignac voulait transmettre à ses correspondants.

L'arrestation de Gignac, les initiatives du C.D.R. et l'opération *Jonquille* qui a tout de même privé l'O.A.S. de quelques bras juvéniles n'empêchent pas ses militants de poursuivre l'action à Paris. Une première bombe explose en effet dans l'après-midi du 2 mars, avenue René-Fonck, devant l'appartement de M. Juin, journaliste à *L'Humanité*. Une deuxième saute à Saint-Germain-des-Prés, devant le domicile qu'un Pied-noir vient d'acheter rue Bourbon-le-Château, puis une troisième dans le XVIe arrondissement, rue Decamps. Mais là, les plastiqueurs se sont trompés de cible. Alors qu'ils visaient Georges Léon, comme M. Juin journaliste à *L'Humanité*, ils s'en sont pris à un homonyme, journaliste lui aussi, mais à la retraite depuis dix ans. Enfin, une quatrième bombe explose dans un immeuble du XIVe devant l'appartement de Pierre Beziau, un militant du P.S.U.

L'O.A.S. plastique aussi à Pau. Christian Hitier, le jeune homme qui a en février 1961 permis à Dominique Venner d'échapper à une première tentative d'arrestation, maintenant bien fourni en explosifs à la B.E.T.A.P. – la base-école des troupes aéroportées d'Hydron –, par le capitaine Mémain, l'adjudant-chef Metz et les sous-officiers instructeurs Conraux, Devaux, Tonaire, Venien et Bezamat, a fait de la capitale béarnaise une des villes les plus plastiquées de la métropole. Décidé à continuer sur cette voie, dans la nuit du vendredi 2 au samedi 3 mars 1962, il organise une nouvelle série de plasticages. Une première charge explose dans la banlieue paloise, à l'école de Billère dont le directeur, M. Poublanc, n'a jamais caché son hostilité à l'O.A.S. Une deuxième ayant sauté devant une villa habitée par un lieutenant-colonel de Gendarmerie et appartenant à Louis Cluchague, directeur du groupe scolaire Henri-Lapuyade et ancien conseiller municipal communiste, les jeunes activistes posent leur troisième charge dans le garage du lycée Louis-Barthou, sous la voiture de Michel Duthu, l'intendant de l'établissement qui milite au P.S.U. Puis un compagnon de Christian Hitier se débarrasse d'une autre charge en la faisant exploser dans une vespasienne du parc de Beaumont.

A l'heure où des policiers palois découvrent deux autres bombes intactes près de la cuisine du groupe scolaire dirigé par Louis Cluchague et devant le domicile de Mme Marie Dufourcq, institutrice communiste et membre du Mouvement de la Paix et du Comité antifasciste, Camille Petitjean retrouve enfin à Alger son état normal. Le capitaine Chazotte et les policiers de Michel Hacq les ayant menacés de représailles s'ils poursuivaient leurs arrestations arbitraires et leurs interrogatoires brutaux, ses ravisseurs, aux abois, le harcèlent de questions durant des heures.

A Paris, les relations ne s'améliorent pas du tout entre Sergent et Canal. L'attentat contre Malraux, en blessant la petite Delphine Renard, a eu beau provoquer la condamnation publique de l'O.A.S. et rendre plus timorés les hommes politiques en place qui entretenaient jusque-là des relations avec l'organisation au cas où ses affaires réussiraient, Canal affecte d'ignorer les nombreux rappels à l'ordre de Sergent. Il continue à signer ses ordres de plasticages et ses tracts au nom du « Général d'armée Raoul Salan, chef suprême de l'O.A.S. » et se présente toujours comme le « Chef de la mission France III ».

Décidé à éclaircir une fois pour toutes la situation, le capitaine Glasser, devenu responsable militaire de la zone autonome de l'O.A.S. de Paris, accepte de rencontrer le Monocle.

Le rendez-vous ayant été fixé au soir du 3 mars 1962 à l'angle des rues Coquillière et Jean-Jacques-Rousseau, le capitaine Glasser voit arriver Canal, comme toujours accompagné par Hubert Paldacci et suivi de près par six hommes à l'allure décidée, dont Nicolas d'Andréa et Georges Watin. Le Monocle n'ayant pas prévu de lieu pour abriter la discussion, Glasser, entouré lui aussi par quelques fidèles commandés par son ami le lieutenant Marbot, entraîne tout ce monde voyant dans un discret bar de nuit du XVI$^e$.

Aussitôt installé, Canal, toujours aussi sûr de lui et s'adressant au lieutenant Marbot qu'il prend pour le chef de groupe, reprend à peu de variantes près le discours de sa première rencontre avec Sergent. Ne sachant pas vraiment à qui il parle, il étale avec complaisance ses moyens financiers et, à condition qu'il soit maître des opérations puisque, précise-t-il, il est le délégué officiel de Salan, il promet des armes et des explosifs.

Après l'avoir laissé pérorer un bon moment, le capitaine Glasser, excédé, prend enfin la parole en se présentant comme l'adjoint de Sergent. La discussion stérile risquant de s'éterniser, Canal décide de l'abréger. Mais Glasser n'entend pas le laisser repartir avant que tout soit réglé. Il fait boucler la sortie de l'établissement par trois de ses hommes et annonce à l'Algérois qu'il doit aller rendre compte de tout ce qui s'est dit à Sergent et que Canal attendra son retour pour s'en aller.

Le gendre de Gardy visite en vain tous les endroits où Sergent a l'habitude de séjourner. Il finit par pousser jusqu'à Versailles, où il le trouve enfin un peu après 7 heures du matin. Furieux en apprenant les prétentions de Canal, Sergent rédige une note précisant que le Monocle a implicitement reçu de Salan l'ordre de s'intégrer à l'O.A.S.-Métro et qu'il doit s'assujettir à l'autorité opérationnelle du délégué général. Puis, estimant que le Monocle a dépassé les bornes en organisant des attentats qui, selon lui, ne sont pas du tout dans la ligne préconisée par Salan, il écrit : « Je décide de le faire garder à la disposition de l'état-major national afin de lui permettre de rendre compte de ses actes au Délégué général en métropole. »

La circulation est si dense sur la route de Paris que Michel Glasser ne parvient qu'un peu avant 10 heures au bar où Marbot gardait Canal et Paldacci. L'établissement est désert car, craignant une intrusion policière, Marbot vient de libérer ses prisonniers.

A la même heure, Robert Morel est confronté à la Délégation générale à un envoyé de Paris venu mettre fin à sa mission. Il ne songe plus à présenter Camille Petitjean comme une tête de l'O.A.S., mais seulement comme un partisan de l'Algérie française qui, avance-t-il, a tout de même rendu après le putsch de grands services à des officiers en cavale. Le chargé de mission parisien ne lui cache pas que sa situation est devenue préoccupante et qu'il a reçu l'ordre d'effacer avant le rapatriement de ses hommes toute trace de leurs activités illégales.

Après cet entretien, les barbouzes ne se sont toujours pas débarrassées de leur prisonnier lorsque, le 5 mars 1962, le gouvernement et le G.P.R.A. annoncent que les discussions vont reprendre à Evian. En Algérie, cette reprise de la négociation ne réjouit pas tous les Musulmans. Parmi ceux qui n'en attendent rien de bon, figure le cheik Ben Tekkouk Senoussi, chef religieux d'une zaouïa dont l'influence s'étend de l'Oranie jusqu'au Sahara. Un fils de ce cousin du roi de Libye Idriss I$^{er}$ se fait appeler « le Diable vert » et tient un maquis Algérie française aux confins de l'Ouarsenis en n'hésitant pas à parader près des postes avec une escorte de cavaliers en tenue camouflée. Conscient de ce qu'il représente, le cheik Ben Tekkouk adresse ce message à ses quelque cent cinquante mille fidèles en même temps qu'aux Français d'Algérie : « Si j'ai pris la décision de m'adresser aux Européens et aux Musulmans d'Algérie et plus particulièrement aux Oranais, c'est parce que mon devoir de chef religieux et de proche parent du roi de Libye m'a incité à sortir de mon silence. »

Après avoir reconnu les mérites de De Gaulle qui « œuvre avec tant de force pour la promotion des Musulmans », le cheik conteste toutefois sa politique algérienne en affirmant que l'autodétermination n'aboutira qu'au chaos et à la misère. « Pourquoi une telle constatation ? », s'interroge-t-il. Et il répond : « Tout simplement par ce qu'il (de Gaulle) a accepté de discuter du sort de l'Algérie avec un soi-disant gouvernement provisoire dont nous connaissons tous la valeur des membres qui le composent et qu'il a enlevé, ainsi, tout sens au principe de l'autodétermination. »

Regrettant que l'esprit du 13 Mai 1958 soit oublié, le vieux sage n'hésite pas à écrire : « On veut nous faire croire à la puissance du F.L.N. puisqu'on traite ses dirigeants en futurs vainqueurs ; or, nous qui sommes au cœur du problème nous savons très bien que cette puissance n'est que virtuelle et qu'elle se concrétise surtout par de beaux discours prononcés dans les palaces étrangers. C'est simple, croyez-vous que le G.P.R.A. puisse affirmer son autorité en Algérie depuis Alger même, alors qu'il traîne derrière lui des dizaines et des dizaines de milliers de victimes innocentes, tant musulmanes qu'européennes. Certes non, car il faudrait qu'il soit aidé en cela, appuyé et protégé par l'armée française qui est seule victorieuse à l'heure actuelle. »

Après ce rappel de la réalité, le cousin du roi de Libye exige la fin immédiate de toutes les violences. Puis, afin de bâtir une Algérie nouvelle, il appelle les Musulmans et les Européens à se retrouver « unis comme ils l'étaient sur les champs de bataille et comme ils continuent de l'être dans les champs et dans les villes ».

Alors que quatre ans auparavant, pareils propos venant d'un notable musulman de cette importance auraient fait la une des journaux en Algérie et que la presse métropolitaine les aurait certainement largement repris, ces vœux pieux ne seront commentés que par ses fidèles. Les buts du gouvernement n'étant plus les mêmes qu'en 1958, ils sont mis sous le boisseau et seul l'hebdomadaire *Aux écoutes du monde* (plus de deux cent vingt mille exemplaires tirés) qui, malgré son plasticage, continue à critiquer avec violence la politique algérienne du gouvernement, lui accorde quelque place.

Quant à l'O.A.S., elle claironne qu'elle fera tout, sinon pour les interdire, au moins pour empêcher les conversations d'Evian d'aboutir. Et ce n'est pas la condamnation à mort par contumace que le tribunal militaire de Paris vient de prononcer à leur encontre qui empêcherait Achard et Ferrandi de poursuivre le combat, chacun à sa manière. Le premier en veillant avec un soin jaloux sur Salan, le second à la tête des commandos de Bab el-Oued et de la Marine.

La décision de reprendre les pourparlers étant arrêtée, les ministres de Debré ne sont pas tous aussi sereins que le chef de l'Etat. A la sortie d'un conseil des ministres, l'un d'eux avoue son étonnement de le voir si sûr de sa politique bien que la situation à Alger soit loin d'être favorable. Un général lui répond que si de Gaulle estime que tout va bien, c'est que les dramatiques réalités de l'Algérie française n'ont à ses yeux aucune valeur par rapport à l'Histoire. Le président de la République, affirme-t-il, dédaigne l'histoire anecdotique. Et, même s'il se posait des questions à son sujet, il ne laisserait pas transparaître ses doutes. Puisqu'il sait qu'il sera obéi quoi qu'il arrive, il est tout à fait indifférent aux contingences du moment, pour lui simples péripéties qui n'enrayeront pas le processus d'indépendance qu'il a mis en route le 16 septembre 1959.

A la fin de cet entretien à bâtons rompus, le ministre, peu convaincu par le pragmatisme de son interlocuteur, s'inquiétant du véritable rôle que le général de Gaulle a attribué à son Premier ministre, le général lui répond que Debré ne gouverne pas vraiment. « Il n'est là que pour recevoir des coups », ironise-t-il en prenant congé.

\*

— 62 —

# L'O.A.S. dicte sa loi à la presse italienne

Les policiers métropolitains, eux qui sont confrontés chaque jour aux « contingences de l'histoire anecdotique » ignorées par le président de la République, sont sur des charbons ardents à l'approche de la reprise des négociations d'Evian. Dans l'Ouest, ils ont pratiquement anéanti les réseaux de la 3ᵉ région de l'O.A.S. en arrêtant Horace Savelli, le capitaine Renault et le commandant Charles Met. Avec les capitaines Norbert Héry et Jean Illet et les lieutenants Rozier de Linagre et Edgard Rose, bien que leur ait échappé l'un des principaux membres de ces réseaux, Bertrand de Charette de La Contrie, descendant du chef de la Chouannerie que Hoche a fait fusiller à Nantes le 29 mars 1796, ils ont mis sous les verrous trente-six notables, parmi lesquels on compte un notaire, un médecin, deux ingénieurs, deux industriels, deux pharmaciens, un professeur, un libraire, trois exploitants agricoles et un sous-directeur de Caisse d'épargne.

Le comte Savelli apprenant la patience en prison, l'O.A.S. algéroise accueille très mal des articles favorables à l'indépendance écrits par deux journalistes italiens, Giovanni Giovannini et Bruno Romani, envoyés spéciaux de *La Stampa* et d'*Il Messagero*. Ces deux hommes sont enlevés à l'hôtel Aletti dans la soirée du 3 mars et conduits dans l'arrière-salle d'un restaurant du boulevard du Télemly. Ils sont accusés d'avoir organisé avec des figurants un soi-disant accrochage entre l'O.A.S. et le F.L.N. et priés de quitter Alger dans les vingt-quatre heures.

Ramenés à l'Aletti, les deux Italiens narrent leur mésaventure à une dizaine de compatriotes. Le récit prenant de l'ampleur à chaque répétition, quelques Italiens exigent d'être immédiatement reçus par le chef de l'information à la Délégation générale.

Après les avoir écoutés, Philippe Mestre, tiré de son sommeil, fait remarquer qu'il n'y a pas eu mort d'homme en cette affaire et qu'il ne faut pas lui accorder un caractère gravissime. Onze journalistes rentrent à Rome dès le 4 mars et la presse italienne se déchaîne contre les autorités françaises, incapables, selon elle, d'assurer la sécurité des étrangers en Algérie. Le gouvernement italien dépose une protestation auprès de l'ambassadeur de France à Rome. Quelques journaux publient un document du « Bureau des Affaires étrangères de l'O.A.S. » justifiant l'expulsion des deux journalistes par la « position d'hostilité, systématique et de dénigrement délibéré d'une partie de la presse italienne d'obédience gouvernementale et de la radio-télévision italienne ». Et Giovanni Giovannini, l'un des deux hommes enlevés à l'Aletti, raconte ses ennuis sous ce titre racoleur : « Mon aventure dans le repaire de l'O.A.S. »

Les journalistes italiens, dont il ne reste plus à Alger qu'un seul représentant, Nicola Caraciolo, ne sont pas seuls à subir les foudres des militants de l'O.A.S. devenue, à l'approche des négociations d'Evian, particulièrement pointilleuse sur son image de marque. Un reporter français a le visage taillardé à coups de rasoir à Alger et, à Oran, un photographe de l'Agence Dalmas est cueilli à son arrivée à l'aéroport de la Sénia par trois hommes qui le conduisent dans un autre hôtel que celui où il avait retenu sa chambre. Délesté de ses appareils et quelque peu molesté, le malheureux subit un sermon sur la légitimité du combat contre l'indépendance et, bien heureux de s'en tirer à si bon compte, il est illico renvoyé en métropole.

Après ces démêlés avec la presse, l'O.A.S. déclenche à l'aube du 5 mars 1962 une formidable opération de plasticages baptisée *Rock'n roll*. Les échos de plus de cent charges explosant presque simultanément roulent sur quarante kilomètres dans la Mitidja. Ils éveillent à La Réghaïa le général Ailleret qui songe tout d'abord à un tir d'artillerie près d'Alger.

En fin d'après-midi de cette journée commencée avec fracas, sachant qu'il n'y a aucun des leurs parmi ses mille huit cents pensionnaires dont une vingtaine sont des condamnés à mort du F.L.N., des commandos O.A.S. attaquent à Oran la prison qui, entre le Village Nègre et la cathédrale, jouxte la caserne principale de la Gendarmerie. Après avoir neutralisé le chauffeur d'un véhicule de la Pénitentiaire, ils l'obligent à leur faire ouvrir le portail de l'établissement donnant boulevard François-Lescure. Le fourgon engagé sous le porche, ils neutralisent les premiers gardiens et font rentrer deux jeeps, deux fourgonnettes 403 et deux Dodge volés à l'armée et chargés de plastic, de bouteilles de butane et de fûts d'essence.

Une quarantaine d'hommes en tenues camouflées désarment les gardes puis ils disposent à des endroits propices à la propagation de l'incendie les charges de plastic, les bouteilles de gaz et les fûts d'essence. Ils activent les mises à feu et emmènent avec eux les gardiens. Sitôt que résonne la première explosion, tout de suite suivie par une dizaine d'autres, ils libèrent leurs prisonniers dans la rue du Général-Cérez, près d'une caserne et du commissariat central de la rue Jules-Simon.

Des cordons de C.R.S. et de gendarmes bouclant le quartier, les pompiers mettent des heures à venir à bout des incendies d'où montent les hurlements de terreur des prisonniers. Quant le feu est enfin dompté, les gardiens revenus à la prison ne dénombrent heureusement que deux morts et une vingtaine de blessés graves. Vite regroupés, comptés et recomptés, les prisonniers indemnes sont escortés jusqu'au centre d'internement d'Arcole à une quinzaine de kilomètres à l'est d'Oran, tandis que la population musulmane, exigeant vengeance, tente de franchir les barrages mis en place par Katz qui impose le couvre-feu dans la Ville Nouvelle.

Le lendemain, une énorme explosion met en émoi près de Paris les habitants de Bois-Colombes. Cette fois, il ne s'agit pas d'un attentat, mais d'un accident. Une camionnette qu'Armand Belvisi venait de garer devant une des planques a été pulvérisée par la mise à feu accidentelle d'une des charges que venait de lui confier André Canal après l'avoir recruté en même temps que Georges Watin.

Alors qu'à Oran les partisans de l'Algérie française vantent le courage des hommes des *collines*, l'expulsion des journalistes italiens a pour effet immédiat de provoquer à Rome l'arrestation de Philippe de Massey. Bien que les autorités italiennes aient reçu de Paris la liste d'une trentaine de ressortissants français liés à l'O.A.S., et alors qu'André Rosfelder et d'autres vont et viennent en toute liberté dans Rome, il est le seul à faire l'objet d'une mesure d'expulsion vers l'Autriche.

Le M.S.I. prenant parti pour Massey, deux de ses vingt-quatre élus, MM. Romualdi et Anfuso, interpellent le gouvernement d'Aminatore Fanfani. Le député Romualdi s'étonne qu'alors même que Massey était conduit manu militari à la frontière autrichienne, Rome accueillait avec chaleur le ministre des Affaires étrangères du G.P.R.A. Saad Dahlab. Et, ajoute-t-il, à l'heure où on réduisait le représentant de l'O.A.S. au silence, on laissait celui du gouvernement algérien en exil affirmer au cours d'une conférence de presse que le gouvernement français ne fait pas grand-chose en Algérie pour lutter contre ses opposants européens.

Les journaux dépendant de l'empire financier d'Enrico Mattei, dont les militants du M.S.I. réclament souvent la mort au cours de leurs réunions, attisant le feu à longueur de colonnes en prétendant que l'O.A.S. fait la loi à Alger, le gouvernement français présente ses regrets officiels à l'Italie et s'engage à assurer désormais en Algérie la protection des journalistes italiens.

De son côté, l'O.A.S. adresse à l'Associated Press et à l'agence de presse italienne un communiqué justifiant les expulsions de journalistes en arguant qu'ils ont toujours fait la part trop belle au F.L.N. Cette lettre est accompagnée de la liste des treize quotidiens et des sept hebdomadaires indépendants du groupe Mattei qui seront seuls admis à dépêcher en Algérie des envoyés spéciaux, à condition toutefois qu'ils acceptent de se munir d'un sauf-conduit de l'organisation.

Le S.I.F.A.R. n'abandonne pas Philippe de Massey. Sitôt tassée l'affaire des expulsés d'Alger, le capitaine Mauro vient lui expliquer en Autriche pourquoi le général Viggevani n'a pu intervenir lors de sa désignation à la vindicte gouvernementale orchestrée par des gens à la solde d'Enrico Mattei. Il lui demande de patienter quelque temps et promet de lui faire parvenir un passeport diplomatique qui lui permettra de revenir en Italie et d'y reprendre ses activités.

Maintenant que les pourparlers ont repris à Evian le 7 mars, Sergent et Curutchet n'attendent plus qu'un signal d'Alger pour mettre en application le plan *Paso doble* qu'ils ont mis au point dans le cadre de la directive n° 29 de Salan. Cette opération d'envergure visera les préfectures et les quartiers généraux des régions militaires et maritimes. Et ses promoteurs espèrent qu'elle paralysera le pouvoir sans dévoiler les forces encore éparses de l'O.A.S. Curutchet a précisé dans une note du 1er mars 1962 que cette offensive à base de commandos urbains et de maquis ruraux se déclenchera dans la nuit du 12 au 13 mars ou qu'elle sera reportée de huit jours en huit jours si Alger ne donnait pas le feu vert à cette date. Il est donc aussi surpris que Sergent lorsque, au matin du 9 mars, les radios annoncent qu'une camionnette piégée a explosé devant la salle des fêtes d'Issy-les-Moulineaux à l'heure où des militants du Mouvement de la Paix s'activaient aux derniers préparatifs d'un congrès.

Immédiatement attribué à l'O.A.S., l'attentat d'Issy-les-Moulineaux a provoqué trois morts et une cinquantaine de blessés. Furieux, Curutchet mène une enquête rapide et aucun responsable ne sachant quoi que ce soit sur l'événement, il adresse à Sergent un rapport réfutant la responsabilité d'un de ses groupes. Puis il écrit à Bonaventure Leca, le maire d'Issy-les-Moulineaux dont un fils fait partie de l'O.A.S., pour lui assurer que l'organisation n'est pour rien dans le drame qui a endeuillé sa ville. Sergent adresse de son côté ce communiqué à la presse :

« Malgré les déclarations officielles du ministre de l'Intérieur, l'attentat d'Issy-les-Moulineaux n'a pas été commis par l'O.A.S. Cet attentat, qui a fait trois morts et quarante-sept blessés, est d'une écœurante lâcheté. Il a été monté pour discréditer l'O.A.S. aux yeux de l'opinion. Existe-t-il un seul citoyen assez abêti par la presse et la radio gouvernementale pour penser les chefs de l'O.A.S. capables de commander des actes aussi aberrants, et qui nuisent de façon aussi évidente à la cause de l'Algérie française ? L'O.A.S., non seulement rejette avec indignation la responsabilité de l'attentat d'Issy-les-Moulineaux, mais entend démasquer les véritables coupables et prouver que le pouvoir est prêt à tout pour faire triompher sa politique. »

Suivant les ordres de Katz, les forces de l'ordre ripostant à l'O.A.S. en tuant une quinzaine d'Européens à Oran, les Musulmans d'Alger sont surpris de célébrer dans une paix relative le jour sacré de l'Aïd el-Kébir réservé à la charité. Et les compagnons de Robert Morel, qui se terrent toujours dans l'hôtel Radjah avec leur prisonnier dont l'épouse a déposé plainte contre X pour enlèvement arbitraire, subissent encore des tirs de roquettes durant la nuit du 9 au 10 mars.

Au matin du 10 mars, le « colonel Bob » demande à un artisan de venir réparer l'installation électrique de l'hôtel qui a sauté sous la violence des explosions de la nuit. Quatre électriciens se présentent avec une diligence dont il ne s'étonne pas et mettent près de trois heures à bricoler une installation de secours.

Après cette réparation, les hommes de Morel s'apprêtent déjà à vivre une nouvelle nuit de harcèlement, lorsqu'un coup de fil venant de Rocher-Noir les avertit que l'O.A.S. a prévu de lancer contre eux une attaque plus forte que celles qu'ils ont subies jusqu'ici et qu'ils doivent aller se réfugier à Orléansville.

Accueillis à destination par Robert Gitz, l'ami d'André Goulay, et un contractuel venu d'Oran, Morel et ses cinq acolytes s'installent dans les locaux que le préfet musulman Mohand Ourabah leur a réservés quelque peu à contrecœur dans sa préfecture. A l'heure où ils fuyaient, le juge d'instruction Paul Caïtucoli, après avoir interrogé Jacqueline Arnal, son frère et les deux autres professeurs de son lycée, mettait en route l'enquête sur la disparition de leur prisonnier.

Les *deltas* du capitaine Branca n'auront pas besoin de venir tirer des roquettes sur le Radjah dans la nuit du 10 au 11 mars 1962. Installées par les électriciens si empressés à répondre à la demande de Robert Morel, une douzaine de charges munies de mises à feu à retard écroulent le petit immeuble un peu avant 20 heures. Sans l'avertissement de leurs amis de Rocher-Noir, les barbouzes auraient certainement tous péri sous les décombres avec leur prisonnier. Sitôt averti de cette destruction, Morel estime qu'il n'a plus rien à faire en Algérie. Il remet le commandement de son équipe à Robert Gitz et prend le premier avion pour la métropole.

L'approche de la fin des discussions avec le G.P.R.A. ne ralentit pas le rythme des condamnations frappant les partisans de l'Algérie française. L'entrepreneur Louis Randiéri et le viticulteur Robert Orfila, raflés dans la nuit 27 au 28 septembre 1961, sont jugés en même temps que le maréchal des logis Lionel Rault et le légionnaire Roland Picot qui ont déserté avec leur armement. Randiéri a beau jurer n'avoir avoué que sous la douleur ce dont on l'accuse et malgré les plaidoiries de MM$^{es}$ Tixier-Vignancour et Le Corroller qui présentent des certificats médicaux attestant qu'il a été torturé à l'électricité et roué de coups sur ordre du colonel Debrosse, il est condamné à six ans de réclusion criminelle.

Salan ignore tout autant le sort de Randiéri que la fuite des barbouzes dont la présence a un peu trop aimanté l'attention de ses chefs de secteur en les détournant de la menace, autrement plus sérieuse, de la *Mission C*. Il commence à accorder quelque intérêt aux contacts pris par Achard avec des émissaires du M.N.A. et du F.A.A.D. Après avoir reçu un rapport de Chateau-Jobert lui annonçant qu'il a, lui aussi, discuté avec des militants nationalistes opposés au F.L.N., il adresse en Suisse une lettre au cadi Belhadi qui, selon Achard, est pressé d'engager avec lui un dialogue constructif.

Ferrandi a terminé de rédiger les courriers destinés au cadi du F.A.A.D. et à Chateau-Jobert, lorsque Godard avertit Salan qu'une bombe atomique est en transit sur le port et qu'il serait relativement aisé de s'en emparer grâce à des complicités. Après avoir étudié les possibilités de récupérer l'engin qui ne présente aucun risque d'explosion, Salan n'autorise pas l'opération. Il préfère régler le problème des ratonnades qui ensanglantent les trottoirs d'Alger, ceux de Bab el-Oued surtout.

Chateau-Jobert, maintenant installé dans un immeuble neuf de Constantine, laissant toute latitude au lieutenant Alibert pour mener des actions citadines, est contraint, faute de moyens, de refuser les engagements isolés de jeunes officiers, comme le sous-lieutenant François-Xavier de Vivie, du 4$^e$ hussards, qui venait se mettre à ses ordres. Plaçant toujours ses espoirs dans des ralliements d'unités entières, il n'en finit pas de plaider la cause de l'Algérie française et il obtient des promesses de quelques officiers du 2$^e$ régiment étranger de Cavalerie, dont les escadrons sont stationnés à Biskra, Négrine, Sidi-Obka et Ferkane sous les ordres du lieutenant-colonel Baldini, un officier réputé pour son loyalisme. Envisageant déjà le renfort de cette unité d'élite créée en 1945 et dont la devise « Au danger mon plaisir » semble faite pour lui, Chateau-Jobert après ses premiers contacts a discuté de son ralliement avec le lieutenant-colonel Ducrest, le second de Baldini. Cet officier lui a assuré que, le moment venu, quelques officiers mettront leur chef de corps devant le fait accompli et que, s'il refusait de les suivre, ils se passeraient de son autorité. Chateau-Jobert estime que le ralliement du colonel Baldini, quand bien même serait-il forcé, influencerait la décision du colonel

Brothier qui, à Sidi Bel Abbes, tient toujours d'une main ferme l'ensemble de la Légion étrangère.

En métropole, où les dénégations de Sergent et Curutchet concernant l'attentat d'Issy-les-Moulineaux sont restées lettre morte, le général de Gaulle suit d'heure en heure l'évolution des discussions d'Evian. Ne doutant pas de leur issue malgré les difficultés dont Louis Joxe lui fait part, il adresse le 10 mars 1962 cette note à Michel Debré et au secrétaire d'Etat à l'Information, Christian de La Malène : « Après la proclamation du cessez-le-feu je parlerai brièvement à la radio et à la télévision. M. Joxe devra, ensuite, exposer l'essentiel des accords. Le Parlement sera aussitôt convoqué pour entendre mon message, les déclarations et explications du gouvernement et les interventions des orateurs. Il serait très fâcheux d'organiser à la radio pendant tout ce temps un défilé de "personnalités" pérorant sur le sujet. Les personnalités politiques se feront entendre au Parlement et, plus tard, à la radio pendant la campagne du référendum. D'ailleurs, les journaux ne manqueront pas de publier leurs déclarations. »

Parmi les « personnalités » que de Gaulle n'entend pas laisser « pérorer » figurent certainement celles qui, comme Antoine Pinay et quelques autres ténors de la IVe République ou futures vedettes des années à venir, ont un temps considéré l'O.A.S. comme un tremplin à leur retour ou à leur arrivée sur le devant de la scène. Effrayés par les attentats organisés par Canal, surtout par celui qui a blessé la petite Delphine Renard, à part Georges Bidault et André Regard, tous ceux qui figuraient sur la liste établie par Pierre Sergent en novembre 1961 ont d'ailleurs mis un terme à leurs relations avec l'organisation.

\*

— 63 —

# L'O.A.S. refuse le cessez-le-feu

A Alger, Salan n'approuve pas toujours les initiatives de l'O.A.S. métropolitaine dont il prend le plus souvent connaissance par les flashes de la radio ou la presse. En attendant de savoir si l'organisation est impliquée dans l'attentat d'Issy-les-Moulineaux, il regrette que le parti communiste soit la cible préférée des plastiqueurs. Pour lui, le P.C. n'est pas le seul mouvement à soutenir la politique algérienne imposée par de Gaulle à Michel Debré. Il aimerait donc que les partisans de l'Algérie française soient moins exclusifs dans le choix de leurs objectifs. En attendant de pouvoir imposer ses consignes en métropole, le Mandarin cherche également le moyen de freiner l'ardeur destructrice des militants algérois qui continuent à attaquer les Musulmans dans les quartiers populaires.

Le cadavre d'un agent du F.L.N. abattu par un *delta*, barbouillé des lettres O.A.S. tracées au goudron, est resté durant des heures pendu à Bab el-Oued. Craignant que cette terreur croissante, si ce n'est déjà fait, pousse la population musulmane entière dans le camp du F.L.N., Salan exige un rendez-vous avec Jean-Claude Pérez, qu'il considère comme un des seuls hommes capables d'empêcher ce genre d'exécution. Le 12 mars 1962, lorsqu'il revient de la brève rencontre organisée sous la protection de *deltas* fascinés par son apparition, il s'affirme convaincu qu'il a été compris et que Pérez saura tenir ses militants obsédés par le résultat des discussions d'Evian. Ferrandi et, surtout, Susini sont bien moins optimistes quant à la sincérité de Pérez qui, selon eux, a certainement déployé sa faconde et usé de son charme bonhomme pour endormir le général.

Le lendemain de cet entretien que Salan persiste, malgré les mises en garde, à estimer positif, Georges Bidault, soucieux de devancer les décisions d'Evian, annonce la constitution du Conseil national de la résistance française en Algérie, le C.N.R.F.A. Et de Gaulle, toujours aussi bien renseigné sur les activités de l'O.A.S., écrit à Michel Debré cette lettre : « Devant la multiplication des crimes d'inspiration activiste, j'ai souligné, à diverses reprises, la nécessité absolue d'assurer une répression exemplaire et rapide de ces exactions. Il a été décidé qu'à cette fin les auteurs des infractions les plus caractéristiques (chefs de commandos de "tueurs" ou de "plastiqueurs" appréhendés en Algérie et en métropole) seraient déférés au Tribunal militaire, institué par la décision du 3 mai 1961, dans le mois qui suit leur arrestation. L'application effective d'une telle disposition postule cependant que les moyens en personnel du Tribunal militaire soient considérablement renforcés et que les tribunaux civils, qui ont la charge de commencer les informations judiciaires, les soumettent, dans les moindres délais, au parquet de cette juridiction. Il est également indispensable que soit assurée, entre les organes qui concourent à la répression des menées subversives, une coordination plus étroite par le placement du Haut Tribunal militaire et du Tribunal militaire sous l'autorité du garde des Sceaux. Je vous demande de me rendre compte des mesures concrètes prises sur ces différents points, notamment de celles adoptées au sein du ministère de la Justice en vue du contrôle et du bon fonctionnement du Haut Tribunal militaire et du Tribunal militaire. »

Décidé à traiter avec une identique sévérité les hommes visés par de Gaulle et les autres fauteurs de troubles, qu'ils soient du F.L.N. ou qu'ils appartiennent à une police parallèle, le juge d'instruction Paul Caittucoli n'oublie pas les barbouzes réfugiées auprès du préfet d'Orléansville. Il possède en cette affaire un atout maître, puisque Jacqueline Arnal se fait forte d'identifier l'un d'eux, un nommé Veillard que ses compagnons, a-t-elle précisé, appelaient Pierrot à l'hôtel Radjah...

Avertis de leur côté de la menace judiciaire, les contractuels discutent du sort de Camille Petitjean avec Robert Gitz. Pour eux, il est clair que le prisonnier en sait désormais beaucoup trop sur eux pour être remis en liberté. Ils le condamnent donc à mort, l'emmènent dans le bled au matin du 15 mars et Vien l'abat de deux balles dans la tête.

Alors qu'elles auraient pu déposer le corps de l'ingénieur parmi les bouquets de palettes des cactus et d'aloès géants d'un thalweg désert où les chacals l'auraient très vite dévoré, les cinq barbouzes décident de le ramener dans le coffre de leur voiture, dans l'intention de l'utiliser pour impressionner l'O.A.S.

Il est 6 h 30 et il fait encore presque nuit lorsqu'un homme armé d'une mitraillette jaillit d'une 4 CV blanche qui vient de stopper entre Hussein-Dey et Maison-Carrée devant la station d'autobus Glacière. Tenant son arme à la hanche, il vide deux chargeurs de trente-deux cartouches sur une file de travailleurs musulmans, en tuant dix et en blessant une quinzaine.

Le tueur et le chauffeur de la petite Renault ne font pas partie des hommes contrôlés par le capitaine Montagnon qui, bien que guerrier sept fois cité au feu, est écœuré par les ratonnades et s'efforce de faire régner parmi ses déserteurs une stricte discipline interdisant les attentats racistes.

La tuerie d'Hussein-Dey provoque la colère des Musulmans. La troupe tire en l'air pour disperser la manifestation spontanée qui se formait à l'endroit des exécutions. Un peu plus tard, les forces de l'ordre interviennent encore pour dégager l'entrée du dépositoire de l'hôpital Mustapha, où les morts de l'aube ont été amenés.

A la même heure, des commandos de l'OA.S. assassinent à Oran le commissaire Jurandon et font sauter cinq charges dans les bureaux de Katz. D'autres lancent dix-huit attaques à main armée qui, ajoutées aux quatorze déjà commises la veille, prouvent que ni la police ni l'armée ne sont plus en état d'assurer la sécurité des biens.

Un milliard et demi d'anciens francs sont ainsi tombés dans les caisses de l'O.A.S. et Camille Petitjean est mort depuis trois heures lorsqu'une 403 noire et une 203 crème s'engagent au quartier de Ben Aknoun, à El-Biar, dans une longue allée bordée de palmiers courant entre un cantonnement militaire, la briqueterie Douïeb et le domaine administratif du Château-Royal abritant un ensemble de services de l'Education nationale, et l'école normale de jeune filles.

Les huit hommes armés serrés dans ces voitures se rendent à la direction des centres sociaux éducatifs créés en 1956 à l'initiative de Jacques Soustelle par Germaine Tillion afin d'accélérer la promotion sociale des

Musulmans. Ils ont l'intention d'abattre le haut-commissaire René Petitbon, l'interlocuteur de Jean Sarradet et Michel Leroy, qui, selon les renseignements fournis par le directeur d'une auberge de jeunesse dépendant de ses services, participe en ce moment à une réunion de cadres des centres sociaux.

Ses compagnons marchant vers leur objectif, un *delta* dispose un fusil-mitrailleur en protection à quelques mètres des voitures déjà placées capot vers la route et prêtes à filer. Un fonctionnaire venant s'inquiéter de leur intrusion, leur chef, un grand gaillard d'allure sportive dont les cheveux doivent visiblement à une teinture récente leur blondeur vénitienne, se prétend chargé d'effectuer un contrôle d'identité. Poussant le curieux devant lui, le *delta* pénètre avec un de ses compagnons dans le bâtiment administratif des centres sociaux, où travaillent une quinzaine d'employés.

Ayant arraché les fils du standard téléphonique, les deux faux policiers obligent le personnel à se regrouper dans un petit bureau pendant que, de l'autre côté de la cour, un autre *delta* entre dans la grande bâtisse abritant le bureau du directeur des centres sociaux, quelques bureaux et le logement de fonction de Mme Doumenc, la directrice de l'école normale de jeunes filles. Une femme de ménage lui ayant assuré que la personne qu'il réclame est absente, il s'en retourne vers les deux voitures.

Trois autres membres du commando font alors irruption dans le local en préfabriqué dans lequel l'inspecteur d'académie Maxime Marchand, souvent menacé de mort par l'O.A.S., a réuni dix-sept enseignants et responsables de centres sociaux venus de toute l'Algérie. Le chef du trio, un jeune homme blond parlant d'une voix très calme et portant des lunettes, ordonne aux fonctionnaires de se lever et de s'aligner dos au mur avec les mains sur la tête.

Un de ses compagnons s'étant assuré d'une palpation rapide que les prisonniers ne sont pas armés, l'homme aux lunettes leur annonce qu'ils n'ont rien à craindre, qu'il s'agira seulement d'enregistrer une bande destinée aux émissions de l'O.A.S. Sortant de la poche de son blouson une feuille de papier, il prévient que les hommes dont il lira les noms devront sortir du rang avec leur carte d'identité en main. Puis il les nomme en respectant l'ordre alphabétique de leurs patronymes :

— Aymard, Basset, Feraoun, Hammoutene, Marchand, Ould Aoudia, Petitbon.

Le haut-commissaire Petitbon étant absent, les six appelés se décollent du mur et remettent leurs papiers à un *delta*. Ils n'ont pas été choisis au hasard par l'organisateur de la rafle. L'inspecteur des centres sociaux Robert Aymard dirige le centre de rééducation de Tixerain. Marcel Basset est inspecteur de l'enseignement et chargé de la formation professionnelle en Algérie. Ali Hammoutene est inspecteur de l'enseignement primaire. L'écrivain kabyle Mouloud Feraoun est lui aussi inspecteur et chargé de l'enseignement en milieu rural. Quant à Salah Ould Aoudia, il est inspecteur des centres sociaux de la région d'Alger.

A l'invite des *deltas*, ces six hommes sortent de la salle de réunion. Lorsqu'ils passent devant l'entrée du bâtiment administratif, ils sont rejoints par les deux *deltas* qui ont enfermé les employés.

Au signal du chef de l'expédition, des rafales crépitent. Les six prisonniers s'écroulent au pied d'un mur crépi d'ocre pâle, presque jaune. L'intense mitraillage ne dure que quelques secondes. Dans une odeur de poudre brûlée, des coups de grâce éclatent tandis que les *deltas*, laissant derrière eux deux cent neuf douilles de 9 mm, regagnent les voitures dont les moteurs tournaient depuis le début des tirs. Tandis que le commando se défile en emportant les papiers de leurs victimes, les cadres des centres sociaux constatent le décès de cinq de leurs compagnons. Mouloud Feraoun, lui, est encore animé par un souffle de vie. Mais il est si gravement touché que les médecins de l'hôpital Mustapha constatent que tout est fini.

Les hommes qui ont participé au coup de main, furieux d'avoir manqué le haut-commissaire Petitbon que leurs chefs tiennent toujours pour responsable de la dérive séparatiste de Michel Leroy, sont toutefois intimement persuadés qu'ils ont éliminé six dangereux complices du F.L.N.

La veille de sa fin tragique, Mouloud Feraoun écrivait dans son journal : « A Alger, c'est la terreur. Les gens circulent tout de même et ceux qui doivent gagner leur vie ou simplement faire leurs commissions sont obligés de sortir sans trop savoir s'ils vont revenir ou tomber dans la rue. Nous en sommes tous là, les courageux et les lâches, au point que l'on se demande si tous ces qualificatifs existent vraiment ou si ce ne sont que des illusions sans véritable réalité. »

Un autre commando de l'O.A.S. lance peu après une attaque au mortier contre la partie militaire de l'aérodrome de Maison-Blanche, visant deux Nord-Atlas et un Super-Constellation dont un tract triomphaliste revendiquera dans quelques jours l'entière destruction.

La voix de Mouloud Feraoun, modérée entre toutes celles des nationalistes, s'étant tue, de nombreux Européens saluent comme un véritable exploit les exécutions du Château-Royal. Ceux-là se souviennent qu'en 1959 des cadres des centres sociaux avaient été convaincus d'aide au F.L.N. Leur directeur, M. Aguesse, ayant été rappelé en métropole, ces organismes avaient été épurés d'une manière radicale. Mais ces mesures, comme l'avait affirmé Argoud au procès des barricades, n'avaient pas empêché des agents du F.L.N. d'y revenir en force. Après l'accusation d'Argoud, le recteur d'académie d'Alger avait vivement protesté en affirmant dans un communiqué de presse qu'aucun agent contractuel des centres sociaux n'avait été recruté depuis le mois d'octobre 1959 sans avoir fait l'objet d'une enquête préalable.

L'O.A.S. algéroise exécute encore à 21 heures Mᵉ Guy Fraychinaud dans son bureau de la rue du Colonel-Colonna-d'Ornano, près du Palais de Justice. Ce quatorzième membre du barreau tombé sous les balles des *deltas* a certainement été condamné parce qu'il était l'avocat du *Journal d'Alger*.

La violence aveugle régnant dans les deux camps, trente et un Musulmans et dix Européens, dont Joseph Torrilec, un jeune gendarme breton assassiné d'une balle dans la nuque par un tueur du F.L.N. à Mostaganem, sont morts du fait des nationalistes algériens au cours de cette journée qui, à cause de la tuerie du Château-Royal, restera d'autant plus marquée d'une pierre noire pour l'O.A.S. que le capitaine Guy d'Ammonville a été arrêté au milieu de la matinée en bas du boulevard Gallieni, derrière le Palais d'Eté, exactement dans les mêmes conditions que son prédécesseur au commandement du secteur d'El-Biar.

Quoique de bonne qualité, la fausse carte d'identité provisoire que François Thadome avait lui-même trafiquée pour l'officier n'a pas résisté à la confrontation avec le fichier central de la Préfecture. Voyant que les gendarmes s'attardaient sur son cas, les quatre hommes qui suivaient le véhicule de leur chef conduit par un déserteur de son groupe d'Artillerie légère aéroportée ont tout de suite réalisé qu'il était pris. Faisant demi-tour avant d'avoir été repérés, ils ont filé donner l'alerte. Mais, le cloisonnement des secteurs et les opérations en cours ne leur ayant pas permis de toucher beaucoup de monde, utilisant à chaud un document saisi dans la voiture de Guy d'Ammonville, les gendarmes et les policiers de la *Mission C* ont investi à El-Biar la villa Saint-Raphaël, l'un des P.C. de la zone Alger-Sahel où se trouvait un seul parachutiste déserteur que d'Ammonville allait rejoindre lorsqu'il s'est fait prendre. Les documents récupérés dans cette maison ont conduit à l'arrestation de neuf chefs de groupe. François Thadome, ayant échappé à la rafle parce qu'il s'était comme d'habitude rendu à son bureau du boulevard Saint-Saëns, s'est souvenu que le chauffeur d'Ammonville possédait une vingtaine de clés ouvrant des maisons destinées à cacher des déserteurs et des clandestins. Il s'est empressé de faire enlever de ces repaires tout ce qui pouvait s'y trouver de compromettant.

Le secteur d'El-Biar et d'Alger-Sahel se retrouve une nouvelle fois sans chef. François Thadome, faisant des miracles d'intendance, devra donc s'occuper avec ses amis les frères Jousselin, dont l'un, Jean-Paul, est agent général de Chaffoteaux et Maury, d'une trentaine de clandestins râlant pour des riens, parce qu'ils sont à l'étroit dans une planque ou parce que, question de prix, il leur fait trop souvent manger du mouton.

Pendant que Guy d'Ammonville vole vers une prison parisienne à bord d'un avion affrété à sa seule intention, Curutchet lance à Paris une opération d'intoxication destinée à pallier le manque d'hommes qui, après de nouvelles arrestations, l'a empêché de réaliser le plan *Paso doble*. Dans l'espoir d'abuser les services de Roger Frey, il fait déposer dans une de ses boîtes aux lettres repérée par la police un ordre signé au nom du délégué général de l'O.A.S. et précisant que cette opération sera lancée sitôt le cessez-le-feu appliqué en Algérie. Contre toute attente, les autorités civiles et militaires se laissent prendre au jeu de Curutchet qui a écrit : « Notre lutte entre dans sa dernière phase. Conformément aux ordres reçus du général Salan, la proclamation du cessez-le-feu marquera une recrudescence des actions O.A.S. en métropole et en Algérie. Cette action ira crescendo. Tout chef de groupe doit participer à l'action commune, dans le cadre des objectifs précisés plus bas. Les méthodes de terrorisme aveugle doivent être définitivement rejetées au profit des actions ponctuelles. Décentralisation au maximum. Mais garder le contrôle des actions. Mission : créer un climat insurrectionnel en métropole et en Algérie en vue de paralyser le pouvoir. Plan *Paso doble*. Abattre systématiquement toutes les personnalités locales du P.C., du P.S.U., des organisations de l'U.N.R. Attaquer au P.M. et à l'explosif les sièges et permanences de ces organisations. Agir de même vis-à-vis des tortionnaires rapatriés d'Algérie et des barbouzes entrées en fonction. Créer un climat d'insécurité généralisée en répandant de fausses nouvelles, de fausses bombes, en mettant en garde les habitants ou les voisins des immeubles où habitent les membres du P.C. du P.S.U. et de l'U.N.R., lettres de menaces, coups de téléphone anonymes etc. »

A la lecture de ce texte volontairement outré, les autorités mettent Paris sur le pied de guerre. Dans la nuit du 15 au 16 mars les policiers procèdent à 68 407 vérifications d'identité et contrôlent 30 513 véhicules. Le général commandant la I<sup>re</sup> région militaire déploie un important dispositif de sécurité baptisé *Armada blanche*. Consignée jusqu'à nouvel ordre, la troupe met en batterie des mitrailleuses lourdes sur les toitures de quelques édifices publics et reçoit l'ordre de se préparer à repousser dans ses casernes l'attaque imminente des commandos de l'O.A.S.

Tandis que des policiers, poursuivant leurs enquêtes sur les réseaux bretons de l'O.A.S., viennent d'arrêter encore à Rezé-lès-Nantes M. Patuel, à Vuc, l'épouse de M. Jean, un pharmacien déjà sous les verrous, et à Dinard Frédéric Paillard, Yves Gignac, jusque-là gardé rue des Saussaies, rejoint la Santé après s'être entendu notifier les chefs d'accusation de complot contre l'autorité de l'Etat et de complicité de contrefaçon de cartes d'identité.

Un autre magistrat parisien fait le même jour enfermer André Rougier, un transporteur routier proche de Marcel Bouyer, et le capitaine Paul Argouach, qui ont été arrêtés à Angoulême.

A Alger, bien que dans l'entourage de Salan on s'accorde à reconnaître que les fonctionnaires et les éducateurs des centres sociaux sont trop nombreux à être favorables au F.L.N. ou à tout le moins peu portés à défendre l'Algérie française, on a très mal pris l'attentat du Château-Royal, qui ne pourra avoir que des retombées néfastes pour l'organisation.

Un rescapé de la tuerie l'ayant désigné sur un jeu de photos, les policiers de la *Mission C*, bien que le témoin ait souligné qu'il était blond au Château-Royal alors qu'il a les cheveux foncés sur les clichés qu'il a examinés, sont à tort persuadés que Degueldre a lui-même dirigé l'expédition de Ben Aknoun.

Les *deltas*, toujours si peu soucieux de l'opinion publique, engagent une action plus guerrière en attaquant au bazooka les derniers bureaux de la Délégation générale encore en service dans l'ancien immeuble du G.G.

Tandis que les Musulmans se calfeutrent dans leurs quartiers dans la crainte des ratonnades aveugles, afin d'enrayer la vague de départs amorcée à l'approche du dénouement des entretiens d'Evian, l'O.A.S. tente d'interdire la vente de billets de bateau et d'avion sans une autorisation délivrée par ses chefs de secteur.

Si les *deltas* et les *alphas* d'Alger opèrent le plus souvent en civil, les Oranais des *collines* agissent presque toujours en uniforme. Ne se contentant pas de frapper au hasard la population musulmane et d'assassiner des Européens convaincus d'allégeance au gouvernement, ils tendent en ville des embuscades aux patrouilles de l'armée. Le 16 mars 1962, ils lancent un nouveau défi à Katz en occupant durant quelques heures des bureaux dans la plupart des administrations civiles. Ils achèvent aussi dans une clinique Mohamed Larbaoui, un officier de police judiciaire blessé la veille et, à quatre kilomètres d'Oran, ils arrêtent sur la départementale 32 un fourgon cellulaire et tuent les trois membres du F.L.N. qu'il menait au centre d'internement d'Arcole.

Devant cette activité croissante de l'O.A.S., le général Katz remanie sans cesse son dispositif de répression. Ne leur cachant pas qu'il craint que l'organisation provoque l'affrontement général de leurs unités avec la population européenne, il a rencontré tous les officiers supérieurs de son secteur. Après leur avoir annoncé que les actions de l'O.A.S., comme d'ailleurs celles du F.L.N. a-t-il précisé, même si elles devaient être toutes aussi dures que l'attaque qui, le 2 mars, a coûté la vie à deux soldats et en a blessé sept autres au cours d'une patrouille de routine, devaient être impitoyablement réprimées, il s'est engagé à obéir jusqu'au bout et quoi qu'il en coûte aux ordres de Paris. Afin de les dissuader d'adopter une attitude de prudence entre sa rigueur et le laxisme de son prédécesseur, il leur a proposé de lui obéir sans états d'âme, de lui remettre une demande de mutation en métropole s'ils ne se sentaient pas capables, ou de rallier l'O.A.S.

Ce langage clair a été entendu. Si aucun responsable du maintien de l'ordre n'a rejoint Jouhaud, quelques-uns d'entre eux ont toutefois demandé leur rapatriement et Katz leur a assuré que ce choix ne compromettrait pas leur carrière.

Afin que l'O.A.S. ne fasse plus la loi dans les locaux du Château-Neuf ravagés la veille encore par des charges d'explosifs, Katz, qui avait déjà éloigné de ses services et de ceux de Cantarel les officiers et les sous-officiers pieds-noirs, fait cette fois affecter ailleurs les simples soldats français natifs d'Afrique du Nord et renvoyer sans préavis la totalité du personnel civil. Dans le souci de faire un exemple, il a fait limoger le commandant d'une compagnie républicaine de sécurité, sous le prétexte que celui-ci, alors qu'il passait avec ses hommes dans l'avenue Jules-Ferry, n'avait pas empêché un groupe de l'O.A.S. de poursuivre une poignée de provocateurs du F.L.N. qui ont été abattus dans la cour d'un entrepôt où ils s'étaient repliés en entraînant quelques passants en bouclier humain.

L'O.A.S. oranaise ne lève pas le pied le 17 mars 1962. Après des escarmouches avec des patrouilles de blindés, quelques hommes de *Colline 3* s'emparent de la Mairie de moins en moins fréquentée par son député-maire Henri Fouques-Duparc et d'où, paralysées par la crainte d'abattre des employés municipaux, les forces de l'ordre ne font rien pour les déloger.

Un peu après cette action symbolique, des hommes en tenues camouflées et bérets rouges se présentent au dépôt du Service régional du matériel de l'armée de Terre. Leur chef, après avoir obtenu l'accès au camp grâce au mot de passe du jour que lui a transmis un gradé sympathisant, présente au sous-officier de service les documents nécessaires à la prise en charge de quatre camions chargés d'armes collectives et individuelles qui doivent être embarqués à bord d'un cargo en partance pour la métropole.

Le chef des faux parachutistes n'attendant pas qu'on aille chercher dans une armurerie les percuteurs des armes individuelles qui ont été retirés par mesure de sécurité, les quatre camions sortent du dépôt avec le lieutenant Roland, un Pied-noir qui a décidé de rallier l'O.A.S.

Les commandos de *Colline 3*, sans tirer un coup de feu, viennent de s'emparer d'un arsenal de 83 mitrailleuses lourdes, 209 lance-roquettes et 2 872 fusils. Même s'il faudra attendre pour les utiliser que des artisans bricolent les percuteurs qui les rendront opérationnelles, ces armes représentent une terrible menace pour les forces de l'ordre. Au soir de cette pénible journée pour Katz qui a pris l'impopulaire décision d'instaurer le couvre-feu à partir du 18 mars à 20 heures, Salan préside pour la première fois à Alger une réunion des responsables des trois régions O.A.S. en Algérie.

Réclamant que Gardy, Gardes et Godard, pour Alger et les représentants de Jouhaud et Chateau-Jobert pour Oran et Constantine lui présentent un état précis des effectifs qu'il pourra engager dans les maquis évoqués dans sa directive n° 29, Godard lui assène des chiffres qui sont bien loin de correspondre à la réalité, puisque toujours basés sur les anciens rôles de mobilisation des unités territoriales. Le général Gardy, lui, ne cache pas que la situation est loin d'être aussi florissante que prévu. A Oran, ainsi que l'affirme le représentant de cette ville, si Jouhaud ne parvient toujours pas à brider les ardeurs des bandes de jeunes gens armés qui organisent des ratonnades en représailles du moindre incident provoqué par le F.L.N., les *collines* sont désormais bien structurées. Quant à l'émissaire de Constantine, il laisse entendre que Chateau-Jobert sera bientôt en mesure de jeter des unités entières dans la bataille.

Après avoir écouté ces rapports optimistes, le Mandarin, qui n'est pas dupe, décide que les responsables de région devront consacrer désormais tous leurs efforts à la création de zones insurrectionnelles. Il réclame que les Musulmans, particulièrement ceux du M.N.A., soient associés à ces opérations.

Bien que d'accord avec cette proposition, Gardy fait remarquer que les attaques journalières qui visent à Alger la population musulmane ne faciliteront pas le rapprochement. Condamnant alors une fois de plus les ratonnades, Salan avoue avec regret que son entretien avec Jean-Claude Pérez n'a pas eu le résultat espéré.

Les participants à la réunion se séparent après avoir une dernière fois évoqué la conclusion imminente des entretiens d'Evian qui donneront le signal de l'action. Une fois rentré chez lui avec Ferrandi, Salan est furieux d'apprendre que les *deltas* et les *alphas* ont encore assassiné au cours de la matinée cinq Musulmans et en ont blessés trois autres, tous préparateurs en pharmacie et accusés d'avoir fourni des médicaments aux maquis de l'A.L.N. et aux cellules urbaines du F.L.N.

Une des équipes de jeunes gens qui ont mené cette chasse aux pharmaciens musulmans s'en est prise à un Européen qui tentait de protéger son employé. Cet homme, M. Michel, dont le fils, Christian, deviendra un célèbre clarinettiste de variétés, n'avait pourtant jamais caché ses convictions Algérie française et sa mort jette le trouble parmi les associations d'anciens combattants dont il était un membre éminent.

Au soir de ces exécutions, l'O.A.S. revendique au cours d'une émission pirate la mort de quelques « traîtres à l'Algérie française » et annonce l'intensification de la lutte contre « le gouvernement et ses sbires » qui, dans le but de sauver l'Algérie française, réclamera les sacrifices de toute la population.

S'enhardissant à narguer encore leurs ennemis, les barbouzes sortent de leur refuge d'Orléansville pour venir déposer dans une rue d'Alger le corps de Camille Petitjean enveloppé dans une couverture kaki de l'armée. Après cette provocation inutile, la plupart de leurs compagnons ayant été ensevelis à la sauvette au cimetière de Santeny, en Seine-et-Oise, ou, comme Mario Lobianco, dans celui de Champigny sous une gerbe dont l'inscription affirmait qu'ils sont « Morts pour la République et le gaullisme », les barbouzes ont quitté l'Algérie lorsque, le dimanche 18 mars 1962, les parlementaires d'Evian arrivent enfin à un accord. Cette conclusion survient après des atermoiements des Algériens qui ont souvent irrité le général de Gaulle qui, avec une ironie féroce, appelait en privé Louis Joxe et ses négociateurs « mes lâchards ».

Un cessez-le-feu devant entrer en vigueur le lundi 19 mars 1962 à 12 heures, Salan, plus grave qu'il ne l'a jamais été, proclame au cours d'une émission pirate :

— Je donne l'ordre à nos combattants de harceler toutes les positions ennemies dans les grandes villes d'Algérie. Je donne l'ordre à nos camarades des forces armées, musulmans et européens, de nous rejoindre dans l'intérêt de ce pays qu'il leur appartiendra de rendre immédiatement à la seule souveraineté légitime : celle de la France. Enfin, c'est toute l'armée secrète qui s'adresse au peuple de France, auquel nous jurons la sauvegarde de ses libertés et la défense des richesses nécessaires à l'accomplissement de son destin. Une fois l'Algérie libérée, c'est sa volonté que nous suivrons et, soyez-en sûrs, elle ne nous décevra pas.

De son côté, le général de Gaulle, comme il l'avait prévu dans sa note du 10 mars, et apparemment soulagé puisque, en novembre 1961 il avait avoué à Alain Peyrefitte : « L'Algérie, ça nous gangrène ! Ça gangrène notre jeunesse ! Mieux vaut s'en aller la tête haute que de rester au prix du sang », annonce à l'Elysée devant les micros et les caméras de la R.T.F. :

— La conclusion du cessez-le-feu en Algérie, les dispositions adoptées pour que les populations y choisissent leur destin, la perspective qui s'ouvre sur l'avènement d'une Algérie indépendante coopérant étroitement avec nous, satisfait la raison de la France.

Après avoir évoqué les motifs pour lesquels il faut, selon lui, se réjouir de la signature des accords, le président de la République affirme :

— Si la solution du bon sens, poursuivie ici sans relâche depuis tantôt quatre années, a fini par l'emporter sur la frénésie des uns, l'aveuglement des autres, les agitations de beaucoup, cela est dû, d'abord à la République, qui a su réformer et pratiquer ses institutions de telle sorte que la stabilité des pouvoirs, l'autorité de l'Etat, la continuité des desseins, remplacent maintenant les crises, les abandons, l'impuissance, où naguère elle se débattait.

Chef suprême des Armées, de Gaulle n'oublie pas ses troupes :

— Cela est dû, ensuite, ajoute-t-il à leur intention, à notre armée qui, par son action courageuse, au prix de pertes glorieuses et de beaucoup de méritoires efforts, s'est assuré la maîtrise du terrain dans chaque région et aux frontières, qui a établi avec les populations des contacts humains et amicaux, si longtemps et fâcheusement négligés, et qui, malgré la nostalgie éprouvée par nombre de ses cadres, les tentatives de subversion perpétrées par quelques chefs dévoyés, les sollicitations d'aventuriers criminels, est restée ferme dans le devoir.

Des cris de haine s'évadent en Algérie de nombreux appartements habités par des Européens qui ont écouté ce discours avec les larmes aux yeux. Et d'autres encore lorsque, plus prolixe que le général de Gaulle, Jean Morin triomphe à Rocher-Noir :

— La politique de la France, telle qu'elle a été définie le 16 septembre 1959 par le chef de l'Etat, telle qu'elle a été adoptée par le pays tout entier par le référendum du 8 janvier 1961, va trouver son application.

Il est partout copieusement hué lorsque, s'adressant aux « habitants de l'Algérie », il poursuit :

— En ces heures décisives qui vous apparaissent à la fois riches de promesses et lourdes d'inquiétudes, en ces heures où vous êtes partagés entre la peur des lendemains et les espérances qu'ils portent en eux, je veux vous communiquer ma conviction que tout est possible, que tout vous est offert pour construire une Algérie prospère et harmonieuse, qu'il suffit, mais qu'il faut que vous le vouliez tous ensemble et alors tout sera réalisé ; c'est-à-dire la vie individuelle de tous les jours, c'est-à-dire la coexistence des communautés, c'est-à-dire l'avenir de l'Algérie. C'est à vous que je m'adresse d'abord, Français d'Algérie. Je vous dis : la décision, qui n'est pas celle de votre cœur, n'en est pas moins celle de la raison. Je vous dis : la solution qui est proposée n'est pas celle de votre rêve, mais elle est celle de la réalité de demain. En vous-mêmes, en ce moment, vous ne me contredirez pas, vous pensez qu'elle aurait pu être seulement celle d'après-demain.

Un peu plus loin dans le faire-part de décès de l'Algérie française, le représentant du gouvernement, sans doute sincèrement persuadé que les accords d'Evian seront respectés, fait appel à la lucidité des auditeurs de souche européenne :

— Vous sentez bien, au fond de vous-mêmes, que la décolonisation est le fait général, irréversible, de l'époque moderne. Vous sentez bien que la souveraineté française ne peut indéfiniment être maintenue sur neuf millions de musulmans, dont la grande majorité a été touchée par le ferment nationaliste.

Après avoir expliqué que les Européens pourront, s'ils le désirent, continuer à vivre dans leur pays avec un statut de résident étranger ou sous la nationalité algérienne et que, dans les deux cas, ils resteront à jamais des Français en droit, et leurs enfants aussi, le délégué général promet que l'armée ne quittera pas l'Algérie durant les trois ans de probation et qu'elle garantira tous les droits de propriété. Puis il s'écrie :

— Français d'Algérie, dominez vos regrets et votre inquiétude ; ne suivez pas les égarés et les criminels qui, sans tenir compte des réalités, sans tenir compte du monde qui est le nôtre, sans tenir compte de la raison, voudraient vous entraîner dans une résistance désespérée qui ne peut que vous conduire à la catastrophe.

Puis c'est aux Musulmans que Jean Morin s'adresse. Sans aller aussi loin que le général de Gaulle qui a avancé au cours de son intervention : « Qui sait même si la lutte qui se termine et le sacrifice des morts tombés des deux côtés n'auront pas, en définitive, aidé les deux peuples à mieux comprendre qu'ils sont faits, non pour se combattre, mais pour marcher fraternellement ensemble sur la route de la civilisation ? », il termine en appelant de ses vœux une « Algérie nouvelle, libre, prospère, harmonieuse, qui trouvera dans son indépendance les sources de sa fierté ; dans la coopération avec la France, l'exaltation de ses souvenirs et les raisons de ses espérances ».

Nulle part dans son discours Jean Morin n'a souligné qu'en dehors de l'accord de cessez-le-feu fixant l'arrêt des combats au lundi 19 mars 1962 à 12 heures, des déclarations de garanties concernant la sécurité en Algérie, de la Déclaration générale traitant de l'organisation des pouvoirs publics pendant la période transitoire et des conséquences de l'autodétermination, tous les autres volets des accords d'Evian ne sont, en fait, que des « déclarations de principes ».

Et en aucun cas, ni de Gaulle ni Morin n'ont évoqué la possibilité que les Algériens pourraient en dernier ressort s'autodéterminer à rester français. S'ils n'ont pas songé à le faire, c'est qu'il est stipulé dans la Déclaration générale des accords d'Evian que l'O.A.S. refuse en son entièreté : « Le peuple français a, par le référendum du 8 janvier 1961, reconnu aux Algériens le droit de choisir, par voie d'une consultation au suffrage direct et universel, leur destin politique par rapport à la République française. Les pourparlers qui ont eu lieu à Evian du 7 mars au 18 mars 1962 entre le gouvernement de la République et le F.L.N. ont abouti à la conclusion suivante. Un cessez-le-feu est conclu. Il sera mis fin aux opérations militaires et à la lutte armée sur l'ensemble du territoire algérien le 19 mars 1962, à 12 heures. Les garanties relatives à la mise en œuvre de l'autodétermination et l'organisation des pouvoirs publics en Algérie pendant la période transitoire ont été définies d'un commun accord. La formation, à l'issue de l'autodétermination, d'un Etat indépendant et souverain paraissant conforme aux réalités algériennes et, dans ces conditions, la coopération de la France et de l'Algérie répondant aux intérêts des deux pays, le gouvernement français estime avec le F.L.N. que la solution de l'indépendance de l'Algérie en coopération avec la France est celle qui correspond à cette situation. Le gouvernement et le F.L.N. ont donc défini d'un commun accord cette solution dans des déclarations qui seront soumises à l'approbation des électeurs lors du scrutin d'autodétermination. »

Le F.L.N. qui, le 1er novembre 1954, ne comptait que quelques centaines de militants en Algérie a donc gagné sa guerre. Les chefs de l'O.A.S. et leurs rares alliés du M.N.A. n'entendent cependant pas leur livrer l'Algérie sans combattre encore. Bien décidés à passer à la phase insurrectionnelle de leur résistance, ils ne reconnaissent à l'avance aucune valeur au scrutin d'autodétermination qui doit être organisé dans un délai ne dépassant pas six mois.

Ressentant une humiliation extrême, Salan, alerté par plusieurs interventions policières lancées dans les parages de son refuge du boulevard du Télemly, décide d'aller s'installer avec son épouse et sa fille rue Desfontaines, dans un appartement situé au cinquième étage de l'immeuble où vit le capitaine Ferrandi.

Le sort de l'Algérie française, pour le gouvernement et le F.L.N. du moins, étant tranché, de Gaulle a accepté que Pierre Guillaumat, maintenant ministre délégué ayant en charge la Fonction publique auprès du Premier ministre, et Lucien Paye, ministre de l'Education nationale, se rendent à Alger afin d'assister aux obsèques des victimes du Château-Royal.

Alors qu'un important dispositif militaire barre à Maison-Carrée les approches du cimetière d'El-Alia, Lucien Paye fustige l'O.A.S. en s'écriant devant les six cercueils drapés de noir et supportant une gerbe de fleurs rouges :

— Qu'un tel crime puisse avoir été inspiré, décidé et commis par des hommes qui se réclament de la France nous eût semblé naguère impossible. Ses auteurs se sont mis au ban de la conscience humaine. Le châtiment doit suivre un forfait qui s'ajoute à cette longue suite d'attentats et de meurtres qui, depuis sept années, font de cette terre martyre un des hauts lieux de la souffrance humaine.

Il fait ensuite une dernière fois l'appel des six victimes des *deltas* et termine son discours par ces mots :

— La France flétrit vos meurtriers et vous adresse un suprême et douloureux adieu.

L'écrivain pied-noir Jules Roy, se séparant ainsi à jamais de ses compatriotes hostiles à l'indépendance, déclare quant à lui : « Nous ne sommes pas sortis du ventre de la même mère ! » Et ceux qu'il renie avec tant de force n'oublieront jamais cet anathème. En l'an 2000, après sa mort, on pourra lire dans le « Cahier rose » du bulletin de l'A.D.I.M.A.D. Sud, (Association amicale pour la défense des intérêts moraux et matériels des anciens détenus et exilés politiques de l'Algérie française) : « L'écrivain Jules Roy nous a enfin quittés le 14 juin 2000 après une vie consacrée à nous salir. Ce Pied-noir de naissance adultérine a vidé tous ses complexes dans la haine qu'il a vouée à ses compatriotes et qu'il a exprimée dans ses écrits, jusque dans une minable série de romans de gare, reprise à grand fracas par la télévision. Il appartenait à la race d'intellectuels la plus méprisable, celle qui a bâti sa carrière littéraire sur la trahison et la calomnie, toujours dans le conformisme le plus politiquement correct. »

Rentrant à Paris, le ministre de l'Education nationale a ordonné qu'un texte soit lu le 19 mars 1962 en mémoire des assassinés d'El-Biar dans tous les établissements scolaires d'Algérie et de métropole, et qu'une minute de silence y soit observée. Cet hommage national a été très mal accueilli par des centaines de milliers de Pieds-noirs qui, amers, regrettent que, depuis Guy Monnerot, l'instituteur tué au premier jour de la rébellion dans les gorges de Tighanimine sur la route de Batna à Biskra, les enseignants assassinés par le F.L.N. en Algérie n'aient jamais eu droit à pareil hommage. Et tout autant par une soixantaine d'étudiants des classes préparatoires aux grandes écoles militaires qui, ayant refusé de s'y associer, sont exclus sans appel de leurs établissements parisiens. Ce qui les incite à rejoindre l'O.A.S.

\*

— 64 —

# Oran, ville O.A.S. !

A l'heure où, le lundi 19 mars 1962, les troupes mettent partout l'arme au pied en Algérie après quatre-vingt-huit mois de guerre, l'O.A.S. décrète une grève générale de vingt-quatre heures. Des tracts circulent dans Alger précisant que le cessez-le-feu ne peut être considéré par les partisans de l'Algérie française comme la garantie d'un retour à la paix, mais comme le signal de nouveaux combats menés par l'O.A.S. Et d'autres annoncent à Oran que la « résistance réelle » commencera à l'issue de la grève et ordonnent à la population de se préparer à suivre à la lettre les consignes de Jouhaud. Quant au général Ailleret, il adresse ce communiqué à toutes ses unités :

« Le cessez-le-feu qui vient d'intervenir met fin à plus de sept années de combats au cours desquels notre armée avait la mission de s'opposer aux actes de force d'un adversaire souvent exalté mais toujours courageux. Elle a combattu les bandes rebelles armées des djebels. Elle les a réduites à des petits groupes acculés à la défensive. Elle a tenu à distance les forces rebelles de l'extérieur. Elle a étouffé la menace d'une guérilla généralisée. Ainsi ont été assurées les conditions militaires nécessaires à la solution d'un très grave problème politique. La mission est donc remplie. L'armée peut donc être fière des succès remportés par ses armes, de la vaillance et du sens du devoir déployés par ses soldats, réguliers et supplétifs, de son œuvre d'aide aux populations si durement éprouvées par les événements. Son rôle, ici, n'est pas terminé. Elle doit, par sa présence et, si cela est nécessaire par son action, contribuer à empêcher que le désordre l'emporte quels que soient ceux qui tenteraient de le déchaîner à nouveau. Aujourd'hui, comme hier, dans la paix comme dans la guerre, l'armée française reste fidèle à la tradition du devoir. »

En rédigeant cet ordre du jour, le général Ailleret n'ignore pas que le désordre qu'il évoque s'est installé à Oran, où l'O.A.S. n'a pas attendu les consignes de Salan pour ouvrir le feu sur les forces de l'ordre. Les hommes de *Colline 3* tiennent maintenant le cœur de la ville dont Katz a fait condamner les accès par des barrages de barbelés et auquel on ne peut plus accéder ou sortir que par trois étroits goulets de contrôle. Le premier de ces barrages franchissables après d'interminables fouilles et contrôles est établi au sud-ouest de la ville, à la naissance de la Nationale 2 menant à Aïn-Temouchent, Tlemcen et Oujda. Le deuxième barre au sud la N 4 en direction de l'aéroport de la Sénia, Sainte-Barbe-du-Tlelat et Sidi Bel Abbes. Et le troisième filtre au compte-gouttes sur la N 11 la circulation en direction d'Arzew et Mostaganem.

Katz s'efforçant ainsi d'étrangler Oran, tous les journaux parisiens ont reçu un communiqué de l'O.A.S. faisant état du Conseil national de la résistance française en Algérie, le C.N.R.F.A. créé le 13 mars par Georges Bidault. Ce message annonce que cet organisme a déchu le président de la République et chargé le général Salan de « restaurer par tous moyens la souveraineté du peuple français dans les termes où la définit la Constitution dernière qu'il s'est donnée le 4 octobre 1958 ».

Dès le lendemain, Salan émet cette ordonnance :

« Le général d'armée Raoul Salan, agissant en vertu du mandat à lui délivré le 13 mars 1962 par le Conseil national de la résistance en Algérie (C.N.R.F.A.), considérant que la Constitution du 5 octobre 1958 est violée et l'exercice de la souveraineté du peuple français tombée aux mains d'une coterie d'individus, ordonne :

« *Article 1er* : Il est institué un pouvoir central provisoire qui prend le nom de *Commission de gouvernement et de défense nationale* (C.G.D.N.) et est présidé par le général d'armée Raoul Salan.

« *Article 2* : La C.G.D.N. assume l'exercice de la souveraineté nationale dans tous les territoires français libérés de l'autorité de fait.

« *Article 3* : La C.G.D.N. dirige en tous lieux et sous toutes ses formes la lutte contre la rébellion.

« *Article 4* : La C.G.D.N. conclut les traités et accords avec les puissances étrangères. Son président accrédite les représentations diplomatiques auprès des puissances étrangères, les représentants étrangers sont accrédités auprès de lui.

« *Article 5* : La C.G.D.N. exercera ses fonctions jusqu'à la date où la Constitution du 5 octobre 1958 sera rétablie sur l'intégralité du territoire français et où un gouvernement provisoire sera formé auquel elle remettra ses pouvoirs.

« *Article 6* : Des décrets détermineront l'organisation et le fonctionnement de la C.G.D.N.

« *Article 7* : La présente ordonnance sera exécutée comme loi. »

Après cette proclamation, il s'agit pour l'O.A.S. de procéder à l'appel des unités dont les officiers se sont déclarés prêts à prendre le maquis.

Mais les choses ne sont plus aussi claires que lors des discussions préliminaires. Si à Alger le « soviet des capitaines » se prépare déjà à gagner le maquis, dans le Constantinois où Chateau-Jobert semblait pourtant avoir bien monté son affaire avec les civils qui, mis à part quelques proches de Susini, ont accepté de se mettre à ses ordres, la constitution des maquis ne semble pas en très bonne voie. Loin s'en faut puisque, après une intervention personnelle du général Paul Ducournau qui commande maintenant le corps d'armée de Constantine, le premier petit maquis constitué près de Philippeville, dans la presqu'île de Collo couverte de chênes-lièges, s'est rendu sans avoir osé ouvrir le feu sur les troupes qui l'encerclaient.

« Conan » a pourtant tout tenté pour faire de sa région un bastion de résistance. Désespérant de trouver sur place les hommes pour former une milice d'autodéfense comparable à celle qui protège le quartier juif d'Oran, soucieux de la sécurité de la communauté israélite de Constantine qui vit dans la crainte d'une réédition du pogrom que les plus anciens ont vécu en août 1934, il s'est adressé à l'ambassade d'Israël à Paris afin d'obtenir le renfort de quelques volontaires israéliens. Mais ses efforts de ce côté-là sont restés vains. Comme la lettre qu'il a écrite le 6 mars au général Ducournau, qu'il avait connu farouche défenseur de l'Algérie française et qu'il ne désespérait pas de convaincre de marcher sur Alger avec tous ses régiments.

Tout juste avant le cessez-le-feu, Chateau-Jobert, rendu méconnaissable grâce au grimage que Guita Cauvy, une coiffeuse de Constantine, lui a appris à s'appliquer lui-même, changeant souvent d'identité et de déguisement, a parcouru le Constantinois afin d'y activer les sentiments antigouvernementaux de nombreux officiers. Au retour de cette tournée, il a reçu un émissaire de Susini qui, s'exprimant au nom de l'O.R.O., plutôt que de l'encourager à débaucher des unités constituées, lui a laissé entendre que Salan serait désormais plus favorable à une campagne d'attentats terroristes.

Le Parlement ayant été convoqué au Palais Bourbon afin de débattre de l'Algérie, les élus d'Afrique du Nord décident de ne pas participer à ses travaux. Ils chargent leur président, Pierre Portolano, d'expliquer à Jacques Chaban-Delmas, président de l'Assemblée nationale, et à leurs collègues les raisons de leur attitude.

— Ces députés, élus pour assurer la promotion juste et humaine de l'Algérie dans le cadre de la République française, conformément aux promesses les plus solennelles grâce auxquelles la V$^e$ République a vu le jour, expose donc le député de Bône, dénoncent la violation de la parole donnée et des droits imprescriptibles qui sont à la base de notre civilisation. Ils constatent qu'une fois de plus les droits du Parlement sont bafoués. L'Assemblée a été convoquée avec une hâte insolite et beaucoup de nos collègues d'Algérie n'ont pu nous rejoindre encore. Au surplus, poursuit-il, indifférent au tumulte provoqué par les élus de gauche, le texte des accords sur le cessez-le-feu n'a été rendu public qu'aujourd'hui, alors que le C.N.R.A. a eu tout loisir pour en délibérer en temps utile. Or, selon les engagements pris par le Premier ministre le 13 octobre 1959, le Parlement devait se prononcer sur les modalités de l'autodétermination et sur les règles de l'amnistie. Nous constatons aujourd'hui qu'il n'en est rien ! Les élus algériens ont été tenus à l'écart des négociations, alors qu'il est conforme à la logique démocratique du monde libre que seuls les élus puissent servir de partenaires valables dans des négociations politiques. Nous nous trouvons devant un fait accompli ! Les négociations auxquelles on nous a conviés n'étaient qu'un simulacre. Aucune de nos suggestions n'a été retenue. En revanche, on a cédé à toutes les exigences de l'adversaire. Ce débat n'est donc qu'une parodie ! Le gouvernement accorde aux rebelles ce qu'il refuse aux Français. Il a discuté avec eux de l'avenir de l'Algérie. Le Premier ministre avait pourtant dit ceci : « Il n'y aura pas, il ne peut pas y avoir de négociations politiques. » Et la présidence de la République l'avait confirmé.

Haussant le ton, l'élu bônois s'emporte :

— Les négociations ont eu lieu. Et quelles négociations ! Le gouvernement français ne reconnaît pas le G.P.R.A., mais il a accepté de discuter avec lui ! Il l'a ainsi campé aux yeux du monde comme son interlocuteur exclusif. En fait, nous savons bien que tout ce qui dans les accords traite de l'avenir de l'Algérie pourra être remis en cause. Les garanties accordées aux Européens sont donc un leurre pur et simple. Au moment où la presse et la radio nous révèlent les divergences sur des points de principe comme le sort de l'armée française, les modalités de l'autodétermination, aucune illusion n'est permise. Le silence des accords en ce qui concerne l'avenir de nos frères musulmans qui se sont engagés avec la France est particulièrement angoissant. Il risque demain de concentrer sur eux toutes les haines et nous devons nous élever avec force contre ce crime. Quant aux Européens, on leur accorde un délai de trois ans pour choisir leur nationalité. Ils ne pourront donc pas rester français sur la terre algérienne comme c'était leur vœu le plus cher. Si le gouvernement a essayé de négocier sur ce point, il a totalement échoué. Enfin, les accords conclus vont sans aucun doute à l'indépendance de l'Algérie. Et Ben Khedda a affirmé clairement son intention de transformer l'Algérie en une démocratie populaire avec parti unique et de la retirer du Pacte atlantique. Ainsi, pour la première fois, un gouvernement occidental solidaire du monde libre renonce à garantir la liberté des citoyens et les droits de l'homme. Et c'est vous, s'écrie-t-il, Michel Debré, qui présidez ce gouvernement, vous qui naguère qualifiez la sécession comme la négation des droits fondamentaux. Rappelez-vous vos paroles : « Que les Algériens sachent que l'abandon de l'Algérie est un acte illégitime et qu'il met ceux qui le commettent ou qui s'en rendent complices hors la loi et ceux qui s'y opposent, quels que soient les moyens employés, en état de légitime défense. »

Et le porte-parole des élus d'Algérie, bravant les huées montant des travées occupées par les députés de gauche et sans se soucier de la mine contrite de certains élus de l'U.N.R., s'écrie :

— Nous, députés d'Algérie, nous nous référons à la déclaration des députés d'Alsace-Lorraine en 1871 : « Une assemblée, même élue au suffrage universel, ne pourrait invoquer sa souveraineté pour ratifier des exigences destructrices de l'intégrité nationale. Elle s'arrogerait un droit qui n'appartient pas même au peuple réuni dans ses comices. Un pareil excès de pouvoir qui aurait pour effet de mutiler la mère commune dénoncerait à la sévérité de l'Histoire ceux qui s'en rendraient coupables. La France peut subir les coups de la force, elle ne peut cautionner ses abus ! »

Submergé par l'émotion, Pierre Portolano termine en proclamant :

— J'affirme, et c'est un député d'Algérie qui parle peut-être ici pour la dernière fois, ma totale solidarité avec la population d'Algérie. Je me refuse à voir amener le drapeau français sur cette terre !

De son côté, Marc Lauriol, toujours député d'Alger et jouant sur les mots, estime dans un article publié dans le numéro 28 de *L'Esprit public* de mars-avril que la notion même de cessez-le-feu ne peut avoir de sens qu'appliquée à des armées en opérations. Or, précise-t-il, ni l'Armée française ni l'A.L.N. ne sont plus et depuis longtemps en opérations en Algérie. « La guerre, écrit-il, qui se déroule aujourd'hui sur ce territoire est devenue exclusivement politico-subversive. » En venant à l'O.A.S., il affirme qu'elle joue dans ce conflit un rôle chaque jour grandissant et qu'aucun cessez-le-feu ne pourra être appliqué si elle n'y adhère pas. « Désormais, estime-t-il, la paix passe par la résistance française et la cause occidentale pour laquelle elle a été contrainte de se battre ! » et, pour conclure, songeant à la prochaine consultation nationale qui décidera du sort de l'Algérie, il écrit : « Avant qu'il ne soit trop tard, une dernière fois, je lance un appel angoissé aux Français qui conservent au cœur un reste de sentiment fraternel, de dignité et de justice humaines : de toutes vos forces dites non au crime qui se prépare. »

*L'Esprit public* publie également un texte d'Ahcène Ioulalalen, le député-maire d'Aomar, en Grande Kabylie, qui reconnaît : « Je dois tout à la France et j'ose ajouter qu'elle nous doit aussi beaucoup. » Ayant rappelé que sept de ses familiers sont tombés sous les balles du F.L.N., le député kabyle regrette : « Je sais bien qu'une haute autorité a dit un jour : "Ce ne sont pas des Français, ces gens-là." » Il ajoute : « Mais ce jugement ne nous a pas abattus, fût-il celui d'un chef d'Etat. Pour nous ce ne sont pas les gouvernants éphémères qui comptent, c'est la France et les Français. Nous étions bien assez français pour tomber à Cassino ou à Colmar, bien assez français pour servir de tremplin au lancement de la V$^e$ République de Dunkerque à Tamanrasset. Les Kabyles ont trouvé que les jeunes métropolitains étaient assez leurs frères pour choisir de les suivre dans le combat contre les rebelles, de travailler avec eux et aussi pour assurer leur défense dans nos villages constitués en autodéfense. La métropole sait-elle assez que dans nos montagnes, une fois les opérations militaires finies, trois ou quatre soldats demeureraient et que c'est l'auto-défense qui les protégerait des rebelles ? Nous sommes d'ailleurs très fiers de pouvoir rendre ainsi à la métropole et à l'armée avec un même cœur généreux, ce devoir d'assistance. Voilà les raisons de notre combat qui ne diffèrent pas des vôtres : garder à un sol français son pavillon, à la France que nous voulons grande, généreuse et forte, l'intégrité de son territoire. »

Dans ce numéro brûlot, le comité de rédaction de *L'Esprit public* offre à ses lecteurs un petit florilège de paroles aujourd'hui reniées, comme celles que Pierre Mendès France prononçait le 12 novembre 1954 à l'Assemblée nationale : « On ne transige pas lorsqu'il s'agit de défendre la paix intérieure de la nation, l'intégrité de la République. Les départements d'Algérie constituent une partie de la République française. Ils sont français depuis longtemps et d'une manière irrévocable. » Et le journal demande à ses sympathisants :

« De continuer plus que jamais la lutte pour la victoire de la cause de l'Algérie française. D'organiser partout où ils le peuvent, dans le cadre de la légalité républicaine, la résistance à l'abandon de nos frères d'Algérie, qu'ils soient de souche européenne ou nord-africaine : réunions privées, conférences, diffusions de journaux, etc. De devenir, au moment où le combat prend un nouveau visage, non plus seulement des sympathisants, mais des militants de l'Algérie française. La victoire réclame le concours de chacun. »

Pour faire bon poids, Roland Laudenbach adresse quant à lui en guise d'éditorial une lettre ouverte aux lycéens qui sont d'après lui de plus en plus en plus nombreux à vouloir rejoindre l'O.A.S. « Quand vos camarades et moi avions votre âge, reconnaît-il, nous n'aimions pas beaucoup l'utilisation qui était faite de la jeunesse par les littérateurs et les hommes politiques. C'était assez répugnant, cette manière de parler de nous, de jouer avec nous. A cette époque-là, il y avait la jeunesse (toujours "belle" naturellement) et les morts de Verdun. J'ai encore assez en tête ce que j'ai été pour éviter de tomber dans ces pièges ignobles. D'ailleurs, nous ne faisons pas de littérature, et nous ne faisons pas non plus de politique, au sens commercial et professionnel du terme. J'espère que vous savez que les membres du comité de rédaction de ce journal n'aspirent à rien tant qu'à retourner à leurs travaux, à être rendus à leur vie privée : ni décoration, ni députation, ni ministère, ni rien. Ce point est acquis. »

Cet avertissement étant donné, l'éditeur, toujours aussi actif à aider Sergent, continue : « Mais nous avons à parler des choses qui nous préoccupent ensemble : l'avenir de ce pays qui est le vôtre, sa transformation nécessaire et profonde, sa place dans le monde, sa vocation de nation libre. En réalité, c'est de vous qu'il est question, sous tous ces mots. Si après nous il n'y avait personne, que la France soit gaulliste, communiste ou musulmane nous laisserait indifférents. Notre vie nous paraîtrait assez entamée pour que nous n'ayons pas le goût ni le courage de nous mêler de ces luttes coûteuses et dangereuses. Mais il y a vous. »

Lui qui s'est si spontanément engagé dans le combat de l'Algérie française et qui côtoie tant de jeunes gens qui vont au-delà de ses propres actions bien qu'il prenne lui-même sa part de risques, il reconnaît : « C'est avec beaucoup d'étonnement, que nous vous avons vus blessés par les épreuves actuelles imposées à notre pays, la course aux diplômes est maintenant si dure et d'autre part les invitations à une vie facile diffusées par la presse, la radio, la télévision pour bercer et endormir l'opinion publique sont si pressantes, qu'entre vos travaux et votre nonchalance, nous ne pouvions pas penser que votre cœur se sentirait alerté et votre intelligence concernée par les menaces redoublées qui pèsent sur notre patrie. Or, les journaux sont obligés de rendre compte de votre inquiétude et de votre durcissement. Prématurément, vous voilà engagés. Derrière qui ? Derrière personne, et c'est fort bien ainsi. Vous ne suivez pas des "chefs", d'abord parce que vous n'êtes pas "fascistes", ensuite parce qu'il n'y a pas de "chefs", mais vous avez manifesté la volonté de prendre en main votre destin. Que cela conduise certains d'entre vous à des imprudences, voire à des folies dont votre extrême jeunesse aurait dû être préservée est un très grand mal. Mais de ce très grand mal portent d'abord la responsabilité ceux qui conduisent en ce moment notre pays aux abdications honteuses et aux pires déchirements. C'est à eux qu'il faudra demander compte des erreurs que vous pouvez commettre. Ici, nous souhaitons que vous n'en commettiez pas. Nous souhaitons que vous évitiez les pièges qu'il est trop facile de tendre à votre confiance et à votre générosité. Soyez patients. De toutes manières, vous aurez un jour raison de vos maîtres en place. La suite, c'est vous qui l'écrirez. La suite vous appartiendra, j'en suis sûr maintenant. De Gaulle a déjà perdu, parce qu'il est déjà mort pour vous, qu'il ne représente plus rien qu'une lamentable page d'histoire, longue, hélas, à terminer, mais qu'un grand vent finira par emporter. Nos pères nous ont légué la défaite de 1940, accueillie avec une indifférence incroyable par un grand peuple vautré dans ses plaisirs et ses richesses. Nous vous léguons le 18 mars 1962, notre armée appelée à veiller jalousement sur sa défaite et son abdication. Ce n'est pas beau. Mais vous tournerez le dos à tout cela, vous ne lirez plus les journaux qui vous ont trop menti, vous ne serrerez plus la main des officiers qui ont renié leur parole, vous n'écouterez plus les vieux professeurs de morale qui voulaient vous apprendre à prendre place avec résignation dans le troupeau. Et vous, c'est nous qui vous écouterons bientôt. Car vous parlerez très fort. Et à cause de toutes nos lâchetés, la rupture avec le monde auquel, même à notre corps défendant, nous avons été mêlés, sera très violente et brutale. Il vous faudra tout abattre et tout refaire. Vous le ferez. »

Après avoir évoqué le sort précaire de *L'Esprit public* menacé de n'être bientôt plus qu'une feuille de chou clandestine malgré l'engagement d'Hubert Bassot, devenu son directeur, et l'aide technique discrète que lui apporte Henry Smadja, le patron de *Combat*, Roland Laudenbach se veut optimiste lorsqu'il écrit : « C'est Lénine, je crois, qui a dit : "Comme les poissons, les nations pourrissent d'abord par la tête." La décomposition des classes de commandement de la France, leur ahurissante démission politique, leur refus de s'engager, et de prendre leurs responsabilités de citoyens, leur servilité devant la tyrannie, leur soumission passive et quasi bestiale aux idées reçues, ont jusqu'à aujourd'hui donné raison à ce diagnostic impitoyable. Mais des forces vives, imprévisibles dans les courbes et les diagrammes des statisticiens, peuvent surgir et monter des profondeurs du peuple. Il vous appartient déjà de les deviner, de les appeler, de les interpréter. Alors, on verra que si les poissons morts sont voués à la pourriture, les nations peuvent renaître. »

Les élus de l'Algérie française définissant aussi nettement leur opposition au gouvernement et Roland Laudenbach et ses amis appelant si franchement à la résistance, Katz ne dispose toujours pas de troupes suffisantes pour empêcher Charles Micheletti et ses amis d'imposer la loi de l'O.A.S. dans le centre d'Oran où la diffusion de *L'Esprit public* est naturellement interdite. Il apprend le 20 mars 1962 qu'un émetteur pirate a été repéré à deux cents mètres de la gare par l'équipage d'un hélicoptère effectuant des relèvements goniométriques.

Après avoir fait vérifier la position du poste qui inonde la ville d'appels à la subversion, les officiers de Katz sont bientôt en mesure de lui annoncer que la station pirate se trouve à coup sûr dans un triangle isocèle dont la rue de l'Abricotier menant à la gare forme le petit côté de cent cinquante mètres et les rues de Mostaganem et Adolphe-Cousin sur quatre cents les deux grands.

Le 21 mars à 13 heures, trois escadrons de Gendarmerie et une compagnie républicaine de sécurité convergent vers l'émetteur clandestin sous les ordres du lieutenant-colonel de gendarmerie Bouat. Accueillis par des coups de feu, les gendarmes et les C.R.S. perdent du temps à monter leur bouclage et les opérateurs radio de l'O.A.S. profitent de leurs hésitations pour sortir du périmètre menacé.

Ameutée par des appels de Charles Micheletti, une foule vient se masser derrière les assaillants débordés. Katz rameute alors des blindés du 10e dragons et une seconde C.R.S. L'approche de ces troupes est ralentie par des tirs de harcèlement venant des balcons et des terrasses et par des barrages de voitures aux pneus crevés disposées au travers des rues. Un bataillon d'infanterie de Marine, appelé à son tour en renfort, flanqué par la foule grondante, ne parvient pas jusqu'à la rue de Mostaganem résonnante de klaxons. Au bout de deux heures d'escarmouches qui ont provoqué huit blessés parmi ses troupes, dont un chef d'escadron de Gendarmerie, Katz, se rendant compte que l'O.A.S. est sur le point d'engager une véritable bataille rangée, décide de mettre un terme à l'opération.

A la même heure, alors qu'il tombe sur Alger une bruine fine, trois *deltas* dissimulés aux regards des observateurs sillonnant sans cesse le ciel algérois à bord d'hélicoptères volant à basse altitude, par du linge étendu avant la pluie, met en batterie à l'orée de Bab el-Oued un mortier de 60 mm démuni d'appareil de visée sur la terrasse d'un immeuble de la rue Mizon, au-dessus d'un terrain de volley-ball.

Ces hommes ont reçu l'ordre de pilonner la place du Gouvernement. Leur chef, appréciant sur une carte touristique la distance de leur objectif, décide pour plus de sûreté d'augmenter la portée des projectiles en encastrant entre leurs quatre ailettes des capsules de celluloïd contenant des charges relais.

Les zouaves qui patrouillaient jusque-là sur la place du Gouvernement viennent tout juste de s'abriter dans l'entrée d'un immeuble, lorsqu'un premier obus, après avoir froufrouté au-dessus de la prison de Barberousse, explose derrière la cathédrale Saint-Philippe. Tiré dans les mêmes conditions, celui qui le suit tombe sur une terrasse et, après une petite correction de position du tube, le troisième touche le centre de la place du Gouvernement où, malgré la pluie, les Musulmans sont encore nombreux à aller et venir aux alentours de la statue équestre du duc d'Orléans et des points de départ des quatorze lignes de bus et de trolleys. Un quatrième, puis un cinquième obus tombent parmi la foule qui se défait à la course dans toutes les directions. Sortis de leur abri, les appelés du 9e zouaves voient jaillir de la Casbah toute proche des groupes de militants du F.L.N. vêtus de treillis vert olive qui, sans attendre l'arrivée des pompiers, organisent les premiers secours.

La Casbah gronde. Des armes sont retirées de leurs caches. Des groupes d'hommes décidés à venger leurs vingt-quatre morts et plus de cinquante blessés graves déjà recensés se dirigent vers Bab el-Oued, d'où il est flagrant que les obus meurtriers sont partis. Les responsables du F.L.N., dépassés par la fureur populaire, tentent en vain de détourner cette ruée et le pire est à craindre, lorsque des blindés de la Gendarmerie lui barrent les accès à Bab el-Oued.

Cédant enfin à la force de l'Armée française unie pour la première fois à des cadres du F.L.N. et à quelques gradés de l'A.L.N. venus des djebels en éléments précurseurs, les Musulmans refluent peu à peu vers la Casbah et la banlieue.

Les servants du mortier ont une autre mission d'affolement à accomplir. Leur chef les entraîne en voiture vers un autre emplacement de tir qui leur permettra de terroriser cette fois le quartier musulman de Belcourt. Le tireur au mortier, en arrivant sur la place Mermoz devant le lycée Bugeaud, propose de changer d'objectif et d'aller mettre la pièce en batterie à la Pêcherie pour pilonner encore les abords de la Casbah. Mais, comme lui rappelle le responsable de l'équipe, on ne transige pas avec les ordres de Degueldre et il renonce à son projet.

Tandis qu'Alger, après la nouvelle salve de mortier tirée sur Belcourt, se calme peu à peu, Ailleret reçoit à La Réghaïa un appel téléphonique du général de Gaulle qui, après l'avoir félicité sur la façon dont il a, jusque-là, assumé son commandement, lui annonce qu'il doit se préparer à rentrer en métropole.

Le commandant supérieur s'attendant désormais à être rappelé à Paris sitôt son successeur désigné par le président de la République lui-même, à Oran, la rue de Mostaganem résonne encore de quelques coups de feu lorsque Katz engage en ville de nouvelles unités. Le 3$^e$ bataillon de fusiliers marins de la D.B.F.M., commandé par le capitaine de corvette Paoli, prend position devant le monument aux morts dressé sur le Front de Mer au-dessus du port, tandis que le gros du 10$^e$ dragons fait mouvement vers l'Obélisque et qu'une compagnie de C.R.S. s'installe devant l'entrée du quartier Lyautey.

Les accrochages ayant cessé sans que ces troupes aient eu le temps de rentrer dans la bataille, Charles Micheletti fait distribuer au matin du 22 mars un tract appelant la population à débrayer dans tous les secteurs d'activités de 17 à 19 heures en signe de deuil pour les morts de la veille. Ce tract appelle aussi les forces de l'ordre à pactiser avec l'O.A.S. et annonce que, sous peine d'exécution immédiate, les gendarmes mobiles seront interdits de séjour en ville à partir du 23 mars à minuit.

L'émetteur de l'O.A.S. oranaise ayant échappé aux forces de l'ordre, les appelés du 3$^e$ bataillon de fusiliers marins perdent leurs chefs. Rejoignant dans la clandestinité le capitaine de corvette Jacques Piquet, un Oranais devenu il y a peu chef d'état-major de Gardy, le capitaine de corvette Paoli et son adjoint le lieutenant de vaisseau Demoulin, un ancien du commando *Jaubert* et nageur de combat, ont en effet rallié l'O.A.S. après avoir refusé de les engager contre la population. Et Michel Debré, acceptant mal que le général de Gaulle revienne sur le principe de souveraineté de la France sur le Sahara, lui adresse une note afin de lui faire remarquer que les textes des accords d'Evian comportent quelques faiblesses, surtout en ce qui concerne l'amnistie. Et le président de la République lui répond tout aussitôt :

« J'ai pris connaissance de la lettre que vous venez de me faire parvenir et qui a trait à deux des textes rédigés à Evian. Je reconnais volontiers que ces textes ne donnent pas entière satisfaction. Ils portent évidemment la marque du souci d'aboutir qui inspirait nos négociateurs dans la dernière phase des pourparlers. Cela dit, il est clair que nous ne pouvons revenir à présent sur ce qui a été conclu. Je ne crois pas, d'autre part, que les risques auxquels nous expose le décret sur l'amnistie, dans sa forme actuelle, aient une portée considérable. J'observe en effet que les dispositions de ce texte étant prises « en vue de permettre la mise en œuvre de l'autodétermination des populations algériennes », les Français de la métropole ne pourront se prévaloir de l'amnistie. Cette remarque s'applique notamment aux individus qui ont fait partie du réseau Jeanson. En fait, les seuls Français qui bénéficieront du décret seront les quelques communistes d'Algérie. Il ne s'agit que d'une poignée de gens. Dans ces conditions, je ne vois pas de raison de retarder la publication du décret et je vous serais obligé de bien vouloir le faire soumettre à ma signature demain soir. »

Le général de Gaulle se montrant si pressé d'en terminer avec l'affaire algérienne, les harcèlements de l'O.A.S. oranaise contre les forces de l'ordre perdurent tout au long de la journée du 22 mars. Sergent, quant à lui, après avoir fait le rapide recensement des hommes dont il pourrait disposer pour former des maquis métropolitains, n'est guère optimiste lorsqu'il écrit à Salan : « Nous étudions de très près la question de l'insurrection. La solution qui me paraît possible est la création de plusieurs maquis. Je compte vous envoyer un rapport à ce sujet dès que j'aurai une vue exacte de l'affaire. Mais il apparaît dès maintenant que nous ne pourrons déclencher une telle opération avec un minimum de succès que si la métropole sent que votre offensive en Algérie est irrésistible. Ce serait le cas si une portion du territoire algérien passait sous votre contrôle et si vous arriviez à le faire largement savoir – je pense aux Beni Boudouane ou à vos projets qui m'ont été transmis. Pour le moment, à la date d'aujourd'hui, nous n'avons pas une impression d'offensive, mais celle d'un baroud d'honneur. Nos moyens d'information sont presque tous conditionnés par le pouvoir. Le moral de nos troupes s'en ressent. Dans le cas où votre offensive prendrait la forme que nous attendons avec tant d'espoir et d'impatience, je crois pouvoir vous garantir la création de deux ou trois maquis ici. »

Allant bien au-delà du baroud d'honneur évoqué par Sergent dans ce courrier que Salan mettra longtemps à recevoir, au milieu de l'après-midi du 22 mars, une vingtaine d'hommes des *collines* oranaises s'imposent dans la Banque de l'Algérie dont l'entrée à haut péristyle de quatre colonnes occupe en face du lycée Bugeaud l'angle du boulevard Gallieni et de la rue El Moungar.

Bénéficiant comme toujours de complicités internes, les hommes de l'O.A.S. n'ont aucune peine à désarmer les policiers détachés à la protection de l'établissement qui est aujourd'hui exceptionnellement riche à cause d'énormes mouvements de fonds effectués depuis la caisse centrale d'Alger. Prenant tout leur temps, dédaignant des milliers de billets fraîchement imprimés, ils enfournent des liasses de coupures usagées dans des sacs. Une fois sortis de la banque avec deux milliards et deux cent vingt-cinq millions d'anciens francs, ils confient ce pactole à d'autres membres de l'O.A.S. qui les attendaient dans une brasserie du boulevard Gallieni et, tandis que ces derniers filent avec le trésor dans trois voitures, ils se perdent parmi la foule.

Sitôt mis au courant de ce nouveau coup d'éclat de l'O.A.S., Katz recommande à Pierre Denizot d'ordonner aux directeurs d'établissements bancaires de ne conserver dorénavant dans leurs coffres que le seul argent nécessaire à assurer les fonds de roulement de la population et des entreprises.

Choqués par la brutalité extrême dont use en vain le général Katz pour venir à bout de la résistance oranaise, un groupe de responsables de l'Action catholique et des œuvres sociales d'Oranie adresse cette lettre à la direction générale de l'Action catholique en métropole : « Le "cessez-le-feu" qui a été signé à Evian a pu apparaître comme la fin d'un drame qui est notre drame depuis plus de sept ans. Pour nous, chrétiens militants d'Action catholique ou responsables d'Œuvres sociales en Algérie, nous savions que le "cessez-le-feu" serait la mise à feu de notre pays. Car, depuis deux ans, pour ne pas remonter plus loin, nous avons senti qu'avec une ténacité calculée toute la politique gouvernementale voulait la rupture et, pour ce, mettait au point une propagande, une information, une action, qui aurait pour résultat de dresser les musulmans et les métropolitains contre les chrétiens ou les Européens d'Algérie. Nous avons été, les témoins, les autres victimes de répressions arbitraires et d'arrestations qui atteignaient ceux-là mêmes qui cherchaient par tous les moyens à créer ici la compréhension, la sympathie et l'Unité. Prêtres, médecins, responsables du Secours catholique, simples pêcheurs de la Marine ou chefs d'entreprises agricoles ou industrielles ont peuplé ou peuplent encore les camps d'hébergement, ayant comme unique reproche celui d'avoir acquis par leur mission ou leur œuvre un large rayonnement en milieu musulman. Or, cette influence gênait. Cela ne suffisait pas, il fallait que la rupture soit sanctionnée par le "heurt des communautés", pour reprendre une expression gouvernementale. C'est alors qu'eurent lieu les provocations de bandes communistes – une centaine de garçons à Oran. Elles s'attaquaient aux musulmans et ce furent les scènes de violences dont la presse s'est empressée de dire qu'elles étaient des "explosions de racisme". Hélas, la réalité était autre puisque, tandis que la police surveillait d'un œil bienveillant ces scènes odieuses, de braves Pieds-noirs, au risque de leur vie, protégeaient des musulmans, qu'ils considéraient encore comme leurs amis. Une dernière phase naquit : puisqu'une "organisation" secrète se mêlait de remettre de l'ordre là où l'Etat souhaitait le désordre, elle devait devenir le bouc émissaire de tous nos maux, alors qu'il suffisait de lire les tracts distribués régulièrement aux citadins pour savoir que jamais il n'y fut question d'appel au meurtre ou à la violence. (De même, il serait inexact de croire que certains attentats qui, en métropole, servent la cause gouvernementale, émanent de ladite organisation ;

le silence que l'on a fait sur l'attentat d'Issy-les-Moulineaux en est une preuve.) »

Les auteurs de cette lettre qui servira de tract n'hésitent pas à attaquer ouvertement la hiérarchie de l'Eglise en proclamant : « Pour avoir méconnu la vérité. Pour n'avoir pas dénoncé la cause d'un mal qui, aujourd'hui, met en péril la vie même de notre nation. Pour avoir accepté la politique du "bouc émissaire" au lieu de s'informer et chercher à connaître par l'intime le drame qui se joue ici. Pour avoir condamné avant d'avoir satisfait à la Vérité et à la Justice, nous considérons que l'Eglise de France partage avec le pouvoir une part de responsabilité dans les événements qui, de plus en plus, ensanglantent cette terre. La violence n'a jamais rien résolu, disait le Pape, et ici nous savons le prix de la violence, nous en sommes convaincus plus que quiconque. Mais la violence ne naît jamais spontanément ; elle est la réaction d'un amour qui se voit refusé, d'une justice qui se sait lésée, d'une vérité qui se sent bafouée. Ce qu'aujourd'hui l'Eglise de France semble nous refuser, c'est son amour. Et ce que le gouvernement nous a déjà refusé : c'est la justice et la vérité. Ne condamnez donc pas cette violence avant d'avoir dénoncé les causes qui l'ont motivée. Pour ce faire, il faut une indépendance de jugement et une liberté d'expression qui aujourd'hui n'existent plus. Pour ce faire, il faut être convaincu que sous-jacent à ce drame, il y a le communisme, qui œuvre pour la désagrégation d'un monde où le christianisme avait mis son empreinte et qui, donc, souhaite une indépendance qui sera un asservissement au parti : la réaction de Moscou et des Etats satellites après Evian devrait nous éclaircir si nous n'étions pas aveuglés par la propagande et la presse. Pour ce faire, il faut savoir, et nous, nous en sommes témoins, que la réaction violente de la communauté européenne est une légitime défense face à des provocations ou des agressions que l'on tait. Nous avons vécu des journées d'Oran, des journées des centres du bled, et nous savons bien que la colère n'est montée que parce que, d'abord, il y a eu agressions, attentats ou violence. La légitime défense est un droit ; dans certains climats psychologiques elle prend l'allure de guerre. Mais pourquoi ne condamnez-vous pas la faiblesse et la complaisance du gouvernement pour ceux qui assassinent, ou qui ont assassiné pour devenir un interlocuteur valable ? Ignore-t-on en France la qualité des hommes qui constituent le C.N.R.A. ? Tant qu'il y aura calomnie et mensonge à notre endroit, il y aura ici du sang et des morts. Vous voulez que la violence cesse, et nous le voulons plus que vous car pour nous c'est de notre vie qu'il s'agit. Proclamez donc la vérité, dénoncez le mensonge, l'arbitraire, l'injustice, et croyez bien qu'en nous il n'y a aucune haine, mais la seule souffrance de nous voir défigurés, caricaturés et trahis par ceux-là mêmes qui devraient nous comprendre, nous éclairer et nous encourager dans une lutte difficile mais chrétienne : celle de remettre l'Unité, la compréhension et l'Amour là où d'autres veulent la rupture, le mépris et la haine, puisque nous savons que l'indépendance dont on parle sera une étape dans la propagation de la révolution marxiste. Nous avons aussi besoin de vos prières et de celles de nos frères de France ; en nous excusant de cette missive qui voudrait servir à la Vérité et à la Paix, nous vous prions de croire à nos sentiments respectueux et chrétiens. »

Juste avant le hold-up record qui a procuré à l'O.A.S. oranaise les moyens d'intensifier la résistance et, selon son organisateur, permettra d'adresser un milliard à Salan, le bruit courait à Alger que la consultation destinée à entériner ou non les accords d'Evian se déroulerait le dimanche 8 avril et un important dispositif des forces de l'ordre bouclait les extrémités de la rue Desfontaines.

Prévenus à temps Salan et Ferrandi qui se félicitaient que le maréchal Juin, dans une lettre publiée en Angleterre par le *Daily Telegraph*, ait déclaré qu'à son avis l'O.A.S. était « un mouvement généreux », ont franchi sous une pluie fine les barrages en cours d'installation pour aller travailler dans une villa de banlieue à la constitution de la Commission de gouvernement et de défense nationale qui, dans le cadre du Comité national de la Résistance de Georges Bidault, exercera « la souveraineté nationale dans tous les territoires français libérés de l'autorité de fait ».

Quelques heures plus tard, Jean Morin, prévenu par le général de Gaulle lors de son envoi en Algérie qu'il ne resterait pas délégué général après la proclamation du cessez-le-feu, s'envole pour Paris après avoir été remplacé par Christian Fouchet qui, rappelé de son poste d'ambassadeur au Danemark, prend le titre de haut-commissaire de France en Algérie et s'installe à Rocher-Noir avec le colonel Georges Buis comme chef de cabinet militaire. Christian Fouchet, grand homme au caractère aussi carré que son visage, a surtout gagné la confiance du Général grâce au plan d'organisation de la Communauté européenne qui porte son nom et définit le fonctionnement de l'Europe en gestation depuis le Traité de Rome signé le 25 mars 1957 et ratifié par l'Assemblée nationale et le Sénat en juillet de la même année.

L'ancien délégué général est à peine parti qu'une puissante charge de plastic dissimulée sous un tas de vieux journaux explose à 17 h 30 en haut de l'escalier d'honneur du Palais Carnot où le préfet Vitalis Cros s'apprêtait à présider une réunion de tous les responsables de la sécurité urbaine afin de convenir avec eux d'une nouvelle stratégie de répression. Si cette bombe n'a pas causé de victimes, elle a ravagé une centaine de bureaux déjà déserts à cette heure. Mais elle n'empêche pas Vitalis Cros de poursuivre la séance. Et pas plus les rafales de pistolets-mitrailleurs et de fusils-mitrailleurs que quelques *alphas* d'Achard tirent à la nuit tombée sur la façade du Palais Carnot.

Un calme précaire semble revenu en ville, lorsque l'O.A.S. fait circuler ce tract repris par les émissions pirates :

« *Face aux dix commandements du "Gauleiter" Morin.* 1er ordre de l'O.A.S : Algérois, Algéroises, déplacez-vous à pied à partir de 21 heures. Tout véhicule circulant après cette heure sera considéré comme appartenant à la Gestapo gaulliste et traité comme tel ! » Et Salan, en usant presque des mêmes mots que Charles Micheletti à Oran, décrète :

« Les forces de l'ordre, gendarmes mobiles, C.R.S. et unités de quadrillage sont invitées à se refuser à toute action dans le secteur délimité par la caserne Pélissier, la caserne d'Orléans, Climat-de-France et Saint-Eugène. Quarante-huit heures de réflexion sont laissées aux officiers, sous-officiers et soldats qui, à partir du jeudi 23 mars 1962 à 0 heure, seront considérés comme des troupes au service d'un gouvernement étranger. »

Apprenant le lendemain le cambriolage de la Banque d'Algérie en lisant *L'Echo d'Oran* dans l'appartement du Front de Mer proche du monument aux morts d'où il ne sort pratiquement jamais, Jouhaud est furieux de ne pas avoir été mis au courant de la campagne de hold-up. Les estimant trop nombreux, il se pose des questions sur les hommes qui les ont exécutés et il rédige une note destinée à interdire leur répétition et à les remplacer par des « réquisitions » entreprises par des « collecteurs » munis d'une accréditation de l'O.A.S. et qui délivreront des reçus en vue du remboursement ultérieur des sommes ainsi obtenues. Toute autre forme de récupérations de fonds, précise-t-il sur son ordre portant le numéro T 598, ressortira au banditisme.

De leur côté, Jacques Achard et Jean-Claude Pérez ont mis à Alger la dernière main à un plan d'insurrection de Bab el-Oued. Jean-Jacques Susini en ayant communiqué les grandes lignes à Salan, qui les a approuvées sans tenir compte de son opposition, Achard, sans même songer à en avertir les Gardes, Godard et Vaudrey, passe à l'action.

Dans l'intention d'éloigner de Bab el-Oued les forces de l'ordre pendant qu'il y infiltrera cent cinquante volontaires en armes venus des fermes de la Mitidja, Achard, bien que l'officier légionnaire ne soit pas plus que Susini d'accord pour insurger Bab el-Oued, a donné à Degueldre la consigne de harceler les gendarmes hors des limites définies par Salan.

*Delta*, qui ne sortait presque plus de son principal repaire de la rue Lafayette parallèle à la rue Desfontaines et reliant les boulevards Camille-Saint-Saëns et du Télemly, accepte cette mission plus à son goût de baroudeur que les habituelles opérations ponctuelles contre des Musulmans ou des Européens complices du F.L.N.

A 21 heures, les renforts annoncés par Achard se faufilant déjà dans la ville par petits groupes, des *deltas* de Degueldre se préparent à attaquer des half-tracks de la Gendarmerie stationnant en alerte sous le tunnel des Facultés. A son signal, un tireur au bazooka allongé sur le trottoir devant une pharmacie écrase de sa paume droite la manette de sûreté de la mise à feu électrique de son arme. Puis d'une pression de l'index il libère un projectile de 73 mm qui percute et enflamme le premier blindé des gendarmes casqués.

Tirant à l'unisson dans la même seconde, les armes automatiques du commando prennent en enfilade le peloton piégé. Faisant soudain contrepoint aux rafales des *deltas*, des détonations plus graves trahissent dans l'obscurité zébrée par les sillages des balles traçantes la riposte d'une mitrailleuse lourde. L'homme au bazooka, qui venait de se relever pour changer d'emplacement de tir, est fauché par ces balles.

Un ordre hurlé par l'officier commandant le peloton blindé entraîne les gendarmes vers l'autre sortie du tunnel. Degueldre, héritant des plans d'action des étudiants mis au point par Susini, a prévu ce repli en direction de l'avenue Pasteur. Ses hommes embusqués au-dessus du tunnel dans les jardins des Facultés font tomber une pluie de grenades sur les blindés.

Cette fois, les *deltas* de Degueldre ne se sont pas contentés d'abattre des ennemis désarmés ou de tirer à l'aveuglette des obus de mortier. Au cours de ce premier engagement avec les forces de l'ordre, ils ont tué et blessé des gendarmes.

Comme le lieutenant Bernard, les capitaines Branca et Montagnon étaient au courant de l'action qui s'engage, car Jacques Achard leur en avait exposé les grandes lignes au cours de la dernière réunion de leur soviet. Mais, Salan les ayant désignés pour former avec leurs quatre-vingts volontaires et sous la houlette du colonel Gardes l'ossature du maquis de l'Ouarsenis, ils se tiennent prêts au départ et ils ont déjà transmis le commandement de leurs secteurs à des civils.

Toujours dans l'intention de fixer les gendarmes loin de Bab el-Oued, les hommes de Degueldre ouvrent encore à 2 h 40 le feu sur un half-track stationné à l'embranchement de la rue Michelet et de la rue Richelieu. Le centre-ville résonnant de temps en temps des rafales destinées à détourner leur attention, les gendarmes finissent par repérer un groupe de *deltas* dans un immeuble du Champ de Manœuvre.

Rameutant ainsi que l'espérait Achard une grande partie de ses forces dans un quartier éloigné de Bab el-Oued, le commandement ordonne la fouille de l'immeuble suspect et de ceux qui l'environnent. Les gendarmes perdant un temps fou à perquisitionner une centaine d'appartements interrogent plus de trois cents personnes, découvrent quelques pistolets, mais ils ne retrouvent évidemment pas trace des *deltas* évaporés dès leur approche bruyante.

L'opération de fouille du Champ de Manœuvre est à peine démontée lorsque Jacques Achard, ayant terminé l'infiltration de ses renforts maintenant installés sur des balcons et des terrasses aux meilleurs emplacements de tir, engage l'insurrection.

Le 23 mars 1962, à l'heure où le dôme et les clochetons de Notre-Dame-d'Afrique, comme sous eux les à-pics gris et roux de la carrière Jaubert, commencent à sortir de la brume nocturne, des jeunes gens répandent des nappes d'huile de vidange aux carrefours d'accès à Bab el-Oued et y étalent des poignées de gros clous.

Immédiatement avertis de ces manœuvres destinées à empêcher leurs véhicules de pénétrer dans le quartier, des gendarmes et des appelés s'empressent de venir déverser du sable sur les premières plaques d'huile et de balayer les pointes. Sitôt qu'ils se sont retirés, d'autres hommes d'Achard et Claude Dupont, portant pour la plupart des brassards bleu blanc rouge dont certains sont frappés des lettres O.A.S. ou de la croix celtique chère à Jo Ortiz, sillonnent les rues pour ordonner à la population de ne plus sortir de ses appartements.

Poursuivant leur mission de fixation des forces de l'ordre, des *deltas* de Degueldre blessent à 7 h 30 un infirmier musulman qui circulait en voiture rue Battandier, entre le parc à Fourrages et l'hôpital Mustapha. Patrouillant trois quarts d'heure plus tard dans la rue Bourlon qui traverse le quartier de l'Agha en reliant les rues Michelet et Sadi-Carnot au-dessus de la gare, ils blessent encore deux Musulmans à coups de pistolet.

Les hostilités ouvertes commencent à 9 heures. En bas des étages arborés du boulevard Guillemin, mettant ainsi fin au pacte tacite de bon voisinage qu'Achard avait passé avec quelques officiers de ce régiment, une douzaines d'hommes en tenue de territoriaux entourent une petite colonne d'appelés du 9e zouaves qui regagnait par la rue Eugène-Robe la caserne Pélissier après une patrouille de routine. Sans tirer un coup de feu, assommant seulement deux zouaves qui faisaient mine de résister, ils s'emparent de leurs armes et s'en retournent à la course dans Bab el-Oued.

Une heure après ce premier coup de main réussi sans faire de victimes, le chauffeur d'un camion Simca bâché et chargé de conscrits du centre d'instruction 160 de Béni-Messous perd le contrôle de son véhicule sur une plaque d'huile étalée sur toute la largeur du petit carrefour des rues Mizon et Christophe-Colomb, près de la fabrique de cigarettes Bastos.

Des volontaires d'Achard et Claude Dupont qui se tenaient en embuscade dans des entrées d'immeuble bondissent l'arme haute vers le véhicule immobilisé. Mais alors qu'ils s'attendaient à ce que les occupants du camion leur remettent leur armement avec autant de docilité que les zouaves surpris rue Eugène-Robe, lorsque l'un d'eux soulève l'arrière de la bâche du véhicule, ils entendent le claquement sec d'une culasse manœuvrée par un caporal musulman. Ils se rejettent en arrière et leur chef leur donne l'ordre d'ouvrir un feu qui provoque une intense fusillade fichante provenant des balcons.

Lorsque le vacarme cesse au bout de deux minutes, des soldats et leur lieutenant sont morts. Des blessés gisent dans le camion. Tandis que les assaillants s'emparent des armes de leurs malheureux compagnons, les survivants, toujours pris sous le feu de quelques tireurs postés dans les appartements les plus proches, cherchent désespérément de l'abri dans les entrées d'immeuble.

Les commandos s'étant retirés avec leur butin, des militaires arrivant à la rescousse dénombrent sept morts et quinze blessés qui, vite enfournés dans des ambulances sous la protection d'un blindé venu s'embosser à l'entrée de la rue Mizon, sont conduits à l'hôpital Maillot tout proche.

Tandis que des spécialistes du Train, empruntant sous le cimetière d'El-Kettar l'avenue du Général-Verneau, remorquent le camion criblé de balles jusqu'à un premier barrage de gendarmerie établi à l'entrée de Climat-de-France, les habitants de Bab el-Oued voient converger vers eux, annoncée par un grondement lourd de moteurs et des grincements acides de chenilles, la puissante force que le général Ailleret, son chef d'état-major le général Hublot et son adjoint le colonel Vuillermet, le général de Menditte, commandant le corps d'armée, et le général Capodanno, ont décidé d'employer pour réduire les commandos de l'O.A.S.

Sitôt connu le bilan de l'embuscade de la rue Mizon, la consternation, la peur et la colère s'emparent des milliers d'appelés casernés en ville. Plus encore que la mort des gendarmes la veille, le massacre de leurs camarades, survenu alors même que le cessez-le-feu ramenait la paix partout dans les djebels, leur fait craindre une nouvelle guerre, plus terrible encore que celle qui vient de s'éteindre, qui les opposerait aux Français d'Algérie dont ils assuraient jusqu'ici la défense.

L'étau des forces de l'ordre se resserrant d'heure en heure sur les quelque soixante mille habitants de Bab el-Oued, des observateurs embarqués dans des hélicoptères tentent de repérer les points d'appui des insurgés parmi le foisonnement coloré des lessives séchant sur les terrasses.

Inquiets, des Algérois d'origine espagnole songent que le mot Alcazar de Tolède, si complaisamment galvaudé lorsqu'il s'agissait de baptiser le réduit des barricades, risque de retrouver son sens réel. Des israélites évoquent le ghetto de Varsovie. Quant aux *alphas* d'Achard et aux hommes venus de la Mitidja, malgré la menace des chars et des avions, ils se préparent à l'affrontement, jurant de ne pas subir le sort des nationalistes hongrois écrasés en 1956 à Budapest par les chars de l'Armée rouge.

De son côté, le général Ailleret, connaissant la configuration encaissée de Bab el-Oued maintenant isolé du reste de la ville, songe surtout à Stalingrad.

\*

## — 65 —
## Bab el-Oued s'insurge et souffre

Tandis que les habitants de Bab el-Oued, accordant pour la plupart une confiance aveugle à l'O.A.S., s'apprêtent à braver les forces de l'ordre, la police parisienne arrête à la terrasse d'un café de la porte Champerret l'adjudant-chef Marc Robin, dénoncé par un de ses proches.

A Alger, le colonel Jacques Cavard, de l'état-major du général de Menditte, adresse à 15 h 30 au préfet Vitalis Cros, au général Capodanno et au colonel commandant la Gendarmerie le message secret n° 1443/3 ordonnant le bouclage d'un secteur délimité au-dessus de la gare de Bab el-Oued par l'avenue Malakoff, à l'ouest par le boulevard de Champagne menant à Climat-de-France, au sud par la rue Jules-Cambon et à l'est par l'avenue du Général-Verneau et la rue Mizon qui rejoint les squares en pente du boulevard Guillemin descendant à l'avenue Malakoff et au boulevard Pitolet au-dessus de la plage Nelson.

Ce message ordonne à ses destinataires d'avertir les habitants de Bab el-Oued que toute circulation dans les rues, toute présence aux fenêtres et sur les terrasses, les exposerait au feu des forces de l'ordre. A l'exception des obus de 20 mm, il prévoit l'usage des armes lourdes des blindés et des hélicoptères. Enfin, ce flash secret stipule que le général de Menditte pourra autoriser l'emploi des obus explosifs de 37 mm.

Alors que des *alphas* et des hommes venus de la Mitidja empêchent toujours ses unités de pénétrer dans Bab el-Oued, après avoir pris ces mesures, Ailleret, coiffé d'un béret rouge, quitte La Réghaïa avec une escorte de paras pour rejoindre les généraux de Menditte et Capodanno. Dès qu'il est installé à la caserne Pélissier dans le bureau de Menditte, un officier d'état-major lui présente un premier état des pertes et l'avertit que même s'ils ne sont guère plus de cent cinquante, les insurgés sont si abondamment pourvus en munitions qu'ils n'hésitent pas à tirer sur tout ce qui bouge.

Les forces de l'ordre ainsi bloquées par les groupes de Jean-Claude Pérez, Jacques Achard et Claude Dupont, le général de Menditte, libéré depuis le cessez-le-feu du souci de l'A.L.N., décide de rameuter sur Bab el-Oued les unités de réserve cantonnées à l'ouest d'Alger. Et, afin d'interdire à l'insurrection de se répandre, Ailleret place en alerte les troupes de réserve basées à l'est de la ville. Puis, sommé par Michel Debré d'empêcher par tous les moyens l'O.A.S. de s'établir dans le quartier, il ordonne au général Fourquet de faire décoller de La Réghaïa une patrouille de six avions de chasse. Une fois en l'air, cette escadrille reçoit la mission d'exécuter au-dessus des insurgés des tirs d'intimidation vers la mer et, au cas où ils ne cesseraient pas le combat, de les prendre pour cibles.

Des équipages d'hélicoptères signalent par des fumigènes les emplacements présumés des commandos O.A.S. aux chasseurs qui effectuent un premier passage au ras des terrasses et, après avoir viré au large, reviennent sur Bab el-Oued en tirant de longues rafales vers la mer.

Ces tirs de semonce restant sans effet, les chefs des escadrons blindés de la Gendarmerie font donner leurs mitrailleuses et leurs canons. Le vacarme de leur feu couvre durant de longues minutes tous les autres bruits de la bataille.

Tirées de la terrasse de l'immeuble de la rue Mizon qui fait l'angle avec la rue Soleillet, des balles de fusil et de mitraillette griffent un tank embossé dans l'avenue du Général-Verneau, sous les escaliers étroits du chemin d'El-Kettar.

Profitant de la protection des mitrailleuses de ce blindé, des gendarmes longeant le mur parviennent devant une boutique de fruits et légumes dont le patron musulman n'a pas levé le rideau. Soudain pris pour cible par des tireurs changeant d'emplacements entre deux passages des avions, ils refluent derrière le tank dont le chef ordonne à son tireur au canon de viser les appartements des deux derniers étages de l'immeuble.

Les premiers obus – je ne l'apprendrai que dans quelques jours puisque, au moment de ce drame, je suis en escale à Lisbonne – déchirent les persiennes de la chambre d'angle où mon épouse a disposé le berceau de notre fils. Ma belle-mère se précipite au secours du bébé suffoquant dans la fumée dégagée par le tulle enflammé de son berceau et les émanations de poudre. Sortie de sa chambre, la grand-mère de mon épouse, vieille femme percluse d'arthrose, reste bien malgré elle très droite et exposée au tir. Un voisin, qui tentait de venir à la rescousse des miens en enjambant un balcon, reçoit un éclat qui le rejette en arrière. La terreur dure quelques minutes, puis le chef de char dirige le tir de son canon vers un autre objectif.

Cessant à un endroit, reprenant à un autre, la bataille fait naître partout de telles scènes d'horreur. Alerté par Achard avec qui il est en liaison permanente, Degueldre lance des *deltas* en renfort. Mais seuls quelques-uns parviennent à tromper le bouclage.

Le combat à un contre cinq cents perdure jusqu'à ce que, le sachant désespéré, Jacques Achard, de son P.C. de la place des Trois-Horloges, ordonne à ses renforts chassés des terrasses par les aviateurs de se replier au-delà du cimetière de Saint-Eugène.

Les commandos de la Mitidja, guidés par des jeunes gens du quartier, prennent le large par petits groupes en se faufilant par des courettes encaissées et des caves communiquant entre elles. D'autres se précipitent hors du bouclage en profitant des tirs des *deltas* harcelant les barrages. D'autres encore profitent de la complicité d'officiers acquis à l'O.A.S. pour franchir des chicanes entrouvertes à leur intention. Et quelques-uns, comme l'instituteur Guenassia, s'éloignent dans des ambulances que les responsables du bouclage laissent passer en se disant que les blessés de l'O.A.S. ne prendraient pas le risque d'aller se faire soigner ailleurs que dans une clinique du quartier.

Alors que le général Ailleret espérait lancer la fouille en fin d'après-midi, on lui apprend que les unités de réserve de la zone ouest ne sont pas arrivées en ville. Il remet l'opération au lendemain matin et rentre à La Réghaïa, où on lui communique le bilan total des accrochages de la journée : quinze tués et soixante-dix-sept blessés parmi les forces de l'ordre et sans doute plus du côté des civils.

Après ces nouvelles accablantes, Ailleret est averti que le lieutenant-colonel Jacques Puigt, chef de corps du 5e régiment de tirailleurs, une unité des réserves de l'ouest, ne montre aucun empressement à exécuter les ordres de Menditte.

Le 5e R.T. a été scindé en deux états-majors tactiques. Le premier étant appelé à Alger, le second, avec les chefs de bataillon Bazin et Benos, est encore à Oued-Fodda où, excitée par le F.L.N., la population musulmane s'agite chaque jour un peu plus depuis le cessez-le-feu.

Le dispositif d'intervention réclamé par le général Capodanno étant enfin en place à 21 heures, les chefs de la quinzaine d'unités qui le composent viennent tard dans la nuit prendre leurs ordres à la caserne d'Orléans. Au moment d'étudier les détails de la reconquête de Bab el-Oued, le lieutenant-colonel Puigt, reprenant les arguments dont Ailleret usait il y a un mois lorsqu'il rechignait lui-même à suivre les idées de Jean Morin sur le maintien de l'ordre urbain, annonce à Capodanno qu'il ne participera pas au nettoyage de Bab el-Oued. Comme le général insiste, arguant de la clause de conscience prévue dans le règlement général des Armées, il réclame sa mise à la retraite.

A l'issue de ce briefing animé, le général de Menditte apprend à Ailleret que le colonel Caravéo, à qui il venait de confier le commandement du bouclage, refuse également d'obéir en prétextant qu'il y a trop de Musulmans parmi les unités engagées. Cette fois, le commandant supérieur se fâche. Il demande à Menditte de lui envoyer l'officier rétif à La Réghaïa et, après lui avoir signifié une punition de soixante jours d'arrêts de forteresse, il l'expédie en avion à Paris.

Après avoir mené avec une vingtaine d'hommes un combat d'arrière-garde depuis la tombée de la nuit, Jacques Achard et Claude Dupont franchissent le bouclage juste avant qu'il ne se referme tout à fait. Il ne reste dans Bab el-Oued qu'une population apeurée et quelques hommes en armes qui n'ont pas voulu abandonner leur famille. Circulant d'appartement en appartement obscur, la rumeur court que les forces de l'ordre ont tué trente-cinq civils et que plus de cent blessés sont soignés dans les cliniques du quartier.

A l'aube du 24 mars 1962, les dizaines de « petits ânes fonctionnaires », bâtés de panières destinées au ramassage des ordures dans la Casbah, restent dans leurs écuries d'El-Kettar. Huit mille lignes téléphoniques ayant été coupées par les autorités, Bab el-Oued est maintenant parfaitement isolé du reste de la ville quadrillée par des unités de la 27e division alpine.

A l'heure où les colonnes de fouilles commencent à progresser avec prudence dans les rues désertes de Bab el-Oued, une prise d'armes se déroule à l'hôpital Maillot en l'honneur des soldats tués la veille. Et, au monument aux morts dont les alentours ont été bouclés par des policiers renforcés par un élément du 4e régiment de tirailleurs ramené du bled, six civils, après en avoir arraché l'autorisation au préfet Vitalis Cros, déposent une gerbe en mémoire des Pieds-noirs morts à Bab el-Oued.

Jamais sans doute les gendarmes et les C.R.S., manœuvrant sous la protection serrée de bataillons d'Infanterie, de blindés et d'hélicoptères, n'ont mis autant de hargne à exécuter une mission. Ayant pour certains le sentiment de venger enfin les morts des barricades, ils saccagent des centaines d'appartements, dont ils ont parfois défoncé la porte sans attendre qu'on leur ouvre.

L'insulte facile, usant de coups au moindre geste suspect, bousculant des femmes qui tentent de les empêcher de vider leurs tiroirs ou d'éventrer leurs matelas, les gendarmes et les C.R.S. ratissent immeuble après immeuble en subissant encore de-ci de-là le tir de quelques desperados qui s'attirent une intense réplique des mitrailleuses des blindés.

La population de Bab el-Oued payant ainsi les tirs meurtriers des *deltas* et des *alphas*, trois militants de l'O.A.S. se dirigent à Fort-de-l'Eau vers une villa qu'ils ont reçu l'ordre de plastiquer. Ils s'engagent dans la courte rue qui relie la Nationale 24 à une autre voie longeant le stade municipal. Ils tombent bientôt nez à nez avec des gendarmes mobiles qui ouvrent le feu sans sommations. Si l'un d'eux échappe au piège de feu, Georges Godard, le fils d'un médecin légiste, est mortellement touché et les gendarmes s'emparent de son camarade Robert Davezac, un étudiant de vingt ans blessé d'une balle à l'épaule.

Au soir, plus de cinq cents jeunes gens ont été conduits vers un camp d'internement proche d'Alger et nul ne songe plus à braver le couvre-feu. Les habitants de Bab el-Oued, sonnés par les humiliations subies au cours de la journée, sont nombreux à regretter d'avoir obéi à l'O.A.S. qui semblerait les avoir abandonnés au pire moment.

## Chap. 65. — *Bab el-Oued s'insurge et souffre*

Si l'O.A.S. d'Alger a perdu la face à Bab el-Oued, celle d'Oran a perdu l'un de ses chefs les plus actifs, le lieutenant de vaisseau Pierre Guillaume, qui a été arrêté à un barrage sur la route de Tlemcen alors qu'il revenait de reconnaître à Sidi Bel Abbes les défenses de la base-école de l'aviation légère de l'armée de Terre et allait rencontrer le commandant Buzy-Debat, décidé à rallier une partie du 5$^e$ régiment étranger d'Infanterie. Guillaume a été trahi par le numéro de série de son moteur qui ne correspondait pas à la plaque minéralogique de la voiture dans laquelle il se déplaçait pour donner ses consignes de révolte à des officiers écœurés par le cessez-le-feu, mais encore indécis.

L'arrestation du marin, que les gendarmes ont pris pour un trafiquant de voitures volées, prive Jouhaud et son adjoint Julien Camelin du principal fédérateur de l'insurrection, qui devait à son signal faire basculer l'Oranie dans la résistance.

Outre les éléments du 5$^e$ R.E.I. qui seront mis aux ordres du commandant Buzy-Debat, Jouhaud, ignorant la capture de Guillaume, compte sur deux régiments d'Infanterie basés dans la région de Mostaganem, où un officier de réserve, le capitaine Marc Payras, a mis sur pied un embryon de maquis. A quarante kilomètres au sud-est de Mostaganem, un autre maquis, plus virulent et commandé par le lieutenant de Légion Robert Planchot, attend l'ordre de s'emparer des points de contrôle de la Nationale 4 menant à Orléansville et à Alger. Enfin, le général Jouhaud, aussi confiant qu'Achard l'était au moment d'insurger Bab el-Oued, est persuadé que les Musulmans de trois groupes mobiles de sécurité rejoindront son mouvement aux alentours de Mascara en même temps que le centre d'instruction de la Légion et le commando *Georges,* formé à Saïda de ralliés et de harkis.

Enfin, au jour « J » et à l'heure « H » fixés à l'aube du 26 mars, deux autres G.M.S. entreront en dissidence l'un à Nemours et l'autre à Lamoricière, entre Tlemcen et Sidi Bel Abbes. Ces deux unités regroupées près de Lamoricière dans une mine de fer désaffectée, l'ensemble des troupes acquises à l'O.A.S. rejoindra avec elles Marnia et, par la Nationale 4, cette force investira Tlemcen puis marchera sur Oran, où le commandant Camelin aura pris le commandement des *collines.*

La réussite du plan repose surtout sur la Légion étrangère dont les officiers, avant de s'engager, ont réclamé à Jouhaud la venue à Oran du colonel Dufour, l'ancien chef de corps du 1$^{er}$ R.E.P. emprisonné en Allemagne après le putsch. Ignorant eux aussi l'arrestation de Guillaume dont les gendarmes ne connaissent toujours pas l'identité, les hommes des Micheletti père et fils, Robert Tabarot, « Pancho » Gonzalès, Yaya Bénichou et Marcel Carreno ne chôment pas. Quelques-uns d'entre eux pilonnent au matin du 25 mars le quartier musulman des Planteurs au bas de Santa-Cruz. Après ces tirs, une foule hurlante et mal contenue par des agents du F.L.N. tente de déferler au travers du quartier de la Casbah vers la ville. Le général Katz, bien entendu au courant de l'insurrection avortée à Alger, fait fermer les quartiers européens par cinq bataillons d'Infanterie, autant d'escadrons de gendarmes mobiles et trois compagnies républicaines de sécurité.

Ne voulant pas rester sur l'échec du 21 mars, Katz décide de tenter une nouvelle fois de s'emparer de la radio de l'O.A.S. Le calme étant toujours aussi précaire à l'ouest de la ville, il met personnellement la dernière main à la préparation de l'attaque de l'émetteur signalé par un récent relevé goniométrique.

Certain qu'un officier de son état-major est en relation avec Jouhaud, Katz n'a mis que le lieutenant-colonel Meyrous dans le secret de l'affaire qui vise le quartier Saint-Pierre, un secteur O.A.S. commandé par une femme, Mme Blaye. Et il a fait remettre aux chefs des unités engagées dans le coup de main une enveloppe contenant ses instructions, avec la consigne de ne l'ouvrir qu'à midi.

Malgré ces précautions, l'O.A.S. est avertie de la menace. Lorsque Katz, à 13 h 30, donne l'ordre d'engager la manœuvre, les radios de Micheletti émettent un appel à l'insurrection, démontent leur poste et prennent le large par les toits.

La ville, survolée par trois hélicoptères et un avion de reconnaissance, entre en effervescence. En dessous du Village Nègre, la place Sébastopol grouille d'une foule vociférant ses slogans habituels. Le boulevard Fulton, la rue de Mostaganem et toutes les voies adjacentes sont parcourus par des militants armés appelant à la mobilisation de tous les hommes en état de se battre. Des barricades se lèvent et les principaux accès au centre-ville sont bientôt barrés par des voitures et des autobus aux pneus crevés.

Des observateurs ayant signalé au début des échauffourées le mouvement furtif de deux hommes chargés de valises sur les toits d'un immeuble jouxtant sur le boulevard du Front de Mer la clinique Larribert, le colonel Meyrous donne l'ordre de fouiller cette tour, le Panoramic, proche du monument aux morts.

Des gendarmes inspectent en vain les terrasses et passent à la perquisition des étages. Ils interrompent au quatorzième la discussion de trois hommes et d'une jeune femme encore attablés. Le contrôle de leurs papiers apprend au brigadier menant la fouille que la jeune femme est propriétaire de l'appartement, qu'elle se nomme Claude Raymond, qu'elle a vingt-trois ans, est native d'Aïn-Temouchent et est encore étudiante. Le premier de ses compagnons est dans la soixantaine. Trapu, moustachu et doté d'un collier de barbe naissant, il a le crâne presque rasé. Il porte des lunettes, s'appelle Gerbert et il est inspecteur de l'enseignement technique. Le deuxième tend aux gendarmes une carte d'identité établie au nom de Sabatier de Dôle. « Docteur Sabatier de Dôle », précise-t-il. Quant au troisième, Jean-Claude Jourdain, exploitant agricole à Mostaganem, il bafouille quelque peu en présentant un permis de conduire au libellé

## Chap. 65. – *Bab el-Oued s'insurge et souffre*

incomplet. Tendant ensuite une carte d'identité tout ce qu'il y a de plus en règle, il s'annonce fils d'un vice-amiral d'escadre et plaide une erreur administrative qui satisfait le gradé impressionné par sa parentèle à quatre étoiles.

Les gendarmes se retirent déjà lorsque, se ravisant soudain, leur chef dévisage une dernière fois l'homme au crâne rasé. Après un nouvel interrogatoire d'identité, il contacte par radio le P.C. de Katz en affirmant qu'il a l'impression d'avoir déjà vu le nommé Gerbert dans un fichier. Un officier vient interroger le suspect. Lui aussi troublé, il ordonne par prudence de le mener avec son hôtesse à un camp d'internement de la banlieue.

Durant la fouille du Panoramic, les unités de Katz se sont laissé piéger dans une nasse peu à peu refermée par les hommes des *collines* et une foule de plus en plus dense. Des militants de l'O.A.S. en tenue camouflée ont donné à 14 heures le signal de l'insurrection en tirant quelques rafales sur des half-tracks de la Gendarmerie stationnés au bout de la rue de Mostaganem. Un peu plus tard, au-delà de la porte de Mostaganem cette fois, des C.R.S. ont été à leur tour pris à partie. Katz a alors ordonné au lieutenant-colonel Meyrous d'engager des bulldozers de la 75e compagnie du Matériel au démantèlement des barricades naissantes.

Après s'être difficilement frayé un chemin parmi des nuées d'Oranais accourus à l'appel de Charles Micheletti et avoir perdu du temps avec leurs half-tracks ralentis par des dizaines de voitures abandonnées en épis, les gendarmes d'un escadron commandé par le capitaine Cardinet débouchent sur la place Hippolyte-Giraud.

Cette place, où se rejoignent les boulevards Fulton et François-Lescure et la rue Dutertre, est déserte. Quelques gendarmes s'y hasardent sous la protection des half-tracks. Ils parviennent aux trois quarts de l'esplanade lorsque, jaillissant du haut des immeubles, des tirs fichants les obligent à gagner les entrées en traînant leurs blessés.

L'embuscade est bien montée. Le chef d'escadron, repérant six fusils-mitrailleurs et trois fois plus de pistolets-mitrailleurs, réclame l'intervention d'un peloton de chars. Une pluie de grenades et de cocktails Molotov salue l'arrivée des blindés. Maintenant protégés derrière eux, des gendarmes investissent l'immeuble d'où tombe le feu le plus épais à l'angle de la rue Dutertre et du boulevard Fulton. Les tireurs de l'O.A.S. ne les ayant pas attendus, ils ne retrouvent sur sa terrasse désertée que des centaines de douilles brûlantes.

Se rendant enfin compte que ses unités sont tombées dans un piège, Katz appelle l'aviation à la rescousse. Des bombardiers légers B 26 venus de la Sénia frôlent les toits et, les tireurs de leurs mitrailleuses lâchant des rafales vers la mer, la foule se disperse sous eux.

Les aviateurs ne se sont pas contentés de rafales de semonce. Quelques balles de mitrailleuses ont fracassé les fenêtres fermées de Mme Dubiton, éclatant la cuisse de Frédérique, sa fillette de treize ans, arrachant le bras de sa fille aînée, Andrée Amoignon, et fracassant le tibia et la rotule de sa petite-fille, Sophie Amoignon, petite poupée de trois ans.

Avec ce dernier drame, la famille Dubiton paie un peu plus cher encore son attachement à l'Algérie française. Le père des jeunes blessées est mort le 25 octobre 1956, assassiné par le F.L.N. Ce vendredi-là, Georges Dubiton, agent de contrôle sanitaire à la ville d'Oran, venait d'inspecter des appartements du quartier musulman Delmonte, au-dessus de la cité Bel-Air, lorsque trois terroristes l'ont surpris alors qu'il montait dans un autobus. Comme tous les fonctionnaires mêlés à la population musulmane, il était armé. Il a eu le temps de saisir le petit pistolet qu'il portait dans un étui de cuir renforcé de pièces trouées et de blesser un de ses agresseurs. Mais les deux autres l'ont criblé de balles. Et sa veuve, qui vit boulevard du 2ᵉ Zouaves en face de sa fille Andrée, tremble à chaque heure du jour et de la nuit pour son fils, Pierre, un solide gaillard d'un mètre quatre-vingts qui fait en ce moment même le coup de feu avec un groupe des *collines* aux ordres de Claude Micheletti.

Pierre Dubiton est né le 10 octobre 1942. Après l'assassinat de son père, il n'a plus vécu que dans l'attente d'avoir l'âge de combattre la rébellion. Il a suivi à Sidi Bel Abbes un stage de préparation militaire parachutiste et, puisqu'il n'avait pas encore les dix-huit ans requis pour s'engager, profitant de ses bonnes relations avec quelques officiers, il a signé un contrat de supplétif au titre du 1ᵉʳ R.E.P. Parlant l'arabe, il fait partie d'une équipe de renseignement de cette unité. Il a participé au putsch et, à la dissolution du régiment, après s'être caché dans une ferme proche d'Oran, il a rallié l'O.A.S. et pris *Attila* pour nom de code.

Pendant qu'on évacue ses sœurs et la petite Sophie vers l'hôpital civil, assourdis par le vacarme, Pierre Dubiton et ses compagnons des *collines* cessent de tirer et ce répit permet aux gendarmes de se replier un peu. Mais lorsqu'ils comprennent que les aviateurs ont visé des immeubles, ils reprennent le combat. « Pancho » Gonzalès, qui avait déjeuné avec Jouhaud chez Claude Raymond et venait de le quitter lors de l'irruption des gendarmes, lance la nouvelle de son arrestation, qui exacerbe la hargne de la foule. Des mots d'ordre précisant que Jouhaud y serait enfermé, la caserne de la Gendarmerie départementale occupée par les « rouges » en face de la prison militaire est vite cernée par une marée humaine déferlant par les rues des Lois, Montesquieu, du Docteur-Hamburger et du Général-Cérez. A trois cents mètres de ce charivari exigeant la libération de Jouhaud, Katz fait investir par une compagnie le sommet du plus haut immeuble du boulevard François-Lescure, d'où ses hommes ont une vue panoramique sur la ville.

Tandis qu'à l'hôpital civil, le Dʳ Couniot, chef d'un service de chirurgie submergé de blessés, se résout déjà à amputer d'une jambe Frédérique Dubiton et que la bataille perdure, le faux Gerbert et ses compagnons

## Chap. 65. – *Bab el-Oued s'insurge et souffre*

sont trimbalés sans que personne ne se soucie vraiment de leur sort. Leurs gardiens paraissent surtout soucieux d'échapper au feu de l'O.A.S. Ils ont même failli les perdre lorsque le responsable d'un centre de tri encombré de manifestants capturés, après avoir examiné leurs papiers, a décidé de les libérer. Les ayant récupérés in extremis, ils finissent par les remettre en fin d'après-midi à des inspecteurs de la P.J. dans la Préfecture boursouflée de sacs de sable.

Les suspects n'ont toujours pas été interrogés quand, déplorant déjà un mort et trente-six blessés, Katz ordonne le retrait de ses forces sous la protection des blindés de la Gendarmerie et des dragons. Subissant encore des tirs de harcèlement, les équipages des chars légers et des automitrailleuses abandonnent un à un les points d'appui qu'ils ont eu tant de mal à conquérir. Ils ripostent encore de quelques coups de canon et rafales de mitrailleuse aux tirs qui accompagnent leur retraite au rythme lent des troupes à pied, gendarmes mobiles, appelés du 2$^e$ zouaves, C.R.S. et coloniaux du 22$^e$ R.I.Ma.

Un calme précaire régnant dans les rues centrales où traînent des miasmes de gaz lacrymogènes et des relents de poudre, les prisonniers du Panoramic sont enfin traités à la Préfecture avec un peu plus d'attention. Les papiers du D$^r$ Sabatier de Dôle une nouvelles fois vérifiés, les policiers passent à ceux de Gerbert et celui-ci, très calme, n'a aucune peine à expliquer la destination – un banal achat selon lui – du million d'anciens francs enveloppé dans un journal que les gendarmes ont découvert chez son hôtesse au cours de la dernière fouille effectuée après son départ.

Les coups de feu s'espaçant, la conversation des policiers et de leurs prisonniers est de plus en plus détendue. Un inspecteur avance même qu'il les ferait illico libérer s'il n'y avait pas le couvre-feu. On en est là, lorsqu'un inspecteur fraîchement arrivé de métropole et qui, jusque-là, n'avait pas pris part à l'interrogatoire courtois sourcille en croisant le regard de Gerbert. Il s'empare de sa carte d'identité, masque du bout du pouce sur sa photo son collier de barbe et se souvient d'avoir vu un cliché du suspect en photo chez le médecin de la Police à Clermont-Ferrand. « C'est Jouhaud ! » s'écrie-t-il.

Le général se rend compte qu'il serait vain de ruser plus longtemps et le D$^r$ Sabatier de Dôle reconnaît qu'il est le commandant Julien Camelin. Sitôt averti, Katz, qui n'avait pas prêté beaucoup d'attention à la rumeur répandue par « Pancho » Gonzalès, demande au préfet Denizot de garder le nommé Jourdain à la Préfecture et de faire conduire Jouhaud, Camelin et Claude Raymond au Château-Neuf. Puis il le charge d'annoncer à Christian Fouchet la capture du second de Salan.

Estimant le climat peu propice à les garder sur place, Katz fait conduire Jouhaud, Claude Raymond et Camelin à la Sénia avec une escorte de blindés qui interdit à l'O.A.S. tout espoir de s'opposer à leur rapatriement. Un Dakota C 47 préparé à la demande d'Ailleret, qui a été averti à minuit de leur arrestation, s'envole à 4 h 30 pour Paris où deux cellules attendent Jouhaud et Camelin à la Santé et une troisième Claude Raymond à la prison pour femmes de la Petite-Roquette.

*

— 66 —

## Massacre rue d'Isly

Au matin du 25 mars 1962, à l'heure où l'O.A.S. oranaise tire au mortier sur le quartier musulman des Planteurs, les silhouettes grises et menaçantes de deux escorteurs d'escadre, le *Surcouf* et le *Maillé-Brézé* qui participaient à un exercice avec des bateaux américains, s'imposent dans la baie d'Alger. Ils sont mis à la disposition du général Ailleret et commandés par le contre-amiral Bailleux dont la marque flotte sur le *Surcouf*. Les reclus de Bab el-Oued craignent le pire en les découvrant. Il y a en effet suffisamment d'anciens marins parmi eux pour apprécier la menace des canons de 127 jumelés et des pièces de 57 dont dispose maintenant Ailleret. Mais leurs craintes sont vaines car, montant de la Bassetta, le bruit court que les officiers des escorteurs ont braqué vers le large leurs canons et qu'aucune sonnerie de clairon n'a encore rappelé leurs équipages au poste de combat.

À l'heure où les bâtiments de la Royale mouillaient devant Alger, Salan a appris l'arrestation de Jouhaud en écoutant la radio. Contrôlant son émotion, il a gardé un moment le silence devant son épouse et Ferrandi, puis il a lâché :

— De Gaulle le fera certainement fusiller. A moins que je ne sois moi-même arrêté auparavant.

La capture de Jouhaud assomme un peu plus encore les habitants de Bab el-Oued dont les fouilles des appartements se poursuivent avec le même cortège d'insultes et de brutalités.

Depuis la mort du capitaine Le Pivain, Jean Sarradet s'est enhardi à reprendre des initiatives politiques sans se soucier des proches de Susini qui le surveillent. Le colonel Vaudrey, maintenant presque tout à fait détaché des réalités de l'organisation et qui ne sait même pas que ses chefs de secteur sont prêts à partir vers l'Ouarsenis, a écouté avec complaisance le jeune homme critiquer la stratégie de Susini et Pérez qui, selon lui, gâche toutes les chances de l'Algérie française en assassinant des Musulmans au hasard.

Sarradet a parcouru l'Algérie à la recherche de contacts avec des proches du F.L.N. et du M.N.A. Alors que Salan, Vaudrey, Godard, Gardy et Gardes, chacun d'eux isolé dans sa tour d'ivoire, y croient encore à des degrés différents, il s'est persuadé qu'il est illusoire d'espérer que des chefs de corps engagent leurs unités dans la révolte, du moins dans sa forme la plus violente.

Vaudrey, subjugué par lui comme Salan l'est par Susini, lui ayant demandé d'élaborer un projet politique applicable de manière immédiate, Sarradet a envisagé d'organiser une conférence avec des représentants de l'O.A.S., du gouvernement, du F.L.N. et du M.N.A. Et cela dans le but pour lequel son ami Leroy est mort : faire de l'Algérie un pays indépendant composé de provinces de peuplements différents et unies par une zone administrative commune. Ses manœuvres ne passant pas inaperçues, il a reçu des menaces à peine voilées. Les ignorant et décidé à brûler les étapes, il s'est entendu avec Emilien Blanchet, un dirigeant dissident de la C.F.T.C., rondouillard aux yeux bleus, toujours souriant lorsqu'il parle et archétype du syndicaliste, pour créer une fédération qui, selon ses estimations, regrouperait la quasi-totalité des cadres et les trois quarts des travailleurs, européens et musulmans, d'Algérie.

Après de nombreuses approches de personnalités du monde du travail et des affaires, la grande centrale syndicale dont rêvaient Emilien Blanchet et Sarradet était sur le point de voir le jour, lorsque des durs de l'O.A.S. se réclamant de Pérez ont menacé de mort l'ancien cadre de la C.F.T.C. Soucieux d'éviter un procès comparable à celui qui a abouti aux exécutions de Leroy et Villard, Sarradet a voulu négocier avec Susini. Après lui avoir surtout parlé du maquis de l'Ouarsenis dont il n'approuve pas la constitution, celui-ci lui a fait comprendre que, désormais, c'est à lui seul qu'il devra présenter ses projets.

Un peu plus sur ses gardes et faisant protéger Blanchet par un de ses fidèles armé, Jean Sarradet, utilisant le pseudonyme de Jacques Garcia, a poursuivi avec M. Bastard, ingénieur aux pétroles, l'élaboration de l'Union générale des travailleurs français d'Algérie, l'U.G.T.F.A., qui, une fois structurée, lui permettra, espère-t-il, d'influer sérieusement sur la politique du gouvernement en paralysant le pays par des grèves générales déclenchées sans préavis.

Aux premières heures de ce lundi 26 mars 1962, l'urgence n'est plus aux manœuvres syndicales, ni même à la politique, mais à l'action. Des milliers de femmes, de vieillards et d'enfants sont toujours à Bab el-Oued prisonniers des forces de l'ordre qui ne laissent passer qu'au compte-gouttes leur ravitaillement élémentaire. Sarradet n'a eu aucune peine à persuader Vaudrey d'appeler la population des autres quartiers à descendre pacifiquement dans la rue afin de manifester sa solidarité avec Bab el-Oued.

Pendant ce temps, les capitaines Branca et Montagnon, comme les lieutenants Bernard et Delhomme, sont sur le départ. Ils ont remis à des civils qu'ils ne connaissaient pas l'autorité de leurs secteurs. Gardes est déjà parti et les attend à Lavarande, une bourgade traversée par la route N 4 à quelques kilomètres de Miliana. Ainsi débarrassé du soviet des capitaines avec qui il ne s'est jamais entendu, Vaudrey est donc, en principe puisque les *deltas* ne lui obéissent guère, le seul chef militaire du Grand Alger. Sans songer à contacter Salan, ni même Godard ou Pérez, en accord avec le seul Jacques Achard, il a laissé Sarradet alerter les présidents des associations patriotiques ou sociales depuis si longtemps rodés à la mobilisation de la population. Un tract numéroté T.Z. (toutes zones) 109 a été imprimé, distribué dans les rues et glissé par poignées dans les boîtes aux lettres des responsables d'immeuble : « Halte à l'étranglement de Bab el-Oued. Une opération monstrueuse, sans précédent dans l'histoire, est engagée depuis trois jours contre nos concitoyens de Bab el-Oued. On affame cinquante mille femmes, enfants, vieillards encerclés dans un immense ghetto pour obtenir d'eux par la force, par la famine, par l'épidémie, par "tous les moyens", ce que le Pouvoir n'a jamais pu obtenir autrement : l'approbation de la politique de trahison qui livre notre pays aux égorgeurs du F.L.N. qui ont tué vingt mille Français en sept ans. La population du Grand Alger ne peut rester indifférente et laisser se perpétrer ce génocide. Déjà un grand élan de solidarité s'est manifesté par des collectes spontanées de vivres frais. Il faut aller plus loin : en une manifestation de masse pacifique et unanime, tous les habitants de Maison-Carrée, d'Hussein-Dey et El-Biar rejoindront ce lundi, à partir de 15 heures, ceux du centre pour gagner ensemble et en cortège, drapeaux en tête, sans aucune arme, sans cris, par les grandes artères, le périmètre du bouclage de Bab el-Oued.

« Non, les Algérois ne laisseront pas mourir de faim les enfants de Bab el-Oued. Ils s'opposeront jusqu'au bout à l'oppression sanguinaire du pouvoir fasciste. Il va de soi que la grève sera générale à partir de 14 heures. Faites pavoiser. »

Tandis que le tract commence à circuler, des femmes s'affairent toute la nuit dans des arrière-cours et des garages au rajeunissement de banderoles Algérie française déjà si souvent utilisées depuis mai 1958.

Mis à part l'animation créée par les relèves du bouclage de Bab el-Oued, Alger est calme au matin du 26 mars 1962. Alors qu'il a si souvent plu ces derniers jours, le ciel est clair et les Algérois se sont habitués à regarder sans crainte les escorteurs toujours au mouillage devant Bab el-Oued.

## Chap. 66. – *Massacre rue d'Isly*

Averti de la préparation de la manifestation, le préfet Vitalis Cros, vêtu d'un treillis, après avoir effectué avec une escorte de fantassins une tournée de reconnaissance en ville, a rejoint la caserne d'Orléans, où le général de Menditte a installé son Q.G. Tous les officiers supérieurs proposent d'interdire le défilé et la radio diffuse bientôt cet avertissement : « La population du Grand Alger est mise en garde contre les mots d'ordre de manifestation mis en circulation par l'organisation séditieuse. Après les événements de Bab el-Oued, il est clair que les mots d'ordre de ce genre ont un caractère insurrectionnel marqué. Il est formellement rappelé à la population que les manifestations sur la voie publique sont interdites. Les forces de maintien de l'ordre les disperseront le cas échéant avec la fermeté nécessaire. »

Des renseignements affluant à la caserne d'Orléans, il est évident que l'appel de Vaudrey sera obéi et que, malgré l'interdiction serinée à la radio et par des patrouilles munies de haut-parleurs, cent cinquante à deux cent mille Algérois vont se mettre en route vers Bab el-Oued.

De son côté, le D$^r$ Pérez a ordonné à ses hommes de ne pas se mêler à la marche et Susini, estimant que la manifestation risque d'offrir à la Délégation générale le prétexte de frapper plus durement encore la population, en a fait tout autant. Quant à Degueldre, il ne semble plus du tout concerné par l'agitation naissante.

Les généraux de Menditte et Capodanno, comme Vitalis Cros, craignent surtout que l'O.A.S., malgré la consigne de Vaudrey invitant les Algérois à manifester sans « aucune arme », ne saisisse l'opportunité d'appliquer à la lettre ce passage de la directive 29 de Salan : « La population considérée en tant qu'armée dans un premier temps, et en tant que masse et marée humaine dans un temps final, en vue d'exploiter les modifications de la manœuvre adverse et le "pourrissement" qui devrait en résulter. »

Une fois prises ses mesures d'interdiction, Vitalis Cros laisse aux militaires le soin de renforcer comme ils l'entendent la fermeture des voies d'accès à Bab el-Oued et il se rend en hélicoptère à Rocher-Noir afin de discuter avec Christian Fouchet.

Les dirigeants du F.L.N., certains d'être obéis, recommandent aux Musulmans de ne pas sortir de leurs quartiers. A La Réghaïa, Ailleret, faisant une entière confiance au général de Menditte, au général Capodanno et à Vitalis Cros en ce qui concerne le maintien de l'ordre à Alger, laisse à leur disposition l'ensemble des bataillons d'Infanterie basés dans l'Algérois et, bien qu'il n'ait plus à se préoccuper de l'A.L.N., il garde à sa botte une solide réserve de blindés.

Il est maintenant 12 h 30. Des hélicoptères tournoient au-dessus de la ville. Leurs observateurs rendent compte par radio à l'état-major du général Capodanno que des groupes de manifestants convergent vers le centre, où très peu de voitures circulent. De nombreux journalistes patientent au bar de l'Aletti et d'autres rue Pasteur, sur les balcons et dans le restaurant de l'hôtel Albert-I$^{er}$. A Hussein-Dey et à Maison-Carrée, les capitaines Montagnon et Branca et le lieutenant Bernard ignorent tout de la manifestation. Après avoir dû repousser de quarante-huit heures leur départ à cause d'impératifs techniques, les agents des Chemins de fer algériens chargés d'organiser leur voyage clandestin les ont avertis qu'ils embarqueront dans la nuit du 27 au 28 dans des wagons de marchandises exceptionnellement arrêtés dans le bled, à quelques kilomètres au sud de Maison-Carrée.

Montagnon et Branca commencent à trouver le temps long lorsque, dernier renfort rameuté en ville, trois compagnies du 4$^e$ régiment de tirailleurs (l'ancien 4$^e$ régiment de tirailleurs tunisiens) débarquent à 13 heures d'une file de camions au-dessus du port, à l'extrémité est du boulevard Carnot.

Ces trois cent quarante hommes sont presque tous des appelés musulmans. Ils sont recrus de fatigue et c'est à contrecœur que leur chef, le commandant Pierre Poupat, les a engagés dans cette opération de maintien de l'ordre. Il y a trois jours, ils étaient encore à Berrouaghia à quatre-vingts kilomètres au sud d'Alger. Ils ont été dirigés sur la ville malgré les ordres d'Ailleret qui, après les avoir inspectés le 16 mars, s'était convenu avec le colonel Pierre Goubard, leur chef de corps depuis le 8 juin 1961, qu'ils n'ont pas vocation à participer à des opérations de maintien de l'ordre urbain.

Avant Goubard, d'autres officiers ont refusé de mettre des soldats musulmans au contact d'une foule européenne. En mai 1958, le lieutenant-colonel Bachelot avait répugné à engager un bataillon nord-africain au maintien de l'ordre en Corse. Comme le colonel Puigt il y a quelques jours, le capitaine Léger, qui commandait alors une compagnie de parachutistes musulmans, en avait fait autant au moment des barricades.

Mais, malgré l'ordre écrit d'Ailleret diffusé dès le 17 mars, de nombreux tirailleurs ont découvert la ville aux premières heures du blocus de Bab el-Oued où ils ont subi sans dommages des tirs de l'O.A.S. Ils ont aussi participé au bouclage du Forum à l'occasion du dépôt de gerbe toléré par la Délégation générale. Aujourd'hui, engagés jusqu'à l'aube dans des patrouilles et des barrages à Maison-Carrée et à proximité de l'hippodrome du Caroubier, ils n'ont pour la plupart pas dormi depuis plus de vingt-quatre heures.

En attendant les ordres que son adjoint, le capitaine Hardouin-Duparc, est allé chercher à la caserne d'Orléans, le chef de bataillon Poupat installe son P.C. au bastion 15, un bâtiment bordant dans la courbe du boulevard Carnot le square Guynemer, près du Foyer du soldat animé par la comtesse du Luart.

Sans songer que pour mener la même mission au cœur de Paris, le commandement aurait certainement engagé dix fois plus d'hommes, le

## Chap. 66. – *Massacre rue d'Isly*

commandant Poupat ordonne au capitaine Roland Ducrettet de mettre en place à la naissance du boulevard Baudin et au bout des arcades de la rue Alfred-Lelluch les quatre sections de sa 2e compagnie commandées par le lieutenant Christian Latournerie, le sous-lieutenant Raymond, l'aspirant de réserve Jean-Pierre Richarter et le sergent-chef Malville. Puis il poste ensuite les 2e et 4e sections de la 6e compagnie du capitaine René Técher, commandées par l'aspirant Voisin et le sergent-chef Chinoum, au débouché du boulevard Bugeaud sur la place de l'Hôtel des Postes, à l'angle de la petite rue du Commandant-Tonnerre qui, derrière la Grande Poste, descend vers la rue Alfred-Lelluch.

De l'autre côté de la place, le lieutenant Daoud Ouchène, un Kabyle blond aux yeux bleus, officier sorti du rang, ancien sergent parachutiste au 1er R.C.P. puis sous-lieutenant au 21e bataillon de chasseurs alpins, a la responsabilité d'un barrage formé de sa 3e section et de la 1re commandée par le lieutenant Boucher.

Le capitaine Técher réunit ses chefs de section afin de leur donner ses dernières consignes qui se résument à peu de mots : « riposter au fusil-mitrailleur en cas de tirs provenant des balcons, user de la persuasion pour contenir les manifestants et si cela ne suffisait pas à empêcher les manifestants de forcer les barrages, en venir à l'usage des armes ».

Ces premiers éléments étant disposés à 13 h 30 auprès de chevaux de frise et de rouleaux de barbelés qu'il faudra au besoin mettre en place, le commandant Poupat établit sa compagnie d'appui en réserve dans la courte rue Bedeau qui relie perpendiculairement le boulevard Carnot à la rue Alfred-Lelluch. Cette 5e compagnie est commandée par le capitaine Michel Gillet et composée de cinq sections. La 1re est sous les ordres du sergent-chef Combarelle, la section 81 est commandée par l'aspirant Alain Saint-Gal de Pons sorti de l'école de Cherchell en décembre, et les autres, la 75, la 3 et la 4, sont respectivement menées par le sergent-chef Azzouzi, le lieutenant Pierre Brossolet et le sergent-chef Messilem.

Même si les manifestants ne sont pas encore très nombreux sur la place de l'Hôtel des Postes et en bas du boulevard Laferrière, les tirailleurs sont nerveux. Ils ont de quoi l'être, puisque, au moment de répercuter les ordres du général Capodanno que lui a transmis le capitaine Hardouin-Duparc en même temps qu'une carte précisant les emplacements des barrages, le commandant Poupat n'a pas caché à ses capitaines de compagnie et chefs de section qu'ils auront, une fois les chevaux de frise et les barbelés installés, à arrêter les manifestants « au besoin par le feu ».

Il est maintenant presque 14 heures. La place de l'Hôtel des Postes se remplit peu à peu d'hommes et de femmes qui ont franchi les premiers barrages tendus à quelques centaines de mètres à l'est par des éléments des 43e régiment d'artillerie, 152e R.I., 11e R.I.Ma., des gendarmes mobiles et des C.R.S. Une bonne part de ces manifestants, drapeaux en tête et souriant aux tirailleurs, force le passage dans la rue d'Isly et des anciens combattants circulent parmi eux afin de s'assurer qu'ils ne sont pas armés.

Le commandant Poupat, revenu à son P.C. du square Guynemer après avoir inspecté son dispositif, signale par radio à la caserne d'Orléans cette affluence croissante. Craignant que ses tirailleurs ne manquent de sang-froid, il avance qu'il serait judicieux de faire converger vers le bas du boulevard Laferrière des troupes plus aguerries au maintien de l'ordre urbain. Comme on le fait lanterner sans même songer à lui ordonner de disposer en travers des rues les chevaux de frise et les rouleaux de fil de fer barbelé, il décide de le faire de lui-même.

Ces dernières précautions sont prises sous le regard du colonel Fournier, l'adjoint opérationnel de Capodanno qui va d'unité en unité à bord d'une jeep avec une petite escorte après avoir reçu le commandement du dispositif de barrages, dont le plus gros est composé de blindés massés vers la place du Gouvernement.

Si l'installation des barbelés s'organise sans anicroches à la sortie du boulevard Carnot, il en est tout autrement devant la Grande Poste où le capitaine Técher, privé de liaison radio avec le commandant Poupat, a pris lui l'initiative d'établir un premier barrage et un second au bout du boulevard Bugeaud. Leurs compagnons du boulevard Bugeaud ont déjà terminé leur travail alors que les gradés et les tirailleurs du lieutenant Daoud Ouchène, attelés aux chevaux de frise et aux rouleaux de barbelés jusque-là serrés sur les trottoirs, peinent encore pour se rejoindre au milieu de la rue où règne une pagaille bon enfant. Le barrage, trop court parce qu'il n'y a pas assez de barbelés, n'empêche pas quelques centaines de manifestants de s'engager encore dans la rue d'Isly. Le commandant Poupat, dans l'intention de leur barrer plus loin le passage, engage au pas de charge sa compagnie d'appui dans la rue Chanzy qui, perpendiculaire à la rue d'Isly, prend naissance dans le boulevard Bugeaud en face de la caserne Charron.

Les deux premières sections de ce renfort débouchant au bout de la rue Chanzy, le capitaine Gillet apprécie la masse qui défile devant lui et il rend compte par radio de la situation au commandant Poupat.

— Alors, décide celui-ci, puisque les barrages sont rompus, il faut arrêter la manifestation !

— Pour l'arrêter, mon commandant, je ne vois que deux solutions : essayer encore une fois de déborder la foule par une autre rue adjacente ou la couper ici même.

Le commandant Poupat estime que les tirailleurs du capitaine Gillet, même s'ils n'ont que deux cents mètres à parcourir, n'auront pas le temps de redescendre la rue Chanzy, de filer par le boulevard Bugeaud jusqu'à la rue Gueydon et de remonter vers la rue d'Isly.

— Il faut couper, ordonne-t-il alors.

Confiant la manœuvre au lieutenant Brossolet, le capitaine Gillet donne le signal de la ruée. Les tirailleurs bondissent l'arme haute et, sans rencon-

## Chap. 66. – *Massacre rue d'Isly*

trer de résistance, ils séparent en deux le flot des manifestants. Des discussions, d'abord amicales puis de plus en plus tendues, s'engagent entre les Pieds-noirs et les gradés. Les tirailleurs, essoufflés et livides, paraissent égarés et se tiennent au coude à coude dans le brouhaha.

Si les manifestants, dociles après avoir écouté le capitaine Técher expliquer qu'il a reçu l'ordre de les empêcher de passer et qu'il y obéira, n'ont pas insisté au barrage du boulevard Bugeaud, devant la Grande Poste maintenant presque noire de monde, le lieutenant Ouchène parlemente avec des grappes d'anciens combattants ignorant que la rue d'Isly est barrée cent cinquante mètres plus loin par les tirailleurs du lieutenant Brossolet.

De nouveaux manifestants arrivant en flots par la rue Charles-Péguy et la rue du 9e Zouaves, il y a bientôt une foule de quatre à cinq mille personnes devant les tirailleurs soûlés de cris.

Le journaliste Claude Joubert, envoyé spécial de la R.T.F. à Alger, a été averti que la manifestation s'ébranlera du plateau des Glières à 15 heures. Il a quitté à 13 heures son bureau avec un preneur de son dans l'intention de prendre le pouls de la ville. Après avoir franchi un premier barrage avenue Franklin-Roosevelt derrière le Palais du Gouverneur, il s'est heurté à un second alignement de blindés à l'entrée du boulevard Camille-Saint-Saëns. Malgré sa position de journaliste d'un organisme d'Etat, il a dû abandonner sa voiture. Et son preneur de son en a fait tout autant. Empruntant des ruelles et des escaliers de traverse, il est arrivé à 14 heures à l'hôtel Albert-I$^{er}$.

Ayant vainement attendu son technicien sans doute pris dans la cohue du dernier barrage tendu par des fantassins des troupes de Marine, Claude Joubert est descendu vers la Grande Poste où, à cause d'un mouvement de foule, il n'a pu approcher le barrage de la rue d'Isly. Alors qu'il remontait vers l'avenue Pasteur, il a vu, à quarante mètres de lui et à mi-hauteur des escaliers du boulevard Laferrière, trois hommes en treillis kaki mettre un fusil-mitrailleur en batterie dans un bosquet.

Julien Besançon, l'envoyé spécial d'Europe 1 qui venait de déjeuner au restaurant panoramique de l'Albert-I$^{er}$, a reconnu sur la place de la Grande Poste envahie par la foule le lieutenant Daoud Ouchène avec qui il s'était entretenu l'avant-veille en bas du boulevard Guillemin lorsque le 4e R.T. participait au bouclage de Bab el-Oued.

L'ambiance devenant de plus en plus explosive en bas du boulevard Laferrière, Claude Joubert a décidé de rejoindre d'autres journalistes à l'hôtel Albert-I$^{er}$. Maintenant accoudé au balcon d'une chambre louée par un ami, il a une vue générale sur les coulées d'arbres cascadant vers le plateau des Glières.

Julien Besançon approchant du lieutenant Ouchène avec Etienne Anthérieu, un journaliste du *Figaro*, met en marche son magnétophone afin d'enregistrer les supplications de quelques anciens combattants réclamant un droit de passage que l'officier kabyle ne peut évidemment pas leur accorder.

Le lieutenant étant cerné par des civils qui l'agrippent pour appuyer leurs demandes, les premiers manifestants engagés dans la rue d'Isly et maintenant bloqués entre l'avenue Pasteur et la rue Chanzy, expliquent aux lieutenants Brossolet et Mouchot qu'ils ne sont animés d'aucune intention belliqueuse. Ils veulent seulement, jurent-ils, assister moralement leurs amis de Bab el-Oued. Inlassablement, les officiers harcelés répondent aux Pieds-noirs, dont certains ont les larmes aux yeux, qu'ils les comprennent, qu'ils sont aussi partisans de l'Algérie française, mais que, les ordres étant les ordres, ils ne peuvent pas les laisser passer.

Après ces palabres, des insultes montent de la foule soudain nerveuse. Des militaires reçoivent des ruades et des coups de poing. Dans la mêlée incontrôlable, des tirailleurs dépassés se débattent dans la crainte qu'on leur arrache leurs armes. A quelques mètres du lieutenant Ouchène, un grand sergent lève à bout de bras sa M.A.T. 49 et laisse échapper une courte rafale vers le ciel. Faisant écho à ce tir accidentel, une volée de balles touche deux tirailleurs et quelques civils. Ouchène empoigne son poste radio.

— On nous tire dessus ! annonce-t-il à son capitaine en essayant en vain de distinguer l'origine des coups de feu. Je riposte ?

Il n'a pas le temps d'écouter la réponse. Ses hommes ouvrent le feu en direction des étages. La foule affolée, hurlante et aveugle, se dilue dans toutes les directions. « Mon lieutenant, implore Armand Luxo, un ancien combattant, au nom de la France, faites cesser le feu ! » Et d'autres manifestants reprennent sa supplication.

Julien Besançon s'est jeté à plat ventre. Il a eu le réflexe professionnel de consulter sa montre. Il était 14 h 46 lorsque les premières rafales ont tué et blessé des manifestants autour de lui.

Tandis que Daoud Ouchène se casse la voix en tentant de ramener le calme, des femmes et des hommes courent en zigzag sur la place pour tenter de gagner l'abri de la Grande Poste. S'ils sont nombreux à se plaquer au sol lorsque des rafales crépitent, ils le sont moins à se relever et ceux qui ont pu le faire laissent derrière eux des blessés et des morts.

En bas de la rue Chanzy, un fusil-mitrailleur en batterie à l'un des derniers étages de l'immeuble faisant face à la caserne Charron, à l'angle de la rue Alfred-Lelluch et de la rue Changarnier, tire sur la foule au-dessus des tirailleurs échelonnés en file au long de la pente mais en blesse quelques-uns à l'entrée de la rue d'Isly. Le caporal-chef Mayedine, armé d'une A.A. 52, a repéré l'arme meurtrière. Il met sa pièce en batterie à la naissance de la rampe Bugeaud qui monte en biais vers la place de l'Hôtel des Postes et il la fait taire au bout de quelques rafales.

Des coups de fusil épars claquant encore dans la rue Chanzy, le capitaine Gillet commence à regrouper ses hommes à l'abri des entrées. Puis

## Chap. 66. – *Massacre rue d'Isly*

il ordonne à l'aspirant Saint-Gal de Pons de remonter dans la rue d'Isly, afin d'aider à relever les blessés.

Maintenant allongé sur le balcon de la chambre de son ami, Claude Joubert voit refluer à la course des manifestants cherchant le salut par l'avenue Pasteur. Soudain jaillies du bosquet dans lequel il a repéré le manège furtif des trois hommes en treillis, des rafales les prennent pour cible.

Devant la Grande Poste, les tirailleurs du lieutenant Ouchène ne se contentent plus de viser les façades des immeubles. Ils tirent à hauteur d'homme sur la foule. Certains s'acharnent sur les hommes et les femmes allongés sur la place. Ils tuent un médecin de quarante ans, Jean Massonat, qui se penchait sur un blessé et qui, dans la dernière lettre qu'il avait adressée à son ami Jean Brune, aujourd'hui réfugié en Suisse et qui le citera dans le *Journal d'exil* que Roland Laudenbach publiera dans un an à La Table Ronde, regrettait : « Non seulement on veut nous chasser, mais on veut encore que nous soyons des salauds, pour que nous soit retirée jusqu'à l'espérance en un mouvement de pitié de la métropole ! »

Autour du médecin mort, les gradés, hurlant toujours de cesser le feu, empoignent les canons brûlants de leurs tirailleurs pour les empêcher de tirer encore.

Revenu dans l'avenue Pasteur prise en enfilade par des rafales en provenance de la direction des Facultés, Julien Besançon essaie de voir si ces tirs jaillissent des immeubles qui ont souvent servi de base de feu au cours d'opérations de harcèlement des forces de l'ordre massées au-dessous de l'ancienne Délégation générale. Il ne repère rien sur ces balcons et, passé 15 heures, après avoir transmis un premier reportage en direct à Europe 1, il redescend vers la Grande Poste, où les secours s'organisent déjà malgré des tirs sporadiques.

Tandis qu'on emmène les blessés dans un concert de sirènes, le lieutenant Ouchène, livide, abattu et incapable de réagir à l'horreur, se tient droit devant l'entrée de l'immeuble qui, au 57 de la rue d'Isly, jouxte l'Agence Havas. Des gens silencieux, prostrés, veillent les morts. Un jeune homme est agenouillé près de quatre corps d'hommes abattus alors qu'ils cherchaient refuge à l'entrée du magasin de sous-vêtements féminins Claverie. Il ne semble pas vouloir se résoudre à retirer sa main qu'il a machinalement posée sur l'épaule d'un homme couché sur le ventre près d'un mannequin dénudé tombé d'une vitrine fracassée par les rafales des tirailleurs. Des sauveteurs courant en tous sens pour rejoindre leurs ambulances avec leurs fardeaux pantelants et trop souvent moribonds, des hommes, murmurant parfois une prière machinale, recouvrent une tête éclatée ou une poitrine déchirée avec un chapeau, une casquette ou un veston abandonné.

A l'heure où la troupe tirait ses premières rafales, Susini discutait rue Desfontaines avec Salan et Ferrandi des dangers évidents de la manifestation organisée contre son gré par Vaudrey et Sarradet. Entendant monter les premiers échos des tirs, Ferrandi a branché la radio. Imaginant sans peine en écoutant Julien Besançon le drame qui se jouait rue d'Isly et sur la place de l'Hôtel des Postes, Susini, hors de lui, a immédiatement réclamé à Salan la tête de Vaudrey.

Après avoir récupéré avec le reste de son régiment quelques groupes de supplétifs menacés par l'A.L.N. dans le secteur de Letourneux par des fellaghas de la toute dernière heure – ceux que les plus anciens *djounoud* ont déjà baptisés les « marsiens » –, le colonel Goubard est venu rendre compte à Médéa de son opération de sauvetage au Q.G. de la zone opérationnelle du Sud algérois. Entendant le reportage de Julien Besançon et songeant aux tirailleurs qu'il a confiés au commandant Poupat, il téléphone au corps d'armée d'Alger. Un officier d'état-major, après avoir menti en affirmant qu'il ne savait pas quelles étaient les unités engagées rue d'Isly, lui conseille d'attendre de plus amples renseignements à Médéa.

Ayant aidé au dégagement de nombreux blessés en haut de la rue Chanzy, l'aspirant Saint-Gal de Pons redescend le boulevard Bugeaud. Regardant machinalement en direction du balcon d'où il y a quelques minutes tirait le fusil-mitrailleur neutralisé par le caporal-chef Mayedine, il voit un garde mobile ou un policier brandir des chargeurs de fusil-mitrailleur. Une ambulance civile de couleur crème s'arrête devant l'entrée de l'immeuble où deux infirmiers pénètrent avec une civière et en ressortent très vite, chargés d'un corps dissimulé sous un drap.

Avant qu'on emmène le mort, des habitants de l'immeuble sortis de leurs appartements sitôt le calme revenu ont eu le temps de se rendre compte qu'il avait le type asiatique. Dans quelques mois, au cours du procès des conjurés du Petit-Clamart, Mᵉ Tixier-Vignancour fera sensation en précisant à l'audience du samedi 23 février 1963 que le mystérieux tireur au F.M. s'appelait Tran Trong Doy, né le 25 juin 1932, à Hanoï.

Le feu a été meurtrier ailleurs qu'à l'entrée de la rue d'Isly et en haut de la rue Chanzy. Au carrefour de l'Agha, près du Mauretania, un policier de la C.R.S. 182 a été tué et quelques autres blessés. Au soir de cette terrible journée, les Algérois, jonglant avec des chiffres allant de quarante à deux cents, font l'appel imprécis de leurs morts tombés au cœur de la ville, assassinés par des Français et des provocateurs inconnus et même, avancent certains d'entre eux, par des fellaghas mêlés aux tirailleurs, qu'ils auraient identifiés aux marques peintes sur des casques, alors qu'il s'agissait de signes de reconnaissance tracés par des tirailleurs soucieux de ne pas les égarer durant leurs déplacements.

A la peine immense de ces gens s'ajoute bientôt une intolérable humiliation lorsque, parlant le soir à la radio et à la télévision, le général de Gaulle se contente d'annoncer le scrutin qui fixera leur sort le 8 avril. Certainement enregistré avant la tuerie, le discours présidentiel sonne particulièrement faux. Surtout lorsque, après avoir réclamé aux métropolitains qui seront seuls à participer à la consultation d'approuver par leurs votes sa politique algérienne, le Général évoque la paix qui va s'installer en Algérie.

— Dès lors, souligne-t-il, que la France veut que l'Algérie dispose d'elle-même, dès lors que notre armée s'est assuré la maîtrise du terrain, dès lors qu'il est acquis, qu'en contrepartie de notre aide, l'Algérie nouvelle respecte les intérêts de notre pays et procure les garanties nécessaires à la communauté de souche française, la lutte n'a plus aucun sens.

Même s'il a, une nouvelle fois et toujours sans la nommer, égratigné au passage l'U.R.S.S. en évoquant « un certain Empire totalitaire qui bâillonne quatorze nations et projette ouvertement d'en faire autant à toutes les autres », jamais autant de cris de haine n'avaient salué la fin des propos de l'homme du 13 mai 1958.

\*

— 67 —

## Le maquis de l'Ouarsenis

Au matin du 27 mars 1962, le *Maillé-Brézé* et le *Surcouf* ont déserté la baie lorsque, les autorités n'en annonçant que quarante-six, il est certain qu'au moins soixante-sept civils dont les plus jeunes, Ghislaine Grès et Christian Sainte-Marie, avaient dix et quinze ans, sont morts au centre d'Alger. Parmi eux et les cent deux blessés par balles qui sont aujourd'hui soignés à Mustapha et dans les cliniques Laverne et Solal, aucun membre de l'O.A.S. n'a été reconnu.

Au cours de la principale fusillade qui a duré douze minutes, les anciens combattants ont payé à l'Algérie française un lourd tribut de morts et de blessés. Le D$^r$ Jacques Massonat, capitaine de réserve, a été tué comme Jacques Innocenti, lui aussi capitaine. Philippe Gauthier, jeune homme de vingt-huit ans qui a effectué son service militaire au commando de Marine *Trepel* où son commandant, le lieutenant de vaisseau Robert Eliés, le considérait comme l'un des meilleurs officiers de réserve servant sous le béret vert, a été tué par une balle française après avoir souvent risqué sa vie contre l'A.L.N. dans la région d'Aïn Sefra.

Afin de dégager la responsabilité de ses troupes, le général Ailleret adresse à la presse ce document : « Les premiers résultats de l'enquête en cours sur les circonstances de l'ouverture du feu au cours de la manifestation du 26 mars dans le centre d'Alger permettent d'établir un certain nombre de faits.

« 1° – Vers 14 h 30 un capitaine d'une unité de tirailleurs remontant la rampe Bugeaud pour établir un barrage rue d'Isly, près de la grande poste, subit dans le dos le feu d'armes automatiques individuelles provenant à la fois de manifestants et des immeubles situés rue d'Isly, rue Lelluch et boulevard Bugeaud. Trois tirailleurs sont blessés. La compagnie de tirailleurs riposte.

« 2° – Vers 14 h 50, le régiment d'infanterie tenant les Facultés et la rue Michelet subit le feu d'armes automatiques provenant de la rue Michelet, de la rue Charras, de l'avenue Pasteur et de la rue Berthezène.

« 3° – 14 h 55, le groupement de C.R.S. stationné près de l'immeuble Mauretania subit un tir de pistolet mitrailleur effectué par six individus (dont une femme) cachés dans la foule, puis le feu d'armes individuelles provenant du Mauretania et des immeubles environnants. Un C.R.S. est tué, trois autres blessés. Les C.R.S. ripostent.

« 4° – Vers 15 h 10, le groupe des gendarmes mobiles placés autour de la Délégation générale subit des tirs provenant de la caserne des douanes, des immeubles du boulevard Laferrière et de la rue Berthezène. Il est à noter que l'action des forces armées dans les opérations de maintien de l'ordre obéit aux prescriptions de l'instruction interministérielle du 1$^{er}$ mars 1961 : le feu ouvert dans les conditions prévues à l'article 26 de cette instruction, ou en face d'une insurrection caractérisée. »

Rejetant en bloc la manière dont le commandant supérieur présente le massacre, la population européenne d'Alger est tétanisée par la douleur et la rage. Le général de Gaulle semble insensible à son deuil et laisse à l'O.A.S. la responsabilité de la tuerie puisqu'il écrit le 27 mars à Etienne Burin des Roziers, secrétaire général de la présidence de la République : « Quand la foule d'Alger (demain celle d'Oran ?) se laisse entraîner par l'O.A.S. pour forcer les barrages et reprendre la ville aux forces de l'ordre, la riposte de celles-ci est naturellement coûteuse mais elle est inévitable. Au total c'est en tenant bon que l'ordre épargne les vies humaines. Dire à M. Fouchet qu'il m'appelle aujourd'hui (à Colombey) soit à 14 heures, soit à 18 heures, soit dans la soirée à partir de 21 heures. »

Revenu après cette note sur son intention d'attendre le coup de fil du haut-commissaire en Algérie, de Gaulle a lui-même appelé Christian Fouchet. Ayant écouté le bilan officiel des tragiques fusillades de la veille (46 morts et 124 blessés), il met fin à l'entretien par ces simples mots

— Allez... Bon courage !

S'il est impopulaire, Fouchet ne manque pas de courage. Bien que son chef de cabinet civil, le préfet Jean Dours, ait reçu in extremis un renseignement annonçant qu'une énorme charge de dynamite déposée dans un camion de moellons allait exploser devant son immeuble à Rocher-Noir, il se rend à pied à Bab el-Oued. Partant de la caserne Pélissier avec Ailleret et M. Dumont, préfet de la région d'Alger, suivi par un groupe de photographes, il parcourt les avenues de la Marne et de la Bouzaréah jusqu'à la place des Trois-Horloges.

L'O.A.S., prise de court, ne saisit pas l'opportunité de décapiter d'un coup l'autorité gouvernementale et Christian Fouchet, à l'issue de sa visite qui lui a tout de même attiré des cris de haine et des insultes plus certainement adressées à Ailleret qu'à lui-même, puisque les Algérois ne le connaissent pas encore, après avoir longtemps hésité, enregistre un discours destiné au journal télévisé de 20 heures.

— Ecoutez-moi, je vous en prie. Cet après-midi j'ai été parmi vous, à Bab el-Oued et à Alger. J'ai senti une sourde mais poignante tristesse. Je la ressens comme vous. Comme vous, je déplore ces morts d'hier, ces victimes, innocentes, elles, poussées à la mort par des assassins, et je veux dire simplement ceci, en pensant surtout aux dizaines et aux dizaines de milliers, aux centaines de milliers d'hommes, de femmes, d'enfants d'Alger, dont une partie m'écoute ce soir et qui n'ont qu'un désir : que se termine ce cauchemar, que la paix revienne, qu'il soit de nouveau possible, à la fin des fins, de se regarder dans les yeux, de se sourire, et pourquoi pas, de s'aimer. Faites confiance à la France !

« Je comptais dans quelques jours vous parler de votre avenir, de l'avenir de la France. Nous le ferons. Mais aujourd'hui, aujourd'hui où allez-vous, que voulez-vous ? Quelle que soit la force de votre opinion, de vos convictions, de vos passions quant à l'avenir de l'Algérie, vous êtes parfaitement libres d'en avoir. Une chose est d'être partisan de l'Algérie française. Chacun a le droit de l'être. Une autre chose est d'être un assassin, et personne n'a le droit de l'être. Une autre est d'être le complice des assassins ou de les protéger, et cela non plus, personne n'a le droit de l'être. Que croyez-vous ? Qu'espérez-vous ? Oh ! ceux qui vous guident, qui vous guident vers la mort, qui vous guident vers le drame, pour Alger, et pour vous, eux, le savent. Ils savent bien qu'ils n'ont plus qu'une chose à faire pour sauver leur mise : c'est de s'appuyer sur votre sacrifice. Ils se trompent, car leur partie est perdue, elle est archi-perdue. Il n'est que de passer quelques heures avec les forces de l'ordre qui, depuis le général commandant supérieur jusqu'au plus jeune des soldats, sont toutes unies dans la même discipline au service de l'Etat et dans la même résolution, pour savoir à quel point j'ai raison. Oui, leur partie est archi-perdue, ne vous engloutissez pas avec eux. Français d'Alger, Françaises d'Alger, au nom de la République, au nom de la loi, au nom de l'humanité, au nom d'Alger ; je vous demande de ne plus vous prêter à ces désordres. Je vous demande de faire confiance à la France.

Mais l'immense majorité des Européens refuse de faire confiance à l'homme qu'ils estiment venu en Algérie dans la seule intention de brader leur pays.

La presse métropolitaine portée dans son ensemble à relater les exactions de l'O.A.S. n'en laisse pas passer le moindre écho. *La Croix,* dans sa livraison du 27 mars, a annoncé que ses commandos ont transformé en forteresse le clocher de la cathédrale d'Oran avec l'aval de son clergé. Le chanoine Carmouze, archiprêtre du diocèse, s'empresse de démentir cette nouvelle qui risque de jeter le trouble parmi les catholiques métropolitains. « Dans le texte même de votre compte rendu, écrit-il au rédacteur en chef de *La Croix,* on peut lire : "A 17 heures, les tireurs de l'O.A.S. prenaient position sur le clocher de la cathédrale." Votre correspondant ou votre envoyé spécial était heureusement doté d'une montre qu'il devait consulter souvent pour l'exactitude horaire de son récit. Il en a oublié de considérer le cadre des événements : la cathédrale d'Oran n'a pas de clocher, mais des clochetons dont personne n'a demandé les clés et où personne n'a pu s'introduire. Aucun coup de feu n'a été tiré des clochetons ni des terrasses qui, cependant, ont gardé des traces de tirs de ce qu'il est convenu d'appeler les forces de l'ordre, ou qu'on considère comme telles. »

Après cette mise au point, le chanoine Carmouze, ne songeant pas à dissimuler ses sentiments favorables à l'Algérie française, précise que son évêque, Mgr Bertrand Lacaste, était au moment des faits en tournée pastorale à cinquante kilomètres d'Oran. « A son retour, écrit-il, il fut accueilli par quelques salves d'artillerie du même service d'ordre. Salves qui l'empêchèrent de rentrer en son palais épiscopal. Mais, à défaut de Son Excellence, le responsable de la paroisse et un vicaire furent présents en l'église-cathédrale de 14 à 18 h 30. Tous deux affirment que personne n'a demandé à utiliser l'édifice pour le combat. Que des forces de l'ordre aient cru devoir viser ce qu'elles croyaient occupé par des insurgés, nous n'y voyons aucun inconvénient. Il y a des heures où l'on voit trouble et où l'on prend des vessies pour des lanternes. »

A Paris, Sergent ne reste évidemment pas insensible au massacre de la rue d'Isly. « La mort dans l'âme et les larmes aux yeux », il rédige cet appel destiné aux officiers : « Ils ont tiré ! C'est un fait : le lundi 26 mars 1962, des soldats français, commandés par des officiers français, ont ouvert le feu sur une foule qui n'avait pour armes que des drapeaux français. Voilà où vos chefs vous ont menés. Je dis "vos" chefs car nous, les soldats de la Résistance, nous les avons rejetés définitivement. Nous savions très bien jusqu'où les conduirait leur veulerie. Vous aussi, vous le savez, mes camarades capitaines et lieutenants, ne le niez pas. Vous savez très bien qu'il n'y a plus un général en activité capable de s'opposer à cette dégradation de l'Armée française. Avez-vous fait Saint-Cyr pour apprendre à tuer des civils, des Français sans défense ? Je sais que vous êtes écœurés. Croyez-moi, votre nausée ne sera pas dissipée aussi longtemps que vous n'aurez pas choisi entre l'honneur et le conformisme. Choisissez l'honneur. Montrez, prouvez que l'armée a encore des chefs. Peu importe le grade ! Ayez du caractère ! Laissez les généraux inconditionnels placer leur lâcheté sous le signe de la raison et du bon sens. Qui d'entre eux a seulement eu le courage de poser son képi sur le bureau du ministre ? Pas un !

« Et vous, jeunes officiers ? Laisserez-vous croire à toute la jeunesse de France que vous n'êtes que des fonctionnaires soucieux d'avancement et de retraite ? Voyez ces jeunes des corniches qui, eux, ont le cran de s'opposer à leurs maîtres. Ils ont sacrifié leur carrière à un idéal. Voilà du courage ! Parmi vous il en est qui critiquent notre action, prétendant que nous employons des moyens détestables. C'est à vous qu'il appartient de prendre en main l'action parfois désordonnée de jeunes insuffisamment encadrés. Allons, mes camarades. Il faut choisir. Refusez de servir une coterie qui vous donne des ordres déshonorants. Rejoignez nos rangs, il y a du travail pour tous. N'attendez pas je ne sais quelle occasion. Trop d'occasions ont été gaspillées ! N'attendez pas je ne sais quel ordre. Il est des ordres qui viennent de l'âme. Ne laissez pas salir le métier des armes. Réfléchissez. Choisissez. Une poignée d'hommes suffit pour refaire un pays. Soyez de ceux qui croient. Soyez de ceux qui osent. »

L'appel de Sergent commence à circuler dans les mess métropolitains, lorsque Christian Fouchet décide de se rendre à Oran avec Ailleret, qui a refusé de recevoir quelques élus venus à La Réghaïa dans l'espoir de l'amener à cesser les opérations contre l'O.A.S. C'est avec une impressionnante escorte de blindés qu'il se rend de la Sénia au Château-Neuf où, après avoir interdit la circulation au centre de la ville en état de siège, les généraux Cantarel et Katz le reçoivent et ne lui cachent rien de la situation critique à laquelle, manquant toujours de moyens, ils doivent faire face. Si, lui expliquent-ils, l'opinion est à Alger quelque peu nuancée selon les quartiers, à de rares exceptions près, la population d'Oran fait bloc contre les forces de l'ordre. Même les prêtres, souligne Katz.

Puisque l'archevêché est proche, Christian Fouchet décide de s'entretenir avec l'évêque d'Oran, et Mgr Lacaste, au grand étonnement du général Cantarel, ayant immédiatement accepté de venir au Château-Neuf, il se rend compte que les deux généraux ne se sont pas trompés quant à la position de son clergé. Alors qu'il lui recommande d'amener ses prêtres à prêcher la modération à leurs ouailles, selon lui beaucoup trop promptes à suivre les ordres de l'O.A.S., le prélat d'origine basque, vêtu par prudence d'une simple soutane de curé, lui fait remarquer qu'il n'a de consignes à recevoir que de Sa Sainteté le pape.

Après avoir laissé partir l'archevêque insensible à ses propos, Fouchet se rend à la Préfecture où, quelques minutes avant son arrivée, les hommes de Charles Micheletti ont fait sauter l'ascenseur. Les saboteurs ont signé le travail qui l'oblige à gravir à pied avec sa suite les treize étages pour rejoindre le bureau du préfet de région occupé par le secrétaire général Bernachin en attendant l'arrivée du nouveau préfet René Thomas. Ils ont en effet abandonné dans le hall de la préfecture, souvent prise pour cible par des tireurs embusqués dans des immeubles proches un pain de plastic enveloppé dans un paquet portant l'inscription : « Bienvenue Monsieur Fouchet. »

Puisque le clergé oranais se montre si peu coopératif, Christian Fouchet, avant de repartir à Rocher-Noir ne trouve rien à redire lorsque M. Bernachin lui annonce qu'il a fait interner un prêtre pour avoir insisté au cours d'une homélie sur la légitimité du combat de l'O.A.S.

Jacques Mugica est arrivé à Alger au matin de la fusillade. Installé chez des amis rue d'Isly, il y a assisté de loin et, alors qu'il s'attendait à être dirigé tout de suite vers la Kabylie, Roger Degueldre lui annonce que Salan a décidé de l'envoyer dans l'Ouarsenis avec le commandant Loustau qui vient d'arriver de métropole. Il rejoint donc dans la nuit du 27 au 28 mars les quatre-vingts hommes en armes des capitaines Branca et Montagnon à quelques centaines de mètres au sud du cantonnement provisoire du 4e régiment de tirailleurs établi à Maison-Carrée, dont les officiers, depuis la veille au matin, sont questionnés par une commission d'enquête dirigée par le capitaine de gendarmerie Garat.

Ayant retrouvé le commandant Loustau, Mugica monte à 2 heures dans le train de marchandises stoppé en rase campagne et qui doit mener les commandos dans la région de Miliana où Gardes les attend. Il y a dans ce convoi le capitaine Claude Pouilloux, un officier putschiste du 2e R.E.P. qui servait à l'école des troupes aéroportées d'Hydron, près de Pau. Cet officier a profité d'une permission pour regagner le 23 mars l'Algérie par la filière maritime de Piclet et Le Berre. Les lieutenants Holstein, Roger Bernard, Pierre Delhomme, Marc Prohom, jeune Algérois déserteur du 27e bataillon de chasseurs alpins, et Gérard Porte, un officier d'un groupe mobile de sécurité, sont également du voyage avec les sous-lieutenant Gabriel Castello, officier de réserve natif de La Réghaïa, et Madaoui qui a déserté le 11 mars de son unité basée près de Médéa en emportant un canon de 57 sans recul.

Les quatre-vingts hommes de Montagnon et la jeune femme blonde qui les accompagne autant par passion pour l'Algérie française que par attachement à l'un d'eux quittent sans regrets une ville meurtrie où ils n'étaient plus à leur aise. Bien que Susini, que ce soit devant Salan ou Gardes, n'ait jamais manifesté d'enthousiasme durant les discussions concernant l'établissement d'une zone insurrectionnelle dans l'Ouarsenis, quelques-uns de ses proches munis d'un poste émetteur se sont tout de même mêlés à l'expédition. Pierre Sultana et son inséparable ami Pierre Aoustin sont là avec Alain Mentzer mais, sitôt le maquis de l'Oursenis mis en place, ils reprendront la route vers Nemours d'où, en suivant un plan arrêté par l'Oranais Tassou Georgeopoulos, ils espèrent passer en Espagne à bord d'un chalutier de Béni-Saf.

Bien renseigné, Ailleret considère que le maquis de l'Ouarsenis, avec ses deux dizaines de volontaires nomadisant dans la région d'Orléansville sous les ordres de Georges Muzzati, un ancien adjudant du 1$^{er}$ R.E.P., n'est pas une menace. Les renseignements que lui fournissent au jour le jour les agents de la Sûreté militaire sur l'état d'esprit des commandants d'unité de cette région ne sont pas alarmants et le général Boulanger qui les commande lui semble un homme sûr. Au matin du 29 mars 1962, il est donc surpris d'apprendre que les commandos de Salan se sont manifestés sur le territoire du bachaga Boualam.

A l'aube du 28 mars, à quelques kilomètres à l'ouest de Miliana les hommes de Branca et Montagnon ont débarqué du train à la sortie d'un tunnel. Ils ont découvert un paysage comparable aux contreforts sud de l'Auvergne, dominé au nord-est par la haute masse du djebel Zaccar et au sud par la ligne douce des monts de l'Ouarsenis. Gardes les attendait au village de Lavarande, proche d'Affreville. Tandis que les Algérois se dissimulaient dans une ferme, déçu de n'avoir pas reçu le millier d'anciens territoriaux espéré mais optimiste quant au ralliement des unités de l'Ouarsenis, le colonel a ordonné au capitaine Branca d'aller activer la révolte à Sidi Bel Abbes avec le capitaine Arfeux, un officier de Légion qui venait d'arriver de cette ville avec d'excellentes nouvelles quant à l'état d'esprit des légionnaires. Gardes considérait surtout comme acquis le bataillon du 5$^e$ régiment de tirailleurs qui, selon lui, se préparait à le rejoindre sous les ordres du commandant Bazin. Après cet exposé, il a donné l'ordre à Montagnon d'aller prendre au sud de Lamartine le contrôle des postes tenus par des unités de secteur renforcées par des harkis.

— Le commando *Albert* de l'adjudant Muzzati, a précisé le colonel, vous rejoindra là-bas avec un chargement de ravitaillement.

Au soir du 28 mars 1962, les commandos d'Alger et quelques poignées de volontaires venus des bourgades alentour ont quitté Lavarande avec Gardes, Loustau et Mugica à bord de camions devancés par deux half-tracks prêtés par un officier sympathisant. Par la N 4 longeant par endroits les méandres du Chelif brasillant sous la lune, le convoi a franchi sans encombre les barrages établis à l'entrée et à la sortie des villages. Trente kilomètres avant Orléansville, il a bifurqué au sud sur la départementale 132 menant à Lamartine, où réside le bachaga Boualam.

Quelques heures avant l'aube du 29 mars, Gardes, Loustau et Montagnon ont fait un dernier point de la situation avec le bachaga Boualam qui avait reçu cent lingots d'or que Susini lui avait fait parvenir sur ordre de Salan. Bien que, né en 1906, il n'ait que huit ans de plus que Gardes, le bachaga a fait remarquer qu'il ne pourrait pas le suivre dans le djebel à cause de son âge et il a laissé partir avec eux son fils Mohamed.

Montagnon connaissant par expérience le prestige du béret vert a ordonné à ceux de ses hommes qui en possédaient un de s'en coiffer et de marcher en pointe du mouvement. Le jour levé, il a enlevé sans tirer un coup de feu les postes de Draa Messaoud, Moulay-Abd-el-Kader et de Bal-Has.

La première phase de l'opération menée à bien, Montagnon, après les avoir fait garder dans le réfectoire de Moulay-Abd-el-Kader par Pierre Sultana, a laissé partir vers la plaine les appelés et leurs chefs qui refusaient de rallier l'O.A.S.

Cette fois, ce n'est plus un rêve : l'O.A.S. occupe manu militari un vaste secteur et le bachaga Boualam, au milieu de la matinée du 29 mars, vient à Moulay-Abd-el-Kader rendre visite à Gardes. Les hommes de Susini mettant leur émetteur à sa disposition, il proclame que l'Ouarsenis est plus que jamais terre française et lance un appel à l'insurrection générale.

Le bachaga est reparti à Lamartine lorsque, au lieu des renforts du 28$^e$ dragons, du 5$^e$ régiment de tirailleurs et du 8$^e$ spahis, des Corsair de l'Aéronavale viennent larguer du napalm au ras du poste de la cote 505. Le lieutenant Holstein qui occupait la position avec une trentaine d'hommes est obligé d'abandonner ses véhicules et de se replier à pied vers Moulay-Abd-el-Kader. Des T 6 de l'armée de l'Air mitraillent à leur tour en rase-mottes sa petite colonne et fondent ensuite sur le P.C. de Gardes.

Estimant qu'il serait suicidaire de résister aux attaques aériennes qui précèdent certainement un assaut des troupes du général Boulanger, Montagnon décide de rompre. Il fait distribuer aux villageois de Moulay-Abd-el-Kader les armes et le ravitaillement enlevés à la garnison et, dans l'intention de rejoindre Holstein, il abandonne la place sous la menace d'hélicoptères qui approchent de la montagne, chargés de fantassins.

Les groupes de harkis, obéissant ainsi aux derniers ordres que leur bachaga leur a fait parvenir en secret et devançant ceux de Montagnon, se replient vers leurs bases de Lamartine. A Alger, le général Salan ne sait rien encore de la violente contre-attaque engagée par le général Boulanger. Attendant sans doute que le 5$^e$ régiment de tirailleurs, la Légion et les groupes mobiles de sécurité de l'Oranie se rallient, il n'a pas affiché un bien grand enthousiasme à l'annonce des premiers succès de l'Ouarsenis.

De son côté, à Sidi Bel Abbes, Branca s'est heurté à l'irrésolution des officiers de Légion. Songeant qu'ils n'avaient exigé de Jouhaud la présence de Dufour qu'en espérant secrètement qu'il ne vînt pas et conscient qu'ils ne tiendront pas leurs promesses faites du bout des lèvres, il reprend la route de l'Ouarsenis afin de prévenir Gardes de leur défection.

Depuis les attaques aériennes et l'évacuation des postes, le bachaga

Boualam semble au fil des heures revenir un peu plus sur ses engagements. La veille, soucieux de l'avenir des siens, il a rencontré le général Boulanger qui, imperméable à toute tentation séditieuse, lui a laissé entendre que leur aide à l'O.A.S. précipiterait leur malheur.

Les mutins éparpillés dans le djebel sont maintenant menacés par les forces loyalistes très supérieures en nombre et en armement et par les katibas de l'A.L.N. qui se sont étoffées depuis le cessez-le-feu et ont été ravitaillées et dotées de quelques camions par l'armée française.

Pendant que les maquisards cherchent leur salut, l'ancien secrétaire d'Etat tunisien Mohamed Masmoudi, qui s'était pourtant proposé il y a quelques mois pour faire office de « tampon aimable » entre le gouvernement français et le G.P.R.A, après avoir prédit l'écrasement de l'O.A.S., écrit dans un éditorial de *Jeune Afrique* : « Décoloniser l'Algérie qui était le type même de la colonisation de peuplement, c'est avant tout "dépeupler". Œuvrer pour la coopération fructueuse entre l'Algérie et la France, c'est d'abord réduire considérablement le nombre de ce ramassis de Portugais, de Maltais, d'Espagnols et d'Italiens, devenus "Français d'Algérie", pour permettre une cohabitation harmonieuse des Européens au sein de la communauté arabo-musulmane. »

*

— 68 —

## L'arrestation de Degueldre

Le 30 mars 1962, maintenant privés de leurs guides, les maquisards de l'O.A.S. errent par petits groupes sur les pentes de l'Ouarsenis dans l'espoir de gagner une ferme amie où ils attendront des renforts pour reprendre le combat. Au même moment, en Oranie, Axel Gavaldon, l'ami de Jean-Pierre Ramos devenu après son service militaire responsable du Front nationaliste à Oran et patron du groupe O.A.S. de Saint-Eugène, est tué à la tête de son groupe en attaquant la base de l'aviation légère de l'armée de Terre de Sidi Bel Abbes reconnue par Pierre Guillaume avant son arrestation. Le combat a été dur et, s'ils ont réussi à capturer six hommes de Gavaldon, les défenseurs de la base déplorent plusieurs blessés.

A Paris, le Tribunal militaire juge le légionnaire Herbert Pietri, le sergent Albert Dovecar, Claude Tenne, Claude Piegts, Paul Frapoli et Jacques Malmassari. Lorsqu'il a appris l'ouverture de ce procès, Sergent a posté à l'agence des P.T.T. de la rue Taitbout ce courrier au procureur général Robert qui a été chargé de mener les débats au Palais de Justice : « Commandant la 1$^{re}$ compagnie du 1$^{er}$ régiment étranger de parachutistes pendant les années 1959-1960, j'ai eu sous mes ordres le sergent Dovecar. Ce n'est pas pour vanter ses mérites, ni même pour témoigner de sa valeur militaire que je me permets de vous écrire, c'est parce que j'estime avoir une grande responsabilité dans son comportement après les événements d'avril 1961. En effet, venant de métropole où j'avais été affecté en janvier 1961, j'ai rejoint le 1$^{er}$ R.E.P. à Zéralda le 21 avril et j'ai participé à l'investissement du corps d'armée d'Alger à la tête de la 1$^{re}$ compagnie. Après la reddition du général Challe, au lieu de me rendre aux autorités avec la plupart de mes camarades, j'ai décidé de poursuivre le combat dans la clandestinité. Cette attitude a largement contribué à déterminer celle de nombreux gradés et légionnaires. Aujourd'hui, Dovecar est dans le box des accusés, la peine de mort a été requise contre lui. Je puis vous affirmer, moi, son capitaine, qu'il a agi sur ordre de ses supérieurs. Il a exécuté la mission qui lui a été confiée, comme un soldat. Tout son comportement a été dicté par cette "Fidélité" qui fait partie de la devise de la Légion, fidélité au drapeau, fidélité au chef. C'est nous, les officiers, qui sommes responsables des actes de nos hommes. Car, c'est à cause de nous et à travers nous que les sous-officiers et légionnaires vivent le drame actuel. Le témoignage d'un officier, provisoirement perdu, ne doit pas peser lourd dans la balance de la Justice, je le sais très bien. Puis-je espérer seulement, monsieur le Président, montrer au sergent Dovecar, aux légionnaires Tenne et Pietri, que, dans la Résistance comme au combat, leurs chefs savent prendre la responsabilité de leurs actes. »

Bien qu'elle soit lue devant le Tribunal militaire dont le ministère public est confié à M$^e$ Steck, cette lettre n'aura aucune incidence sur le verdict. Et pas plus la déposition du colonel Brothier depuis peu à la retraite et qui, très « père du régiment », déclare au sujet de Dovecar, Tenne et Pietri : – Ces trois légionnaires avaient trouvé chez nous tout ce qui leur manquait, à commencer par un équilibre. Ils furent tous d'excellents combattants. Ces soldats avaient pour leurs officiers une fidélité de chiens. Pour leurs cadres, ils admettent tout, même les originalités les plus étonnantes. C'est le drame qui les amenés ici. Leurs chefs, qu'ils croyaient infaillibles, étaient divisés. Alors chacun d'eux a suivi son officier.

D'autres officiers du 1$^{er}$ R.E.P., le commandant Martin, le capitaine Estoup et le lieutenant Guerlesquin, viennent tour à tour tenir le même langage que leur ancien chef de corps. Raidi au garde-à-vous pendant qu'ils parlent, Dovecar pleure.

Après la déposition de la fille d'Amédée Froger, venue témoigner à décharge pour Paul Frapoli qui, rappelle-t-elle, a comme elle vu son père mourir assassiné par le F.L.N., la défense présente à la barre un juif de naissance mais chrétien de confession qui accuse le commissaire Gavoury d'avoir été un acolyte de la Gestapo et d'avoir enquêté en 1942 sur ses origines israélites.

Dès l'ouverture de la séance du 30 mars 1962, le président Robert donne lecture de cette lettre du fils du commissaire Gavoury :

« Puisque le fait que le procès vient devant un tribunal militaire ne me permet pas de faire entendre ma voix, je vous écris car il m'est impossible de laisser diffamer la mémoire de mon père. La défense a laissé peser sur lui des soupçons. Je dois signaler que mon père, pendant la guerre, alors qu'il se trouvait à Hazebrouck, a été choisi comme otage par la Gestapo, en même temps que le maire de la ville, et menacé d'être fusillé. Cela ne l'a pas empêché d'organiser ensuite l'évasion des soldats alliés tombés sur le territoire. A Sarcelles, son grand souci était toujours d'arriver avant la Feldgendarmerie pour soustraire les aviateurs alliés aux Allemands. Quant à son antisémitisme, je peux vous dire que mon père était l'ami intime du commissaire Goldenberg, qui a été lui-même abattu par l'O.A.S. Mon père était très attaché à son esprit libéral et au respect des libertés individuelles. Je peux dire que je suis fier de mon père. L'avocat général n'a pas cru devoir rappeler que mon père laisse trois orphelins dont le plus jeune a onze ans et que ma grand-mère est morte en apprenant le décès de son fils. On a parlé d'esprit de vengeance pour l'un des accusés dont le père a été égorgé sous ses yeux. Je ne peux m'empêcher de penser que je pourrais être un jour à sa place si un jugement équitable n'était pas rendu. Mais j'ai confiance dans la justice. »

Le moment des plaidoiries arrivé, Me Degrâce fait remarquer : – Si ces trois hommes étaient passés à l'ennemi et s'ils avaient tué dix commissaires, ils seraient aujourd'hui amnistiables en vertu des accords d'Evian du 20 mars. Puis le bâtonnier d'Alger, Me Serna, rappelle que Jacques Malmassari est un fils de très bonne famille, dont le grand-père, ironie de l'histoire, souligne-t-il, a fait bâtir la prison algéroise dans laquelle il a été incarcéré. Une de ces nombreuses familles, ajoute-t-il, dont « on a fait des "colonialistes" et qui ne possèdent rien ». Puis après avoir rappelé que son client, né en 1938, a grandi dans la guerre et dans les attentats, alors que les « hommes mûrs ont eu tant de mal à dompter leurs nerfs », il interroge : « Comment s'étonner qu'un gamin ait mal contrôlé les siens ? »

Me Palmiéri appuie le propos de son confrère en affirmant : « L'amnistie, qui jusqu'ici était une prérogative parlementaire, s'adresse aux actes et non aux hommes. En la refusant à ces accusés-ci, allez-vous dire qu'on l'accorde aux actes dirigés contre la France et qu'on la refuse à ceux qui ont été commis, à tort ou à raison, dans son intérêt ? » Puis il affirme que Claude Tenne avait, en tuant le commissaire Gavoury, obéi à des ordres identiques à ceux qu'il recevait de ses chefs quand il participait à des opérations normales. Quant à M$^e$ Jean-Marc Varaut, il déclare : « Le légionnaire Tenne n'est ni de droite ni de gauche. Il ne connaît que l'Algérie des batailles. L'acte d'accusation dit qu'il a déserté. "Il a été pris dans un tourbillon", dit son colonel et, pour son capitaine, "il est parti dans la nuit". Cette nuit, c'était la clandestinité où il voulait continuer le combat qui garderait l'Algérie à la Légion. »

M$^e$ Rambaud souligne ensuite qu'on n'a pas demandé au sergent Dovecar de « philosopher » mais de « se battre et jusqu'à une époque où l'on savait ce combat devenu inutile. Je vous demande de dire qu'il n'y a pas de bassesse chez ces hommes ». Et M$^e$ Marcel Kalflèche déclare que Dovecar n'a pas moralement déserté « parce que, dans son esprit, il continuait à servir la même cause et le même idéal. Et c'était les mêmes ennemis qu'on lui désignait ».

Après avoir tempéré ce propos en soulignant au sujet de l'assassinat du commissaire Gavoury : « Je ne veux pas vous faire dire qu'il s'agit d'un acte de guerre », M$^e$ Kalflèche poursuit : « Mais je voudrais que vous disiez qu'il n'y a rien de vil dans ce meurtre, et qu'il correspond au contraire à un sentiment pur et désintéressé. Le drame de Dovecar et de ces deux autres garçons, c'est d'avoir été pris dans un conflit d'une partie de la France avec l'autre. Je puis vous en parler moi qui, pour venir à cette barre, ai marché dans le sang des Français répandu par des balles françaises. Quand nous ferons nos funèbres additions, le malheureux Gavoury ne sera qu'une victime parmi tant d'autres. » Après avoir rappelé ses origines alsaciennes, que son grand-père est venu en Algérie en 1871 et qu'il se considère désormais comme un « Français sous condition », l'avocat algérois estime « émouvant qu'un Allemand et un Yougoslave aient tout tenté, jusqu'au crime, pour nous y maintenir ». Il s'écrie : « Faites que votre jugement leur permette d'oublier un jour la sanglante équipée où nous les avons entraînés ! »

Le président Robert demande aux accusés s'ils ont quelque chose à ajouter pour leur défense. Dovecar se remet machinalement au garde-à-vous et déclare :

— Si l'on décide la peine de mort contre moi, je demande à Dieu de me donner la force de ne pas baisser la tête au dernier instant.

Et Herbert Pietri, lui aussi au garde-à-vous, enchaîne de son accent rauque :

— Si mon sergent est condamné à mort, monsieur le président, je vous supplie de me condamner à mort moi aussi !

Après deux heures trois quarts de délibération, le président Robert lit un premier jugement précisant que l'amnistie dont les avocats ont fait état n'existe pas encore sur le plan légal et qu'elle ne viendra que plus tard. Ceci étant précisé à la grande colère des défenseurs, il annonce que Dovecar et Piegts, considérés comme organisateurs de l'assassinat du commissaire Gavoury, ont été condamnés à la peine de mort. Claude Tenne, qui a pourtant asséné les coups de poignard mortels, et Herbert Pietri héritent de la réclusion criminelle à perpétuité. Jacques Malmassari de dix ans de la même peine et Paul Frapoli de cinq ans de prison assortis du sursis.

Au risque d'écoper d'un supplément de peine, peut-être même de la suppression de son sursis, le plus jeune des condamnés s'écrie « Algérie... » et ses compagnons mêlent leur voix à la sienne pour crier « ... française ». Puis les trois légionnaires arrachent leurs décorations et les jettent dans le prétoire.

Pendant que se terminait le procès de Dovecar et de ses compagnons, plusieurs équipes du commissaire Bouvier arrêtaient dans Paris des gens convaincus ou soupçonnés d'avoir participé à des plasticages sous les ordres de Jean-Marie Vincent. Parmi eux, le jeune chef du commando *Alpha 4*, Didier Gonsolin, dont le père a prononcé l'inculpation de Jean-Marie Vincent. Les enquêteurs ont retrouvé à son domicile familial un petit stock de munitions et de grenades et quinze kilos de plastic dans une des deux valises noires signalées par les voisins de Vincent lors de la perquisition policière stérile qui avait suivi son arrestation à Puteaux.

Au quai des Orfèvres, les locaux de la brigade criminelle ont des allures de dortoirs de lycée. Le commissaire Bouvier y a en effet fait disposer des lits de camp pour que la trentaine de jeunes gens arrêtés se reposent sous la garde d'une dizaine d'agents en tenue armés de mitraillettes. Outre le fils du substitut du procureur de la République, il y a là Jean-Louis Bonin, Patrick Edel et Claude Castelnau. Et ces trois élèves de l'école Bréguet, Jean-Claude Bernard, Georges Sarrat et Jean-Louis Mingot, inculpés de complot contre l'autorité de l'Etat parce que, comme ils l'ont crânement avoué, ils essayaient de mettre sur pied un « bataillon de l'O.A.S. ».

Ces jeunes gens campant quai des Orfèvres et Sergent étudiant un coup de main destiné à faire évader Dovecar de la Santé ou de Fresnes où il va être conduit en attendant son exécution, la situation a encore empiré dans l'Ouarsenis et Salan annonce qu'il a désigné Georges Bidault, déjà président du Conseil national de la Résistance, comme son successeur au cas où il lui arriverait malheur.

A l'heure où le Mandarin rendait publique sa décision, le blocus de Bab el-Oued était enfin levé et Gardy annonçait au cours d'une brève émission pirate qu'il prenait la suite de Jouhaud à Oran. Si Montagnon est encore dans le maquis avec le lieutenant Roger Bernard et une centaine d'hommes, le lieutenant Pierre Delhomme a été capturé et Branca a décidé de rentrer à Alger. Quant au colonel Gardes, au commandant Loustau et à l'aspirant Mugica, après avoir franchi le bouclage mis en place par le général Boulanger, ils se sont d'abord réfugiés chez un couple d'enseignants à Oued-Fodda. Puis, Gardes parti seul avec des amis, des gendarmes prévenus par des voisins ont cerné leur refuge. Mugica est monté dans la chambre de ses hôtes et il a enfermé le commandant Loustau dans une armoire. Puis il s'est hissé sur le meuble et recroquevillé contre le mur sous sa djellaba. Sans doute par pudeur, les gendarmes n'ont pas pénétré dans la chambre des instituteurs. Dès qu'ils se sont éloignés, Mugica a conseillé à Loustau de se draper comme lui dans un voile de musulmane et, ainsi accoutrés, les deux hommes ont pris le large. Après avoir passé deux jours chez un gendarme, ils ont franchi quelques barrages, rencontré des fidèles du bachaga Boualam et, à bord de voitures de sympathisants de l'organisation, ils ont gagné Alger.

Tandis que les deux officiers arrivent à Alger, les militants de base de l'O.A.S. ignorent encore la déroute de l'Ouarsenis. Ceux d'Alger, après avoir l'avant-veille tiré au mortier sur le Palais d'Eté, font exploser le dimanche 2 avril 1962 une bombe dans la Casbah. Et à Oran, sans se soucier du renfort de deux escadrons de gendarmes mobiles que Katz, qui en attendait dix fois plus, vient de recevoir, les commandos de Micheletti assassinent le lieutenant Ferrer et le sous-lieutenant Moutardier.

A La Réghaïa, le général Fourquet diffuse dans l'après-midi ce communiqué concernant le maquis de l'Ouarsenis : « Le bilan provisoire de l'opération de poursuite déclenchée dans l'Ouarsenis contre le commando de l'O.A.S. ayant participé à l'action contre trois postes, s'établit actuellement à trente-huit prisonniers, dont sept officiers, chez les hommes du commando. Tous, après l'éclatement de l'élément séditieux, avaient reçu l'odre de se tirer d'affaire individuellement en se dirigeant à la boussole. Ils avaient été abandonnés par leurs chefs. En plus de l'armement des trois postes qui a été récupéré, les forces de l'ordre ont enlevé aux hommes du commando O.A.S. cinq mitrailleuses A.A. 52 et quinze pistolets-mitrailleurs. Parmi les officiers arrêtés, se trouvent le lieutenant Delhomme qui était, avec Degueldre, l'un des principaux chefs des commandos spéciaux de l'O.A.S., le lieutenant Bernard, officier qui avait déserté le 14 décembre dernier du 43$^e$ R.I. de Lille, après avoir désarmé sa section, et le sous-lieutenant Madaoui, déserteur il y a quelques jours de son régiment cantonné dans la région de Médéa. »

A l'aube du 3 avril, des commandos de l'O.A.S. algéroise, déguisés en C.R.S. et obéissant à un ordre du capitaine Murat qui vient d'arriver à Alger, investissent au-dessus de Bab el-Oued la clinique Beau-Fraisier, réputée pour accueillir des personnalités du F.L.N. et qui, il y a quelques jours encore, abritait le commandant Azzedine, responsable de la Z.A.A. – la zone autonome d'Alger de l'A.L.N. Ils abattent neuf Musulmans et piègent à l'explosif une partie des bureaux situés au rez-de-chaussée de la clinique. L'explosion qui retentit aussitôt après leur départ souffle une bonne partie du bâtiment sans provoquer d'autres victimes. Un peu plus tard dans la matinée, d'autres *deltas* raflent près de deux millions au cours de sept hold-up, ce qui porte à près de quatre milliards d'anciens francs le butin de l'O.A.S.

## Chap. 68. – L'arrestation de Degueldre

Dans la matinée, alors qu'à Sidi Bel Abbes, paralysée par une grève décrétée en signe de deuil par l'O.A.S., près de dix mille personnes rendent un dernier hommage à la dépouille d'Axel Gavaldon, le bachaga Boualam s'est rendu à Alger dans l'intention de préparer le départ de sa nombreuse famille et de ses plus proches fidèles vers la métropole. Repéré par des journalistes, il est abreuvé de questions sur le maquis de l'Ouarsenis dont ils ne connaissent que ce que les autorités ont voulu laisser filtrer.

— Je ne peux pas dire, reconnaît-il avec franchise, que j'aurais été très mécontent si cela avait réussi. Mais je ne peux pas dire que je suis content que cela ait raté. Si l'affaire avait marché, j'aurais marché moi aussi.

Soudain plus grave, il ajoute :

— Mais j'ai tout de suite vu que l'affaire était impossible. Il aurait fallu des caches, des vivres et, surtout, attendre que cela se déclenche ailleurs.

Un journaliste lui demandant : « Attendre quoi, monsieur le bachaga ? » Boualam, maquignon, lui répond :

— Le proverbe arabe dit : « Laisse caché ce que Dieu a caché. »

Et, revenant à l'Ouarsenis, il poursuit :

— Quand j'ai vu que cela était mal engagé, je suis monté jusqu'au poste militaire occupé par l'O.A.S. J'y ai trouvé Gardes. Un officier sensationnel, un tacticien remarquable, mais qui s'est lancé là-dedans comme un gosse. Je suis français. Je ne voulais pas que les soldats français du poste tirent sur des Français et que l'O.A.S. tire à son tour sur les appelés du contingent. Gardes ne le voulait pas non plus. Cela il faut le dire quelles que soient vos opinions. C'est très important !

Le bachaga évoque ensuite la conduite de son fils Mohamed.

— Il m'a fait honte là-haut de s'être lancé dans cette affaire. Moi j'estime qu'on ne se lance pas dans une cause perdue. Surtout à mon âge. J'ai donné ordre aux harkis qui avaient suivi mon fils de rentrer. Ils l'ont fait. Si cela avait été mieux préparé sur l'arrière c'était un coup de commando formidable. Pensez qu'ils ont pris les trois postes en une heure ! Sans même donner un coup de poing. Oui, mais voilà, à l'arrière il n'y avait rien !

Un envoyé spécial demandant s'il est vrai que des blédards de l'Ouarsenis sont venus le trouver après le départ de Montagnon, le bachaga admet après avoir précisé avec fierté que les Berbères dont il est question sont les meilleurs cavaliers du monde :

— Oui, bien sûr. Ils me demandent s'il faut faire la prière des morts et entrer dans la dissidence. Je leur ai répondu de rester calmes. Ils ont les armes que le commando leur a confiées. Ils les rendront lorsque je leur dirai de le faire.

Après les déclarations du vice-président de l'Assemblée nationale, qui lui ont sans doute été dictées par le souci de ne pas compromettre le départ de ses fidèles vers la métropole, Salan, toujours sans nouvelles de Montagnon, écoute Gardes et Loustau lui expliquer d'une autre manière que le bachaga les raisons de l'échec de l'Ouarsenis. Gardes, que ses détracteurs au sein de l'organisation n'appellent plus *Fleur*, mais « Fleurette du maquis », regrette une fois de plus que la parole donnée par de nombreux officiers n'ait pas pesé lourd devant les réalités.

Après ce pénible entretien, il est clair, puisque Chateau-Jobert, lui aussi trahi par les défections des officiers qui lui avaient laissé entendre qu'ils entraîneraient leurs unités dans la révolte, n'a pas pris le contrôle du Constantinois, que l'O.A.S. a perdu la partie qu'elle escomptait gagner avant le scrutin du 8 avril. De leur côté, prenant à la lettre la directive n° 29 du Mandarin, Ailleret et la plupart de ses cadres estiment comme le haut-commissaire Fouchet que la faillite de l'organisation est consommée. Pour eux, il est évident qu'elle a manqué tous ses rendez-vous avec la chance. D'abord celui de l'insurrection de Bab el-Oued, celui du lundi 26 mars qui s'est achevé par un bain de sang innocent et, enfin, celui de l'Ouarsenis.

En effet, à moins qu'une décision de dernière heure ne précipite la Légion et le 5e R.T. dans la révolte, il est flagrant que l'Ouarsenis ne sera jamais un bastion O.A.S. Salan en est convaincu lorsque, ne laissant rien transparaître de sa déception, il confie le 4 avril 1962 au capitaine Murat le commandement du secteur d'El-Biar.

En métropole, la campagne du référendum bat son plein. Et il est évident que le résultat de la consultation sera fatal à l'Algérie française. Jacques Duclos, président du groupe communiste à l'Assemblée, avance même que « débarrassé du fardeau de l'Algérie » le peuple des travailleurs pourra lutter avec plus d'efficacité pour l'amélioration de son sort.

A Alger, bien que la foule qui avait assisté à l'enterrement de Philippe Le Pivain ait su contenir sa colère, les autorités se sont arrangées pour que les corps des victimes du 26 mars soient remis à leurs proches de façon à leur interdire l'organisation d'obsèques communes. C'est donc dans une intimité surveillée par d'importantes forces de l'ordre que les morts de la rue d'Isly sont enterrés.

Quant aux tirailleurs du 4e R.T., ils sont maintenant regroupés à Courbet-Marine, à quinze kilomètres à l'est de Rocher-Noir où ils n'en finissent pas de répondre aux questions de la commission d'enquête du capitaine Garat. Leurs officiers et sous-officiers, sous bonne protection, reviennent souvent dans le périmètre tragique afin d'indiquer aux enquêteurs les emplacements des tireurs qui, selon eux, les ont pris à partie.

Manquant d'hommes et d'armement dans le secteur d'El-Biar, François Thadome et les frères Jousselin font circuler une rumeur annonçant l'imminence d'une importante embuscade montée aux environs de l'église d'El-Biar sur le passage obligé d'un escadron de gendarmes mobiles. A l'heure H, le mitrailleur du half-track qui ouvre la route aux gardes mobiles, plus que jamais sur le qui-vive et engoncés dans des gilets pare-balles, se tient prêt à riposter. Mais aucun coup de feu ne se mêle aux bruits de moteurs et, lorsque le gros de l'escadron passe devant l'église, une foule ameutée par l'O.A.S. applaudit, hurle « Les gendarmes avec nous ! » et, reconnaissant trois barbouzes dans une jeep, elle scande une litanie d'« Algérie française » jusqu'à ce que le dernier véhicule disparaisse vers le centre d'Alger.

L'O.A.S. d'El-Biar ne se contente pas de ce genre d'opération d'intoxication. Deux déserteurs du 6ᵉ R.P.I.Ma., dont le sergent Vandenbosche, éliminent deux aspirants de l'A.L.N. repérés après qu'ils ont rôdé dans le quartier en prenant des notes, visiblement venus du bled en avant-garde d'une unité destinée à prendre la relève des troupes françaises.

Pierre Messmer rend le 4 avril une visite aux trois compagnies des tirailleurs du colonel Goubard et, après avoir évoqué avec lui l'avenir des Algériens servant dans l'Armée française, il lui annonce qu'aucun de ses hommes ne sera récompensé pour l'affaire d'Alger. Et il ajoute :

— Je ne les félicite pas pour leurs tirs du 26 mars !

L'O.A.S., renforcée à Alger par l'arrivée du capitaine Murat, est représentée au Sahara par quelques techniciens du pétrole. Leur chef, l'ancien du commando *Alcazar* Jacques Prévost, est en liaison permanente avec Jean-Claude Pérez. Il a rassemblé en secret les quelques tonnes d'explosifs qui lui permettront de saboter des puits. Les énormes quantités d'explosifs dans lesquelles il a puisé sont entreposées dans des casemates pour être utilisées au cas où il faudrait éteindre des incendies de gisements selon la méthode de Red Adair, le spécialiste venu des Etats-Unis souffler le gigantesque embrasement qui, tout juste avant la signature des accords d'Evian, a ravagé durant des jours le site de Ghassi-Touil. Jacques Prévost a servi à cette occasion de guide à quelques journalistes. Sans dévoiler ses plans, il a discuté avec Dominique Lapierre et Christian Brincourt du destin de l'Algérie qui sera, selon lui, prospère grâce à la manne pétrolière et française par la volonté de l'O.A.S.

Jacques Prévost, sans trop y croire, ne se contente pas d'espérer que le général de Gaulle reviendra sur sa politique d'abandon. Prenant de gros risques à jouer sur les deux tableaux, il a aussi depuis son retour à Hassi-Messaoud tenu ses amis des services secrets au courant des menées de quatorze agents du F.L.N. infiltrés parmi les ouvriers musulmans des forages. A l'annonce du cessez-le-feu, les nombreux Chambas, nomades qui se sont sédentarisés pour travailler aux puits, l'ont choisi comme porte-parole et chargé d'exprimer aux autorités leurs inquiétudes quant à la présence française en Algérie. A sa demande, l'ingénieur en chef du site les a harangués en faisant le serment que la France ne les abandonnera pas.

Les propos emphatiques de son patron n'ayant pas rassuré ses amis chambas, le futur conjuré du Petit-Clamart a eu l'idée d'engranger les tonnes de dynamite qui lui permettraient d'exercer un chantage sur les autorités ou de détruire en partie les infrastructures pétrolières qu'il se refuse à voir tomber aux mains du F.L.N. Il a déjà piégé dix-sept puits avec ses hommes lorsqu'un cadre supérieur de la S.N.R.E.P.A.L. lui annonce que Salan s'oppose désormais à ce qu'on touche aux infrastructures pétrolières. La rage au cœur, il démonte les systèmes de mise à feu sophistiqués dont, bricoleur d'une précision diabolique, il est seul à connaître les secrets.

A des milliers de kilomètres des drames algériens, le capitaine de vaisseau Jacques Winter, le pacha du *Commandant Bourdais* dont la mission au plus fort de la guerre froide ne consiste pas seulement à porter assistance aux pêcheurs de morue, mais également à espionner les Russes en mer de Barentz, me réclame à son carré. Mine fermée, silencieux, il me tend un message qu'il vient de recevoir et qui m'apprend que les miens ont de si peu échappé à la mort sous des obus et des balles françaises.

— Tout va s'arranger pour votre épouse, me promet-il. J'ai eu un contact avec Paris, ils vont tout mettre en œuvre pour la rapatrier, si elle le désire. Vous avez un point de chute ?

Je songe un court instant que peut-être, mon père, à Granville ? Mais, connaissant son caractère, je ne m'avance pas et je demande l'autorisation de prendre un avion à Montréal ou Québec, puisque nous devons faire escale dans ces deux villes, afin de rejoindre Alger, même si ce voyage devait me coûter trois mois de solde.

— Vous savez très bien que je ne peux pas vous laisser partir comme ça, regrette le commandant Winter avec une sincérité qui me touche. Soyez raisonnable, Fleury, la Marine ne laissera pas tomber votre épouse.

Sans réfléchir, je laisse échapper :

— Puisque c'est comme ça, commandant, je vais déserter !

Le pacha connaît mes sentiments Algérie française. Bien que je sache que l'Algérie est bannie des conversations durant les repas au carré des officiers, je le soupçonne de les partager quelque peu, puisqu'il ne m'a jamais sanctionné après quelques sérieuses altercations qui m'ont opposé à Lorient à des militants de la C.G.T. Il me fixe et me rétorque :

— Vous ne le ferez certainement pas à l'étranger.

Prouvant qu'il est bien renseigné sur mes faits et gestes, il ajoute :

— D'ailleurs, vous auriez pu le faire à Lisbonne. Je me trompe ?

Il ne se trompe pas. Après avoir longtemps hésité à écouter deux Pieds-noirs exilés, plus truands sans doute que politiques et qui, rencontrés dans un bouge d'Alfama, m'ont appris sans grands détails les drames d'Alger, je n'ai rejoint mon bord que quelques minutes avant l'appareillage. Et depuis, je me suis souvent accroché avec des officiers-mariniers à la moindre allusion à l'abandon de l'Algérie. J'ai heureusement trouvé à bord du *Bourdais* trois hommes à qui parler de l'Algérie, les lieutenants de vaisseau Raymond de Touchet, Alain Perdriau, un ancien du commando *De Penfentenyo*, et Baudson, qui était pilote d'hélicoptère dans les djebels.

## Chap. 68. – L'arrestation de Degueldre

Alors que je me sens sur mon bateau de plus en plus en plus coupable de ne pas m'y être trouvé au moment des épreuves endurées par les miens, une commission mixte composée d'officiers français et de cadres de l'A.L.N. vient d'être mise en place à Alger afin de régler les frictions entre les forces françaises cédant chaque jour un peu plus de terrain dans l'optique de son repli définitif et les ex-rebelles. Si cette collaboration est dénoncée par l'O.A.S., il en existe une autre qui, pour être moins officielle, précipite la faillite du maquis de l'Ouarsenis. En effet, sans cesse survolés par les avions et les hélicoptères français, Montagnon et ses deniers fidèles sont pistés par des observateurs de l'A.L.N. et des blédards soucieux de se dédouaner auprès de ceux qui, demain, seront les maîtres de la région.

Après avoir aidé l'entreprise de l'O.A.S., les supplétifs du bachaga Boualam s'en retirent, faisant ainsi des maquisards de l'O.A.S. des victimes propitiatoires à leur exil en métropole dont le bachaga est en train de négocier les dernières modalités à Orléansville avec le général Boulanger et des autorités venues d'Alger.

La curée étant lancée le 6 avril 1962, la petite colonne de Montagnon est prise au fond d'une vallée sous un feu violent. Aussi disciplinés que dans leurs unités d'origine, les maquisards attendent l'ordre de leur chef pour ouvrir le feu. Celui-ci, ayant perdu tout espoir de sortir du bouclage sans lourdes pertes, hurle soudain en direction des assaillants :
— Cessez le feu !

Le ton de commandement du capitaine ayant porté, le calme retombe sur le djebel. Entraînant en bon ordre ses hommes à bout de forces vers son homologue en grade qui commande l'élément le plus proche de la longue embuscade, il lui remet son arme.

Une fois les prisonniers désarmés, le capitaine, si facile vainqueur parce que Montagnon n'a pas admis que des Français s'entre-tuent, les laisse détruire les faux papiers et les documents compromettants qu'ils détenaient. Puis il leur distribue du ravitaillement et les escorte jusqu'à la Nationale 4, où les attendaient des camions qui prennent immédiatement la direction d'Alger.

Pierre Aoustin, bien que blessé à la mâchoire, a refusé de se rendre. Drapé dans une djellaba, il a assuré à Pierre Sultana qu'il s'en tirerait puisqu'il parle aussi bien l'arabe que le français et pourrait ainsi, selon le cas, se faire passer pour un harki de Boualam ou même un *djoundi* de l'A.L.N. Il a pris les chargeurs de son ami, lui a lancé en souriant : « Le premier arrivé à Alger donnera des nouvelles aux parents ! » et, décidé à rejoindre dans un premier temps Duperré, il a gagné la Nationale 4. Capturé près de Malakoff par des hommes de Robert Gitz qui le livreront au F.L.N., personne n'entendra plus jamais parler de lui et son père en mourra de chagrin.

Au soir du 6 avril, il ne reste plus sur les contreforts de l'Ouarsenis que le commando de l'adjudant Muzzati. Le chef de bataillon Bazin, bien qu'il n'ait pas réussi à entraîner l'état-major tactique du 5e R.T., a pris tout de même le maquis. Il a rejoint l'unité de Muzzati qui, étoffée au fil des jours par des hommes qui ont fait confiance au plan de mobilisation générale de l'O.A.S., compte maintenant une cinquantaine de volontaires, dont une poignée de Musulmans.

Ramenés à Alger, les quarante maquisards de Montagnon, dont Muzzati et Bazin ignorent encore la capture, ont été enfermés à l'école de police d'Hussein-Dey où ils subissent d'interminables interrogatoires menés sans brutalité par les gendarmes du chef d'escadron Lacoste et les policiers de Michel Hacq.

Complétant avec le moindre indice arraché à cette quarantaine d'hommes las qui, pour la plupart, estiment avoir été lâchés par l'O.A.S. le puzzle qu'ils s'évertuent à reconstituer depuis des semaines, les enquêteurs arrêtent en début de matinée du 7 avril un déserteur de la Légion dans une villa de la Madrague. Cet Allemand se montrant plus coopératif que les hommes de Montagnon, les gendarmes et les policiers de la *Mission C* lancent des fouilles dans Alger et chaque élément qu'ils en ramènent renforce un peu plus leur sentiment que Degueldre se rend souvent dans un immeuble du boulevard du Télemly dont les arrières, en dessous du parc Saint-Saëns, donnent sur le pont Burdeau. D'après le légionnaire, il devrait justement y participer à une réunion au milieu de l'après-midi.

Les ordres sont vite donnés. Plus de vingt escadrons de gendarmerie sont mis en alerte dans la ville. Le capitaine Lacoste poursuivant ses interrogatoires à Hussein-Dey, ses hommes, sous les ordres d'un lieutenant qui ne sait rien de celui qu'on l'envoie rechercher, foncent vers l'immeuble suspect bâti à la pointe d'une étroite épingle à cheveu et dans lequel, dans un appartement loué par les demoiselles Champetier de Ribes depuis longtemps acquises à l'organisation, Jacques Achard, Jean-Claude Pérez, Degueldre, le capitaine Murat et Nicolas Géli, le fils d'un amiral qui use du code de *Noémie*, écoutent Branca énumérer les erreurs qui ont causé la faillite du maquis de l'Ouarsenis et du soulèvement militaire en Oranie.

Un peu avant 16 heures, comme toujours sur le qui-vive, Pérez, jetant un coup d'œil machinal par la fenêtre, aperçoit des gendarmes qui se faufilent sur des toitures environnantes. Puis il voit arriver des véhicules militaires et des paniers à salade. Lâchant un juron, il alerte ses compagnons, qui se mettent en peine de débarrasser la salle à manger de tout ce qui pourrait trahir la réunion et tentent d'entraîner Degueldre et Achard dans une cache aménagée au fond d'une penderie. Mais puisque ses faux papiers d'inspecteur de l'enseignement primaire établis au nom d'Esposito lui ont déjà permis de tromper les contrôles les plus serrés, le grand lieutenant aux cheveux teints de roux pâle affirme qu'il n'a rien à craindre.

## Chap. 68. – *L'arrestation de Degueldre*

Achard, lui aussi muni de faux papiers à toute épreuve, décide de sortir le premier. N'entendant pas monter dans la cage d'escalier les échos du remue-ménage qui précède toujours les arrestations, Degueldre quitte à son tour l'appartement. Il se heurte à des gendarmes qui le laissent passer sans rien lui demander. Plein d'assurance, il sort de l'immeuble. L'adjoint de Lacoste le hèle et lui réclame ses papiers. Habitué à masquer son émotion, le patron des *deltas* sourit à l'officier en arguant qu'il a déjà été contrôlé à l'étage.

Le lieutenant de gendarmerie n'est pas abusé par la pâle rousseur des cheveux de Degueldre. Il l'a reconnu à son allure générale et à ses traits massifs, puisqu'il l'a croisé à plusieurs reprises, lorsque, avant le putsch, il rendait visite à Zéralda au lieutenant Favreau, un de ses condisciples à Saint-Cyr.

— Ça ne fait rien, monsieur, insiste-t-il, vos papiers, s'il vous plaît.

Degueldre tend sa carte d'identité. Comme il existe bien un inspecteur de l'enseignement public nommé Esposito et que la date de naissance et le prénom de celui-ci ont été utilisés pour fabriquer le faux document, il n'a donc rien à craindre. Pourtant, le lieutenant, après quelques questions anodines sur les fonctionnaires des écoles, lui annonce qu'il est obligé de le conduire à Hussein-Dey.

S'il n'y avait pas eu le massacre de la rue d'Isly et les fiascos de Bab el-Oued et de l'Ouarsenis, Degueldre aurait peut-être tenté de fuir par la rue Burdeau, pistolet à la main. Mais aujourd'hui, usé par des mois de tension, il est trop las. Il se laisse donc pousser dans un half-track dont le chauffeur prend aussitôt la route de l'école de Police.

Le capitaine Lacoste ne met pas longtemps à reconnaître son ennemi public n° 1. Après une brève défense, Degueldre avoue sa véritable identité puis, ayant recommandé à ses faciles vainqueurs de se méfier des réactions de ses *deltas* lorsqu'ils apprendront son arrestation, il se mure dans un mutisme absolu.

Degueldre ne retrouve la parole qu'au moment de monter dans le fourgon qui, avec une escorte digne d'un président de la République, le conduira d'abord à Rocher-Noir, puis à la base de La Réghaïa où l'attend l'avion qui le mènera à Paris. Prenant son souffle, fixant les murs derrière lesquels sont enfermés Montagnon, ses compagnons de l'Ouarsenis et quelques dizaines d'autres prisonniers de l'O.A.S., il hurle :

— Adieu, les amis. Je pars pour les fossés de Vincennes !

**Neuvième partie**

# VERS L'INÉLUCTABLE FRACTURE

## Combats désespérés dans l'Ouarsenis

Le général Salan ne songe pas à masquer son émotion lorsque le capitaine Branca lui annonce l'arrestation de Degueldre. Il devine que l'organisation va devoir affronter des moments plus difficiles que jamais.

L'opération lancée par les gendarmes boulevard du Télemly aurait pu lui être plus funeste encore s'ils s'étaient mis en peine de parfaire les fouilles. Sans doute auraient-ils alors aussi arrêté Pérez, Branca, Murat et Géli et découvert les sept millions de francs lourds que les dirigeants de l'O.A.S. d'Oran venaient de faire parvenir à Salan.

La capture de Degueldre met Alger en émoi. Après sa visite à Salan, Branca rejoint Susini qui, averti du coup dur par Jean-Charles Isselin, a décidé de lancer toutes les forces de l'organisation à l'assaut de l'école de Police pour libérer son ami. Le capitaine Bertolini vient à 23 h 30 mettre un bémol à sa pugnacité en annonçant que Degueldre est à Rocher-Noir et qu'il faudrait un régiment pour l'arracher à ses gardiens.

Parmi les *deltas*, Jo Rizza souffre plus que d'autres. Tant de drames vécus en commun lui ont permis de nouer avec Degueldre une amitié mêlée de respect. Il est d'ailleurs un des seuls à connaître les secrets du Flamand, comme l'existence de ce fils que Degueldre a cachée à tous ses autres compagnons.

— Comment fais-tu pour continuer la lutte, toi qui as trois gosses ? lui avait demandé l'officier un soir de doute. Moi je me pose des questions, avec le garçon que j'ai et l'enfant que j'aurai bientôt avec Nicole... C'est dur.

Il était écrit que ce samedi 7 avril 1962 serait une date néfaste pour l'O.A.S. A l'heure où Degueldre tombait aux mains des gendarmes du capitaine Lacoste, des policiers arrêtaient à Paris son ami le lieutenant René Coatalem, comme lui sorti du rang.

Ce lieutenant faisait partie de ceux qui avaient été désignés par le général Saint-Hillier pour pallier au premier R.E.P. les défections des capitaines Sergent, Ponsolle, Simonot et du lieutenant Godot au matin du 8 janvier 1961.

Pour ajouter encore au désarroi des cadres de l'O.A.S., comme prévu au chapitre des accords d'Evian traitant de l'« Organisation provisoire des pouvoirs publics en Algérie », composé de douze hommes qu'ils ont implicitement condamnés à mort et présidé par Abderrahmane Farès, l'exécutif provisoire s'installe à Rocher-Noir.

Farès, un natif d'Akbou établi notaire à Koléa, homme rondouillard à la tête ronde et au crâne dégarni, a été le dernier président de l'Assemblée algérienne. Ses fines moustaches et sa bonhomie lui donnent des faux airs du chanteur levantin Dario Moreno, dont il a également la truculence. Ancien militant du M.T.L.D. de Messali Hadj, il a longtemps cru à l'intégration des Musulmans dans la République française. En 1958, de Gaulle avait songé à cet ami de Jacques Chevallier et de nombreuses personnalités libérales d'Algérie pour faire partie de son gouvernement. Bien qu'ayant refusé cet honneur si rare qui ne sera qu'une seule fois accordé à une personnalité musulmane, Nafissa Sid Cara, nommée secrétaire d'Etat aux affaires musulmanes, Abderrahmane Farès a souvent rencontré le Général lorsque celui-ci était président du Conseil et ministre de la Défense. Comme le révélera plus tard Alain Peyrefitte à la page 81 de *C'était de Gaulle* qu'il publiera en 1994 aux éditions Fayard, cette assiduité lui avait attiré le surnom de « visiteur du soir ». De Gaulle devenu président de la République, Farès a été arrêté en novembre 1961, alors qu'il organisait en métropole des transferts de fonds pour le F.L.N. et il a été libéré après la signature des accords d'Evian.

Abderrahmane Farès, qui est encore à Paris, sera secondé par deux vice-présidents. Chawki Mostefaï est un homme élégant aux cheveux crantés arborant souvent des lunettes de soleil qui lui donnent un air de jeune premier. Quant à Roger Roth, chauve et lorrain, il est député-maire de Philippeville. Les autres participants à la direction de l'Administration jusqu'à la constitution du premier gouvernement algérien sont Abdesslam Belaïd, délégué aux Affaires économiques, Mohammed Benteftifa, qui gérera les Postes, Abderrazar Chentouf, qui dirigera les Affaires administratives. Mustepha El-Hassar est chargé de l'Ordre public, Hadj Hamidou, des Affaires sociales et de la Santé publique. Cheikh Bayoud gérera les Affaires culturelles et M'Hammed Cheikh aura en charge l'Agriculture. Outre le vice-président Roger Roth, deux autres Européens font partie de ce gouvernement de transition. Charles Kœnig, le maire de Saïda, a reçu le portefeuille des Travaux publics et l'ancien député Jean Manonni, un médecin qui a été amputé d'une jambe en 1957 après un attentat du F.L.N., est chargé de diriger les Finances.

L'exécutif provisoire disposera pour assurer le maintien de l'ordre d'une force locale de quarante mille hommes dont le gouvernement français avait envisagé de confier le commandement au général Rafa mais, entendant demeurer français, celui-ci a obtenu une affectation en Alle-

## Chap. 69. – Combats désespérés dans l'Ouarsenis

magne. Ce sera donc Omar Makdad, le préfet de Saïda, qui dirigera cette armée qui pourra être portée à soixante mille hommes.

Au soir du 8 avril 1962, alors que l'exécutif provisoire est déjà prêt à fonctionner, le général de Gaulle obtient quitus de sa politique algérienne par une écrasante majorité de 90 % des suffrages exprimés. Le président de la République a obtenu cette victoire totale grâce à des électeurs dont le « Oui » signifiait bien plus le désir de ramener la paix en Algérie qu'une adhésion à son personnage. Ainsi des socialistes et des communistes qui ont fait campagne pour le « Oui » en jouant de cette nuance. Quoi qu'il en soit, cette majorité pour le « Oui », de par l'énorme disproportion des communautés, aurait été plus forte encore si l'Algérie avait voté.

A Bône, où les médecins se mettent en grève pour quinze jours à partir du lundi 9 avril afin de protester contre l'arrestation du D$^r$ Rollet chez qui les policiers ont découvert un stock démesuré de médicaments, du matériel de chirurgie et quelques pistolets, l'O.A.S. a organisé son propre scrutin à l'aide d'urnes disposées dans des entrées d'immeuble ou accrochées à des troncs d'arbre. Après avoir appelé par sa radio pirate la population à participer en masse à ce scrutin de protestation, l'organisation a distribué des bulletins de vote sous forme de tracts. Des centaines de Bônois, jouant le jeu, sont venus voter en présentant leur carte d'électeur ou en se contentant de donner leurs noms et prénoms.

La une de *L'Humanité* du lundi 9 avril 1962 est barrée par cette manchette : « Oui massif à la paix », avec, sous les résultats du référendum, ce sous-titre : « Il faut maintenant appliquer les accords d'Evian et liquider l'O.A.S. » Le résultat du référendum achève d'écœurer de nombreux officiers déjà désorientés par l'application du cessez-le-feu qui les a obligés à abandonner des secteurs peu à peu pacifiés. L'un d'eux, le lieutenant de vaisseau Cucherat, pacha du commando de Marine *De Montfort* depuis presque un an, décide de rallier l'O.A.S. Avant de choisir la désertion, ou plutôt comme il me l'écrira quarante ans plus tard d'une Trappe italienne où il se retirera après la déroute de l'O.A.S. son « abandon de commandement », il s'est ouvert de son dessein à ses officiers et officiers-mariniers. Mais aucun d'eux n'ayant proposé de le suivre, il a rejoint à Oran les capitaines de corvette Paoli et Piquet qui avec les lieutenants de vaisseau Anus et Demoulin, espèrent toujours mettre en œuvre en Oranie l'organisation militaire à laquelle, malgré les désillusions des jours passés, ils travaillent sans relâche.

Le lendemain du référendum, le lieutenant Godot qui rentre de Bruxelles où il a rencontré Argoud, a rendez-vous devant l'église Saint-Sulpice, à moins de cent mètres du commissariat du VI$^e$ arrondissement, avec Tony de Saint-Paul, un de ses adjoints enrôlé depuis peu. Un peu inquiet par l'allure voyante et la faconde de cette nouvelle recrue rentrant du Katanga où il a servi comme lieutenant mercenaire sous les ordres du commandant Faulques, Sergent l'a mis à l'épreuve en lui ordonnant de plastiquer la secrétaire du colonel Rançon, rapatriée par prudence après l'exécution de son patron. Et Saint-Paul s'est sans doute acquitté de cette mission décidée à Alger, puisque la presse a annoncé la disparition de la jeune femme qui, avant de s'installer à Paris à l'hôtel du Chardon, rue Ginoux, dans le XV$^e$ arrondissement, avait échappé de peu à Oran aux commandos de l'O.A.S.

Godot n'a donc pas de raisons de se méfier du grand gaillard au crâne dégarni qui s'avance vers lui et lui fait signe de le suivre vers une rue donnant sur la place. Songeant qu'il agit ainsi par souci de sécurité, il lui emboîte le pas et, sans avoir eu le temps de saisir son pistolet, il se retrouve plaqué contre un mur par deux hommes alors que Saint-Paul réussit à s'enfuir.

En fait, le second de Sergent est tombé dans un piège de la Sécurité militaire et, catastrophé par cette arrestation, Sergent apprendra vite que la secrétaire du colonel Rançon est en vie et que l'homme qu'il avait chargé de l'éliminer a disparu.

Ignorant les arrestations de Degueldre et Godot, sitôt entériné le résultat du scrutin condamnant à mort l'Algérie française, Georges Bidault émet ce communiqué au nom du Conseil national de la Résistance : « Le peuple de la métropole a été consulté sur l'amputation d'une province française. C'est illégal, inconstitutionnel, illégitime et nul à jamais. Il eût suffi de dix justes pour sauver Sodome. Il suffit, comme au temps de la première résistance, d'une poignée d'hommes résolus pour sauver la patrie du déshonneur et de la tyrannie. La trahison se présente aujourd'hui sous les apparences de la paix. Il s'agit de livrer au panarabisme et au communisme un million de chrétiens et de juifs ainsi que les musulmans amis qui ont combattu sous notre drapeau. Ils nous ont suivis. Aujourd'hui, on les livre. Ce que fait le chef de l'Etat est le contraire de ce pour quoi les résistants se sont sacrifiés en grand nombre pendant la guerre, à sa demande et sur ses ordres. "Notre Algérie" est devenue l'Algérie du F.L.N. "Je vous ai compris" veut dire "Je vous laisse tomber". On nous disait "cinquante millions de Français à part entière de Tamanrasset à Dunkerque". On nous disait : "Cela je ne le ferai pas." Aujourd'hui, ce qu'on avait juré de ne pas faire est fait. Tamanrasset est replié à Marseille. Pour faire taire les Français, tous les pouvoirs sont réclamés sans limite de droit, sans limite de temps. Nous dirons non pour aujourd'hui et pour toujours. »

La métropole ayant dit oui à de Gaulle, vingt et une tonnes d'explosifs disparaissent d'Hassi-Messaoud et Jacques Prévost est soupçonné d'avoir organisé ce vol qui a coûté la vie à deux chauffeurs de camions, deux Musulmans du F.L.N. Si ses hautes protections algéroises ont réussi à lui éviter l'emprisonnement, Prévost est expulsé du Sahara sur ordre du préfet des Oasis et raccompagné à Alger par deux gendarmes. Il obtient une

## Chap. 69. – *Combats désespérés dans l'Ouarsenis*

audience de Salan qui lui affirme qu'il n'a jamais donné d'ordre interdisant la destruction des puits sahariens.

Usant de ses amitiés aux directions de la S.N.R.E.P.A.L. et de l'O.C.R.S. – l'Organisation commune des régions sahariennes dirigée par le conseiller de De Gaulle Olivier Guichard –, Prévost fait embaucher quelques hommes de l'O.A.S. dans ces deux organismes. Après leur avoir confié les plans de ses caches d'explosifs et ses secrets de mise à feu, décidé pour sa part à rentrer en métropole, il les laisse partir vers le désert avec la mission de reprendre la préparation des sabotages.

A Oran, l'O.A.S. réagit tout de suite au référendum. Des hommes en armes et tenues camouflées imposent le tirage d'éditions pirates de *L'Echo d'Oran* et d'*Oran républicain* avec, à la une, un large portrait de Salan coiffé d'un casque frappé du sigle de l'O.A.S. et ce titre : « Malgré de Gaulle, ses sbires, ses mercenaires, l'Algérie non consultée dit non. Vive la vraie France, l'O.A.S. vaincra ! »

Les sanctions ne se font pas attendre et, sitôt faite la distribution de cent mille journaux pirates, *L'Echo d'Oran*, *Echo-Soir*, *L'Echo-Dimanche* et *Oran républicain* sont interdits de parution. Malgré la protestation de Pierre Laffont, directeur de *L'Echo d'Oran*, son rédacteur en chef, Maurice Maurin, son chef rotativiste, un cadre du service expéditions et le responsable de la clicherie sont frappés d'internement administratif. Cette mesure touche également quatre employés d'*Oran républicain* désignés comme complices des hommes de Micheletti, Tabarot, Georgeopoulos et Bénichou.

Pierre Laffont, qui a souvent été un interlocuteur privilégié de De Gaulle, affirme dans sa protestation officielle : « Dans l'état d'anarchie absolue – dénoncé par tous les témoins de la presse nationale et internationale – dans lequel se trouve la ville d'Oran, il paraît aberrant de tenir les particuliers pour responsables d'exactions que l'Etat est totalement incapable d'éviter, et révoltant de frapper les victimes parce que l'on n'a pas su atteindre les coupables. »

Le même jour, appliquant le plan de Gardes dont ils sont sans nouvelles, une cinquantainc d'hommes en uniformes dépareillés et partis la veille de l'école de Talaouine proche de Bou Medfa, une bourgade située à mi-route de Blida et d'Affreville, marchent vers le djebel Doui qui domine Duperré en zone interdite. Ces hommes qui s'égaillent dans les rochers et les broussailles dès qu'apparaissent des avions de chasse sont les maquisards du commando *Albert* de l'adjudant Georges Muzzati.

En accord avec le commandant Bazin, l'ancien sous-officier de la Légion a bâté son matériel sur quelques mules et articulé sa progression en trois groupes de force égale respectant entre eux une distance de trois cents mètres. Muzzati et Bazin marchent en tête avec un groupe armé d'une A.A. 52 dont le servant ne dispose que de sept bandes de cartouches. Michel Gonnaud, un Pied-noir qui a combattu dans la région au commando de chasse du 5e R.C.A. et qui a passé son avant-dernière soirée à Alger à discuter avec Pierre Sultana dans le studio de Pierre Aoustin proche des Beaux-Arts, fait partie de cette avant-garde avec le gendarme mobile Antoine Villegras qui a déserté à Maison-Carrée après avoir fait sauter une partie de sa caserne. Afin de soulager le tireur du second fusil-mitrailleur du groupe, il l'a délesté de sa sacoche contenant neuf chargeurs de vingt-cinq cartouches.

Le deuxième élément du commando est mené par un autre sous-officier de Légion, Giuseppe Brambilla. Mais celui-ci occupait des fonctions administratives dans son unité d'origine. Il n'est pas très à l'aise dans le djebel. Dès le début de la progression qui doit conduire le commando au sud de Duperré, il a perdu la piste que Muzzati a choisi de suivre. Entraînant derrière lui le troisième groupe confié à Claude Rochette, un sous-officier pied-noir, moniteur de sport à la base aérienne de Blida qui se fait appeler *Roger*, il est quasiment revenu à son point de départ.

Aujourd'hui, les hommes de Muzzati sont à bout de forces. Jusqu'à la tentative d'installation du maquis de l'Ouarsenis, dont ils ignorent encore la débandade, ils étaient ravitaillés par le « Père Gimenez » qui venait en camionnette déposer des vivres dans des caches convenues avec leur chef. Mais depuis quelques jours, ils ne mangent plus que des pieds de pourpier, des fèves et des petits artichauts violets cueillis dans les derniers champs traversés et ils se désaltèrent dans les oueds.

En fin d'après-midi, des rafales éclatent en tête de la colonne dont l'éclaireur de pointe a aperçu, venant du sud par une mauvaise route de terre, un camion et deux voitures bondés de Musulmans brandissant des drapeaux algériens. Le commandant Bazin a improvisé une embuscade et les occupants du camion incendié par les premières rafales ont rebroussé chemin à la course vers le cœur du massif.

Oubliant leur fatigue, les maquisards des deux autres groupes foncent vers le feu. Le sergent Rochette aperçoit les mules débandées dans les rochers puis, sur une petite route, il voit brûler le camion pavoisé. Le calme revient vite. Les mules se sont pour la plupart défaites de leur cacolet. En attendant de les rattraper, Muzzati ordonne le ramassage du matériel qu'elles transportaient. La corvée terminée, il décide avec le commandant Bazin de reprendre la progression afin d'échapper aux fouilles que les Musulmans ne manqueront pas de provoquer en alertant les autorités françaises.

L'après-midi du 10 avril 1962 est déjà bien entamé lorsque la colonne reformée après quelques heures de repos s'engage dans une gorge profonde. Les mules se débandent une nouvelle fois lorsque des rafales jaillissent soudain des lignes de crête. Il est vite évident que ce ne sont pas des soldats français qui tirent, mais des *djounoud* de l'A.L.N. Soucieux de récupérer une nouvelle fois le matériel tombé des mules, le sergent Rochette dépose sa carabine U.S. contre un tronc d'arbre et dévale la pente vers le fond d'un oued. Le feu ennemi prenant de l'épaisseur, il rebrousse chemin en rampant entre des rochers et des buissons afin de récupérer son arme. Revenu à son point de départ, il jette un coup d'œil vers une mechta en ruine près de laquelle il a vu disparaître le commandant Bazin dès les premiers coups de feu et il se rend compte que les hommes de l'A.L.N. ont réussi un parfait mouvement d'encerclement.

Le commandant Bazin, blessé, est tombé à quelques mètres de Michel Gonnaud qui économise sa provision de deux cent quarante et une cartouches de fusil. Les maquisards manœuvrant par bonds réussissent à gagner des emplacements plus propices à la riposte. Leur situation est d'autant plus préoccupante que le tireur de l'A.A. 52 est arrivé au bout de ses munitions. Quant à celui du 24/29, posté en contrebas des ruines, il a vidé son unique chargeur et Michel Gonnaud, pris sous le feu, ne peut le réapprovisionner.

Gonnaud a toutefois pu approcher le commandant Bazin. Il l'a vu se redresser pour crier « Vive l'Algérie française ! » vers l'ennemi puis retomber sur le côté. Tandis qu'un infirmier borgne se penchait sur lui, Bazin a encore trouvé la force de murmurer « Ma petite... », et il est mort sans que Gonnaud ait pu saisir le prénom qu'il invoquait.

Pendant ce temps, Claude Rochette se faufile parmi des rochers sur les rives sinueuses de l'oued. Une fois sorti du piège, il vérifie s'il a encore des balles dans le chargeur de son arme et fait le serment de se suicider avec la dernière avant de tomber aux mains des fellaghas. Michel Gonnaud, la rage au cœur, a renoncé à récupérer le corps du commandant Bazin. Il organise le repli de son groupe, rejoint Georges Muzzati et lui propose de poursuivre la descente de l'oued. Mais l'ancien du R.E.P., arguant que l'ennemi a certainement prévu cette réaction, décide de sortir de la nasse en passant par les crêtes.

Un jeune Pied-noir qui connaît très bien la région est à bout de forces. Lorsqu'il refuse d'aller plus loin, Muzzati le fait installer à califourchon sur le dos d'un homme plus solide et relance la progression de temps en temps prise encore sous le feu. La petite colonne pourchassée fait halte sur un piton. Claude Rochette, fourbu malgré ses années d'entraînement sportif et des centaines de matches de football joués sous les maillots de l'Union sportive de Mouzaïaville et du Football club de Blida, propose à Muzzati d'attendre les poursuivants et de faire Camerone. Mais le chef de maquis ordonne de reprendre la marche.

La progression est très lente. En plus de la charge du jeune Pied-noir, Michel Gonnaud et ses compagnons se relaient au transport du gendarme Villegras qui a reçu une balle dans la cuisse.

Au bout de quelques heures de repli, Michel Gonnaud entrevoit soudain devant lui deux silhouettes embusquées. Songeant qu'il ne peut s'agir que de guetteurs de l'A.L.N., il tire sans hésiter sur le premier qui se tasse, mort sans doute. De la voix et du geste, il indique à son ami Poumeyrolle marchant derrière lui l'emplacement où le second rebelle a disparu et celui-ci, d'un tir précis qui le frôle, le tue aussi.

Au petit matin, le commando est en vue de la Nationale entre Affreville et Duperré. Certain d'avoir enfin échappé à la curée de l'A.L.N. mais redoutant maintenant de tomber dans des embuscades françaises, Muzzati décide de camper sur place. Dans la journée du 11 avril, un hélicoptère vient parfois tournoyer au-dessus de la poignée d'hommes affamés qui s'abritent du soleil dans la moindre ridule de terrain.

Au soir, Muzzati relance le mouvement vers Affreville et le commando passe une partie de la nuit sous le pont d'El Kantara. Puis il se réfugie dans une cave vinicole. Un de ses deux volontaires musulmans propose à l'aube d'aller prévenir la S.A.S. la plus proche où, selon lui, l'O.A.S. ne compte que des amis. Muzzati ayant accepté, il passe une cachabia sur son uniforme sale et, après avoir franchi un barrage de gardes mobiles, il revient en fin d'après-midi avec un camion. Claude Rochette, barbu, étique et vieilli de vingt ans, s'entend héler par un de ses compagnons de maquis, un ancien para pied-noir récupéré la veille par les forces de l'ordre.

Les groupes de l'A.L.N. n'ayant pas osé descendre dans la plaine, les rescapés sont accueillis à Affreville par un lieutenant-colonel qui affecte de les traiter avec amitié. Après leur avoir l'un après l'autre serré la main, il leur reproche de ne pas s'être adressés à lui avant de lancer l'opération dans l'Ouarsenis.

— Mais il fallait me le dire que vous vouliez rejoindre le bachaga Boualam, feint-il de regretter. J'aurais mis mes camions à votre disposition.

Après cette tirade hypocrite, il poursuit :

— En tout cas, je dois vous féliciter, mes amis. Sans vous, nous n'aurions pu contenir les fellaghas de la wilaya IV sortis de leur zone de regroupement. Vous avez tenu tête à trois katibas !

Le commando se regroupe une dernière fois dans une cave vinicole près du stade d'Affreville où d'autres rescapés de l'Ouarsenis étaient déjà installés. Claude Rochette, écœuré par le discours de l'officier, décide de quitter ses compagnons. Avec l'ancien para qui l'a appelé à son arrivée, il se remet en civil et se réfugie chez des amis de Blida. Muzzati disparaissant lui aussi avec quelques hommes, dont deux anciens du G.C.P., Raymond Thomann et Guy Derauw. Celui-ci, en référence à la voiture dans laquelle il se déplaçait à Alger, est plus connu dans l'O.A.S. sous le sobriquet de « Guy 403 » et il a juré de ne jamais tomber vivant aux mains des ennemis de l'Algérie française, qu'ils soient fellaghas, barbouzes, gendarmes ou policiers.

Michel Gonnaud, qui ne possède plus que vingt-trois cartouches de M.A.S. 56, se fait arrêter près de Duperré avec son ami Poumeyrolle. Avec le gendarme Villegras que personne ne se soucie de soigner, les deux hommes retrouvent Montganon et ses compagnons à l'école de

Police d'Hussein-Dey. Malgré sa blessure, Villegras n'a pas perdu sa combativité. Lorsque des gendarmes entourent son brancard dans l'intention de chercher à comprendre les raisons de son engagement dans l'O.A.S., brûlant de fièvre, il rassemble le peu de salive qui lui reste et la crache sur l'un d'eux.

Les derniers éléments de son éphémère maquis ayant disparu, l'O.A.S. est toujours sous le choc de l'arrestation de Roger Degueldre. Elle tue à Alger le commandant Marcel Bourgogne. Et à Oran paralysée par une grève générale des hommes de *Colline 3*, après avoir déjà abattu le 7 avril un de ses cadres, l'adjudant-chef Perrin, exécutent dans la rue Bosquet, la courte voie qui, à deux pas du cercle militaire, relie la place du Maréchal-Foch à la rue de Lutzen, le commandant Maurin, successeur du lieutenant-colonel Rançon à la tête du 2$^e$ bureau. Au cours de son émission pirate quotidienne, un speaker occasionnel de l'organisation parlant au nom de Gardy déclare :

— Le « Oui » au communisme, sollicité et obtenu par de Gaulle, fera de la France, à bref délai, un satellite de Moscou. Nous livrerons notre bataille d'Angleterre ! Nous aurons notre Stalingrad ! Le triomphe est au bout de la route. Il n'est pas besoin d'appartenir à l'O.A.S. pour affirmer que dans les villes principales, à Oran, à Alger, à Bône, qui sont les cerveaux et les poumons du pays, nous sommes maîtres de la situation. A Oran, les autorités d'occupation, le général Cantarel, le préfet de Police, le général Katz, sont totalement prisonniers à Château-Neuf et à la Préfecture de Police. Aucun d'eux ne peut circuler en ville. Si demain nous décidons d'investir ces deux bastions, consentant les sacrifices nécessaires en vies humaines, ils tomberont comme feuilles en automne. Les dix mille hommes cantonnés dans la ville et aux alentours ne feront qu'un feu de paille quand les cent mille hommes, qui le peuvent, descendront dans la rue sur nos ordres. Les autorités militaires savent que les engins blindés brûlent parfaitement au contact des molotovs. Nous avons prouvé à l'occupant que nous savons nous battre comme des lions. L'heure venue, nous occuperons totalement les villes, puis nous reprendrons toute l'Afrique du Nord et même, pourquoi pas ? la Tripolitaine.

A Alger, Susini discute avec Salan de la situation générale, qu'il estime plus critique que les rodomontades de la radio oranaise tentent de le faire croire à la population européenne prête à gober n'importe quoi du moment qu'on ne lui parle pas d'abandon. Il évoque la décision que, selon Ferrandi, le général semble déjà avoir arrêtée sur son retour éventuel en Europe, et celui-ci reconnaît :

— Eh oui, Susini, mon épouse me dit depuis longtemps que nous devrions partir. Elle prétend que je me bats en pure perte pour des gens qui n'en valent pas la peine.

Choqué, Susini s'inquiète de savoir vers quel pays son hôte envisage de s'exiler. Salan évoquant le Portugal, il se met en peine de lui démontrer qu'il serait préférable de rejoindre le C.N.R. en Italie.

— Ainsi, plaide-t-il, lorsque je dirai à nos hommes que vous êtes parti poursuivre le combat en Europe avec Bidault et Soustelle, ils vous approuveront. Ils ne comprendraient pas que vous alliez vous isoler au Portugal.

Salan, après avoir consulté avec lui une carte d'Europe en pesant le pour et le contre de quelques destinations, lui ayant demandé à réfléchir, Susini rapporte deux jours plus tard à Ferrandi les propos défaitistes de M$^{me}$ Salan. Le capitaine, oubliant qu'elle vit depuis trop longtemps dans l'appréhension qu'il arrive malheur à son époux ou à sa fille, propose de la faire arrêter afin de soustraire le général à son influence, selon lui devenue néfaste.

Ayant refusé cette proposition quasiment sacrilège, Susini parle à nouveau du départ du chef de l'O.A.S. et Ferrandi, après lui avoir affirmé que son projet d'exil en Italie était accepté, annonce à Susini que Salan le nommera son délégué général en Algérie et qu'il prendra ses fonctions le jour de son embarquement pour l'Europe.

— Mais, le reprend le jeune homme, ne suis-je pas déjà le chef depuis l'arrestation de Roger ?

Ce disant, Susini ne se trompe pas. Malgré l'opposition de Gardy et Gardes qui l'estiment trop jeune pour assumer pareille responsabilité et, à un degré moindre, celle de Godard qui le tutoie, il est clair que, maintenant qu'il a obtenu de Salan la mise à l'écart de Vaudrey en le désignant comme le principal responsable de la tuerie du 26 mars, il est le seul leader sur le terrain des opérations.

Ce point capital étant, en principe, réglé, Susini passe à l'organisation du voyage de Salan. Quelle que soit la destination choisie par le général et son épouse, il contacte à Bône un dirigeant d'un armement de transports maritimes, un cousin du P$^r$ Lagros, son ancien patron à la Faculté de médecine qui ne désespère pas de le voir reprendre ses études, et il abandonne à Ferrandi le soin de régler les détails du départ.

Le procès de Jouhaud a débuté à Paris le 11 avril 1962. Le Compagnon du Mandarin, inculpé d'atteinte à la sûreté intérieure de l'Etat et de commandement de bandes armées, est défendu par le bâtonnier Jacques Charpentier et par M$^e$ Perrussel. Le tribunal est dirigé par le président de chambre à la Cour de cassation Charles Bornet, un homme au long visage austère, coiffé en arrière et sans raie et portant des lunettes à montures épaisses.

Outre Charles Bornet, qui fut en 1922 à l'âge de vingt-cinq ans le plus jeune juge suppléant de l'histoire de la magistrature et devint également en 1946 son plus jeune procureur général à Nancy, Jouhaud est jugé par les généraux Gardet, chef d'état-major de l'armée de l'Air, par Henri Gilliot, Germain Jousse, le vice-amiral Paul Galleret, préfet maritime à

Toulon, et par M. Cavellat, un homme de soixante et un ans portant lunettes et larges moustaches taillées ras qui, après avoir longtemps été juge en Bretagne et à Besançon, est aujourd'hui premier président de la cour d'appel de Caen. La cour est complétée par Marcel Gagne, le cadet du tribunal avec ses cinquante-six ans et qui occupe un poste de président de chambre à la cour d'appel de Paris, par le diplomate à la retraite Henri Hoppenot, engagé dès 1940 dans la France libre alors qu'il servait à l'ambassade de France à Téhéran et maintenant membre du Conseil d'Etat. Le septième fauteuil du tribunal est occupé par le professeur Pasteur Vallery-Radot, le petit-fils du savant, grand résistant et qui fut un des piliers du R.P.F. où il était en 1947 chargé des relations avec les intellectuels et les professions libérales. Aujourd'hui membre du conseil de l'ordre de la Légion d'honneur, de l'Académie française et de l'Académie de médecine, le P$^r$ Vallery-Radot est aussi président du conseil d'administration de l'Institut Pasteur. Et c'est M$^e$ Raphaël, avocat général à la Cour de cassation, qui a reçu la charge de requérir contre l'accusé.

Le lendemain de l'ouverture du procès, alors que les derniers maquisards de l'Ouarsenis, comme Pierre Sultana, Michel Gonnaud et Alain Mentzer, étaient dirigés sur la prison de Tizi-Ouzou, les capitaines Montagnon et Pouilloux, les lieutenants Holstein et Bernard et les sous-lieutenants Prohom et Madaoui entraient à la Santé vêtus des treillis informes qu'ils portaient durant leur équipée. Et, toujours mal soigné, le gendarme Villegras a voyagé avec eux.

Le préfet de Police d'Oran, Pierre Denizot, et le commissaire divisionnaire Misselli qui était à la tête de la police judiciaire oranaise jusqu'à ce que, le 10 décembre 1961, un attentat O.A.S. l'écarte de ce poste, déposent à charge contre Jouhaud. Et Gaston Pernot, l'ancien dirigeant de l'Association pour le soutien au général de Gaulle, qui n'est plus jamais retourné en Algérie, en fait tout autant.

De son côté, le général Artus, commandant depuis quatre mois et demi les gendarmes à Oran, fait montre d'une grande précision pour présenter le bilan des actions de l'O.A.S. à Oran. Lisant ses notes, il détaille 137 tués et 385 blessés, dont 11 morts et 50 blessés pour les forces de l'ordre. Selon son document, les commandos des *collines* ont fait sauter 1 190 charges d'explosif et, au cours de 109 attaques à main armée, ils ont dérobé plus de quatre milliards d'anciens francs. L'O.A.S. s'est approprié 209 lance-roquettes, 83 mitrailleuses, des dizaines de fusils-mitrailleurs, des centaines de pistolets-mitrailleurs, plus de trois mille fusils de guerre, un millier de pistolets automatiques, des caisses de grenades et des lots de munitions. Le général Artus rappelle encore que les militants de l'Algérie française se sont également emparés à Oran de 17 postes émetteurs-récepteurs, de 78 véhicules – dont 23 militaires – ainsi que de stocks d'uniformes et de vivres. Après cette énumération qui, pour les partisans de l'Algérie française assistant au procès, a retenti comme un communiqué de victoire, le général Artus croit en avoir terminé en précisant

— Ce que j'ai à ajouter, c'est que, pour nous, pour tous, le responsable c'était l'ex-général Jouhaud.

Mais le président Bornet lui pose au contraire une nouvelle série de questions sur les hold-up, les tirs de mortier, les exécutions d'officiers loyalistes et les ratonnades qui, précise-t-il, après avoir pratiquement cessé sur ordre de l'O.A.S. avant de reprendre trois semaines plus tard, ont été remplacées dans les quartiers musulmans par des attentats à la voiture piégée.

Le gendarme accusateur s'étendant sur les vols d'armement et de matériels militaires, le président Bornet demande à Jouhaud s'il a quelque chose à dire à ce sujet.

— Permettez-moi de poser deux questions au témoin, commence le général. Je voudrais demander s'il est possible à un Européen d'entrer dans la Ville Nouvelle, qui assure l'ordre dans la Ville Nouvelle et qui contrôle l'entrée des gens dans la Ville Nouvelle.

— Je vais répondre volontiers, accepte le gendarme. Il n'est pas possible, à l'heure actuelle, d'entrer dans la Ville Nouvelle pour un Européen, et c'est bien normal à la suite de tout ce qui s'est produit. Et ceci d'autant plus que tous nos effectifs sont nécessaires ailleurs que dans la Ville Nouvelle où, tout de même, il faut le reconnaître, depuis le cessez-le-feu, règne un certain calme. Mais nous, forces de l'ordre, nous pouvons entrer dans la Ville Nouvelle tandis que nous ne pouvons pas entrer dans les quartiers européens. Voilà ce que j'ai à répondre.

Après cette tirade reconnaissant que le F.L.N. est le seul maître de l'ancien Village Nègre, le bâtonnier Charpentier prend la parole.

— Le général nous a dit qu'il avait établi trois statistiques des attentats : les attentats attribués à l'O.A.S., les attentats attribués au F.L.N., les attentats dont la source restait indéterminée. Si j'ai bien compris, la statistique dont il nous a donné lecture tout à l'heure est celle des attentats attribués à l'O.A.S ?

Le général Artus acquiesçant, le défenseur de Jouhaud lui demande : « Avez-vous les autres ? » et il reconnaît qu'il ne les possède pas, mais qu'il a le bilan total des attentats et qu'il peut le communiquer au tribunal, si cela l'intéressait.

— Oui, oui, enchaîne M$^e$ Charpentier, puisque vous les avez.

— Je ne l'ai pas là, mais je puis vous dire qu'ils s'élèvent à environ – je parle de tout le corps d'armée d'Oran et de toutes les subversions depuis le 1$^{er}$ décembre – ils s'élèvent certainement à environ 800 à 900 morts et 2 000 blessés.

— Mais, vous ne pouvez pas faire la discrimination actuellement ?

— Je ne l'ai pas apportée, je ne pensais pas...

L'avocat ne laisse pas le témoin aller plus loin. Il contre-attaque .

— Cela aurait pu être intéressant. Deuxième question, mon général : vous nous avez dit que la population était de cœur avec l'O.A.S. et vous avez attribué ce sentiment à la terreur que cette organisation faisait régner ; ne croyez-vous pas...

Cette fois, c'est au général de couper l'avocat :

— Je n'ai pas dit cela ! Monsieur le président, je peux répondre ?

Le président Bornet l'encourageant, il se défend :

— Je n'ai pas dit cela ! J'ai dit qu'il y avait une grande partie de la population qui était terrorisée ; j'ai dit que toute la population était de sentiment Algérie française et que cela se comprenait, c'était bien naturel, et que c'était un sentiment bien respectable ; mais, dans cette population une partie est fanatisée tandis que l'autre est relativement raisonnable et n'aurait certainement pas suivi s'il n'y avait pas eu le chantage à la peur. Vous citer exactement la proportion, c'est très difficile, mais je pense qu'il y en a depuis le début au moins un tiers qui est sous la peur.

Le bâtonnier Charpentier ayant demandé au général si ces sentiments de la population à peu près unanimes ne sont pas causés par la politique suivie en Algérie par le gouvernement, le président du Haut Tribunal rappelle que le débat ne doit pas s'engager sur le terrain politique. L'ayant admis, le défenseur de Jouhaud agite une feuille de papier et s'adresse au président Bornet :

— Une question encore, la dernière, monsieur le président : je voudrais demander au général s'il connaît ce tract, qui émane de l'Organisation armée secrète, O.A.S. 23 T 573, et qui est intitulé : « Les gendarmes martyrs. »

Le général Artus ne bronchant pas, l'avocat lit le document qui a été distribué en ville le 23 février dernier, au lendemain de l'assassinat des deux gendarmes près de la Ville Nouvelle.

— Vous connaissez ce tract ? demande le président Bornet quand il termine sa lecture.

— Je connais ce tract, monsieur le président, et je répondrai que mon arme a toujours fait son devoir contre toutes les subversions, car nous ne sommes pas anti-ceci ou anti-cela, nous sommes anti-crimes. C'est tout !

Cette profession de foi assenée, M$^e$ Perrussel demande au maître des débats :

— Monsieur le président, le témoin pourrait-il nous dire quel a été le nombre des tués par le service d'ordre, pendant les trois derniers mois ? Nous avons connu le nombre des attentats imputés à l'O.A.S. Nous n'avons pas pu connaître le nombre des attentats imputés au F.L.N. Nous voudrions savoir quel est le nombre des tués par le service d'ordre.

Gêné, le général avoue :

— Je désirerais vous répondre, malheureusement je ne peux pas et ce n'est pas notre faute car nous les recherchons toujours lorsqu'il y a des victimes, mais ces victimes-là, elles sont bien cachées, elles ne se montrent pas.

— Même quand elles sont mortes ! ironise le bâtonnier Charpentier avant que M$^e$ Perrussel reprenne la parole au général Artus pour affirmer :

— Monsieur le président, je peux répondre par les synthèses de Gendarmerie, les télégrammes sont au dossier. Lorsque M. le juge d'instruction Courcol a procédé à un interrogatoire, en imputant au général Jouhaud des tués musulmans, il avait fait une addition absolument dramatique. Lorsque nous avons pris les télégrammes, que le témoin est obligé de connaître parce qu'ils émanent de lui, nous avons vu – je ne vous cite que deux cas : le 1$^{er}$ mars, à Mers el-Kébir, trois Musulmans tués par les forces de l'ordre – et il n'est pas possible que le témoin ne se souvienne pas qu'à Oran, le 9 mars 1962, le service d'ordre ayant fait usage de ses armes, a tué seize Musulmans, dont trois femmes. C'est dans une éphéméride de la Gendarmerie.

Le président Bornet s'étonnant de ces précisions, le général Artus se défend :

— Je ne vois pas du tout ce que cela veut dire.

M$^e$ Perrussel poursuit :

— Alors, monsieur le président, voulez-vous avoir l'amabilité de produire le télégramme du 9 mars 1962 ? Cela fait partie de la « Synthèse journalière des informations et renseignements reçus sur les événements d'Algérie pendant la période du 9 au 10 mars 1962 » ; on imputait à l'O.A.S. seize morts qui avaient été tués, en raison des circonstances, par le service d'ordre. Il ne faut tout de même pas que l'on mette sur le compte du général Jouhaud des morts qui, du fait des nécessités du maintien de l'ordre, ont été des morts par le service d'ordre.

Le président réclame à l'avocat général la pièce citée et M$^e$ Perrussel regrette :

— Si M. le juge d'instruction Courcol était là, il nous aurait trouvé le télégramme original ; ce sont les seuls originaux que l'on nous a présentés, j'y faisais allusion hier. Les originaux sont dans le dossier.

M$^e$ Raphaël abonde :

— C'est dans le dossier original ; je ne possède, comme vous que des photocopies.

— Incomplètes ! s'exclame le bâtonnier Charpentier avant de laisser M$^e$ Perrussel enchaîner :

— Mais, en dehors des éphémérides, du résumé, de la synthèse, il y a les télégrammes émanant de la Gendarmerie ; en tout cas, on vise à la suite d'une manifestation : « Le service d'ordre a dû ouvrir le feu, conformément à la loi, et il y a eu seize morts musulmans dont trois femmes. » C'est un télégramme, pas un tract !

Après cette attaque, le président retrouve la pièce réclamée et le greffier procède à sa lecture :

— « Oran, 16 heures, rue Jules-Ferry, fusillade en cours entre F.S.N.A. (Français de souche nord-africaine) armés. Il y aurait 13 tués F.N.S.A. Renseignements complémentaires suivront. »

Les deux parties se disputent sur le nombre des tués jusqu'à ce que le greffier passe à une autre pièce précisant qu'il y a bien eu seize tués au cours de l'affrontement. Le président demandant ce qu'il en est au général Artus, celui-ci lui répond qu'il n'est pas au courant, qu'il ne commandait pas le secteur d'Oran et que ses unités étaient seulement mises à la disposition de ce secteur.

— Des opérations, ajoute-t-il, il y en a tous les jours. Comment pourrais-je me rappeler une opération particulière ?

Le bâtonnier s'écrie :

— Tous les jours seize tués ?

— Non pas tous les jours seize tués, heureusement.

M⁰ Perrussel tente de savoir la vérité sur les rumeurs de collaboration entre la Gendarmerie et le F.L.N. dans la liquidation du maquis de l'Ouarsenis. Se référant à un article publié dans *France-Soir*, il demande si cette collaboration a permis la mise hors de combat de « trente Français baptisés activistes ».

— Cela s'est passé quand ? s'inquiète le président.

— Avant-hier, d'après le journal.

Tenant à ce que le procès reste dans ses limites de temps, le magistrat souligne que Jouhaud est détenu depuis le 25 mars, mais M⁰ Perrussel, tenant à évoquer l'affaire de l'Ouarsenis, poursuit :

— Cela a son importance. On nous annonce aujourd'hui – je ne sais pas si c'est vrai – que le F.L.N. et la Gendarmerie collaborent. Est-ce vrai, oui ou non ?

— Je n'ai aucune connaissance là-dessus, proteste le général Artus, et je ne vois pas comment la Gendarmerie pourrait collaborer, étant donné que le F.L.N. n'a rien d'officiel !

A ce propos, le bâtonnier Charpentier fait semblant de rire et le président s'inquiète de savoir si le secteur de l'Ouarsenis concernait le général Artus. Celui-ci affirmant que non, M⁰ Perrussel lâche : « Alors, *France-Soir* n'aurait pas dit la vérité ? » et le patron des gendarmes se retire dans la confusion.

Salan ayant fait savoir à la presse qu'il endossait seul les griefs dont on accable Jouhaud, puisque celui-ci n'a fait qu'obéir à ses ordres, le général de Montsabert, Pierre Guillain de Bénouville, Léon Delbecque, les généraux Allard et Groût de Beaufort, Raymond Dronne et le député Robert Abdesselam viennent à la barre dans l'intention de prouver l'évidence de circonstances atténuantes qui sauveraient la vie de l'accusé. Ils rappellent surtout son rôle capital dans les événements de mai 1958, qui ont permis à de Gaulle de revenir au pouvoir. Le général Massu, lui, a adressé au procureur général Raphaël et à M⁰ Perrussel cette lettre expliquant son absence :

« Le ministre des Armées me déconseille formellement de comparaître à l'audience du Haut Tribunal militaire à laquelle vous m'avez cité et j'estime devoir me ranger à son avis. J'ai toutefois souci de répondre à la question que vous m'avez posée : "Lors des événements de mai 1958, quel a été le rôle du général Jouhaud ?" J'affirme, sous la foi du serment, les faits suivants et la conclusion qui s'en dégage : le général Jouhaud, quoique d'un rang supérieur au mien dans la hiérarchie militaire, a accepté la vice-présidence du Comité de salut public Algérie-Sahara que je présidais. Pendant les quatre mois d'exercice de ce Comité, dont les réunions étaient d'ailleurs moins fréquentes que celles du Comité de salut public du 13 mai, le général Jouhaud m'a apporté le concours et l'appui apprécié de son équilibre et de sa modération au cours de discussions souvent vives avec les membres du Comité. Ses contacts permanents avec le général Salan m'ont toujours paru favorables à la coopération de nos efforts en vue du but poursuivi : le retour à la paix en Algérie dans l'ordre français sous la conduite du général de Gaulle. Je conserve du général Jouhaud, dont l'humanité et l'affabilité étaient proverbiales, une image telle qu'à mes yeux sa présence à la tête de l'O.A.S. d'Oranie, si elle n'a pas empêché certains excès, devait les avoir considérablement limités, dans la mesure des possibilités de l'exercice ardu d'un commandement clandestin. »

Puis l'émotion monte d'un cran, lorsque Francine Camus, Faure de son nom de jeune fille, Oranaise et veuve du prix Nobel de littérature disparu le 4 janvier 1960 au cours d'un accident de la route, vient témoigner à décharge pour l'accusé. Cette femme élégante de quarante-huit ans, cheveux blonds et courts qui la rajeunissent de dix ans, use de mots simples pour décrire le caractère de Jouhaud dont, souligne-t-elle, elle connaît la famille depuis sa petite enfance. Dans le silence absolu que l'aura de son défunt époux lui attire, elle parle d'honnêteté, de droiture, de simplicité et de bonté profonde.

— C'est pourquoi, poursuit-elle, je peux dire que, pour moi, le général Jouhaud n'est ni un ambitieux, ni un raciste et que de le voir ici me paraît une des conséquences tragiques de notre malheur.

Puis M$^{me}$ Camus raconte qu'elle reçoit chaque jour ou presque d'Algérie des lettres et des coups de téléphone qui expriment tous l'angoisse des Pieds-noirs et elle précise :

— Oui, ce que je voudrais dire, en mon nom, c'est que l'on ressent douloureusement, je ne dirais pas l'incompréhension des métropolitains qui ne peuvent pas se rendre compte de ce que c'est que de savoir que son sol natal, votre terre natale, va cesser d'être terre française. Cela, je peux en témoigner moi-même ; je suis née française en Algérie, je croyais que je mourrais française en Algérie, et je peux dire que mon désir le plus profond, toujours, a été que toutes les communautés de l'Algérie jouissent, comme moi, de ce qui me paraissait vraiment comme un privilège – non pas comme un privilège matériel, je n'ai jamais rien possédé sur le sol algérien – mais comme un privilège spirituel. Et, depuis le référendum de l'an dernier, où j'ai compris que la France, dans sa majorité, accepterait que l'Algérie se sépare de la France, je me sens divisée, à moitié algérienne, à moitié française et, au vrai, je me sens comme dépossédée de ces deux pays, dont je ne reconnais pas le visage, ni de l'un ni de l'autre, parce que je n'ai jamais pu les imaginer séparés.

L'assistance ayant eu l'impression durant quelques minutes que c'était Camus qui s'exprimait au travers de son épouse au bord des larmes, le bâtonnier Charpentier demande :

— Madame, je ne voudrais pas prolonger cette épreuve mais, tout de même, vous avez connu la pensée d'Albert Camus, je ne peux pas vous demander ce qu'il penserait aujourd'hui, mais pouvez-vous nous dire comment il envisageait le problème algérien ?

Gênée, la jeune femme se défend :

— Je ne peux pas parler au nom de mon mari, personne n'a le droit de parler au nom de mon mari, et c'est parce que je porte son nom dont je suis fière que j'ai hésité à venir témoigner ici.

M$^e$ Charpentier insiste :

— Mais, votre mari vous a parlé...

— Mais son œuvre est là, que l'on peut lire, et je peux témoigner, en tout cas, qu'il n'a jamais cessé de penser, d'agir, publiquement ou secrètement – certains le savent bien – pour l'Algérie, pour les Algériens, pour ces deux communautés qu'il aimait également. Le livre qu'il a écrit en 1958, je crois qu'il se termine par : « C'est le dernier avertissement que veuille donner avant... »

Paraissant chercher ses mots : « Non, ce n'est pas avant de mourir... », elle continue, citant le tome 3 des *Chroniques algériennes* : « ... avant de se taire à nouveau un écrivain voué depuis vingt ans au service de l'Algérie », puis, retrouvant le fil de sa pensée, elle précise :

— Ce livre était un dernier effort, un dernier avertissement, pour tenter une solution qui rende justice à la fois aux deux communautés. Et, ce que je voudrais dire, parce que je l'ai éprouvé douloureusement, c'est que ceux qui ont mission d'informer l'opinion n'ont pas fait grand-chose pour que ce livre de justice et de fraternité, que ce message soit entendu.

Le défenseur de Jouhaud, avant de libérer M$^{me}$ Camus, lui demande encore :

— Albert Camus avait-il prévu le sort qui serait fait aux Algériens ?

Elle lui répond :

— Je préfère ne pas parler de ses paroles, de ce qu'il a pu me dire, parce que cela autoriserait d'autres à dire, peut-être, des choses qu'il n'aurait pas dites.

Le procès de Jouhaud, mené tambour battant après la poignante déposition de M$^{me}$ Camus, ne traîne plus en longueur. En fin d'après-midi, le vendredi 13 avril 1962, au terme du troisième jour d'audience, il est un peu plus de 19 h 30 lorsque le bâtonnier Charpentier met un terme à sa plaidoirie en lançant aux juges :

— Messieurs, nous sommes à la fin de ces débats ; il est trop tard et vous savez tout ; je n'ai plus rien à vous dire ; vous allez tout à l'heure prendre une décision qui est attendue avec angoisse dans certaines parties du monde. En ce moment, dans toute l'Afrique du Nord, tous les postes d'écoute vous attendent, et en France aussi il y en a pas mal, et même à l'étranger, par curiosité, peut-être, ou par intérêt. Vous allez donc prendre une décision très grave ; vous êtes tous des hommes considérables ; des hommes qui ont atteint l'échelon le plus élevé de leur profession, sauf pour les plus jeunes d'entre vous ; vous n'avez plus rien à attendre ; vous êtes affranchis des désirs, affranchis de la peur, vous êtes arrivés à ce moment de la vie où l'homme est seul en face de sa conscience, et c'est pour cela que j'ai confiance et que je vous confie le sort de Jouhaud, du général Edmond Jouhaud ; c'est pour cela que je suis sûr que vous ne commettrez pas la faute irréparable que l'Histoire ne vous pardonnerait jamais, pas plus qu'elle n'a pardonné à Napoléon l'exécution du duc d'Enghien, pas plus que la Restauration ne s'est relevée de l'assassinat du maréchal Ney. Je vous le demande pour lui, mais je vous le demande surtout pour notre pays ; je vous demande pour la France pour laquelle vous pouvez jeter le premier jalon qui conduira à l'amnistie qui, en tout cas, nous ramènera la France que nous connaissons, celle qui avait fait l'admiration du monde ; la France de la vérité, de la liberté et de la justice.

Le président Bornet, à 19 h 40, s'adresse au général Jouhaud :

— Accusé, avez-vous quelque chose à ajouter pour votre défense ?

Le général répond sans hésiter :

— Monsieur le président, je n'ai rien à ajouter. Je m'en remets à mes juges.

Et, d'une voix sèche, le président du Haut Tribunal annonce :

— Les débats sont clos.

Accompagnée par le brouhaha montant de la salle, la cour se retire. Lorsqu'elle revient après deux heures de délibération, son président ânonne les termes de sa sentence dans un silence parfait :

— Au nom du peuple français, sur la première question : oui à la majorité ; sur la deuxième question, oui à la majorité.

Chaque oui asséné jusqu'à la cinquième et dernière question fait naître un grondement dans l'assistance. Jouhaud, qui a rasé la moustache qu'il portait à Oran, lui, ne cille pas lorsque le président Bornet annonce que la cour lui refuse les circonstances atténuantes et pas plus lorsqu'il laisse tomber : « En conséquence, le Haut Tribunal condamne Jouhaud à la peine de mort » et demande :

— Monsieur l'avocat général, avez-vous des réquisitions à formuler ?

M<sup>e</sup> Raphaël, réclamant l'application de l'article 43 du décret du 16 mars 1852 sur la discipline des membres de la Légion d'honneur, exige que soit immédiatement retirée au condamné sa plaque de grand officier de cet ordre.

Le président Bornet, après avoir suivi les dernières réquisitions de l'avocat général, annonce que l'audience est levée. Des slogans antigaullistes et des « Algérie française » saluent le départ des juges. Toujours impassible dans le tumulte, alors que des gendarmes poussent sans ménagements les manifestants vers la sortie, Jouhaud serre les mains de ses deux défenseurs catastrophés. Puis il se laisse entraîner par ses gardes déférents vers le fourgon cellulaire qui le ramènera vers sa cellule où, les directeurs de prison ayant le devoir de remettre en bonne santé les condamnés à mort au bourreau, il bénéficiera désormais d'un régime alimentaire de faveur.

*

— 70 —

## Salan à la Santé : l'O.A.S. n'a plus de chef

Lorsqu'il apprend à Oran la condamnation à mort de Jouhaud, le général Katz craint un soulèvement général. Ses troupes calfeutrées dans leurs cantonnements, la ville résonne toute la nuit d'explosions et de rafales. Au matin du 14 avril 1962, des ordres de grève générale ayant circulé, elle est paralysée comme les autres villes. N'écoutant pas cette fois les conseils de Susini, Salan a décidé de se réfugier au Portugal. Il a fixé son départ au mardi 24 avril et attend que le colonel Gorel, toujours trésorier de l'O.A.S., lui fasse parvenir les subsides nécessaires à son voyage et à son installation à Lisbonne.

A Paris, Michel Debré, que Me Perrussel a qualifié la veille de « père fondateur de l'O.A.S. » en rappelant qu'il avait déclaré dans *L'Echo d'Alger* du 6 décembre 1957 que l'insurrection pour l'Algérie française était légitime, présente sa démission le 14 avril 1962. Le général de Gaulle, en ayant discuté avec lui le 9 janvier, l'accepte et lui écrit : « Je pense, comme vous-même le pensez, qu'il est conforme à l'intérêt du service public que vous preniez maintenant du champ afin de vous préparer à entreprendre, le moment venu et dans des circonstances nouvelles, une autre phase de votre action. Quel qu'en puisse être mon regret, je crois donc devoir y consentir. Soyez assuré, mon cher Premier ministre, que ma confiance et mon amitié vous sont acquises autant que jamais. »

Michel Debré ne sera donc pas le Premier ministre qui entérinera l'indépendance algérienne. Cette tâche échoira très certainement à Georges Pompidou, qui s'installe à Matignon au matin du 15 avril. Constantin

Melnik, que l'O.A.S. considère toujours comme son ennemi n° 1, laisse la place à un haut fonctionnaire. Celui-ci ne bénéficiera pas des liens privilégiés qui, malgré le départ du général Grossin, unissaient son prédécesseur au S.D.E.C.E. et à la Sûreté nationale de Jean Verdier et Michel Hacq. Le S.D.E.C.E. voit le remplacement du colonel Roussillat par le colonel Froment. Et Melnik sera remercié de ses trois années de services spéciaux par une retraite mensuelle n'atteignant pas les sept cents francs.

Georges Pompidou qui, en février 1961, a été le premier à discuter à un haut niveau avec la rébellion, n'a jamais été partisan de l'Algérie française, même en 1958. A la page 15 de ses *Entretiens avec Georges Pompidou,* son dernier livre qu'il publiera en février 1996 chez Albin Michel, Michel Debré (qui mourra le 2 août de la même année) révélera que, quelques jours après le 13 Mai, lorsque rien n'était encore joué, il avait déclaré au cours d'un dîner avec Roger Frey : « J'espère que, ni l'un ni l'autre, vous n'appartenez à cette race de fous qui travaillent pour le retour du Général. On peut le regretter, mais je vous dis qu'il ne reviendra pas ! »

Georges Pompidou installé à Matignon, à Oran où Gardy, n'ayant pas le même prestige que Jouhaud, ne contrôle pas les initiatives de l'O.A.S., le général Katz réclame en vain des renforts. La ville est plus que jamais en ébullition. Dans la nuit du 16 au 17 avril, les commandos des *collines* pilonnent au mortier des cantonnements de gendarmes mobiles et de C.R.S. Puis, au matin, ils lancent un dernier harcèlement sur le quartier musulman du Petit-Lac.

Les forces de l'ordre n'intervenant pas, des Musulmans s'ameutent en milice. Barrant la route menant à Valmy, ils obligent les occupants européens de quelques voitures à mettre pied à terre. Après les avoir molestés sans que réagissent les policiers du commissariat du IV$^e$ arrondissement tout proche, ils les enferment dans leur cité. Sitôt averti, Katz choisit la discussion. Il dépêche au Petit-Lac le sous-lieutenant de gendarmerie Guenot afin d'essayer de s'entendre avec Abdenasser Djillali, le responsable du F.L.N. à Oran.

Après avoir accompagné le gendarme sous les huées jusqu'au service social de la cité où ont été déposés les corps des Musulmans tués au petit matin, Djillali accepte de faire libérer les onze Européens tombés aux mains des habitants. Mais, avoue-t-il, il en manquera un, Antoine Anton, qui a été lynché à mort.

Le lendemain de ces drames, Ailleret apprend qu'il sera remplacé par le général Fourquet, à qui de Gaulle a adressé cette lettre menaçante pour l'O.A.S. :

« Bien que je connaisse votre manière de voir et vos souhaits, j'ai décidé, pour des raisons supérieures, de vous nommer commandant supérieur en Algérie en remplacement du général Ailleret qui va prendre un autre poste. Je pense que votre mission ne sera pas de longue durée. Mais elle est capitale. Il s'agit essentiellement de liquider l'organisation criminelle, la première nécessité et la première urgence étant : Oran. Je compte sur vous et sur tous ceux qui vont être sous vos ordres. Croyez, mon cher Fourquet, à ma confiance et à mon amitié. »

Au moment de quitter son poste, ainsi qu'il l'écrira dans ses mémoires qui seront publiés chez Grasset trente ans après que son avion se fut écrasé le 9 mars 1968 à la Réunion en provoquant aussi la mort de Maurice Commerçon, son fidèle aide de camp, Ailleret estime qu'il a atteint la plupart de ses objectifs. « Bab el-Oued, écrira-t-il en effet, avait éliminé la possibilité de rébellion armée. La rue d'Isly, au prix hélas de pertes regrettables, avait supprimé toute nouvelle éventualité d'emploi de la foule "en marée humaine" comme disait Salan dans ses directives. La lamentable expérience de Gardes dans l'Ouarsenis avait réglé le compte de l'espoir des activistes de nous rendre la vie difficile en créant des maquis antigouvernementaux. »

Salan, lui aussi, est sur le départ. Mais, une dernière fois harcelé par Jacques Achard, l'imminence de son voyage ne l'a pas empêché d'accepter de recevoir enfin Jean-Marie Lavenceau, le commissionnaire du F.A.A.D. qui arrive de Paris avec la réponse à son courrier au cadi Belhadi.

Ignorant ce qui se trame à Alger, Chateau-Jobert est de plus en plus isolé à Constantine après l'avortement du coup de force militaire provoqué par les défections des officiers qui lui avaient pourtant donné leur parole d'honneur. Il a reçu une lettre datée du 10 avril et signée par Gardes, Godard et Vaudrey, lui reprochant la rareté des attentats lancés dans son secteur contre la population musulmane et il y répond le 18 avril : « Il se trouve qu'actuellement l'O.A.S., qui devait être la troisième force, entre le F.L.N. d'une part et les forces gaullistes de l'autre, et devait dans cette fonction recueillir l'armée et la masse musulmane, il se trouve que cette O.A.S., par le jeu de ses actions et des exactions qu'on lui impute, rend impossible ce rapprochement vers nous de l'armée et des musulmans. Ici, partout, dans le bled comme dans les villes, mes Musulmans qui recherchent cependant des contacts nous font dire : "Vers quoi, maintenant, peuvent se retourner ceux qui ne veulent pas du F.L.N., puisque l'O.A.S. systématiquement s'attaque à nous, musulmans, qui ne lui avons rien fait !" Il est évident qu'il y a là une contradiction incroyable dans le même temps où l'on essaie un rapprochement utilitaire avec le M.N.A. La persistance d'une telle orientation est généralement considérée comme criminelle et néfaste, et ne tarderait pas à amener une scission dans nos organes de direction. »

Le compagnon de la Libération ne cache pas au lieutenant Michel Alibert et à ses collaborateurs civils ses craintes de voir l'O.A.S., surtout, avance-t-il, à cause de Susini qui se méfie de lui, se transformer en un appareil politique privé de sens moral, comme l'affaire Leroy et Villard l'a déjà laissé entrevoir. Le 19 avril, au cours d'un rendez-vous organisé à Philippeville par le lieutenant Alibert avec Claude Mouton, le plus proche collaborateur de Robert Martel, il expose les mêmes craintes quant aux exactions de l'O.A.S. Développant les thèmes de Martel qui ont tant plu au lieutenant de La Tocnaye, Claude Mouton prône une contre-révolution dépassant le cadre de l'Algérie française et en tout cas moins sanglante que les actions de Susini.

Au matin du vendredi 20 avril 1962, le sous-lieutenant Claude Dupont ayant été arrêté la veille, il bruine sur Alger. L'immeuble blanc de cinq étages que le général Salan occupe toujours à l'angle de la rue Desfontaines et de la rue Daguerre paraît gris sous le ciel bas. Les Européens, conscients pour la plupart que ce sera sans doute pour la dernière fois en Algérie française, préparent les fêtes de Pâques.

L'heure du rendez-vous avec Lavanceau approchant, le chef de l'O.A.S., alors qu'une émission pirate annonce à 12 heures que le combat continue sous ses ordres, rejoint Ferrandi dans son studio du rez-de-chaussée. A 12 h 10, l'émissaire du cadi Belhadi sonne. Ferrandi lui ouvre et, après des présentations rapides, le visiteur étale sur la table de cuisine les documents qui lui ont servi à convaincre Achard d'organiser la rencontre. Salan, bien entendu en civil, moustachu et cheveux teints, les inspecte rapidement tout en l'écoutant parler de Canal qu'il aurait rencontré à Paris. Pressé d'aller à l'essentiel, le général réclame la lettre de Belhadi. Lavanceau avoue qu'il ne l'a pas encore reçue, mais affirme en connaître les grandes lignes puisque, lors de leur dernière rencontre, l'homme du F.A.A.D. lui en a longuement parlé. Après avoir écouté son visiteur évoquer la coopération des maquisards messalistes avec l'O.A.S., Salan finit par perdre patience. Estimant que tout ce que Lavanceau lui a dit et fait lire, à part quelques indiscrétions sur l'O.A.S. métropolitaine, ne lui a rien appris, il lui signifie son intention d'abréger la discussion. Lavanceau lui demande encore de lui remettre quelques mots d'introduction qui, plaide-t-il, lui permettraient d'engager des rapports fructueux avec les dirigeants de l'organisation exilés en Europe.

Franchement agacé, Salan se lève dans l'intention de rejoindre son épouse. Ferrandi, inquiété par la nervosité croissante du protégé d'Achard, risque un coup d'œil rendu très imprécis par l'épaisseur des petits carreaux et la grille de protection des deux fenêtres de son logement bâti en porte à faux sur la rue en pente. Devinant les silhouettes de quelques gendarmes sur le trottoir, il entraîne Salan hors de la pièce. Mais Lavanceau le devance, bondit, ouvre la porte et hurle :

— Vite ! Ils sont là.

Ferrandi, dans un sursaut désespéré, expédie Lavanceau sur le palier et, dans l'intention de permettre à Salan de filer par la seconde issue donnant sur l'arrière-cour, il pèse sur la porte. Mais les gendarmes n'ont aucune peine à le rejeter en arrière, il lève les bras et Salan, qui n'a pas bougé, en fait autant.

Les quelques *deltas* chargés malgré lui de veiller de loin sur sa protection ne bronchent pas lorsque le capitaine Lacoste, en civil, installe Salan dans sa 403, entre lui et un de ses gendarmes. Ferrandi qui, comme le général, a obtenu le droit de passer un imperméable est poussé dans un autre véhicule.

Sa voiture roulant à vive allure vers la caserne des Tagarins, Lacoste commence à interroger son prisonnier qui, comme indiqué sur sa fausse carte d'identité, prétend être l'administrateur de sociétés Louis Carrière.

Des blindés sont venus se poster devant la caserne des Tagarins sitôt l'opération lancée sur la rue Desfontaines et toutes les précautions ont été prises pour que les prisonniers soient menés à La Réghaïa sans risquer d'être libérés en chemin par une attaque désespérée de l'O.A.S.

Ferrandi, interrogé dans une cave des Tagarins, ayant reconnu que Fournier n'est pas son vrai nom et qu'il est bien le capitaine Jean Ferrandi, le chef de l'O.A.S. cesse aussi de mentir. Lacoste, triomphant, téléphone aussitôt à Ailleret et lui annonce que, cette fois, il en a « pris un gros ».

— Lequel ? s'impatiente le général sur le départ.

— Le plus gros, mon général. Il s'agit de Salan. Il ne reste plus qu'à l'identifier de manière officielle.

Trois hélicoptères se posent sur l'aire d'envol des Tagarins. Lacoste escorte Salan vers l'un d'eux et, Ferrandi ayant pris place dans un autre, ils s'envolent vers La Réghaïa dans des nuées de pluie tourbillonnantes.

Accompagné par le colonel Valentin qui vient de remplacer le général Hublot au poste de chef d'état-major du commandement supérieur, Ailleret reconnaît Salan. Il ordonne qu'il soit gardé dans un bâtiment cerné par des parachutistes en attendant l'arrivée du Dakota qui l'emmènera à Paris avec Ferrandi. Puis il téléphone à Christian Fouchet pour lui confirmer que l'O.A.S. n'a plus de chef.

Il pleut de plus en plus et il fait déjà nuit lorsque le C 47 est prêt à décoller. Ailleret, durant quelques secondes, fixe le regard las de Salan toujours menotté comme son aide de camp.

— Vous savez qui je suis, lui souffle-t-il d'une voix métallique. L'O.A.S. que vous avez créée et dirigée a commis beaucoup de crimes et vous allez en rendre compte.

Salan ne répondant pas, Ailleret rejoint son état-major réuni sous la pluie et regarde s'éloigner la silhouette du vaincu rendu maladroit par les menottes joignant ses poignets sur son bas-ventre.

A l'heure où le Dakota prend de l'altitude dans une pluie encore épaissie, le porte-parole du haut-commissariat publie le communiqué suivant : « Dans le cadre des perquisitions menées avec une grande activité depuis quelque temps par les services de police de la préfecture d'Alger, l'ex-général Salan a été arrêté à 12 h 10, rue Desfontaines, à Alger. Salan a présenté une carte d'identité au nom de Louis Carrière, administrateur de sociétés, à Paris, XVIII$^e$. Il se trouvait dans un confortable studio de trois pièces situé au rez-de-chaussée d'un immeuble bourgeois. Ce studio était loué au nom de Fournier, pseudonyme de l'ex-capitaine Ferrandi, qui a été arrêté en même temps que lui. Pris complètement par surprise, Salan n'a opposé aucune résistance et sa garde personnelle dissimulée à proximité n'intervint pas. Au cours des perquisitions qui ont suivi, quinze à vingt personnes furent arrêtées. Parmi elles se trouvent l'épouse de l'ex-général et sa fille. »

Dans son avion, Salan se préoccupe justement du sort de sa femme et de sa fille. Un officier de son escorte lui apprend qu'elles ont été, elles aussi, appréhendées. Alors que depuis son arrestation il ne s'est pas un instant départi de son calme, même lorsque Ailleret est venu le narguer, il s'écroule à cette nouvelle car Hélène Salan, héroïne de la Résistance, est une invalide de guerre à la santé fragile. Mais il a déjà dominé son angoisse lorsque, à 21 h 30, le Dakota se pose à Villacoublay.

De mesures exceptionnelles ayant été prises, une dizaine de cars de policiers et autant de motards escortent la voiture du général et de son aide de camp. L'itinéraire menant à la Santé est interdit à la circulation et des centaines de policiers et de gardes mobiles sont massés alentour et jusque dans la prison elle-même.

La Santé entre en ébullition sitôt que s'y répand la rumeur de l'arrivée de Salan. Un épais concert d' « Algérie française » fait vibrer ses murs longtemps après qu'il s'est installé dans la cellule 57 de la 3e division. Au-dehors, les uns et les autres accourus pour saluer chacun à leur manière l'arrivée du chef de l'O.A.S. qui a été annoncée comme « probable » par les radios, des partisans de l'Algérie française s'opposent à des militants antifascistes. La police ayant séparé et repoussé vers le boulevard Arago les manifestants vociférant, le calme ne revient pas pour autant dans la prison où les prisonniers du putsch et ceux de l'O.A.S. allument quelques incendies.

Le lendemain de son arrestation, que le général de Gaulle aurait saluée à l'Elysée d'un sonore « Voilà enfin une bonne nouvelle ! », Salan s'entend notifier par le juge d'instruction Courcol une infraction à l'article 99 du Code pénal pour avoir « dirigé ou organisé un mouvement insurrectionnel » – ceci concernant le putsch – et pour son action à la tête de l'O.A.S., des infractions aux articles 86, 87, 91 et 95 pour avoir « tenté de détruire ou de changer le régime constitutionnel, d'exciter les citoyens à s'armer contre l'autorité de l'Etat et de troubler l'Etat par le pillage, l'attaque ou la résistance envers la force publique ».

A Tunis, le ministre de l'Information du G.P.R.A., M'Hammed Yazid, s'est empressé de proclamer que : « L'arrestation du chef de bande Salan ne manquera pas d'avoir des répercussions sur l'action criminelle des commandos fascistes. Nous espérons que l'entrée en action de la force de l'ordre algérienne, qui devrait être imminente dans les villes d'Alger et d'Oran, permettra la destruction rapide de la pègre O.A.S. et la création de conditions favorisant une cohabitation démocratique et fructueuse entre les Européens d'Algérie et le peuple algérien. »

La « pègre O.A.S. » visée par M'Hammed Yazid ne se soucie pas de cet anathème. L'arrestation de son chef, survenant après celle du lieutenant Degueldre, laissant la bride sur le cou à sa base, elle multiplie les attentats à Oran et Alger pour prouver qu'elle existe encore.

Quant à Jean-Marie Lavanceau, certain que son signalement et le détail de son habillement, costume et imperméable gris, circulent dans Alger, il a attendu dans un bâtiment du port occupé par une compagnie républicaine de sécurité l'heure de gagner sous bonne escorte Maison-Blanche, d'où un avion militaire l'a rapatrié.

Jean-Jacques Susini, après avoir accusé le coup et pensé un moment que tout était perdu pour l'O.A.S. et l'Algérie française, lance une enquête afin de cerner les responsabilités dans l'arrestation du Mandarin. Remontant sans peine à l'affaire du F.A.A.D., il a été sidéré d'apprendre que la fille d'Amédée Froger était en relation avec Jean-Marie Lavanceau. Et le professeur Fontano et M. Pissandano, président du Crédit agricole d'Algérie, qui passaient dans la rue Desfontaines à l'instant où les gendarmes s'emparaient du chef de l'O.A.S., lui donnent des détails corroborant ce qu'il sait déjà en précisant que les hommes engagés dans l'opération paraissaient très sûrs de leur coup et qu'après s'être emparés de l'épouse et de la fille du général, ils ont découvert dans leur appartement des documents grossièrement dissimulés derrière une glace.

Ayant fait le tour de toutes les informations, Susini regrette une fois de plus que le général Salan, agissant ainsi comme de Gaulle, n'ait jamais accepté la solide protection rapprochée qu'il voulait lui imposer.

La veille de l'arrestation de Salan, *El Hourrya (La Liberté)*, l'organe clandestin du parti communiste algérien, regrettait : « L'Exécutif provisoire rencontre d'énormes difficultés à faire appliquer les accords d'Evian. Il ne peut venir à bout de ces difficultés si rien n'est changé dans l'appareil colonial en place. » Après cette constatation d'une situation que l'O.A.S. a tout fait pour instaurer, Bachir Hadj Ali, l'auteur de l'article, affirmait : « Mais il peut les vaincre en s'appuyant sur les masses et surtout en luttant pour : que la Force locale assure l'ordre dans les villes ; que l'A.L.N. participe à la lutte contre l'O.A.S. ; que soient jugés et châtiés impitoyablement et sans délais les tueurs ; que tous les Européens qui détiennent des armes les rendent ; que soient relevés de leurs fonctions les ultras occupant des postes-clés dans l'administration ; que soit mis fin à l'activité des groupements fascistes, tels les anciens combattants d'Arnould, les étudiants de Poirey, les syndicats indépendants ; que soient interdits les journaux ultras ; que soient accélérés la libération des détenus et le retour des réfugiés. »

Après cet appel à la chasse aux sorcières, l'éditorialiste d'*El Hourrya* annonçait que les communistes algériens apporteront un soutien sans réserve à l'exécutif provisoire et il les appelait à se tenir « à l'avant-garde de ce combat patriotique pour en finir à jamais avec les forces les plus noires du colonialisme ».

L'épouse de Salan, sans aucun respect pour son invalidité, a été incarcérée à Fresnes sous l'inculpation d'usage de faux papiers et sa fille Dominique confiée à des proches parents. Le général annonce à la Santé qu'il ne répondra au juge Courcol qu'une fois que celui-ci aura auditionné les trente-huit témoins dont il lui a dressé la liste. Le juge ayant rejeté cette proposition, les avocats de Salan, M$^{es}$ Tixier-Vignancour, Le Corroller, Goutermanoff (du barreau d'Alger) et M$^e$ Pierre-Emile Menuet – le défenseur d'Yves Gignac qui lui servira d'agent de liaison avec son homme de confiance –, décident de quitter illico la prison. Le bâtonnier Charpentier, choisi par Salan, a refusé de le défendre en avançant qu'il tenait à se dévouer exclusivement au service de Jouhaud, dans l'espoir de lui obtenir la grâce présidentielle.

Salan, resté seul avec le juge, ne répond donc à aucune question et ses avocats adressent à la presse ce communiqué résumant ses exigences : « Pour que je sois en mesure d'assurer mes responsabilités devant la justice, il faut me permettre d'exercer le droit qu'a tout inculpé de démontrer sa non-culpabilité. Le juge d'instruction est une juridiction chargée d'apprécier la criminalité ou la non-criminalité des faits qui lui sont soumis. L'audition des témoins et, le cas échéant, la confrontation entre ces témoins et l'inculpé est indispensable. C'est pourquoi je ne saurais répondre à aucune question concernant mon action sans que les mobiles de cette action aient été mis en lumière. Le problème soumis à la juridiction n'est pas limité dans le temps entre le 25 avril 1961 et le 20 avril 1962. La manifestation de la vérité ne peut sortir que d'un examen complet de la période comprise entre le 18 novembre 1956, date de ma nomination en qualité de commandant en chef, et le 20 avril 1962, date de mon arrestation. Un récit fait par moi-même des événements principaux survenus au cours de cette période n'aurait aucune valeur probante décisive. Un tel récit ne dispenserait nullement l'instruction de l'audition des témoins. Le premier acte de violence n'émanant pas du F.L.N. est l'affaire dite du « bazooka ». Cette affaire est reliée à un important complot dont la réussite exigeait mon assassinat. Il est impossible de comprendre les événements qui ont suivi et d'expliquer ma position sans que ces faits aient été éclaircis. Il convient donc d'entendre sur ce point M. Max Lejeune, M. Robert Lacoste, M. Philippe Castille, les généraux Cogny, Gardon, Lennuyeux, le colonel Alain de Boissieu, M. de La Malène, M. Michel Debré et le général de Bénouville. Les événements du 13 mai sont, pour une part, inintelligibles si des témoins se sont pas entendus pour définir la portée des engagements pris, des responsabilités assumées pour l'avenir par chacun, et ainsi dégager les mobiles des actions futures. Les témoins essentiels paraissent bien être le président Coty, le colonel Juille, les généraux Ely, Allard, Dulac, Jouhaud, le commandant Mouchonnet, MM. Chaussade, Maisonneuve, Olivier Guichard, Chaban-Delmas, et enfin le chef actuel de l'Etat, celui-ci devant obligatoirement être entendu sur son action en qualité de simple citoyen, du 13 mai au 13 juin

1958, et de président du Conseil, du 3 juin au 18 décembre 1958. Sur les événements de novembre-décembre 1960, il m'est indispensable d'entendre M. Regard, M. Frey et M. Sanguinetti, ainsi, bien entendu, que le général Jouhaud. Par contre, sur les événements qui se situent entre le 25 avril 1961 et le 20 avril 1962, aucune explication utile ne peut être fournie sans les auditions préalables des généraux de Menditte, Ducournau, Cantarel, Levé, Boulanger, du capitaine de Boisanger, de MM. Laradji, Ioulalalen, Boualam, Marçais, Lauriol, Abdesselam, Messali Hadj et Deramchi. Il est bien entendu que mes défenseurs vous remettront la liste des questions à poser à chaque témoin, et ce en temps utile. Je me tiendrai à votre disposition pour les confrontations auxquelles il sera procédé après chaque déposition. Je ferai après une déclaration d'ensemble au vu des résultats de l'instruction et serai ensuite prêt à répondre à toutes les questions que vous jugerez utile de me poser. »

A Alger, au soir de ce mardi 24 avril 1962, le haut-commissaire Fouchet, marqué par l'enterrement de première classe que les ministres des Affaires étrangères de l'Allemagne fédérale, de la Belgique, de l'Italie, du Luxembourg et des Pays-Bas ont réservé à son plan d'union européenne le 17 à Paris, déclare devant les micros et les caméras de la R.T.F. :

— C'est à vous, Musulmans et Français d'Algérie, que je m'adresse aujourd'hui, commence-t-il. Ce que j'ai à vous dire est important. Je vous demande de me prêter attention. Et parlons d'abord de cette arrestation de vendredi dernier. Qu'elle consternât certains ou contentât le plus grand nombre, il semble qu'elle vous ait tous surpris, généralement stupéfiés, parfois même bouleversés. Or, elle devait fatalement se produire un jour, d'une façon ou d'une autre. Je vous l'avais annoncée, il y a deux semaines. Je n'avais pour cela qu'à lire ce qui était écrit sur le mur. Je vous redis aujourd'hui, avec la même certitude, que le processus continuera, que rien ne pourra l'empêcher de continuer. Personne n'en doute d'ailleurs, dans le camp de la dissidence. Je vais même vous dire ce qu'ils pensent dans ce camp-là. Ils ne me démentiront pas, car je ne dirai rien qu'ils ne sachent être vrai. Mieux même, je ne dirai rien qu'ils n'aient déjà dit ou écrit eux-mêmes. Ecoutez-moi bien...

S'ils ont accueilli par des huées l'apparition du haut-commissaire sur les petits écrans, les Pieds-noirs l'écoutent avec attention lorsqu'il poursuit :

— Au moment où il a été arrêté, le général Salan était déjà certain de la faillite de sa tentative. En eût-il douté, que la simple lecture de ce que lui écrivaient ses principaux complices l'eût convaincu. Que lui disaient-ils ? Ceci : par l'échec écrasant des tentatives de création de maquis, l'inquiétude grandissante rencontrée dans beaucoup de milieux urbains, les arrestations successives, la mise en application, sans aucun retard ou hésitation, des accords d'Evian, la discipline attentive de l'armée, enfin la voix unanime de la métropole rendaient cette faillite inévitable.

Les Pieds-noirs avaient espéré autre chose que cette allusion à la défaite de l'O.A.S. C'est donc dans le chahut qu'ils écoutent le reste du message de Fouchet qui, au sujet de Salan, interroge encore : « Que pouvait-il donc tenter ? Que peuvent donc tenter aujourd'hui, en dernier recours, ceux qui restent encore en liberté ? » et qui affirme :

— Il n'est pas difficile de répondre et vous le savez vous-mêmes : improviser localement à Oran, sans aucune ligne de conduite ou programme d'ensemble, et quelles que soient les conséquences désastreuses que cela pourrait entraîner pour la population, une sorte de réduit, échappant à l'autorité de l'Etat, et que les plus optimistes d'entre eux ne considèrent eux-mêmes que comme un pis-aller sans grande chance de succès. Et si cela devait échouer, il ne leur resterait qu'un combat désespéré, du reste limité aux très grands centres urbains, mené par des tueurs désespérés. Voilà ce que savait l'homme en question vendredi matin, voilà ce que savent, avec aujourd'hui plus d'évidence encore, ceux qui vont tenter de prendre sa place. Vous pouvez me croire sur parole. Ceux d'entre eux qui m'écoutent savent bien – et pour cause – que j'ai raison. Or, l'autorité de l'Etat sera, sous peu, rétablie à Oran. La population oranaise va être libérée du joug de la terreur. Quant aux tueurs anonymes, ils continueront sans doute, hélas, à tuer pendant quelque temps, mais pas très longtemps. En conséquence, aux neuf millions de musulmans, je demande de rester calmes, dans les campagnes malgré les entraînements, comme dans les villes malgré les provocations. En fin de compte, l'avenir franco-algérien dépend de votre sagesse dans les premiers, comme de votre sang-froid dans les autres. Cela dépend aussi – et autant – de vous, Français d'Algérie. Vous le savez bien. Je vous l'ai déjà dit. Là aussi votre sagesse, votre sang-froid, sont nécessaires. Comme est nécessaire votre confiance dans l'avenir. Ceux qui voulaient vous entraîner se précipitent dans l'abîme. Ils ont déjà perdu la partie : vous savez tous, musulmans et Français, qu'elle se poursuit sans défaillance, que les étapes se succèdent, que dans quelques semaines, l'autodétermination interviendra.

« Alors, il faudra, une fois les tumultes apaisés, que vienne le moment où les hommes redeviendront des hommes qui se regardent dans les yeux, les enfants des enfants qui jouent ensemble, où la paix descendra dans les cœurs. Car tout est là. Il y a bien sûr les accords d'Evian que, les uns comme les autres, nous sommes déterminés à appliquer strictement, dans l'exécution complète des engagements ; il y a la France qui protège et aidera massivement l'Algérie et tous les Algériens ; il y a l'intérêt évident de tous, il y a le monde entier qui vous regarde ; mais il y a surtout vos cœurs d'hommes et de femmes, vos cœurs qui sauveront tout, si sur cette vieille terre qui vous appartient à tous, ils savent battre à l'unisson. »

*

## — 71 —
## Le capitaine Sergent passe en Belgique

Si elle a porté un coup terrible à l'O.A.S., dont certains, comme Christian Fouchet, affirment qu'elle ne se relèvera pas, l'arrestation de Salan n'a rien ajouté au désordre dans lequel les *deltas* algérois se trouvaient depuis celle de Degueldre.

Paulo Nocetti, Marcel Lagier et Nicole Gardy étudient avec Louis Bertolini la manière de faire évader de la Santé le lieutenant de Légion. En attendant de passer à l'action à Paris où ils ont projeté de se rendre avec le capitaine Branca, les lieutenants Jean-Paul Trappe et Jean-Loup Blanchy – les adjoints de Jacques Achard – houspillent leurs compagnons de lutte et Alger résonne de *stroungas* et de concerts de casseroles.

A Oran, après avoir proclamé au cours d'une émission pirate qu'il assume le commandement de l'organisation, Gardy a émis le 22 avril 1962 une directive limitant ses actions aux grandes villes et ordonnant le sabotage du fonctionnement de l'exécutif provisoire. Après avoir décidé la constitution de comités de résistance régionaux, il a demandé à l'O.A.S. métropolitaine de continuer à respecter les instructions de Salan tout en reconsidérant sa méthode opérationnelle. Se montrant bien peu charitable envers les généraux de Crèvecœur et de Vésinne de Larüe, qui assument toujours leurs fonctions, il a recommandé à ses dirigeants de placer à leur tête un délégué général qui « fasse le poids ». Enfin, il envisage de créer dans la région d'Oran une vaste zone militairement contrôlée et civilement administrée par l'O.A.S.

Des hommes de Micheletti ont passé une partie de la nuit du 21 au 22 avril 1962 à mitrailler la préfecture de Police en représailles de la capture du sergent Miroslav Radovic à Sidi Bel Abbes. Miroslav Radovic, capitaine *Marc* ou capitaine *Delgado,* était considéré comme le « Degueldre de l'Oranie ». Il a d'abord combattu les forces de l'ordre à Alger. Une première fois arrêté le 28 septembre 1961, il s'est évadé deux mois plus tard en profitant des habituelles complicités à l'hôpital Mustapha et, s'estimant brûlé à Alger, il a rallié l'O.A.S. oranaise.

Après l'arrestation du populaire légionnaire, Katz, pestant toujours contre le manque d'effectifs, durcit encore la répression, comme l'annonce ce communiqué du 22 avril :

« La préfecture de Police rappelle à la population d'Oran qu'il est interdit de circuler et de stationner sur les terrasses des immeubles et les balcons. Le feu sera ouvert sans sommations sur les contrevenants à partir du 23 avril. De même le feu sera ouvert par tous les moyens, y compris l'aviation, sur les éléments de l'O.A.S. qui circulent dans la ville. Les barrages et obstacles à la circulation seront détruits par le feu et leurs abords seront lacrymogénés. En conséquence, il est ordonné à la population de s'éloigner de ces éléments et de s'abriter dans les immeubles. »

Si Oran entre un peu plus dans la guerre, Alger n'est guère plus calme. Dans les heures qui ont suivi l'arrestation de Salan, l'O.A.S. a tiré des obus de mortiers sur la cité Djenane Mabrouk à Maison-Carrée, et, afin d'empêcher le personnel de la cité administrative du Rocher-Noir de se rendre au travail, elle a saboté à l'aide de sept charges de plastic le pont de chemin de fer enjambant la Départementale 222 entre l'Alma et la mer. D'autres plastiqueurs s'en sont pris au cœur d'Alger à l'Hôtel de Ville.

Après ces explosions, des hommes armés de pistolets ont parcouru la ville et, au rythme régulier d'un attentat toutes les demi-heures, ils ont tué une vingtaine de Musulmans choisis au hasard dans le vieux Kouba, à El-Biar, à Birmandreïs, à Bab el-Oued et, au cœur de la ville pourtant quadrillée par les forces de l'ordre, dans la rue du Duc-des-Cars, le boulevard Bugeaud et la rue du Languedoc, parallèle à la rue Michelet.

Jean Sarradet, qui se tient depuis la mort de Michel Leroy à l'écart de la violence, travaille toujours à la cohésion de ses réseaux syndicaux et s'efforce de débaucher les *deltas* algérois et les *collines* oranais. Gardes ne se manifestant plus depuis son retour de l'Ouarsenis, Vaudrey étant privé de pouvoir depuis le massacre de la rue d'Isly, Godard ayant été averti par des amis qu'il doit se méfier même des *deltas* chargés de sa protection, et Broizat se contenant dans sa réserve, Susini et Pérez ont les mains libres pour mener les opérations.

L'entente ne régnant pas entre ces deux hommes, des militants se démobilisent. Dans le secteur d'El-Biar encore organisé de façon à peu près militaire, François Thadome est obligé de soumettre au capitaine Murat de nombreuses demandes d'autorisation de sortie pour la métropole, souvent assorties d'un certificat médical de complaisance. Murat est furieux en s'apercevant qu'elles émanent pour la plupart d'hommes qui, sans avoir été des plus actifs, ont été les plus pousse-au-crime de l'O.A.S.

Jacques Achard, accablé par le remords d'avoir provoqué l'arrestation de Salan, sait maintenant que Jean-Marie Lavanceau, s'il était véritablement un proche collaborateur du capitaine Géronimi au service des Affaires algériennes à la préfecture de Police de Paris, était devenu un agent du commissaire Georges Parat à la suite d'une enquête sur les ramifications de l'O.A.S. dans la police parisienne et qu'il a été aidé à Alger par Georges Collier, un inspecteur de la *Mission C* dissimulé sous le pseudonyme de *Gauthier*.

La situation de l'O.A.S. n'est pas plus reluisante en métropole. Georges Bidault, le remplaçant désigné de Salan, ne commande personne de son exil italien et Argoud n'a pas plus de pouvoir réel. Renonçant à entraîner dans la révolte les officiers des garnisons allemandes, il a décidé de retourner à Alger. Mais alors qu'il s'apprêtait à embarquer à Marseille, l'arrestation de Salan l'a forcé à revoir ses plans. Il s'est réfugié à Bruxelles, où les époux Baillieu l'ont accueilli à Uccle comme ils l'ont déjà fait pour beaucoup d'exilés, si nombreux qu'ils ont loué à leur intention un appartement en face de leur résidence.

Quant à Sergent, s'estimant comptable de la vie de Dovecar puisqu'il lui a montré la voie de la désobéissance, il a tenté d'organiser son évasion, mais, faute de moyens, il y a très vite renoncé. Jean-Marie Curutchet, le capitaine Denis Baille et les lieutenants Marbot et Henri d'Armagnac tentent en vain d'empêcher leurs hommes de rejoindre Canal, qui a maintenant de solides adjoints avec Armand Belvisi, Watin, Alain de La Tocnaye, le Hongrois Gyula Sari, Nicolas d'Andréa et Claude Jacquemart. Comme ce fut le cas en Algérie pour ceux de l'A.L.N., les patrons de l'O.A.S.-Métro vivent dans la hantise de la trahison. Ce complexe prend un peu plus de force chaque fois que survient l'arrestation d'un agent de liaison ou de quelque comparse venu donner un coup de main juste le temps d'un plasticage. Sergent n'y échappe pas et la sécurité est devenue pour lui une telle obsession qu'il change sans cesse de déguisement. Curutchet, lui, quitte chaque matin son logement de la rue Dolent et n'y revient qu'à la nuit.

Ces arrestations et la psychose qu'elles provoquent chez les militaires en cavale n'entament pas la résolution de Roland Laudenbach et de ses compagnons. L'écrivain Jacques Perret, même si son fils est en prison, ne manque pas une occasion d'attiser par ses articles les ardeurs de l'Algérie française. Selon lui le gaullisme, n'étant que « l'expression d'un clan constitué au service d'un caïd », disparaîtrait à coup sûr avec l'arrestation de De Gaulle et au contraire, « parce qu'elle n'est pas le fait d'un seul homme, l'O.A.S. survivrait à celle de Salan ».

A Oran, où règnent maintenant les lois martiales de Katz et de Micheletti, les accrochages sont de plus en plus fréquents. L'un d'eux provoque la mort de cinq gendarmes le 26 avril et un commando assassine M. Bertrand, l'un des tout derniers représentants du Comité de soutien au général de Gaulle. Le lendemain, le Comité de lutte contre le fascisme nargue l'O.A.S. en faisant circuler à Alger ce tract destiné aux israélites : « Juifs d'Algérie : O.A.S. = Antisémitisme ; O.A.S. = Auschwitz, Buchenwald, Ghetto de Varsovie. Ne l'oubliez pas. » Ce faisant, les dirigeants du comité oublient que de nombreux Algérois de confession israélite font partie de l'O.A.S. et qu'à Oran la solide milice de Yaya Bénichou qui interdit les incursions du F.L.N. dans le quartier juif, que les Musulmans appellent le Darb, lui est tout à fait acquise. Au moment de la distribution de ce tract à Alger, ajoutant ainsi un deux cent cinquantième mort à son bilan annoncé par les autorités depuis le 16 avril 1962, des hommes en tenues camouflées enlèvent à Oran le chef de bataillon Bardy à sa sortie des locaux de l'Inspection des groupes mobiles de sécurité, les G.M.S., dont il assume le commandement. Quelques heures plus tard, des artilleurs le retrouvent mort dans un terrain vague à quelques mètres de leur cantonnement transformé en bunker.

Pour ajouter encore au désordre, des partisans de l'O.A.S. du quartier de la Marine harcèlent au bazooka et à la mitrailleuse un escadron de gendarmerie et une compagnie républicaine de sécurité regroupés à Dar Beïda. Puis une émission pirate proclame que cette action était destinée à punir les gendarmes et les policiers d'avoir participé la veille à une opération de fouilles du quartier Gambetta. Le petit peuple oranais, désorienté par la terreur dans laquelle Katz le fait vivre en lui interdisant de sortir de chez lui, ne croit plus qu'en l'O.A.S. Il applaudit lorsque son speaker annonce au cours d'une émission pirate : « Le *gauleiter* Katz, chef de la Gestapo gaulliste en Oranie, prend des mesures que la Gestapo allemande, elle-même, du temps où, paraît-il, Katz servait dans ses rangs, n'a jamais prises en France. S'imagine-t-il que les Français d'Algérie seraient moins courageux que les Anglais de Coventry ou que les Russes de Stalingrad ? »

Pendant que les Oranais apprennent à survivre dans un climat de guerre imposé par l'O.A.S. et les forces de l'ordre, Pierre Sergent a franchi la frontière parmi une procession d'ouvriers français allant à l'embauche en Belgique. Il est arrivé à Bruxelles dans l'intention de discuter avec Argoud, dont on venait de lui signaler la présence dans cette ville et que le lieutenant Godot avait déjà rencontré avant son arrestation. Avant de quitter Paris, il a confié l'intérim de son commandement au lieutenant Gonzague Chéron du Pavillon, devenu *Eric* ou *le Bailli* dans l'O.A.S. Il retrouve à Uccle, chez les Baillieu qui n'en sont plus à un pensionnaire près, le sénateur de Sétif et Batna, Claude Dumont, le capitaine de Régis, évadé de la prison de Lille depuis le 16 mars, et Guy Ribeaud, l'homme de confiance de Bidault.

Au soir, Sergent, qui vient d'apprendre qu'André Canal l'a devancé en Belgique sans avoir eu la politesse d'en avertir les généraux de Crèvecœur et de Véssine-Laruë, est surpris par l'accueil glacé qu'Argoud lui réserve au cours de l'apéritif de bienvenue offert par ses hôtes. Alors qu'il espérait s'entretenir en tête à tête avec lui, le colonel s'évertue à ne pas se trouver seul avec lui. Lorsqu'il réussit enfin à l'entraîner à l'écart, il l'entend affirmer que Godot et Curutchet lui ont proposé le commandement supérieur de l'organisation.

## Chap. 71. – *Le capitaine Sergent passe en Belgique*

Les deux hommes, aussi secs et pas plus grands l'un que l'autre, se font face. Sergent, étonné, est sur le point de rappeler à Argoud qu'il eût été plus simple d'avoir accepté lors de leur rencontre de juillet précédent la position qu'il revendique aujourd'hui. Mais afin de ne pas gâcher la chance de pouvoir unifier enfin l'O.A.S., il se tait. Après avoir seulement souligné que ce commandement ne saurait lui être transmis sans l'accord du délégué général et des membres du commandement supérieur de l'organisation, il évoque ses rapports tumultueux avec Canal. Mais Argoud, d'un ton sec, lui fait remarquer que ce n'est pas le moment de parler d'un différend qui ne regarde que lui et la discussion s'arrête là.

Déçu par cet entretien et après bien des atermoiements, Sergent obtient de Guy Ribeaud qu'il lui fasse rencontrer Canal le lendemain matin, à 10 heures.

Le Monocle est à l'heure au rendez-vous fixé dans le second appartement des époux Baillieu où Sergent a passé la nuit en jouissant d'une sensation de liberté depuis longtemps oubliée. Argoud, Claude Dumont et Guy Ribeaud épiant leurs réactions derrière une couverture tendue en cloison au travers d'une pièce transformée en dortoir, les frères ennemis se toisent sans se serrer la main. Et, d'entrée de jeu, Canal reproche à Sergent d'avoir voulu le faire tuer à Paris le 3 mars et celui-ci se met en peine de lui exposer les raisons de l'opération lancée contre lui.

— Puisque vous ne teniez aucun compte des directives de la Délégation générale et que vous vous obstiniez à agir au nom de votre *Mission III*, il fallait bien vous contraindre à obéir d'une manière ou d'une autre.

Après avoir souligné qu'il n'a jamais donné l'ordre de le garder prisonnier et encore moins de le tuer, Sergent explique encore à Canal qu'il était normal qu'excédés par ses nombreux plasticages sauvages et le débauchage de leurs hommes, Marbot et Glasser en soient venus à le menacer.

Soucieux de ne pas perdre la face devant Argoud et ses compagnons qui ne manquent rien de l'échange nerveux, Canal exige en préalable à toute entente que Marbot lui présente des excuses publiques. Sergent ne pouvant engager la parole de son ami, le débat en reste là. Canal laisse entendre qu'il rentrera à Paris le soir même et s'en va comme il est venu, sans serrer la main de Sergent.

A Paris, les tenants de l'indépendance et ceux de l'Algérie française s'affrontent par journaux interposés. Hervé Bourges, membre du cabinet d'Edmond Michelet et futur conseiller d'Ahmed Ben Bella, ayant écrit dans le numéro de Pâques de *Témoignage chrétien* : « Non, hélas ! l'heure n'est pas encore à la clémence. Jouhaud exécuté, c'est dire une fois pour toutes, non au crime, non à l'O.A.S. Il fut un temps où une justice expéditive envoyait à l'échafaud des dizaines d'Algériens coupables d'avoir tenté d'édifier leur patrie. Ce sang répandu hier dans les cours de nos prisons, aujourd'hui sur les pavés d'Alger et d'Oran, ne crie pas vengeance. En l'occurrence, la vengeance n'est pas tolérable. Mais il réclame justice, il exige réparation », l'universitaire monarchiste Pierre Boutang, directeur politique de *La Nation française,* n'hésite pas, lui, dans son éditorial du mercredi 25 avril, à faire un parallèle entre le général Salan et Ahmed Ben Bella.

Après avoir rappelé que dans ce même journal il avait exprimé qu'il « convenait de le fusiller », Boutang écrit maintenant : « Ce qui m'intéresse aujourd'hui, c'est que Ben Bella, condamné à mort, personnellement auteur de crimes de sang, fut épargné par Charles De Gaulle, comme il l'avait été par Guy Mollet ou Félix Gaillard... » et, à la fin de son article, incendiaire comme tous ceux qu'il a déjà écrits en visant le président de la République à qui il dénie le droit de porter une particule, il propose : « En fait, si le Chef de l'Etat veut que l'Algérie française soit rapidement perdue, il dispose d'un moyen, à notre avis, et d'un seul : gracier Jouhaud ; laisser faire normalement le procès Salan, ce qui rendrait impossible une condamnation à mort ; ne pas chercher à écraser Oran ; et devancer du moins le jugement en écoutant le sage conseil de son compagnon Guillain de Bénouville (dont la noblesse et le courage n'empêchent pas que le conseil soit bon, même du point de vue gaulliste), amnistier tous les crimes et délits de la guerre d'Algérie. Alors, le sentiment de la fatalité, la résignation, s'abattraient sans doute sur la résistance française, et De Gaulle, à défaut de la patrie, serait sauvé. Mais il y a peu de chances pour que Jupiter, s'il le veut perdre, comme il semble, lui propose cette dernière ruse au lieu de le rendre fou. »

De son côté, pourtant tout aussi favorable qu'Hervé Bourges à l'indépendance de l'Algérie, Hubert Beuve-Méry, signant *Sirius* dans *Le Monde,* s'apitoie sur le sort de Jouhaud : « Pâques, joyeuses Pâques... Mais un homme est condamné à mort. Au fond de l'angoisse une famille prête au désespoir attend encore le salut. La rigueur ? N'est-ce pas pousser une famille au paroxysme du désespoir et de la colère, et avec elle Oran et Alger ? N'est-ce pas creuser plus profondément le fossé entre la métropole et l'Algérie, et en France même diviser un peu plus encore les Français, aggraver partout le mal dont souffre l'armée et donner ainsi de nouvelles chances à ceux qui, notamment parmi les troupes stationnées en Allemagne, s'acharnent à généraliser ce qu'ils appellent le "cancer" ? »

Quant à François Mauriac, si souvent brocardé par les partisans de l'Algérie française et menacé par l'O.A.S. qui tentera de le tuer dans sa propriété du Bordelais, il estime dans son « Bloc-Notes » du *Figaro littéraire* : « Je touche, une fois de plus, dans ce procès Jouhaud, le point précis où je me sentirai toujours en désaccord avec la justice humaine ; et je le sens d'autant mieux cette fois que la responsabilité de l'accusé me paraît plus lourde : c'est que les juges humains ne font jamais le total d'une vie et que tous les sacrifices consentis à la patrie au cours des années, si glorieuses qu'elles aient été, sont sans valeur pour racheter un crime politique dont les suites sont effroyables, mais dont les motifs n'étaient pas vils. Ce que je ressentais lors des grands procès de l'épuration, je l'éprouve encore ce matin : justice humaine, une justice sans remède, puisqu'elle est impersonnelle par essence, qu'elle échappe aux mouvements de la sensibilité, qu'elle est étrangère aux entraînements du cœur – du cœur, qui seul pourrait l'emporter sur ce refus de "totaliser" une vie de soldat si riche de sacrifices. »

*

— 72 —

## Le Monocle piégé à Paris

La presse se faisant ainsi l'écho des opinions les plus opposées, la situation est critique à Alger où le D$^r$ Pérez rencontre le 28 avril 1962 Susini et lui expose l'ébauche d'un Etat algérien indépendant dans lequel l'O.A.S. assurerait la sécurité des Européens. Il lui révèle qu'il a déjà décidé d'éloigner d'Alger les familles de ses hommes avant d'intensifier le terrorisme urbain dans l'intention d'impressionner le F.L.N. avant d'engager avec lui des négociations. Mais Susini, qui a lui-même l'intention de discuter avec la rébellion, au plus haut niveau même, puisqu'il envisage des contacts avec le G.P.R.A., refuse sa stratégie.

Deux jours après cette rencontre, l'U.G.T.F.A. (l'Union générale des travailleurs français d'Algérie et du Sahara) dont rêvait Jean Sarradet naît à Alger. Ses dirigeants proclament qu'ils ont pour mission première d'affirmer « la volonté inébranlable des travailleurs de ne dépendre en Algérie et au Sahara que de la souveraineté française, ce qui exclut l'allégeance à tout autre pouvoir que celui de la France ». La plupart des dirigeants syndicalistes ne connaissent Sarradet que sous son pseudonyme de Jacques Garcia et ils ignorent qu'il était un des meneurs des commandos du Front nationaliste. Quant à lui, il considère que l'O.A.S. n'existe plus depuis l'arrestation de Salan. Il entend faire manœuvrer le nouveau syndicat regroupant déjà, sur le papier du moins, près de quatre cent mille adhérents, pour contrecarrer les plans, selon lui suicidaires, de Susini et Pérez à Alger et de Gardy et Charles Micheletti à Oran.

Sarradet espère utiliser ses militants pour arracher au gouvernement une amnistie pour tous les membres de l'O.A.S. qui accepteraient de déposer les armes et de passer dans son camp. Puis, traitant d'égal à égal avec lui, imagine-t-il, il entamera des négociations avec le F.L.N. Mais, tout à son rêve, il ignore que Susini est toujours considéré comme le principal interlocuteur par les dirigeants des syndicats classiques, à l'exception du puissant syndicat du Livre, d'obédience communiste, qui contrôle l'impression et la distribution des journaux.

Tandis que Sarradet s'estime proche du but, le général Katz, sommé par Louis Joxe de réduire enfin la révolte oranaise qui irrite tant de Gaulle, fait au matin du dimanche 29 avril 1962 entrer ses troupes au cœur d'Oran. Mais alors qu'il redoutait des affrontements à l'échelle des dernières actions de l'O.A.S., les Oranais forment un bruyant cortège aux blindés qui ouvrent avec lenteur le chemin aux camions chargés de fantassins. Après des litanies d'« Algérie française », la foule inexplicablement amicale entonne *Le Chant des Africains*. Sidéré, Katz se rend compte que l'O.A.S. a choisi la séduction. En effet, sitôt qu'ils ont eu vent de sa décision de reprendre le contrôle du centre de la ville, Charles Michelleti et ses compagnons ont décidé que les armes resteraient dans leurs caches. Et ils ont été obéis puisque, à l'heure de l'anisette, un seul cocktail Molotov a été lancé sans dommages sur un half-track.

Katz ne trouvant pas de parade à cette offensive pacifique qui, à moins d'ordonner un carnage, bloquera longtemps ses forces submergées, des centaines d'Oranais s'enhardissent à sortir des tables de camping sur les trottoirs, les chargent de kémia, offrent des verres de rosé et d'anisette aux militaires englués dans la foule. La manifestation joyeuse grossissant, le cœur d'Oran se transforme peu à peu en immense kermesse. Des disques tournent sur des électrophones branchés sur les balcons des bas étages. Des jeunes filles et des femmes, souriantes comme elles ne l'ont plus été depuis des semaines et encouragées par leurs maris, leurs pères ou leurs frères à l'habitude plus regardants, tentent d'entraîner les soldats à se mêler aux bals improvisés sur les places.

La fête s'étant poursuivie tard alors que les seules détonations qui se mêlaient à la musique provenaient de pétards et de fusées de 14-Juillet, Katz, au matin du 30 avril, casse l'ambiance en émettant de nouvelles mesures destinées à éviter que la troupe ne se retrouve au contact de la foule et de ses pièges auxquels, selon lui, elle a failli succomber hier. Il a décidé que les Oranais n'auront plus le droit de s'engager à pied sur les chaussées, sauf pour les traverser dans les passages cloutés. Ils ne devront plus stationner sur les trottoirs et n'auront plus le loisir de se réunir sur les places où, finissant par se prendre au jeu et oubliant durant quelques heures l'insécurité et l'avenir incertain de l'Algérie française, ils ont dansé la veille.

La fête est finie et Katz, qui vient d'apprendre qu'il recevra le renfort de six bataillons, fait augmenter le nombre des patrouilles de fantassins accompagnées de blindés en recommandant à leurs chefs d'interdire à leurs hommes toute relation avec la population.

Pendant qu'Oran retrouvait pour quelques heures une paix illusoire, Sergent, décontenancé à Bruxelles par ses contacts avec Argoud et Canal, a décidé de rejoindre le lieutenant du Pavillon à Paris. Mais le sénateur Dumont, comme lui partisan d'une O.A.S. fidèle aux directives de Salan, lui propose d'aller avec lui rencontrer Soustelle en Italie. Observant ainsi l'allégeance qu'il a en vain prônée auprès d'Argoud et de Canal, Sergent téléphone à Crèvecœur et, celui-ci lui ayant donné son feu vert, il accepte la proposition de Dumont sans savoir qu'Argoud est déjà en Italie. Il est sur le départ lorsque, au soir du 1er mai 1962, Chateau-Jobert rencontre Martel pour la première fois à Constantine.

Les deux hommes s'entendent tout de suite sur la nécessité de sauvegarder en Afrique du Nord une présence chrétienne. Ils regrettent l'un comme l'autre que l'O.A.S. ne soit pas animée d'une véritable volonté contre-révolutionnaire puisque, selon eux, elle manque d'une doctrine aux desseins élevés. Lorsqu'ils parlent de Susini, comme l'écrira dans quinze ans le colonel Chateau-Jobert dans ses mémoires intitulés *Feux et lumières sur ma trace*, ils estiment qu'il hésite « entre le marxisme et le nazisme dans son choix pour le tremplin qui lui offrirait le plus de chances d'une brillante carrière politique ».

Pendant que Conan et le Chouan de la Mitidja imaginent leur O.A.S. idéale, ne tenant pas compte de l'appel solennel que Georges Pompidou vient d'adresser aux Français d'Algérie en les suppliant « de ne pas compromettre par des actes de folie désespérée, dont ils seraient les premières victimes, la place qui doit être la leur dans l'Algérie de demain », à Alger, des *deltas* du secteur Orléans-Marine préparent dans un garage la machine infernale qu'ils feront sauter demain sur le port, à l'heure de l'embauche des dockers.

Depuis si longtemps pris dans l'engrenage de la violence, ces hommes n'ont pas d'états d'âme en achevant l'ajustement du système de mise à feu des charges. Jacques Achard leur a expliqué que cette opération mettrait fin aux livraisons d'armes qui, arrivant des pays de l'Est en transitant par le Maroc, sont destinées à la population musulmane. Ils savent que le F.L.N. a enlevé la veille en banlieue trois Européens qui, dans le cadre du plan de Constantine, travaillaient à la construction d'une cité à Baraki et que le corps tronçonné d'un Pied-noir a été retrouvé sur une décharge à Saint-Eugène.

La voiture piégée ayant explosé à l'heure prévue au petit matin du mercredi 2 mai 1962, le sang des soixante-deux morts et des deux cent cinquante blessés qu'elle a fait couler sur le port est à peine sec que l'O.A.S. lance une nouvelle vague d'exécutions aveugles. De 16 heures à 16 h 30, des Musulmans meurent au rythme régulier d'un toutes les cinq minutes tandis que, dans le concert des sirènes d'ambulances, depuis très longtemps accoutumée aux drames, la foule s'écoule, indifférente à ce nouveau carnage.

A l'ouest de l'Algérie, malgré le renfort des 8ᵉ R.I.M. et 67ᵉ R.I., Oran échappe de plus en plus au contrôle de l'Administration. Malgré tous les efforts de Katz, dont l'épouse qui vit à Perpignan a reçu des menaces de mort, l'O.A.S. y impose sa loi. Dans l'espoir de mieux surveiller la ville, Katz a réquisitionné et fait évacuer les appartements des derniers étages de la tour Perret, de celle de la cité Lescure, du Sémiramis, du Commodore, de la tour Beaulieu, de l'immeuble Saint-Michel et du Panoramic, dans lequel Jouhaud s'est fait prendre.

En fin d'après-midi de ce tragique 2 mai 1962, déjà au courant de l'attentat qui a frappé les dockers d'Alger, les hommes de Micheletti font exploser deux camions piégés devant le lycée Ardaillon, réquisitionné lui aussi par Katz au profit de l'état-major de la Gendarmerie mobile. En prenant garde de ne pas viser les salles de classe où leurs camarades arrêtés les jours précédents subissent de durs interrogatoires, les hommes des *collines* postés dans une caserne de pompiers en face de l'établissement dont toutes les vitres ont volé en éclats arrosent les gendarmes à la mitrailleuse. Puis, démontrant que l'opération a été conçue par des officiers déserteurs, ils mettent à profit une volée de mortier tirée de plus loin pour se replier sans pertes. Ils sont à peine partis que jaillissant du lycée mitraillé, les gendarmes font irruption dans la caserne des pompiers et, les estimant complices de l'O.A.S., ils arrêtent un lieutenant et sept sapeurs.

L'O.A.S. a fait cette nouvelle démonstration de force à l'heure même où le haut-commissaire Fouchet arrivait à Oran avec le général Fourquet afin d'y installer le nouvel I.G.A.M.E. René Thomas, jusque-là préfet de la Charente-Inférieure.

Les autorités vite reparties avec Pierre Denizot qui a laissé sa place à Jacques Biget à la préfecture de Police pour prendre la tête de la Sûreté à Alger en remplacement de René Jannin, René Thomas constate le soir même l'efficacité de l'O.A.S. en essuyant des rafales dans son bureau. Puis, Micheletti, Tabarot, Bénichou et leurs amis lui offrent en cadeau de bienvenue un formidable concert de *stroungas*.

L'O.A.S. passe le lendemain à Alger à l'exécution d'une des opérations prévues dans la directive de Salan. Afin d'incendier une partie de la Casbah, quelques *deltas* bloquent en haut du boulevard de la Victoire la direction d'un camion-citerne dont la cargaison de seize mille litres d'essence a été piégée et ils l'engagent dans une rue en pente menant aux premiers dédales de la vieille cité ottomane. L'énorme bombe roulante s'immobilise contre un mur après avoir carambolé et enflammé quelques voitures. Les riverains s'enfuient pendant que deux pompiers meurent en empêchant l'incendie de prendre l'ampleur souhaitée par les organisateurs de l'attentat.

Malgré cette tentative d'incendie de la Casbah, avant de rentrer à Alger, le président Farès confie à Paris à Dominique Pado, journaliste à *L'Aurore* et conseiller général de la Seine, qu'il n'a plus pour ambition que de « faire de la politique. L'administration est une chose. Cela marchera. Ce que je veux faire, c'est aller dans les villes et les campagnes, pour expliquer à tout le monde la portée des accords d'Evian, la nécessité de les appliquer, parce que c'est notre avenir à tous ».

Comme Dominique Pado lui demande s'il entend mener cette politique avec les Européens et avec l'O.A.S., Farès, spontanément, lui répondant oui, il ajoute :

— Avec les colonels ?

— Si Argoud voulait me voir, je le verrais en toute liberté et je lui dirais : « Alors, où voulez-vous en venir ? Je lui expliquerais où nous en sommes, où il en est. On discuterait. »

— Est-ce que vous ne pensez pas que l'on pouvait éviter ce qui se produit ?

— Je ne crois pas, hélas ! Les gens qui mènent cette opération ont des buts métropolitains. L'Algérie est un tremplin qu'ils utilisent. Ils ont un compte à régler. Et moi je dis que l'Algérie ne doit pas en faire les frais !

Dominique Pado demandant encore à Farès s'il estime qu'on a parlé aux Européens comme on devait le faire au soir des accords d'Evian, celui-ci doute :

— Peut-être ? Il fallait leur parler avec le cœur. C'est un langage qui compte chez vous. C'est celui qui porte.

Ignorant ce dialogue entre le journaliste attaché à l'Algérie française et le président de l'exécutif provisoire, Sergent avertit le lieutenant du Pavillon qu'il devra encore assumer durant quelque temps son intérim tout en faisant croire qu'il n'a pas quitté la capitale et signant ses ordres de *Carrière,* son propre nom de code. Puis il part pour l'Italie avec Claude Dumont. Parfois renseignés mais exploitant le plus souvent des bavardages, les policiers parisiens, qui le croient toujours en France, ont fini par dresser l'inventaire quasi exhaustif des immeubles fréquentés par Canal. Le 4 mai 1962, deux inspecteurs du commissaire Bouhé-Lahorgue sortent de l'un d'eux après l'avoir inspecté sous un prétexte fallacieux en face du square des Batignolles. A peine dehors, ils se retrouvent nez à nez avec l'homme qu'ils recherchaient et qui venait de quitter le journaliste Paul Ribeaud. Masquant leur surprise, ils s'en éloignent, le laissent entrer dans sa planque et, après avoir hésité à téléphoner d'un café pour demander du renfort, ils se postent en guet.

Canal redescend bientôt. Lorsque les inspecteurs l'agrippent, se croyant encore à Alger, il rue en appelant à l'aide au nom de l'O.A.S. En fait de secours, un peintre en bâtiment se précipite à la rescousse des policiers.

Amené rue des Saussaies pendant que des policiers fouinent dans son refuge, Canal subit la fouille réglementaire et ses faciles vainqueurs découvrent deux papiers portant la signature du général Salan. Si le premier – l'ordre de mission que le Mandarin lui avait remis en décembre 1961 – n'a plus guère qu'un intérêt anecdotique, le second les intrigue. Il est en effet daté de la veille et, si toutefois il ne s'agit pas d'un faux, il a donc été écrit à la prison de la Santé. Ce document ordonne à *Cimeterre* (le colonel Gorel) de faire tenir à Georges Bidault, que le général Salan a désigné par « celui qui me remplace maintenant », la somme de cent millions d'anciens francs. Et Salan a ajouté : « De même les cent millions qui devaient être mis à la disposition du capitaine B. sont à lui remettre au plus tôt. Je vous serais reconnaissant d'y joindre dix millions pour les frais du procès. Voyez cela avec l'Auvergnat pour qu'il vous aide dans les transferts. »

Au matin du dimanche 6 mai 1962, les cloches des cathédrales Saint-Louis et du Sacré-Cœur, des églises Gambetta et Saint-André sonnent à Oran pour accompagner la sortie des premiers communiants. La petite Frédérique Dubiton, visage grave, longue robe blanche et frisettes noires couronnées de petites fleurs, encore mal assurée sur ses béquilles, se mêle à la foule entre sa mère et ses tantes. La veille, le curé de sa paroisse a refusé de l'entendre en confession en expliquant à sa mère que « la cruauté de ce qui lui arrive absout largement les péchés qu'elle a pu commettre ».

Des journalistes s'intéressent évidemment à la petite mutilée. Leurs photos passeront dans la presse métropolitaine avec, souvent, des légendes inexactes ou carrément mensongères, comme celles de *La Marseillaise du Languedoc* et de *L'Indépendant de Perpignan* qui seront ainsi libellées : « Chaque jour des hommes, des femmes, des enfants, sont tués ou blessés par les criminels de l'O.A.S. en Algérie. Personne n'est à l'abri de leurs mauvais coups. Pitoyable témoignage, cette petite communiante sortant d'une église d'Oran a dû être amputée d'une jambe à la suite d'un plasticage. »

A l'heure où les communiants rentrent chez eux et où, enrageant de n'avoir pu accompagner sa petite sœur à la cathédrale, Pierre Dubiton attend les ordres de Claude Micheletti pour attaquer des postes du F.L.N. à la Ville Nouvelle ou des cantonnements de la Gendarmerie mobile, fermement décidé à pousser plus loin son avantage, Katz ordonne de ratisser le quartier israélite.

Bousculant tout dans les maisons de ses vieux îlots, des fantassins du 21$^e$ R.I. retrouvent dans une cache une partie de l'arsenal dérobé le 17 mars. Ils saisissent quatre mitrailleuses lourdes, une centaine de fusils de guerre et de pistolets-mitrailleurs et s'en retournent vers leurs cantonnements avec quarante-neuf prisonniers soupçonnés d'appartenir à la milice d'autodéfense du quartier.

L'agence de presse du F.L.N. affirmant d'autre part que Katz a déclaré à un responsable du F.L.N. : « Donnez-moi un bataillon de l'A.L.N. et je réduirai Oran ! », la trêve est rompue. Si elles ne s'en prennent pas encore

## Chap. 72. – *Le Monocle piégé à Paris*

aux unités de l'armée de Terre, les *collines,* commençant par le lycée Ardaillon, reprennent de plus belle le 8 mai 1962 les attaques contre les gendarmes.

La recrudescence de la violence provoquée à Oran par l'intransigeance de Katz, amène dès le lendemain Louis Joxe à affirmer en conseil des ministres :

— L'O.A.S. ne recule devant rien. Elle tue pour tuer ! Elle incendie pour incendier ! Elle veut démolir l'appareil économique de l'Algérie. C'est la tactique de la terre brûlée. Nous avons mis au point avec l'exécutif provisoire tous les textes, accords, statuts, de manière qu'il n'y ait pas d'hiatus. A Oran, à Alger, nos opérations de ratissage se font plus efficaces. Les expulsions commencent aujourd'hui. L'affaire est dure. Il faut y mettre le prix.

Jean Foyer, le garde des Sceaux, enchaîne :

— La vitesse de notre appareil répressif n'est pas adaptée aux nécessités de la répression dans pareille conjoncture. Ça revient à vouloir donner l'allure d'un cheval de course à un char à bœufs mérovingien ! Un texte va abaisser l'âge de la responsabilité pénale de dix-huit à seize ans, car ce sont souvent des jeunes qui sont coupables.

Le général de Gaulle renchérit :

— Il faut des mesures rapides et drastiques pour réprimer la détention d'armes. Les sanctions prises jusqu'ici sont insuffisantes. On n'a jamais vu l'appareil ordinaire de la justice satisfaire aux besoins de l'Etat. Le salut public doit pourtant l'emporter sur l'insatisfaction des magistrats. Il faut qu'ils s'y plient.

Pierre Sudreau, ministre de l'Education nationale, noircit le tableau en ajoutant :

— Les délits et les crimes proviennent souvent d'enfants de moins de seize ans. Dans un lycée d'Alger, des jeunes filles armées de grenades ont menacé le censeur. On a fermé l'établissement. Ces enfants sont donc livrés à la rue. Les parents laissent jouer au revolver et au couteau leurs enfants de dix à quinze ans !

Le Général s'emporte :

— Dans ces cas-là, il faut expulser les enfants et leurs familles ! Il faut les expédier en métropole, et qu'on leur interdise de retourner en Algérie !

Mais son ministre des Affaires algériennes n'est pas de son avis, qui déclare :

— Je ne suis pas favorable à l'expulsion. C'est une mauvaise graine, une graine de fascisme ! Il vaut mieux les laisser là-bas.

Un peu plus loin dans la discussion, de Gaulle s'en prend aux journalistes en affirmant :

— La R.T.F. aide l'O.A.S. en faisant sa propagande ! On dirait que tout ce qui intéresse les Français, ce sont trois quartiers d'Alger et trois quartiers d'Oran !

Et le conseil des ministres s'achève sur cette note pessimiste de Roger Frey :

— Il faut s'attendre à ce que le retour des Français d'Algérie nous amène de grandes difficultés. Il y aura parmi eux des tueurs, beaucoup de tueurs.

Les ministres n'ont pas eu à forcer la note pour attiser contre l'O.A.S. le courroux de De Gaulle. Le bilan des attentats au plastic et des attaques à main armée imputées par les autorités de Rocher-Noir à l'O.A.S. pour la seule semaine du 7 au 13 mai sera en effet de cent trente-huit morts à Alger et quarante-six à Oran.

A Bab el-Oued, la place des Trois-Horloges a une nouvelle fois servi de pilori. Au matin du 7 mai, une patrouille y a retrouvé le cadavre d'un Européen âgé d'une trentaine d'années. L'homme était nu, enroulé dans une couverture de l'armée et ses exécuteurs avaient tracé à la peinture noire leur sentence sur sa poitrine : « J'ai volé. J'ai tué des zouaves. O.A.S. veille. »

Dans ce climat de violence abolue, les révocations et les expulsions qui frappent chaque jour par dizaines des fonctionnaires soupçonnés de sympathie envers l'O.A.S. ou seulement parce qu'ils sont Pieds-noirs n'arrangent pas les choses.

A Paris, les hommes du commissaire Bouhé-Lahorgue, accumulant les succès, arrêtent le 8 mai Nicolas Kayanakis, mais son frère Georges, avec Jean Caunes, assure immédiatement sa relève à la tête des jeunes de l'O.A.S.

Le 10 mai, Antoine Escames, un jeune mécanicien de vingt-deux ans, tente d'abattre à Bab el-Oued une victime désignée par l'organisation, mais celle-ci, un Musulman, bien que blessé au cou, se jette sur lui et les deux hommes luttent au corps à corps jusqu'à ce qu'intervienne une patrouille. Le Musulman est conduit à l'hôpital Mustapha et Escames, emprisonné puis transféré à Paris, écopera en novembre de dix années de réclusion criminelle.

Le père de Pierre Sultana, médecin du bled constantinois aussi respecté par les Européens que par les Musulmans, vient rendre visite à son fils à la prison de Tizi-Ouzou. N'ayant pas du tout la médecine sélective, cet homme qui parle l'arabe sous toutes ses formes dialectales a des amis dans la rébellion. Sitôt que le colonel Mohand Ou el-Hadj a appris que son fils était emprisonné, il l'a fait prévenir qu'il ne fallait pas qu'il reste à Tizi-Ouzou, car les gardiens européens ou musulmans fidèles à la France doivent être relevés par des hommes désignés par l'exécutif provisoire.

Le Dr Léon Sultana est de souche maltaise. Sa famille est arrivée en Algérie en 1817 après avoir obtenu du bey de Tunis et du dey d'Alger une concession de pêche à Herbillon, petit port situé entre Bône et Philippeville. Médecin de la Colonisation, puis médecin de la Santé lorsque cette appellation a été supprimée, il a mis au monde des milliers de bébés européens, israélites et musulmans. Considéré par tous comme un sage, il a été enlevé en 1957 par le F.L.N. et obligé de soigner des *djounoud* dans la région de Palestro. Cet homme, qui connaît tout sur les uns et sur les autres à force d'écouter leurs confidences sans jamais les trahir, n'a jamais reproché à son fils son engagement pour l'Algérie française qu'il sait pourtant condamnée.

— Fiston, lui conseille-t-il aujourd'hui en usant du terme d'affection dont les amis de Pierre se sont depuis longtemps emparés, il faut absolument quitter cette prison. Par n'importe quel moyen ! Je crains en effet que ceux qui vont remplacer tes gardes ne soient animés par l'esprit de vengeance. Si vous restiez ici, vous ne seriez plus que des morts en sursis.

Le même jour, un maquis O.A.S. qui subsistait encore dans le secteur de Bouira se rend aux forces de l'ordre. Composé de quelques Européens et d'une poignée de harkis, il avait été créé par le capitaine Gaston. Cet officier dix fois cité au feu qui, comme le capitaine Montagnon, n'avait pu se résoudre à faire tirer sur des soldats français, commandait au sein du 22e bataillon de chasseurs alpins le commando de chasse *Partisan IV*, avec lequel, le 23 juillet 1961, il avait tué le commandant Si Salah alors que celui-ci se rendait sous bonne escorte en Tunisie, afin d'y rendre sans doute des comptes sur ses tractations directes avec le général de Gaulle.

L'O.A.S. ayant ainsi perdu son dernier bastion organisé dans les djebels kabyles, le *Journal officiel* du 11 mai 1962 publie un décret concernant les infractions relatives à la détention d'armes de guerre et d'explosifs. Celles-ci seront désormais punies dans les départements algériens de dix à vingt ans de réclusion criminelle sans possibilité de sursis. Et le haut-commissaire Fouchet reçoit d'autre part une délégation spéciale l'autorisant à prendre « tous arrêtés et décisions concernant le fonctionnement des services de justice en Algérie ainsi que l'affectation des fonctionnaires appartenant à ces services et donner toutes instructions utiles aux procureurs généraux près le Tribunal de l'ordre public et près les cours d'appel d'Alger, Constantine et Oran ».

Tandis que le gouvernement accorde à Christian Fouchet tous les pouvoirs en matière de justice, la répression fait rage à Oran. En fin d'après-midi de ce 11 mai, Alphonse Constantin, un ancien légionnaire reconverti depuis 1958 dans la protection des puits de pétrole et des convois de matériel de forage et qui fera partie dans quelques semaines de la conjuration du Petit-Clamart, décide d'aller jouer aux boules avec son ami Lucien Lopez, policier révoqué à cause de ses convictions Algérie française. Un barrage de gendarmes mobiles arrête la voiture des deux hommes conduite par Alphonse Constantin qui, sûr de sa qualité, tend sa fausse carte d'identité établie au nom d'Yves Michaux à un gradé protégé d'un gilet pare-balles. Il a déjà rempoché le document et il s'apprête à redémarrer lorsqu'un autre gendarme approche en braquant sa mitraillette et crie « Baisse-toi ! » au garde qui vient de fouiller Lucien Lopez.

Constantin démarre brutalement, mais pas assez pour éviter la rafale qui éclate la tête de son compagnon dont le sang l'aveugle. Perdant le contrôle de la voiture, il percute un mur à moins de cent mètres du barrage d'où jaillit un tir épais. Certain que Lucien Lopez est mort, il l'abandonne pour bondir sur la chaussée et chercher le salut dans une course en zigzag. Une voix le hèle soudain : « Vite, par ici ! » Il fonce tête baissée vers l'entrée d'une maison. L'homme qui l'a appelé tient la porte entrouverte et, sans un mot, l'entraîne à la course dans un dédale de couloirs et courettes.

Craignant de tomber dans un traquenard, les gendarmes se contentent d'arroser de rafales la façade de la maison basse dans laquelle le fuyard a disparu. Puis le silence retombe sur la rue empuantie par l'âcre odeur de la poudre brûlée. Une fois à l'abri, Constantin laisse passer deux heures avant de quitter l'appartement de son sauveur et, plus que jamais décidé à combattre les forces de l'ordre qui ont massacré son ami, il regagne sa planque habituelle en évitant les rues principales, toutes barrées par des gendarmes.

Le lendemain, alors qu'un peu partout en Algérie on signale des disparitions d'Européens, Salan quitte la Santé pour Fresnes. Il rejoint sa nouvelle prison avec Jouhaud et les condamnés à mort Claude Piegts et Albert Dovecar dont les pourvois ont été rejetés par la chambre criminelle de la Cour de cassation présidée par le doyen Charles Zambeaux.

En Algérie, rassurant ainsi le père de Pierre Sultana, l'administration pénitentiaire fait transférer en métropole les prisonniers de Tizi-Ouzou. Avant de monter dans le Nord 2501 qui les mènera de La Réghaïa à Istres, d'où ils seront conduits à la prison marseillaise des Baumettes, Pierre Sultana et ses compagnons passent entre deux rangées de gendarmes mobiles. Malgré cette surveillance, certains d'entre eux ont réussi à ramasser des petits bouts de fil de fer barbelé à l'entrée de la base. Parmi ceux-là, Michel Gonnaud, enchaîné à son ami Gagnardo, attend le moment propice pour forcer le mécanisme de ses menottes.

L'avion décolle avec une quarantaine de prisonniers et cinq gardes dont l'un est armé d'un P 40, un petit pistolet-mitrailleur à crosse en bois, et les autres de vieux revolvers de type 1892. Toujours attaché à Gagnardo, Michel Gonnaud est assis en face d'Aldo Siccardi sur une étroite banquette de toile. Se souvenant qu'un de ses compagnons, Claude Galinet, qui travaillait avant son arrestation à la construction du barrage de l'oued Isser, a quelques notions de pilotage, il prend soudain la décision de détourner l'appareil vers les Baléares. Après un discret conciliabule, les captifs ouvrent leurs menottes archaïques à l'aide des éclats de barbelés.

Estimant à vue de nez que l'appareil volant à trois cent cinquante kilomètres à l'heure doit arriver à la longitude des Baléares, Michel Gonnaud donne le signal de désarmer à l'arrière de la carlingue les gardiens qui, mal à l'aise, vivent leur baptême de l'air. Alors que Claude Galinet se prépare à aller prendre les commandes ou à persuader le pilote de se poser à Palma de Majorque, l'homme au P 40, campé juste derrière le poste de pilotage, braque son arme sur les mutins en hurlant avec un accent pied-noir de la plus belle eau : « M'sieu l'pilote... Oh ! M'sieu l'pilote, arrêtez l'avion ! »

Craignant que le garde affolé ne provoque un carnage, Gonnaud, Sultana et Galinet renoncent à leur dessein. Les gardiens retrouvent leurs vieilles pétoires et, tandis qu'ils referment les menottes sur les poignets des apprentis pirates de l'air, ils leur prédisent un accueil chaleureux à la prison des Baumettes.

Les exilés de Tizi-Ouzou ayant été comme promis mal reçus à la prison marseillaise, comme s'il voulait marquer à sa manière le quatrième anniversaire du 13 mai 1958, le haut-commissaire Fouchet déclare au cours d'une conférence de presse :

— Il faut casser l'O.A.S. par tous les moyens ! Je vais avoir à sévir. Il est intolérable que des crimes abominables puissent continuer à être perpétrés tous les jours. Ceci est plus qu'abominable. C'est démentiel, car cela mènerait à la ruine de toute une communauté si les choses continuaient. Mon devoir est d'aider les populations d'Alger et d'Oran à sortir de ce cauchemar et de cette peste. Je sévirai contre ceux qui sont coupables de ces crimes et aussi contre ceux qui les aident par parole, par action et aussi par omission. Il faut choisir son camp, celui des assassins ou celui de la loi. Quand on se range du côté des assassins, que l'on ne s'étonne pas d'être frappé avec rigueur. J'ai donné des directives très rigoureuses au général commandant en chef et aux préfets de police d'Alger et d'Oran. J'ai prescrit à tous les préfets de me signaler des défaillances qui se produiraient chez les serviteurs de l'Etat. Aucune défaillance ne sera tolérée. Rien de durable, rien de fécond ne peut être fait si l'ordre n'est pas rétabli. Je suis convaincu que nous ferons appliquer la loi. Le terrorisme continuera sans doute quelque temps, mais ce ne sera pas long. Quoi qu'il arrive, l'autodétermination interviendra à la fin juin ou au début juillet.

Sitôt après cette conférence donnée à Rocher-Noir, l'exécutif provisoire édicte sa première ordonnance qui, en même temps qu'elle annonce que quinze mille hommes de la force locale seront déployés à Oran, décide que quinze bataillons de tirailleurs seront bientôt mis à la disposition de Katz. Il dissout le conseil municipal d'Oran et le remplace, comme à la mairie d'Alger, par un seul administrateur temporaire.

De son côté, Christian Fouchet décrète : « Sur le plan de l'administration, il sera mis fin de toute manière au comportement intolérable des fonctionnaires qui, payés par l'Etat, sabotent en fait sa politique et paralysent son action, encouragés dans leur comportement actuel par la croyance illusoire que les accords d'Evian et les engagements du gouvernement français à leur égard sont tels qu'ils sont assurés de bénéficier de toutes ses garanties, même lorsqu'ils se dressent contre la loi. »

Il est ainsi décidé que tout fonctionnaire ayant participé à la réalisation de grèves politiques sera expulsé et frappé de sanctions pouvant aller jusqu'à la révocation.

Les mesures du haut-commissaire étant immédiatement applicables, cinquante Algérois sont expulsés manu militari. Et parmi eux le colonel de réserve Henri Alias, directeur d'Air Algérie, Auguste Arnould, acquitté lors du procès des barricades, commandant de bord à la même compagnie et toujours président du Comité d'entente des anciens combattants. René Belgodere, un ancien du petit commando qui, en 1943, a débarqué en Corse du sous-marin *Casabianca* pour préparer la Résistance au combat libérateur, maintenant chef de bureau à la Société nationale des chemins de fer algériens, et Christian Bordja, quant à lui président d'un syndicat de cette même S.N.C.F.A., font aussi partie des expulsés. Tout comme leurs collègues, M. Heritte, président du syndicat des cadres, et Henri Guibaud, quant à lui dirigeant de l'Association des victimes du terrorisme dont la fillette a eu un bras arraché par une bombe déposée par la militante communiste Raymonde Peschard dans un autobus de ramassage scolaire.

Les expulsés d'Alger se posent à 20 heures à Villacoublay. Ils ont été raflés avec tant de précipitation que l'un d'eux, un ouvrier, est encore en bleu de travail et ne possède que dix francs sur lui.

Pendant que Christian Fouchet veille à la mise en route de ses ordonnances impopulaires, la communauté israélite de Constantine est assommée en apprenant que la synagogue de Sidi-Mabrouk, lieu saint entre tous, isolé à trois kilomètres de la ville près de la rivière des Chiens, de l'hippodrome et de l'ancien aérodrome, a été profanée dans la nuit du vendredi 11 au samedi 12 mai. Les iconoclastes du F.L.N. ont brisé l'Arche sainte et volé des objets du culte et des livres rares. Se souvenant des pogroms d'août 1934 qui, outre le sac de toutes les boutiques tenues en ville par des israélites, avaient causé de nombreux morts, les plus anciens Juifs de Constantine conseillent à leur communauté déjà amoindrie par les départs provoqués en juin 1961 par l'assassinat de Raymond Leyris, l'interprète inégalable de musique arabo-andalouse qui était pourtant considéré comme intouchable par la plupart des Musulmans, de se préparer à l'exil.

Le 14 mai, Louis Joxe, au terme de trois jours de discussions engagées en Suisse avec Saad Dalhab à la demande du G.P.R.A., annonce la libération de tous les prisonniers du F.L.N. détenus en métropole et l'ouverture des frontières tunisienne et marocaine aux unités de l'A.L.N. A Alger, sans se soucier de cette nouvelle preuve de bonne volonté du gouvernement, des militants du F.L.N., décidés à venger les dockers massacrés et les derniers Musulmans tombés sous les balles des Européens, décident de lancer une expédition punitive sur la banlieue d'Alger.

Au cœur de la nuit, le préfet Vitalis Cros avait pourtant reçu dans sa villa d'Hydra les responsables du F.L.N. Ainsi qu'il en avait été averti par le président Farès, ces hommes, qui se sont déclarés incapables de contenir plus longtemps la rage de leurs militants excédés par les attentats, lui ont annoncé qu'ils avaient donné des ordres pour que soit lâchée sur Bab el-Oued une foule armée, avec la liberté de massacrer trois fois plus d'Européens que de Musulmans tués par l'O.A.S. depuis le cessez-le-feu.

Le marchandage n'ayant pas été concluant, les émissaires du F.L.N. ont entraîné malgré l'heure tardive le préfet dans la Casbah, afin qu'il prenne la mesure de l'exaspération de leurs militants. Dans la moiteur d'une maison mauresque respirant le café servi par des femmes voilées silencieuses et furtives, les choses n'ont pas plus avancé. Les dirigeants du F.L.N. s'entêtant à vouloir lâcher la foule sur Bab el-Oued, Vitalis Cros s'est fâché.

— Si vous tenez tellement à massacrer les Pied-noirs, s'est-il exclamé, eh bien, faites-le ! Mais je vous avertis que vous en subirez les conséquences.

Après ce coup de poker menteur, les Musulmans sont allés discuter dans une autre pièce. L'aube pointait déjà, lorsqu'ils sont revenus annoncer au préfet qu'ils annulaient la descente sur Bab el-Oued.

A 18 heures pourtant, roulant dans une quarantaine de voitures, plus de cent Musulmans, commençant par le quartier du Ruisseau puis passant par Saint-Eugène, la Redoute, Kouba et la Bouzaréah, grenadent et mitraillent dix-sept cafés européens. Ils laissent dans le sillage de ce gymkhana tonitruant qui n'a duré que quelques minutes une vingtaine de morts et trois fois plus de blessés.

Surprises par la soudaineté de l'attaque, les forces de l'ordre réagissent en barrant les accès de la ville et en se déployant sur ses hauteurs. Et le préfet Vitalis Cros, surtout dans le souci de prévenir la riposte de l'O.A.S., impose un couvre-feu général à partir de 19 heures.

Le 15 mai 1962, le procès de Salan va s'ouvrir à 13 heures devant le Haut Tribunal militaire installé à Paris dans le Palais de Justice. Les *deltas* le savent. Dans l'intention de venger les morts de la veille, ils tuent vingt-cinq Musulmans et en blessent une quinzaine. Après cette nouvelle flambée de violence, le commandant Azzedine, nouveau responsable de la zone autonome d'Alger, la Z.A.A. de l'A.L.N., ignorant que M'Hamed Yazid, le ministre de l'Information du G.P.R.A., venait de déclarer à Tunis que les attaques de la veille avaient été organisées par le M.N.A., excite encore les Algérois en déclarant aux envoyés spéciaux du *Monde*, de *France-Soir* et de *France-Observateur* convoqués à son P.C. de Belcourt que le raid du F.L.N. doit être considéré comme un « avertissement à l'autorité française et à l'exécutif provisoire ». Mentant avec aplomb, il ajoute que le C.N.R.A. et le G.P.R.A. approuvent cette réaction sanglante et que si la France ne trouvait au plus vite le moyen d'imposer à l'O.A.S. le respect des accords d'Evian, il faudrait s'attendre à ce que de pareilles expéditions se reproduisent.

De son côté, Chawki Mostefaï, au nom du F.L.N. qu'il représente à l'exécutif provisoire, exprime un autre point de vue en déclarant au sujet du raid musulman : « Ce sont des actes de violence et, comme tous les actes de violence, ils sont regrettables. La déclaration du commandant Azzedine nous éclaire sur une situation qui ouvre les portes à toutes les initiatives et à toutes les violences. L'état d'exaspération de la population musulmane n'atteindra jamais le point de rupture. Nous avons une période difficile à traverser. Nous la traverserons avec courage et sang-froid. »

Le lendemain de cette déclaration, les Européens d'Alger ont la pénible impression que les autorités, au lieu d'engager la répression contre les auteurs de l'attaque de l'avant-veille, ne s'en prennent qu'à l'O.A.S. Dans un communiqué commun, Abderrahmane Farès et Vitalis Cros s'engagent en effet à ce que les accords d'Evian soient désormais appliqués à la lettre. Alors que les Pieds-noirs espéraient qu'il annonce quelques mesures de sûreté destinées à contenir l'impatience des Musulmans, Vitalis Cros propose un nouveau train de sanctions, dont l'immédiat rapatriement de quelques centaines de cadres de l'armée, de fonctionnaires et de policiers. Puis il précise que le maintien de l'ordre dans les quartiers où les deux communautés voisinent sera confié à la force locale et que seuls des militaires et des policiers musulmans portant des brassards aux couleurs algériennes seront habilités à contrôler l'accès aux quartiers musulmans. En attendant la mise en place de cinq mille volontaires algériens (les A.T.O., auxiliaires temporaires occasionnels) dans une nouvelle force de police, la responsabilité de la sécurité de ces quartiers sera confiée aux cellules du F.L.N. Enfin, précise Vitalis Cros, des gendarmes remplaceront les policiers dans six commissariats algérois.

Ces mesures inacceptables pour l'O.A.S. affolent les Algérois qui, ignorant les consignes de l'organisation, envahissent les bureaux des compagnies maritimes et aériennes pour obtenir le passage qui les éloignera de leur terre natale où, ils en sont maintenant convaincus, ils n'auront plus jamais leur place.

Ajoutant encore à l'inquiétude des tenants de l'Algérie française, Jacques Biget dénonce à la préfecture de Police les autorités religieuses, politiques et syndicales qui, selon lui, sont responsables du désordre.

Par leur silence, les fustige-t-il, ces personnalités ont abandonné la ville au sort qui est le sien actuellement.

Après avoir rappelé que certaines d'entre elles sont déjà enfermées dans les camps d'Arcole et de Château-Holden ou expulsées d'Algérie, le préfet annonce également l'arrivées de renforts destinés à multiplier les quadrillages urbains.

— S'il le faut, menace-t-il, nous établirons un pont aérien entre la métropole et les deux grandes villes d'Oran et d'Alger pour que la force militaire soit à la hauteur. L'O.A.S. doit être écrasée par un rouleau compresseur !

Et il ajoute :

— Aucun retour en arrière n'est désormais possible. Tous, militaires et civils, avons maintenant franchi le Rubicon. S'il le faut, nous tirerons sur tous les individus, sur toutes les fenêtres, sur tous les balcons, sur toutes les terrasses d'où l'on fera le coup de feu en direction des forces de l'ordre. Tous, civils et militaires, sommes conscients et déterminés. Nous défendrons la parole donnée à Evian et la France a toujours tenu sa parole depuis Marignan.

Sans être tous engagés dans l'O.A.S., des dizaines de milliers de Pieds-noirs oranais songent à une autre parole donnée au nom de la France par de Gaulle en 1958 et aujourd'hui reniée. Katz durcit à son tour le ton en énumérant les exactions commises par l'O.A.S. depuis son arrivée et déclare :

— Je suis, je le sais, le *gauleiter*, le bourreau d'Oran. On m'accuse de beaucoup de crimes, en particulier d'avoir fait tirer l'aviation sur la foule. A ma connaissance, et sur mon ordre, l'aviation n'est intervenue qu'une fois à la mitrailleuse de 12,7, pour protéger des gendarmes mobiles, qui étaient pressés de très près par de nombreux individus armés.

\*

— 73 —

## Le général Salan devant ses juges

A l'heure où va s'ouvrir le procès du général Salan déjà sous le coup de sa condamnation à mort par contumace prononcée en juillet 1961, pas un seul véhicule n'encombre les alentours du Palais de Justice. L'interdiction de stationnement décrétée par Maurice Papon n'est qu'une des mesures prises pour interdire à l'O.A.S., qui vient de faire sauter à Conflans-Sainte-Honorine une péniche de fuel, de tenter de libérer son chef. On n'accède plus au Palais que par la grille d'honneur à peine entrouverte et gardée par des gendarmes et des policiers qui fouillent les entrants. Des moniteurs de la Police veillent sur les toits et, dans le Palais lui-même, des barrières en bois rétrécissent le couloir menant à la salle d'audience du Haut Tribunal.

Aux exceptions du général Gardet, qui a été remplacé par le général de l'armée de l'Air Max Gelée, et de Mᵉ Raphaël qui a laissé la charge de requérir à M. Gavalda, un magistrat de soixante-sept ans, commandeur de la Légion d'honneur, ancien professeur de droit devenu avocat général à la Cour de cassation et dont l'accent rocailleux trahit les origines aveyronnaises, Salan se retrouve devant la cour qui a condamné Jouhaud à mort.

Il est 13 heures, ce 15 mai 1962, lorsque, à la demande du président Bornet, il décline son identité :

— Raoul Salan, ex-général d'armée des troupes coloniales, médaillé militaire, grand-croix de la Légion d'honneur, grand invalide de guerre.

Il n'a pas dit « ex-général des troupes de Marine » comme l'exige la règle depuis 1959 et dans l'assistance quelques personnes ont saisi cette nuance. Mᵉ Bertrand Le Corroller interrompt le greffier qui allait lire les deux rapports sur son client destinés au président de la République et le décret du 1ᵉʳ mai 1962 le déférant au Haut Tribunal militaire.

Réclamant la parole, Mᵉ Le Corroller entend expliquer la stratégie de la défense qui, Salan ayant fait citer comme témoins deux de ses juges, le général Max Gelée et l'ancien ambassadeur Henri Hoppenot, risque d'amener la recomposition du Haut Tribunal. Après une passe d'armes avec le président Bornet, il se déclare prêt à renoncer au témoignage du général Gelée, mais pas à celui de M. Hoppenot. Et lorsque le président lui demande s'il désire récuser celui-ci, il répond :

— Nous ne récusons pas M. le conseiller Hoppenot ; j'indique seulement que M. Hoppenot appartient aux débats puisque nous l'avons cité, et je vous signale cette difficulté, monsieur le président, pour vous permettre de demander à M. Hoppenot de remplir son devoir de témoin et de composer différemment le tribunal.

Interrogé par le président, le conseiller Hoppenot, qui y était en poste jusqu'en octobre 1958, rappelle qu'il n'a plus eu affaire, depuis, avec l'Algérie.

— Et je n'ai eu à connaître, ajoute-t-il, à aucun degré, aucune des activités qui peuvent être reprochées à l'ex-général Salan. En conscience, je ne vois absolument rien qui pourrait amener à me récuser. Maintenant, je m'en remettrai pour cela à la sagesse du tribunal ; si le tribunal considérait qu'en présence de cette accusation ma présence maintenue et continue en son sein serait de nature à affaiblir l'autorité de la chose jugée, naturellement je m'effacerais. Mais, je peux difficilement prendre sur moi la responsabilité d'accepter une récusation qui peut créer, dans d'autres circonstances, un précédent assez inhabituel sinon assez dangereux pour le bon cours de la justice.

Mᵉ Le Corroller précise avec adresse que la défense estime avoir des questions importantes à poser au conseiller Hoppenot, qu'elle ne le récuse pas, mais qu'elle considère qu'étant témoin il ne peut être juge et, impatient, le président Bornet tranche :

— Vous avez fait appel à la conscience de M. le conseiller Hoppenot.

M. Hoppenot vous a expliqué, très loyalement, qu'il n'avait jamais pris part aux événements d'Algérie et qu'il n'y a aucune raison de le récuser, car il serait vraiment trop facile de citer comme témoins tous les juges d'un tribunal pour les récuser.

— Ce serait, reconnaît l'avocat, une plaisanterie dont nous ne sommes pas capables et je viens de vous en apporter la démonstration, puisque nous avions cité deux témoins et que nous avons renoncé à l'audition de l'un d'eux.

Insistant tout de même sur le point que le conseiller Hoppenot, bien qu'il affirme le contraire, a été le témoin de faits importants pour l'accusation, M$^e$ Le Corroller considère que l'incident est clos. Et le président abonde dans son sens en redonnant la parole au greffier qui lit le rapport sur le putsch, puis celui qui traite des événements auxquels l'accusé a participé jusqu'à son arrestation.

Le président fait ensuite l'appel des témoins, puis il demande au général Salan s'il tient à faire une déclaration. M$^e$ Le Corroller se lance dans l'étude de la compétence du Haut Tribunal militaire. Après avoir fait référence au Tribunal révolutionnaire créé le 17 août 1792, aux cours prévôtales instituées en 1810, au tribunal militaire spécial créé par Napoléon I$^{er}$ dans l'intention d'envoyer le duc d'Enghien à la mort, aux sections spéciales instaurées en 1941 par Vichy et aux cours de justice de la Libération, il rappelle :

— Le Haut Tribunal militaire a été institué par une décision du 27 avril 1961, prise en vertu des pouvoirs exceptionnels que l'article 16 de la Constitution accorde au président de la République lorsque les institutions de la République, l'indépendance de la Nation, l'intégrité de son territoire ou l'exécution de ses engagements internationaux sont menacées d'une manière grave et immédiate et que le fonctionnement régulier des pouvoirs publics constitutionnels est interrompu. Il est constant que le président de la République ne peut créer une juridiction qu'en vertu de ses pouvoirs spéciaux ; or, la période d'application de l'article 16 a pris fin le 29 septembre 1961, aux termes d'une décision de la même date publiée au *Journal officiel* du 30 septembre, mais l'article 2 d'une autre décision du 29 septembre 1961, intitulée « Décision relative à certaines mesures prises en vertu de l'article 16 de la Constitution », porte que, jusqu'à une date qui sera fixée par la loi, le Haut Tribunal militaire pourra continuer d'être saisi. La loi qui doit intervenir ne l'est pas à ce jour, aussi l'accusé a-t-il été renvoyé devant vous par un décret du 1$^{er}$ mai 1962, en toute apparence de légalité. Apparence seulement. Il va être facile de démontrer que vous êtes saisis de faits dont vous n'êtes pas juges, que vous ne devez pas connaître, et qu'il ne faut pas que vous connaissiez.

Un peu plus loin dans sa démonstration, l'avocat s'exclame :

— Comment se résume notre argumentation ? Le décret du 1$^{er}$ mai 1962, qui vous défère l'accusé, ne peut avoir pour fondement que les décisions des 27 et 29 avril 1961. Or, la décision du 27 avril a défini votre compétence par la nature des faits et par la date à laquelle ils ont été commis. L'article premier de la décision du 27 avril 1961 stipule : « Les auteurs et complices des crimes et délits contre la sûreté de l'Etat et contre la discipline des armées, ainsi que les infractions connexes commises en relation avec les événements d'Algérie, peuvent être déférés par décret au Haut Tribunal militaire lorsque ces crimes et délits auront été commis avant la fin de la période d'exercice des pouvoirs exceptionnels. »

Un silence, un mouvement de manche et, fixant le président Bornet, Me Le Corroller s'écrie :

— Or, vous le savez, la période des pouvoirs exceptionnels a pris fin le 30 septembre 1961 !

Puis après avoir jonglé avec les dates, les chiffres et le jargon juridique, il cite les conclusions de M. Henry, commissaire du gouvernement devant le Conseil d'Etat, qui a été saisi le 1er mai par Salan au sujet de la compétence du Haut Tribunal : « Selon le requérant, le Haut Tribunal militaire, en vertu de la décision qui le constitue, n'est compétent que sur des faits commis pendant l'exercice des pouvoirs exceptionnels ; il ne pourrait donc être déféré au Haut Tribunal pour des faits postérieurs au 29 septembre 1961, et le décret qu'il vous demande d'annuler serait ainsi entaché d'une erreur de droit dans ses motifs déterminants. »

L'avocat rappelle que le commissaire du gouvernement devant le Conseil d'Etat a d'autre part estimé : « Votre jurisprudence sur la théorie des circonstances exceptionnelles, que nous avons eu l'occasion de rappeler devant vous – assemblée plénière du 2 mars 1962 – serait également dans le sens de la thèse du requérant qui trouve, d'ailleurs, un soutien inattendu auprès du Parquet du Haut Tribunal militaire, celui-ci, dans la citation à comparaître, lui notifiant et le décret de renvoi et les textes applicables, reproduit avec l'indication de M. le président de la République du 27 avril 1962, le texte des dispositions concernant le Haut Tribunal militaire avec cette réserve de la compétence limitée aux crimes et délits commis avant la fin de la période d'exercice des pouvoirs exceptionnels » et il conclut :

— Voilà les réquisitions de M. le commissaire du gouvernement Henry. Raoul Salan, pour le Conseil d'Etat, c'était le requérant. Raoul Salan, pour le Haut Tribunal militaire, c'est l'accusé. Le gouvernement, pour le Conseil d'Etat, c'est un commissaire ; le gouvernement, pour le Haut Tribunal militaire, c'est M. le procureur général ; j'attends avec intérêt, monsieur le procureur général, vos réquisitions et j'espère ne pas vous voir en contradiction avec cet autre avocat du gouvernement, qui, lui, s'est adressé au Conseil d'Etat en présence de Raoul Salan requérant et non pas accusé.

Prenant soudain un ton plus grave, il déclare :

— Il s'agissait, là-bas, seulement d'une question de procédure ; il s'agit, aujourd'hui, de la vie d'un homme. Puisse le gouvernement mettre ses différentes réquisitions en harmonie.

Puis, contestant encore la compétence du Haut Tribunal quant aux infractions commises par son client après le 30 septembre 1961, agaçant ainsi une partie de l'assistance acquise à l'Algérie française et pressée d'aller à l'essentiel, il replonge dans un fouillis d'arguties juridiques, dont il ne sort que pour faire remarquer :

— J'entends déjà M. le procureur général nous dire que l'action du général Salan fut une action continue, qu'elle a commencé au moment du putsch d'avril, qu'elle s'est ensuite sans cesse poursuivie, que les faits sont, dans ces conditions, connexes et que, par le jeu de l'application des dispositions de l'article 203 du Code de procédure pénale, le Haut Tribunal militaire est compétent pour connaître de l'ensemble des faits qui lui sont soumis. Il y aurait là un artifice dont vous ne sauriez être, messieurs, les victimes.

Après avoir rappelé l'article 203, Me Le Corroller ironise :

— L'accusé a-t-il commis les infractions du putsch d'avril pour se procurer les infractions qui lui sont également reprochées et qui sont postérieures au putsch d'avril ? La question est résolue dès qu'elle est posée. Le putsch d'avril fut entrepris pour réussir et non pour échouer. Dire que l'accusé a commis les premières infractions dans le but de commettre les secondes, c'est dire qu'avant même d'entreprendre, dans le cadre des événements du 22 avril, il savait que l'entreprise des autres généraux insurgés était vouée à l'échec mais qu'elle serait suivie par le départ de l'un des révoltés dans la nuit de la clandestinité. C'est insensé ! Mais le Haut Tribunal sera-t-il tenu par l'ordonnance de son président ? Non, bien sûr. Cette ordonnance, dont on ne sait d'ailleurs quelle en est la base juridique en l'absence du texte la prévoyant, dont on sait qu'elle est susceptible de recours, est rendue dans le but de vous permettre d'examiner tous les problèmes, mais elle n'est pas un jugement, elle n'est pas rendue sur les faits de la cause.

Avant que le président donne la parole à l'avocat général, Me Le Corroller lâche à la seule intention des juges :

— Vous êtes, individuellement, des magistrats irréprochables, des hommes irrécusables, mais vous êtes, collectivement, une juridiction d'exception à compétence limitée. N'étendez pas votre compétence, vous n'en avez pas le droit. Si vous le faisiez, vous prendriez des responsabilités qui ne sont pas les vôtres. L'Histoire, qui n'a pas pardonné, comme je vous le disais au début de mes explications, à tant de vos prédécesseurs qui furent victimes du pouvoir, ne vous pardonnerait pas. L'Etat est d'aujourd'hui, la patrie est de toujours. Ecoutez la voix de la patrie. Ne cédez pas aux pressions intolérables de l'Etat.

En roulant les *r*, l'avocat général Gavalda réfute les arguments brandis par la défense afin de faire invalider le tribunal et il offre cette conclusion :

— Messieurs, je m'adresse non seulement au Haut Tribunal, mais à ceux qui m'écoutent, puisque cette affaire est connue partout, et jusque dans les plus petits hameaux de France, et dans les fermes les plus isolées, est-ce qu'il n'y a pas une connexité percutante, éclatante, entre le premier procès de la contumace – qui est le procès de la rébellion active – et le second procès, qui est le procès de l'insurrection clandestine ? Poser la question, c'est la résoudre. Et je comprends très bien que M. le président n'ait pas eu d'hésitation pour choisir entre ces deux procédures. Il y a connexité en droit, il y a connexité en fait ; et c'est à bon droit que le tribunal qui a statué sur la question confirmera l'ordonnance de M. le président du Tribunal.

Et il ajoute :

— Reste la seconde question : elle a été tranchée encore une fois par un arrêt du 10 mai.

Se mettant en peine de justifier la nécessité des pouvoirs spéciaux et de la décision de prolonger la validité des tribunaux d'exception, il déclare au sujet de cette dernière :

— Quand cette décision a été prise, avant que n'expirent les pouvoirs de l'article 16, il a été réservé à la Loi, le cas échéant, de supprimer les effets de ce tribunal spécial et, par conséquent, d'anéantir sa compétence. Je ne sache pas, messieurs, que, devant le Parlement, des propositions aient été faites, émanant de parlementaires, ou qu'il y ait eu même un projet du gouvernement. Il appartenait à ceux qui disposent du Parlement, qui disposent du pouvoir des lois, d'en arrêter les effets. A ce jour, rien n'est intervenu. Par conséquent, tant qu'une loi ne se serait pas fait jour pour arrêter les décisions de ce tribunal, ce tribunal demeurerait compétent.

Puis l'accusateur public demande à la défense :

— Alors, pourquoi cette bagarre, pourquoi ces escarmouches, pourquoi ce je ne sais quoi qui retarde les débats ? On peut se le demander. Ces questions ont été toutes tranchées par deux arrêts du Conseil d'Etat et par un arrêt de la Cour de cassation. J'aurais pu, messieurs, si j'avais su qu'un tel incident se produisît, préparer d'autres armes. Mais je préfère m'être tenu à l'essentiel. Et je regrette de m'être levé pour démontrer qu'il faisait jour à midi – si j'ose m'exprimer d'une façon un peu familière, que je regrette d'ailleurs d'avoir employée.

Si Me Le Corroller, reprenant la parole, fait remarquer qu'il n'a pas contesté le Haut Tribunal militaire en ce qui concerne les actes reprochés à Salan au sujet du putsch, il considère qu'il a été saisi irrégulièrement des faits postérieurs au 30 septembre 1961. Et il met un terme au débat préliminaire en affirmant :

— Raoul Salan appartient à la Nation. Je voulais dire par là que c'est le peuple français qui doit le juger, et qu'il doit être jugé au nom du peuple français par la juridiction qui est la sienne, et non par la vôtre – s'il est vrai qu'aujourd'hui vous n'êtes plus compétents. Ne rabaissons pas le débat ; laissons-le à cette hauteur indispensable ; car c'est à cette hauteur que l'Histoire jugera, et ce n'est pas au niveau du tribunal de simple police ou du tribunal correctionnel.

Après ce coup de griffe, le président ordonne une suspension de séance. Le tribunal gagne la chambre des délibérations, d'où il revient bientôt après avoir rendu un premier jugement rejetant les attaques de la défense sur son incompétence à traiter des actes postérieurs au 30 septembre 1961.

M$^e$ Tixier-Vignancour prend la parole. Ce Béarnais aux sourcils charbonneux, au nez fort et droit, coiffé en brosse, arguant qu'il n'aime pas les lectures, s'excuse d'être obligé de lire les seize attendus de sa conclusion destinée à obtenir l'ajournement du procès pour complément d'information, dont le dernier affirme que cette demande est parfaitement fondée :

— Premièrement parce que M. le juge d'instruction a refusé l'audition de tous témoins ; deuxièmement parce que les motifs invoqués par M. le juge d'instruction pour n'entendre aucun témoin ne sauraient être retenus, le Haut Tribunal n'étant pas intéressé seulement par les faits matériels, mais également par les intentions et les mobiles ; troisièmement parce que le juge d'instruction est une juridiction dotée de pouvoirs propres qui n'appartiennent à aucune autre juridiction ; quatrièmement parce que la juridiction d'instruction du second degré, qui est constituée par la chambre d'accusation, n'a pu exercer aucun contrôle par le fait d'une ordonnance en date du 15 avril 1962 ; cinquièmement parce qu'on ne saurait opposer à l'accusé des pièces qui ont été versées au dossier postérieurement au dessaisissement de la juridiction d'instruction.

Le ténor des prétoires qui, avec un peu plus de sagacité des policiers ou moins de hautes protections, aurait très bien pu se retrouver sur le banc des accusés pour sa participation à la préparation du putsch et ses autres engagements pro-Algérie française, réclame un complément d'information et, cessant sa lecture, il pérore :

— Messieurs, j'ai comme vous-mêmes suivi avec la plus vive attention et un très grand intérêt la plaidoirie de mon confrère et ami Le Corroller, et également la réponse de M. le procureur général, et j'y ai puisé, en effet, des enseignements précieux, quand ce ne serait que cette formule remarquable – et si juste – employée par M. le procureur général : « Il est impossible d'appliquer l'article 16 dans les régimes totalitaires. L'application de l'article 16 est la preuve de l'existence de la liberté, puisque sa suppression est le témoignage de son existence. » Tous ces propos sont précieux à entendre, et, surtout, à retenir. Et c'est en m'en souvenant et en en tirant le plus grand profit, que je vais maintenant vous présenter, à l'appui de mes conclusions, quelques observations. Merci, en tout cas, au ministère public de nous avoir rappelé le caractère exceptionnel des dispositions judiciaires qui ont d'abord créé votre Haut Tribunal et qui en ont réglementé la procédure.

En venant à l'instruction, il fait remarquer :

— Elle a duré trois jours ! Un monologue du magistrat instructeur ; 26, 27, 28 avril, et, le 1$^{er}$ mai, tout était consommé. Le décret était intervenu. Plus aucune possibilité de faire entendre des témoins et d'obtenir des confrontations. Je ne me livrerai, pour ma part, à aucun rappel excessif des précédents historiques ; mais c'est tout de même, messieurs, la première fois qu'un accusé ayant été général d'armée et commandant en chef est traduit devant la juridiction du jugement sans qu'aucune instruction n'ait précédé cette mise en accusation. C'est la première fois ! Qu'auraient dit M. Berryer père et M. Dupin aîné, qui se plaignirent de manière véhémente, lors du procès du maréchal Ney, que l'instruction n'eût duré que trois mois ?

Sûr de son effet, il s'exclame :

— De Louis XVIII au chef actuel de l'Etat, le délai de trois mois est devenu un délai de trois jours !

Un grondement d'approbation montant de l'assistance, le président Bornet menace de faire évacuer la salle et le silence se fait pour permettre à Me Tixier-Vignancour de rappeler dans quelles conditions il a fait appel de la décision du juge Courcol devant la chambre d'accusation :

— Quelle erreur était la nôtre, messieurs ! Mais combien étions-nous excusables ! Une ordonnance toute fraîche – l'encre n'était pas encore sèche – du 15 avril 1962 – et nous étions le 28 – avait supprimé tout recours de l'inculpé lorsque les crimes et délits sont en relation avec les événements d'Algérie.

Usant à plaisir de l'art consommé du comédien qui lui permet de passer en une seconde de la gravité absolue à l'ironie la plus grinçante, le chef de file de la défense avance :

— Oh, je suis sûr que le Haut Tribunal nous excusera de cette erreur. Les progrès du droit pénal actuellement sont si foudroyants qu'il nous faudrait, messieurs, retourner à la Faculté de droit pour apprendre le lendemain ce qui a paru la veille dans le *Journal officiel* !

Au bout des réclamations portant sur la forme du procès lui-même sans jamais en évoquer les causes, regrettant de n'avoir reçu que la veille au soir les derniers dossiers qu'il avait réclamés à la Chancellerie, Me Tixier-Vignancour, désabusé cette fois, lâche :

— Si l'on méprise les formes juridiques et si l'on n'en tient plus aucun compte, il faudra qu'on le dise. Nous sommes dans la double impossibilité d'une part de prendre une connaissance sérieuse des pièces, d'autre part de les communiquer à notre client.

Après cet effet, il exige à nouveau l'ouverture d'une instruction plus classique.

— Si vous l'ordonnez, vous ferez l'admiration du monde parce que le monde saura qu'il faut faire une distinction fondamentale entre l'exercice de l'article 16 en France et l'exercice de certaines dictatures hors des frontières. Et si un supplément d'information dans les circonstances présentes est inconcevable à Prague ou ailleurs, il serait prodigieux qu'il fût inconcevable à Paris.

L'avocat béarnais évoque la liste des sept cents témoins que la défense avait envisagé de citer, ramenée à cent trente-deux citations à comparaître délivrées par huissier de justice.

— C'est alors qu'avant-hier, et surtout hier, s'indigne-t-il, des bruits indéfinissables sont parvenus jusqu'à nous. Figurez-vous, messieurs – je n'en veux rien croire –, que le ministre de la Justice aurait déclaré – je persiste dans un conditionnel qui manifeste le doute – que les témoins cités par l'accusé et se trouvant en état de détention ne seraient pas extraits et ne viendraient pas déposer, par un effet de la volonté arbitraire du garde des Sceaux. Et savez-vous pourquoi, messieurs, qui êtes entrés comme nous-mêmes dans ce Palais de Justice dont on peut dire aujourd'hui que le Haut Tribunal délibère au cœur d'une garnison ?

Sans cette fois employer le conditionnel, M$^e$ Tixier-Vignancour attaque le gouvernement en révélant que les députés musulmans d'Algérie cités par la défense viennent de se voir retirer par Maurice Papon la protection dont ils bénéficiaient. Ayant rappelé que parmi eux M$^{es}$ Abdesselam et Ahmed Djebbour ont déjà reçu des balles du F.L.N., il affirme que ces témoins ne pourront pas déposer en toute sérénité. Approchant de sa conclusion, il ajoute :

— Si vous n'accordez pas le complément d'information que j'ai l'honneur de solliciter respectueusement du Haut Tribunal militaire, nous allons nous trouver, au cas où les hypothèses que je viens d'énumérer seraient vérifiées, devant une situation impossible. Pourquoi ? C'est bien simple. Admettez que vous refusiez ce supplément d'information qui serait tout à la fois votre honneur et votre grandeur, et que nous nous trouvions réellement en présence de la volonté de M. le garde des Sceaux de refuser à des témoins détenus de venir déposer, le tribunal serait appelé à suspendre son audience jusqu'à ce que ces témoins soient extraits, car je n'imagine tout de même pas qu'il pourrait déclarer leur audition inutile pour la seule raison que le pouvoir exécutif en aurait ainsi décidé. Nous sommes sur la troisième voie, mais cela n'est pas une raison pour que les avocats renoncent à défendre et pour les juges d'abdiquer leur droit de juger. Voilà, messieurs, sans aucune digression inutile, les raisons puissantes et j'ajouterai déterminantes qui doivent vous conduire à ordonner un supplément d'information.

Et avant de laisser la parole à l'avocat général, Tixier-Vignancour martèle avec emphase :

— Il est, messieurs, des circonstances où des juridictions sont entrées dans l'Histoire pour avoir su dire non !

Après avoir reconnu les grandes qualités oratoires de son adversaire, M$^e$ Gavalda le contre d'une manière très sèche :

— Messieurs, je me suis demandé si M$^e$ Tixier-Vignancour, trop au courant de ces choses dont, dans sa plaidoirie, il nous peindra le décor, ne nous donnait pas la vision de ces sections spéciales créées par Salan et dont nous savons qu'elles ont fonctionné dans des conditions sur lesquelles on ferait peut-être bien d'instruire. Nous savons qu'on y jugeait et qu'on y exécutait, et il semble bien en effet que cette description correspondait au tribunal sommaire que décrivait M⁰ Tixier-Vignancour. On entrait par une porte, on était jugé, on sortait par l'autre. Dans les documents que nous avons, c'est ce qui nous est décrit. Vous eussiez dû nous éclairer sur ces sections spéciales et vous vous êtes tu. Le talent est une chose, mais il y a des remparts contre le talent, c'est la réalité des faits. En attaquant ces cours martiales imaginaires, vous avez manqué d'à-propos.

Pour la première fois, l'avocat général évoque directement l'O.A.S. :

— Je tenais à dire ceci, non pas pour « planter le décor », mais parce qu'il fallait qu'on sache que si ces procédures sont tenantes à des circonstances exceptionnelles, elles sont ce qu'elles sont ; mais il ne fallait tout de même pas rejeter dans l'ombre vos sections spéciales, vos juridictions sommaires infiniment plus sommaires que les nôtres. Je suis persuadé que là les témoins n'étaient pas entendus. Ces sections spéciales propres à l'organisation secrète auraient dû être mises en pleine lumière. Au lieu de les attaquer, il fallait laisser dans l'ombre ces éléments de procédure auxquels vous faites allusion.

A ces mots, le tribunal se retire afin de délibérer sur la légitimité d'un complément d'information. Lorsqu'il revient, le président Bornet annonce que le renvoi n'aura pas lieu.

Si ses avocats s'agitent et si une vague de murmures réprobateurs parcourt l'assistance, Salan, lui, ne bronche pas et, le président proposant de l'interroger malgré l'heure tardive, M⁰ Tixier-Vignancour lui oppose l'article 324 du Code de procédure pénale imposant au préalable à tout interrogatoire de faire l'appel des témoins, de statuer sur le cas de ceux qui se sont fait excuser, et refuse l'audition du chef de l'O.A.S.

La séance levée, des gendarmes ramènent Salan aux deux cellules qui ont été aménagées à son intention pour la durée du procès, l'une en salle de bains rudimentaire et l'autre en chambre à coucher, et où des religieuses veilleront à ce qu'il ne manque de rien. Et l'assistance, bruissante de commentaires passionnés, s'écoule entre les barrières et les rangs de gendarmes.

*

## — 74 —
## Nouvelles menaces contre de Gaulle

Pendant que le procès du chef de l'O.A.S. s'ouvrait si laborieusement, le général de Gaulle tenait le même jour à 15 heures une conférence de presse dans la salle des fêtes du Palais de l'Elysée. Après l'avoir commencée par le traditionnel « Je vous assure que je suis heureux de vous voir » et avoir longtemps parlé du projet de l'Europe des Six que n'ont pas approuvé la Belgique et la Hollande, de ses raisons de refuser la participation de la France aux discussions qui viennent de réunir des émissaires de Moscou et Washington au sujet de l'Allemagne, de l'engagement des forces françaises au sein de l'O.T.A.N., il en est venu, cette fois très brièvement, à l'Algérie. Ayant seulement affirmé : « Il y a effectivement la certitude que, dans peu de semaines, l'Algérie apparaîtra comme un Etat indépendant et, j'en suis sûr, en coopération organisée avec la France », il a prévenu l'O.A.S. : « Ce qui se produit en ce moment et qui est évidemment lamentable – je parle des crimes – salit cet aboutissement, mais ne l'empêchera sûrement pas » et, après avoir plus longuement évoqué les rapports de la France avec les pays africains, il a conclu :

— Mesdames et messieurs, il me reste à vous remercier de votre attention. Cependant, je veux répondre à celui d'entre vous qui m'a demandé si je voulais mettre à l'ordre du jour l'élection du président de la République au suffrage universel. J'en ai dit un mot l'année dernière ; je vous réponds aujourd'hui que ce n'est pas pour le moment. J'ajouterai quelque chose à ce sujet, puisque j'ai le plaisir de vous voir et de vous parler, en pensant à une idée assez répandue, je veux dire à ce qui arrivera quand de Gaulle aura disparu. Eh bien ! je vous dis ceci qui peut-être vous expliquera dans quelle direction à cet égard nous allons marcher : ce qui est à redouter, à mon sens, après l'événement dont je parle, ce n'est pas le vide politique, c'est plutôt le trop-plein !

Au soir de la première journée du procès Salan, les policiers et les gendarmes de la *Mission C* n'ont toujours pas relâché leurs efforts après son arrestation. Procédant par recoupements de bribes d'interrogatoires plutôt qu'à partir de dénonciations, après avoir arrêté François Lecca, le *delta* qui a éliminé le commandant Poste en octobre 1961, et grâce à une indiscrétion émanant d'une jeune femme déçue d'être délaissée par lui, ils ont la certitude que le lieutenant Jean-Loup Blanchy est passé en métropole avec un légionnaire déserteur du 1er R.E.P., Henri Slieboda, plus connu parmi les *deltas* sous le pseudonyme de *Slim*. Selon le rapport qu'ils ont adressé à Paris, les hommes de Michel Hacq sont convaincus que les deux hommes sont en France dans l'intention d'attenter à la vie du président de la République.

Comme la plupart des déserteurs d'origine métropolitaine, Jean-Loup Blanchy est fiché rue des Saussaies. Les inspecteurs principaux Delarue, Pouzol et leurs équipiers le savent fiancé à une jeune femme de Villeneuve-sur-Lot. Une rapide enquête de leurs collègues de Bordeaux leur apprend qu'il lui a rendu visite le 10 mai. Et l'examen des fiches d'hôtels de la région leur a permis d'apprendre que le lieutenant et le légionnaire usent des fausses identités de Georges Bonnaut et Marc Boronade.

A l'heure où les membres du Haut Tribunal quittent le Palais de Justice sur lequel vont veiller durant la nuit des centaines de membres des forces de l'ordre, les policiers craignent que Blanchy, une dernière fois situé à Figeac avec sa compagne et Slieboda, ait déjà eu le temps d'improviser un attentat contre de Gaulle.

A Paris, il est des hommes qui ne craignent pas le trop-plein politique annoncé par de Gaulle. Et parmi ceux qui se proclament aujourd'hui prêts à faciliter son arrivée en éliminant le chef de l'Etat, l'ingénieur militaire en chef de 2e classe Jean Marie Bastien-Thiry, le mystérieux organisateur de l'attentat de Pont-sur-Seine qui porte depuis le 1er janvier 1962 cinq galons de lieutenant-colonel et que les policiers ne connaissent que sous le pseudonyme de *Germain*, prépare une nouvelle machination tout en dirigeant un bureau d'études au ministère de l'armée de l'Air.

Le lieutenant-colonel Jean Marie Bastien-Thiry, spécialiste des missiles, a trente-cinq ans. Il a le front large, les yeux bruns, un nez bien droit aux ailes à peine épatées, des lèvres charnues trahissant la gourmandise. Son menton, petit, est creusé d'une fossette et confère à son visage à large mâchoire un soupçon de jeunesse éternelle. Cet officier de tradition, puisque son père, lui aussi polytechnicien, était lieutenant-colonel d'Artillerie en 1940, est un catholique fervent. Affecté en janvier 1953 au Centre d'essais des engins spéciaux de Colomb-Béchar, il a ramené de cette expérience la conviction que l'Algérie doit rester française. Il a épousé en 1955 Geneviève Lamirand, la jeune et très jolie fille de l'ancien secrétaire général à la Jeunesse de Vichy de 1940 à 1942.

Aujourd'hui, à l'heure du procès de Salan, le lieutenant-colonel Bastien-Thiry, s'il manque d'armes, dispose de quelques hommes décidés, comme Alain de La Tocnaye qui, après s'être éloigné de Curutchet dans l'espoir d'avoir une plus grande liberté de manœuvre auprès de Canal, a

## Chap. 74. – *Nouvelles menaces contre de Gaulle*

retrouvé Jean Bichon par l'entremise d'un prêtre. Lors de leur rencontre dans le jardin des Tuileries, l'ex-colonel Blanche a proposé à l'évadé de se joindre à un groupe travaillant à un attentat contre de Gaulle. Devenu *Max*, La Tocnaye a rencontré Bastien-Thiry qui usait du code de *Didier* chez un officier de réserve ami de Bichon. Les deux hommes se sont parfaitement entendus et Bastien-Thiry, naturellement en civil, est allé droit au but en déclarant :

— Il faut au plus vite mettre le Guide hors d'état de nuire. Vous en êtes convaincu ?

La Tocnaye ayant acquiescé, l'ingénieur de l'armement a étalé un plan de Paris et de sa banlieue sur la table de la salle à manger de leur hôte qui, par discrétion, les a laissés avec Jean Bichon. Dévoilant ainsi sa participation à l'affaire de Pont-sur-Seine, il a affirmé qu'il ne serait sans doute plus possible d'attaquer le président entre Paris et Colombey-les-Deux-Eglises, puisqu'il prend de plus en plus souvent l'avion pour aller et venir de Villacoublay à Saint-Dizier, l'aérodrome le plus proche de Colombey. Peut-être, a-t-il proposé, faudrait-il tenter quelque chose à Paris même.

La Tocnaye lui a rétorqué qu'il ne se sentait pas à l'aise en ville et qu'il vaudrait mieux songer à une embuscade en rase campagne. Il s'est alors aperçu que Bastien-Thiry ne l'avait pas attendu pour monter son affaire. Il l'a donc écouté décrire le rituel des départs du Général vers Villacoublay où sont basés les avions du G.L.A.M., le groupement des liaisons aériennes ministérielles.

De Gaulle monte toujours dans la première voiture de son convoi. Des policiers – que Bastien-Thiry préfère appeler des barbouzes – prennent place dans le deuxième véhicule avec un médecin militaire. Des gardes du corps se partagent les autres voitures du cortège suivi ou précédé par deux motards de la préfecture de Police.

— Et sur le trajet ? s'est inquiété La Tocnaye.

— Des policiers en civil sont disposés tout le long et des voitures pies patrouillent entre l'Elysée et Villacoublay.

A ce point de la discussion, Jean Marie Bastien-Thiry a précisé que l'O.A.S. ignorait son projet, mais que le très secret Vieil Etat-Major de l'Armée, lui, était au courant, ainsi que le Comité d'études, plus mystérieux encore, et dont il dépend directement. La Tocnaye lui demandant s'il n'a pas songé à une attaque contre l'hélicoptère ou l'avion présidentiel, l'aviateur a affirmé que c'était impossible, parce que l'opération exclurait l'enlèvement du chef de l'Etat, qu'il entendait traduire devant un tribunal composé de hautes personnalités.

En entendant parler d'enlèvement, La Tocnaye a jeté un regard étonné à Jean Bichon, puis il a demandé :

— Mais alors, s'agira-t-il d'enlever de Gaulle ou de le tuer ?

Bastien-Thiry lui ayant répondu que cela dépendrait, il a tranché :

— Pour moi, cela ne dépendra de rien du tout. C'est même tout vu ! Et pour vous, Jean ?

L'ancien agent secret du maréchal Pétain et résistant de 1943 lui avait répondu qu'il n'envisageait que la mort du Général.

Après sa sortie péremptoire, La Tocnaye, soucieux de ne pas le braquer, a laissé son nouveau chef aller plus loin dans ses explications. C'est ainsi qu'il a appris que de Gaulle sortait de l'Elysée par la porte du Coq donnant sur l'avenue de Marigny ou par une issue latérale ouvrant de l'autre côté des jardins du palais présidentiel, dans la rue de l'Elysée qui relie la rue Gabriel à la rue du Faubourg-Saint-Honoré.

Lorsque le moment sera venu de passer à l'action, a précisé Bastien-Thiry, cela ne changera rien que le président sorte par une porte ou par une autre. Ce n'est qu'après qu'il aura traversé la Seine, a-t-il affirmé, que les choses se compliqueront, puisque l'aide de camp du Général ordonnera alors au chauffeur de prendre un itinéraire choisi par lui seul au tout dernier moment.

A ce stade de l'exposé, La Tocnaye, revenant à son idée d'attaque aérienne, a proposé un bombardement frappant l'Elysée par surprise. Mais l'ingénieur lui a rétorqué qu'il y avait renoncé, parce qu'il n'avait pas trouvé de pilote prêt à s'engager dans une mission suicidaire. Il lui a aussi confié qu'il avait également envisagé une attaque de mortiers lourds ou de canons automoteurs. Sautant sur l'occasion, La Tocnaye a songé à ses compagnons d'études de Châlons-sur-Marne et avancé qu'il trouverait des armes lourdes et des spécialistes pour les mettre en batterie. Mais, pas plus que les avions, les canons n'ayant trouvé grâce aux yeux de Bastien-Thiry, les comploteurs se sont séparés après avoir opté pour une embuscade sur la route de Villacoublay.

Par la suite La Tocnaye, Bastien-Thiry et Jean Bichon se sont souvent revus. L'ancien chef de harka a souvent procédé à des répétitions d'embuscades avec des voitures volées par des étudiants. Et il attend la livraison de deux fusils-mitrailleurs 24/29 promis par un proche de Canal.

Le samedi 16 mai 1962, plus encore que la veille, le Palais de Justice ressemble à une forteresse. Salan revient devant ses juges. Ayant dormi dans la place, il n'a rien entendu de la bousculade provoquée devant la grille du Palais par une foule poussée à bout par les contrôles tatillons des gendarmes.

Comme la veille, le président Bornet procède à l'appel des témoins. L'huissier citant l'amiral Jacques Ploix, M$^e$ Tixier-Vignancour l'interrompt et, s'adressant au président, il l'avertit que l'amiral a une déclaration à lui faire.

— Monsieur le président, commence le marin, j'ai reçu, à 11 heures du matin, un coup de téléphone m'interdisant de venir. J'ai demandé confirmation par écrit. Cette confirmation ne m'est pas parvenue. Alors, le chef de cabinet du ministre de la Défense nationale m'a dit : « Le

## Chap. 74. – *Nouvelles menaces contre de Gaulle*

ministre vous dit de ne pas venir. » Je lui ai dit : « Il est écrit, sur papier, que je serai puni par la loi si je ne viens pas. » Je suis venu, en lui disant que, jusque-là j'attendais ses ordres, et il m'a répondu qu'il était d'accord avec vous pour que personne ne soit poursuivi parmi les officiers d'active qui ne se présenteraient pas ici.

M<sup>e</sup> Tixier-Vignancour feignant l'étonnement, le président Bornet, visiblement gêné, se défend :

— D'accord avec moi, c'est peut-être beaucoup dire, parce que je n'ai eu aucun contact avec M. le ministre des Armées, ni avec aucun des membres du gouvernement.

L'amiral Ploix, qui paiera son intervention de sa radiation des cadres, poursuit :

— C'est le chef de cabinet du ministre qui me l'a dit lui-même. Alors, monsieur le président, je ne sais ce que je dois faire.

Le président ayant confirmé qu'il devra témoigner, M<sup>e</sup> Tixier-Vignancour gêne un peu plus la cour en insistant :

— Mais, monsieur le président, il faut peut-être que le tribunal fasse venir à la barre le chef de cabinet du ministre des Armées, afin de savoir de quel droit il a dit à un officier général de la Marine qu'il existait un accord entre vous-même et le ministre des Armées, alors que vous venez d'affirmer, à l'audience, que ce n'est pas vrai.

La réponse fuse :

— Je n'ai eu aucun contact avec aucun membre du gouvernement, je le répète une fois pour toutes, pas plus avec le ministre des Armées qu'avec aucun autre ministre, et par conséquent, un accord, encore moins !

M<sup>e</sup> Le Corroller intervient, lui aussi faussement navré :

— Il est scandaleux qu'un fonctionnaire puisse vous accuser de forfaiture. C'est intolérable !

— Mais je ne me considère pas comme accusé de forfaiture, soyez tranquille.

— Nous considérons que vous l'êtes, monsieur le président, insiste l'avocat.

Jacques Bornet plaisante en avançant qu'il ferait appel à M<sup>e</sup> Le Corroller s'il était inculpé. M<sup>e</sup> Tixier-Vignancour ramène la cour à la gravité de l'instant en répétant que le chef de cabinet de Pierre Messmer a menti. Et l'amiral Ploix, avant de se retirer, précise :

— Je dois dire qu'il a ajouté que tous les autres officiers d'active à qui il avait donné la même consigne lui ont répondu qu'ils ne viendraient pas et que j'étais le seul à être venu.

M<sup>e</sup> Tixier-Vignancour réclame une suspension d'audience et le président la refuse.

— Monsieur le président, en tout cas, insiste l'avocat, dès maintenant nous prenons acte que le ministre de la Défense nationale a interdit, par ordre verbal, à l'ensemble des témoins d'état militaire de venir déposer à cette barre. Nous en prenons acte dès maintenant, car il s'agit, pour nous, bien entendu, et pour le Tribunal, j'en suis convaincu, d'un fait de la plus haute gravité, et j'ajoute, sans précédent.

Après une entrée en matière si peu conventionnelle, il est clair que les défenseurs de Salan attaqueront le gouvernement, en la personne de Pierre Messmer puis, au travers de Michel Debré, le général de Gaulle lui-même. Et ils ne sont pas seuls à l'espérer, puisque François Mitterrand a écrit dans *Le Courrier de la Nièvre*, le journal de sa circonscription électorale : « Du commencement à la fin, le sort de Raoul Salan est dans les mains du général de Gaulle. On admettra de ce fait qu'avant même de passer devant le Haut Tribunal militaire, ses chances de salut sont minces. Aujourd'hui Salan est un rebelle, et c'est un rebelle vaincu. Deux fautes que ne pardonnera pas aisément son vainqueur, qui ne respecte jamais autant l'Etat que lorsqu'il l'incarne lui-même. Un incroyable hasard a voulu qu'il fût la première victime désignée par le clan qui portera devant l'Histoire la responsabilité d'avoir déclenché la guerre civile en ordonnant de tirer au bazooka un jour de janvier 1957 sur le commandant en chef de notre armée en Algérie. S'il ne peut justifier sa révolte contre la nation, ne garde-t-il pas moins le droit de récuser certains de ses accusateurs, qui, pour corriger la maladresse de l'avoir manqué, firent de lui un peu plus tard leur complice. »

Après de nouveaux incidents et une suspension d'audience provoqués par la défense au sujet de l'absence de témoins militaires qu'elle a fait citer et qui, comme le commandant Julien Camelin, n'ont pas été extraits de leur prison, ou à qui leur ministère a interdit de se présenter, comme le capitaine Bernard Moynet, qui lanterne dans la salle d'attente des témoins à décharge, le président Bornet interrompt le greffier pour lui demander de lire des lettres du ministre des Armées et du maréchal Juin.

Lettre de Pierre Messmer : « Monsieur le Président, j'ai l'honneur de vous informer de ce que le maréchal Juin, cité à l'audience du Haut Tribunal militaire, le mardi 15 mai 1962, à 13 heures, m'a fait connaître son intention de ne pas se présenter à cette audience. Il me demande, en outre, de vous faire tenir, pour être produite en séance, si vous le jugez utile, la note ci-jointe où il a résumé l'essentiel de la lettre qu'il avait envoyée à M. le président de la République après divulgation d'une lettre adressée par lui à Raoul Salan. »

Le greffier procède ensuite à la lecture d'une note du maréchal Juin au général de Gaulle : « Cette lettre était une réponse à un message que m'avait fait parvenir Salan, qui ne m'avait jamais écrit auparavant, que ce fût au temps de sa grandeur ou de son infortune. Il venait me demander de l'aider en Algérie – rien de moins ! Je n'en fus pas surpris, car depuis quelque temps j'étais l'objet de sollicitations de ce genre de la part de Français d'Algérie en résidence à Paris. Salan, lui, sans être trop explicite, faisait allusion à mon soi-disant prestige dans l'Armée pour empêcher les heurts entre Français. Ayant quitté volontairement le service depuis 1956, et jouissant au surplus d'une influence discutable sur l'Armée avec laquelle je n'avais plus aucun contact depuis longtemps, ayant au surplus toujours pris nettement position contre le putsch et la subversion quelle qu'elle soit, je répondis par une courte lettre manuscrite – dont je n'ai pas gardé trace, pas plus que de la sienne. Je précisais dans cette lettre manuscrite – la seule qu'il ait reçue de moi – que si je m'étais parfois trouvé en communion de pensée avec lui sur le tour imprimé à notre politique algérienne, j'étais bien résolu pour ma part à rester dans la ligne que j'avais toujours suivie, à savoir : de n'intervenir que d'ici par des déclarations publiques ou souscriptions à des appels pour attirer l'attention des Pouvoirs. C'était donc, dans le principe, une fin de non-recevoir. Et c'est sans doute la raison qui a décidé Raoul Salan à diffuser un arrangement à sa manière de ma lettre sous forme de tract pouvant faire croire que j'étais en relation avec lui. Il utilisait, à cet effet, quelques mots de ma lettre où je parlais, sans plus, de ses efforts courageux – et qui sont réels –, ayant grande pitié de son action, que je savais d'avance vouée à l'échec, faute de moyens et d'organisation – comme la preuve en a été rapidement faite. Mon stylo s'est laissé influencer par la pitié que m'ont toujours inspirée les désespérés de ce monde, comme les Communards de Paris, en 1871, qui avaient tant souffert pendant le Siège, et contre lesquels le Pouvoir avait pris toutes mesures propres à les pousser à la subversion. »

Cette lecture ayant précisé l'état des relations entre l'accusé et le vieux maréchal pied-noir, le président fait procéder à la lecture d'une lettre de Messali Hadj qui proclame : « Notre conception de l'indépendance de l'Algérie est essentiellement démocratique et s'accompagne par ailleurs d'un vaste programme économique et social. Elle est à l'opposé de l'O.A.S., qui veut maintenir l'Algérie sous la domination colonialiste par les pires moyens : le fascisme et le racisme. Ainsi opposés à l'O.A.S., nous n'avons jamais eu de contacts avec elle – est-il besoin de le dire – ni directs, ni indirects. »

Suivant Messali Hadj dans l'ordre alphabétique, c'est au tour du capitaine Bernard Moynet d'être appelé. Quelque peu désarçonné à la lecture du courrier du maréchal Juin, Me Tixier-Vignancour retrouve sa combativité et s'écrie :

— Il vient de recevoir l'ordre du général Le Pulloch, chef d'état-major, de se présenter immédiatement à son cabinet. Cet ordre lui a été communiqué en notre présence par un garde qui voulait l'emmener.

Ayant obtenu du président que le capitaine Moynet sera libre de témoigner et qu'il assurera sa protection à la sortie du Palais de Justice, l'avocat laisse aller à son terme l'appel des témoins.

Le silence se fait dans le prétoire lorsque le général Salan entame la déclaration qu'il a préparée avec Yves Gignac par le truchement de Me Menuet :

— Je suis le chef de l'O.A.S. Ma responsabilité est donc entière. Je la revendique, n'entendant pas m'écarter d'une ligne de conduite qui fut la mienne pendant quarante-deux ans de commandement.

Après cette entrée en matière, par laquelle il endosse même les responsabilités de faits dont il n'a pas été la cause directe ou dont il n'a eu que partiellement connaissance, il précise :

— Je ne suis pas un chef de bande, mais un général français représentant l'armée victorieuse, et non l'armée vaincue. A la différence de celui qui vous demande licence de me tuer, j'ai servi le plus souvent hors de la métropole. J'ai voulu être officier colonial, je le suis devenu. Je me suis battu pour garder à la patrie l'empire de Gallieni, de Lyautey et du Père de Foucauld. Mon corps a conservé les traces profondes de ce combat. J'ai fait rayonner la France. J'ai commandé. J'ai secouru. J'ai distribué. J'ai sévi et, par-dessus tout, j'ai aimé. Amour de cette France souveraine et douce, forte et généreuse qui portait au loin la protection de ses soldats et le message de ses missionnaires. Quand, par deux fois, l'heure du péril a sonné pour la vieille métropole, j'ai vu les peuples de l'empire accourir à son secours : Algériens, Marocains, Tunisiens, Vietnamiens et Sénégalais se sont battus avec nous et souvent sous mes ordres. Quand on a connu la France du courage, on n'accepte jamais la France de l'abandon.

Pour Salan, les prémices de l'abandon qui l'a mené dans le box des accusés se sont dessinés dès 1945. Ils se sont précisés en Indochine. Il a été, rappelle-t-il, témoin de l'exode de millions d'hommes, dont certains, désespérément, s'accrochaient aux camions des militaires abandonnant le Tonkin. Puis passant à l'Algérie, il rappelle l'assassinat d'un jeune instituteur survenu le 1er novembre 1954 en exécution des ordres de Ben Bella et que ce furent en ce temps-là des troupes rentrant d'Indochine qui ont été engagées contre la rébellion naissante.

— Hélas ! regrette-t-il, en deux années, la situation s'est dégradée. Quand je prends, le 2 décembre 1956, le commandement en chef des forces en Algérie, les attentats meurtrissent quotidiennement les Français chrétiens, juifs ou musulmans. Au mois de décembre 1956, neuf cent cinquante attentats seront commis par l'ennemi dans le seul département d'Alger.

Faisant un parallèle avec les récents événements d'Algérie, il précise :

— En plein accord avec M. Robert Lacoste, ministre résidant en Algérie, nous confions la responsabilité de ramener la paix et la sécurité à Alger à la 10e division parachutiste. Cette unité gagnera en trois mois la bataille d'Alger sans tirer sur les immeubles avec des mitrailleuses lourdes, et sans qu'un seul avion français n'arrose de balles la Casbah d'Alger.

Après avoir fustigé au passage les hommes politiques et la presse qui accablaient « d'outrages l'armée et le ministre résidant », il poursuit :

— A Alger, intervient le monstrueux attentat du bazooka. Le 16 janvier à 19 heures, deux roquettes sont tirées, l'une sur mon bureau, l'autre sur celui du commandant Rodier qui est tué sur le coup. C'était le premier acte de violence n'émanant pas du F.L.N. et il était dirigé contre le commandant en chef. Qui donc l'avait commis ?

A ce point, forçant sa nature si peu portée à l'éclat, Salan hausse le ton pour affirmer :

— On sut rapidement que cet attentat était relié à un important complot dont la réussite exigeait mon assassinat. Ses instigateurs sont ceux qui demandent aujourd'hui pour moi la peine capitale. Ils désirent obtenir par un jugement ce qu'ils n'ont pu réussir par le bazooka. Cela est si vrai que toute instruction sérieuse m'a été refusée. Aucun témoignage n'a été recueilli, pas même celui de M. Michel Debré. Or il est impossible de comprendre les événements, d'expliquer ma position comme mobile de mes actes si l'attentat du bazooka n'est pas éclairci. Quand le pouvoir refuse à un inculpé une justice complète, c'est qu'il y a le plus grand intérêt.

Après avoir décrit son action après l'affaire du bazooka, soulignant au passage que c'est lui qui fit revenir en Algérie les troupes algériennes cantonnées en métropole Salan en vient à la lettre que le général de Gaulle, de sa thébaïde de Colombey, lui avait adressée le 1er janvier 1957 et dans laquelle il lui disait : « Puisse la France comprendre les immenses services que vous lui rendez en Algérie. »

Ayant évoqué mai 1958, il rappelle que le général de Gaulle, redevenu comme en 1945 le chef du gouvernement, avait crié « Vive l'Algérie française ! » le 6 juin 1958 avant de lui remettre quelques heures plus tard, à Oran, en plus de son commandement militaire, la charge de délégué général du gouvernement.

— Je recevais ainsi, poursuit-il dans un silence de plus en plus lourd, confirmation que ma ligne de conduite était la bonne. Mes efforts pendant de nombreux mois, les décisions difficiles, mais combien exaltantes de mai, recevaient une consécration officielle.

Et il fait remarquer que le référendum triomphant pour le général de Gaulle avait approuvé la nouvelle Constitution, dont l'article 72 affirme : « L'Algérie est constituée de départements et de communes, collectivités territoriales de la République. »

A cette mise au point, les partisans de l'Algérie française frémissent d'aise dans le public et les juges sont quelque peu gênés. Salan en vient très vite à son retour en métropole le 19 décembre 1958, à la lettre qu'il avait adressée au président de la République en son nom et en celui de Jouhaud. Puis il ne cache rien de son rôle durant le putsch ni de son engagement à la tête de l'O.A.S. Considérant sans doute que les policiers et les gendarmes mobiles tombés sous les balles des *deltas* algérois et des hommes des *collines* oranaises sont morts dans le cadre d'opérations spéciales, il souligne que les forces de police et de gendarmerie ont perdu plus de quatre cents hommes au cours de la répression contre le F.L.N. et pas un seul contre l'O.A.S.

— Il est par contre exact, reconnaît-il ensuite, que l'O.A.S. a revendiqué des attentats. Aucun d'eux ne saurait lui être reproché.

Rappelant l'attaque lancée dans la nuit du 31 décembre 1961 contre la villa des barbouzes dans laquelle, souligne-t-il, la police a retrouvé le cadavre d'un homme empalé, il demande :

— Est-ce une violence condamnable que d'avoir détruit ce repaire de bourreaux ? Et comment peut se définir un Etat qui recourt à de tels procédés ?

Il poursuit, accusateur :

— Il conviendrait aussi de souligner que les actes de violence revendiqués par l'O.A.S. ont été commis à l'égard d'hommes qui n'avaient pas craint d'utiliser le concours de l'ennemi pour traquer des patriotes. J'ajoute qu'à cette époque l'ennemi ne collaborait pas encore, en uniforme et armé par le pouvoir, à l'œuvre de génocide actuellement poursuivie en Algérie. La violence de l'O.A.S., c'est la réponse à la plus odieuse de toutes les violences, celle qui consiste à arracher leur nationalité à ceux qui refusent de la perdre.

Ces derniers propos ayant provoqué des chuchotis entre les juges, le général attend qu'ils cessent pour aller au bout de sa déclaration.

— Je n'ai pas à me disculper d'avoir refusé que l'on mît d'abord une province française aux voix pour la brader ensuite dans le mépris cynique des engagements les plus sacrés. Je n'ai pas à me disculper d'avoir défendu, avec la France située au sud de la Méditerranée, l'ensemble du monde libre, même dans l'indifférence de ce monde libre. Je n'ai pas à me disculper d'avoir refusé que le communisme s'installât à une heure de Marseille et que Paris fût mis à portée de ses fusées courtes. Je n'ai pas à me disculper d'avoir défendu les richesses que de jeunes pionniers ont données à la France au Sahara.

Faisant ensuite un rapprochement entre sa position actuelle et celle du général de Gaulle en 1944, Salan continue :

— Si les Alliés avaient perdu la guerre et que le général de Gaulle avait été traduit devant un Haut Tribunal militaire, l'accusation lui eût reproché le meurtre d'un juge d'instruction à Lorient, celui d'un avocat général à Lyon, et le massacre d'une famille entière à Voiron. C'eût été parfaitement injuste, mais tel eût été son procès et la peine de mort demandée par le pouvoir. Les Allemands eussent réclamé sa tête à grands cris, comme le F.L.N. exige aujourd'hui la mienne.

Sans se soucier des réactions des juges, il leur lance :

— Il s'agit de savoir si vous refuserez cette satisfaction à l'ennemi et au pouvoir, qui vous présentent une commune requête. Pour répondre à cette question, vous aurez à interroger vos consciences mais, quelle que soit votre réponse, elle n'affectera pas mon honneur. Je ne dois de comptes qu'à ceux qui souffrent et meurent pour avoir cru en une parole reniée et à des engagements trahis.

Le général marque un temps de pause et, ses avocats le fixant avec une attention extrême, il annonce :
— Désormais, je garderai le silence.

Visiblement fatigué, il se rassied et le public ne peut s'empêcher de laisser échapper un bourdonnement de murmures d'étonnement et, pour certains, de déception.

Le tribunal se retire et lorsqu'il revient de sa délibération, le président Bornet s'adresse à l'accusé :
— Vous avez tout à l'heure terminé votre déclaration en indiquant que vous vous refuseriez à vous expliquer par la suite. Vous organisez votre défense comme vous l'entendez, bien entendu ; c'est essentiellement personnel. Mais je ne peux pas ne pas vous faire remarquer qu'il y a tout de même une certaine contradiction à vouloir faire entendre vos témoins et à ne pas prendre vous-même la parole pour vous expliquer. En général, les témoins sont faits pour confirmer ou infirmer la déclaration de l'accusé. A l'instruction, vous vous êtes refusé à parler, pour des raisons que nous savons, en disant : « Puisqu'on n'entend pas mes témoins, je ne m'expliquerai pas. » Aujourd'hui, les témoins – tout au moins la grande majorité d'entre eux – vont venir et vont s'expliquer. Croyez-vous logique de vous enfermer dans le silence ?

C'est à peine si Salan a sourcillé. Le président poursuit :
— Moi je veux bien, mais enfin cela me paraît du dernier illogisme. On insiste pour faire entendre des témoins. Le Haut Tribunal militaire s'efforce dans une grande mesure de vous donner satisfaction. Et vous, vous dites : « Je me drape dans le silence et je ne réponds plus. » Cela me paraît évidemment incroyable, et parfaitement illogique, parce que, à ce moment-là, si vous ne vous expliquez pas, on pourrait dire qu'il n'y a pas besoin de témoins : on peut juger sur pièces. Le principe est l'oralité des débats, mais le principe est aussi que l'inculpé s'explique d'abord. Vous persistez dans votre façon de voir ?

L'accusé anime à peine son masque d'empereur romain pour répondre :
— Monsieur le président, je vous ai dit tout à l'heure que je n'ai de comptes à rendre qu'à ceux qui souffrent et qui meurent pour avoir cru à une parole reniée, à des engagements trahis. Je vous ai dit que je garderai le silence. Je le garde.

Et le président regrette :
— Alors, il va falloir que je recommence ce triste et lamentable monologue qui a déjà été fait dans le cabinet du juge d'instruction, que je vous résume les pièces. Je m'adresserai à vous ; vous ne me répondrez pas. Mais il faut que les membres du Haut Tribunal militaire, qui ne connaissent pas le dossier, sachent ce qu'il y a dedans.

Reprenant donc tout à zéro d'un ton trahissant son agacement, le magistrat retrace la jeunesse de l'accusé et sa très longue carrière militaire. Etant venu à bout de cette première partie de son exposé, il précise :
— Voilà pour vos services, brièvement résumés, car je dois dire qu'ils

sont extrêmement brillants, exceptionnellement brillants, pendant une vie de quarante-deux ans de services militaires.

Puis, songeant sans doute aux généraux Autrand, Beaufre, Benet, de Chabot, Garbay, Gougard, Grimal, Grout de Beaufort, Guenoud, Hure, Janney, Lorillot, Le Bigot, Olié, de Pouilly, Radix, Souard et Vallier, qui ont démissionné ou ont été admis à leur demande dans le cadre de réserve, il lâche cette flèche du Parthe :

— Vous quittez l'Armée, non pas par anticipation, comme certains, car certains officiers généraux ont estimé qu'il ne leur était plus possible de rester dans l'Armée parce qu'ils étaient en opposition avec la politique gouvernementale. Vous restez jusqu'à la date limite de votre retraite : 10 juin 1960, date à laquelle vous êtes atteint par la limite d'âge et placé dans la 2$^e$ section du cadre de l'état-major général.

Passant aux faits qui justifient le procès, le président lit des directives de l'O.A.S. signées par Salan et, ainsi qu'il le souligne, qu'il entend utiliser contre lui, comme celle qui concernait l'organisation en métropole et reconnaissait qu'elle était « habilitée à prendre toutes les décisions qu'elle jugera utiles, et qui reçoivent *a priori* mon agrément ». Puis, après avoir évoqué quelques attentats, le président Bornet fixe Salan et, avant de laisser la parole à l'avocat général, il lui dit :

— J'ai terminé votre interrogatoire, si l'on peut appeler cela un interrogatoire, ce monologue qui aurait voulu être un dialogue et qui se traduit en soliloque. Je ne crois pas avoir déformé, en quoi que ce soit, la vérité. Si, par hypothèse, je m'étais trompé sur un point quelconque, bien entendu la défense ne manquerait pas de rectifier.

— Je voudrais, annonce M$^e$ Gavalda, poser sommairement trois questions à l'accusé, ce ne sont pas des question insidieuses, bien au contraire. Je crois que ceux qui les entendront en comprendront toute la portée. Je les ai écrites, monsieur le président, au cours de votre récit si objectif et si impartial des faits.

Salan ne bronche pas lorsque l'avocat général lui demande s'il n'a pas eu, au récit du président qu'il qualifie pour la seconde fois d'objectif et impartial, le cœur et l'esprit bouleversés à l'énumération de « ces horreurs sans précédent ». Il ne le fait pas non plus lorsque M$^e$ Gavalda lui demande : « Estimez-vous que vos crimes sont légitimés et à quel titre prétendez-vous à une excuse absolutoire ? » Et pas plus à la troisième question : « Estimez-vous qu'à défaut d'excuses absolutoires, ces crimes peuvent être le moindrement atténués par le ou par les mobiles ? »

— Je ne veux pas commenter, tranche l'avocat général. Nous n'avons pas, nous, que ce soit la défense ou l'accusation, à commenter les déclarations et les silences non plus.

Passant enfin à la comparution des témoins, le président Bornet fait appeler le général Ailleret, cité à la fois par la défense et par l'accusation.

\*

— 75 —

## Un procès qui s'éternise

Le général Ailleret, escorté de deux gardes du corps en civil dont les imperméables mastic accentuent les larges carrures, est venu au Palais en uniforme et béret rouge.

— Monsieur le président, avertit-il, je crois que je ferais perdre son temps au tribunal si je disais tout le détail de l'action de l'O.A.S. et de celle de Salan en Algérie. Il est de notoriété publique que Salan était le chef de l'O.A.S. J'ajouterai seulement sur ce point qu'il était réellement le chef de l'O.A.S. et non pas seulement un chef nominal. Nous le savons parce que nous avons fréquemment vu tomber entre nos mains des directives ou des instructions signées Salan et que nous avons pu constater que ces instructions ou ces directives étaient aujourd'hui suivies d'effets.

Ailleret se conduit en procureur en évoquant l'action de l'O.A.S.

— Cette activité, attaque-t-il, est connue. Je ne rappellerai pas ses différentes formes : les vols d'armes, d'équipements, d'effets militaires, l'incitation de nos hommes et d'unités entières à la désertion, la destruction de bâtiments par explosif, l'attaque par explosif de navires de guerre battant pavillon français et de navires de commerce faisant des transports pour nos forces armées.

Après avoir affirmé que « les terroristes » qui ont été les instruments de l'O.A.S. étaient « pour la plupart soit des hommes de main rétribués, soit des jeunes gens qu'on a entraînés dans ce travail », l'ancien commandant supérieur en Algérie, répondant à une question du président Bornet, rappelle que les attentats du F.L.N. avaient à cette époque diminué. Et, le président lui demandant ce qu'il en était de ceux de l'O.A.S., il répond : « La croissance de ces attentats a été à peu près constante. » Puis, sans donner de précisions quant à l'origine de son sentiment, qui lui viendrait, avance-t-il, d'un proche des hautes sphères de l'O.A.S., il insinue que, depuis le mois de septembre 1961, Salan ne croyait plus en l'Algérie française. Le président Bornet lui demande quelle était, à son avis, la solution qu'il envisageait.

— Je sais, par la source dont je vous parlais tout à l'heure, que Salan

cherchait des solutions de rechange, mais je n'ai pas entendu dire qu'il y en ait eu une de mise en avant ou de trouvée.
— Vous n'avez pas entendu parler d'une solution précise ?

Ailleret ayant réaffirmé son ignorance, M$^e$ Tixier-Vignancour, qui a cité lui aussi Ailleret, lui demande par l'entremise du président ce qu'il voulait dire en parlant d'un « terrorisme qui présentait un côté sportif » donc, *a priori*, sympathique, puis d'un « terrorisme bureaucratique ».

— Pourrait-il nous indiquer quelle est, à sa connaissance, l'organisation qui pratique un terrorisme de nature sportive ?

Ailleret ne se fait pas prier.

— Oui, déclare-t-il en s'adressant au président, je peux très bien répondre. Ce que j'entends par terrorisme ayant un caractère sportif, ce qui ne veut pas du tout dire qu'il soit sympathique, c'est le terrorisme qui prend ses risques ouvertement. C'est celui, par exemple, qu'on voit dans certains films du Far West où de temps en temps les gens qui font partie d'une bande combattent avec les policiers et ne se contentent pas de leur tirer dans le dos.

Si l'avocat général approuve le témoin, M$^e$ Tixier-Vignancour, qui n'a cessé de prendre des notes, le contre en demandant :

— Est-ce que dans l'esprit du témoin le terrorisme du F.L.N. était un terrorisme qui prenait ses risques, ce qui lui assurait non pas l'absolution du caractère criminel de ses actes, mais une certaine forme de sympathie ?

Devinant le piège, Ailleret avertit le président Bornet qu'il ne répondra pas à cette question :

— Parce qu'elle n'intéresse pas l'O.A.S. et par conséquent elle n'intéresse pas l'accusé, à moins que vous ne désiriez absolument que je réponde ?

Le président lui ayant fait remarquer qu'il ne voit pas d'inconvénient à ce qu'il donne satisfaction à la défense, M$^e$ Tixier-Vignancour se déclare déjà satisfait et, décidé à le pousser dans ses derniers retranchements, il passe à un autre point de sa déclaration hostile à Salan.

— Je voudrais demander au témoin s'il peut indiquer, entre le 26 avril 1961 et le 20 avril 1962, c'est-à-dire exactement pendant la date des faits dont le Haut Tribunal est saisi, quel a été le nombre des postes évacués par l'armée française en Algérie ?

Reconnaissant qu'il a été « assez grand étant donné qu'il était considérable préalablement », Ailleret admet qu'il y a eu cinquante pour cent de postes abandonnés.

— C'est-à-dire, appuie l'avocat, qu'il en a été évacué – et le témoin est beaucoup plus qualifié que moi pour confirmer le chiffre – deux mille sur quatre mille, je crois.

Le général ayant admis du bout des lèvres que tel est l'ordre de grandeur des postes désertés par l'armée, l'avocat poursuit :

— Est-ce que le témoin pourrait nous indiquer quel a été, durant le cessez-le-feu, le nombre des assassinats commis dans les localités, les douars, qui étaient autour ou à proximité des postes évacués ?

Le général avoue qu'il n'a pas ce chiffre présent à la mémoire.

— Mais, à ma connaissance, avance-t-il, jusqu'à la date où j'ai quitté l'Algérie, ce nombre était très faible.

Parfaitement renseigné, lui, M$^e$ Tixier-Vignancour prend son temps et, faisant naître un frémissement de réprobation dans l'assistance, il affirme :

— Il y en a eu trois mille cinq cents !

Il demande :

— Est-ce que le témoin ne pourrait pas dire au Haut Tribunal si le rythme des départs des grandes unités d'abord – 7$^e$ et 11$^e$ divisions légères d'intervention – puis d'autres départs s'accélérant, n'était pas de nature à plonger dans une inquiétude profonde la population qui sentait ainsi disparaître sa protection ?

Ailleret renâcle :

— Je crois que cette question est sans rapport avec le procès actuel. Il est évident que des gens qui ont basé une théorie sur une présence quasi indéfinie de l'armée française peuvent penser que le départ de certaines unités diminue leur sécurité, c'est incontestable, je ne vois, moi, rien à redire.

A nouveau satisfait, M$^e$ Tixier-Vignancour ironise :

— Je remercie le témoin de sa réponse. L'interprétation est faite tous les jours en ce moment en Algérie.

Le meneur de la défense oriente ses questions sur les opérations de contrôle et de récupération d'armement lancées par l'armée contre le F.L.N. en Algérie entre le 26 avril 1961 et le 20 avril 1962, et même le 15 mai, précise-t-il, dans les quartiers musulmans des grandes villes d'Algérie.

Ailleret n'ayant pas de chiffre précis, l'avocat lance au président :

— Très bien, je suis très heureux d'apprendre que le F.L.N. est désarmé.

Puis, conscient de gagner du terrain à chaque question, il attaque Ailleret sur la façon dont il a forgé son intime conviction pour désigner l'O.A.S. comme seule responsable des attentats spectaculaires dont il a fait état.

— Le témoin a parlé de tirs de mortier. Est-ce qu'il a la preuve ou tout au moins des éléments permettant d'indiquer au Haut Tribunal militaire que le tir de mortier effectué sur la Casbah d'une part et d'autre part le tir sur un camion militaire à Bab el-Oued étaient le fait de l'O.A.S. ?

Le général se montre encore évasif en admettant qu'il ne peut pas apporter de preuves.

— Mais, se défend-il, je ne me suis jamais posé la question ; je ne connais personne qui se soit posé la question, car on se demande qui cela aurait pu être ?

— C'est parfait ! reconnaît M^e Tixier-Vignancour.
Et il ajoute :
— Est-ce que le témoin a entendu parler, au cours de son commandement en Algérie, d'attentats constituant des provocations destinées à imputer ces attentats à, par exemple, l'O.A.S. ?
— Je n'en ai jamais eu d'exemple qui soit très net, s'enferre l'ancien commandant supérieur.
— Pas très net ? s'exclame Tixier. Est-ce que le témoin a eu connaissance, au cours de son commandement, d'attentats commis par les forces de l'ordre ?
— Je voudrais savoir ce que vous entendez par là. Car si ce sont des attentats...
— D'un grand nombre de plasticages à Alger, le coupe l'avocat.
— Par les forces de l'ordre ?
— Oui.
— A ma connaissance, non.

Tixier-Vignancour rappelle que tout ce qui se dit est sténographié et que, sous le contrôle du Haut Tribunal et du ministère public, il verra plus tard la confrontation qu'il pourra réclamer sur ce point précis. Puis, revenant à la disparition des attentats « habituels » du F.L.N. que le général a brièvement évoquée, il demande au président s'il peut interroger le témoin afin de savoir s'il range dans la catégorie des attentats « inhabituels » le fait de procéder « à la saignée d'un certain nombre d'Européens ».

Le général ne répondant pas de manière précise, Tixier-Vignancour évoque le document qu'il a écrit, signé et remis au moment du putsch à M. Grobi, le maire de Bône.

Retrouvant le mordant de ses premières déclarations, Ailleret donne au président un récit détaillé de cette affaire qui, selon lui, n'avait pour but que de désamorcer une manifestation dont il y avait tout à craindre. L'ayant félicité par le truchement du président Bornet pour sa si longue réponse, qu'il n'avait pas espérée aussi précise, ironise-t-il, M^e Tixier-Vignancour reprend de plus belle son harcèlement.

— Il y a une dernière question. Après avoir fait la connaissance du témoin que je n'avais jamais vu, j'hésite presque à la poser, mais je la pose par acquit de conscience. Voici ce qu'a écrit à propos du général Salan et de son procès M. Thierry Maulnier, écrivain de grande notoriété, je pense...

L'avocat général s'écrie : « Il est d'Action française ! » Lui ayant fait sèchement remarquer que Thierry Maulnier écrit au *Figaro* et que l'appartenance à laquelle il vient de faire allusion peut s'appliquer à d'autres et M^e Gavalda lui ayant répondu : « Je le crois », M^e Tixier-Vignancour clôt l'incident en lui assenant : « J'en suis convaincu, en pensant à vous » et il lit le texte de Thierry Maulnier :

« Il me semble que si j'étais le général Ailleret ou le général Katz, j'aurais demandé, ma mission remplie, à être cité au procès comme témoin à décharge. J'aurais demandé à venir au procès dire : je n'ai pas agi comme ces hommes, j'ai même agi contre eux conformément aux ordres reçus, mais j'ai partagé la détresse et le désarroi qui les ont conduits là où ils sont, eux qui ont été et qui restent ceux de l'Armée française dans son ensemble, de cette Armée à qui il a été demandé cet effort sur elle-même sans exemple dans l'histoire : abandonner le terrain après avoir, pendant sept ans, démontré qu'elle pouvait le garder et briser par la force la résistance de Français qui ne veulent pas être séparés de la Mère Patrie. »

— Le témoin est-il d'accord avec cet admirable texte ? demande-t-il ensuite.

Ailleret, s'attirant un grondement réprobateur d'une partie de l'assistance, lui répond :

— Comme vous l'avez dit, je ne suis forcément pas d'accord puisque je n'ai pas demandé cela.

M$^e$ Goutermanoff, prenant la relève de M$^e$ Tixier-Vignancour, ramène le débat sur les barbouzes en demandant à quelles autorités elles obéissaient. Et Ailleret affirme :

— Ce que je peux vous répondre, c'est que cela n'est sûrement pas à moi.

Et il ajoute :

— J'ai appris l'existence des barbouzes, comme vous dites, par un certain nombre de leurs activités, mais je n'ai jamais su très exactement ce qu'elles étaient. Je crois qu'il s'agit de gens qui ont fait preuve de pas mal de courage, puisque beaucoup se sont fait tuer. Mais leur activité nous a, nous, forces de l'ordre, gênés plus qu'elle a été utile. Quant à leur manipulation, je ne peux absolument pas vous dire par qui elles étaient dirigées.

Après une nouvelle passe d'armes qui, à cause des noms, des dates, des faits précis dont, à un rythme fou, M$^e$ Goutermanoff abreuve le témoin au sujet des activités des barbouzes, il était évident que la déposition d'Ailleret se terminerait par un éclat provoqué par la défense. Et c'est ce qui arrive lorsque l'avocat lui demande s'il a eu l'occasion de rencontrer à Rocher-Noir les membres du F.L.N. de l'exécutif provisoire. Ayant répondu par l'affirmative et toutefois précisé qu'il ne les avait vus que durant quelques minutes le jour de son retour en métropole et sans même les avoir identifiés, M$^e$ Goutermanoff demande encore au président :

— Est-ce que le témoin leur a serré la main ?

— Oui, reconnaît Ailleret.

— Voilà alors le but de ma question, poursuit l'avocat : quand vous êtes venu ici, vous avez, avec ostentation, dit plusieurs fois « Salan » en parlant du général ou de l'ex-général Salan. Vous êtes le seul dans cette audience à l'avoir fait dans cette salle.

— Je vous en prie, intervient le président, n'invectivez pas le témoin !

Ne tenant pas compte du rappel à l'ordre, l'avocat poursuit :
— Alors que vous avez dit « monsieur » à des gens qui ont sur les mains le sang de tant de Français !
— Je ne vous répondrai pas.
— Parce qu'il n'y a pas de réponse !

La séance étant levée, des heurts éclatent devant le Palais. Le service d'ordre charge quelques poignées de partisans de l'Algérie française. Entre les deux bras de Seine qui embrassent l'île de la Cité, des gaz lacrymogènes empuantissent longtemps le boulevard du Palais.

Le procès de Salan se poursuivant avec une lenteur qui irrite le président Bornet, le député algérois Ahmed Djebbour, outré par les déclarations du commandant Azzedine au lendemain du raid F.L.N. dans Alger, déposait à l'Assemblée nationale cette question écrite : « Avez-vous donné des instructions pour que soit recherché, arrêté et traduit devant le Tribunal de l'ordre public le soi-disant colonel de l'A.L.N. qui s'est lui-même désigné comme coupable des assassinats de vingt-six Algériens français et qui, publiquement, a indiqué son intention d'en assassiner d'autres. »

Oubliant ainsi la tuerie aveugle du port provoquée par l'O.A.S. et qui a compté pour beaucoup dans la réaction sanglante du F.L.N., le député a aussi demandé au ministre chargé des Affaires algériennes s'il « doit être désormais admis que tout meurtre doit demeurer impuni en Algérie, pourvu qu'il ait été commis par des individus se réclamant de l'organisation terroriste militaire F.L.N. ».

Lorsque le procès reprend le 17 mai, le député algérois n'a pas encore reçu de réponse et, à la demande expresse du F.L.N., le 9$^e$ zouaves a été remplacé à Alger par une unité de la 27$^e$ division alpine. D'entrée et dans l'intention de mettre les choses au point quant aux pressions dont il aurait été l'objet de la part du ministère des Armées, le président Bornet lit cette lettre que vient de lui adresser Pierre Messmer et qui désamorce les accusations lancées la veille par la défense : « Comme suite à ma lettre du 16 mai 1962, par laquelle je vous ai signalé que les nécessités actuelles du service paraissaient s'opposer à l'absence de leur poste des officiers appelés pour déposer devant le Haut Tribunal militaire, vous m'avez demandé... »

— Je l'ai fait par l'intermédiaire du garde des Sceaux, tient à préciser le président avant de poursuivre sa lecture : « ... demandé de vous indiquer, parmi les officiers en fonction, ceux pour lesquels les nécessités du service ne constitueraient pas un empêchement dirimant à une absence momentanée. J'ai l'honneur de vous adresser ci-après la liste limitative des officiers qui pourraient être distraits très provisoirement de leurs obligations : le général Allard, le général Dulac, le général Gracieux, le colonel de Boissieu Georges, l'amiral Ploix, en service à Paris ou dans la région parisienne. A cette liste, il y a lieu d'ajouter : le général Ailleret et le capitaine Moynet. Je n'ai aucune observation à formuler en ce qui concerne les officiers à la retraite, à la deuxième section d'état-major général ou actuellement sous main de justice. »

La lecture terminée, le président Bornet fait appeler à la barre l'ancien délégué général Jean Morin qui, d'entrée, rappelle qu'il a été gardé manu militari par les parachutistes putschistes en avril 1961 et que le coffre-fort dans lequel il rangeait ses documents secrets et de l'argent a été ouvert au chalumeau. Après avoir brossé le tableau de ce qu'il a connu au cours de ses douze derniers mois passés en Algérie, il chiffre les actions de l'O.A.S. qu'il a eu à combattre :

— Plus de 6 000 plasticages, près de 1 000 morts et près de 3 000 blessés. Quand on sait que sur ces morts quatre-vingts pour cent sont musulmans, on en vient encore à penser que vraiment cette coopération, cette union n'était pas celle que l'on recherchait dans la politique suivie par l'O.A.S.

Puis il entame un réquisitoire qu'interrompt toutefois le président Bornet pour lui demander s'il a des éléments permettant de délimiter la responsabilité de Salan.

— Est-ce qu'il était véritablement le chef ? Ce n'est pas discutable, sur le papier, mais est-ce que, personnellement, à votre connaissance, il donnait des ordres lui-même pour que de telles actions soient accomplies ?

Jean Morin n'hésite pas :

— Les directives sont signées de lui, affirme-t-il. On constate que, quelques jours après, elles sont exécutées comme il l'a demandé.

M<sup>e</sup> Tixier-Vignancour intervient :

— Monsieur le président, je voudrais poser quelques questions au témoin, dont j'observe, sans en tirer d'autres conséquences, que, contrairement au serment qu'il a prêté, il s'est agi davantage d'un réquisitoire que d'une déposition.

Le président lui rétorquant sur le même ton : « C'est une appréciation. C'est une plaidoirie que vous faites déjà ! », l'avocat ironise : « Le témoin a tenu votre place, ne tenez pas la mienne ! » puis, rappelé à l'ordre par l'avocat général, il met un bémol à ses accents pour demander à Jean Morin s'il pourrait fournir des indications sur la fondation de l'O.A.S. à Madrid, qu'il a brièvement évoquée il y a quelques minutes.

— Dans les documents saisis, dans les échanges de correspondances saisis entre Alger et l'Espagne, précise le témoin, à l'occasion des différentes arrestations, j'ai eu connaissance de cette création effective de l'O.A.S. en Espagne.

— De cette création par qui ?

— J'y ai fait allusion. Je pense que le 23 avril, elle était déjà constituée.

— C'est un peu insuffisant ! M. le président nous a rappelé et le rapport joint à la citation nous a précisé qu'effectivement l'O.A.S. avait été fondée à Madrid. Est-ce qu'à la connaissance du témoin l'accusé a pris part à cette fondation ?

— J'ai fait état qu'il figurait parmi les fondateurs avec Lagaillarde et Susini.

— Je crois qu'il est venu à l'O.A.S., tient à préciser le président Bornet, mais l'O.A.S. avait été préconstituée et était l'œuvre de Lagaillarde et d'autres hommes, mais je crois qu'il a revendiqué le sigle O.A.S.

Ravi de cette aide, M$^e$ Tixier-Vignancour laisse tomber : « Nous sommes d'accord ! » et enchaîne : « Alors, pour l'information du Haut Tribunal et du témoin, j'indiquerai... » Mais Jean Morin, à son tour ironique, l'interrompt : « La mienne est complète en cette matière ! » Ce qui n'empêche pas l'avocat de poursuivre :

— Les questions que je vous pose par l'intermédiaire du président en sont la preuve contraire, lui-même l'a reconnu, l'O.A.S. a été fondée par Lagaillarde, le docteur Lefèvre, Argoud et Susini. Le témoin sait-il comment il se fait que cette O.A.S. ayant été fondée à Madrid dans les conditions qu'il nous a indiquées et qui ne paraissent pas exactes, seuls le général Salan et Susini sont arrivés à Alger au moment du putsch. Pourquoi ces fondateurs de l'O.A.S. se sont-ils séparés ?

Le président lui demandant s'il peut répondre à cette question, Jean Morin reconnaît qu'il ne le peut pas. S'ensuit un nouvel échange au sujet de l'installation, lors du putsch, de Salan dans le bureau de l'ancien délégué général et sur la manière dont il a donné des ordres aux directeurs des services de la Délégation générale. Puis les accrochages se poursuivent au sujet du coffre-fort fracturé.

— Qui était « on » ? « On » avait demandé les clés ! Etait-ce mon client ?

— Non.

L'avocat triomphe et lâche :

— Voilà un point parfaitement précisé.

Puis, revenant au 13 Mai, il demande :

— Le témoin nous a indiqué que l'action de l'O.A.S. a été animée par la haine à l'égard du président de la République. Est-ce que le témoin se trouvait en Algérie au moment du 13 Mai ?

— Non.

Tixier-Vignancour ayant rappelé « l'immense élan d'amour » qui a poussé la population d'Algérie vers de Gaulle et aussi que ce fut son client qui accueillit le Général à Alger, Jean Morin lui fait remarquer qu'il n'est pas là pour passer une épreuve d'histoire et il résiste à la pression que lui impose l'avocat lorsque celui-ci l'interroge encore sur la haine de l'O.A.S. envers de Gaulle, puis sur les contacts de Jouhaud en décembre 1960 avec le gouvernement au sujet de la République algérienne.

— Vous avez, le harcèle en effet M$^e$ Tixier-Vignancour, indiqué, comme hier le témoin qui vous a précédé, que le général Salan considérait la notion d'Algérie française comme abandonnée. Qu'entendez-vous par là ?

Après une discussion dont les détails agacent le président Bornet, Mᵉ Tixier-Vignancour, à force de vouloir trop prouver, situe au 8 octobre 1961 l'assassinat du commissaire Gavoury.

Après lui avoir tenu tête, l'ancien délégué général affirme, à raison, puisque le commissaire Gavoury est effectivement mort dans la nuit du 30 au 31 mai 1961 :

— C'est le 30 mai ou le 31 que l'assassinat a été commis. L'assassin a été arrêté dès la première semaine de juin.

Mᵉ Tixier-Vignancour, vieux renard des prétoires, fait oublier sa bévue en une seconde en ramenant le débat sur les retraits de l'armée d'Algérie. Le ton montant une fois de plus, l'avocat général estime que la dispute est « inopportune et contraire à la loi » et il demande au président d'obliger la défense à se contenter d'évoquer des faits constatés par le témoin.

Ce rappel à l'ordre ne démonte pas Mᵉ Tixier-Vignancour, qui passe à un autre sujet :

— Le témoin, dont nous connaissons la durée de la présence en Algérie, a-t-il connaissance de l'action et des activités diverses des services spéciaux de police dépendant de lui, puisqu'il a parlé des sections spéciales de l'O.A.S. ? Je lui pose la question très nette et très claire : Avez-vous connaissance des services spéciaux de police qui ont fonctionné sous votre autorité ?

— J'ai donné un communiqué à la Délégation générale avec une précision sur ce qu'on appelait alors : la police parallèle. J'ai dit qu'il n'y en avait pas en Algérie. Cela figure dans ce communiqué. Et j'ai précisé simplement que devant les menaces de plus en plus nombreuses et les attentats de plus en plus nombreux de l'O.A.S., des éléments de la police judiciaire étaient venus en intérim compléter la police locale pour accomplir leur mission dans le cadre de la loi.

Mᵉ Tixier-Vignancour fait remarquer que le général Ailleret, lui, a reconnu hier l'existence de la police parallèle.

On lui a demandé, précise-t-il, son sentiment sur l'action de ces services et il a répondu : « Ils ont été courageux, puisque beaucoup ont payé de leur vie cette activité ; quant à cette activité, elle nous a plutôt parfois gênés. »

— La question n'est pas là, regrette à nouveau le président. Au lieu de poser des questions au témoin, vous nous rappelez ce qu'a dit le témoin précédent.

Mᵉ Tixier-Vignancour insiste pour obtenir une confrontation entre l'ancien commandant supérieur et l'ancien délégué général. L'avocat général s'y opposant, le président décrète qu'elle n'aura pas lieu et Mᵉ Le Corroller s'écrie :

— Vous avez le droit de la refuser, monsieur le président, ce qui importe c'est que vous la refusiez.

— Je la refuse, tranche le maître des débats, et nous allons entrer dans le cadre des questions précises et je prie la défense de ne pas faire de commentaires car, à ce compte-là, l'audition d'un témoin durera une audience.

— C'est un travail de forage bien prémédité, ajoute l'avocat général.

Ce propos lui attire cette riposte de M<sup>e</sup> Le Corroller :

— Nous n'avons pas eu d'instruction, nous en demandons une à l'audience et vous n'en voulez pas ! Vous faites d'excellents mots, monsieur le procureur général, mais vous ne voulez pas d'instruction à l'audience.

L'avocat continuant sur le même ton, le public l'approuve par une vague de murmures de plus en plus dense qui ne retombe que pour lui permettre de ne rien manquer des propos sans cesse plus nerveux échangés par la défense et le ministère public, l'une comme l'autre semblant maintenant ignorer le témoin. « Vous ne voulez pas d'instruction car elle vous gêne ! » insiste M<sup>e</sup> Le Corroller. « C'est puéril de dire à un magistrat qu'il se refuse à ce que la lumière éclate ! » se défend M<sup>e</sup> Gavalda. « Alors, dites que vous acceptez », lui conseille l'avocat. Piqué au vif, M<sup>e</sup> Gavalda s'emporte :

— Je suis la Loi ! C'est tout. Et si vous voulez que je vous donne lecture du rapport qui a précédé l'instruction, je le fais.

M<sup>e</sup> Le Corroller, lui aussi, s'énerve :

— Oserez-vous dire que la loi prévoit que les confrontations à l'audience ne sont pas de règle lorsque les témoins entendus à l'instruction sont en contradiction les uns avec les autres ? Direz-vous cela publiquement ?

— Je n'ai pas à dire quoi que ce soit !

Jusque-là comme absent des débats, Salan prend de l'intérêt à la joute. Et le public aussi, qui demeure coi afin d'en mieux saisir les finesses. Tenant mordicus à ce qu'Ailleret soit confronté à Jean Morin, M<sup>e</sup> Le Corroller ajoute :

— Nous le demandons pour un homme contre lequel vous allez requérir.

L'avocat général lui ayant pour toute réponse lancé : « Le Haut Tribunal appréciera », l'avocat s'écrie :

— Vous ne voulez pas de justice !

Le président Bornet intervient : « C'est entendu une fois pour toutes », mais reconnaît toutefois : « La tâche de tout le monde est difficile, c'est certain », et l'avocat général prend le risque d'attiser la virulence de la défense en faisant remarquer qu'elle s'amuse à créer des incidents.

M<sup>e</sup> Tixier-Vignancour le menace :

— Si vous le répétez encore une fois, je vais me fâcher !

Et M<sup>e</sup> Menuet, par ailleurs conseiller municipal du VII<sup>e</sup> arrondissement de Paris, ayant protesté : « Nous ne sommes pas là pour nous amuser ! », M<sup>e</sup> Tixier-Vignancour ajoute : « Ceci est insupportable ! » et M<sup>e</sup> Le Corroller : « Puéril ! Dites encore le mot, monsieur l'avocat général » et, encore M$^e$ Menuet qui exige : « Je vous demande de retirer ce mot ! »

Les froissements soyeux des manches noires accompagnant les propos des défenseurs, l'avocat général tente d'obtenir l'assentiment du bâtonnier Grente, dont la mission est de donner un arbitrage en cas de litige entre la défense et le ministère public. M$^e$ Tixier-Vignancour ne lui en laisse pas le temps. Une nouvelle fois accusé, M$^e$ Gavalda avance que le mot « amuser » a été mal compris. « Il a été grossièrement prononcé », souligne M$^e$ Tixier-Vignancour et M$^e$ Menuet ajoute :

— On ne s'amuse pas lorsqu'on défend la tête d'un homme.

Après ces remarques l'avocat général s'enferre un peu plus en voulant préciser :

— Non j'ai dit « amuser », cela a été mal compris, j'ai voulu dire : vous faites des divertissements.

S'adressant à son tour au bâtonnier Grente, M$^e$ Tixier-Vignancour s'écrie :

— Divertissements ! Monsieur le bâtonnier, voilà que nous sommes ici pour des divertissements. Enfin, c'est insupportable, et pourtant je suis d'un calme.

Cette fois, le bâtonnier Grente intervient pour reconnaître que la défense de l'accusé a été bâclée.

— On a prévu trois journées d'instruction et on voudrait que les débats s'achèvent en trois jours.

Puis, redoutant que les avocats de la défense ne désertent le débat, il déclare :

— J'estime qu'ils doivent rester présents à cette barre malgré les difficultés, et je leur demande, étant donné le nombre des témoins qui restent à entendre, de s'efforcer dans toute la mesure du possible de faire la lumière avec sang-froid sur l'affaire qui est actuellement soumise au Tribunal militaire.

Le président Bornet, après avoir rendu hommage au bâtonnier pour sa « haute objectivité », lit un texte du Code de procédure pénale précisant que les témoignages ne peuvent concerner que les faits ou la personne de l'accusé et il tranche :

— Donc la situation est bien nette : les faits, la personnalité et la moralité de l'accusé. D'autre part, je n'ai pas besoin de le rappeler, le président est investi d'un pouvoir discrétionnaire sur le contrôle de la pertinence des questions qui sont posées.

Le bâtonnier Grente, qui doit quitter l'audience pour aller présider les Conférences des avocats stagiaires, prend à nouveau la parole :

— Mes confrères ont, à la suite de deux dépositions qui ont été recueillies, estimé qu'il y avait une contradiction nette entre celle d'hier et celle d'aujourd'hui. Encore une fois, il n'y a pas eu d'instruction ou tout au moins elle a été rapidement faite, et le juge d'instruction ne pouvait pas opérer dans d'autres conditions, étant donné le court laps de temps qui lui avait été imparti. On vous demande une confrontation. Mes confrères insistent sur ce point ; il vous appartient, monsieur le président, en vertu de votre pouvoir discrétionnaire, de l'accepter ou de la refuser, chacun prenant ses responsabilités.

Le président s'explique :

— Je la refuse parce que j'estime que si nous commençons dans cette voie, il y aura des contestations pour tous les témoins et que chacun sera confronté avec les autres et que nous n'en finirons jamais.

A ces mots, Jean Morin se défend :

— Mᵉ Tixier-Vignancour a posé une question précise : Que pouvez-vous dire des sections spéciales de police ? Hier on a posé au général Ailleret la question : Que pensez-vous des barbouzes ? Il s'agit là de deux questions essentiellement différentes.

Le leader de la défense ayant souligné que ces questions n'étaient nullement différentes dans son esprit, l'ancien délégué général déclare :

— Je ne dis pas qu'il n'y ait pas des hommes qui se soient battus directement contre les tueurs de l'O.A.S., en tout cas cela n'appartient pas aux sections spéciales de police et je ne crois pas que le général Ailleret ait dit autre chose, puisqu'il a dit : « Ce n'est pas moi qui les ai commandées. »

La discussion ayant repris un ton acerbe et le président refusé encore la confrontation qu'il réclame, Mᵉ Tixier-Vignancour lance à Jean Morin :

— Eh bien voilà : il ne peut y avoir de contradiction plus flagrante entre les deux témoignages, car il est impossible qu'à Alger une police parallèle se soit installée avec des Vietnamiens, avec des fellaghas, et même avec des Français de France, dans des immeubles mis à leur disposition par vous, et qu'ils aient pu, avec des laissez-passer de nuit et de jour, enlever et assassiner des Français, tel l'ingénieur Petitjean, vous le savez parfaitement. Alors, messieurs, venir nier à cette audience l'existence de ce service de police parallèle et dire qu'il s'agissait de gens qui, dans une Algérie en voie d'anarchie, s'organisaient pour se défendre avec des Vietnamiens et des cartes de police officielles contre l'O.A.S. ! c'est là messieurs, que nous pensions que la confrontation présentait évidemment un immense intérêt.

Enumérant les exactions commises à son avis en Algérie par le F.L.N. et les barbouzes, Mᵉ Le Corroller demande au président :

— Est-ce que M. le délégué se souvient d'un télégramme que le préfet Andrieux d'Oran lui a adressé au sujet de la police parallèle ?

Jean Morin s'en souvient :

— Il disait qu'il avait appris par le préfet de Police qu'il était question d'implanter une police parallèle à Oran, qu'il n'en voyait pas l'utilité, qu'il ne savait pas si ailleurs elle s'était produite et avait donné lieu à quelques résultats.

Mais cette réponse ne satisfait pas l'avocat, qui poursuit :

— Le préfet Andrieux a même été plus précis dans son télégramme que je peux vous lire. Il refusait l'utilisation des bâtiments administratifs pour loger cette police au cas où vous auriez persévéré dans votre projet.

Et Jean Morin tente encore d'expliquer :

— Parce qu'il y a eu la confusion dont on parlait qui était à l'origine du débat ; on a envoyé à Oran comme à Alger des brigades de la Police judiciaire en renfort, et il y a eu confusion entre la Police judiciaire et ce que vous appelez les barbouzes.

Estimant que le témoin a tout de même fini par admettre l'existence des barbouzes, l'avocat se réjouit :

— Sur ce point, vous avez dit toute la vérité et cela m'évitera de produire le télégramme.

Jean Morin s'étant retiré, le président Bornet fait appeler René Jannin, qui décline les fonctions qui furent siennes en Algérie :

— Préfet de Police de mars à décembre 1961, puis directeur de la Sûreté nationale de décembre 1961 à avril de cette année. A ce titre je dois vous dire que l'O.A.S. a été ma principale préoccupation alors que parallèlement, dès mon arrivée en Algérie comme préfet de Police d'Alger, j'avais en même temps à assurer la lutte contre la rébellion musulmane.

La défense subit un nouveau rappel des exactions dont le ministère public attribue la responsabilité à leur client qui l'a d'ailleurs revendiquée avec force la veille.

— Plus de 7 000 plasticages contre les biens, plus de 2 000 attentats contre les personnes, qui ont fait au moment où j'ai quitté l'Algérie environ 1 200 victimes musulmanes et près de 200 européennes. Plus de 5 000 armes ont été volées, et je rappellerai que plus de quatre milliards de francs anciens ont été dérobés de différentes façons. Les forces de l'ordre qui se sont trouvées sous ma responsabilité, notamment lorsque j'étais préfet de Police à Alger, ont subi des coups durs de la part de cette organisation. Plus de 140 hommes et officiers ont payé de leur vie leur sens du devoir. Plus de 90 officiers dans ces 140 ont également été exécutés. Dans ces 90 : 6 commissaires de Police, dont 2 musulmans.

Au fil des descriptions d'attentats, l'ancien préfet de Police fait parfois d'étonnantes révélations. Entre autres lorsqu'il affirme :

— Le grand écrivain Feraoun ne figurait pas sur la liste noire des personnes à abattre lors de l'affaire des centres sociaux de Ben Aknoun. Une erreur orthographique ou de prononciation l'a fait mettre sur la liste.

Quand il en a terminé, M\ Gavalda fait face à la défense qui s'est montrée moins tatillonne avec René Jannin qu'envers les précédents témoins et attaque :

— Je pose une question à l'accusé Salan : Est-ce que vraiment vous n'avez rien à dire sur ces témoignages qui viennent de faire un panorama que je ne qualifie pas, car je ne trouve pas d'épithète suffisante à ces crimes.

Le chœur des avocats lui reprochant de faire déjà son réquisitoire se tait, car Salan se lève soudain dans son box et déclare :

— Personne n'a à se substituer à moi. J'ai dit très nettement hier que je n'avais de comptes à rendre qu'à ceux qui souffrent et meurent là-bas, et je ne parlerai pas, je l'ai déjà dit.

M$^e$ Tixier-Vignancour rompt le silence qui a suivi l'intervention du général et donne l'explication de la réserve à laquelle, avec ses collègues, il s'est tenu durant l'audition de l'ancien préfet de Police.

— J'ai conféré avec mon client, en ce qui concerne M. Jannin, sur les questions qu'il convenait de lui poser. Le général Salan m'a dit : « Aucune, parce que vraiment, lui, il n'était pas particulièrement agressif. » C'est assez vous dire quelle est mon émotion devant la différence entre le tableau sûrement très fidèle que m'a fait du préfet Jannin le général Salan et le réquisitoire que vous venez d'entendre. Alors, je pose exclusivement des questions sur la déposition elle-même. Le témoin a dit que 1 200 musulmans et près de 200 Européens avaient été les victimes des actions de l'O.A.S. Je voudrais demander au témoin s'il entend par là qu'il y a eu 1 200 morts d'un côté et 200 de l'autre.

Le témoin ayant acquiescé, l'avocat relève une nouvelle contradiction avec la déclaration d'Ailleret qui, lui, n'a parlé que de 1 000 morts.

— Je me doutais bien de cette question, répond René Jannin, car, dans ce domaine, les chiffres valent suivant les époques auxquelles on se réfère. Donc, monsieur le président, je maintiens les chiffres que j'ai donnés pour la période considérée, qui va jusqu'au 19 avril.

Après une discussion concernant les méthodes employées par l'O.A.S. pour amener une partie des médecins de l'hôpital Mustapha à collaborer avec elle, M$^e$ Tixier-Vignancour en arrive à sa dernière question.

— Le témoin a dit que l'Algérie méritait mieux comme défenseurs que cette « bande d'aventuriers » et suit une liste de qualificatifs que je ne reproduis pas, tout ce qui est excessif ne compte pas. Je voudrais demander au témoin si en indiquant au Haut Tribunal militaire que l'Algérie méritait un défenseur...

Il fait semblant de chercher ses mots et lâche :

— ... je voudrais lui demander par qui elle était attaquée ?

— Ma réponse, monsieur le président, sera simple et je ne me laisserai pas ensuite embarquer sur des questions politiques. Je voulais dire que des chefs autres que ceux-ci auraient probablement amené l'Algérie à un autre point, à un autre port que celui où elle se trouve actuellement.

— Elle en avait donc bien besoin, enchaîne M$^e$ Tixier-Vignancour qui il n'y a pas deux ans rêvait d'être de ces hommes-là. Et je vous remercie surtout pour la tristesse avec laquelle vous avez prononcé ces dernières paroles. Le général Salan avait raison : vous êtes un brave homme !

\*

## — 76 —
## De Pouilly : « J'ai choisi la honte de l'abandon »

Après René Jannin, la cour entend le général André Chérasse, le remplaçant du colonel Debrosse qui commande depuis un an la Gendarmerie d'Algérie et du Sahara et déclare :

— Il y a une chose qui peut étonner et surprendre les gens qui, comme moi, sont plongés continuellement dans ce drame immense, et dont la flagrance subsiste, c'est de penser apporter quelque chose de supplémentaire au ministère public pour convaincre la cour que l'accusé est coupable.

— C'est un bon témoignage ! s'exclame Me Tixier-Vignancour.

Le président Bornet intervient en demandant au témoin de s'abstenir de tout réquisitoire en rappelant :

— Ce que le tribunal vous demande, c'est de rapporter des faits. Aujourd'hui, vous avez à rapporter des faits, et pas autre chose.

— C'est entendu, monsieur le président, admet le général. Des faits, j'en apporte, étant donné que je commande une troupe qui est l'ennemie n° 1 de l'O.A.S.

Après avoir écouté une nouvelle litanie d'attentats, le président Bornet demande au patron des gendarmes :

— Est-ce que vous êtes en mesure d'affirmer avec certitude que c'est l'ex-général Salan, comme chef de l'O.A.S., qui est à l'origine de tous ces attentats.

Chérasse répond par l'affirmative et, faisant souvent référence à la circulaire n° 29 de Salan, il poursuit l'énumération des exactions de l'O.A.S. Quand il en a terminé, Me Gavalda tente une nouvelle fois de faire sortir Salan de son mutisme. N'y étant pas parvenu, il regrette :

— Ce sera le cinquième grand silence de l'Histoire !

Bien renseigné, Me Tixier-Vignancour demande :

— Monsieur le président, le témoin a indiqué qu'il était en Algérie depuis un an. Dois-je comprendre qu'il y est depuis le mois de mai 1961 ?

Ne sentant pas venir le danger, le général Chérasse précise qu'il est en Algérie depuis le 5 mai 1961 et l'avocat feint de s'étonner :

— Le témoin n'était donc pas en service à Constantine au moment du putsch ?

Mis au pied du mur, Chérasse convient qu'il commandait la Gendarmerie dans le Constantinois en avril 1961. Me Tixier-Vignancour lui demande alors s'il a participé à la rédaction d'un télégramme mettant à la disposition du chef d'état-major du général Gouraud, alors que celui-ci venait de se rallier au putsch, les gendarmes nécessaires à protéger les centraux téléphoniques de Constantine. Après cette question, l'avocat veut savoir si le témoin aurait dénoncé ensuite les trois officiers supérieurs qui avaient rédigé avec lui ce télégramme. Ayant ainsi jeté ses rets, il souligne à l'attention du président Bornet :

— Si vous estimez, monsieur le président, que la question ne présente pas d'intérêt direct avec les faits – je ferais observer que je n'ai nullement interrompu le début de la déposition du témoin et que vous avez bien voulu l'interrompre vous-même, monsieur le président. Mais, passant les extraits des procès-verbaux au tribunal, j'indiquerai, bien entendu, que c'est pour des raisons morales que je ne pose, dans ces conditions, aucune question à ce témoin.

Le général Chérasse choisit de ne pas expliquer sa position durant le putsch. Le président le libère et annonce que le préfet de Police Vitalis Cros ne viendra pas à la barre, à cause de « nécessités impérieuses » qui le retiennent à Alger. Puis il fait appeler la veuve du maréchal de Lattre de Tassigny.

Me Le Corroller avertit le président qu'il se propose de demander au témoin, dont l'entrée a arraché à l'assistance des murmures de sympathie, si elle se souvenait d'avoir entendu le maréchal de Lattre parler de celui qui était encore à l'époque le colonel Salan. Mme de Lattre répond :

— Le colonel Salan commandait un régiment de la Ire armée française. Je pense que mon mari appréciait les qualités du général Salan, puisqu'il lui a confié ce qui était à l'époque le cœur de son cœur, c'est-à-dire la seule unité de la Ire armée française qui était une unité d'amalgame. Mon mari commandait l'armée d'Afrique, à laquelle s'étaient amalgamés des soldats de la Résistance, les F.F.I. et les F.T.P. Le général Salan – vous me permettrez d'appeler toujours ainsi le général Salan, j'ai été la femme d'un ex-général qui a été jugé par un tribunal d'exception qui jugeait sans appel –, le général Salan a donc été choisi par mon mari, qui l'aimait et qui avait confiance en lui, pour commander cette grande unité à laquelle il a donné le nom d'une division qui lui était chère entre toutes, mon général...

S'adressant au général Gilliot qu'elle fixe de son regard ému, elle continue :

— ... la 14e division, qu'il avait eu l'honneur de commander en 1940, sur l'Elbe...

Me Le Corroller, après l'avoir écoutée évoquer les maquisards et leurs chefs qui ont servi sous les ordres de Salan, parmi lesquels André Malraux et la brigade Alsace-Lorraine, questionne la maréchale sur les relations de son époux avec l'accusé durant la guerre d'Indochine.

— Avant même que mon mari soit désigné, je me souviens que le général Salan était venu lui parler de la situation dramatique de l'Indochine, qu'il connaissait bien, et il l'a appelé comme son adjoint.

Le président Bornet laisse aller un moment encore le dialogue entre la défense et le témoin. Mais lorsqu'il devient trop favorable à l'accusé, il y met un terme.

— Je n'ai pas voulu vous interrompre, s'excuse-t-il presque, car nous avons tous le plus profond respect pour M$^{me}$ la maréchale de Lattre de Tassigny, mais, messieurs de la défense, quand vous voulez faire parler les morts, même les plus glorieux et les plus brillants, en demandant : « Qu'en aurait pensé le maréchal ? » laissez-moi vous dire que ce n'est pas ici la place...

La veuve du maréchal l'interrompt :

— Monsieur le président, le coupe-t-elle en effet, offusquée par sa remarque, je serais la première à interdire que l'on fasse parler mon mari. Je pense que personne, dix ans après sa mort, n'a à interpréter ce qu'il aurait pu penser ou dire ; mais moi, je le pense et je le dis, et je suis sa veuve, et je suis la mère d'un garçon qui est mort pour la France en Indochine.

C'est au tour de M$^e$ Gavalda d'intervenir :

— Madame, je vous remercie d'avoir bien voulu venir à cette barre, et je vous donne l'assurance que le très haut et très brillant passé de l'ex-général Salan n'a jamais été contesté par personne et qu'il ne sera jamais contesté par moi. Nous sommes bien d'accord !

Le président déclare ensuite que la séance est suspendue et qu'elle reprendra dans une demi-heure.

A la reprise, c'est le capitaine Bernard Moynet, l'officier qui a subi des pressions pour qu'il ne dépose pas, qui est appelé à la barre. Il n'est pas de l'O.A.S. et prévient :

— Je tiens à préciser que ma femme est bretonne, que mes parents sont picards, et que ma famille a les pieds blancs. J'ai quatre enfants ; je ne vis que de ma solde. Je n'ai jamais participé à aucun mouvement politique et je réprouve ce qu'ils font. Il m'a semblé utile, voire nécessaire, en tout cas normal, qu'un cadet vienne – de façon sans doute bien malhabile, mais ouvertement et franchement – vous aider à mieux comprendre peut-être le drame dans lequel nous sommes tous engagés.

A ces mots, le président Bornet se laisse aller à murmurer : « Mais nous n'en finirons donc jamais de ce procès », et le capitaine Moynet parle en détail des crimes du F.L.N. Il évoque sept de ses hommes capturés par l'A.L.N. et retrouvés abattus d'une balle dans la tête, puis le sort de la famille Garcia.

— Une famille de colons, précise-t-il, cinq enfants, quarante-cinq hectares, à peine de quoi vivre. Nous avons retrouvé les corps. La femme dépecée – nous n'avons pas retrouvé la tête –, l'homme égorgé, le fils de quatorze ans égorgé et passé au pétrole ; la fille de treize ans, après avoir subi les sévices que je vous laisse deviner, également décapitée. J'ai été à l'enterrement de ces gens ; j'y ai été en présence de M. le préfet Lambert. Un enfant était là ; qui avait échappé à la tuerie par miracle, parce qu'il ne se trouvait pas à la maison ce jour-là ; et au moment où les corps étaient mis en terre, j'ai vu le dernier de ces petits enfants Garcia – il avait cinq ans – se jeter dans la fosse et crier : « Papa ! Maman ! »

Brimant son émotion, le capitaine accuse : « Le F.L.N., pour nous tous, c'est cela ! C'était cela, c'est cela, et ce ne sera que cela ! » et il passe ensuite au 13 mai 1958, qui fut pour lui une véritable révolution.

— Je dis « révolution » volontairement, car pour nous tous c'était une révolution : d'abord sociale, contrairement à ce qui a été souvent dit depuis en métropole, contrairement à ce qui a été fait depuis. Le 13 mai, c'était d'abord cela.

Le président Bornet n'y tient plus. « Ecoutez, s'écrie-t-il, vous en êtes à juin 1958... C'est une véritable conférence que vous nous faites, monsieur ! » et l'avocat général ayant renchéri : « C'est insupportable, monsieur le président ! », il poursuit :

— J'étais disposé à me montrer extrêmement large, parce qu'il est peut-être bon que certains faits soient rappelés – je n'en disconviens pas. Seulement, il y a encore un très grand nombre de témoins, et vous faites une conférence au lieu d'apporter le témoignage qui vous est demandé.

— Je rapporte des faits que j'ai vécus, plaide le témoin.

Le président n'est pas du même avis. Il voudrait seulement entendre des témoignages sur l'accusé et sur les faits eux-mêmes.

— Les faits de l'accusation, précise-t-il, de la personnalité, de la moralité du général Salan, il n'en a pas été question, et l'historique des mobiles remonte très loin et peut nous mener très loin.

M$^e$ Menuet intervient :

— C'est toute la question : les mobiles...

— Non et non ! s'impatiente le président.

— Vous ne pouvez juger sans examiner les mobiles !

— On ne va tout de même pas remonter à 1830 ! Et vous n'étiez pas né...

L'assemblée ne saura jamais ce qu'allait dire le président Bornet, car M$^e$ Menuet le coupe à nouveau en affirmant que l'Algérie remonte pourtant à cette date et M$^e$ Tixier-Vignancour enchaîne :

— Nous n'allons évidemment pas remonter à 1830 – les comparaisons seraient trop douloureuses pour nous !

M$^e$ Le Corroller tente de calmer le jeu :

— Je voudrais formuler la question d'une manière plus précise. Le capitaine est de ceux qui n'ont pas pris parti pour l'O.A.S. ; il nous intéresse justement à cause de ses états de service et de ses qualités exceptionnelles. Nous lui demandons de dire au tribunal si, n'ayant pas pris parti pour l'O.A.S., il comprend le général Salan et pourquoi il le comprend.

Le président Bornet admet que cette question est « plus précise », mais, au lieu d'y répondre, le capitaine Moynet reprend son exposé là où il l'avait interrompu.

— Un jour de juin 1958, encore, sur un immense terre-plein et devant six mille personnes rassemblées, une phrase a été prononcée avec emphase : « Je te salue, Oran, grande et belle ville de France ! » Le général Salan était sur le podium ; j'étais dans la foule, en délire. Où en est Oran aujourd'hui ? Je sais aussi, ajoute-t-il, le silence qui règne sur le bled, « où il ne se passe rien ». J'ai vu le F.L.N. installé, je l'ai vu en tenue, il m'a contrôlé ; j'étais en tenue. J'ai vu les hôpitaux F.L.N., j'ai vu les drapeaux F.L.N., j'ai vu les enfants des écoles défiler, encadrés par des prisonniers récemment libérés et chantant des marches de l'A.L.N. J'ai vu tout cela.

Et le capitaine dit encore avoir vu des Musulmans tués sur le trottoir : « ces crimes dont on parle beaucoup » et une fillette européenne vidée de son sang en bordure de la Ville Nouvelle : « dont on ne parle pas ».

Intarissable, Moynet évoque un de ses compagnons mort au combat en janvier 1960.

— J'ai rassemblé les deux escadrons qui avaient participé à une dure journée et, à l'endroit même où était tombé un de nos lieutenants, le soir, les phares des véhicules éclairant les chars et les hommes, j'ai dans le silence de cette nuit (et, je le répète, à l'emplacement même où mon camarade était tombé), j'ai dit aux hommes : « Votre lieutenant est mort à midi, ici. Il est mort pour que cette terre reste française. » Disant cela, je prenais un engagement, je l'ai pris.

— C'est, reconnaît le président, un magnifique plaidoyer qui doublera ceux que feront plus tard les défenseurs, mais c'est un plaidoyer, ce n'est pas une déposition. C'était très intéressant, mais ce n'est pas le procès, j'ai le regret de vous le dire.

L'avocat général, encore moins sensible au récit du témoin, lui assène :

— Il est certain que les violences que vous avez décrites, le peuple les a condamnées ; ce que vous avez dit est superfétatoire ; j'ajoute que vous avez su leur donner une couleur locale. Vous condamnez sans doute toutes les violences ?

— Toutes les violences ! affirme le témoin.

— Même quand elles sont commises au nom de la France ?

— Je condamne toutes les violences !

Après le jeune officier, René Coty vient à la barre dans le silence déférent imposé à l'assistance par sa position d'ancien président de la République. Il est évidemment beaucoup question du 13 mai 1958 qui a écourté de deux ans son septennat au bénéfice du général de Gaulle et de ses prises de position sur l'Algérie.

— Je suis archiviste, lui annonce à leur sujet M$^e$ Menuet en brandissant la photocopie de ses déclarations faites à Mulhouse en 1957, et voici ce que vous disiez exactement : « Comment la France pourrait-elle sans se déshonorer livrer ses populations aux égorgeurs de tant d'hommes, de femmes, de vieillards et d'enfants. » Et plus loin, monsieur le président, – vous l'avez coché en noir, considérant ces paroles comme particulièrement importantes, vous disiez : « Qu'on ne compte pas sur nous pour sacrifier, de l'autre côté de la Méditerranée une nouvelle Alsace-Lorraine ; cette amputation que la violence nous avait imposée, les autres peuples ont, plus tard, mesuré ce qu'il leur en coûtait d'en avoir été les spectateurs passifs ; en Algérie, le chaos et la misère qui suivraient une abdication de la France, nul ne peut ignorer quels en seraient les profiteurs. »

— Monsieur le président, demande René Coty, puis-je féliciter la défense d'être mieux documentée que moi ? Mon Dieu, les violences, les égorgeurs, ce que j'ai dit là, je le pense toujours, je pense ce que j'ai toujours pensé en la matière ; mais voyez-vous, je ne voudrais pas me laisser attirer sur un terrain où je ne veux pas m'engager ; j'ai dit adieu à la politique.

Puis, ne tenant pas à ce que l'avocat de Salan fasse en entier la lecture de son discours, il lui demande d'en remettre la copie au tribunal et il ajoute :

— Il verra de façon plus complète quels étaient les sentiments que j'exprimais, je le répète, à ce moment-là, je parlais au nom de la France.

Le président Bornet, semblant émettre quelque doute sur l'authenticité du document, demande :

— Est-ce que vous pouvez confirmer, monsieur le président, le texte de ce discours ?

Et René Coty avance :

— Il a dû être inséré, comme c'était l'usage, au *Journal officiel*. J'avoue ne pas m'être beaucoup reporté depuis quatre ans aux archives de l'Elysée.

M$^e$ Menuet ayant précisé que le document en sa possession est une photocopie, le président Bornet lui demande de la faire passer à l'ancien président de la République, afin qu'il le vérifie. René Coty s'empare du feuillet, s'excuse d'y jeter un coup d'œil de curiosité personnelle et précise à l'attention de M$^e$ Menuet :

— Dès lors que vous l'apportez, c'est certainement un document authentique. Je n'ai pas eu une seconde la pensée d'en contester l'authenticité. Je répète ce que j'ai dit : j'exprimais, je crois, la pensée qui était à l'époque celle de l'immense majorité de la population.

Vient ensuite à la barre le général de l'armée de l'Air Jean Dechaux qui offre à la cour un monologue vantant l'humanité de l'accusé.

— Pour le général Salan, reconnaît-il, je crois qu'il n'y a pas d'armée :

## Chap. 76. – De Pouilly : « J'ai choisi la honte de l'abandon »  769

il y a des officiers, des sous-officiers et des soldats. Je pense que je comprends que cet homme, qui a fait preuve de qualités de cœur qui, pour moi, sont évidentes, ait pu avoir un comportement différent de celui d'autres hommes, si je compare le comportement du général Salan après son départ d'Algérie après sa retraite et celui de tel homme, mettons un ministre qui s'est engagé autant que le général Salan ; il me semble que le deuxième, quand il s'est engagé, a parlé à une foule sans visages, le général Salan parlait à des visages, il s'engageait personnellement auprès de gens dont il connaissait les noms et les prénoms ; alors, il me semble qu'il lui était bien difficile, à lui, de ne pas tenir les promesses qu'il avait faites.

Le général Dechaux ayant quitté le prétoire après avoir affirmé : « Je ne peux pas donner tort au général Salan », c'est au tour de Pierre de Bénouville, député d'Ille-et-Vilaine, de se présenter. Il évoque ses premiers rapports avec l'accusé, qui remontent à la Résistance. Le président Bornet aurait visiblement préféré qu'il arrêtât son témoignage à sa deuxième rencontre avec l'ancien commandant en chef en mai 1958 mais il va plus loin dans le détail et, à la fin d'un exposé sur les causes du retour du général de Gaulle au pouvoir, il reconnaît :

— Si je suis aujourd'hui devant vous, ce n'est pas seulement parce que je suis convoqué, c'est aussi parce que d'une part je n'oublie pas ce que disait le général Salan en 1941 et que d'autre part j'ai le sentiment que mes amis et moi nous sommes parmi ceux qui ont la responsabilité du serment de fidélité qu'il a prêté à l'Algérie française, aux Français d'Algérie, aux Musulmans français d'Algérie ; voilà ma réponse !

— Vous prenez la barre des témoins pour une tribune, regrette le président.

— Je vous ai répondu, c'est mon sentiment, je vous le donne.

— Dites-le d'abord sur un ton moins véhément, cela aura d'autant plus de valeur.

— J'y mets peut-être de la passion, vous pouvez le comprendre.

Mᵉ Gavalda appuyant la remarque du président : « La modération est nécessaire, méditez les paroles de l'Ecriture... », Bénouville lui rétorque :

— J'ai été modéré ; il se peut que ces souvenirs, monsieur l'avocat général, me bouleversent. Il se peut que la part de responsabilité que j'ai dans la détermination du général Salan me touche. Il se peut que je le dise avec quelque émotion, mais je ne vois pas en quoi on pourrait me le reprocher ; je ne suis pas insensible à ce qui arrive au général Salan et à la France.

Répondant à Mᵉ Tixier-Vignancour qui lui demandait d'expliquer les raisons qui avaient poussé son client à respecter seul des engagements pris par d'autres « dans les circonstances effroyables que vous savez », Bénouville avance :

— Je crois avoir répondu en disant que le général Salan qui, dans le mouvement du 13 Mai, avait provoqué après tant d'années sanglantes en

Algérie une réconciliation fraternelle des musulmans que j'ai vue de mes yeux, à Alger, à Oran, à Constantine, à Biskra, le général Salan qui jurait, avec ses officiers, aux musulmans d'Algérie et à la France que nous ne nous séparerions plus, ne voulait pas être infidèle à ce serment ; il me semble que la notion du serment est à la base de toute action, de toute cette action, c'est cela que je comprends.

Et le député ajoute :

— Evidemment, le général Salan était fidèle à ce qu'il avait juré. Je ne peux pas ne pas dire que cette révolte était, hélas ! l'aboutissement d'un changement total de direction.

Passent en suite à la barre Louis Debray, un inspecteur de la France d'outre-mer qui a servi à la Libération sous les ordres de Salan, puis le conseiller d'Etat Alfred Coste-Floret, membre du Comité de Vincennes qui était, selon lui, « un organisme privé dont les membres devaient souscrire à un programme prônant le maintien de l'Algérie dans la République française, l'interdiction de toute sécession et le refus de négociations avec le F.L.N. ». Le général d'armée Valluy, le prédécesseur de Challe au commandement de la zone Centre-Europe de l'O.T.A.N., fait ensuite l'éloge très appuyé de l'accusé, bien qu'il n'ait eu avec lui, depuis une dizaine d'années, que de rares contacts.

— Quelle est, s'interroge-t-il, la part exacte de ceux que nous jugeons et qui vivaient en Algérie comme des taupes dans les actes abominables que nous condamnons ? Peut-être tenons-nous entre nos mains ceux qui étaient les plus modérés et ceux qui ont peut-être évité des catastrophes pires que celles que nous avons connues et qui ne le diront jamais. Ce qui persiste en Algérie, ce qui s'aggrave après leur arrestation atteste qu'une certaine O.A.S. a pu être l'expression d'un refus, mais qu'elle n'est pas à la source l'inspiratrice de ce refus, que ce refus préexistait dans l'âme la plus profonde de nos compatriotes et si aujourd'hui ils tuent avec cette folie sanguinaire qui nous saisit de stupeur et d'horreur, nous qui vivons bien sagement à Paris, c'est que, tout de même ! on a commencé par les tuer.

L'assistance retient son souffle lorsque, retrouvant le ton passionné qu'il avait eu le 1er janvier en déclarant au *Monde* au sujet de l'Armée française : « Les éléments les meilleurs sont au bord du désespoir, peut-être de la révolte, certainement du mépris », le général aujourd'hui à la retraite demande :

— Est-ce que maintenant nous allons, pour les empêcher de tuer, les tuer ou les laisser tuer jusqu'au dernier ? Est-ce que nous n'avons pas d'autre solution moins primitive, moins animale ? Est-ce que nous n'avons à leur offrir que des garanties – je ne vous l'apprends pas – pratiquement inconsistantes, de textes sur lesquels ils n'ont pas été consultés ? Est-ce que nous ne pouvons pas obtenir pour la dignité de ces deux communautés complémentaires indispensables à l'indépendance qu'elles désirent, je ne sais pas moi, la caution solennelle de certains gouvernements voisins, chrétiens ou musulmans ?

Ayant ainsi élevé le débat jusqu'où le général Salan aurait voulu qu'il se trouvât depuis longtemps, Valluy poursuit :

— Je crois qu'un cri du cœur, un geste du cœur pourrait être un premier apaisement suivi d'autres. Ce cri, le Pouvoir, le grand Pouvoir peut le pousser, ce geste, il peut le faire. Mais le peuple peut le faire aussi, c'est-à-dire nous autres, le peuple qui a la haine farouche de toute destruction systématique, absurde, criminelle. Je crois que le peuple devrait faire preuve de mansuétude – on a bien pardonné à d'autres – et en même temps de discernement, il en a le droit, je crois, et nous sommes un certain nombre à le penser, qu'il en a également le devoir.

Le témoin s'en va sans que personne n'ait songé à l'interrompre. Voulant expliquer les raisons qui ont poussé le général Salan à s'insurger, le général Allard vient rappeler qu'en mars 1959 il avait fait une tournée dans les garnisons d'Algérie, et qu'il s'était engagé devant les militaires, les notables et les anciens combattants en déclarant : « J'ai été reçu il y a huit jours par le général de Gaulle, voilà ce qu'il m'a dit : " Allard, vous pouvez leur dire que jamais nous ne négocierons, que jamais la France ne les abandonnera." Et j'ai dit : "Je sais que vous avez des doutes qui naissent ; mais cela c'est la politique, ne vous en occupez pas, ce qui compte, c'est ce qu'a dit le général de Gaulle, je vous quitte avec confiance dans l'avenir." »

Après cet aveu douloureux, Allard conclut :

— Voilà, monsieur le président, comment je peux expliquer les mobiles du général Salan.

Après avoir souligné qu'il se passe dans son hôpital, depuis que l'armée a abandonné ses fonctions de police au bénéfice des C.R.S. et des gardes mobiles, des « faits qui sont, à mon avis, impensables dans un hôpital français », le docteur oranais Couniot étaie son propos de précisions peu à l'honneur des forces de l'ordre. Il parle de M. Keyes, un blessé touché par une rafale de mitrailleuse tirée d'un half-track de la gendarmerie établi en barrage près de l'Unité marine.

— C'était, se souvient-il, un homme de soixante-huit ans, porte-drapeau d'une association d'anciens combattants. Il bougeait encore. Une deuxième rafale l'abat, on l'amène à ma clinique, il était mort.

Affirmant que de tels faits ne sont pas exceptionnels, il poursuit :

— J'ai été témoin, après le 22 avril, du fait suivant : un détenu non inculpé, M. Rebaud, qui est conseiller général et ancien combattant de la France libre, était hospitalisé dans un pavillon de médecine. Vers minuit, des camions de C.R.S. sont venus enlever tous les détenus catalogués Algérie française et ils les ont transférés dans des pavillons spécialisés. Certains ont paru les suivre, et le malade dont je parle, M. Rebaud, m'a été présenté le lendemain matin à ma consultation. Il avait le visage en sang, il présentait une fracture des côtes et des traces d'étranglement. Il avait été battu sur son lit par les C.R.S. C'est la première fois depuis quarante ans que je vis dans un hôpital français, que je vois de pareils faits se produire. Les Français d'origine, de souche, n'ont pas été les seules victimes de ces sévices. Il y a eu aussi des choses impensables dont ont été victimes des musulmans du F.L.N.

Le docteur Couniot évoque la petite Frédérique Dubiton, qu'il a amputée d'une jambe après le mitraillage d'Oran par l'aviation. Il fait état des nombreux blessés par les forces de l'ordre alors qu'ils étendaient du linge sur leurs terrasses ou prenaient le frais sur leurs balcons. Le président Bornet lui reprochant de ne pas parler des « blessés de l'O.A.S. », le chirurgien répond qu'il en a soigné très peu car, selon lui :

— Lorsqu'il y a des fusillades dans les rues d'Oran, ce sont généralement des victimes innocentes qui tombent.

— Autrement dit, insinue le président, ils sont morts ?

— Non, monsieur le président. Ils sont généralement bien entraînés, ils ne se font pas blesser. Le service d'ordre tirant au hasard touche des victimes innocentes. Je cite un fait. Vers le 12 avril, il y a eu dans le quartier Gambetta une attaque de l'O.A.S. : j'ai eu immédiatement à soigner dans la matinée huit blessés qui avaient tous entre soixante et soixante-dix ans.

Le président ironise : « Par conséquent, tous les renseignements que donnent la presse et la radio sont faux parce que chaque jour... » et le témoin se défendant : « Je dis exactement ce que j'ai vu », il l'en remercie et poursuit :

— Selon vous, il n'y a ni tués ni blessés alors que chaque jour on signale 40, 50 ou 60 morts et 40 blessés ?

Mᵉ Tixier-Vignancour rappelle au président qu'il a interrogé le témoin sur les blessés « de l'O.A.S. » et non « par l'O.A.S. ». Le magistrat reconnaît son erreur et reformule sa question :

— Vous n'avez pas soigné, docteur, des blessés par l'O.A.S. ?

Comme il s'entend répondre par la négative, il s'exclame au sujet d'un procureur général visé par l'O.A.S. :

— Mais M. Lemerle ?

Et le chirurgien admet qu'il a soigné cet homme en précisant :

— C'est le seul.

L'avocat général demande alors :

— Vous ne lui avez pas ouvert votre cœur ? Vous aviez là un magistrat.

— Monsieur l'avocat général, je me permets de dire que M. Lemerle avait reçu deux balles dans la tête et qu'il n'est resté que quelques heures dans ma clinique, parce que les autorités militaires l'ont immédiatement conduit dans un souterrain de Mers el-Kébir. Et il est extrêmement difficile de parler à quelqu'un qui vient de recevoir deux balles dans la tête.

— Vous auriez pu, insiste Me Gavalda, faire en sorte de lui en faire part. Vous n'y avez pas songé, vraiment ?

Le chirurgien élude la question en s'adressant au président Bornet.

— Monsieur le président, pour le cas de M. Rebaud dont je vous ai parlé tout à l'heure, il y a eu une intervention d'un député qui a posé une question à M. le ministre de l'Intérieur et M. le ministre de l'Intérieur a nié les faits.

Me Gavalda insiste :

— Enfin, vous aviez près de vous le chef de la justice, vous l'avez soigné et vous ne lui avez pas parlé des faits dont vous aviez été le témoin. Et pourquoi n'avez-vous pas saisi la justice de ces faits ?

Le président Bornet lui demandant si, en dehors du procureur général Lemerle, il n'a pas eu connaissance d'autres victimes de l'O.A.S. qui ont été soignées à l'hôpital civil, le témoin reconnaît :

— Si, monsieur le président, il y a été soigné de nombreux musulmans victimes des attentats de l'O.A.S., mais il y a plusieurs semaines, sinon plusieurs mois, parce que depuis quelque temps, les musulmans ne viennent plus dans notre hôpital, ils en ont reçu le mot d'ordre.

Le président fait appeler le témoin suivant, Me Sarocchi, un avocat oranais, mais, avant de le laisser parler, Me Le Corroller obtient l'autorisation de lire un communiqué de l'ordre des avocats d'Oran adressé le 24 avril 1962 au garde des Sceaux et qui faisait état des restrictions de circulation dans Oran, de l'ordre d'ouvrir le feu « sans sommations sur les contrevenants », des mitraillages de l'aviation, des expulsions décidées dans les tours par Katz, des enlèvements d'Européens, de l'envahissement et de la mise à sac des villas en lisière des quartiers musulmans sans que les forces de l'ordre interviennent, du racket imposé par le F.L.N. à des industriels ou à des commerçants. Puis il demande à son confrère d'expliquer pourquoi le barreau d'Oran a alerté le garde des Sceaux. L'ayant écouté, le président, regrettant que la motion des avocats oranais ne fasse pas état des victimes de l'O.A.S., admet que « la riposte des forces de l'ordre a certainement été excessive ». Mais Me Le Corroller, rappelant qu'une vieille dame a été prise pour cible en étendant sa lessive et qu'une jeune fille de seize ans, Mlle Dominetti, est morte en ouvrant sa fenêtre, il lui rétorque :

— Et lorsque les forces de l'ordre assurant leur service reçoivent des coups de feu des terrasses et des balcons, vous trouvez que ce ne sont pas des crimes ?

Me Gavalda reproche à Me Sarocchi de n'avoir pas parlé des morts des avocats algérois Popie, Fraychinaud et Garrigues. « Estimez-vous légitimes ces assassinats ? » lui demande-t-il. La défense se dresse unanime et Me Tixier-Vignancour crie au scandale lorsque l'avocat général poursuit : « Je pensais que vous en auriez tout de même dit un mot. » Me Sarocchi lui fait remarquer qu'il a été cité pour évoquer des faits dont il a été le témoin. « Pour parler de faits qui se sont déroulés à Alger, à Aïn-Témouchent, à Tlemcen ou à Constantine, souligne-t-il, je ne suis pas compétent. » M⁰ Gavalda lui ayant rappelé que les crimes dont il parle figurent à l'acte d'accusation, il reconnaît : « Bien évidemment je ne puis que réprouver les assassinats », et le président lui rend sa liberté.

M⁰ Robert Abdesselam évoque ensuite l'attitude de Salan en mai 1958.

— Monsieur le président, il faut que je revienne si vous le permettez, sur un certain nombre de slogans et de conceptions politiques. J'ai lu dans la presse, parce que j'étais absent de Paris ces derniers jours, que deux témoins de l'accusation, le général Ailleret et le délégué général M. Morin, avaient indiqué qu'à leur avis, depuis plusieurs mois et en tout cas depuis septembre 1961, le général Salan avait considéré que l'Algérie française était impossible et qu'il conservait ce slogan néanmoins. Si j'ai bien compris ce que j'ai lu dans la presse, ils lui en faisaient grief pour l'accuser justement de faire combattre des gens sur une base, sur une position qu'il savait lui-même dépassée.

Répondant ensuite à M⁰ Tixier-Vignancour, le député d'Alger révèle qu'il a eu des contacts dès le mois d'octobre 1961 avec l'O.A.S. et le F.L.N. dans le but d'organiser une table ronde entre les responsables de ces organisations hors la loi.

— Et, précise-t-il, il m'a été donné d'exposer ce programme au général Salan, qui a compris qu'en fait c'était une solution réaliste et qui a bien voulu l'approuver et m'indiquer qu'il serait prêt à jouer cette table ronde, à condition que les gens des wilayas soient également prêts à l'appuyer, ce qui était le cas. Par la suite, nous nous sommes heurtés à une quantité de difficultés qui n'étaient pas internes à l'Algérie, mais qui provenaient du gouvernement et de la métropole. Je dois ajouter que, chaque fois, j'ai pu constater que le général Salan était bien convaincu que rien ne pourrait être fait en Algérie sans le soutien formel et massif de la population musulmane.

Puis il affirme que le Premier ministre et les personnalités gouvernementales avec lesquelles il entretenait des rapports, en cette période de tractations secrètes, savaient qu'il avait obtenu l'accord de quelques responsables du F.L.N. et de l'O.A.S.

— On n'ignorait pas en haut lieu que cette solution était jouable. Mais encore fallait-il couper les ponts d'un autre côté.

— Vous n'avez pas été encouragé dans cette voie, constate le président.

S'étant entendu répondre qu'il n'avait pas à l'être, le président s'étonne : « Vous dites que vous en avez fait part au gouvernement ? » et M⁰ Abdesselam affirme :

— J'en ai rendu compte et le Premier ministre a suivi l'évolution de mes tentatives jusqu'aux accords d'Evian. Je voudrais ajouter qu'en ce qui concerne les accusations de tentatives de prise du pouvoir qu'on a imputées au général Salan, les rares fois où il m'a été donné de le voir, il s'est toujours montré extrêmement préoccupé de rester dans la légalité républicaine, j'entends la Constitution, le régime parlementaire.

M<sup>e</sup> Tixier-Vignancour réclame la comparution de Michel Debré qui, jusque-là, n'a pas répondu à l'appel des témoins. Le président Bornet lui demande de formuler sa requête sous forme de conclusion. Après cet intermède, Ahmed Djebbour, comme Robert Abdesselam député d'Alger, dépose à son tour.

— Aujourd'hui, regrette-t-il, on reproche au général Salan son action au sein de l'O.A.S. Je crois que si le général Salan n'avait pas été conduit dans ce box, cela aurait évité une épreuve à tous les Algériens qui ont eu foi en la France. On peut parler de la fidélité d'un homme à l'égard d'un autre homme, mais non de la fidélité des musulmans qui se sont toujours considérés comme des Français et uniquement des Français. Malheureusement les événements, depuis 1958, ont fait qu'après avoir été des Français à part entière, ils ont été des Français entièrement à part, et ensuite des individus en quête d'une détermination et d'une nationalité. Si ce procès avait lieu le 2 juillet prochain, je ne pourrais pas venir témoigner ici en tant que Français, et à cela la France consent !

Le président regrette le retour à un débat étranger au procès.

— Vous n'êtes pas ici à la tribune de la Chambre, rappelle-t-il au témoin. Vous êtes dans un prétoire de justice et vous répondez à des questions précises.

Après avoir condamné le terrorisme quel qu'il soit, Ahmed Djebbour poursuit tout de même :

— Ce que je voudrais dire par contre, et c'est une des raisons pour lesquelles je me demande qui a légitimé la violence...

Le président l'interrompt :

— En somme, vous posez des questions au Tribunal, vous lui demandez qui a légitimé la violence.

M<sup>e</sup> Tixier-Vignancour intervient :

— Permettez, monsieur le président, vous venez de dire au témoin qu'il n'était pas opportun de poser la question de savoir qui a légitimé la violence. Cependant, c'est essentiel. Le témoin ne pose pas de question.

L'avocat rappelle que le témoin a été grièvement blessé par balles, à Paris, et que l'homme qui a tiré sur lui est libre et Ahmed Djebbour reprend la parole.

— J'arrive à ce fait que la violence a eu son caractère légitime. Je me rappelle une conversation que j'ai eue à l'Elysée avec l'un des principaux collaborateurs du général de Gaulle, M. Tricot. Il me disait à l'époque : Reconnaissez au moins le caractère légitime de la rébellion.

— Voilà la réponse ! s'exclame M<sup>e</sup> Tixier-Vignancour.

— Aujourd'hui, reprend le député, mon assassin, comme vient de le souligner l'un des avocats de la défense, n'a pas été jugé, alors que j'ai été l'objet d'un attentat le 28 juillet 1958, après avoir été l'objet de nombreux attentats en Algérie. Tout dernièrement, le 27 octobre 1961, deux grenades ont été déposées chez moi. Est-ce une mesure d'intimidation ? De qui émanaient ces grenades ? Est-ce du C.D.R. ? Est-ce des barbouzes ? Est-ce du F.L.N. ? Je n'en sais rien.

Un peu plus tard, il affirme :

— Je crois en toute bonne foi que le général Salan est incapable d'avoir ordonné les attentats contre les Musulmans.

Et après quelques accrochages entre la défense et le ministère public au sujet du terrorisme, il conclut :

— Le général Salan aurait été un traître aux Algériens qui ont eu foi en la France s'il n'avait pas été là. Etant là, il sera l'un des martyrs qui ont voulu mourir pour que l'Algérie demeure terre française.

Ayant entendu après celle du député d'Alger les dépositions d'Albert Parès, chef des services de l'hôpital civil d'Oran, du général Roger Miquel, du député de Mostaganem Mustapha Deramchi, qui s'est plaint que Maurice Papon lui ait retiré sa protection, le président Bornet fait appeler le général de Pouilly.

Evoquant lui aussi mai 1958, l'ancien commandant du corps d'armée d'Oran affirme qu'il se souviendra toujours que Salan lui avait dit qu'il ne fallait en aucun cas laisser couler le sang français. Et il ajoute :

— Alors, on peut se demander pourquoi le général Salan est ici sur ce banc aujourd'hui.

Puis il affirme au sujet du putsch :

— Avec ou sans Salan la révolte aurait éclaté. A mon avis, elle n'est pas de son fait, elle est le fait d'un peuple tout entier qui se révolte parce qu'il se sent abandonné. On peut se demander pourquoi, dans ces conditions, le général Salan s'est joint à cette révolte.

L'émotion envahit l'assistance, la défense et la cour lorsque le témoin avoue :

— J'ai choisi une direction tout à fait différente de celle du général Salan ; j'ai choisi la discipline, mais choisissant la discipline j'ai également choisi de partager avec mes concitoyens et la nation française la honte d'un abandon. Ceux qui comme moi ont vécu, ont combattu en Afrique du Nord, ressentent davantage cette honte, mais j'espère que beaucoup de Français qui se renseignent la ressentent également, et je pense que ceux-là garderont quelque indulgence pour celui et pour ceux qui n'ont pas pu supporter cette honte, se sont révoltés contre elle. L'Histoire dira peut-être que leur crime est peut-être moins grave que le nôtre.

A ces mots, Me Le Corroller demande :

— Vous avez dit au Tribunal : « Cette révolte dont Salan a pris la tête, c'était la révolte de tout un peuple. » Voulez-vous, mon général, dire au tribunal si vous estimez qu'il serait possible pour l'Armée française et pour la Nation, s'il serait pensable pour notre pays, s'il serait acceptable pour notre Armée que les circonstances atténuantes ne fussent pas proclamées.

— C'est une plaidoirie ! s'écrie le président.

## Chap. 76. – De Pouilly : « J'ai choisi la honte de l'abandon »

— C'est une question ! soutient l'avocat.

Intervenant sans qu'on l'en ait prié, Pouilly précise :

— Je pense que ma déposition a été suffisamment claire et que sa conclusion comporte l'idée de circonstances atténuantes.

Après avoir regretté : « C'est une manière de procéder qui n'est pas correcte. Ce n'est pas au témoin à se prononcer sur les circonstances atténuantes... », M⁰ Gavalda reconnaît :

— Mais humainement je suis d'accord avec vous.

L'émotion provoquée par le général de Pouilly n'est pas encore retombée, lorsque le président fait appeler Léon Delbecque, l'un des pivots du complot gaulliste de mai 1958. La défense lui fait dire :

— Au moment du 13 Mai, nous savions que parmi les bandes F.L.N. il en existait pour lesquelles la guerre d'Algérie n'avait plus de raison d'être, qui souhaitaient traiter avec ceux qui avaient réussi à créer une fraternisation et déjà, dans certains secteurs sociaux, à passer à l'application de cette fraternisation.

Delbecque explique de quelle manière il avait le 2 juin 1958 conseillé à de Gaulle de mettre à profit sa venue à Alger pour lancer un appel à ces hommes qui n'avaient plus rien à espérer dans les combats.

— Et c'est ce qu'il fit, rappelle-t-il.

Le témoin, marqué par l'Algérie, puisque son fils aîné, Guy, qui servait dans l'armée de l'Air au grade de sergent, est mort au combat le 15 septembre 1960, parle des tractations secrètes engagées avec le commandant Si Salah.

— Si l'affaire Si Salah, regrette-t-il, avait été menée à bonne fin comme l'avaient préparée les militaires d'Algérie, la victoire militaire, la victoire politique était possible. L'affaire Si Salah a certainement été l'une des causes du drame de l'Armée ; elle a été un renoncement de poursuivre par une solution militaire et ensuite politique, avec succès, toute espèce de résultat positif qui aurait maintenu l'Algérie dans la souveraineté française.

M⁰ Tixier-Vignancour tient à ce que Delbecque aille plus loin et demande :

— Serait-il possible au témoin d'indiquer si effectivement Si Salah et son adjoint furent bien reçus à l'Elysée ?

Seuls quelques initiés étant dans le secret du 10 juin 1960, l'assistance retient son souffle lorsque le témoin reconnaît :

— Oui, ils furent reçus à l'Elysée.

— Par qui ? s'inquiète le président.

— Ils furent introduits, je m'excuse, je n'ai pas pris mon dossier où figurent les noms, par un capitaine qui les accompagnait depuis Alger ; j'ai écrit – et on a accepté le fait qui n'a jamais reçu de la part du pouvoir aucun démenti – que le général de Gaulle avait reçu M. Si Salah à l'Elysée.

Sommé par le président Bornet d'étayer sa conviction, Delbecque rappelle qu'il a fait partie de la commission de la Défense nationale et « qu'il existe entre parlementaires et un certain nombre de responsables militaires une sorte de modus vivendi et, lorsque de pareils faits se produisent, les élus en sont prévenus ».

Après l'évocation de l'affaire Si Salah, M$^e$ Tixier-Vignancour relance le débat sur les barbouzes en interrogeant le témoin à propos de sa question écrite concernant les policiers contractuels qui a été publiée au *Journal officiel* du 16 mai 1962. Question qui, selon lui, aurait provoqué la différence de vues que le général Ailleret et Jean Morin ont exprimée à la barre. Et il voudrait en savoir plus sur le télégramme adressé par le préfet régional de l'Oranie au délégué général concernant l'emploi de ces contractuels.

Léon Delbecque explique qu'il fait partie des parlementaires qui ont reçu une copie de ce télégramme par lequel M. Andrieux refusait de laisser agir des barbouzes dans sa région.

— Monsieur le ministre de l'Intérieur, précise-t-il, a cru bon de laisser supposer que les barbouzes, malgré le document que je reproduisais dans ma question écrite, n'existaient pas et n'avaient jamais existé.

L'avocat lui demandant de préciser ce que sont les barbouzes, Delbecque parle de « polices parallèles » recrutées par des hommes qui, dans l'entourage du pouvoir, ne semblaient plus avoir une confiance absolue en ce qui existe comme police, qu'elle soit de renseignement ou répressive.

— Ces polices, précise-t-il, ont agi particulièrement à Alger – il appartient à la défense d'en faire la preuve – et dans les environs. Leurs méthodes ? vous les connaissez...

M$^e$ Tixier-Vignancour jouant les naïfs, Léon Delbecque ajoute qu'ayant appris par la presse que des immeubles abritant des gens des polices parallèles avaient été plastiqués à Alger, des parlementaires « dont c'est le métier de contrôler » ont voulu en savoir plus sur ces victimes de l'O.A.S.

— Nous avons demandé au pouvoir l'autorisation d'aller enquêter sur place, de vérifier, nous avons demandé, nous, commission de la Défense nationale, à pouvoir, sur place, contrôler ce qu'on nous disait, ce qu'on nous cachait et ce qu'écrivait la presse : on nous l'a refusé.

Selon Delbecque, les députés de la commission de la Défense nationale se sont donc résignés à employer des « méthodes que la légalité républicaine ne prévoit pas » pour se renseigner sur les barbouzes.

— Quant au recrutement de ces polices parallèles, affirme-t-il, un parlementaire en a fait état du haut de l'Assemblée. Il a cité des noms d'agents qui voyageaient en France pour recruter ce genre de policiers. Si mes souvenirs sont bons, je crois que c'est M. Dronne qui, à la tribune, a cité des noms d'agents recruteurs. Il a même cité si mes souvenirs sont exacts les sommes qui leur étaient offertes. Aucun démenti ne lui a été donné à l'Assemblée nationale. Lorsqu'il n'y a pas de démenti, on considère qu'on ne veut pas dire la vérité, mais que la vérité existe.

Le président lui demandant : « Ne croyez-vous pas que certains individus assassinés ont ensuite été qualifiés de barbouzes pour justifier leur assassinat ? », Delbecque regrette à nouveau qu'il n'ait pu enquêter en Algérie et le maître des débats poursuit :

— M. le procureur général fera certainement état de certains tracts où certains individus assassinés sont ensuite qualifiés de barbouzes ; cela justifie tous les assassinats. Je suis un peu, je ne dis pas sceptique, mais je crois que je fais la réflexion que faisait M$^e$ Tixier-Vignancour : il y a peut-être « barbouzes » et « barbouzes » comme il y a « O.A.S. » et « O.A.S. ».

C'est maintenant à François Mitterrand de déposer. Et M$^e$ Le Corroller, après avoir lu une partie de son article du *Courrier de la Nièvre* repris dans *Le Monde*, déclare :

— Je voudrais que M. le ministre Mitterrand indique au Haut Tribunal les raisons pour lesquelles, d'une part, il a écrit cet article, et ce qu'il entend exactement lorsqu'il dit que certains des accusateurs de M. Salan ne sont pas aujourd'hui qualifiés pour l'être.

\*

— 77 —

## François Mitterrand témoigne

L'ancien ministre de l'Intérieur au début de la rébellion du F.L.N. et ministre de la Justice de décembre 1956 à juin 1957 s'explique.

— J'ai écrit cela parce que je me suis toujours vu contraint depuis quelques années de situer l'aventure de l'O.A.S., d'une façon plus générale celle de l'Algérie française, et plus particulièrement celle de l'accusé d'aujourd'hui, dans son contexte. Lorsque je dis d'une part que vous jugez aujourd'hui un acte de guerre civile, cet acte se situe dans le cadre d'un combat contre les institutions de la République, qui a commencé, comme je l'ai écrit, par un incroyable hasard en 1957, et qui s'est marqué par l'attentat dont il a failli être la victime et où périt le commandant

Rodier. Si comme je l'ai écrit, je l'ai dit à la tribune des Assemblées, cela a été une des raisons pour lesquelles j'ai, comme parlementaire, voté contre l'investiture du général de Gaulle, je n'ai aucune raison de ne pas le maintenir ici. Le premier acte de guerre civile se situe à compter du moment où, pour la prise du pouvoir, un clan n'hésite pas à supprimer physiquement l'adversaire ou celui dont il attend la complicité et qui ne lui répond pas. Cela n'a pas commencé il y a deux ou trois ans. Cela a commencé au temps de la IV<sup>e</sup> République, qui était le régime adopté par la majorité des Français, et contre lequel une conjuration s'est dressée, et fut, d'ailleurs, victorieuse.

Campant sur ses positions de 1957, François Mitterrand affirme la réalité d'un complot destiné à éliminer Salan parce qu'il était considéré comme trop bon républicain et sans doute trop peu enclin à accepter une dictature. M<sup>e</sup> Tixier-Vignancour l'interrogeant sur les circonstances dans lesquelles il a reçu Michel Debré après l'affaire du bazooka, François Mitterrand répète qu'il a bien reçu le prédécesseur de Georges Pompidou à Matignon, même si, précise-t-il, celui-ci conteste le lieu où l'entretien s'est déroulé.

— J'ai vu M. Debré, alors sénateur et leader de l'opposition, parce que, selon la tradition établie sous la III<sup>e</sup> et la IV<sup>e</sup> République, lorsqu'un parlementaire se voyait mis en cause dans un dossier pouvant conduire à une procédure judiciaire et que pouvait être examiné le cas de son immunité parlementaire, il était de tradition que le garde des Sceaux en prévînt l'intéressé.

M<sup>e</sup> Tixier-Vignancour lui ayant demandé s'il s'agissait de l'affaire du bazooka, il répond :

— Evidemment ! Encore faudrait-il à la fois préciser et nuancer. L'affaire du bazooka s'est greffée sur une série d'actes terroristes qui, en 1957 et sans doute en 1956 (nous n'en connaissons pas exactement le premier pas), était perpétrés par une organisation, qui s'appelait l'O.R.A.F. Je pense que cela signifiait « Organisation de la Résistance pour l'Afrique du Nord ». C'était une organisation clandestine et dont l'objet était d'opérer des représailles contre les attentats du F.L.N., et, de ce fait, faisait justice soi-même, si l'on peut dire. Ils procédaient à l'exécution d'un certain nombre de musulmans, commettaient des attentats contre les biens immobiliers. En bref, l'O.R.A.F., disons que c'était une première mouture de l'O.A.S. dans la mesure où l'O.A.S. se limiterait – ce qu'il ne m'appartient pas d'apprécier – à des organisations soit de défense, soit de représailles et, tout simplement, de contre-terrorisme. Cette organisation n'avait pas de chef important ; elle n'était pas conduite par un vaste dessein. C'était un organisme de combat, le plus brut, le plus simple, et je n'hésite pas à dire, le plus criminel à mes yeux.

Après avoir rappelé que la justice militaire, en vertu du texte de 1956 sur les pouvoirs spéciaux, avait obtenu le suivi de l'affaire, François Mitterrand affirme que c'est à la demande du Parquet de Paris qu'il a ouvert une autre information la concernant.

— J'insiste sur ce point, souligne-t-il, parce que je ne veux pas que l'on pense qu'il ait pu y avoir initiative du Pouvoir ; ce n'était pas notre genre d'inventer un complot pour notre besogne, à nous.

Rappelant que l'information des magistrats militaires d'Alger ne visait que l'homicide volontaire, la tentative d'homicide volontaire et l'association de malfaiteurs, il reconnaît que c'est dans le seul souci de ne pas avoir dans un premier temps à citer des noms importants, qui auraient amené des pressions sur les magistrats instructeurs, qu'il s'est, sur la proposition du Parquet de Paris, cantonné à ces mêmes qualifications.

— Je l'ai limité à l'homicide volontaire et à l'association de malfaiteurs parce que je ne voulais pas préjuger, ni qu'on pût croire à un dessein assez bas de notre part, c'est-à-dire faire, comme on l'a fait souvent depuis : d'abord lancer les noms, et ensuite, comme on peut, rattraper. D'abord déshonorer, ensuite oublier.

Que ce soit parmi la cour, au sein de la défense ou dans l'assistance, nul ne doute que le témoin profite de l'occasion pour se dédouaner une fois de plus de l'accusation d'avoir organisé contre lui-même un simulacre d'attentat dans la nuit du 15 au 16 octobre 1959, alors qu'il rentrait en voiture à son domicile parisien de la rue Guynemer. Aucun des juges n'ignore que cet attentat a été organisé par Robert Pesquet, un ancien député du Loir-et-Cher élu en janvier 1956 sous l'étiquette des Républicains sociaux, apparenté ensuite au groupe de Pierre Poujade et qui n'a pas été réélu en 1958. Mais ils ne savent pas que Pesquet, après avoir participé à une tentative d'incendie contre le Palais Bourbon, anime aujourd'hui à Beuvron-en-Auge, en usant du sobriquet de *Lenormand*, un petit réseau de l'O.A.S.

En d'autres temps, Me Tixier-Vignancour, qui a participé à la manipulation de Pesquet qui est aussi son client, aurait rappelé à la cour que le témoin est sous le coup d'une inculpation d'outrage à magistrat prononcée le 8 décembre 1959 après que les sénateurs lui eurent retiré le 25 novembre son immunité parlementaire par 175 voix contre 27, mais, aujourd'hui, François Mitterrand lui étant utile, il le laisse poursuivre :

— Cette information ouverte à Paris a tenu quelques mois. Elle a été presque totalement inopérante, pour deux raisons. La première, c'est que ceux qui pouvaient se trouver visés se sont empressés de disparaître, avertis avant moi, et ont trouvé leur lieu d'élection, bien entendu l'Espagne.

Le dossier du bazooka est donc revenu à la seule autorité militaire et le procès, rappelle François Mitterrand, a eu lieu lorsque Debré était garde des Sceaux.

— Je n'ai pas d'opinion là-dessus, souligne-t-il. J'ajouterai simplement ceci que, cité par la défense et n'ayant donc point d'autre raison de venir ici que de répondre à vos voix et de ne pas me dérober, je ne veux point cependant faire figure de délateur. Je répondrai donc, à partir de maintenant, aussi aux questions qui me seront posées sur le rôle de tel ou tel si elles sont précises.

Revenant au bazooka, il ajoute :

— Il nous paraissait – avec une certaine part d'hypothèse, puisque l'information n'a pas été plus loin – que cette conjuration politique avait pour objet de changer le commandement à Alger, afin d'obtenir que ce nouveau commandement pût exercer une pression suffisante, soit pour faire céder le pouvoir politique à Paris dans ses desseins, soit pour s'y substituer.

Et l'homme qui sera élu président de la République en 1981 déclare :

— Bref, je disais tout à l'heure : l'O.R.A.F., première mouture de l'O.A.S. ; conjuration de 1957 aboutissant au 13 mai ; première phase d'un dessein que vous voyez se reproduire avec les mêmes moyens, avec les mêmes objectifs, et presque avec les mêmes hommes que le 13 mai 1958. Ce qui n'était alors que, pour une part très légère – et je le dis par scrupule – hypothèse, se trouvait vérifié par la suite.

Me Tixier-Vignancour intervient :

— On a depuis hier, monsieur le ministre, avec la bienveillante autorisation du Tribunal, parlé des mobiles de l'accusé, des intentions qui ont pu inspirer son action. Et, plus généralement, il a été invoqué un certain nombre d'affirmations sur la nécessité de la présence française en Algérie, dont il a été précisé que le général Salan y avait ajouté foi. M. François Mitterrand, à la séance de l'Assemblée nationale du 13 novembre 1954, c'est-à-dire douze jours après le début de la rébellion, a dit à la tribune : « L'Algérie, c'est la France ! » Est-ce qu'il pense qu'une affirmation semblable, venant de lui, a pu avoir une influence sur les déterminations du général Salan ?

— J'ai bien prononcé ces paroles, reconnaît Mitterrand. Encore faudrait-il ajouter le contexte. Me Tixier-Vignancour aurait-il perdu l'habitude des analyses honnêtes ?

Après cette pique, il ajoute :

— Comme je ne suis ici ni pour me défendre, ni pour justifier une politique, ni pour expliquer pourquoi j'ai prononcé ces paroles, étant bien connue ma position générale, avant et après, sur le problème algérien, et délaissant donc d'une façon absolue toute justification, toute explication, je dirai que je ne pense pas vraiment avoir eu quelque influence que ce soit sur la détermination soit idéologique, soit politique, soit pratique du général Salan.

Me Tixier-Vignancour l'ayant remercié, François Mitterrand demande :

— Monsieur le président, si vous le permettez, je ne voudrais pas clore ce témoignage par une déclaration de principe. Je voudrais dire simplement que les événements de 1957, qui sont l'essentiel, je le suppose, de l'intérêt de mon témoignage, ces événements de 1957, je les ai ressentis très douloureusement. Commencer par tuer un Français parce qu'on n'est pas d'accord avec lui, cela oblige à poser cette question : quand donc la patrie reconnaîtra-t-elle les siens ? Il n'est pas un Français, quelle qu'en soit l'opinion politique, qui n'en sente la valeur. Cela, je veux le dire et je veux que vous l'entendiez. Mais je veux dire aussi qu'un garde des Sceaux ne constitue pas, à lui seul, une juridiction supplémentaire. Sous la IV$^e$ République, régime faible – sans quoi nous ne serions pas là aujourd'hui –, nous respections (dirai-je que ce serait une cause de notre faiblesse ? je ne le crois pas) un certain nombre de règles, de procédures, d'usages, et nous respections les lois, surtout évidemment lorsque nous avions la charge de les défendre.

Après ces attaques contre de Gaulle, François Mitterrand regrette encore :

— En 1957, si nous n'avons pas pu mener à bien l'affaire pour laquelle je suis là, c'est-à-dire briser le complot contre la République, aller jusqu'au bout, nettoyer la plaie, c'est parce que, déjà, toute une fraction de l'opinion, et surtout un grand corps, qui a pourtant sa gloire, ses mérites et pour lequel j'ai beaucoup de respect, qui s'appelle l'Armée, en raison même de la faiblesse de l'Etat, avait fini par considérer qu'elle était seule dépositaire des intérêts de la patrie et qu'elle formait un corps à part, qui pouvait avoir ses propres desseins, sa propre politique, sa propre justice. Le pouvoir civil a été démuni du moyen de conclure sur un procès à la fois criminel et aussi politique, qui aurait évité à tous ceux qui sont ici, à vous comme à moi comme aux autres, l'incroyable confusion qui porte atteinte au moral de la nation, dans laquelle nous sommes aujourd'hui. Voilà pourquoi, lorsque je vous dis cela, j'ai le sentiment de rester logique avec le refus que, personnellement, j'ai apporté dès 1958, non point par rapport aux institutions, mais aussi par rapport au chef qui se proposait.

Salan esquisse un sourire lorsque François Mitterrand se retire après cette attaque contre de Gaulle et M$^e$ Le Corroller réclame l'audition de Michel Debré. Rappelant que le général Salan pourrait demander le renvoi du procès au cas où ce « témoin récalcitrant ne serait point effectivement à l'audience », l'avocat se défend de toute arrière-pensée politique.

— Un homme, plaide-t-il, et je vais lui rendre publiquement hommage, vient dans ce domaine de nous donner un bel exemple. Cet homme qui est mon adversaire politique, c'est le témoin Mitterrand. Il a déposé, messieurs, avec une belle tranquillité d'esprit, une tranquillité d'esprit que nous souhaitons aussi. Mais la question est précise : pour que la lumière soit faite tout entière sur les faits qui sont reprochés à Raoul Salan, la présence de M. Michel Debré est-elle ou n'est-elle pas nécessaire ?

L'avocat expose les questions que la défense désire poser à l'ancien Premier ministre, surtout dans le souci de savoir si les circonstances atténuantes pourraient être accordées à l'accusé qui, ainsi que vient de le rappeler François Mitterrand, a été la victime du premier acte de guerre civile en Algérie. La cour se retire alors et lorsqu'elle revient de la chambre des délibérations, le président Bornet déclare :

— Le Haut Tribunal militaire, après avoir délibéré sur les conclusions prises par la défense, demande à M. le procureur de bien vouloir prier

M. Michel Debré de se présenter à l'audience de demain dans l'après-midi.

Cette annonce ayant projeté les journalistes vers les téléphones, le D$^r$ Georges Salan, dont le visage maigre et barré par des lunettes est plus long que celui de son frère aîné, cheveux gris en brosse, se présente à la barre. Sans avoir à prêter serment, empreint d'une forte émotion, il obtient l'autorisation exceptionnelle de lire sa déclaration. Mais avant, il annonce d'une voix crispée :

— Avant toute chose, je tiens, pour que nul n'en ignore, à préciser que je suis gaulliste inconditionnel puisque U.N.R. et même conseiller national U.N.R. Ceci sous-entend que je n'approuve pas et même que je condamne l'O.A.S., mais n'implique pas que je ne la comprenne pas. Je la comprends d'autant mieux que mon frère revendique en être le chef, et que je sais par quels chemins il en est arrivé là.

Ayant rappelé que, bien que gaulliste, il ne faisait pas partie de l'immense majorité des Français qui, dans l'enthousiasme de mai 1958, croyaient que l'Algérie resterait française, il avoue :

— Depuis, les temps et les gens ont beaucoup changé, de telle sorte que si je jette aujourd'hui un regard en arrière, je peux dire que de Gaulle a comblé tous mes vœux. Mais il a, par là même, abusé et ulcéré ceux qui, tel mon frère, avaient vu en lui le mainteneur de l'Algérie française. Pour avoir entendu ses confidences, pour avoir vécu dans son intimité, je sais quelle fut la douleur de Raoul à sentir chaque jour davantage, par la volonté obstinée de De Gaulle, l'Algérie tomber aux mains du F.L.N.

En entendant ces mots, l'accusé se raidit et plus encore lorsque son frère proclame :

— Je sais, il y eut les attentats, les plasticages, les hold-up, et je le sais d'autant mieux que je fus le premier plastiqué de France ! Mais tout ceci, aussi atroce que cela soit, n'est qu'engrenage sans que, dans un tel engrenage, on puisse prétendre établir des responsabilités hiérarchisées.

Allant plus loin dans la compassion, le frère de l'accusé, de plus en plus ému, ajoute :

— De toute façon, même si ces responsabilités pouvaient être établies, et accabler mon frère dans une certaine mesure, il serait profondément inique qu'après avoir amnistié les tueurs professionnels du F.L.N., qui ont tout de même commencé, on fusillât le général d'armée Raoul Salan, médaillé militaire, qui, depuis plus de quarante ans, fut partout où la France se battait, et auquel j'ai tenu à apporter publiquement ici le témoignage de mon amitié conservée et de mon affection toujours fidèle, car Raoul et moi appartenons à une famille dans laquelle, quelles que soient les divergences d'opinion et les oppositions d'idées, on ne se renie pas entre frères !

Saisi par le pathétique de la déposition, le président laisse échapper :

— Par ma voix, le Haut Tribunal militaire vous exprime sa sympathie.

## Chap. 77. – *François Mitterrand témoigne*

Et Georges Salan, sans se soucier du règlement, se jette vers l'accusé qui, lui aussi ému aux larmes, lui tend une main qu'il serre très fort et se penche vers lui en murmurant :

— Merci, mon petit Georges, merci.

L'émotion est à peine évanouie lorsque le député Edouard Frédéric Dupont, vice-président de l'Assemblée nationale et depuis douze ans rapporteur du budget militaire, évoque le désarroi des militaires :

— L'Armée ! c'est une tragédie qu'elle vit en ce moment, et je ne sais même pas si tous, vous vous rendez compte du drame atroce qui se joue dans les consciences. L'Armée nous dit : « Comment nous a-t-on laissés compromettre tant de gens, si vraiment on avait, à un moment, très vite compris que la guerre ne pouvait pas être gagnée ? » Je vais vous raconter, d'ailleurs une anecdote. Ce sera la seule que je me permettrai de vous donner...

C'était, se souvient-il, en novembre 1959. Il visitait avec un amiral le secteur de la demi-brigade de fusiliers marins commandée par le capitaine de vaisseau Merlet. A chaque douar visité, le pacha des fusiliers marins faisait monter dans sa jeep son chef pour visiter avec lui le djebel. Comme Edouard Frédéric Dupont s'inquiétait de l'utilité de cette promenade avec les responsables de la communauté musulmane, l'officier de Marine avait affirmé avoir reçu l'ordre d'en « compromettre le plus possible » !

Un de ces chefs de village, visiblement fier d'avoir fait un tour en jeep avec un député et un amiral, rejoignant ses administrés, l'enseigne de vaisseau qui commandait l'escorte avait proclamé : « Monsieur le député, ceux qui un jour pourraient nous forcer à abandonner ces gens-là, après nous avoir fait faire ce que nous avons fait sur ordre, seraient les derniers des salauds ! »

Quelques mois plus tard, Edouard Frédéric Dupont, retrouvant à Oran l'amiral qui l'avait accompagné à Nemours, lui avait demandé, pince-sans-rire : « Amiral, surtout après ce second référendum, est-ce que vous continuez à faire monter dans votre jeep les chefs de village ? » et celui-ci lui avait répondu : « Oui, les ordres n'ont pas changé, mais je dois dire que mes officiers sont réticents. J'ai dû leur renouveler l'ordre, mais j'ai du mal à me faire obéir. Ils ont tort ; le responsable, vis-à-vis de sa conscience : c'est le chef. Ils doivent obéir. »

— Vous pensez bien, messieurs, ajoute Edouard Frédéric Dupont à la fin de ce récit, que j'ai compris moi-même le drame de ces hommes.

Puis le député du VII$^e$ arrondissement de Paris se fait accusateur :

— Il faut que vous sachiez une chose, messieurs, c'est que le peuple français n'a pas été chic pour cette Armée, le peuple français n'a pas été loyal à l'égard de cette Armée. On a laissé trahir cette armée. En pleine guerre d'Indochine, je suis un jour monté à la tribune de l'Assemblée nationale au sujet d'une affiche. C'était un appel officiel du ministre de la Santé publique appelant à la collecte du sang et, pour pouvoir avoir peut-être un peu plus de sang, il s'était cru obligé de mettre en bas – je vous le garantis : « En aucun cas ce sang ne servira aux blessés de la guerre d'Indochine. »

Ayant longtemps laissé parler le témoin, le président Bornet le rappelle à l'ordre quand il évoque les contacts pris par des élus avec des organisations proches de la rébellion :

— Monsieur le président, le reprend-il, vous avez fait une déposition extrêmement émouvante, très intéressante, mais vous commencez à politiser.

Je vous remercie de m'alerter, monsieur le président. Un dernier mot : nous avons eu quarante-neuf gardiens de la paix assassinés par le F.L.N. à Paris. Je suis moi-même monté à la tribune pour demander qu'on châtie les agresseurs. On n'avait pas châtié non plus ceux qui avaient assassiné les députés et les amis de la France, aucun n'a été condamné à mort. Et lorsque j'ai demandé au dernier gouvernement comment on pouvait faire cesser cette hécatombe, on m'a répondu – c'était à l'occasion d'une déposition orale : « Il ne nous est pas possible de modifier le code d'instruction criminelle. » Voilà, messieurs, en mon âme et conscience ce que j'avais à dire et je vous demande de retenir seulement de ma déposition ceci : ma conviction est très grande, le peuple français ne devrait pas avoir la conscience tout à fait tranquille vis-à-vis de son Armée.

Après les dépositions du D$^r$ Bernard Lafay et du sénateur Roger Marcellin qui a déclaré que la situation des Européens en Algérie devenait de plus en plus intenable parce que : « Bien vite, alors qu'il était insignifiant, on a donné au F.L.N. l'autorité que vous savez », le député d'Alger Marc Lauriol rappelle qu'il a écrit le 9 novembre 1960 dans *Carrefour :* « Il serait vain de penser qu'en cas de sécession les Français d'Algérie rentreraient benoîtement et misérablement se réfugier en métropole. Ils ne rentreraient pas, non ! Ils se battraient. Alors on pourrait dire : "La guerre d'Algérie ne fait que commencer !" » et que, de son côté, Jean-Jacques Servan-Schreiber vient d'affirmer dans *L'Express*, journal dont le siège est gardé chaque nuit sur les Champs-Elysées par une petite milice de jeunes journalistes antifascistes, parmi lesquels le futur écrivain Maurice Rafsjus et par des vigiles appointés : « Il n'y a plus d'O.A.S., il y a une population. On décapite une organisation, on ne décapite pas une population ! »

— Donc, regrette Marc Lauriol, pour lutter contre l'O.A.S. il faut lutter contre la population, et nous allons vers un phénomène gigantesque.

Philippe Marçais vient après son collègue de barreau préciser les liens qui l'unissent à Salan et il achève sa déposition en l'exonérant de toute implication dans les ratonnades.

— Si un homme a été pour la concorde et pour la fraternité dans l'égalité la plus totale, affirme-t-il, je dois dire que le général Salan a été cet homme.

De son côté, Jean-Marie Le Pen, après avoir exposé les mobiles qui, depuis l'Indochine où il a servi au grade de sous-lieutenant à la Légion, ont amené des militaires à se rebeller contre l'autorité de l'Etat, rappelle que ses relations avec l'accusé n'ont jamais été bonnes puisque, évoquant mai 1958, il déclare :

— Le général Salan me fit d'abord réexpédier sur l'Espagne, puis ensuite arrêter à Oran et transférer à Constantine en résidence surveillée d'où je fus expulsé immédiatement après que le général de Gaulle eut obtenu les pouvoirs de l'Assemblée nationale dont j'étais membre.

Pour l'ancien béret vert d'Indochine, de Suez et de la bataille d'Alger de 1957, le dessein de l'O.A.S. était :

— Remplacer, partout où elle partait, l'armée française de façon à ce que l'autodétermination ne soit pas entièrement vidée de son sens et qu'en face d'une armée fellagha qui, elle, existait sur le terrain, il y ait au moins une armée française, fût-elle secrète, qui soit capable de sauvegarder les intérêts français et de la population, la loyauté du scrutin. Et, ajoute-t-il, il faut bien constater que l'Organisation armée secrète ne s'est lancée dans une action directe qu'au fur et à mesure qu'elle a été attaquée, c'est-à-dire que ce pacte secret qu'elle croyait exister entre elle et le gouvernement n'a pas été respecté, et ce n'est qu'à ce moment-là.

Déposant après l'avocat breton, l'ancien haut-commissaire en Indochine Jean Letourneau se souvient que le maréchal de Lattre de Tassigny avait fait de la présence de Salan à ses côtés la condition sine qua non de sa prise de commandement en Indochine. Puis il fait son éloge et, après une brève analyse de la défaite de l'Armée française en Indochine, il déclare au sujet de ses officiers :

— Aujourd'hui, quand ils ne sont pas en prison, ils viennent me voir parce qu'ils m'ont connu en Indochine et qu'ils savent que, bien imparfaitement, hélas, bien loin de leurs propres sacrifices et bien en dessous de ce qu'ils méritaient, j'avais du moins essayé, et je puis dire dans un milieu difficile, de les aider de mon mieux, en tout cas avec tout mon cœur. Quand ils viennent me voir, ce ne sont pas des révoltés, ce ne sont pas des hommes qui mijotent un coup d'Etat, ce sont des désespérés. Il me vient alors un grand remords, je le dis comme je le pense : c'est qu'il y a treize ans lorsque j'avais ces redoutables responsabilités, je n'ai pas mesuré que les forces qui travaillaient à la désagrégation de ce pays finiraient par dominer et que mon devoir, ce jour-là, aurait dû être de donner ma démission avec éclat et de dire publiquement que tout ce que je voyais, que tout ce que je ressentais, que tout le mal que j'avais à remonter des pentes me donnaient la certitude qu'on ne pouvait plus avec honneur dire à ces hommes : vous pouvez avoir confiance dans la parole de la France et vous pouvez dire à ceux auprès desquels elle vous a envoyés que jamais elle ne la reniera.

Après avoir respecté une pause, le haut-commissaire regrette :

— Si j'avais dit cela il y a dix ou douze ans, je crois bien que le général Raoul Salan ne serait pas dans ce box aujourd'hui. Voilà mon remords et devant l'immense détresse de l'Armée dont je suis, encore une fois, le confident combien affectueux mais combien peiné, je me demande si aujourd'hui, alors que ce mal est l'un des plus graves pour la vie de la nation, je me demande si l'heure est celle de la justice impitoyable ou si elle n'est pas plutôt celle de la clémence et du pardon.

La séance s'achève sur cette question de M<sup>e</sup> Gavalda :

— Vous venez de dire, monsieur le ministre, que le pouvoir civil était seul responsable en soi ?

Et Jean Letourneau lui répond :

— Incontestablement !

A l'heure où commençait le procès de Salan, le président de la République, malgré les mises en garde adressées à l'Elysée par les policiers du B.D.L., ne voulant pas d'autre protection que celle que lui procurent avec une jalousie confinant à l'idolâtrie ses « gorilles » Djouder, Sassia, Tessier, Comiti et celle, moins voyante mais tout aussi efficace, de la brigade des voyages officiels du commissaire Georges Albayez, a quitté Paris le 17 mai. Il a commencé à Figeac, la ville dont le maire est Gaston Monnerville, le président du Sénat, et où le lieutenant Blanchy et le légionnaire Slieboda ont été repérés, un voyage qui, après le Lot, le mènera en Corrèze, dans la Creuse et en Haute-Vienne.

Cette région, politiquement du moins, n'est guère favorable au chef de l'Etat puisque, aux législatives de novembre 1958, elle s'est fait représenter à l'Assemblée nationale par dix députés socialistes – presque le quart de ce groupe parlementaire de quarante-quatre élus ! –, cinq radicaux, un communiste et un seul membre de l'U.N.R., M. Filliol.

Les policiers du B.D.L., toujours renseignés par leurs collègues de la *Mission C*, savent que le lieutenant Blanchy et son compagnon ont quitté Alger avec un viatique de trois cent mille francs. Aujourd'hui, alors que le Palais de Justice ferme ses portes après l'audition de Jean Letourneau, ils viennent d'apprendre par les policiers de Toulouse que les deux *deltas* ont loué dans cette ville et jusqu'au 31 mai une ID 19 beige immatriculée 362 EJ 47.

Pendant que les policiers parisiens s'inquiètent de la sécurité du Général, Christian Fouchet se réjouit à Rocher-Noir que paraisse au *Journal officiel* ce texte qui, privant l'O.A.S. d'une masse de mobilisation, lui permettra d'éloigner d'Algérie des milliers de jeunes gens : « Nonobstant toute disposition législative ou réglementaire, le haut-commissaire en Algérie pourra décider l'appel immédiat sous les drapeaux des jeunes gens recensés en Algérie, âgés d'au moins dix-huit ans et déclarés aptes au service militaire par les conseils de révision, y compris les sursitaires. »

Alors qu'un Nord 2501 de l'armée a déposé à 13 heures au Bourget dix-huit sympathisants de l'O.A.S. expulsés de Bougie, une jeep et un 4 × 4 Dodge de la Gendarmerie mobile roulent à Alger en direction d'El-Biar. Parvenus sous le jardin public du Balcon Saint-Raphaël au-dessus du méandre le plus étroit et le plus pentu du boulevard Gallieni, les douze gendarmes qui les occupent sont pris sous le feu d'une embuscade. Des grenades à fusil les encadrent. Les rafales d'un fusil-mitrailleur les obligent à se jeter dans le fossé ou à se tasser derrière leurs véhicules sur lesquels ricochent des balles de mitraillette tirées de plus près. Leur radio appelle à l'aide, mais leurs autres unités sont accaparées par des attaques que l'O.A.S. a déclenchées simultanément à El-Biar et près du fort l'Empereur. L'accrochage perdure et les *deltas*, idéalement embusqués, blessent huit gendarmes avant de se retirer sans pertes.

Sachant que le référendum qui entérinera l'indépendance de l'Algérie est fixé au 1er juillet 1962 et ne concernera, cette fois, que les habitants de l'Algérie, ainsi que Salan l'avait accepté lorsqu'il lui en avait parlé avant son arrestation, Susini a décidé de rencontrer le président de l'exécutif provisoire. Avant d'en venir à cette démarche, persuadé que l'O.A.S. n'est plus en état de réaliser ses objectifs et qu'il ne faut plus compter sur une révolte militaire, il a tenté en vain de démontrer à Gardy et à Charles Micheletti l'impossibilité d'établir un réduit européen en Oranie.

Le 18 mai 1962, jour du rendez-vous de Farès avec Susini, alors que deux Nord 2501 déposent à Istres le bachaga Boualam et soixante-dix membres de sa famille et des fidèles avec qui il a décidé de s'installer entre Arles et Saint-Louis-du-Rhône au mas Fondu sur la commune du Mas-Thibert, le colonel Georges Buis, après que Christian Fouchet lui eut transmis un document par lequel Louis Joxe attirait l'attention du haut-commissaire sur les rapatriements de harkis avec leurs familles, émet à Rocher-Noir cette note : « Le ministre d'Etat chargé des Affaires algériennes a attiré l'attention du haut-commissaire sur certaines initiatives prises en Algérie pour organiser l'émigration et l'installation en métropole de familles musulmanes désireuses de quitter le territoire algérien. Dans la conjoncture actuelle, on ne peut laisser à une autorité quelconque l'initiative de mesures de ce genre qui ne peuvent relever que de décisions prises à l'échelon du gouvernement. Le transfert en métropole des Français musulmans s'effectuera sous la forme d'une opération préparée et planifiée. Il convient donc de prescrire à tous les cadres de s'abstenir de toute initiative destinée à provoquer l'installation des demandeurs et de me transmettre vos propositions, qui seront présentées au secrétariat d'Etat aux Rapatriés. »

Tandis que des officiers s'écœurent déjà à la lecture du message du colonel Buis inspiré par Louis Joxe qui, pour eux, équivaut à la condamnation à mort de milliers de Musulmans fidèles, Jean-Jacques Susini quitte Alger dans une voiture conduite par un Musulman. Les deux hommes qui l'escortent, armés de mitraillettes, sont des *djounoud* de l'A.L.N. Lui est désarmé et, en cas de traîtrise, il ne pourra donc compter que sur l'intervention de son ami Charles Bastianetto qui le suit à bonne distance au volant de sa voiture.

Parvenu à la ferme de l'Alma où l'attendait le président de l'exécutif provisoire, Susini ne se répand pas en salamalecs. Et pas plus son hôte qui, après l'avoir écouté exiger des garanties permettant aux Européens de continuer à vivre en Algérie ou, dans le pire des cas, de quitter leur pays dans de bonnes conditions, lui fait remarquer en souriant :

— Mais, monsieur Susini, c'est un renversement des alliances que vous me proposez là ?

— C'est exact, monsieur le président.

Et Susini lui remet l'ébauche d'un protocole d'accord qui, s'il était appliqué, permettrait peut-être aux Pieds-noirs de rester en Algérie avec des garanties autrement plus sérieuses que celles des accords d'Evian. Farès prend rapidement connaissance du document, hoche la tête, réfléchit encore durant quelques secondes, fait quelques observations de détail et, Susini les ayant acceptées, il reconnaît :

— Je suis tout à fait d'accord avec vous : le départ de la communauté européenne serait une catastrophe.

Après avoir encore parcouru le projet, soulignant qu'il ne tient pas à gâcher la moindre chance de ramener la paix, Farès s'engage à aller le présenter en Tunisie au G.P.R.A. Et Jean-Jacques Susini, autant en gage de bonne volonté que dans l'intention d'affirmer que l'O.A.S. est encore puissante, lui révèle la présence d'une grosse charge d'explosif incrustée dans le mur d'un bâtiment du Rocher-Noir.

Cette bombe a été mise en place par Roger Caruana, l'homme qui a procuré à Susini la villa de Pouillon. Ce membre très actif de l'O.A.S. est un ami de Jacques Chevallier, l'ancien maire d'Alger qui, menacé par les *deltas,* vit maintenant à Paris et à qui Susini a demandé de revenir en Algérie afin de faciliter sa rencontre avec Farès.

— Vous ne le savez peut-être pas, annonce le président de l'exécutif provisoire après cette révélation et reprenant sans le savoir les envolées expansionnistes de l'O.A.S. oranaise, mais nous avons un grand avenir. Nous avons en effet l'intention de construire les Etats-Unis d'Afrique du Nord et même, pourquoi pas, d'Afrique.

Comme le regard de Susini trahit l'étonnement, Farès poursuit :

— La conquête de la Tunisie se présente pour nous comme une promenade militaire. La conquête du Maroc sera un peu moins facile, mais nous pouvons déjà nous appuyer sur l'Union des forces populaires de Ben Barka. Et puis, il nous faudra nous étendre vers les pays d'Afrique noire à la limite du Sahara.

Epoustouflé, Susini découvre que son hôte, pourtant réputé homme de gauche, est bel et bien partisan d'un impérialisme algérien.

Les deux hommes s'étant séparés avec la promesse de se revoir très vite, Susini décide de parler dès le lendemain à Godard de son contact. A l'heure où il discutait avec le président de l'exécutif provisoire, l'O.A.S. tirait à Alger neuf obus de mortier sur le Palais d'Eté et ouvrait le feu sur une patrouille de gendarmes mobiles.

A Oran, des sentinelles veillent à l'angle de la terrasse du foyer Lyautey, proche du lycée Lamoricière et en partie occupé par un escadron de gendarmes mobiles et qui abrite un centre de transit destiné aux Européens qui ont fui le bled. Elles sont soudain alertées par une 404 Peugeot sortant sur les chapeaux de roue du garage Clemenceau qui fait face à l'hôtel Martinez de l'autre côté de la rampe du Capitaine-Valès dont les courbes pentues épousent sous le Château-Neuf les contours de la promenade de l'Étang. La 404 a disparu lorsque, avant de s'éloigner de la station-service où il vient de faire le plein, un automobiliste s'arrête devant les gendarmes de faction et, sans descendre de voiture, leur annonce qu'un homme est en train de manipuler de la mèche lente dans la cabine d'une citerne et que celui-ci lui a conseillé de filer, car tout va sauter dans le quartier.

L'Oranais s'est à peine éloigné que le présumé saboteur, portant des lunettes de soleil, saute du camion-citerne. Une des sentinelles le hèle en pointant sur lui sa mitraillette, mais il file à la course, barre la route à une 4 C.V. Renault et oblige son conducteur à l'emmener vers le port.

Les gendarmes arrêtent à leur tour une jeep de la Police militaire. L'un d'eux monte à son bord et, tandis que ses compagnons alertent leur lieutenant, il ordonne au sergent qui conduit de poursuivre la petite Renault. Sur le point d'être rattrapé, l'homme aux lunettes noires fait ralentir son chauffeur, saute de la voiture et tente de disparaître dans le fouillis d'un immeuble en construction à l'entrée de la rue Lafitte remontant vers le centre derrière le lycée Lamoricière occupé par le 5e régiment d'Infanterie dont le chef de corps, le lieutenant-colonel Berbain, a été limogé par Katz à cause de sa tiédeur à exécuter ses ordres. Le gendarme a vu le fuyard se cacher derrière des moellons et il lui hurle de se rendre. L'Oranais menacé de si près lève les bras et se laisse ramener au foyer militaire.

Interrogé sans ménagements, le captif avoue que la citerne garée de l'autre côté de la rampe Valès est piégée, mais qu'il n'a pas eu le courage d'aller jusqu'au bout de sa mission.

— Quand les autres sont partis avec la 404, précise-t-il, j'ai éteint les mèches. Regardez.

Ses doigts portant des traces de brûlures fraîches, le lieutenant estime que le prisonnier ne ment pas en lui révélant que ses compagnons attendent l'explosion de la citerne pour attaquer les unités de Gendarmerie qui stationnent un peu plus bas vers le port au Petit Vichy en protection de l'usine à gaz.

L'interrogatoire se poursuit, lorsqu'un jeune homme sort du garage Clemenceau. Un gendarme lui ordonnant de lever les mains et de ne plus bouger, il fait un bond en arrière et disparaît dans la ruelle séparant le garage et l'hôtel Martinez. Le camion piégé, dont le fuyard a défait le frein à main, roule doucement vers le barrage que viennent d'établir les gendarmes au travers de la rampe Valès. Les gardes abandonnent leur herse pour se mettre à l'abri, mais le lourd véhicule n'a pas le temps de prendre de la vitesse et s'immobilise contre le trottoir.

Les gardes mobiles se tenant prudemment à l'écart, deux démineurs venus du commissariat central en camionnette inspectent le camion. Ils retirent de sa cabine un paquet volumineux enveloppé de papier jaune et ils s'en vont sans donner d'explication aux gendarmes.

La nuit tombant déjà, malgré la défection de l'homme aux lunettes de soleil, l'O.A.S. ne renonce pas à l'attaque prévue. Deux grenades à fusil explosent contre la citerne mais ne suffisent pas à l'enflammer. La riposte d'un fusil-mitrailleur mis en batterie sur la terrasse du foyer Lyautey attire sur les gendarmes un feu d'enfer qui dure jusqu'à ce que le lieutenant chef d'escadron lance deux half-tracks en contre-attaque. Lorsque l'élément de l'O.A.S. se replie, ses tirs n'ont fait qu'un seul blessé, un automobiliste qui a reçu un éclat de grenade à fusil alors qu'il s'engageait dans la rampe Valès.

Craignant d'autres tentatives de sabotage, le commandement fait sortir du lycée Lamoricière des sections du 5$^e$ R.I. pour fouiller de fond en comble avec les gendarmes le garage Clemenceau et celui qui se trouve en bas du boulevard Gallieni au-dessus de la Banque d'Algérie. Après ces fouilles vaines, des hommes du Train, protégés par des zouaves armant deux half-tracks, viennent enlever la citerne.

A la même heure, Adolphe Touffait, inspecteur général des services judiciaires qui vient d'arriver de métropole par la dernière Caravelle rentre à Rocher-Noir au volant de sa voiture de fonction avec le général Jonquières, le nouveau procureur général militaire en Algérie. Après avoir franchi plusieurs barrages, le véhicule portant une immatriculation officielle essuie les tirs d'une patrouille. Craignant une embuscade de l'O.A.S., l'inspecteur général de la justice accélère mais, touché au ventre, il s'arrête sur le bas-côté. Réagissant en soldat, le procureur Jonquières s'installe au volant et fonce vers Rocher-Noir.

Pendant qu'un hélicoptère transporte le blessé à l'hôpital Maillot, Michel Debré, sachant qu'il devra témoigner au procès de Salan, s'affole à Paris. Espérant qu'il suffira de promettre à M$^e$ Tixier-Vignancour les circonstances atténuantes pour son client pour l'inciter à ne pas s'acharner sur lui au sujet du bazooka, il demande à Constantin Melnik de lui faire passer le message par son ancien ami M$^e$ Biaggi.

Au matin du samedi 19 mai 1962, à l'heure où Michel Debré, un peu rassuré par l'ambassade de Constantin Melnik, s'apprête à se rendre au Palais de Justice, un commando d'une vingtaine d'hommes de l'O.A.S. oranaise profite de la complicité d'un factionnaire pied-noir pour pénétrer un peu avant 10 heures dans le fort Santon, au-dessus de Mers el-Kébir. Ces hommes en tenues camouflées et armés de mitraillettes savent que l'unité de fusiliers marins qui occupe la place est partie à l'aube ratisser les pentes du cap Falcon tout proche. Ils n'ont aucune peine à enfermer dans un réduit la vingtaine de désœuvrés, malades pour la plupart, qui traînaient dans le fort. Ils s'emparent ensuite de six pistolets-mitrailleurs, de trente fusils, d'un mortier de 60 mm et de cinq lance-roquettes. Ils complètent leur butin avec quelques postes radio et, avec le factionnaire qui leur a facilité la tâche, ils quittent le fort à bord de quatre camionnettes volées.

Et à Alger, ainsi qu'il l'a décidé la veille, Jean-Jacques Susini se rend avenue Pasteur chez Godard, qui l'écoute bouche bée et explose :

— Décidément, Susini, vous ne savez pas ce que c'est que de baisser le drapeau français !

Le jeune homme plaide qu'il a décidé de traiter dans la seule intention de sauvegarder les intérêts des Européens. Puis il subit de nouveaux reproches et quand Godard se tait enfin, il lui annonce froidement :

— Mon colonel, puisque vous le prenez comme ça, je démissionne de mes fonctions de responsable de l'A.P.P ! Et puisque je suis à la tête de l'O.A.S. pour tout l'Algérois, je vous cède la place. Vous me remplacez à partir de maintenant !

Godard se calme aussi soudainement qu'il s'était emporté.

— Non, Susini, vous ne démissionnerez pas. Vous resterez à votre place et je ne vous remplacerai pas !

— Est-ce que vous avez une autre solution à me proposer ?

— Oui, bien sûr ! Nous montons des réseaux de résistance. D'abord, l'Armée n'acceptera pas l'indépendance de l'Algérie le 1$^{er}$ juillet. Et si par malheur elle l'acceptait, nous résisterons dans l'Algérie indépendante.

L'arrivée imprévue de Gardes interrompt l'exposé surréaliste de Godard qui se cramponne avec l'énergie du désespoir au ralliement de l'Armée. Susini lui fait le récit de sa visite à l'Alma, en omettant toutefois de rapporter que Farès lui a laissé entendre qu'il recevrait de hautes responsabilités dans l'Algérie indépendante.

— Vous avez pris de trop grands risques, grommelle Gardes lorsqu'il en a terminé. Mais, insinue-t-il, ces risques, on peut les prendre pour diverses raisons, n'est-ce pas ?

— Lesquelles, mon colonel ?

— Vous comprenez très bien de quoi je veux parler.

Si calme jusque-là, Susini s'emporte.

— Si vous n'étiez pas qui vous êtes, hurle-t-il, vous recevriez immédiatement un chargeur dans le ventre !

Après cette menace, soudain écœuré par l'aveuglement ridicule de ces officiers qui, depuis 1958, devraient pourtant être rompus à la politique, Susini se désintéresse de la discussion. Il allume une cigarette et s'adosse pour la fumer contre la cheminée de la pièce encombrée de dossiers. Le ton montant encore entre les deux officiers, il ne reprend pied avec la réalité qu'en voyant Godard frapper son compagnon d'un coup de poing. Il bondit, le ceinture et l'entraîne à l'autre bout de la pièce.

Le colonel s'ébroue, brandit son poing droit fermé en plastronnant comme un potache :

— Vous avez vu, hein, Susini ? Elle est encore bonne celle-là !

Sans bien saisir lequel des deux pugilistes regrette : « Te rends-tu compte que cela fait quarante ans que nous nous battons dans le même camp et que nous venons de nous frapper », Susini les laisse à leur réconciliation. Une fois dans l'escalier, il songe qu'il n'y a plus rien à espérer des militaires. Pour lui, l'O.A.S. est morte. Sonné par le ridicule de ce qu'il vient de vivre, il marche vers la voiture où Jean-Pierre Ramos l'attendait, et reprenant peu à peu le dessus il décide de se battre encore, seul s'il le fallait, pour dresser les éléments modérés du F.L.N. contre les extrémistes de la rébellion victorieuse.

A l'heure où Godard et Gardes s'empoignaient, la salle d'audience du Palais de Justice de Paris était comble lorsque, après avoir exigé un fauteuil, Michel Debré s'est présenté devant le Haut Tribunal militaire.

Le président Bornet, apercevant le dossier dont s'est muni l'ancien Premier ministre, lui recommande de ne consulter ses notes qu'en cas de besoin, seulement lorsqu'il estimera nécessaire de clarifier quelque détail.

Me Le Corroller ouvre le débat en rappelant au témoin qu'avant d'être Premier ministre, il fut au Sénat la figure de proue de l'ancienne opposition.

— Vous avez alors affirmé des positions que vous avez vous-même résumées de la façon suivante : « Que les Algériens sachent bien que tout abandon de l'Algérie est un acte illégitime qui place ceux qui le commettent hors la loi et que tous ceux qui s'y opposent, quels que soient les moyens employés, se trouvent en état de légitime défense. »

Puis il demande :

— Ne pensez-vous pas que vos écrits et vos discours ont été susceptibles d'entraîner un grand nombre d'hommes à s'engager de manière irréversible dans la défense de l'Algérie française et par tous les moyens ? Ne pensez-vous pas en conséquence que votre pensée politique d'alors, adoptée par le général Salan, constitue pour lui une circonstance atténuante.

Michel Debré ne répond pas mais, prenant le grand risque de rendre vaine la négociation de Constantin Melnik, il avertit le président Bornet qu'il préférerait traiter au préalable la question que la défense a posée en son absence sur l'affaire du bazooka. Ayant obtenu l'assentiment du président et, bien naturellement, celui de la défense, il va à l'essentiel :

— Un jour de 1957, narre-t-il, un de mes amis qui était membre du gouvernement me demanda de passer le voir. Et quand je répondis à son invitation, il me fit savoir que l'on me reprochait certaines fréquentations que j'avais lorsque j'allais à Alger. Je lui fis part de ma surprise, car je n'étais plus allé à Alger depuis la fin de la Seconde Guerre. Cette réponse le surprit à son tour et nous n'en parlâmes plus. Toutefois il me dit : « Il y a des accusations qui viennent d'un des auteurs de l'attentat contre le général commandant en chef. » Peu après, le même jour ou le jour suivant, un autre membre du gouvernement me fit dire qu'à la suite de certaines révélations, « révélations » entre guillemets, il s'était mis en route une sorte de manœuvre politique, que cette manœuvre partait peut-être d'un des ministres, et que l'on désirait faire établir qu'une sorte de complot, dont les dirigeants auraient été divers hommes politiques et des hommes qui n'étaient pas parlementaires, étaient à l'origine de cet attentat. Et l'on me fit savoir que ces indiscrétions allaient paraître dans la presse, ce qui eut lieu bien après. Je n'étais pas alors un personnage important, et quoique je fusse cité dans cet article, il était surtout dirigé contre M. Soustelle.

Michel Debré raconte ensuite sa rencontre avec François Mitterrand, avec qui, souligne-t-il, il était en bons termes et qui lui a expliqué que l'attentat contre le général Salan avait été commandité par un Comité des Dix ou des Six, composé d'officiers, de parlementaires et d'un représentant d'une dynastie ayant régné sur la France. Mais tout cela, lui avait affirmé le garde des Sceaux, était de la pure fabulation et il n'avait aucune raison de se préoccuper des suites de l'affaire.

— Peu après, poursuit-il, on a recueilli mon témoignage et j'ai pu dire alors, comme je le répète aujourd'hui sous la foi du serment, que je n'ai jamais appartenu à un Comité, si jamais ce Comité a existé. D'ailleurs peu après, avec l'accord du garde des Sceaux, le Parquet civil se dessaisissait au bénéfice du Parquet militaire, et également peu après, avec l'accord de celui qui était alors commandant en chef, les poursuites contre les auteurs de l'attentat avaient lieu et l'on écartait tout ce qui avait été avancé à l'occasion de ces soi-disant révélations.

Après le récit des péripéties judiciaires de l'affaire du bazooka, Debré évoque ses rapports avec François Mitterrand.

— Il y a eu, deux ans plus tard, un premier rebondissement et il est intéressant de savoir comment ce premier rebondissement est venu. Il est venu parce que l'ancien garde des Sceaux, M. Mitterrand, avait été la victime et le complice d'une aventure curieuse qui était l'organisation d'un faux attentat. Ayant été victime et complice de cette curieuse aventure, la levée de son immunité parlementaire a été demandée, et, à la tribune, il a évoqué les attaques et les calomnies dont il était l'objet à ce sujet, et a rappelé les attaques et les calomnies dont j'avais été l'objet à ce moment-là, n'évoquant en aucune façon les responsabilités qui pourraient être les miennes. D'ailleurs vous pourrez relire *Le Figaro* du 27 novembre 1959, où l'on voit les diverses interprétations que M. Mitterrand a données, qui montrent que ses souvenirs sur notre conversation n'étaient pas très précis, ce qui en somme est évidemment compréhensible, quand on se souvient du fait que M. Mitterrand n'avait pas un souvenir tout à fait précis d'événements qui s'étaient déroulés quinze jours auparavant et qui le concernaient directement.

L'allusion à l'attentat de l'Observatoire ayant provoqué un brouhaha amusé parmi l'assistance, Michel Debré attend quelques secondes avant de poursuivre :

— A ce premier rebondissement en a suivi un second il y a quelques mois. Cette fois l'affaire ne vient plus de l'extrême gauche ; elle vient, comme on dit, de l'extrême droite, et c'est une lettre signée, je crois, de l'accusé, qui reprenait l'affirmation de l'existence d'un Comité des Six, l'affirmation de ma participation à ce Comité et même de mes responsabilités particulières. Pour la dernière fois je dis que ce Comité des Six n'a sans doute jamais existé, en tout cas que je n'en ai jamais fait partie, qu'il n'y a aucune liaison entre les auteurs de l'attentat et les personnalités, qui ont pu être citées à l'occasion de ce soi-disant Comité, et en tout cas moi-même.

Ayant ainsi exposé sa vérité, l'ancien Premier ministre proclame :

— Le Tribunal n'a pas à apprécier cette affaire. Cette affaire a été instruite et jugée alors que j'étais, comme le disait M$^e$ Le Corroller, sénateur dans l'opposition, alors que le garde des Sceaux était qui vous savez, alors que le commandant en chef était qui vous savez. Et quand j'ai été au gouvernement, je n'ai eu qu'une seule action, celle de faire presser ce procès. Depuis lors, l'affaire est une querelle politique, et comme il est normal, comme d'ailleurs je ne m'en plains pas, car c'est l'esprit de la politique française tout entière depuis longtemps qui en fait foi, tour à tour c'est l'extrême gauche et l'extrême droite qui ressortent des documents dont la justice, depuis longtemps, a reconnu le peu de valeur.

Soulignant qu'il a « très bien lu » les procès-verbaux du procès auquel il a été appelé à témoigner, le père de la Constitution de 1958 reconnaît que le député Robert Abdesselam lui a bien fait part à Matignon d'une rencontre que celui-ci avait eue en Amérique avec des représentants du F.L.N. Et il ne nie pas que le député algérois lui avait fait part de ses relations avec des gens de l'O.A.S. Puis il rappelle que le général Salan, lorsqu'il était gouverneur de la place de Paris, s'était un jour engagé devant lui à recommander la modération à un officier général de son entourage soupçonné d'activités subversives, et il annonce :

— J'arrive maintenant au fond de l'affaire, je veux dire au drame qui vaut aujourd'hui à un ancien commandant en chef, à un général de l'Armée française, d'être accusé devant vous. On me dit et je comprends très bien la thèse de la défense : « Ce n'est pas tant le procès de l'O.A.S., c'est le procès de l'Algérie française, et vous qui avez été le défenseur de l'Algérie française, qui avez tant écrit et tant parlé, au cours des années écoulées au sujet de l'Algérie française, ne vous sentez-vous pas en quelque sorte lié au sort de quelqu'un qui a maintenu l'idée de l'Algérie française au-delà de ce que vous avez fait vous-même ? » L'Algérie française, qui ne l'a pas souhaitée, qui ne l'a pas voulue, qui ne l'a pas proclamée au cours des vingt dernières années de lutte ? La formule : « La France s'étend de Dunkerque à Tamanrasset », ce n'est pas le général de Gaulle, ce n'est pas M. Soustelle, ce n'est pas moi qui l'avons prononcée :

c'est M. Mitterrand ! Il n'est pas un homme politique, il n'est pas un parlementaire, il n'est pas un ministre siégeant à droite ou à gauche de nos deux hémicycles parlementaires, qui n'ait affirmé au cours des dernières années, comme je l'ai fait, leur désir, leur foi, leur volonté de garder l'Algérie dans le cadre de la République.

S'étant étendu sur les causes du changement radical d'une politique algérienne aujourd'hui irréversible, qui sont, selon lui des raisons militaires et le retard mis en 1954 et 1955 à réprimer les premières attaques de la rébellion, Michel Debré rappelle qu'en 1959 le général de Gaulle a pris la décision de proclamer « la légitimité et la nécessité de l'autodétermination ». Cette décision, précise-t-il, coïncidait avec l'intérêt national, car il n'était pas possible à un pays comme la France de soutenir pendant des années une charge dont il était évident que l'évolution un jour ou l'autre la rendrait insupportable.

A l'exposé de ces dernières évidences, les tenants de l'Algérie française qui, dans le souci de ne pas nuire à la défense, contenaient leur colère huent le témoin et le président Bornet, fixant le fond de la salle où ils se trouvent pour la plupart, les avertit :

— S'il y a des perturbateurs, ils seront expulsés.

Michel Debré ne peut s'empêcher de plaisanter à l'attention du président : « Si l'on pouvait faire cela à l'Assemblée nationale ! » et il reprend le fil de sa démonstration tendant à prouver qu'il n'y avait pas en Algérie d'alternative à l'autodétermination.

Bien qu'il ne soit plus désormais question que de politique et alors qu'il avait pourtant interdit aux témoins précédents de glisser sur ce terrain, le président Bornet laisse aller Michel Debré au bout de son propos.

— Le moins qu'on puisse dire, reconnaît celui-ci, c'est que cette politique n'a pas été soutenue en Algérie et que le cessez-le-feu discuté est apparu ensuite à la fois comme nécessaire et comme impossible.

Après avoir présenté les deux voies qui s'offraient, selon lui, à l'Algérie : « la politique de la raison et celle de la folie », il continue :

— La voie de la folie, qui était d'essayer de présenter une minorité comme des interlocuteurs valables en reconstituant un terrorisme. C'est cette voie qui a été choisie. On en juge aujourd'hui les effets. D'abord cette voie a conduit au terrorisme aveugle et criminel. Comme garde des Sceaux, comme Premier ministre, j'ai eu à connaître du terrorisme F.L.N. et je n'ai pas la réputation d'avoir péché par indulgence à l'égard des assassins et à l'égard des complices. Je répète ici qu'au cours des années passées tout ce qui pouvait être fait par les pouvoirs publics contre les assassins du F.L.N. et contre les complices a été fait ; et en tout cas c'est ce que je voulais et qui était la politique nécessaire. A partir du moment où il est apparu cette autre forme de terrorisme, il n'était pas pensable, il n'était pas possible, il n'était pas convenable, il n'était pas digne de l'intérêt national d'adopter une autre attitude. Les sanctions ont été identiques car le trouble était le même.

Il affirme ensuite :

— L'O.A.S. a coupé les Français d'Algérie de l'Europe, écarté l'opinion métropolitaine de l'Algérie, de ces frères de l'autre côté de la mer. Elle a enfin excité cette partie du F.L.N. qui entend saboter les accords d'Evian et ne pas les appliquer.

Puis, sur le ton du regret, il accuse :

— Pourquoi, par le terrorisme, donner raison aux extrêmes du F.L.N., contre ceux qui ont accepté de s'entendre et ainsi donner une arme à ceux qui veulent casser les accords et continuer les violences contre la France et les Français ? Voilà la faute tragique, voilà la responsabilité fondamentale et lourde. En choisissant le terrorisme aveugle, absurde, criminel, les dirigeants de l'O.A.S. ont pris en fin de compte une responsabilité très lourde devant l'Algérie, devant la France, devant l'Histoire. Monsieur le président, voilà ma réponse.

Me Bertrand Le Corroller reconnaît avoir écouté le témoin avec intérêt et émotion, mais observe qu'il n'a pas trouvé dans son discours la réponse à sa question.

— J'avais pris soin, au contraire, fait-il remarquer au président Bornet, de dire que cette question ne visait pas la politique qu'il avait menée. J'avais posé une question beaucoup plus précise. J'avais rappelé à M. le Premier ministre qu'il avait, en termes très précis, lorsqu'il était sénateur, appelé à l'insurrection pour la défense de l'Algérie française. L'appel de M. Michel Debré est un appel à l'insurrection, et je lui demande si, alors que, au contact des réalités il a cru devoir changer de politique, il ne se sent pas une part des responsabilités au regard de ceux qui étaient autrefois à ses côtés et qui continuaient dans la voie qu'il avait tracée en obéissant à son appel insurrectionnel. Ne croit-il pas en conséquence devoir dire lui-même au Tribunal que des circonstances atténuantes existent et qu'il est nécessaire, pour l'intérêt de la nation, que ces circonstances soient proclamées.

— Je vais donner la parole à M. le Premier ministre, lui répond le président. Seulement, il vous a été déjà dit hier que la question des circonstances atténuantes est une question qui regardait exclusivement le Haut Tribunal, et que par conséquent la question est assez mal posée. Si j'ai bien compris, vous dites : « A un moment donné M. Debré a manifesté certaines opinions, que certains ont adoptées, puis il a changé. Alors, est-ce que vous n'admettez pas qu'il y a tout de même un élément d'atténuation pour ceux qui continuèrent de persévérer dans la première opinion. »

Me Tixier-Vignancour reconnaît : « C'est exactement ça ! » et Michel Debré proteste :

— Je croyais m'être bien fait comprendre. Il existe une date précise dans notre histoire, c'est celle du mois de septembre 1959, où le général de Gaulle, qui représentait l'autorité reconstituée de la France, qui d'autre part avait eu par la suite sur ce même sujet l'accord de la Nation – et un accord de la Nation qui créait cette légitimité fondamentale – a décrété la légitimité de l'autodétermination.

« Que l'émotion et la passion aient pu, poursuit-il, à tous, donner des troubles de conscience ; que l'émotion et la passion, à Untel ou Untel perdus dans la foule les aient amenés à des gestes inconsidérés, soit. Mais que, pour tous ceux, hommes politiques, chefs militaires, responsables quel que soit ce qu'ils aient pensé, capables parfaitement de comprendre et les causes de la décision, et la valeur de cette politique – probablement la seule en face de l'évolution – que ceux-là n'aient pas compris qu'il fallait, désormais, faire face à l'avenir sur des bases nouvelles, c'est ceux-là que je ne comprends pas. Et je ne peux pas penser qu'un homme comme l'accusé, ayant les responsabilités qu'il a eues, ayant approché le chef de l'Etat comme il l'a approché, ayant pris conscience des problèmes, puisse s'inspirer de considérations antérieures pour justifier une conduite, alors qu'encore une fois, la politique était précisée et qu'elle était adoptée par la Nation tout entière de manière solennelle.

Si après cette affirmation de la responsabilité de Salan, Michel Debré pouvait s'estimer au bout de son audition, la défense, tout au contraire, décide qu'elle ne fait que commencer et M$^e$ Tixier-Vignancour annonce :

— Monsieur le président, j'ai plusieurs questions à poser au témoin.

*

— 78 —

## Michel Debré s'explique

Michel Debré subit un nouvel assaut de M$^e$ Tixier-Vignancour qui exhume ses propos publiés le 2 décembre 1957 dans *L'Echo d'Alger* : « Le seul problème, pour ceux qui entendent séparer l'Algérie de la France, est d'imaginer le système juridique ou politique qui mettra hors de la légalité les défenseurs de l'Algérie française. Tant que l'Algérie est terre française, tant que la loi en Algérie est la loi française, le combat pour l'Algérie française est le combat légal ; l'insurrection pour l'Algérie française est l'insurrection légitime. Si l'on pouvait réussir, par quelque procédé, à retourner la légalité, à renverser la légitimité, en d'autres termes à faire en sorte que le combat légal et l'insurrection légitime soient pour l'Algérie non française, alors les ennemis de la France, les traîtres à la France, auraient partie gagnée. » S'adressant au président, l'avocat poursuit :

— Je demande au témoin de préciser s'il entendait que des paroles aussi précises et aussi graves pouvaient avoir, dans l'esprit de ceux qui les avaient lues, qu'il s'agisse d'un ancien commandant en chef ou d'un plombier de Bab el-Oued, une résonance bien postérieure à un discours du chef de l'Etat, et si l'insurrection qui a été la leur et pour laquelle l'accusé est ici aujourd'hui ne pouvait pas, sous votre signature et sous votre affirmation solennelle en décembre 1957, représenter un combat légitime.

L'ancien Premier ministre riposte :

— La discussion peut durer longtemps ! Lorsque le général de Gaulle a pris la France, dans l'état où elle se trouvait, il a reconstitué ses pouvoirs publics, et le gouvernement que je présidais, désigné par lui, avait cette charge. Face au problème, il fallait prendre une position, et cette position ne pouvait être légitime que parce qu'il y avait un Etat solide et parce qu'il y avait une approbation populaire. Chef de cet Etat solide et reconstitué, et se fondant, l'expérience aidant, sur l'intérêt fondamental et de l'Algérie, et de la Nation française au cours des années à venir, l'autodétermination a été la loi approuvée par le peuple français. A partir de ce moment-là, je le répète, il n'était qu'un devoir, parce qu'il n'était qu'une légitimité. Ce devoir et cette légitimité, ils étaient de chercher où était l'intérêt de l'Algérie, où était l'intérêt des Français d'Algérie, où était l'intérêt de la France. Il était dans la poursuite, après la paix, de l'autodétermination ; après l'autodétermination, de la coopération. C'était là, juridiquement comme politiquement, la ligne qu'il fallait suivre.

Cette profession de foi ne satisfait pas M$^e$ Tixier-Vignancour.

— Vous avez indiqué il y a un instant, poursuit-il, qu'à l'égard des terrorismes, les sanctions ont été identiques car les instructions étaient les mêmes. Vous le savez : c'est une peine fort grave, et aucun mystère ne subsiste sur ce point, c'est la peine de mort qui va être réclamée.

— Qui vous l'a dit ?

L'avocat ignore l'intervention de M$^e$ Gavalda. « Qui va être réclamée, insiste-t-il, contre le général Salan » et, après avoir rappelé les propos de Debré : « Sanctions identiques car instructions identiques », il lui demande :

— Pourriez-vous indiquer au Haut Tribunal militaire les conditions dans lesquelles, après les accords d'Evian, et avant les accords d'Evian, les peines prononcées à l'égard de l'un des terrorismes ont été appliquées ?

Michel Debré refuse encore de répondre.

— La question ne relève en aucune façon du gouvernement, se défend-il, et je n'ai pas parlé de sanctions identiques, car ce n'est pas le gouvernement qui les applique. J'ai parlé, dans ma déposition, d'instructions identiques, afin que les poursuites soient identiques. Après quoi, au pouvoir judiciaire de juger.

L'avocat le contre :

— J'ai pris sous votre dictée : « Les sanctions ont été identiques car les poursuites ont été les mêmes. »

Michel Debré, sans faire remarquer qu'il a dit exactement : « Les sanctions ont été identiques, car le trouble était le même », se contente d'affirmer :

— Les sanctions demandées ont été identiques. Je n'ai pu penser autre chose, car ce n'est pas le gouvernement qui sanctionne. Il a des instructions, et il demande des sanctions. Et je répète que les instructions pour la répression et les sanctions demandées ont été identiques.

— Considérez-vous, dans ces conditions, comme juste que les quatre cent cinquante condamnés à mort, pour des faits relevant d'un certain terrorisme, aient été, par les soins de votre gouvernement, amnistiés, et soient sortis libres des prisons françaises, alors que ceux que vous appelez les représentants de l'autre terrorisme se voient, tout au contraire, appliquer les rigueurs de la loi ?

— D'abord, se défend Michel Debré, les accords qu'on appelle les accords d'Evian ont, en ce qui concerne l'amnistie, posé un principe, avec une réserve en ce qui concerne les crimes les plus graves. Je veux dire qu'il est entendu, dans ces accords, que la décision d'amnistie éventuelle ne pourra être prise que cas par cas et après avis d'une commission. Il n'y a pas une amnistie de plein droit totale, pour les cas les plus graves, et je ne pense pas, n'étant plus aux affaires, que le mécanisme de ces accords d'Evian n'ait pas été respecté.

Ayant rappelé que des mesures de clémence applicables aux rebelles étaient prévues dès septembre 1959, Michel Debré précise :

— Il y a eu, par la suite et en même temps, cet autre terrorisme, et en aucune façon la même optique ne pouvait s'y appliquer au moment de la discussion avec le F.L.N. J'imagine que l'O.A.S. ait, au moment des accords d'Evian, décidé leur loyale application, alors, le gouvernement, responsable de la paix et de l'intérêt public, aurait pris, aurait pu prendre, une certaine position. Mais le moins qu'on puisse dire, c'est que ce n'est pas ce à quoi on a assisté.

Poursuivant le harcèlement destiné à obliger l'ancien Premier ministre à reconnaître des circonstances atténuantes à Salan, M$^e$ Tixier-Vignancour ne tient pas à prolonger le débat sur le F.L.N.

— Les cas les plus graves ! relève-t-il. Ceci est important, puisque le témoin, dans sa déposition, a clairement fait entendre que le cas de l'ancien commandant en chef français en Algérie relevait d'une certaine gravité...

Michel Debré lui faisant remarquer que l'affirmation lui est personnelle, il insiste cependant :

— C'est vous qui l'avez dit lorsque vous avez précisé que ceux du rang aient pu continuer à être intoxiqués par la mystique de l'Algérie française, cela passait encore ; mais que pour ceux qui avaient exercé de hautes responsabilités, il n'est pas possible qu'ils n'aient pas compris la politique nouvelle. Il y a un autre « cas grave », c'est celui de Yacef Saadi, le chef des tueurs de la Casbah, ayant sur les mains d'innombrables victimes, et, à l'occasion duquel, par quatre questions écrites, vous avez demandé pourquoi la peine capitale prononcée en ce qui le concernait n'avait pas été exécutée. Yacef Saadi a été libéré par votre gouvernement ; il est en ce moment à Tunis. Penseriez-vous conforme à la morale de ce pays que le général Salan fût fusillé et que Yacef Saadi entrât libre et vainqueur à Alger ?

Michel Debré faisant remarquer au président que la question n'est pas de celles qu'il convient de poser à un témoin, M<sup>e</sup> Tixier-Vignancour se déclare très satisfait et poursuit :

— En ce qui concerne le second point, nous avons entendu hier M. François Mitterrand, qui a effectivement fait une déposition qui est encore présente dans le souvenir du Haut Tribunal militaire. Mais ce qui est également présent dans son souvenir, c'est le silence à peu près total que j'ai observé, quant à moi, à la suite de cette déposition. Je ne lui ai pas demandé de manière plus particulière de préciser sa pensée sur certains points. Pourquoi ? Parce que, précisément, je pensais que, si M. Debré venait à cette barre, nous pourrions, sur ce point, progresser plus aisément. Je voudrais demander au témoin s'il a eu des relations suivies avec M. Knecht.

Dans la salle, des initiés connaissant le rôle que François Knecht, un membre du Conseil national de la recherche scientifique, a joué en 1957 dans l'affaire du bazooka, ronronnent d'aise lorsque Michel Debré répond :

— M. Knecht appartient à une famille installée dans le village où j'ai moi-même fait mes études. Le nom ne m'était donc pas inconnu quand un de mes collègues du Sénat m'a demandé de recevoir M. Knecht, en l'année 1956 ou 1957.

Précisant qu'il avait relu ses notes ces derniers temps, l'ancien Premier ministre avoue que son visiteur lui avait rapporté des conversations qu'il avait eues à Alger, surtout avec le général Faure.

— M. Knecht, précise-t-il, me demandait ce que je pensais des responsabilités des chefs militaires ou des Français d'Algérie en cette période de crise durable en France. La conversation a porté là-dessus, et, par la suite, j'ai revu M. Knecht une fois que, libéré de l'accusation dont il avait été l'objet, il est venu me parler à différentes reprises. Je dois dire que je vois M. Knecht à peu près une fois par an depuis qu'il est rentré dans la vie civile.

M<sup>e</sup> Tixier-Vignancour lui demandant s'il a remis à Knecht un mot d'introduction pour le général Faure, Michel Debré se déclare prêt à répondre à tous les points que le Tribunal acceptera mais pas à cette question qui, estime-t-il, s'écarte du procès.

— Nous sommes tout à fait d'accord, reconnaît M$^e$ Tixier-Vignancour, mais le Tribunal a considéré, d'une façon générale, qu'il entendait très largement le mobile. Il n'est pas douteux que la peine encourue par l'accusé est très grave, et il faut lui donner le maximum de chances de se défendre, bien qu'assez curieusement lui-même ait refusé de prendre la parole. Mais enfin, il veut que les témoins parlent pour lui. Je n'y vois pas d'inconvénient.

S'il ne nie pas avoir remis à François Knecht un mot à l'intention de Faure, Michel Debré ne se souvient pas de ses termes. M$^e$ Tixier-Vignancour, regrettant que le général Faure n'ait pas été extrait de sa cellule afin de déposer, rafraîchit sa mémoire en lisant la note que celui-ci vient de lui adresser le 5 mai : « Je vous confirme bien volontiers qu'à une date que je peux situer à la fin du mois de novembre 1956, j'ai reçu à Alger, où j'étais l'adjoint du général commandant la division, M. Knecht qui était porteur d'une carte d'introduction du sénateur Michel Debré. Il me disait avoir reçu mission de M. Michel Debré de prendre contact avec le D$^r$ Kovacs que, par ailleurs, il connaissait parfaitement. M. Knecht a rencontré plusieurs fois le D$^r$ Kovacs, et je sais par ailleurs, pour avoir été à même de le constater, qu'il était en relations suivies avec le général Cogny. »

— Il n'est pas possible, proteste Michel Debré, que j'aie demandé à quelqu'un d'entrer en relation avec un personnage dont je ne connaissais pas le nom.

M$^e$ Tixier-Vignancour lui demandant s'il a mentionné ses contacts avec François Knecht devant le juge d'instruction de l'affaire du bazooka, il reconnaît :

— Je peux répondre, pour la raison très simple que j'ai relu le document, et le document fait état d'une question qui m'a été posée au sujet de cette carte, et c'est exactement la même réponse que celle que j'ai faite tout à l'heure, à savoir qu'effectivement, quand la question m'a été posée, j'ai reconnu avoir remis à M. Knecht, qui m'était recommandé, une lettre qui – je crois que mes souvenirs sont exacts – était une lettre de remerciements en fonction des renseignements qui m'étaient donnés.

— Et vous n'avez pas fait état d'une mission que vous auriez donnée à M. Knecht ?

— En aucune façon !

L'avocat se tourne vers la cour pour abattre ce qu'il pense être un atout maître :

— Alors voici, messieurs, un document que nous ne pourrons malheureusement pas faire confirmer par le témoin, car il s'agit du général Gardon qui, lui, appartient à la catégorie des témoins militaires dont M. le ministre de la Défense nationale estime impossible la comparution à cette barre en raison des nécessités du service. Le général Gardon est actuellement chef du service de la justice militaire, rue Saint-Dominique, à Paris.

Et il propose la lecture d'une note du général Gardon qui, alors colonel, était le conseiller juridique de Salan lorsque celui-ci commandait en chef en Algérie et était délégué du gouvernement de De Gaulle.

— Cette note est manuscrite, prévient-il, et si quelque contestation s'élevait sur son authenticité, il suffirait de demander à M. le ministre de la Défense nationale...

— Tout le monde la connaît ! laisse échapper M$^e$ Gavalda.

Michel Debré renchérit : « Je l'ai ! » et M$^e$ Tixier-Vignancour feint de s'étonner qu'une note rédigée par un colonel à l'intention du délégué général et commandant en chef en Algérie soit connue de tant de monde.

— D'abord de la défense ! ironise Michel Debré.

— Il se peut que vous ayez raison, admet Tixier, mais il n'en est pas moins important de la lire pour permettre une question à poser au témoin. « Le jeudi 7 août 1958, dans l'après-midi, M. de La Malène, du cabinet du garde des Sceaux (M. Debré) arrivait à Alger pour voir le général Salan. Le délégué général du gouvernement étant ce jour-là précisément à Paris, M. de La Malène était reçu par le général Dulac, qui priait le colonel Gardon de demeurer à sa disposition, pour le cas où les questions techniques qui pourraient être éventuellement abordées concerneraient le domaine de la Justice. En définitive, le colonel Gardon ne prenait pas part à l'entretien mais, le soir même, le général Dulac lui en faisait connaître les grandes lignes. Concernant la Justice, M. de La Malène avait posé au général Dulac les deux questions suivantes : noyées dans un flot d'interrogations touchant les sujets les plus divers : 1° – Le général Salan tient-il vraiment à ce que les auteurs de l'attentat au bazooka passent en jugement ? 2° – Dans ce cas, s'opposerait-il à ce que l'affaire soit jugée à huis clos ? »

Et, ajoute l'avocat, le colonel Gardon a précisé : « Ce déplacement était d'autant plus insolite qu'à ce moment-là se trouvaient à Alger MM. Lebègue et Turpault, de la Cour de cassation, en mission d'ordre du même garde des Sceaux. »

M$^e$ Tixier-Vignancour demande ensuite si le témoin est en mesure de révéler qui avait confié à Christian de La Malène – qui faisait partie de son cabinet – la mission de poser ces questions à Salan. Le président Bornet lui fait remarquer que le général Dulac et Christian de La Malène ont opposé un démenti à cette note, mais il admet :

— Je ne vois pas d'inconvénient à ce que la question soit posée à M. Debré, bien sûr, mais vous exposez la thèse du colonel Gardon. Il serait peut-être bon de dire un mot de la thèse du général Dulac et de Christian de La Malène.

M$^e$ Tixier-Vignancour s'écriant : « Mais le général Gardon ne viendra pas, monsieur le président ! » Michel Debré rappelle que, s'il a reçu La

Malène à la date indiquée, il a démenti l'avoir entendu évoquer l'affaire du bazooka. Puis, revenant au contexte du procès du bazooka, il précise :
— Je tiens à dire une dernière fois – une dernière fois dans cette enceinte – de la manière la plus solennelle que mon seul rôle, et au fond M<sup>e</sup> Tixier-Vignancour s'en souvient bien, quand j'ai été garde des Sceaux, a été de dire que le procès se fasse, et qu'il se fasse vite !

M<sup>e</sup> Gavalda renchérissant « C'est rigoureusement exact ! », M<sup>e</sup> Tixier-Vignancour tente de le couper : « Je vous en prie... », mais l'avocat général poursuit :
— Le témoin a voulu que l'affaire passe tout de suite. Il a voulu qu'il n'y ait pas de huis-clos, et c'est vous qui avez renvoyé l'affaire, et c'est vous qui vous y êtes opposé. Je me proposais de vous répliquer quand vous aurez plaidé l'affaire sur le fond, car vous prenez parti sur des faits qui sont complètement extérieurs aux débats. Ce procès va de diversion en diversion. Moi, je n'aurais pas répondu, à la place de M. le Premier ministre !

Estimant préférable que « cet abcès soit vidé une fois pour toutes » et M<sup>e</sup> Gavalda lui rétorquant qu'il l'est déjà, le président Bornet ajoute :
— Il le sera publiquement. Etant donné la résonance de ce procès, il n'est pas mauvais que les choses soient dites et répétées.

Tout à fait d'accord, semble-t-il, Michel Debré tient à rappeler qu'il a répondu seulement au président du Tribunal.
— Je ne vous blâme pas d'avoir répondu, avoue M<sup>e</sup> Gavalda, mais je dis que ce n'était pas dans le débat.

Tenant à « crever l'abcès » du bazooka, le président Bornet, en espérant « qu'on ne voudra pas se réfugier dans l'équivoque », décrète :
— Je ne vois pas le rapport très précis, M<sup>e</sup> Tixier-Vignancour est plus heureux que moi, il le voit, mais je lui donne la liberté de poser les questions qui, *a priori,* ne m'apparaissent pas comme déterminantes. Vous voulez les poser ? Posez-les !

M<sup>e</sup> Tixier-Vignancour revient sur la déposition de François Mitterrand qui avançait au sujet de l'O.R.A.F : « Si le complot qui se servait de cette organisation subversive n'avait pas existé, l'accusé ne serait pas aujourd'hui dans ce box. » M<sup>e</sup> Gavalda faisant remarquer : « Ce sont des déductions ! », cela n'empêche pas l'avocat de continuer à disséquer les propos de François Mitterrand et, en venant à une déclaration du colonel Georges de Boissieu, de demander :
— Est-ce que le colonel de Boissieu n'a pas fait, auprès du général Salan, en ce qui concerne la remise ou la prolongation de l'attente du jugement du procès du bazooka, une démarche identique à celle qu'avait faite M. de La Malène, du cabinet du garde des Sceaux ?

Prévenant que cela n'empêche pas Michel Debré de répondre lui-même, le président Bornet intervient :
— Voulez-vous me permettre de vous répondre, car j'ai là, sous la main... j'ai reçu hier une lettre de M. de Boissieu, qui s'excuse de ne

pouvoir venir et qui dit ceci : « De toute façon, je pense que ma déposition serait sans intérêt pour la manifestation de la vérité. En effet, d'une part, ayant quitté définitivement Alger le 25 avril 1961, personnellement j'ignore tout de l'activité du général Salan depuis cette date. » Je crois que cela répond à ce que vous demandez : « Pendant les vingt-quatre heures que j'ai passées à Alger au moment du putsch, je n'ai eu aucun contact personnel avec lui. J'ajoute que, contrairement à ce que je lis dans les journaux, je n'ai mené aucune tractation avec le gouvernement lors du procès Challe. J'ai d'ailleurs déclaré sous la foi du serment tout ce que j'ai connu des faits de cette époque. »

Mᵉ Tixier-Vignancour proteste qu'il ne doit pas être question du procès de Challe et demande pour la seconde fois si au mois de juillet 1958 « le colonel de Boissieu a fait, auprès du général Salan, une démarche identique à celle que fit M. de La Malène ».

Michel Debré déclare :

— Je viens de dire le contraire, et les affirmations du général Dulac, comme les affirmations, je crois, du général Lennuyeux, vont absolument dans mon sens. Par conséquent, déjà, parlant d'une démarche identique, la défense commet une erreur. Ensuite, je dois avouer très franchement que j'avais oublié la teneur de la conversation que j'avais eue avec le colonel de Boissieu, et je ne m'en suis souvenu que lorsque je me suis vu accusé d'avoir envoyé le colonel de Boissieu auprès du général commandant en chef délégué général à l'époque pour cette fin. Et le colonel de Boissieu, dans la lettre que je remettrai au Tribunal, remet parfaitement les choses au point. D'abord, il dit : « Vous ne pouviez pas m'envoyer à Alger, puisque j'étais déjà à Alger, à la disposition du général commandant en chef et délégué général, et que c'est lui qui m'a envoyé. » Premier point. Et second point : « Toute la partie de la conversation qui avait trait à cette affaire était dominée, je me suis permis de le dire, par votre souci de faire savoir que, quoique n'étant pas compétent, puisque c'était le ministre des Armées qui l'était, le souci de faire en sorte que le procès vienne vite. »

L'ancien Premier ministre rappelle que Boissieu a également écrit : « Vous vous êtes montré extrêmement objectif. » Ce qui, souligne-t-il, représente un témoignage.

La maîtrise du débat sur le bazooka lui échappant, Mᵉ Tixier-Vignancour passe à autre chose.

— Est-ce que le témoin, aux mois de novembre et décembre 1956, pensait que la surexcitation de la communauté européenne d'Algérie pouvait donner matière à un changement de régime ?

Le président Bornet, excédé, s'écrie :

— Nous sommes en 1956 !

Comme s'il n'avait pas entendu, l'avocat poursuit :

— Est-ce que, plus précisément, il se souvient des observations qu'il

## Chap. 78. – Michel Debré s'explique

fit à un interlocuteur à la suite de la mort du président de la Fédération des maires d'Algérie, M. Amédée Froger ?

Michel Debré, nullement désarçonné par cette attaque plus imprévisible que les précédentes, répond du tac au tac :

— S'il s'agit de dire que j'ai été partisan d'un changement de régime, je dois dire que ne je vois pas comment je le contesterais ! Dix ans d'activité parlementaire ont été orientés, en ce qui me concerne, vers le changement des institutions, avec le souhait ardent que ce changement des institutions se fasse dans la légalité, et que ce soient les membres du gouvernement, les dirigeants du pays qui eux-mêmes reconnaissent que, quoi qu'il fût déjà bien tard, il était indispensable d'assurer le retour du général de Gaulle, une période intermédiaire de pleins pouvoirs, et une nouvelle Constitution. Donc, quant à être partisan d'un changement de régime, je l'ai été depuis mon entrée dans la vie publique, en 1948. Je n'ai cessé de le dire ; je n'ai cessé de le répéter. Qu'au terme d'une conversation dont je n'ai pas le souvenir j'aie dit que des manifestations, ici ou là, aient comme conséquence un changement de régime, c'est bien probable et, dans ce cas-là, si j'ose dire, j'ai été prophète, puisque c'est ainsi que les choses se sont passées.

Mᵉ Tixier-Vignancour ayant remercié le témoin glace l'atmosphère en demandant, insidieux :

— De l'avis du témoin, qui a tué M. Amédée Froger ?

— Vraiment, s'écrie Michel Debré, outré, c'est la première fois qu'on me pose cette question !

L'avocat ne le laisse pas aller plus loin et enchaîne :

— Le Haut Tribunal militaire se souvient peut-être qu'à la suite de cet assassinat, une bombe de forte puissance avait été placée au cimetière de Saint-Eugène, où le président Froger devait être inhumé. Elle éclata trop tôt pour faire d'importants dégâts sur tous les plans.

Michel Debré s'insurge :

— Si je comprends bien, la défense m'accuse maintenant d'avoir déposé cette bombe !

Et le président Bornet laisse échapper :

— C'est une bombe d'un autre genre !

Chacun y allant de sa remarque acerbe, la pagaille s'installe dans le prétoire et le président tente de ramener le calme en revenant à la déclaration liminaire de Mᵉ Le Corroller.

— Restons-en à la foi des traités d'hier, martèle-t-il. Mᵉ Le Corroller a demandé expressément que M. le ministre Michel Debré vienne déposer sur trois points précis. Je m'aperçois qu'aujourd'hui, c'est un interrogatoire en règle sur des points tout à fait étrangers à ce que qui avait été convenu hier.

Mᵉ Tixier-Vignancour a beau s'écrier : « Non, monsieur le président ! », le président confirme :

— Si, si ! Au besoin, je ferai lire les notes et la déclaration de Mᵉ Le

Corroller, où il a dit : « Je demande que M. Debré soit interrogé sur trois points très précis. » Actuellement, on parle de la bombe, de Froger et de toutes sortes de choses dont il n'a pas été question hier !

— Puisque vous voulez bien me mettre en cause, monsieur le président, intervient M$^e$ Le Coroller, je vais me permettre de vous apporter une précision. Lorsque j'ai demandé que Michel Debré soit entendu, j'ai dit que cela me paraissait indispensable pour trois raisons précises ; je n'ai pas dit que l'interrogatoire de M. Michel Debré se limiterait à ces trois raisons.

— L'audition ! rectifie M$^e$ Gavalda.

Et M$^e$ Le Corroller précisant : « l'interrogatoire par la défense ! », Michel Debré rappelle qu'il n'est pas « interrogé par la défense » et le défenseur de Salan lui rétorque : « par l'intermédiaire de M. le président » puis il reformule sa question posée au début de l'audition de l'ancien Premier ministre, destinée à lui faire admettre que son changement d'attitude politique est une des causes des erreurs du général Salan et qu'à ce titre il devrait se sentir obligé de recommander à la cour de lui accorder les circonstances atténuantes.

M$^e$ Tixier-Vignancour ramène le débat aux barbouzes et demande :

— Puisque nous avons l'heureuse fortune d'avoir à la barre le chef du gouvernement pendant la période sur laquelle ont déposé MM. Morin et Ailleret, pourrions-nous lui demander si, oui ou non, il a existé, alors qu'il était Premier ministre, des polices parallèles qui ont opéré à Alger ?

Le président faisant remarquer à Michel Debré que cette question est tout à fait en dehors du champ délimité au début de son audition, mais que, s'il le désire, il est libre d'y répondre, Michel Debré affirme qu'elle est importante et qu'il va y répondre.

— Comment s'est posé, rappelle-t-il, le problème de la recherche des activités de l'O.A.S. en Algérie au cours des derniers mois ? Il s'est présenté d'une manière dont, je crois, de façon elliptique, il a été parlé dans la déposition précédente. Par la force des choses, l'organisation de la police en Algérie repose fondamentalement sur un recrutement local, de Français d'Algérie et, au moment où les événements ont commencé à se précipiter, il a été très clair que la police ordinaire, et en particulier dans les grandes villes, n'était pas en mesure – c'est le moins que je puisse dire – d'obéir aux ordres du gouvernement, aux ordres du délégué général et du général commandant supérieur. Il était donc nécessaire de faire venir de métropole des policiers qui, régulièrement, viendraient prendre la place ou viendraient s'ajouter de telle façon que les instructions du gouvernement soient respectées et que la police fasse son devoir. C'est ce qui a eu lieu et c'est ce qui a été fait, c'est-à-dire qu'un certain nombre de fonctionnaires de la police ont été envoyés en Algérie. Et vous savez le sort qui a attendu certains d'entre eux.

Rappelant que toutes les forces de police ont été placées ensuite sous l'autorité d'un seul fonctionnaire, Michel Debré reconnaît que, malgré cette mesure, il y avait à Alger « un certain désordre et que le chef de la police ne commandait pas l'ensemble des policiers venus de métropole ». Puis il évoque la mise en place de la *Mission C*.

— Voilà, poursuit-il, ce qui a donné lieu aux accusations d'envoyer des polices parallèles, désobéissant ou n'obéissant pas au délégué général, rattachées directement à je ne sais quelle autorité métropolitaine. Dès que le désordre m'est apparu, quelques jours après peut-être, immédiatement, les instructions les plus fermes ont été données pour qu'il n'y ait ni police spéciale, ni police parallèle, mais que l'ensemble de ces policiers envoyés en Algérie soient sous les ordres d'un seul chef, qui était le chef désigné par le gouvernement.

Estimant que M$^e$ Tixier-Vignancour s'est fourvoyé en posant une question à laquelle, à son avis en tout cas, Michel Debré a répondu on ne peut plus clairement, M$^e$ Gavalda triomphe : « Encore mille fois merci à la défense ! », mais son adversaire lui rétorque :

— Ne la remerciez pas trop vite, monsieur le procureur général. Il résulte de cette réponse extrêmement précise que le témoin confirme la déposition de M. Morin et infirme la déposition du général Ailleret. Mais, depuis ces deux dépositions, un certain nombre de documents sont parvenus entre mes mains. Ce n'est pas le moment de les lire, ni de les discuter, car cela appartient au domaine de la plaidoirie. Et le Haut Tribunal militaire pourra s'apercevoir tout à la fois à quel point le ministère public a eu tort de me remercier, et à quel point le témoin a eu tort de faire la réponse qu'il a faite à ma question.

Après cette menace, M$^e$ Tixier-Vignancour réclame la confrontation de François Mitterrand et Michel Debré.

— Et, s'inquiète le président Bornet, sur quels points précis entendez-vous faire porter cette confrontation ?

L'avocat expose les différences entre les dépositions des deux hommes. Mais comme elles concernent surtout l'affaire du bazooka, provoquant ainsi dans l'assistance un grondement de dépit, le président décide que la confrontation n'aura pas lieu.

M$^e$ Tixier-Vignancour ayant exprimé ses regrets, le président lui rappelle que François Mitterrand n'a pas prononcé le nom de Michel Debré au cours de sa déposition et M$^e$ Menuet fait remarquer qu'il l'a fait. A la page 54 de la sténographie, précise-t-il.

— Et je lis, annonce-t-il, sous la foi du Palais : « Monsieur le président, j'ai en effet rencontré M. Debré... »

Le président laisse aller l'avocat au bout de l'argument, lui fait remarquer que, sur ce point-là, il n'a pas de contradiction à lui apporter et celui-ci contre-attaque :

— Monsieur le président, vous venez d'indiquer, si j'ai bien entendu, que le nom de M. Debré n'avait pas été prononcé par M. Mitterrand.

— Il faut vraiment mettre les points sur les *i* ! s'emporte le président. Sur les points où M$^e$ Tixier-Vignancour désire une confrontation entre M. Mitterrand et M. Debré, je n'ai pas entendu prononcer le nom de M. Debré. Si vous voulez me dire sur quel point, et notamment sur l'O.R.A.F ?

Me Menuet poursuit la lecture de la sténographie portant sur les activités de l'O.R.A.F. jusqu'au tir du bazooka. Le président lui faisant remarquer une nouvelle fois que Michel Debré n'est pas cité, Me Menuet annonce : « Nous allons nous livrer à des recherches immédiates, car les conditions de travail qui sont les nôtres ne facilitent pas notre tâche. » Me Tixier-Vignancour, après avoir fourragé dans ses dossiers, s'écrie « Voilà ! » et lit une autre partie de la déposition de François Mitterrand : « Bref, je disais tout à l'heure : l'O.R.A.F ; première mouture de l'O.A.S., conjuration de 1957 aboutissant au 13 mai ; première phase d'un dessein que vous voyez se reproduire avec les mêmes moyens, avec les mêmes objectifs, et presque avec les mêmes hommes le 13 mai 1958 » et il attaque :

— Quand vous pensez, messieurs, que tout à l'heure, le témoin ici présent vous a dit qu'il était nettement partisan, à la même époque, de renverser le système politique qui gouvernait alors la France, il y a tout de même, lorsque l'on sait ce que M. Mitterrand a dit de la manière dont a été conduite la procédure dans cette affaire, une contradiction qui paraît rigoureusement s'imposer.

Le président Bornet objectant qu'il oppose une opinion doctrinale et un attentat, Me Tixier-Vignancour s'entête :

— Ah si ! C'est le garde des Sceaux en fonction au moment de cet attentat qui en précise les origines, qui stipule qu'il est impossible – et il le démontre – que ce soit les exécutants qui en aient pris l'initiative, et la démonstration ne souffre, là-dessus, aucune contradiction ; qui va plus loin et qui nous indique en terminant que cet attentat est l'expression d'un complot visant, avec les mêmes hommes, au renversement des institutions républicaines. Si le Haut Tribunal pense qu'il n'y a pas lieu, là, à une confrontation, la défense se bornera à en prendre acte.

Il n'y aura donc pas de confrontation. Estimant que l'audition de Michel Debré arrive à son terme, Me Gavalda conclut :

— C'est une tentative désespérée de la défense. L'affaire du bazooka a été définitivement réglée, et aux yeux de tous ceux qui étaient dans cette salle.

*

## — 79 —
## Vers le dénouement d'un procès fleuve

Après Michel Debré, c'est l'ancien aumônier du 1<sup>er</sup> R.E.P., le père Louis Delarue, qui dépose. Favorable au général Salan, il estime qu'« on a le droit de s'opposer à une injuste violence par la force et par les armes » et il ajoute :

— Cette attitude est une attitude humaine, elle est aussi chrétienne. Nous avons eu, nous autres Français, l'inoubliable privilège de voir Jeanne d'Arc et Dieu lui-même bondir dans le cours de notre histoire, si je puis dire, et prendre en main la défense du sol français.

Une empoignade ayant opposé M<sup>e</sup> Tixier-Vignancour et M<sup>e</sup> Gavalda au sujet de l'authenticité de documents revendicateurs d'attentats, le président demande au prêtre en uniforme :

— En tout cas, mon Père, il y a une chose certaine. Vous avez vécu en Algérie, dans les dernières années vous savez que des violences innombrables ont été commises, qu'un certain nombre était le fait de l'O.A.S. Que pensez-vous de ces violences-là qui ne sont pas discutées par l'O.A.S. et qu'elle revendique ?

— Je pense que quand on s'estime en légitime défense, on a le droit de se défendre.

— En état de légitime défense, cela suppose immédiatement après l'agression ?

— Bientôt, ironise M<sup>e</sup> Le Corroller, ils ne se défendront plus puisque nous apprenons par les nouvelles d'aujourd'hui qu'ils s'en vont à toute allure, parce qu'ils ne peuvent plus rester là-bas, poursuivis qu'ils sont par la violence. Je parle des Français bien sûr.

Le débat devient si passionné que le président Bornet menace une nouvelle fois de faire évacuer la salle. Les murmures étant retombés, il ne peut cependant empêcher la poursuite de la dispute opposant la défense à l'avocat général au sujet d'un véhicule mitraillé par les forces de l'ordre et dont le conducteur, un civil tout à fait étranger à l'O.A.S., a été grièvement blessé.

M<sup>e</sup> Gavalda arguant que cet homme circulait après le couvre-feu et que

la police avait fait ce qu'elle devait faire, Mᵉ Tixier-Vignancour explose :
« A vue et sans sommations ? » Et, Gavalda lui rappelant qu'« après l'heure du couvre-feu les voitures et les gens ne doivent plus circuler », il lui lance : « Sous peine de mort. La preuve ! » il ajoute :

— Vous n'êtes pas qualifié pour parler de la violence !

Après cet éclat, André Marie vient à la barre. Cet ancien résistant déporté, avocat à la cour d'appel de Rouen et député de la Seine-Inférieure depuis 1928, a été plusieurs fois sous-secrétaire d'Etat de la IIIᵉ République puis en 1948 éphémère président du Conseil de la IVᵉ avant d'être ministre de la Justice dans le gouvernement d'Henri Queuille puis, d'août 1951 à novembre 1954, ministre de l'Education nationale dans les gouvernements de René Pleven, Edgar Faure, Antoine Pinay, René Mayer, Joseph Laniel et Pierre Mendès France.

— Je pense, pour ma part, déclare-t-il, que dans les faits qui sont reprochés au général Salan, à l'O.A.S. dont il était le chef, dans ces faits qui lui sont aujourd'hui imputés, il me semble très difficile pour vos hautes consciences de faire une rigoureuse sélection. Il m'apparaît très difficile de dissocier le crime de la provocation qui l'a engendré et, pour ma part, je comprends certaines exaspérations.

Et, rappelant que deux policiers ont été tués à Rouen par le F.L.N. le 27 septembre 1958, il conclut :

— Les assassins, vous le savez, sont libres. Leur crime est effacé. Mais je suis bien obligé de reconnaître que si ce crime a appelé d'autres crimes que je ne peux admettre ni sur le terrain du droit ni sur le terrain de la morale, l'homme de cœur que je veux être cherche à les comprendre.

L'ancien ministre résidant en Algérie Robert Lacoste se souvient ensuite que le ministre de la Défense nationale de l'époque, Maurice Bourgès-Maunoury, lui avait fait en 1957 ce portrait de l'accusé : « C'est un homme qui connaît à fond la guerre, les territoires d'outre-mer, il est bon soldat, il est diplomate, il est calme, et de plus nous pouvons compter sur lui », et il précise :

— Il voulait dire : ce n'est pas un ennemi du régime républicain. M. Max Lejeune qui était secrétaire d'Etat à la Défense nationale et qui supervisait l'emploi des troupes dans toute l'Afrique du Nord me porta sur Salan le même jugement. Ces jugements ont été pleinement confirmés par les faits.

Après avoir évoqué l'évolution du drame algérien, Robert Lacoste ajoute au sujet de Salan :

— Il était tellement ami de la troupe, tellement militaire que j'ai souvent constaté qu'il ne se trouvait bien que dans ce milieu militaire. Ailleurs, il était timide. Il avait une espèce de réserve qu'on pouvait prendre pour un certain amour du secret et qui était au fond une sorte d'inaptitude à se mouvoir dans d'autres milieux que son milieu d'origine, celui qu'il aimait profondément, presque farouchement. Je ne l'ai vu se départir de son calme que dans de très rares occasions. Mais toujours pour le même motif. C'est lorsqu'il éprouvait le besoin de dire avec une certaine tension surprenante dans le visage et en élevant la voix : « On ne nous refera pas le coup d'Indochine, jusqu'au bout je défendrai l'armée et mes camarades ! »

L'ancien ministre résidant rappelle qu'il ne parlait jamais de politique avec Salan et que celui-ci n'avait jamais critiqué en sa présence celle du gouvernement.

— Premièrement, précise-t-il, le 1$^{er}$ septembre 1957, ceux qu'on appelle, pour la commodité du langage, les ultras voulaient faire une grande manifestation de protestation contre la loi-cadre qui accordait le collège unique. Je dis à Salan et à Massu : ces gens-là sont tout à fait fous. Pourquoi manifester contre une loi qui est le seul moyen, à mon avis, de faire évoluer l'Algérie dans un calme suffisant et de lui permettre d'approcher la véritable solution. Salan et Massu ont parfaitement compris, ils ont dit ce qu'il fallait dire, ils ont donné les ordres qu'il fallait donner et il n'y a pas eu de manifestation.

Lorsqu'il en arrive à mai 1958, Robert Lacoste se souvient que, la France vivant une énième crise ministérielle, René Pleven, pressenti par le président Coty après la démission de Félix Gaillard pour former un nouveau gouvernement, avait demandé à Salan d'empêcher l'organisation à Alger de la gigantesque manifestation patriotique prévue pour le 26 avril 1958, dans l'intention cette fois de protester contre les rumeurs de négociations avec le F.L.N.

— Salan, reconnaît-il, avait une énorme influence sur certaines catégories d'anciens combattants et notamment sur les anciens combattants de l'Union française. Il les voit et, finalement, l'idée de cette manifestation est abandonnée. Mais le 25 avril arrive M. Delbecque, qui était à ce moment-là au cabinet de M. Chaban-Delmas. Il arrive sur un avion militaire, se pose sur un terrain militaire, il est couvert par la Sécurité militaire et le voilà qui convoque tous les groupements, toutes les associations, et, pour parler familièrement, les remonte et on reprend le projet de cette manifestation.

Après quelques détails sur la genèse de mai 1958, Robert Lacoste avance :

— Je crois que la politique que nous avons menée, Salan et moi, aurait pu être continuée. Il y avait cette loi-cadre dont je vous ai parlé et que Salan avait si bien acceptée qu'il avait chargé le magistrat-colonel Gardon d'en faire une analyse juridique afin de l'envoyer à toutes les unités. Cette loi instituait le collège unique pour tous les musulmans. Elle divisait l'Algérie en territoires ayant chacun un gouvernement et un parlement autonomes en leur laissant la possibilité de faire une Algérie fédérale. Elle créait des procédures ou, plus exactement, des possibilités de conciliation entre les deux communautés, toute soucieuse qu'elle était d'essayer de réaliser la coexistence pacifique entre les communautés d'Algérie. Cette loi prévoyait, dans son article 16, 2$^e$ paragraphe, que les institutions provisoires d'Algérie pouvaient être révisées par accord entre les parlementaires algériens et le parlement français. Voilà la politique que nous avons menée, Salan et moi. Il l'a menée loyalement. Si je ne le disais pas, je serais un misérable. Nous avons traversé cette épreuve ensemble, nous avons pris des décisions ensemble, nous avons abouti ensemble à des résultats positifs. Je suis triste d'être là...

Le président Bornet demandant s'il sait quelque chose sur les activités de Salan durant ces deux dernières années, le témoin lui répond par la négative et Mᵉ Tixier-Vignancour l'empêche de reprendre le fil de sa conclusion en lui demandant s'il peut expliquer et comprendre les mobiles qui ont poussé l'accusé à entreprendre l'action dont il n'a pas été le témoin, mais qu'il connaît cependant.

— Je voudrais quand même poursuivre, monsieur le président, avec votre permission, propose Lacoste quelque peu agacé par les interruptions, ce que j'avais commencé parce que j'y attache une certaine importance, vous comprendrez pourquoi. J'ai le droit de dire ma tristesse, j'ai le droit d'exprimer cette espèce d'écœurement que j'ai aujourd'hui parce que ceux-là qui ont tué femmes et enfants à la terrasse des cafés, aux arrêts d'autobus, à la sortie des écoles, dans les stades et dans les bals populaires, sont amnistiés. Je veux dire aussi mon écœurement à la vue de trop de gens qui sont heureux de pouvoir accabler Salan parce qu'il a pris toutes les responsabilités, alors que le bon sens l'indique, la plus grande part de ces responsabilités ne peut pas lui incomber directement.

Après ce témoignage si précis et si dur pour certains tant Robert Lacoste a su faire apparaître les chances de paix qui ont été sacrifiées sur l'autel du 13 mai 1958, le président Bornet suspend l'audience.

L'interruption n'ayant pas été longue, Armand Colot, ingénieur des Mines à Alger, vient rappeler à la cour qu'à la fin de l'été 1957 des ouvriers pétroliers et des légionnaires ont été massacrés par des méharistes déserteurs. Puis Pascal Arrighi, député et maître des requêtes au Conseil d'Etat, évoque le ralliement de la Corse à de Gaulle en mai 1958. Après avoir ironisé sur la pluie de croix de la Légion d'honneur qui, unissant alors partisans et adversaires de De Gaulle, s'est abattue sur l'île de Beauté après sa prise de contrôle, il ajoute avec un humour acide :

— En conclusion, pour ces événements que j'ai vus et que j'ai connus en mai 1958, il y avait deux généraux sur l'affaire corse : l'un était circonspect, prudent et réservé, et, pour employer le vocabulaire des hommes de gauche, c'était le général « le plus républicain » : il est aujourd'hui à ce banc. L'autre était exigeant, pressé, pressant : c'était le général de Gaulle, « le moins républicain », les communistes, à l'époque, disaient même « un général factieux » : il est à l'Elysée !

Pressé par Mᵉ Tixier-Vignancour d'exposer son sentiment sur les mobiles et les intentions qui ont amené Salan là où il se trouve aujourd'hui et sommé par le président Bornet de ne pas répondre « en parlementaire », mais en « maître des requêtes », Pascal Arrighi proteste :

— Je ne fais pas d'analyse politique. J'ai déposé sur des faits et je répondrai en juriste. Avant d'être parlementaire, j'étais avocat à la cour de Paris et magistrat. La question posée me paraît simple. Je répondrai brièvement. Par rapport à notre Droit public et à notre Constitution, c'est très simple : l'Algérie et le Sahara constituent quinze départements français, dont il n'appartient à personne de les abandonner, de mutiler le territoire. Il n'appartient à personne de porter atteinte au principe de l'intégrité du territoire, visé trois fois dans la Constitution. Et je rappellerai en juriste, mais aussi interprétant le seul vote émis à l'Assemblée nationale sur le principe de l'autodétermination, que ce vote a eu lieu le 15 octobre 1959, après que le Premier ministre de l'époque eut déclaré — je cite de mémoire, mais je crois que cela peut être retrouvé au *Journal officiel* : « Le principe de l'autodétermination et la déclaration du chef de l'Etat ont ouvert le chemin du retour au Droit. Ce chemin, ce n'est pas, ce ne peut être l'affirmation de la prétendue souveraineté algérienne. »

Le député corse affirme ensuite :

— Juridiquement, en Droit international, un pays n'est tenu que par la ratification qu'il donne. Or, avec les accords d'Evian, le signataire peut choisir le moment de sa ratification, et il peut refuser de les ratifier sans engager sa responsabilité internationale. Cela est dans tous les livres et dans tout l'enseignement de tous les professeurs de Droit public international.

Et Mᵉ Arrighi cite l'Italie, qui n'a pas ratifié la Convention internationale de La Haye qu'elle avait pourtant signée en 1907 et les Etats-Unis qui ne l'ont jamais fait pour le traité de Versailles de 1919. Se déclarant bouleversé que le bachaga Boualam ait été mis dans l'obligation de quitter l'Algérie sous la protection de l'armée, il affirme :

— Il n'y a pas plus de garanties pour les Européens que pour les musulmans qui avaient choisi de demeurer à nos côtés. Non seulement ils sont dénationalisés, mais, avant même le scrutin d'autodétermination, ils ne peuvent rester en Algérie.

Il conclut :

— J'en aurai terminé, en disant que, dans ces cas-là, on peut comprendre que des hommes en Algérie aient lutté contre les accords d'Evian. Certes, les moyens qu'ils ont employés ne sont pas toujours admissibles. Mais d'autres n'avaient-ils pas employé des moyens plus atroces encore ? Et il semble difficile de condamner la violence à ceux qui en ont légitimé la valeur par ces accords d'Evian.

Un sénateur d'Alger, Gilbert-Louis Paulian, succède à l'élu corse. Sous la pression du président, il reconnaît que l'O.A.S. est responsable des attentats et exactions qui sont reprochés, en tant que son chef, à Salan, mais il fait remarquer que si l'accusé n'avait pas pris la tête de l'organisation — de cette résistance, précise-t-il —, c'est un autre qui l'aurait fait.

Quand vient son tour de témoigner, le député Henri Trémolet de Villers, avocat à Mende, en Lozère, fait état du désarroi de nombreux élus qui, comme lui, étaient persuadés que « suivant le mandat qu'il paraissait avoir accepté de la nation » de Gaulle garderait l'Algérie française. Quant à l'O.A.S., il déclare :

— Aujourd'hui, ce qu'on considère comme un organisme de révolution, une poussée à une prise de pouvoir et de fascisme, est indiscutablement un mouvement inscrit dans la fatalité des faits. Même si le général Salan n'eût pas existé il y aurait eu, sous ce nom-là ou sous un autre, la même formation, avec les mêmes réactions. Et si les violences sont absolument condamnables et surtout si la violence gratuite est un crime et une folie démoniaque, je dois dire qu'à mon sens, la légitime défense est une forme de la justice et la légitime défense d'autrui une forme supérieure de la justice.

Après avoir déploré les excès de l'O.A.S., le témoin poursuit :

— Je me suis demandé moi aussi si le général Salan avait raison. Si avoir raison c'est réussir, alors je crois qu'il faut réserver la réponse ; il est un élément important mais seulement un élément sans aucun doute de ce qu'il a représenté, de la cause qu'il a servie et qu'il sert aujourd'hui jusque devant le Haut Tribunal militaire. Si avoir raison c'est rester fidèle à la voie qui est bonne et qui est juste et que l'on s'est tracée, rester fidèle à son honneur, à son serment, alors je crois qu'ici personne ne peut le condamner !

Le colonel Partiot, condisciple de l'accusé à Saint-Cyr en 1917, vient ensuite à la barre se souvenir des réflexions qu'il exposait au fil des ans lors des repas réunissant les anciens de la promotion Sainte-Odile et La Fayette. Comme celle-ci, qui date de la fin de la guerre d'Indochine : « Vous ne pouvez sentir à quel point est grande l'angoisse quand on sent qu'on est obligé d'abandonner un pays, quand on voit des gens qui se sont donnés corps et âme à vous et courent après vos camions pour essayer de se joindre aux troupes qui s'en vont définitivement ou qui risquent de se noyer en tâchant de rattraper les barques quand embarquent les troupes qui les ont défendus jusqu'à présent. »

M$^e$ Tixier-Vignacour demande au témoin suivant, le député de Bône Pierre Portolano, de parler de la lettre remise lors du putsch par Ailleret à Grobi, le maire de Bône, et si, selon lui, les mauvaises conditions de l'application du cessez-le-feu dans sa circonscription étaient prévisibles.

Rappelant que deux jeunes gens ont été tués en décembre 1960 par les forces de l'ordre à Bône parce qu'ils chantaient *La Marseillaise* au cours d'une manifestation, le député évoque les liens amicaux qui unissaient Ailleret à M. Grobi. Il révèle que, durant le putsch, craignant le pire, avant même de lui confier la lettre en question, il avait déménagé sa famille pour la placer sous sa protection. Quant à la lettre, affirme-t-il, Grobi la lui a rendue après le putsch.

Après avoir énuméré les exactions du F.L.N. qui ont eu lieu depuis le cessez-le-feu dans sa circonscription, le député de Bône, répondant à la deuxième question de la défense, s'écrie :

— Quelles sont les conséquences ? Elles sont évidemment prévisibles ! Ici on parle de raison et à moi parlementaire – et ce sera la seule parenthèse, le seul enjambement que je ferai entre le prétoire et le forum – à moi parlementaire on me dit : il faut leur faire entendre raison. Quelle raison ? Au nom de qui ? Au nom de quoi ? Pour qui et pourquoi ?

Affirmant qu'il détient une photocopie des instructions meurtrières qu'Ahmed Ben Bella – « Qu'on vante comme un homme d'Etat raisonnable ! » précise-t-il – faisait circuler en 1955, il demande à la cour :

— Quoi faire ? Quand on leur parle de raison, quand on voudrait leur faire entendre raison on croit avoir affaire à des fous. Si vous y étiez vous auriez cette impression, vous qui êtes dans un univers raisonnable sous la protection de cette grande France qui s'étend encore sur vous et qui ne s'étend plus sur nous. Ils sont fous et ils le seront d'autant plus que ce processus continuera. Ils sont fous de rage, fous de panique et la panique, voyez-vous, comme certains moyens de cassation, elle se divise en deux branches : celle qui amène à la fuite et l'exode, celle qui retourne à la rage. On dit qu'ils vont se perdre. Peut-être parce qu'ils sont déjà perdus.

Personne n'osant l'interrompre, Pierre Portolano conclut :

— Messieurs, vous me permettrez de constater en terminant que s'ils se perdent, si on les a perdus ou s'ils sont sur le bord de l'abîme c'est parce que depuis trois ans et demi, lentement, savamment, inexorablement, inhumainement, Jupiter les a rendus fous !

Paraissant ému comme il ne l'a pas été depuis le début du procès, M$^e$ Gavalda laisse échapper :

— Je suis infiniment touché par cette déposition, je comprends très bien les sentiments humains que vous avez exprimés et les derniers mots surtout que vous avez prononcés. C'est un drame, autant pour moi que pour vous et c'est le sens de mes préoccupations depuis quinze jours. Dès vos premières paroles, délaissant tout contournement de pensée ou de style, vous étiez au centre du drame et vous vous y êtes tenu, conciliant, avec cette simplicité qui ne trompe pas, les exigences de l'esprit et celles du cœur. Vous avez écrit une page d'Histoire, votre déposition a touché. Elle restera dans notre souvenir.

L'émotion monte encore lorsque vient le tour de déposer d'un jeune aveugle de guerre, l'avocat Thomas Fondo.

M$^e$ Fondo est le cousin de Louis Fondo qui gère à Paris, au 16, avenue Kléber, le Belgodere, un restaurant coté où, parmi des figures du Tout-Paris et des personnalités étrangères comme l'ancien empereur Bao Dai, se réunissent très souvent depuis des mois avec M$^e$ Tixier-Vignancour la plupart des avocats de l'Algérie française. Georges Bidault, le colonel Gardes et d'autres figures de la révolte ont souvent fait partie de la clientèle de Louis Fondo. Le restaurateur corse offre d'ailleurs depuis une vingtaine de jours l'hospitalité au témoin et celui-ci, presque chaque soir, a pu s'entretenir avec les avocats de Salan de la stratégie à employer pour sauver la tête du général.

En 1956, déjà avocat stagiaire au barreau de Marseille, Thomas Fondo a résilié son sursis pour rejoindre en Algérie l'école des officiers de réserve de Cherchell. Affecté à la 8ᵉ compagnie du 57ᵉ R.I. dans le secteur de Bougie, il a été grièvement blessé au combat le 25 mai 1957. Une balle lui a traversé la tête de l'œil droit à la tempe gauche. Les médecins de l'hôpital de Sétif, où il avait été évacué en hélicoptère, l'ont aussitôt expédié à Alger, sur l'hôpital civil Barbier-Hugo, situé à Bab el-Oued dans la rue du Cardinal-Verdier. Il a subi l'énucléation de son œil droit avant d'être enfin transféré à l'hôpital Maillot tout proche le jour où le fils du général Faure venait de trouver la mort en Kabylie.

Aujourd'hui aveugle, Thomas Fondo rappelle que les ordres qu'il a reçus en Algérie ne furent jamais en contradiction avec ses principes d'homme, de chrétien et d'avocat.

— Le but visé par le général Salan, se souvient-il, était de permettre l'accession des masses françaises musulmanes à la dignité, à l'égalité et à la liberté.

Avec sobriété, il narre l'accrochage au cours duquel il a enlevé un drapeau à l'adversaire et comment, avant d'être touché lui-même, il a vu mourir près de lui un Français musulman.

— Si le général Salan est ici aujourd'hui, regrette-t-il, et je le clame avec la foi de mon cœur et de mon âme, il me donne le sentiment que mon sang, que notre sang, que le sang de tous les Français musulmans qui se sont engagés avec nous, n'a pas été versé en vain. Le général Salan restera pour moi, pour nous, pour la jeunesse, l'exemple du courage, du sacrifice, de la fidélité à la parole donnée et à l'honneur.

Ayant dit ces mots, tenant toujours son visage mutilé en direction de la cour, avec les gestes gauches et lents des aveugles, il sort de sous son veston le drapeau algérien récupéré par ses hommes. L'ayant déployé, il tend le bras vers Mᵉ Menuet qui le guide vers le box de Salan à qui il remet l'emblème de la rébellion aujourd'hui victorieuse.

Salan, très ému, prend le drapeau, palpe son étoffe et, penché vers le témoin, il murmure :

— Merci, mon gars.

Personne ne songe à rappeler à l'ordre le jeune aveugle et le président Bornet, avec une nuance de respect qu'il n'a jusqu'ici accordée qu'à la maréchale de Lattre de Tassigny et au président René Coty, le remercie pour la qualité de son témoignage.

Le député Alain de Lacoste-Lareymondie ramène ensuite le débat à un niveau plus politique. Cet homme qui, en mai 1958, avait été détaché par de Gaulle au cabinet civil de Salan se souvient :

— On a beaucoup dit depuis et je l'ai lu bien souvent, vous aussi sûrement, que le 13 Mai était une euphorie passagère, un feu de paille, que ces scènes de fraternisation avaient été sans lendemain, que les Européens étaient vite revenus à leurs vieux démons. Je dois dire que j'ai été frappé de la profondeur du mouvement. Il y avait un élan, une ambiance à la fois patriotique et fraternelle presque irrésistible pour ceux qui arrivaient. Cette ambiance était très frappante aux dires de tous les gens que nous recevions à la Délégation générale et de tous les rapports qui nous arrivaient de l'ensemble de l'Algérie. En cette guerre atroce qui durait depuis quatre ans et qui avait engendré tant de peurs, tout le monde s'embrassait, comme délivré d'un épouvantable cauchemar.

Selon le député l'intégration à laquelle tenait Salan était « une sorte de révolution sociale et humaine certes, mais c'était égalité, fraternité et dignité pour les musulmans, dont c'était la plus grande aspiration ».

— Tous les chefs et tous les exécutants, affirme-t-il, se sont donnés avec un cœur tout particulier à cette politique et je suis sûr que le général Salan, tout le premier, a été très profondément marqué. Seulement le mot n'est jamais venu et on n'est jamais passé à l'exécution. La France – je parle du pouvoir civil de Paris – est très vite revenue à son inconstance. Elle a très vite jeté le manche après la cognée et très vite elle a essayé de tourner la page.

Sans être interrompu, le témoin expose les changements de De Gaulle en matière de politique algérienne. Il se souvient que M. Brouillet, le ministre plénipotentiaire qui assurait la liaison entre la Délégation générale et Paris, lui avait dit alors que le général de Gaulle était président du Conseil : « Je me demande si nous avons, vous et moi, la même conception de l'Etat » et qu'il avait ajouté au sujet du Général : « Voyez-vous, moi, j'ai donné ma vie à un homme, j'irai jusqu'au bout, il n'est pas toujours facile à comprendre, il y a même des moments où on ne le comprend pas, mais il faut le suivre quand même. »

— Je me souviens aussi que, ce même jour, M. Olivier Guichard, conseiller très personnel du président du Conseil de l'époque, m'emmena sous les palmiers du Palais d'Eté et, regardant cette ville qui souffrait depuis quatre ans, il n'eut que ce mot qui me parut bien curieux : « Il n'y a pas de gaullistes ici. » Je lui répondis, peut-être avec un peu de naïveté : « Dites-leur qu'ils sont français et ils le seront tous ! » Il se contenta de hausser les épaules.

A la fin de son témoignage, l'ancien collaborateur de Salan résume le drame algérien par cette unique phrase :

— Finalement, nous avons tué pendant six ans des musulmans lorsqu'ils voulaient être indépendants, alors que l'on savait, dès les premiers jours, qu'on voulait l'indépendance.

Le général Gracieux lui succède à la barre et conclut sa brève intervention par ces mots :

— En résumé, connaissant le général Salan et l'aimant comme le chef qu'il a toujours été pour moi, j'estime que le mobile de ses actes est un mobile noble, et absolument pas, comme on a voulu le dire aussi, un mobile d'esprit d'aventure et d'ambition.

Si en citant Thomas Fondo à la barre, la défense a eu l'intention de faire parler les officiers du contingent, c'est à nouveau l'armée de métier qui s'exprime par la voix du capitaine Pierre de Boisanger, qui commandait en Algérie une harka. Avec force détails, il énumère les conditions de désengagement « offertes » aux supplétifs.

— Ils pouvaient s'engager dans l'armée française à titre régulier, rappelle-t-il. Après de nombreuses hésitations et de nombreuses notes de service, souvent contradictoires, il a été fixé pour ces combattants certaines conditions d'engagement, le fait de renoncer d'abord à leur grade, le fait, ensuite, pour eux, quel que soit leur temps de service, de faire neuf mois de service pendant la durée légale. C'est-à-dire que, par exemple, un sergent-chef titulaire de sept citations reprenait du service comme deuxième classe, et ce pendant neuf mois.

Regrettant que rien n'ait été prévu pour les familles de ces engagés, le capitaine passe à la deuxième solution :

— Pour les inciter à partir dans la vie civile, on leur promettait, et on leur a donné, une certaine prime. Pour ceux d'entre eux que je connais, qui ont accepté cette solution de la vie civile, dans mon commando je peux déjà en citer deux qui ont été assassinés. Nous avons pris leur assassin et, sur un lieutenant de la rébellion intercepté, nous avons trouvé une lettre qui autorisait cet assassin à tuer ces deux harkis. Nous avons déféré l'assassin et la lettre à la justice. L'assassin a été relâché.

Cette révélation soulevant des murmures, Boisanger poursuit :

— La troisième solution qui leur a été donnée a été la solution d'un délai de réflexion de six mois, pendant lequel ils continueraient à toucher leur solde et ils seraient employés comme auxiliaires non armés. Je pense que, quand on voit le chaos actuel, proposer aux gens d'être auxiliaires civils non armés, cela parle tout seul. Aucun de mes harkis n'a adopté cette solution. Ils avaient enfin la solution de la force locale. De bonne foi, j'ai engagé dix-neuf de mes harkis à prendre cette solution, comme gendarmerie de force locale, avec les gendarmes qu'ils connaissaient. La protection des familles de ces harkis n'a pas été assurée et les pressions faites sur ces familles ont été telles que sur ces dix-neuf, dix-huit ont demandé de repartir dans leurs villages, disant qu'ils préféraient mourir à côté de leurs familles, plutôt que de vivre armés ailleurs. On m'a envoyé les voir en hélicoptère ; ils étaient sous le contrôle des commissaires politiques, ils étaient entre des barbelés autour des villages.

Evoquant le sort de trois harkis qui ont refusé les solutions officielles et ont préféré déserter avec leurs armes et prendre le maquis, il précise :

— Pour deux d'entre eux, j'en suis sûr, cela m'a été affirmé par un chef de bataillon, ils attendent enchaînés à des arbres que la population vienne remplir leurs dossiers d'accusation.

## Chap. 79. – *Vers le dénouement d'un procès fleuve*

Et il affirme que pour ces sacrifiés :

— Lorsqu'il a été question de trois solutions, pour eux, visiblement, le fait que nous admettions qu'il existât une Algérie qui ne soit pas celle de la France était déjà la certitude de l'échec.

Il conclut :

— Je comprends parfaitement les camarades de ma promotion qui ont choisi de ne pas avoir honte, de défendre ces gens-là, même par tous les moyens. Peut-être ont-ils voulu suivre la devise d'un maréchal de France : « Ne pas subir ! »

Appelé à son tour à la barre, le député Julien Tardieu rappelle que Paris était la ville marraine de la 10$^e$ division parachutiste et qu'au titre de conseiller municipal de la capitale il avait reçu, tout de suite après le discours de De Gaulle du 4 novembre 1960, le chef d'état-major de cette unité qui était en opérations dans les Aurès sous les ordres du général Saint-Hillier, le commandant Hélie de Saint Marc, aujourd'hui emprisonné à Tulle.

— J'ai constaté, se souvient-il, l'impression d'angoisse de cet officier, le doute, et il me disait même : « Alors pourquoi faire tuer un homme de plus ? » Et voici les derniers mots, la dernière phrase qu'il prononça au moment où nous nous serrions la main. Il m'a dit : « Nous ne laisserons pas, ici, notre honneur ! »

Cette cinquième audience du procès s'achevant sur l'évocation des états d'âme des officiers, le bachaga Boualam, dont Pascal Arrighi a déploré l'exil et qui, la veille, a fait remarquer au maire du Mas-Thibert, M. Guéroud qui l'accueillait, que son départ n'avait pas été une question de jours, mais d'heures, donne une conférence de presse au mas Fondu.

— Je vous reçois car je suis respectueux des traditions musulmanes qui veulent que l'on soit fraternel même parfois avec ses ennemis, lance-t-il aux journalistes qui ne sont pas tous partisans de l'Algérie française.

Et il enchaîne :

— Je suis fier d'être français. Je suis fier d'avoir sauvé des milliers de Français. A l'heure où la France a eu besoin de l'Algérie, je suis parti à la tête de cinq mille hommes pour venir libérer le sol de la patrie. Deux mille cinq cents soldats de ma tribu sont morts pour la France. Je suis un soldat avant d'être un politique. Vous connaissez ma situation. Ne me posez pas de questions qui me gêneraient et auxquelles je ne pourrais pas répondre.

Impressionnés par la dignité de cet homme drapé dans un burnous de serge noire, les journalistes le laissent expliquer qu'il a choisi de s'installer en Camargue parce que les siens s'habitueront très vite à son climat et que, surtout, il pourra se remettre à l'élevage des chevaux, sa grande passion. Puis il évoque avec tristesse les derniers événements de l'Ouarsenis.

— Musulman français ayant servi vingt et un ans aux 1$^{er}$, 13$^e$ et

17ᵉ tirailleurs algériens, je ne pouvais me résigner à mettre du sang français ou du sang musulman sur mes mains. Or, pour rester dans le bled algérien sans se livrer à une mort certaine, il faut maintenant opter entre l'O.A.S. et le F.L.N. J'ai donc décidé de partir, d'un cœur désespéré et révolté.

Les questions ne venant toujours pas, il poursuit :

— Je ne dis pas que je suis ici pour toujours car, enfin, la roue tourne et bien des choses peuvent encore changer. Mais je m'installe en France, parce que là-bas, dans mon pays, la situation n'est plus possible. J'ai laissé beaucoup d'amis en Algérie. Des milliers d'entre eux veulent rentrer. Je m'occupe de préparer leur arrivée et ils attendent actuellement des autorités d'Orléansville les autorisations nécessaires.

Répondant à une première question, le bachaga affirme qu'il ne renonce pas à la vice-présidence de l'Assemblée nationale. Et lorsqu'une autre lui demande s'il a des nouvelles de son fils Mohamed, il répond sèchement :

— Mon fils fait ce qu'il veut !

Et, ainsi qu'il l'a fait à Alger, il précise :

— Je n'étais pas contre l'organisation Gardes. Mais il s'était lancé dans cette équipée comme un enfant. J'ai passé l'âge des parties perdues d'avance.

Saisi par l'émotion, songeant à son vaste territoire perdu de trente-trois mille hectares et aux quelque cinquante mille montagnards de l'Ouarsenis qui lui étaient dévoués, l'exilé avoue qu'avant de prendre la décision de partir, il a songé à tuer son épouse et ses deux plus jeunes enfants avant de se donner « une mort correcte ».

Le procès de Salan captant toutes les attentions, dans une autre salle du Palais de Justice de Paris, celui du Dʳ Cassagneau et de ses compagnons de l'O.A.S. toulousaine vient avec plus de discrétion à son terme après quatre jours d'audience. L'émotion y a parfois régné. Surtout lorsque René Cathala, député de la Haute-Garonne, est venu témoigner en rappelant que son frère, Maurice, assassiné le 28 septembre 1958 par des militants communistes, était animé du même idéal que les accusés.

— Le principal accusé de ce crime, a-t-il regretté, a été condamné par contumace un an après. Il se trouverait aujourd'hui réfugié dans un pays derrière le rideau de fer. Ses six complices sont toujours en liberté. On a pourtant retrouvé sur eux une balle du même calibre et de la même série de fabrication que celles qui ont tué mon frère. Condamnés avec sursis pour détention illégale de munitions, ils sont aujourd'hui amnistiés !

Le procureur Béteille a réclamé la peine de mort contre Claude Sokolovitch, un ancien de l'O.A.S. algéroise qui, tel le général Salan à Paris, a revendiqué la responsabilité de tous les plasticages effectués dans la région de Toulouse. Mais le président du Tribunal militaire ne l'a pas suivi, Sokolovitch a été condamné à la réclusion criminelle à perpétuité.

Dans l'ordre décroissant, il a taxé de quinze ans de la même peine Georges Durand, Jean Trémollière et Jean Allais, qui fut conseiller municipal de Toulouse. Le D$^r$ Jean Cassagneau a hérité de huit ans de prison. Quant à ses amis Roger Bals, Jean-Pierre Pigeon, Guy Grégoire, Emile Robert, Roger Baqué et Joseph Mole ils ont écopé de sept ans de la même peine. Augustin Delnomdedieu, solide garçon de vingt-cinq ans, rouquin aux yeux verts et fils de Pierre, l'ancien sous-préfet de Saint-Girons engagé dans le 13 mai 1958 avec Philippe de Massey, a hérité de six ans de réclusion, Jean Buchet de cinq et Gérard Bouchet de quatre. En ce qui concerne M$^e$ Jean Denis Farge, jeune avocat au barreau de Toulouse, le Tribunal a assorti du sursis sa peine de quatre ans de prison et Charlette, l'épouse du D$^r$ Cassagneau qui comparaissait libre, est innocentée. Dès le lendemain du procès, avant de regagner Toulouse, elle a harcelé les magistrats militaires afin de leur arracher des permis de visite.

Au matin du dimanche 20 mai 1962, Georges Bidault préside à une réunion du C.N.R. dans un appartement de la périphérie milanaise. Celui que ses compagnons d'exil appellent « le Professeur » a appris en lisant *L'Express* que Salan l'a désigné comme son successeur. Quant aux cent millions de francs évoqués dans la lettre saisie par la police lors de l'arrestation de Canal, il n'en a jamais reçu la moindre part.

Quelques séances préparatoires destinées à donner une consistance réelle à ce Conseil national de la Résistance, à le doter d'un comité exécutif qui remplacera les structures qui existaient avant l'arrestation de Salan et à préciser les nouvelles orientations à donner au combat pour l'Algérie française se sont déroulées à Rome. Leurs participants, Argoud, Jacques Soustelle parfois et alors accompagné par André Rosfelder, Sergent, Guy Ribeaud et Claude Dumont se sont partagé les responsabilités.

Ainsi que Salan en son temps à Alger, Georges Bidault n'a pas hésité à assumer la responsabilité de tout ce qui sera décidé et exécuté au nom du C.N.R. Ceci étant arrêté, les exilés se sont penchés sur le commandement de l'organisation en Algérie. Des renseignements fournis par Marcel Kalflèche ne leur ont pas permis de cerner qui, de Susini, Godard, Pérez ou Gardes, est encore capable d'imposer une ligne de conduite à ce qui reste de l'O.A.S. à Alger.

Sergent s'est accroché avec ses compagnons quant à la désignation d'un nouveau délégué général en métropole. Rappelant les dangers qu'ont jusqu'ici encourus seuls les généraux de Vesinne-Laruë et Bouchet de Crèvecœur, soutenu par Georges Bidault et Jacques Soustelle, il a obtenu la venue de Crèvecœur à Rome. Et celui-ci, à condition que Sergent demeure chef d'état-major de l'O.A.S.-Métro et qu'il siège au comité exécutif du C.N.R., n'a vu aucun inconvénient à ce qu'Argoud prenne le commandement supérieur de l'organisation dont le lieutenant du Pavillon assume la pérennité jusqu'au retour de Sergent.

Soustelle, à qui quelques exilés font encore grief d'avoir été en 1958 l'un des hommes les plus compromis dans le retour de De Gaulle, a eu moins de chance qu'Argoud. Alors qu'il estimait mériter la haute main sur les affaires politiques du C.N.R., tant en métropole qu'en Algérie, il ne la reçoit qu'en ce qui concerne l'étranger. Aujourd'hui, au matin de ce dimanche 20 mai 1962, les exilés passent à la dernière relecture des textes élaborés à Rome, puis après les avoir entérinés, ils arrêtent les termes d'un communiqué annonçant que l'arrestation et la condamnation de Salan ne les empêcheront pas de poursuivre la lutte. Jacques Soustelle s'y étant opposé en arguant que les déclarations à la presse ne serviraient à rien tant que le C.N.R. ne serait pas en mesure de passer à l'action, la rédaction du document est remise à plus tard. Lorsque le Conseil se sépare, l'urgence a voulu que, seul, soit signé ce papier concernant le commandement militaire de l'O.A.S. en France :

« A compter du 20 mai 1962, le colonel Argoud a pris le commandement de l'O.A.S.-Métropole. Auprès de lui, le capitaine Sergent assume les fonctions de chef d'état-major. »

Sans savoir à qui ils seront attribués, Georges Bidault a admis de réserver deux sièges du comité exécutif à l'O.A.S. d'Algérie. Et les exilés ont décidé, à l'unanimité même s'il y a eu quelques nuances dans l'expression de cette condamnation, que de Gaulle doit disparaître pour le plus grand bien de la France et de l'Algérie.

\*

## — 80 —

## On parle encore et toujours du bazooka

Le 21 mai 1962, alors que le comité exécutif du C.N.R. se sépare à Milan et qu'à Oran, provoquant une quinzaine de morts et plus de cent blessés, l'O.A.S. tire au mortier sur une cité musulmane et pille un dépôt d'armes, l'amiral Ploix est le premier témoin à se présenter au procès de Salan. Répondant à une question de M$^e$ Tixier-Vignancour, il affirme :

— Maintenant, si j'approuve le général Salan ? Non, je n'approuve pas. Je suis un militaire français, je n'ai pas à approuver le général Salan. D'abord, si je l'avais approuvé, je serais chez lui. Ensuite, si j'avais l'ordre d'agir contre l'O.A.S., je le ferais. Je n'ai aucune hésitation là-dessus.

Mais cet ancien des Forces navales françaises libres qui commandait l'Aéronavale en Algérie en mai 1958 tempère son propos en ajoutant :

— C'est l'honneur du général de Gaulle d'avoir choisi, en juin 1940, la voie qu'il a suivie. Quatre ans après, d'ailleurs, le peuple de France l'acclamait. Eh bien, en mon âme et conscience, je suis convaincu que c'est la même voie, dans le même dilemme, qu'a voulu suivre le général Salan.

Viennent ensuite à la barre le député d'Oran Ahmed Sid Cara, le colonel Georges André Groussard, intime de l'accusé depuis 1940 et père du journaliste Serge Groussard, qui lui succède d'ailleurs.

Serge Groussard, déporté pour faits de résistance, a repris en 1956 du service en Algérie. Il a été cité deux fois au feu sous les ordres du colonel Katz. Il se souvient qu'au cours d'un dîner partagé le 8 mai 1957 à Oran, le général Allard, après l'avoir écouté évoquer la fraternité franco-musulmane, avait dit à Katz : « Est-ce que vous vous rendez compte de la responsabilité que nous assumons tous, de la responsabilité que vous avez assumée ? Quelle responsabilité Paris nous fait assumer ! Quelquefois, j'en ai le vertige ! » Après avoir évoqué ses souvenirs de combattant sous les ordres de Salan, Serge Groussard achève son témoignage par le récit du sauvetage d'un Oranais, Armand Rodriguez, que le F.L.N. a tenté d'enlever au sud d'Oran, alors qu'il se rendait à vélomoteur dans la ferme d'un oncle.

— Et tout à coup, se souvient-il, une auto avec trois musulmans s'est arrêtée. Ils ont pris Rodriguez et l'ont empoigné. Il est parti dans cette auto. Par miracle, il y avait une patrouille de l'O.A.S. qui était en 403 derrière. Ils ont joué le tout pour le tout. Ils se sont rabattus sur la première voiture et ils ont tiré. Ils ont abattu deux musulmans. Un autre s'est enfui. Rodriguez a été sauvé.

Et le journaliste ajoute :

— Eh bien, dans les communiqués qui ont été publiés ensuite, on a dit qu'une fois de plus l'Organisation de l'armée secrète avait assassiné deux musulmans sur la route d'Oran !

Le colonel Robert Thomazo, le célèbre Nez-de-cuir des Algérois aujourd'hui député des Basses-Pyrénées, vient balayer en quelques mots les ambitions que certains prêtent à l'accusé.

— Le général Salan, s'il avait eu des ambitions politiques, aurait pu à peu de frais les réaliser.

Se tournant vers l'accusé toujours impassible, il lui dit :

— Mon général, vous avez été le victorieux du 13 Mai ; on vous a frustré de votre victoire. On a frustré toute l'Armée de sa victoire et de ses sacrifices, longs, sanglants, pénibles. On a tué l'âme de l'Armée. Si elle subsiste, c'est à des hommes comme vous et à ceux qui vous ont suivi qu'on le devra ! Mon général, quel que soit le jugement des hommes, nous savons que le jugement de l'Histoire reconnaîtra en vous le chef magnifique que nous avons servi. Nous sommes certains – connaissant l'homme – que le jugement de Dieu vous n'avez pas à le craindre !

Après cette déclaration quelque peu gênante pour les juges, le greffier appelle le général André Dulac, actuel chef d'état-major des forces alliées du Centre-Europe. M$^e$ Tixier-Vignancour revenant à la note rédigée par le colonel Gardon au sujet du bazooka et à la question que La Malène lui aurait posée quant aux suites que Salan entendait donner à la machination, le général rappelle qu'il a surtout reçu La Malène parce que son frère a servi sous ses ordres en Indochine et qu'il l'avait accueilli seul, sans parler du bazooka.

Cette nouvelle digression sur l'attentat de janvier 1957 oppose le ministère public à la défense. M$^e$ Gavalda s'étonnant que le témoin n'ait pas de souvenir précis de sa rencontre avec La Malène, M$^e$ Le Corroller constate :

— Monsieur le président, il est évident que la question que vient de poser M. le procureur général est extrêmement importante, à la fois pour l'accusation et pour la défense. Nous venons d'entendre le général Dulac. Il en ressort : premièrement que le général Gardon n'a pas assisté à l'entretien de La Malène-Dulac ; mais deuxièmement, nous dit le général Dulac, qu'il faut accorder tout crédit à la narration qui est faite par le général Gardon.

L'avocat réclame l'audition du général Gardon, afin que soit envisagée sa confrontation avec le général Dulac. Le président Bornet, après avoir décidé une suspension d'audience, demande au témoin de ne pas s'éloigner du Palais.

A la reprise, le procès prend un tour nouveau avec le témoignage de M$^e$ Jean-Baptiste Biaggi qui, comme son collègue Tixier-Vignancour, a été impliqué dans de nombreuses *combinazione* politiques au cours de la dernière décennie, sa rencontre avec Constantin Melnik avant la déposition de Michel Debré ne constituant qu'un faible exemple de son savoir-faire dans ce domaine.

M$^e$ Le Corroller avance que « pendant le procès du bazooka, une personnalité se serait approchée de M. Philippe Castille » et lui aurait demandé de « garder le silence », en échange de quoi les choses, pour lui, « se passeraient au mieux ». Il prévient le président qu'il voudrait « demander à M$^e$ Biaggi s'il est au courant de ce fait précis, s'il sait quelque chose de la personnalité en question, et, d'une manière plus générale, ce qu'il peut dire sur ce point ». Arguant que sa participation à la défense du procès de Castille et Kovacs l'empêche de donner satisfaction à son confrère, le témoin précise sur un ton lourd de sous-entendus :

— Je le regrette, parce que j'aurais peut-être pu éclairer la religion du tribunal et je m'en excuse. Je le regrette pour la défense, je m'en excuse auprès d'elle, car je sais quelle est sa tâche et combien elle est lourde. Je me permets aussi de m'en excuser auprès du général Salan personnellement, car je crois qu'effectivement, si je développais ma réponse, ses intérêts pourraient quand même peut-être en être avancés.

Me Tixier-Vignancour, employant toujours le conditionnel, ajoute :

— La même personnalité visée par la question posée par Me Le Corroller, accompagnée de l'un des avocats des accusés, aurait été reçue, précisément, place Vendôme, par M. de La Malène, lequel aurait renouvelé les engagements pris auprès de M. Castille, à condition que celui-ci, lors du procès sur le fond, s'en tienne aux faits et aux mobiles. Qu'en savez-vous ?

Me Biaggi, ironique, affecte de se taire et s'en explique :

— Je ne peux pas répondre. A cette question plus précise et moins générale j'aurais peut-être une réponse à faire. Je ne sais si elle va satisfaire la défense, mais en regardant sur les bancs de la défense j'aperçois des avocats qui connaissent cette question et qui peuvent y répondre aussi bien que moi. Je tiens à préciser que quand bien même M. de La Malène lui-même, à qui vous faites allusion, viendrait à cette barre et serait confronté avec moi, je ne répondrais ni oui ni non.

Après cette réponse de Normand, le témoin attend la nouvelle question de Me Tixier-Vignancour dont, tout étant convenu à l'avance, il connaît bien évidemment la teneur.

— Je voudrais maintenant demander au témoin s'il s'est bien rendu en Algérie dans les jours qui ont suivi le 13 mai, s'il a été arrêté par le général Salan, s'il a été placé en résidence surveillée à Adrar sur les mêmes instructions et dans l'affirmative – c'est aussi un mobile – à quel mobile a obéi le général Salan pour prendre une telle mesure à l'égard du témoin.

Avertissant le président qu'il bornera son propos à ce qui a seulement trait au procès d'aujourd'hui, c'est-à-dire aux mobiles du général Salan, Me Biaggi précise :

— Je suis arrivé à Alger le 16 mai. Pourquoi suis-je parti ? Parce que le 12 mai, j'ai eu un dernier rendez-vous avec Léon Delbecque, qui partait sur Alger, et certaines dispositions avaient été prises pour que l'opération qui se développait à Alger et l'opération que nous préparions à Paris se déroulent dans une très grande concordance. Elles étaient complémentaires. Sans entrer dans le détail, on était arrivé en Algérie à l'explosion ; il fallait prolonger le bouillonnement et la révolte des Algériens par certaines opérations à Paris. La liaison qui était prévue était notamment celle d'un lâcher de parachutistes dans les six heures ou dans les dix-huit heures au plus tard qui suivaient la prise des édifices publics à Alger. Comme au bout de trente-six heures, l'exécution des engagements formels, l'exécution du plan prévu ne venait pas, j'ai brûlé la politesse aux policiers qui me surveillaient, d'ailleurs, depuis le 12 mai. Je ne sais si ce sont eux, mais enfin il y avait déjà eu une bombe déposée sur le palier de mon appartement, probablement pour faciliter mon arrestation – encore une ! – et je suis arrivé à Alger par Madrid, ayant prévenu le colonel Thomazo.

Une fois à Alger, le témoin qui ravit l'assistance avec ses révélations sur mai 1958, affirmant n'y être venu que dans l'intention de presser les militaires de tenir leurs engagements, a été reçu par Massu qui, après l'avoir écouté, lui a fait remarquer : « On ne peut pas faire tout ce qu'on veut. Au surplus vous, Delbecque, Thomazo et un certain nombre d'autres, vous êtes des comploteurs. Nous, on fait ce qu'on peut. »

Puis Massu l'ayant conduit à son supérieur le général Allard, qui l'a également fait lanterner, M<sup>e</sup> Biaggi s'est retrouvé une nouvelle fois dans le bureau de Massu, gardé par des officiers parachutistes dont le capitaine Graziani, mort au combat quelques mois plus tard, qui lui avait confié qu'il envisageait, avec ses compagnons chargés de protéger le Gouvernement général, de « mettre tout le monde au bloc, y compris, s'il le fallait, Salan et Massu, et on passe à l'exécution des opérations ». Ayant rappelé qu'il rapportait ces faits et cette conversation sous la foi du serment, M<sup>e</sup> Biaggi évoque les complots ourdis à Alger par Lagaillarde, Martel et quelques autres qui, souligne-t-il, étaient tous de ses amis. Puis, après de nouvelles précisions sur le 13 Mai, il en vient à l'hostilité que Salan lui avait manifestée.

— A nos yeux, aux yeux de tous, le général Salan passait pour ce qu'on appelle dans le jargon politique un général républicain, et nous avions même donné des consignes si précises pour qu'il ne fût pas pris de contacts avec lui ni avec aucun des officiers qui étaient susceptibles de lui rendre directement et entièrement compte.

Un peu plus loin, il affirme :

— Il ne voulait pas, il était même opposé à l'idée d'un coup d'Etat pour le coup d'Etat, pour prendre le pouvoir à qui que ce soit. Pour nous l'occasion était absolue, et en tout cas, pour moi le régime devait s'effondrer, il fallait le remplacer, et on ne pouvait le remplacer pour sauver l'Algérie, le territoire national, que par un gouvernement de salut public présidé par le général de Gaulle.

Le caractère républicain de l'accusé étant dépeint une nouvelle fois, après plus de trois quarts d'heure de questions de la défense qui ont, au gré du président Bornet, beaucoup trop éloigné le débat du procès, M<sup>e</sup> Biaggi affirme que Salan, en prenant ses responsabilités, a obéi à une certaine conception de l'honneur.

— Et, conclut-il, lorsque des mobiles pareils existent, monsieur le président, je crois qu'il faut craindre que le côté exemplaire, la justification, l'exemplarité de la peine ne se retourne et qu'elle ne fasse se lever, surtout parmi la jeunesse, des imitateurs, des martyrs.

Après une brève déposition du général Touzet du Vigier, M<sup>e</sup> Le Corroller réclame celles de Challe et Gardon. Si la première lui est refusée, celle du général Gardon est acceptée après une suspension de séance d'une heure. Puis le président lit une lettre dans laquelle le général Zeller avance au sujet du putsch : « J'ai rencontré plusieurs fois le général Salan avant le 21 avril. Il n'y a eu alors, ni conspiration, ni conjuration, simplement un échange de vues rempli d'inquiétude sur l'inflexion donnée à la politique algérienne. Depuis plus d'un an, je suis en prison et mal informé, je puis dire même tendancieusement informé. Jamais il ne m'est venu à la pensée que le général Salan en défendant désespérément la présence française en Algérie pouvait avoir la moindre arrière-pensée politique. »

Sa lecture achevée, le président Bornet demande au procureur général d'inviter à déposer le général Gardon et Christian de La Malène, qui était secrétaire d'Etat à l'Information dans le gouvernement de Michel Debré. En les attendant, trois parlementaires d'Algérie, M. Canat, élu de Constantine, Mourad Kaouah et René Vinciguerra, députés d'Alger, se succèdent à la barre. Puis le père franciscain Pascal, ancien aumônier de la 14ᵉ D.I. en 1945 et qui a poursuivi son ministère en Indochine jusqu'en 1954, vient en bure brune déclarer au sujet de Salan :

— On dit que cet homme est un aventurier, je ne connais pas de tête plus froide et plus lucide dans les moments difficiles et dans les moments d'affolement. On dit que c'est un sanguinaire, mais je n'ai jamais vu cela.

L'intérêt de l'assistance redouble lorsque le colonel Trinquier se fige derrière la barre des témoins. Ce colonel que d'aucuns avaient espéré en vain retrouver à la tête de l'O.A.S. a connu l'accusé en Indochine, alors qu'il servait là-bas comme jeune lieutenant en 1934. Après avoir fait de lui un portrait flatteur, il parle de l'O.A.S.

— Quels que soient les gens, avance-t-il comme d'autres témoins l'ont fait avant lui, cette révolte aurait eu lieu, et je connais assez le général Salan pour savoir que, dans cette révolte, il a été certainement l'élément le plus modérateur, parce qu'il avait un âge plus grand et que je crois, quand même, que la sagesse vient avec l'âge. Il était peut-être moins près des réalités et il avait confiance. Le seul fait qu'on l'ait arrêté sans qu'il n'y ait personne pour le garder, seul au milieu d'Alger, où les autorités se déplacent avec des automitrailleuses car elles ne peuvent faire un pas, le prouve. Moi je lui tire mon chapeau. L'O.A.S. n'est pas une organisation qui s'est faite, c'est un peuple qui se défend. Moi qui aime bien les Algériens et les musulmans je suis assailli, ils viennent me voir tous les jours à Paris. Je ne sais pas ce que vous pouvez avoir comme renseignements, mais on sent bien qu'ils ne lâcheront pas, que pour garder la nationalité française qui est le bien le plus précieux qu'on puisse avoir, ils iront jusqu'au bout. Alors si on veut les empêcher d'aller jusqu'au bout, je pense qu'il faudrait peut-être réviser le problème.

Faisant suite à Trinquier, M. Villey-Desmeserets, professeur à la Faculté de droit de Paris, évoque le désarroi de ses nombreux étudiants sous les drapeaux en Algérie, dans un monde, souligne-t-il, qui leur est étranger et qui les coupe de leurs études à une période déjà avancée de leur vie. En venant à la révolte de Salan, il avance :

— C'est très grave. Mais rien ne me laisse à penser que le général Salan n'ait pas pesé la gravité de cette décision lorsqu'il l'a prise. L'insurrection, c'est l'*ultima ratio*, c'est ce à quoi on ne peut recourir que quand il n'y a plus rien d'autre pour défendre ce qu'il y a de plus sacré, ce à quoi on ne peut renoncer.

Et, après avoir argumenté ce propos en juriste, il conclut :

— Le général Salan n'est pas ici pour ce dont il est vraiment coupable, quant au désespoir qui règne à Alger et au sang qui y coule, le vrai coupable n'est pas ici !

Quand vient son tour de déposer, Marcel Kalflèche, l'un des promoteurs de *L'Esprit public* et le correspondant algérois du C.N.R., parle de l'O.A.S. avec tant de passion que Mᵉ Gavalda le met en garde contre les dangers de faire son apologie. Mais cela ne l'empêche pas de poursuivre en affirmant qu'il est impossible d'évoquer les attentats de l'O.A.S. sans étudier les raisons qui les ont provoqués.

— Si je pouvais expliquer la fureur qui s'est emparée de nos garçons ! s'exclame-t-il. Croyez bien que, quand nous les avons vus dans cette fureur, nous avons été bouleversés, nous qui sommes les vieux, qui sommes les pères, dans ce don d'eux-mêmes à la violence, que nous cherchions à comprendre.

Et, lorsque le représentant du ministère public fait habilement glisser le débat sur les avocats assassinés à Alger par l'O.A.S., il lui répond :

— J'ai dit tout à l'heure que je déplorais personnellement tous les crimes, quels qu'ils fussent, et que mon propos, à moi, n'était pas de les condamner, mais seulement d'essayer de les expliquer. Nous sommes dans une immense douleur à Alger, et, quand il s'agit de Popie, et quand il s'agit de Garrigues surtout, qui fut un ami et avec qui, en 1957, devant un tribunal d'exception, je plaidais le procès des libéraux où les condamnations étaient très différentes !

— Très différentes ! souligne avec force Mᵉ Tixier-Vignancour avant que son confrère témoin en termine.

La déposition du général Gardon était très attendue. Le président Bornet l'ayant prié de s'expliquer sur son compte rendu de l'entrevue du général Dulac et de Christian de La Malène qui a été présenté par la défense, il se lance dans une nouvelle présentation de l'affaire du bazooka.

— Selon les instructions du gouvernement, rappelle-t-il lorsqu'il en vient à l'ouverture du procès à Paris le 24 juillet 1958, le ministère public s'opposa d'une manière très ferme, d'une part au huis-clos, d'autre part, naturellement, à la mise en liberté provisoire des accusés. Nous ne fûmes pas suivis, et le tribunal fit se dérouler ces débats à huis clos, et, en définitive, les accusés furent mis en liberté.

Méticuleux, il précise :

— A Paris, les accusés, donc, après le 24 juillet, étaient libres. Mais ils faisaient l'objet d'autres procédures devant le tribunal militaire d'Alger, devant lequel ils étaient impliqués pour des crimes qui auraient été commis en 1956.

Après avoir regretté que M$^e$ Tixier-Vignancour, l'un des défenseurs des prévenus du bazooka, leur ait obtenu la liberté provisoire, le général Gardon parle enfin de sa rencontre avec le général Dulac. Rappelant qu'il était allé en Algérie avec une commission juridique de l'avocat général Lebègue et du conseiller Turpault, il précise que ces deux émissaires de Michel Debré s'étaient offusqués de l'arrivée de Christian de La Malène à Alger et qu'ils lui avaient demandé de s'enquérir de la raison de son voyage.

En venant à ses rencontres avec Dulac, le témoin confirme l'existence du rapport qu'il en a fait.

— Je connais, affirme-t-il, le document qui a été produit dans la presse, que mes chefs m'ont montré, et je n'ai rien à retirer de ce que j'ai écrit à l'époque, encore que je le répète, mes souvenirs à l'heure actuelle me permettent seulement de dire oralement que le général Dulac m'avait signalé qu'on était venu l'entretenir de l'affaire du bazooka.

Rentré à Paris le samedi 9 août 1958, le général Gardon a rencontré le 11 Salan rue d'Astorg. Et celui-ci, reconnaît-il, après l'avoir questionné sur la visite de La Malène à Alger, lui a demandé de faire une note sur les confidences du général Dulac.

L'authenticité du document exhumé par la défense étant établie, retardant encore l'avancée du procès d'aujourd'hui, une nouvelle discussion de maquignons se développe au sujet de la mission de Christian de La Malène. Il s'agit d'établir s'il était « envoyé du garde des Sceaux » et s'il s'était rendu à Alger afin d'obtenir qu'on repoussât aux calendes grecques le procès du bazooka.

Arrivant au bout du débat oiseux auquel le président Bornet a semblé accorder de l'intérêt, le général Gardon, répondant à M$^e$ Tixier-Vignancour, rappelle que M$^e$ Biaggi, avocat du pompier Dellamonica, avait obtenu le huis clos après s'être écrié en désignant des journalistes de gauche : « Nous n'acceptons pas de nous expliquer en séance publique en présence de ces traîtres ! » Il souligne également que Kovacs étant arrivé à l'audience sur un brancard, M$^e$ Tixier-Vignancour avait arraché sa mise en liberté provisoire pour raison de santé mais que, « dupant et dindonnant son avocat », Kovacs avait filé en Espagne.

— Ici, conclut-il en rappelant le huis-clos, le rideau tombe et je n'ai plus le droit de dire un mot sur ce qui se passa pendant ce huis-clos même si, le violant, je fais confidence au tribunal militaire qu'il ne s'y passa rien.

Ce débat si vain étant clos, Christian de La Malène – qui a été l'objet des attentions explosives de l'O.A.S. le 2 janvier 1962 – prête serment et précise que, contrairement à ce que Mᵉ Tixier-Vignancour a affirmé, lors de son voyage d'août 1958 à Alger il n'était pas membre du cabinet de Michel Debré, mais conseiller de l'Union française.

— J'étais autrefois, reconnaît-il tout de même, un collaborateur et très fidèle ami du garde des Sceaux de l'époque et j'avais avec lui des contacts fréquents, mais jamais je n'ai été chargé d'une mission précise.

Comme le président lui demande s'il voyageait en tant que membre de l'Assemblée de l'Union française, il acquiesce et ajoute :

— Et à titre d'observateur politique. Je suis allé à Alger comme tant d'autres hommes politiques voir comment se présentait la situation.

Le magistrat ajoutant : « Et à titre personnel ? », il admet :

— A titre personnel et comme ami du garde des Sceaux, mais pas chargé d'une mission ou d'une démarche.

Ayant laissé La Malène s'expliquer, Mᵉ Tixier-Vignancour l'interrompt :

— Si j'ai bien compris, vous avez eu un entretien avec le général Dulac ; vous ne vous souvenez pas si vous avez parlé de l'affaire du bazooka et vous dites : il est possible que j'en aie parlé, mais en tout cas je n'étais chargé d'aucune mission du garde des Sceaux dont je ne suis pas membre du cabinet et alors que j'étais membre de l'Assemblée de l'Union française ?

Christian de La Malène opinant, l'avocat poursuit à l'attention du président : « Nous pourrions peut-être demander au général Dulac de revenir à la barre ? » puis il enchaîne :

— Pour l'instant, je voudrais poser au témoin une question. Le témoin a-t-il reçu, au cours de l'été 1958, place Vendôme, l'un des avocats de l'un des accusés du procès et lui a-t-il donné des indications rassurantes ?

— Il est possible, hésite La Malène, que j'aie eu des contacts avec les avocats de ce procès. Mais je n'ai certainement pas donné des instructions rassurantes, n'ayant pas qualité pour les donner.

Mᵉ Bertrand Le Corroller s'engouffre dans la brèche ouverte par son confrère :

— En tout cas, demande-t-il, M. de La Malène avait-il, place Vendôme, un bureau ?

Le témoin reconnaît qu'il disposait bien, lors des faits, d'un local au ministère de la Justice, mais « absolument pas pour y traiter l'affaire du bazooka », et il ajoute qu'il ne s'est jamais occupé d'affaires judiciaires. Mᵉ Le Corroller ironisant : « C'est en qualité de conseiller de l'Union française que M. de La Malène avait ce bureau ? », il se défend : « Non, en tant qu'ami du Premier ministre qui me permettait d'y travailler », et il nie que ce local était proche du bureau du directeur de cabinet du garde des Sceaux.

Comme Mᵉ Le Corroller, tatillon, veut connaître l'exacte situation de cette pièce, La Malène demande si cela intéresse véritablement le procès et le président Bornet, désabusé, lui fait remarquer :

— Nous avons agité tellement de questions qui n'ont pas de rapport avec cette affaire, qu'une de plus ou de moins...

## Chap. 80. – *On parle encore et toujours du bazooka*

Mᵉ Le Corroller précise :

— Vous allez comprendre l'objet précis de ma question. M. de La Malène allait en mission dans les conditions que vous savez à Alger.

Le président rappelant que le témoin a déclaré le contraire, l'avocat poursuit :

— Les magistrats qui se trouvaient là-bas – et nous allons voir ce que nous en dira le général Dulac – ont pensé que M. de La Malène venait en qualité de représentant du garde des Sceaux. M. de La Malène, par ailleurs, avait, fait insolite – et ce n'est pas le premier –, un bureau place Vendôme. Cependant M. de La Malène nous dit qu'il ne faisait pas partie du cabinet du garde des Sceaux. Alors, M. de La Malène veut-il nous dire que si le fait de se rendre à Alger en qualité de mandataire – ce qu'il ne conteste pas – de M. Michel Debré et d'autre part d'avoir un bureau place Vendôme, ne constitue pas un ensemble qui nous permet de penser, qu'apparemment tout au moins, il appartenait au cabinet du garde des Sceaux ?

Le président faisant remarquer qu'il considère la question comme résolue et que la position de mandataire de Michel Debré qu'il prête au témoin était incompatible avec sa qualité de membre de l'Assemblée de l'Union française, l'avocat déclare que le général Dulac et peut-être l'avocat général Lebègue pourraient éclairer la cour sur ce point car, ajoute-t-il :

— Il faudra bien que le Haut Tribunal sache qui était exactement M. de La Malène !

Le président Bornet fait donc appeler le général Dulac. Celui-ci, s'étant installé près de Christian de La Malène, affirme ne pas avoir eu la sensation qu'il lui ait été annoncé comme mandaté d'une mission officielle.

— Le large tour d'horizon que nous avons fait ensemble, affirme-t-il au contraire, présentait des apparences vraiment officieuses. Les questions étaient évoquées les unes après les autres, mais je ne peux pas trouver une expression précise pour dire si l'on percevait ou non à travers ces propos des besoins d'information pour des sources gouvernementales.

Mᵉ Tixier-Vignancour se lève, tend vers le témoin la copie de la note du général Gardon, et il lui demande :

— M. le président vous a posé, il y a un instant, la très pertinente question suivante : « Lorsque M. de La Malène est venu vous voir, avez-vous eu l'impression qu'il venait à titre personnel ou à titre officiel ? » Vous avez répondu qu'il vous semblait que c'était plutôt à titre personnel. Parfait. Voilà la note. « Le jeudi 7 août 1958 – c'est le général Gardon qui écrit, sur vos propres indications –, M. de La Malène, du cabinet du garde des Sceaux (M. Debré) est arrivé à Alger... » Pour voir qui ? Pas vous mon général, mais, je lis : « pour voir le général Salan ». Alors, voudriez-vous indiquer au Haut Tribunal militaire comment, alors que vous étiez le subordonné du général Salan, que vous étiez son adjoint je crois, comment le magistrat général Gardon a pu écrire cela si M. de La Malène est venu vous voir à titre privé ?

Le témoin s'enferre :

— A titre privé non, puisqu'il était du cabinet de M. Debré !

Le président relève :

— Justement, il n'en était pas. Là est la difficulté.

Après une longue passe de remarques acerbes et de questions pièges, le président déclare :

— Après six heures de débat, je comprends l'état d'énervement de tout le monde, mais la séance va se terminer dans quelques instants.

Le général Dulac lui demande :

— Puis-je dire un mot, monsieur le président ? Dans le début de la conversation, M. de La Malène s'est présenté comme étant un homme dans les relations et dans l'amitié de M. Debré. Peut-être en ai-je conclu trop rapidement qu'il était de son cabinet, c'est possible. Par conséquent, je prends mes responsabilités en allant au maximum de mes souvenirs.

Décidé à porter l'estocade aux deux témoins, M$^e$ Tixier-Vignancour attaque encore :

— Alors, monsieur le président, permettez-moi de demander à M. de La Malène si, dans le bureau situé à l'intérieur du cabinet de M. Debré, place Vendôme, il a reçu, par exemple, le général Salan.

Le témoin affirmant n'avoir pas reçu l'accusé, l'avocat triomphe : « Parfait, oh ! parfait », et il ajoute :

— Alors, monsieur le président, comme les réponses maintenant sont totalement gratuites et parce que je ne vois pas vraiment ce qu'on pourrait reprocher à M. de La Malène à l'époque, je n'ai plus aucune question à poser.

Se rendant compte qu'il est tombé dans un piège, La Malène rectifie :

— Je crois que M$^e$ Tixier-Vignancour fait une erreur. J'ai rencontré le général Salan à la Chancellerie dans un bureau qui n'était pas le mien. Il sortait du bureau du garde des Sceaux. Je ne vous ai jamais reçu dans mon bureau, ce qui a une signification particulière et j'ai rencontré le général Salan dans le bureau du garde des Sceaux au moment où il en sortait.

M$^e$ Gavalda fait remarquer à la cour :

— Cela est intéressant et crucial.

Et M$^e$ Tixier-Vignancour, triomphant, ironise :

— Et cela donne une haute idée de beaucoup de choses !

Christian de La Malène s'étant encore défendu d'avoir été envoyé à Alger par Michel Debré et tous les témoins ayant été entendus, la cour se retire pour délibérer sur l'opportunité de renvoyer au surlendemain le réquisitoire de l'avocat général et les plaidoiries de la défense.

Après une demi-heure de discussion, la cour revient dans le prétoire et, à 20 h 15, le président Bornet annonce que les débats reprendront le mercredi 23 mai, à 13 heures.

\*

## — 81 —
## Le général Salan : « Que Dieu me garde ! »

Le mardi 22 mai 1962, Jean-Jacques Susini réunit à Alger Gardes, Broizat et Vaudrey. Après une longue discussion sur ses contacts avec le F.L.N., il obtient l'aval nécessaire à les poursuivre. A condition, ont-ils exigé, que les accords futurs amènent l'immédiate constitution d'une force armée européenne autonome. Mis au courant de cette décision, Godard, même s'il ne croit pas en la bonne foi de Farès et Mostefaï, s'engage toutefois à ne pas contrarier les travaux d'approche.

Après avoir pilonné au mortier le même jour une cité musulmane, l'O.A.S. algéroise renonce à s'opposer aux départs des Européens tandis qu'à Oran, six compagnies de la force locale se sont timidement déployées.

Le 23 mai, l'ambiance est électrique au Palais de Justice de Paris, lorsque le Haut Tribunal prend pour la dernière fois place devant une assistance tendue à l'extrême. Le bâtonnier Toulouse ayant été désigné par le conseil de l'Ordre des avocats pour veiller à ce que cette ultime phase du procès se déroulât dans les règles, le président Charles Bornet prend acte que la défense renonce à entendre de nombreux témoins qui, bien que cités dans les règles, ne se sont pas présentés et donne la parole à Me Gavalda pour son réquisitoire.

L'avocat général, souffrant de sciatique aiguë, est contraint de requérir assis derrière le pupitre de sa chaire.

— Le plus beau royaume sous le ciel, attaque-t-il, l'humanité entière, ensemble toutes les familles d'esprit ont, d'ores et déjà, prononcé une condamnation morale, solennelle contre les crimes sans nom, sans nombre, sans précédent, conçus, prémédités et ordonnés par l'accusé Salan.

Après ce préambule, il évident qu'il réclamera la mort et il poursuit :
— Convaincu je suis que l'Histoire – à laquelle la défense a fait si souvent appel – ratifiera dans sa plénitude cette haute réprobation. Mes réquisitions pénales, en revanche, m'appartiennent sans dépendance et sans partage. Je vous les dois, messieurs du Tribunal d'abord et surtout,

mais je les dois aussi – puisque la défense et Salan m'y ont convié – au peuple de France.

Ayant précisé que le procès relève d'une qualification pénale comprenant « toute la gamme des crimes tendant à troubler l'Etat par des dissensions intestines, par l'emploi illégal de la force armée, par la dévastation et par le pillage public, sous toutes les formes, dans toutes les modalités, et par des manifestations imprévisibles, crimes entraînant à leur suite, dans un engrenage infernal, des misères humaines innomées, innommables et qui n'en finissent jamais », il avertit que ses réquisitions seront brèves et comprendront deux chapitres principaux.

— Première partie, énonce-t-il, l'insurrection à visage découvert (22 au 25 avril 1961) et l'insurrection dans l'ombre, l'insurrection clandestine (25 avril 1961-20 avril 1962). Deuxième partie, la peine et les circonstance atténuantes. Ma conclusion sera pour insister sur la gravité des crimes qui ont été commis.

Evoquant la stratégie de la défense, M$^e$ Gavalda rappelle que l'accusé a adopté le silence. Selon lui, cette attitude procède d'une tactique, elle est une possibilité de défense. Usant d'un terme militaire, il la qualifie de « rassemblement articulé », consistant, explique-t-il, à garder la maîtrise du terrain, à être prêt à tous les assauts, à toutes les possibilités de combat qui surviennent et auxquelles il faut faire front.

— Le silence, souligne-t-il, ménage les faux-semblants, les replis, les reprises, les contre-attaques. En apparence, il ne compromet pas celui qui le garde. Mais, reproche-t-il à Salan, vous aviez une obligation morale de dire au Tribunal, devant ces nombreux témoins entendus à votre décharge et sur votre appel, de dire ce que vous n'aviez pas dit au juge d'instruction.

Après avoir énuméré les faits de sang attribués à l'O.A.S. et tenté d'en cerner les mobiles, l'accusateur, évoquant l'amnistie, s'exclame :

— Eh bien ! Messieurs, il ne peut y avoir amnistie en faveur de ceux qui ne déposent pas les armes. L'amnistie ne peut être profitable qu'à ceux qui ont déposé les armes. C'est l'évidence même. D'autre part, il faut bien reconnaître, tout de même, que depuis le cessez-le feu, auquel la France a donné son accord – je dis la France parce qu'un référendum a couvert l'acte du gouvernement – il faut bien convenir, et j'ai posé la question à la Gendarmerie comme à la Police, que les exécutions par le F.L.N. des nôtres sont pratiquement inexistantes. Je ne parle pas, messieurs, de ce qui se passe dans le bled, où subsistent fatalement, hélas ! des remous, des soubresauts sanglants, mais, en France, on ne tue plus d'agents de Police et, à Alger, il n'y a pas, sauf ces exceptions qui sont la conséquence du chaos qui nous échappe, d'attentats. Nul de bonne foi ne peut contester que les accords d'Evian sont tenus. Voilà donc la première objection que je pouvais faire. En voici d'autres : quelle amnistie accordez-vous à vos victimes dans les sections spéciales que vous avez créées ? Je ne reviendrai pas sur la constitution et le fonctionnement de ces sections. Y a-t-il des grâces ? Y a-t-il des amnisties ? Alors ne reprochez pas les deux poids et les deux mesures, pour reprendre une expression jetée dans les débats, mais qui ne les altérera pas.

Quant aux circonstances atténuantes auxquelles Jouhaud n'a pas eu droit, Mᵉ Gavalda les sépare en trois groupes : « la disproportion de l'homme aux événements, le passé de l'accusé et son comportement et, enfin, ses mobiles ». Puis ayant récusé les arguments de défense et des témoins à décharge, il évoque le serment fait au nom de la France en Algérie.

— Abordons, propose-t-il, cette prétendue fidélité au serment avant de faire un sort à cette folie de la patrie qui pourrait être bien, pour la défense, l'argument suprême et de nature à infléchir la peine. L'Armée, dit-on, a prêté un serment. Il est vrai, mais quel était ce serment que pouvait avoir prêté l'Armée au 13 mai ? Ce ne pouvait être que le serment de rapprocher les communautés. Est-ce que vraiment l'O.A.S. tend à ce rapprochement des communautés ? Est-ce que ce n'est pas le fossé qui se creuse ? Est-ce que la presse unanime ne le souligne pas ? Ne parlons pas de fidélité au serment ! Je veux bien qu'il engage dans une certaine mesure. Mais il y a une loi supérieure à ce serment, c'est la loi divine et humaine : « Tu ne tueras point. » On ne peut pas prêter serment contre ce commandement, c'est invraisemblable !

Concluant : « La fidélité au serment, au regard des circonstances, ne peut donc être invoquée », Mᵉ Gavalda passe à la légitime défense.

— La défense se retranchera-t-elle sur la légitime défense ? Mais, messieurs, la légitime défense implique trois conditions : une attaque, premièrement injuste, deuxièmement actuelle ou imminente et, troisièmement, inévitable. Soit, concédera-t-on, mais il ne s'agit pas d'une légitime défense spéciale et courante, mais d'une légitime défense au sens très large. C'est ce que plaidera sans doute la défense qui, sur ce point, paraît déjà avoir, à l'occasion des témoignages, démasqué ses batteries. Un mot bref en réponse : la prétendue défense légitime se traduira par un suicide collectif. Le terrorisme n'a jamais été constructif. Oserait-on soutenir que deux voies, théoriquement, s'offraient, celle de la raison, celle de la folie, mais qu'en fait, cette dernière seule, hélas ! était possible. Bernanos a déjà répondu : « Il n'y a pas de grandeur funèbre du terrorisme. »

Ayant refusé la légitime défense comme circonstance atténuante, Mᵉ Gavalda en arrive au mobile qui, souligne-t-il, est pour la défense la pierre angulaire de ce procès.

— On nous dira, en effet, explique-t-il : « Pour que Salan ait tourné court à son passé et choisi le crime, il faut vraiment que des impératifs supérieurs l'aient dominé, se soient fait jour en lui, l'aient en quelque sorte obsédé. Je ne nie pas, messieurs, enchaîne-t-il, que peut-être, à l'origine, il y ait eu un sentiment pur, spontané dans les mobiles qui ont pu déterminer l'action criminelle de Salan, mais je crois, voyez-vous, que ce sentiment s'est vite nuancé. Dans cet esprit critique donné à l'Armée, par l'octroi du droit de vote, dans cet esprit de choix et d'option accordé à l'Armée en matière politique, petit à petit l'orgueil a pris racine et, l'orgueil nuançant le patriotisme, l'insurrection est née. La révolte a germé et s'est traduite en actes. Ce ne sont pas des choses subtiles que j'exprime. Je les esquisse parce que le temps nous presse, mais je veux bien retenir l'hypothèse la plus vraisemblable : celle d'une pureté absolue dans l'esprit de Salan. Je veux bien admettre, un trait de temps, l'hypothèse de la folie de la patrie qui ressemblerait à la folie de la croix. Saint Paul s'écriait : « Je suis fou ! »

Après ce rappel des Saintes Écritures, M<sup>e</sup> Gavalda s'exclame :

— Au risque d'être téméraire, je vous dis, messieurs, la réfutation d'une telle thèse, de noble apparence, est facile !

Et il s'en explique :

— En clair, il y a deux pôles : une folie sacrée d'une part ; et d'autre part les moyens inhérents à la mise en œuvre de cette folie, le régime de terreur et l'impasse tragique et fatale que cette mise en œuvre impliquait et exigeait. Par ce seul contraste, par cette seule opposition, l'inanité de ce dernier réduit, de cet ultime refuge n'éclate-t-elle pas ? Comment soutenir que cette pureté de mobile – que nous ne supposons telle que par l'absurde – puisse atténuer le moins du monde la stupidité et la criminalité de ces moyens que – je le répète – le moindre hameau de France a connus. Peut-on envisager un seul instant une possibilité de légitimer les tueries froidement conçues et prescrites par Salan ? On croit rêver. Qu'un tel débat puisse s'instituer serait un défi au bon sens. J'aurais pu – je ne l'ai pas voulu – emprunter ma discussion à Pascal qui, dans la *Septième Provinciale*, dit que la pureté d'intention légitime l'action. Il y a beau temps que la prétendue légitimation d'un crime par la pureté de sa foi a été condamnée sans appel.

Puis l'avocat général emprunte à Lammenais qui, dans les *Paroles d'un croyant*, écrivait : « La cause la plus sainte se transforme en une cause impie, exécrable, quand on emploie le crime pour la soutenir » et il anéantit les espoirs de la défense de le voir reconnaître à l'accusé des circonstances atténuantes :

— J'ai tout tenté pour déceler, pour dégager – cette obligation est traditionnelle dans ma fonction –, une circonstance atténuante, la plus légère soit-elle, vainement.

Puis se levant, il annonce :

— J'en viens donc à mes suprêmes réquisitions.

Après avoir repris son souffle dans un silence absolu, il fixe l'accusé pour poursuivre :

— Je ne les aborde pas sans un serrement de cœur que je n'ai pas connu depuis quatre décennies de vie professionnelle. Retranché du monde, je n'ai cessé d'évoquer le souvenir de mes camarades de guerre tombés auprès de moi dans les tranchées de l'Artois, de la Champagne et sous Verdun. Je les sens à mes côtés à la minute où je parle. Dois-je vous dire, général Salan, que ces derniers jours, j'ai même eu des pensées pour vous. Je souhaitais que, dans votre accablante solitude, votre cœur mis à nu se dépouillât de tout orgueil, répudiât ce feu vert donné au crime, donné à ces crimes que nul adjectif, dans notre langue pourtant riche, ne peut qualifier. Je pouvais croire que vous répondriez à l'appel à la conciliation, à l'apaisement – espoir suprême, suprême pensée de la défense –, appel si souvent et si naturellement adressé au Haut Tribunal militaire et au Tribunal militaire spécial. Mais vous vous êtes tu. Vous voulez qu'on vous épargne, vous qui n'avez épargné personne, pas même les innocents, je veux dire les victimes, qui, en toute hypothèse, ne gênaient en aucune manière votre entreprise criminelle.

Après avoir assené à Salan : « Vous avez été le chef et vous le demeurez », M<sup>e</sup> Gavalda l'accuse :

— Vos ordres n'ont pas été révoqués. Vos ordres ont encore force d'exécution. Vous n'êtes pas sans lien, sans liaison, quelles que soient les modalités de ces liens et de cette liaison, avec ceux qui vous ont suivi, qui vous suivent encore aveuglément. Vous auriez pu contribuer à la renaissance de l'espoir dans les cœurs. Vous auriez pu rapprocher les esprits, désarmer les haines. L'Algérie, sous le signe de l'apaisement retrouvé, dès le cessez-le-feu ordonné par vous, aurait vu s'ouvrir cette alternative dont les termes sont repris chaque jour par la presse écrite ou parlée, alternative que nous attendons avec une douloureuse impatience. Les uns, pour des raisons dont ils sont seuls juges, auraient choisi de rejoindre la métropole où leur serait réservé l'accueil qu'une mère ménage toujours à ses enfants. D'autres (il serait préférable que ce fût le plus grand nombre) reprendraient contact avec la communauté musulmane. Entre hommes de bonne volonté, le malheur n'a qu'un temps, les bonnes relations reprennent toujours. La vie et l'amitié sont plus fortes que la haine. Ainsi, de toutes vos forces, du plus profond de vous-même, selon l'expression du prophète hébreu, vous pouviez dire : « Halte à l'angoisse, halte à la peur, halte à la haine, halte au sang ! » Vous pouviez provoquer, vous pouviez suggérer ce juste temps d'une trêve de Dieu (voilà l'expression que j'ai cueillie sous la plume d'un brillant journaliste). Mais vous vous êtes tu. Vous demeurez taisant.

De l'autre côté du prétoire, assis derrière et au-dessus de ses défenseurs, Salan, entre ses deux gardes déférents comme celui qui, derrière lui, se tient sur sa droite, ne bronche pas lorsque M<sup>e</sup> Gavalda lâche :

— Je me dois donc de proclamer devant vos juges, face aux Français, face aussi à l'humanité qui suit votre procès avec une anxiété croissante : comment pouvez-vous espérer, même un trait de temps, que devant votre silence inquiétant, devant votre impassibilité, devant le malheur, devant la misère, devant votre inhumanité déconcertante, devant votre exécrable orgueil, source de nos plus grandes détresses et cause exclusive de la guerre civile actuelle, de celle plus vaste encore qui pourrait être tentée, en pure perte, du reste, car elle serait brisée net. Comment pouvez-vous croire dès lors un seul instant que la loi sèche et stricte, mais impérative et inexorable, ne vous enveloppera pas, ne vous étreindra pas, ne se saisira pas de vous à jamais.

Conscient de la portée de son propos, M$^e$ Gavalda, le commente :

— A jamais ! Que ce mot est déchirant et atroce. Il l'est pour vous, certes, pour vos proches, oh combien ! Il l'est aussi pour ceux qui, quelle que soit leur orientation de pensée, participent à ces débats, ou les suivent. Il l'est encore pour moi. Qu'on le croie bien, puisque ce sont des mots terribles : à défaut de circonstances atténuantes, sous réserve d'une grâce, la peine que je requiers est la seule peine, est une peine irréversible.

L'assemblée retient son souffle et les regards des juges fixent l'accusateur qui enchaîne :

— Et pourtant je dois prononcer un dernier mot, plus cruel encore peut-être. Ce dernier mot, je ne le prononcerais qu'en tremblant si, de par mon ministère public, je n'avais charge de malheureux, hommes, femmes et enfants, en détresse et en péril de mort, de cette mort dont la cadence s'accélère sans cesse, tant vos ordres perdurent, chargé d'êtres aussi qui, dépassés par les destins et abusés au-delà de toute expression, sont et demeurent en voie de perdition ; si je n'avais en un mot charge de toutes les âmes de la grande terre algérienne, cette terre brûlante, ensorcelante et ensorcelée.

Chacun s'attendant à l'entendre prononcer les mots « peine de mort », M$^e$ Gavalda fixe l'accusé pour lui demander :

— Ce dernier mot le voici : C'est celui d'un chrétien qui s'adresse à un chrétien : ne craignez-vous pas que pour vous être refusé, pour vous refuser – est-il encore temps de le faire ? – à une abjuration publique, sans équivoque, de vos erreurs sanglantes, vous vous êtes exposé à une condamnation éclatante, sans réserve et sans recours ? Pour n'avoir pas sauvé ou tenté de sauver ce qui n'était peut-être pas encore perdu, ne craignez-vous pas – ces mots-là sont cruels, mais je dois les prononcer – que, quand viendra l'heure, si elle doit venir, Dieu lui-même, devant votre obstination irréversible, oublie la promesse faite à l'apôtre saint Jean, le disciple préféré, et ne daigne pas essuyer les larmes qui couleront de vos yeux.

Ne laissant pas M$^e$ Gavalda réclamer nommément la peine de mort dont il a affirmé l'inéluctabilité, le bâtonnier Toulouse obtient la parole et, comme l'autorise le mandat du conseil de l'Ordre des avocats, il déclare :

— Certaines paroles qui ont été prononcées tout à l'heure par M. le procureur général ont causé parmi mes confrères une émotion parfaitement légitime. Je n'ai pas voulu vous interrompre, monsieur le procureur général, parce que vous savez que c'est un usage. C'est un usage qui nous est dicté par le respect que nous avons pour le Tribunal, ensuite par la courtoisie que nous devons au ministère public, enfin par ce respect de la parole auquel les avocats tiennent par-dessus tout. Mais vous avez laissé entendre – laissez-moi supposer que vos paroles ont dépassé votre pensée,

— que le barreau tout entier ne déplorait pas les crimes et que, notamment, il ne s'était pas ému de ceux dont avaient été victimes nos confrères d'Alger. Vous l'avez dit à propos de la déposition d'un de nos confrères courageux que nous aimons beaucoup et je crois bien que vous avez oublié ses paroles : je les ai encore en mémoire...

Après avoir répété au iota près ce que M$^e$ Kalflèche avait dit lors de sa déposition au sujet des assassinats de M$^{es}$ Popie et Garrigues, le bâtonnier affirme :

— Laissez-moi ajouter, monsieur le procureur général, que le barreau de Paris, comme tous les barreaux, a toujours déploré tous les crimes, quels qu'ils fussent, c'est-à-dire quelles qu'en fussent les victimes et quels qu'en fussent les auteurs ; nous les avons, messieurs, toujours déplorés et plus spécialement quand il s'agissait ou de nos confrères ou de magistrats. Après la mort de Popie, c'est le barreau de Paris qui, le premier, par la parole de son bâtonnier et de son conseil de l'Ordre, a envoyé au barreau d'Alger un témoignage de sa douleur, de son émotion et aussi, de sa solidarité.

— Ce n'est pas ce que j'ai voulu dire ! s'insurge M$^e$ Gavalda. C'est trahir ma pensée que de l'interpréter ainsi.

Et M$^e$ Toulouse lui rétorquant : « Je tenais à vous donner l'occasion de le dire, monsieur le procureur général », le président laisse la parole à la défense.

M$^e$ Menuet plaide le premier. Moins connu que ses confrères, cet homme au petit nez en trompette, qui sert encore de lien entre le général Salan et Yves Gignac, attaque sur le mode mineur.

— Je n'ai pas l'habitude, s'excuse-t-il presque, messieurs, de ces audiences. Ce n'est pas en gendarme supplémentaire, monsieur le procureur général, que je me dresserai devant vous. Vous jugez, messieurs, sans recours et sans appel ; ce n'est pas non plus en témoin ou en manifestant, comme on a pu l'écrire, mais plus simplement et uniquement en avocat. Je suis, pourquoi vous le cacher, en proie à une émotion indicible, je suis frémissant, bouleversé et angoissé. Je suis en proie à une intense émotion, parce qu'il s'agit, n'est-il pas vrai, du sort d'un homme hors série, chargé de gloire et d'honneurs et qui, pendant quarante-trois ans, patiemment, sans relâche, n'a jamais cessé de servir la France sous tous les cieux.

Après avoir souligné l'évidence que Salan a été un grand serviteur de la France, M$^e$ Menuet, se souvenant du témoignage de M$^e$ Thomas Fondo, avoue :

— J'ai été comme vous bouleversé par la venue à cette barre du témoin aveugle, venu apporter en dernier témoignage à son chef le drapeau de la rébellion F.L.N. qu'il prit à l'ennemi avant que ses yeux s'éteignent à jamais. Je suis bouleversé par ces réfugiés européens et musulmans, par ces harkis dont nous savons par la presse, parlée ou écrite, qu'ils affluent en métropole alors qu'il semble que rien n'est là pour les accueillir.

Il évoque ensuite les sentiments qui, selon lui, doivent animer les juges qu'il espère convaincre :

— Enfin, c'est mon devoir de le dire, je suis angoissé par vos responsabilités de juges, par le jugement que vous allez rendre. Il ne doit pas s'ajouter aux malheurs de la Patrie.

N'apportant rien de plus aux récits des témoins qui se sont succédé durant quatre jours, M$^e$ Menuet parle de l'Indochine, puis de l'Algérie jusqu'en 1958. Après avoir évoqué la lettre que l'accusé a adressée à de Gaulle lors des barricades, il en vient à sa conclusion.

— Je m'interroge : que dirons-nous à nos fils ? Que dirai-je à mes deux fils ? Que dirai-je à mon petit Patrick Raoul, qui a six jours, quand mes fils me demanderont ce que nous avons fait, ce que j'ai fait pour défendre, comme nous avons été nombreux à le faire, il y a vingt ans, l'intégrité du territoire, le sol de la Patrie. Que dirai-je, monsieur le procureur général, à ce jeune homme qui, le 6 juin 1954, a été jugé par la cour d'assises de cette même salle ? C'est la seule fois où j'ai plaidé aux assises. J'étais bouleversé ! La vie d'un homme était en jeu. Ce jeune était tombé très loin dans le péché, dans le crime, et sa peine expiée, je lui ai dit : « Il faut partir pour l'Algérie. » Il était exclu de l'armée ; j'ai fait des démarches qui l'y ont fait rentrer. Il est parti se battre. Il s'est bien battu. Il s'est refait un honneur. Démobilisé, il s'est mis au travail, durement ; il a épousé une jeune Pied-noire, et il a un fils qui a trois mois. Et, voici une semaine, je recevais une lettre me disant : « La vie est intenable. Il faut que je revienne à Paris. Où vais-je aller ? »

« Cet homme, interroge l'avocat, ne l'ai-je pas trompé ? Que dirons-nous, messieurs, aux musulmans fidèles qui vivent encore, et que chaque jour nous abandonnons ? Que dirons-nous demain à Kaouah, auquel son père donnait le suprême conseil, le suprême avis : « Fais confiance à la France, elle est la mère patrie » ? Que dirons-nous aux morts quand nous les retrouverons plus tard au pays des âmes, en allées trop tôt et que nous aurions laissées ? Que dirons-nous demain à ces populations quand elles se trouveront face à face avec ces couteaux qui n'ont point de pitié ? Que répondrons-nous demain quand notre conscience nous interrogera ? Que répondrons-nous enfin à cette question précise et angoissante : « Avez-vous été fidèles ? » Là est mon drame et là est le drame du général Salan. C'est le drame aussi de la nation, car, vous le savez bien, un peuple ne pardonne jamais les erreurs qu'on lui fait commettre. Il vous appartient, messieurs, par votre jugement, de nous mettre en mesure de pouvoir demain répondre à ces questions angoissantes. Il vous appartient, au moment où je parle, dans les malheurs de la Patrie, de dire si la France doit avoir son crucifié.

Après une suspension d'audience de trois quarts d'heure, c'est au tour de Mᵉ Goutermanoff de plaider. Et ce grand homme presque chauve avoue d'entrée :

— Je me sens perdu dans cette salle, écrasé par le poids, le nombre, les uniformes, les robes, le plafond...

Haussant le ton, il enchaîne, pugnace :

— Il est difficile de dire ce que l'on pense, alors que cette pensée est rude, quelquefois désobligeante. J'aurai au moins pour moi de vous avoir dit la vérité, telle que je la vois. C'est donc quelque chose de subjectif, par définition passionnel. Mais j'aurai au moins le sentiment d'avoir derrière moi tous ces pauvres gens d'Algérie, qui sont avec moi, à ce moment précis, auprès du général Salan qui, pour nous, est la France, qui, pour nous, est un grand général, qui, pour nous, est l'honneur. C'est à vous, monsieur le procureur général, que je m'adresserai d'abord. Je m'attendais un peu à ce que vous alliez dire. Vos sourires ne m'ont pas trompé. Votre air bon enfant ne m'a pas induit en erreur. Je vous ai observé. Vous n'êtes pas un défenseur. Vos larmes ne sont pas des vraies larmes et vos peurs ne me touchent pas. C'est donc que vous n'êtes pas l'avocat. Vous êtes l'accusation. Ne vous en défendez pas. Vous êtes l'accusation. Si vous le niez, serait-ce que vous seriez une accusation qui n'ose pas dire son nom ? Non ! Ce n'est pas cela. Vous êtes la vindicte publique.

Puis il s'emballe en attaquant :

— Ce chemin de crêtes dont vous parliez l'autre jour, vous vous souvenez ? vous avez dit : « Pas de vallées. Les crêtes ! », ce chemin ne me convient pas. Il est tortueux, il descend, il ne monte pas. Il descend même très bas. Il conduit dans les fossés de Vincennes. Je ne vous suis pas ! Je préfère vous y voir cheminer seul.

Rappelant que Mᵉ Gavalda parlant du révérend père Pascal a dit : « Ce regard, cette figure, il me semble que jusqu'à ma mort j'en garderai le précieux souvenir », il lui dénie le droit de l'invoquer.

— Son souffle n'est pas le vôtre, accuse-t-il. Ses yeux ne sont pas vos yeux. Son sourire n'est pas le vôtre. Son enfer n'est pas le vôtre et son paradis n'est pas le vôtre, monsieur le procureur général. N'en parlons pas !

Après avoir établi que Salan ne s'est jamais engagé par ambition, puisqu'il a si longtemps fréquenté les sommets, l'avocat évoque ses plaidoiries pour d'autres accusés de l'O.A.S.

— Chaque fois, se souvient-il, je disais aux juges : « Les gens que vous jugez sont de pauvres gens, de modestes gens, des gens humbles. » Je ne sais pas où sont les gros colons, mais les banquiers ne sont certainement pas avec nous, et, parmi ceux que l'on juge, parmi ceux que l'on jugera tous les jours, vous ne trouverez que des artisans, des ouvriers, des petits paysans, des instituteurs, des petits fonctionnaires de l'autorité, le menu peuple d'Algérie. Pourquoi ce menu peuple d'Algérie s'est-il révolté ? Pourquoi le général Salan a-t-il volé à son secours ? Voilà tout le problème, et voilà tout le procès.

Soulignant que les gens de Bab el-Oued et de Belcourt, qui ont fourni à l'O.A.S. le gros de ses troupes, étaient de gauche, des « rouges » comme ceux d'Oran, il demande :

— Pourquoi ces gens-là, qui ne sont pas des fascistes et qui n'ont jamais été des fascistes, sont-ils derrière le général Salan ? Je répondrai dans un instant. Mais dire qu'un vent de folie s'est emparé de tout un pays, ce n'est rien dire du tout. On doit se demander pourquoi le peuple tout entier se soulève, pourquoi dans son entier il perd la raison, si tant est qu'il a perdu la raison, et pourquoi cette folie s'en emparée de lui ? Le phénomène a une portée tellement générale, que répondre par l'affirmative : « Ils sont tous fous » n'est rien dire du tout ! Et tout est là.

Contrariant un à un les propos de l'avocat général, M$^e$ Goutermanoff en vient aux exactions du F.L.N.

— Le F.L.N. tirait sur les soldats français, et, depuis le cessez-le-feu, êtes-vous tellement certain, monsieur l'avocat général, que le F.L.N. n'a plus tué personne ? Vous avez glissé sur ces charniers que l'on découvre seulement maintenant, mais combien en découvrira-t-on d'autres, à l'intérieur du pays, où il n'y a plus personne pour vérifier ? Il n'y a plus d'armée là-bas. Il n'y a plus d'Européens là-bas. On ne sait même pas ce qu'ils sont devenus. Combien y a-t-il de fermiers qui ont disparu, et dont on ne sait pas ce qu'ils sont devenus ? Je me doute qu'un jour, on découvrira d'autres charniers. On ne pourra sans doute pas identifier les gens. Ils auront été passés dans un bain de chaux pour rendre les recherches impossibles. Voilà la réalité !

Ayant brossé ce tableau apocalyptique du bled algérien, l'avocat se fait accusateur :

— Et vous demandez aux pauvres gens d'Algérie, qui savent qu'ils perdent tout, de dire merci, de dire : « Nous acceptons tout cela et nous allons vivre avec ces gens qui nous ont haïs, pourchassés, tués, et mutilés pendant sept ans ? »

S'étendant sur les différences de mentalités qui existent entre l'Afrique du Nord et la France, M$^e$ Goutermanoff précise :

— Mais songez que nous sommes en Afrique, où les passions sont plus vives, où les Européens sont plus rudes, mais où les Musulmans sont souvent féroces. Ils le sont par tempérament. Savez-vous, messieurs, – et je m'adresse aux magistrats, et vous pouvez le vérifier auprès de certains de vos collègues à la Cour de cassation, – que, jusqu'à ce ces temps derniers, dans les pays montagneux comme la Kabylie, comme tout ce qui touche à Tlemcen, et aussi à la région de Guelma, on jugeait, devant les cours d'assises, entre quarante et cinquante assassinats pour meurtres par session ?

Après avoir demandé : « Comment pouvez-vous songer une seule seconde à la paix, alors que tout ne fait que commencer ? », il passe aux militants du F.L.N. remis en liberté :

— J'ajoute que tous ceux que vous expulsez, pour des raisons de violence, refluent en Algérie, que tous ceux qui étaient condamnés pour des crimes, meurtres et autres, inspirés par le F.L.N., rentrent chez nous, deviennent commissaires politiques pour la plupart ou commandants à certains échelons de la force locale, qu'ils ont – c'est normal – des vengeances à assouvir ; ils ont des femmes, ils ont des enfants. Ces femmes et ces enfants leur racontent ce qui s'est passé. On cherche ceux qui les ont impliqués, ceux qui les ont fait condamner, et commence cet infini règlement de comptes, qui ne peut aboutir qu'à un bain de sang. Si j'ajoute que, pas plus qu'ici, les accords d'Evian ne jouissent d'aucun prestige : tout le monde sait que les garanties sont illusoires, que les Européens qui restent en Algérie – et j'ai tort de dire « les Européens », ce sont des Français – seront des futurs otages et des victimes expiatoires. Comment voulez-vous que ces gens-là ne s'affolent pas, qu'ils n'éprouvent pas un besoin de révolte légitime, dans la mesure où la révolte peut être légitime.

Imaginant qu'il n'y ait plus d'O.A.S., M⁰ Goutermanoff offre sa vision de l'Algérie nouvelle.

— D'abord, l'armée s'en va, comme une armée vaincue. Nos ennemis là-bas, nos adversaires si vous préférez, sont travaillés par cette propagande subtile à laquelle vous faisiez allusion, propagande psychologique. On veut présenter et vous le savez mieux que moi, le départ de l'armée d'Algérie comme une victoire militaire de l'A.L.N. Il faut que le F.L.N. profite de sa victoire, et il profitera de sa victoire. On a parlé déjà, il y a quelques jours, à Tunis, des héros et des martyrs du F.L.N. Je vois très bien, nous voyons très bien, ce qui va se passer. Après le référendum – Dieu sait dans quelles conditions aura lieu ce référendum ! vous vous en doutez, c'est une formalité, on aurait pu s'en passer – l'A.L.N. va rentrer dans Alger. Je ne parle que d'Alger parce que je connais mieux Alger ; mais ce doit être la même chose partout. Je vois le défilé, la victorieuse armée, dans les rues d'Alger. Le peu de Français sous les armes cantonnés dans leurs casernements, on ne les verra pas. Les drapeaux de l'A.L.N. déployés. Devant le Forum, il y a un grand mât. C'est devant ce mât que le général de Gaulle a été reçu il y a quatre ans. Montera au sommet de ce mât le drapeau F.L.N. La musique jouera je ne sais quel hymne du F.L.N. et la foule applaudira.

A cette prophétie, Salan s'est crispé.

— Et nous ? poursuit l'avocat. Que devenons-nous dans tout cela ? On dira que l'armée F.L.N. a battu l'armée française. On débaptisera les rues : l'avenue De-Lattre-de-Tassigny, la rue Michelet, la rue d'Isly – si chère à notre cœur – vont porter d'autres noms. Et le drame commencera.

M⁰ Goutermanoff s'excuse de s'être laissé emporter par la passion.

— Vous vous rendez compte que, si je parle maladroitement, ce que je dis part du cœur. Ce que je vous dis, chaque famille là-bas le pense ! Elle n'a peut-être pas les moyens de l'exprimer, mais, moi, je vous le dis. Même si, pendant quelque temps, les relations entre l'Algérie et la France sont normales, c'est-à-dire si les deux pays ne sont pas en guerre, pouvez-vous nous assurer qu'un jour ne viendra pas où l'Algérie ne sera pas dans un camp opposé ? Qu'elle n'ira pas vers d'autres pays, plus lointains, vers l'Orient ? Et quand nous savons que Nasser lève déjà un impôt en faveur des gens d'Algérie, nous n'avons aucune illusion sur ce qui va se passer.

Approchant de sa conclusion, l'avocat évoque l'état d'esprit des jeunes Français d'Algérie.

— Nos gars de vingt ans, de vingt-deux ans, n'ont pratiquement rien connu en dehors de cette guerre civile atroce, fratricide. Il n'y a pas de limites, il n'y a pas de frontières. Les populations sont imbriquées les unes dans les autres. Vous leur demandez du sang-froid ? Vous leur demandez de comprendre ? Comment voulez-vous qu'ils puissent comprendre ? Comment voulez-vous qu'ils puissent désavouer leurs pères, leurs grands-pères ? Comment vous imaginez-vous qu'ils puissent ne pas être engagés ? Il ne faut rien avoir dans le ventre ? Le problème est là. La tragédie est là, et c'est ça que le général Salan savait. Voilà pourquoi nous l'aimions, voilà pourquoi nous l'avons suivi. Il était pour nous l'honneur. Et pour nous il respectait les engagements pris.

S'il est normal qu'un avocat dise « nous » en parlant de son client, M<sup>e</sup> Goutermanoff plaide avec une telle passion que l'assistance finit par ne plus savoir s'il est lui-même de l'O.A.S. lorsqu'il poursuit :

— Mon général Salan, ma voix n'est pas seulement ma voix, je suis ici pour tous ces gens qui souffrent et que vous avez aimés. Je suis la voix du Constantinois ensanglanté, de l'Oranais qui souffre, et qui pense à vous. Je suis la voix des gars de Bab el-Oued et du Ruisseau et d'ailleurs. Je suis la voix des mères effrayées, des enfants perdus. Je suis tout cela, et je suis aussi un pauvre homme, un vieil homme qui s'est attaché à vous sortir du fond de l'abîme où vous êtes plongé.

Des larmes coulent sur les visages des partisans de l'Algérie française en entendant l'avocat évoquer la peine capitale que, sans jamais la citer, M<sup>e</sup> Gavalda a si clairement exigée :

— Je ne puis croire, je ne puis croire, mon général, qu'un jour vous puissiez tomber sous les balles françaises. Cela est impossible ! Cela est impensable ! De toutes les forces de mon âme, avec les gens de là-bas, je crie, je hurle : arrêtez ce sang ! Le tuer serait impie. C'est un assassinat qui se prépare. Cet homme a tenu au nom de la France des engagements pris, son crime est celui-là, et rien d'autre.

Ayant laissé à l'assemblée le temps de dominer son émotion, le grand Pied-noir s'écrie : « Et si, mon général, vous deviez périr, vous monteriez sur la croix, mais c'est nous tous qui serions crucifiés ! », et il affirme : « Voilà ce que je pense. Voilà quelle est la pensée profonde. » Puis il lance :

— Au nom de tous ces gars, au nom de toutes ces mères, au nom des pauvres gens de là-bas qui souffrent et qui agonisent parce qu'ils veulent que leur terre reste française, je me mets au garde-à-vous, et je vous dis : merci, mon général !

Faisant écho au lamento de son confrère qui s'est rassis vaincu par l'émotion, M⁰ Tixier-Vignancour s'adresse à son tour à la cour par le rituel « Monsieur le Président, messieurs du Haut Tribunal militaire », assure sa voix, et enchaîne :

— Vous me demandez de parler alors que j'écoute encore ce cri du cœur qui vient au plus profond de nous-mêmes de nous bouleverser parce qu'il nous restituait, au-delà de cette salle, un grand drame humain. Au moment où m'échoit l'honneur de plaider pour le général Salan, je crois que mon devoir essentiel est de rester strictement fidèle à la mission qui m'a été confiée. Je dois défendre et je ne suis pas à cette place pour accuser. Je veux, comme vous tous, messieurs, demeurer sourd aux rumeurs et aux indignations de la cité parce qu'elles s'éteignent à la porte de tous les prétoires de justice. Je dois plaider pour vous dire qu'il ne me paraît pas moralement possible que le Haut Tribunal militaire prononce une condamnation irréparable contre le général Salan. Mon but est cette démonstration, et ce n'est que cette démonstration.

La vedette des prétoires cite trois témoins parmi les soixante-quatre qui se sont succédé à la barre. « Sans que pour autant la qualité des autres en soit diminuée », s'excuse-t-il, il rappelle ce qu'ont dit le R.P. Pascal, le général Valluy et le D$^r$ Salan.

— Le franciscain dit : « Etant donné le personnage que je connais et ce qu'on lui attribue, je dis : Faites la lumière. » Le chef militaire, déclare : « Il nous faut découvrir le choc extérieur qui a bouleversé cet homme, qui a fait de lui le chef d'une organisation secrète. » Et le frère, j'allais dire le fraternel adversaire, précise : « De Gaulle a comblé tous mes vœux, mais il a, par là même, abusé ceux qui, tel que mon frère, avaient vu en lui le mainteneur de l'Algérie française. » Où est le choc extérieur ? Où est la lumière ? C'est ce que, très simplement, nous allons rechercher ensemble : pour parvenir à une vérité – je n'ai pas dit : à la vérité, mais une vérité qui, j'en suis sûr, sera celle que, en définitive, vous retiendrez. Il nous faut analyser ce drame né d'une certaine conception de l'intérêt national et du monde, d'une certaine méthode de prise de pouvoir, et d'une certaine conception du gouvernement, car le drame que vous avez à juger, c'est ainsi qu'il se définit.

Au fil de son analyse, le maître béarnais, égrenant ses mots avec une lenteur calculée, cite au chapitre du 13 mai 1958 cette phrase de Michel Debré publiée le 3 février 1958 dans *Le Courrier de la colère* : « Craignez lorsque nous aurons bu le calice jusqu'à la lie que ne se forme un F.L.N. français », et la commente avec ironie :

— Le Haut Tribunal, dans un sourire j'espère, verra simplement jusqu'à quelle outrance extraordinaire allait M. Debré et allaient ses compagnons pour affirmer à l'Algérie le degré de leur attachement à la souveraineté française en Algérie.

Quant à l'affaire du bazooka, il affirme :

— A plusieurs reprises, monsieur le procureur, vous-même, monsieur le président, vous êtes interrogés sur le point de savoir pourquoi dans l'affaire du général Salan qui intéresse l'O.A.S., il avait été parlé de l'affaire du bazooka, et parfois trop longuement. C'est simple : c'est parce que l'affaire du bazooka n'est pas le procès que vous avez à juger, j'en suis le premier d'accord, mais elle est le procès, à partir du moment où elle peut être considérée comme une minuscule répétition du 13 Mai. Il est intéressant de savoir qu'il s'agit de la période romantique, si je puis dire, des visées sur la chute de la IV$^e$ République, et on se meut dans un autre univers incompréhensible si ce fil d'Ariane n'est pas préalablement donné.

Après avoir fait le tour de la préparation du 13 mai 1958, le leader de la défense lit une partie de la lettre que de Gaulle a adressée le 24 octobre 1958 à Salan, dans laquelle, après avoir admis l'éventualité d'ouvrir des discussions avec le F.L.N. concernant seulement un cessez-le-feu qui « comportera nécessairement la remise des armes des rebelles à l'autorité militaire », le futur président de la République confiait à l'accusé d'aujourd'hui : « Je vous dis cela à vous seul pour que vous sachiez à quoi vous en tenir. Naturellement ne le répétez pas. »

— Voyez, messieurs, s'exclame-t-il, vous qui allez juger le général Salan, qu'il n'a pas été placé dans les conditions de se désengager. Je ne dis pas seulement de contracter cet engagement mais de se désengager. Pourquoi ? Ah ! vous le savez, il ne fallait pas que le général Salan se désengageât trop tôt.

Puisant dans les discours du chef de l'Etat qui, chacun un peu plus que le précédent, annonçaient l'indépendance de l'Algérie, M$^e$ Tixier-Vignancour en arrive à la conférence de presse du Général du 11 avril 1961, où il disait : « Et c'est pourquoi, aujourd'hui, la France considérerait avec le plus grand sang-froid une solution telle que l'Algérie cessât d'appartenir à son domaine, solution qui, en d'autres temps, aurait pu paraître désastreuse pour nous et, qu'encore une fois, nous considérons actuellement d'un cœur parfaitement tranquille. »

Après avoir appuyé sur les mots « cœur tranquille », M$^e$ Tixier-Vignancour déclare d'un ton insidieux :

— Pas besoin de faire venir le général Challe de Tulle pour lui demander qui l'a encouragé, qui lui a fourni des concours, pris et retirés, bien entendu, le lendemain de la réalisation du putsch. Ce n'est pas la peine, nous avons ici l'étincelle parce que dire que c'est avec le cœur tranquille que nous verrons l'Algérie sombrer dans le chaos, cela est parfaitement conforme au plan d'intérêt national et estimé comme tel par le général de Gaulle mais cela cause une sorte de jet d'acide sulfurique sur la peau du général Challe, comme des autres, bien sûr.

Ayant ainsi démontré que Salan n'a pas participé à l'élaboration du coup de force, l'avocat avance :

— Je crois d'ailleurs que, s'il avait eu une part à la préparation du putsch, le putsch n'aurait pas eu lieu. Ce qui aurait été évidemment assez catastrophique parce que pas de putsch : pas d'article 16 ! Pas d'article 16 : pas d'épuration de l'Armée, pas d'article 16, pas de Tribunal militaire et pas davantage de Haut Tribunal militaire. Tout cela eût été déplorable et la situation aurait continué à former un obstacle sur la voie qui devait conduire là où il fallait aller.

Un peu plus loin dans sa démonstration par l'absurde qu'il existait bien une machination destinée à faciliter la séparation d'avec l'Algérie, l'avocat affirme : « C'est là que l'O.A.S. est née, de l'échec du putsch ! » et il ajoute sans risque de se tromper :

— L'O.A.S. est née à Madrid et elle est née sans le général Salan. Elle est née à Madrid entre cinq ou six exilés originaires d'Algérie qui se sont réunis à Madrid et qui ont fondé l'O.A.S. ; ils n'avaient avec le général Salan que des rapports espacés, à l'exception d'un seul, Jean-Jacques Susini. Et comme je n'aime pas poser à des témoins des questions oiseuses, je n'ai pas demandé à M. Debré sa correspondance avec M. Susini qui n'offrait qu'un intérêt éventuellement historique. Le général Salan ne voyait personne d'autre, il lui eût été assez difficile d'ailleurs de voir à ce moment beaucoup de monde.

Feignant d'ignorer que l'accusé a reçu Philippe Castille et Michel Féchoz, il poursuit :

— Il y avait d'abord celui qui a appuyé sur le bouton du bazooka. Il était là. Le général Salan n'estimait pas comme un agrément particulier de se trouver en sa présence.

Ayant disséqué le putsch, M<sup>e</sup> Tixier-Vignancour explique le cheminement de son client vers la tête de l'O.A.S. :

— Ce n'est pas un serment de rester fidèle à l'union de deux communautés ; c'est cela que vous avez dit, monsieur le procureur général. Non, c'est un serment que l'Armée française, garante de l'Algérie française, doit la garder à la France et la garder française. (Ordre du jour du 6 juin 1958. Charles de Gaulle.) Alors il ne faut pas venir, par un procédé habile, légèrement modifier la portée et le sens de l'engagement précis qui a été pris. Non, monsieur le procureur général, ce n'est pas l'union entre deux communautés. C'est l'Algérie dans la France et dans la République. C'est cela ce motif essentiel, c'est le mobile. C'est le seul. Vous le croyez ? Pas moi.

Et il enchaîne :

— Moi, je vais vous dire le mobile du général Salan. Le seul, le serment fait à l'Algérie française de rester avec elle et de combattre pour elle. Oui, bien sûr, l'engagement pris sur le Forum, renouvelé par les pièces innombrables et dont vous avez, si j'ose dire, une super-connaissance. Oui. Et le mobile plus profond, le mobile qui va jusqu'au cœur de l'homme, c'est le sentiment, puisqu'il ne connaît toujours pas la vérité, d'avoir été trompé. Mais attention ! il croit avoir été trompé. En fait je suis certain que le général de Gaulle estime que le général Salan n'a pas été trompé, et que si la question était posée à cet illustre chef d'Etat, il répondrait simplement : « Il aurait dû comprendre. » Ce qui d'ailleurs est tout à fait dans son style de vie.

Ayant argumenté la nécessité qu'avait Salan de braver le gouvernement, l'avocat déclare :

— Messieurs, on vous a demandé la peine capitale. Prenez garde à ce mobile-là. : il n'est pas possible, à mon sens, moralement, de condamner à mort un homme qui a été traité comme le général Salan entre le 13 mai 1958 et le 20 septembre 1960. Ce n'est pas possible, parce que n'oublions pas qu'il a aussi trompé les autres et que, lorsqu'il s'éloigne avec Jouhaud, il se sent comptable, comme l'homme d'armes qu'il est, de tous les désespoirs individuels et collectifs qui arriveront à faire de l'Armée française ce qu'elle est aujourd'hui, ce qui est d'ailleurs tout à fait normal, mais ce qui était nécessaire pour arriver au but d'intérêt national, l'indépendance de l'Algérie, que depuis le début on avait défini.

Passant ensuite à l'O.A.S., Tixier-Vignancour affirme :

— M. le procureur général ne tient pas du tout, dans sa personne, dans son esprit, dans sa manière d'être et de vivre, dans son éthique aussi, à ce que le général Salan soit fusillé. C'est pourquoi la moitié de son réquisitoire, vous l'avez remarqué comme moi, a consisté à examiner une à une non pas les charges – les charges, c'est moi qui vais les exprimer – mais à rechercher les circonstances atténuantes. Cela a été pour nous tous un bonheur de voir M. le procureur général rechercher les circonstances atténuantes que l'on pouvait découvrir au bénéfice du général Salan. Et je dois vous dire, monsieur le procureur, que vous en avez trouvé que je n'avais pas imaginées moi-même. Je vous remercie de ce concours apporté à la défense. Mais lorsque vous avez entrepris de dire pourquoi aucune de ces circonstances atténuantes ne pouvait être retenue, c'est là, permettez-moi de vous le dire avec toute la déférence que je vous porte, que vous avez été le moins bon. La question, c'est le procureur général Gavalda qui la posait. Et qui répondait ? M. Fauvet, le révérend père Riquet, éventuellement Montaigne ; un peu Pascal, M. de Lamennais sûrement, et d'une manière générale, les Pères de l'Eglise. Mais de réponse Gavalda, non ! Il y avait toujours une référence. Depuis que je pratique les relations avec les procureurs généraux et autres redoutables porteurs d'accusation, j'ai fini par acquérir une modeste psychologie qui me permet de vous affirmer qu'il y avait trop de références à des tiers pour que ces réponses d'abord soient bonnes, puisqu'ils ont moins de talent que vous, et ensuite pour que je fusse averti que tout cela émanait réellement du fond de l'être de M. le procureur général.

Après ces piques, Mᵉ Tixier-Vignancour passe en revue tout ce qui est reproché à l'O.A.S., donc à son client qui a revendiqué d'en être le seul chef. Puis il évoque les outrances de la répression contre ses militants et ses sympathisants et souligne :

— Je m'empresse de vous dire, monsieur le procureur général, que tous ces faits sont amnistiés, car à côté du décret d'amnistie qui s'applique aux fellaghas et à leurs complices, il y en a un autre qui s'applique précisément aux excès commis par les forces de l'ordre. Par conséquent, nul ne sera jamais inquiété pour avoir torturé Mme Salasc ou M. Falcone.

Il se souvient des révoltés :

— C'étaient donc les Français d'Algérie, ces officiers, ces musulmans fidèles qui formaient la petite troupe de la fidélité, qui se laissaient emporter, ici et là, à des actes d'autant plus incendiaires qu'ils avaient moins d'effet. Tout cela n'était pas bien méchant et nous en serons d'accord, puisque c'est M. Morin qui le dit. J'affirme qu'à partir de ce moment, traiter de manière bestiale des gens que l'on arrête, que l'on déporte... S'il ne s'agissait pas de Français d'Algérie, imaginez un instant ce qu'aurait dit la conscience universelle. On parlerait de la personne humaine, avec ses spécialistes, ses commissions internationales de juristes, avec ses organes spécialisés pour traîner l'Armée française dans la boue et qualifier la Légion de je ne sais plus quoi. Nous aurions assisté à un scandale tel que les colonnes du temple en auraient tremblé ! Il ne fallait pour cela qu'une chose, c'est que les intéressés fussent des fellaghas ou des Portugais, auquel cas nous aurions eu droit à ce concert. Mais il s'agissait de Français d'Algérie, cela n'intéresse absolument personne dans les arcanes de la conscience universelle. Ce qui nous amène à penser qu'il y a des gens qui ne font monnaie de la personne humaine que quand celle-ci intéresse leurs opinions politiques.

Allant plus loin dans le constat d'abandon, l'avocat s'écrie :

— J'aurais été à la place de la Ligue des Droits de l'Homme, j'aurais fait quelque chose, avec des réserves bien sûr ; j'aurais dit : « Ce n'est pas pour ces saligauds ; mais il y a tout de même cette vieille femme morte, il y a tout de même ce camp de Djorf. » Et à la place de la Ligue des Droits de l'Homme j'aurais fait une protestation timide ; je l'aurais fait, excusez cette expression lamentable et vulgaire mais vraie, pour la galerie ; je l'aurais fait quand même. Ils n'ont même pas cette pudeur, cela ne les intéresse pas ; ils sont même contents. « Une balle, cela vaut mieux qu'un rapatriement. » C'est un responsable en Algérie qui l'a dit. C'est bon et cela prépare des lendemains qui chantent !

Revenant sur les barbouzes, Mᵉ Tixier-Vignancour rappelle qu'Ailleret, n'a pas nié leur existence, puisqu'il a déclaré à leur sujet : « C'étaient des gens courageux, parce qu'ils sont morts, mais ils nous ont plutôt gênés qu'autre chose. » Et aussi que, lui ayant demandé s'ils existaient, Jean Morin lui avait répondu par la négative.

— Quand M. Morin a répondu non, j'ai demandé au Haut Tribunal militaire une confrontation. Le Haut Tribunal militaire me l'a refusée. Il a bien fait, parce que nous avons eu M. Debré. Que pouvais-je demander de mieux ? Je lui ai posé la question : « A-t-il existé des barbouzes ? » Et M. Debré a répondu comme M. Morin, comme M. Jannin ; c'était une réponse stéréotypée : « Il n'a jamais existé de barbouzes. »

Après avoir prouvé l'existence des polices parallèles en les plaçant à tort dans le contexte de la mission officielle de répression confiée par le gouvernement à Michel Hacq, à qui il reproche de s'être dissimulé sous le nom d'Hermelin, l'avocat évoque la fusillade du 26 mars 1962 et s'exclame :

— Et on demande aujourd'hui, avec insistance, la peine capitale pour le général Salan, coupable de la circulaire du 23 mars ! Mais est-ce que le pouvoir ne sent pas que ces cent morts du plateau des Glières du 26 mars devraient quand même l'inciter à un peu plus de réserve ?

Passant aux vols d'armes reprochés à l'O.A.S., Tixier accuse le gouvernement d'avoir retiré celles qui avaient été confiées à ceux qui, « chrétiens, juifs ou musulmans, étaient menacés par le F.L.N. ».

— Vous les leur avez reprises, accuse-t-il, et dans le même temps vous n'avez pas repris au F.L.N. les armes qu'il détenait et il résulte de cette situation que le F.L.N. ayant gardé ses armes, et les Français et les fidèles à la France se les ayant vu retirer, le Pouvoir, pour une politique que je n'ai pas à juger et qui, sans aucun doute, est sûrement dans l'intérêt national, a livré, qu'on le veuille ou non, tous ceux qui étaient désarmés par ses soins à ceux qui étaient demeurés armés.

M$^e$ Tixier-Vignancour compare ensuite à l'exode de 1940 le sort des Pieds-noirs aujourd'hui entassés dans l'attente du départ sur les quais des ports et dans les aérodromes algériens.

— Mais, rappelle-t-il, en 1940, ceux qui participaient à l'exode avaient l'espoir, après la tourmente, de regagner leur domicile. L'exode de 1962 c'est l'exode tout court, ce sont des gens qui justement partent pour ne plus jamais revoir ce qui faisait, avec le cadre de leur vie, le commun de leur existence. Est-ce qu'on aura l'audace de soutenir que le bachaga Boualam appartenait à l'O.A.S. ? Non, je pense, puisque lui-même avait refusé de se joindre à un commando venu lui demander avec son concours celui de ses harkis et il avait refusé donnant un signe manifeste de loyalisme au pouvoir au nom duquel vous réclamez la tête du général Salan. Vous croyez que cela lui a porté bonheur ? Le bachaga Boualam, déclarant que c'était une question d'heures et non pas une question de jours, est arrivé en France par deux avions militaires. Combien d'avions militaires avez-vous mis au service des 50 000 Beni Boudouane qui, ceux-là, sont restés sans le bachaga et vont payer durement ce départ ? S'il est parti, c'est qu'il était impossible que vous le protégiez ! Et vous croyez que, dans des circonstances comme celle-là, vous êtes habilités à réclamer la tête du général Salan alors que les conséquences immédiates imposent la réserve, l'attente pour pouvoir juger ? Ah ! Messieurs, je pense qu'il y a des impossibilités morales qui sont plus fortes que toutes les réquisitions du monde, encore que les vôtres ont été, par mes soins, analysées de façon correcte, je pense.

Mᵉ Tixier-Vignancour rappelle que depuis la condamnation à mort de Jouhaud, plus de deux cents parlementaires avec à leur tête le général de Bénouville ont déposé un projet de loi demandant que le décret d'amnistie du 22 mars 1962 soit applicable à toute infraction en rapport avec les événements d'Algérie et commise avant le 24 avril 1962 en Algérie, en métropole ou à l'étranger. Fort de ce fait nouveau, il expose à la cour cet argument :

— Messieurs, ce projet de loi a été renvoyé à la commission compétente, qui s'est réunie hier et qui a désigné son rapporteur, lequel est M. le président André Marie, que le Haut Tribunal militaire a vu à cette barre. M. le président André Marie a été désigné comme rapporteur à l'unanimité. Cela vous indique que cette affaire est en voie d'être résolue dans le courant du mois prochain. Qui donc, sur la base d'un argument aussi vrai, aussi juste, aussi humain, ne l'adopterait pas ? Qui donc, à part les ennemis traditionnels des amnisties qui s'appliquent à leurs adversaires et qui sont dix à l'Assemblée nationale, qui donc oserait s'y opposer ? Alors, votre Haut Tribunal militaire a une responsabilité à prendre. S'il condamne le général Salan à la peine capitale, que celui-ci soit exécuté et que la loi d'amnistie intervienne huit jours après, votre vie entière ne serait pas suffisante pour éponger le remords qu'une telle situation aurait pu faire naître dans l'esprit qui n'y aurait point pris garde. Vous rendrez d'ailleurs, messieurs, votre jugement au nom du peuple français et c'est vrai le peuple français aussi, même en ce moment et on a tendance à l'oublier, a une représentation nationale. Or, messieurs, il me paraît indispensable de considérer que l'optique qui pouvait être légitimement la vôtre lorsque le général Jouhaud a comparu devant vous s'est modifiée sur ce plan comme sur tant d'autres.

Ceci étant énoncé avec la lenteur dont il use depuis le début de sa plaidoirie, Mᵉ Tixier-Vignancour décrète avec une sobriété plus efficace que les éclats :

Il n'est pas concevable que, pour les raisons d'impossibilité morale et pour cette raison législative, une condamnation définitive soit actuellement prononcée.

Parlant toujours avec la même retenue, il revient aux réquisitions de Mᵉ Gavalda et lui fait remarquer qu'il est allé trop loin en affirmant que nul n'essuierait les larmes de Salan au Tribunal de Dieu après sa mort. Après lui avoir également reproché d'avoir fait parler les morts des guerres passées, il lui assène :

— Vous avez parlé, monsieur l'avocat général, et vous ne le pouviez point, du Tribunal de Dieu. Nous sommes devant le Tribunal des hommes et aujourd'hui, dans ce mois qui est consacré à la mère de tous les hommes, je dis au Haut Tribunal militaire qu'il ne faut pas jeter une ombre de deuil dans le printemps de Marie, qu'il ne faut pas placer sur l'avenir qui est devant vous le germe fondamental d'une discorde.

En conclusion de cette plaidoirie qui résonnera encore dans une quarantaine d'années sous les ors du Palais de Justice, puisque M° Jean-Denis Bredin, académicien bien peu suspect de nostalgie de l'Algérie française, et M° Thierry Lévy, lui accorderont une large place dans le livre *Convaincre : dialogue sur l'éloquence* qu'ils publieront en 1999 aux éditions Odile Jacob, il déclare :

— Vous avez, messieurs, ce soir, entre vos mains, le moyen d'accomplir un geste pour que se réalise, au bout de la nuit, la fragile et difficile unité des vivants.

Des hommes et des femmes essuient encore les larmes que M° Tixier-Vignancour leur a arrachées, lorsque le président Bornet ordonne à Salan de se lever et, lorsqu'il lui demande s'il a quelque chose à ajouter pour sa défense, celui-ci lui répond :

— Je n'ouvrirai la bouche, monsieur le président, que pour crier « Vive la France ! » et me tournant vers M. l'avocat général je dis simplement ceci : « Que Dieu me garde ! »

Et le procès entre dans sa phase ultime.

\*

— 82 —

# Le général Salan ne sera pas fusillé. Mais Jouhaud ?

Le président Charles Bornet ordonne au greffier de faire lecture des questions auxquelles les juges auront à répondre lorsqu'ils se seront retirés dans la salle des délibérations.

— Première question : L'accusé Salan, Raoul, Albin, Louis, est-il coupable d'avoir à Alger, dans les départements algériens des Oasis et de la Saoura, en tout cas sur le territoire national, en avril 1961 et notamment les 21 avril et jours suivants, en tout cas depuis temps non prescrit, dirigé et organisé un mouvement insurrectionnel, sciemment et volontairement procuré des armes, munitions et instruments de crimes, et envoyé des subsistances à des mouvements insurrectionnels, de toute manière pratiqué des intelligences avec les directeurs et commandants de mouvements insurrectionnels ?

La deuxième question tend à définir si l'accusé est coupable de la fin avril 1961 jusqu'au 20 avril 1962, de s'être, à Alger, « rendu complice d'attentats dont le but a été de détruire et de changer le régime constitutionnel en donnant des instructions, en procurant des armes ou tout autre moyen ayant servi à l'action ; sachant qu'ils devaient y servir, en aidant et assistant avec connaissance les auteurs desdits attentats dans les faits qui les ont préparés, facilités et consommés et avec cette circonstance que lesdits attentats ont été commis avec usage d'armes ».

En répondant à la troisième, les juges devront établir si Salan est coupable de s'être, « dans les mêmes circonstances de lieu et de temps, rendu complice d'attentats exécutés dans le but de décider les citoyens ou habitants à s'armer contre l'autorité de l'Etat, en donnant des instructions, en procurant des armes, des instruments ou tout autre moyen ayant servi l'action, sachant qu'ils devraient servir et en aidant ou assistant avec connaissance les auteurs desdits attentats dans les faits qui les ont préparés, facilités et consommés et avec cette circonstance que lesdits attentats ont été commis avec l'usage d'armes ».

La quatrième question demande si l'accusé s'est « rendu complice d'attentats exécutés dans le but de décider les citoyens ou habitants à s'armer les uns contre les autres en donnant des instructions, en procurant des armes, ou tous autres moyens ayant servi à l'action, sachant qu'ils devaient y servir, en aidant et assistant avec connaissance les auteurs desdits attentats ». La cinquième tend à préciser si Salan, « en vue de troubler l'Etat, faisant obstacle ou résistance envers la force publique, en agissant comme les auteurs d'attentats spécifiés aux articles 86, 93 et 95 du Code pénal », doit être reconnu coupable de ces actes « exécutés ou tentés contre la sûreté de l'Etat », de s'être « mis à la tête de bandes armées ou d'y avoir exercé une fonction ou un commandement quelconque » et d'avoir, « dans les mêmes temps et lieu, dirigé l'association, levé ou fait lever, organisé ou fait organiser des bandes, sciemment ou volontairement fourni ou procuré des subsides ou instruments de crimes ou envoyé des subsistances, d'avoir, de toute autre manière, pratiqué des intelligences avec les directeurs ou commandants des bandes ».

Enfin, la dernière question est ainsi libellée : « Existe-t-il des circonstances atténuantes en faveur de l'accusé Raoul Salan ? »

Il est déjà 21 heures lorsque le président Bornet prononce la dernière suspension d'audience. La cour entamant ses ultimes délibérations, le général de Gaulle donne une réception au Palais de l'Elysée en l'honneur de Moktar Ould Daddah, président de la République islamique de Mauritanie.

Le chef de l'Etat est rentré le 20 mai de sa tournée au cours de laquelle, après ceux de Figeac, il s'est adressé aux habitants de Cahors et Gourdon dans le Lot, de Brive, Tulle, Egletons et Ussel en Corrèze et, enfin, de Bessines, Bellac, Oradour-sur-Glane, Rochechouart, Saint-Yrieix et Limoges, en Haute-Vienne.

Afin d'empêcher le lieutenant Blanchy ou d'autres membres de l'O.A.S. d'attenter à la vie du Général, Roger Frey, que les partisans de l'Algérie française ont surnommé à cette occasion « L'entrepreneur des bravos publics », avait donné des ordres pour qu'aucun mètre carré proche du parcours présidentiel n'échappe au contrôle des policiers et des gendarmes. Près de trente mille hommes ayant été engagés dans le quadrillage des trois départements visités, la plus petite route rejoignant les grands axes empruntés par le cortège présidentiel a pu être barrée avant le passage du cortège.

Pendant que le Général prenait le pouls de la France profonde, les policiers ignoraient que Blanchy et Slieboda venaient de rejoindre à Paris un groupe de *deltas* venus d'Alger avec Louis Bertolini, dans l'intention de faire évader Degueldre.

Nicole Gardy s'étant réfugiée en Suisse afin d'y accoucher en paix, en plus de Blanchy et Slieboda, Bertolini disposait de huit volontaires. Il s'agissait de Gaby Anglade, Marcel Lagier, Eugène Castaldi, Ali Nedjar – un sous-officier d'Infanterie –, du commandant de réserve Eugène Lubrano-Larédera, du capitaine Antoine Caputto, du lieutenant Jean-Paul Trappe et de Geneviève Merer, qui servait dans l'armée de l'Air.

Le plan des amis de Degueldre était osé. Il s'agissait d'utiliser l'argent confié à Bertolini pour circonvenir quelques gardiens et gardes mobiles. L'un d'eux administrerait à Degueldre un produit destiné à lui donner durant quelques heures l'aspect de la mort clinique. Le commando aurait ensuite attaqué le fourgon transportant le corps du lieutenant à l'Institut médico-légal et il aurait été ranimé à l'aide d'un antidote. Mais, après quelques contacts, Bertolini s'est aperçu que l'opération, à cause surtout des relèves trop fréquentes des gardes mobiles de la Santé, était irréalisable. Il a donc décidé d'utiliser l'argent de l'O.A.S. pour financer un attentat contre de Gaulle qui, en cas de réussite sauverait du même coup Degueldre.

Alors que les autres membres du commando s'abritaient chez le frère de Jo Rizza et que Slieboda s'installait en banlieue chez des familiers, jouant au jeune marié et usant de la fausse identité de Péretti, Blanchy est descendu avec sa compagne dans un hôtel de la rue du Conservatoire parallèle à la rue du Faubourg-Poissonnière, entre les rues Bergère et Richer. Sitôt qu'ils l'ont repéré grâce au contrôle des fiches d'hôtel, les policiers du B.D.L. lui ont tendu une souricière et l'ont arrêté avec son amie. Au soir du samedi 19 mai, ils ont vu venir la DS beige louée à Toulouse. Après un premier passage de repérage, trois *deltas* en sont descendus. Les policiers les ont ceinturés et ils n'ont pu expliquer la destination des bouteilles de butane pleines trouvées dans leur coffre.

Interrogés séparément le dimanche matin rue des Saussaies, les quatre

## Chap. 82. – Le général Salan ne sera pas fusillé. Mais Jouhaud ?

Algérois, dans l'espoir de permettre à leurs compagnons de prendre le large, ont gagné du temps en débitant des fables invraisemblables. L'un prétendait qu'il était venu à Paris dans l'intention de prendre du bon temps. Un autre voulait recruter des artistes pour monter un spectacle de variétés et les deux derniers avaient selon eux, suivi le mouvement parce qu'ils n'avaient rien d'autre à faire à Alger.

L'un des prisonniers possédait deux trousseaux de clés mais, interrogé durant des heures par l'inspecteur Delarue, il affirmait ne pas connaître leur utilité. Après une nuit passée en cellule, les policiers ayant un peu mieux cerné leurs personnalités grâce à l'étude minutieuse du moindre bout de papier trouvé dans leurs poches et dans la voiture, l'homme aux clés a fini par avouer que l'une d'elles ouvrait un appartement qu'un ami venait de louer pour lui dans le XV$^e$ arrondissement, rue du Docteur-Finlay.

Des inspecteurs se sont rendus avec l'Algérois à cette adresse et, dans un logement sans meubles, ils ont découvert un bazooka, trois roquettes, un fusil à lunette et son silencieux, trois pistolets et des munitions. Ils ont aussi ramené rue des Saussaies des détonateurs, du cordeau détonant et des piles électriques destinées à la mise à feu d'un engin explosif. Ainsi confondus, les membres du commando, un peu par bravade, ont fini par avouer qu'ils avaient eu le projet de provoquer près d'Argenton-sur-Creuse le déraillement de la micheline ramenant de Gaulle à Paris. Au cas où le Général aurait survécu, précise l'un d'eux, ils auraient alors profité de la pagaille provoquée par le sabotage pour l'assassiner. Ils ont toutefois omis de préciser qu'ils avaient déjà mis en place sur le site choisi le fil électrique nécessaire à la mise à feu de leur machine infernale composée des bouteilles de gaz trouvées dans la D.S.

S'ils connaissaient donc la destination de ces bouteilles de gaz, les policiers du B.D.L. ignoraient encore comment Bertolini et ses compagnons projetaient d'utiliser le bazooka et le fusil à lunette que Jo Rizza, sur les ordres de Susini, leur a expédiés avec la complicité d'un employé d'Air Algérie nommé Pietrabana, d'ailleurs démasqué et arrêté.

Le 23 mai 1962, à l'heure où le Haut Tribunal militaire délibère encore, les prisonniers ayant parlé, les policiers du B.D.L. savent enfin à quoi s'en tenir sur les armes saisies. Si Bertolini, Blanchy et leurs compagnons n'avaient pas été appréhendés, Marcel Lagier se serait posté avec le fusil à lunette dans l'appartement d'un antiquaire russe au premier étage de l'immeuble du 86 de la rue du Faubourg-Saint-Honoré qui fait face au porche de l'Elysée. Il aurait tiré au moment où de Gaulle serait parti avec son hôte vers l'arc de triomphe de l'Etoile afin d'y déposer une gerbe sur le tombeau du Soldat inconnu. Et si les mouvements des gardes républicains leur avaient indiqué que le cortège sortirait de l'Elysée par une autre issue, les *deltas* auraient mené à bien leur opération baptisée *Chamois* en visant le Général du balcon d'une chambre de l'hôtel Bristol situé de l'autre côté de la place Beauvau, au 112, faubourg Saint-Honoré. Dans les deux cas, ils n'auraient pas hésité à parfaire la besogne avec les roquettes découvertes rue du Docteur-Finlay.

Si quelqu'un ne s'étonne pas de l'arrestation si rapide du commando, c'est bien le frère de Jo Rizza. En effet, sitôt l'installation des *deltas* chez lui, il s'est empressé de téléphoner au *Hérisson* pour l'avertir que ses invités prenaient de gros risques en faisant chaque soir la noce.

Le général de Gaulle ayant échappé à la mort, à 23 h 45 un brouhaha salue dans le Palais de Justice le retour du Haut Tribunal militaire. Le président Bornet est pâle. Ses mains tremblent un peu lorsqu'il ajuste ses lunettes à grosse monture et s'empare du feuillet où le sort de Salan est consigné. Les habitués des grands procès, à des mimiques sur les visages las des juges, devinent que leur délibération a dû être ardue. Et encore plus lorsque le président bafouille un peu en commençant à détailler les raisons qui ont justifié le verdict qu'il va rendre dans quelques secondes :

— Au nom du peuple français, il a été répondu oui à la majorité sur les cinq premières questions.

Jusqu'ici, c'est la mort qui attend le général Salan.

— Sur la sixième question, à la majorité des voix, poursuit le président, il existe des circonstances atténuantes en faveur de l'accusé.

Maintenant c'est la prison à perpétuité qui se dessine : la vie, en tout cas ! Salan ne bronche pas. C'est à peine si, seulement perceptible à ses proches, un petit tic trahit son trouble parfaitement maîtrisé en crispant un peu les commissures de ses lèvres fines. Le grondement de satisfaction, où se mêlent quelques cris de dépit, qui monte vers les juges l'empêche de saisir la sentence le condamnant à la détention criminelle à perpétuité. Ses avocats s'embrassent. Quelqu'un entonne une *Marseillaise* reprise par des voix brisées. Me Gavalda réclamant dans l'indifférence générale la radiation de Salan de l'ordre de la Légion d'honneur, des compagnies de policiers et des pelotons de gendarmes mobiles se déploient autour du Palais afin de prévenir toute manifestation des partisans de l'Algérie française.

Me Tixier-Vignancour étreint Salan, le lâche, pleure et s'effondre, victime d'un malaise. Lorsqu'il reprend ses esprits et que son client a été ramené au dépôt où il passera le reste de la nuit, il salue les partisans de l'Algérie française agglutinés devant le Palais de Justice et déclare à la presse :

— C'est le plus grand procès de ma vie ! Je n'étais plus français : je le suis redevenu. On va retirer sa croix au général Salan, mais ça ne fait rien : on la lui rendra dans quelques années. Sa vie, personne n'aurait pu la lui rendre !

Ayant quitté son invité mauritanien, le général de Gaulle attendait le verdict à l'Elysée. Lorsqu'il apprend que Salan n'a pas été condamné à mort, il marmonne :

## Chap. 82. – *Le général Salan ne sera pas fusillé. Mais Jouhaud ?*

— Les imbéciles ! Ils n'ont pas fait le procès de Salan. Ils ont fait le procès de De Gaulle !

Durant ce mercredi 23 mai 1962 si fertile en événements, Susini a perdu à Alger le principal organisateur des émissions de l'O.A.S. Après une traque qui a duré des mois, les policiers ont en effet arrêté son ami Georges Ras. Et à Paris, les policiers soulagés d'avoir éventé les plans homicides des *deltas* ne songent pas à fêter leur succès car, déjà, ils ont vent de nouvelles menaces. Ils les prennent d'autant plus au sérieux qu'ils ont arrêté à la sortie de la station de métro La Motte-Piquet-Grenelle un jeune homme de dix-neuf ans, Jean-Jacques Dupont, et Richard Saramanch, tous deux armés de pistolets.

Si Saramanch, un déserteur pied-noir, est récemment arrivé en métropole, Jean-Jacques Dupont, fils d'un cinéaste interné à Saint-Maurice-l'Ardoise, était pisté depuis le mois d'août 1961. Malgré son jeune âge, ce grand garçon au long visage maigre et au nez bien droit, cheveux courts accentuant le décollement de ses oreilles et petits yeux malicieux qui lui donnent l'air de toujours se moquer du monde, semble être un maillon important de l'O.A.S., où il utilisait le pseudonyme d'*Horace*. Et l'ordre de mission que les policiers ont trouvé sur lui, portant curieusement les signatures d'Argoud, Lacheroy, Lagaillarde et Ortiz, enjoint à tous les membres de l'O.A.S. de lui « prêter aide et assistance et d'une façon générale se mettre à sa disposition pour faciliter sa mission ».

Jean-Jacques Dupont a participé à des plasticages dans le Sud-Ouest où il était le principal agent de liaison de Marcel Bouyer. Après que l'inspecteur Delarue, contraint et forcé par sa hiérarchie, eut arrêté l'ancien député, il s'est rapproché de la *Mission-France III* de Canal, puis de Sergent.

Pendant que les policiers cherchent en vain dans les dernières planques repérées de Jean-Jacques Dupont l'émetteur-récepteur qui lui permettait de capter leurs émissions et dont il nie l'existence, l'O.A.S. algéroise plastique un avion militaire à Maison-Blanche et des bureaux des contributions au centre-ville. Risquant ce faisant de compromettre les contacts secrets de Susini avec le président Farès, les hommes d'Achard, tuant quatre Musulmans et en blessant une quinzaine, font sauter une voiture sur le port.

Ayant annoncé en Oranie qu'elle ne laisserait partir vers l'Europe que les hommes de plus de soixante ans, l'O.A.S. a averti la population qu'aucune dérogation ne sera admise et que ceux qui enfreindraient la consigne seront châtiés. Ses commandos s'emparent dans des commissariats de liasses d'autorisations de départ pour lesquelles leurs concitoyens font la queue durant des heures. Des moghaznis d'un groupe mobile de sécurité ayant été désarmés à Perrégaux, des gendarmes ont saisi sur un prisonnier un plan d'attaque des G.M.S. cantonnés à Aïn el-Turck sans que Katz ait pris le risque de les engager encore dans les opérations urbaines qui lui ont seulement permis de capturer depuis le 15 mai une trentaine de déserteurs, une soixantaine de clandestins et deux cents sympathisants de l'O.A.S.

Depuis les blessures de ses sœurs et de sa nièce, Pierre Dubiton est de tous les coups durs jusqu'à ce qu'une balle explosive lui fracasse le bras droit au soir du 24 mai alors qu'il harcelait avec ses amis Jean-Pierre Degreille et Jean-Paul Rippol un poste de contrôle F.L.N. à l'entrée du Village Nègre. Le lendemain, alors qu'il a été opéré et que ses amis le conduisent dans la ferme où il se cachera, l'O.A.S. tend une embuscade à un convoi escortant le général de Bellenet, commandant le secteur de Tiaret. S'ils n'ont que blessé le général, les assaillants se retirent en emmenant le chef d'escadron de Gendarmerie Cerveau. La riposte des forces de l'ordre se développe déjà autour de Tiaret, lorsque le speaker de la radio O.A.S. oranaise proclame :

— Pour tous les hommes d'Algérie dignes de ce nom, il n'y a qu'une seule voie : le combat jusqu'à la victoire, jusqu'à ce que le F.L.N. soit abattu car, comme ceux de De Gaulle, ses pieds sont d'argile ! Alors, seulement, l'édification d'une Algérie libérée sera possible avec l'aide de nos frères musulmans qui, enfin libérés des traîtres français et des fellaghas égorgeurs, pourront avec nous réaliser cette magnifique entreprise.

Ce discours n'empêche pas les légionnaires déserteurs qui détenaient le commandant Cerveau de le ramener à son unité et de déposer leurs armes. Mais leur reddition n'a pas entamé la résolution des commandos des *collines* lorsque, au soir, toutes les radios annoncent que malgré et peut-être à cause de la clémence du Haut Tribunal militaire envers Salan le général de Gaulle a refusé la grâce de Jouhaud.

Après cette décision, le général Vézinet convoque aux Invalides des officiers généraux des trois armes et de la Gendarmerie avec Maurice Papon et M. Cherrier, président de la Cour de cassation.

— Messieurs, lance-t-il à cet aréopage réuni dans son bureau de gouverneur de la place de Paris, si nous avons réussi à sauver la tête du général Salan, il va nous falloir passer Jouhaud par les armes ! Son exécution aura lieu demain matin.

C'est au général Partiot, l'ancien inspecteur des S.A.S. en Algérie et aujourd'hui commandant les troupes à Versailles, qu'échoit l'organisation du rituel macabre. Mais il s'y refuse et propose sa démission. Le général Hugo, commandant à Versailles la 2ᵉ région aérienne, n'ayant pas non plus accepté de constituer le peloton d'exécution, c'est l'amiral André Patou, major général de la Marine et compagnon de la Libération, qui hérite de la corvée.

Le problème de l'exécution de Jouhaud réglé, le général Vézinet soulève celui du cercueil dans lequel le supplicié sera enseveli. Le règlement stipule que la bière doit être de bois blanc, mais, respectueux de son passé, les pairs de Jouhaud décident qu'elle sera en chêne.

## Chap. 82. – Le général Salan ne sera pas fusillé. Mais Jouhaud ?

Au soir, c'est en écoutant la radio à Fresnes que Jouhaud apprend l'imminence de son exécution. Il fait appeler par un gardien M. Marty, le directeur de l'établissement. Celui-ci étant absent, son adjoint, M. Ferrand, tombe des nues lorsque son prisonnier lui annonce qu'il va être exécuté.

— Mais c'est impossible, mon général ! bredouille-t-il. Vous devez vous tromper.

— Hélas non. J'aimerais que l'on m'apporte une chemise blanche et un costume correct.

Informé à son tour, M. Marty est abasourdi. Il téléphone à Robert Schmelck, l'ancien procureur général de la République à Alger devenu directeur général de la Pénitentiaire, qui s'étrangle et lui demande comment il a appris cette nouvelle dont, c'est un comble, il n'est pas au courant.

— Par le général Jouhaud, monsieur le directeur général. Il en a lui-même averti Ferrand.

Si Robert Schmelck n'a pas été prévenu, c'est parce que, sitôt que de Gaulle lui a signifié à l'Élysée sa décision de faire exécuter Jouhaud le lendemain à l'aube, Jean Foyer, oubliant de l'avertir, s'est précipité rue de Lille, où son ami Michel Debré, dans le local vétuste qu'il partage avec Christian de La Malène au siège de l'U.N.R., discutait avec Constantin Melnik de l'issue du procès de Salan.

Debré et son ancien conseiller technique ont aussitôt élaboré une tactique désespérée pour faire revenir le Général sur sa décision. Michel Debré se chargeant d'avertir Georges Pompidou, le garde des Sceaux a pressé les avocats de Jouhaud de lui présenter un pourvoi en cassation.

Les nouvelles se répandent très vite dans une prison. Fresnes bruit bientôt de commentaires. Le commissaire de police de Choisy-le-Roi vient mettre en place des mesures de sécurité exceptionnelles. Le médecin de la prison, M. Petit, et le père Vernet, son aumônier, sont convoqués pour 2 heures du matin. Me Perrussel et le bâtonnier Charpentier se démènent avec quelques amis haut placés et des généraux dans l'espoir d'arracher *in extremis* la grâce de leur client. Suivant les décisions prises rue de Lille, Jean Foyer les autorise à présenter à la Cour de cassation la demande de révision qui, seule, pourrait encore enrayer le protocole de mise à mort.

Averti de ces efforts désespérés, le président de l'Assemblée nationale, Jacques Chaban-Delmas, téléphone à Jean Foyer.

— En ne fusillant pas Jouhaud, lui reproche-t-il, vous redonnerez de l'énergie aux terroristes. Vous verrez qu'ils assassineront des ministres. Et c'est vous, Foyer, qui auriez ces morts sur la conscience !

Ayant appris cette intervention de l'homme qui fut en 1944 le plus jeune général des Forces françaises libres, Gaston Monnerville, président du Sénat, lui téléphone à Bordeaux pour le faire revenir à de meilleurs sentiments.

— Cher ami, lui recommande-t-il, vous êtes le troisième personnage de l'Etat, moi le deuxième, à nous deux nous pourrions certainement amener le général de Gaulle à revenir sur sa décision. Il ne faut pas que Jouhaud meure !

Mais Chaban-Delmas refuse de rappeler le garde des Sceaux.

Jean Foyer, remué par tant d'interventions, va trouver le général de Gaulle à l'Elysée. Celui-ci lui ayant rappelé que son devoir de garde des Sceaux est de faire régner la justice et non de défendre les criminels, il tente d'ajouter quelques mots, mais le président de la République le coupe et, acerbe, lui fait remarquer :

— Et lui, Jouhaud, à Philippeville, il n'a pas voulu me flinguer, peut-être ?

Valéry Giscard d'Estaing ayant lui aussi plaidé pour la grâce de Jouhaud et Georges Pompidou ayant menacé de démissionner, le Général consent enfin à ce que l'exécution soit repoussée. Mais à condition, exige-t-il, que la Cour de cassation se réunisse avant le 30 mai pour trancher sur la légitimité de révision de son procès.

Pendant ces démarches, Jouhaud dîne dans sa cellule. Puis il met de l'ordre dans ses affaires, écrit quelques mots d'adieu à ses proches et, en ayant simplement glissé une carte de visite entre sa couverture et sa page de garde, sans savoir que celui-ci a initié l'agitation qui a amené le général de Gaulle à lui accorder un nouveau sursis, il adresse à Michel Debré un recueil des discours que l'ancien Premier ministre a prononcés avant d'oublier l'Algérie française.

Il est prêt à se coucher, lorsque ses avocats viennent l'avertir que le peloton d'exécution a été décommandé.

**Dixième partie**

# DE L'AGONIE À LA VENGEANCE

## Belvisi est arrêté

A Alger de nombreux incidents éclatent entre des Européens et la force locale renforcée par des auxiliaires temporaires, des A.T.O. recrutés à la va-vite. Le président Farès a fait parvenir à Susini un protocole provisoire d'accord reprenant en grande partie son document du 18 mai. Et, à Paris, tandis que les avocats et les amis de Jouhaud s'agitent pour sauver sa tête, les policiers de la P.J., dirigés par Honoré Gévaudan depuis que le commissaire André Ducret a remplacé aux voyages officiels le commissaire Albayez parti à la retraite, ne perdent pas de vue leurs objectifs.

Les comptes rendus d'enquêteurs sillonnant nuit et jour la capitale sont disséqués par les spécialistes du B.D.L. en même temps que des informations d'indicateurs ou de délateurs. Mais ils reçoivent tellement d'informations qu'il faudrait au moins dix fois plus d'hommes pour les exploiter toutes. Les policiers de la P.J. vont donc à l'essentiel. Ceux qui sont sur la piste des derniers participants à l'attentat de Pont-sur-Seine n'ont pas renoncé à capturer Armand Belvisi avant l'ouverture du procès qui, mis à part Cabanne de La Prade, intouchable en Belgique, jugera ses compagnons déjà emprisonnés.

A une trentaine de kilomètres au sud-ouest d'Alger, une opération de police et de gendarmerie a permis d'arrêter dans la nuit du 28 au 29 mai 1962 à Douira vingt-sept hommes de l'O.A.S. commandés par Jean-Louis Poirey, l'ancien président de l'Association générale des étudiants d'Algérie dissoute par Christian Fouchet. Ces hommes qui se cachaient dans des fermes viennent d'être amenés à Hussein-Dey, lorsque, un peu avant 10 heures, un *delta* embusqué sur la terrasse du Musset, l'immeuble qui abrite en bas de Belcourt le service des Allocations familiales, tire deux grenades à fusil en direction de la rue de l'Union qui rejoint au-dessus de la voie ferrée et du port la rue Sadi-Carnot. Si les projectiles explosent sans faire de victimes contre un mur et sur un toit, ils alertent un élément de la force locale, dont le chef fait boucler le bâtiment.

Les employés des Allocations familiales suivent le manège des Musulmans en tenues disparates et visiblement très nerveux. Alors que la circulation est interrompue depuis quelques minutes, une jeune fille sort soudain du Musset. Paul Cappolaro, un chef de service, tente de la rattraper mais un A.T.O. le tue d'une rafale de mitraillette.

L'écho de ce drame ajoute d'autant plus à la crainte des Européens que l'arrivée de mille sept cents nouvelles recrues de la force locale est prévue pour le samedi 2 juin.

A Paris, deux heures après la mort de Paul Cappolaro, un inspecteur de la P.J. croise par hasard Armand Belvisi dans le bureau de poste de la rue Copernic, proche de la place Victor-Hugo. L'ayant suivi de l'autre côté de la place, il le voit entrer dans l'immeuble d'angle de la rue Sontay. Il alerte ses collègues et le quartier est vite envahi par des policiers dirigés par le commissaire Bouvier. Lorsque la rue Sontay et la place Victor-Hugo sont bouclées, Alexandre Sanguinetti vient lui-même assister à l'opération.

Dans l'appartement loué par son amie Anne Goix, l'épouse d'un médecin, et appartenant à Michèle Bœuf, traductrice à la R.T.F., Armand Belvisi, qui dispose également de sa planque habituelle de Bois-Colombes et d'un autre studio dans Paris, s'aperçoit vite de la menace. Bien qu'il dispose de quatre mitraillettes, trois pistolets, de pains de plastic, de détonateurs et de munitions, l'ancien para n'envisage pas de transformer l'immeuble en fort Chabrol. Il tient juste à gagner le temps qui lui permettra de détruire des paperasses. Pendant qu'Anne Goix commence à brûler ces documents, il passe une tenue camouflée ayant appartenu à un frère de Pierre Sidos tué en Algérie.

Il y a maintenant près de cent policiers en bas de l'immeuble, qui se débandent lorsque Belvisi lance deux grenades qui explosent entre des voitures en stationnement. La riposte est immédiate. Les policiers tirent des rafales sur la fenêtre d'où ils ont vu jaillir les grenades tandis qu'Anne Goix poursuit la destruction des archives.

Flanqué d'Alexandre Sanguinetti, le commissaire Bouvier utilise un mégaphone pour exhorter Belvisi à la reddition. Mais celui-ci refuse en criant qu'il possède assez d'explosif pour faire sauter la moitié du quartier.

Bien que l'ancien du 1er R.C.P. exagère, le policier ne prend pas sa menace à la légère. Il renonce à lancer l'assaut, lui donnant ainsi le temps d'éliminer tout ce qui pourrait compromettre Bastien-Thiry et La Tocnaye à qui il a présenté Watin et à qui, avant l'arrestation de Canal, il a remis deux fusils-mitrailleurs aujourd'hui entreposés dans une de ses voitures.

Le commissaire ayant réitéré ses sommations, Belvisi s'assure que sa compagne a brûlé tous ses papiers et accepte de se rendre par souci de ne pas risquer la vie d'Anne Goix et de ses voisins. Aussitôt conduit rue des Saussaies, il garde un mutisme comparable à celui que Canal observe depuis son arrestation.

## Chap. 83. – *Belvisi est arrêté*

Malgré les contacts de Susini avec Farès, le F.L.N. et l'O.A.S. rivalisent de violence dans l'Algérois. A 13 heures, des fellaghas de la vingt-cinquième heure soucieux de donner des gages à l'A.L.N. s'en prennent à une ferme de Guyotville, y tuant François Palissier et blessant grièvement son épouse Anita et Michel, son fils adoptif âgé de quatorze ans. Un peu plus tard, un jeune Musulman de dix-sept ans égorge au cœur d'Alger Alexandre Le Bris, un Breton de Rennes qui s'engageait sous le square Aristide-Briand dans un escalier menant au port. Et un autre Musulman blesse à coups de pistolet Michel Maréchal, un imprimeur de la rue Delacroix qui prend naissance à l'entrée de Bab el-Oued dans l'avenue de la Marne.

Quant à l'O.A.S. qui vient de perdre Paulo Nocetti arrêté la veille, elle tue trois jeunes Musulmans au quartier de Climat-de-France et dévaste des boutiques appartenant à des Arabes. Sitôt qu'il l'apprend, Jacques Chevallier, revenu à Alger dans l'intention de faire avancer les discussions entre Susini et Farès, et de mettre en place, avec d'autres personnalités libérales comme M. Baugeard, l'ancien maire de Blida dont le neveu fait partie de l'O.A.S., le Mouvement pour l'unité et la réconciliation dont il rêve depuis si longtemps, exige un cessez-le-feu.

Susini, qui espère convaincre Christian Fouchet d'obtenir du G.P.R.A. et du gouvernement français que les frontières tunisienne et marocaine restent fermées durant les six premiers mois de l'indépendance, mobilise ses fidèles et, avec le capitaine Murat, le successeur naturel de Nocetti à la tête des *deltas*, usant parfois de la menace armée pour convaincre, il réussit malgré quelques accrochages qui se terminent dans le sang à imposer la trêve réclamée par l'ancien maire. Alors que le colonel Goubard prononce la dissolution du 4$^e$ régiment de tirailleurs, Alger vit donc un 31 mai étonnamment paisible.

Les policiers parisiens se sont aperçus que Michèle Bœuf, la propriétaire du studio de Belvisi, est en fait Milka Ghenadieff, la fille d'un ministre bulgare assassiné avant la Seconde Guerre mondiale. Cette dame de quarante-sept ans est divorcée, mais elle a pour son travail gardé le nom de son époux. Elle est fichée car, amie de Jean Bichon, elle reçoit régulièrement depuis des mois dans son appartement situé au 142 du boulevard de Grenelle le gratin de la résistance au gouvernement.

Si l'arrestation de Belvisi a pour effet immédiat de repousser l'ouverture du procès de l'affaire de Pont-sur-Seine aux assises de l'Aube, elle bouleverse aussi les plans du lieutenant-colonel Bastien-Thiry. Comme il l'explique à Bichon et La Tocnaye dans un entrepôt de cartonnage proche de la porte de Châtillon, les fusils-mitrailleurs mis à sa disposition par Canal par le truchement de Claude Capeau sont dans une voiture dont Belvisi est seul à connaître le stationnement. Il faudra donc, leur explique-t-il, attendre la fin de la garde à vue de l'ancien para pour qu'il renseigne son avocat, M$^e$ Tixier-Vignancour.

A la veille de la réunion de la Cour de cassation à Paris qui décidera si la requête en révision du procès de Jouhaud est recevable, Godard a rejoint Oran où, comme Chateau-Jobert à Constantine, il a condamné les contacts de Susini avec Farès. Au cours de l'émission pirate du 3 juin 1962, en accordant un peu vite à ceux-ci la paternité au syndicat de Sarradet, le porte-parole de Charles Micheletti affirme à leur sujet :

— Le commandement supérieur de l'O.A.S., qui, ne l'oublions pas, se trouve toujours en Oranie sous les ordres du général Gardy, dénie toute représentativité et toute valeur d'engagement à ces pourparlers si, par impossible, ils étaient engagés. Il est en effet aberrant de croire que l'on pourrait maintenant, un mois avant l'échéance fatidique et définitive, obtenir d'un F.L.N. faisant figure de vainqueur des garanties que de Gaulle a dû malgré tout essayer d'obtenir durant plusieurs mois de discussions secrètes d'un F.L.N. vaincu.

Katz n'accorde aucune attention à cette déclaration. Afin de prouver qu'il a reçu les moyens de combattre l'O.A.S., il improvise le 3 juin une parade de ses troupes dans Oran. Durant des heures, des avions frôlent les terrasses des plus hauts immeubles, virent sur la mer et reviennent sur la ville en carrousel grondant. Des chars parcourent les rues du centre. Des fantassins et des gardes mobiles les suivent dans des camions blindés et des half-tracks ferment le défilé grinçant.

Cette démonstration de force que ses dirigeants rangent dans la catégorie des « katzeries » n'a pas du tout impressionné l'O.A.S. Si elle est restée l'arme au pied tandis qu'elle se déroulait, un de ses chefs la décrit sur ses ondes pirates comme une ridicule parodie de 14-Juillet et lance à son organisateur :

— Si vous croyez, *Herr Von Katz*, faire trembler les Oranais, vous risquez d'être violemment détrompé et vous finirez bien par penser, comme nous tous, que : l'O.A.S. vaincra !

Le général répond à cette ironie en faisant diffuser ce tract en ville : « Oranaises, Oranais, le général Katz vous parle. Envoyé à Oran le 19 février pour vous protéger, j'ai dû vous défendre contre vous-mêmes. Vous défendre contre vous-mêmes parce que des égarés voulaient vous entraîner dans une aventure dont vous ne pouviez que faire les frais. Si quelques-uns d'entre vous sont tombés au cours des fusillades provoquées par des égarés, croyez bien que mes officiers, mes sous-officiers, mes troupes et moi-même, le déplorons autant que vous. Au moment où vous vous rendez compte que la poursuite de ce cycle infernal ne peut que compromettre votre avenir en Algérie et aussi en France, les meneurs et les instigateurs de la soi-disant O.A.S. veulent entraîner vos enfants dans un combat inégal et sans issue pour eux. Je vous adjure de ne pas les laisser s'engager dans cette folie criminelle. Je commande ici 25 000 hommes résolus et disciplinés qui disposent d'avions de combat, de chars, d'artillerie, pour qui le devoir est clair : imposer la volonté de la Nation, obéir aux ordres de son gouvernement et contre lesquels les égarés qui veulent votre perte ne peuvent rien. Epargnez-nous une lutte fratricide dont l'issue ne serait que le déchirement des Français et votre perte et ayez confiance en la France et en son armée. »

Pour toute réponse les hommes des *collines* harcèlent à coups de mortier les positions des gendarmes mobiles et attaquent un café maure.

Au soir de ce 4 juin 1962, alors que le Haut Tribunal militaire a été dissous et remplacé par une Cour militaire de justice, la Cour de cassation rejette les demandes en révision des procès de Jouhaud, Piegts et Dovecar. Le sort de ces hommes ne dépend donc plus que du président de la République. Ses défenseurs, optimistes, expliquent à Jouhaud que la tradition interdit de déranger deux fois un peloton d'exécution pour le même prisonnier. Mais de Gaulle ignorant sans doute cette coutume, son exécution est fixée à l'aube du 6 juin 1962.

Bien que cette tâche ait été dévolue à l'amiral Patou, c'est le général Hugo qui reçoit à Versailles l'ordre de constituer un peloton d'exécution. Comme il l'a déjà fait dans le bureau du général Vézinet, il s'y refuse et se voit immédiatement mis en disponibilité pendant que les défenseurs de Jouhaud se démènent encore. Ils reçoivent l'appui de Vincent Auriol, l'ancien président de la République qui tente d'inciter de Gaulle à la clémence et, le Général ne l'ayant pas écouté, déclare qu'il aurait dû être fusillé lui-même, vu la manière dont il est revenu au pouvoir en 1958 !

Si de Gaulle, sans accorder à Jouhaud la grâce dont, ainsi qu'il l'a fait remarquer à ses collaborateurs, il n'a pas lui-même formulé la demande, renonce à le faire exécuter, c'est sans doute parce que, en plus de l'insistance de Georges Pompidou et de Jean Foyer, le condamné a manifesté l'intention de demander à l'O.A.S. de renoncer à la violence.

\*

— 84 —

## L'O.A.S. pactise avec le F.L.N.

Pendant que le sort de Jouhaud se jouait, les événements se précipitaient à Alger où Jean Sarradet espérait toujours engager un bras de fer entre le gouvernement et son syndicat. Mis au courant des tractations de

Susini, Jean-Claude Pérez lui a laissé jusqu'au 5 juin pour les mener à bien. Sinon, il lancera une campagne de destruction qui, du moins feignait-il de le croire, empêcherait la réalisation du référendum à la date prévue. Au soir du 1$^{er}$ juin 1962, ses approches étant bouclées par d'importantes forces de police, Susini et Gardes se sont rendus avec Roger Carruana au Bordj, la villa de Jacques Chevallier où les attendaient Farès et Chawki Mostefaï. Et Jean-Marie Tiné, le directeur libéral du *Journal d'Alger*, participait à la réunion à laquelle Pérez n'était pas convié.

Avant cette rencontre qu'il espérait décisive, Susini, toujours encouragé par Broizat, avait eu d'autres occasions de s'entretenir avec Farès. Et celui-ci, sûr de recevoir d'importantes fonctions dans le gouvernement de l'Algérie, lui a laissé entendre à nouveau qu'il le « suivrait jusqu'à ces sommets ». Comme Susini lui faisait remarquer que Ben Bella, parce qu'il ne jouit pas d'une grande popularité auprès des ministres du G.P.R.A., pour la plupart notaires, médecins ou avocats, aurait tout intérêt à s'attirer les bonnes grâces du colonel Boumediene, qui dirige l'état-major général de l'A.L.N., le bedonnant président de l'exécutif provisoire a ironisé :

— Ben Bella ? Nous serons obligés de l'écarter de la scène politique. Il faudra peut-être même le tuer.

Sitôt les conversations du 1$^{er}$ juin entamées à El-Biar, le colonel Gardes, vieilli de dix ans par la clandestinité, marqué par la défaite car c'est bien d'une défaite qu'il s'agissait pour lui que de négocier avec le F.L.N. qu'il avait espéré anéantir, arguant que cette coiffure fait l'objet d'un grand respect de la part des Musulmans, proposa en vain que les hommes de la force locale se coiffent du béret rouge des paras.

S'imposant seul représentant de l'Algérie française après cette intervention surréaliste, Susini n'a plus laissé Gardes parler et les deux parties se sont entendues sur ce document intitulé « Eléments de base d'un protocole d'accord » :

« 1. La négociation doit s'engager entre la communauté musulmane et la communauté de statut européen, respectivement représentée par le F.L.N. et l'O.A.S.

« 2. Cette négociation s'effectuera entre seuls Algériens, à l'exclusion de toute autre partie.

« 3. Les accords résultant de cette négociation seront soumis à l'approbation du peuple algérien. Dès la signature des accords découlant de la négociation et la mise en place des garanties militaires, l'O.A.S. adhère à la République algérienne démocratique, laïque et sociale dont la constitution intègre les clauses et conditions des accords intervenus et qui consacrera l'unité de la République algérienne – indivisibilité de l'Algérie du Nord et du Sahara – et du peuple algérien – une seule nationalité dans les frontières de l'Algérie.

« 4. Les citoyens de l'Algérie sont égaux en droits et en devoirs.

« 5. La communauté de statut européen mettra tous ses moyens au service d'une politique révolutionnaire nécessaire à la construction de la République algérienne. »

Ayant revu ensemble ces cinq points qu'ils espéraient fondateurs de la nouvelle entente et qui, dans leur simplicité, allaient plus loin que les accords d'Evian, puisque les Européens y étaient partie prenante de l'Algérie, Susini, Farès et Mostefaï se sont accordés sur la création d'une Cour suprême, la mise en place d'une administration fédérale et un bicamérisme semblable à celui de la Yougoslavie. Ils se sont entendus sur l'instauration d'une assemblée communautaire représentant les citoyens algériens de statut européen et ont estimé que les symboles du drapeau algérien seraient choisis par les deux communautés.

Les trois hommes ont également proposé la dissolution du F.L.N. et de l'O.A.S., l'interdiction de partis racistes et, visant ainsi le P.C. algérien, ils ont dénié le droit de cité à tout parti d'obédience étrangère.

Pendant ce temps, la poignée de *deltas* qui accompagnaient Susini ont vu passer au ras du Bordj une patrouille de l'armée, qui a filé dès que leur chef a aperçu leurs armes. Les hommes de l'O.A.S., parmi lesquels Jo Rizza, Jean Taousson et Jean-Pierre Ramos qui, depuis sa blessure, marche à l'aide d'une canne, ont ensuite regardé les gardes du corps de Mostefaï jouer au football. Lorsque le ballon est tombé près d'eux, un *delta* l'a renvoyé et un Musulman lui a crié merci. Cette scène, sans doute interprétée d'une manière un peu trop romanesque dans plusieurs ouvrages, sera à la base d'une légende tenace, qui voudrait que, ce 1$^{er}$ juin 1962, les gardes du corps des deux camps aient joué au football ensemble, puis à la pétanque en attendant que leurs chefs mènent à bien leurs discussions.

Mostefaï, Susini, Farès, leur hôte Jacques Chevallier et Jean-Marie Tiné ont affirmé la nécessité de maintenir l'Algérie dans le camp occidental et de provoquer l'essor de l'Eurafrique. Etudiant les moyens d'améliorer l'économie du pays, ils ont envisagé d'user des techniques socialistes en manière de réforme agraire et d'utiliser la manne du pétrole et du gaz saharien afin d'attirer les investisseurs étrangers. L'arabe et le français seront l'une et l'autre langues officielles et l'Université d'Alger deviendra eurafricaine.

Mostefaï ayant accepté les garanties à donner aux Européens, la composition de la force locale dans laquelle l'O.A.S. aura droit de cité et le report du référendum, Susini a prôné la création d'un directoire national algérien, le D.N.A., composé de quatre ministres du G.P.R.A. et de trois dirigeants de l'O.A.S., fonctionnant en symbiose avec l'exécutif provisoire, présidé par Farès.

Les trois principaux protagonistes de la rencontre ont mis un terme à la discussion après avoir arrêté ce texte : « La constitution d'un Etat ne pouvant se concevoir sans une adhésion enthousiaste de la plus grande partie de la population qui l'habite, il convient que les accords envisagés apportent à chacun des raisons de confiance dans l'avenir commun. »

Susini a aussi obtenu qu'après que le G.P.R.A. aura ratifié l'accord, une très large amnistie sera appliquée à toutes les violences commises depuis le début de la guerre et qu'elle s'étendra même à celles qui adviendraient jusqu'à l'indépendance. Le président Farès ayant décidé d'aller à Tunis et Tripoli avec le D$^r$ Mostefaï et le pharmacien Benteftifa afin de présenter le protocole d'accord au G.P.R.A. puis au C.N.R.A., l'espoir est donc grand lorsque, à la nuit, Susini quitte le Bordj de Jacques Chevallier.

Le haut-commissaire Fouchet, renseigné par Jean Dours, son chef de cabinet, était au fait des tractations engagées par Susini. Estimant qu'elles représentent une chance de ramener la paix, il en a rendu compte à Georges Pompidou, qui n'a rien trouvé à y redire. Mais tous les ministres n'étaient pas dans le secret de ces rencontres, lorsque, le 30 mai, Robert Boulin, secrétaire d'Etat aux rapatriés, minimisait l'exode des Français d'Algérie. Selon lui, s'il n'y avait pas l'O.A.S., les Pieds-noirs ne feraient pas la queue aux compagnies aériennes et maritimes et il a affirmé à de Gaulle que la situation n'est pas outre mesure préoccupante, puisque vingt bateaux partent chaque semaine d'Algérie et que le trafic aérien permet le passage de quatre mille huit cents passagers par jour.

— Il n'y a donc pas lieu de dramatiser, a-t-il estimé. Nous avons de quoi transporter trois fois plus de monde qu'il ne s'en présente !

Evoquant les harkis, Robert Boulin soutint ce jour-là que les dispositions déjà prises permettraient d'en recevoir un millier, soit quelque cinq mille personnes avec les familles. Le général de Gaulle lui ayant demandé s'il ne voyait pas un peu juste, Pierre Messmer est intervenu en précisant que ces chiffres ne correspondent qu'aux « prévisions actuelles ».

Robert Boulin a achevé son exposé en affirmant qu'il n'y avait pas eu d'augmentation notable du nombre des voyages vers la métropole durant le mois écoulé. D'après ses collaborateurs, il y a eu 71 500 départs en mai 1960, 99 500 en 1961. Les 100 000 du mois qui s'achevait ne signifiaient donc pas une inflation remarquable. D'ailleurs, ajouta-t-il, tous ces voyageurs n'ont-ils pas acheté leur billet de retour ? Mais comme il précisait que la plupart d'entre eux étaient tout de même incertains quant à la date de ce retour, Pierre Sudreau, ministre de l'Education nationale, a demandé à la cantonade :

— Sont-ce des vacanciers, comme M. le secrétaire d'Etat nous le laisse entendre, des réfugiés ou des rapatriés ? D'après ce que disent les directeurs d'établissement scolaire en Algérie, beaucoup de chefs de famille amènent en métropole les enfants, les femmes et les vieillards par précaution, car la rumeur court d'une Saint-Barthélemy pour le 2 juillet.

Alors que le 4 juin 1962, des commandos des *collines* oranaises attaquaient encore au mortier des positions de gendarmes mobiles et, tuant un Musulman et en blessant deux autres, lançaient une expédition punitive sur un café maure fréquenté par le F.L.N., de sa cellule de Fresnes, tenant sa promesse de tenter d'amener l'O.A.S. à déposer les armes, Jouhaud adressait ce manifeste à Salan afin qu'il l'agrée :

« Avant que le verdict me concernant ne soit prononcé, j'avais remis à mes avocats un mémorandum que je leur demandais de faire publier après mon exécution si une sentence capitale avait été prononcée par le Haut Tribunal militaire. J'ai le devoir de faire connaître, aujourd'hui, le sentiment que m'inspire l'évolution du drame que vit l'Algérie. Chef de l'O.A.S. dans les moments difficiles, je pense être entendu et compris par tous ceux qui m'ont fait confiance. J'ai été avec tous les Algériens dans le meilleur et dans le pire, et je me sens aujourd'hui plus que jamais attaché à la terre d'Algérie, à l'Algérie de toujours. Nous avons voulu, Européens et musulmans fidèles, conserver l'Algérie dans la France. Pour cela nous nous sommes battus car notre détermination trouvait sa source dans la conviction que notre cause était juste. Nos sentiments n'ont pas varié, mais les événements ont pris en Algérie le cours de l'irréversible. L'Algérie française pour laquelle nous avons tous accepté de mourir, qui a fait l'objet de tant d'enthousiasme, d'espoir et de foi, ne peut plus, malheureusement, se concevoir de manière réaliste. L'indépendance est un fait pratiquement acquis qui nous révolte, qui sonne le glas de nos espérances, mais qu'il faut considérer avec réalisme. Lorsqu'un chef estime que la bataille est sans issue, lorsqu'il a la conscience que tout a été tenté pour vaincre, que l'honneur est sauf, il est pour lui un moment douloureux, tragique, c'est d'arrêter les combats. Aujourd'hui, la mort dans l'âme, je demande à tous ceux qui m'ont obéi de ne plus insister. Il faut arrêter les attentats aveugles contre les musulmans. Parmi ceux qui tombent au hasard des fusillades, certains étaient peut-être des anciens combattants, peut-être de nos amis. Je ne saurais douter que ces ratonnades ne soient le fait d'éléments incontrôlables, car ces actions sont la négation de notre idéal de fraternisation. »

Puis le condamné à mort, ignorant ceux de Susini et faisant allusion aux efforts de Sarradet, a reconnu : « L'Union générale des travailleurs français d'Algérie-Sahara a pris une décision humaine et réaliste. Il faut chercher avec nos ennemis d'hier un terrain d'entente, qui permette à tous les Français de continuer à vivre sur leur terre natale, en toute dignité. J'espère que le gouvernement français, dans un geste d'apaisement dans les traditions de générosité française, voudra passer l'éponge sur le passé, comme il l'a fait pour les Musulmans rebelles. Je ne saurais donc douter, si les attentats s'arrêtent, si un climat plus clément peut s'instaurer, que le gouvernement, par une large amnistie, dissuade les clandestins, perdus pour perdus, de poursuivre une lutte inutile, et que les rancœurs s'effaçant, l'Algérie retrouve, sous une forme que nous avons combattue, un visage heureux. »

Cette plaidoirie pour la paix, qui a été remise à l'A.F.P. par le service d'information du gouvernement, ce qui la rend suspecte à l'O.A.S., se terminait par ces mots : « Mais il importe que l'action de l'O.A.S. cesse au plus tôt. C'est son chef qui le demande à ceux qui se sont spontanément mis sous ses ordres. Ce n'est pas sans une émotion profonde, un cœur meurtri, que je rédige ces lignes, mais il faut se rendre aux réalités, même si elles sont tristes, pénibles et tragiques. »

Alors que Jouhaud écrivait ces lignes, les négociations de Susini tournaient court à Alger à cause du président Farès. La rumeur s'en étant immédiatement répandue, Jean-Claude Pérez annonce qu'il lèvera la trêve le 5 juin à 21 heures. Sitôt mis au courant de la menace, Jacques Chevallier demande à Susini de venir chez lui avec le capitaine Murat. Dès que les deux hommes arrivent au Bordj escortés par Jo Rizza, Jean-Pierre Ramos, Jean Taousson et quelques autres fidèles, Chevallier affirme qu'il est sur le point de ramener Farès à plus de souplesse et que rien n'est encore définitivement perdu, à condition du moins, précise-t-il, que la trêve ne soit pas rompue.

Comme il l'a fait quelques jours auparavant, Raymond Murat descend donc en ville discuter avec les chefs de groupe qui ont de plus en plus de mal à refréner l'impatience de leurs hommes décidés à obéir à Pérez. Les armes, partout, sont approvisionnées. La ruée destructrice risque de se déclencher d'une minute à l'autre. Murat, usant tantôt de la menace directe des armes des *deltas* qui l'accompagnent et tantôt de la persuasion, prenant même au nom de Susini et de Jacques Chevallier des engagements qu'il n'est pas certain de pouvoir honorer tant ils sont suspendus au bon vouloir de Farès et, surtout, du G.P.R.A. et du F.L.N., réussit encore une fois à éviter le pire.

Impressionné par la discipline apparente de l'O.A.S., Farès revient discuter au Bordj au matin du 5 juin, tandis qu'à Paris, de Gaulle, toujours furieux que Salan n'ait pas été condamné à mort, fait tenir cette note à Jean Foyer : « Il faut faire inculper Salan sur sa participation à l'action de l'O.A.S. comme son chef après son arrestation et telle que l'établit sa lettre saisie sur Canal. C'est un fait nouveau et peut-être très important dont il n'a pas été tenu compte dans le procès. »

Le mercredi 6 juin 1962, au cours du Conseil des ministres, Robert Boulin revient sur sa vision première des départs des Français d'Algérie. Surtout préoccupé par la situation à Oran, il avoue que l'exil touche maintenant la population la moins aisée qui, le plus souvent, n'a pas de famille en métropole et pas d'économies. Il entrevoit à son sujet la nécessité de prévoir un plan d'urgence. Louis Joxe avance une fois de plus que l'O.A.S. est la seule cause de cette situation dramatique. Selon lui, la politique gouvernementale va enfin donner ses fruits. Il affirme en effet que l'exécutif provisoire est en passe de remettre l'Algérie à « tous les Algériens ». Mais, après avoir regretté que des agitateurs appellent encore à la partition, il évoque les initiatives de Susini, dont il a discuté avec Christian Fouchet :

— Farès a de nombreux contacts avec des gens de l'O.A.S. Une manœuvre se dessine : « Ajournez l'autodétermination, on aura le temps de réfléchir ! » Il n'est évidemment pas question d'en discuter. Notre résolution compte plus que tout dans le processus engagé !

S'en étant pris aussi à Jacques Chevallier, Joxe vaticine :

— On ne tue plus, mais on prépare des tueries. A Oran, des tracts annoncent le choc décisif, la prise du pouvoir.

De Gaulle intervient pour affirmer :

— L'essentiel, c'est l'autodétermination.

Et il laisse tomber :

— Les Européens nous donnent un spectacle à la fois vaudevillesque et sanglant.

Sitôt qu'il en a reçu une copie par télex, Katz fait tirer, distribuer et coller sur les murs quelques milliers d'exemplaires de la lettre de Jouhaud. Charles Micheletti et Gardy mettent en doute son authenticité et, criant à la machination, ils incitent leurs fidèles à poursuivre la lutte.

Devinant la population européenne quelque peu troublée par la prose de Jouhaud, le F.L.N. décide de l'appuyer par ce communiqué signé par le commandant de la zone autonome d'Oran, le capitaine Bakhti qui était officier dans l'Armée française sous son vrai nom de Némiche : « Les accords d'Evian, ratifiés par le gouvernement français et le gouvernement provisoire de la République algérienne, doivent être à la base de toute notre activité. Il est absolument nécessaire que ces accords, respectés par la majorité de nos organismes, le soient à l'avenir, d'une façon stricte, et par tout le monde. A cet égard, nous portons à votre connaissance qu'un organisme chargé de la "Réconciliation" avec les Européens, a été créé par la Zone autonome d'Oran. Il est entré en contact avec quelques personnalités européennes, et un tract a été adressé à la population européenne en vue de rejoindre les quartiers musulmans. »

L'organisme de réconciliation évoqué hâtivement par les dirigeants de la Z.A.O. du F.L.N. est en fait un Comité de Réconciliation qui se constitue peu à peu avec l'aide de Pierre Coignard, maire-adjoint d'Oran. Il devrait comprendre vingt-huit personnalités des deux communautés. Ses membres, siégeant à l'hôtel de ville sous l'autorité de Mgr Lacaste, se partageront en commissions chargées de traiter de l'agriculture, du barreau, des affaires religieuses, du commerce, de l'industrie, de la médecine, de la municipalité, du notariat, de la pharmacie et des syndicats. « Nous rappelons instamment, ordonnent les autorités du F.L.N., que les exactions, enlèvements, demandes de fonds chez les Européens, doivent cesser sur l'ensemble du territoire de la Zone autonome d'Oran. Il faudrait que la confiance règne dans nos quartiers, afin de gagner la bataille du référendum, et surtout d'amener les Européens à s'entendre avec nous, comme le prévoient les accords d'Evian, dans le cadre d'une coopération loyale et sincère. La Zone autonome d'Oran fait appel, une fois de plus, aux populations oranaises, conscientes et disciplinées, pour faciliter la tâche de nos dirigeants et leur permettre de mener à bien la lourde besogne qui leur est dévolue. Pour que soient atteints les objectifs sacrés de la révolution algérienne et pour que vive l'Algérie libre et indépendante, dans le cadre des accords d'Evian. Fraternellement. »

Tandis que les sympathisants de l'O.A.S. oranaise déchirent ce tract, à la prison de Fresnes le sergent Albert Dovecar et Claude Piegts n'ont pas fait l'objet des attentions dont Jouhaud a bénéficié. Bien que les juges qui les ont condamnés se soient ensuite unanimement prononcés pour leur grâce, de Gaulle l'a refusée.

Bien avant l'aube du 7 juin 1962, un bouclage important est en place aux alentours de la prison de Fresnes et sur le trajet long d'une trentaine de kilomètres qui, par la N 186 puis la D 7 passant sous l'autoroute de l'Ouest au sud de Versailles, mène au fort du Trou-d'Enfer, où les deux hommes doivent être fusillés.

A 2 h 30, M<sup>e</sup> Jean Steck, l'avocat général qui a requis contre eux, entre à la prison en état de siège. Suivi de M<sup>e</sup> Palmiéri et veillé par des gardiens, il se fait ouvrir la cellule de Dovecar, le réveille d'une tape sur l'épaule et, en guise de bonjour, il lui recommande de se montrer courageux.

Ayant gagné au feu ses galons de sergent en moins de trois ans de service, Dovecar, qui ne se considère pas comme un déserteur, puisqu'il est resté en Algérie et qu'il a n'a cessé d'obéir aux ordres de ses officiers, ne manque pas de courage. Tandis que l'avocat général passe à la cellule de Claude Piegts, refusant les vêtements civils que lui tendait un gardien, il glisse son corps maigre dans sa tenue de parachutiste. Après s'être aspergé d'eau le visage, il noue autour de son cou un foulard de soie aux armes du 1<sup>er</sup> R.E.P., coiffe son béret vert, retire de son petit cadre de cuir vert pour la glisser contre sa poitrine la photo de sa fiancée enfermée à la Petite-Roquette et que l'administration lui a interdit d'épouser, comme elle lui a aussi refusé d'embrasser sa mère venue d'Autriche.

Pendant que le sous-officier se prépare à la mort, les avocats de Claude Piegts, M<sup>e</sup> Tixier-Vignancour et M<sup>e</sup> Le Corroller, arguant que son procès a été entaché d'irrégularités, ne renoncent pas encore à le sauver *in extremis*. Ils font remarquer à l'avocat général que, si le rejet de leur recours en grâce a été prononcé la veille à 19 heures, ils n'en ont été avisés que deux heures plus tard. Ils n'ont donc pas eu le temps d'adresser aux autorités compétentes les nouveaux documents qui leur auraient permis d'étoffer leur dossier. M<sup>e</sup> Le Corroller précise que le Conseil supérieur de la magistrature, à cause de l'urgence, n'a pu se prononcer et il regrette que, contrairement aux traditions républicaines, de Gaulle ne l'ait pas reçu. A 1 h 10, alors qu'il discutait avec le directeur des Affaires criminelles et des grâces, celui-ci lui a laissé entendre que le garde des Sceaux a considéré que toutes les règles, en cette affaire, ont été scrupuleusement respectées.

A la fin de ces explications nerveuses, Claude Piegts signe un procès-verbal rédigé en désespoir de cause par ses avocats et qui se termine par cette protestation : « Ainsi vais-je être exécuté dans des conditions contraires à la loi. Je vous demande d'abord de référer de ma situation à M. le garde des Sceaux, puis d'arrêter l'exécution. Je dis que tous ceux qui, à un titre quelconque, vont participer à ma mise à mort agiront contre la loi et compte, un jour, leur sera demandé par la nation. »

Après cette ultime tentative d'enrayer l'implacable rituel des exécutions, absous par deux aumôniers qui ne cessent de murmurer des prières en marchant derrière eux avec le juge d'instruction et son greffier, les deux condamnés, plus calmes que leurs avocats, se séparent pour monter dans des fourgons bondés de gendarmes.

Précédés à 3 h 35 par une voiture de police et une vingtaine de motocyclistes déployés en triangle, les fourgons et le corbillard qui tout à l'heure mènera les dépouilles des suppliciés au cimetière quittent la prison. Suivis par les voitures dans lesquelles ont pris place les avocats, les aumôniers et l'appareil judiciaire, ils sont protégés par vingt autres motards occupant derrière eux toute la largeur de la route.

Le convoi traverse la forêt de Marly et, au bout d'une longue allée protégée par un escadron de gendarmes mobiles, il stoppe dans la cour du fort du Trou-d'Enfer. Lorsque, chacun devant un peloton de douze soldats casqués, on les attache par les bras au poteau d'exécution, Piegts et Dovecar ne lâchent pas les chapelets que les aumôniers leur ont remis à la prison et qu'ils ont égrenés tout le long du parcours. Dovecar a enroulé autour de son torse le petit drapeau français réclamé à son avocat et que, le règlement ne précisant pas la tenue des condamnés, nul ne songe à lui enlever.

Un roulement de tambour annonçant l'imminence de la mise à mort, vingt-quatre soldats mettent leurs fusils en joue à l'ordre de l'officier qui commande les deux pelotons. Afin de laisser planer le doute parmi les exécuteurs qu'ils n'auront peut-être pas participé à la mise à mort, les armes leur ont été remises chargées et, dans chaque peloton, une d'elles tirera une balle à blanc.

Les condamnés ont refusé qu'on les aveugle à l'aide d'un bandeau noir et, juste avant le tonnerre des vingt-quatre détonations, Claude Piegts hurle « Vive l'Algérie française ! » et Dovecar « Visez au cœur. Vive la Légion ! »

Les coups de grâce ayant résonné à 4 h 12, un médecin-légiste s'assure que les suppliciés sont morts. Leurs corps aux poitrines percées sont allongés dans des cercueils de bois blanc, enfournés dans le fourgon mortuaire démuni de tout ornement et, en sortant du fort, ils reçoivent les honneurs militaires d'un groupe de soldats figés au présentez-armes.

A 5 h 40, Piegts et Dovecar sont ensevelis côte à côte dans des tombes creusées au cimetière de Thiais dans la friche du carré des suppliciés où, depuis trois agents de la Gestapo exécutés le 23 mai 1954 au fort de Vincennes, aucun fusillé n'avait plus été enterré.

Apprenant les exécutions en écoutant la radio, le lieutenant du Pavillon est saisi d'écœurement. Les tripes nouées, au bord de la nausée, il s'empresse d'écrire à Pierre Sergent en lui demandant de revenir à Paris. Après lui avoir asséné qu'il devrait, comme lui-même, se sentir responsable de ces morts, puisqu'il n'a rien fait pour tenter de les faire évader il ajoute : « Notre inefficacité est aujourd'hui couverte de sang. » Soulignant ensuite que Curutchet lui non plus n'a rien entrepris, il accorde au capitaine un délai de huit jours pour rentrer en métropole. Sinon, menace-t-il, il cessera le 15 juin de le remplacer à la tête de son état-major.

Puis *Eric* explique à Sergent que, jusqu'au scrutin du 1$^{er}$ juillet, il faudra prendre tous les risques pour sauver ce qui peut l'être. A cette date seulement, prévient-il, Sergent pourra repartir à l'étranger faire ce que bon lui semblera.

Quelques heures après les exécutions du Trou-d'Enfer, Farès, Mostefaï et Benteftifa rencontrent à Tunis les ministres du G.P.R.A. et, au bout d'une longue discussion, le président Ben Youssef Ben Khedda accepte que la négociation avec Jean-Jacques Susini aille plus loin.

Pourtant, une fois encore, Jacques Chevallier craint que ses efforts ne soient anéantis lorsque, pressés de venger Dovecar et Piegts, des commandos de l'O.A.S. décident de reprendre l'opération *Terre brûlée*.

Depuis qu'il a été mis au courant des tractations secrètes par son directeur de cabinet Jean Dours qui est un ami de Jacques Chevallier, Christian Fouchet s'est abstenu de lancer sur le Bordj l'opération qui aurait permis de porter un coup fatal à l'O.A.S. en s'emparant de Susini et de la fine fleur des *deltas*. Aujourd'hui, il discute à Paris avec de Gaulle de l'affaire qui lui tient tant à cœur et celui-ci l'écoute rapporter tout ce qui s'est dit chez Jacques Chevallier. Fronçant de temps en temps les sourcils, le Général le laisse aller au bout de son récit et, lorsqu'il en a terminé, il ne fait aucun commentaire.

En descendant de son avion à La Réghaïa, Fouchet s'empresse de raconter son entrevue élyséenne à René Capitant, le gaulliste de gauche devenu conseiller juridique d'Abderrahmane Farès. Pour des initiés comme eux, l'attitude du Général, si elle n'exprime pas une adhésion enthousiaste au processus de paix, signifie toutefois qu'il lui accorde suffisamment d'intérêt pour ne pas l'interdire.

N'ignorant pas non plus la démarche de Susini, Sarradet, maintenant édifié sur l'incapacité d'Emilien Blanchet et de la plupart des dirigeants de l'U.G.T.F.A. à prendre le moindre risque dans la grande action dont il rêvait, ne désespère pas encore d'entraîner l'O.A.S. dans sa résolution de traiter à la fois avec le gouvernement et le F.L.N. sans passer par l'exécutif provisoire. Afin de précipiter une réaction de la population, il a convoqué pour 16 heures au siège du syndicat les envoyés spéciaux de quelques journaux métropolitains, dont Gérard Marin, du *Figaro,* une équipe de télévision allemande et des représentants des consulats étrangers.

Afin d'empêcher toute indiscrétion qui provoquerait à coup sûr l'intrusion brutale des hommes de Susini ou de Pérez au quatrième étage d'un immeuble dominant les trois quarts d'Alger près de celui dans lequel Degueldre a été piégé, Sarradet a pris la précaution de faire enfermer dans une pièce les quatre militants dont il est le moins sûr au bureau directeur de l'U.G.T.F.A.

La salle de réunion éclairée par les projecteurs des techniciens allemands est comble, lorsque Sarradet, très pâle et nerveux, se présente devant son auditoire cosmopolite. Des échos d'explosions se faisant entendre, comme il a été mis au courant des objectifs assignés aux *deltas* dans le cadre de l'opération *Terre brûlée* relancée par Pérez, il annonce d'une voix blanche que la bibliothèque de l'Université vient de sauter. Elle se trouve, explique-t-il, à douze cents mètres à vol d'oiseau et, s'ils le désirent, ses invités peuvent aller se rendre compte des dégâts. Certains envoyés spéciaux se ruent au-dehors et, lorsqu'ils reviennent, Sarradet, veillé par ses fidèles qui ne font rien pour dissimuler les crosses de leurs pistolets, se campe debout derrière une table et se présente sous son nom véritable. Puis il rappelle brièvement qu'il fut le chef des commandos du Front nationaliste, par deux fois capturé et évadé, et qu'il était jusqu'ici connu dans le monde syndicaliste sous le nom de Jacques Garcia.

Les journalistes, déjà frappés par la précision avec laquelle il leur a indiqué l'origine des explosions, fixent avec un peu plus d'intérêt le visage de leur hôte qui, dans la lumière crue des projecteurs, paraît encore plus émacié. Etonnés par la révélation de sa double vie, ils retiennent leur souffle en attendant la suite de son discours.

— Issu de l'O.A.S., blessé au nom de l'O.A.S., je me sens le droit de hurler bien haut à mes camarades de combat : c'est assez ! Il est temps de déposer vos armes au vestiaire. Vous êtes en train d'écraser ce pour quoi vous vous êtes engagés dans la lutte. Vous êtes en train de sacrifier à l'ambition et à la furie de vos chefs la communauté que vous prétendiez représenter et sauvegarder jusqu'ici. Issu de l'O.A.S., je me sens le droit de dire aux Pieds-noirs dont je suis : ne cédez pas à la panique, dessillez enfin vos yeux. Vos plus sûrs représentants ne sont pas les tueurs que, depuis deux ans, vous couvez dans votre sein, mais bien les travailleurs dont vous êtes, les cadres, l'élite que, par votre valeur, vous avez produits et dont vous avez toutes les raisons d'être fiers.

Dominant la fougue qui l'emportait, Sarradet baisse d'un ton la voix sans chercher toutefois à en brimer le débit rapide.

— L'ensemble des Pieds-noirs a cru jusqu'ici à l'O.A.S. C'était leur seule planche de salut. Mais l'O.A.S. a perdu la partie sur le terrain. Je dois, aujourd'hui, les inviter à se dresser contre cette vague de terreur. Comme le général Jouhaud, la mort dans l'âme, j'adjure à mon tour mes camarades de l'O.A.S. de cesser un combat désormais inutile et absurde. Il faut s'incliner devant les forces légales.

Sans se soucier de laisser souffler les journalistes cueillis à froid par ce langage inhabituel à Alger pour une personnalité réputée de l'O.A.S., l'ancien étudiant de Sciences-Po va plus loin dans la condamnation en affirmant :

— La tactique de la terre brûlée est une véritable folie. S'entêter dans cette folie, dans cette violence destructrice, ne peut que conduire au naufrage, à l'anarchie, à la congolisation.

Et, haussant le ton, il proclame :

— On peut encore sauver les Français d'Algérie de la catastrophe. Ils peuvent encore se sauver ! Les Pieds-noirs ont peur. Ils ont peur du massacre, ici, et de l'isolement en métropole. Ils doivent essayer de jouer une partie qui peut l'être encore. Il faut à tout prix les rassurer. Pour cela, il faut d'abord qu'ils lâchent l'O.A.S. et qu'ils fassent confiance aux organismes légaux de défense.

Reprenant son souffle en allant et venant à petits pas derrière la table, il avance que l'U.G.T.F.A., avec ses 450 000 travailleurs, commerçants et artisans, est l'un de ces organismes légaux. Ajoutant que d'autres mouvements similaires naîtront bientôt, il poursuit :

— Pour que les Pieds-noirs cessent d'être acculés au désespoir et à l'exil, il faut leur donner des garanties. De vraies garanties. Il faut que les pays amis de la France, les Etats-Unis, l'Allemagne, l'Angleterre, par exemple, donnent leur caution à l'application des accords d'Evian. C'est là la garantie des garanties nécessaire à l'indépendance dans la coopération. C'est à ce prix seulement que les Pieds-noirs pourront rester en toute sécurité sur cette terre.

S'adressant au gouvernement, il réclame l'amnistie pour tous les faits commis dans le cadre de la résistance de l'Algérie française. Puis il lance cet appel aux Musulmans :

— Après le 2 juillet, au lendemain de l'indépendance, ils devront manifester par des démonstrations de fraternisation leur désir de voir rester leurs frères européens dans ce pays. Sur un signe favorable de Tunis, nous sommes prêts à envoyer des émissaires à Ben Khedda et à Ben Bella pour discuter. J'imagine, à titre symbolique, sur le drapeau vert et rouge de l'Algérie indépendante, une étoile judaïque et une croix chrétienne, côtoyant le croissant musulman. Si le F.L.N. n'accepte pas ces propositions, alors il aura fait la preuve qu'il ne poursuit que des objectifs racistes. Nous n'aurons qu'à rejoindre de nouveau nos camarades et à pratiquer la politique de la terre brûlée.

Sarradet condamne ensuite les propositions de partition de Gardy en déclarant :

— Trop d'erreurs ont été commises. Le projet d'un Etat pied-noir est aujourd'hui dépassé. Les chefs de l'O.A.S., mes anciens chefs, doivent cesser les effusions de sang, les destructions systématiques, l'exploitation de cette panique qui pousse les masses aigries et affolées vers les ports et les aérodromes. Après tant de fausses manœuvres, ils ne doivent pas commettre la plus grave des erreurs : se couper de la population européenne, faire son malheur en prétendant la sauver. Ce serait un crime de sacrifier ceux qui ne seront pas partis dans un combat sans espoir. En métropole, ce serait une folie de jouer sur l'amertume et la rancœur de cette population qu'on peut encore retenir ici. Tout cela n'aboutirait qu'à la victoire du communisme.

Ayant monologué presque une heure, Sarradet répond à quelques questions des journalistes tandis que les techniciens de la télévision allemande rangent leur matériel. Puis deux policiers des R.G. très coopératifs lui demandent de consigner pour faciliter leur rapport les grands traits de ses propositions.

Le dernier journaliste parti, les gardes du corps qui sont sur la brèche depuis le petit matin libèrent les quatre prisonniers et remettent leurs armes à Sarradet et Anne Lœsch qui les déposent dans la 2 C.V. de la jeune femme et, en évitant de se poser des questions sur les réactions que l'O.A.S. aura demain lorsque Susini, Pérez et Murat prendront connaissance de sa conférence, remontent dans l'appartement qu'ils occupent depuis un mois dans l'immeuble.

\*

— 85 —

# L'O.A.S. exécute un général

Alors que le 8 juin 1962 les radios serinent les déclarations de Sarradet, des incendies ravagent à Alger les Facultés, la mairie et la poste d'El-Biar, un bâtiment des contributions directes et des bureaux annexes de la Préfecture. Un peu après 20 heures, alors que le général de Gaulle vient de prendre la parole devant les caméras et les micros de la R.T.F., des obus de mortier explosent sur le Palais d'Eté.

Cette alerte a empêché les fonctionnaires et les officiers installés au palais d'entendre le président de la République commencer son allocution par ces mots dramatiques pour ceux qui, encore nombreux, croient encore en l'Algérie française :

— Dans vingt-trois jours, pour la France, le problème algérien sera résolu au fond. L'Algérie et la France pourront coopérer, l'une avec l'autre, organiquement et régulièrement. Les Algériens de souche européenne auront les garanties nécessaires pour prendre part, en toute liberté, en toute égalité et en toute fraternité, à la vie de l'Algérie nouvelle. C'est cela que la France aura voulu et obtenu.

Sans risque de se tromper le Général affirme :

— Oui ! Dans vingt-trois jours, le peuple algérien, par le scrutin d'autodétermination, va ratifier les accords d'Evian, instituer l'indépendance et consacrer la coopération, tout comme le peuple français, par le référendum du 8 avril dernier, y a lui-même souscrit pour sa part. Ainsi, par-dessus toutes les crises et toutes les passions, c'est par la libre décision et l'accord raisonné des deux peuples que vont s'ouvrir une phase nouvelle de leurs rapports et un nouveau chapitre de leur histoire. Dès lors, quel rôle peuvent et doivent jouer, demain, en Algérie, les Français qui y sont établis, qui l'aiment, qui y ont tant fait déjà et dont ce pays a tant besoin ! Une fois de plus, j'exprime mon espoir qu'ils le joueront pleinement, dès que seront dissipés les derniers nuages sanglants dont des fous criminels tâchent encore de les aveugler.

Le Général, parlant de mémoire, survole sept ans de guerre, évoque son retour au pouvoir en 1958, les barricades, le putsch et – visant l'O.A.S. – les « actions acharnées de subversion terroriste, menées, hélas ! par des Français qui usent de l'assassinat, du vol et du chantage, tous soulèvements visant à forcer la main au pouvoir, à l'ébranler, à le renverser et à jeter la France aux abîmes ».

La fin du discours n'est pas à Alger saluée par les concerts de casseroles habituels. La plupart des Pieds-noirs, encore sous le choc des tueries de mars, n'insultent même plus les soldats en patrouille sous leurs fenêtres dans les rues désertées depuis le couvre-feu.

Le lendemain de l'intervention présidentielle, Georges Bidault, interviewé à Bruxelles par un journaliste de *La Dernière Heure* dont le directeur, Maurice Brébard, est acquis à l'Algérie française, déclare que l'indépendance de l'Algérie annoncée par le général de Gaulle ne changera rien à ses engagements. « Rien n'est fini, affirme-t-il. Pour nous, il n'y a plus d'Etat français, le pouvoir n'est plus exercé que par des polices parallèles. Il est à prendre et il faut donc le prendre, on le prendra ! » Et il propose de renverser le régime et de confier le pouvoir à des hommes « neufs et propres » qui inverseront le cours de l'Histoire.

Argoud, interrogé par le même journaliste, estime que l'Armée française se déshonore sous des chefs indignes et que le peuple français, aveuglé et sourd aux avertissements du destin, se vautre dans la facilité. Puis il proclame qu'il faut « se débarrasser de monsieur Gaulle ! » et conseille d'accueillir avec circonspection l'appel au cessez-le-feu du général Jouhaud car, pour lui, un chef prisonnier n'a plus d'influence sur les opérations en cours.

Ces proclamations ne provoquent guère plus d'émoi parmi les observateurs politiques que celles qui, le 15 janvier 1961, saluaient à Genève la naissance du Gouvernement provisoire de l'Algérie française d'Ortiz et que l'annonce de la formation du Conseil national de la résistance française en Algérie du 13 mars 1962.

Au moment où paraît *La Dernière Heure*, Gardy, parlant au nom d'un Comité de résistance en Oranie, adresse au C.N.R. à Rome et à l'O.A.S. métropolitaine cette déclaration qui, bien que Dufour ait pourtant prôné le contraire, condamne les initiatives de Susini :

« On trouvera ci-dessous les buts de l'O.A.S. et de la Résistance en Algérie tels qu'ils ont été définis depuis un certain temps déjà. Nous en avons retenu la publication en attendant le résultat des contacts et négociations engagés par des groupes divers avec l'exécutif provisoire à Alger. La confusion qui en résultait est désormais définitivement dissipée, par l'échec total et absolu de ces négociations, du fait de M. Farès. L'heure est donc venue de faire publiquement connaître nos intentions. C'est sur ces bases que nous engageons le combat définitif, dans toute l'Algérie. L'O.A.S. a pris, depuis seize mois, la responsabilité de la défense de populations et de territoires vivant et évoluant depuis plus de cent trente ans dans le sein de la civilisation occidentale. Chacun constate que, sous l'autorité de De Gaulle, le gouvernement actuel de la France viole la Constitution et porte atteinte aux libertés et droits fondamentaux des citoyens. Il est parjure aux engagements solennels pris envers les départements algériens et consomme l'abandon criminel d'une partie du territoire national par une soi-disant autodétermination dont il a prémédité le résultat avec l'ennemi, auquel il a déjà, en fait, livré les pouvoirs. Les mesures déjà prises sur le sol algérien, telles celles-ci : – désarmement systématique des Européens et musulmans pro-français. Cependant que sont armés les Musulmans antifrançais encadrés par le F.L.N., – écrasement impitoyable de la Résistance française, cependant que le F.L.N. peut violer impunément les accords d'Evian, en multipliant les actes de violence contre les personnes et les biens –, conduisent à un véritable génocide, ne laissant d'autres recours que le droit de légitime défense, droit imprescriptible et inaliénable. Et enfin, en livrant les départements algériens au F.L.N., qui proclame ouvertement ses sympathies envers des Etats à idéologie communiste, le gouvernement français met en péril et la métropole elle-même et tout l'Occident libéré, péril accentué par une politique de repli sur la métropole et de neutralisme européen.

« Toutes ces raisons et constatations font que, dans un premier temps et pour sauvegarder l'essentiel, il n'est d'autre salut que de créer une ou plusieurs plates-formes territoriales libérées du gouvernement actuel de la France et des forces de l'A.L.N. Sur ce territoire, amorce d'une Algérie libre rattachée à l'Occident, seront rassemblées les populations européennes et musulmanes qui n'entendent pas vivre sous la contrainte du F.L.N. et du communisme. Cette solution a été, sous des noms divers (partage, partition, regroupement) et sous des formes voisines, envisagée par des personnalités officielles et des tendances de l'opinion publique en

France. Faute de pouvoir le faire sur l'ensemble du territoire algérien, l'O.A.S. veut pouvoir réaliser les promesses de fraternité du 13 mai et les engagements résultant du référendum du 20 septembre 1958 sur des entités territoriales aussi larges que possible. Ainsi, elle répond aux aspirations profondes et aux nécessités vitales de centaines de milliers de citoyens.

« En ce qui concerne l'Oranie, les différents problèmes concernant la création et la survie de ces entités territoriales libres ont été examinés par l'état-major de l'O.A.S., assisté d'un Comité de résistance en Oranie et de commissions spécialisées, politique, économique, sociale, comprenant des représentants de toutes confessions, des classes sociales les plus diverses. Le travail de ces commissions a permis d'établir les textes institutionnels et de définir les moyens administratifs généraux, lesquels feront l'objet de communications ultérieures, sans que soit compromis le secret des opérations. Nous pouvons toutefois, d'ores et déjà, énoncer sur quelques points les principes qui domineront la vie de ces entités territoriales libres en Algérie :

« a/ Sur le plan de la politique intérieure :

« – Affirmation solennelle de l'appartenance de chaque entité territoriale à la communauté de la civilisation occidentale. Détermination d'agir, pour tout être humain sans distinction de race, de religion, ni de croyance, dans le respect des droits inaliénables consacrés par la Déclaration des Droits de l'Homme de 1789 et du 10 décembre 1948, et par la Déclaration européenne de sauvegarde des Droits de l'Homme et des libertés fondamentales du 4 novembre 1950. Prescription de tout racisme et volonté d'effacer toutes traces d'un système colonial périmé. Exercice du pouvoir par le peuple, consulté par la voie du suffrage universel, égal et secret, dans le respect absolu des principes démocratiques.

« b/ Sur le plan de la politique extérieure :

« Recherches et établissement de tous liens avec les Etats étrangers du Maghreb et de l'Afrique comme avec le reste du Monde libre. Adhésion à tous traités internationaux, militaires et économiques, assurant la coopération et la défense des pays du Monde libre. Mise à la disposition de ces pays de bases militaires et territoriales préservées de la mainmise communiste.

« c/ Sur le plan militaire :

« Constitution d'une force armée par la mobilisation de tous les hommes en âge de porter les armes, à l'exception de ceux qui sont nécessaires à la vie économique.

« d/ Sur le plan économique et social :

« Politique sociale hardie, comportant notamment une réforme agraire avec redistribution des terres et exploitation collective. Développement industriel orienté vers le Marché commun européen. Equilibre de la balance des comptes par une amélioration et une extension des exportations.

« e/ Sur le plan musulman :

« Intensification de la promotion par une scolarisation rationnelle et une politique d'habitat. Intégration accélérée des musulmans (cadres et non-cadres) dans la fonction publique. Etablissement avec les représentants musulmans des moyens propres à concilier les nécessités de l'évolution musulmane et le respect des traditions.

« Le regroupement sur ces entités territoriales des Européens et des Musulmans désireux de vivre en bonne harmonie, sur la base des principes énoncés ci-dessus, entraîne ipso facto le départ de ceux qui préféreraient vivre sous la loi du F.L.N. ou du communisme. Les études et les différentes hypothèses d'évolution envisagées montrent à l'évidence que ces entités territoriales sont très viables sur le plan politique et économique et sur celui de leur défense. Elles présenteront par la force des choses un pouvoir d'attraction considérable et doivent être considérées, dans leur originalité, comme des régions pilotes. Elles présentent l'avantage immense de préserver l'avenir et de ne rien compromettre sur le plan des relations futures avec la France et l'Occident. C'est vers leur réalisation que l'Organisation armée secrète tend tous ses efforts et appelle toutes les forces et toutes les volontés en Algérie et le Monde libre. »

Le projet de Gardy, y compris l'égalité devant les urnes, reprend toutes les réclamations des Musulmans depuis cinquante ans. Et le général, qui n'a toujours pas réussi à entraîner dans la révolte les unités de Légion de Sidi Bel Abbes, y croit. A Alger, ignorant sa démarche et obéissant à Jean-Claude Pérez, les *deltas* et leurs renforts occasionnels, qui se manifestent de plus en plus nombreux, ont incendié la veille neuf écoles et quatre bâtiments de services de l'Etat et brûlent encore le 11 juin un tribunal, des bureaux de la justice de paix et quatre hangars et ateliers d'un dépôt de la Régie des transports.

Alors que Susini discute encore de quelques détails de l'accord avec le D$^r$ Mostefaï qui rentre de Tunis, après avoir répondu au lieutenant du Pavillon qu'il comprenait sa réaction à la mort de Piegts et Dovecar, parce qu'il a, lui aussi, ressenti la même rage, Sergent, qui voyage avec Argoud au gré du C.N.R. se réunissant tantôt en Italie, en Allemagne ou en Belgique, reconnaît ses responsabilités. « Voyez-vous, a-t-il écrit, nous n'avons pas le droit de nous abandonner à un désespoir capable de nous mener aux dernières extrémités. Nous voulons gagner, il faut gagner. Mais nous ne le ferons pas seuls, à une poignée. Nous ne pouvons pas bousculer le temps avec rage. Ce n'est pas possible. Froidement, résolument, au pas de Légion, nous devons progresser jusqu'à la victoire. » Puis Sergent a tenté de convaincre son représentant que le 1$^{er}$ juillet 1962, certes une date terrible pour l'Algérie française, ne mettra pas un terme au problème car, selon lui : « L'Histoire ne s'arrête pas d'un coup de baguette. Les traités, les conventions, les constitutions sont les éléments de l'Histoire en marche. Ils n'arrêtent pas son cours. »

Le C.N.R. devenu cher à Sergent, qui a confié en Belgique le commandement de l'état-major extérieur de l'O.A.S. au lieutenant Durtelle de Saint-Sauveur, est pourtant loin de faire l'unanimité parmi les opposants au gouvernement se réclamant de l'O.A.S. André Regard et le lieutenant-colonel Maurice Emery y sont même fermement opposés. Le 12 juin 1962, alors qu'à Alger les *deltas* viennent d'incendier une école, un bureau de poste et le siège d'une compagnie d'assurances et que Katz poursuit sans succès à Oran une fouille lancée deux jours auparavant sur les quartiers périphériques, *Raphaël* adresse à Sergent une note lui annonçant qu'il ne reconnaît pas l'autorité de l'organisme présidé par Georges Bidault.

L'O.A.S. oranaise, après l'avoir si souvent menacé, décide de tuer le général Katz. Mais il lui faut pour cela le faire sortir de son P.C. dont il ne s'évade plus qu'en de rares occasions. Peut-être, avance un stratège de l'organisation, la mort d'un de ses chefs de corps ou de ses proches collaborateurs l'obligerait-elle à aller se recueillir devant sa dépouille à l'hôpital Baudens.

Le choix de la victime qui servira d'appât étant arrêté, un commando de cinq hommes reçoit l'ordre d'abattre au matin du 13 juin le nouveau chef de corps du 5$^e$ R.I., le lieutenant-colonel Mariot.

Il est 9 h 30 lorsque cet officier, ayant une fois de plus refusé les conseils de prudence de ses pairs, s'engage seul et à pied dans le boulevard Gallieni pour rejoindre son unité cantonnée trois cents mètres plus bas dans le lycée Lamoricière. Marchant sur le trottoir de gauche planté de palmiers, il passe devant le Crédit Lyonnais et, sans se rendre compte qu'une voiture roule lentement derrière lui, il s'arrête afin d'allumer sa pipe devant l'hôtel Royal, à l'angle de la rue Schneider. Cinq coups de pistolet claquent. L'officier s'écroule, la nuque trouée, et le commando disparaît dans un emballement de moteur.

Alors que mourait le patron du 5$^e$ R.I. et que, déjà, le commando chargé d'abattre Katz se préparait, Susini mettait la dernière main aux retouches de son protocole réclamées par Chawki Mostefaï à son retour de Tunis. Le G.P.R.A. ayant accepté l'amnistie élargie et la participation des Européens au maintien de l'ordre lorsque l'indépendance sera reconnue par Paris, elles portent surtout sur l'organisation d'un cessez-le-feu définitif, l'application des accords d'Evian et la condamnation de toutes les violences.

Tout va donc pour le mieux, estime Jacques Chevallier soumis à l'incertitude depuis qu'il est rentré à Alger et qui, maintenant rassuré sur la bonne volonté des Algériens, ne craint plus que les réactions de Pérez qu'il n'a toujours pas rencontré et dont il n'ignore pas le pouvoir réel à Bab el-Oued. Une rumeur y circule, laissant entendre que le docteur pourrait bien être assassiné sur ordre de Susini, et une autre qu'il aurait lui-même l'intention de faire abattre son rival.

Le processus d'accord s'enraie pourtant lorsque le président Ben Yous-

## Chap. 85. – *L'O.A.S. exécute un général*

sef Ben Khedda le dénonce à Tunis. Pendant que Susini, qui cherche une parade pour contrer ce coup du sort, demande à rencontrer une nouvelle fois Chawki Mostefaï, le général de Gaulle se prépare à visiter les départements de la Haute-Saône, du Jura et du Doubs.

Les policiers du commissaire Gévaudan, toujours renseignés par le mouchard qui a permis à l'inspecteur principal Delarue d'arrêter Marcel Bouyer, savent que des commandos vont tenter de tuer le chef de l'Etat le 14 juin, à Vesoul, au fusil à lunette. L'attentat a été préparé en Espagne par l'ancien policier Marcel Carreno et Bertrand de Gorostarzu. Leur agent, qui prend de plus en plus de risques bien qu'il sache qu'un de ses confrères en trahison, Jean-Luc Van Cauwenberghe, a été retrouvé à l'aube du 22 mai à Marnes-la-Coquette dans une 403 Peugeot volée, tué d'une balle dans la nuque, armé d'un Colt 45 et serrant dans la main droite un feuillet portant ces mots : « Je me suis vendu. L'O.A.S. se rembourse », a précisé que si cette nouvelle opération *Chamois* échouait, un autre commando utiliserait des chiens pour tuer le chef de l'Etat.

D'abord incrédule, l'inspecteur Delarue a admis que des chiens dressés à réagir au sifflet à ultrason et lestés de charges reliées à une radiocommande pourraient exploser à proximité de l'estrade sur laquelle parlerait le Général. Et son indicateur l'a également mis en garde contre la pose d'une mine en ville à un passage à niveau. L'espion de la rue des Saussaies a averti les policiers que les conjurés possèdent un poste capable de capter les émissions des forces de l'ordre. Aussitôt arrivé à Vesoul avec cinq collègues, Delarue fait déplacer de quelques mètres l'estrade dressée sur la place de la Résistance afin qu'elle offre moins de vues à un éventuel tireur.

Les policiers parisiens, sachant que de Gaulle n'accepterait pas de donner l'impression de céder à l'O.A.S. en renonçant à son voyage, utilisent le moindre indice fourni par leur mouchard et alertent dans la nuit du 13 au 14 juin leurs collègues du S.R.P.J. (Service régional de police judiciaire) de Nancy au sujet d'un sympathisant de l'O.A.S. résidant à la cité du Haut-Lièvre.

Procédant par élimination en consultant la liste des résidents de ce quartier populaire, les policiers lorrains situent le suspect qui, selon l'indicateur de Delarue, serait un ancien lieutenant se faisant appeler Colin. A l'heure légale, le faux Colin est arrêté mais la fouille de son appartement ne donne rien. Aussitôt averti, Delarue demande aux policiers nancéiens de fouiner dans la voiture de leur prisonnier dont le métier, électrotechnicien, l'inquiète.

Les policiers du S.R.P.J. désossent presque le véhicule du suspect. Ils y découvrent des papiers concernant l'implantation d'un réseau O.A.S. en Lorraine et quelques mètres de cordeau détonant dissimulés dans un siège arrière. Averti de ces trouvailles, le procureur de la République de Nancy ordonne d'arrêter toutes les personnes figurant sur les listes découvertes.

Sachant que l'avion présidentiel se posera en début d'après-midi à la base aérienne de Luxeuil-Saint-Sauveur, espérant ainsi affoler les hommes engagés dans les attentats, l'inspecteur Delarue a recommandé que ces interpellations soient exécutées sans aucun souci de discrétion.

Dans le même temps les policiers et les gendarmes recherchent aussi une 403 Peugeot verte immatriculée dans le Doubs et dans laquelle, selon les derniers renseignements fournis par l'espion de la P.J., le cerveau de l'affaire circulerait. A 14 heures, alors que la plupart des individus visés par la rafle lancée au matin sont sous les verrous ou en fuite, le général de Gaulle, bien qu'averti de la menace, arrive comme prévu à Vesoul avec son cortège de ministres, dont Roger Frey qui a suivi heure par heure les enquêtes.

Le général de Gaulle parlant déjà sur la place de la Résistance devant une foule enthousiaste, l'inspecteur Delarue, installé dans le commissariat, suit à la radio les déplacements des policiers et des gendarmes lancés à la recherche de la Peugeot verte qu'un C.R.S. a vue sortir de Vesoul juste avant l'arrivée du cortège présidentiel.

Tous les toits dominant la place de la Résistance étant occupés depuis la veille par des éléments de choc des forces de l'ordre, aucun tireur ne s'est manifesté. Et aucun chien transformé en bombe vivante ne s'est faufilé au travers de la foule lorsque le Général, après avoir dit que l'Algérie « trouvera la coopération de la France. Nous la lui avons promise. Nous ne la retirerons pas dès lors qu'elle en sera désireuse et s'en montrera digne », s'engage dans la foule qui tend les mains vers lui.

Cette première alerte passée, le Général gagne la préfecture où il dormira le soir. Mais la Peugeot verte demeure introuvable et il reste encore aux policiers à se préoccuper du minage du passage à niveau que franchira demain matin le train présidentiel pour aller à Besançon.

Pendant que de Gaulle parlait à Vesoul, des policiers parisiens des Renseignements généraux arrêtaient place Clichy le capitaine Glasser. Et maintenant, alors que le chef de l'Etat reçoit à la préfecture de la Haute-Saône les personnalités du département, le général Katz, à Oran, privé de ses gardes du corps que lui a empruntés le préfet René Thomas, remet au lendemain son projet d'aller se recueillir à l'hôpital Baudens devant le cercueil du lieutenant-colonel Mariot. Alors qu'il vient de prendre cette sage décision, le général Philippe Ginestet qui, depuis le 15 mai, remplace Cantarel à la tête du corps d'armée pénètre dans l'hôpital avec son aide de camp, le capitaine Masson.

Le médecin-colonel Mabille, un Pied-noir de Tunisie, accueille les deux hommes venus en voiture et sans escorte du Château-Neuf tout proche. Il les guide vers la morgue où a été déposée la dépouille de l'officier qui sera remplacé par le lieutenant-colonel Ìézéquel à la tête du 5e R.I. et du sous-secteur nord d'Oran.

Un préparateur en pharmacie âgé d'à peine vingt ans, Jean-Louis

Dumont, membre du commando *Vénus* dont presque tous les volontaires habitent rue de l'Arsenal, près de l'hôpital, est embusqué entre des piles de cercueils vides dans un local attenant à la morgue. Ce grand jeune homme blond, au nez busqué et aux oreilles largement décollées, a un regard étrange, car l'un de ses yeux exagérément exorbités est mort depuis une douzaine d'années. Il est armé d'un 7,65 Beretta qui lui a été remis la veille par Raoul Billela, son chef qui se fait appeler *le Mongol*.

Deux autres membres du commando *Vénus* sont engagés dans l'action. Le premier, Marty, est un petit homme brun, effacé et à la voix de fausset. Il est employé à la morgue et il a aidé Dumont à pénétrer dans l'hôpital. Le second, un nommé Landes, armé d'une mitraillette, est en traitement à Baudens.

Alors que Dumont n'a jamais vu sa victime, pas même en photo. Landes prétend bien connaître Katz. Guettant derrière une fenêtre, lorsqu'il aperçoit le colonel Mabille guidant à bon pas son visiteur vers la morgue, se fiant aux étoiles de Ginestet, il souffle à Dumont « C'est lui ! », et il arme sa mitraillette.

Certain d'avoir affaire à Katz, Louis Dumont tire deux coups de pistolet sur le général Ginestet et un troisième sur le colonel Mabille. Son compagnon lâche une rafale qui manque le capitaine Masson, qui a eu le temps de se jeter à l'abri d'un angle de mur.

Profitant de la pagaille provoquée par le tir, Landes et Dumont jaillissent hors de la morgue et suivent à la course leur petit compagnon qui les guide à travers les jardins jusqu'au mur derrière lequel *le Mongol* les attendait au volant d'une voiture volée.

Averti de l'attentat par le capitaine Masson, Katz, que les dirigeants de l'O.A.S. croiront mort jusqu'au soir, escorté par des gendarmes, rejoint l'hôpital avec le préfet de Police Jacques Biget que l'O.A.S. a surnommé « Bigette ». Le médecin-colonel Mabille a succombé à ses blessures et les médecins préparent le général Ginestet pour son transfert vers le Val-de-Grâce, où il mourra le lundi suivant.

A Alger, Jean-Claude Pérez a réuni quelques jours plus tôt au quartier de la Redoute les chefs de groupe les plus anciens de l'O.A.S., les rescapés des premiers combats du contre-terrorisme secret, ceux du F.A.F. et du F.N.F., afin de leur reprocher d'avoir respecté un cessez-le-feu qui ne découlait pas de la volonté de l'O.A.S. mais des manœuvres, selon lui condamnables, de Jacques Chevallier. Il leur a ensuite annoncé sa décision de se réfugier en Espagne, à Alicante. L'un d'entre eux lui ayant proposé de renverser la situation en exécutant Gardes, Susini, Gorel, Roger Caruana et quelques autres prosélytes de l'entente avec le F.L.N., il a refusé en arguant que cette action anéantirait les dernières chances de l'O.A.S.

Depuis cette réunion, espérant entraîner de nombreux *deltas* dans l'exil, Pérez a précipité le rapatriement de ses proches et de ses adjoints. N'en conservant que l'essentiel, il a détruit une masse d'archives et, aujourd'hui, dans l'après-midi du 14 juin 1962, accompagné par un inconnu et muni d'une fausse carte de police établie au nom de Briançon, il escalade rapidement l'échelle de coupée du *Djebel Dira*, un cargo mixte transportant des voitures. Yvon Galtier, un policier habitué à rendre service à l'organisation, a adroitement manœuvré pour que les candidats à l'exil, franchissant sous la gare de l'Agha les cordons de sécurité, échappent aux contrôles. Il n'a pas eu de mal à assurer cette mission puisque seul est venu au rendez-vous le *delta* de Jo Rizza, composé de Martinez, Seroles, Claude Rodenas, André Barrosso et Robert Cadpelaire.

Lorsque le *Djebel Dira* vire sur bâbord la jetée de Mustapha puis la pointe de la jetée Nord pour mettre le cap sur Alicante qui n'est qu'à trois cent quatre-vingts kilomètres, les exilés, silencieux, gardent longtemps le regard rivé sur la ville dont les cascades irrégulières s'amenuisent peu à peu. Lorsque, sous les hauteurs de Birmandreïs, d'El-Biar et de la Bouzaréah, les quartiers du Ruisseau, du Clos-Salembier, Diar el-Mahçoul, du Hamma, de Belcourt, du plateau Saulière et de la Robertsau, des Tagarins, de la Casbah et de Bab el-Oued ne sont plus qu'un patchwork aux couleurs incertaines, Jo Rizza, le dur entre tous les durs, qui a aimé cette ville jusqu'à tuer pour la garder française, pleure en serrant les poings.

A Oran, les officiers engagés dans l'O.A.S. se montrant toujours aussi sourcilleux quand il s'agit de faire couler le sang de leurs pairs, l'opération de l'hôpital Baudens a été montée sans que ni Godard, ni Dufour, ni Gardy en aient été avertis. C'est pour cela, alors que Pérez et ses compagnons ont débarqué à Alicante après une nuit de traversée, qu'au cours d'une émission pirate du 15 juin, le speaker des émissions pirates déclare :

— L'O.A.S. tient à faire savoir immédiatement que, non seulement elle est tout à fait étrangère à cet attentat, mais encore qu'elle le condamne sévèrement !

Un peu plus loin dans le message, l'organisation affirme :

— L'attentat contre le général Ginestet est un crime, mais c'est surtout un acte imbécile. L'assassinat du colonel Mabille est, lui, un crime plus odieux encore car, outre que le colonel était médecin, c'était, de plus, un Pied-noir originaire de Tunisie entièrement acquis à notre cause.

Si, au cours d'une émission pirate algéroise, Susini proclame que subsiste l'espoir d'un accord avec le F.L.N., dans une autre intervention radiodiffusée, les partisans de la terre brûlée appellent de leur côté à la poursuite des destructions. Et ils sont écoutés puisque, entre l'hôtel Aletti et la Préfecture, une explosion ravage la nouvelle mairie en blessant une cinquantaine de zouaves chargés de sa protection.

L'opération *Terre brûlée* se poursuivant le 16 juin par les incendies de dix écoles et du siège d'une compagnie aérienne et le bruit courant que Jean-Claude Pérez serait parti en emmenant quatre millions de francs, deux ministres du G.P.R.A. sont arrivés la veille à Alger. Et pas des moindres, puisqu'il s'agit de deux vice-présidents de Ben Khedda, Krim Belkacem et Mohammed Boudiaf. Bien que leur présence ne puisse être officialisée, puisque aucun membre du G.P.R.A. ne devait pénétrer en Algérie avant la proclamation de l'indépendance, malgré l'insécurité croissante, le D$^r$ Mostefaï persuade Christian Fouchet de recevoir Krim Belkacem à Rocher-Noir.

Le haut-commissaire, au cours du dîner qu'il partage avec Mostefaï et Jean Dours, dévoile à son hôte le plan de paix auquel il a donné son accord et lui demande de l'officialiser au nom du F.L.N. Tombant des nues, l'ancien maquisard du F.L.N., qui a si âprement participé aux discussions d'Evian, s'inquiète de savoir si de Gaulle est au courant des tractations. Comme Christian Fouchet lui en donne sa parole d'honneur, il lui demande une nuit de réflexion.

Le lendemain de cette rencontre, bien secondé par le général Fonde qui était jusque-là l'adjoint de Ginestet, Katz, tout en conservant le commandement de sa zone opérationnelle, a pris le commandement du corps d'armée d'Oran lorsque Chawki Mostefaï, assuré de l'appui de Krim Belkacem, couronnant ainsi de manière éclatante et quasi inespérée les efforts de Jean-Jacques Susini et de Jacques Chevallier, déclare à 13 heures à la radio d'Alger :

— Européens d'Algérie qui vivez avec nous sur cette terre, je m'adresse à vous pour la deuxième fois en tant que délégué du F.L.N. au sein de l'exécutif provisoire alors que, dans quelques jours, le destin de notre pays sera fixé, que l'indépendance sera proclamée. C'est une page de l'histoire de notre pays que nous allons tourner. Une ère nouvelle s'ouvre pour les Algériens : celle des responsabilités. C'est pourquoi nous devons être guidés avant tout par le réalisme politique qui nous fait l'obligation d'affronter les vérités sans échappatoire et de tenir compte de l'intérêt supérieur de notre pays, de la dignité de tous ses habitants, de leur aspiration à l'égalité, de leur amour de la paix et du progrès social. Je sais le désarroi dans lequel vous êtes. Vous vous posez des questions sur votre avenir dans ce pays, sur votre sécurité, sur le respect de votre personnalité et de votre dignité d'hommes. Vous êtes probablement meurtris parce que vous pensez que l'avenir de l'Algérie se fait et se fera sans vous, et même contre vous. Tels sont les sentiments d'un grand nombre d'entre vous.

Les Pieds-noirs, qui n'ont jusque-là rien relevé de très nouveau dans ce discours modéré, lui accordent beaucoup plus d'intérêt, lorsque Mostefaï affirme :

— Ces sentiments ont été exprimés par les dirigeants des organisations syndicales et professionnelles et, en particulier, par les dirigeants de l'O.A.S., avec qui nous nous sommes entretenus. Et si j'ai participé à tous ces entretiens, c'est parce que leur utilité a été reconnue par les dirigeants algériens dont vous entendiez recevoir les assurances nécessaires.

Après ce passage capital qui, ayant été longuement négocié par Susini, a accordé une représentativité réelle à l'O.A.S., Mostefaï poursuit :

— L'entente et la paix sont donc possibles, tout de suite. Sachons saisir ensemble l'occasion qui s'offre à nous de ramener la concorde nécessaire entre tous les Algériens. Faisons en sorte qu'ensemble nous remplissions le cadre des accords du 19 mars, en faire une réalité vivante, dissiper cette angoisse du désastre et du néant que représente pour vous le 1$^{er}$ juillet prochain et le transformer en jour d'espoir et de perspectives radieuses pour tous. Ce 1$^{er}$ juillet que vous redoutez tant parce que vous croyez que l'ordre ne sera plus assuré, ne vous rappelle-t-il pas l'angoisse que vous éprouviez à l'approche du cessez-le-feu ? Et pourtant, l'espoir de la paix retrouvée avait fait taire nos armes. Faisons en sorte qu'à la faveur de notre réconciliation, aujourd'hui, la paix soit définitivement retrouvée avant le 1$^{er}$ juillet, afin que l'attention et l'effort de tous soient orientés vers les tâches constructives du redressement et de l'essor économique et social. D'ailleurs, les forces algériennes de maintien de l'ordre qui prendront la relève organisée des gendarmes et des gardes républicains doivent êtres les forces de l'Algérie tout entière. Elles sont chargées d'assurer l'ordre public pour tous.

Mostefaï met un accent particulier sur la composition de la force publique en déclarant :

— Tous doivent pouvoir en faire partie. Les mesures nécessaires seront prises en vue de l'exercice des droits civiques algériens afin que vous, Algériens d'origine européenne, participiez également à la sécurité en Algérie. Algériens d'origine européenne, au nom de tous vos frères algériens, je vous dis que, si vous le voulez, les portes de l'avenir s'ouvrent à vous comme à nous. Franchissons-les ensemble, dans l'oubli du passé. Oui, l'oubli puisqu'il n'est dans l'intérêt de personne de ruminer ses ressentiments et ses rancunes.

Et il conclut :

— Cette terre d'Algérie, notre patrie, a vu depuis tant d'années tant de souffrances et tant de morts ! Notre peuple, dans sa sagesse, a supporté tant d'épreuves ! Que ce soir, que demain, cessent les dernières violences, les derniers meurtres, les dernières destructions, qu'enfin la paix et la sécurité pour tous de nouveau assurées reviennent et alors l'amnistie, qui sera prononcée dès que les conditions de souveraineté le permettront, fera, à dater de ce jour, table rase du passé, en vue d'affronter dans un climat de sérénité retrouvée les tâches immenses et exaltantes qui exigent notre effort commun.

Quant à de Gaulle, il était encore à la préfecture de Besançon, l'avant-dernière étape de son voyage dans l'Est, lorsque Christian Fouchet lui a appris l'embellie algéroise. Il a accordé tant d'importance à cette nouvelle qu'il y a fait une très brève allusion dans le discours qu'il a prononcé devant une foule immense de Bisontins massés sur la place de la Libération malgré les tracts de l'O.A.S. qui leur conseillaient de se tenir à l'écart du cortège présidentiel qui risquait de subir des « mitraillages et des grenadages ». Cette menace n'était pas vaine car l'O.A.S. avait envisagé d'attenter à la vie du chef de l'Etat alors qu'il assistait à la messe dans la cathédrale de Besançon. Si l'organisation n'est pas passée à l'acte, c'est parce que les deux légionnaires déserteurs venus d'Espagne pour l'abattre ont raté le rendez-vous parisien où ils devaient recevoir leurs armes et leurs dernières instructions.

Georges Pompidou lui ayant à son tour téléphoné pour lui parler de l'accord d'Alger, le président de la République évoque encore la réussite des efforts de Susini à Montbéliard.

— Je crois pouvoir vous dire, lance-t-il à la foule, visiblement satisfait, qu'aujourd'hui est sans doute une journée décisive pour l'accord sur place entre les deux communautés algériennes, la musulmane et la chrétienne. Je crois pouvoir vous dire que les hommes, là-bas, sont en train de s'entendre à la fin des fins et que, laissant pour compte, écartant les quelques criminels qui restent, ils vont tous entreprendre leur devoir et leur tâche qui est de construire ensemble l'Algérie nouvelle.

Le soir même, à l'heure où, après avoir atterri à Orly, le président de la République roule vers l'Elysée dans une D.S. assis près de Louis Joxe qui le met au courant de l'évolution de la situation, les Algérois écoutent la radio de l'O.A.S. Imitant les speakers de la B.B.C. de Londres qui, durant la Seconde Guerre mondiale, débitaient d'une voix neutre des messages destinés à la Résistance, après *Le Chant des Africains*, un porte-parole de l'organisation annonce : « Les briquets ne doivent pas être allumés ce soir » et « Les piscines doivent rester pleines » ce qui, pour les initiés, signifie l'annulation des destructions de barrages et de puits de pétrole qui avaient, il y a quelques semaines, tellement affolé la haute finance. Le baron Rey, figure de la Bourse parisienne, ayant souvent eu des largesses pour l'organisation, s'en était ouvert à Pierre de Villemarest qui, manquant de moyens pour poursuivre la lutte contre le F.L.N., venait lui demander de négocier la vente de monnaies rares provenant de sa famille vendômoise. Alors que le patron d'*O.A.S.7* admettait le sabotage des infrastructures pétrolières, ce qui amènerait peut-être, croyait-il, de Gaulle à revoir sa politique algérienne, le financier, lui, craignait qu'elles ne provoquent un krach boursier. Il lui avait donc demandé d'intervenir auprès de Salan pour que tout danger de destruction soit écarté. Ce que Villemarest s'était bien gardé de faire.

Après ces messages sibyllins, Sarradet s'étant réfugié à Rocher-Noir dans sa maison familiale, Susini, triomphant déjà, fait diffuser à la radio ce texte : « Aujourd'hui, 17 juin à 13 heures, à l'issue d'une série d'entretiens auxquels l'O.A.S. a participé, le F.L.N., par la voix de son délégué général le D$^r$ Mostefaï, vient de définir les bases d'un accord entre Algériens. Le haut commandement de l'Armée secrète se déclare solidaire de ces propositions auxquelles il a lui-même participé au nom de la population européenne, estimant qu'elles sont de nature à ramener la paix en Algérie par la réconciliation dans l'honneur et la dignité. L'Algérie ne pourra devenir une grande nation qu'à la condition que les Algériens d'origine européenne puissent, sans arrière-pensée, mettre toute leur énergie au service de la patrie et de la rénovation nationale. Cela suppose premièrement que les forces politiques en présence aient d'abord retrouvé entre elles une entente à l'exclusion de toute intervention extérieure. Cette entente est en bonne voie de réalisation. »

Les Algérois, sauf bien sûr ceux qui ont subi les récentes pressions du capitaine Murat et de ses hommes, sont médusés lorsqu'ils entendent la suite : « Le haut commandement de l'Armée secrète donne l'ordre, à partir de ce soir minuit, de suspendre les combats et d'arrêter les destructions, sans toutefois que notre vigilance aux uns et aux autres se relâche à aucun moment car nous avons les uns et les autres trop été trompés par les manœuvres que l'on sait. L'O.A.S., au nom de la communauté européenne, est prête à s'engager dans la voie qui est ouverte. Nous tiendrons nos engagements, que nos interlocuteurs tiennent les leurs. Alors, l'exode et la terre brûlée feront place aux activités créatrices et fraternelles. Alors, sans distinction de race ni de religion, nous construirons ensemble l'avenir algérien. »

Après ces deux appels à la réconciliation, Christian Fouchet, ignorant l'O.A.S. puisqu'il ne la cite pas, y va lui aussi de son message optimiste :

— La déclaration du D$^r$ Mostefaï aura – a déjà – un retentissement considérable sur la population algérienne, annonce-t-il en effet à quelques journalistes réunis à Rocher-Noir. Elle fait honneur à son auteur par l'élévation de sentiments qui s'y manifeste. Quant au réalisme politique dont elle est empreinte, j'en dirai ceci : le gouvernement français ne souhaite qu'une chose, c'est que, dans le cadre des déclarations d'Evian, la coexistence des deux grandes communautés qui constituent le peuple algérien se fonde sur la confiance, l'entente, l'amitié. Alors l'avenir, avec toutes ses chances, sera ouvert à l'Algérie. La France y coopérera de tout cœur comme elle a promis de le faire. Je sais dans cette œuvre de paix le rôle joué par l'exécutif provisoire et, à sa tête, le président Farès. J'ai fait moi-même ce que j'avais à faire en ce sens. Je continuerai à le faire.

Après ces débordements d'espoir, les Algérois s'endorment dans une paix dont ils n'avaient plus joui depuis très longtemps.

\*

## — 86 —
## Oran terre brûlée

Si Alger a passé une nuit paisible, les Oranais ont vécu la leur dans les relents des ordures ménagères entassées à chaque coin de rue. Ils ont été souvent réveillés par les explosions des obus de mortier de l'O.A.S. et les rafales d'armes lourdes des forces de l'ordre.

Les appels de Mostefaï et de Susini sont loin d'avoir été bien accueillis à Oran et à Bône. Et pas plus à Constantine où le colonel Chateau-Jobert, maintenant veillé par Voisin et Anziani, deux anciens policiers, a affirmé dès le début des tractations qu'il considérait les initiatives de Susini comme « une trahison à l'égard des Français d'Algérie » et qu'elles risquaient de porter « un coup mortel à l'O.A.S. ». Lorsqu'il devint évident que les pourparlers prenaient une tournure de plus en plus positive, le compagnon de la Libération en rupture de gaullisme les a combattus à coups de communiqués et de mises en garde. Et il n'est pas loin de croire qu'il sera suivi dans sa condamnation, lorsque, le 18 juin 1962, la radio de l'O.A.S. diffuse à Bône un communiqué mettant en doute les réalités des accords d'Alger.

Quant à l'O.A.S. oranaise, alors qu'elle vient de s'emparer de cent cinquante nouvelles armes de guerre, elle émet ce message : « Une espérance flotte dans les cerveaux et dans les cœurs de tous les Européens d'Algérie, car il est bien évident qu'à l'égal des Musulmans, ils souhaitent voir renaître sur cette terre la confiance, la fraternité et la paix. A l'égal des Musulmans, ils souhaitent voir reprendre à l'Algérie ses activités normales, et ils souhaitent surtout demeurer ici où reposent leurs morts et où leurs enfants comme eux-mêmes sont nés. Cette espérance, hélas ! risque d'être vaine, illusoire. Que peuvent en effet valoir des engagements pris par un Mostefaï ou un Farès, à supposer que leur bonne foi ne soit pas mise en doute ? D'abord parce que ces engagements sont verbaux, et, fussent-ils écrits, quelle valeur leur accorder après le 2 juillet ? En outre comment les Européens d'Algérie pourraient-ils se contenter de promesses aussi vagues et aussi imprécises ? Le commandement supérieur de l'O.A.S. en Algérie considère que les pourparlers entre les représentants F.L.N. de l'exécutif provisoire et les responsables algérois de l'O.A.S. n'engagent que la seule zone d'Alger où la situation est différente de celle existant dans l'Oranie et le Constantinois. Par ailleurs, le D$^r$ Mostefaï ne saurait prendre non plus d'engagements au nom de la zone d'Oran, où le F.L.N. est autonome et ne reconnaît pas l'autorité d'Alger. C'est pourquoi nous ne saurions trop engager la population d'Oran à lutter vigoureusement contre un optimisme injustifié et dont le premier effet est un désarmement moral. Oran poursuit le combat. Oran considère que la seule garantie pour les Européens ne peut être que dans la conquête ou dans l'octroi d'une zone libre, d'une plate-forme territoriale administrée et défendue par eux-mêmes. Toute autre solution conduit à un inconnu dont on peut d'ores et déjà prévoir le sort tragique. La mise à exécution de notre projet a été retardée pour des raisons impossibles à dévoiler, mais les Oranais doivent savoir, et nous le répétons une fois de plus, que rien n'est changé. L'O.A.S. veille sur leur sauvegarde et, d'une façon ou d'une autre, l'O.A.S. vaincra ! »

L'accord d'Alger est également loin d'être considéré comme définitif par le G.P.R.A. déchiré par des luttes intestines concernant le pouvoir dont il héritera le 2 juillet et qui se sont révélées au grand jour le 7 juin par la dissolution du C.N.R.A. réuni en congrès extraordinaire depuis le 26 mai à Tripoli, dans l'intention de préparer le passage à l'indépendance. Ben Bella, qui avait pourtant favorablement accueilli le projet de Mostefaï lorsque celui-ci l'avait exposé au G.P.R.A. et au C.N.R.A., estime maintenant qu'il comporte des exigences inacceptables pour le peuple algérien et refuse la participation des Européens à la force locale et à la police. Rabah Bitat, Mohammed Khider et Mohammedi Saïd, s'empressant d'abonder dans son sens, Aït Ahmed, du Caire où il participe avec Ben Youssef Ben Khedda à un congrès de chefs d'Etat maghrébins, dénonce lui aussi les efforts de Jacques Chevallier et Susini en soulignant que le gouvernement provisoire n'est nullement concerné par ce règlement seulement conclu dans l'intention de mettre fin au terrorisme de l'O.A.S. et que l'exécutif provisoire n'a pas reçu mandat pour conclure des accords politiques.

Loin de ces atermoiements, le comité exécutif du C.N.R. se réunit en Italie à Fiesole, près de Florence. Il y a là Georges Bidault, venu en voiture avec Argoud et Guy Ribeaud de la rive orientale du lac de Garde où une jeune Française, Nicole de Boisguilbert, lui a offert l'hospitalité dans sa maison de Malcesine, une bourgade où Argoud loue une chambre chez l'habitant. Puisque M$^{es}$ Kalflèche et Abdesselam sont venus leur en parler, les membres du C.N.R., Soustelle, Argoud, Sergent, Claude Dumont et André Rosfelder qui les accompagne, n'ignorent pas les efforts de Susini pour obtenir du F.L.N. des garanties supérieures à celles des accords d'Evian et qui permettraient aux Français d'Algérie de revenir ou de rester chez eux. Ils en discutent et, sans nommer ni Susini ni Mostefaï, ils les condamnent dans ce communiqué :

« Réuni le 18 juin, date exemplaire du refus de toute capitulation, le Comité exécutif du C.N.R. adresse un salut de gratitude et d'affection à tous les Français d'Algérie, sans distinction de communauté, dans le moment où ils sont submergés par l'incertitude et par le malheur. Il dénonce une fois de plus la politique menée par le pouvoir en Algérie, politique qui a plongé cette malheureuse province dans un chaos sanglant. Il constate que les prétendus accords d'Evian sont maintenant largement dépassés et qu'il a fallu que le F.L.N. lui-même reconnaisse l'O.A.S. comme interlocuteur représentant les populations fidèles au drapeau français. La criminelle négligence avec laquelle le chef de l'Etat et le gouvernement français ont traité l'affaire algérienne est désormais avouée. Le C.N.R. avait en son temps assigné aux pourparlers menés en Algérie le but essentiel de maintenir de manière stable la présence française sur le sol africain, notamment par la garantie primordiale que constituerait la mise sur pied d'une force militaire et de maintien de l'ordre spécifiquement européenne. Après l'échec de ces pourparlers, puis leur reprise dans des conditions différentes, le C.N.R. constate que les garanties qui auraient été obtenues sont vagues et se réduisent en fait à des déclarations d'intention. Il estime d'autre part indispensable que soit reporté à une date ultérieure le scrutin d'autodétermination qui, dans les conditions actuelles, ne saurait constituer qu'un simulacre et une supercherie. Le régime dictatorial qui a imposé par le mensonge et la violence l'abandon de l'Algérie est et demeure illégitime et la Résistance ne prendra fin que lorsqu'il aura cédé la place à un régime qui sauvegarde les intérêts de la Nation et rétablisse les libertés fondamentales. »

En fait, le C.N.R. n'a d'importance que celle que ses membres lui attribuent et que leur accordent les journalistes politiques attachés à leurs basques dans l'espoir rarement déçu de recueillir de Georges Bidault quelque boutade assassine envers le général de Gaulle. André Regard et quelques autres piliers de l'O.A.S. primitive continuent d'ailleurs à ne pas lui reconnaître une véritable représentativité du combat pour l'Algérie française.

Soustelle et ses compagnons tirant ainsi des plans sur la comète, un officier de Marine, le capitaine de corvette Jacques Woringer, a été mandaté par Bidault pour renouer des contacts avec l'entourage de quelques personnalités politiques qui, avant l'attentat qui a blessé la petite Delphine Renard, manifestaient de l'intérêt pour l'O.A.S. Mais partout et surtout dans l'entourage de Valéry Giscard d'Estaing où il a rencontré Michel Poniatowski, on lui a fait comprendre qu'il ne fallait pas insister.

Rien ne prédestinait le capitaine de corvette Woringer, sorti de Navale en 1944 et aujourd'hui affecté à Paris au 3$^e$ bureau, chargé des opérations à l'état-major de la Marine, à prendre parti pour l'Algérie française et, surtout, à rejoindre le C.N.R., pour le compte de qui il agit sous le nom de code de *Gitane*. Avant d'effectuer en 1959 un voyage d'études en Afrique du Nord, alors qu'il servait en Allemagne, il n'avait jamais été véritablement concerné par l'avenir des départements français d'Algérie. Impressionné par ce qu'il a découvert au cours de cette tournée, il est encore aujourd'hui intimement persuadé que la France, à condition que de Gaulle quitte le pouvoir par un moyen ou un autre, garde une chance de rester en Algérie. Et il n'est pas le seul à le penser, puisque le lieutenant-colonel Bastien-Thiry, jouant comme lui une double vie partagée entre ses fonctions militaires et son engagement politique, poursuit la préparation de l'attentat final contre le chef de l'Etat, qui a été décidé avant la création du C.N.R.

Bastien-Thiry est à la tête d'un commando d'une dizaine d'hommes qui ne se connaissent pour la plupart que par des pseudonymes. Grâce à M<sup>e</sup> Tixier-Vignancour, il a récupéré les deux fusils-mitrailleurs qu'Armand Belvisi avait laissés dans une 403 garée porte de Montrouge, près d'une caserne de C.R.S., et il dispose d'un parc roulant composé de voitures louées ou volées à la demande par des étudiants. La Tocnaye, après les avoir préparées à l'aide de voitures miniatures, dirige de fréquentes répétitions d'attentat sur les deux trajets utilisés par de Gaulle entre l'Elysée et Villacoublay.

Le premier de ces itinéraires mène de l'aérodrome du G.L.A.M. à l'Elysée par la route de Verrières traversant le bois de Meudon, par les ponts de Sèvres ou d'Issy-les-Moulineaux, l'avenue de Versailles ou le quai Stalingrad et, enfin, par les quais de la rive droite de la Seine. Le second emprunte le rond-point du Petit-Clamart, la N 396, la porte de Châtillon, l'avenue du Maine et le boulevard des Invalides.

Pendant que Bastien-Thiry et La Tocnaye attendent de passer à l'action, les députés de l'Algérie française, n'accordant pas plus de crédit que le G.P.R.A. et que le C.N.R. aux accords d'Alger, invitent leurs électeurs à l'exil. Selon eux, les Européens d'Algérie qui veulent rester exclusivement français n'ont plus d'alternative au repli massif en métropole et, ainsi qu'ils l'écrivent dans une motion publique, ils doivent, « sans se fier à des promesses trompeuses, s'y réfugier le plus rapidement qu'il leur sera possible ».

Le 19 juin 1962, Jean Sarradet, désespéré, menacé et abandonné de tous sauf d'Anne Lœsch, vient de s'embarquer pour la métropole. Avant de quitter Le Caire pour Tunis et sans désavouer de façon formelle l'accord Susini-Mostefaï, le président Ben Youssef Ben Khedda en minimise cependant la portée en déclarant : « La mission de l'exécutif provisoire se limite à faire régner la sécurité et à créer les meilleures conditions morales pour préparer le référendum sur l'autodétermination du 1<sup>er</sup> juillet. » Il ne cache pas ses craintes quant à l'Oranie : « Dix jours avant le référendum, un problème grave domine toute la situation en Algérie : le maintien de la sécurité, une menace qui se manifeste dans la région d'Oran, et une mutinerie des forces françaises dans la région de Sidi Bel Abbes. A l'appel lancé par des éléments extrémistes européens, on se propose de constituer à Oran et Mers el-Kébir un secteur séparé du reste de l'Algérie, qui s'appuiera sur l'aide partie publique et partie secrète de certains groupements de l'armée française. Les impérialistes – et cela montre l'étendue des dangers – n'ont pas abandonné l'idée d'un partage de l'Algérie. »

Lorsqu'il a connaissance des insinuations du président du G.P.R.A., Christian Fouchet lui répond par ce communiqué : « Jamais, depuis bien longtemps, la situation n'a été aussi calme sur l'ensemble du territoire algérien. Il n'y a pas un mot de vrai quant à de prétendues mutineries de certaines forces françaises. »

Si le haut-commissaire se montre quelque peu optimiste quant au calme qui régnerait en Algérie, il ne se trompe pas sur les ralliements d'unités constituées. Le colonel Vaillant, l'ancien patron de la 13e D.B.L.E. qui a succédé au colonel Brothier à la tête du 1er R.E.I. à Sidi Bel Abbes le 26 août 1961, affirme publiquement que la Légion étrangère est et restera fidèle au gouvernement.

Après cette proclamation, des commandos de l'O.A.S. ayant attaqué des gendarmes qui patrouillaient dans le quartier de la Marine à Sidi Bel Abbes avec un élément de la force locale, pris ensuite en embuscade l'ambulance qui venait de ramasser les blessés de l'accrochage, tuant deux gendarmes et, un peu plus tard, un autre militaire en ville, le colonel Vaillant adresse cet appel au calme à la population : « Des fauteurs de troubles prétendent faire de notre ville de Bel Abbes un champ de ruines et un dernier bastion. Habitants de Bel Abbes, l'armée n'est pas avec eux, qu'ils s'en aillent, qu'ils quittent la ville ! L'armée est ici pour le maintien de l'ordre contre qui que ce soit. Elle est ici pour vous aider et pour vous protéger pendant la période de l'autodétermination. Elle restera à Bel Abbes au-delà de cette période. Faites confiance à l'armée pour retrouver le calme et la fraternité entre les deux communautés et pour vous permettre de rester à Bel Abbes. La Légion peut encore vous rendre ce dernier service. »

De son côté, Susini s'empresse de répondre aux condamnations de Gardy, de Charles Micheletti et de Godard.

— Algériens d'origine musulmane et européenne, déclare-t-il en contrôlant le débit rapide de son élocution devant le micro de l'émetteur clandestin de l'O.A.S. que les policiers ne recherchent plus, nous nous adressons à vous aujourd'hui parce que nous avons des choses graves à vous dire : vous savez qu'un accord vient d'être conclu entre le F.L.N., représenté par son délégué général auprès de l'exécutif provisoire, le Dr Mostefaï, et le haut commandement de l'Armée secrète. Cet accord, entériné par le haut-commissaire, M. Christian Fouchet, au nom du réalisme politique, nous l'avons conclu parce qu'il était inscrit dans la nature des choses. Il est évident, en effet, que seule l'entente entre les deux forces politiques représentant respectivement les Algériens de confession musulmane et les Algériens d'origine européenne est susceptible de ramener la paix, comme les faits sont en train de le démontrer avec éclat. Dans un pays comme le nôtre, assailli par tant de problèmes, où tant de ruines se sont accumulées depuis huit ans, où tant de sang a coulé, l'avenir dépend avant tout de l'entente entre les forces réelles en présence et non pas seulement d'un texte juridique que bien peu d'entre vous ont lu. Il fallait donc obtenir, dès avant l'autodétermination, des garanties politiques, économiques et militaires permettant aux Algériens d'origine européenne de rester sur cette terre en toute sécurité, en toute dignité, et de réaliser ensuite l'intégration révolutionnaire avec la communauté musulmane. L'accord que nous avons conclu avec le F.L.N. comportait de notre part des engagements précis. Ces engagements, l'Armée secrète les a tenus, nous avons d'abord cessé les combats en apportant ainsi la preuve de notre discipline, de notre cohésion, de notre force. Nous avons ensuite cessé les destructions. Nous avons rencontré chez nos adversaires d'hier, aujourd'hui nos interlocuteurs, demain nos frères, s'il plaît à Dieu, des hommes de bonne volonté qui ont compris que notre désir le plus ardent était non pas de détruire, mais de construire et de mettre nos énergies au service de notre patrie commune, l'Algérie. A nos interlocuteurs de tenir leurs engagements comme nous avons tenu les nôtres, et de faire passer dans la pratique les mesures que nous avons décidées ensemble.

« Il s'agit en particulier que, dans les délais les plus brefs, c'est-à-dire dans les prochaines quarante-huit heures, soient constituées à l'intérieur de la force de l'ordre des unités recrutées parmi les Algériens d'origine européenne. A cette condition, d'abord, cesseront l'exode et le regroupement dont les causes profondes sont l'insécurité et le manque de confiance. Cet exode et ce regroupement, si douloureux pour la population, si redoutés de certains, sont d'abord néfastes à l'Algérie elle-même qui se vide de sa substance dans une hémorragie fatale. Comment ne pas comprendre que, faute de réalisation effective et rapide des accords conclus, l'Armée secrète, de même qu'à Oran, ne prendra pas la responsabilité de mettre un terme aux regroupements et à l'exode, et qu'au contraire, si les atermoiements succédaient aux engagements, l'exode deviendrait inexorable et les replis stratégiques se cristalliseraient en forteresse. Où irait l'Algérie ? Au chaos !

« Algériens de toutes origines, sachez que nous avons la volonté inlassable de bâtir la paix avec des actes de manière qu'aucune manœuvre d'où qu'elle vienne ne puisse remettre en cause les accords conclus. Nous rendons hommage au D$^r$ Mostefaï et à Abderrahmane Farès, dont l'ardent patriotisme algérien et le sens politique sont une garantie essentielle du bon accomplissement de l'œuvre de paix. Européens d'Algérie, votre défense, votre avenir, sont le souci primordial de l'Armée secrète. Conservez votre vigilance, votre discipline, malgré les difficultés, et souhaitons de toute notre force que la paix l'emporte.

Et Ferhat Abbas déclare le même jour à Casablanca :

— La réconciliation entre Français et Algériens s'inscrit, pour moi, dans le cadre d'une réconciliation entre l'Islam et la Chrétienté. J'espère, pour ma part, que je resterai l'homme de toutes les réconciliations.

Quant à lui et pour ajouter encore au climat de conciliation qui règne à Alger, Vitalis Cros fait savoir que « pour tenir compte de la détente constatée dans le grand Alger et dans le but de revenir à une situation normale » le couvre-feu sera levé à compter du mercredi 20 juin 1962 à minuit, les barrages supprimés et que seront rapportées les mesures de stationnement prises le 8 mai précédent.

Suivant à Fresnes les événements d'Algérie, bien que, fidèle à sa résolution de se taire annoncée le premier jour de son procès, il ne se soit pas associé à l'appel de Jouhaud, Salan rédige une lettre ouverte à ses « amis d'Algérie » :

« Après avoir, au début de mon procès, exposé les raisons qui m'avaient conduit à prendre la tête de l'O.A.S. en Algérie, j'avais décidé de garder le silence. Les événements du 17 juin et de ces jours-ci m'amènent à rompre ce silence. J'ai lutté avec un très grand nombre d'Algériens pour maintenir l'Algérie dans la France. Nous avons lutté avec toute notre foi et dans l'honneur, mais nos espoirs ne se sont pas réalisés. Le but de notre combat, "l'Algérie dans la France", se situait dans le fervent espoir de la fraternisation. Or, le 17 juin, une voix du G.P.R.A. s'est élevée avec dignité. Son caractère humain fait honneur à celui qui vient d'assurer les Européens de leur sort dans l'Algérie de demain. A nous maintenant d'avoir le courage, dans l'intérêt de la patrie, de nous adapter à la situation nouvelle. Que mes amis qui se trouvaient à mes côtés, il y a deux mois, sachent qu'ils recueillent mon accord total pour avoir accepté que les combats prennent fin. Entre l'exode et la vie sur leur terre natale, je conseille aux Européens de rester dans leur pays. Qu'ils acceptent que du fond de sa cellule celui qui s'est sacrifié pour eux, avec son compagnon, le général Jouhaud, leur dise maintenant : La voie nouvelle est tracée. Mes amis, restez unis de Bône à Oran. Pas de plates-formes territoriales. Une seule Algérie fraternelle où vous devez trouver la place qui vous revient. Le sang a trop coulé entre les deux communautés. Tous ensemble, prenez-vous les mains pour bâtir un avenir commun de concorde et de paix. Gardez votre beau pays dans une coopération serrée avec la France. »

Au cours de la nuit du 19 au 20 juin 1962, ignorant encore l'appel de Salan, six hommes en tenues camouflées commandés par Jean-François Clops, connu dans l'organisation comme le capitaine *Lenormand*, habitant Saint-Germain-en-Laye et coutumier depuis des semaines de ce genre d'opération, bloque durant une demi-heure l'autoroute de l'Ouest en contrôlant sous le tunnel de Saint-Cloud les voitures et en tamponnant les papiers de leurs occupants avec un cachet de l'O.A.S.

Les notes de De Gaulle restant rarement sans effet, celle du 6 juin, qui signalait à Jean Foyer la possibilité d'inculper à nouveau Salan, a été suivie. Le juge d'instruction Jean Pérez vient donc à Fresnes avec M$^{es}$ Le Corroller et Menuet afin d'avertir le chef de l'O.A.S. qu'une nouvelle information est ouverte à son encontre pour « intelligences avec des chefs de bandes armées ».

Bien qu'il sache que l'ouverture d'un nouveau procès l'exposerait certainement à une condamnation à mort, Salan remercie le juge Pérez de lui avoir donné l'occasion inespérée de revoir ses défenseurs et, ironique, il lui demande si à la faveur de cette nouvelle inculpation, il pourrait délivrer des permis de visite à son épouse et à sa fille. Le juge ayant éludé sa requête, le général répond avec franchise à sa première question, qui portait sur la lettre dont Canal était porteur lors de son arrestation.

— Dans cette affaire, comme dans toutes les précédentes, sachez que je prends toutes mes responsabilités. Je suis bien l'auteur de cette lettre Mais je n'ai pas à vous indiquer comment elle est sortie de la prison de la Santé. Non plus qu'à vous dire qui est *Cimeterre*, son destinataire, ni *l'Auvergnat*, ni le capitaine B, à qui étaient destinés les fonds.

Retrouvant l'attitude de son premier procès après cette mise au point, le général décide de se taire et le juge Pérez se retire avec les avocats. Le même jour, bien que Gardes (*l'Auvergnat* dont Salan a tu le nom au juge Pérez) se soit déclaré favorable à leur poursuite au cours d'une émission pirate, les accords Susini-Mostefaï paraissent compromis.

Ayant jusque-là réussi à mener sa double vie avec une aisance diabolique, François Thadome accueille à El-Biar deux sous-officiers du 9$^e$ R.C.P. qui ont déserté avec un camion d'armement destiné au rapatriement. Sitôt les armes dissimulées dans une soupente au fond de l'arrière-cour d'une boulangerie sur la route de Fort-l'Empereur, Thadome ordonne à un ami transporteur d'aller abandonner le camion dans la forêt de Baïnem. Puis, les deux déserteurs cachés dans une planque qui n'a plus servi depuis longtemps, n'ayant aucune peine à les persuader de l'humanité et de l'urgence de sa démarche, Thadome demande à quelques officiers de Marine de faciliter l'évacuation de ses anciens harkis de Tigzirt et de leurs familles, soit en tout près de cinq cents personnes.

A Oran, Katz pestant contre Gardy et Charles Micheletti qui, comme Chateau-Jobert pour le Constantinois, parlent toujours de transformer l'Oranie en plate-forme territoriale gouvernée par l'O.A.S., attend les résultats des discussions qu'Alexandre Soyer, l'ancien délégué régional de l'Information en Oranie revenu de Paris avec la recommandation d'Olivier Guichard qui est maintenant conseiller de De Gaulle en matière de politique intérieure, a entreprises avec des dirigeants de l'O.A.S. et du F.L.N.

A force de ténacité, prenant de gros risques, le missi dominici de l'Elysée a réussi à approcher Gardy, Dufour, Charles Micheletti et quelques chefs de l'O.A.S. de moindre importance. Afin de faciliter sa tâche, Katz a d'abord accepté une suspension des opérations au long du 18 juin, puis il est revenu sur cette décision lorsque, à l'heure du déjeuner, un commando des *collines* a arrosé d'obus de mortier au quartier Cavaignac le lycée Savignon occupé par des éléments du 67ᵉ R.I. du lieutenant-colonel Nicolas, blessant une douzaine d'appelés.

Un porte-parole de Micheletti ayant exprimé au matin du 20 juin sur les ondes pirates les regrets de l'organisation d'avoir blessé des appelés et affirmé que la volée d'obus ne visait pas le lycée Savignon mais un dépôt d'essence tout proche, Katz redonne des ordres de passivité à ses troupes. Puis, songeant déjà aux difficultés qui ne manqueront pas de survenir après l'indépendance, il rédige à l'intention des officiers qui commandent les 5ᵉ, 21ᵉ, 67ᵉ et 3/43ᵉ régiments d'Infanterie, les 1/2ᵉ, 8ᵉ, 22ᵉ, 66ᵉ et 1/75ᵉ régiments d'Infanterie de Marine, les 2ᵉ et 4ᵉ zouaves, 10ᵉ, 30ᵉ et 29ᵉ bataillons de chasseurs à pied, le 3ᵉ cuirassiers, les 1/27ᵉ et 3/24ᵉ bataillons d'Artillerie, les 452ᵉ et 457ᵉ G.A.A.L. et le 1ᵉʳ bataillon du 2ᵉ régiment d'Artillerie de Marine, cette nouvelle note d'orientation :

« Si le scrutin d'autodétermination aboutit à l'indépendance de l'Algérie avec coopération sur la base des accords d'Evian, une période de transition s'ouvrira le 2 juillet, durant laquelle l'exécutif provisoire exercera la totalité de la souveraineté sans disposer encore des moyens correspondants. Le statut des forces armées françaises découlera de la déclaration de principe relative aux problèmes militaires jointe à l'accord de cessez-le-feu (*J.O.* du 20 mars 1962).

« Sans qu'il soit possible de préjuger des modalités exactes d'exécution de cet accord, les indications générales suivantes doivent néanmoins être tenues pour vraisemblables concernant les forces armées françaises :

« 1° – Leur mission essentielle sera de contribuer par leur présence à rétablir et à développer la confiance entre les communautés. Elles devront être en mesure d'intervenir pour porter secours, en cas d'agression, aux ressortissants d'origine européenne ou se réclamant de la nationalité française. Elles assureront contre toute menace la sécurité de leurs installations et la liberté de leurs mouvements et de leurs communications.

« 2° – Les forces de l'ordre de 3ᵉ catégorie ne participeront plus au maintien de l'ordre, sauf cas particuliers actuellement en discussion. Elles pourraient toutefois entrer en action pour porter secours, en cas de danger grave, à des nationaux (de telles opérations ne pourraient être exécutées que sur décision du commandement).

« Durant cette période délicate et en particulier dans les semaines qui suivront le scrutin d'autodétermination, il convient d'obtenir des unités un comportement particulièrement irréprochable s'appuyant sur les principes de la discipline militaire.

« – Présentation impeccable (tenue – matériel – véhicules – cantonnements).

« – Rapports avec la population musulmane et l'A.L.N. réduits aux strictes nécessités de la mission ou du service.

« L'instruction doit devenir dès que possible l'activité principale des troupes.

« En raison de l'imprécision concernant les missions à venir, ces directives doivent être considérées comme des idées générales qui nécessiteront certainement de nombreuses adaptations. En conséquence elles sont destinées à l'information des chefs de corps et ne seront pas reproduites. »

Alors que les officiers du corps d'armée d'Oran prennent connaissance de cette note d'orientation qui aura une résonance toute particulière dans les quinze jours à venir, puisque aucune *strounga* n'a plus explosé à Alger depuis le 16 juin et que le colonel Gardes, ajoutant encore au climat de détente, vient d'appeler l'Armée à la réconciliation, le préfet de Police Vitalis Cros, comme promis, fait lever à Alger le couvre-feu.

\*

## — 87 —

## Degueldre est condamné à mort

Le 22 juin 1962 à 13 heures, après avoir réaffirmé la veille son refus de s'aligner sur la position prise à Alger par Susini et admise par Gardes, alors que Godard lui avait annoncé son départ pour Alger dans l'intention de gagner l'Europe avec Vaudrey afin de rejoindre le C.N.R., le général Gardy annonce au cours d'un bulletin d'information :

— Français d'Oranie de toutes origines, de toutes confessions, votre patience est mise à rude épreuve. Je vous demande moi-même d'attendre encore jusqu'à ce soir 20 heures. Je m'adresserai à vous en toute conscience de ma responsabilité et en toute franchise, quelles que soient les nouvelles que j'aurai à vous apprendre et la conduite à tenir qui en découlera.

Cette annonce que Gardy a terminée en s'écriant : « Vive l'Algérie, dernier bastion de l'Occident ! », ajoute à l'angoisse des Européens de l'Oranie qui bradent déjà depuis quelques jours leurs meubles et leurs voitures pour des sommes dérisoires. Parfois, ce sont d'ailleurs des Pieds-noirs sans scrupules qui, sans se soucier des représailles de l'O.A.S., entassent ce butin acquis à peu de prix dans des garages et des remises.

En attendant le second message de Gardy, l'affolement règne dans les quartiers européens devenus crasseux et désertés au rythme régulier de trois mille départs journaliers. Dans cette panique ponctuée de hold-up qui ne sont pas toujours le fait de l'O.A.S., Pierre Laffont, le directeur de *L'Echo d'Oran,* qui avait abandonné il y a quelques mois son mandat de député en estimant que celui-ci n'était plus d'aucune utilité pour ses électeurs, tente encore, comme Alexandre Soyer, d'amener le F.L.N. et l'O.A.S. à accepter un modus vivendi honorable.

Dufour espère aussi enrayer la panique des Européens. Il sait que Gardy, malgré ses déclarations et ses ordres du jour rédigés comme s'il commandait une armée régulière en campagne, ne contrôle plus la situation. Seuls Charles Micheletti et son fils, Atanase Georgeopoulos, Robert Tabarot, « Pancho » Gonzalès et Yaya Bénichou sont encore en mesure de donner des ordres avec des chances d'être obéis. Mais il sait aussi qu'ils ne conçoivent pas d'abandonner intacte leur ville à ses nouveaux maîtres. Convaincu que l'indépendance est un fait accompli et qu'il serait utopique de tenter de faire de l'Oranie une plate-forme territoriale européenne, ayant pris connaissance de la note de Katz, il craint qu'au moment de la passation des pouvoirs au F.L.N. les troupes françaises n'offrent pas de protection efficace aux Pieds-noirs. Persuadé que la force locale, à condition du moins qu'elle compte suffisamment de volontaires venant de l'O.A.S., sera la seule garantie de sécurité pour les Européens, l'ancien patron du 1er R.E.P. a donc demandé à l'exécutif provisoire de le placer à la tête de cette force en Oranie. « Demander » est peut-être un euphémisme. C'est plutôt un ultimatum que Dufour a adressé au président Farès. Ayant fixé au 24 juin sa limite, il a prévenu qu'après cette date il ne répondrait plus de rien.

Mais les desperados oranais n'attendent pas le résultat de la démarche de Dufour, ni même la nouvelle déclaration de Gardy. Comme ils l'ont déjà fait à plusieurs reprises, ils incendient le palais de justice et, ajoutant ainsi à l'inconfort de leurs concitoyens, ils font sauter en banlieue les installations de détente du gaz amené d'Hassi R'Mel par gazoduc. Déjà, avant l'intervention de Gardy, les commandos de l'O.A.S. avaient, à 12 heures, envahi le siège de l'inspection académique. En ayant expulsé les fonctionnaires, ils ont incendié des milliers de dossiers et truffé le bâtiment de charges à retard. L'immeuble flambe encore, car les pompiers, harcelés par des jeunes gens excités par les explosions et le ronflement des flammes, ne peuvent pas intervenir de manière efficace.

Au soir de cette journée de fureur et alors que l'hôtel de ville s'embrase à son tour, Gardy parle comme prévu à la radio. Evoquant d'une voix lugubre les efforts de Pierre Laffont, d'Alexandre Soyer et de Dufour, il annonce :

— Le résultat des conversations engagées avec des personnalités que nous considérions comme valables et qui nous avaient fait des ouvertures est négatif. Les garanties réelles et concrètes, notamment sur le point capital de la mise sur pied d'une force européenne, capable d'assurer la sécurité des populations, même dans un périmètre limité et bien défini, qu'il a été question d'obtenir, ne nous ont pas été données. Il nous a fallu constater la dérobade de nos interlocuteurs. Sans renoncer aux objectifs définis par la déclaration du 6 juin sur la constitution d'une plate-forme européenne, nous reprenons donc notre liberté d'action !

Le lendemain, alors que François Thadome assiste de loin et la larme à l'œil à l'embarquement sur le porte-avions *Lafayette* de ses anciens harkis avec leurs familles et que les derniers *deltas* se préparent eux aussi au départ, Alger est toujours aussi calme. Jean Taousson, avec son père, membre fondateur du Yacht-Club, prend la mer à bord d'un voilier norvégien de quatorze mètres, le *Pétrel II,* comme s'il allait tirer quelques bords au large du cap Matifou, mais, sans espoir de retour, il file droit vers les Baléares.

Oran résonne encore d'explosions dont les plus fortes ravagent dix écoles. Bien décidés à fuir cet enfer, ne croyant plus à l'entente entre l'O.A.S. et le F.L.N., des Oranais et des réfugiés qui ont fui le bled où les enlèvements d'Européens et les exactions des A.T.O. se comptent déjà par dizaines, se massent sur le port dans l'espoir de monter à bord des paquebots et des cargos qui, sans cesse, vont et viennent depuis Marseille ou Port-Vendres.

Malgré les convulsions qui secouent l'Algérie à l'approche du référendum, les chefs de l'O.A.S. n'oublient pas les officiers qui se sont opposés au putsch. Ils ont depuis longtemps déjà pris la décision d'assassiner le commandant Joseph Kubaziak, qui fut un farouche défenseur de la légalité sur la base aérienne de Blida. Jean Reimbold, toujours responsable de l'O.A.S. dans le Sud-Est, n'est pas au courant de cet attentat dont l'initiative revient aux seuls Algérois, des observateurs ayant retrouvé la trace de la victime désignée à Aix-en-Provence. C'est à Gilles Buscia, un ancien instituteur corse devenu caporal parachutiste, déserteur depuis octobre 1961 et dont le frère, Georges, est lieutenant de vaisseau à l'école des détecteurs à l'île de Porquerolles, qu'échoit l'exécution. L'ordre écrit qu'il a reçu est signé au nom de l'O.R.O. de l'O.A.S.-C.N.R. par le capitaine *André*, donc par Curutchet lui-même. Le petit commando dont il dispose, Gérard Baudry, Jean Hussendorfer, René Frassatti, Georges Moritel, Henri Mondoloni et Antoine Mattéi, considère ce document comme un acte officiel. Pour eux, Kubaziak est un agent de l'Est, un correspondant du K.G.B. qu'il faut éliminer comme Locussol à Alençon. Ils en doutent d'autant moins qu'ils viennent d'apprendre que le commandant avait reçu l'avant-veille à Paris d'importantes fonctions au sein de la Sûreté militaire.

Ce sont donc des hommes décidés qui s'imposent au petit matin du

24 juin 1962 dans la demeure de Kubaziak. L'ennemi juré de l'O.A.S. n'est pas seul et quand Gérard Baudry, un sous-officier déserteur qui a servi au 2ᵉ R.E.I. sous les ordres du commandant Camelin, quatre fois cité au feu et médaillé militaire, le poignarde, ses trois enfants, terrorisés et gardés par un membre du commando dans une chambre voisine, entendent les bruits de l'exécution.

Quand il sera arrêté le 29 novembre 1963 à Dakar dans des circonstances rocambolesques et lorsqu'il sera interrogé en février 1964 par le juge d'instruction André Braunschweig au sujet de cette exécution, le capitaine Curutchet, après avoir reconnu qu'il occupait en métropole « sous les ordres du colonel Argoud et du capitaine Sergent » les fonctions de chef d'état-major du C.N.R.-O.A.S. et qu'il en assumait « toute la responsabilité », refusera pourtant la paternité de cette exécution. « Ce n'est pas moi qui ai donné l'ordre de commettre cet attentat », affirmera-t-il en effet lors de son procès qui s'achèvera le lundi 2 juillet 1964 par une condamnation à la détention criminelle à perpétuité.

A la demande de Mᵉ Frédérique Dupuy, Argoud, lui aussi enfermé à Fresnes après son enlèvement organisé le 23 février 1963 par la Sûreté militaire à Munich, prêtera main-forte à Curutchet en remettant à la jeune femme, qui sera également son avocate, cette lettre pour le juge André Braunschweig : « Informé par la presse et par la radio des accusations formulées à l'encontre du capitaine Curuchet, j'estime de mon devoir de sortir, pour une fois, du silence dans lequel je n'ai cessé de me cantonner depuis mon enlèvement à Munich pour apporter à la justice les précisions suivantes : Lors du retour de mes camarades d'Algérie, dans les mois qui ont suivi l'indépendance, j'ai appris que l'ordre d'exécution du commandant Kubaziak émanait directement des responsables de l'O.A.S.-Algérie. La décision avait été prise en raison de l'attitude de cet officier lors des journées d'avril 1961. Cet ordre a été adressé sans intermédiaires, étant donné la rapidité d'évolution des événements en Algérie, aux responsables subalternes locaux de l'O.A.S.-Métropole. La signature du capitaine *André* a été utilisée en dehors du capitaine Curutchet pour authentifier l'ordre vis-à-vis des exécutants. »

Au lendemain de l'assassinat du commandant Kubaziak, trois charges de plastic éventrent à Oran des cuves de la British Petroleum au-dessus du quai de Brest et des commandos des *collines* achèvent la destruction par des rafales incendiaires de mitrailleuse lourde et quelques roquettes tirées d'un immeuble du Front de Mer. Après des heures de vains efforts, les pompiers renoncent à venir à bout des brasiers titanesques qui mettront des jours à consumer douze millions de litres de carburant. Au matin du 26 juin 1962, d'immenses flammes bleutées et orange se rejoignent en ronflant à plus de cent mètres dans le ciel en un monstrueux enchevêtrement de nuées noires. La ville assombrie respire une insupportable puanteur de mazout et, comme si la montagne de Santa Cruz était devenue volcan, de la suie grasse se répand sur elle.

La mer est encombrée au large par des cargos et des paquebots que leurs capitaines et commandants ont par prudence éloignés sitôt l'embrasement des cuves. Des centaines de candidats au départ massés près de leurs bagages se couvrent le visage avec des linges mouillés dans l'espoir vain d'échapper à la nauséabonde odeur du fuel brûlé.

Dans cette ambiance d'apocalypse, personne, et surtout pas Katz, n'est plus capable d'assurer le maintien de l'ordre. Si l'immense majorité des Musulmans, barricadés dans leurs secteurs sous la protection de miliciens en armes, respectent les consignes du F.L.N., des bandes de jeunes gens, souvent des gamins, saccagent les commerces et pillent les appartements abandonnés.

Le colonel Dufour, après en avoir longuement discuté avec Pierre Laffont, revient en fin d'après-midi sur son ultimatum adressé à l'exécutif provisoire et enregistre ce message sur un magnétophone au siège de *L'Echo d'Oran* :

— Le colonel Dufour vous parle. Cet appel s'adresse aux sections spéciales de l'Armée secrète. Conformément aux ordres de vos chefs, vous avez accompli avec fermeté, décision, les missions qui vous ont été confiées. Vous avez montré que, pour nous, le combat ne saurait cesser sur de vagues promesses. Cependant, afin de ne pas aggraver les malheurs de nos compatriotes qui vivent des jours particulièrement douloureux, je donne l'ordre d'interrompre les destructions qui ont été préparées et qui pourraient aggraver le calvaire de ceux qui attendent avec angoisse le moment de s'embarquer. Je compte de façon absolue sur votre esprit de discipline.

Apprenant que Dufour n'a pas réussi à faire diffuser son message par l'O.A.S., Pierre Laffont demande à Katz de s'en charger immédiatement. Mais le général lui avoue qu'il n'en a pas les moyens et, en attendant la sortie de *L'Echo du Soir* qui paraîtra avec l'appel de Dufour à la une, il tente tout aussi vainement de le faire émettre par les soins du préfet René Thomas.

Mieux lotis que Katz en la matière, puisqu'ils disposent à leur convenance de l'émetteur pirate de l'organisation, Gardy et Micheletti, ruinant ainsi en grande partie les espoirs de Pierre Laffont qui ne peut plus désormais miser que sur l'impact de son journal pour obtenir un cessez-le-feu, ordonnent au cours de trois émissions que leurs hommes s'en tiennent à leur plan de destruction.

La parution de *L'Echo du Soir* n'ayant eu aucune incidence sur leur détermination, les commandos de Micheletti détruisent quelques dizaines de tonnes de matériel militaire en attente d'embarquement sur le port. Au matin du mercredi 27 juin, alors que l'appel au calme de Dufour a enfin été diffusé tard la veille sur le canal son de la télévision au cours d'une fausse émission pirate de l'O.A.S. mise en scène par des spécialistes de l'armée, Charles Micheletti appelle ses hommes au baroud d'honneur sur les ondes de sa radio clandestine. Il les adjure de ne laisser dans la ville que ruines et cendres. Puis, les désignant comme les principaux responsables de l'abandon de son projet de plate-forme territoriale, il fustige les chefs de corps de la Légion qui, selon lui, ont perdu leur honneur d'officiers en ne respectant pas leur parole. Accusant les Algérois d'avoir négocié avec l'ennemi, il condamne sans le citer les initiatives de Susini et, dans sa fureur, il compare Jouhaud et Salan à des « morts-vivants » qui, selon lui, au lieu d'appeler l'O.A.S. à déposer les armes, auraient mieux fait de se taire.

A 8 heures, lorsque la diatribe de Micheletti passe pour la première fois à la radio O.A.S. qui, pour la majorité des cent cinquante mille Européens restant encore à Oran, est la seule source fiable d'informations, le haut-commissaire Christian Fouchet et le général Fourquet, escortés depuis la Sénia par des blindés, arrivent en ville dans l'intention d'assister dans la cathédrale à une messe en mémoire du général Ginestet, dont les obsèques se dérouleront au même moment à Paris.

Durant l'office qui a eu lieu sous la protection d'une forte concentration de forces de l'ordre, la ville a retenti d'explosions et de rafales provoquées et tirées par les fidèles de Charles Micheletti qui ravagent quelques écoles de quartier, des bureaux de poste et une usine à gaz. Après la messe, Christian Fouchet fait avec Katz et ses adjoints, le préfet René Thomas et Jacques Biget, le point de la situation à trois jours du scrutin d'autodétermination qui devra, coûte que coûte, espère-t-il, se dérouler dans de bonnes conditions. Sitôt son départ pour Alger, la radio officielle diffuse ce nouvel appel au calme signé par René Thomas et Jean Biget : « Le silence, et pour cause, de l'ex-général Gardy, l'ultime consigne de l'ex-colonel Dufour ordonnant aux derniers commandos rassemblés autour de lui d'arrêter les destructions et les exactions, vous font apparaître, Français et Françaises d'Oran, le chemin tragique qui, selon leurs propres termes, allait vous conduire au plus douloureux des calvaires. Il n'est que temps maintenant de préparer, tous ensemble, la réconciliation des communautés par des manifestations concrètes de solidarité et de fraternité. Dans le calme et la discipline retrouvés, nous pourrons alors reprendre très rapidement l'organisation des départs de ceux qui voudraient se rendre en métropole. Français et Françaises d'Oran, ayez avec nous confiance en votre avenir, qui est sur cette terre et que vous garantissent le peuple français, son armée et nos amis musulmans. »

Si ce message n'enraie pas les destructions, il apprend aux Oranais que Gardy les a quittés. En effet, après avoir négocié les conditions de son départ avec Katz trop heureux de se débarrasser de lui, l'ancien inspecteur général de la Légion étrangère, sans en avertir Charles Micheletti, a embarqué pour l'Espagne à bord d'un caboteur avec quelques légionnaires déserteurs et un pactole de quatre millions de francs nouveaux.

Accueilli à Rocher-Noir par des journalistes, Christian Fouchet déclare :

— Je rapporte de ma visite à Oran le sentiment que le sacrifice du général Ginestet n'aura pas été vain. Il restera pour nous un exemple, dans les mois qui viennent, en Algérie comme – si c'est nécessaire – en métropole. Les autorités civiles et militaires, avec lesquelles j'ai conféré, font face à des circonstances difficiles créées par des folies criminelles, avec calme, vigueur et humanité. Dans l'ensemble de l'Oranie, la situation redevient normale. A Oran même, et grâce aux efforts de quelques hommes de bonne volonté, suivis et encouragés par les autorités, la raison, dans les heures qui viennent, va, j'en suis sûr, l'emporter sur la folie. Chacun des responsables, à la place qu'il occupe, continue à faire ce qu'il faut faire en ce sens.

Le lendemain matin de ces propos qui ne rassurent que leur auteur, alors qu'à Oran le bruit court que le Comité de réconciliation se réunira pour la première fois à la préfecture encore une fois visée dans la nuit par l'O.A.S., la Cour militaire de justice juge à huis clos Roger Degueldre dans la salle de cinéma de la caserne du Fort-Neuf de Vincennes réaménagée en prétoire.

Ce nouveau tribunal d'exception aurait dû être présidé par le général Edgar de Larminat. Mais, afin d'obtenir la récusation de ce pionnier de la France libre, M\ᵉ Tixier-Vignancour a exhumé un rapport du général Catroux datant de 1941 et adressé au général de Gaulle, qui le dépeignait comme un officier souffrant de faiblesse mentale, inapte à occuper des postes de commandement importants, ce qui l'a poussé à se suicider d'un coup de pistolet après avoir écrit au général de Gaulle : « Je n'ai pu physiquement et moralement accomplir le devoir qui m'était tracé. Je m'en inflige la peine. »

La Cour militaire de justice est donc présidée par le général de l'armée de l'Air Roger Gardet qui est, comme Larminat, compagnon de la Libération et qui a déjà prononcé la peine de mort à l'encontre de Jouhaud alors qu'il était juge au Haut Tribunal militaire. L'accusation est à la charge de l'avocat général Gerthoffer, qui porte aujourd'hui son uniforme d'officier général à trois étoiles et dirigeait en 1959 la commission d'enquête sur la torture dépêchée en Algérie par Edmond Michelet. Deux autres compagnons de la Libération sont juges, les colonels Binoche et Boquet, l'ancien déporté manchot ridiculisé par les commandos de l'Air de Pierre Delhomme lors de son arrestation illégale le 23 avril 1961. Et le Tribunal est complété par le colonel de réserve Reboul et un sous-officier de l'armée de l'Air, l'adjudant-chef Conte.

Degueldre est papa depuis quelques jours d'un petit garçon que sa compagne a appelé Philippe en souvenir du capitaine Le Pivain. Il arbore le ruban rouge de la croix de chevalier de la Légion d'honneur, le jaune à lisérés verts de la médaille militaire et ceux, mauve et rouge et blanc et rouge des croix de guerre des théâtres d'opérations extérieures et de la

## Chap. 87. – Degueldre est condamné à mort

Valeur militaire piquetées des palmes et étoiles de huit citations. Infirmant les calomnies des ennemis de l'O.A.S. qui, depuis le putsch, insinuent qu'il aurait combattu dans le camp nazi, dans la Milice ou au sein de la L.V.F., la Légion des volontaires français contre le bolchevisme, l'accusé porte aussi, suspendue à un ruban à rayures verticales rouges et noires, la médaille ronde de la Résistance frappée d'une croix de Lorraine.

Bien que le procès ait déjà été renvoyé huit jours auparavant, les défenseurs de Degueldre, M$^{es}$ Denise Macaigne et Jean-Louis Tixier-Vignancour, tentent de lui obtenir un nouveau délai en déposant une requête en suspicion légitime justifiée selon eux par des déclarations d'hostilité du général Gardet, du colonel Boquet et de l'adjudant-chef Conte. Le président Gardet ayant déclaré la requête irrecevable, les deux avocats ont consulté M$^e$ Guyonnet, chargé en l'absence du bâtonnier Grente de veiller à la bonne marche des débats, et celui-ci les a autorisés à plaider sans robe.

Après la pause de midi, M$^{es}$ Macaigne et Tixier-Vignancour sont donc revenus au prétoire en tailleur et en costume trois-pièces. Le général Gardet s'étonnant de cette fantaisie vestimentaire, comme toujours superbe et mis en forme par son repas, M$^e$ Tixier-Vignancour cite mot pour mot la déclaration que fit en 1871 le bâtonnier Edmond Rousse devant le Tribunal de la Commune de Paris : « Nous avons décidé que, devant les tribunaux de la Commune, il n'y avait ni justice, ni barreau. Mais aucun homme ne peut rester sans défense. Nous laisserons donc les attributs de notre ordre à la porte, pour ne pas les avilir ! »

Le bâtonnier ayant ajouté qu'il serait indécent pour des avocats de se conduire autrement, la séance reprend, mais le président Gardet et l'avocat général Gerthoffer ne sont pas au bout de leurs soucis. Roger Degueldre, visage fermé, refuse de se lever lorsqu'ils l'interrogent et, tel Salan lors de son procès, il demeure coi. Il ne cille même pas à la fin du procès lorsque, la cour ayant très rapidement délibéré, le général Gardet annonce qu'elle a répondu oui à l'unanimité aux cinquante-trois questions concernant sa culpabilité dans les exécutions du commissaire Gavoury, de l'attaché d'ambassade Fox, de très nombreux Musulmans et sa participation à des complots contre l'Etat. Après avoir rendu compte que les juges lui ont refusé les circonstances atténuantes, le président Gardet prononce sa condamnation à la peine capitale.

Toujours impassible, Degueldre retire sans hâte ses galons de lieutenant, ses décorations, son insigne du 1$^{er}$ R.E.P. et les remet à son épouse qui a été admise exceptionnellement à assister à son procès. Il crie « Vive la France ! » et, très raide, se laisse entraîner par les gendarmes vers la prison de Fresnes, ce dont il ne doutait pas puisque, avant de quitter la Santé, il a fait passer son transistor aux capitaines Pouilloux et Montagnon qui partagent la même cellule.

Bien qu'il la considérât comme inéluctable, la condamnation à mort de *Delta* ajoute à l'inquiétude de Susini d'être sans nouvelles du G.P.R.A. quant aux garanties de sécurité de ses compatriotes. Et il n'est pas seul à s'inquiéter au sujet de l'incorporation de membres de l'O.A.S. dans la force locale car, à Alger, nul n'a encore vu un seul des deux cent vingt-cinq Européens dont l'exécutif provisoire a pourtant annoncé le recrutement.

Le 28 juin 1962, le C.N.R. émet en Italie ce communiqué concernant le référendum : « Le Conseil national de la résistance, réuni le 27 juin, rappelle qu'il dénie toute valeur aux accords d'Evian, au référendum du 8 avril 1962, ainsi qu'à celui du 1er juillet pour lequel aucune des conditions nécessaires pour une consultation n'existe. Existent la terreur et les préparatifs de départ. Il n'y a d'ailleurs ni référendum ni autodétermination. On trompe le peuple avec des mots. En conséquence, les résultats de cette vaste fraude sont d'avance déshonorés. Quels qu'ils soient, ils demeureront nuls. Le C.N.R. se déclare solidaire des défenseurs de tous ceux qui, en Algérie, se sentent et se veulent à jamais Français en terre française, ainsi que de ceux que l'abandon du territoire national d'Algérie a contraints à se replier en métropole. En Algérie, en métropole, il est à leurs côtés. Le C.N.R. met en garde les populations d'Algérie contre les fausses garanties qu'on feint de leur accorder. Les départs massifs en métropole montrent d'ailleurs qu'elles n'en sont point dupes. Le C.N.R. invite tous les repliés à se regrouper et à lui faire confiance car le même combat continue. »

Ce texte dont la publicité dépend exclusivement de journalistes ne touchant pas grand monde, François Thadome, après avoir organisé à Alger le départ des deux sous-officiers déserteurs du 9e R.C.P. et des derniers commandos d'El-Biar, embarque clandestinement à bord de la *Ville d'Oran* en profitant de la pilotine de son ami Jean Gregori, officier du port d'Alger. Une fois à bord du paquebot, le capitaine Legras, officier en second, et le chef-mécanicien Zomgrède le dissimulent aux observateurs qui, comme à chaque voyage, se sont mêlés à la masse des émigrants dans l'intention d'y repérer les gens de l'O.A.S.

L'angoisse des Oranais est à son comble lorsqu'un porte-parole du F.L.N., n'évoquant plus la participation des Européens à la force locale, déclare à la presse : « Dans les heures qui suivent, les Européens d'Oran doivent choisir leur camp. En tout état de cause, à partir du 2 juillet, le maintien de l'ordre et la défense du patrimoine national reviendront aux tenants de la souveraineté nationale. » Et ils ne sont pas rassurés par cette déclaration de Katz : « Il n'y a aucun fondement dans les rumeurs selon lesquelles l'Armée française abandonnerait Oran aux nationalistes musulmans au lendemain du scrutin d'autodétermination. » Alors que les pires nouvelles leur arrivent du bled déjà à quatre-vingts pour cent déserté par les familles européennes et où les vols, les viols, les enlèvements et les assassinats sont devenus monnaie courante sans que la force locale intervienne, les candidats à l'exil sont d'heure en heure plus nombreux à se masser sur les quais d'embarquement.

A Madrid, le gouvernement espagnol s'inquiète du sort des quarante mille Espagnols ou Français d'origine espagnole vivant en Oranie. Après en avoir avisé Paris, il dépêche en Algérie trois destroyers, l'*Hernan Cortès*, le *Marte* et le *Neptuno* ainsi que le ferry-boat *Virgen de Africa* qui assure la ligne Ceuta-Algésiras et de nombreux combattants de l'O.A.S. profitent de cette occasion inespérée pour prendre le large vers Carthagène ou Alicante avec leurs familles.

Pris dans ses franges de barbelés, le port d'Alger est lui aussi devenu au fil des jours un immense caravansérail où, entre des piles de malles, de valises, de balluchons et de poussettes chargées de linge ficelées à la diable, des milliers de candidats à l'exil campent dans l'espoir d'un embarquement. Si leur ville résonne encore de concerts de casseroles, ils proviennent maintenant des quartiers musulmans et, au même rythme des cinq syllabes toniques d'« Algérie française », ils scandent maintenant « *Djézaïr ya ya* – Vive l'Algérie ! ».

Qu'ils partent d'Arzew ou du port d'Oran empuanti par le mazout qui n'en finit pas de brûler alentour des cuves éventrées de la B.P., Katz a ordonné de laisser s'en aller sans contrôle les derniers des mille six cents combattants des *collines* qui ont si longtemps bravé ses vingt-cinq mille gendarmes et soldats. Pour en arriver là, Pierre Laffont s'est entretenu la veille avec un Charles Micheletti qu'il a eu quelque peine à reconnaître tant il a pris du poids depuis le début de l'insurrection. Après un marchandage qui a amené la garantie de liberté pour ses hommes, laissant seulement dans la ville quelques commandos avec mission de reprendre les destructions au cas où Katz ne tiendrait pas parole, Charles Micheletti a parlé pour la dernière fois au poste clandestin de l'O.A.S. que les forces de l'ordre n'ont jamais réussi à lui enlever. Revenant sur les chances gâchées par les défections des militaires, vaincu par l'émotion, il n'a pu contrôler sa voix au moment d'avouer que le combat de l'O.A.S. était sans espoir. C'est dans un sanglot qu'il s'est écrié : « Adieu Algérie ! Que la volonté de Dieu soit faite ! » et des milliers d'Oranais ont pleuré avec lui.

A l'heure où s'en vont ainsi un à un les chefs de l'O.A.S., le F.L.N. invite à Oran les personnalités européennes désignées pour faire partie du Comité de réconciliation à participer à une réunion au Village Nègre. Pierre Laffont est le seul à se rendre à cette convocation transmise aux services de la Préfecture et à l'état-major de Katz par un officier chargé des liaisons avec le F.L.N.

N'ayant donc d'autres interlocuteurs que le directeur de *L'Echo d'Oran* et un prêtre qui a pris lui aussi le risque de venir discuter à quelques mètres des remises dans lesquelles, il y a quelques jours encore, le F.L.N. rendait une justice aussi expéditive que celle de l'O.A.S., les organisateurs de la réunion acceptent de se rendre à la préfecture.

Cette fois, puisque Katz et le préfet Thomas garantissent d'autant plus facilement leur sécurité qu'ils sont délivrés de la menace des *collines*, sept

Musulmans escortés par trois officiers et une patrouille de gendarmes, qui ont tenu à arriver les derniers au rendez-vous, se retrouvent mêlés à la trentaine de personnalités qui entourent M<sup>gr</sup> Lacaste, Katz, l'I.G.A.M.E. René Thomas et le préfet de Police Jacques Biget.

Après des présentations vite expédiées et deux brèves entrées en matière de René Thomas et de M<sup>gr</sup> Lacaste, le capitaine Bakhti, en treillis vert olive de l'A.L.N. dont il arbore l'insigne vert, blanc et rouge, précise que le F.L.N. est désormais en situation de force et qu'il n'a donc rien à négocier. Ayant prononcé ces paroles de fermeté dans un silence de mort, il propose d'oublier le passé et déclare :

— Nous sommes prêts à vous accueillir chez nous.

Se rendant compte que le « chez nous » a fait tiquer quelques-uns des hommes qui lui font face, soucieux de ne pas les braquer, le capitaine atténue son propos en affirmant que l'Algérie ne se fera pas sans la minorité européenne et il propose de passer tout de suite à la composition du Comité de réconciliation dont, rappelle-t-il, le F.L.N. doit être considéré comme l'initiateur et qui, seul, sera le garant de la sécurité des deux communautés. Aux noms du F.L.N. et de l'A.L.N. il promet de faire cesser les enlèvements et les attentats. Comme M<sup>gr</sup> Lacaste lui fait remarquer que cette promesse n'engage que lui-même et qu'il aura certainement du mal à l'honorer, le capitaine retrouve le ton cassant de ses propos liminaires en rétorquant :

— Nous sommes un mouvement révolutionnaire. A la base, nous considérons que les accords d'Evian vous donnent trop. Mais vous, vous estimez qu'ils ne vous donnent pas assez. Mais, puisque nos gouvernements les ont signés, depuis le cessez-le-feu, nous avons respecté ces accords. Et nous continuerons. Dans aucun pays, aucune organisation n'aurait pu maintenir une population soulevée par les tirs de mortier et les mitraillages aveugles qui ont frappé, dans ses quartiers, des femmes, des vieillards et des enfants. Mais, en temps de paix, je réponds de tous les Musulmans.

Cette mise au point semble inacceptable à certains Européens. Mais, décidés à pas compromettre le succès de la réunion, ils se retiennent de relever que le F.L.N. n'a pu ou pas voulu empêcher de trop nombreux assassinats et enlèvements.

Une fois le Comité de réconciliation formé de quatorze personnalités de chaque communauté et dirigé par les quatre chefs religieux de la ville, M<sup>gr</sup> Lacaste, le pasteur Boeziger, le rabbin Samuel Cohen et le grand muphti Cheikh Si Tayeb, les participants à la réunion, afin d'assurer la sécurité de leurs habitants, décident de désigner un délégué du F.L.N. dans chaque quartier européen et d'appeler la population à participer à une grande manifestation de fraternisation en face de la mairie, sur la place du Maréchal-Foch.

A Alger, Susini a fait remettre par Charles Isselin des billets d'avion à Michel Labbé et son épouse et il a rendu sa liberté à Jean-Pierre Ramos.

Bien qu'il n'ait reçu aucune assurance formelle de Chawki Mostefaï, il appelle lui aussi ce qui reste des Algérois européens à accepter l'indépendance. Après leur avoir conseillé de voter « Oui » au cours d'un flash radio officiel, il fait parvenir aux journaux cette proclamation : « Algériens, Algériennes, avec quelle foi, avec quelle détermination farouche, vous avez lutté et souffert pour que ce pays qui est le vôtre puisse demeurer votre patrie. Aujourd'hui les armes se sont tues car nous avons obtenu de ceux-là mêmes qui furent nos adversaires, mais qu'anime le même amour de l'Algérie, la reconnaissance de l'honneur de notre combat ainsi que les garanties de nos droits. Le 17 juin 1962, les accords O.A.S.-F.L.N. authentifiés aux yeux du monde entier ont jeté les bases d'une Algérie nouvelle, révolutionnaire et fraternelle où la place de chacun est assurée. Il nous faut construire la cité algérienne avec tous ceux qui nous tendent la main. On ne peut rien fonder sur la négation, l'abstention, ni la pusillanimité. Dans deux jours vous répondrez Oui à l'Algérie du 17 juin 1962, à l'Algérie du courage, du progrès et de la fraternité ! »

Malgré la bonne volonté de Susini qui se considère à juste titre comme le seul chef de l'O.A.S., les derniers *deltas* algérois, qui n'ont pas reçu les mêmes garanties que leurs compagnons de combat oranais, sont toujours traqués par les gendarmes et les policiers de la *Mission C*. C'est donc clandestinement qu'au soir de cette journée de paix, Godard et Vaudrey quittent Alger à bord d'un cargo et Gardes sur un voilier.

L'Algérie n'étant plus française que pour quelques jours encore, l'O.A.S. métropolitaine, secouée par la condamnation à mort de Degueldre, subit de nouveaux déboires. Surtout les groupes de l'O.R.O. dont Curutchet a confié depuis six mois le commandement effectif à Henri d'Armagnac. La série noire a commencé le 25 juin par l'arrestation de Georges Reynald, un sous-lieutenant qui, sitôt le cessez-le-feu appliqué en Algérie, a déserté du 1er régiment de dragons parachutistes pour prendre le commandement d'un groupe de l'organisation en utilisant le nom de code de *Martin*. Des policiers, de toute évidence très bien informés ce jour-là de ses faits et gestes, l'ont appréhendé alors qu'il ouvrait la portière de sa voiture garée dans un parking de la rue de Flandre, dans le XIXe arrondissement. Deux jours plus tard, alors que François Dupouy, l'agent de liaison habituel de Curutchet, venait de le quitter après lui avoir remis un pistolet à la terrasse d'une brasserie de la porte Maillot, ce fut au tour d'André Bezamat, le sous-officier parachutiste qui fournissait des explosifs à Christian Hitier à l'école de saut de Pau, de se faire arrêter en même temps que Claude Devaux, un autre sous-officier para, Claude Michel et Philipe Diaz, un étudiant en médecine algérois.

Comme Georges Reynald, Bezamat, le chef du commando 114 de l'O.R.O. à qui son imposante stature a attiré le surnom de « Big Ben », n'a pas eu le temps d'utiliser son arme. Un policier l'ayant cravaté par-derrière et lui ayant appuyé sur la gorge le canon de son pistolet, Diaz, Devaux et Michel se sont laissé menotter sans résistance.

Curutchet s'est interrogé sur la manière dont les policiers ont obtenu les renseignements qui leur ont permis d'anéantir le commando 114. Il s'est souvenu qu'au jour de son arrestation seuls quatre membres de l'organisation connaissaient l'emploi du temps de Reynald : Armagnac, Dupouy, lui-même et Pierre Aycaguer, un ancien sous-officier parachutiste qui, avec la bénédiction de Bezamat qui l'a connu en Indochine, a été recruté au milieu du mois par Henri d'Armagnac. Après un examen de passage consistant à mitrailler au soir du 23 juin un café musulman du Bourget, Aycaguer, que la police tenait à sa main à la suite d'une banale affaire de vol commis dans une société où il travaillait, a donc reçu la charge de l'embryon de service auto de l'O.R.O., surtout composé de voitures volées et le plus souvent abandonnées après une seule opération. A l'heure de l'arrestation de Reynald, il avait rendez-vous avec lui dans le parking de la rue de Flandre.

Ne pouvant pas suspecter Henri d'Armagnac de trahison et pas plus son fidèle agent de liaison, Curutchet, sachant qu'Aycaguer était également au courant du rendez-vous du commando 114 porte Maillot, s'est rendu à l'évidence qu'il jouait double jeu. Afin d'éviter de nouvelles fuites, sans éveiller la suspicion du traître, il a mis en sommeil toutes ses équipes. Au matin du samedi 30 juin 1962, décidé à précipiter le départ d'Henri d'Armagnac en Belgique, où il doit organiser un bureau d'appui opérationnel, Curutchet rencontre son adjoint rue Falguière, chez des amis. Armagnac, ayant accepté de prendre le train le lundi pour Bruxelles, lui annonce qu'il a rendez-vous à midi porte d'Auteuil avec Aycaguer afin de lui réclamer des explications.

Comme Curutchet le craignait, les policiers sont aussi au rendez-vous. Dans un souci de protection, ils arrêtent Aycaguer tandis que d'Armagnac, songeant à se débarrasser de la serviette contenant les archives de l'O.R.O. qu'il devait remettre à François Dupouy avant de quitter Paris, se lance dans une course désespérée et s'englue dans leur nasse bien tendue.

A l'heure où le second de Curutchet perdait la liberté, Oran, toujours encombrée d'ordures ménagères grouillante de rats, de meubles brisés, de voitures aux pneus crevés abandonnées par leur propriétaire, s'animait comme elle ne l'avait plus fait depuis longtemps. Alors que dans la nuit des irréductibles ont fait sauter une école primaire et incendié au quartier Montplaisant, à l'ouest de la ville, les locaux des Ponts et Chaussées de la rue Calendini, des centaines de Musulmans, obéissant aux consignes du F.L.N. et à l'appel du Comité de réconciliation, se sont risqués au cœur de la ville européenne. Bien avant l'heure de la manifestation de fraternité prévue pour 17 heures, ils sont déjà près de quatre mille sur la place du Maréchal-Foch où une estrade a été dressée devant la mairie.

Katz a fait déployer des troupes sur toutes les terrasses et les toits environnants et boucler par des A.T.O. les abords de la place. Lorsque commencent les discours, seuls cinq à six cents Européens parmi les cinquante mille qui restent encore en ville se sont mêlés à la masse des Musulmans, uniquement parce que M$^{gr}$ Lacaste leur a recommandé de venir. Et parmi eux, ils ne sont pas nombreux à apporter un crédit sans réserve aux déclarations emphatiques des orateurs qui, dans une ambiance rappelant un peu celle de mai 1958, se succèdent derrière les micros pour leur dépeindre le paradis fraternel que sera l'Algérie nouvelle.

Le grand muphti Si Tayeb ayant affirmé que la République algérienne garantira la justice sociale sans distinction de race ni de religion, le Comité de réconciliation remet cette motion à la presse : « Réunie le 30 juin 1962, sur la place Foch, la population oranaise, tant musulmane qu'européenne, se félicite du climat d'apaisement qui s'instaure dans notre cité et convie tous les citoyens et toutes les citoyennes à voter demain "Oui" pour une Algérie libre et indépendante, démocrate et sociale. »

Au matin du dimanche 1$^{er}$ juillet 1962, les dernières unités de l'armée française en Algérie restent dans leurs casernes et dans leurs camps. Violant les accords d'Evian, des milliers de *djounoud* armés et pour la plupart engagés de la dernière heure ont quitté les zones de regroupement définies dans les jours qui ont suivi le cessez-le-feu. Ivres d'une liberté qui sera totale dans quelques heures ils parcourent en vainqueurs Alger en cortèges anarchiques et escortés par une foule de marmaille et de femmes brandissant des drapeaux algériens. Que ce soit à Oran, que vient de quitter Robert Tabarot, le dernier représentant du commandement de l'O.A.S., à Constantine, où ne restent plus qu'un millier d'Israélites, à Bône, d'où le colonel Chateau-Jobert est parti la veille vers Marseille à bord d'un cargo, ou à Blida, Orléansville et Philippeville, les défilés prennent des allures de fantasias pétaradant de coups de feu tirés en l'air. Les derniers membres de l'O.A.S., accablés par l'humiliation en les voyant passer, hésitent à reprendre les armes et à entreprendre un baroud d'honneur.

Le lundi 2 juillet 1962, le scrutin s'étant partout déroulé sans incidents graves sous la surveillance de la force locale, des A.T.O. et des cadres du F.L.N., et bien que les résultats n'en soient pas encore officialisés, il est tout de même établi que l'Algérie n'est plus française. Le lendemain, il pleut sur Paris à l'heure exceptionnellement matinale où, avant de recevoir le chancelier allemand Konrad Adenauer, le général de Gaulle a convoqué ses ministres en conseil extraordinaire.

Louis Joxe ayant annoncé les résultats du scrutin d'autodétermination, encore provisoires dans la forme mais définitifs dans l'esprit, le chef de l'Etat fait la lecture du texte qu'il fera adresser à l'issue du conseil au président Abderrahmane Farès et annonce sa décision de nommer ambassadeur de France à Alger Jean-Marcel Jeanneney, qui fut ministre du Commerce et de l'Industrie de Michel Debré.

Après ce conseil qui, réception du chancelier allemand obligeant, n'aura pas duré un quart d'heure, Christian Fouchet reçoit à Rocher-Noir ce câble lu tout à l'heure par de Gaulle et le remet immédiatement au président Farès : « Monsieur le président, la France a pris acte des résultats du scrutin d'autodétermination du 1er juillet 1962 et de la mise en vigueur des déclarations du 19 mars 1962. Elle a reconnu l'indépendance de l'Algérie. En conséquence, et en conformation de l'article 5 de la déclaration du 19 mars 1962, les compétences afférentes à la souveraineté sur les territoires des anciens départements français d'Algérie sont, à compter de ce jour, transférées à l'exécutif provisoire de l'Etat algérien. En cette solennelle circonstance, je tiens à vous exprimer, monsieur le président, les vœux profondément sincères, qu'avec la France tout entière, je forme pour l'avenir de l'Algérie. Je vous prie de croire, monsieur le président, à ma haute considération. »

Sitôt ce texte connu, la commission de contrôle du référendum présidée par Me Kaddour Sator et composée d'Abderrahmane Farès, de René Capitant, Roger Roth, Belaïd Abdesslam et du Dr Hamidou se réunit à Rocher-Noir dans la vaste antichambre de la salle de délibération du bâtiment abritant l'exécutif provisoire envahie par des journalistes venus du monde entier et mal canalisés par une rangée d'éclaireurs du F.L.N. à foulard vert et blanc.

A 10 h 15, dans un silence qu'il a eu du mal à obtenir, le président de la commission de contrôle rappelle le décret du 19 mars 1962 et celui du 8 juin convoquant les électeurs. Puis, très ému, les mains tremblantes et la voix mal assurée, Kaddour Sator annonce :

— Les résultats partiels et définitifs déjà connus permettent la proclamation des résultats provisoires suivants : Inscrits : 6 549 536. Votants : 6 017 800. Suffrages exprimés : 5 992 115. Bulletins nuls : 25 565.

Triomphant, il hausse le ton pour proclamer la mort de l'Algérie française :

— Oui : 5 975 581 ! Non : 16 534 !

Ayant eu du mal à dominer le joyeux brouhaha qui a éclaté, l'avocat poursuit :

— En conséquence, la commission centrale de contrôle constate qu'à la question : « Voulez-vous que l'Algérie devienne un Etat indépendant coopérant avec la France, dans les conditions définies par les déclarations du 19 mars 1962 », les électeurs ont répondu affirmativement.

Le président Farès se lève à son tour et, la liesse une nouvelle fois difficilement contenue, il propose :

— L'heure des responsabilités, à chaque échelon, pour chaque Algérien, a sonné en même temps que la reconnaissance de notre indépendance nationale. Au monde entier qui nous observe, nous devons affirmer, une fois de plus, l'unité de notre peuple et, pour respecter le sacrifice de tous nos martyrs, dont je salue avec émotion la mémoire, proclamer notre inébranlable volonté de surmonter tous les obstacles, consolider, dans l'union de tous les Algériens, notre patrie.

A midi, une foule d'officiels et de notables algérois grossie par les familles des militaires algériens et les habitants des villages voisins se masse sur l'esplanade de Rocher-Noir derrière des compagnies de la force locale et des cordons de policiers en tenues neuves alignés devant le mât de pavillon où ne flottent plus les couleurs de la France et en haut duquel vont monter pour la première fois celles de l'Algérie.

Bien que le président Farès l'en eût officiellement prié, Christian Fouchet n'assiste pas à la cérémonie. Lorsqu'il lui a téléphoné afin d'arrêter avec lui son attitude, le général de Gaulle lui a répondu qu'il n'estimait pas nécessaire qu'il assistât à cette cérémonie, et pas plus qu'il s'y fît représenter.

Lorsqu'un *djoundi* de l'A.L.N. et une jeune fille en jupe noire et corsage blanc hissent ensemble le drapeau algérien, à quelques dizaines de mètres de l'esplanade, des gendarmes et des C.R.S. assistent à la scène. Bien qu'ils aient, pour la plupart, servi de manière inconditionnelle le gouvernement, ils ne peuvent s'empêcher de songer à leurs compagnons tombés dans les djebels pour que jamais le drapeau vert, rouge et blanc ne flotte sur la terre algérienne. Et ils ne sont pas au bout de leur honte car, le lendemain de la consécration de la victoire politique du F.L.N., quelques dizaines d'entre eux présentent les armes au président Farès lorsque, avec la totalité des ministres de l'exécutif provisoire et quelques officiers de l'A.L.N. en uniforme, celui-ci vient faire ses adieux au dernier haut-commissaire de la France en Algérie, avant qu'un hélicoptère transporte Christian Fouchet et son épouse à la base de La Réghaïa où les attend l'avion qui les ramènera à Paris.

Bien qu'en leur for intérieur depuis longtemps persuadés qu'il n'y avait plus d'alternative à cette déchirure, les militants armés de l'O.A.S. maintenant en exil maudissent le seul responsable de cet abandon, qui est, pour eux, le général de Gaulle. Ortiz, comme Lagaillarde et Lacheroy toujours prisonnier aux Canaries, songe quant à lui que les Européens d'Algérie ont aussi une grande part de responsabilité dans le drame qui bouleverse leur existence. Dans *Mes combats*, ses mémoires qu'il publiera en 1964 aux éditions de La Pensée moderne et que Jean Marie Curutchet, devenu éditeur, rééditera sous le titre *Mon combat pour l'Algérie française* trois ans après sa mort survenue le 15 février 1995 à Toulon, il écrira en effet « Algériens, mes amis, vous avez été trahis, mais vous l'avez été parce que vous l'avez bien voulu, puisque le plus grand nombre d'entre vous n'a jamais voulu s'engager à fond, laissant à d'autres le soin de vous sauver. »

Songeant à ses combats perdus, l'homme des barricades adressera également ce reproche à ses compatriotes : « Souvenez-vous du 24 janvier. Je revois encore la file des voitures qui s'écoulait vers les plages. Ceux-là ont trahi. Ceux qui restaient ne risquaient rien. Je leur demandais seulement de m'appuyer de leur présence symbolique. Ne pensez-vous pas que si nous avions été deux cent mille au lieu de quarante mille, cette présence massive n'eût pas obligé les chefs militaires, conscients de notre force et de notre détermination, à s'engager totalement ? »

Bien que Georges Bidault, Jacques Soustelle et Antoine Argoud, devenus aussi itinérants qu'impuissants, estiment encore le contraire, l'O.A.S., organisation née du désespoir et du refus de la fracture aujourd'hui consommée, n'a plus de raison d'être. Malgré la rage qui ronge ses combattants de base, ceux qui, de droite ou de gauche, sans arrière-pensée politique, ont pris les armes dans la seule intention de défendre leur droit de vivre français chez eux, prennent conscience que leur exode, contrairement à celui des métropolitains en juin 1940, sera sans retour.

*

— 88 —

## En Algérie algérienne

Le 3 juillet 1962, alors qu'à Tlemcen le général Lennuyeux réglait avec le commandant Boubkeur les derniers détails de la transmission de son pouvoir à l'A.L.N., le capitaine Bakhtı, après avoir assisté au défilé de quelques katibas de l'A.L.N. s'adressait à Oran sur la place du Maréchal-Foch à une foule musulmane ivre de liberté. Dans l'intention de rassurer les Européens, il déclarait :

— Vous pourrez vivre avec nous autant que vous le voudrez et avec toutes les garanties accordées par le G.P.R.A. L'ALN. est présente à Oran, il n'est pas question d'égorgements ! Bien au contraire, nous vous garantissons une vie meilleure que celle que vous connaissiez auparavant.

Deux jours après ces promesses, à l'occasion du 132ᵉ anniversaire du débarquement des troupes du général de Bourmont à Sidi-Ferruch, le F.L.N. organise partout des manifestations civiles et militaires pour marquer l'indépendance. A Oran, les deux tiers des 26 000 Européens qui ont participé au scrutin du 1ᵉʳ juillet se sont prononcés pour le « Oui ». Ils n'ont donc aucune raison particulière de s'estimer menacés lorsque, entraînant des mil-

## Chap. 88. – *En Algérie algérienne*

liers de Musulmans de la Ville Nouvelle et des quartiers populaires de Medioni et Lamur, des unités de l'A.L.N. convergent vers le centre par les boulevards Sébastopol et du Maréchal-Joffre. Et pourtant, après quelques coups de feu d'origine incontrôlable et pour certains tirés par des desperados de l'O.A.S. voulant interdire à des Musulmans d'accrocher des drapeaux algériens dans la rue d'Alsace-Lorraine, et pour d'autres par des provocateurs échappant au contrôle du F.L.N., la fête de l'indépendance dégénère en expédition punitive. Et ces attaques n'ont pas grand-chose de spontané puisque, la veille et jusqu'à très tôt le matin, des Musulmans des quartiers mixtes ont conseillé à leurs voisins français de se réfugier chez des proches au centre de la ville ou de ne pas sortir de chez eux.

A midi, une douzaine d'Européens blessés ont été amenés au commissariat central occupé par des policiers musulmans. Conformément à la note d'orientation de Katz, les unités françaises demeurent partout l'arme au pied sur leurs positions. Seul, un petit élément de l'A.L.N. intervient brutalement au carrefour des boulevards Joseph-Andrieu et du Maréchal-Joffre et de la rue de l'Industrie pour empêcher une bande d'A.T.O. et de civils de se lancer à la chasse à l'Européen en direction de la place Foch d'où les blindés français ont disparu depuis le 30 juin.

Les rumeurs les plus folles circulant après ces incidents, la tension monte. Des civils musulmans armés, persuadés que l'O.A.S. reprend le combat, s'érigent en justiciers. Au quartier du Petit-Lac, des bandes commandées par un nommé Attou, qui s'est érigé en chef local, arrêtent les véhicules et s'emparent de leurs occupants.

Les Européens ne sont pas seuls à souffrir des équipées sauvages menées par Attou ou d'autres chefs de bande. De nombreux Musulmans réputés pour leurs liens avec les autorités françaises ou qui se sont signalés par leur peu d'empressement à obéir aux diktats du F.L.N. sont durement châtiés. Et, bien sûr, ceux qui sont convaincus ou seulement soupçonnés d'avoir été harkis sont impitoyablement massacrés.

Malgré les appels au secours, les commandants des unités basées en ville observent à la lettre les consignes de Katz qui survole la ville à bord d'un hélicoptère. Si quelques Européens sont tout de même arrachés *in extremis* à leurs tourmenteurs, ce n'est que grâce aux initiatives personnelles d'officiers et sous-officiers des 2$^e$ et 4$^e$ zouaves.

A 12 h 30, alors que plus de trente blessés ont été amenés au commissariat central, des civils armés et quelques A.T.O. raflent tous les hommes qui déjeunaient à la cantine de la Poste. Une demi-heure plus tard, une opération similaire se déroule dans une brasserie de la rue d'Alsace-Lorraine. Cette fois, les ravisseurs obligent les quarante hommes dont ils se sont emparés à monter mains sur la nuque dans un autocar qui disparaît sous les huées de la foule musulmane.

Circulant impunément dans des voitures volées, des Algériens mitraillent les façades des immeubles aux volets clos. Des émeutiers enlèvent encore quelques Français en bas du boulevard Gallieni, les poussent dans deux voitures et filent en tiraillant par la rue Paixhans longeant le lycée Lamoricière toujours occupé par le 5ᵉ R.I. du lieutenant-colonel Jézéquel. Après avoir été rassemblés sur la place du Maréchal-Foch, une centaine d'Européens et quelques Musulmans sont conduits dans la Ville Nouvelle en cortège abreuvé d'insultes, de coups et de crachats.

Il est presque 13 heures et il y a plus d'une heure que durent les lynchages et les enlèvements lorsque, à la demande du capitaine Bakhti, Katz donne enfin l'ordre d'intervenir. Et encore ne le fait-il qu'après avoir rappelé ses directives antérieures, qui recommandent de n'agir qu'en cas de légitime défense bien définie.

L'apparition de quelques blindés de la Gendarmerie mobile et de halftracks du 8ᵉ R.I. permet à plusieurs centaines d'Européens de se réfugier dans le lycée Lamoricière, tandis que des éléments du 8ᵉ R.I.M. ouvrent le feu autour de la gare pour en sauver d'autres.

Au soir, le capitaine Bakhti, après avoir nommé Souiyah Houari et Ayadh Bouabdelli, deux personnalités indiscutables du F.L.N., préfet de wilaya et préfet de Police, applique la loi martiale en faisant exécuter des assassins et pillards pris sur le fait. Pendant que les Européens, encore sous le coup de la terreur, tentent d'établir le bilan de la terrible journée, qu'ils estiment à au moins cent morts et plusieurs centaines de disparus, l'ancien préfet René Thomas se préoccupe surtout à l'état-major de Katz qu'on lui retienne deux places à bord d'un bateau qui partira le lendemain de Mers el-Kébir.

Depuis son arrivée à la prison de Fresnes, Degueldre ne croit pas à la grâce présidentielle que ses défenseurs lui font miroiter. Hormis la visite de l'aumônier de la prison à qui il n'accorde jamais qu'une attention polie, il est tout à fait coupé du monde. Il s'est inventé un double, Jules, qu'il regarde vivre et au sujet duquel il écrit : « Jules est bien différent de Roger. Depuis son arrivée, Jules ne fait que dormir, lire, boire, et manger. Tout le monde est très gentil avec lui. On dirait un grand personnage qui sort de maladie après avoir frôlé la mort. » Un peu plus loin dans la description du quotidien de son alter ego, Degueldre note encore : « Parfois, mais rarement quand même, une peur bleue s'infiltre en Jules, elle est vite rejetée car cette peur est destinée à R.D. et Jules n'en veut pas. Voici le deuxième point qui me fait dire que ce n'est pas R.D. qui est ici, mais bien Jules. »

Mais, bien avant l'aube du 6 juillet 1962, alors que les Européens d'Oran vivent encore dans une angoisse entretenue tout au long de la nuit par des échos de coups de feu, ce n'est pas Jules, mais bien l'ex-lieutenant du 1ᵉʳ R.E.P. Roger Degueldre que l'avocat général Gerthoffer fait réveiller en présence de ses défenseurs.

Une fois vêtu de son uniforme de serge beige clair et coiffé de son béret vert, Degueldre recommande à Mᵉˢ Macaigne et Tixier-Vignancour de dire à ses camarades officiers qu'il est « fier d'aller jusqu'au bout et de mourir pour avoir tenu le serment que tout officier combattant a prêté au moins une fois : ne jamais livrer l'Algérie au F.L.N. ! » et, au moment de quitter sa cellule, il ajoute :

— Je vais rejoindre mon chef, le colonel Jeanpierre, mort en service commandé, celui qui m'a donné l'exemple. Dites aux généraux Salan et Jouhaud que je suis fier d'avoir servi sous leurs ordres.

Et encore, fixant avec insistance l'avocat général en civil :

— Je ne vous garde pas rancune, mais je vous plains !

Conduit au fort d'Ivry avec une escorte de huit fourgons de police et douze motards, le condamné fait face à un peloton composé de douze hommes dont les treillis sont vierges de tout insigne de corps et de galons. Lorsque l'officier qui dirige le cérémonial crie « En joue ! » il hurle « Messieurs : Vive la France ! » et entonne une rauque *Marseillaise*. Le « Feu ! » du commandement chevauche le mot « patrie » de l'hymne révolutionnaire et déclenche une salve qui ne claque pas à l'unisson parfait, mais crépite en coups de feu séparés.

Le chef de peloton approche du supplicié et lui donne le coup de grâce. M$^e$ Tixier-Vignancour, se penchant au-dessus du légionnaire avec l'aumônier de Fresnes, s'écrie :

— Il vit encore !

Une deuxième balle est tirée, mais Degueldre respire toujours. Son long et large corps tressaille tandis qu'un colonel, près de M$^e$ Tixier-Vignancour, affirme que ce ne sont là que les manifestations normales de l'agonie.

L'avocat exige un médecin. Plusieurs minutes s'écoulent avant que celui-ci vienne enfin constater que Degueldre vit toujours. Un troisième coup de grâce claque, puis deux autres encore et, enfin, un sixième qui met fin à une agonie qui, ainsi que le constate M$^e$ Tixier-Vignancour, aura duré plus de dix minutes.

Le fourgon contenant le cercueil en bois blanc de Degueldre est salué par une section figée au « présentez armes » et, toujours sous bonne escorte, il gagne le cimetière de Thiais où Degueldre rejoint en terre le sergent Dovecar et Claude Piegts au carré des suppliciés.

Les avocats de Degueldre s'empressent de colporter dans les rédactions le récit de son exécution si peu orthodoxe. Réagissant tout aussitôt, le ministère des Armées émet quant à lui ce démenti formel : « A propos de l'exécution de l'ex-lieutenant Degueldre, organisateur et chef des commandos responsables de nombreux attentats et assassinats au cours de ces derniers mois, il est précisé au ministère des Armées que le tir du peloton d'exécution s'est déroulé dans les conditions normales et on regrette que l'avocat du condamné ait cru devoir rendre publique une version inexacte des faits. »

Après l'exécution de Degueldre, alors que la population européenne d'Algérie affolée par les exactions subies par les Oranais afflue sur les ports et les aérodromes sous la protection peu rassurante de l'A.L.N. qui ne sait plus très bien à qui obéir, tant est maintenant inefficace l'exécutif provisoire et devenue floue la situation du G.P.R.A. Menacé par Ahmed Ben Bella qui, après la dissolution de l'état-major général de l'A.L.N. commandé à Oujda par le colonel Houari Boumediene, a engagé à Rabat des discussions avec deux autres ministres, Rabah Bitat et M'Hammed Yazid, le président Ben Khedda s'est installé sans pouvoir réel à Alger avec Krim Belkacem.

De son côté, Georges Bidault, toujours flanqué de Guy Ribeaud, s'entretient dans une chambre d'hôtel italien avec Sydney Gruson, envoyé spécial du *New York Times*. Après avoir affirmé : « Chacun sait que le régime de De Gaulle est condamné », il exécute avec son ironie coutumière ses anciens collègues députés qui viennent l'avant-veille de le défaire de son immunité parlementaire en déclarant : « L'Assemblée nationale est un parlement croupion. Sa décision à mon égard m'indiffère ! » et il poursuit sur le même ton :

— Le gouvernement représente une minorité en France si vous excluez les communistes. De Gaulle a détruit la démocratie parlementaire et il compromet l'avenir de l'Europe.

Après cette attaque directe contre l'homme qu'il a servi avec tant de zèle, l'ancien ministre des Affaires étrangères de la IV<sup>e</sup> République en vient au programme du C.N.R. qui, selon lui, consiste surtout à rétablir les droits fondamentaux et renouer avec l'Algérie des liens qui ont été rompus, sauf dans les discours, précise-t-il.

— Je veux empêcher la guerre civile. Il y a un mois, j'ai ordonné l'arrêt des attentats en France, mais je ne puis empêcher l'action des provocateurs gouvernementaux.

Puis, scandant sa déclaration de son index droit tendu, il vaticine : « En Algérie, après le départ des Français, il y aura le communisme ou l'anarchie ou peut-être les deux ! » et affirme que le nombre des partisans du C.N.R. augmente en France et que ses chances de succès sont plus grandes que celles que le général de Gaulle avait le 18 juin 1940.

S'il se pose en guide de l'opposition clandestine à de Gaulle, Georges Bidault nie pourtant avoir reçu ce contre-pouvoir de Salan, donc de l'O.A.S. Mais, comme son interlocuteur lui fait remarquer que le général prisonnier l'a pourtant désigné comme son successeur et qu'il lui aurait fait parvenir de l'argent, Bidault, d'un geste brusque, sort son portefeuille de sa poche, le jette sur la table et, invitant son visiteur à le fouiller, il affirme n'avoir jamais reçu ni lettre ni subsides de Salan. Et le journaliste américain, ravi au-delà de toute espérance, l'entend encore proclamer :

— L'Europe de De Gaulle « de l'Atlantique à l'Oural », cela signifie : l'Union soviétique en Europe et les Etats-Unis hors de l'Europe ! Mais je n'attends rien de Washington, surtout depuis que le gouvernement américain paraît approuver ce qui est en train de se produire.

Oran se vidant de ses derniers Européens, c'est au tour de Marcel Bouyer et de vingt-sept membres du réseau Résurrection-Patrie, dont quatorze comparaissent libres, de venir devant le Tribunal militaire spécial siégeant au Palais de Justice de Paris, dans la cour d'assises. Truculent malgré les charges qui pèsent sur lui, l'ancien député poujadiste affirme qu'il n'a ordonné l'usage du plastic que dans l'intention de « casser des vitres pour dire que quelque chose ne va pas en France ! ». Mais cela n'empêche pas le président Denis Guillot de le condamner le 12 juillet à douze années de réclusion criminelle et de frapper de sept et huit ans de la même peine Raoul Vidart, le charcutier, et l'adjudant parachutiste Claude Collignon. Quant au député Jean-Maurice Demarquet, il bénéficie de la clémence totale des juges qui l'acquittent.

Après l'exécution du commandant Kubaziak et, surtout, les révélations d'un militaire d'active nommé Genet, une vague d'arrestations a déferlé sur la Provence et la Côte d'Azur. Si une fois encore Jean Reimbold échappe aux rafles, après avoir capturé à Cassis Jean Blasi, jeune professeur d'anglais et agent de liaison de l'organisation, les policiers arrêtent de Menton à Marseille une quarantaine de membres et de sympathisants de l'O.A.S. Parmi eux, Pierre Castellan, Marcel Gensollen, commerçant à Toulon comme le pharmacien Jean Kerdavid et Germaine Laville, l'imposante et truculente épouse d'un avocat, qui tient à Toulon un étal sur le marché du cours Lafayette, rejoignent Jean-Paul Piclet aux Baumettes.

Sergent ayant écrit sur un feuillet saisi à Paris lors de l'arrestation du lieutenant Godot : « Voir à Marseille Piquelet, alias *Brive*, ancien commando Marine, homme sûr », les policiers marseillais ont très longtemps recherché un Piquelet. Puis, avant de remonter jusqu'à lui, Jean Blasi leur ayant avoué qu'il le connaissait sous le patronyme de Le Goff, ils ont arrêté un Breton homonyme qui n'avait aucun lien avec l'O.A.S.

Alors que d'autres captifs des Baumettes sont transférés à la prison de Toul ou au camp de Thol-Les Millières, entre Haumont et Vittel, Piclet est désigné pour la prison de Fresnes avec le capitaine François Le Berre et Marcel Gensollen. Les usagers de la gare Saint-Charles regardent passer ces hommes avec Germaine Laville qui rejoint à la Petite-Roquette d'autres captives de l'O.A.S., chargés de leurs sacs et valises et marchant avec les chevilles entravées par des chaînes. Trois jeunes gens les fixent et l'un d'eux, profitant de l'inattention passagère des gardiens, en accentuant le mouvements de ses lèvres, mime à l'adresse de Piclet les trois lettres O.A.S. L'ancien commando ayant acquiescé d'un petit mouvement de tête, le jeune homme disparaît à la course et revient vite avec trois livres achetés à la librairie de la gare. Piclet, très ému, s'empare du cadeau mais, les gardiens le houspillant, il n'a pas le temps de remercier les jeunes gens.

La fin consommée de l'Algérie française pas plus que l'arrestation de Belvisi et l'exécution de Degueldre n'ont entamé la détermination de Bastien-Thiry. Il peaufine avec La Tocnaye son plan d'attentat contre le chef de l'Etat qui représente pour lui l'Antéchrist. Mais Bastien-Thiry n'est pas seul à vouloir attenter à la vie de De Gaulle. Si les membres du C.N.R., de plus en plus coupés des restes de l'O.A.S., ressassent toujours des plans de mort dans le cadre de leur premier dessein appelé *Opération Alpha*, d'autres tentent de passer à l'action. Alors que Paul Stéfani, l'exécuteur de Locussol, a été condamné le 12 juillet 1962 à vingt ans de détention criminelle par la cour d'assises de l'Orne et son compagnon Robert Artaud, à cinq ans de la même peine, un commando a reçu l'ordre de tuer de Gaulle à Paris, durant le défilé du 14 Juillet.

La veille, la police a réussi un nouveau coup de filet en arrêtant une douzaine de membres d'un réseau se réclamant directement du C.N.R. Une heure avant le défilé, des élèves de corniche séparés en deux groupes de trois font le pied de grue parmi la foule à des emplacements qui leur ont été assignés près des Champs-Elysées. Les uns font le guet, les autres sont chargés d'approvisionner les deux groupes de tueurs. L'un d'eux, François de Chassey, se tient à l'angle de la rue Washington en dissimulant le pistolet et la mitraillette qu'il doit remettre à un inconnu qui les transmettra à un membre du second commando chargé de faire diversion pour permettre au premier élément de prendre la fuite après l'attentat. Mais les hommes chargés de tuer le président de la République sous les ordres du sous-lieutenant déserteur Jean-Paul Gras, n'ayant pas de leur côté reçu leurs armes à temps, l'explosion ou la fusillade qu'il espérait ne retentit pas.

François de Chassey est fils et petit-fils de saint-cyriens. Ses deux grands-pères sont morts en 1914 et le lieutenant de Chassey, son père, a succombé en mars 1946 à l'hôpital 195 de Saigon des suites de blessures reçues lors de la reconquête de Thakhek, au Laos. Bien qu'il sacrifie depuis plus d'un an ses études à l'Algérie française, il redouble son année de corniche au lycée Saint-Louis avec Jean-Pierre Matagne et Jean-Louis Tensini qui, convaincus d'avoir participé à des plasticages sous les ordres de Canal, sont aujourd'hui en prison. Avec Jean-Pierre Naudin qui, lui, fait partie d'un groupe recruté par le sous-lieutenant de réserve Jean Marcetteau de Brem pour le compte de Bastien-Thiry, au soir de l'attentat manqué, il décide de prendre le large et rejoint à bord de sa 2 C.V. un camp de scouts en Alsace.

Avec le journaliste monarchiste Pierre Chaumeilles qui, même aux pires moments, a été durant des mois leur boute-en-train, les deux cent cinquante-trois derniers détenus du camp de Saint-Maurice-l'Ardoise sont libérés à l'occasion du 14 Juillet 1962 et leurs baraquements serviront désormais à accueillir des centaines de harkis. Le même jour, André Canal, dans sa cellule de la Santé, après Jouhaud et Salan, admet que le combat de l'O.A.S. pour l'Algérie française n'a plus de raison d'être. Il demande à son avocat, Mᵉ Roger Tardif, de remettre au ministre de la Justice afin qu'il l'utilise cette lettre :

« Camarades, mes frères, la guerre est finie et nous l'avons perdue.

Nous l'avons perdue en ayant succombé à la coalition du F.L.N. et de l'Armée française qui a livré notre pays à l'ennemi. Cependant, quelles que soient notre colère et notre rancœur, nous devons déposer les armes. Il nous faudra, pour accepter la défaite, le même courage qu'il nous a fallu pour combattre, mais dites-vous bien que c'en est terminé et que maintenant il faut reconstruire vos vies. Notre guerre avait un but territorial, l'Algérie dans la France. Si notre action a parfois débordé sur le domaine politique, c'est parce que nos chefs pensaient que la victoire passait par là. Je m'adresse à ceux qui en France ont participé à la lutte sous notre sigle. Je les remercie de leur vaillance et je leur demande de considérer que toute poursuite de cette lutte ne ferait qu'apporter la misère à nos compatriotes réfugiés, sans pouvoir les servir. Remettons-nous au travail avec les méthodes qui nous avaient permis de créer l'Algérie et nous honorerons de ce fait la mémoire de tous ceux qui sont morts pour un pays qui nous appartenait et dont nous étions dignes. La Mission *O.A.S.-France III* que je commandais était le prolongement de l'O.A.S. de résistance en Algérie. Ne vous laissez pas entraîner dans un combat qui ne serait plus le nôtre et qui transformerait en parias la race des forts que nous sommes. Je charge les responsables principaux de la *Mission-France III* de prendre toutes dispositions pour l'exécution du présent ordre, mais n'oubliez jamais l'Algérie, l'O.A.S., leurs morts et leurs martyrs. 15 juillet 1962. »

Le 5 novembre 1959, ainsi qu'Alain Peyrefitte le rappellera en 1994 dans son ouvrage de souvenirs *C'était de Gaulle* en conférant un caractère d'authenticité à certains propos du Général considérés jusque-là comme des ragots d'initiés, le président de la République lui a déclaré au cours d'une conversation privée que l'autodétermination serait un « piège à cons ». Peyrefitte lui demandant alors qui seraient ces « cons », il lui avait répondu : « Le F.L.N., s'il refuse de négocier. Les Pieds-noirs, s'ils refusent de jouer le jeu, alors qu'ils peuvent prendre une place essentielle dans l'Algérie, une fois la paix revenue. »

Deux ans et demi ont passé après cette boutade avec leur cortège de sang, d'espoirs déçus, de renoncements et d'occasions manquées de faire la paix, dont la dernière a sans doute été la négociation de Susini avec le président Farès désormais écarté du pouvoir réel. Le général de Gaulle, avait aussi déclaré en novembre 1959, alors que des soldats français mouraient pour tenir ses engagements de mai et juin 1958, que l'Algérie était un « terrible boulet » dont il fallait « se détacher ».

Aujourd'hui, il est évident que le F.L.N. et les Pieds-noirs ont les uns et les autres perdu la partie. Le premier, en effet, n'ayant pas su donner confiance aux seconds, 354 914 de ceux-ci, d'après les chiffres officiels, ont quitté l'Algérie durant le mois de juin. Ce dernier recensement, sans prendre en compte les quelques milliers d'Oranais réfugiés en Espagne et en retranchant les retours, permet d'estimer qu'au moins 500 000 Pieds-noirs exilés depuis le mois de janvier ne reviendront pas en Algérie. Mais

Louis Joxe, toujours optimiste malgré l'évidence, après avoir seulement admis au cours du Conseil des ministres du 18 juillet 1962 qu'il y a eu en Algérie « quelques dizaines d'enlèvements » d'Européens, dresse un tableau quasi idyllique des relations entre les *djounoud* de l'A.L.N. et les soldats français. Selon lui, lorsqu'ils se croisent dans les rues, les anciens adversaires « se disent bonjour gentiment », ce qui l'autorise à avancer que ce calme incitera les Européens à rentrer chez eux, puisque, déjà, affirme-t-il :

— Les avions de la métropole vers Alger sont à peu près pleins.

Pierre Messmer, mettant un bémol à la tirade du ministre des Affaires algériennes, précise que le général Fourquet estime au contraire que l'anarchie s'installe en Algérie et qu'un peu partout « des chefs locaux apparaissent, qui n'obéissent à personne et qui multiplient contrôles, fouilles en tous genres, exactions, plus particulièrement contre les Européens, mais pas exclusivement contre eux » et prévoit que cet état de choses « risque de mal tourner ». Le rapport de Pierre Messmer, bien plus proche de la réalité que celui de Louis Joxe, échauffe de Gaulle. Accusant d'abandon de poste les fonctionnaires, les enseignants et les médecins rapatriés, il réclame leur révocation. Puis, parce qu'il les estime bien vus par les Musulmans, il propose le maintien en Algérie des C.R.S. et des escadrons de Gendarmerie jusqu'à la mi-septembre. Parlant des Piedsnoirs, il estime que « la grande majorité des Européens d'Alger et d'Oran ne vivaient pas vraiment en Algérie, près des Algériens », mais sur la côte « entre eux ». Il regrette qu'« ils se transportent à Marseille pour recommencer » et décrète :

— C'est impossible ! Il faut les obliger à se disperser sur l'ensemble du territoire. Leur répartition et leur emploi exigent des mesures d'autorité !

Apprenant après ce Conseil des ministres que de Gaulle ne se rendrait sans doute plus à Colombey avant la mi-août, Bastien-Thiry qui, bien que la plupart de ses hommes ont participé à des actions ordonnées par lui, n'est pas concerné par l'appel du Monocle au cessez-le-feu définitif, décide de mettre son groupe en veilleuse. Et l'Algérie étant désormais indépendante, les autorités espagnoles estimant que les prisonniers des Canaries ne risquent plus de nuire au gouvernement français, Lagaillarde, Ortiz, Lacheroy et les autres exilés des Canaries retrouvent leur liberté de mouvements au matin du 20 juillet 1962.

Après avoir, dans l'intention de collecter de l'argent et des armes auprès de quelques rapatriés, effectué au début du mois un voyage éclair sous la fausse identité de Pierre de Lescure en Bretagne et dans le Sud-Ouest avec Serge Bernier, un ancien élève de l'école des Beaux-Arts d'Angers qui a combattu en Corée au grade de sergent, et Watin, ce dernier s'étant imposé comme le successeur naturel de Canal à la tête de la *Mission III*, La Tocnaye propose à Bastien-Thiry d'en finir au plus vite. Afin d'assurer le coup, il tente de convaincre l'ingénieur d'acheter une voiture de sport qui, même d'occasion, serait tout de même plus rapide que les véhicules de louage ou volés utilisés jusqu'ici au cours des répétitions de l'attentat. Bastien-Thiry est d'accord mais, coupé de tous liens avec l'organisation, il manque d'argent. Refusant la solution des hold-up, il a déjà engagé personnellement deux millions d'anciens francs à l'entretien de ses hommes et au louage de quelques voitures et camionnettes et Jean Bichon, toujours aussi discret, en a fait tout autant en laissant croire à ses compagnons que ces subsides venaient de ses mystérieux commanditaires. L'achat de la Jaguar visée par La Tocnaye est donc repoussé, manque de moyens.

Quant à Susini, grâce aux démarches de son ami Ozil, directeur de la Compagnie générale transatlantique, il a quitté Alger le 6 juillet avec Broizat, son épouse Micheline et Jean Garcia, à bord de la *Flèche rouge*, un petit cargo italien chargé d'une cargaison de conserves livrées aux Algériens par un pays de l'Est et aussitôt revendues par un trafiquant.

Bien décidé à oublier les drames auxquels il a été mêlé, Susini a souvent bavardé avec le capitaine de son rafiot hors d'âge allant péniblement ses six nœuds. Alors qu'il évoquait le voyage d'Ulysse, le marin lui a proposé de faire un détour par le détroit de Messine, afin de lui montrer, près de Reggio di Calabre, le tourbillon homérique de Charybde et les mythiques écueils de Scylla qu'il prétendait connaître. Naviguant ainsi de détour en détour et cabotant de port en port au gré de son fantasque capitaine, la *Flèche rouge* a mis plus de quinze jours pour toucher enfin Ancône, où Susini a débarqué dans l'intention de gagner Rome.

*

— 89 —

# Hold-up et tentatives d'attentats à Paris

La loi martiale le lui autorisant, le capitaine Bakhti a engagé une dure répression en faisant 1962 fusiller sans jugement des fauteurs de troubles et en lançant le 11 juillet 1962 une opération contre les éléments incontrôlés qui faisaient régner la terreur au Petit-Lac sous les ordres d'Attou.

Celui-ci a été tué durant l'attaque. Malgré cela, les derniers Pieds-noirs d'Oran vivent dans la crainte permanente. Ils n'en finissent pas de faire le bilan de la journée du 5 juillet mais, avec les départs massifs de leurs concitoyens vers l'Espagne ou la métropole, la liste exhaustive des disparitions, dont ils tiennent Katz pour principal responsable, est impossible à dresser. Et elle ne le sera jamais. Mille, mille cinq cents, deux mille morts ou disparus ? Les chiffres les plus fous circulent. Alors que le registre des disparitions ouvert à la mairie à l'initiative du D$^r$ Alquié, un ancien adjoint de Fouques-Duparc, porte déjà les noms d'un demi-millier de manquants, le bilan officiel n'est encore que de quatre-vingt-dix morts, dont seulement vingt-cinq seraient européens.

Partant en Algérie, les anciens harkis sont de plus en plus menacés. Pas un jour ne se passe sans que des dizaines d'entre eux meurent sous des tortures infligées le plus souvent par des combattants de la vingt-cinquième heure et leurs anciens compagnons de combat n'interviennent pas.

Après l'attentat avorté du 14 juillet, Curutchet, laissant seul à Paris le lieutenant du Pavillon pour coordonner les actions des derniers militants de l'O.A.S., est à son tour passé en Belgique où les locaux mis à la disposition de l'organisation par Christiane et Michel Baillieu ne suffisent plus à assurer l'hébergement des exilés. Quelques millions d'anciens francs remis par le C.N.R. ont permis à Sergent de faire louer par le capitaine de Régis, nommé par Soustelle délégué du C.N.R. en Belgique, le Petit Manoir, une villa de Keerbergen située à vingt kilomètres de Bruxelles. Avant d'être dirigés jusqu'à cette demeure isolée où Sergent a installé son P.C. opérationnel, les exilés arrivant de France, d'Espagne, d'Italie ou d'Algérie en se réclamant de l'O.A.S. sont d'abord reçus à Bruxelles par le lieutenant Durtelle de Saint-Sauveur, dans un appartement de l'avenue Louise que les familiers de l'organisation appellent « le Filtre ».

Après avoir franchi la frontière en voiture avec son passeur et Béatrice de La Villetanet, une jeune femme ayant sacrifié ses études de médecine à l'Algérie française, Curutchet s'est installé à Profondeville. A mi-distance de Dinant et Namur, il a loué dans ce gros bourg de la rive gauche de la Meuse une grande maison adossée à une colline boisée, qui doit son nom, la Tourelle, au clocheton qui boursoufle sa façade de pierre. L'organisation dispose également d'une ferme près d'Ogeu et Sergent organise avec Saint-Sauveur des réunions d'état-major dans une maison de deux étages louée sur le front de mer à Ostende.

L'O.A.S. utilise en Belgique quatre filières principales de franchissement de frontière. Les clandestins de l'O.R.O. passant surtout par celle de Charleville-Mézières, les cadres de l'organisation profitent de celle qui a été mise en place entre Tournai et Lille par un dentiste belge, José Delplace. Grâce à la complicité d'un policier, les agents de liaison, transportant parfois des colis compromettants, empruntent simplement le train

Paris-Bruxelles. Et, utilisant au bord de mer des sentiers de contrebandiers entre Dunkerque et La Panne, la dernière filière est réservée aux passages d'extrême urgence.

La confection des faux papiers est assurée par le capitaine Jean Mémain dans un petit laboratoire installé chez les Baillieu et cet officier du Génie aéroporté dispose également de l'imprimerie dans laquelle Sergent fait tirer *Appel de la France* dont la rédaction collégiale est maintenant supervisée de Rome par Jean Brune au nom du C.N.R. Les frais de ce journal épisodique étaient jusque-là en grande partie couverts par les largesses du promoteur immobilier Jacques Souchère, l'argent du C.N.R. a également été utilisé par Sergent pour le relancer en compagnie de Charles Léger, Nicolas d'Andréa et Claude Jacquemart, qui vient lui aussi de franchir la frontière et porte le pseudo de *Joffrin*.

L'O.A.S., dont Georges Bidault et quelques autres membres du C.N.R. estiment que le sigle est devenu un repoussoir pour de nombreux Français antigaullistes et qu'il impressionne défavorablement l'opinion aussi bien en France qu'à l'étranger, est donc quasiment chez elle en Belgique. Outre l'avantage de ne pas être exposés à l'extradition, ses militants bénéficient d'un élan de sympathie quasi unanime de la part des rapatriés de l'ex-Congo belge et de l'aide des fascistes de *Nation Belgique*.

Si la fraction belge de l'O.A.S. semble prête à assumer les missions que le C.N.R. lui confierait, comme celle d'Alger au début de son combat, elle est surtout composée de chefs et la ferme d'Ogeu, qui devait accueillir des commandos armés, n'est encore gardée que par un seul militant.

Bien que très supérieure en nombre, l'organisation n'est guère plus opérationnelle en Espagne. L'anarchie règne en effet parmi les anciens des *collines* et des *deltas*. Méconnaissant tout à fait les consignes du C.N.R., ses centaines de militants sont surtout partagés entre Alicante et San Sebastián, où le colonel Chateau-Jobert vient de s'installer. En Italie, où Philippe de Massey, grâce à ses amis du S.I.F.A.R., est revenu et a accueilli Susini à son arrivée à Rome, l'O.A.S. classique – celle qui n'avait pour seule ambition que de garder l'Algérie française – n'existe pas plus que celle de Belgique ou d'Espagne malgré la présence de Georges Bidault et de Jacques Soustelle. Quant à celle d'Algérie, elle est morte depuis qu'à Alger Pérez puis Susini et à Oran Charles Micheletti et Gardes ont organisé le départ des derniers *deltas* et *collines* en confiant à chaque exilé un viatique à peine suffisant pour lui permettre de survivre trois ou quatre mois en métropole et six ou sept en Espagne, où la vie est moins chère. A part Claude Mouton, l'adjoint de Robert Martel et confident de Chateau-Jobert qui n'a pas encore quitté Bône, il ne reste plus un seul dirigeant de l'O.A.S. sur l'ancienne terre française. Celle-ci, après la panique du mois de juin qui a poussé 354 914 Pieds-noirs à l'exode, s'est encore vidée durant le mois de juillet de 121 020 Européens.

Au début du mois d'août 1962, malgré les départs de ses chefs militaires en Belgique et la grogne entretenue contre le C.N.R. par André

Regard, c'est encore à Paris, où la Cour militaire de justice vient de condamner le lieutenant Godot et l'adjudant Robin à vingt ans de réclusion criminelle et le lieutenant Bernard à dix ans, que l'organisation demeure la plus dangereuse pour le gouvernement.

Dans la fourmilière des Halles, où tout le monde lui est familier, Ferdinand Ferrand n'a toujours pas attiré l'attention des policiers. Il continue d'organiser des transports clandestins grâce à son réseau de chauffeurs qui, chaque soir, viennent de toutes les régions livrer au cœur de Paris des tonnes de fruits et de légumes et en repartent à vide. De son côté, le lieutenant-colonel Bastien-Thiry est désormais prêt à l'action. Mais d'autres groupuscules de l'O.A.S. ne sont pas favorables à ses projets. Gyula Sari, le rescapé de Diên Biên Phu qui l'a rejoint après l'arrestation d'André Canal, voit donc un soir deux hommes s'éloigner rapidement d'un fourgon Citroën garé près de la porte de Châtillon et dans lequel, entre autres armes, étaient entreposés les deux fusils-mitrailleurs remis par Belvisi. Comme il le craignait, une portière du véhicule est forcée. Les deux F.M. ont disparu.

Ayant reconnu l'un des deux voleurs, le sergent-chef Talbotier qu'il a côtoyé au cours des réunions de l'A.C.U.F., qu'il soupçonne d'agir pour le compte de Pierre Sidos et dont il connaît la planque par Lazlo Varga, Sari propose à Bastien-Thiry de récupérer immédiatement les 24/29. Le lieutenant-colonel, que le Hongrois ne connaît évidemment pas sous son nom et à qui il donne du « Monsieur Didier », s'inquiète de la manière dont il entend procéder. Sari balbutie : « Ben, vous savez bien, monsieur Didier, je ferai comme en Indo... » Mais Bastien-Thiry le coupe en l'appelant par son nom de code : « Non, Georges, pas de ça chez nous ! Nous ne devons pas faire couler le sang de nos amis. » Et le Hongrois a beau promettre qu'au cas où Talbotier refuserait de rendre les armes, il lui tirerait « seulement une balle dans la jambe », l'ingénieur lui interdit de passer à l'action.

Quelques jours plus tard, La Tocnaye a, grâce à Jean Bichon, pris possession de deux autres 24/29 chez la veuve d'un officier supérieur demeurant près de l'Ecole militaire. Les ayant essayés dans les bois de Milly-la-Forêt, il dispose à nouveau d'un commando tout à fait opérationnel. Apprenant que le général de Gaulle recevra le 8 août à Paris l'ancien président des Etats-Unis, le général Dwigth Eisenhower, il alerte Bastien-Thiry et celui-ci écourte les vacances qu'il passait en Suisse avec son épouse.

Les deux chefs de la conjuration se retrouvent au matin du 6 août dans un café du XV$^e$ arrondissement et, bien que leur dispositif roulant manque d'une camionnette, ils décident de passer à l'acte. Alors que M$^e$ Tardif a remis la veille au garde des Sceaux Jean Foyer l'ordre de cessez-le-feu de Canal, au matin du mercredi 8 août 1962, un étudiant envoyé en repérage près de l'aérodrome de Saint-Dizier annonce par téléphone à Bastien-Thiry que le S.O. *Bretagne* du Général vient de s'envoler pour Villacoublay.

Sitôt alertés, les conjurés se réunissent place de la Convention près de laquelle ils ont garé leurs véhicules et gagnent leur point de départ, la station de métro Boucicaut, au carrefour de la rue de la Convention et de l'avenue Félix-Faure. Tandis que Bastien-Thiry, dont la tenue civile dissimule mal le maintien militaire, attend dans un café le nouveau coup de téléphone d'un de ses observateurs qui l'avertira de l'arrivée de De Gaulle à Villacoublay, les membres du commando, qui ont répété jusqu'à l'automatisme ce qu'ils auront à faire, rejoignent leurs véhicules.

La Tocnaye, armé d'une mitraillette Monopole américaine qu'il transporte démontée en deux parties dans une serviette de cuir, s'installe au volant d'une ID 19 Citroën noire à toit blanc louée le 21 juillet 1962 à l'agence Europcars d'Amiens par Serge Bernier à l'aide de faux papiers établis au nom de Jean-François Murat, né le 17 octobre 1926 à Nancy et toujours domicilié dans cette ville, au 20, rue Euler. Le massif Georges Watin, muni d'une mitraillette allemande Schmeizer de 8,92 mm, se case près de lui et un jeune homme prend place sur le siège arrière.

Malgré ses faux airs de premier communiant qui aurait oublié de grandir et de prendre du poids, le troisième occupant de l'ID, qui porte le nom de code de *Daniel* mais que ses compagnons appellent « Petitou », est armé d'un P.M. Il a combattu en Algérie au grade de sous-lieutenant au 5$^e$ R.E.I., dans la presqu'île de Collo où il a connu le capitaine Le Pivain, puis dans les montagnes kabyles du Djurjura jusqu'en mai 1961, à la tête d'une section d'appelés du 6$^e$ bataillon de chasseurs alpins. Il s'agit de Louis de Condé et seule une faible acuité visuelle décelée au retour d'un exercice de nuit à l'école des officiers de réserve de Cherchell l'a empêché de servir chez les paras comme son ami Claude Dupont. Il a suivi avec l'adjoint d'Achard la préparation militaire parachutiste à La Ferté-Gaucher, où il a eu pour moniteurs des anciens d'Indochine ou de la campagne de Suez, comme le sergent de Saint-Phalle et le sous-lieutenant Jean Marcetteau de Brem qui, eux aussi, ont rejoint l'O.A.S.

A quelques mètres de l'ID de La Tocnaye, Lazlo Varga, un jeune Hongrois aux cheveux noirs brillantinés qui a fui Budapest le 20 novembre 1956 après s'être battu contre l'Armée rouge et que Sari a entraîné dans la conjuration, est armé d'un pistolet Walther PP8 et d'une carabine U.S. de 7,62 glissée sous ses jambes. Il n'attend que l'ordre de mettre en marche une Estafette Renault jaune immatriculée 650 DM 89. Pascal Bertin, le benjamin du groupe, qui aura ses vingt ans dans une semaine, armé lui aussi d'un P.M., est assis auprès de lui.

Pascal Bertin est enrôlé dans la conjuration depuis quelques jours. Il a le nez retroussé, le regard frondeur et, au-dessus de son arcade sourcilière droite, une mèche de cheveux rebelles balaie son front haut. Comme la plupart des étudiants engagés dans l'O.A.S., Bertin se destine à Saint-Cyr et vient d'achever son année de corniche au lycée Saint-Louis. Son père,

Jean Bertin, polytechnicien, commandeur de la Légion d'honneur et compagnon de la Libération, a occupé de 1947 à 1956 le poste d'ingénieur en chef de l'Hydraulique en Algérie. Il est aujourd'hui à Paris inspecteur général de l'Organisation commune des régions sahariennes où a travaillé Jacques Prévost qui, dans quelques années, épousera sa fille, Monique, elle aussi militante de l'Algérie française et ancienne secrétaire bénévole du M.P. 13.

Derrière Pascal Bertin, Serge Bernier qui, toujours sous le faux nom de Murat, a loué quatre jours auparavant la camionnette à la société Jouvinienne Automobile, à Joigny, est installé près de Gyula Sari. L'équipe de tir de l'Estafette est complétée par Lajos Marton. L'ancien élève-pilote de l'armée magyare, en hommage au commandant des parachutistes de Diên Biên Phu, a choisi de s'appeler *Langlais* dans l'O.A.S. pour le compte de laquelle il a participé le mois précédent à une attaque nocturne sur le poste de garde de la base aérienne de Villacoublay avec, entre autres jeunes gens, Jean-Pierre Naudin.

Il fait de plus en plus chaud lorsque, à 11 heures, le patron du bar dans lequel Bastien-Thiry s'est attablé appelle d'une voix forte M. Leroy. Le chef du commando se dirige sans hâte vers le téléphone, écoute son correspondant lui annoncer simplement « Itinéraire 1 », repose le combiné, règle sa consommation et, toujours sans se presser, sort de l'établissement. Il fait un signe à La Tocnaye et s'installe derrière l'Estafette jaune dans une petite Fiat-Neckar immatriculée 152 GT 60. Craignant que sa 403 Peugeot personnelle gris-vert n'ait été repérée, il a fait louer cette voiture le 25 juillet au garage Carpentier de Compiègne par Serge Bernier qui, il l'ignore, aurait dû la rendre le 4 août.

Dans l'intention de se laisser rattraper par le convoi présidentiel lorsqu'il sera parvenu sur la rive droite de la Seine et de faire ouvrir le feu sur sa DS de l'arrière de l'Estafette jaune, tandis que Watin et Condé mettront pied à terre pour vider leurs chargeurs sur le véhicule présidentiel bloqué, La Tocnaye entraîne le petit convoi dans la rue de la Convention. Il franchit le pont Mirabeau et, tournant à droite dans la courte rue Cloué, s'engage dans l'avenue de Versailles. S'apercevant que Bastien-Thiry est immobilisé au feu rouge proche du pont Mirabeau, il roule à très faible allure dans l'espoir que le signal repasse au vert avant l'apparition de la voiture de De Gaulle.

La Citroën présidentielle, suivie par deux autres DS et deux motards, traverse enfin la place de Barcelone. Estimant que la circulation ralentie par le manège de La Tocnaye fait perdre du temps à son beau-père, le colonel Alain de Boissieu, maintenant affecté à Saint-Germain-en-Laye à l'état-major de la 2ᵉ brigade blindée et qui, en permission à Colombey, assume exceptionnellement le rôle d'aide de camp, ordonne au chauffeur Paul Fontenil de rejoindre le quai Louis-Blériot par le prolongement de la rue Degas. Voyant dans son rétroviseur le cortège disparaître vers le bord de Seine où la circulation est fluide, La Tocnaye, dans l'intention de le rejoindre au pont de Grenelle, entame un slalom qui fait crisser les pneus de sa voiture. Saisissant la manœuvre, Georges Watin arme sa Schmeizer et, Louis de Condé l'imitant, il descend la glace de sa portière.

Faisant bringuebaler l'ID à grands coups de volant, La Tocnaye revient à la hauteur du convoi présidentiel au pont de Grenelle. Il double la DS des policiers. Il ne lui reste plus qu'à déboîter une dernière fois pour côtoyer celle de De Gaulle. Il va y parvenir et Watin et Condé visent déjà le président de la République qu'il lui arrive d'appeler « sa Majesté colombine » lorsque, lancée à toute vitesse par son conducteur, une 4 C.V. Renault s'intercale entre eux et la DS.

Watin veut tout de même ouvrir le feu en biais mais, refusant de prendre le risque de provoquer un carnage parmi les passants et les occupants des autres véhicules, La Tocnaye lève le pied. Laissant filer le cortège, il poursuit tout droit vers le tunnel du Trocadéro et stoppe un peu avant la place de l'Alma pour attendre ses compagnons.

Georges Watin est fou de rage. Tambourinant à coups de poing sur la boîte à gants, il jure :

— Putain de putain de ses os, mais je pouvais pas le rater ! Pourquoi tu m'as pas laissé tirer ?

La Tocnaye plaide qu'il ne tenait pas à tuer des innocents. Le massif Pied-noir explose :

— M'en fous des morts ! J'en ai tant vu des macchabées, qu'ils ne comptent plus. Il n'y en a qu'un qui m'importe : celui du Grand !

L'arrivée de l'Estafette et de la Fiat-Neckar interrompt l'explication. Mais elle reprend sans souci de discrétion sitôt que les conjurés se retrouvent dans le café proche du métro Boucicaut après avoir garé leurs véhicules dans les rues adjacentes.

— Si on continue comme ça, grommelle Watin, la Grande Zhora a toutes les chances de vivre cent cinquante ans !

Bastien-Thiry a admis l'impérieuse nécessité de recruter encore au moins trois hommes et de disposer d'une seconde camionnette. Lorsqu'il annonce quelques heures plus tard que le commando va se remettre en chasse sur la route de Villacoublay, Watin est fermement décidé à ouvrir cette fois le feu sans se soucier des ordres à la première bonne occasion sur l'homme qu'il tient pour seul responsable de l'abandon de l'Algérie. Mais, sortant de l'hôtel où ils s'étaient réfugiés pour attendre l'heure propice, Bastien-Thiry et La Tocnaye aperçoivent des policiers autour de leur Estafette et ils annulent l'opération.

Comme après chaque tentative manquée, La Tocnaye, en guise d'au revoir, lance à ses compagnons :

— Nous l'aurons la fois prochaine !

En attendant la « prochaine fois », Serge Bernier prolonge par téléphone la location de la Fiat-Neckar de Bastien-Thiry. Se faisant ensuite suivre dans cette voiture par deux de ses compagnons et une jeune femme, il se rend à Amiens afin de rendre l'ID 19 à la société Europcars. Invoquant les dix jours de retard, l'épouse du garagiste, Mme Pavy, refuse non seulement de lui restituer sa caution de 200 francs, mais elle lui en réclame 1 040 concernant un dépassement de trois mille kilomètres.

Le ton montant, la dame finit par enfermer Bernier dans son bureau et appelle la gendarmerie. Piégé, l'ancien de Corée tend ses faux papiers à un brigadier qui, succombant à son bagout, le laisse partir après lui avoir fait signer une traite.

Ignorant l'incident qui aurait pu compromettre la conjuration, Bastien-Thiry et La Tocnaye se mettent à la recherche de leur renfort. Le chef de bataillon André Botella, se disant membre du mystérieux Comité d'études qui a déjà présenté Watin et Bernier à Bastien-Thiry, leur adresse Jacques Prévost.

L'ancien chef de base d'Hassi-Messaoud est rentré à Paris à la mi-juin avec Alphonse Constantin, le Yves Michaux d'Oran qu'il avait connu au Sahara et qui porte maintenant de larges moustaches. Il a été rejoint par deux légionnaires allemands et Pierre Magade, un jeune Pied-noir de vingt-deux ans, engagé pour trois ans dans l'armée de l'Air depuis le 5 mai 1960 et qui a rejoint les *deltas* après avoir échappé à la tuerie de la rue d'Isly. Prévost a quitté Alger avec seulement 8 000 francs et un viatique de 10 000 francs confié par Jean-Claude Pérez au nom de l'O.A.S. Il a amputé cette dernière somme de 3 000 francs au bénéfice de Magade et des deux déserteurs allemands puis, dans l'intention d'y héberger des clandestins, il a loué au nom de Jean de Brémonville un studio à Montmartre, au 20 de la rue Chappe, où il s'est installé et, dans le VIII$^e$, un petit appartement donnant sur le square Villaret-de-Joyeuse.

Ayant repris contact avec le chef de bataillon Botella, qui l'a breveté parachutiste en 1951 et lui a sauvé la vie en mai 1954 en le transportant mourant sur son dos jusqu'à l'infirmerie de Diên Biên Phu, Prévost a trouvé un emploi temporaire d'ingénieur-conseil dans une société d'électronique. Seulement fiché par les Renseignements généraux, il n'a aucune raison de plonger dans la clandestinité et se déplace au volant de sa Chevrolet Bel Air décapotable que Pierre Magade a ramenée de Marseille et dont il n'a pas encore changé la plaque algéroise portant le numéro 988 JK 9 A.

Dès son arrivée à Paris, suivant les consignes de Pérez, l'ayant repéré de loin à l'exemplaire de *Rivarol* qu'il tenait en main et à la fleur de lys ornant le revers de son costume gris, Prévost a pris contact près de la gare de l'Est avec un cadre supérieur de la compagnie d'assurances La France. Comme celui-ci lui affirmait être en mesure de fournir à l'O.A.S. des missiles sol-sol 11, il a exigé des garanties et, très sûr de lui, son interlocuteur a sorti d'une serviette des documents secrets émanant des ateliers militaires de Bourges.

— Et les hommes ? lui a-t-il demandé.

— Pas de problème. Le moment venu, je vous fournirai les spécialistes dont vous aurez besoin.

Au cours d'une deuxième rencontre dans la même brasserie de la gare de l'Est, avec cette fois le commandant Botella et deux médecins du Val-de-Grâce, l'assureur, présentant d'autres papiers secrets, a tenu le même langage.

— Bien entendu, votre affaire nous intéresse, a conclu Botella. Nous aurons besoin de sept à huit gars décidés et capables de mettre vos engins en batterie.

Puis il a ajouté :

— Mais avant d'aller plus loin, il faudra attendre un peu car, même si elle a jusqu'à présent raté tout ce qu'elle a entrepris, nous avons lancé une autre équipe aux basques de De Gaulle. Je ne peux évidemment rien vous en dire.

Après cette prise de contact, ses économies et le viatique de Pérez ayant fondu à l'entretien de son équipe et d'une vingtaine de jeunes Pieds-noirs dormant par roulement quelques heures dans l'une ou l'autre de ses planques, Jacques Prévost s'est résolu à entreprendre des attaques à main armée. Avec Magade et deux anciens légionnaires, dont l'un est surnommé « Twist », Alphonse Constantin et Gérard Buisines, un *delta* rapatrié le 3 juillet qui, jusqu'en décembre 1960, a servi durant cinq ans dans la Légion, il a d'abord attaqué le 21 juillet un commerçant de la rue de Tolbiac. Il s'est ensuite imposé avec Buisines dans la DS 19 de fonction du général Fourquet, rentré la veille d'Algérie et nommé secrétaire général de la Défense nationale, que le maréchal des logis Emile Wattremez venait de garer rue Guersant, dans le XVIIe arrondissement, devant la grille d'entrée de la coquette avenue de Verzy. Sous la menace de son arme, il a obligé le sous-officier à le conduire à la porte d'Auteuil. Là, lui annonçant qu'il retrouverait la voiture place de la Concorde, il lui a rendu sa liberté et il a utilisé la DS officielle pour cambrioler un bureau de poste à Poissy.

Ayant comme convenu abandonné la voiture de Fourquet, Prévost a ensuite attaqué le 28 juillet un commerce de luxe dans le passage du Lido, le 30 une agence de la Banque du Crédit industriel et commercial, au 42 de l'avenue Junot, et, au 64, rue d'Amsterdam, le Comptoir des Echanges et des Monnaies.

Pendant que Prévost trouvait ainsi dans le banditisme les ressources nécessaires à poursuivre le combat au nom de la défunte Algérie française, Ahmed Ben Bella et Houari Boumediene, alliés contre le G.P.R.A. de Ben Khedda, ont fait le 3 août 1962 leur entrée dans Alger. A cette occasion, Susini et Broizat, reconnaissant une fois pour toutes la faillite de leur tentative d'instaurer la coopération entre les Européens et les Musulmans, ont remis à Rome cette lettre à la presse : « Les Européens qui sont encore en Algérie doivent savoir qu'il n'y a pour eux ni assurances ni garanties. Profitant du vide, un parti totalitaire résolument tourné vers l'Est a engagé une épreuve de force pour s'emparer du pouvoir. Un mois de difficultés illustre terriblement l'impossibilité de faire honneur à leurs engagements dans laquelle se trouvent ceux qui étaient entrés en pourparlers avec nous. Malgré leur sincérité, ils se trouvent privés de liberté et de moyens. L'Algérie est en proie à un terrible chaos. Il n'y a ni loi, ni droits. L'unité de la nouvelle nation n'a pas été créée. L'épreuve des faits a révélé la pensée profonde du président de la République française : abandon total de l'Algérie, de ses hommes de ses biens, à la seule exception toutefois des intérêts financiers attachés au pétrole. Rien n'a été fait pour assurer aux meilleurs des dirigeants du F.L.N. l'appui nécessaire qu'ils avaient sollicité contre les aventuriers. Toutes les valeurs humaines ont été délibérément sacrifiées à cette politique de dégagement. Quant au peuple français, qui a pris l'effrayante responsabilité de rejeter de son sein dix millions d'hommes, il lui reste à retrouver ses qualités de cœur et de raison pour éviter que de nouvelles épreuves ne viennent détruire les chances françaises. »

Et Ben Khedda, désormais président d'un G.P.R.A. déliquescent et qui n'a pas accueilli Ben Bella à Maison-Blanche alors que le président Farès et tous les membres de l'exécutif provisoire y sont allés, a déclaré de son côté : « L'indépendance n'a pas encore permis l'installation des structures de l'Etat » et il a regretté que, « par contre, subsistent les structures de guerre, basées sur le système des wilayas ».

A Paris, où personne ne se soucie des réactions de Susini, les 2 300 000 d'anciens francs qu'il a raflés ayant été engloutis par quelques soirées de java et à l'entretien de ses jeunes protégés rapatriés de plus en plus nombreux, Jacques Prévost a rencontré par hasard Jean Bichon à la terrasse d'une brasserie des Champs-Elysées. L'ancien bras droit du D$^r$ Martin lui ayant fait retrouver Georges Watin, avec l'accord du commandant Botella qui ne lui a plus reparlé des missiles de l'assureur, aujourd'hui, 10 août 1962, il a rendez-vous avec Bastien-Thiry et La Tocnaye près de l'aquarium du Trocadéro.

L'entente est vite scellée après que La Tocnaye, qui a vu arriver l'ancien de Diên Biên Phu dans sa Bel Air, lui a conseillé de changer ses plaques d'immatriculation. Prévost a amené avec lui Gérard Buisines, qui s'est présenté comme bon tireur au fusil-mitrailleur, et Alphonse Constantin, quant à lui recherché pour avoir facilité à Oran le vol des armes du groupe d'appelés avec lequel il assurait la protection d'une entreprise à la limite d'un quartier musulman. Le commando Bastien-Thiry est donc au complet. Et tout semble aller pour le mieux puisque Constantin apporte en dot un break 403 Peugeot ramené d'Afrique du Nord, immatriculé 277 KN 9 A et maintenant abandonné dans l'Yonne, à Venizy. La Tocnaye, après avoir ordonné au pseudo-Michaux d'aller récupérer sa voiture, décide de l'utiliser comme élément de soutien et la confie à Louis de Condé avec pour équipage son propriétaire et Pascal Bertin.

La Tocnaye ayant le 12 août tendu en vain une nouvelle embuscade près du pont de Grenelle, sur la place Clément-Ader, trois hommes de

## Chap. 89. – *Hold-up et tentatives d'attentats à Paris*

l'O.A.S. cagoulés attaquent dans la nuit du 16 août le casino de Royan. Après avoir blessé à coups de poignard Edouard Griffel, le père du directeur de l'établissement, et un vigile, Pierre Giraud, ils les abandonnent au petit matin sans avoir réussi à forcer le coffre-fort contenant la recette et les fonds de roulement. Le même jour, une poignée de légionnaires déserteurs venus de Provence s'installent dans les Ardennes belges, dans une ferme proche de Saint-Hubert. Et en Seine-et-Marne, un autre commando de l'O.A.S., profitant que les policiers de la 4$^e$ C.R.S. qui l'occupaient près de Lagny ont été détachés au maintien de l'ordre dans le Var, investissent le château de Pomponne dans la nuit du 17 au 18 août.

Après avoir franchi un mur aux pierres à demi écroulées, ces douze hommes en tenues camouflées et armés de mitraillettes surprennent les deux factionnaires postés devant le château, à cinquante mètres de l'église de Pomponne. Les ayant ligotés à l'aide des fils du téléphone arrachés par deux d'entre eux bien renseignés, les assaillants neutralisent les dix policiers qui dormaient dans le château et repartent vers Paris avec treize mousquetons, autant de pistolets, neuf mitraillettes, un fusil-mitrailleur et cinq mille cartouches.

A la même heure, une charge de plastic ravage dans un immeuble de la place de l'Alma un appartement vide appartenant au général de division à la retraite Mesmet, qui doit sans doute cette attention de *deltas* exilés à son homonymie approximative avec Pierre Messmer. Un autre vol d'armes s'étant produit entre Laon et Reims dans la gare de Saint-Erme desservant le camp militaire de Sissonne, Bastien-Thiry, tout à fait indifférent à cette recrudescence des actions de l'O.A.S. qui a provoqué la mise en place de nombreux barrages sur les routes, s'entretient le dimanche 19 août 1962 avec un de ses rares confidents, le père Isembart, jeune curé d'une paroisse proche de Pontarlier dont le visage juvénile pourrait illustrer une affiche de propagande pour le scoutisme.

— Le bien de l'Algérie, je ne crois pas que ce soit dans les accords d'Evian, explique-t-il à l'abbé. Les Algériens sont restés sans légitime défense de leurs droits les plus sacrés, puisque c'est le droit à la vie et à la liberté, à l'honneur de leurs femmes. Légitime défense de la vérité. Mais comment faire savoir la vérité, comment la faire savoir ?

Le curé ne lui proposant pas de solution et reprenant les paroles du prêtre plus âgé et plus élevé dans la hiérarchie cléricale qu'il a déjà consulté à ce sujet, Bastien-Thiry s'interroge une nouvelle fois sur la légitimité de tuer le général de Gaulle :

— Mais on ne peut faire ce geste que quand on a tout le peuple derrière soi. Or, ce n'est pas le cas et nous avons une mission : c'est de répandre la vérité, et cela ne peut se faire. L'opinion ne peut basculer que si le chef de l'Etat est traduit devant une Cour de justice.

Le lendemain matin de cette conversation sur le tyrannicide, alors que deux jeunes gens, Bernadette de Praloran et un étudiant prénommé Pierre, vont et viennent en jouant les amoureux aux alentours de l'aérodrome de

Saint-Dizier, Bastien-Thiry annonce à La Tocnaye que de Gaulle reviendra certainement de Colombey pour présider le Conseil des ministres du mercredi 22 août 1962.

— Comme il se pourrait que le Guide arrive à Villacoublay la veille, avance-t-il, je considère que nous sommes déjà en alerte.

Leur ayant fixé rendez-vous le 21 août à midi au métro Pasteur, La Tocnaye s'étonne de ne pas retrouver Alphonse Constantin parmi ses hommes égaillés par deux ou trois sur les trottoirs de la rue de Vaugirard et du boulevard Pasteur. Jacques Prévost lui explique que l'ancien légionnaire est tombé malade et, comme il râle sec, il précise que la compagne de Constantin, Mlle Sarta, a fait venir un médecin qui, après lui avoir administré une piqûre pour calmer les douleurs ventrales dont il se plaignait, lui a délivré un certificat de maladie.

— Mais cela ne changera rien pour nous, ajoute-t-il. J'ai amené un ancien *delta* de Degueldre.

A un geste de la main, Pierre Magade le rejoint.

— Savez-vous conduire ? s'inquiète La Tocnaye en le toisant.

— Je suis mécanicien de formation.

Le jeune Pied-noir hérite donc du volant de la 403 Peugeot et lorsque, un peu avant 12 h 30, un sergent de l'armée de l'Air se présente à Bastien-Thiry, il suit les conjurés jusqu'à un appartement dans un immeuble bourgeois au 185, rue de Vaugirard.

Le sous-officier qui guide les conjurés deux par deux afin de ne pas éveiller l'attention des concierges s'appelle Etienne Ducasse. Il est le fils d'un officier pilote mort en service commandé au Maroc en 1943. Licencié en droit, il achèvera dans un mois son service militaire au ministère de l'Air et sa mère est remariée au général Venot, l'ancien major général de l'armée de l'Air aujourd'hui à la retraite.

Ducasse a fait la connaissance de Louis de Condé à la fin décembre au cours d'un dîner organisé par Elisabeth Craulle, une jeune Pied-noire rapatriée. Lorsque Condé lui a demandé il y a quelques jours d'héberger quelques amis clandestins, sa mère et son beau-père étant en vacances à Corpeau, près de Chassagne-Montrachet, en Côte-d'Or, il a mis leur appartement à sa disposition.

Bastien-Thiry recommande à ses hommes d'éviter de faire du bruit et, après avoir noté le numéro de téléphone du général Venot, Suffren 51-58, il gagne au bout de la rue de Vaugirard l'hôtel Terminus, où il a réservé depuis midi une chambre au nom d'Hubert Leroy. Et le sergent Ducasse part reprendre son service un peu après 14 heures.

Le signal d'alerte qu'il attendait de Bastien-Thiry n'étant pas venu en fin d'après-midi, La Tocnaye décide que Varga, Sari, Marton et Louis de Condé dormiront sur place en gardant la valise noire contenant des mitraillettes et des grenades, qu'il a prise dans le coffre de son ID 19 garée rue de Vaugirard.

Revenu du ministère de l'Air, le sergent Ducasse comprend vite que Louis de Condé n'est pas le simple militant de l'Algérie française qu'il croyait. Quelque peu affolé, il s'aperçoit qu'il vient de s'engager dans une conjuration destinée à tuer de Gaulle.

La Tocnaye revenant très tôt rue de Vaugirard au matin du 22 août avec le reste du commando, après un coup de fil de Bastien-Thiry lui annonçant à mots couverts que le Général vient de décoller de Saint-Dizier, le sergent Ducasse n'est pas fâché de voir ses hôtes dangereux déguerpir enfin à 9 heures avec la valise noire dont le contenu l'a impressionné.
Une nouvelle fois réunis au bar proche du métro Boucicaut, les conjurés passent le temps en buvant du café et en mangeant des croissants. Un coup de téléphone ayant appris à Bastien-Thiry que le convoi présidentiel emprunterait cette fois l'itinéraire n° 2, qui passe par le rond-point du Petit-Clamart, la porte de Châtillon, l'avenue du Maine, la dernière portion du boulevard du Montparnasse, le boulevard des Invalides, l'avenue du Maréchal-Gallieni menant au pont Alexandre-III, l'avenue Winston-Churchill puis, traversant les Champs-Elysées par la place Clemenceau, rejoint l'Elysée par l'avenue de Marigny.
Ayant souvent chronométré ce parcours, La Tocnaye connaît à la trentaine de secondes près le temps qu'il faudra pour arriver avant le cortège présidentiel dans l'avenue du Maine en passant par les rues de la Convention, de Vouillé et Raymond-Losserand. Au cas où la voiture du Général ne rattraperait pas le commando avant la fin du boulevard des Invalides, il disposerait ses véhicules en embuscade fixe derrière les Invalides, à l'embranchement de la rue de Tourville.
Mais rien ne se passe comme espéré. La Tocnaye s'aperçoit vite que l'ID bleue fournie la veille par un étudiant et dans laquelle sont installés Jacques Prévost et Georges Watin avec leurs mitraillettes à leurs pieds est poussive. Puis, au volant de la 403 Peugeot, au lieu de quitter la rue de Vouillé en tournant à gauche dans la rue Raymond-Losserand, Pierre Magade continue tout droit dans la rue d'Alésia. Houspillé par Louis de Condé et Pascal Bertin, il perd du temps à faire demi-tour pour revenir prendre sa place entre l'ID de La Tocnaye et l'Estafette jaune de Varga où ont pris place Bernier, Marton, Sari et Buisines et que suit Bastien-Thiry au volant d'une Simca 1000 immatriculée 8413 MF 75 louée par Watin depuis plus d'un mois au garage Ségur, situé 42, rue de Saxe.
Roulant lentement pendant que Jean-Pierre Naudin patrouille dans les rues alentour avec la 2 C.V. immatriculée 629 HN 75 qui appartient à Monique Bertin, le convoi des conjurés frôle parfois des voitures pies de la Police et atteint l'extrémité du boulevard Montparnasse sans que la voiture de De Gaulle l'ait rejoint.
Espérant que la DS présidentielle ne soit pas déjà passée, La Tocnaye engage la seconde hypothèse du plan. Après avoir effectué un rapide demi-tour boulevard des Invalides, il gare son ID capot dans la direction d'où devrait venir le cortège présidentiel, avant l'embranchement de l'avenue de Tourville où, suivant les consignes de Louis de Condé, Pierre Magade a déjà posté la 403 tandis que Lazlo Varga a arrêté l'Estafette

un peu avant l'avenue de Varenne contre le trottoir du boulevard des Invalides. Bastien-Thiry, après avoir garé la Simca 1000 dans l'avenue de Tourville, gagne son emplacement de guet d'où, à l'aide d'un journal, il donnera à Serge Bernier le signal de déclencher le tir des fusils-mitrailleurs de Sari et Buisines.

Les minutes s'écoulent, crispantes. La DS du chef de l'Etat n'est toujours pas apparue lorsque, venant de l'esplanade des Invalides, un des observateurs postés au long de l'itinéraire présidentiel vient avertir Bastien-Thiry qu'elle est passée il y a quelques minutes.

L'ingénieur reprend sa voiture et rejoint La Tocnaye. Sans s'apercevoir qu'il s'est garé sur un passage clouté, il descend afin de faire le point avec Bernier près de l'Estafette. Tout à leur discussion sur la manière dont ils retendront leur piège au soir lorsque de Gaulle retournera à Villacoublay, les trois hommes ne voient pas le policier qui vient vers eux avec à la main son carnet de contraventions.

Comprenant qu'il a garé la Simca de façon malencontreuse, Bastien-Thiry exhibe ses documents de louage et les faux papiers dont il se munit pour les opérations. Souriant au gardien de la paix, il lui explique qu'il avait l'intention de demander un renseignement aux occupants de l'Estafette et de repartir aussitôt. La Tocnaye y allant lui aussi de son couplet patelin, le policier rempoche son calepin puis s'éloigne sans se douter que des armes étaient braquées sur lui, au cas où il aurait été plus curieux.

Bastien-Thiry décide de retourner attendre l'heure de la traque dans l'appartement du général Venot. Le convoi se reforme et La Tocnaye, une fois encore, se répète : « Nous l'aurons la prochaine fois. Peut-être pas plus tard que ce soir ! »

\*

— 90 —

# Embuscade au Petit-Clamart

Après quelques heures passées rue de Vaugirard, La Tocnaye mène son commando à Meudon, où Louis de Condé, Pascal Bertin et Jean-Pierre Naudin sont allés garer la veille des voitures de recueil sur des emplacements qu'il leur a désignés.

## Chap. 90. – *Embuscade au Petit-Clamart*

Les jeunes gens ont rangé la Fiat-Neckar à l'entrée du bois de Meudon, sur la place du Tapis-Vert qui n'est qu'un terrain vague puis, devant un dépôt de charbon de la rue Charles-Derby donnant sur la N 306 ils ont garé l'Estafette bleue à toit blanc dérobée le 9 août rue de Lourmel et dont les plaques d'immatriculation ont été falsifiées, puis ils ont disposé une ID 19 également à l'embranchement de l'avenue de la République et de la route du Pavé-Blanc.

Une fois installés dans l'appartement que Monique Bertin a loué au 2 de l'avenue Victor-Hugo, les conjurés revoient une dernière fois les détails du piège qu'ils vont tendre sur la N 87, à l'orée du bois de Meudon ou au rond-point du Petit-Clamart sur la N 306 qui devient à cet endroit l'avenue de la Libération.

Leurs échecs successifs ayant quelque peu patiné l'enthousiasme des conjurés, l'ambiance est tendue. Se tenant comme souvent à l'écart des discussions, Gyula Sari est posté devant la fenêtre, d'où il voit Bastien-Thiry discuter avec La Tocnaye de l'autre côté de la rue. Soldat aguerri, habitué à ne jamais rien négliger dans la préparation d'une opération, il a soudain la vague impression que quelque chose a changé dans l'arsenal déposé dans l'Estafette jaune. Après avoir cherché, il se souvient que la mèche de la charge que Serge Bernier aura pour mission de jeter sous la voiture présidentielle ou de déposer sur les genoux du Général a été raccourcie de moitié. Songeant qu'à cause de cette mystérieuse intervention, son compagnon n'aurait certainement pas le temps de se mettre à l'abri de l'explosion, il décide de l'empêcher de l'utiliser.

Lajos Marton ne participe pas plus au débat. Isolé dans un angle de la pièce enfumée, il soupèse pensivement le pistolet ramené de l'attaque de la base de Villacoublay. La Tocnaye, ayant renoncé à convaincre Bastien-Thiry de poster un fusil-mitrailleur dans la 403 de Louis de Condé, rejoint le groupe tandis que l'ingénieur va s'installer dans un café de Meudon dont il a donné le numéro de téléphone à l'observateur chargé de l'avertir du départ de De Gaulle.

A 16 h 30, tout est prêt pour l'embuscade. Le Général discute de l'Algérie avec ses ministres. Louis Joxe, après avoir évoqué les assassinats de harkis et les enlèvements d'Européens, souligne que les Français qui ont pris parti pour le F.L.N., comme le professeur André Mandouze, chrétien de gauche, ou le journaliste communiste Henri Alleg qui a écrit *La Question* après avoir été torturé par les parachutistes et s'est évadé de la prison de Rennes le 1er octobre 1961, n'ont pas encore voix au chapitre à Alger.

— On va, regrette-t-il, vers une assemblée totalement dominée par des Musulmans peu expérimentés.

De Gaulle, après avoir écouté Joxe exposer le refus de Farès de signer les derniers textes d'application des accords d'Evian qui permettraient de conserver le contrôle du pétrole et du gaz sahariens, menace :

— Ou les Algériens acceptent les neuf protocoles d'application, y compris les trois sur le Sahara, et ils signent tout. Où ils ne signent pas tout, et nous ne signons rien. Ne leur envoyons aucune aide d'aucune sorte, jusqu'à ce qu'ils se décident.

Puis le président écoute Robert Boulin évoquer la situation des rapatriés. Alors que Georges Pompidou approuve son bilan arrêté le 19 août à 533 000 retours, le Général, s'en tenant à ses estimations personnelles, avance le chiffre de 350 000. Mais son Premier ministre affirmant qu'il y en aura au moins 200 000 de plus, il réitère ses propositions concernant l'établissement dans le Midi des rapatriés qu'il appelle « les repliés ».

— Il faut se réserver dans les textes la possibilité des interdictions de séjour ! Sinon, la position sera impossible à tenir à Marseille !

Puis, soucieux d'inciter les exilés à s'installer dans toutes les régions, il propose d'en venir à des ordonnances en ironisant :

— Demander à l'Assemblée et au Sénat de voter des lois contraignantes ? Vous voyez ça d'ici ! On aurait des torrents de démagogie !

Une fois encore, Georges Pompidou tient tête au Général en lui rétorquant qu'on ne peut pas assigner des Français à résidence et que les rapatriés ne troublent en rien l'ordre public dans la région de Marseille. Alors que Roger Frey avance qu'il aurait les moyens d'intervenir en cas de manifestations à Marseille, de Gaulle lui conseille de « coffrer » quelques Pieds-noirs. Rappelant que la loi oblige la République à accueillir les enfants dans les écoles, il précise que s'il n'y a pas suffisamment de place, cela devient un « problème d'ordre public ».

Georges Pompidou finit par rejoindre le Général sur la scolarisation mais, ironie volontaire ou simple lapsus impardonnable pour l'agrégé de lettres qu'il fut à moins de vingt-trois ans, il propose que ce problème soit dévolu au « secrétariat d'Etat aux déportés ».

A l'issue de ce Conseil des ministres qui a été plus long que prévu, ainsi que Alain Peyrefitte le rapportera dans *C'était de Gaulle*, avant de rentrer à Colombey, le Général déclare en aparté à celui-ci : « Ne vous y trompez pas, l'A.L.N. fait l'épreuve de force. Elle s'est mis à dos tout le monde. Jeanneney se débat comme il peut. On n'arrive même pas à téléphoner à Rocher-Noir. Les militaires arabes ont le bâton. Mais si nous leur rentrons dans le chou, la guerre va recommencer. »

Alors qu'il attend dans un salon du premier étage avec sa belle-mère le moment du départ, le colonel de Boissieu, en civil, est inquiet. Bien qu'il n'ait pas jugé utile d'en parler à son beau-père, le général Capillon, chef d'état-major de l'armée de Terre, lui a fait part de deux messages étranges interceptés au matin par ses services. Le premier ordonnait au commandant du G.L.A.M. de préparer à Villacoublay un avion destiné à aller chercher le président du Sénat, Gaston Monnerville, dans la ville d'eau où il est en cure. Et le second, émis en fin de matinée d'une source mal définie, repoussait au soir l'exécution de cet ordre.

Il est déjà 18 h 30 et le ciel bas donne à l'été des allures d'automne,

## Chap. 90. – *Embuscade au Petit-Clamart*

lorsque le commissaire Henri Puissant, chargé de la sécurité rapprochée du président de la République en l'absence de son chef, le commissaire André Ducret, demande au maréchal des logis Francis Marroux de ranger la DS Citroën 5249 HU 75 devant le perron du salon des Adieux, la pièce où le président Félix Faure est mort au champ de l'amour le 16 février 1899. Puis il donne ses ordres à deux motards de la préfecture de Police, Robert Herry et Marcel Herman, qui sont pour la première fois détachés à l'accompagnement présidentiel et n'ont été avertis de leur mission qu'à 17 h 30. Il ne s'agit pas, leur explique-t-il, d'une escorte classique. Ils devront rouler à une centaine de mètres derrière la DS du président et celle, immatriculée 6352 KZ 75, pilotée par le brigadier de police René Casselin, dans laquelle il prendra place lui-même avec le médecin-aspirant Jean-Louis Degos et le commissaire Djouder. Ce n'est qu'en cas d'embouteillage que les motards le dépasseront afin de lui ouvrir la route sans utiliser le sifflet ou l'avertisseur car, précise le commissaire Puissant, le président déteste ces manifestations bruyantes.

Voyant les deux motards ajuster leurs casques dans l'avenue de Marigny près de leurs Triumph béquillées devant une porte proche de la grande grille du Coq, le jeune homme chargé de téléphoner à Bastien-Thiry sitôt que le cortège présidentiel partira devine le départ imminent et, averti de l'arrivée du Général par un huissier, Alain de Boissieu rejoint la voiture de Francis Marroux avec Mme de Gaulle. Il lui ouvre la portière arrière droite de la DS tandis que, laissant comme il le fait toujours lors des déplacements à caractère privé la place d'honneur à son épouse, le Général, aidé par le colonel Gaston de Bonneval, son habituel aide de camp, s'installe à sa gauche. Boissieu s'assure que le médecin de service est bien dans la seconde DS et, lorsqu'il est lui-même assis près de Francis Marroux, Bonneval se penche vers lui pour s'inquiéter de l'itinéraire qu'il va emprunter. Comme il lui répond qu'il passera par la côte des Gardes et le bois de Meudon, Bonneval regarde sa montre, fait la moue et avance qu'à cette heure la voiture risque d'être prise dans le flot des banlieusards rentrant chez eux. Ayant une grande habitude de ce trajet, Bonneval ajoute que le cortège sera également gêné par de nombreux arrêts d'autobus. Boissieu change donc d'avis, remonte la glace et ordonne à Francis Marroux de suivre à rebours le même itinéraire qu'au matin.

Il est déjà 19 h 45 et une légère bruine accentue la pénombre crépusculaire lorsque les DS sortent de l'Élysée et que les deux motards démarrent derrière elles. Le jeune homme de guet, pressant soudain son pas de promeneur, se dirige vers une cabine téléphonique afin d'avertir Bastien-Thiry qui commençait à trouver le temps long. Sitôt le message reçu, le lieutenant-colonel se rend dans un débit de boissons de l'avenue Victor-Hugo pour y attendre cette fois le coup de fil qui précisera l'itinéraire du Général.

Un second observateur l'appelle bientôt et le patron du bistrot réclame : « Monsieur Perrin, téléphone ! » Bastien-Thiry écoute le message laconique lui annonçant que le cortège présidentiel empruntera l'itinéraire numéro 1, il règle sa consommation et, sans se presser, regagne sa Simca 1000. Lorsqu'il s'arrête en face des fenêtres de l'appartement de Monique Bertin, il fait un signe à l'homme qui guettait son retour et, deux par deux, les conjurés sortent de l'immeuble.

Avant d'aller s'installer au volant de son ID 19 dans laquelle l'ont précédé Watin et Prévost, c'est en vain que La Tocnaye tente une dernière fois de convaincre Bastien-Thiry de placer un fusil-mitrailleur dans la camionnette 403 conduite par Louis de Condé.

Le piège est en place à 19 h 50. Après avoir garé sa voiture, Bastien-Thiry s'est posté en guet au-dessous d'un château d'eau à l'angle de la rue du Pavé-Blanc et de l'avenue de la Libération dont les pavés humides luisent dans la lueur des phares et des réverbères. A trois cents mètres, après l'embranchement de la rue Bourcillière, Lazlo Varga a rangé l'Estafette jaune sur le large trottoir en terre de l'avenue de la Libération, un peu avant une station-service Antar. Pierre Magade a garé la 403 sur la gauche de l'avenue et La Tocnaye, après s'être assuré au passage que l'Estafette est en bonne position de tir, s'est embusqué à reculons avec son ID dans la rue du Bois, d'où il jaillira à la première rafale afin de couper la route à la voiture présidentielle.

Les conjurés, à part les dernières recrues qui ne l'ont repéré qu'une fois, connaissent par cœur ce décor de grande banlieue noyé sous la brouillasse. L'avenue de la Libération traverse des terrains vagues où, épargnant par-ci par-là quelques vergers de cerisiers et des jardins potagers, de bas immeubles et des pavillons de meulière ont été bâtis dans une anarchie apparente. Un marchand de cycles est établi à l'entrée de la rue du Bois où La Tocnaye est embusqué et, de l'autre côté de l'avenue de la Libération, déjà fermé à cette heure, il y a un magasin d'électroménager. Un peu plus loin, après la rue Charles-Debry et juste avant la rue Thomas-Edison, le café Le Trianon est lui aussi fermé et son patron a laissé dehors les tables et les chaises de sa terrasse. Encore plus loin dans l'avenue de la Libération, un marchand de voitures d'occasion fait face à un chantier de construction. Puis des bateaux de plaisance, d'occasion eux aussi, sont plantés dans un champ et quelques maisons, une épicerie et une pharmacie complètent cette fin de ville sans âme.

Il est maintenant un peu plus de 20 heures. Il va bientôt faire nuit et Serge Bernier, par un espace de vision pratiqué sur le papier gris collé sur les glaces arrière de la camionnette, ne distingue plus qu'à peine Bastien-Thiry qui, sitôt qu'il apercevra la voiture de De Gaulle, lui fera signe en levant un journal au-dessus de son chapeau.

Si la voiture présidentielle ne s'annonce pas encore, c'est parce que, trois kilomètres avant le Petit-Clamart, Francis Marroux a roulé à vingt à l'heure sur une portion de nationale en travaux. Dans l'Estafette, Lazlo Varga avertit soudain en hongrois qu'il a envie d'uriner. Lajos Marton lui conseille de se contenir encore mais, prétextant qu'il le fait depuis déjà trop longtemps, le jeune homme met pied à terre, soulage sa vessie sur une haie basse devant la camionnette, referme sa braguette, revient vers son volant, hurle soudain : « Le voilà ! » et brandit son pistolet.

Alerté par le cri, Bernier, qui n'a pas vu Bastien-Thiry lever son journal, ouvre les deux hayons de la portière arrière de l'Estafette et Sari, qui était assis sur le renflement de la carrosserie épousant le contour de la roue arrière droite de la voiture, ouvre le feu au jugé sans prendre appui sur le battant inférieur de la portière. Près de lui, ne se souciant pas des douilles brûlantes éjectées par son arme, Gérard Buisines tire aussi. Les premières balles des deux F.M. ricochent en gerbes d'étincelles sur les pavés.

Tandis que Lazlo Varga tirait avec son pistolet, Lajos Marton a bondi au sol. N'étant pas familiarisé avec la mitraillette Thompson que Serge Bernier, il y a quelques jours, lui a interdit d'emporter dans sa chambre d'hôtel, gaucher, il a cherché son levier d'armement à droite alors qu'il se trouve à gauche. Ayant ainsi perdu une ou deux secondes, il ouvre le feu au moment où la voiture présidentielle passe à cinq mètres de lui.

Dès les premiers coups de feu, le colonel de Boissieu ordonne à son chauffeur d'accélérer. Francis Marroux se penche sur son volant afin d'offrir moins de surface aux balles et la DS bondit. Boissieu se retourne vers son beau-père et, dans les lueurs de départ des rafales, il entraperçoit durant deux secondes Lajos Marton que Gyula Sari a rejoint pour tirer encore tandis que s'enrayait l'arme de Gérard Buisines.

Les pneus arrière de la DS sont crevés. Mais Francis Marroux ne quitte pas pour autant la route. Gyula Sari, sûr que La Tocnaye va barrer dans trois secondes la route à la DS, se retourne vers Paris et aperçoit le premier motard. S'apercevant que le policier ne brandit pas d'arme, revenant en une fraction de seconde sur son intention de le mettre hors de combat, il tire une rafale sur la gauche de sa moto. Robert Herry poursuivant sa route, il vise au-dessus de sa tête. Une des balles ayant percé son casque, le policier fait un écart, ralentit sa course et, alors que la pluie commence à tomber plus dru, il accélère à nouveau afin de rejoindre le cortège avec son collègue Herman.

Dans la rue du Bois, La Tocnaye n'a pas réussi à démarrer à la première rafale. La DS présidentielle passe juste devant son capot et, sitôt qu'il aperçoit l'ID, le colonel de Boissieu se retourne en hurlant :

— Mon père, baissez-vous !

Le Général obéit au moment où La Tocnaye accélère brusquement dans l'intention de devancer la DS du commissaire Puissant. Watin, qui avait entrouvert la portière et passé une jambe au-dehors, est surpris par la rapidité du second départ. Il tire tout de même juste au moment où le large dos du Général disparaît. Rentrant sa jambe, il tente en vain de claquer sa portière et il faut que La Tocnaye, conduisant d'une main, se penche et l'agrippe pour l'empêcher de tomber. Remis en position de tir, le colosse lâche une nouvelle rafale et, cette fois, la vitre arrière gauche de la DS présidentielle explose.

— Tu l'as eu ! triomphe déjà La Tocnaye en contrôlant le dérapage de sa voiture sur les pavés mouillés.

Watin veut être sûr de son fait. Son arme s'enrayant, il change de chargeur en une seconde et tire encore. Une de ses balles brise le volant d'une Panhard roulant vers Paris. Légèrement touché à la main, son conducteur, M. Fillon, fait une embardée, évite de peu de percuter de plein fouet la DS présidentielle et, ses trois enfants hurlant de terreur, il s'arrête sur le bas-côté.

Alors que la mitraillette de Jacques Prévost s'est définitivement enrayée, Watin vise les motards et il voudrait continuer la poursuite jusqu'à l'aérodrome mais, alors que la DS bringuebalante rattrapée par la voiture du commissaire Puissant tourne à droite, La Tocnaye file tout droit vers Bièvres.

Tandis que le danger s'éloigne, la DS présidentielle approche de l'aérodrome en roulant sur ses jantes arrière et sa boîte de vitesses produit des grincements. Soulagé de voir ses beaux-parents redressés, Boissieu craint le déclenchement d'une troisième embuscade et demande à Marroux s'il estime pouvoir amener la voiture jusqu'à la base. Le gendarme acquiesçant, il scrute la nuit humide et voit disparaître deux silhouettes derrière un arrêt d'autobus. Puis, dans un bruit de ferraille, Marroux engage la DS dans la base aérienne.

De Gaulle, comme si rien ne s'était passé, décide de passer en revue la garde rassemblée en son honneur. Tandis qu'il s'éloigne de la voiture d'où se dégage une lourde odeur de caoutchouc brûlé, son gendre, sous le prétexte d'épousseter les éclats de glace Sécurit qui, sous les lumières crues des lampadaires, brillent sur son costume sombre, s'assure mine de rien qu'il n'est pas touché. Inquiet d'avoir distingué une traînée de sang sur son col de chemise, il se rend compte qu'elle provient des minuscules coupures que le Général s'est données aux doigts en voulant se débarrasser des débris de vitre.

Ainsi tranquillisé, le colonel de Boissieu entreprend d'inspecter discrètement sa belle-mère tandis que le médecin-aspirant Degos emboîte le pas du Général en essayant de deviner à sa démarche s'il n'a pas été touché par une balle. Mais tout va bien et, une fois la garde passée en revue, de Gaulle prend place avec son épouse dans la voiture des policiers.

Boissieu félicite Francis Marroux d'avoir tiré son beau-père du piège avec une telle maîtrise. Puis, au moment de partir vers la piste d'envol, Mme de Gaulle, ne semblant pas perturbée par la fusillade, se souvient qu'elle recevra demain midi à Colombey Georges Pompidou et son épouse. S'inquiétant soudain des victuailles déposées dans le coffre de la première DS, elle demande à son gendre :

## Chap. 90. – *Embuscade au Petit-Clamart* 949

— N'oubliez pas les poulets, j'espère qu'ils n'ont rien.

Le brigadier René Casselin conduit le Général près du S.O. *Bretagne* qui, selon les messages interceptés au matin par le général Capillon, aurait certainement ramené à Paris le président du Sénat afin qu'il assume l'intérim de la présidence de la République au cas où les conjurés seraient parvenus à leurs fins.

L'avion piloté par le lieutenant-colonel Lurin ayant pris de l'altitude, de Gaulle se relève pour étreindre son gendre en le félicitant d'avoir, dans les grandes occasions, la voix du commandement. Craignant après cette brève effusion de reconnaissance que les radios ne colportent déjà des nouvelles alarmantes, il lui demande ensuite d'aller dans la cabine de pilotage expédier à Colombey un message destiné à rassurer sa fille Elisabeth et sa belle-fille Henriette, l'épouse du capitaine de frégate Philippe de Gaulle.

Que ce soit à Colombey ou à Saint-Dizier, les policiers et les gendarmes chargés de la sécurité du général de Gaulle ne savent rien de ce qui vient de se passer. Trois cents gendarmes attendent sur la place de Colombey les ordres qui les posteront en surveillance des points sensibles de la région dont, depuis les derniers vols d'armes de Pomponne et de Saint-Erme, pas une ferme isolée, pas une cabane, pas un talus, pas un fossé et aucune clairière n'ont échappé aux inspections policières.

Le chef d'escadron Robert Lombard, officier sorti du rang et déjà âgé de cinquante-trois ans, sachant que le président de la République va arriver sous peu à Saint-Dizier, peaufine son dispositif de protection. Lorsqu'un de ses gradés vient l'avertir qu'on le demande au téléphone à son P.C. roulant, il imagine qu'on va lui préciser l'heure d'arrivée du Général. Quelques-uns de ses chefs de peloton le regardent prendre la communication. Ils le voient pâlir soudain et chercher sa respiration. Lorsqu'il a reposé le combiné, il lâche :

— C'est terrible, le Général vient d'échapper à un attentat !

Puis il fait quelques pas, grimace et s'effondre, terrassé par une congestion cérébrale et, bien qu'immédiatement évacué sur l'hôpital de Chaumont, il mourra le lendemain matin.

Pendant ce temps, les conjurés du Petit-Clamart s'égaillent en passant au travers des mailles du filet que Roger Frey a ordonné de tendre autour de Paris. Avant de revenir dans la capitale en faisant un large détour par la route de La Garenne et le pont de Saint-Cloud, La Tocnaye a croisé une 403 de la Police qui se dirigeait sans hâte excessive vers le Petit-Clamart.

— De Gaulle n'est pas mort ! lui lance en guise de bienvenue sa cousine Ghislaine lorsqu'il arrive chez elle à Boulogne.

Choqué par cette révélation, il décide d'abandonner son ID loin de l'immeuble de sa parente. Avant de la garer par défi près d'un commissariat, il prend le temps de s'assurer qu'elle ne recèle plus une seule douille de mitraillette et il essuie tous les endroits pouvant porter des empreintes digitales.

De leur côté, Bernier, Marton, Buisines, Varga et Sari ont laissé leur Estafette au Tapis-Vert. Abandonnant les fusils-mitrailleurs dans la malle brune contenant les feux de Bengale, les fumigènes et la charge de plastic dont Sari s'était promis d'interdire l'usage à Bernier, ils se sont serrés dans la petite Fiat-Neckar qu'ils ont dû pousser, son démarreur ne fonctionnant plus.

Lazlo Varga n'avait pas parcouru un kilomètre vers Paris que les cinq hommes armés de mitraillettes et ignorant si le Général est mort ou vivant ont frôlé une voiture pie de la police filant à toute allure vers le Petit-Clamart. Maintenant mêlés à un flot de voitures très lent, ils roulent sous la pluie sur le boulevard Victor. Ils approchent du ministère de l'Air lorsque Bernier aperçoit un car de gardes mobiles arrêté à un feu rouge où ses occupants casqués, armés de fusils et de mitraillettes, contrôlent les véhicules. Lazlo Varga n'a plus le temps de risquer un demi-tour. Il n'a bientôt plus devant lui que deux véhicules dont les occupants tendent leurs papiers aux gendarmes.

Alors que Buisines se fait tout petit entre lui et Marton, Sari se rend compte qu'il se dégage de ses vêtements une odeur de poudre si forte qu'elle alertera certainement le gendarme qui lui demandera ses papiers. Prêt à tout, il cramponne sous lui sa mitraillette tandis que Bernier murmure à Varga de tenter une marche arrière. Jetant un coup d'œil sur son rétroviseur, le jeune homme se rend compte que la manœuvre est impossible à exécuter. Il est d'ailleurs trop tard pour tenter quoi que ce soit, songe-t-il en voyant venir vers lui le commandant du barrage.

Les quatre autres conjurés retiennent leur souffle. Sari a l'impression de sentir de plus en plus fort la poudre. Ecrasé contre la portière gauche, Marton pense qu'il n'a pas fait tout ce qu'il a fait au nom de l'Algérie française et de l'anticommunisme pour se laisser prendre comme un malfrat. Il est décidé à vendre chèrement sa peau, lorsqu'il croise le regard de l'officier casqué qui vient de découvrir son arme.

Le capitaine recule d'un mètre, puis d'un autre. Marton, la gorge sèche en le voyant prendre du champ, se dit qu'il va sortir son pistolet et rameuter ses hommes autour de la Neckar. Mais l'officier recule toujours et, après avoir jeté un dernier regard vers la voiture, il rejoint ses hommes et leur fait signe de la laisser passer.

Varga enclenche la première. Marton, penché sur sa nuque, lui ordonne en hongrois de ne pas céder à la tentation d'effectuer un démarrage de pilote de course. Même si le danger semble passé lorsque Varga, après avoir traversé la place de la Porte-de-Versailles, commence à rouler sur le boulevard Lefebvre en direction de la porte de Plaisance, Marton est tout de même inquiet.

— L'officier qui a vu nos armes n'a sans doute pas voulu risquer la

## Chap. 90. – *Embuscade au Petit-Clamart*

vie de ses hommes, avance-t-il. Il est peut-être en train de nous signaler par radio aux autres unités de bouclage.

Mais, alors que Varga guette l'occasion de quitter le boulevard en tournant sur sa gauche, n'apercevant pas de nouveau barrage, l'ancien élève-pilote revient sur sa première impression et se dit que le capitaine des gendarmes était peut-être un sympathisant de l'O.A.S. Ou alors, imagine-t-il encore, il aura cru avoir affaire à des policiers plus ou moins barbouzes.

Arrivé à la porte de Plaisance, Varga s'engage sur sa gauche dans la rue de Dantzig, tourne aussitôt à droite dans la rue des Périchaux et se gare à la première place libre. Pendant que ses compagnons déposent leurs armes dans le coffre, il fait disparaître toute trace d'empreintes à l'aide d'un chiffon. Marton s'inquiétant de la marche à suivre, Bernier ordonne à ses compagnons de rentrer chez eux, de n'en plus bouger avant qu'il leur fasse signe et Marton leur distribue ses derniers tickets de métro.

Sari et Varga regagnent leurs chambres de bonne de la rue de Rivoli et Marton, dans le XVII$^e$ arrondissement, l'hôtel de la rue de Saussure. Puisque, avant ce soir, il n'était pas clandestin et travaillait régulièrement dans le IV$^e$ arrondissement dans une société de produits pharmaceutiques, il y est inscrit sous son véritable nom. La Tocnaye remonte chez sa cousine où Bastien-Thiry, qui a perdu son chapeau au Petit-Clamart, est à son tour arrivé avec Jean Bichon. Il explose lorsque son chef lui apprend que les policiers viennent de retrouver au Tapis-Vert l'Estafette jaune et son chargement d'armes et d'explosif.

— Mais comment a-t-on pu le louper ?

Très calme, Jean Bichon lui répond que ce sont les hasards de la guerre, mais, têtu, La Tocnaye reproche à Bastien-Thiry de ne pas l'avoir écouté lorsqu'il proposait de poster un fusil-mitrailleur dans la 403 de Condé. Après avoir recensé les tirs de l'embuscade, il estime qu'à cause de la nuit tombante et de la brouillasse, Bernier n'a pu voir à temps le signal de Bastien-Thiry et que les premières rafales sont parties trop tard. Puis il plaide que son moteur rétif ne lui a pas permis de démarrer assez vite pour couper la route à la DS présidentielle.

L'arrivée de Bernier met un terme à l'étude de l'échec auquel Georges Watin, ruminant déjà un autre attentat, n'a pas participé. Après avoir annoncé que les trois Hongrois sont rentrés chez eux et que leurs armes sont dans le coffre de la Fiat-Neckar, l'ancien de Corée annonce :

— Ils n'ont plus un sou et moi non plus. Nous avons partagé les derniers tickets de métro de Marton. Ils sont trop fiers pour réclamer quoi que ce soit. Où est l'argent que vous nous avez promis ?

C'est à Jean Bichon que Bernier s'adresse puisque, au cours de la préparation de l'attentat, celui-ci s'est toujours prétendu mandaté par le Comité d'études dont, mis à part le commandant Botella, personne n'a jamais vu personne. Bichon, perdant un peu de son assurance, avoue piteusement qu'il n'est pas en état de dépanner les Hongrois et qu'il a souvent dû sortir son portefeuille pour entretenir l'équipe.

La Tocnaye lui rappelle qu'il a pris des engagements. Puis, expliquant qu'avec Watin il se débrouillera toujours, il exige qu'il trouve le moyen de faire passer tous ses hommes en Espagne.

— Mais, cher Max, plaide Bichon, vous ne croyez pas que c'est en restant à Paris qu'ils auront le plus de chances d'échapper à la police ?

La Tocnaye explose :

— Je connais la chanson. Vous ne pensez qu'à garder nos gars à votre disposition ! Vous devez absolument leur procurer de l'argent et des papiers. Débrouillez-vous comme vous l'entendez, mais faites vite !

Jacques Prévost ayant affirmé qu'il continuera à s'occuper quoi qu'il arrive de Constantin, Magade et Buisines, Bastien-Thiry annonce qu'il se rendra le lendemain au ministère de l'Air et Watin, prenant pour la première fois la parole, prédit que toutes les polices civiles et militaires vont désormais se déchaîner avec sans doute des pouvoirs d'investigation accrus. Puis, avant de disparaître vers un refuge connu de lui seul, il ajoute :

— Moi, ils ne me font pas peur. Mais je les connais trop bien : ils ne lâcheront certainement pas le morceau avant de nous avoir tous arrêtés !

\*

## — 91 —

## Les conjurés sont pris

Après s'être fourvoyés sur la piste du capitaine Jean-René Souètre, qu'ils ont pris pour le pseudo-Murat, les policiers, remontant sans peine jusqu'à Monique Bertin grâce à l'immatriculation de sa 2 C.V. repérée à Meudon par des riverains de l'avenue Victor-Hugo, l'appréhendent dans le petit pavillon à terrasse de son père, dans la rue Médéric, à La Garenne-Colombes. Saoulée de questions, la jeune femme reconnaît que son frère est venu à La Garenne le lendemain de l'attentat, avec un étudiant et un homme plus âgé, corpulent et boiteux. Même si Monique Bertin prétend ne pas connaître les noms de ces visiteurs, les inspecteurs devinent qu'il s'agit de Jean-Pierre Naudin et Georges Watin.

Le dimanche 26 août 1962, la chance est encore du côté des forces de l'ordre lorsqu'un inspecteur de l'Enseignement en vacances à Saint-Jean-de-Monts croise une 403 grise portant la même immatriculation que son Aronde. Il croit avoir eu la berlue mais, revoyant un peu plus tard cette Peugeot rouler devant lui, il songe à des trafiquants de voitures volées et alerte la gendarmerie.

Au matin du 27 août, les gendarmes de Saint-Jean-de-Monts tendent une souricière près de la Peugeot suspecte et arrêtent trois hommes armés qui venaient la récupérer. Ils saisissent sur eux plusieurs fausses cartes d'identité et la carte grise d'une DS qu'ils retrouvent tout aussitôt en ville et dont le coffre recèle des armes et du plastic. Certain de ne pas avoir affaire à des voleurs de voitures, l'adjudant-chef Pacteau, qui a dirigé l'opération, songe tout de suite à l'O.A.S. et alerte la brigade mobile d'Angers et la D.S.T. de Bordeaux.

— Nous ne sommes pas des gangsters, proclame une fois remis aux policiers le chef du trio, le sergent-chef Talbotier, l'homme qui a dérobé les 24/29 de l'équipe du Petit-Clamart et qui se dissimule aujourd'hui sous la fausse identité d'Henri Vérité. Nous sommes de l'O.A.S.

Le pseudo-Vérité et ses deux compagnons ayant avoué le hold-up raté du casino de Royan, les policiers découvrent dans l'appartement qu'ils occupaient depuis quelques jours à Saint-Jean-de-Monts le bordereau de location d'un box de garage parisien situé au 15, rue de Javel, dans le XVe arrondissement.

Sitôt alertés, des inspecteurs de la 1re brigade mobile se ruent dans le box 317 au septième de l'immense parking de la rue de Javel et y découvrent une 403 grise volée. Ce box a été loué par Maurice Fleury, un jeune homme de vingt-trois ans, négociant en vins rue Lauriston, dans le XVIe arrondissement. Outre la 403, il renferme trois fusils-mitrailleurs, vingt mitraillettes et quinze fusils, des caissettes de munitions, un stock de plastic, une centaine de détonateurs et des bottins évidés contenant des charges prêtes à l'emploi.

Le président de la cour d'assises de Troyes a rendu son verdict, malgré une dernière intervention de Me Tixier-Vignancour faisant valoir qu'il était injuste que l'accusateur public réclamât une peine de mort contre l'un des conjurés de Pont-sur-Seine alors que Salan – qu'il a pris garde de ne pas nommer, en évoquant seulement « mon illustre autre client » – a bénéficié des circonstances atténuantes. Le général était pourtant accusé d'avoir organisé 12 000 attentats ayant provoqué 1 800 morts et 4 600 blessés. La cour a condamné Henri Manoury à vingt ans de détention criminelle, Armand Belvisi, Jean-Marc Rouvière et Martial de Villemandy à quinze ans de la même peine, et prononcé la réclusion à perpétuité à l'encontre de Dominique Cabanne de La Prade, jugé par défaut, puisque toujours en Belgique.

Alors qu'Abderrhamane Farès, de manière tout ce qu'il y a de symbolique, puisque le pouvoir n'appartient plus à l'exécutif provisoire en Algérie, a enfin signé à Paris les derniers protocoles d'application des accords d'Evian, la Cour militaire de justice met un terme le 31 août 1962 au procès de neuf étudiants arrêtés à Lille après quelques plasticages en condamnant à la peine capitale leur chef, Michel Bailet. Six autres jeunes plastiqueurs, Henri Aubert, Jean Bachelet, Michel Brauquart, Jacques Dumortier, Daniel Grenon et Jean-Louis Grosso sont punis de deux à huit ans de réclusion. Daniel Petit qui entreposait chez lui les explosifs est taxé d'une amende de 20 000 francs et Gérard Dehay, jugé libre et seulement poursuivi pour avoir jeté dans un fossé le pain de plastic et le détonateur que venait de lui confier son chef de groupe, est acquitté.

Réagissant à des articles étrangers et repris par *L'Express,* qui insinuaient que Jacques Soustelle aurait été vu à Paris la veille de l'attentat du Petit-Clamart, Roger Frey s'empresse de déclarer au ministère de l'Intérieur que même si le responsable de la politique étrangère du C.N.R. s'était effectivement trouvé à Paris à la date indiquée, il n'aurait pu être arrêté, puisqu'il ne fait toujours pas l'objet d'un mandat de recherche.

Ne voyant toujours rien venir du côté de Jean Bichon, Jacques Prévost s'est résolu à passer en Espagne avec Magade et Buisines à bord d'une Aronde louée à Marseille. Craignant d'avoir été signalé comme déserteur au bureau de la Police de l'air et des frontières, Magade est descendu de voiture avant la douane du Perthus. Quant à Buisines, le gabelou sur lequel Prévost comptait pour faciliter son passage n'étant pas de service, il a été refoulé par les policiers français à cause de ses papiers périmés. Après avoir rejoint le jeune Pied-noir dans la vallée, il a regagné avec lui Marseille en auto-stop.

Prévost s'est rendu à Alicante où, après leur avoir fait un rapport sur l'attentat du Petit-Clamart, il a participé à une réunion d'état-major avec Jean-Claude Pérez, le colonel Dufour et quelques figures de l'O.A.S. algéroise. Alors qu'il espérait parler des subsides nécessaires au salut de ses compagnons, il a seulement assisté à une véritable cour martiale. Evoquant des indélicats qui auraient conservé des sommes d'argent sorties d'Algérie pour le compte de l'organisation, il a entendu les exilés proposer de « nettoyer le paysage au lance-flammes ». Déçu, n'écoutant pas ceux qui auraient voulu qu'il restât à Alicante à attendre des jours meilleurs, il s'en est allé sans un sou à San Sebastián où, enfin, Pierre de Villemarest, installé dans un appartement de la Concha depuis quelques jours avec Danièle Martin, lui a remis 20 000 francs sur ses deniers personnels.

Villemarets a quitté précipitamment Paris au début du mois après avoir reçu à l'A.F.P. un coup de téléphone de son correspondant à la D.S.T.

## Chap. 91. – *Les conjurés sont pris*

qui lui conseillait d'avancer la date de ses vacances. Déjà alerté quelque temps plus tôt par le déploiement de policiers dans les parages d'une brasserie des Champs-Elysées où il avait rendez-vous avec le commandant Botella et, craignant surtout d'avoir été repéré après le grenadage d'un café musulman qu'il a lui-même dirigé au volant d'une 203 Peugeot décapotable rue de Gergovie, dans le XIV$^e$ arrondissement, il s'est empressé d'écouter le conseil du policier.

Désireux de rapporter au plus vite l'argent de Villemarest à ses compagnons, Prévost a franchi à pied la frontière avec le fils du colonel Dufour tandis que des sympathisants de l'organisation qui n'avaient rien à redouter des douaniers et des policiers français la traversaient à bord de l'Aronde de location.

Aujourd'hui, le 5 septembre 1962, il est un peu plus de 14 heures et La Tocnaye déjeune rue Chappe avec Jacques Prévost dans le studio où il a entreposé sa mitraillette et celles de Condé et Magade. La Tocnaye projette de partir le lendemain avec Georges Watin à bord d'un avion de tourisme piloté par Jacques Souchère qui a déjà souvent déjoué les radars frontaliers en volant en rase-mottes. Les deux hommes ne peuvent évidemment pas savoir que des policiers alertés par des Montmartrois intrigués par son immatriculation algéroise ont tendu une souricière alentour de la Bel Air. Ils ne savent pas plus que Pascal Bertin a été appréhendé la veille en fin d'après-midi, alors qu'il avait rendez-vous avec sa sœur au rayon librairie de la Samaritaine. Et ils ignorent également que Magade a été arrêté dans la nuit au cours d'un contrôle de gendarmerie à Tain-l'Hermitage alors que, parti de Marseille, il se rendait à Lyon avec Buisines, dans l'intention de tenter de percevoir un secours financier auprès du service d'aide aux rapatriés. Le jeune Pied-noir qui conduisait la Dauphine dans laquelle les deux conjurés du Petit-Clamart avaient pris place a tendu des papiers en règle aux gendarmes et si, cette fois, ceux de Buisines ont satisfait les contrôleurs, le chef du barrage, après avoir consulté un fichier, s'est aperçu que Magade était déserteur.

Alphonse Constantin, qui n'était pas très malade à la veille de l'attentat, mais qui avait eu seulement peur d'avoir peur durant l'action, rejoint La Tocnaye et Prévost au moment où ils achevaient leur déjeuner tardif et il les quitte tout aussitôt avec la mission de rendre à une agence Mattei l'Aronde louée à Marseille.

Pendant ce temps, Pascal Bertin, après avoir revendiqué avec fierté son appartenance à l'O.A.S. au Quai des Orfèvres, tient tête aux policiers qui ont saisi dans sa serviette des plans d'attentats, un jeu de chiffres et de lettres en plastique destiné à falsifier des plaques minéralogiques et une clé accrochée à une étiquette portant le numéro 26. Pierre Magade, lui, est interrogé dans les locaux de la P.J. de Lyon où il a été amené par deux inspecteurs dépêchés à Tain-l'Hermitage par le commissaire Geneston. Les gendarmes, qui comme tous bons militaires n'aiment pas les déserteurs, lui ont fait avouer qu'il était membre de l'O.A.S.

Les policiers lyonnais ne refont pas à Magade le coup du mépris qui a réussi aux gendarmes. L'un d'eux choisit de faire jouer la chanterelle en lui promettant, parce qu'il est pied-noir, qu'il bénéficierait d'une mansuétude particulière s'il se montrait coopératif. A bout de nerfs, le jeune homme craque et, alors que son questionneur n'en espérait pas tant, il parle du Petit-Clamart !

— Je ne te crois pas, feint de s'étonner l'inspecteur. Ce n'étaient pas des minables petits déserteurs de ton acabit qui se trouvaient là-bas, mais des durs ! Qu'est-ce que tu pourrais savoir sur cette affaire ?

Magade s'effondre un peu plus et murmure :

— Tout ! Puisque j'y étais.

Et il narre en détail sa journée du 22 août.

A 17 heures, alors que Philippe Castille vient d'être condamné à vingt ans de réclusion, La Tocnaye sort le premier dans la rue Chappe avec la valise contenant les trois mitraillettes. Prévost le suit avec une serviette bourrée de documents de l'O.A.S. et de l'argent remis par Villemarest. Le matériel déposé dans le coffre de la Bel Air, il démarre et vire lentement dans la rue Berthe où, tandis qu'une douzaine de policiers jaillissent soudain des entrées d'immeubles, une voiture lui barre le passage.

La Tocnaye n'a pas le temps de se servir de son pistolet. Empoigné, menotté, il est d'abord conduit avec son compagnon d'infortune au commissariat de Montmartre. Les deux hommes sont ensuite transférés au Quai des Orfèvres où, dans un bureau de la brigade criminelle, le commissaire Pierre Ottavioli qui a dirigé leur arrestation, petit homme sec à l'élégance discrète, visage fin, œil malin et qui ne hausse jamais la voix, les interroge en vain jusqu'au soir.

La Tocnaye prétend s'appeler Guillet. Le citant bien entendu sous le nom de Brémonville, il affirme avoir rencontré Prévost en Espagne. Il masque difficilement son trouble lorsque le commissaire Bouvier pénètre dans le bureau d'Ottavioli avec en main le chapeau abandonné par Bastien-Thiry au Petit-Clamart. Lorsque le patron de la brigade mobile lui demande : « C'est à vous ? Je crois bien qu'on vous a vu du côté du Petit-Clamart », il s'empare du couvre-chef qu'il sait trop petit pour lui, s'en coiffe et, toisant les deux commissaires d'un air goguenard, il nie encore sa participation à l'embuscade. Puis, dans l'espoir de brouiller les pistes, il déclare soudain : « Je suis le lieutenant Alain Bougrenet de La Tocnaye, officier de l'O.A.S. » et il prétend à nouveau revenir d'Espagne où, affirme-t-il, il effectuait depuis longtemps des missions de liaison.

La Tocnaye et Prévost étant ainsi tout près d'être confondus, Magade, amené de Lyon, confirme ses aveux à Paris. Reconnaissant sur des photos Bertin, Naudin et Watin, il affirme à nouveau qu'il faisait partie avec eux de la conjuration du Petit-Clamart. Les policiers, marquant point sur

## Chap. 91. – *Les conjurés sont pris*

point, grâce au bordereau de location de l'Aronde retrouvé sur Prévost, arrêtent aussi Alphonse Constantin alors qu'il ramenait la voiture à l'agence Mattei. Puis ils s'emparent d'Alexis Ducasse qui avait prudemment rejoint sa mère et son beau-père en Côte-d'Or.

Le jeune homme ayant parlé de la réunion qui a eu lieu chez lui le 21 août, le commissaire Bouvier, persuadé depuis le début de l'enquête que des Hongrois ont participé à l'attentat, lui montre des photos de réfugiés politiques et, comme Bertin, il désigne parmi ces clichés Marton et Varga. Interrogeant d'abord le frère du conducteur de l'Estafette jaune, comme lui mécanicien au garage Alma-Autos de l'avenue Rapp, les enquêteurs apprennent que Varga est très lié avec un autre Hongrois, un nommé Sari, habitant sur le même palier que lui au 48 *bis*, rue de Rivoli, et dont la fiancée travaille dans un grand hôtel.

Alors que les enquêteurs allaient aborder la compagne de Sari, une nouvelle fois servis par la chance, ils entendent une jeune femme très chic lui parler de Varga. Ils l'arrêtent et elle avoue l'avoir hébergé chez elle, à Versailles où ils se rendent et le maîtrisent sans qu'il ait eu le temps de saisir son pistolet Walter PP8 déposé sur la cheminée de sa chambre.

Il n'y a pas qu'en France que les affaires de l'O.A.S. vont mal. En Italie, en fin de matinée du vendredi 7 septembre, des carabiniers et des policiers venus de Rome cernent à Civita Marche, au bord de l'Adriatique, la villa Eugenia Bonaparte appartenant au comte Pucci, descendant en ligne directe de Napoléon I$^{er}$. Le bouclage terminé, le préfet de Macerata, Giuseppe Amato, donne à 11 heures le signal d'investir la villa qui, selon un coup de téléphone anonyme reçu la veille, devrait abriter Georges Bidault et les responsables de l'extrême droite européenne.

Georges Bidault, en attendant l'heure du repas, était en train de lire lorsque les carabiniers, n'ayant trouvé personne dans les autres pièces de la demeure, pénètrent dans sa chambre. Après avoir prouvé son identité, l'ancien Premier ministre, ironique, demande au préfet de Macerata :

— Pensiez-vous que je vous opposerais quelque résistance, tel un bandit pris au piège ?

D'abord conduit à Rome, le président du C.N.R. est expulsé vers la Bavière, qu'il a lui-même choisie comme nouvelle terre d'exil. Après cette affaire qui fait grand bruit dans la presse internationale, le général Gardet prononce à la Cour de justice militaire la condamnation à mort de Canal et condamne Jean-Marie Vincent, jugé en même temps que lui dans le cadre des attentats commis par la *Mission III*, à la réclusion criminelle à perpétuité.

Ces condamnations en annonçant d'autres, la police est renforcée à Paris par la création d'une brigade anti-hold-up dirigée par le commissaire Brunaud. En attendant que cette nouvelle unité fasse les preuves de son efficacité, la police classique démontre une nouvelle fois la sienne en arrêtant le 12 septembre 1962 Jacques Sidos alors qu'il venait de réunir chez lui, rue du Théâtre, dans le XVe arrondissement, quelques élèves de corniche admis à Saint-Cyr. Outre une inculpation de détention d'armes justifiée par la saisie de deux pistolets, Jacques Sidos est accusé de complicité de vol qualifié. Il lui est en effet reproché d'avoir renseigné trois hommes, Jean-Pierre Naudin qui, toujours en fuite, conduisait la voiture du trio, Alain Charrel et Georges Le Goulon, qui se sont présentés chez Mme Dubois, trésorière de la fondation de Lattre de Tassigny, afin de s'emparer du fruit d'une collecte organisée au bénéfice des rapatriés. Mais les 120 000 francs récoltés étant déjà déposés à la banque, le duo s'est contenté de 120 francs.

Alors que Sidos et ses jeunes compagnons sont menés à la P.J. et que La Tocnaye et Prévost, sans cesse questionnés depuis leur arrestation, ont fini par reconnaître qu'ils étaient au Petit-Clamart, le comte Horace Savelli comparaît devant la Cour militaire de justice.

Si tous les inculpés de l'affaire des réseaux O.A.S. dont Savelli était le fédérateur avaient dû être déférés en justice, la salle d'audience n'aurait certainement pas été assez vaste pour les accueillir. Lors de la gigantesque rafle lancée en Normandie, en Bretagne, en Vendée, dans le Maine et en haut Poitou, ils étaient en effet quelques centaines à avoir attiré l'attention des policiers et des gendarmes. Les juges d'instruction ont eu beaucoup de peine à faire le tri parmi ceux qui ont subi dix jours de garde à vue et la plupart ont été frappés d'un simple internement administratif. Parmi ceux-là, ironie du sort ! Jacques-Louis Delalande est le fils d'un député membre d'une commission parlementaire chargée d'enquêter sur l'usage abusif de cette mesure. Ce jeune avocat lavallois, militant de l'Action française et qui a combattu en Algérie comme enseigne de vaisseau de réserve à la D.B.F.M. où sa conduite au feu lui a valu d'être décoré de la Valeur militaire, a d'abord subi une perquisition en règle de son cabinet. Puis, durant ses dix jours de garde à vue, il a tenu tête aux policiers et au juge d'instruction qui voulaient lui faire avouer qu'il occupait dans la Mayenne de hautes responsabilités dans l'organisation.

Dès l'ouverture du débat, Horace Savelli, très droit dans un costume bleu marine, déclare sans ambiguïté :

— Oui, moi, ancien compagnon de la Libération, je suis devenu le chef de la 3e région de l'OA.S. et je revendique toutes les responsabilités qui m'échoient. Ce n'est pas là une simple formule, une simple boutade, comme certains en ont l'habitude. Ceux qui m'ont suivi et qui seront jugés dans cette salle doivent être rendus à leurs foyers, à leurs familles, moi seul entends supporter les conséquences de mes actes.

Martelant chaque mot, le maire de La Chapelle-sur-Erdre explique son engagement :

— Les hommes ici présents ne se connaissaient pas. Mais ils étaient animés par un patriotisme intransigeant. Ils avaient le sens de l'honneur et l'amour du patriotisme national. Ils savaient l'enjeu de la lutte entre l'Ouest et l'Est et le rôle stratégique de l'Algérie française. Ils ont donc manifesté leur inquiétude quand ils ont vu s'écarter les deux rivages méditerranéens. Ensemble, nous avons forgé des chaînes d'amitié dont ils ont été les maillons.

Très ému malgré le ton sec qu'il affecte d'employer, le compagnon le la Libération, avant de s'en tenir à un silence comparable à celui de Salan durant son procès, évoque l'esprit qui animait les Forces françaises libres :

— Je n'oublie pas, souligne-t-il en effet, la dernière mission qui avait été confiée à mon ancien chef F.F.L., le général Leclerc : conserver l'Afrique du Nord à la France.

Et il poursuit :

— Je voudrais encore pouvoir me consacrer au sauvetage de l'héritage qui nous a été transmis. Mais me tournant vers la jeunesse, je lui dis : Qu'il n'y ait plus d'abandon, qu'il n'y ait plus de parjure. Trouvez, vous, jeunes gens, les leçons nécessaires pour conduire la patrie vers de vastes horizons.

Pendant que débute le procès de la Chouannerie du XX$^e$ siècle, comme quelques journalistes ont baptisé les réseaux O.A.S. de l'Ouest, séparant adroitement le vrai du faux parmi le flot de bobards que leur ont servi sitôt arrêtés les agresseurs de la trésorière de la fondation de Lattre de Tassigny, surtout Georges Le Goulon, un ancien militaire qui a été prisonnier du Viêt-minh, les hommes du commissaire Bouvier procèdent à de nombreuses autres interpellations. C'est ainsi que François de Chassey, revenu à Paris au début du mois et qui, sans un empêchement de dernière minute, aurait dû participer à la réunion chez Jacques Sidos, est cueilli dans la cage d'escalier de son immeuble, près du square de la place Cambronne.

Après avoir feint de ne pas les connaître lorsqu'il a croisé Jacques Sidos et quelques membres de son réseau dans les couloirs de la P.J., Chassey se cantonne dans un mutisme total. Dans l'espoir que cette mesure le rendra plus bavard, les policiers arrêtent également sa mère et lui signifient une garde à vue de quinze jours.

Continuant à traquer le faux Murat, les policiers finissent par apprendre qu'il a passé la nuit du 2 au 3 juillet à l'hôtel de la Poste à Dinan, en Bretagne. Les hôteliers précisent qu'il était accompagné par deux hommes, dont l'un, un grand costaud, était boiteux. Et, après avoir consulté leurs fiches, ils annoncent également aux enquêteurs que le pseudo-Murat avait téléphoné dans le Lot-et-Garonne, au 7 à Lauzun.

Grâce à ce renseignement, l'enquête remonte aux époux Larrieu qui, une fois ramenés à Paris, avouent avoir hébergé des partisans de l'Algérie française. Puis M. Larrieu, huissier de justice, parle du colonel Niaux, l'ancien chef de La Tocnaye en Algérie aujourd'hui retraité à Agen, avec qui il a parfois rencontré un certain Bernard Murat et Armand Belvisi. Il reconnaît également avoir reçu au début du mois de juillet La Tocnaye et Watin et qu'ils ont évoqué devant lui l'imminence d'un attentat contre de Gaulle. Et Mme Larrieu s'empresse de rappeler qu'elle a chassé ses encombrants visiteurs au bout de quarante-huit heures.

Persuadé que le colonel Niaux est le *Didier* du Petit-Clamart, le commissaire Bouvier ordonne son arrestation. Les policiers chargés de cette mission découvrent à son domicile quelques détonateurs et ils s'apprêtent à le conduire au commissariat d'Agen, lorsque le facteur glisse dans sa boîte à lettres une carte postale signée Marie-Madeleine, Thérèse, Bernard et Bébé et affranchie à Rians, dans le Var.

Même si le colonel Niaux et son épouse refusent de révéler les identités de leurs correspondants, les policiers devinent que Bernard est le mystérieux Murat, qu'ils prennent toujours pour le capitaine Souètre. Si le colonel Niaux, très diminué par une longue maladie, nie toute participation à l'affaire du Petit-Clamart, il admet que ses amis Godard et Dufour lui ont ordonné il y a quelques mois de porter assistance à l'O.A.S. Ne se contentant pas de ces déclarations, le commissaire Bouvier le fait ramener le 14 septembre à Paris et là, de plus en plus marqué par la souffrance, Niaux lui déclare :

— Vous voudriez que je sois le commandant du bateau, mais je ne le suis pas. Mais ne vous en faites pas, en ce qui me concerne, et uniquement en ce qui me concerne, je saurai prendre toutes mes responsabilités. Maintenant, cher monsieur le commissaire, je suis fatigué. Je demande qu'on m'accorde un peu de repos.

Au matin du 15 septembre 1962, le commissaire Bouvier, s'en tenant à ses dernières déclarations, se dit que le colonel Niaux qui a choisi de passer la nuit au dépôt du Quai des Orfèvres plutôt que sur le lit de camp qu'il proposait de faire installer dans son bureau, lui fera des révélations. Mais ses gardiens retrouvent le colonel mort, pendu dans sa cellule.

Quelques heures après ce décès, le lieutenant-colonel Bastien-Thiry, rentré la veille d'Angleterre où il a assisté au meeting aérien de Farnborough avec une délégation du ministère de l'Air, est à son tour arrêté chez lui à Bourg-la-Reine par des policiers qui le prient poliment de bien vouloir les accompagner au Quai des Orfèvres où, précisent-il, le commissaire Bouvier voudrait le confronter à quelques individus soupçonnés d'avoir participé à l'affaire du Petit-Clamart.

Bien que reconnu par Magade, Ducasse et Prévost, Bastien-Thiry nie l'évidence. Pendant que le commissaire Bouvier le questionne avec ménagements, des policiers perquisitionnent chez lui et dans son bureau du ministère de l'Air. Mais leurs fouilles ne donnent rien car Bastien-Thiry s'est débarrassé de tous ses documents compromettants avant l'attentat du Petit-Clamart. Les inspecteurs ramènent tout de même au Quai des Orfèvres, parmi quelques autres papiers sans importance, un morceau de journal sur lequel est griffonné au crayon : « Hubert Leroy, Terminus Vaugirard. »

Il est vite établi que le lambeau de journal correspond à une édition de *Paris-Presse* du 21 août 1962. Un rapide contrôle à l'hôtel de la rue de

Vaugirard permet de constater qu'un nommé Leroy y est descendu en début d'après-midi la veille de l'attentat. Le commissaire Bouvier est certain de tenir le chef de la conjuration. Mais ce n'est qu'au matin du lundi 17 septembre que Bastien-Thiry lui déclare enfin d'un ton ferme :

— Monsieur le commissaire, vous m'avez, hier, placé devant certaines évidences. Il est inutile de nier. J'ai effectivement participé à cet attentat. J'en ai été l'instigateur et je vais m'expliquer.

Tandis qu'un policier tape ses aveux à la machine, sans jamais dénoncer personne, le lieutenant-colonel Bastien-Thiry, comme s'il s'adressait déjà à ses juges, ne montre aucun regret en expliquant ses raisons de vouloir éliminer de Gaulle.

En même temps qu'elles saluaient de manière quasi certaine la mort de l'O.A.S., les rafales du Petit-Clamart auront une incidence directe sur la vie des Français. Le général de Gaulle, sitôt après l'embuscade, a confié au colonel de Boissieu :

— Je crois que cet attentat manqué va créer une certaine émotion dans l'opinion, je vais en profiter pour achever la Constitution à laquelle j'avais pensé à Bayeux et pour laquelle j'avais réservé l'élection du chef de l'Etat. Eh bien maintenant, je suis certain qu'il faut, justement pour conjurer ce genre de menace sur la vie du chef de l'Etat, le faire élire au suffrage universel et, croyez-moi, cela va faire beaucoup de bruit.

De Gaulle a tenu sa promesse puisque, au soir du jeudi 20 septembre 1962, il déclare à l'exorde d'une allocution radiotélévisée :

— Depuis que le peuple français m'a appelé à reprendre officiellement place à sa tête, je me sentais naturellement obligé de lui poser, un jour, une question qui se rapporte à ma succession, je veux dire, celle du mode d'élection du chef de l'Etat. Des raisons que chacun connaît m'ont récemment donné à penser qu'il pouvait être temps de le faire.

Le miraculé du Petit-Clamart tranche la question un peu plus loin, dans son allocution en forme de bilan de la V$^e$ République :

— Or, la clé de voûte de notre régime, rappelle-t-il, c'est l'institution nouvelle d'un président de la République désigné par la raison et le sentiment des Français pour être le chef de l'Etat et le guide de la France. Bien loin que le président doive, comme naguère, demeurer confiné dans un rôle de conseil et de représentation, la Constitution lui confère, à présent, la charge insigne du destin de la France et celui de la République. Suivant la Constitution, le président est, en effet, garant – vous entendez bien ? garant – de l'indépendance et de l'intégrité du pays, ainsi que des traités qui l'engagent.

Les ennemis du Général, ceux de l'OA.S. qui, depuis son discours du 16 septembre 1959 annonçant l'autodétermination des Algériens aujourd'hui réalisée, le combattent justement pour n'avoir pas su la conserver, ont sursauté en entendant les mots « intégrité du pays ». Et la plupart de ceux-là, qui s'en veulent aujourd'hui de lui avoir facilité en 1958 le retour au pouvoir, regrettent une nouvelle fois qu'il ne soit pas mort au Petit-Clamart. Ils ne l'écoutent plus lorsque, survolant les articles 8,10,13,52,15 et 16 de la Constitution de 1958, il énumère les charges qui incombent au président de la République. Pas plus lorsqu'il rappelle que, faisant ainsi un premier pas vers l'élection du président de la République au suffrage universel, il avait accepté en 1958 que celui-ci soit désormais porté au pouvoir par un collège d'environ 80 000 élus. Et ils ne lui prêtent guère plus d'attention, lorsque, après avoir évoqué les « démons de nos divisions » et les « entreprises factieuses de quelque côté qu'elles viennent » qui tenteraient de ramener le pays au « funeste système d'antan », il annonce :

— ... je crois donc devoir faire au pays la proposition que voici : quand sera achevé mon propre septennat ou si la mort ou la maladie l'interrompaient avant le terme, le président de la République sera dorénavant élu au suffrage universel.

Bien que sa démarche n'ait pas été provoquée par l'intervention radiodiffusée du général de Gaulle, Chateau-Jobert, qui a déjà concrétisé ses réflexions politiques élaborées au cours d'une nouvelle retraite religieuse et de longues discussions avec Robert Martel dans son *Manifeste politique et social* dont les cent cinquante pages ont été ronéotypées par le capitaine Lagneau, un officier du Génie qui a combattu au sein des *collines* oranaises, annonce le 21 septembre la création du Mouvement français de combat contre-révolutionnaire.

Dans le document fondateur du M.C.R., l'ancien chef de corps du 2ᵉ R.P.C. proclame qu'il n'est pas d'accord avec les projets de lutte armée dont Dufour, Pérez et Watin, qui est passé en Espagne après l'arrestation de La Tocnaye, lui ont fait part. Et il avertit qu'il ne suffira pas à quiconque voudra adhérer à son mouvement de se réclamer de l'O.A.S., mais qu'il lui faudra surtout s'engager à renoncer aux hold-up et plasticages.

Tandis que Chateau-Jobert, à l'initiative de Charlotte Mazurier, jeune veuve de médecin militaire et fille de général qui fait de fréquents allers et retours entre la France et l'Espagne en passant son courrier, a rencontré le colonel Thomazo et que celui-ci lui a conseillé de rejoindre en Italie le C.N.R., les Français s'apprêtent à aller une nouvelle fois aux urnes. Mais ce n'est pas cette perspective qui pousse les derniers partisans de l'O.A.S. à continuer un combat d'arrière-garde que les plus lucides d'entre eux savent voué à l'échec. La plupart de ceux qui ont fait la guerre à l'A.L.N. en Algérie ne sont animés que par le respect de la parole donnée aux Musulmans fidèles aujourd'hui abandonnés, alors que la plus grande partie des jeunes Pieds-noirs rapatriés, eux, ne songent qu'à la vengeance.

Quant à moi, c'est à Lorient que j'ai vécu les derniers soubresauts de l'Algérie française dont, depuis le retour de mon bateau, je n'ai plus jamais reparlé avec mon épouse, à cause sans doute de l'indicible remords qui me ronge toujours de ne pas avoir été auprès d'elle lorsque des soldats français ont tiré sur l'appartement de sa mère. Ce n'est qu'avec quelques gradés des commandos, maintenant instructeurs à l'école des fusiliers marins rapatriée du cap Matifou, que j'évoque l'Algérie. Avec une poignée d'entre eux, nous « jouons » à l'O.A.S., ce qui me vaut quelques accrochages avec des militants de la C.G.T. travaillant à l'arsenal et sans doute bien renseignés par les agents de la Sûreté navale qui ne peuvent ignorer que j'ai ramené de Saint-Pierre-et-Miquelon une caisse de cartouches de 11,43 que j'ai confiée au maître Montjaux, mon ancien chef de groupe de *Jaubert,* maintenant instructeur au stage commando.

Comme le général de Gaulle l'avait prédit à son gendre, sa décision d'imposer l'élection du président de la République « fait du bruit ». Qu'ils soient de gauche ou de droite, lorsqu'ils prennent connaissance du message que le Général leur adresse à ce sujet le 4 octobre 1962, qui se termine par ces mots : « Puissiez-vous, mesdames, messieurs, les députés, mesdames, messieurs, les sénateurs, partager, sur ce grave sujet et en ces graves circonstances, ma confiance et mon espérance ! », les élus semblent prêts à faire bloc afin de contrarier ce projet. Ceux du M.R.P. déposent illico avec les radicaux et les socialistes une motion de censure à l'encontre du gouvernement et Gaston Monnerville accuse le Général de « forfaiture ».

Le Général s'adresse une nouvelle fois à la population au soir de ce 4 octobre pour lui annoncer que le référendum se déroulera le 28 et, le lendemain, la motion de censure est adoptée au Palais Bourbon par une majorité de quatre-vingts voix. Georges Pompidou est donc contraint de présenter le 6 octobre sa démission au président de la République, mais celui-ci lui ordonne de rester en place avec ses ministres jusqu'à ce que la crise se dénoue.

La grande majorité des rapatriés adoptent la même attitude que les communistes, leurs ennemis au temps de l'Algérie française, qui appellent à voter « Non » et l'O.A.S. moribonde espère que la chute du gouvernement entraînera celle de De Gaulle. Mais le président de la République, alors que le colonel Gorel est tombé la veille aux mains de la police à Marseille, contre-attaque en prononçant le 10 octobre la dissolution de l'Assemblée après en avoir, comme l'exige la Constitution, discuté avec Jacques Chaban-Delmas, président de la Chambre des députés, et Gaston Monnerville, président du Sénat à qui il a refusé de serrer la main après tout juste deux minutes d'entretien. Le premier tour des élections législatives étant fixé au dimanche 18 novembre et le second au 25, la France politique s'enfièvre chaque jour un peu plus. Bidault et Soustelle, pour une fois sûrs d'être obéis même s'ils ne sont pas entendus, appellent à voter « Non » comme les communistes qui réclament leur arrestation.

Le colonel Gorel emprisonné, la source d'argent est désormais presque tarie pour les chefs de l'O.A.S. espagnole qui ne connaissent pas ses comptes secrets ni les dirigeants des sociétés qui ont accepté de faire fructifier dans leurs entreprises le trésor de l'O.A.S. ramené d'Algérie et estimé à plus de trois milliards d'anciens francs. Sans parler de Chateau-Jobert qui tente de vivre un peu en marge de l'O.A.S., les responsables historiques de l'organisation en Espagne, Bernard Lefèvre, Gardes, Dufour et Vaudrey, comme Pérez et Gardy, ont de plus en plus de mal à répondre aux sollicitations financières des anciens des *deltas* algérois et des *collines* oranaises, qui affectent de ne pas se mélanger à Alicante, Valladolid, San Sebastián, Tarragone et Arenys de Mar.

L'O.A.S. est en France tout aussi impécunieuse. Ses prisonniers, à part ceux qui sont de familles aisées, ne reçoivent d'aide que de la Croix-Rouge et, surtout, du S.P.E.S., le Secours populaire aux familles des personnes épurées ou sanctionnées créé en 1961 à Paris par le professeur Jean La Hargue et qui ne cesse de collecter à leur intention des fonds, des vivres et des vêtements.

Pendant que leurs amis exilés en Espagne sont confrontés à une situation financière qui ne peut aller qu'en empirant, indifférents à l'agitation politique, quelques anciens maquisards de l'Ouarsenis se sont regroupés dans la région de Toulouse autour de l'adjudant-chef Georges Muzzati. Usant maintenant de la fausse identité d'Ange Toselli, l'ancien rebelle du Chelif a reformé un petit commando baptisé *Albert 311* et qui comprend « Guy 403 », l'ancien garde-mobile d'Alger, Jean-Pierre Romanino, le grand Raymond Thomann, Yvon Brochet et Christian Fernandez.

Brochet et Fernandez ayant été arrêtés la veille, « Guy 403 » et Jean-Pierre Romanino sont repérés à Toulouse au soir du 18 octobre 1962 par trois policiers du S.R.P.J. qui tentent de les arrêter dans la rue Montplaisir, près du jardin des Plantes. Une fusillade éclate. Derauw, touché, laisse échapper son arme en tombant, hurle à son compagnon de fuir sans se soucier de lui et, honorant sa parole donnée dans l'Ouarsenis, réussit à reprendre son pistolet et se suicide.

Après l'accrochage toulousain, l'O.A.S. métropolitaine n'en finit pas de prendre des coups. Alors que le C.N.R. avait ordonné une interruption de l'opération *Alpha*, dans l'espoir fou que la population française chasserait elle-même de Gaulle par la voix des urnes, 62,25 % des Français ayant voté approuvent le 28 octobre l'application du suffrage universel à l'élection présidentielle.

Après ce succès gaulliste, le C.N.R., qui dispose maintenant de la minuscule mais tout de même officielle agence de presse Teamstar créée par Paul Ribeaud à Munich avec Ingrid Gallmeister, une belle et grande jeune femme à la blondeur walkyrienne recrutée par petites annonces, se réunit au complet à Lisbonne et augmente d'un nouveau vice-président, Gardy, qui lui apporte en dot quelques dizaines de millions d'anciens francs ramenés d'Oran. S'étant ainsi renforcé et enrichi, le C.N.R. fait courir dans Paris la rumeur que le Sénat va prononcer sous peu la destitution du président de la République et que l'armée assurera la transmission du pouvoir.

Mais rien ne se passe et, alors que l'O.A.S. parisienne est encore un peu plus affaiblie par l'arrestation du commandant Raymond Muelle et, à un degré moindre, par celles de Dominique Pierini et d'un autre fonctionnaire de la préfecture de Police, le général de Gaulle sort une nouvelle fois vainqueur des élections législatives. Après avoir obtenu 31,9 % des suffrages exprimés dès le premier tour du dimanche 18 novembre, l'U.N.R. gaulliste a en effet triomphé au soir du dimanche 25 novembre.

L'U.N.R. faisant bloc avec l'U.D.T., l'Union démocratique du Travail, dont le secrétaire général est le compagnon de la Libération Jacques Baumel, le général de Gaulle disposera d'un groupe puissamment majoritaire de 229 députés. Quant à la S.F.I.O., elle a obtenu 65 sièges et son allié dans l'opposition, le parti communiste, qui lui a accordé ses reports de voix dans de nombreuses circonscriptions, en occupe 41, soit 31 de plus qu'aux élections précédentes. Quant à l'extrême droite, alliée naturelle de l'O.A.S., elle a perdu ses 12 sièges.

La grâce que le président de la République accorde le 28 novembre 1962 à Jouhaud et Canal ne calme pas la rancœur des derniers partisans de l'O.A.S., ni les manœuvres politiques du C.N.R. au sein duquel Georges Bidault prône l'abandon définitif de l'opération *Alpha*. Il est en effet peu soucieux de donner à de Gaulle, en cas d'échec, de nouveaux prétextes pour raffermir son pouvoir et son prestige auprès des Français.

Mais, au fil des semaines rythmées par les procès des prisonniers de l'O.A.S., il est au moins un membre de l'organisation qui n'oublie pas ses projets de vengeance et qui se moque des conséquences que l'échec ou la réussite de sa vendetta provoquerait. C'est Watin qui, de sa cachette proche de la frontière espagnole, travaille déjà à la mise sur pied d'autres attentats.

En Espagne, Chateau-Jobert est allé rencontrer à Barcelone Nicolas d'Andréa venu de Belgique et qui lui a proposé de se charger désormais du tirage de son bulletin contre-révolutionnaire. Rentré à San Sebastián enchanté, il est vite revenu sur sa première impression en s'apercevant que l'Algérois s'est empressé de faire ronéotyper et diffuser ses textes sur du papier affichant le sigle de l'A.C.R., l'Armée du Christ-Roi, avec laquelle il n'a rien à voir.

Un froid polaire règne sur la France en cette fin d'année tragique pour les Pieds-noirs. Jean Sarradet qui, à son arrivée en France, a trouvé un emploi de cadre dans une société vinicole, partage avec son père et sa mère, venus de Castelsarrasin passer les fêtes avec sa compagne Anne Lœsch, la petite maison sans confort qu'il loue près de Beaune au lieu-dit la Montagne.

L'habitation est minuscule et tout le monde se serre dans son unique chambre et s'y chauffe à l'aide d'un radiateur au gaz butane. Revenant d'un voyage au cours de la nuit du jeudi 27 au vendredi 28 décembre, Anne Lœsch retrouve Jean Sarradet et ses parents morts, asphyxiés. Si certains songent à un règlement de comptes, il est pourtant clair que seul le mauvais fonctionnement du chauffage au butane est à l'origine du drame. D'autres accidents identiques ont causé la mort de six personnes et de nombreux cas d'asphyxie passagère.

Au soir du 31 décembre 1962, le général de Gaulle estime au cours d'une allocution radiodiffusée et télévisée de l'Elysée que les Français ont vécu une année qui a, « dans le bon sens, marqué le destin de la France » et il leur rappelle que « quand commença 1962, on se tuait encore en Algérie, tandis que complots et attentats se prolongeaient en métropole ».

Sitôt après les vœux présidentiels, mon ami Guy Jacquemin, ex-gradé du cadre spécial qui a combattu en Algérie au commando *De Penfentenyo*, s'empresse d'aller tendre sur le monument aux morts de Toulon une large banderole noire portant en lettres blanches le sigle O.A.S.

Dans les premiers jours de janvier 1963, Chateau-Jobert, toujours remonté contre Nicolas d'Andréa, suit les conseils de Charlotte Mazurier et de Thomazo. Il décide d'aller discuter en Italie avec les membres du C.N.R. Passant par la Suisse avec son secrétaire, le D$^r$ Max Sdrojewski, il rencontre Argoud à Milan. Lorsque son homologue en grade et en taille, ne saisissant pas d'emblée les buts de son action à caractère politique et social, lui demande quelle sera sa position vis-à-vis de Bidault, il lui répond, très sûr de lui, que si l'ancien ministre des Affaires étrangères acceptait d'adopter tous les points de son programme fortement inspiré par les thèses de Martel, il ne verrait aucun inconvénient à travailler avec lui. Sinon, menace-t-il, il ne suivrait pas la même route que lui.

Aussi mal engagée, la discussion ne s'éternise pas. Les deux officiers se séparent sans avoir trouvé un terrain d'entente. Et ce n'est pas la brève conversation téléphonique que Chateau-Jobert engage avec Bidault le lendemain qui arrange les choses. Bien au contraire même, puisque tout aussitôt après cet entretien, Chateau-Jobert rentre en Espagne par le même itinéraire qu'à l'aller. Revenu à San Sebastián quelque peu amer de n'avoir pas convaincu le président du C.N.R. de se rallier à sa façon de concevoir le combat futur contre le gouvernement, il se replonge dans sa quête intellectuelle et s'attelle à la rédaction de sa *Doctrine d'action contre-révolutionnaire*.

Pendant que « Conan » s'isole, Roger Frey, accréditant la thèse d'une participation de l'O.A.S. au drame de Charonne, confie à *La Nouvelle République* ces propos qui paraissent le 10 janvier 1963 : « Des provocateurs avaient été disposés par l'O.A.S. qui désirait que la faiblesse du gouvernement face au communisme incite l'armée à basculer en sa faveur. Nous en avons eu la preuve lors de la saisie de certaines lettres de Vincent, l'adjoint de Canal, dit le Monocle à la direction de la branche Action, à ses partisans, qu'il félicite pour avoir bien travaillé au cours de la manifestation : "Les groupes *Alfa I* et *II*, *Ramsès* et *Baghera* ont très bien travaillé ce jour-là", écrit Vincent. Les papiers du capitaine Curutchet décrivent également avec beaucoup de précisions l'effectif du commando utilisé, déguisé avec des tenues de gardiens de la paix, armé de vrais bidules et chiffrant même le coût de l'opération. »

Le ministre de l'Intérieur, qui ne désespère pas d'éradiquer enfin l'O.A.S., a étayé son propos sur un document saisi parmi d'autres paperasses après l'arrestation d'Henri d'Armagnac, dans le pavillon de Jean-Marie Vincent à Puteaux et dans une villa où Curutchet venait de temps en temps s'abriter. Selon l'O.A.S. ce papier était destiné à justifier une demande de fonds adressée à Curutchet suivant le procédé utilisé en Indochine et à un degré moindre en Algérie par des commandants de secteur qui déclaraient à l'Intendance des groupes fictifs de supplétifs afin d'obtenir des rallonges de budget. De toute façon, très peu de gens ont apporté du crédit aux déclarations du ministre de l'Intérieur.

Le capitaine de corvette Woringer organise à Paris au nom du C.N.R. une réunion opérationnelle rue de Rennes, au domicile du très généreux Jacques Souchère. Jacques Perret et le lieutenant de vaisseau Georges Buscia, déserteur depuis le 10 septembre 1962, participent entre autres à cette séance de travail destinée à définir une nouvelle stratégie d'attentats contre le chef de l'Etat.

Quelques jours après cette réunion, le procès des conjurés du Petit-Clamart s'ouvre au Fort-Neuf de Vincennes le 28 janvier 1963 et la Cour militaire de justice est présidée une nouvelle fois par le général Gardet. Le général Binoche, le colonel Reboul, le colonel Boquet et l'adjudant-chef Latreille y sont juges et le rôle d'accusateur public est, cette fois, dévolu à M. Sudaka.

*

## — 92 —
## Un procès agité et un nouveau complot

Les contumax Georges Watin, Gyula Sari, Serge Bernier, Lajos Marton et Louis de Condé seront jugés comme leur chef et leurs compagnons emprisonnés pour le délit d'attentat contre l'autorité de l'Etat avec usage d'armes. Bastien-Thiry, Bernier, Bertin, Buisines, Condé, Constantin, La Tocnaye, Magade, Marton, Naudin et Prévost répondront également du délit d'infraction à la législation concernant les armes, les munitions et les explosifs. Cinq des inculpés, Bernier, Buisines, Condé, Constantin et La Tocnaye sont en plus accusés de complicité de contrefaçon de documents délivrés par les autorités publiques et d'usage de ces documents.

Le procès commence mal pour le président Gardet car les dix-neuf défenseurs des accusés, menés à la bataille politique par M$^{es}$ Tixier-Vignancour, Isorni et Le Corroller, saisissant le prétexte que la cour est illégale, ont en effet conseillé à leurs clients de refuser de comparaître à sa séance d'ouverture. Alexis Ducasse, celui qui a le moins à craindre du tribunal, est donc seul à faire face à ses juges.

Les avocats n'ont pas tort d'arguer de l'illégalité de la cour qui, après les procès de Degueldre, Godot et Canal, se réunit pour la quatrième fois. Elle est arrivée au terme de sa compétence et doit être sous peu prorogée par une loi. Mais le président ne tient pas compte de leurs remarques et, la défense ayant arrêté une stratégie tendant à établir que Bastien-Thiry voulait enlever de Gaulle, une bataille d'usure s'engage.

D'arguties en arguties destinées à provoquer le renvoi de leurs clients devant la Cour de sûreté de l'Etat parce que cette juridiction autorise les recours en cassation, les avocats entravent le bon déroulement des débats. Cette attitude agace tellement les magistrats que le procureur militaire Pierre Aguiton, qui a requis en Algérie lors de procès F.L.N. et O.A.S. avec la même rigueur républicaine, a participé à la création des cours d'exception et refusé de siéger à celle-ci parce qu'il l'estimait illégale, ne peut s'empêcher de faire remarquer en privé à M$^e$ Tixier-Vignancour que sa stratégie risque de mettre en jeu la vie de ses clients. L'avocat béarnais lui répond qu'ils ne comptent pas et qu'il plaide seulement pour une cause.

Alors que M. Sudaka, malade, a été remplacé au ministère public par le procureur général Gerthoffer le mardi 5 février 1963, Me Tixier-Vignancour, après avoir rappelé qu'alors que Bastien-Thiry se plaignait de maux de gorge au cours de la séance du 2 février, le colonel Reboul a malencontreusement laissé échapper : « Il n'a qu'à moins parler ! », réclame la récusation de celui-ci.

L'avocat estime que cette ironie déplacée justifie à elle seule la disqualification du colonel Reboul. Afin d'étoffer sa demande, il ajoute que toute personne assimilée au grade d'officier n'est pas, en droit, un officier et que le colonel Reboul étant dans ce cas, l'illégalité de la Cour est ainsi affirmée.

Me Isorni se mêle au débat :

— Monsieur le président, messieurs les juges. J'ai, par un phénomène assez extraordinaire, à la minute même où M. le juge Reboul prononçait les mots qui allaient motiver la demande de récusation soumise par Me Tixier-Vignancour, reçu à mon domicile un pneumatique dont je suis obligé de donner lecture à la cour et qui m'était adressé par M. Boyer, ancien juge au tribunal de Radstadt.

Et Me Isorni lit un passage du texte de M. Boyer, qui participait en 1947 au Tribunal des crimes de guerre à Rastadt : « Au cours d'un délibéré réunissant M. Reboul, président, et quatre assesseurs dont je faisais partie, et alors que je ne partageais pas l'avis de notre président, je me suis entendu dire par ce dernier : "Mais qu'êtes-vous donc venu faire en Allemagne, si vous ne voulez pas condamner ?" »

Le reste du texte mettant encore un peu plus en doute son impartialité, le colonel Reboul s'insurge contre le procédé de la défense qu'il estime inélégant et, revenant aux maux de gorge de Bastien-Thiry, il affirme que les mots qu'il a prononcés le 2 février n'avaient pas le sens que Me Tixier-Vignancour veut leur donner. Me Le Corroller demande alors l'autorisation de lire le compte rendu sténographique de la fin de l'audience du 2 février. L'ayant obtenue, il martèle : « Le colonel Reboul (très bas) : "Il n'avait qu'à moins parler." »

Après une discussion serrée, le président suspend la séance afin de permettre au procureur général de définir si l'ordonnance organisant la Cour militaire de justice prévoit ou non la récusation des juges. Lorsque la séance reprend, le procureur Gerthoffer annonce d'une voix crispée :

— Dans ma longue carrière de magistrat, j'ai eu des devoirs fort pénibles. J'en vis un actuellement qui est particulièrement pénible pour moi, car jamais au cours de ma carrière je n'ai été amené à prendre des réquisitions contre un membre du barreau.

Et il affirme que la lecture de la lettre de M. Boyer représente à ses yeux « l'outrage le plus grave qu'on puisse adresser à un magistrat ». Il précise qu'il a fait procéder auprès de la Chancellerie à une enquête sommaire concernant l'auteur du pneumatique et il annonce que celui-ci a été congédié de la justice militaire en 1947, parce qu'il n'était pas le licencié en droit qu'il prétendait être. Puis, après avoir rappelé les termes du serment des avocats : « Je jure de ne rien dire ou publier de contraire aux lois, aux règlements, aux bonnes mœurs, à la sûreté de l'Etat, à la paix publique et ne de jamais manquer au respect dû aux tribunaux et aux autorités publiques », il exige la saisie du texte incriminé et l'immédiate radiation de M$^e$ Isorni.

Malgré une brillante plaidoirie de M$^e$ Tixier-Vignancour, le mercredi 6 février M$^e$ Isorni est interdit d'exercer durant trois ans. Lorsqu'il quitte le prétoire, les accusés se lèvent dans leur box et entonnent le *Chant des adieux*.

Pendant que le procès du Petit-Clamart se poursuit de manière si peu conventionnelle, le lieutenant Godot, déjà condamné à vingt ans de réclusion et sachant qu'il doit encore passer deux fois devant les juges militaires, a pris la décision de s'évader. Avec un ancien *delta*, Armand Irtaso, il s'est fait interner à l'infirmerie du C.N.O. de Fresnes. Là, avec une grande patience, les deux hommes ont peu à peu limé la partie supérieure de l'un des deux barreaux de fenêtre de leur chambre à deux lits. Au petit matin du jeudi 7 février 1963, ils enfilent des vêtements civils, guettent le passage des gardiens dont ils ont chronométré à la seconde près le va-et-vient. Quand ils les voient s'éloigner, ils défont sans bruit le barreau scié, se glissent au-dehors et se tapissent au ras du mur d'enceinte.

A 4 h 30, un complice de Godot se hisse sur le haut du mur extérieur à l'aide d'une corde à nœuds reliée à un grappin. Assis à califourchon, il fait glisser une seconde corde vers les candidats à la belle. Armand Irtaso s'en empare et commence son escalade. Il est déjà à la moitié de l'effort lorsque, alerté par le frottement de ses semelles sur la pierre, un des gardiens de ronde revient sur ses pas et prend Daniel Godot dans le faisceau de sa lampe torche.

Espérant donner à son compagnon le temps d'arriver au faîte du mur, le lieutenant se laisse empoigner sans résistance. Mais, juste au moment où Irtaso allait saisir la main de l'homme au grappin, celui-ci, devinant Godot en difficulté, se redresse en brandissant un pistolet et tire en l'air dans l'intention de ralentir les gardiens accourus à la rescousse dans des hurlements de sirènes. Abandonnant Irtaso au bout de sa corde, il se laisse glisser au bas du mur et rejoint la voiture qui attendait les évadés.

Godot et son compagnon, cette fois séparés, sont encore au fond d'un cachot où ils paient au prix fort leur tentative d'évasion, lorsque, le procès du Petit-Clamart traînant en longueur, Bastien-Thiry, parlant comme si le C.N.R. dont il se réclame disposait de pouvoirs légaux, expose une nouvelle fois sa vision des faits qui l'ont amené au Petit-Clamart au soir du 22 août.

— Je rappelle que le chef de l'Etat de fait a fait l'objet d'une condamnation à mort, par contumace, le 3 juillet. Cette date du 3 juillet n'a, semble-t-il, pas été choisie au hasard, puisqu'elle est celle où le chef de l'Etat de fait a reconnu, au *Journal officiel*, l'indépendance de l'Algérie, c'est-à-dire le jour où il a signé un texte aliénant le patrimoine national et français en Algérie. Il n'était donc que normal que la condamnation à mort soit prononcée ce jour-là. Elle a été prononcée par un tribunal militaire du C.N.R., qui groupait deux généraux et quatre colonels. Ces officiers étaient des officiers en activité, je le précise.

A la fin d'un très long monologue, Bastien-Thiry affirme, sans vouloir citer de noms, que de nombreux anciens ministres ont eu des contacts avec les dirigeants du C.N.R. Puis, assez théâtral dans le suspens et décidé à venir en aide à M$^e$ Isorni qui, se fiant à un document qui ne correspond pas du tout à celui que Sergent a établi en novembre 1961, a adressé une lettre ouverte à Valéry Giscard d'Estaing en lui attribuant le n° 12 B sur la liste des personnalités ayant adhéré à l'O.A.S., ce qui lui a valu en retour la menace d'une plainte en diffamation :

— Au nombre de ces élites qui sont plus ou moins associées à la résistance, rappelle-t-il, figure également le vieux corps, le grand corps qu'est l'Inspection des finances. Je pense que les traditions de l'Inspection des finances sont également semblables sur ce point aux traditions des anciens polytechniciens en ce sens qu'ils sont opposés à la démagogie, qu'ils sont opposés au pouvoir personnel, et qu'ils peuvent se raccrocher à des traditions nationales et républicaines. Par conséquent le nom du ministre que je veux citer, c'est le ministre de l'actuel gouvernement, qui est à la fois polytechnicien et inspecteur des finances.

Laissant à ses juges le temps d'accuser le coup, il poursuit sans passion apparente :

— Je tiens à dire que je n'étais pas décidé à citer ce nom, mais que je suis amené à le faire parce que je suis indigné par les manœuvres gouvernementales contre M$^e$ Isorni. Il est de fait qu'une lettre que M$^e$ Isorni a écrite à M. Giscard d'Estaing a été rendue publique dans la presse, les milieux gouvernementaux et parlementaires et qu'elle n'a nullement été démentie. Mais il est de fait, aussi, que récemment le gouvernement a porté plainte contre M$^e$ Isorni pour cette lettre. Or, cette lettre est rigoureusement exacte et, d'ailleurs, je crois savoir que la plainte qui a été déposée contre M$^e$ Isorni ne vient pas de M. Giscard d'Estaing lui-même, mais a été imposée en plus haut lieu par le gouvernement. Je vais donc retracer brièvement la carrière activiste de M. Giscard d'Estaing, ministre des Finances. Comme vous le savez, l'O.A.S. a été fondée à peu près au moment du putsch d'avril 1961. Après l'échec de ce putsch, le général Salan est entré dans la clandestinité et je pense que c'est vers le mois de juillet-août 1961 que le général Salan a pu, tout en restant dans la clandestinité, reprendre le commandement et le contrôle effectifs de l'O.A.S. C'est également, à ma connaissance, vers cette époque que différents réseaux ont été mis sur pied à Paris. M. Giscard d'Estaing, dès cette époque, était inscrit à l'O.A.S. dans l'un de ces réseaux. Ainsi que le dit M® Isorni dans cette lettre qui est publique, je le précise encore, M. Giscard d'Estaing était inscrit dans ce réseau sous le n° 12b. Personnellement et ainsi que beaucoup de personnes qui sont initiées, je sais qui est 12a, mais il n'y a aucune raison que je cite le nom de la personne qui est 12a. Cette personne, on sait, probablement, qu'elle appartient à l'entourage de M. Giscard d'Estaing. Le gouvernement sait aussi que cette équipe groupait un certain nombre d'inspecteurs des Finances et de hauts fonctionnaires du ministère des Finances et que la liaison entre cette équipe O.A.S. et le général Salan était faite par un de ses membres qui avait été en poste en Algérie et qui connaissait bien le général Salan. Je précise évidemment que personnellement, à cette époque, je n'étais pas inscrit à l'O.A.S., mais je l'ai su par des amis du C.N.R. Donc, à cette époque, juillet-août 1961, des contacts réguliers ont été entretenus entre le commandement supérieur de l'O.A.S. et cette équipe d'inspecteurs des Finances et de hauts fonctionnaires. Quels services l'O.A.S. demandait-elle à cette équipe ? Elle demandait d'être tenue au courant de certaines délibérations des conseils des ministres et c'est ce qui a été fait et, ainsi que M® Isorni l'a dit dans sa lettre, certains comptes rendus de conseils des ministres ont été, par ce canal, transmis au commandement supérieur de l'O.A.S. J'ajoute que, à ma connaissance, il y avait d'autres renseignements sur les conseils des ministres qui étaient demandés, mais je ne citerai qu'un fait, c'est que, comme vous le savez, nous avions prévu une opération pour le 8 août. Or, moi, je suis parti en Suisse au début du mois d'août.

Un peu plus loin dans son interminable exposé, l'homme du Petit-Clamart explique encore :

— Je précise également que M. Giscard d'Estaing avait eu l'intention de démissionner du gouvernement à plusieurs reprises, qu'en fait, il y est resté parce que d'un commun accord on considérait utile qu'un bon technicien des finances reste au gouvernement, même s'il n'approuvait pas la politique gaulliste.

Et, encore plus loin, il précise :

— M. Giscard d'Estaing a beaucoup de talent et d'ambition et lui-même est le premier à le savoir. C'est un fait connu dans les milieux du C.N.R. que le général de Gaulle, une fois mis hors d'état d'exercer son pouvoir, M. Giscard d'Estaing s'estimait assez bien placé pour devenir Premier ministre d'un gouvernement d'union nationale étant donné les relations qu'il entretenait d'une part avec la résistance et d'autre part avec les milieux politiques.

Et l'accusé glisse un peu plus dans le sensationnel en affirmant que le gouvernement actuel « sait depuis avril ou mai 1962 que M. Giscard d'Estaing était inscrit à l'O.A.S. ».

Interrogé au sujet de la plainte en diffamation que la Chancellerie a l'intention de déposer contre M® Isorni, Valéry Giscard d'Estaing répond :

— Mᵉ Isorni a entrepris, il y a plusieurs semaines, une campagne d'insinuations me concernant. En raison du caractère absurde de ces accusations, portant en particulier sur des appellations ou des activités dont je n'ai jamais entendu parler et dont il n'apportait jamais – et pour cause – aucun commencement de preuve, il s'agissait d'une manœuvre politique n'appelant que le mépris et elle a été traitée comme telle. Lors du procès des accusés de l'attentat du Petit-Clamart, Mᵉ Isorni a renouvelé, dans une enceinte de justice, ces insinuations, sans apporter, bien entendu aucun argument à l'appui de ses dires. J'ai demandé à M. le garde des Sceaux qu'une plainte en diffamation soit déposée par le parquet contre Mᵉ Isorni. Afin de ne pas entraver l'action de la justice pendant la durée de ce procès, il avait été convenu que cette plainte ne serait déposée que le jour où le verdict tomberait. Mᵉ Isorni n'assurant plus aujourd'hui la défense des accusés, le garde des Sceaux m'a informé qu'il déposait immédiatement la plainte en diffamation contre ce dernier. L'objet de cette plainte n'est pas d'obtenir la réfutation des accusations de Mᵉ Isorni auxquelles le bon sens populaire n'a attribué aucune vraisemblance, mais d'aboutir à la condamnation de procédés dont l'usage, heureusement réduit à quelques personnes, blesse la conscience et avilit la vie politique française. J'éprouve en ce qui me concerne une profonde tristesse de penser que la haine et la passion politique puissent conduire à d'aussi humiliants égarements.

Cette plainte aboutira à un procès en mars 1964 et, au bout d'une longue bataille juridique, elle sera enterrée le 17 février 1965 par un arrêt la déclarant irrecevable et prononçant la relaxe de Mᵉ Isorni.

Le procès du Petit-Clamart traîne toujours en longueur, lorsqu'une poignée d'officiers décident d'abattre de Gaulle lorsqu'il inspectera l'Ecole militaire le vendredi 15 février 1963. Remonté à Paris pour l'occasion, Watin a retrouvé le capitaine Robert Poinard, chez qui il s'est déjà caché pendant un mois après l'attentat du Petit-Clamart. Le capitaine lui avait été présenté par Paule Roussoulet, ancienne résistante, petite femme boulotte âgée de cinquante-cinq ans qui se fait appeler comtesse de Liffiac à l'Ecole militaire où elle enseigne l'anglais.

Cherchant à renforcer leur petit groupe, le capitaine Poinard et ses trois ou quatre compagnons manipulés par Watin se sont ouverts de leur projet à un sous-officier. Mais celui-ci les a trahis et Georges Pompidou, sitôt mis au courant de la menace par le général Feuvrier, a participé à Matignon à une réunion de tous les chefs de service des polices militaires et civiles. Si, ne voulant courir aucun risque, le patron de la Sécurité militaire s'est déclaré partisan d'arrêter immédiatement les conjurés, Roger Frey a conseillé de les laisser en liberté, dans l'espoir qu'ils mèneraient ses policiers jusqu'à La Boiteuse, qu'il considère à raison comme l'ennemi numéro 1 du général de Gaulle.

Georges Pompidou s'étant rangé à l'avis du ministre de l'Intérieur, à la veille de la visite du chef des armées à l'Ecole militaire, les conjurés et leur égérie aux cheveux blancs coupés en casque et qui fume la pipe sont depuis dix jours et dix nuits sous la surveillance de la Sûreté militaire et de la D.S.T.

Au soir du 14 février 1963, Georges Pompidou et Roger Frey parlent au général de Gaulle du péril auquel il sera exposé le lendemain et celui-ci, comme toujours agacé lorsqu'il entend parler de sa sécurité personnelle, refuse de repousser son inspection. Ironique malgré la gravité du moment, il leur fait remarquer :

— Puisque vous en savez tant, il vous sera plus facile de me protéger.

Refusant cette fois de prendre plus de risques, Roger Frey donne le feu vert pour que les conjurés désignés par le sous-officier délateur, qui, par prudence, a été expédié en permission dans sa famille en province, soient immédiatement arrêtés.

Cinq policiers débarquent donc à 18 heures chez le capitaine Poinard, au cinquième étage d'un immeuble de la villa des Pyrénées, un cul-de-sac donnant dans la très longue rue du même nom qui, du nord au sud, traverse la quasi-totalité du XX$^e$ arrondissement. Watin a quitté ce refuge depuis le début du mois pour s'installer dans le XIV$^e$, dans une de ses planques habituelles au 7 de la rue Antoine-Chantin. Malgré les protestations de l'épouse du capitaine Poinard, les policiers engagent une fouille vaine et, trois quarts d'heure plus tard, ce jeune officier sorti du rang, très brun, portant lunettes et réputé pour ne pas sourire souvent, tombe dans leur souricière.

Pendant que le prisonnier est conduit à la P.J. avec son épouse, les policiers interrogent la gardienne de l'immeuble et celle-ci leur signale que le couple Poinard dispose d'un garage en sous-sol, dans lequel, en même temps que des liasses de tracts O.A.S., ils découvrent deux fusils à lunette, trois pistolets Luger, des détonateurs électriques, des poignards et des pots fumigènes. D'autres policiers interpellant à Grigny la comtesse de Liffiac et, à Bagneux, le capitaine Maurice Maulbon d'Arbaumont, des hommes du général Feuvrier s'emparent du capitaine-vétérinaire Gye-Jacquot à l'Ecole militaire.

Dans l'espoir de retrouver très vite ses deux enfants de six et huit ans, Mme Poinard reconnaît dès le début de son interrogatoire qu'elle a hébergé un « homme puissant, au cou de taureau, aux mains énormes, qui marchait en boitant, parlait avec l'accent pied-noir et que son mari appelait Jean-Luc ». Les enquêteurs ont maintenant la preuve formelle que Watin fait partie de la conjuration. Quant à la comtesse de Liffiac, elle avoue tout aussi rapidement que c'est à sa demande qu'elle a recruté le petit commando. De son côté, accablé par les déclarations des deux femmes, le capitaine Poinard ne nie pas l'évidence. Tout en tentant d'innocenter les deux autres officiers arrêtés, il endosse l'entière responsabilité de la préparation de l'attentat.

## Chap. 92. – *Un procès agité et un nouveau complot*

Même s'il leur semble qu'à part une mystérieuse jeune femme qu'ils ont vue en compagnie du capitaine Poinard, mais qui leur a échappé de justesse, tous les conjurés de l'Ecole militaire sont arrêtés, les chefs des polices militaires et civiles sont tout de même inquiets au matin du vendredi 15 février. La comtesse de Liffiac a eu beau prétendre que celui-ci lui aurait ordonné d'annuler l'opération par un pneumatique reçu juste avant son arrestation, sachant que l'insaisissable Watin rôde dans Paris, ils craignent que ce message ne soit qu'un leurre et que, changeant de stratégie au tout dernier moment, la Boiteuse n'ait reconstitué un commando avec ses compagnons du Petit-Clamart Sari, Naudin, Bernier, Condé et Marton. Les hommes du commissaire Bouvier ont manqué ces hommes de quelques heures seulement. Un de leurs spécialistes qui a consulté de nombreux serruriers a découvert que la clé trouvée dans la serviette de Pascal Bertin ouvrait un studio au 26 de la rue Washington.

Ayant cédé à la pression de son entourage, ce n'est pas à bord d'une DS 19 que le général de Gaulle pénètre dans l'Ecole militaire, mais dans la 15 C.V. Citroën dont se servait son prédécesseur René Coty décédé le 22 novembre à l'âge de quatre-vingts ans, un pur-sang ravalé au rang de cheval de trait par un lourd blindage, des pneus increvables et d'épaisses vitres à l'épreuve des balles.

Le Général, en cette occasion bien plus chef des Armées que président de la République, salue et serre les mains à quelques généraux et à Pierre Messmer puis il se poste au garde-à-vous face au mât de la cour d'honneur à l'instant même où auraient dû retentir les coups de feu tirés par les fusils à lunette découverts chez le capitaine Poinard. Mais ce matin, alors que tous les emplacements de tir possibles sont occupés sur les toits et les fenêtres par des gendarmes s'efforçant de passer inaperçus et que des dizaines d'autres sont disséminés parmi les élèves de l'école, prêts à devancer le moindre mouvement suspect, aucun coup de feu n'a claqué. Comme si de rien n'était, le Général entame son inspection traditionnelle.

Tout danger semble écarté lorsque, la commençant par « Messieurs, ce n'est pas la peine de vous cacher l'émotion que j'éprouve à me trouver, une fois de plus dans ma vie, dans les lieux où nous sommes et où, jadis, j'ai eu, à plusieurs reprises, à rencontrer des idées, à participer à des travaux, à me livrer à des réflexions qui ont, sans aucun doute, contribué dans une large mesure à ce qu'il m'a été donné par la suite de faire au service de la France », de Gaulle, sans avoir fait allusion à l'attentat qui aurait bouleversé le destin de la France, mais s'étant longuement étendu sur les nouvelles stratégies imposées à la défense nationale par le « fait atomique », termine son allocution par ces mots :

— Qu'il s'agisse de concevoir les hypothèses dans lesquelles nous pouvons militairement nous trouver à tous les échelons, qu'il s'agisse d'y préparer les armes, les cadres, les troupes et les services, qu'il s'agisse enfin, je dirais presque surtout, pour ceux qui auraient l'honneur de commander au milieu du cataclysme, de s'y tenir prêts, intellectuellement, moralement et techniquement parlant, le rôle et le devoir de l'Enseignement militaire supérieur sont sans aucun doute essentiels. Pour jouer ce rôle et pour remplir ce devoir, messieurs, j'ai confiance en vous et j'ai confiance dans les chefs qui ont la charge de vous diriger. Messieurs, j'ai l'honneur de vous saluer.

A Toulon, l'O.A.S. procède dans la nuit du 17 au 18 février 1963 à deux plasticages. Le premier ravage à 22 h 45 la succursale de la Société marseillaise de crédit rue Hippolyte-Duprat et détruit au-dessus de la banque l'appartement d'un médecin. La seconde bombe visait également un établissement financier, une agence de la Banque de Provence à l'angle de la rue Garibaldi et du cours Lafayette. Avec ces deux charges que les rapatriés toulonnais, désormais pressés de tourner la page, n'ont plus le cœur d'appeler *stroungas*, ce sont trois restaurants et cinq cafés tenus par des Nord-Africains dans le bas quartier du Petit Chicago que l'O.A.S. toulonnaise fait sauter sans que Jean Reimbold, qui échappe toujours à la police, y soit pour quelque chose. Dans le même temps, elle s'en est également pris à une caserne de C.R.S. et a détruit deux voitures et une station-service.

Le lendemain de ces attentats qui n'ont provoqué que des dégâts matériels, des policiers alertés à Paris par des habitants du V$^e$ arrondissement qui s'inquiétaient de voir depuis quelques jours des inconnus pénétrer dans un immeuble situé au 24 *bis* de la rue Tournefort parallèle à la rue Mouffetard, ont vite appris que l'appartement dans lequel défilaient ces hommes est loué par une demoiselle Maguy Renoir. Ils tendent au matin du 21 février 1963 une souricière aux alentours de l'immeuble et voient bientôt y pénétrer trois hommes, dont l'un porte une valise qui, à sa démarche, leur semble lourde.

Quelques inspecteurs disséminés sur les trottoirs suivent ces trois hommes lorsqu'ils ressortent de l'immeuble sans la valise et, tandis que leurs compagnons de planque s'imposent chez Maguy Renoir et arrêtent en même temps qu'elle deux autres suspects, ils les appréhendent au moment où ils allaient s'engouffrer dans la station de métro Monge. Cette souricière a permis aux inspecteurs du commissaire Gévaudan de saisir un lot de grenades, cinq pistolets-mitrailleurs, trois revolvers, un pistolet de 7,65 et deux carabines U.S. de 7,62. Le chef du commando capturé, porteur d'une carte d'identité établie au nom de Pierre Bonnet, n'est autre que Gilles Buscia. Son frère Georges rentrait de Rome où, après la réunion organisée rue de Rennes par le capitaine de corvette Woringer, il s'était rendu afin d'imposer à Argoud la mise sur pied d'une cellule dont dépendrait dorénavant l'organisation des attentats contre de Gaulle. Il est également tombé dans le piège, comme Jean Hussendorfer et René Frasatti, deux membres du commando chargé d'exécuter le commandant Kubaziak. Et grâce aux papiers saisis chez Maguy Renoir, les policiers procèdent encore au fil des heures à une douzaine d'arrestations dans Paris.

En épluchant les documents, les enquêteurs se rendent compte que Gilles Buscia envisageait de nombreux coups de main. L'un d'eux visait Georges Pompidou et il aurait dû permettre de l'abattre le dimanche 2 septembre 1962 alors qu'il se rendait à la messe à l'église d'Orvilliers, sa paroisse des Yvelines. Mais les quatre hommes désignés pour l'opération ont fait chou blanc parce que le successeur de Michel Debré a au tout dernier moment renoncé à se rendre à l'office.

Les arrestations se poursuivant, Gyula Sari se cache à Aubervilliers, chez son ami Venturini, l'homme qui sert maintenant de garde du corps au D$^r$ Martin, à qui il a été présenté par Pierre de Villemarest. Avec Venturini et un autre membre de l'O.A.S., Bernard Lescrainier, Sari a commis à Montparnasse un hold-up alimentaire au cabaret La Dolce Vita.

Le 22 février 1963, à 11 heures du matin, quelqu'un frappe violemment à la porte de l'appartement de Venturini, au dixième étage d'un immeuble d'H.L.M., en hurlant : « Police ! Ouvrez ! » Sari saisit le pistolet qui lui a servi au cours du hold-up de Montparnasse, se précipite à la fenêtre et aperçoit des fourgons gris d'où s'évadent à la course des groupes de C.R.S. armés de mitraillettes. Tandis que l'épouse de Venturini, serrant contre elle sa petite fille et son petit garçon, commence à pleurnicher, il revient près de la porte en prenant soin de ne pas se tenir dans l'angle de tir des policiers.

Le commissaire Bouvier se présente derrière la porte en affirmant que Venturini vient d'être arrêté. Comme l'ancien de Diên Biên Phu, le tutoyant, lui conseille de courir se faire voir chez les Grecs, il l'engage à jeter un œil au-dehors. Revenu à la fenêtre, le Hongrois aperçoit cette fois son ami, menotté parmi quelques inspecteurs.

Bouvier menaçant d'enfumer l'appartement avant de donner l'assaut, Sari songe à protéger les enfants de Venturini et décide de se rendre. Il détruit ses faux papiers, ouvre la porte et avance vers les policiers qui ont un mouvement de recul en apercevant son pistolet. Bouvier tend la main pour le désarmer et, beau joueur, Sari propose de boire l'apéritif avant de le suivre. Le commissaire acceptant, Mme Venturini, les mains tremblantes, sert le pastis. Après avoir trinqué avec son vainqueur, Sari, hilare, lui fait remarquer qu'il aurait très bien pu l'empoisonner.

Trois jours après l'arrestation de Sari, le procès de ses compagnons arrive à son terme et le procureur général Gerthoffer réclame le lundi 25 février 1963 la peine de mort pour Bastien-Thiry, La Tocnaye, Watin, Bernier, Sari et Marton, la réclusion criminelle à perpétuité à l'encontre de Buisines, Prévost, Condé et Naudin et vingt ans de la même peine pour Bertin, Varga et Magade. Enfin, il demande de trois à cinq ans d'emprisonnement pour Ducasse et Constantin.

Bien qu'un tract posté à l'Assemblée nationale ait revendiqué en son nom la paternité de l'attentat du Petit-Clamart en baptisant pompeusement « 1er bataillon de l'O.A.S.-C.N.R. » le groupuscule de Bastien-Thiry, l'influence du C.N.R., qui multiplie les réunions stériles un peu partout en Europe, est nulle sur les exilés de l'O.A.S. Et l'autorité d'Argoud est elle aussi battue en brèche par les officiers installés à Bruxelles. Jusqu'à son arrestation, le lieutenant de vaisseau Georges Buscia y dirigeait l'O.R.O. avec le capitaine Denis Baille, qui se fait appeler *Michel*, depuis que Curutchet a rejoint le C.N.R. en Italie. Mais Argoud, ignorant sa mise à l'écart et pratiquement seul à le faire encore parmi les têtes pensantes du C.N.R. moribond, déploie une activité prosélyte comparable à celle de la préparation du putsch qui, sans lui, n'aurait certainement pas existé.

Les manœuvres du petit colonel cherchant avec l'énergie du désespoir des appuis militaires et politiques ne passent pas inaperçues. Pierre Messmer, qui les suit au jour le jour, sait qu'il s'est installé depuis peu à Rome avec son épouse iranienne et ses deux filles, Marie-Claire et Catherine. Ce n'est toutefois pas à l'initiative du ministre des Armées que l'immeuble d'Argoud, proche du stade olympique au 12 de la via Cassia Antiqua, est surveillé nuit et jour par des policiers italiens, mais parce que la princesse Soraya, divorcée du shah d'Iran et traquée par des *paparrazzi*, y réside également. Mais, estimant qu'Argoud jette le trouble parmi les garnisons d'occupation lorsqu'il se rend en Allemagne pour le compte du C.N.R., Pierre Messmer décide de mettre un terme à ses activités si peu secrètes.

Bien qu'il fasse l'objet d'un mandat d'arrêt international, il très improbable que les autorités allemandes acceptent d'extrader le colonel. Le ministre des Armées se tourne donc vers Roger Frey, qui lui fait remarquer que les agents de la D.S.T. n'ont pas vocation à opérer en pays étranger. Messmer songe alors à des agents du service action, mais le général Paul Jacquier se faisant tirer l'oreille, il décide d'utiliser une équipe de la Sécurité militaire du général Feuvrier.

L'opération préparée, Pierre Messmer s'en ouvre à Georges Pompidou qui, bien que ne méconnaissant pas les risques de frictions avec le gouvernement de Bonn au cas où l'enlèvement se passerait mal, lui donne son feu vert.

Argoud est à bord du vol régulier Rome-Hambourg qui décolle au soir du 25 février de l'aérodrome de Fiumicino. Porteur d'un faux passeport établi au nom de Cinel, il prendra à Hambourg un second avion qui le mènera à Munich où, de Bruxelles, Maurice Brébard, le directeur de *La Dernière Heure*, lui a organisé une rencontre avec Axel Springer, le fondateur d'un groupe de presse comprenant une demi-douzaine de quotidiens et autant de magazines à gros tirages. Mais Argoud ne rencontrera jamais le géant de la presse, car l'un des militaires mis à ses trousses par le général Feuvrier le repère lorsqu'il se présente à Munich à l'hôtel Edenwolf, où il retient une chambre avant d'aller dîner en ville.

## Chap. 92. — *Un procès agité et un nouveau complot*

A son retour à l'hôtel, Argoud s'apprête à monter dans l'ascenseur lorsque deux hommes coiffés de chapeaux tyroliens l'interpellent en allemand et le poussent sans ménagements vers une Opel où les attendaient deux autres individus chapeautés de loden. Imaginant que ces quatre hommes sont des policiers, le colonel piégé suppose qu'ils vont le conduire au commissariat le plus proche où, comme c'est le cas en pareille affaire, on lui signifiera simplement son expulsion vers la frontière de son choix. Mais, au moment où il s'installe à l'arrière de la voiture entre deux de ses cerbères, l'un d'eux laisse échapper une phrase en français.

Ainsi détrompé, Argoud hurle en allemand des appels à l'aide qui n'émeuvent pas les passants. S'arc-boutant contre son voisin de gauche, il martèle à coups de talon la vitre de la portière droite sans réussir à la briser. Tirant violemment sur son cache-col, il tente ensuite d'obliger le chauffeur à stopper la voiture et les deux hommes qui l'encadrent sont obligés de le calmer à coups de poing.

D'abord mené à Baden-Baden où il est transféré dans une voiture portant une immatriculation des Forces françaises en Allemagne, Argoud, endolori et l'arête du nez légèrement ouverte, franchit à l'aube le pont de Kehl. Après avoir une nouvelle fois changé de véhicule à Villeparisis, il entre dans Paris à l'arrière d'une Estafette dans laquelle ses convoyeurs peu loquaces l'abandonnent près de Notre-Dame après l'avoir ligoté.

L'un de ses ravisseurs ayant téléphoné du café Esmeralda à la préfecture de Police toute proche, Argoud est immédiatement récupéré par des hommes du commissaire Bouvier et conduit à 16 h 30 au Quai des Orfèvres. Il ne songe pas à nier sa véritable identité lorsque le commissaire Bouvier l'interroge en faisant mine de condamner le procédé déloyal par lequel il a été amené jusqu'à son bureau.

Après avoir évoqué en détail devant un greffier les conditions de son enlèvement, Argoud refuse de dire quoi que ce soit sur l'organisation. Son interrogatoire terminé, le commissaire Bouvier fait venir le médecin de service et celui-ci suture sa petite plaie nasale. Juste avant de le faire descendre au dépôt, puisque c'est l'heure des informations, le commissaire propose au colonel de regarder avec lui le journal télévisé. Son aventure faisant partie des événements majeurs de la journée, Argoud sursaute en entendant le présentateur prétendre qu'il aurait été trahi par Chateau-Jobert.

Après une nuit passée au dépôt sous la veille permanente d'un gendarme, Argoud subit de nouveaux interrogatoires auxquels il s'entête à ne pas répondre lorsque les questions s'écartent de son enlèvement, puis il discute dans l'après-midi avec M. Fernet, directeur de la P.J., et un fourgon cellulaire fortement escorté le conduit à 17 heures au C.N.O. de Fresnes.

Bien que ses officiers exilés en Belgique aient souvent critiqué le manque d'efficacité d'Argoud, l'O.A.S. vient de perdre son dernier atout maître. Quelques jours après, alors que les avocats de Bastien-Thiry, refaisant les uns après les autres l'histoire de la guerre d'Algérie, en sont encore à leurs plaidoiries devant la Cour militaire de justice redevenue tout à fait légale depuis le 22 février, le général de Gaulle, qui s'était déjà inquiété en mai en conseil des ministres de ses actions de propagande en Allemagne fédérale, demande à brûle-pourpoint à Pierre Messmer : « Argoud, vous êtes au courant ? » Le ministre des Armées ayant acquiescé, sans reproches ni félicitations, le Général lâche seulement d'un ton bourru : « Je n'aime pas qu'on ligote un officier comme un saucisson » et cette phrase équivaut à un enterrement officiel de l'affaire de Munich.

La presse française, citant le plus souvent au hasard des noms de militaires qui auraient participé à l'enlèvement d'Argoud, parmi lesquels celui du colonel Merglen, parachutiste de la France libre, revient plusieurs fois, le journal munichois *Uhr Blatt* révèle le 3 mars 1963 que l'opération a été réalisée par deux officiers français, Robert Duchaîne et Michel Cuttier, qui ont été aidés par un ancien légionnaire connu sous les noms de Horst Klepp, Horst Seibert et Harold Grünh. L'*Uhr Blatt* précise que le commando était complété par trois sous-officiers de la Sécurité militaire, Jean Plivier, Pierre Dubois et André Bétulle.

Le lundi 4 mars 1963, alors que Gardes a été expulsé la veille d'Espagne en Argentine en même temps qu'Alain Sarrien, une autre figure de l'Algérie française, les défenseurs des conjurés du Petit-Clamart ont renoncé à amener la Cour militaire de justice à surseoir à statuer tant que ne serait pas définie l'implication d'Argoud dans l'embuscade du 22 août. Après la plaidoirie finale de M^e Tixier-Vignancour, il est 21 h 25 lorsque le général Gardet demande aux accusés s'ils ont quelque chose à ajouter pour leur défense. Alphonse Constantin ayant rappelé qu'il n'a pas véritablement participé à l'attentat, les juges se retirent et reviennent dans le prétoire après une heure de délibération.

Le général Gardet émiette le silence qui s'est emparé de l'ancienne salle de cinéma en annonçant :

— A la majorité absolue, il a été établi qu'il n'existe pas de circonstances atténuantes pour Bastien-Thiry, Bougrenet de La Tocnaye, Prévost, Watin, Marton et Bernier.

Ne parlant pas de Sari, dont le cas a été dissocié du procès depuis son arrestation, le président accorde en revanche les circonstances atténuantes à Buisines, Constantin, Magade, Varga, Ducasse, Condé et Bertin, et poursuit :

— En conséquence, la Cour de justice militaire a condamné, à la majorité des voix et contradictoirement, Bastien-Thiry à la peine de mort, Bougrenet de La Tocnaye à la peine de mort, Prévost à la peine de mort.

En apparence insensible à l'ambiance de plus en plus électrique régnant dans la salle éclairée a giorno, le général Gardet poursuit de la même voix sèche la litanie des condamnations. Il signifie d'abord à Buisines la réclusion à perpétuité et à Magade, Constantin et Ducasse quinze, sept et trois ans d'emprisonnement. Quant à Varga, il est puni de six ans de réclusion criminelle et de dix ans d'interdiction de séjour, tandis que les contumax Watin, Marton et Bernier sont condamnés à mort par défaut et Jean-Pierre Naudin et Louis de Condé à la réclusion criminelle à vie.

\*

— 93 —

## La cavale d'un compagnon de route

J'ai suivi de Lorient le procès du Petit-Clamart et les péripéties de l'enlèvement d'Argoud. J'ai espéré que le général de Gaulle, comme il l'avait fait pour Jouhaud, Canal, La Tocnaye et Prévost, gracierait Bastien-Thiry. Mais il l'a laissé marcher à la mort.

Le jeudi 4 avril 1996, trente-trois ans après l'exécution de Bastien-Thiry qui s'est déroulée au fort d'Ivry à l'aube pluvieuse du samedi 11 mars 1963, le général Alain de Boissieu me parlera en tête à tête des raisons qui ont déterminé son beau-père à refuser sa grâce. Selon lui, le Général, s'il estimait normal que quelqu'un en arrivât pour ses idées à tirer sur le chef de l'Etat, n'a pas admis que Bastien-Thiry ait fait ouvrir le feu sur son épouse. Et le dernier survivant de la DS 19 présidentielle mitraillée au Petit-Clamart ajoutera que son beau-père n'avait pas trouvé très chevaleresque que le chef de la conjuration se soit contenté de donner le signal du tir sans prendre lui-même part à l'embuscade et qu'il lui reprochait également d'avoir mêlé des étrangers – il parlait de Sari, Marton et Varga – à une affaire qui n'aurait dû intéresser que des Français.

Au matin du lundi 11 mars 1963, lorsque j'ai appris l'exécution de Bastien-Thiry, je me trouvais déjà en pleine crise morale, mais l'avant-veille je m'étais efforcé de faire bonne figure au cours de la petite fête à laquelle quelques camarades des commandos d'Algérie sortant de leur cours de gradé du cadre spécial m'avaient invité à la Croix du Sud, un dancing proche de l'Amirauté. La liesse battait son plein, lorsqu'un de mes compagnons m'a averti que deux hommes venaient de me désigner en exhibant sous le nez de la patronne de l'établissement une carte barrée de bleu blanc rouge.

J'ai décidé de m'en aller, mais les inconnus m'ont barré l'accès aux escaliers étroits menant à la sortie. J'ai sans peine forcé le passage mais, tandis que mes amis retenaient le premier, le second m'ayant rattrapé devant la boîte de nuit en éructant des insultes et me traitant de lâche, j'ai accepté la bagarre. Mon agresseur a eu le dessous. Je l'ai laissé assommé et, comme l'appareillage de mon bateau était prévu dans quelques heures, craignant que la police ne vienne me cueillir à mon domicile, j'ai préféré rentrer à son bord sans prendre le temps de prévenir mon épouse de ce qui venait de se passer.

Une fois en haute mer, j'étais toujours persuadé d'avoir, gravement je le craignais, mis à mal un policier alors que, je ne l'apprendrai que lors de mon procès, mon malheureux adversaire n'était en fait qu'un rigolo qui voulait jouer au justicier en s'en prenant à un « fayot de la Royale » réputé pour ses prises de position pro-Algérie française. A Brest, après la cérémonie de passation de son commandement au bout de deux années, le capitaine de vaisseau Winter m'a présenté à son successeur alors que j'attendais sur le spardeck l'heure de sortir en ville.

— Voici Fleury, a-t-il dit, c'est un excellent gradé, dommage qu'il soit parfois un peu trop bagarreur.

En ne m'accordant pas un regard, le nouveau pacha a encore ajouté à mon désarroi. Ecœuré, j'ai pris la décision de déserter et de rejoindre le colonel Chateau-Jobert. J'espérais surtout me mettre aux ordres de « Conan » parce que mon père avait servi avec lui en Syrie après avoir été muté de la Marine à l'armée de Terre le 3 mars 1942 par le général de Gaulle lui-même. Mon père, trahissant Muselier, avait consolidé le pouvoir du Général à Londres en lui fournissant les moyens de mettre une fois pour toutes à l'écart le chef des Forces navales françaises libres. Celui-ci, selon lui, mettait en danger la cohésion et la crédibilité de la France libre en exigeant des pouvoirs accrus.

Je ne suis pas rentré à bord du *Commandant Bourdais*. Le lendemain de la mort de Bastien-Thiry, alors que je débarquais à la porte d'Auteuil d'une camionnette dont le chauffeur m'avait pris en stop, je me suis retrouvé nez à nez avec un général à trois étoiles, et je l'ai salué machinalement. Je suis allé rôder à Saint-Germain-des-Prés, mais mes amis pieds-noirs de la rue de l'Echaudé n'y étaient plus. Bien que n'étant toujours pas considéré comme déserteur, j'ai évité les bars où il m'arrivait de rencontrer des proches de l'O.A.S., lorsque je servais à la base aéronavale de Dugny-Le Bourget. Me souvenant que la mère d'un de mes camarades du commando *Jaubert* travaillait à La Venta, un cabaret espagnol de la rue Guénégaud, je suis allé la trouver et elle m'a aiguillé sur un bar de nuit, Les Caves de l'Odéon, situé à Saint-Germain à l'angle des rues Grégoire-de-Tours et des Quatre-Vents et tenu par un ami de son fils.

Voyant mon uniforme, le patron du bar m'a tout de suite branché sur l'Algérie. Comme je feignais de ne pas saisir ses allusions concernant l'O.A.S., mine de rien, il m'a parlé des amis de Jacques Achard qui fréquentaient son établissement. Dépensant parcimonieusement mes derniers francs, tenaillé par la faim, je suis revenu chaque soir aux Caves de l'Odéon, et grâce aux amis d'Achard, ses familiers plutôt, j'ai pu obtenir un contact avec un ancien *delta* que je devais rencontrer dans un café en face du Concert Mayol, près de la porte Saint-Martin. L'homme n'était pas au rendez-vous. J'allais m'en aller, lorsque j'ai soudain vu passer la haute silhouette d'un proche, qui avait effectué son service militaire à la D.B.F.M. Je l'ai rattrapé, nous nous sommes embrassés et il m'a demandé de l'attendre car il allait chercher une jeune femme à la sortie de Mayol. Je l'ai vu revenir avec la sculpturale présentatrice du spectacle de nu. Les présentations faites, je me suis aperçu qu'elle était oranaise. Lorsque la jeune femme est partie, je n'ai rien caché de mes ennuis à mon parent qui, spontanément, sans se soucier des risques qu'il prenait, m'a offert l'hospitalité dans son studio de la rue Geoffroy-Saint-Hilaire. Grâce à lui, j'ai rencontré quelques jours plus tard un peintre de Montmartre qui connaissait quelqu'un qui connaissait quelqu'un, etc. et, de ricochet en ricochet, je me suis retrouvé un soir avec lui en pays chouan, au château de Bogdelen, près de Saint-Gildas-des-Bois, chez le lieutenant-colonel de réserve de La Motte.

Mon hôte était un homme grand dont je n'ai jamais oublié ni le monocle à monture dorée ni la tenue de chasse blanche qu'il portait alors que, comme ses aïeux dont les portraits en pied étaient alignés au mur du corridor menant à son immense salle de séjour à large et haute cheminée de granit, il revenait de courir, solitaire dans ses halliers, des cerfs ou des cochons qu'il servait à la dague.

Se sachant surveillé par la Gendarmerie depuis qu'il avait renvoyé ses décorations au général de Gaulle afin de protester contre sa politique algérienne, notre hôte nous avait conseillé d'attendre pour rentrer à Paris de profiter de l'affluence inhabituelle des gens venus participer sur ses terres à un rassemblement de chiens de chasse.

Sur la recommandation du châtelain de Bogdelen, j'ai ensuite rencontré à Paris un autre de La Motte, Aldo, un membre du Jockey Club qui, travaillant dans la publicité, a pu régler avec mon hôte, directeur d'une imprimerie, l'organisation de mon passage en Suisse sans que personne ne puisse songer à une quelconque connivence me concernant, puisqu'il lui commandait effectivement des affiches. Le plan d'Aldo de La Motte prévoyait que mon épouse me rejoindrait plus tard avec notre fils en passant par une filière partant de Grenoble.

J'ai en vain attendu durant quelques jours le signal du départ. Ayant épuisé mes réserves de nourriture, je me suis risqué à traverser la rue Geoffroy-Saint-Hilaire et, dans le petit bistrot où il m'était arrivé de passer quelques heures, je n'ai pas eu de mal à trouver parmi ses habitués quelqu'un pour me conduire en voiture à Versailles. Ayant laissé repartir mon chauffeur obligeant et peu curieux, je suis tombé des nues chez les de La Motte lorsque, après m'avoir rassasié de jambon fumé et de fromage et m'avoir écouté regretter mon abandon, ils se sont inquiétés de savoir si je n'avais pas « dépensé tout l'argent du cousin de Bogdelen ».

Bien que n'ayant jamais entendu parler de ces subsides, j'ai balbutié que je ne les avais évidemment pas dépensés et, nanti de trois billets de dix francs, je me suis laissé raccompagner à la gare en voiture, juste à temps pour prendre le dernier train pour Paris.

Sans me poser de questions sur ce qui était advenu de l'argent évoqué à Versailles, choqué par la tournure prise par mon aventure, j'ai décidé de ne plus jamais chercher à reprendre contact avec qui que ce soit de l'organisation. Avec un pincement au cœur, j'ai décousu des manches de ma veste d'uniforme mes galons, mes insignes de commando et de spécialité de fusilier marin et je suis parti en les laissant bien en vue sur la table du studio, avec ma barrette de décorations et ma casquette d'officier-marinier.

Pendant que, vivant essentiellement la nuit, j'apprenais au fil des semaines la clandestinité, les membres du C.N.R. donnaient de moins en moins de directives à l'O.A.S. et les derniers militants de l'Algérie française tombaient les uns après les autres aux mains de la police, le plus souvent avec des archives occasionnant de nouvelles arrestations. Quant à Georges Bidault, craignant pour sa sécurité après l'enlèvement d'Argoud, il s'était réfugié avec Guy Ribeaud dans la maison d'un ami hollandais au bourg bavarois de Steinebach, d'où, le 8 mars 1963, il avait écrit au chancelier Konrad Adenauer afin de réclamer sa protection. Après avoir tenu à préciser dans son courrier que le C.N.R. n'avait rien de commun avec l'O.A.S. qui, selon lui, était une « organisation de subversion sanguinaire » et n'avait véritablement existé qu'en Algérie « quand les ordres données à l'armée nationale ont été de prendre toutes dispositions, y compris l'alliance de fait avec les fellaghas, pour venir à bout des partisans de l'Algérie française », il a plaidé sa cause : « On peut me donner la chasse. Cette chasse peut même réussir. Cela n'empêchera pas que le colonel Argoud ait été enlevé dans des conditions scandaleuses. Si quelque malheur doit m'arriver, cela n'empêchera rien en France et peut même y aggraver les choses. Je ne suis pas tout à coup devenu dément. A l'âge que j'ai, je suis plus enclin à la réflexion qu'aux aventures stériles. Si j'ai fait ce que j'ai fait, aucune ambition vulgaire ne l'a inspiré à quelqu'un qui n'a plus rien à désirer des honneurs que peuvent distribuer les hommes. Je n'ai pas pu faire autrement. Je ne peux pas faire autrement. »

Ayant rappelé au passage : « Nous avons été naguère, monsieur le chancelier, avec De Gasperi, Spaak et beaucoup d'autres, les artisans d'une Europe unie. Le traité franco-allemand de réconciliation aurait été adopté depuis plus de dix ans, si le général de Gaulle ne lui avait pas fait une opposition passionnée. Vous savez ces choses et vous ne pouvez pas les avoir oubliées », Georges Bidault, désormais aux abois, a presque supplié son correspondant de veiller sur lui en écrivant : « En conséquence, j'ai l'honneur, monsieur le chancelier, d'attirer votre attention sur l'utilité de donner au plus ancien défenseur de l'amitié franco-allemande un autre statut que celui de gibier. »

Cette lettre étant restée sans réponse et le chancelier Adenauer n'ayant pas levé le petit doigt pour empêcher son arrestation, Georges Bidault, refusant de s'engager à ne plus faire de politique tant qu'il résiderait en Allemagne, a choisi le Portugal comme nouvelle terre d'asile. Puis, après avoir tenté en vain d'obtenir un visa pour les Etats-Unis, le 9 avril 1963, il a quitté Lisbonne pour aller se réfugier au Brésil avec Guy Ribeaud.

Après mes déboires qui allaient valoir à mon parent le saccage de son studio par des « inconnus », ayant appris par la presse le départ de Georges Bidault et vivant désormais sous le faux nom de Sampa, acronyme de « Société anonyme des morts pour l'Algérie » ! je ne songeais plus du tout à rejoindre Chateau-Jobert. Je venais d'écrire en l'honneur de Bastien-Thiry une chanson intitulée *Ballade pour un héros mort* que j'enregistrerai en 1968, lorsque j'ai lu dans *L'Esprit public* d'avril des textes d'écrivains qui regrettaient, eux aussi, que de Gaulle n'ait pas gracié Bastien-Thiry. Parmi eux, Marcel Aymé, bien qu'il n'ait jamais été partisan de l'Algérie française, et Antoine Blondin, qui écrivait : « En tombant sous le feu d'une justice téléguidée, cet officier français, qui n'a fait en somme que tenir jusqu'au bout ses promesses, même celles de l'autre, continue d'agir en révélateur : il nous confirme que le tournesol implanté à l'Elysée a définitivement viré au rouge. » Quant à Michel Déon, plus sobre mais tout aussi efficace, il proclamait : « Un seul homme s'est levé pour tous. Pour tous, il a payé. »

Je suis pourtant revenu sur ma décision après avoir un soir ramassé sur une banquette des Caves de l'Odéon où je gagnais chaque soir de quoi manger et me loger avec quelques chansons de ma composition, un exemplaire de *Jeune Révolution*, l'organe de propagande très peu lu de l'O.A.S.-Métro-Jeunes toujours dirigée par Georges Kayanakis et Jean Caunes. « Le moment est venu où je dois prendre mes responsabilités, y annonçait Sergent. Dovecar, Piegts, Degueldre, Bastien-Thiry ont été fusillés. Le général Salan est en prison. Au mépris de toutes les règles internationales, le colonel Argoud a été emmené dans les geôles gaullistes. Le président Bidault a été contraint de partir au Brésil. Au nom de mes camarades et de mes chefs hors de combat, au nom des officiers et des soldats qui me suivent, au nom des éléments civils de l'organisation, au nom de l'œuvre de rénovation que nous voulons réaliser, je proclame la poursuite de la lutte et j'en affirme la légitimité. Ma fierté est d'incarner aujourd'hui cette légitimité. »

Après un bref rappel de son action menée depuis le mois d'avril 1961, le capitaine exilé affirmait contre toute évidence que le combat n'était pas terminé. « Nous voulons toujours abattre le régime, en juger les chefs coupables de trahison, d'atteinte à l'intégrité du territoire, de violations des libertés publiques et individuelles et de forfaiture, promettait-il. Mais, il ne s'agit plus de résister pour modifier ou réformer. L'esprit de révolution doit l'emporter sur l'esprit de résistance. Il s'agit de changer le visage d'une société entièrement responsable, entièrement compromise par le désastre algérien, d'en rejeter les structures pour redonner un sang nouveau aux mots de liberté, de fraternité et de solidarité. Nous voulons l'amour dans la justice : nous avons la haine dans le confort. Nous voulons un esprit de foi : nous avons le matérialisme de fait. Nous voulons les Etats-Unis d'Europe et l'Eurafrique : nous avons l'hexagone. Nous voulons de larges communautés de destin : nous avons d'étroits nationalismes d'intérêts. Ce que nous voulons, nous le voudrons toujours. »

S'érigeant en justicier suprême, l'ancien commandant de compagnie du 1er R.E.P. avertissait : « Ceux qui mènent le pays à sa perte, et en particulier le chef de l'Etat de fait, sont dorénavant responsables devant moi, comme ils le seront demain devant le peuple et devant l'Histoire. » Puis il concluait : « J'ai décidé de prendre la tête de l'Armée secrète et de transformer le Conseil national de la Résistance en Conseil national de la Révolution. »

Cette lecture m'ayant redonné l'envie de tenter une nouvelle approche de l'O.A.S. je cherchai en vain durant quelques jours à rencontrer de véritables représentants de l'organisation à l'agonie. Grâce à l'un des familiers d'Achard, j'étais sur le point d'y parvenir, lorsque j'ai vu débarquer dans le petit café du bas de la rue Monsieur-le-Prince où j'attendais mon contact deux gendarmes maritimes dont la tenue détonnait dans ce quartier et qui se sont mis à questionner le patron en lui montrant une photo.

Me rapprochant des deux officiers-mariniers sous le prétexte de régler ma consommation, j'ai eu un coup au cœur vite contrôlé en m'apercevant que c'était moi qu'ils cherchaient en se servant d'un cliché pris le jour de mon mariage. Je me suis vite rassuré car, bien qu'il ne datât alors que deux ans, je ne lui ressemblais plus guère, à cause d'une coupe de cheveux moins spartiate et, surtout, parce que mon épouse, travaillant rue d'Isly aux studios Delorme, avait procédé à de savantes retouches. En faisant disparaître de mon visage les stigmates de mon passage à tabac par les policiers, elle en avait également gommé toute expression.

Ayant un très court instant hésité à saisir la chance inespérée de sortir de façon élégante de l'impasse dans laquelle je m'étais engagé, en me présentant aux gendarmes et leur disant « C'est moi que vous cherchez ? Allez, je rentre à la maison », j'ai choisi la coquetterie imbécile de les suivre dans deux autres établissements dont les patrons et les barmen qu'ils questionnaient ne m'ont évidemment pas reconnu, puisque je ne les fréquentais pas.

Le capitaine Curutchet a été arrêté en Suisse, à Lausanne, en même temps que Philippe de Massey le 12 avril 1963. Si, malgré les demandes pressantes du gouvernement français, les deux hommes n'ont pas été extradés, ils ont tout de même été enfermés dans la prison de Bois-Mermet.

Six jours après ces arrestations, Jean Marcetteau de Brem, l'ancien sous-lieutenant parachutiste surnommé *Alex* dans l'organisation, qui, rentrant d'Alicante en août 1962 après le fiasco du Petit-Clamart, avait empoigné Louis de Condé, son ancien élève parachutiste de La Ferté-Gaucher, en lui hurlant aux oreilles : « Pourquoi ne m'as-tu pas prévenu ? C'est ma balle qui l'aurait descendu ! », a été abattu d'une rafale de mitraillette le 17 avril 1963 à Paris, dans la rue de l'Estrapade, derrière le Panthéon, alors qu'il tentait de voler une voiture avec Serge Bernier. Les policiers pistaient Jean Marcetteau de Brem parce qu'ils le soupçonnaient d'avoir abattu le banquier Henri Lafond, qui gérait dans son groupe bancaire des fonds du F.L.N. et exécuté un mois auparavant parce qu'il refusait de verser une « cotisation » à l'O.A.S.

Puis, n'en finissant pas de démêler l'écheveau des derniers réseaux de l'O.A.S., les policiers ont arrêté le D$^r$ Sdrojewski le 31 mai 1963, alors qu'il campait à Saintes dans une caravane recelant des paperasses concernant des opérations futures, dont un trafic de faux bons du Trésor dont le graveur résidait à Libourne. Les inspecteurs bordelais ont également découvert dans la caravane du bras droit de Chateau-Jobert des documents concernant le M.C.R. qui, alors que l'O.A.S. classique était en passe de disparaître, devenait dans le Sud-Ouest le nouvel organisme à combattre en priorité, puisque les auteurs de nombreux attentats et vols se réclamaient de ce mouvement sans jamais avoir eu de relations avec Chateau-Jobert, par ailleurs trop occupé à ses études contre-révolutionnaires pour organiser ce genre d'opérations.

Le 23 juin 1963, accréditant ainsi involontairement la thèse hâtivement admise en Espagne par de nombreux membres de l'O.A.S. qu'il aurait trahi la cause, le secrétaire de Chateau-Jobert s'est évadé à Bordeaux de l'hôpital Saint-André où, médecin lui-même, il n'avait eu aucune peine à se faire admettre.

Une partie de l'opposition de droite réclamant une loi d'amnistie concernant les membres de l'O.A.S., Roger Frey s'était rangé à l'avis du patron des R.G., Jules Plettner, et de son adjoint, le commissaire Henri Boucoiran, et avait décidé de tenter d'accélérer le dépôt des armes de l'ensemble des partisans de l'Algérie française en récupérant des activistes. Après que Jean-Claude Pérez, comme Gardes expulsé en Amérique du Sud où aucun pays n'a voulu lui accorder l'asile, fut revenu clandestinement à son point de départ avec la ferme intention de se faire oublier, les commissaires Jean-Paul Guépratte et Michel Baroin se sont rendus en

Espagne. Avec l'aide active de la Seguridad, ils ont d'abord rencontré Atanase Georgeopoulos, qui s'était associé à un autre exilé oranais, Rémi Amoroz, pour ouvrir à Torremolinos L'Eldorado, une boîte de nuit tout de suite devenue à la mode. Après ce premier contact encourageant, le commissaire-principal Michel Baroin est venu pousser plus loin les négociations secrètes avec Georgeopoulos au cours d'une réunion qui s'est déroulée à Madrid en présence cette fois de Marcel Carenno et Robert Tabarot, qui avait ouvert une pizzeria à Alicante où il était devenu une sorte de maire occulte pour quelque trente mille exilés d'Algérie, surtout des Oranais.

Le principe de la réconciliation étant admis avec les représentants de l'O.A.S. oranaise, Georgeopoulos a invité l'Algérois Camille Vignau à s'asseoir à son tour à la table des négociations qui se sont achevées à Madrid le 8 juillet 1963 par un contrat informel stipulant que tous les membres de l'O.A.S. qui n'avaient pas de responsabilités affirmées dans des crimes de sang ou des affaires de droit commun pourraient rentrer en France où, bénéficiant d'une procédure d'urgence, ils seraient jugés de manière symbolique par la Cour de sûreté de l'Etat et retrouveraient très vite une vie normale. Bien entendu, cette entente serait immédiatement annulée au cas où on tenterait d'attenter encore à la vie de De Gaulle. Tel Jean Taousson, ils seront près de trois cents à saisir au fil des mois la main tendue par Paris, même si l'opération *Réconciliation* a été très mal accueillie par les desperados de l'O.A.S. Comme la plupart de leurs compagnons emprisonnés, ces durs la considéraient comme une manœuvre gouvernementale destinée à les diviser et à procurer au besoin à de Gaulle, puisque Vignau, Taousson et Georgeopoulos avaient leurs grandes et petites entrées au ministère de l'Intérieur, un vivier d'hommes de main, dans lequel il n'aurait qu'à puiser pour faire exécuter ses basses œuvres.

Les quelque trois cents condamnés à de longues peines enfermés à Saint-Martin-de-Ré dans le pénitencier du fort Toiras n'étant pas concernés par les largesses gouvernementales négociées par Michel Baroin – futur P.D.-G. de la F.N.A.C. et grand maître du Grand Orient de France –, six d'entre eux ont tenté de s'évader dans la nuit du 6 au 7 juillet 1963. Il s'agissait de Philippe Castille, Jean-Marie Vincent, Jean-Claude Le Gal, Armand Ianarelli, Ange Torregrossa et Enea Cella – l'ancien *delta* de Dovecar. Un gardien de ronde les a aperçus à 2 heures, alors qu'après avoir arraché les barreaux de leurs fenêtres limés au fil des semaines, ils escaladaient un mur d'enceinte à l'aide de cordes confectionnées avec des lambeaux de toile de décor dérobés au théâtre du pénitencier.

« Nous sommes des prisonniers de guerre, nous avons le devoir de nous évader ! » protestera Jean-Marie Vincent lors de sa comparution devant le tribunal disciplinaire de la Pénitentiaire. Et Torregrosse fera remarquer : « Il est anormal que des vaillants soldats ayant toujours combattu pour leur pays soient traités comme des prisonniers de droit commun. L'autre soir, j'ai même découvert un vieux morceau de ferraille dans ma soupe », et il écopera comme ses compagnons d'un supplément de six mois de prison. Quant à Philippe Castille, qui avait tenté sans illusion d'impressionner les gardiens du pénitencier de Ré en braquant sur eux une mitraillette en bois, considéré comme le promoteur de l'évasion manquée, il purgera une peine de dix-huit mois d'isolement à la prison de Caen.

Que ce soit au camp de Thol, où étaient regroupés la plupart des prisonniers O.A.S. ayant plus de trois ans de peine à effectuer, au pénitencier ultra-moderne de Toul, où étaient enfermés ceux qui avaient été plus lourdement punis, au fort Toiras de Saint-Martin-de-Ré, où les reclus les plus durement condamnés arrivaient à pied après avoir été conduits en bus du débarcadère de Sablanceaux jusqu'à Saint-Martin-de-Ré, à la vieille prison de Rouen où étaient gardés de nombreux officiers, à celle de la Petite-Roquette parisienne où étaient enfermées une cinquantaine de femmes, des rumeurs annonçaient de temps en temps une amnistie. Et il en était de même à la prison de Fresnes, à la Santé et à Tulle, où, avec Salan et Jouhaud, les officiers putschistes purgeaient leurs peines. Mais, le 29 juillet 1963, le général de Gaulle, au cours d'une conférence de presse donnée à l'Elysée, déclarait au sujet de l'amnistie :

— Mais son heure, ses degrés, ses modalités, font partie de la sécurité de l'Etat et, je le dis simplement, ne peuvent pas procéder d'impulsions émotives, les unes, sans doute, bien intentionnées, les autres, certainement pas, et provenant de personnes qui n'ont pas toutes, elles, à répondre de la République. Aujourd'hui, les hommes, les femmes, les enfants, qui ont été tués par l'insurrection, gisent dans des tombes encore bien récentes ; ceux qu'elle a estropiés ou blessés ne sont pas encore tous guéris. Les déchirements qu'elle a causés, notamment dans notre armée, ne sont pas complètement réparés. Un certain nombre de criminels, de voleurs, de faussaires, d'incendiaires, de maîtres-chanteurs, prolongent encore cette révolte. On doit prendre garde de ne pas les renforcer en élargissant hâtivement des gens qui ont été ou pourraient devenir leurs complices. J'ajoute que la justice devant terminer pour l'essentiel son œuvre dans le courant de l'automne prochain, prendre, à l'heure qu'il est, des mesures de libération en faveur de tels ou tels condamnés, ce serait fausser d'avance ses jugements à l'égard de ceux qui doivent encore comparaître devant elle.

Après cette déclaration hostile à l'amnistie immédiate, alors que Curutchet et Massey étaient toujours emprisonnés en Suisse, Gilles Buscia et René Frassatti s'évadaient le 5 septembre 1963 de Fresnes en profitant de la complicité d'un gardien corse, André Ceccaldi, qui les a suivis dans leur cavale. Cinq jours plus tard, Lajos Marton, dénoncé par un ancien légionnaire alors qu'il n'avait pas du tout l'intention de rendre les armes, est tombé dans une souricière avenue de La Motte-Piquet et il sera condamné à vingt ans de réclusion criminelle.

Quant à Jean Bichon, appréhendé dans le cadre de l'enquête concernant le complot de l'Ecole militaire, il ne sera jamais poursuivi pour sa participation à la préparation de l'attentat du Petit-Clamart. Christian Hitier, lui, échappant à toutes les rafles lancées après la découverte de l'embryon de maquis qu'il venait de constituer dans les Pyrénées avec quelques jeunes gens en tenue camouflée, est passé en Espagne d'où, après avoir été condamné par contumace à vingt ans de détention, il ne reviendra qu'une vingtaine d'années plus tard.

Libéré de la prison de Bois-Mermet le 5 novembre 1963, Curutchet a été enfourné dans un avion à destination de l'Uruguay où les autorités de Montevideo venaient de lui accorder l'asile politique. Profitant de l'escale technique de Lisbonne, il s'est éclipsé et a attendu quelques jours chez des amis le passeport expédié de Rome qui l'autoriserait à rentrer en Italie. Puis, muni de son sésame, il est passé en fraude en Espagne et, après avoir transité par Séville, il a pris à Madrid l'avion pour Rome, où il a retrouvé Philippe de Massey, libéré avant lui, et André Rosfelder. Il s'est réinstallé près de la plage d'Ostie dans l'appartement depuis longtemps loué au nom de jeune fille de son épouse Maya qui, déjà rentrée de Suisse, l'y attendait avec ses enfants.

Le président Kennedy ayant été assassiné le 22 novembre 1963, sans pour cela se réjouir de sa mort, les plus pugnaces parmi les exilés de l'O.A.S. en Espagne, en Italie et en Belgique ont estimé que cet attentat pourrait leur servir de modèle. Et Curutchet y songeait également lorsque, le lendemain du crime de Dallas, un policier en civil et quelques carabiniers sont venus l'arrêter et l'ont emmené à la Questura, la préfecture de Police de Rome. Là, on lui a proposé de passer quelques mois avec sa famille dans un camp de réfugiés ou d'accepter de reprendre l'avion pour Montevideo.

Bien entendu mis au courant de l'arrestation de Curutchet, Roger Frey avait chargé le commissaire Henri Boucoiran de tenter de le récupérer dans le cadre l'opération *Réconciliation*. Mais celui-ci, après avoir refusé la discussion, a choisi l'exil uruguayen. Bien que Philippe de Massey, craignant pour lui un piège français à l'escale de Dakar où le président Senghor ne pouvait rien refuser au gouvernement français, ait tenté de l'en dissuader, dans la nuit du 28 novembre 1963, il est monté avec sa famille dans un Boeing 707 d'Alitalia à destination de Montevideo.

Philippe de Massey avait vu juste. Curutchet a été intercepté à Dakar par la gendarmerie sénégalaise et remis à des officiers français qui l'ont ramené à Paris dans un avion du G.L.A.M., alors que son épouse restait à Dakar en attendant l'assistance des autorités italiennes qui pousseront la complaisance jusqu'à lui faire parvenir à Paris ses bagages débarqués à Montevideo.

Le capitaine de corvette Woringer qui, bien que son code, *Gitane*, ait souvent été repéré par les policiers, avait toujours échappé à leurs attentions, a été arrêté à son tour à Toulon le 24 janvier 1964. Les policiers sont arrivés jusqu'à lui après avoir décortiqué les archives d'Argoud, avec qui il entretenait une correspondance suivie avant son enlèvement par le truchement d'une secrétaire de la rue Royale. Intrigués par des oblitérations de l'agence postale du ministère de la Marine, les enquêteurs ont fini par remonter jusqu'à la jeune femme et ils l'ont fait parler.

Les arrestations se succédant à bon rythme, le lieutenant de vaisseau Georges Buscia, défendu par M$^e$ Patrimonio devant la Cour militaire de justice, a été puni de douze ans de réclusion criminelle le 15 février 1964 à l'issue d'un procès qui s'est terminé par la condamnation à mort par contumace de son frère. Parmi les condamnés, tous arrêtés rue Tournefort ou au cours des rafles qui ont suivi cette fructueuse souricière, l'ancien légionnaire Jean Hussendorfer, sans préjuger de la condamnation qui le frappera pour le meurtre du commandant Kubaziak, a été taxé de quinze ans de réclusion criminelle alors que l'avocat général Desmond avait requis contre lui la perpétuité. Et Andrée Erhardt, l'amie du capitaine Denis Baille, la jeune femme de vingt-trois ans qui avait échappé aux policiers lors du complot de l'Ecole militaire, que ses compagnons de l'O.A.S. ne connaissaient que sous le pseudo de *Sophie* et qui est la belle-fille d'un colonel, a écopé de deux ans de prison.

Douze jours plus tard, le 27 février 1964, le capitaine Sergent perdait ses deux lieutenants les plus actifs, les animateurs de l'O.A.S.-Métro-Jeunes, Georges Kayanakis et Jean Caunes. Puis, le 12 mars 1964, après des mois de traque, les hommes du commissaire Lavalet arrêtaient Jean Reimbold à Marseille. A Paris, ce fut bientôt au tour de Ferdinand Ferrand de se retrouver derrière les barreaux d'où, se taisant toujours jusqu'à son procès, il narguera à sa manière polie les enquêteurs et son juge d'instruction, les uns et l'autre déçus de n'avoir pas trouvé d'archives chez lui.

Après ces derniers coups durs, il était clair que l'O.A.S. avait vécu. Ayant renoncé depuis des mois à la rejoindre, estimant qu'il valait mieux me montrer que de me terrer comme un rat, j'ai chanté dans des cabarets parisiens, surtout Chez Georges, rue des Canettes. J'ai enregistré un disque sous le nom de Sampa, fait du roman-photo dans *Rêves*, journal du cœur à très gros tirages que lisaient des femmes de gendarmes tandis que leurs maris me recherchaient. Je me suis lié à Saint-Germain-des-Prés à des personnages aussi peu attachés à l'Algérie française que l'étaient Arthur Adamov, Mouloudji ou François Caviglioli, alors jeune journaliste et qui avait le même point d'attache que moi rue Grégoire-de-Tours, à La Crémerie. Lassé de cette cavale sans gloire qui aura duré une année pleine, j'ai décidé de me rendre.

J'ai détruit les faux papiers que j'avais payés très cher grâce à la générosité d'une jeune fille qui deviendra un écrivain célèbre et, après des contacts pris avec le capitaine d'armes du ministère de la Marine par un ancien quartier-maître du commando *De Montfort* devenu inspecteur de

Police et affecté à la protection du général de Gaulle, je me suis présenté à la fin mars rue Royale et je me suis retrouvé le surlendemain de ma reddition, seul heureusement, dans la cellule 76 du petit quartier de la prison de Rennes. Mis en liberté provisoire après un mois et demi d'enfermement, j'ai rejoint la Marine en attendant d'être déféré devant le tribunal permanent des forces armées de Rennes.

Malgré l'échec de Philippe Castille et de ses compagnons, les prisonniers de l'île de Ré rêvaient toujours de dire « Merde à Vauban ! ». La lecture de la rubrique régulière que Marie-France de Brem, la sœur de l'ancien para abattu par la police, leur consacrait dans *L'Esprit public*, qu'ils recevaient en cachette, puisque ce journal, qui était toujours la voix de l'O.A.S., n'avait pas droit de cité dans les prisons, ne leur suffisant pas, ils étaient une quinzaine, avec à leur tête Roger Daparo et Jean-François Collin, à creuser avec une patience de taupe un tunnel sous les hauts murs. Peu enclin à attendre la grande évasion collective, l'adjudant-chef Marc Robin s'est évadé en pyjama de l'hôpital de La Rochelle où il ne s'était pas fait admettre par complaisance, mais parce qu'il souffrait des premiers symptômes graves de la sclérose en plaques.

Les condamnés continuant à encombrer les prisons au fil des semaines et le C.N.R., bien qu'il ne soit pas dissous mais tout à fait hors circuit depuis le départ de Georges Bidault et les enlèvements d'Argoud et Curutchet, Watin s'étant fait piéger en Suisse, il n'y eut bientôt plus que Gilles Buscia pour songer encore à tuer le général de Gaulle. Il y pensait d'autant plus dans son repaire italien qu'il avait appris que le chef de l'Etat se rendrait en Provence à l'occasion du 20$^e$ anniversaire du débarquement du 15 août 1944.

C'est donc à Rome, avec entre autres Roger Rosfelder et Jean-Jacques Susini, que le projet a pris corps. Selon ses concepteurs, une charge de cheddite et de T.N.T. serait placée à Toulon, au Mont-Faron où le Général devait inaugurer le 14 août 1964 le mémorial de la Libération. L'explosion de cette bombe serait déclenchée par Jean Garcia, revenu pour l'occasion de Suisse où il venait de reprendre ses études de médecine et qui jouerait au touriste avec une amie à l'abri d'une buvette ouverte sous le mémorial, à l'aide d'une radio-commande dissimulée dans un appareil photo.

Cette affaire qui, en d'autres temps, aurait été d'une simplicité enfantine à monter, a nécessité l'engagement d'une douzaine de personnes. N'ayant plus grand monde sous la main, Gilles Buscia est allé en Suisse enrôler à Vallorbe Samuel Lehmann, un ancien légionnaire qui avait déjà servi dans l'O.A.S. comme agent de liaison et s'était fait prendre en juillet 1962 en flagrant délit de transport d'armes de guerre à l'aérodrome de Marseille-Marignane, ce qui lui a valu un an de prison.

Quinze jours avant la venue du Général au Mont-Faron, l'ancien légionnaire muni par Buscia d'une fausse carte d'identité au nom de Paul

Lardy, tandis qu'un étudiant faisait le guet, a mis en place la charge amenée d'Italie et qui lui avait été remise par un médecin de Menton et le système de mise à feu qu'il avait lui-même bricolé à Rome en prenant le relais de Rosfelder. Prenant soin d'enrouler l'extrémité de son antenne de cuivre autour de son col, il a dissimulé la machine infernale dans une jarre que de Gaulle frôlera avant d'arriver en haut de l'escalier menant au mémorial. Puis il a rejoint Buscia à Rome en affirmant qu'il avait parfaitement accompli sa mission.

Au matin du vendredi 14 août 1964, tout était donc en place pour que meure le Général. Aidant ainsi involontairement ses assassins en puissance, l'officier des équipages en chef Constant Colmay, vétéran de Bir-Hakeim et compagnon de la Libération, en s'écriant : « Tant que je serai vivant, je ne laisserai à personne d'autre que moi le soin d'assurer la sécurité du général de Gaulle dans un endroit dont j'ai reçu la responsabilité ! » a repoussé les démineurs de la police qui venaient d'inspecter les accès du mémorial et voulaient passer au détecteur de mines les abords du large escalier qu'empruntera le chef de l'Etat.

Impressionnés par les décorations du vieux baroudeur, les policiers s'en sont allés avec leurs « poêles à frire ».

Une fois de plus, la chance avait rendez-vous avec le général de Gaulle. Jean Garcia et la jeune journaliste avec qui il devait jouer les amoureux, ne possédant pas de laissez-passer, n'ont pu franchir le barrage de gendarmes établi en bas de l'unique route montant vers le Mont-Faron. Ils ont alors essayé de passer par des sentes de chèvres, mais il y avait partout des C.R.S. en armes et ils n'ont pu approcher suffisamment de la cérémonie pour que leur radio-commande puisse activer le récepteur bricolé par Lehmann.

Au début de l'après-midi du 28 août 1964, le guide du mémorial a été pétrifié en voyant soudain des flammes s'évader de la jarre dans laquelle Samuel Lehmann avait déposé sa charge sous des plantes grasses. Le commandant Colmay faillit avoir une attaque en s'apercevant que le Général avait chez lui échappé à un attentat. Ordonnant au guide de jeter un seau d'eau sur la jarre, il l'a vue s'ouvrir en deux sous l'effet d'une petite explosion. Si les démineurs appelés à la rescousse ont découvert les pains de T.N.T. amenés d'Italie, ils n'ont pas retrouvé la charge principale de cheddite que Lehmann était censé avoir posée.

Après avoir analysé les restes de la bombe et de son système de mise à feu dans son laboratoire parisien de la rue de Dantzig, le professeur Henri Forestier a conclu que quelqu'un, ne voulant sans doute pas prendre le risque de la désamorcer et de la retirer de la jarre, a tenté de provoquer son explosion à l'aide d'un détonateur à retard fonctionnant à l'acide, mais que ce procédé avait fait long feu.

# Épilogue

Lorsque je me suis présenté libre devant les juges du tribunal permanent des forces armées de Rennes, je n'étais pas du tout rassuré au début par le ton sec du président d'assises qui menait le débat et qui ne me semblait pas comprendre que la lamentable façon dont s'est terminée la guerre en Algérie, autant pour les nationalistes que pour les partisans de l'Algérie française, ait pu me pousser à la désertion alors que tout était depuis longtemps terminé. Curieusement c'est l'attitude du commissaire du gouvernement, un homme encore jeune dont l'uniforme noir était rehaussé par la barrette rouge et blanche de la Valeur militaire, qui m'a rassuré en me désignant du doigt et en déclarant aux juges : « Messieurs, dans cette enceinte nous avons l'habitude de juger des militaires. Mais aujourd'hui nous avons à juger un soldat. » Après ces mots, il a lu le texte de la citation à l'ordre de l'armée que j'avais gagnée à dix-neuf ans au cours d'un accrochage très dur dans la région d'Aïn-Sefra. Puis, au lieu du très autoritaire « Je réclame... » que, de la salle d'attente proche du prétoire, j'avais entendu lors des procès précédents, fixant un à un mes juges, il leur a avoué ne pas avoir le cœur de proposer une peine à mon encontre et qu'il les laissait seuls maîtres de la sentence.

Après ce réquisitoire si peu conventionnel, mon avocate n'a pas eu à forcer son talent et je n'ai reçu que six mois de prison assortis du sursis. Rentré au dépôt de Brest où j'avais été affecté durant ma liberté provisoire, j'avais oublié que, même si le T.P.F.A. m'avait condamné au nom du peuple français, la Marine, elle, allait me demander encore des comptes en me faisant comparaître devant un conseil de discipline. Sachant que je ne comptais pas faire carrière dans la Marine, le commandant du dépôt m'avait proposé de me faire casser apprenti marin, sanction maximale qui m'autoriserait à quitter immédiatement l'uniforme.

Le conseil de discipline ayant suivi cette proposition, je m'apprêtais à quitter le service, lorsque le pacha m'a fait appeler à son bureau. Il m'a tendu une note signée par le vice-amiral Amman, le vainqueur de la bataille de Bizerte devenu préfet maritime de Brest, qui lui rappelait qu'au lieu de me casser apprenti marin, il pouvait seulement me réduire de classe dans mon grade, ce qui permettrait à la Marine de me garder jusqu'au terme de mon engagement.

Abandonnant ma casquette, j'ai donc repris le bonnet à pompon rouge et recoiffé le béret vert au commando *De Penfentenyo* où, quartier-maître de 2ᵉ classe – l'équivalent de caporal –, j'ai attendu avec une impatience parfois mal contenue le 5 février 1965, date à laquelle j'ai quitté l'uniforme. Alors que mon dernier pacha, le lieutenant de vaisseau Christian Bonbon que j'avais connu en Algérie lorsqu'il combattait au commando *De Montfort*, me remettait mon livret militaire, je lui fis remarquer que l'appréciation flatteuse qu'il venait d'apostiller sur ce document était peut-être quelque peu excessive, puisque j'avais tout de même déserté durant une année. Cet officier qui ne voulait pas oblitérer mes chances de réinsertion dans le civil en me créditant d'une mention médiocre m'a répondu :

— Et alors, Fleury, il est bien stipulé sur le livret : conduite sous les drapeaux, non ? Pour moi, tant que tu étais au service, tu t'es bien conduit. Le reste, je ne veux pas le savoir.

En février 1965, alors que je quittais tout de même le cœur gros cette armée en qui j'avais tellement cru jusqu'en septembre 1959, plus de 11 000 personnes auront été arrêtées au cours de la répression anti-O.A.S. et libérées sans encourir aucune peine. 652 autres ont été acquittées ou relaxées après des emprisonnements allant de trois mois à deux ans de détention préventive et les tribunaux d'exception auront prononcé 3 493 condamnations, parmi lesquelles 44 peines de morts dont seulement celles d'Albert Dovecar, de Claude Piegts, de Roger Degueldre et de Jean Marie Bastien-Thiry auront été suivies d'exécutions.

Je ne suivais plus avec autant d'intérêt les actions de l'O.A.S., mais j'ai tout de même appris que Gilles Buscia avait été arrêté à Marseille le 8 avril 1965. Puisque Georges Watin, après que la Suisse eut refusé son extradition, était parti se réfugier au Paraguay en bénéficiant de l'aide occulte des services du commissaire Boucoiran, j'ai songé que l'enfermement du dernier homme capable d'organiser encore un attentat contre de Gaulle symbolisait la disparition de l'organisation.

Après la mise hors de combat de Gilles Buscia, Samuel Lehmann, qui était avec lui quelques heures avant son arrestation et l'avait attendu en vain après que les policiers l'eurent appréhendé rue de la République, est rentré en Suisse où, moyennant finances, il s'est empressé de parler de l'attentat manqué du Mont-Faron à un journaliste de *Blick*, un hebdomadaire zurichois.

Monnayant encore d'année en année son récit à des journaux anglais, français et allemands, Lehmann finira par se prétendre ancien lieutenant de la Légion. En 1971, il racontera à Jean-Marie Pontaut de quelle manière il aurait sauvé le général de Gaulle en sabotant lui-même la mise à feu de la charge déposée au Mont-Faron et en prévenant Philippe de

Massey de la préparation de l'attentat, parce que, prétendra-t-il, il le savait agent des services français. Et ses élucubrations seront une dernière fois reprises dans un article publié le 18 septembre 1971 par *Paris-Match*. Ainsi mis en cause, Massey recevra le soutien écrit d'Argoud et de Sergent, qui le dédouaneront de toute collusion possible avec le S.D.E.C.E. ou tout autre service secret français.

Bien que Gilles Buscia soit sous les verrous, les policiers du commissaire Gévaudan savaient par leur informateur habituel qu'il avait préparé avec Lehmann un autre attentat contre de Gaulle lorsque celui-ci se rendrait à Sainte-Hermine, en Vendée, devant le monument érigé à la mémoire de Georges Clemenceau. Mais les arrestations qui ont suivi sur la Côte d'Azur celle de Buscia ont permis de saisir deux jours avant la cérémonie prévue pour le 21 mai 1965 l'appareil de mise à feu par radio-commande que Lehmann et Buscia lui-même avaient déposé dans une ferme près de Salon-de-Provence.

Cette fois, à moins d'un acte risqué par quelque illuminé ne dépendant plus de l'O.A.S., tout danger d'attentat contre le chef de l'Etat paraissait écarté. Un à un, les derniers militants de l'organisation rentraient dans le rang. Bien qu'il restât encore plus de trois cents détenus de longues peines au pénitencier de Ré, au début de 1965, il était évident qu'une nouvelle loi élargissant les effets des premières amnisties du 22 mars et du 14 avril 1962 leur rendrait bientôt la liberté.

En attendant la nouvelle amnistie, de très nombreux partisans de l'Algérie française, surtout dans l'intention d'empêcher de Gaulle de rester à l'Elysée, participèrent activement avec Roger Holeindre et Jean-Marie Le Pen à la campagne de Jean-Louis Tixier-Vignancour lors de l'élection présidentielle de décembre 1965. Bien que, rejoignant ainsi ses habituels opposants de gauche, le défenseur de Salan, comme Pierre Sergent de son exil, ait appelé les 1 260 208 électeurs qui s'étaient prononcés pour lui au premier tour à reporter leurs voix sur François Mitterrand, le général de Gaulle a été réélu le 19 décembre 1965 avec 55 % des 23 454 811 suffrages exprimés.

Après la réélection du général de Gaulle, cent soixante-sept prisonniers de l'O.A.S., avec entre autres le colonel Hervé de Blignières, ont été libérés à l'occasion de Noël 1965. Mais il a fallu attendre la fin du printemps 1966 pour que, le 18 juin, date symbolique entre toutes, une nouvelle loi d'amnistie soit promulguée. Après cette date, à l'exception de ceux qui avaient participé à des crimes de droit commun, les prisonniers politiques qui passeront devant leurs juges seront taxés de peines symboliques. Les généraux Bigot et Nicot ayant été libérés en même temps que le commandant de Saint Marc à Noël 1966, il ne restait bientôt plus en prison à Tulle que les généraux Challe, Jouhaud, Faure, Salan et Zeller, le colonel de Sèze, le commandant Camelin et le lieutenant de vaisseau Guillaume.

Alors que La Tocnaye, d'Armagnac, Sari, Marton, Castille venaient d'être libérés en même temps que les derniers prisonniers du fort Toiras de Ré et que Sergent, Pérez, Chateau-Jobert, Broizat et Susini étaient toujours en exil, les étudiants, en se révoltant en mai 1968 allaient réussir ce que jamais l'O.A.S. n'était parvenue à réaliser : obliger de Gaulle à douter de son pouvoir et à s'exiler !

En effet, au soir du mercredi 29 mai 1968, le chef de l'Etat, sans en avoir averti Georges Pompidou et après avoir renoncé pour raison de très mauvais temps à le rencontrer sur un haut lieu de mémoire des combats de la Libération, au rocher de Dabo ou au mont Sainte-Odile, est allé se réfugier auprès du général Massu à Baden-Baden.

L'homme pour qui les Algérois avaient levé des barricades en janvier 1960, répondant de la fidélité absolue des troupes basées en Allemagne, a persuadé son visiteur en désarroi de rentrer à Paris où François Mitterand et Pierre Mendès France, bien qu'ignorant son départ, s'étaient l'un et l'autre proclamés prêts à assumer les plus hautes responsabilités de l'Etat « au nom de toute la gauche réunie ». Ainsi revigoré, après une nuit passée à Colombey, de Gaulle est revenu présider le conseil des ministres le mercredi 30 mai. Grâce à des techniciens de la Marine nationale mettant en œuvre l'émetteur de la tour Eiffel pour pallier la grève qui paralysait l'O.R.T.F., il a adressé aux Français un message dans lequel, en affirmant : « Dans les circonstances présentes, je ne me retirerai pas. J'ai un mandat du peuple, je le remplirai », il ne laissait planer aucune ambiguïté sur ses intentions de gouverner encore. Sa résolution établie, il a annoncé la dissolution de l'Assemblée nationale et remis à plus tard la consultation référendaire par laquelle il voulait demander aux Français d'approuver des réformes de l'économie et de l'Université.

Après avoir précisé « à moins qu'on n'entende bâillonner le peuple français tout entier » par « l'intimidation, l'intoxication et la tyrannie exercées par des groupes organisés de longue main en conséquence et par un parti qui est une entreprise totalitaire, même s'il a déjà des rivaux à cet égard » – ces « rivaux » étant pour lui les maoïstes et les trotskistes qui ont activé la révolte estudiantine –, le Général a également décrété que les élections législatives se dérouleraient dans les délais prévus par la Constitution. Puis, après avoir menacé de recourir au besoin à l'article 16, il a achevé son discours de combat en s'écriant :

— Eh bien ! Non ! La République n'abdiquera pas. Le peuple se ressaisira. Le progrès, l'indépendance et la paix l'emporteront avec la liberté.

Dans les heures qui ont suivi cet appel au calme, sans savoir que des unités de blindés convergeaient déjà vers les abords de la capitale, des centaines de milliers de Parisiens sont venus se masser sur les Champs-Elysées. Canalisés par des gros bras à la solde de Jacques Foccard, préparés depuis longtemps à cet exercice et dont les mieux organisés obéissaient à Bob Denard, ils étaient bientôt près d'un million à former de l'Arc de Triomphe à la Concorde une marée gaulliste. Et il en restait encore quelques milliers lorsque, tard dans la nuit et dans l'intention de gagner la rive gauche en venant de dîner rue Volney chez mon ami le journaliste Eric Leguèbe, l'homme qui avait facilité à Alger le tirage du numéro spécial du *Bled* durant le putsch, je passai dans le quartier de l'Elysée.

Débouchant de la rue de Duras, j'allais traverser la rue du Faubourg-Saint-Honoré afin de poursuivre mon chemin vers le pont des Arts par la rue de l'Elysée, lorsque, venant de ma droite, un souffle épais a attiré mon attention. Curieux, j'ai confié ma guitare à la jeune femme qui m'accompagnait et je me suis engagé dans la rue du Faubourg-Saint-Honoré sans me soucier des policiers et des gendarmes qui, armés en guerre, y faisaient le pied de grue. Au-delà du grand porche de l'Elysée, j'ai vu venir sur toute la largeur de la rue et des trottoirs une foule marchant lentement derrière une rangée d'hommes se tenant bras dessus bras dessous pour la contenir. Je me suis rendu compte que le bruit qui m'avait alerté était provoqué par cette foule. Soucieuse en effet de ne pas troubler le repos de son idole élyséenne, elle chuintait à l'unisson de mille souffles ou plus des litanies de « Chut ».

En m'approchant des manifestants, j'ai reconnu au premier rang un partisan de l'Algérie française. Marchant à reculons devant lui, je lui ai demandé ce qu'il faisait là. Hilare, il m'a répondu qu'il touchait son « cacheton ». Envahi par une soudaine bouffée de colère, je lui ai lâché sous le nez : « Au lieu de leur faire couiner des "Chut" à tes guignols, voilà ce qu'il faut leur faire crier », et, me précipitant devant le porche de l'Elysée, j'ai hurlé « Libérez Salan ! » au même rythme qu'« Algérie française » jusqu'à ce que, m'empoignant sans ménagements, deux policiers m'entraînent jusqu'au fourgon P.C. de leur unité garé dans la rue de Duras, d'où j'ai été relâché après une simple vérification d'identité.

A part quelques manifestations auxquelles je participerai pour alerter l'opinion sur les honteuses conditions de vie des harkis exilés, cette guignolade qui aurait pu me coûter cher, puisque j'étais encore sous le coup du sursis de ma condamnation, aura été ma dernière participation à une action liée à la défunte Algérie française.

La plupart des prisonniers de l'O.A.S. ayant déjà été libérés avant mai 1968, leur chef suprême, le général Salan, accueilli par son épouse, sa fille et son fidèle Yves Gignac – amnistié quant à lui depuis la fin 1966 – a quitté la prison de Tulle le 15 juin 1968. Puis, après le second tour des élections législatives qui, choc en retour des peurs populaires et bourgeoises de mai, a permis au général de Gaulle d'obtenir, avec 358 députés élus sur 485 et sans compter les 21 élus du parti indépendant de Valéry Giscard d'Estaing, la majorité absolue à la Chambre, le 31 juillet 1968, la loi 68-697 a amnistié tous les délits commis dans le cadre de l'Algérie française.

Moins d'un an plus tard, tous ces anciens de l'O.A.S., comme la plupart des rapatriés, ont sabré le champagne au soir du référendum du 27 avril 1969, lorsque 52,41 % des Français venaient de refuser la régionalisation et la réforme du Sénat que leur proposait le général de Gaulle. Comme il s'y était engagé en cas de défaite, l'homme qu'ils ont tant combattu a quitté l'Elysée dès le lendemain et Georges Pompidou, élu par 58,21 % des voix exprimées contre 41,78 à Alain Poher, le président du Sénat qui assurait depuis le 28 avril l'intérim de la présidence, est venu s'y installer.

Le général de Gaulle étant mort le 9 novembre 1970 sans qu'aucun partisan de l'Algérie française ne verse un pleur, Hubert Bassot et Claude Dupont ont animé en grande partie la campagne présidentielle de Valéry Giscard d'Estaing en recrutant sans peine leurs colleurs d'affiches et les gros bras chargés du service d'ordre des meetings du ministre des Finances du Général parmi les anciens de l'O.A.S. Mais, malgré ce concours efficace, les militaires, les policiers et les fonctionnaires qui s'étaient engagés dans la révolte contre de Gaulle devront toutefois attendre que François Mitterrand, candidat malheureux en 1965 et 1974, soit porté à la magistrature suprême le 10 mai 1981 pour jouir d'une plus large clémence républicaine dans le cadre de la loi 82-1021 du 3 décembre 1982, qui leur permettra de bénéficier d'une possibilité de reconduction de carrière à laquelle les simples civils de l'O.A.S., eux, n'auront jamais droit.

Bien qu'elle n'ait provoqué en métropole qu'une demi-douzaine de morts, l'O.A.S. restera l'emblème maudit de la plus grande fracture du XX$^e$ siècle français. A l'aube du III$^e$ millénaire, elle est toujours béante cette déchirure puisque, qu'ils soient de gauche ou de droite, tous ceux qui l'ont combattue activement ou simplement condamnée, sans jamais essayer de comprendre les véritables raisons de leur engagement, n'ont jamais accepté d'aller au-delà des amnisties dont ses membres ont bénéficié en même temps que ceux qui avaient choisi le camp du F.L.N. Ce phénomène de rejet, insultant pour les militants de l'Algérie française de sensibilité de gauche – ils étaient nombreux en Algérie, surtout à Oran et dans les quartiers populaires d'Alger –, les a poussés nombreux vers l'extrême droite, vers des hommes qui, leur semblait-il du moins, les écoutaient et les comprenaient.

Malgré quelques exemples criards, comme celui de Lazlo Varga qui, entraîné par Bernard Lescrainier, se fera tuer le 11 août 1976 au cours d'un hold-up en banlieue parisienne, la majorité des anciens de l'O.A.S., parfois après avoir été mercenaires en Afrique ou au Yémen avec Roger Faulques ou Bob Denard, comme Jean-René Souètre, Pierre Dubiton, Louis de Condé, le fils du général Chassin ou Raymond Thomann, ont mis autant de rage à réussir leur vie qu'ils en avaient mis à vouloir contrarier le cours de l'Histoire.

Jean-Jacques Susini a repris et achevé ses études de médecine puis un diplôme d'Etat d'administration dans les années 80 avant de se tourner vers la sécurité des entreprises. Ce sera le très gaulliste colonel Marceau Crespin qui lui fournira un de ses premiers gros clients, la société Coca-

Cola dont, ironie de la petite histoire, il avait, en d'autres temps, organisé le boycott en Algérie. Jean-Claude Pérez rentrera lui-aussi en France. Aidé par un ancien de l'O.A.S. algéroise, André Lamarque déjà à la tête de cliniques privées, il reprendra dès 1969 à Paris ses activités médicales. Jacques Mugica, après deux ans de prison, a refusé de participer en mai 1964 à un mouvement armé contre Ben Bella. Il est devenu un cardiologue de réputation mondiale. Quant à Pierre Montagnon, il a longtemps géré une entreprise de distribution de matériel de chauffage et écrit de nombreux livres. Après avoir dirigé une école réservée aux petits exilés d'Alicante, le lieutenant de vaisseau Cucherat, comme il me l'a écrit en juillet 2001, considère encore aujourd'hui que « son abandon du commandement » du commando *De Montfort* lui était apparu comme « un devoir de conscience absolument sacré, dès lors que le cessez-le-feu avait décidé de la fin des combats ». Touché par la grâce, il est entré dans les ordres et vit dans une Trappe italienne.

Pierre Sergent, naturellement attiré par la politique, a d'abord rejoint l'appareil giscardien en 1974, le Centre national des indépendants et paysans en 1983, puis le Front national dont il fut, avec Roger Holeindre, l'un des députés en 1986. Ferdinand Ferrand, le fantôme des Halles, jugé en même temps que Dominique Venner qui avait dû engager une longue grève de la faim à la Santé afin d'obliger les autorités à s'occuper enfin de son cas, après avoir été légèrement condamné, comme Venner d'ailleurs, a repris ses habitudes discrètes au cœur de Paris, puis à Rungis lorsque les Halles y ont déménagé. Quant à Philippe de Massey, ses convictions monarchistes ne se sont pas émoussées. Tout en se battant avec les friches ingrates d'un domaine de chasse quelque part en Provence, après des années de démarches vaines, il ne désespère pas d'arriver à obtenir de l'Administration, sinon des avantages comparables à ceux que François Mitterrand avait accordés en 1982 aux militaires et fonctionnaires de l'O.A.S., au moins une compensation financière qui, même minime, aiderait les civils de l'organisation qui s'étaient engagés à corps perdu dans la révolte et qui, l'âge de la retraite étant venu, sont loin de tous rouler sur l'or.

En écrivant ce livre, je me suis efforcé à être aussi objectif qu'un homme peut l'être sans aller jusqu'au reniement de ses engagements de jeunesse. J'ai voulu laisser au seul lecteur le droit de juger. Au moment de conclure, il me vient des larmes aux yeux en songeant à nouveau à cette discussion très âpre et datant déjà d'une vingtaine d'années que j'ai eue avec l'écrivain pied-noire Marie Cardinal. Alors qu'elle me reprochait une fois de plus mes anciens engagements pour l'Algérie française, je lui ai pris le bras :

— Ecoute-moi, Marie Cardinal, lui ai-je dit, même si j'avais posé des bombes au nom de l'O.A.S. en Algérie, dis-toi bien que c'est pour toi et pour les tiens que je l'aurais fait !

Les yeux de Marie se sont embués. Elle qui ne m'avait jamais serré que la main, elle m'a embrassé soudain, comme elle le fera toujours jusqu'à sa mort à chacune de nos rencontres.

# BIBLIOGRAPHIE

Charles Ailleret, *Général du contingent*, éd. Grasset.
Antoine Argoud, *La Décadence, l'Imposture et la Tragédie*, éd. Albatros.
Geneviève Baïlac, *Les absinthes sauvages*, éd. Fayard.
Laurent Beccaria, *Hélie de Saint Marc*, éd. Perrin.
Armand Belvisi, *L'Attentat*, éd. La Table Ronde.
Georges Bidault, *D'une résistance l'autre*, éd. Les Presses du siècle.
— *Le Point*, éd. La Table Ronde.
François Bluche, *Le Grenier à sel*, éd. de Fallois.
Alain de Boissieu, *Pour servir le Général*, éd. Plon.
Pierre de Boisdeffre, *De Gaulle malgré lui*, éd. Albin Michel.
Jean Brune, *Journal d'exil*, éd. La Table Ronde.
Robert Buchard, *O.A.S.*, éd. J'ai lu.
Etienne Burin des Roziers, *Retour aux sources*, éd. Plon.
Marie Cardinal, *Les Pieds-noirs*, éd. Belfond.
Cercle Jean Bastien-Thiry, *Bastien-Thiry, vérité*.
Patrice Chairoff, *Dossier B, comme barbouzes*, éd. Alain Moreau.
Pierre Chassin, *Baroud pour une autre vie*, éd. Jean Picollec.
Pierre Chateau-Jobert, *Feux et lumières sur ma trace*, éd. Presses de la Cité.
Michèle Cointet, *De Gaulle et l'Algérie française*, éd. Perrin.
Yves Courrière, *L'Heure des colonels*, éd. Fayard.
— *Les Feux du désespoir*, éd. Fayard.
Jean Marie Curutchet, *Je veux la tourmente*, éd. Robert Laffont.
Charles de Gaulle, *Mémoires d'espoir, Le Renouveau*, éd. Plon.
— *Notes et carnets, janvier 1961-décembre 1963*, éd. Plon.
— *Discours et messages : Avec le renouveau*, éd. Plon.
— *Discours et messages : Pour l'effort*, éd. Plon.
Jacques Delarue, *L'O.A.S. contre de Gaulle*, éd. Fayard.
Arnaud Déroulède, *O.A.S.*, éd. Jean Curutchet.
F. Dessaigne et M.J. Rey, *Un crime sans assassins*, éd. Confrérie Castille.
Guy Doly-Linaudière, *L'Imposture algérienne*, éd. Filippachi.
Anne-Marie Duranton-Crabol, *Le temps de l'O.A.S.*, éd. Complexe.
Patrick Eveno et Jean Planchais, *La Guerre d'Algérie*, éd. La Découverte.
Roger Faligot et Pascal Krop, *La Piscine*, éd. Le Seuil.
Jacques Fauvet et Jean Planchais, *La fronde des généraux*, éd. Arthaud.
Jean Ferrandi, *600 jours avec Salan et l'O.A.S.*, éd. Fayard.
Mouloud Feraoun, *Journal 1955-1962*, éd. du Seuil.
Christian Fouchet, *Au service du général de Gaulle*, éd. Plon.

Philippe de Gaulle, *Mémoires accessoires,* éd. Plon.
Jean-Louis Gérard, *Dictionnaire de la guerre d'Algérie,* éd. Jean Curutchet.
Manuel Gomez, *Camus l'Algérois,* éd. Association des auteurs azuréens.
Serge Groussard, *L'Algérie des adieux,* éd. Plon.
Vincent Guilbert, *Les Commandos deltas,* éd. Jean Curutchet.
Mohammed Harbi, *Le F.L.N., mirage et réalité,* éd. Jeune Afrique.
Ali Haroun, *La 7e Wilaya, la guerre du F.L.N. en France,* éd. du Seuil.
— *L'Eté de la discorde,* Casbah éditions.
Jérôme Hélie, *Les Accords d'Evian,* éd. Olivier Orban.
Paul Henissart, *Les Combattants du crépuscule,* éd. Grasset.
Alain Jacob, *D'une Algérie l'autre,* éd. Grasset.
Henri Jacquin, *La Guerre secrète en Algérie,* éd. Olivier Orban.
Edmond Jouhaud, *Ce que je n'ai pas dit,* éd. Fayard.
Joseph Katz, *L'Honneur d'un général,* éd. L'Harmattan.
Rémi Kauffer, *O.A.S., histoire d'une organisation secrète,* éd. Fayard.
Alain de La Tocnaye, *Comment je n'ai pas tué de Gaulle,* éd. La Tocnaye.
Pierre Lefranc, *Avec qui vous savez,* éd. Plon.
Paul-Alain Léger, *Aux carrefours de la guerre,* éd. Albin Michel.
— *Le livre interdit,* éd. Atlantis.
— *Le procès d'Edmond Jouhaud,* éd. Albin Michel.
— *Le procès du Petit-Clamart,* Nouvelles éditions latines.
Anne Lœsch, *La Valise et le Cercueil,* éd. Plon.
Bob Maloubier, *Bazooka,* éd. Filippachi.
Constantin Melnik, *1 000 jours à Matignon,* éd. Grasset.
— *Politiquement incorrect,* éd. Plon.
— *Un espion dans le siècle,* éd. Plon.
Pierre Messmer, *Les Blancs s'en vont,* éd. Albin Michel.
— *Après tant de batailles,* éd. Albin Michel.
Jean Monnerot, *La Phase finale de la guerre d'Algérie,* éd. L'Harmattan.
Pierre Montagnon, *42, rue de la Santé,* éd. Pygmalion.
— *La Guerre d'Algérie,* éd. Pygmalion.
Jean Morin, *De Gaulle et l'Algérie,* éd. Albin Michel.
Axel Nicol, *La Bataille de l'O.A.S.,* éd. Les septs couleurs.
*O.A.S. parle,* collection Archives-Julliard.
Jo Ortiz, *Mon combat pour l'Algérie française,* éd. Jean Curutchet.
Jean-Philippe oul Aoudia, *L'Assassinat de Château-Royal,* éd. Tirésias.
Jean-Claude Pérez, *Vérités tentaculaires sur l'O.A.S.,* éd. Jean Curutchet.
Marcel Petitjean, *Récits de guerre,* éd. Petitjean.
Alain Peyrefitte, *C'était de Gaulle,* éd. Fayard.
Jean Pouget, *Bataillon R.A.S.,* éd. Presses de la Cité.
Jean Reimbold, *Pour avoir dit non,* éd. La Table Ronde.
Paul Ribeaud, *Barricades pour un drapeau,* éd. La Table Ronde.
Patrick Rizzi, *De Gaulle au fil des jours,* éd. Mica.
Georges Robin, *Commandant rebelle,* éd. J.-C. Lattès.
André Rosfelder, *Le Onzième Commandement,* éd. Gallimard.
Alain Ruscio, *La Décolonisation tragique,* éd. Messidor.
Andréa Santini, *Le Jardin fou,* éd. Santini.
Pierre Sergent, *La Bataille,* éd. La Table Ronde et Albatros.
Alain de Sérigny, *Un procès,* éd. La Table Ronde.

Jacques Soustelle, *L'Espérance trahie,* éd. de l'Alma.
Jean-Jacques Susini, *Histoire de l'O.A.S.,* éd. La Table Ronde.
Geneviève de Ternant, *L'Agonie d'Oran,* 3 t., éd. Jacques Gandini.
Henri Jean Thomas, *Le Terrorisme urbain à Alger en 1962,* éd. L'Harmattan.
Bernard Ulmann, *Jacques Soustelle,* éd. Plon.
Roger Vailly, *Un condamné à mort se souvient,* éd. Garde.
Dominique Venner, *Le Cœur rebelle,* éd. Les Belles Lettres.

ns (Korean)
# INDEX

*L'index renvoie aux **chapitres** où interviennent les protagonistes*

## A

ABDELHATIF. Responsable F.L.N. à Médéa. **Ch** : 17.

ABDESSELAM, Robert. Député de l'Algérie française. **Ch** : 14, 44, 59, 69, 70, 73, 76, 77, 86.

ABRANTES, d'. Duchesse espagnole ayant hébergé le général Salan à Madrid la veille de son départ pour rejoindre les putschistes d'Alger. **Ch** : 31, 32.

ACCART. Général de l'armée de l'Air, commandant lors du putsch d'avril 1961 le 1er G.A.T.A.C. basé en Allemagne. **Ch** : 34.

ACHARD, Jacques. Administrateur colonial, membre des services spéciaux en Indochine et dirigeant de l'O.A.S. algéroise. **Ch** : 28, 33, 34, 35, 61, 63, 64, 65, 66, 68, 70, 71, 82, 89, 93.

ACHIARY, André. Sous-préfet de Guelma en mai 1945. **Ch** : 2, 3, 26.

ADAIR, Red. Spécialiste de la lutte contre les incendies de puits de pétrole. **Ch** : 68.

ADAMOV, Arthur. Auteur dramatique. **Ch** : 93.

ADENAUER, Konrad. Chancelier de la R.F.A. en 1962.

AGAY, Roland. Membre d'un groupe antiterroriste secret en Algérie. **Ch** : 25.

AGNOR, Yvon. Membre d'un maquis de l'O.A.S. en Oranie. **Ch** : 59.

AGUESSE. Directeur des Centres sociaux en Algérie. **Ch** : 33.

AGUITON, Pierre. Procureur militaire en Algérie. **Ch** : 92.

AIT HAMED, Hocine. L'un des neuf chefs historiques de la rébellion algérienne. **Ch** : 2, 36.

AILLERET, Charles. Commandant supérieur en Algérie de juin 1961 à avril 1962. **Ch** : 16, 23, 25, 28, 29, 33, 35, 37, 39, 40, 42, 44, 45, 49, 51, 53, 55, 57, 60, 61, 62, 63, 64, 65, 66, 67, 68, 71, 75, 76, 79, 81.

AIT AMOURA, alias AMIROUCHE. Commandant rebelle de la Wilaya IV. **Ch** : 18, 19, 44.

ALAVENA. Lt-colonel italien. **Ch** : 19.

ALBAYEZ, Georges. Commissaire directeur des voyages officiels de 1944 à 1962. **Ch** : 77.

ALCHEIK, Jim. Contractuel anti-O.A.S. **Ch** : 51, 52, 54, 57, 61.

ALIAS, Henri. Directeur d'Air-Algérie. **Ch** : 72.

ALIBERT, Michel. Lieutenant du 13e R.D.P. passé à l'O.A.S. **Ch** : 57, 59, 62, 70.

ALLAIS, Jean. Membre de l'O.A.S. à Toulouse. **Ch** : 79.

ALLARD, Jacques. Général faisant fonction de super-préfet à Alger en mai 1958. **Ch** : 1, 69, 70, 75, 76, 80.

ALLEG, Henri. Directeur d'*Alger Républicain* et écrivain. **Ch** : 90.

ALLENAN, Gabriel. Capitaine du renseignement militaire. **Ch** : 2.

ALLIEZ, Aline et Monique. Deux jeunes habitantes de Bab el-Oued. **Ch** : 10.

ALMIRANTE, Giorgio. Président du M.S.I., parti néo-fasciste italien. **Ch** : 47.

ALQUIE. Médecin oranais. **Ch** : 89.

ALQUIER, Jean-Yves. Sous-lieutenant du 1er Régiment de hussards chargé d'une S.A.S. en Kabylie. **Ch** : 44.

AMALRIC. Chirurgien. **Ch** : 59.

AMATO, Giuseppe. Préfet de Macerata, en Italie. Organisateur de l'arrestation de Georges Bidault le 7/9/1962. **Ch** : 91.

AMET. Capitaine putschiste du 2e R.E.P. **Ch** : 37.

AMMAN, amiral. Commandant les forces françaises engagées dans l'expédition de Bizerte en juillet 1961. **Ch** : 41.

AMMONVILLE d', Guy. Lieutenant du 20e G.A.P. passé à l'O.A.S. **Ch** : 60, 63.

AMOIGNON, Andrée et Sophie. Blessées par balle au cours de la répression anti O.A.S. à Oran. **Ch** : 65.

AMOROZ, Rémi. Associé d'Atanase Georgeopoulos en exil. **Ch** : 93.

ANDRE. Lt-colonel en poste à Lille. **Ch** : 3.

ANDRÉA, Nicolas d'. Membre de l'O.A.S. en Europe. Propriétaire à Alger de la villa des barbouzes détruite par l'O.A.S. **Ch** : 33, 54, 61, 71, 89, 91.

ANDRIEUX. Préfet à Oran opposé à l'emploi des contractuels anti-O.A.S. **Ch** : 75.

ANDROS, Antoine. Animateur du F.A.F. **Ch** : 18.

ANFUSO. Député néo-fasciste italien. **Ch** : 62.

ANGELELLI, Jean-Paul. Professeur à Tizi-Ouzou, membre de l'O.A.S. **Ch** : 40. 60.

ANGLADE, Gabriel. Figure de l'O.A.S. algéroise. **Ch** : 17, 19, 21, 24, 82.

ANGSTHELM, André. Membre de l'O.A.F. condamnant l'O.A.S. **Ch** : 39.

ANTHERIEU, Armand. Journaliste au *Figaro*. Ch : 66.
ANUS, Henri. Lieutenant de vaisseau passé à l'O.A.S. à Oran. Ch : 69.
ANZIANI. Policier passé à l'O.A.S. à Constantine. Ch : 86.
AOUSTIN, Pierre. Membre de l'O.A.S. algéroise. Ch : 5, 15, 19, 21, 26, 67, 68, 69.
ARFEUX. Capitaine de Légion étrangère favorable à l'O.A.S. Ch : 67.
ARGOUD, Antoine. Colonel. Initiateur du putsch d'avril 1961 passé à l'O.A.S. Ch : 1, 3, 5 à 12, 14, 15, 16, 17, 19, 21, 22 à 29, 31 à 36, 38, 69, 70, 71, 72, 75, 79, 82 , 85, 86, 87, 91, 92, 93.
ARFOUILLOUX. Général commandant la Zone opérationnelle Sud du corps d'armée d'Alger. Ch : 7, 28.
ARGOUACH, Paul. Capitaine passé à l'O.A.S. en métroopole. Ch : 38.
ARMAGNAC d', Henri. Sous-lieutenant au 6e R.C.A. passé à l'O.A.S. en métropole. Ch : 61, 71, 87, 91, 93.
ARNAL de SERRES, Isabelle. Epouse d'Alain de La Tocnaye. Ch : 17.
ARNAL, Jacqueline. Professeur à Maison-Carrée. Ch : 61, 62, 63.
ARNOULD, Auguste. Président du Comité d'entente des anciens combattants d'Alger. Ch : 7, 8, 9, 12, 14, 16, 17, 26, 34, 70, 72.
ARNUFF. Député de l'Algérie française. Ch : 14.
ARRIGHI, Pascal. Député gaulliste dissident. Ch : 2, 3, 26, 78, 79.
ARTAUD, Robert. Membre de l'O.A.S. en métropole. Ch : 55, 88.
ARTIGNAN. Chef de bataillon opposé au putsch. Ch : 34.
ARTUS. Général commandant la Gendarmerie à Oran. Ch : 69.
ASKENAZI, David. Grand rabbin d'Alger. Ch : 16.
ATHIS, Thierry d'. Neveu du général Jacques Faure. Ch : 61.
ATTOU. Chef de bande dissidente du F.L.N. à Oran. Ch : 88, 89.
AUBERT, Henri. Membre de l'O.A.S. dans la région de Lille. Ch : 91.
AUBERT, Jacques. Directeur de la Sûreté nationale à Alger. Ch : 15, 29, 30, 51 .
AUBOYNEAU, Philippe. Amiral commandant la Marine en Algérie. Ch : 15.
AUDIN, Maurice. Universitaire membre du P.C.A. disparu dans de troubles circonstances après son arrestation en juin 1957 à Alger. Ch : 4, 48, 81.
AUGEAI, Jean. Avocat à Tizi-Ouzou. Ch : 26.
AUGER, Jean. Contractuel anti-O.A.S. Ch : 51.
AURIOL, Vincent. Président de la IVe République. Ch : 83.
AURIOLLE. Lieutenant putschiste. Ch : 17.

AUTRAND. Général de la 25e D.P. en avril 1961. Ch : 11, 31, 66.
AYCAGUER, Pierre. Agent double infiltré dans l'O.A.S. Ch : 87.
AYMARD, Robert. Dirigeant des Centres sociaux en Algérie assassiné par l'O.A.S le 15/3/1962. Ch : 63.
AYMÉ, Marcel. Ecrivain partisan de l'Algérie française. Ch : 93.
AZAIS, François. Membre de l'O.A.S. en métropole. Ch : 31.
AZZEDINE. Colonel de l'A.L.N. Ch : 68, 72, 75.
AZZOUZI. Sous-officier au 4e R.T. engagé au maintien de l'ordre urbain dans Alger le 26/3/1962. Ch : 66.

BACHELOT. Famille d'agriculteurs de Djidjelli. Ch : 4.
BACHELET, Jean. Etudiant membre de l'O.A.S. à Lille. Ch : 91.
BACHIR HADJ. Ali. Editorialiste d'*El Hourrya*, journal clandestin du Parti communiste algérien. Ch : 70.
BAILAC, Geneviève. Directrice de la Famille Herrnandez à Alger. Ch : 9, 19.
BAILET, Michel. Organisateur de plasticages O.A.S. dans la région lilloise condamné à mort le 31/8/1962. Ch : 91.
BAILLE, Denis. Capitaine, cofondateur de l'O.A.R. fondue dans l'O.A.S. en métropole. Ch : 27, 44, 46, 92, 93.
BAILLEUX. Contre-amiral commandant en 1962 une force navale en Méditerranée. Ch : 66.
BAILLIEU, Christiane et Michel. Sympathisants actifs de l'O.A.S. à Bruxelles. Ch : 53, 71, 89.
BAKHTI, alias NEMICHE. Responsable de la zone autonome du F.L.N. d'Oran. Ch : 84, 87, 88, 89.
BALBIN. Lt-colonel chef de corps du 6e R.P.I.Ma. Ch : 34.
BALDINI. Lt-colonel chef de corps du 2e R.E.C. du 3/8/1961 à sa dissolution le 31 juillet 1962. Ch : 62.
BALOGH, Jeno. Réfugié politique hongrois. Ch : 17.
BALS, Roger. Membre de l'O.A.S. à Toulouse. Ch : 79.
BAO DAI. Ancien empereur du Vietnam. Ch : 79.
BAOUHIA. Député de l'Algérie française. Ch : 14.
BAQUE, Roger. Membre de l'O.A.S. à Toulouse. Ch : 79.
BARBANCE, Bernard. Membre de l'O.A.S. en métropole. Ch : 44, 45.
BARBERA-VILAR, Rafael. Légionnaire passé à l'O.A.S. Ch : 58.
BARBEROT, Roger. Compagnon de la Libération.. Colonel en Algérie. Ch : 50, 51.

## Index

BARBU, Marcel, dit Le Cubain. Dirigeant de l'A.G.E.A. Ch : 33, 49.

BARDOT, Brigitte. Actrice. Ch : 10, 50.

BARDOUX. Commissaire anti-O.A.S. à Alger. Ch : 47, 48.

BARDY. Chef de bataillon commandant les Groupes mobiles de sécurité assassiné par l'O.A.S. à Oran le 27/3/1962. Ch : 71.

BAROIN, Michel. Commissaire de police engagé en 1963 dans l'opération Réconciliation. Ch : 93.

BARROSSO, André. Membre de l'O.A.S. algéroise. Ch : 85.

BASSET, Marcel. Dirigeant des Centres sociaux assassiné près d'Alger par l'O.A.S. le 15/3/1962. Ch : 63.

BASSOT, Hubert. Cofondateur en 1957 de l'association pro-Algérie française Ceux d'Algérie. Directeur en 1962 de *L'Esprit public* créé pour soutenir l'O.A.S. Ch : 52, 64, 93.

BASSOT, Jacques. Homme d'affaires, père d'Hubert Bassot. Ch : 52.

BASTARD. Dirigeant de l'U.G.T.F.A. créée en 1962. Ch : 66.

BASTIANETTO, Charles. Membre de l'O.A.S. algéroise. Ch : 77.

BASTIEN-THIRY, Jean Marie. Organisateur de l'attentat du Petit-Clamart. Ch : 17, 58, 74, 83, 86, 88, 89, 90, 91, 92, 93.

BAUDIN, Jean-Baptiste. Député. Aïeul de Pierre Lagaillarde tué à Paris sur une barricade lors du coup d'État du 2 décembre 1851. Ch : 2.

BAUDRY. Commissaire chargé des R.G. en Algérie. Ch : 30.

BAUDRY, Gérard. Sous-officier du 2ᵉ R.E.I. passé à l'O.A.S. Ch : 87.

BAUDSON. Lieutenant de vaisseau à bord du *Commandant Bourdais* en 1961. Ch : 68.

BAUGEARD. Ancien maire libéral de Blida. Ch : 83.

BAUMEL, Jacques. Compagnon de la Libération, député et secrétaire général de l'U.D.T. Ch : 91.

BAYET, Albert. Député radical-socialiste favorable à l'Algérie française. Ch : 19.

BAYLE, Jacqueline et Louis. Agriculteurs de Saïda favorables à l'O.A.S. Ch : 60.

BAZIN, Paul. Chef d'escadron passé à l'O.A.S. tué le 9/4/1962 dans le maquis de l'Ouarsenis. Ch : 59, 60, 65, 67, 68, 70.

BAZONCOURT, de. Général commandant la Sécurité militaire en Algérie. Ch : 29, 34.

BEAUFRE. Général démissionnaire en 1961. Ch : 74.

BEAUVOIR de, Simone. Femme de lettres signataire le 14/9/1960 du Manifeste des 121 réclamant le droit à l'insoumission dans la guerre d'Algérie. Ch : 42.

BELAICHE, Alain. Contractuel anti-O.A.S. Ch : 51.

BELAID, Abdesslam. Membre de l'Exécutif provisoire en Algérie. Ch : 69, 87.

BELGODERE, René. Cadre des Chemins de fer algériens expulsé d'Algérie en mai 1962. Ch : 72.

BELHADAD, Mahdi. Préfet de Constantine lors du putsch d'avril 1961. Ch : 34, 39.

BELHADI. Cadi dirigeant du F.A.A.D. opposé au F.L.N. en 1962. Ch : 49, 62, 70.

BELKACEM, Krim. Un des neuf chefs historiques de la rébellion algérienne. Ch : 1, 19, 24, 26, 36, 50, 52, 60, 85, 88.

BELLENET de. Général commandant le secteur opérationnel de Tiaret blessé par l'O.A.S. le 25/5/1962. Ch : 82.

BELLOUNIS, Mohammed. Commandant de l'A.N.P.A. opposée à l'A.L.N. et au F.L.N. Ch : 3, 19, 49.

BELVISI, Armand. Membre de l'O.A.S. en métropole. Ch : 45, 62, 71, 83, 86, 88, 91.

BEN BARKA, Mehdi. Démocrate marocain. Ch : 77.

BEN BELLA, Ahmed. Un des neuf chefs historiques de la rébellion algérienne. Ch : 2, 3, 18, 36, 50, 63, 74, 79, 84, 86, 88, 89, 93.

BEN ELKADJI. Député de l'Algérie française. Ch : 14.

BEN KHEDDA, Ben Youssef. Président du G.P.R.A. Ch : 1, 43, 52, 53, 55, 64, 84, 85, 86, 88, 89.

BEN TEKKOUK SENOUSSI. Chef d'une importante confrérie religieuse en Oranie. Ch : 61.

BENACEN, Salah. Sénateur de la Grande Kabylie exécuté par l'O.A.S. le 12/11/1962. Ch : 48.

BENET. Général démissionnaire en 1961. Ch : 24, 66.

BÉNICHOU, « Ya Ya », chef d'un commando O.A.S. à Oran. Ch : 49, 66, 71, 87.

BENOS. Commandant le 17ᵉ B.T. Ch : 59, 65.

BENTEFTIFA, Mohammed. Membre de l'Exécutif provisoire. Ch : 69, 84.

BERBAIN. Lt colonel chef de corps du 5ᵉ R.I. limogé à Oran par le général Katz en avril 1962. Ch : 77.

BERGASSE, Henri. Député. Ch : 59.

BERGE. Commissaire de police en Algérie en mai 1945. Ch : 32.

BERGER. Policier algérois proche de l'O.A.S. Ch : 44.

BERGES, Philippe. Membre de Jeune Nation. Ch : 29.

BERNACHIN. Secrétaire général de la Préfecture d'Oran en 1962. Ch : 67.

BERNANOS, Georges. Écrivain. Ch : 81.

BERNARD, Jean-Claude. Membre de l'O.A.S. à Paris. Ch : 68.

BERNARD, Jean-Pierre. Manifestant anti-O.A.S. tué à Paris le 8/2/1962. Ch : 60.

BERNARD, Roger. Lieutenant du 43ᵉ R.I. passé à l'O.A.S. le 14/12/1961 en emportant les armes de sa section. Ch : 52, 67, 68.
BERNAZ, Henri. Parachutiste assassiné par le F.L.N. près de Metz le 22 juillet 1962. Ch : 42.
BERNIER, Serge. Membre de la conjuration du Petit-Clamart. Ch : 88, 89, 90, 92, 93
BERTIN. Chef de bataillon au 1ᵉʳ R.I.Ma. en avril 1961. Ch : 32.
BERTIN, Jean. Compagnon de la Libération, père de Pascal Bertin. Ch : 89.
BERTIN, Monique. Sœur de Pascal Bertin. Membre de l'O.A.S. Ch : 89, 90, 91.
BERTIN, Pascal. Membre de la conjuration du Petit-Clamart. Ch : 89, 90, 91, 92.
BERTOLINI, Louis. Officier de renseignements passé à l'O.A.S. Ch : 2, 45, 49, 69, 71, 82.
BERTRAND. Membre du Comité de soutien au général de Gaulle, assassiné par l'O.A.S. à Oran le 26/4/1962. Ch : 63
BERTRAND, Georges. Membre de France-Résurrection. Ch : 29.
BESANCON, Julien. Journaliste. Ch : 66.
BESINEAU, Michel. Capitaine putschiste du 1ᵉʳ R.E.P. Ch : 20, 29, 37.
BETEILLE. Procureur à Paris en 1962. Ch : 79.
BETULLE, André. Participa le 25/1/1962 à Munich à l'enlèvement du colonel Argoud. Ch : 92.
BEUVE-MERY, Hubert. Directeur du *Monde*. Ch : 63.
BEZAMAT, André. Sous-officier parachutiste passé à l'O.A.S. métropolitaine. Ch : 61, 87.
BEZIAU, Pierre. Militant du P.S.U. plastiqué par l'O.A.S. à Paris le 2/3/1962. Ch : 61.
BIAGGI, Jean-Baptiste. Avocat et député Algérie française. Ch : 2, 3, 14, 15, 16, 26, 36, 61, 77, 80.
BIANCONI, Jean. Chef de bataillon au cabinet de Louis Joxe exécuté par l'O.A.S. à El-Biar le 4/2/1962. Ch : 59.
BICHON, Jean. Membre de l'O.A.S. métropolitaine. Ch : 17, 35, 46, 74, 83, 88, 89, 90, 91.
BIDAULT, Georges. Compagnon de la Libération. Président du Conseil de la IVᵉ République du 28/10/1949 au 24/6/1950 et président du C.N.R., le C.N.R.-O.A.S. Ch : 3, 11, 15, 17, 19, 20, 21, 26, 27, 28, 29, 38, 48, 53 , 59, 62, 63, 64, 68, 69, 71, 72, 79, 85, 86, 87, 88, 89, 91, 93.
BIGET, Jacques. Préfet de police à Oran à partir du 2/5/1962. Ch : 72, 73, 85, 87.
BIGOT, Pierre-Marie. Général putschiste, commandant les forces aériennes en Algérie. Ch : 28, 29, 30, 34, 36, 37, 74, 93.
BILLELA, Raoul, dit le Mongol. Chef du commando Vénus de l'O.A.S. à Oran. Ch : 85.
BISSERBES. Officier de Police engagé à Paris dans la répression de la manifestation anti-O.A.S. du 8/2/1962. Ch : 59.

BITAH, Rabah. Un des neuf chefs historiques de la rébellion algérienne. Ch : 86, 88.
BITTERLIN, Lucien. Animateur du M.P.C. et responsable des contractuels anti-O.A.S. Ch : 24, 26, 38, 39, 46, 47, 48, 50, 51, 52, 54, 55, 57, 61.
BIZARD, Alain. Chef d'escadron au 1ᵉʳ R.C.P. durant l'insurrection algéroise du 24/1/1960. Ch : 8, 9.
BLACHETTE, Georges. Député et propriétaire du *Journal d'Alger*. Ch : 36.
BLANC, Camille. Maire d'Evian assassiné par l'O.A.S. le 8/4/1961. Ch : 26, 27.
BLANCHET, Emilien. Syndicaliste algérois. Ch : 66, 83.
BLANCHY, Jean-Loup. Lieutenant de réserve engagé dans l'O.A.S. à Alger, puis en métropole. Ch : 54, 71, 74, 77, 82.
BLASI, Jean. Agent de liaison de l'O.A.S. à Marseille. Ch : 88.
BLAYE. Jeune femme chef d'un commando O.A.S. à Oran. Ch : 65.
BLEHAUT. Chef de bataillon putschiste. Ch : 31, 36.
BLIGNIERES de, Hervé. Lt-colonel de cavalerie passé à l'O.A.S. en métropole. Ch : 26, 40, 44, 58, 93.
BLONDIN, Antoine. Ecrivain pro-Algérie française. Ch : 19, 93.
BLUCHE, François. Membre de l'O.A.S. en métropole. Ch : 61.
BLUM, Léon. Président du Conseil du Front populaire. Ch : 24.
BOCCARD de, Henrico. Dirigeant fasciste italien. Ch : 24.
BODARD, Lucien. Journaliste. Ch : 50, 51.
BODET. Général siégeant au Petit Tribunal militaire. Ch : 36.
BONNETON, Annie. Professeur au lycée de Maison-Carrée. Ch : 61.
BŒUF, Michèle, alias Milka GENADIEFF. Membre de l'O.A.S. à Paris. Ch : : 83.
BOEZIGER. Pasteur protestant à Oran. Ch : 81.
BOGAT. Lt-colonel putschiste. Ch : 36.
BOHIN, Jean-Louis. Membre de l'O.A.S. à Paris. Ch : 58.
BOISANGER de, Pierre. Capitaine d'une harka en 1962. Ch : 79.
BOISGUILBERT de, Nicole. Sympathisante de l'O.A.S. ayant hébergé Georges Bidault en Italie. Ch : 86.
BOISSIEU de, Alain. Colonel, compagnon de la Libération et gendre du général de Gaulle. Ch : 5, 14, 35, 70, 78, 89, 90, 91, 93.
BOISSIEU de, Georges. Chef d'état-major du général Challe. Ch : 5, 8, 11, 27, 35.
BOISSON, Michel. Capitaine putschiste au G.C.P. Ch : 28, 30, 46.

BONBON, Christian. Officier des commandos Marine. Ch : 93.
BONNELLI. Capitaine putschiste au 1er R.E.P. Ch : 29.
BONETTO, Annie. Professeur au lycée de Maison-Carrée. Ch : 61.
BONIN, Jean-Louis. Membre de l'O.A.S. à Paris. Ch : 58.
BONNAFOUS. Chef de bataillon putschiste. Ch : 37.
BONNEVAL de, colonel. Aide de camp de De Gaulle. Ch : 18, 90.
BONNIGAL. Lt-colonel chef de corps du 3e R.P.I.Ma.
BOQUET, François. Colonel et compagnon de la Libération commandant le sous-secteur d'Aïn-Taya lors du putsch. Ch : 31, 87, 92.
BORCURAGNES de, Jean-Jacques. Lieutenant de Gendarmerie tué à Alger lors de l'insurrection du 24/1/1960. Ch : 17.
BORDEAUX, Henry. Ecrivain favorable à l'Algérie française. Ch : 19.
BORDJA, Christian. Président du syndicat des Chemins de fer algérien, expulsé d'Algérie en mai 1962. Ch : 72.
BOREL. Capitaine putschiste du 1er R.E.P. Ch : 29.
BORGHESE, prince. Créateur des nageurs de combat italiens. Ch : 50.
BORNET, Charles. Président du Tribunal militaire chargé de juger à Paris les généraux Jouhaud et Salan en avril et mai 1962. Ch : 69, 73, 74, 75, 76, 77, 78, 79, 80, 81, 82.
BORNICHE, Claude. Membre de l'O.A.S. Ch : 46.
BOSCARY-MONSSERVIN. Ministre de la IVe République. Ch : 2.
BOTELLA, André. Chef de bataillon passé à l'O.A.S. en métropole. Ch : 37, 46, 89, 90.
BOUABDELLAH. Propriétaire à Alger d'un hôtel servant de cantonnement aux derniers contractuels anti-O.A.S. Ch : 60.
BOUABDELLI, Ayadh. Préfet de police d'Oran à l'Indépendance de l'Algérie. Ch : 88.
BOUALAM, Saïd. Bachaga des Beni Boudouane et vice-président de l'Assemblée nationale jusqu'en 1962. Ch : 14, 18, 19, 20, 27, 38, 48, 49, 67, 68, 69, 70, 77, 79, 81.
BOUALAM, Mohamed. Fils du bachaga Boualam engagé en avril 1962 dans le maquis O.A.S. de l'Ouarsenis. Ch : 67, 68.
BOUAHARAOUA. Maire du Grand Alger. Ch : 12.
BOUAT. Lt-colonel de Gendarmerie anti-O.A.S. à Oran. Ch : 61, 72.
BOUBAKEUR. Grand muphti d'Alger. Ch : 16.
BOUBKEUR. Commandant l'A.L.N. à Tlemcen. Ch : 88.
BOUCHER. Lieutenant au 4e R.T. engagé au maintien de l'ordre urbain dans Alger le 26/3/1962. Ch : 66.

BOUCHET de CREVECŒUR. Général assumant en 1962 de manière quasi informelle le commandement militaire de l'O.A.S. à Paris. Ch : 44, 47, 48, 52, 54, 71, 72, 79.
BOUCHET, Gérard. Membre de l'O.A.S. à Toulouse. Ch : 79.
BOUCOIRAN, Henri. Commissaire des R.G. participant en 1963 à l'opération Réconciliation. Ch : 93.
BOUDIAF, Mohammed. Un des neuf chefs historiques de la rébellion algérienne. Ch : 2, 36, 85.
BOULDJOUANE, Ferhat. Colonel promu général en 1961. Ch : 48.
BOUGRENET de LA TOCNAYE de, Alain. Lieutenant passé à l'O.A.S. Membre de la conjuration du Petit-Clamart. Ch : 17, 19, 26, 31, 35, 36, 37, 42, 58, 59, 70, 71, 74, 83, 86, 88, 89, 90, 91, 92, 93.
BOUHE-LAHORGUE, Gaston. Commissaire de la D.S.T. affecté en décembre 1961 à la direction du B.D.L. chargé de coordonner à Paris les actions anti-O.A.S. Ch : 59, 61, 72.
BOUIS, Léon. Ami de Lucien Bitterlin assassiné le 20/11/1961 par l'O.A.S. à Alger. Ch : 48.
BOULAHROUF, Tayeb. Futur ambassadeur de la République algérienne. Ch : 26, 36.
BOULANGER. Général commandant le secteur opérationnel d'Orléansville en 1962. Ch : 67, 68, 70.
BOULIN, Robert. Secrétaire d'Etat aux Rapatriés dans le gouvernement de Georges Pompidou. Ch : 43, 84, 90.
BOUMEDIENE, Houari. Colonel de l'A.L.N., futur président de la République algérienne. Ch : 84, 88, 89.
BOUMENDJEL, Ahmed. Négociateur des accords d'Evian. Ch : 19, 24, 26, 36.
BOUMENDJEL, Ali. Avocat du F.L.N. tué en 1957 durant la bataille d'Alger. Ch : 26.
BOURDON. Inspecteur de police à Oran lors du putsch. Ch : 32.
BOUHDONCLE de SAINT-SALVY. Général proche de l'O.A.S. Ch : 15.
BOURGES, Hervé. Rédacteur en chef de *Témoignage chrétien*. Ch : 71.
BOURGES-MAUNOURY, Maurice. Président du Conseil du 12 juin au 30 septembre 1957. Ch : 19, 79.
BOURGOGNE, Marcel. Chef de bataillon exécuté par l'O.A.S. à Alger en avril 1962. Ch : 69.
BOURGUE. Chef de cabinet du général Ailleret à Alger en 1962. Ch : 37, 60.
BOURGUIBA, Habib. Chef d'Etat tunisien. Ch : 26, 41.
BOUTANG, Pierre. Ecrivain proche de l'O.A.S. Ch : 71.
BOUTEREAUD, Jean-Jacques. Membre de l'O.A.S. en métropole. Ch : 38.

Bouvier, Marcel. Commissaire de police, patron de la brigade criminelle à Paris. Ch : 29, 61, 68, 83, 91, 92.

Bouyer, Marcel. Député poujadiste animateur de réseaux O.A.S. en métropole. Ch : 37, 38, 42, 45, 46, 48, 54, 58, 59, 63, 82, 85, 88.

Boyer de La Tour. Général opposé à l'autodétermination en Algérie. Ch : 24.

Boyer-Banse. Animateur de l'U.F.N.A. Ch : 1.

Bozzi. Deux frères responsables du F.N.F. Ch : 15, 25.

Bozzo. Avocat au barreau d'Alger. Ch : 16.

Bradel, Robert. Membre de l'O.A.S. en métropole. Ch : 57.

Brambilla, Giuseppe. Adjudant de Légion passé à l'O.A.S. Ch : 69.

Branca, Guy. Capitaine putschiste du 2e R.E.P. passé à l'O.A.S. Ch : 37, 44, 45, 48, 49, 50, 53, 62, 64, 66, 67, 68, 69, 71.

Brand. Inspecteur de police à Oran lors du putsch. Ch : 32.

Brandon. Capitaine du G.C.P. Ch : 30.

Braunschweig, André. Juge d'instruction à Paris. Ch : 87.

Brauquart, Michel. Membre de l'O.A.S. à Lille. Ch : 91.

Bravelet. Lt-colonel passé à l'O.A.S. Ch : 36, 37.

Brebard, Maurice. Directeur de *La Dernière Heure* à Bruxelles. Ch : 84, 93.

Brechignac, Jean. Lt-colonel chef de corps du 9e R.C.P. Ch : 15, 21, 22, 31, 32, 35, 36, 37.

Bredin, Jean-Denis. Avocat et écrivain. Ch : 81.

Brin, Jean. Directeur de la prison de la Santé en 1962. Ch : 59.

Brincourt, Christian. Journaliste. Ch : 44.

Brochet, Yvon. Membre de l'O.A.S. en Algérie puis à Toulouse. Ch : 91.

Broglie de, Jean. Secrétaire d'Etat aux Affaires algériennes en 1961. Ch : 26.

Broizat, Joseph. Lt-colonel chef de corps du 1er R.C.P, rallié à l'O.A.S. Ch : 1, 4 à 12, 14, 15, 16, 19, 21, 22, 24, 26, 27, 28, 29, 31, 33, 35, 36, 38, 40, 44, 49, 52, 71, 81, 88, 89, 93.

Brossolet, Pierre. Lieutenant au 4e R.T. engagé dans le maintien de l'ordre urbain à Alger le 26/3/1962. Ch : 66.

Brothier, Albert. Colonel de Légion favorable à l'O.A.S. Ch : 20, 27, 31 , 32, 33, 35, 62, 68, 88.

Brouillet, René. Conseiller du général de Gaulle aux Affaires algériennes. Ch : 14, 17, 44, 79.

Brousse de Montpeyroux de, André. Créateur en Algérie des maquis France-Résurrection. Ch : 26, 29.

Brun, Daniel. Dirigeant du Syndicat industriel et commerçant en Oranie engagé dans l'O.A.S. Ch : 41, 42.

Brunaud. Commissaire de police chargé en 1962 d'une brigade spéciale anti-hold-up à Paris. Ch : 91.

Brune, Charles. Ministre de l'Intérieur en 1952. Ch : 2.

Brune, Jean. Ecrivain, membre de l'O.A.S. Ch : 18, 38, 66, 89.

Buchet, Jean. Membre de l'O.A.S. à Toulouse. Ch : 79.

Buchoud, Pierre. Lt-colonel putschiste passé à l'O.A.S. en métropole. Ch : 29, 34, 35, 36, 37, 46, 52.

Buis, Georges. Colonel, compagnon de la Libération et chef de cabinet militaire de Christian Fouchet à Alger après les accords d'Evian. Ch : 64, 77.

Buisines, Gérard. Membre de la conjuration du Petit-Clamart. Ch : 89, 90, 91, 92.

Bui The, Roger. Contractuel anti-O.A.S. Ch : 51, 52.

Burin des Roziers, Etienne. Secrétaire général de la Présidence de la République en 1962. Ch : 67.

Buron, Robert. Ministre, acteur des négociations avec la rébellion algérienne. Ch : 10, 23, 29, 30, 60.

Buscia, Georges. Frère de Gilles, lieutenant de vaisseau passé à l'O.A.S. en métropole. Ch : 87, 91, 92, 93.

Buscia, Gilles. Membre de l'O.A.S. en métropole et frère de Georges. Ch : 87, 92, 93.

Buzy-Debat. Chef de bataillon au 5e R.E.I. Ch : 34, 65.

Cabanier. Amiral et compagnon de la Libération. Chef d'état-major de la Marine en 1961. Ch : 34.

Cabanne de La Prade, Dominique. Membre de l'O.A.S. Ch : 45, 49, 83, 91.

Cabiro, Bernard. Chef de bataillon putschiste du 2e R.E.P. Ch : 32, 36, 37.

Cadet, Roland. Conseiller d'Etat membre en 1962 de la délégation française à Evian. Ch : 36.

Caillaux. Général responsable des services d'écoutes téléphoniques en métropole à partir de 1959. Ch : 12, 16.

Caillazeau. Commandant un cargo de la compagnie Leborgne. Ch : 57.

Caille, Jean. Commissaire responsable en 1962 de la 2e section des R.G. à la préfecture de Police de Paris. Ch : 43.

Cais, Lucien. Gendarme tué à Alger le 24/1/1960. Ch : 17.

Caïtucoli, Paul. Juge d'instruction à Alger en 1962. Ch : 62.

Calmels. Père dominicain à Toulouse. Ch : 42.

CAMAS de, Philippe. Général ayant participé en février 1962 aux préliminaires des discussions d'Evian. Ch : 60.

CAMATTE. Directeur des établissements Berliet près d'Alger. Ch : 61.

CAMELIN, Julien. Capitaine du 5e R.E.I. passé à l'O.A.S à Oran. Ch : 34, 37, 48, 50, 65, 75, 93.

CAMUS, Albert. Prix Nobel de littérature. Ch : 8, 44, 69.

CAMUS, Francine. Epouse d'Albert Camus. Ch : 69.

CANAL, André, dit le Monocle. Industriel algérois, membre de l'O.A.S. à Alger puis en métropole. Ch : 25, 26, 36, 37, 40, 44, 45, 47, 48, 49, 51 à 55, 60.

CANAL, Berthe. Epouse d'André Canal. Ch : 45, 53.

CANAT. Député de l'Algérie française. Ch : 18, 80.

CANTAREL, Emile. Général commandant le corps d'armée d'Oran jusqu'au 15/5/1962. Ch : 41, 57, 61, 63, 67, 69, 70, 85.

CAPDELAIRE, Robert. Membre de l'O.A.S. algéroise. Ch : 85.

CAPEAU, Claude. Dirigeant du F.A.F. à Alger et membre de l'O.A.S. Ch : 19, 21, 22, 23, 33, 35, 83.

CAPILLON, général. Chef d'état-major de l'armée de Terre en 1962. Ch : 90.

CAPITANT, René. Conseiller juridique d'Abdherramane Farès. Ch : 84, 87.

CAPODANNO. Général commandant le secteur opérationnel d'Alger-Sahel en 1961 et 1962. Ch : 51, 64, 65, 66, 70.

CAPORAL. Avocat au barreau d'Alger. Ch : 16.

CAPPOLARO, Paul. Fonctionnaire abattu à Alger le 29/5/1962 par un auxiliaire musulman des forces de l'ordre. Ch : 83.

CAPUTTO, Antoine. Membre de l'O.A.S. algéroise. Ch : 82.

CARACIOLO, Nicola. Journaliste italien. Ch : 62.

CARDINAL, Marie. Ecrivain. Ch . 93.

CARDINET. Capitaine de Gendarmerie à Oran. Ch : 65.

CARETTE. Capitaine putschiste au 1er R.E.P. Ch : 29, 37.

CARIO, Robert. Journaliste à L'Aurore. Ch : 15.

CARMOUZE. Archiprêtre du diocèse d'Oran en 1962. Ch : 67.

CARRENO, Marcel. Ancien policier engagé dans l'O.A.S. à Oran. Ch : 49, 65, 85.

CARUANA, Roger. Entrepreneur de travaux publics à Alger, membre de l'O.A.S. Ch : 38, 77.

CASATI, Robert. Chef de bataillon rallié à l'O.A.S., mort en prison le 1/3/1963. Ch : 4, 31, 36, 38, 40, 59.

CASSAGNEAU, Charlette. Epouse du Dr Cassagneau, Ch : 79.

CASSAGNEAU, Jean. Cardiologue. Dirigeant de l'O.A.S. à Toulouse. Ch : 38, 42, 57, 79.

CASSELIN, René. Chauffeur d'une voiture de la suite du général de Gaulle au Petit-Clamart. Ch : 90.

CASTAING, Maurice. Lieutenant de Gendarmerie tué au cours de l'insurrection algéroise du 24/1/1960. Ch : 17.

CASTALDI, Eugène. Membre de l'O.A.S. à Alger. Ch : 82.

CASTELLAN, Pierre. Membre de l'O.A.S. en Provence. Ch : 61, 88.

CASTELLO, Gabriel. Membre de l'O.A.S. algéroise. Ch : 89.

CASTELNAU, Claude. Membre de l'O.A.S. à Paris. Ch : 68.

CASTERA, Michel. Appelé exécuté le 19/8/1960 par l'A.L.N. Ch : 19.

CASTILLE, Philippe. Membre de l'O.A.S. Ch : 2, 11, 15, 16, 18, 19, 26, 33, 35, 37, 54, 56, 58, 59, 61, 70, 80, 81, 91, 93.

CATELOTTE. Lieutenant putschiste du 1er R.E.P. Ch : 29, 37.

CATHALA, Henri-Pierre. Médecin parisien, militant de l'Algérie française. Ch : 31.

CATHALA, René. Député de la Haute-Garonne. Ch : 79.

CATROUX, Georges. Général de la France libre. Ch : 31.

CAU, Jean. Journaliste et écrivain. Ch : 42, 53.

CAUNES, Jean. Responsable de l'O.A.S.-Métro-Jeunes. Ch : 4, 43, 51, 55, 59, 72, 93.

CAUSSE. Médecin, organisateur de mouvements antiterroristes au Maroc. Ch : 4, 61.

CAUSSE. Général de l'armée de l'Air opposé au putsch. Ch : 34.

CAUVY, Guita. Militante de l'O.A.S. à Constantine. Ch : 64.

CAVARD, Jacques. Colonel chef d'état-major du corps d'armée d'Alger en 1962. Ch : 65.

CAVELLAT. Juge au procès du général Jouhaud. Ch : 69.

CAVIGLIOLI, François. Journaliste. Ch : 93.

CECCALDI, André. Gardien à la prison de Fresnes. Ch : 93.

CECCALDI, Roger. Colonel, chef d'état-major de la 10e D.P. Ch : 8, 10, 19, 32, 34, 37, 56.

CELLA, Enea. Membre de l'O.A.S. à Alger. Ch : 46, 93.

CERDA, Antoine. Membre de l'O.A.S. à Sidi Bel Abbes. Ch : 59.

CERVEAU. Officier enlevé par l'O.A.S. à Tiaret. Ch : 82.

CETEAUX, Lucien. Membre de l'O.A.S. en métropole. Ch : 51.
CHABAN-DELMAS, Jacques. Compagnon de la Libération et président de l'Assemblée nationale. Ch : 20, 33, 34, 61, 64, 70, 79, 82, 91.
CHABANNE, Raymond. Officier adjoint de Bigeard. Ch : 12.
CHABOT de. Général démissionnaire en 1961. Ch : 74.
CHADEYRON, Jean-Marie. Membre de l'O.A.S. en métropole. Ch : 55.
CHADIRAT. Avocat au barreau de Paris. Ch : 16.
CHALLE, Bernard. Général sans aucun lien de parenté avec son homonyme putschiste. Ch : 34.
· CHALLE, Maurice. Commandant en chef du putsch d'avril 1961. Ch :1, 3 à 8, 10 à 14, 16, 17, 21, 25, 27 à 37, 40, 42, 49, 54, 60, 68, 76, 78, 80, 81, 93.
CHAMPETIER de RIBES. Deux sœurs liées à l'O.A.S. algéroise. Ch : 68.
CHAMPIERRE de VILLENEUVE. Commandant le commando Jaubert en avril 1961. Ch : 32.
CHARBONNIER, André. Capitaine au 1er R.C.P. Ch : 4.
CHARBONNIERES de, Louis. Journaliste monarchiste. Ch : 4, 11, 15, 33, 43, 52, 56, 57.
CHARETTE de LA CONTRIE de, Bertrand. Membre de l'O.A.S. en Bretagne. Ch : 62.
CHARPENTIER, Jacques. Bâtonnier au barreau de Paris. Ch : 16, 69, 70, 82.
CHARPY, Pierre. Journaliste. Ch : 442.
CHARREL, Alain. Membre de l'O.A.S. à Paris. Ch : 91.
CHARRIE-MARSAINES, Pierre. Cofondateur de l'O.A.R. Ch : 27, 46.
CHASSEY, de, François. Membre de l'O.A.S. à Paris. Ch : 88, 91.
CHASSIN, Lionel. Général de l'armée de l'Air. Ch : 1 à 4, 10, 11, 15, 16, 17, 28, 43.
CHASSIN, Pierre et Max. Fils du général Chassin engagés dans l'O.A.S. à Paris. Ch : 61.
CHATAIGNEAU, Yves. Gouverneur de l'Algérie. Ch : 2.
CHATEAU-JOBERT, Pierre. Compagnon de la Libération et colonel passé à l'O.A.S., Ch : 4, 19, 26, 36, 41, 443, 46, 56, 57, 59, 62, 63, 64, 68, 70, 72, 83, 86, 87, 89, 91, 92, 93. Épilogue.
CHATENET, Pierre. Ministre de l'Intérieur de Michel Debré. Ch : 16, 19, 20, 23, 33.
CHATONNEY, André. Pasteur protestant à Alger. Ch : 16.
CHAUMEILLES, Pierre. Journaliste favorable à l'O.A.S. Ch : 88.
CHAUSSADE, Pierre. Secrétaire général de l'Administration en Algérie. Ch : 20, 70.
CHAUVEL, Jean-François. Journaliste. Ch : 35.
CHAYET, Claude. Protagoniste des discussions préliminaires aux accords d'Evian. Ch : 26, 36, 60.

CHAZOTTE. Capitaine de la Sécurité militaire à Alger. Chargé de l'armement des contractuels anti-O.A.S. Ch : 51, 52, 58, 61.
CHEICK BAYOUD. Membre de l'Exécutif provisoire. Ch : 69.
CHEICK M'HAMMED. Membre de l'Exécutif provisoire. Ch : 69.
CHEILAN, Alain et Francis. Membres de l'O.A.S. à Paris. Ch : 58.
CHENOT, Bernard. Ministre de la Justice. Ch : 43, 50, 59.
CHENTOUF, Abderrazar. Membre de l'Exécutif provisoire. Ch : 59.
CHERASSE, André. Général de Gendarmerie à Alger. Ch : 67.
CHERON du PAVILLON de, Gonzague. Lieutenant du 1er R.C.P. passé à l'O.A.S. en métropole. Ch : 41, 71, 72, 79, 84, 85, 89.
CHERRIER. Président de la Cour de cassation en 1962. Ch : 82.
CHERRIERE, Paul. Général commandant en chef en Algérie en 1954. Ch : 1, 2, 4, 10, 16, 28.
CHESNAUD, Claude. Gendarme tué à Alger le 24/1/1960. Ch : 17.
CHEVALLET. Proche de Pierre Poujade lié à l'O.A.S. Ch : 32.
CHEVALLIER, Jacques. Maire libéral d'Alger. Ch : 1, 2, 24, 48, 69, 77, 83, 84, 85, 86.
CHINAUD, Roger. Fondateur avec Hubert Bassot en 1957 de l'association Ceux d'Algérie. Ch : 52.
CHIRAC, Jacques. Futur président de la République. Ch : 10.
CHIRON. Lieutenant putschiste au 1er R.E.P. Ch : 35
CHOLLET. Dirigeant des syndicats d'agriculteurs en Algérie. Ch : 12.
CIBOT, Pierre. Capitaine de l'A.L.A.T. opposé au putsch. Ch : 34.
CLAUSSE. Général commandant en avril 1961 l'aviation du corps d'armée d'Oran. Ch : 28, 31, 32.
CLEDIC, Marcel. Capitaine parachutiste putschiste. Ch : 29, 30.
CLOPS, Jean-François. Membre de l'O.A.S. en métropole. Ch : 86.
CLUCHAGUE, Louis. Directeur d'école à Pau, plastiqué par l'O.A.S. en mars 1962. Ch : 61.
COATALEM, René. Lieutenant du 1er R.E.P. passé à l'O.A.S. Ch : 25, 62..
CODINA, Ange. Membre de l'O.A.S. à Alger. Ch : 18.
COGNY. Général commandant les forces françaises au Maroc en 1957. Ch : 2, 26, 70, 78.
COHEN, Joseph. Libéral assassiné à Alger par l'O.A.S. Ch : 48.

COHEN, Samuel. Rabbin à Oran en 1962. **Ch** : 87.

COICAUD. Capitaine putschiste du 1er R.E.P. **Ch** : 29, 37.

COIGNARD, Pierre. Maire adjoint d'Oran en 1962. **Ch** : 84.

COLLE, José. Footballeur algérois et figure de l'Algérie française. **Ch** : 8, 33.

COLLIER, Georges. Policier anti-O.A.S. à Alger. **Ch** : 71.

COLLIGNON, Claude. Membre de l'O.A.S. en métropole. **Ch** : 42.

COLLIN, Jean-François. Sous-lieutenant du G.C.P. passé à l'O.A.S. **Ch** : 60, 93.

COLMAY, Constant. Compagnon de la Libération. **Ch** : 93.

COLONNA. Député de l'Algérie française. **Ch** : 14, 15.

COLOT, Armand. Ingénieur des Mines à Alger. **Ch** : 79.

COMBARELLE. Sous-officier au 4e R.T. engagé au maintien de l'ordre à Alger le 26/3/1962. **Ch** : 66.

COMITI, Paul. Commissaire de police affecté à la protection du général de Gaulle. **Ch** : 221, 46.

COMMERÇON, Maurice. Capitaine aide de camp du général Ailleret. **Ch** : 29, 37, 70.

CONDE de, Louis. Membre de la conjuration du Petit-Clamart. **Ch** : 89 à 93.

CONRAUX. Sous-officier à l'école aéroportée de Pau, membre de l'O.A.S. **Ch** : 61.

CONSTANS. Général. **Ch** : 41.

CONSTANTIN, Alphonse. Membre de la conjuration du Petit-Clamart. **Ch** : 69, 89, 91, 92.

CONTANT. Maire de l'Alma assassiné par l'O.A.S. **Ch** : 58.

CONTE. Adjudant-chef membre de la Cour de justice en 1963. **Ch** : 87.

COQUET. Parachutiste poignardé par un Musulman le 21/7/1962 à Nancy **Ch** : 41.

CORNUT-GENTILLE, Bernard. Ministre de Michel Debré. **Ch** : 10.

COSTAGLIOLA, Fernand. Lieutenant de vaisseau commandant le commando Jaubert. **Ch** : 11.

COSTE-FLORET, Alfred. Conseiller d'Etat. **Ch** : 76.

COSTES. Général commandant la zone opérationnelle du Nord algérois. **Ch** : 6, 8, 10.

COTY, René. Dernier président de la IVe République. **Ch** : 2, 3, 17, 70, 76, 79, 92.

COULET, François. Directeur des Affaires politiques à la Délégation générale à Alger. **Ch** : 19, 21, 22, 33, 40, 42, 51.

COUNIOT. Chirurgien en poste à Oran en 1962. **Ch** : 65, 76.

COUP de FREJAC, Jacques. Directeur de l'Information à la Délégation générale à Alger. **Ch** : 19, 22, 27, 35, 36.

COURAUD. Président d'un syndicat agricole en métropole. **Ch** : 10.

COURCEL de, Geoffroy. Secrétaire général de l'Elysée. **Ch** : 17, 30, 37.

COURCOL. Magistrat instructeur au procès du général Jouhaud. **Ch** : 69, 70, 73.

COURTILS, de. Chef de corps du 3e R.C.A. **Ch** : 1.

COURTOIS. Officier de police engagé à Paris dans la répression de la manifestation anti-O.A.S. du 8/2/1962. **Ch** : 59.

COUSTAUX. Colonel. Chef du 3e Bureau de la 10e Région militaire à Alger. **Ch** : 6, 7, 8, 11, 29, 31, 33.

CRAULLE, Elisabeth. Sympathisante de l'O.A.S. **Ch** : 89.

CREMIERE. Lt-colonel chef de corps du 6e R.S. en Algérie. **Ch** : 40.

CREPIN, Jean. Général remplaçant du général Massu à la tête du corps d'armée d'Alger en janvier 1960. **Ch** : 5 à 8, 11, 12, 14, 16 à 23, 26.

CRESPIN, Marceau. Colonel. **Ch** : 93.

CRESPIN, Maurice. Cofondateur à Alger de l'U.F.N.A. **Ch** : 2.

CRITTIN. Capitaine, aide de camp du général Salan. **Ch** : 11.

CROS, Vitalis. Préfet de police à Alger de décembre 1961 à l'indépendance de l'Algérie. **Ch** : 51, 55, 57, 64, 65, 66, 72, 76, 86.

CROZAFON. Colonel chargé du maintien de l'ordre à Alger en 1958. **Ch** : 4, 17.

CUCHERAT, Jean-Louis. Lieutenant de vaisseau commandant le commando de Montfort, passé à l'O.A.S. le 9/4/1962. **Ch** : 69, 93.

CURUTCHET, Jean-Marie. Capitaine passé à l'O.A.S., responsable de l'O.R.O. en métropole. **Ch** : 27, 40, 44, 46, 48, 52, 54, 55, 58, 59, 61 à 63.

CUTTIER, Michel. Officier de la Sécurité militaire ayant participé le 25/2/1962 à l'enlèvement du colonel Argoud à Munich. **Ch** : 92.

CUTTOLI, Maurice. Préfet du Bas-Rhin en 1961. **Ch** : 48.

CUTTOLI, Paul. Auteur d'un rapport sur la répression du soulèvement algérien du 8/5/1945. **Ch** : 2.

### D

DAHLAB, Saad. Représentant du G.P.R.A. à l'O.N.U. **Ch** : 26, 36, 60, 62.

DANREE. Brigadier de gendarmerie à l'Alma. **Ch** : 42.

DAPARO, Roger Michel. Membre de l'O.A.S. algéroise. **Ch** : 48, 93.

DARMON, Huguette. Professeur au lycée de Maison-Carrée. **Ch** · 61

1018 Index

DARMUZAI. Lt-colonel chef de corps du 2ᵉ R.E.P. Ch : 32.

DAUER, Jacques. Animateur du M.P.C. Ch : 24, 50, 54.

DAUGREILH, Jean-Pierre. Membre de l'O.A.S. oranaise. Ch : 82.

DAUVERGNE. Commissaire de police engagé à Paris dans la répression de la manifestation anti-O.A.S. du 8/2/1962. Ch : 59.

DAUVERGNE, Léon. Légionnaire passé à l'O.A.S. Ch : 25, 27, 31.

DAUZY. Médecin-colonel en 1961 à Paris à l'hôpital Villemin. Ch : 40.

DAVEZAC, Robert. Membre de l'O.A.S. algéroise. Ch : 65.

DAVID, Christian. Contractuel anti-O.A.S. Ch : 58.

DE GASPERI. Président du Conseil italien. Ch : 93.

DEBIZET, Pierre. Dirigeant du S.A.C. Ch : 51.

DEBRAY, Louis. Témoin au procès du général Salan. Ch : 76.

DEBRE, Michel. Premier ministre du 8 janvier 1959 au 14 avril 1962. Ch : 2 à 5, 10 à 12, 14, 15, 17 à 21, 23, 24, 26,29 à 31, 33 à 37, 39, 42 à 45, 48 à 51, 53, 58 à 64, 70, 74, 76 à 82, 87, 92.

DEBROSSE, Georges. Colonel de Gendarmerie à Alger jusqu'en novembre 1961. Ch : 5 à 10, 29, 30, 34, 42 à 46, 48, 50, 51, 53, 58, 62, 76.

DECHAUX, Jean. Général. Témoin au procès du général Salan. Ch : 76.

DECOURTEIX, René. Appelé exécuté par l'A.L.N. le 30/4/1958. Ch : 19.

DEFERRE. Lt-colonel chef de corps du 9ᵉ R.C.P. lors du putsch d'avril 1961. Ch : 34, 35.

DEFFERRE, Gaston. Maire de Marseille. Ch : 45, 59.

DEFRANCE. Officier de police ayant participé à Paris à la répression de la manifestation anti-O.A.S. du 8/2/1962. Ch : 59.

DEGATS. Chef de bataillon opposé au putsch. Ch : 34.

DEGENNE. Lieutenant au 1ᵉʳ R.C.P. lors de l'insurrection algéroise de janvier 1960. Ch : 6.

DEGOS, Jean-Louis. Médecin-aspirant qui escortait le général de Gaulle lors de l'attentat du Petit-Clamart. Ch : 90.

DEGRACE. Avocat au barreau de Paris. Ch : 68.

DEGUELDRE, Roger. Lieutenant au 1ᵉʳ R.E.P. passé à l'O.A.S. et fusillé le 6 juillet 1962. Ch : 16, 26 à 29, 31, 33, 35 à 40, 42 à 47, 49 à 57, 60, 63 à 71, 82, 84, 87, 88, 89, 92, 93.

DEHAY, Gérard. Membre de l'O.A.S. à Lille. Ch : 91.

DEL TORO. Policier espagnol chargé en 1961 de surveiller les colonels Argoud et Lacheroy,

Pierre Lagaillarde et Joseph Ortiz assignés à résidence aux Canaries. Ch : 49, 61.

DELALANDE, Jacques-Louis. Officier de réserve ayant servi à la D.B.F.M. et avocat sympathisant de l'O.A.S. en métropole. Ch : 91.

DELARUE, Jacques. Policier anti-O.A.S. Ch : 16, 44, 45, 58, 59, 74, 82, 85.

DELARUE, Louis. Aumônier du 1ᵉʳ R.E.P. en Algérie. Ch : 20, 79.

DELAYEN, Jean-Louis. Commandant le groupement des commandos de chasse de l'Akfadou. Ch : 34.

DELBECQUE, Léon. L'une des figures du 13 mai 1958 à Alger. Ch : 2, 3, 19, 36, 48, 69, 76, 79, 80.

DELFINO. Général de l'armée de l'Air. Ch : 34.

DELHOMME, Pierre. Sous-lieutenant des commandos de l'Air passé à l'O.A.S. Ch : 23, 31, 37, 45, 47, 48, 52, 53, 57, 66, 67, 68, 87.

DELLAMONICA, Gabriel. Pompier algérois ayant participé le 16/1/1957 à l'attentat contre le général Salan. Ch : 2.

DELNOMDEDIEU, Augustin. Membre du Comité de salut public de Toulouse. Ch : 4.

DELNOMDEDIEU, Pierre. Fils du précédent, membre de l'O.A.S., à Toulouse. Ch : 79.

DELOUVRIER, Paul. Délégué du gouvernement en Algérie en janvier 1960. Ch : 1, 3, 5 à 14, 18 à 24, 35, 37, 38, 43, 44.

DELPLACE, José. Dentiste belge passeur de l'O.A.S. Ch : 89.

DEMARLE. Général adjoint du général Ailleret au commandement de la zone opérationnelle du Nord-Est constantinois. Ch : 29, 35.

DEMARQUET, Jean-Maurice. Député poujadiste proche de l'O.A.S. Ch : 15, 16 21, 22, 25, 26, 32, 48, 88.

DEMOULIN. Lieutenant de vaisseau passé à l'O.A.S. à Oran en avril 1962. Ch : 64, 69.

DENIS-FARGE, Jean. Avocat, membre de l'O.A.S. toulousaine. Ch : 79.

DENIZOT, Pierre. Préfet d'Oran en 1962. Ch : 61, 64, 65, 69, 72.

DENOIX de SAINT MARC, Hélie. Commandant par intérim le 1ᵉʳ R.E.P. engagé dans le putsch d'avril 1961. Ch : 29, 30, 31, 442, 35,36, 37, 42, 50, 79, 93.

DÉON, Michel. Ecrivain favorable à l'O.A.S. Ch : 17, 19, 93.

DERAMCHI, Mustapha. Député de l'Algérie française. Ch : 14, 63, 76.

DERAUW, Guy. Membre de l'O.A.S. algéroise. Ch : 61, 91.

DERRIEN, Yann. Membre de l'O.A.S. algéroise. Ch : 44.

DESMOND. Avocat général à la Cour de justice en 1964. Ch : 93.

DESPINOY, Jacques. Conseiller à la formation de la Jeunesse algérienne. Ch : 21.

**Dessaigne, Francine.** Témoin de la tuerie du 26/3/1962 à Alger. **Ch** : 61.

**Desvonges.** Capitaine putschiste. **Ch** : 37.

**Detraz.** Militant de la C.F.T.C. plastiqué à Paris par l'O.A.S. **Ch** : 60.

**Devaux, Claude.** Sous-officier parachutiste passé à l'O.A.S. **Ch** : 61, 87.

**Dewatre.** Général gouverneur de la place de Strasbourg en novembre 1961. **Ch** : 48.

**Dewerpe, Fany.** Manifestante anti-O.A.S. tuée le 8/2/1962 à Paris. **Ch** : 60.

**Di Rago.** Blessé de l'O.A.S. achevé par un musulman à l'hôpital Mustapha d'Alger. **Ch** : 42.

**Diacono, Robert.** Membre de l'O.A.S. en métropole. **Ch** : 38.

**Diaz, Philippe.** Etudiant en médecine membre de l'O.A.S. **Ch** : 87.

**Dides, Jean.** Commissaire de police. **Ch** : 48.

**Didier, Guy.** Collaborateur de Philippe de Massey. **Ch** : 16.

**Didouche, Mourad.** Un des neuf chefs historiques de la rébellion algérienne. **Ch** : 2.

**Dion, Nicole.** Secrétaire de Philippe de Massey. **Ch** : 16.

**Dirant, Michel.** Contractuel anti-O.A.S. **Ch** : 51.

**Djebbour, Ahmed.** Député de l'Algérie française. **Ch** : 2, 73, 75, 76.

**Djouder, Henri.** Policier affecté à la protection du général de Gaulle. **Ch** : 2, 73, 75, 76, 77, 90.

**Dominetti.** Jeune Oranaise tuée en 1962 par les forces de l'ordre. **Ch** : 76.

**Doumenc.** Directrice de l'Ecole normale à Alger. **Ch** : 63 .

**Dours, Jean.** Chef de cabinet de Christian Fouchet. **Ch** : 67, 84, 85.

**Dovecar, Albert.** Sergent du 1er R.E.P. passé à l'O.A.S. et fusillé le 7/6/1962. **Ch** : 37, 38, 42, 45, 46, 47, 61, 68, 71, 83, 85, 88, 93.

**Dronne, Raymond.** Compagnon de la Libération et député gaulliste favorable à l'Algérie française. **Ch** : 49, 69, 76.

**Dubiton, Frédérique.** Sœur de Pierre Dubiton. **Ch** : 65, 72.

**Dubiton, Georges.** Père de Pierre assassiné par le F.L.N. **Ch** : 65.

**Dubiton, Pierre.** Membre de l'O.A.S. oranaise. **Ch** : 65, 72, 76, 82, 93.

**Dubois.** Trésorière de la Fondation Maréchal de Lattre. **Ch** : 91.

**Dubois, Pierre.** Participa le 25/2/1962 à Munich à l'enlèvement du colonel Argoud. **Ch** : 92.

**Dubuc, Guy.** Membre de l'O.A.S. à Alger. **Ch** : 51.

**Dubucquoy, Jean.** Contractuel anti-O.A.S. **Ch** : 51.

**Ducasse.** Lt-colonel parachutiste acteur du 13 mai 1958. **Ch** : 19.

**Ducasse, Etienne.** Membre de la conjuration du Petit-Clamart. **Ch** : 89, 91, 92.

**Duchaine, Robert.** Participa le 25/2/1962 à Munich à l'enlèvement du colonel Argoud. **Ch** : 92.

**Duchesnes-Marullaz.** Famille algéroise ayant hébergé le colonel Godard. **Ch** : 43.

**Duclerc, Albert.** Militant communiste assassiné à Alger par l'O.A.S. **Ch** : 42.

**Duclos, Jacques.** Secrétaire général du P.C.F. **Ch** : 2, 60, 68.

**Ducournau, Paul.** Général, commandant en avril 1961 la zone Ouest du corps d'armée de Constantine. **Ch** : 28, 29, 64, 70.

**Ducrest.** Officier du 2e R.E.C. **Ch** : 62.

**Ducret, André.** Commissaire de police chargé en 1962 de la sécurité des déplacements du président de la République. **Ch** : 90.

**Ducrettet, Roland.** Capitaine au 4e R.T. engagé au maintien de l'ordre urbain à Alger le 26/3/1962. **Ch** : 66.

**Dudex, Camille.** Beau-père d'André Rosfelder. **Ch** : 50.

**Dudognon.** Général à Alger. **Ch** : 5, 11, 16.

**Dufour, Gérard.** Adjoint de Jean-Claude Pérez à l'O.A.S. algéroise. **Ch** : 39, 49.

**Dufour, Henri.** Lt-colonel chef de corps du 1er R.E.P. durant l'insurrection algéroise de janvier 1960. **Ch** : 6, 9, 10, 1, 14, 15, 16, 20, 21, 25, 31, 65, 67, 85, 86, 87, 91.

**Dufour, Jean.** Ancien résistant, contractuel anti-O.A.S. **Ch** : 51, 52.

**Dufourcq, Marie.** Membre du Mouvement pour la Paix plastiquée par l'O.A.S. à Pau en mars 1962. **Ch** : 61.

**Dulac, André.** Général chef d'état-major du général Salan à Alger en 1958. **Ch** : 70, 75, 78, 80.

**Dumont.** Préfet de la région d'Alger en 1962. **Ch** . 67

**Dumont, Charles.** Chanteur de variétés. **Ch** : 35.

**Dumont, Claude.** Sénateur de Sétif et Batna, membre de l'O.A.S. **Ch** : 19, 43, 71, 72, 79, 86.

**Dumont, Jean-Louis.** Membre de l'O.A.S. à Oran. **Ch** : 85.

**Dumortier, Jacques.** Membre de l'O.A.S. à Lille. **Ch** : 91.

**Dupont, Claude.** Officier appelé au 1er R.E.P. passé à l'O.A.S. **Ch** : 64, 65, 70, 89, 93.

**Dupont, Frédéric.** Parlementaire. **Ch** : 77.

**Dupont, Jean-Jacques.** Membre de l'O.A.S. en métropole. **Ch** : 82.

**Dupouy, François.** Membre de l'O.A.S. en métropole. **Ch** : 87.

**Dupuy, Frédérique.** Avocate au barreau de Paris. **Ch** : 87.

**Durand, Georges.** Membre de l'O.A.S. à Toulouse. **Ch** : 79.

**Durand, Jean.** Professeur au lycée de Maison-Carrée. **Ch** : 61.

**Durand-Ruel.** Lieutenant putschiste du 1er R.E.P. **Ch** : 29, 30, 35, 37.

**Durtelle de Saint-Sauveur.** Colonel de la Sécurité militaire. A Nancy en 1961 **Ch** : 21.

**Durtelle de Saint-Sauveur.** Fils du précédent. Chef d'état-major de l'O.A.S en Belgique. **Ch** : 85, 89.

**Duthu, Michel.** Militant du P.S.U. plastiqué par l'O.A.S. à Pau **Ch** : 61.

**Duval, Léon-Etienne.** Archevêque d'Alger. **Ch** : 14, 16, 42.

**Eble.** Colonel, condisciple du général de Gaulle à St-Cyr. **Ch** : 4.

**Edel, Patrick.** Membre de l'O.A.S. à Paris. **Ch** : 58.

**Eisenhower, Dwight.** Président des Etats-Unis. **Ch** : 2, 89.

**El Hadj El Husseini.** Grand muphti de Jérusalem. **Ch** : 50.

**El Hassar, Mustepha.** Membre de l'Exécutif provisoire. **Ch** : 61.

**Elgey, Georgette.** Journaliste et historienne de la Ve République. **Ch** : 41.

**Ely, Georges.** Chef d'état-major général des Armées. **Ch** : 5, 11, 12, 21, 31, 63.

**Emery, Maurice.** Colonel commandant le Groupement des commandos de l'Air engagé dans le putsch d'avril 1961. **Ch** : 19, 31, 35, 37, 85.

**Enciso, José.** Membre de l'O.A.S. à Alger. **Ch** : 53.

**Engelmann, Willy.** Membre de l'O.A.S. à Alger. **Ch** : 46.

**Engrand.** Avocat au barreau de Paris. **Ch** : 16.

**Erhardt, Andrée, alias Sophie.** Membre de l'O.A.S. **Ch** : 93.

**Errouard.** Lt-colonel, responsable des D.O.P. en 1961. **Ch** : 37, 49.

**Escames, Antoine.** Membre de l'O.A.S. algéroise. **Ch** : 72.

**Estebe.** Député indépendant de la IVe République. **Ch** : 4.

**Estoup, Joseph.** Capitaine putschiste au 1er R.E.P. **Ch** : 29, 31, 37.

**Ewart-Biggs, Christopher.** Diplomate anglais en poste à Alger. **Ch** : 45.

**Fachot, Jean.** Commissaire de police à Alger. **Ch** : 16.

**Faig.** Colonel opposé au putsch. **Ch** : 34.

**Faillant de Villemarest, Pierre.** Journaliste à l'A.F.P., chef d'un réseau proche de l'O.A.S. à Paris. **Ch** : 25, 36, 37, 85, 91, 92.

**Faivre, Mario.** Ancien résistant algérois partisan de l'Algérie française. **Ch** : 33, 49, 61.

**Falcone.** Membre de l'O.A.S. torturé à Alger. **Ch** : 81.

**Fares, Abderrahmane.** Président de l'Exécutif provisoire. **Ch** : 1, 42, 61, 63, 72, 77, 81, 90.

**Fasquelle, Jean-Claude.** Editeur. **Ch** : 8.

**Fauconnier, Roland.** Membre de l'O.A.S. algéroise. **Ch** : 57.

**Faulques, Roger.** Officier de renseignements au 1er R.E.P. **Ch** : 59.

**Faure.** Colonel d'Artillerie. **Ch** : 29.

**Faure, Edgar.** Président du Conseil de la IVe République. **Ch** : 79.

**Faure, Félix.** Président de la IIIe République. **Ch** : 90.

**Faure, Jacques.** Général commandant la zone Est de l'Algérois et la 27e D.I.A. **Ch** : 1, 5, 6, 7, 14, 15, 20, 24, 26 à 29, 31, 36, 38, 41, 42, 44, 45, 61, 69, 79, 93.

**Fauvet, Jacques.** Rédacteur en chef du *Monde*. **Ch** : 60.

**Favreau.** Lieutenant ami de Roger Degueldre. **Ch** : 35, 68.

**Feral, Fernand.** Animateur à Alger de l'association Assistance et protection, proche de Joseph Ortiz. **Ch** : 7, 16, 21, 22, 26.

**Feraoun, Mouloud.** Ecrivain assassiné par l'O.A.S. près d'Alger le 15/3/1962. **Ch** : 44, 54, 63, 75.

**Ferhat, Abbas.** Premier président de l'Assemblée algérienne indépendante. **Ch** : 5, 19, 20, 22, 24, 43, 86.

**Fernandez, Christian.** Membre de l'O.A.S. en Algérie, arrêté le 18/9/1962 à Toulouse. **Ch** : 91.

**Fernet.** Directeur de la Police judiciaire à Paris en 1962. **Ch** : 92.

**Ferniatte, Jean.** Gendarme tué à Alger le 24/1/1960. **Ch** : 17.

**Ferrand, Fernand.** Membre de Jeune Nation et de l'O.A.S. **Ch** : 29, 89, 93.

**Ferrandi, Jean.** Capitaine aide de camp du général Salan dans la clandestinité. **Ch** : 20, 21, 22, 24, 26 à 32, 35, 36, 37, 39 à 53, 55, 56, 57, 59 à 64, 66, 69, 70.

**Ferrer.** Lieutenant assassiné par l'O.A.S. le 2/4/1962 à Oran. **Ch** : 68.

**Fery, Daniel.** Manifestant anti-O.A.S. tué à Paris le 8/2/1962. **Ch** : 59.

# Index

FEUILLEBOIS, Jacques. Appelé exécuté par l'Armée de libération nationale le 30/4/1958. Ch : 19.

FEUVRIER, Charles. Général. Directeur de la Sécurité militaire en 1962. Ch : 43, 92.

FICQUELMONT de, Ghislaine. Sympathisante de l'O.A.S. Ch : 59.

FILIPPI. Capitaine mêlé à l'insurrection algéroise de janvier 1960. Ch : 5 à 10, 13, 14, 15, 19.

FILLIOL. Député gaulliste. Ch : 16.

FILLON. Automobiliste blessé le 22/8/1962 au Petit-Clamart. Ch : 90.

FINAS, Charles. Membre de l'O.A.S. algéroise. Ch : 18.

FLAMENT, Marc. Sous-officier au service du colonel Bigeard. Ch : 12.

FLECK, Maurice. Médecin, ancien président de l'Union pour la République en Algérie, assassiné par l'O.A.S. le 5/2/1962. Ch : 59.

FLEURY, Georges. Auteur de cet ouvrage, alors commando de Marine. Ch : 11, 12, 26, 31, 32, 36, 68, 93.

FLEURY, Pierre. Père de Georges, officier des F.N.F.L. en 1940 à Londres. Ch : 68, 93.

FLORES, Yves. Membre de l'O.A.S. à Blida. Ch : 59.

FOCCART, Jacques. Secrétaire général de la Communauté française. Ch : 2, 20, 21, 22, 24, 27, 33, 48 à 52, 58, 93.

FODIL, Mustapha. Membre du Parti communiste algérien clandestin, exécuté à Alger par l'O.A.S. le 1/2/1962. Ch : 59.

FONDACCI, Dominique. Tenancier de bar à Alger. Ch : 47.

FONDE. Colonel commandant le secteur Alger-Sahel. Ch : 4 à 10, 19, 85.

FONDO, Louis. Restaurateur parisien. Ch : 79.

FONDO, Thomas. Témoin au procès du général Salan. Ch : 79.

FONTAINE, Paul. Ancien du R.P.F. vivant en Belgique. Ch : 59.

FONTENIL, Paul. Chauffeur du général de Gaulle en 1962. Ch : 89.

FORESTIER, Henri. Expert en explosifs à la Préfecture de Police de Paris. Ch : 44, 93.

FORHAN, Marcel. Officier en second du G.C.P. lors du putsch. Ch : 8, 29, 30, 34, 35, 36, 37.

FORT, Jean. Capitaine de réserve proche d'Yves Gignac. Ch : 38.

FORZY, Guy. Officier des unités territoriales à Alger, animateur des barricades de janvier 1960. Ch : 5, 11, 14, 15, 16.

FOUCHET, Christian. Haut-commissaire de la République en Algérie du 25/3 au 4/7/1962. Ch : 64 à 68, 70, 71, 77, 83 à 87.

FOUGERES, André. Membre de la territoriale à Alger. Ch : 31, 35.

FOUQUES-DUPARC, Henri. Maire d'Oran en 1962. Ch : 32, 63, 89.

FOURCADE. Colonel. Chef de corps en 1961 du 8ᵉ R.P.I.Ma. Ch : 32, 44

FOURCADE, Marie-Madeleine. Figure de la Résistance. Ch : 19.

FOURCAUD, Pierre. Ancien dirigeant des services secrets. Ch : 48.

FOURNIER. Colonel adjoint opérationnel du général Capodanno le 26/3/1962 à Alger. Ch : 42.

FOUQUAULT. Général commandant en 1961 la zone Ouest du corps d'armée d'Oran. Ch : 28.

FOURQUET, Michel. Dernier commandant supérieur des forces françaises en Algérie. Ch : 28, 30, 34 à 37, 65, 68, 70, 72, 87, 88, 89.

FOX, Alexis. Diplomate anglais exécuté par l'O.A.S. à Alger le 25/9/1961. Ch : 45, 87.

FRANCIS, Ahmed. Membre du C.N.R.A. Ch : 24, 36.

FRAPOLI, Paul. Fils d'un Algérois égorgé par le F.L.N. Membre de l'O.A.S. à Alger. Ch : 68.

FRASSATTI, René. Membre de l'O.A.S. en Algérie, puis en métropole. Ch : 87, 93.

FRAYCHINAUD, Guy. Avocat assassiné par l'O.A.S. à Alger le 15/3/1962. Ch : 63, 76.

FREDDY. Commissaire de police à Alger en janvier 1960. Ch : 8, 9.

FRESNAY, Pierre. Acteur et oncle de Roland Laudenbach. Ch : 38.

FREY, Roger. Minsitre de l'Intérieur. Ch : 4, 16, 20, 26, 33, 34, 42, 44, 48, 49, 51, 53, 55, 58, 70, 72, 82, 85, 90 à 93.

FRITSCH. Général commandant jusqu'en février 1962 le secteur opérationnel autonome d'Oan. Ch : 61.

FROMONT, Claude. Membre de l'O.A.S. algéroise. Ch : 59.

FURET, François. Journaliste à *France-Observateur*. Ch : 42.

FUHRER. Capitaine des commandos de l'Air. Ch : 18.

GAGLIARDI, Giacomo. Membre de l'O.A.S. en métropole. Ch : 59.

GAGNE, Marcel. Juge au procès du général Jouhaud. Ch : 36, 69.

GAILLARD, Félix. Président du Conseil du 6/11/1957 au 11/4/1958. Ch : 2, 71, 79.

GALARD de, Hector. Journaliste à *France-Observateur*. Ch : 42.

GALINET, Claude. Membre de l'O.A.S. en Algérie. Ch : 72.

GALLERET, Paul. Amiral. Juge au procès du général Jouhaud. Ch : 69.

GALLIBERT. Commissaire de police assassiné après la guerre d'Algérie par Christian David. Ch : 58.

GALLMEISTER, Ingrid. Directrice d'une agence de presse créée en 1962 en Allemagne afin de diffuser les communiqués du C.N.R. Ch : 91.

GALLOT. Avocat au barreau de Paris. Ch : 16.

GALTIER, Yvon. Policier algérois allié de l'O.A.S. Ch : 85.

GALVIN, Pierre. Lieutenant de vaisseau de réserve à Alger. Ch : 15, 31, 35.

GAMBIEZ, Fernand. Général commandant en chef en Algérie du 1er février au 10 juin 1961. Ch : 5, 13, 17, 26, 28 à 31, 33, 35, 36, 37.

GARAERD, Edouard. Aspirant de Gendarmerie tué à Alger le 24/1/1960. Ch : 17.

GARAT. Capitaine de Gendarmerie chargé d'enquêter sur la tuerie du 26/3/1962 à Alger. Ch : 67, 68.

GARBAY. Général démissionnaire en 1961. Ch : 74.

GARCIA, Jean. Membre de l'O.A.S. ayant quitté Alger le 6/7/1962 avec Jean-Jacques Susini et le colonel Broizat. Ch : 57, 89, 93.

GARCIN. Famille de l'Algérois ayant hébergé le général Salan en 1961. Ch : 11, 41, 43, 44, 45.

GARDEL. Médecin algérois proche de Joseph Ortiz. Ch : 14.

GARDES, Jean. Colonel commandant à Alger les services d'action psychologique passé à l'O.A.S. Ch : 1, 4 à 14, 16, 19, 21, 24, 26, 28, 29, 31, 33, 34, 35, 36, 38, 39, 40, 42, 43, 44, 45, 48 à 53, 56, 57, 59, 63, 64, 66 à 71, 77, 79, 81, 84 à 87, 91, 92, 93.

GARDET, Roger. Général, juge au procès du général Jouhaud. Ch : 61, 64, 887, 91, 92.

GARDON, colonel. Commissaire du Gouvernement au T.P.F.A. de Paris. Ch : 24, 70, 78, 79, 80.

GARDY. Général à la retraite. Inspecteur technique de la Légion étrangère en 1958, passé à l'O.A.S. Ch : 20, 21, 22, 28, 29, 31 à 45, 49, 54, 56, 63, 66, 68, 69, 70, 71, 72, 77, 82 à 87, 89, 91.

GARDY, Nicole. Fille du général Gardy. Membre de l'O.A.S. à Alger. Ch : 37, 54, 56, 61, 71, 82.

GARNIER, Germaine. Infirmière militaire hébergeant à Paris le capitaine Curutchet en 1961. Ch : 58.

GARRIGUES, Pierre. Avocat libéral assassiné par l'O.A.S. à Alger en 1962. Ch : 61, 76, 80, 81.

GASTINES de. Général, membre en 1959 d'une commission d'enquête sur la torture. Ch : 4, 19.

GASTON. Capitaine passé à l'O.A.S. qui commandait le 23/7/1961 l'embuscade ayant tué le commandant Si Salah. Ch : 64.

GAULLE de, Charles. Fondateur de la France libre en juin 1940 à Londres, président du Conseil après mai 1958, puis président de la République. Omniprésent dans cet ouvrage.

GAULLE de, Philippe. Capitaine de frégate et fils du Général. Commandait durant le putsch l'escorteur Le Picard, mouillé à Mers el-Kébir. Ch : 34.

GAUTHIER. Général de l'armée de l'Air en avril 1961. Ch : 34.

GAUTHIER, Philippe. Officier de réserve des commandos Marine tué par les forces de l'ordre à Alger le 26/3/1962. Ch : 67.

GAUTHIER-SALIEGE. Famille algéroise qui hébergeait un commando de l'O.A.S. Ch : 38.

GAVALDA. Avocat général au procès du général Salan. Ch : 73 à 82.

GAVALDON, Axel. Responsable du Front nationaliste à Oran, tué le 30/3/1962 à Sidi Bel Abbes. Ch : 51, 68.

GAVOURY, Roger. Commissaire de police assassiné à Alger par l'O.A.S. en mai 1961. Ch : 36, 37, 38, 40, 46, 50, 61, 68, 75, 87.

GAZIN. Général gouverneur de la place de Paris. Ch : 3.

GELEE, Max. Général, juge au Haut Tribunal militaire. Ch : 36, 73.

GELI, Nicolas. Membre de l'O.A.S. à Alger. Ch : 68, 69.

GELIOT. Colonel commandant en avril 1961 la Zone opérationnelle du Sud constantinois. Ch : 28

GENESTON. Commissaire de police à Lyon. Ch : 91.

GENSOLLEN, Marcel. Membre de l'O.A.S. à Toulon. Ch : 88.

GENTGEN. Colonel, animateur de l'Association nationale pour le soutien du général de Gaulle. Ch : 24.

GERARD, Claude. Président national des anciens coloniaux. Ch : 20.

GERBI, Alain. Journaliste de radio à Alger. Ch : 30, 31, 33.

GERMAIN. Lt-colonel commandant l'antenne du S.D.E.C.E. à Alger. Ch : 26.

GERONIMI. Capitaine chargé en 1961 des Affaires musulmanes à la préfecture de Police de Paris. Ch : 49, 52, 71.

GERTHOFFER. Avocat général. Ch : 4, 87, 88, 92.

GEVAUDAN, Honoré. Commissaire de Police à Alger, puis en métropole. Ch : 44, 45, 58, 59, 83, 85, 92, 93.

GEY. I.G.A.M.E. en Oranie. Ch : 30, 31 .

GHALEM. Député de l'Algérie française. 14.

GHENASSIA, Hubert. Mlitant du Front national algérien, meneur de l'insurrection algéroise du 24/1/1960. Ch : 8, 9.

GIGNAC, Yves. Secrétaire général de l'A.C.U.F. Intime du général Salan qui en fera en 1961 son représentant en métropole. **Ch** : 2, 4, 10, 11, 15, 16, 19, 23, 36, 37, 438, 40, 42, 43, 44, 46, 47, 48, 49, 52, 54, 59, 60, 61, 63, 70, 74, 81, 93.

GILLET, **Michel.** Capitaine au 4ᵉ R.T. engagé au maintien de l'ordre à Alger le 26/3/1962. **Ch** : 66.

GILLIOT. Général, juge aux procès des généraux Jouhaud et Salan. **Ch** : 36, 69, 76.

GIMENEZ. Ravitailleur du maquis O.A.S. de l'Oued Cheliff. **Ch** : 69.

GINER, **Josué, dit Jésus de Bab el-Oued.** Figure de l'O.A.S. algéroise. **Ch** : 2, 48, 50, 57, 60.

GINESTET, **Philippe.** Général, commandant le corps d'Armée d'Oran assassiné par l'O.A.S. le 14/6/1962. **Ch** : 28, 85, 87.

GINGEMBRE, **Léon.** Dirigeant patronal. **Ch** : 40.

GINGEMBRE, **Maurice.** Neveu du précédent, directeur d'un complexe minier en Algérie, engagé dans l'O.A.S. métropolitaine. **Ch** : 40, 43, 44, 46.

GIONO, **René.** Membre de l'O.A.S. algéroise torturé par les forces de l'ordre. **Ch** : 26, 33, 46.

GIOVANNINI, **Giovani.** Journaliste italien enlevé par l'O.A.S. à Alger le 3/3/1961.

GIRARDET, **Raoul.** Universitaire favorable à l'Algérie française. **Ch** : 4, 38, 43, 44, 48, 61.

GIRAUD, **Henri.** Général rival en puissance du général de Gaulle à Alger en 1943. **Ch** : 2, 4, 13.

GIRAUD, **Pierre.** Vigile du casino de Royan attaqué par l'O.A.S. le 16/8/1962. **Ch** : 89.

GISCARD d'ESTAING, **Valéry.** Secrétaire d'Etat aux Finances du 8/1/1959 au 14/4/1962 dans le gouvernement Debré, puis ministre des Finances et des Affaires économiques de Georges Pompidou à partir du 15/4/1962. Président de la République du 27/5/1974 au 11/5/1981. **Ch** : 2, 43, 61, 82, 86, 92, 93.

GITZ, **Robert.** Militant gaulliste anti-O.A.S. en Algérie. **Ch** : 17, 62, 63, 68.

GIUBBI. Adjudant putschiste du 1ᵉʳ R.E.P. **Ch** : 37.

GLASSER, **Michel.** Gendre du général Gardy. Capitaine putschiste du 1ᵉʳ R.E.P. passé à l'O.A.S. **Ch** : 20, 32, 34, 54, 61, 71, 85.

GODARD, **YVES.** Colonel. Ancien résistant du Vercors chargé de la Sûreté nationale à Alger de mai 1958 à février 1960 et passé à l'O.A.S. algéroise. **Ch** : 3, 5, 11, 13, 14, 15, 19, 26, 28, 29, 31, 33, 35 à 45, 49, à 53, 55, 56, 57, 59, 62, à 66, 60, 70, 71, 77, 79, 81, 83, 85, 86, 87, 91.

GODEAU, **Anne-Claude.** Manifestante anti-O.A.S. tuée à Paris le 8/2/1962. **Ch** : 60.

GODOT, **Daniel.** Lieutenant au 1ᵉʳ R.E.P. rallié à l'O.A.S. métropolitaine. **Ch** : 7, 25, 26, 29, 30, 36, 38, 40 à 43, 46, 52, 54, 60, 69, 71, 88, 92, 93.

GOIX, **Anne.** Militante de l'O.A.S. en métropole. **Ch** : 197.

GOLDENBERG, **Alexis.** Commissaire de police exécuté le 20/9/1961 par l'O.A.S. à Alger. **Ch** : 44, 68.

GOMBAUT. Général opposé au putsch à Alger. **Ch** : 34.

GOMEZ, **Michelle.** Membre de l'O.A.S. algéroise. **Ch** : 46.

GONNAUD, **Michel.** Membre du maquis O.A.S. de l'Ouarsenis en avril 1962. **Ch** : 69, 72.

GONSOLIN. Substitut du procureur de la République à Alger muté à Paris. **Ch** : 58, 68.

GONSOLIN, **Didier.** Fils du précédent. Membre de l'O.A.S. en métropole. **Ch** : 58, 68.

GONZALES, **Georges, dit Pancho.** Dirigeant de l'O.A.S. oranaise. **Ch** : 27, 41, 42, 49, 65, 87.

GOREL, **Raymond.** Lt-colonel d'administration trésorier de l'O.A.S. **Ch** : 55, 70, 72, 85, 91.

GOROSTARZU de, **Bertrand.** Capitaine passé à l'O.A.S. **Ch** : 37, 38, 42, 51, 85.

GOSSELIN, **Jacques.** Chef de chantier arrêté et torturé à Alger par les contractuels anti-O.A.S. en janvier 1962. **Ch** : 24.

GOUBARD, **Pierre.** Chef de corps du 4ᵉ R.T. engagé dans la tuerie du 26 mars 1962 à Alger. **Ch** : 66, 68, 83.

GOUGARD. Général démissionnaire en 1961. **Ch** : 74.

GOULAY, **André.** Ancien président du Comité de salut public de L'Arba en 1958. Adjoint opérationnel de Lucien Bitterlin à la tête des contractuels anti-O.A.S. à Alger. **Ch** : 50, 51, 52, 62.

GOURAUD. Général commandant le corps d'Armée de Constantine lors du putsch d'avril 1961. **Ch** : 19, 25, 28 à 37, 77.

GOUTERMANOFF. Avocat au barreau d'Alger. **Ch** : 16, 70, 75, 81.

GRACIEUX. Général commandant la 10ᵉ D.P. lors de l'insurrection algéroise de janvier 1960. **Ch** : 5, 6, 8, 10, 11, 12, 15, 24, 36, 75, 79.

GRAS, **Jean-Paul.** Sous-lieutenant passé à l'O.A.S. **Ch** : 88.

GRASSET, **Bernard.** Editeur. **Ch** : 17.

GRASSIEN, **Louis.** Commissaire de police anti-O.A.S. à Alger. **Ch** : 27, 38, 42, 43, 44, 46, 47, 48, 50.

GRAUDEAU, **Roger.** Colonel à l'état-major général de l'armée de Terre. **Ch** : 10.

GRAVELINES. Chef d'escadron affecté à Douai, engagé en 1959 dans un complot antirépublicain. **Ch** : 4, 15.

GRAZIANI. Capitaine parachutiste. **Ch** : 80.

GREGOIRE. Colonel de l'armée de l'Air proche du général Jouhaud affecté à l'état-major du général Katz à Oran en 1962. **Ch** : 61.

GREGOIRE, Guy. Membre de l'O.A.S. à Toulouse. Ch : 79.
GREGORI, Jean. Pilote du port d'Alger favorable à l'O.A.S. Ch : 87.
GRENETTE, Jean-Pierre. Membre de l'O.A.S. en métropole. Ch : 60.
GRENON, Daniel. Membre de l'O.A.S. dans la région de Lille. Ch : 91.
GRENTE. Bâtonnier au barreau de Paris en 1962. Ch : 75, 87.
GRES, Ghislaine. Victime de la fusillade du 26/3/1962 à Alger. Ch : 67.
GRETA. Membre de l'O.A.S. à Paris. Ch : 58.
GRIFFEL, Edouard. Blessé par l'O.A.S. à Royan le 16/8/1962. Ch : 89.
GRIMAL. Général démissionnaire en 1961. Ch : 74.
GRIOTTERAY, Alain. Député, acteur du 13 mai 1958. Ch : 2, 26.
GROBI. Maire de Bône durant le putsch d'avril 1961. Ch : 35, 75, 79.
GROSSIN, Paul. Général d'armée. Directeur général du S.D.E.C.E. jusqu'en janvier 1962. Ch : 2, 3, 12, 15, 23, 26, 34, 49, 58, 70.
GROSSO, Jean-Louis. Membre de l'O.A.S en région lilloise. Ch : 91.
GROUSSARD, Georges-André. Colonel de réserve témoin au procès du général Salan. Ch : 80.
GROUSSARD, Serge. Fils du précédent, officier de réserve, journaliste et écrivain. Ch : 80.
GROUT de BEAUFORT. Général en poste à l'Elysée. Ch : 14, 15, 21, 24, 26, 69, 74.
GRUSON, Sydney. Envoyé du *New York Times* en Italie. Ch : 88.
GUENASSIA. Instituteur membre de l'O.A.S. algéroise. Ch : 65.
GUENOUD. Général démissionnaire en 1961. Ch : 74.
GUEPRATTE, Jean-Paul. Commissaire de police anti-O.A.S. à Alger en 1961. Ch : 47, 50, 51, 59, 93.
GUERLESQUIN. Lieutenant au 1er R.E.P. Ch : 68.
GUETTAF. Député de l'Algérie française. Ch : 14.
GUIBAUD, Henri. Président de l'Association des victimes du terrorisme en Algérie. Ch : 72.
GUICHARD, Olivier. Conseiller du général de Gaulle. Ch : 34, 56, 69, 79, 86.
GUILLAUMAT, Pierre. Ministre des Armées du 1er/6/1958 au 5/2/1960. Ch : 1, 4, 5, 10, 11, 15, 63.
GUILLAUME, Pierre. Lieutenant de vaisseau passé à l'O.A.S. Ch : 17, 34, 35, 36, 46, 50, 65, 68, 93.
GUILLET. Commissaire de police à Alger en 1960. Ch : 16.
GUILLOT, Denis. Président du Tribunal militaire de Paris. Ch : 88.

GUINARD. Commissaire de police à Alger. Ch : 8, 9.
GUIRAUD. Lt-colonel chef de corps du 1er R.E.P., en permission au déclenchement du putsch d'avril 1961. Ch : 23, 25, 29, 35.
GUIZIEN. Chef de bataillon putschiste. Ch : 17.
GUYONNET. Bâtonnier durant le procès de Roger Degueldre. Ch : 87.
GYE-JACQUOT. Officier vétérinaire passé à l'O.A.S. à Paris. Ch : 92

HACQ, Michel. Directeur de la Police judiciaire, responsable à la tête de la *Mission C* de la lutte anti-O.A.S. en Algérie en 1962. Ch : 2, 16, 37, 42, 50, 51, 52, 55, 58, 61, 68, 70, 74, 81.
HAEDENS, Kléber. Ecrivain. Ch : 8.
HALIM. Officier de l'A.L.N. en Wilaya III. Ch : 17.
HALLAIS. Colonel chef d'état-major du général Ailleret dans la zone opérationnelle Nord-Est du corps d'armée de Constantine. Ch : 29.
HAMIDOU, Hadj. Membre de l'Exécutif provisoire. Ch : 69.
HAMMOUTENE, Ali. Dirigeant des Centres sociaux assassiné par l'O.A.S. près d'Alger le 15/3/1962. Ch : 63.
HAMOUD. Employé de Jean Lamy à Surcouf. Ch : 42.
HANRY. Militant du Parti socialiste unifié à Sarcelles. Ch : 48.
HARDOUIIN-DUPARC. Capitaine au 4e R.T. engagé à Alger dans le maintien de l'ordre urbain le 26/3/1962. Ch : 66.
HARTMANN, Georges. Sous-officier d'une unité spéciale du S.D.E.C.E en Algérie. Ch : 23.
HAUTECHAUD. Capitaine en janvier 1960 à l'état-major du général Massu à Alger. Ch : 4, 5, 13.
HEECKEREN d'ANTHES, Georges. Journaliste. Porte-parole de Joseph Ortiz en Espagne. Ch : 25, 32, 33, 46, 54.
HELMER. Capitaine putschiste. Ch : 36.
HENAULT, Pierre. Député de la Manche. Ch : 61.
HENRY. Technicien du relais de télévision de Cap-Matifou. Ch : 45.
HERITIER. Général. Adjoint du général Crépin au commandement du corps d'armée d'Alger. Ch : 20, 28, 30, 35.
HERITTE. Cadre des C.F.A. expulsé d'Algérie en mai 1962. Ch : 72.
HERMAN, Marcel. Motard de l'escorte du général de Gaulle lors de l'attentat du Petit-Clamart. Ch : 90.
HERNANDEZ, Roger. Sous-officier de la Territoriale tué à Alger le 24/1/1960. Ch : 9 à 12, 14, 25.

HERNU, Charles. Militant socialiste. Chef de groupe de volontaires décidés à défendre Paris lors du putsch d'avril 1961. Ch : 34.

HERREMANN, Philippe. Journaliste au *Monde* plastiqué à Paris par l'O.A.S. le 15/2/1962. Ch : 26.

HERRY, Robert. Motard de l'escorte du général de Gaulle lors de l'attentat du Petit-Clamart. Ch : 90.

HITIER, Christian. Militant de Jeune Nation. Organisateur d'actions O.A.S. à Pau en 1962. Ch : 26, 53, 60, 61, 87, 93.

HITIER, Roger. Oncle du précédent. Directeur général de l'Energie électrique au Maroc. Ch : 26.

HOERNER, Marcel. Sous-lieutenant pilote de réserve membre de l'O.A.S. Auteur en février 1962 du mitraillage d'une position de l'A.LN. au Maroc. Ch : 60.

HOLEINDRE, Roger. Sergent-chef du 8ᵉ R.P.I.Ma., créateur d'un maquis O.A.S. dans le Constantinois. Ch : 57, 93.

HOLSTEIN, Henri. Lieutenant engagé dans l'O.A.S. Membre du maquis de l'Ouarsenis en avril 1962. Ch : 67, 69.

HONGROIS, Marcel. Instituteur à Aïn-Taya. Animateur du C.D.R. opposé à l'O.A.S. Ch : 57, 59.

HOPPENOT, Henri. Conseiller d'Etat. Membre du Haut Tribunal militaire créé à Paris en avril 1962. Ch : 36, 69, 73.

HOURDEAUX, Jean-Claude. Membre de l'O.A.S. en métropole. Ch : 57.

HUBERT-BONNAL, Alain. Proche d'Alain de La Tocnaye. Ch : 58.

HUBLOT. Général. Adjoint du général de Pouilly au corps d'armée d'Oran lors du putsch d'avril 1961. Ch : 32, 35 à 38, 64, 70.

HUET, Lucien. Général. Membre à la fin 1959 d'une commission d'enquête sur la torture en Algérie. Ch : 49.

HUGO. Général commandant en 1962 la 2ᵉ région aérienne à Versailles. Ch : 82, 83.

HUGUET, Jean-Pierre. Militant fasciste en Belgique. Ch : 59.

HURE. Général démissionnaire en 1961. Ch : 74.

HUSSENDORFER, Jean. Légionnaire passé à l'O.A.S. Ch : 87, 92, 93.

HUSTAIX. Capitaine putschiste. Ch : 30.

IANARELLI, Armand. Membre de l'O.A.S. en Algérie. Ch : 92.

ILLET, Jean. Capitaine engagé dans l'O.A.S. en métropole. Ch 62.

INGOLD, Joseph. Général. Grand chancelier de l'ordre de la Légion d'Honneur. Ch : 36, 37.

INNOCENTI, Jacques. Capitaine de réserve tué par les forces de l'ordre le 26/3/1962 à Alger. Ch : 67.

IOULALALEN, Ahcène. Député de l'Algérie française. Ch : 14, 64, 70.

IRTASO, Armand. Membre de l'O.A.S. à Alger. Ch : 92.

ISEMBART. Prêtre. Confident du Lt-colonel Bastien-Thiry. Ch : 89.

ISORNI, Jacques. Avocat. Ch : 16, 19, 25, 92.

ISSELIN, Jean-Charles. Président de l'A.G.E.A. et membre de l'O.A.S. Ch : 22, 34, 87.

IZERT, André. Commissaire de police engagé à Paris dans la répression de la manifestation anti-O.A.S. du 8/2/1962. Ch : 59.

JACOB, Alain. Journaliste au *Monde*. Ch : 11.

JACOMET, André. Directeur général de l'Administration en Algérie, démissionnaire en janvier 1960. Ch : 11, 20.

JACQUEMART, Claude. Membre de l'O.A.S. en métropole. Ch : 71, 89.

JACQUEMIN, Guy. Membre de l'O.A.S. à Toulon. Ch : 91.

JACQUIER, Paul. Général de l'armée de l'Air. Successeur en janvier 1962 du général Grossin à la direction du S.D.E.C.E. Ch : 58, 92.

JACQUIN, Henri. Colonel commandant le renseignement militaire en Algérie. Ch : 2, 8, 9, 15, 17, 18, 19.

JANNEY. Général démissionnaire en 1961. Ch : 74.

JANNIN, René. Préfet de police d'Alger de mars 1961 à décembre 1962. Ch : 26, 29, 34, 36, 44, 51, 72, 75, 81.

JANSEN. Second-maître du commando *Hubert* en 1961. Ch : 32.

JAPIOT, Patrick. Membre de l'OA.S. en métropole. Ch : 59.

JAUPART, Claude. Chef de bataillon engagé dans l'O.A.S. en métropole. Ch : 59.

JEAN. Pharmacien de la région de Nantes engagé dans l'O.A.S. Ch : 63.

JEANNENEY, Jean-Marcel. Premier représentant de la France en Algérie indépendante. Ch : 87, 90.

JEANPIERRE. Lt-colonel chef de corps du 1ᵉʳ R.E.P. tué au combat en Algérie le 29/5/1958. Ch : 20, 88.

JEANSON, Francis. Animateur d'un réseau de soutien au F.L.N. Ch : 19, 24, 64.

JEROME, Paul. Proche de Jacques Foccart et ancien des services spéciaux. Ch : 20, 21, 23.

JEZEQUEL. Lt-colonel chef de corps à Oran du 5ᵉ R.I. du 13/6/1962 à l'indépendance algérienne. Ch : 85, 88.

JOBA, Jean. Officier de Marine de réserve et chargé de cours à l'Ecole militaire en 1961. Ch : 43.

JOLY, Pierre. Journaliste belge. Ch : 2, 16, 19, 21, 32, 37, 59.

JONQUIERES. Procureur général militaire en Algérie en 1962. Ch : 77.

JOUBERT. Commissaire de police tué par l'O.A.S. à Alger. Ch : 48.

JOUBERT, Claude. Journaliste de la R.T.F. en poste à Alger. Ch : 66.

JOURDAIN, Claude. Exploitant agricole à Mostaganem. Ch : 65.

JOURDES, Serge. Officier de réserve, adjoint de Joseph Ortiz dans les barricades en janvier 1960. Ch : 16, 26.

JOUSSE, Germain. Juge au procès du général Jouhaud. Ch : 69.

JOUSSELIN. Deux frères membres de l'O.A.S. à El-Biar. Ch : 63, 68.

JOXE, Louis. Ministre d'Etat chargé des Affaires algériennes. Ch : 21, 23, 26, 27, 31, 32, 33, 35, 36, 42, 44, 47, 48, 50, 53, 56, 58, 59, 60, 61, 63, 72, 74, 77, 84, 85, 87, 88, 90.

JUHEL, Pierre. Directeur d'*Aspects de la France*. Ch : 38, 40.

JUILLE. Colonel proche du général Salan. Ch : 11.

JUIN. Journaliste à *L'Humanité*. Ch : 61.

JUIN, Alphonse. Maréchal de France. Ch : 20, 24, 27, 48, 64, 74.

JURANDON. Commissaire de police tué par l'O.A.S. à Oran. Ch : 63.

KADARI. Député de l'Algérie française. Ch : 13.

KALFLECHE, Marcel. Avocat au barreau d'Alger. Ch : 16, 18, 51, 68, 79, 80, 86.

KAOUAH, Mourad. Député de l'Algérie française. Ch : 2, 8, 9, 14, 80, 81.

KAYANAKIS, Georges. Membre de l'O.A.S. en métropole. Ch : 72, 93.

KAYANAKIS, Nicolas. Frère du précédent, responsable de l'O.A.S.-Métro-Jeunes. Ch : 43, 51, 55, 59, 72.

KEMPSKI, Ulrich. Journaliste allemand. Ch : 2, 3, 13.

KENNEDY, John Fitzgerald. Président des Etats-Unis d'Amérique. Ch : 24, 25, 93.

KERDAVID, Jean. Membre de l'O.A.S. à Toulon. Ch : 88.

KERGARAVAT. Général en poste au Niger en avril 1961. Ch : 36.

KESSEL, Joseph. Ecrivain. Ch : 20.

KEYES. Oranais blessé par les forces de l'ordre. Ch : 76.

KHALIFA BEN AMMAR. Nationaliste algérien opposé au F.L.N. Ch : 49.

KHELLIB, Tayeb. Conseiller municipal d'Oran tué par l'O.A.S. Ch : 48.

KHIDER, Mohammed. Un des neuf chefs historiques de la rébellion algérienne. Ch : 2, 36, 86.

KHROUCHTCHEV, Nikita. Président du conseil des ministres de l'U.R.S.S. de 1958 à 1964. Ch : 17, 24.

KIEFFER, Philippe. Capitaine de corvette commandant les 177 commandos français débarqués à Ouistreham le 6/6/1944. Ch : 4, 36.

KLEPP, Horts. Participa le 25/2/1962 à Munich à l'enlèvement du colonel Argoud. Ch : 92.

KNECHT, François. Membre du CN.R.S. impliqué dans l'attentat monté à Alger le 16 janvier 1957 contre le général Salan. Ch : 78.

KŒNIG, Charles. Maire de Saïda et membre de l'Exécutif provisoire. Ch : 69.

KŒNIG, Pierre-Marie. Général. Ministre de la Défense nationale et des Forces armées du 19/6/1954 au 1/2/1956. Ch : 1, 3, 20.

KOVACS, René. Médecin hypnotiseur à Alger. Organisateur de l'attentat du 16/1/1957 contre le général Salan. Ch : 2, 16, 19, 26, 78, 80.

KUBAZIAK. Chef de bataillon tué par l'O.A.S. le 24/6/1962 à Aix-en-Provence. Ch : 34, 87, 88, 92, 93.

LABBE, Michel. Membre de l'O.A.S. Témoin à Alger de la mort du capitaine Le Pivain. Ch : 12, 15, 59, 87.

LA BIGNE de, Michel. Lieutenant du 1er R.E.P. passé à l'O.A.S. Ch : 26, 29, 43, 61.

LABORDE, André. Médecin algérois. Ch : 18.

LABOURET, Vincent. Chef de cabinet de Louis Joxe. Ch : 36.

LABRIFFE. Lieutenant putschiste du 1er R.E.P. Ch : 37.

LABROCHE, Robert. Ancien du G.C.P. passé à l'O.A.S. en métropole. Ch : 60.

LACASTE, Bertrand. Evêque d'Oran. Ch : 67, 84, 87.

LA CHAPELLE de. Lt-colonel putschiste, chef de corps du 1er R.E.C. Ch : 26, 29, 31, 35, 36, 37.

LACHERAF, Mostefa. Membre du C.N.R.A. Ch : 36.

LACHEROY, Charles. Colonel. Créateur en Algérie du S.A.P.I. Passé à l'O.A.S. Ch : 16, 19, 26, 31, 33 à 36, 40, 42 à 47, 54, 82, 87, 88.

LACHLAF, Belkacem. Secrétaire général des dockers d'Alger assassiné par l'O.A.S. le 20/11/1961. Ch : 48.

**Lacombe.** Collaborateur du Dr Schembri. Ch : 42.

**Lacoste.** Capitaine de Gendarmerie adjoint de Michel Hacq à la *Mission C* en Algérie. Ch : 51, 68, 69, 70.

**Lacoste, Robert.** Ministre résidant en Algérie de février 1956 à mai 1958. Ch : 1, 2, 11, 19, 29, 70, 79.

**Lacoste-Lareymondie de, Alain.** Membre du cabinet civil du général Salan en 1958. Ch : 79.

**Lacou.** Sous-officier parachutiste poignardé par un Musulman à Nancy le 22/7/1961. Ch : 41.

**Lafay, Bernard.** Président du conseil municipal de Paris. Ch : 19, 61, 77.

**Laffargue.** Chef de bataillon de l'état-major de la 10e D.P. Ch : 10.

**Laffont.** Capitaine d'armes de la B.A.N. de Dugny-Le Bourget en avril 1961. Ch : 34.

**Laffont, Pierre.** Directeur de *L'Echo d'Oran*. Ch : 1, 69, 87.

**Lafon.** Commissaire de police à Pau en 1961. Ch : 53.

**Lafond, Henri.** Banquier assassiné par l'O.A.S. Ch : 93.

**Lafontaine.** Lt-colonel, chef de corps du 1er R.C.P. Ch : 61.

**Lagaillarde, Elisabeth.** Conseillère générale d'Alger. Ch : 18.

**Lagaillarde, Pierre.** Officier de réserve et avocat, cofondateur de l'O.A.S. le 11 février 1961 à Madrid. Ch : 2,4 à 8, 10 à 16, 18, 20 à 27, 30 à 34, 39, 40, 43, 44, 46, 48, 53, 61, 75, 80, 82, 87, 88.

**Lagarde.** Juge d'instruction à Alger en 1961. Ch : 58.

**Lagier, Marcel.** Membre de l'O.A.S. algéroise. Ch : 53, 54, 60, 71, 82.

**Lagneau.** Officier du Génie, membre de l'O.A.S. oranaise. Ch : 91.

**Lagros.** Professeur à la Faculté de médecine d'Alger. Ch : 69.

**La Hargue, Jean.** Créateur en 1961 du S.P.E.S. Ch : 311.

**Lainne.** Avocat au barreau d'Alger. Ch : 16.

**Lalanne, Jean.** Chef du service de renseignements de l'O.A.S. à Alger. Ch : 39, 49.

**Lalfert, Robert.** Cadre civil à la Direction du personnel de l'armée de Terre. Ch : 38, 42, 46.

**La Malene de, Christian.** Secrétaire d'Etat à l'Information à partir du 24 août 1961. Ch : 42, 62, 70, 78, 80, 82.

**Lamarque, André.** Membre de l'O.A.S. dans l'Algérois. **Épilogue.**

**Lambert.** Préfet d'Oran en 1958. Ch : 76.

**Lambri Cherif Ben Saïd, alias Si Cherif.** Colonel officieux combattant le F.L.N. dans la région d'Aumale à la tête de la Force armée franco-musulmane. Ch : 27, 38, 49.

**Lamirand, Geneviève.** Epouse du Lt-colonel Bastien-Thiry. Ch : 74.

**La Motte de.** Lt-colonel de réserve anti-gaulliste. Ch : 93.

**La Motte de, Aldo.** Partisan de l'Algérie française. Ch : 93.

**Lamy, Jean.** Président de la Confédération générale de l'agriculture en Algérie. Ch : 12, 42.

**Lancrenon.** Général en Algérie. Ch : 4, 11, 32.

**Landes.** Membre de l'O.A.S. oranaise. Ch : 85.

**Laniel, Joseph.** Président du Conseil de la IVe République. Ch : 2, 79.

**La Noe.** Lt-colonel chef de corps du 4e R.H. Ch : 33, 34.

**Lapierre, Dominique.** Journaliste. Ch : 68.

**Laquiere, Jacques.** Organisateur de l'exil de Joseph Ortiz à Majorque. Ch : 3, 16, 18, 19, 20, 25, 26, 32, 33.

**Laquiere, Raymond.** Inamovible président de l'Assemblée algérienne depuis sa création en 1948. Ch : 3.

**Laradji.** Député de l'Algérie française. Ch : 5, 14, 70.

**Larbaoui, Mohamed.** Policier assassiné à Oran par l'O.A.S. Ch : 63.

**Larminat de, Edgard.** Général. Haute figure de la France libre qui s'est donné la mort pour ne pas avoir à présider la Cour militaire de Justice en juin 1962. Ch : 87.

**Larrieu.** Conseiller d'Etat, juge au procès des Barricades. Ch : 24.

**Lassauzet.** Chef de bataillon de réserve, dirigeant de l'A.C.U.F. Ch : 10.

**Latournerie, Christian.** Lieutenant au 4e R.T. engagé dans le maintien de l'ordre urbain à Alger le 26/3/1962. Ch : 66.

**Latreille.** Adjudant-chef juge au procès des conjurés du Petit-Clamart. Ch : 91.

**Lattre de Tassigny de, Jean-Marie.** Maréchal de France. Ch : 1, 17, 76, 77.

**Lattre de Tassigny, de.** Veuve du maréchal. Ch : 76, 79.

**Laudenbach, Roland.** Editeur. Membre de l'O.A.S. métropolitaine. Ch : 38, 42, 43, 60, 64, 66, 71.

**Laurent, Jacques.** Ecrivain sympathisant de l'O.A.S. Ch : 4, 38.

**Lauriol, Marc.** Député de l'Algérie française. Ch : 5, 14, 18, 31, 50, 64, 70, 77.

**Lavalet.** Commissaire de police à Marseille. Ch : 93.

**Lavanceau, Jean-Marie.** Artisan de l'arrestation du général Salan à Alger le 20/4/1962. Ch : 49, 52, 70, 71.

**Laverne.** Colonel de l'armée de l'Air commandant la base aérienne de Blida lors du putsch d'avril 1961. Ch : 30.

LAVIER. Membre à Alger du M.P.C. **Ch** : 54.
LAVILLE, **Germaine**. Membre de l'O.A.S. à Toulon. **Ch** : 88.
LA VILLETANET de, **Béatrice**. Membre de l'O.A.S. en métropole. **Ch** : 89.
LAZAREFF, **Pierre**. Directeur de *France-Soir*. **Ch** : 25, 42, 50.
LEBEGUE. Magistrat membre d'une commission juridique en Algérie en juillet 1958. **Ch** : 78, 80..
LEBEL, **Alexandre**. Membre de l'O.A.S. en métropole. **Ch** : 58.
LE BERRE. Capitaine de Légion rallié à l'O.A.S. Organisateur à Marseille d'une filière maritime d'évasion. **Ch** : 50, 56, 67, 88.
LE BIGOT. Général démissionnaire en 1961. **Ch** : 74.
LEBORGNE. Lt-colonel, chef de corps du 3$^e$ R.P.I.Ma. **Ch** : 32.
LE BOS. Colonel commandant en janvier 1960 la zone opérationnelle Ouest de l'Algérois. **Ch** : 11.
LE BOURHIS, **Guillaume**. Lt-colonel commandant la base aéroportée de Blida lors du putsch d'avril 1961. **Ch** : 29, 37.
LE BRAZ. Capitaine putschiste au 1$^{er}$ R.E.P. **Ch** : 9, 35.
LE BRIS, **Alexandre**. Civil égorgé à Alger par le F.L.N. **Ch** : 83.
LECA, **Bonaventure**. Maire d'Issy-les-Moulineaux en 1962. **Ch** : 62.
LECCA, **François**. Membre de l'O.A.S. algéroise. **Ch** : 47, 74.
LECERF, **Jean**. Contractuel anti-O.A.S. **Ch** : 50.
LECLERC de HAUTECLOCQUE. Maréchal de France. **Ch** : 18, 48, 56, 61, 91.
LECOMTE. Lt-colonel chef de corps du 14$^e$ R.C.P. **Ch** : 21 à 24, 26, 27, 29, 32 à 37.
LECOMTE. Général directeur de l'Ecole militaire à Paris. **Ch** : 43.
LE CORROLLER, **Bertrand**. Avocat. **Ch** : 19, 61, 62, 70 à 80, 84, 86, 92.
LEFEVRE, **Bernard**. Médecin à Alger. Créateur du M.P.I.O.C. à Alger et cofondateur en février 1961 de l'O.A.S. à Madrid. **Ch** : 2, 3, 7, 16, 26, 37, 75, 91.
LEFIN, **Jean-Pierre**. Gendarme tué lors de l'insurrection algéroise du 24/1/1960. **Ch** : 17.
LEFRANC, **Pierre**. Compagnon de la Libération chargé de mission à l'Élysée. **Ch** : 20, 41.
LE GAL, **Jean-Claude**. Membre de l'O.A.S. **Ch** : 93.
LEGALL, **Clotaire**. Appelé exécuté le 20/8/1960 par l'A.L.N. **Ch** : 19.
LEGER, **Charles**. Membre de l'O.A.S. **Ch** : 89.
LEGER, **Joseph**. Préfet en disponibilité. Membre de l'O.A.S. en métropole. **Ch** : 31.
LEGER, **Paul-Alain**. Capitaine parachutiste adjoint du colonel Jacquin au B.E.L. **Ch** : 31, 66.

LE GOULON, **Georges**. Membre de l'O.A.S. en métropole. **Ch** : 91.
LEGRAS. Officier en second du paquebot *Ville d'Oran* en 1962. **Ch** : 87.
LEGROS. Gendarme tué à Paris le 18/2/1962 au cours d'un attentat de l'O.A.S. contre Yves Le Tac à l'hôpital du Val-de-Grâce. **Ch** : 60.
LEGROS, **René**. Banquier et président national des anciens sous-officiers de l'armée de l'Air. **Ch** : 20, 21, 23.
LE GUEN. Capitaine des commandos de l'Air. **Ch** : 18.
LEHMANN, **Samuel**. Légionnaire rallié à l'O.A.S. **Ch** : 93.
LEJEUNE, **Max**. Ministre du Sahara en 1958. **Ch** : 19, 21, 48, 70, 79.
LEMAIRE, **Jean**. Gendarme tué à Alger le 24/1/1960. **Ch** : 17.
LEMARCHAND, **Edouard**. Manifestant anti-O.A.S. tué à Paris le 8 février 1962. **Ch** : 60.
LEMARCHAND, **Pierre**. Avocat. Recruteur avec son épouse de contractuels anti-O.A.S. **Ch** : 26, 51, 52, 53, 54, 58, 60.
LE MERER, **Geneviève**. Membre de l'O.A.S. **Ch** : 91.
LEMERLE. Procureur général de la République blessé par l'O.A.S. à Oran. **Ch** : 76.
LEMOYNE de SERIGNY, **Alain**. Directeur de *L'Echo d'Alger*. **Ch** : 1, 2, 16, 18, 26.
LENNUYEUX. Général commandant à Tlemcen la 12$^e$ D.I. lors du putsch d'Alger. **Ch** : 21, 28, 41, 78, 88.
LENOIR, **Jean-Pierre**. Chef de bataillon affecté au S.D.E.C.E. **Ch** : 4, 15.
LENOIR. Lt-colonel chef de corps du 8$^e$ R.P.I.Ma. **Ch** : 21 à 24, 26, 29.
LENORMAND, **Bernard**. Membre de l'O.A.S. à Paris. **Ch** : 60.
LEONARD, **Roger**. Gouverneur de l'Algérie en 1954. **Ch** : 22.
LEON, **Georges**. Journaliste à *L'Humanité*. **Ch** : 61.
LE PEN, **Jean-Marie**. Avocat, officier de réserve et député poujadiste. **Ch** : 20, 21, 48, 61, 77, 93.
LE PIVAIN, **Philippe**. Capitaine du 5$^e$ R.E.I. rallié à l'O.A.S. **Ch** : 40, 43, 44, 48, 49, 53, 57, 59, 60, 66, 68, 87, 89.
LE PIVAIN, **Pierre**. Frère du précédent, lieutenant de vaisseau, commandant à Bône l'escorteur côtier *Le Frondeur*. **Ch** : 59.
LE PIVAIN. Amiral. Père de Philippe et de Pierre. **Ch** : 59.
LE PULLOCH. Chef d'état-major général des Armées en 1962. **Ch** : 16, 46, 74.
LEROY. Lt-colonel commandant en Oranie un stage de commandos de chasse. **Ch** : 57.
LEROY dit FINVILLE, **Marcel**. Chef de service au S.D.E.C.E. **Ch** : 4, 15.

LEROY, Henri. Officier aide de camp du général Jouhaud. Ch : 23
LEROY, Michel. Dirigeant du F.N. à Alger, exécuté pour déviationnisme en 1962 par une fraction de l'O.A.S. Ch : 29, 31, 36, 38, 39, 40, 42 à 45, 47 à 50, 52, 53, 55 à 60, 63, 66, 70, 71.
LESCRINIER, Bernard. Membre de l'O.A.S. en métropole. Ch : 92.
LE TAC, Joël. Compagnon de la Libération et député gaulliste. Ch : 24.
LE TAC, Yves. Frère du député. Animateur à Alger du M.P.C. Pris plusieurs fois pour cible par l'O.A.S. Ch : 24, 26, 34, 39, 42, 46, 47, 48, 57, 60.
LE THIAIS, Pierre. Préfet de police à Oran en 1961. Ch : 39.
LETOURNEAU, Jean. Ancien haut-commissaire en Indochine. Ch : 77.
LEUSSE de, Bruno. Diplomate participant aux discussions d'Evian en mars 1962. Ch : 26, 36, 60.
LEVY, Thierry. Avocat. Ch : 81.
LEVY, William. Secrétaire de la section de la S.F.I.O. d'Alger assassiné par l'O.A.S. Ch : 48, 49, 51.
LEYRIS, Raymond. Musicien tué par le F.L.N. à Constantine. Ch : 72.
L'HONNEN, Jean-Marie. Membre de l'O.A.S. en métropole. Ch : 59.
LOBIANCO, Mario. Contractuel anti-O.A.S. Ch : 50, 63.
LOCUSSOL, Alfred. Militant communiste exécuté par l'O.A.S. Ch : 55, 87, 88.
LOESCH, Anne. Compagne de Jean Sarradet. Ch : 57, 84, 86, 91.
LOFI, Alex. Officier des équipages F.N.F.L. Ancien du commando Kieffer et compagnon de la Libération. Ch : 36.
LOMBARD. Professeur de lycée qui assumait à Alger le secrétariat du colonel Gardes. Ch : 42, 43, 44.
LOMBARD, Robert. Chef d'escadron de Gendarmerie mort le 22/8/1962 à Colombey-les-Deux-Eglises en apprenant l'attentat du Petit-Clamart. Ch : 90.
LONGCHAMP. Avocat au barreau d'Alger. Ch : 16.
LOPEZ, Lucien. Membre de l'O.A.S. tué à Oran le 11/5/1962. Ch : 72.
LOPINTO, Georges. Figure de l'Algérie française à Alger. Ch : 2.
LORATOU, Sauveur. Membre de l'O.A.S. algéroise. Ch : 2.
LOUETTE-DEBORD. Membre de l'O.A.S. fonctionnaire de la préfecture de Police de Paris. Ch : 48.
LOUSTAU, Henry-Jean. Chef de bataillon putschiste au 1er R.I.Ma. et membre de l'O.A.S. Ch : 30, 31, 35, 37, 67, 68.

LOYRETTE. Avocat au barreau de Paris. Ch : 16.
LUART du, comtesse. Animatrice d'un Foyer militaire à Alger. Ch : 42.
LUBRANO-LAREDERA, Eugène. Membre de l'O.A.S. Ch : 82.
LUCHETTI, Noëlle. Capitaine et secrétaire du général Salan. Ch : 36, 43, 44, 45, 47.
LUNG. Négociant en vins à Alger. Ch : 36.
LURIN. Lt-colonel, pilote de l'avion qui a ramené le général de Gaulle à St-Dizier au soir du 22/8/1962. Ch : 90.
LUXO, Armand. Ancien combattant algérois rescapé de la tuerie du 26/3/1962. Ch : 66.

MABILLE. Médecin-colonel assassiné le 14/6/1962 par l'O.A.S. à Oran. Ch : 85.
MACAIGNE, Denise. Avocate au barreau de Paris. Ch : 16, 87, 88.
MADANI, Saïd. Syndicaliste assassiné par le F.L.N. à Alger le 15/12/1961. Ch : 52.
MADAOUI. Sous-lieutenant membre du maquis O.A.S. de l'Ouarsenis en avril 1962. Ch : 67, 68, 69.
MAFFART, Jean-Michel. Chef de cabinet de Paul Delouvrier durant l'insurrection algéroise de janvier 1960. Ch : 11.
MAGADE, Pierre. Membre de la conjuration du Petit-Clamart. Ch : 89 à 92.
MAGNIN, Robert. Doyen des juges au Parquet de la Seine. Ch : 16.
MAINGUY. Député gaulliste enlevé le 22/1/1962 par l'O.A.S. Ch : 57.
MAKDAD, Omar. Commandant de la Force locale en Algérie. Ch : 69.
MALARDIER, Jean. Dirigeant de Jeune Nation. Ch : 17.
MALETER, Pal. Général hongrois en 1958. Ch : 17.
MALMASSARI, Jacques. Membre de l'O.A.S. algéroise. Ch : 37.
MALRAUX, André. Ministre des Affaires culturelles. Ch : 10, 59, 61.
MALTRE. Capitaine au 1er/405e R.A. Ch : 42.
MALVILLE. Sous-officier au 4e R.T. engagé le 26/3/1962 à Alger dans une opération de maintien de l'ordre urbain. Ch : 66.
MAMERT, Jean. Chef de cabinet de Michel Debré. Ch : 11.
MANDOUZE, André. Professeur libéral à Alger. Ch : 90.
MANONNI, Jean. Membre de l'Exécutif provisoire en Algérie. Ch : 69.
MANONNI, Eugène. Journaliste au *Monde*. Ch : 11.
MANOURY, Henri. Assureur ayant participé le

8/9/1961 à un attentat contre le général de Gaulle. Ch : 45, 48, 91.

MANTEI, Ignace. Capitaine au 11ᵉ Choc en mai 1958. Ch : 2.

MAQUAIRE. Député de l'Algérie française. Ch : 14.

MARBOT. Lieutenant engagé dans l'O.A.S. en métropole. Ch : 61, 71.

MARÇAIS, Philippe. Député d'Alger fondateur de *L'Esprit public*. Ch : 14, 18, 20, 25, 38, 48, 70, 77.

MARCELLIN, Roger. Sénateur de l'Algérie française. Ch : 14, 77.

MARCETTEAU de BREM, Jean. Membre de l'O.A.S. en métropole. Ch : 88, 89, 93.

MARCHAND. Membre de l'O.A.S. à Paris. Ch : 58.

MARCHAND, Maxime. Inspecteur d'académie assassiné par l'O.A.S. près d'Alger le 15/3/1962. Ch : 63.

MARCHETTI, Xavier. Dirigeant d'un syndicat paysan. Ch : 10.

MARCO, José. Membre de l'O.A.S. à Paris. Ch : 58.

MARECHAL, Michel. Blessé à Alger le 29/5/1962 par le F.L.N. Ch : 83.

MARIE, André. Témoin au procès du général Salan. Ch : 79, 81.

MARIGNAN de, François. Membre de l'O.A.S. en métropole. Ch : 37.

MARIN, Gérard. Journaliste au *Figaro*. Ch : 84.

MARIOT. Lt-colonel chef de corps du 5ᵉ R.I. assassiné par l'O.A.S à Oran le 13/6/1962. Ch : 86.

MARROUX, Francis. Chauffeur du général de Gaulle. Ch : 44, 90.

MARTEL, Robert. Dirigeant du M.P. 13. Ch : 2, 3, 6, 7, 10, 11, 16, 17, 20, 26, 29, 33, 35, 36, 37, 38, 40, 42, 43, 46, 50, 56, 70, 72, 80, 89, 91.

MARTIN. Dirigeant des Anciens combattants d'Alger. Ch : 12.

MARTIN. Chef de bataillon au 1ᵉʳ R.E.P. Ch : 26, 68.

MARTIN, Henri. Général commandant en chef en Algérie en mai 1945. Ch : 2.

MARTIN, Henri. Animateur d'un club antirépublicain, soutien de l'O.A.S. Ch : 2, 10, 16, 17, 91, 92.

MARTIN-DUPONT. Sympathisant de l'O.A.S. en métropole. Ch : 59.

MARTINEZ. Inspecteur de police à Paris en 1960. Ch : 16.

MARTINEZ. Membre de l'O.A.S. algéroise. Ch : 85.

MARTIN-SANE. Avocat du commandant de Saint Marc. Ch : 37.

MARTON, Lajos. Membre de la conjuration du Petit-Clamart. Ch : 17, 69, 89 à 93.

MARTORELL, Suzanne. Manifeste anti-O.A.S., tuée à Paris le 8/2/1962. Ch : 60.

MARTRET. Capitaine au 1ᵉʳ R.C.P. Ch : 59.

MARTY. Directeur de la prison de Fresnes en 1962. Ch : 82.

MARTY. Membre de l'O.A.S. à Oran. Ch : 85.

MARTZLOFF. Général commandant en juin 1962 l'ex-10ᵉ D.P. devenue 11ᵉ D.I.L. Ch : 39, 41.

MASMOUDI, Mohamed. Ancien secrétaire d'Etat tunisien. Ch : 68.

MASSELOT. Lt-colonel chef de corps du 18ᵉ R.C.P. engagé dans le putsch d'avril 1961. Ch : 21 à 24, 26, 27, 29, 32, 34 à 37.

MASSEY de, Philippe. Créateur en Italie d'un réseau d'accueil pour les exilés de l'Algérie française. Ch : 3, 4, 10, 11, 15, 16, 19, 24, 25, 32, 43, 46, 50, 53, 61, 62, 19, 89, 93.

MASSON. Capitaine aide de camp du général Ginestet à Oran. Ch : 85.

MASSONAT, Jean. Médecin tué par les forces de l'ordre à Alger le 26/3/1962. Ch : 41.

MASSU, Jacques. Général commandant le corps d'armée d'Alger. Rappelé en métropole le 20/1/1960 par le général de Gaulle à cause d'un entretien accordé à un journaliste allemand. Ch : 1 à 9, 11 à 14, 16, 17, 22, 24, 26, 27, 31, 32, 41, 48, 59, 69, 79, 80, 93.

MATAGNE, Jean-Pierre. Membre de l'O.A.S. à Paris. Ch : 88.

MATEBE. Officier de la territoriale à Alger. Ch : 4.

MATHON, Edouard. Colonel en poste au cabinet militaire de l'Elysée en 1960. Ch : 17 à 19.

MATIBEN TAYEB OUAZANI. Médecin assassiné par l'O.A.S. à Alger le 9/11/1961. Ch : 48.

MATTEI, Antoine. Membre de l'O.A.S. en métropole. Ch : 87.

MATTEI, Enrico. Magnat italien de la presse et du pétrole. 50, 62.

MATTHIEU, Guy. Capitaine du G.C.P. passé à l'O.A.S. Ch : 42.

MAUGUERET, Gérard. Contractuel anti-O.A.S. Ch : 51, 57.

MAULBON d'ARBAUMONT, Maurice. Capitaine passé à l'O.A.S. en métropole. Ch : 92.

MAULNIER, Thierry. Ecrivain. Ch : 75.

MAURIAC, François. Ecrivain. Ch : 10, 15, 20, 71.

MAURIAC, Jean. Journaliste. Ch : 17.

MAURIN. Chef de bataillon commandant le 2ᵉ Bureau d'Oran, exécuté par l'O.A.S. en avril 1962. Ch : 69.

MAURIN, Maurice. Rédacteur en chef de *L'Echo d'Oran*. Ch : 69.

MAYEDINE. Caporal-chef au 4ᵉ R.T. engagé le 26/3/1962 à Alger dans une opération de maintien de l'ordre urbain. Ch : 66.

MAYER, Georges. Lt-colonel. Adjoint opérationnel

du général Gracieux à la 10ᵉ D.P. à Alger. **Ch** : 6, 8, 10, 11, 19, 26.

**Mayer.** Capitaine des commandos de l'Air. **Ch** : 18.

**Mayer, René.** Président du Conseil de la IVᵉ République. **Ch** : 79.

**Mayoux.** Professeur en Sorbonne plastiqué à Paris par l'O.A.S. le 15/2/1962. **Ch** : 60.

**Mazurier, Charlotte.** L'un des courriers du colonel Chateau-Jobert durant son exil en Espagne. **Ch** : 91.

**McCone, John Alec.** Directeur de la C.I.A. en 1961. **Ch** : 51.

**Medeu.** Trésorier de l'O.A.S. algéroise. **Ch** : 40, 44, 49.

**Megnin, Joël.** Chirugien victime de l'O.A.S. le 19/11/1961. **Ch** : 48.

**Melnik, Constantin.** Conseiller technique de Michel Debré pour le renseignement et la sécurité de janvier 1959 à avril 1962. **Ch** : 2, 10, 12, 15, 19, 21, 23, 26, 28 à 31, 33, 34, 40, 42, 48 à 51, 53, 58, 61, 70, 77, 80, 82.

**Meloni, Raimondo.** Militant fasciste italien. **Ch** : 51.

**Memain, Jean.** Capitaine parachutiste rallié à l'O.A.S. **Ch** : 61, 89.

**Mendes France, Pierre.** Président du Conseil en 1954. **Ch** : 1, 2, 20, 29, 42, 60, 72.

**Menditte de.** Général opposé au putsch en Oranie. **Ch** : 28, 33, 53, 64, 66, 70.

**Mentre.** Général sanctionné après le putsch d'avril 1961. **Ch** : 36, 37.

**Menuet, Pierre-Emile.** Avocat au barreau de Paris, défenseur d'Yves Gignac et du général Salan. **Ch** : 43, 70, 74, 75, 76, 178, 79, 81, 86.

**Merglen.** Colonel à la Sécurité militaire. **Ch** : 92.

**Merlet.** Capitaine de vaisseau, commandant la D.B.F.M. **Ch** : 77.

**Mertz.** Lieutenant putschiste. **Ch** : 37.

**Merzak.** Membre du F.L.N. exécuté le 5/8/1961 par l'O.A.S. **Ch** : 42.

**Mesmet.** Général de réserve plastiqué par l'O.A.S. à Paris. **Ch** : 89.

**Messali Hadj.** Leader historique du nationalisme algérien. Fondateur du M.N.A. rival du F.L.N. **Ch** : 3, 4, 27, 40 , 69, 74.

**Messerschmidt, Rolande.** Compagne du Dr René Kovacs. **Ch** : 2.

**Messilem.** Sous-officier au 4ᵉ R.T. engagé le 26/3/1962 à Alger dans une opération de maintien de l'ordre urbain. **Ch** : 66.

**Messmer, Pierre.** Ministre des Armées du 5/2/1960 au 22/6/1969. **Ch** : 10, 15, 16,17, 19, 21, 23, 28, 31, 32, 34 à 37, 41, 42, 43, 45, 48, 51, 53, 55, 59, 60, 68, 74, 75, 84, 88, 89, 92.

**Mestre, Philippe.** Sous-directeur de l'Informa-

tion à la Délégation générale du gouvernement en Algérie en 1962. **Ch** : 43, 62.

**Met, Charles.** Ancien chef de bataillon du 2ᵉ R.E.I. affecté à l'école de Coëtquidan et passé à l'O.A.S. en métropole. **Ch** : 62.

**Metlz.** Général commandant en 1961 à Constantine la 14ᵉ D.I. **Ch** : 39.

**Metz.** Adjudant-chef parachutiste favorable à l'O.A.S. **Ch** : 61.

**Meunier, Raymond.** Contractuel anti-O.A.S. **Ch** : 51.

**Meyrou.** Médecin de Castiglione blessé par l'O.A.S. **Ch** : 49.

**Meyrous.** Lt-colonel de Gendarmerie à Oran en 1962. **Ch** : 61, 62, 65.

**Mialet, Jean.** Chef de cabinet de Jacques Foccart. **Ch** : 52.

**Michaux, Pierre.** Professeur de médecine à Alger. **Ch** : 16.

**Michel.** Officier des équipages gaulliste à Cap-Matifou. **Ch** : 34.

**Michel, Christian.** Clarinettiste de variétés né à Alger. **Ch** : 62.

**Michel, Claude.** Père du précédent, assassiné par l'O.A.S. **Ch** : 62.

**Michelet, Edmond.** Ministre de la Justice. **Ch** : 4, 10, 16, 17, 19, 20, 24, 37 ; 43, 71, 87.

**Micheletti, Charles.** Chef de l'O.A.S oranaise. **Ch** : 41, 42, 60, 64, 65, 72, 89.

**Micheletti, Claude.** Fils du précédent. Animateur des commandos O.A.S. à Oran. **Ch** : 41, 42, 65, 67, 72, 77.

**Michelini.** Secrétaire général du M.S.I. **Ch** : 46.

**Miellon, René.** Gendarme tué le 24/1/1960 lors de l'insurrection algéroise. **Ch** : 17.

**Mimet, Claude.** Membre de l'O.A.S. en métropole. **Ch** : 61.

**Mingot, Jean-Louis.** Membre de l'O.A.S. en métropole. **Ch** : 68.

**Miquel.** Général commandant en mai 1958 la Vᵉ Région militaire à Toulouse. **Ch** : 4, 76.

**Mirakian.** Membre de l'O.A.S. à Paris. **Ch** : 58.

**Mirambeau.** Général commandant la zone opérationnelle Sud du corps d'armée d'Oran en janvier 1960. **Ch** : 4, 11, 12, 15.

**Mischlich, Robert.** Magistrat du Haut Tribunal militaire créé en avril 1961. **Ch** : 36.

**Misselli.** Commissaire de police blessé le 10/12/1961 par l'O.A.S. oranaise. **Ch** : 69.

**Mitterrand, François.** Ministre de l'Intérieur du 19/6/1954 au 23/2/1955 puis de la Justice du 1ᵉʳ/2/1956 au 13/6/1957. **Ch** : 2, 60, 74, 76, 77, 78, 93.

**Mohand ou El Hadj.** Commandant de la Wilaya 3 à partir de mai 1959. **Ch** : 18, 19, 72.

**Moktar ould Daddah.** Président de la Mauritanie. **Ch** : 82.

MOLE, Joseph. Membre de l'O.A.S. à Toulouse. Ch : 79.

MOLLET, Guy. Président du Conseil. Ch : 2, 11, 48, 51, 60, 71.

MOLLO. Lt-colonel chef de corps du 2ᵉ R.P.I.Ma. Ch : 41.

MONDOLONI, Henri. Membre de l'O.A.S. en métropole. Ch : 87.

MONGIAUD, Antoine. Gendarme tué au cours de l'insurrection algéroise du 24 janvier 1960. Ch : 17.

MONIZ-FERREIRA, Zarco. Militant fasciste à Lisbonne. Ch : 59.

MONNEROT, Guy. Instituteur tué le 1ᵉʳ/11/1954 par le F.L.N. Ch : 63.

MONNEROT, Jules. Membre du comité de rédaction de *L'Esprit public*. Ch : 38.

MONNERVILLE, Gaston. Président du Sénat opposé au général de Gaulle. Ch : 48, 77, 82, 90, 91.

MONTAGNON, Pierre. Capitaine du 2ᵉ R.E.P. commandant en avril 1962 le maquis O.A.S de l'Ouarsenis. Ch : 37, 44, 45, 48, 49, 50, 53, 63, 64, 66 à 69, 72, 87, 93.

MONTALDO. Sénateur de l'Algérie française. Ch : 14.

MONTANER. Capitaine commandant à Paris une unité de supplétifs musulmans. Ch : 40.

MONTJAUX, Maurice. Officier marinier commando Marine. Ch : 91.

MONTSABERT de. Général. Ch : 24.

MORACHE, Henri. Capitaine de frégate commandant la Marine à Bône en mai 1945. Ch : 2.

MOREL. Capitaine des commandos de l'Air. Ch : 19

MOREL, Robert. Dernier chef d'équipe de contractuels anti-O.A.S. en Algérie. Ch : 61, 62.

MOREL de LA COLOMBE de LA CHAPELLE d'APCHIER, Yves. Sergent du commando Guillaume passé à l'O.A.S. Ch : 46.

MORENO, Dario. Chanteur de variétés. Ch : 61.

MORICHEAU-BEAUPRE, Jacques. Collaborateur de Jacques Foccart. Ch : 48.

MORIN. Capitaine écrivant dans la *Lettre Armée Nation*. Ch : 4.

MORIN, Jean. Délégué général du gouvernement en Algérie du 23/11/1960 au 25/3/1962. Ch : 21, 22, 23, 25, 26, 29, 30, 31, 34 à 36, 38 à 40, 42, 44, 48 à 53, 55, 57, 60, 63 à 65, 75, 76, 78, 81.

MORIN, Paul. Gendarme tué lors de l'insurrection algéroise du 24/1/1960. Ch : 17.

MORITEL, Georges. Membre de l'O.A.S. en métropole. Ch : 87.

MORRIS, Roger. Secrétaire général du comité des Affaires algériennes. Ch : 18.

MOSCONI. Capitaine putschiste. Ch : 8, 9, 29, 30, 37.

MOSTEFAI ben CHARIF. Président du Conseil général du département d'Alger. Ch : 18.

MOSTEFAI, Chawki. Vice-président de l'Exécutif provisoire et acteur de l'accord entre le F.L.N. et l'O.A.S. conclu en juin 1962. Ch : 69, 72, 81, 84 à 87.

MOUCHAN. Dirigeant d'une association d'anciens combattants à Alger. Ch : 12..

MOUCHONNET. Chef de bataillon arrêté à Paris à la veille du putsch d'avril 1961. Ch : 31, 36.

MOUCHOT. Lieutenant au 4ᵉ R.T. engagé le 26/3/1962 à Alger dans une opération de maintien de l'ordre urbain. Ch : 66.

MOULIN, Jean. Président du Conseil national de la Résistance du 27/5 au 21/6/1943, date de son arrestation par la Gestapo. Ch : 3, 37, 48.

MOULINS, Max. I.G.A.M.E. à Constantine. Ch : 20.

MOULLET. Colonel commandant le secteur opérationnel Alger-Sahel, opposé au putsch d'avril 1961. Ch : 22, 30, 34.

MOULOUDJI, Marcel. Chanteur. Ch : 93.

MOUTARDIER. Sous-officier assassiné par l'O.A.S. oranaise. Ch : 68.

MOUTON, Claude. Membre de l'O.A.S. en Algérie. Ch : 56, 70, 89. Ch :

MOYNET, Bernard. Capitaine pro-Algérie française. Ch : 74 à 76, 79.

MUELLE, Raymond. Officier du S.D.E.C.E. Ch : 40, 91.

MUGICA, Jacques. Médecin-aspirant. Membre de l'O.A.S. Ch : 31, 37, 40, 48, 61, 67, 68, 93.

MURAT, Raymond. Capitaine putschiste du G.C.P. passé à l'O.A.S. Ch : 30, 60, 68, 69, 71, 83, à 85.

MUSELIER. Amiral commandant les F.N.F.L. de 1940 à 1942.

MUZZATI, Georges. Adjudant-chef créateur d'un maquis O.A.S. en Algérie. Ch : 67, 68, 69, 91.

NACHIRIP, Yves. Membre de l'O.A.S. de l'Algérois. Ch : 42.

NAGY, Imre. Premier ministre pendu à Budapest en 1958. Ch : 17.

NAPOLEON, prince. Ch : 2.

NAUDIN, Jean-Pierre. Membre de la conjuration du Petit-Clamart. Ch : 88 à 92.

NAUROIS de, René. Compagnon de la Libération membre du Comité de salut public de Toulouse. Ch : 4.

NAVARRO. Commandant chef de cabinet civil de Massu à l'état-major du corps d'armée d'Alger. Ch : 5.

NEDJAR, Ali. Membre de l'O.A.S. algéroise. Ch : 82.

NEGRONI. Avocat au barreau de Paris. Ch : 16.

NEKKOUD. Chargée en 1961 de la promotion sociale des Musulmans à la Délégation générale à Alger. **Ch** : 33.

NETTAF, **Labidi**. Sénateur plastiqué par l'O.A.S. **Ch** : 27.

NEUWIRTH, **Lucien**. Un des principaux artisans du 13 mai 1958. **Ch** : 33.

NIAUX. Chef de bataillon membre de l'O.A.S. retrouvé pendu le 15/9/1962 dans une cellule au dépôt du quai des Orfèvres. **Ch** : 17, 91.

NICOT, **Jean**. Génénal putschiste alors qu'il était chef d'état-major de l'armée de l'Air. **Ch** : 3, 20, 23, 29, 34, 36, 37, 93.

NOCETTI, **Paul**. Adjoint de Roger Degueldre à Alger. **Ch** : 37, 71, 83.

NORD, **Pierre**. Ecrivain. **Ch** : 43.

## O

OGIER de BAULNY. Lt-colonel. Adjoint en avril 1961 du colonel Brothier au 1$^{er}$ R.E.I. **Ch** : 23, 32.

OLIE, **Jean**. Général chef d'état-major général des Armées en avril 1961. **Ch** : 31, 32, 33, 35, 74.

ORFILA, **Robert**. Membre de l'O.A.S. en Algérie. **Ch** : 62.

ORTEGA, **Rosette**. Jeune femme massacrée avec ses enfants près d'Oran par des Musulmans. **Ch** : 61.

ORTIZ, **Joseph**. Organisateur de l'insurrection algéroise de janvier 1960 et fondateur en janvier 1961 du G.P.A.F. **Ch** : 2 à 28, 32 à 34, 37, 40, 44, 46, 48, 49, 54, 59, 64, 82, 85, 87, 88.

OTTAVIOLI, **Pierre**. Commissaire de police à Paris. **Ch** : 91.

OUAMRI. Commissaire de police assassiné par l'O.A.S. **Ch** : 42.

OUCHENE, **Daoud**. Lieutenant au 4$^e$ R.T. engagé le 26/3/1962 à Alger dans une opération de maintien de l'ordre urbain. **Ch** : 66.

OUDINOT. Directeur de la R.T.F. à Alger. **Ch** : 59.

OUDINOT, **Georges**. Capitaine putschiste responsable d'une S.A.S en Kabylie. **Ch** : 31, 37.

OULD AOUDIA, **Salah**. Cadre des Centres sociaux assassiné près d'Alger par l'O.A.S. le 15/3/1962. **Ch** : 63.

OURABAH, **Mohand**. Préfet d'Orléansville en 1962. **Ch** : 62.

OZIL. Directeur de la Compagnie générale transatlantique à Alger en 1962. **Ch** : 88.

PACCIARDI. Député italien. Hôte de Jacques Soustelle à Rome en 1961. **Ch** : 50.

PACTEAU. Adjudant-chef de Gendarmerie en poste à St-Jean-de-Monts en 1962. **Ch** : 91.

PADO, **Dominique**. Conseiller général de la Seine pro-Algérie française et journaliste à *L'Aurore*. **Ch** : 72.

PAILLARD, **Frédéric**. Membre de l'O.A.S. en métropole. **Ch** : 63.

PALDACCI, **Hubert**. Adjoint d'André Canal en métropole. **Ch** : 54, 61.

PALISSIER, **François**. Agriculteur assassiné à Guyotville par le F.L.N. le 29/5/1962. **Ch** : 83.

PALMIERI. Avocat du sergent Dovecar en avril 1962. **Ch** : 68.

PAOLI. Capitaine de corvette de la D.B.F.M. passé à l'O.A.S. à Oran en mars 1962. **Ch** : 64, 69.

PAPON, **Maurice**. Préfet de police à Paris en 1961 et 1962. **Ch** : 15, 21, 30, 31, 33, 34, 43, 45, 47, 48, 49, 59, 61, 73, 76, 82.

PARADI, **Jenö**. Réfugié politique hongrois. **Ch** : 17.

PARAT, **Georges**. Commissaire divisionnaire à Paris. **Ch** : 44, 45, 71.

PARES, **Albert**. Chef de service à l'hôpital civil d'Oran. **Ch** : 76.

PARIS de BOLLARDIERE, **Jacques**. Général démissionnaire en 1957. **Ch** : 45.

PARIS de BOLLARDIERE, **Alain**. Cousin du général. Plastiqué par l'O.A.S. à Paris. **Ch** : 45.

PARTIOT. Colonel. Condisciple du général Salan à Saint-Cyr en 1917. **Ch** : 79.

PARTIOT. Ancien inspecteur général des S.A.S. démissionnaire en 1962. **Ch** : 82.

PASCAL. Dominicain aumônier en Indochine. **Ch** : 80, 81.

PASTEUR VALLERY-RADOT. Juge en avril 1962 au procès du général Jouhaud. **Ch** : 69.

PASQUA, **Charles**. Animateur de réseaux gaullistes. **Ch** : 34.

PATIN, **Maurice**. Président du Haut Tribunal militaire. **Ch** : 36, 37.

PATOU, **André**. Amiral. Major général de la Marine en 1962. **Ch** : 82, 83.

PATRIMONIO. Avocat de Georges Buscia en février 1964. **Ch** : 93.

PATUEL. Membre de l'O.A.S. dans la région de Nantes. **Ch** : 63.

PAULIAN, **Gilbert-Louis**. Sénateur de l'Algérie française. **Ch** : 79.

PAVY. Garagiste à Amiens. **Ch** : 89.

PAYE, **Lucien**. Ministre de l'Education en 1962. **Ch** : 63.

PAYRAS, **Marc**. Capitaine de réserve créateur en mars 1962 d'un embryon de maquis O.A.S. près de Mostaganem. **Ch** : 65.

PELISSIER, **Louis**. Commissaire des R.G. Assassiné par l'O.A.S. **Ch** : 47.

PENDUFF. Officier en second de la base aéroportée de Blida lors du putsch d'avril 1961. **Ch** : 30, 37.

PENTEK, **Robert**. Président d'une association d'anciens légionnaires hongrois affiliée à l'A.C.U.F. **Ch** : 17.

PERDRIAU, **Alain**. Lieutenant de vaisseau de l'aviso *Commandant Bourdais* en 1962. **Ch** : 68.

PERETTI DELLA ROCCA, **Valère**. Ancien sous-préfet. **Ch** : 4, 16.

PERETTI, **Achille**. Militant gaulliste à Paris. **Ch** : 34.

PEREZ, **Jean-Claude**. L'un des principaux chefs de l'O.A.S. algéroise. **Ch** : 2, 3, 5, 9, 10, 13 à 16, 18, 26, 28, 31, 33, 36, 39, 40, 42 à 45, 48, 49, 53, 56, 61 à 68, 71, 72, 79, 84 à 86, 89, 91, 93.

PERNOT, **Gaston**. Responsable à Oran de l'Association nationale pour le soutien du général de Gaulle. **Ch** : 24, 46.

PERRET. Chef de bataillon exécuté par erreur par l'O.A.S. à Alger en septembre 1961. **Ch** : 45.

PERRET, **Jacques**. Ecrivain membre de l'O.A.S. **Ch** : 63, 91.

PERRET, **Jean-Loup**. Fils du précédent. Membre de l'O.A.S. à Paris. **Ch** : 60.

PERRIN. Adjudant-chef du 2e Bureau exécuté par l'O.A.S. **Ch** : 69.

PERRIN. Gaulliste algérois assassiné en juin 1961 par l'O.A.S. **Ch** : 38.

PERRIN, **Pierre**. Propriétaire à Paris de l'hôtel Astor. **Ch** : 20.

PERROTAT. Général commandant la zone opérationnelle Centre du corps d'armée d'Oran. **Ch** : 28, 31, 32, 34.

PERRUSSEL. Avocat du général Jouhaud. **Ch** : 69, 70, 82.

PESCHARD, **Raymonde**. Membre du P.C.A. **Ch** : 72.

PESQUET, **Robert**. Organisateur en 1959 d'un simulacre d'attentat contre François Mitterrand. Membre de l'O.A.S. **Ch** : 77.

PETAIN, **Philippe**. Chef de l'Etat français de juin 1940 à 1944. **Ch** : 2, 4, 5, 38, 43, 53, 74.

PETIT. Général putschiste bien que chef de cabinet de Michel Debré. **Ch** : 37.

PETIT, **Daniel**. Membre de l'O.A.S. à Lille. **Ch** : 91.

PETIT, **Louis**. Colonel. Adjoint du général de Pouilly au corps d'armée d'Oran. **Ch** : 32.

PETITBON, **René**. Haut-commissaire à la Jeunesse et aux Sports en Algérie. **Ch** : 32, 48, 52, 53, 55, 56, 63.

PETITJEAN, **Camille**. Algérois enlevé et assassiné près d'Orléansville le 15/3/1962 par des contractuels anti-O.A.S. **Ch** : 61, 63, 75.

PETITJEAN, **Marcel**. Sous-officier créateur d'un maquis précurseur de l'O.A.S. en Oranie et meneur du putsch d'avril 1961 à Oran. **Ch** : 26, 32, 35.

PEYREFITTE, **Alain**. Secrétaire d'Etat à l'Information et confident du général de Gaulle. **Ch** : 11, 52, 63, 69, 88, 90.

PHILIPPI. Avocat au barreau d'Alger. **Ch** : 16.

PIAF, **Edith**. Chanteuse. **Ch** : 35.

PIANA, **Henri**. Régisseur du domaine de Jean Lamy au Corso. **Ch** : 42.

PICHERAL. Capitaine de vaisseau favorable au putsch à Oran. **Ch** : 32.

PICLET, **Jean-Paul**. Officier marinier de réserve. Membre de l'O.A.S. à Marseille. **Ch** : 15, 31, 35, 40, 50, 67, 88.

PICOT, **Roland**. Légionnaire passé à l'O.A.S. en Algérie. **Ch** : 62.

PICOT D'ASSIGNIES, **Olivier**. Lieutenant du 1er R.E.P. passé à l'O.A.S. **Ch** : 25, 29, 37, 48, 49, 57, 59.

PIEGTS, **André**. Membre de l'O.A.S. **Ch** : 16, 26, 39.

PIEGTS, **Claude**. Frère d'André. Membre de l'O.A.S. fusillé le 7/6/1962. **Ch** : 16, 18, 26, 32, 37, 39, 49, 68, 72, 84, 85, 88, 93.

PIERINI, **Dominique**. Membre de l'O.A.S. fonctionnaire de la préfecture de Police de Paris. **Ch** : 48, 91.

PIERROT, **médecin**. Membre de l'O.A.S. à Constantine. **Ch** : 17.

PIETRABANA. Employé d'Air-Algérie complice de l'O.A.S. **Ch** : 82.

PIETRI, **Herbert**. Légionnaire passé à l'O.A.S. algéroise. **Ch** : 37, 68.

PIGEON, **Jean-Pierre**. Membre de l'O.A.S. à Toulouse. **Ch** : 79.

PILLET. Capitaine de frégate ancien des F.N.F.L., commandant en second de la base aéronavale de Dugny en avril 1961. **Ch** : 34.

PILLET, **Daniel**. Témoin de l'attentat organisé par l'O.A.S. le 8/9/1961 contre de Gaulle près de Pont-sur-Seine. **Ch** : 44, 45.

PINA, **Hippolyte**. Manifestant anti-O.A.S. tué à Paris le 8/2/1962. **Ch** : 60.

PINAY, **Antoine**. Ministre des Finances du général de Gaulle. **Ch** : 2, 42, 48, 62, 79.

PINO, **Giuseppe**. Agent de la Sécurité militaire. **Ch** : 43, 44, 45.

PIQUET. Capitaine de corvette passé à l'O.A.S. à Oran. **Ch** : 64.

PIRCHE. Avocat parisien partisan de l'Algérie française. **Ch** : 59.

PISANO, **Marcel**. Contractuel anti-O.A.S. **Ch** : 51.

PLANCHAIS, **Jean**. Journaliste au *Monde* et écrivain. **Ch** : 60.

PLANCHOT, **Robert**. Lieutenant de Légion passé à l'O.A.S. **Ch** : 65.

PLANTIE, **Jeanine**, dite Marie Elbe. Journaliste. **Ch** : 35 à 38, 41.

PLASSARD. Lt-colonel chef de corps du 1er R.C.P. Ch : 32, 41.

PLETTNER. Préfet de Police à Oran en avril 1961. Ch : 31.

PLETTNER, Jules. Directeur des R.G. en 1961 et 1962. Ch : 59, 62.

PLEVEN, René. Président du Conseil de la IVe République du 12/7/1950 au 10/3/1051 et du 11/8/1951 au 7/1/1952. Ch : 48, 79.

PLIVIER, Jean. Sous-officier de la Sécurité militaire ayant participé le 25/2/1962 à Munich à l'enlèvement du colonel Argoud. Ch : 92.

PLOIX, Jacques. Amiral. Témoin au procès de Salan. Ch : 74, 75, 80.

POHER, Alain. Président du Sénat. Ch : 93.

POINARD, Robert. Capitaine passé à l'O.A.S. en métropole. Ch : 92.

POIREY, Jean-Louis. Dernier président de l'A.G.E.A. Ch : 83.

POMPIDOU. Capitaine de Légion à Sidi Bel Abbes en 1961. Ch : 32,35, 36.

POMPIDOU, Georges. Premier ministre à partir du 15/4/1962. Ch : 14, 25, 26, 70, 72, 77, 82 à 85, 90 à 93.

PONCHARDIER, Pierre. Capitaine de vaisseau promu amiral après avoir commandé la D.B.F.M. en 1956. Ch : 47.

PONCHARDIER, Dominique. Frère du précédent, comme lui compagnon de la Libération. Partisan de l'envoi en Algérie de contractuels anti-O.A.S. Ch : 47, 50, 51, 60.

PONIATOWSKI, Michel. Collaborateur de Valéry Giscard d'Estaing au ministère des Finances. Ch : 43, 48, 61, 86.

PONSOLLE. Capitaine putschiste du 1er R.E.P. Ch : 25, 26, 69.

PONTAUT, Jean-Marie. Journaliste. Ch : 93.

PORIER. Collaboratrice de Philippe de Massey en 1959. Ch : 15.

PORTE, Gérard. Membre du maquis O.A.S. de l'Ouarsenis. Ch : 67.

PORTOLANO, Pierre. Député de l'Algérie française. Ch : 14, 61, 64, 79.

POSTE, René. Officier de la Sécurité militaire exécuté par l'O.A.S. à Alger le 23/10/1962. Ch : 43, 46, 47, 52, 74.

POUBLANC. Directeur d'école plastiqué près de Pau par l'O.A.S. en 1962. Ch : 61.

POUGET, Jean. Officier, ancien de Diên Biên Phu, détaché en 1958 à l'antenne du ministère de la Défense à Alger. Ch : 61.

POUILLON, Fernand. Architecte. Ch : 38, 47, 48, 77.

POUILLY de. Général. Commandant le corps d'armée d'Oran lors du putsch d'avril 1961. Ch : 21, 28, 31 à 36, 41, 63, 76.

POUILLOUX, Claude. Capitaine putschiste du 1er R.E.P. Ch : 67, 69, 87.

POUJADE, Pierre. Créateur de l'U.D.C.A. qui a fourni de nombreux militants à l'O.A.S. Ch . 4, 17, 20, 24, 32, 77.

POUMEYROLLE. Membre du maquis O.A.S. de l'Ouarsenis. Ch : 69.

POUPAT, Pierre. Chef de bataillon au 4e R.T. engagé le 26/3/1962 à Alger dans une opération de maintien de l'ordre urbain. Ch : 66.

POUZOL, Jean. Inspecteur de police anti-O.A.S. Ch : 16, 44, 45, 74.

PRALORAN de, Bernadette. Militante de l'Algérie française. Ch : 89.

PRAYER. général commandant le G.A.T.A.C. du corps d'armée d'Oran en avril 1961. Ch : 28.

PREVOST, Jacques. Membre de la conjuration du Petit-Clamart. Ch : 11 à 17, 19, 68, 69, 89 à 93.

PRIVAT, Bernard. Editeur. Ch : 17.

PROHOM, Marc. Membre du maquis O.A.S. de l'Ouarsenis. Ch : 67, 69.

PUECH-SAMSON, Pierre. Député de l'Algérie française. Ch : 33.

PUGET. Major général adjoint des Armées en avril 1961. Ch : 33, 34, 60, 61.

PUIGT, Jacques. Lt-colonel chef de corps du 5e R.T. en 1962. Ch : 59, 65, 66.

PUILLE, Georges, alias Peltier. Chef de bataillon responsable en 1961 d'un service du S.D.E.C.E. en Algérie. Ch : 49.

PUISSANT, Henri. Commissaire de police chargé de la sécurité du général de Gaulle au soir de l'attentat du Petit-Clamart. Ch : 90.

QUERVILLE. Amiral commandant la Marine en Algérie durant le putsch. Ch : 28, 30 à 34.

QUEUILLE, Maurice. Président du Conseil sous la IVe République. Ch : 79.

RADIX. Général démissionnaire en 1961. Ch : 74.

RADOVIC, Miroslav. Sergent de la Légion étrangère engagé dans l'O.A.S. en Oranie. Ch : 71.

RAFA BEN RABAH, Ahmed. Chef de corps du 7e R.T.A. promu général en 1961. Ch : 33, 48, 69.

RAFFIN. Capitaine du 1er R.C.P. Ch : 8.

RAFSJUS, Maurice. Journaliste antifasciste à L'Express. Ch : 77.

RAMBAUD. Avocat au barreau de Paris. Ch : 16, 68.

RAMBERT, Marcel. Participant à l'insurrection algéroise du 24/1/1960. Ch : 16, 26.

RAMOS, Jean-Pierre. Membre de l'O.A.S. d'Alger. Ch : 51, 53, 68, 77, 84, 87.

RANÇON, Pierre. Lt-colonel commandant le

2ᵉ Bureau du corps d'armée d'Oran, exécuté par l'O.A.S. Ch : 52, 53, 69.

RANDIERI, Louis. Membre de l'O.A.S. torturé à Alger par des gendarmes. Ch : 62.

RAPHAEL. Avocat général au procès du général Jouhaud. Ch : 69, 73.

RAPHANAUD, Jean-Voltaire. Commandant le 11ᵉ B.T.A. Ch : 33.

RAS, Georges. Journaliste à Alger. Cofondateur du F.A.F. Ch : 18, 33, 36, 38, 40, 49, 82.

RAUCOULES, Roland. Membre de l'O.A.S. auteur d'un raid aérien sur une base de l'A.L.N. au Maroc. Ch : 60.

RAULT, Lionel. Sous-officier passé à l'O.A.S. dans l'Algérois. Ch : 62.

RAVINET. Officier de police engagé le 8/2/1962 dans la répression de la manifestation anti-O.A.S. dite « de Charonne ». Ch : 59.

RAYBOIS, Claude. Animateur à Alger de l'Association pour le soutien au général de Gaulle. Ch : 24, 46.

RAYMOND de. Lt-colonel de réserve proche de l'O.A.S. Ch : 7.

RAYMOND, Claude. Etudiante oranaise qui hébergeait le général Jouhaud lors de son arrestation le 25/3/1962. Ch : 65.

RAYMOND. Sous-lieutenant au 4ᵉ R.T. engagé à Alger le 26/3/1962 dans une opération de maintien de l'ordre urbain. Ch : 66.

RAYNAUD, Robert. Médecin-chef à l'hôpital Mustapha, à Alger. Ch : 47.

REBATEL. Adjudant engagé dans l'O.A.S. Ch : 44.

REBAUD. Conseiller général d'Oran. Ch : 76.

REBOUL. Magistrat militaire. Ch : 87, 92.

REGARD, André. Secrétaire général de l'Administration en Algérie, limogé après l'insurrection d'Alger de janvier 1960 et passé à l'O.A.S. Ch : 20, 21, 26 à 28, 30, 31, 36, 37, 42 à 44, 46 à 48, 52, 54, 61, 62, 70, 85, 86, 89.,

REGARD, Robert. Polytechnicien. Fils d'André Regard. Ch : 20, 28, 30, 61.

REIMBOLD, Jean. Chef de l'O.A.S. en Provence. Ch : 61, 87, 92, 93.

RELIAUD, Jean-Paul. Membre de l'O.A.S. à Oran. Ch : 41.

RELIQUET, Pierre. Procureur au procès des acteurs principaux du putsch de 1961. Ch : 37.

RENARD, Delphine. Fillette blessée au visage le 7/2/1962 lors du plasticage par l'O.A.S. du domicile d'André Malraux à Boulogne. Ch : 59, 61, 62, 86.

RENARD, Gérard. Militant de Jeune Nation et sergent au 18ᵉ R.C.P. Ch : 26.

RENAUD. Capitaine servant dans le Constantinois. Ch : 14.

RENAULT. Capitaine passé à l'O.A.S. en métropole. Ch : 62.

RENOIR, Maguy. Membre de l'O.A.S. à Paris. Ch : 92.

REY, baron. Financier. Ch : 85.

REY, Marie-Jeanne. Témoin de la fusillade du 26/3/1962 à Alger. Ch : 61.

RHETY, Robert. Policier assassiné par l'O.A.S. à Alger. Ch : 47.

RIBEAUD, Guy. Secrétaire de Georges Bidault. Ch : 2, 53, 63, 79, 86, 88, 93.

RIBEAUD, Paul. Frère du précédent. Journaliste et écrivain. Ch : 38, 91.

RICHARTER, Jean-Pierre. Aspirant au 4ᵉ R.T. engagé à Alger le 26/3/1962 dans une opération de maintien de l'ordre urbain. Ch : 66.

RICHEMONT de. Avocat au barreau de Paris. Ch : 16.

RICHOMME, Robert. Appelé du 218ᵉ Dragons exécuté le 30/4/1958 par l'A.L.N. Ch : 19.

RIDGWAY, Matthew. Commandant en chef de l'O.T.A.N. en 1952. Ch : 1.

RIFFET. Inspecteur des R.G. à Paris. Ch : 16, 61.

RIGA, Bruno. Caporal-chef du 1ᵉʳ R.E.P. passé à l'O.A.S. Ch : 49.

RIPPOL, Jean-Paul. Membre de l'O.A.S. à Oran. Ch : 82.

RIVIE. Lt-colonel chef de corps du 1ᵉʳ R.A. Ch : 31, 37.

RIVIERE, Paul. Commandant de la Sécurité militaire à Alger. Ch : 42, 4, 50.

RIZZA, Joseph. Figure de l'O.A.S. algéroise. Ch : 2, 11, 20, 21, 26, 45, 48, 50, 51, 53, 54, 57, 69, 82, 84, 85.

ROBAGLIA, Charles. Avocat. Ch : 15.

ROBERT, Emile. Membre de l'O.A.S. à Toulouse. Ch : 79.

ROBERT, Maurice. Gendarme tué à Alger le 24/1/1960. Ch : 17.

ROBIN, Georges. Chef de bataillon putschiste commandant le G.C.P. Ch : 26, 28 à 31, 35, 37, 42.

ROBIN, Marc. Ajudant-chef du G.C.P. rallié à l'O.A.S. Ch : 55, 60, 65, 89, 93.

ROCCA. Lt-colonel chef de corps du 27ᵉ B.C.A. en avril 1961. Ch : 31, 36, 37.

ROCCA. Procureur général de la République en Algérie. Ch : 16.

ROCHETTE, Claude. Membre du maquis O.A.S. de l'Ouarsenis. Ch : 69.

ROCHON. Garagiste oranais ayant hébergé un bureau d'engagement O.A.S. lors du putsch de 1961. Ch : 32.

RODENAS, Claude. Membre de l'O.A.S. algéroise. Ch : 44, 85.

RODIER, Robert. Chef de bataillon assassiné à Alger le 16/1/1957 lors de l'attentat contre le général Salan. Ch : 2, 26, 74, 77.

RODRIGUEZ, Armand. Oranais victime d'une tentative d'enlèvement du F.L.N. Ch : 80.

# Index 1037

ROGER, Jacques. Sous-lieutenant chef de harka dans le Constantinois engagé par hasard dans le putsch avec les 14e et 18e R.C.P. **Ch** : 31, 32.

ROIGT-DOBAL, Vincent. Membre de l'O.A.S. à Alger. **Ch** : 47.

ROLAND-BILLECART, Yves. Inspecteur des Finances ayant participé aux travaux préparatoires des accords d'Evian. **Ch** : 26.

ROLLET. Médecin algérois. **Ch** : 69.

ROMANI, Bruno. Journaliste enlevé par l'O.A.S. à Alger. **Ch** : 62.

ROMANINO, Jean-Pierre. Membre de l'O.A.S. **Ch** : 91.

ROMEO. Médecin oranais membre de l'O.A.S. **Ch** : 41 à 44.

ROMOLI, Jack. Commerçant plastiqué à Paris par l'O.A.S. **Ch** : 58.

ROMUALDI. Député italien du M.S.I. **Ch** : 62.

ROQUEFEUIL de. Capitaine putschiste. **Ch** : 37.

ROQUEVERT, Noël. Acteur. **Ch** : 37.

ROSE, Edgard. Membre de l'O.A.S. en métropole. **Ch** : 62.

ROSFELDER, André. Géologue et écrivain ayant participé au 13 Mai 1958 puis au putsch. Membre de l'O.A.S. en Italie. **Ch** : 33, 50, 61, 62, 79, 85, 93.

ROSFELDER, Roger. Frère d'André, journaliste indépendant et écrivain sous le pseudonyme de Roger Curel **Ch** : 61.

ROSSELLO, Barthélemy. Ancien du commando Jaubert. Premier collaborateur de Lucien Bitterlin assassiné par l'O.A.S. en mars 1961. **Ch** : 11, 13, 24, 26, 27, 30, 32.

ROTH, Roger. Membre de l'Exécutif provisoire. **Ch** : 69, 87.

ROUANET, Jean-Marie. Membre de l'O.A.S. à Alger. **Ch** : 51.

ROUGIER, André. Membre de l'O.A.S. en métropole. **Ch** : 62.

ROURE. Capitaine de vaisseau commandant la D.B.F.M. à partir du 31/8/1960. **Ch** : 32.

ROUSSEL. Sergent du 1er R.C.P. **Ch** : 6.

ROUSSILLAT. Colonel chef du service action au S.D.E.C.E. jusqu'en avril 1962. **Ch** : 22, 70.

ROUSSOULET, Paule dite de LIFFIAC. Membre de l'O.A.S. en métropole. **Ch** : 92.

ROUVIERE, Jean-Marc. Membre de l'O.A.S. en métropole. **Ch** : 44, 45, 91.

ROUX. Préfet du Constantinois. **Ch** : 30, 31, 34, 35.

ROUX de, Charles-Henri. Etudiant proche de l'O.A.S. en métropole. **Ch** : 61.

ROUX de, Olivier. Animateur de la Restauration nationale. **Ch** : 17, 38, 61.

ROUY. Capitaine mêlé à l'insurrection algéroise du 24/1/1960. **Ch** : 7.

ROY. Général commandant la zone opérationnelle de Médéa. **Ch** : 17.

ROY. Capitaine mêlé à l'insurrection algéroise du 24/1/1960. **Ch** : 7.

ROY, Jacques. Capitaine de corvette passé à l'O.A.S. **Ch** : 37.

ROY, Jules. Ecrivain pied-noir. **Ch** : 21, 39.

ROZIER de LINAGRE. Lieutenant passé à l'O.A.S. **Ch** : 22.

RUBIN de CERVENS. Capitaine putschiste du 1er R.E.P. **Ch** : 29, 30, 37.

SAADI, Yacef. Chef du F.L.N. dans la Casbah d'Alger. **Ch** : 2, 78.

SABATIER, Victoria. Epouse de Georges Fleury. **Ch** : 60.

SABOURET GARAT de NEDDE, Bernard. Lieutenant passé à l'O.A.S. en métropole. **Ch** : 31, 45.

SAID, Mohammedi. Officier de l'A.L.N. **Ch** : 50, 86.

SAINT-GAL de PONS, Alain. Aspirant au 4e R.T. engagé le 26/3/1962 à Alger dans une opération de maintien de l'ordre urbain. **Ch** : 66.

SAINTE-MARIE, Christian. Victime de la fusillade du 26/3/1962 à Alger. **Ch** : 67.

SAINT-EXUPERY. Ecrivain et pilote militaire sous les ordres du général Chassin jusqu'à sa mort le 31/7/1944. **Ch** : 4.

SAINT-HILLIER, Bernard. Général commandant la 10e D.P. lors du putsch d'avril 1961. **Ch** : 16, 25, 29, 30, 34, 69, 79.

SAINT-JORRE de, Jean. Préfet détaché à l'administration de la mairie d'Alger lors du putsch. **Ch** : 31.

SAINT-PAUL de, Tony. Agent gouvernemental infiltré dans l'O.A.S. métropolitaine. **Ch** : 69.

SAINT-PHALLE, de. Sous-officier rallié à l'O.A.S. **Ch** : 89.

SAINT-PIERRE de, Michel. Ecrivain. **Ch** : 38, 61.

SAINT-REMY de. Capitaine rallié à l'O.A.S. **Ch** : 31, 36, 45.

SALADO. Député de l'Algérie française. **Ch** : 14.

SALAN, Dominique. Fille du général Salan. **Ch** : 19, 51, 53, 63, 70, 86.

SALAN, Georges. Frère du général. Conseiller général gaulliste plastiqué à Nîmes par l'O.A.S. **Ch** : 25, 77.

SALAN, Lucienne. Héroïne de la Résistance et épouse du général Salan. **Ch** : 26, 28, 41, 51, 53, 63, 66, 69, 70, 86.

SALAN, Raoul. Général d'armée. Commandant en chef et gouverneur en Algérie. Chef suprême de l'O.A.S. **Ch** : 1 à 4, 10, 11, 12, 15, 16, 19 à 57, 59 à 84, 85 à 88, 91 à 93.

SALAC. Epouse d'un médecin. Membre de

l'O.A.S. algéroise torturée par des gendarmes en 1962. **Ch** : 43, 44, 81.

**Saliege, Jules.** Cardinal. **Ch** : 38

**Sallusse.** Participant aux négociations d'Evian. **Ch** : 36.

**Sanguinetti, Alexandre.** Chargé de mission auprès du ministre de l'Intérieur, surnommé Monsieur anti-O.A.S. **Ch** : 2, 16, 20, 21, 23, 26, 34, 48, 51, 59, 61, 70, 83.

**Sanne, Jean-Marie.** Lieutenant. Ancien chef de cabinet du général Massu. Participa à l'insurrection algéroise du 24/1/1960. **Ch** : 16, 26.

**Sansoni, Joseph.** Membre de l'O.A.S. algéroise. **Ch** : 26.

**Santini, Yvon.** Vice-président du F.A.F. **Ch** : 18, 19.

**Sapin-Lignieres, Victor.** Officier de réserve, président de la Fédération des Unités territoriales à Alger. **Ch** : 6, 8, 9, 10, 12, 14, 16, 18, 21, 26.

**Sarahoui.** Commissaire de police à Alger. **Ch** : 36.

**Saramanch, Richard.** Membre de l'O.A.S. en Algérie et en métropole. **Ch** : 82.

**Sari, Gyula.** Membre de la conjuration du Petit-Clamart. **Ch** : 17, 38, 89, 91, 92, 93.

**Sarocchi.** Avocat au barreau d'Oran. **Ch** : 76.

**Sarrat, Georges.** Membre de l'O.A.S. en métropole. **Ch** : 68.

**Sarta.** Compagne d'Alphonse Constantin. **Ch** : 89.

**Sartre, Jean-Paul.** Pape de l'existentialisme. Signataire le 14/9/1960 de l'Appel des 121. **Ch** : 19.

**Sassia, Raymond.** Policier détaché à la protection du général de Gaulle. **Ch** : 21, 77.

**Sator, Kaddour.** Président de la Commission de contrôle du référendum du 1er/7/1962 qui a entériné l'indépendance de l'Algérie. **Ch** : 87.

**Sauge, Georges.** Animateur à Paris du C.E.S.P.S., lié à la Restauration nationale. **Ch** : 17.

**Savelli, Horace.** Compagnon de la Libération créateur d'un réseau O.A.S. tentaculaire en métropole. **Ch** : 62, 91.

**Schembri.** Militant de Jeune Nation engagé dans le putsch d'avril 1961. **Ch** : 31.

**Schembri, Michel.** Maire de Fort-de-l'Eau assassiné par l'O.A.S. **Ch** : 42.

**Schiaffino.** Sénateur de l'Algérie française. **Ch** : 14.

**Schliederman, Wilfried.** Légionnaire passé à l'O.A.S. à Alger. **Ch** : 38.

**Schmelk, Robert.** Procureur général à Alger. **Ch** : 31.

**Schmittlein, Raymond.** Député gaulliste. **Ch** : 50.

**Schutz, Henri.** Officier pilote ayant convoyé les généraux Challe et Zeller de Paris à Alger la veille du putsch d'avril 1961. **Ch** : 29.

**Schwartz, Laurent.** Cousin de Michel Debré. **Ch** : 45.

**Scotto, Jean.** Curé libéral de Bab el-Oued. **Ch** : 36, 39.

**Sdrojewski, Max.** Secrétaire du colonel Chateau-Jobert. **Ch** : 91.

**Sedouy de, Alain.** Journaliste. **Ch** : 39.

**Seguin, André.** Dirigeant du F.A.F. **Ch** : 16, 18, 21, 31, 32, 33, 36, 39, 40, 49.

**Seguin-Pazzis de.** Colonel ayant participé aux discussions d'Evian. **Ch** : 15, 36.

**Sergent.** Capitaine putschiste du 1er R.E.P. Chef d'état-major de l'O.A.S. **Ch** : 7, 21 à 23, 25 à 32, 35 à 38, 40, 42 à 46, 48, 49, 52 à 57, 59 à 62, 64, 67 à 69, 71, 72, 82, 84 à 89, 92, 93.

**Serna.** Bâtonnier du barreau d'Alger en 1962. **Ch** : 68.

**Seroles.** Membre de l'O.A.S. algéroise. **Ch** : 85.

**Servan-Schreiber, Jean-Jacques.** Directeur de *L'Express*. **Ch** : 21, 77.

**Servolles, Gaston.** Chef de l'O.A.S. à Orléansville. **Ch** : 43, 44.

**Seze de, Bertrand.** Ancien chef de corps du 2e R.E.I. rallié à l'O.A.S. en métropole. **Ch** : 40, 46, 52, 58, 59, 93.

**Si Lakhdar.** Responsable politique de la Wilaya IV reçu le 10/6/1960 à l'Elysée par le général de Gaulle. **Ch** : 17, 18, 19.

**Si Mohammed, Djilali,** alias **Bou Naama.** Officier de la Wilaya IV reçu le 10/7/1961 à l'Elysée par le général de Gaulle. **Ch** : 17, 19, 42.

**Si Salah,** alias **Zamoun.** Chef militaire de la Wilaya IV reçu le 10 juin à l'Elysée par le général de Gaulle. **Ch** : 17, 18, 19, 29, 31, 41, 42, 72, 76.

**Si Tayeb, Cheik.** Grand muphti d'Oran en 1962. **Ch** : 87.

**Siccardi, Aldo.** Membre de l'O.A.S. en Algérie. **Ch** : 72.

**Sicurani, Jean.** Préfet chargé en 1962 de l'Information à la Délégation générale du Gouvernement en Algérie. **Ch** : 42, 50.

**Sid Cara, Ahmed.** Député de l'Algérie française. **Ch** : 80.

**Sid Cara, Narissa.** Sœur d'Ahmed Sid Cara. Secrétaire d'Etat dans le gouvernement Debré. **Ch** : 69.

**Sidos, François, Jacques et Pierre.** Fondateurs de Jeune Nation engagés dans l'O.A.S. en métropole. **Ch** : 17, 29, 40, 89, 91.

**Simon.** Colonel commandant la zone opérationnelle du Sud-Est constantinois. **Ch** : 28.

**Simon, Jean.** Général commandant la zone opérationnelle Est de l'Algérois. **Ch** : 16, 17, 28, 31, 36, 70.

SIMONEAU. Lt-colonel chargé à Alger du C.C.I. **Ch** : 2.

SIMONOT. Capitaine putschiste au 1er R.E.P. **Ch** : 25, 26, 69.

SINET, **Alexandre**. Gendarme tué à Alger le 24/1/1960. **Ch** : 17.

SINTES, **Jacques**. Membre de l'O.A.S. algéroise. **Ch** : 53.

SLIEBODA, **Henri**. Légionnaire engagé dans l'O.A.S. **Ch** : 74, 77, 82.

SMADJA, **Henry**. Directeur du journal *Combat*. **Ch** : 64.

SOBRA. Chef de bataillon du 9e Zouaves à Alger. **Ch** : 33.

SOKOLOVITCH, **Claude**. Chef de l'O.A.S. à Toulouse. **Ch** : 79.

SORO, **Francis**. Parachutiste du 1er R.C.P. assassiné le 23/7/1961 près de Metz par le F.L.N. **Ch** : 41.

SOUARD. Général démissionnaire en 1961. **Ch** : 74.

SOUCHERE, **Jacques**. Homme d'affaires allié à l'O.A.S. **Ch** : 89, 91.

SOUETRE, **Jean-René**. Capitaine des commandos de l'Air, fondateur d'un maquis antigouvernemental en Oranie, puis rallié à l'O.A.S. **Ch** : 26, 59, 60, 91, 93.

SOUIYAH, **Houari**. Premier préfet d'Oran à l'indépendance de l'Algérie. **Ch** : 88.

SOUSTELLE, **Georgette**. Epouse de Jacques Soustelle. **Ch** : 36, 53.

SOUSTELLE, **Jacques**. Gouverneur de l'Algérie de janvier 1955 à février 1956, puis ministre du général de Gaulle passé à l'O.A.S. **Ch** : 1 à 3, 5, 10, 15, 16, 19 à 21, 24, à 27, 29, 36, 44, 48, 50, 53, 61, 63, 69, 72, 77, 79, 86, 87, 89, 91.

SOYER, **Alexandre**. Délégué général à l'Information en Oranie. **Ch** : 86.

SPAAK, **Paul-Henri**. Secrétaire général de l'O.T.A.N. en 1961. **Ch** : 93.

STECK, **Jean**. Procureur au Tribunal militaire. **Ch** : 68.

STEPHANI, **Paul**. Membre de l'O.A.S. algéroise. **Ch** : 55, 88.

SUDAKA. Avocat général au procès du Petit-Clamart en 1963. **Ch** : 92.

SUDREAU, **Pierre**. Ministre du général de Gaulle en 1958 puis de Michel Debré. **Ch** : 10, 72, 84.

SULTANA, **Léon**. Médecin dans le bled constantinois. **Ch** : 72.

SULTANA, **Pierre**. Membre de l'O.A.S. algéroise. **Ch** : 5, 15, 19, 21, 26, 33, 49, 67, 68, 69, 72.

SUMALIA-RICOTE, **Angel**. Militant fasciste espagnol. **Ch** : 59.

SUSINI, **Antoine**. Père de Jean-Jacques. **Ch** : 3.

SUSINI, **Jean-Jacques**. Véritable chef de l'O.A.S. algéroise après l'arrestation du général Salan dont il était le conseiller. **Ch** : 3 à 5, 7, à 9, 14 à 16, 18, 21, 22, 24 à 49, 51, 53, 55 à 57, 60, 63 à 67, 69 à 72, 75, 77, 79, 81 à 89, 93.

SY, **Michel**. Député favorable à l'Algérie française. **Ch** : 61.

TABAROT, **Robert**. Cofondateur de l'O.A.S. à Oran. **Ch** : 13, 49, 65, 69, 72, 87, 93.

TALBOTIER, **Roger**. Sous-officier passé à l'O.A.S. **Ch** : 89, 91.

TALMANT, **Henri**. Antiquaire à Alger. **Ch** : 36, 37.

TAOUSSON, **Jean**. Journaliste algérois engagé dans l'O.A.S. **Ch** : 53, 84, 87, 93.

TARDIEU, **André**. Président du Conseil en 1932. **Ch** : 59.

TARDIEU, **Julien**. Député et conseiller municipal de Paris en 1962. **Ch** : 79.

TARDIF, **Roger**. Avocat au barreau de Paris. **Ch** : 16, 88, 89.

TARDIF de MOIDREY. Première épouse de La Tocnaye. **Ch** : 17.

TARDY. Chef de bataillon directeur du journal militaire *Le Bled*. **Ch** : 9.

TECHER, **René**. Capitaine au 4e R.T. engagé le 26/3/1962 à Alger dans une opération de maintien de l'ordre urbain. **Ch** : 66.

TEISSEIRE. Lt-colonel aide de camp du général de Gaulle lors de l'attentat du 8/9/1961. **Ch** : 44.

TEITGEN, **Paul**. Secrétaire général de la Préfecture d'Alger chargé des affaires de police. **Ch** : 1.

TENNE, **Claude**. Sous-officier de Légion engagé dans l'O.A.S. à Alger. **Ch** : 37, 38, 42, 61, 68.

TENSINI, **Jean-Louis**. Membre de l'O.A.S. à Paris. **Ch** : 88.

TERRENOIRE, **Louis**. Ministre de l'Information de Michel Debré. **Ch** : 3, 17, 34.

TESSIER, **Roger**. Policier détaché à la protection du général de Gaulle. **Ch** : 21, 77.

TEXIDOR, **Carlos**. Colonel espagnol pilote du Convair qui a ramené à Alger le général Salan et Susini lors du putsch d'avril 1961. **Ch** : 32.

THADOME, **François**. Inspecteur des Finances en Algérie, membre de l'O.A.S. du secteur d'El-Biar. **Ch** : 10, 42, 57, 59, 63, 64, 71, 86, 87.

THEVENIN, **François**. Professeur de lycée arrêté à Paris à la veille du putsch. **Ch** : 31.

THIBAULT, **Hubert**. Commanditaire de l'assassinat de Me Popie. **Ch** : 25.

THIBAULT, **Philippe**. Diplomate ayant participé aux discussions préparatoires aux accords d'Evian. **Ch** : 26.

THIRIART, **Jean**. Directeur de *Nation Belgique*, journal fasciste soutenant l'O.A.S. **Ch** : 49, 59.

THIRIET. Président du T.P.F.A. à Paris. **Ch** : 21.

THOMANN, **Raymond**. Ancien du G.C.P. Membre

de l'O.A.S. en Algérie, puis en métropole. **Ch** : 69, 91, 93.

THOMAS, **René**. Préfet d'Oran du 2/5/1962 à l'indépendance de l'Algérie. **Ch** : 67, 72, 85, 86, 87, 88.

THOMAZO, **Jean, dit Nez de Cuir**. Colonel et président du F.N.F.A. **Ch** : 2, 3, 16, 80, 91.

THOREZ, **Maurice**. Secrétaire général du P.C.F. **Ch** : 24, 55, 60.

THOZET. Lt-colonel. Chef de cabinet militaire de Jean Morin en Algérie. **Ch** : 22, 30, 42.

TINE, **Jean-Marie**. Directeur du *Journal d'Alger*. **Ch** : 84.

TISLENKOFF, **Alexandre**. Membre de l'O.A.S. torturé à Alger par des contractuels anti-O.A.S. **Ch** : 57, 58.

TISSANDIER, **Edouard**. Membre de l'O.A.S. en métropole. **Ch** : 26, 61.

TIXIER-VIGNANCOURT, **Jean-Louis**. Chef de file des avocats de l'O.A.S. **Ch** : 16, 18, 19, 21 à 23, 61, 62, 66, 70, 73 à 84, 86, à 88, 91 à 93.

TOCE. Lt-colonel chef de corps du 2$^e$ R.P.I.Ma. **Ch** : 34.

TOCQUEVILLE, **Alexis**. Ecrivain et homme politique du XIX$^e$ siècle. **Ch** : 36.

TONAIRE. Sous-officier parachutiste passé à l'O.A.S. à Pau. **Ch** : 61.

TORCHIA, **Giorgio**. Journaliste du *Tempo* en Italie. **Ch** : 50.

TORREGROSSA, **Ange**. Membre de l'O.A.S. à Alger. **Ch** : 93.

TORRILEC, **Joseph**. Gendarme assassiné par le F.L.N. **Ch** : 63.

TOUAM, **Aïcha**. Membre de l'O.A.S. algéroise. **Ch** : 46.

TOUCHET **de**. Capitaine de corvette du *Commandant Bourdais* en 1961. **Ch** : 68.

TOUFFAIT, **Adolphe**. Inspecteur général des services judiciaires blessé par l'O.A.S. près d'Alger le 18/5/1962. **Ch** : 77.

TOUITOU, **Joseph**. Contractuel anti-O.A.S. **Ch** : 51.

TOULOUSE. Général en poste à Alger lors de l'insurrection de janvier 1960. **Ch** : 5, 7.

TOULOUSE. Bâtonnier au procès du général Salan. **Ch** : 81.

TOURRET, **Pierre**. Lt-colonel créateur du G.C.P. en Algérie. **Ch** : 29.

TOUZET du VIGIER. Général, président à Paris de la Confédération des amicales régimentaires. **Ch** : 29, 80.

TRAN TRONG DOY. Provocateur ayant ouvert le feu le 26/3/1962 à Alger **Ch** : 66.

TRAPE, **Jean**. Avocat au barreau d'Alger mêlé à l'insurrection algéroise du 24/1/1960. **Ch** : 16.

TRAPPE, **Jean-Paul**. Lieutenant passé à l'O.A.S. à Alger. **Ch** : 77, 82.

TREMOLET de VILLERS, **Henri**. Député. Témoin au procès de Salan. **Ch** : 79.

TREMOLLIERE, **Jean**. Membre de l'O.A.S. à Toulouse. **Ch** : 79.

TRIBOULET, **Raymond**. Compagnon de la Libération. Ministre des Anciens Combattants du 8/1/1959 au 6/12/1962. **Ch** : 48.

TRICOT, **Bernard**. Conseiller de la présidence de la République, ayant participé aux discussions d'Evian. **Ch** : 17, 18, 23, 36, 76.

TRIDON. Général de Gendarmerie à Alger lors du putsch. **Ch** : 30, 36.

TRINQUIER, **Roger**. Colonel. Initiateur à Alger du Département de protection urbaine. **Ch** : 14, 17, 32, 80.

TRONCHI, **Christian**. Militant de l'Algérie française mêlé à l'attentat du 16/1/1957 contre le général Salan. **Ch** : 26.

TROUILLAS. Lieutenant putschiste des commandos de l'Air. **Ch** : 31.

TUDURI, **Jean-Pierre**. Brigadier d'une C.R.S. à Alger. **Ch** : 60.

TUPET-THOME. Compagnon de la Libération et membre de l'O.A.S. **Ch** : 46, 56.

TURBERT. Général, coauteur d'un rapport concernant la répression du soulèvement algérien du 8 mai 1945. **Ch** : 2.

TURPAULT. Conseiller d'Etat, membre d'une commission juridique en Algérie au mois de juillet 1958. **Ch** : 78, 80.

VAILLANT. Lt-colonel chef de corps de la 13$^e$ D.B.L.E. **Ch** : 33, 86.

VAILLY, **Roger**. Chef de bataillon putschiste. **Ch** : 29 à 31, 34, 37, 40, 59.

VALENTIN. Colonel. Dernier chef d'état-major du général Ailleret en Algérie. **Ch** : 70.

VALENTIN, **François**. Député défenseur de l'« Amendement Salan » devant la Chambre. **Ch** : 48.

VALLAURY. Chef de bataillon putschiste. **Ch** : 29.

VALLIER. Général démissionnaire en 1961. **Ch** : 74.

VALLUY, **Jean-Etienne**. Général commandant les forces du Centre-Europe de l'O.T.A.N. **Ch** : 24, 27, 48, 52, 54, 76, 81.

VAN CAUWENBERGHE, **Jean-Pierre**. Agent double exécuté près de Paris par l'O.A.S. **Ch** : 85.

VANDENBROECK, **Jacques**. Directeur adjoint de *Nation Belgique*. **Ch** : 49.

VAN DEN BRULE de REGIS REGIS, **Yves**. Capitaine passé à l'O.A.S. en métropole. **Ch** : 55, 71, 89.

VANUXEM, **Paul**. Général passé à l'O.A.S. **Ch** : 28, 32, 42 à 44, 46, 47.

# Index

**Varaut, Jean-Marc.** Avocat au barreau de Paris. **Ch** : 61, 68, 92.

**Varga, Lazlo.** Membre de la conjuration du Petit-Clamart. **Ch** : 89 à 93.

**Varoquaux, Bernard.** Sergent parachutiste rallié à l'O.A.S. **Ch** : 42.

**Vaudrey, Roland.** Colonel. Adjoint de Godard à la Sûreté nationale à Alger. Passé à l'O.A.S. **Ch** : 3, 11, 17, 26, 27, 31, 36, 41, 44, 45, 49, 64, 66, 69 à 71, 81, 87, 91.

**Veillard.** Contractuel anti-O.A.S. **Ch** : 63.

**Venien.** Sous-officier parachutiste passé à l'O.A.S. à Pau. **Ch** : 61.

**Venner, Dominique.** Officier de réserve, cofondateur de Jeune Nation emprisonné à Paris à la veille du putsch. **Ch** : 17, 26, 29, 61, 93.

**Venot.** Ancien chef d'état-major de l'armée de l'Air et beau-père d'un conjuré du Petit-Clamart. **Ch** : 89.

**Venturini.** Membre de l'O.A.S. métropolitaine. **Ch** : 92.

**Verdier, Jean.** Directeur de la Sûreté nationale.

**Verger, Louis.** Chef de cabinet de Jean Morin en Algérie. **Ch** : 21, 29, 30, 35, 50, 51, 55, 58.

**Verite, Arnaud.** Membre de l'O.A.S. en métropole. **Ch** : 59.

**Vernet.** Aumônier de la prison de Fresnes. **Ch** : 82.

**Vésinne de La Rüe de.** Général à la retraite engagé dans l'O.A.S. métropolitaine. **Ch** : 46, 47, 52, 554, 71, 79.

**Vezinet, Adolphe.** Général adjoint du général Crépin au Corps d'armée d'Alger lors du putsch. **Ch** : 16, 22, 28 à 30, 34 à 36, 40, 82, 83.

**Viala.** Colonel. Chef de cabinet du général Ailleret en 1962. **Ch** : 38.

**Vianson-Ponté, Pierre.** Journaliste au *Monde*. **Ch** : 11, 42.

**Vidal-Naquet, Pierre.** Professeur ayant dénoncé la torture employée en Algérie contre le F.L.N. puis contre des membres de l'O.A.S. **Ch** : 48.

**Vidart, Raoul.** Militant poujadiste du Sud-Ouest engagé dans l'O.A.S. **Ch** : 37, 42, 45, 88.

**Vieillescazes, Claude.** Adjoint de Jean Verger à la Sûreté nationale en Algérie. **Ch** : 21, 50, 55, 58, 61.

**Vien.** Contractuel anti-O.A.S. **Ch** : 61.

**Vignau.** Député de l'Algérie française. **Ch** : 14.

**Vignau, Camille.** Cofondateur du F.A.F. et membre de l'O.A.S. **Ch** : 18, 21 à 26, 40, 58, 93.

**Vignoles.** Avocat au barreau de Paris. **Ch** : 16.

**Villalonga, Guy.** Militant de l'Algérie française à Alger. **Ch** : 33.

**Villard, René.** Dirigeant des réseaux France-Résurrection jugé dissident et exécuté par l'O.A.S. **Ch** : 26, 29 à 31, 33, 36, 48, 52, 56, 57, 60, 66, 70.

**Villareal.** Membre de l'O.A.S. à Paris. **Ch** : 58.

**Ville, Jean, dit « Max ».** Haut fonctionnaire des Finances à Alger, proche de l'O.A.S. **Ch** : 42.

**Villegras, Antoine.** Gendarme rallié à l'O.A.S. **Ch** : 69.

**Villemandy de, Martial.** Participa à un attentat contre le général de Gaulle le 8/9/1961. **Ch** : 44, 45, 91.

**Villey-Desmeserets.** Professeur à la Faculté de Droit de Paris, témoin au procès du général Salan. **Ch** : 80.

**Vimond, André.** Officier marinier blessé le 14/12/1962 à Alger lors du plasticage de la Laîta par l'O.A.S. **Ch** : 52.

**Vinant, Henri.** Membre de l'O.A.S. algéroise torturé en janvier 1962 par des contractuels anti-O.A.S. **Ch** : 57, 58..

**Vincent, Jean-Marie.** Membre de l'O.A.S. métropolitaine. **Ch** : 56, 57, 60, 61, 68, 91, 93.

**Vinciguerra, René.** Député de l'Algérie française. **Ch** : 2, 14, 80.

**Vivie de, François-Xavier.** Sous-lieutenant au 4e Régiment de hussards en 1962. **Ch** : 33, 61.

**Voisin.** Policier membre de l'O.A.S. à Constantine. **Ch** : 86.

**Voisin.** Aspirant au 4e R.T. engagé le 26/3/1962 à Alger dans une opération de maintien de l'ordre urbain. **Ch** : 66.

**Vuillermet.** Colonel à l'état-major du général Ailleret engagé en mars 1962 à Alger dans le blocus du quartier de Bab el-Oued. **Ch** : 64.

## WYZ

**Watin, Georges, dit la Boiteuse.** Membre de la conjuration du Petit-Clamart. **Ch** : 2, 4, 13, 16, 20, 37, 46, 58, 61, 62, 71, 83, 88 à 93.

**Wattremez, Emile.** Chauffeur du général Fourquet. **Ch** : 93.

**Weber.** Archevêque de Strasbourg en 1961. **Ch** : 48.

**Windisch, Konrad.** Militant fasciste en R.F.A. en 1961. **Ch** : 59.

**Winter, Jean-Pierre.** Capitaine de vaisseau commandant l'aviso *Commandant Bourdais*. **Ch** : 68, 93.

**Wintgens, Raymond.** Manifestant anti-O.A.S. tué à Paris le 8/2/1962. **Ch** : 60.

**Wittmer, Georges.** Membre de l'O.A.S. de l'Algérois. **Ch** : 42.

**Woringer, Jacques.** Capitaine de corvette membre de l'O.A.S. en métropole. **Ch** : 86, 91 à 93.

**Wurmser, André.** Éditorialiste à *L'Humanité* plastiqué par l'O.A.S. à Paris le 15/2/1962. **Ch** : 60.

**Wybot, Roger.** Directeur de la D.S.T. **Ch** : 2, 48.

YAZID, M'Hamed. Ministre de l'Information du Gouvernement provisoire de la République algérienne en 1962. **Ch** : 60, 70, 73, 88.

YSQUIERDO, Antoine. Capitaine putschiste du 1er R.E.P. **Ch** : 29, 37.

ZAGAME, **Jean-Marcel.** Dirigeant algérois du Front nationaliste rattaché à l'O.A.S. **Ch** : 7, 20, 22, 29, 31, 33, 36, 47, 48.

ZAHM, **Jacques.** Capitaine adjoint du commandant Puille à l'antenne du S.D.E.C.E. d'Alger. **Ch** : 49.

ZAJEC, **Jacques.** Membre de l'O.A.S. algéroise. **Ch** : 46.

ZAMBEAUX, **Charles.** Doyen des juges au Parquet de Paris. **Ch** : 72.

ZATTARA, **Dominique.** Instituteur et conseiller municipal d'El-Biar, chef du secteur O.A.S. du Grand Alger. **Ch** : 14, 18, 21 à 23, 26, 29, 31, 33 à 37, 30, 40, 42, 49.

ZECHIRI, **Cheick.** Membre du F.L.N. Recruteur à Alger de contractuels musulmans anti-O.A.S. **Ch** : 50, 52.

ZELLER, **André.** Général putschiste. **Ch** : 10, 11, 20 à 22, 24, 27 à 37, 42, 54, 80, 93.

ZIANO, **Yan.** Membre de l'O.A.S. torturé à Alger par les forces de l'ordre. **Ch** : 53.

ZIEGLER. Capitaine putschiste du 1er R.I.Ma. **Ch** : 30.

ZOMGREDE. Chef-mécanicien du paquebot *Ville d'Oran* en 1962. **Ch** : 87.

TABLE

| | |
|---|---|
| *Avertissement* | 11 |
| *Cartes* | 14 |
| *Liste des abréviations* | 14 |
| **DU SANG SUR LE PORT D'ALGER** | 21 |

## Première partie
## LE CREUSET

| | |
|---|---|
| 1. Tout commence par un discours | 27 |
| 2. Figures de l'Algérie française et futurs O.A.S. | 34 |
| 3. Le temps des complots | 44 |
| 4. Le Front national français | 50 |
| 5. De Gaulle limoge Massu | 57 |
| 6. La solitude de Joseph Ortiz | 67 |
| 7. Challe pactise avec Ortiz | 72 |
| 8. Vers l'affrontement fratricide | 78 |

## Deuxième partie
## LES BARRICADES

| | |
|---|---|
| 9. Du sang et des barricades | 89 |
| 10. Michel Debré dans l'impasse | 96 |
| 11. Delouvrier et Challe quittent Alger | 106 |
| 12. Un discours pathétique | 119 |
| 13. De Gaulle intervient | 125 |
| 14. L'agonie du camp retranché | 131 |
| 15. Une reddition honorable | 138 |

## Troisième partie
## LES COMPLOTS DES COLONELS

| | |
|---|---|
| 16. L'homme de Salan à la P.J. | 147 |
| 17. Les Hongrois du général Chassin | 153 |

18. Les premiers exilés ........................................................................ 162
19. L'O.A.S. a des appuis en métropole ............................................ 169
20. Salan s'installe en Espagne .......................................................... 180
21. De Gaulle est menacé .................................................................... 193
22. Le drapeau de la rébellion flotte sur Alger ! ............................... 202
23. Jouhaud et la République algérienne .......................................... 209
24. De Gaulle réclame un « Oui » franc et massif ........................... 217

*Quatrième partie*
## L'O.A.S. ET LE PUTSCH

25. Le gouvernement provisoire de l'Algérie en Europe ................ 229
26. Naissance de l'O.A.S. à Madrid .................................................. 236
27. Salan et les exilés .......................................................................... 248
28. De Gaulle renie l'intégration ....................................................... 254
29. L'opération *Gerfaut* n'aura pas lieu .......................................... 261
30. Les paras marchent sur Alger ...................................................... 270
31. 22 avril 1961 : l'éphémère victoire de Challe ............................ 276
32. Oran aux mains de Gardy et Argoud .......................................... 288
33. Salan, chef de l'O.A.S., est à Alger ............................................ 295
34. Paris s'affole .................................................................................. 305
35. Fin sans gloire de la révolte ......................................................... 314

*Cinquième partie*
## LA MONTÉE EN PUISSANCE

36. Le manifeste de Raoul Salan ....................................................... 331
37. L'O.A.S. élimine le commissaire Gavoury ................................ 344
38. L'O.A.S. algéroise manque de moyens ...................................... 357
39. Une trêve ensanglantée ................................................................ 367
40. Dernier 14-Juillet de l'Algérie française .................................... 373
41. Les carnets du colonel Godard .................................................... 383
42. Première émission pirate .............................................................. 389

*Sixième partie*
## VERS LA FIN D'UN MONDE

43. Giuseppe Pino, le fantôme balafré .............................................. 405
44. Le miracle de Pont-sur-Seine ...................................................... 415
45. Salan s'installe à Alger ................................................................. 426
46. Ortiz, Argoud et Lagaillarde prisonniers de Franco ................. 436
47. Une arrestation spectaculaire à El-Biar ..................................... 444
48. De Gaulle et les soldats perdus ................................................... 452
49. Le *soviet* des capitaines tient Alger ......................................... 467
50. Soustelle : « De Gaulle est mort à Colombey... » .................... 475

*Septième partie*
## LE TEMPS DES BARBOUZES

51. Les barbouzes s'installent à Alger ................................................ 487
52. Du rififi à l'hôpital Maillot ........................................................... 495
53. De Gaulle récuse les barbouzes .................................................. 504
54. Les *deltas* harcèlent les barbouzes ............................................ 513
55. Salan refuse la partition ............................................................. 519
56. Un compagnon de la Libération rejoint l'O.A.S. ........................ 526
57. Les chefs de l'O.A.S. s'entre-tuent .............................................. 532
58. Les *deltas* piègent les barbouzes à El-Biar ................................ 540
59. Les morts de Charonne ............................................................... 547
60. Salan et de Gaulle : la guerre à outrance ! .................................. 561

*Huitième partie*
## LA GUERRE TOTALE

61. Le général Katz s'installe à Oran ................................................ 579
62. L'O.A.S. dicte sa loi à la presse italienne ................................... 597
63. L'O.A.S. refuse le cessez-le-feu ................................................. 603
64. Oran, ville O.A.S. ! ..................................................................... 617
65. Bab el-Oued s'insurge et souffre ................................................ 635
66. Massacre rue d'Isly ..................................................................... 644
67. Le maquis de l'Ouarsenis ............................................................ 655
68. L'arrestation de Degueldre .......................................................... 663

*Neuvième partie*
## VERS L'INÉLUCTABLE FRACTURE

69. Combats désespérés dans l'Ouarsenis ......................................... 679
70. Salan à la Santé : l'O.A.S. n'a plus de chef ................................. 697
71. Le capitaine Sergent passe en Belgique ...................................... 707
72. Le Monocle piégé à Paris ............................................................ 713
73. Le général Salan devant ses juges ............................................... 727
74. Nouvelles menaces contre de Gaulle .......................................... 737
75. Un procès qui s'éternise .............................................................. 749
76. De Pouilly : « J'ai choisi la honte de l'abandon » ...................... 763
77. François Mitterrand témoigne ..................................................... 779
78. Michel Debré s'explique ............................................................. 799
79. Vers le dénouement d'un procès fleuve ...................................... 811
80. On parle encore et toujours du bazooka ..................................... 824
81. Le général Salan : « Que Dieu me garde ! » ............................... 835
82. Le général Salan ne sera pas fusillé. Mais Jouhaud ? ................. 854

*Dixième partie*
## DE L'AGONIE À LA VENGEANCE

83. Belvisi est arrêté ........................................................................... 865
84. L'O.A.S. pactise avec le F.L.N. ..................................................... 869
85. L'O.A.S. exécute un général ......................................................... 881
86. Oran terre brûlée ............................................................................ 895
87. Degueldre est condamné à mort .................................................. 904
88. En Algérie algérienne ................................................................... 920
89. Hold-up et tentatives d'attentats à Paris ..................................... 929
90. Embuscade au Petit-Clamart ........................................................ 942
91. Les conjurés sont pris ................................................................... 952
92. Un procès agité et un nouveau complot ..................................... 968
93. La cavale d'un compagnon de route ........................................... 981

*ÉPILOGUE* ........................................................................................... 995

Bibliographie ........................................................................................ 1003
Index ..................................................................................................... 1007

DU MÊME AUTEUR (suite)

## *Ouvrages divers :*

### *Livres de mer :*

LA PÊCHE À PIED (éd. Pen Duick).
LA CUISINE DU PÊCHEUR À PIED (éd. Ouest-France).
LE GRAND COURAGE (éd. Grasset et Livre de Poche).
LE PÊCHEUR À PIED (Editions Maritimes et d'Outre-Mer).
LES PLAISIRS DE LA PÊCHE À PIED (éd. Ouest-France-Edilarge).
ROND COMME LA MER (éd. J.-Cl. Lattès).
LA PÊCHE À PIED. *Ses secrets et sa cuisine* (éd. Grasset et Le Grand Livre du Mois).
LE CORSAIRE (éd. Flammarion). Prix Henri-Queffélec, grand prix du Livre Maritime.

### *Nature et animaux :*

LA BELLE HISTOIRE DE LA SPA, *de 1845 à nos jours*, Grasset, 1995.
LE DERNIER GALOP (éd. Grasset et le Grand Livre du Mois).
KHÉOPS (éd. Grasset et Livre de Poche).
KOUMBALA (éd. Grasset, Livre de Poche et France-Loisirs). Prix littéraire Trente millions d'amis, 1990.
PYRRHUS, LESKO ET LES AUTRES (éd. Grasset et France-Loisirs).
UN CHIEN À LA MER ! (éd. Grasset-Jeunesse).

### *Roman :*

LE DERNIER CHANT DES DINOSAURES (éd. Grasset, Le Grand Livre du Mois et France-Loisirs). Prix des Libraires de Normandie, 1996.

*Cet ouvrage a été réalisé par la*

**FIRMIN DIDOT**
GROUPE CPI
*Mesnil-sur-l'Estrée*

*pour le compte des Éditions Grasset
en décembre 2002*

photocomposition Nord Compo
59650 Villeneuve-d'Ascq

*Imprimé en France*
Première édition, dépôt légal : octobre 2002
Nouveau tirage, dépôt légal : décembre 2002
N° d'édition : 12691 - N° d'impression : 61956

ISBN : 2-246-60451-6